新編諸子集成

管子校注

上

黎翔鳳撰
梁運華整理

中華書局

圖書在版編目(CIP)數據

管子校注/黎翔鳳撰;梁運華整理. —北京:中華書局,2018.4(2023.9 重印)
(新編諸子集成)
ISBN 978-7-101-12742-3

Ⅰ.管… Ⅱ.①黎…②梁… Ⅲ.①法家②《管子》-注釋 Ⅳ.B226.12

中國版本圖書館 CIP 數據核字(2017)第 200884 號

責任編輯:薛有紅
責任印製:陳麗娜

新編諸子集成
管子校注
(全三册)
黎翔鳳 撰
梁運華 整理
*
中華書局出版發行
(北京市豐臺區太平橋西里 38 號 100073)
http://www.zhbc.com.cn
E-mail:zhbc@zhbc.com.cn
三河市中晟雅豪印務有限公司印刷
*
920×1250 毫米 1/32 · 55⅛印張 · 6 插頁 · 880 千字
2018 年 4 月第 1 版 2023 年 9 月第 3 次印刷
印數:3901-4900 册 定價:280.00 元

ISBN 978-7-101-12742-3

新編諸子集成精裝本出版説明

子書是我國古籍的重要組成部分。最早的一批子書産生在春秋末到戰國時期的百家争鳴中，其中不少是我國古代思想文化的珍貴結晶。秦漢以後，還有不少思想家和學者寫過類似的著作，其中也不乏優秀的作品。

二十世紀五十年代，中華書局修訂重印了由原世界書局出版的諸子集成。這套叢書匯集了清代學者校勘、注釋子書的成果，較爲適合學術研究的需要。但其中未能包括近幾十年特别是一九四九年後一些學者整理子書的新成果，所收的子書種類不够多，斷句、排印尚有不少錯誤，爲此我們從一九八二年開始編輯出版新編諸子集成，至今已出滿四十種。

爲滿足不同讀者的需求，這套書將分批出版精裝本，版面疏朗，裝訂考究，非常適合閱讀與收藏。敬請關注。

中華書局編輯部

二〇一六年三月

目録

上册

序論……一
凡例……三七
加工説明……三九
楊忱管子序……一
劉向敘録……三
卷第一
牧民第一……一
形勢第二……二三
權脩第三……五三
立政第四……六五
乘馬第五……九〇
卷第二
七法第六……一一七
版法第七……一三九
卷第三
幼官第八……一四七
幼官圖第九……二〇一
五輔第十……二一三
卷第四
宙合第十一……二三七
樞言第十二……二六七
卷第五
八觀第十三……二八三

法禁第十四……………………三〇二
重令第十五……………………三一四
卷第六
法法第十六……………………三二五
兵法第十七……………………三五一
卷第七
大匡第十八……………………三六五
卷第八
中匡第十九……………………四一七
小匡第二十……………………四二九
王言第二十一闕
卷第九
霸形第二十二…………………四九九
霸言第二十三…………………五一〇
問第二十四……………………五三四
謀失第二十五闕

中册

卷第十
戒第二十六……………………五五九
地圖第二十七…………………五八三
參患第二十八…………………五八八
制分第二十九…………………五九五
君臣上第三十…………………六〇一
卷第十一
君臣下第三十一………………六二七
小稱第三十二…………………六六〇
四稱第三十三…………………六七八
正言第三十四闕
卷第十二

侈靡第三十五……六九一
卷第十三
心術上第三十六……八三七
心術下第三十七……八五九
白心第三十八……八六九
卷第十四
水地第三十九……八九九
四時第四十……九二五
五行第四十一……九四九
卷第十五
勢第四十二……九七五
正第四十三……九八七
九變第四十四……九九二
任法第四十五……九九五
明法第四十六……一〇一〇
正世第四十七……一〇一六
治國第四十八……一〇二一
卷第十六
内業第四十九……一〇二九
封禪第五十亡……一〇五二
小問第五十一……一〇五五
卷第十七
七臣七主第五十二……一〇八五
禁藏第五十三……一一一三

下册

卷第十八
入國第五十四……一一四一
九守第五十五……一一四九
桓公問第五十六……一一五七

度地第五十七……一一六〇
卷第十九
地員第五十八……一一八三
弟子職第五十九……一二六四
言昭第六十亡
脩身第六十一亡
問霸第六十二亡
牧民解第六十三亡
卷第二十
形勢解第六十四……一二八九
卷第二十一
立政九敗解第六十五……一三一五
版法解第六十六……一三二〇
明法解第六十七……一三三二
巨乘馬第六十八……一三四九
乘馬數第六十九……一三六〇
問乘馬第七十亡
卷第二十二
事語第七十一……一三六九
海王第七十二……一三七五
國蓄第七十三……一三九〇
山國軌第七十四……一四一五
山權數第七十五……一四三四
山至數第七十六……一四五九
卷第二十三
地數第七十七……一四九三
揆度第七十八……一五一二
國准第七十九……一五三五
輕重甲第八十……一五四二
卷第二十四

輕重乙第八十一……一五九五
輕重丙第八十二亡
輕重丁第八十三……一六二五
輕重戊第八十四……一六六四
輕重己第八十五……一六八八
輕重庚第八十六亡
讀管子……一七〇五

序論

一九六二年秋，余參考郭沫若管子集校，重新校注管子，一年有半而畢事。甘苦曲折，喻之於心，可得而宣之於口也。

郭校收羅廣博，所未收者，惟張太岳等四庫全書考證，然其書極粗略，非有價值者。故宮文溯閣近在咫尺，無異文可徵，余未一顧也。

永樂大典輯於明初，所見爲宋本無疑，影印於郭校之後，輯得十餘條。如心術上「掃除不潔」作「絜」，制分「乘瑕則神」作「瑕」，與楊本同。心術上「嗜欲充益」，王念孫以韻文校爲「充盈」，與「聲」爲韻，大典正作「盈」。其可貴有時在現存宋本之上。蓋所見非一種，殘缺之餘，僅二十函。乾、嘉諸儒，未嘗用大典校勘，爲可惜也。

郭校人手雜，勢不免有時漏奪，有時失序，有時失當。明法解趙本比楊本多「賞之違於法者」六字，未出校。單字未校出者不少。如侈靡「百姓誰衍敖」，趙本作「敢敖」。輕重乙「桓公衍終舉兵攻萊」，趙本奪「衍」字。輕重丁「衍布五十倍其賈」，趙本作「術布」。三「衍」字趙本皆誤。輕重戊「吾欲制衡山之術」，楊本「欲」作「谷」。

此一字關係學術源流甚大。老子「谷神不死」，河上本作「浴」。管子、老子同爲道家，以「谷」爲「欲」；書、易、左傳、史記「谷」皆音「欲」。禮運：「天秉陽，垂日星。地秉陰，竅於山川。」老子以「谷」爲玄牝，乃陰竅，故其義爲「欲」，非假借也。四時篇趙本與楊本次序不同，未指出。霸言「之時視先後之稱」至「國之形也自古以」凡三百二十五字，横截於「三滿而不止」句中，上二而下三，不能成句。湖北先正遺書中仿印朱本之錯誤，未曾校出。皆漏奪也。重令「則是教民邪途也」，郭云：「此下宋楊忱本正文脱四百四十五字，注文二百六十二字亦全脱。古本、劉本、趙本有之，涵芬樓影印再版本已補入。」所補爲後八頁，楊本九頁接八頁之後，不視爲缺頁，未曾説明。山至數「禄肥則士不死」，在「彼穀十藏於上，三游於下」之前，集校誤在其後，此失序也。輕重甲「管子曰：一農不耕」至「則是下艾」，缺「民」字；下文「死得藏」，「遺財不可包止」，管書在「下艾民」之前。此失當也。類此者尚有，非一二條也。

集校所引宋、明版本凡十有七，可歸納爲五類：（一）楊忱本。（二）趙用賢本。（三）古本、朱東光本、劉績本。（四）戴望所見墨寶堂本。（五）凌登嘉以下各本。

余謂楊本爲漢、魏之真迹，以其獨有之異字，獨有之次序定之。大匡「將咠有所定也」，郭沫若云：「古本、劉本、朱本亦均作『胥』，僅宋楊忱本誤作『咠』。」認「咠」爲誤字。然戒篇「賓⿱日廾無之爲人也好善」，下文「賓胥無之爲人也好善，而不能以國絀」，同在一篇之中，「⿱日廾」即「胥」，非誤也。枚乘七發「弭節伍子之山，通厲⿱日月母之場」，注：「⿱日月母，字之誤也。」韓勑碑「胥」作「⿱日月」。「⿱日廾」作「⿱日月」，漢隸也。七法「審於地啚」，各本皆作「圖」。戴望謂：「説文以啚爲鄙嗇字。」而韓勑後碑「改畫聖像如古啚□」，隸釋云：「啚即圖字。」權脩「國者鄉之夲也」，從大、十。説文訓爲「進趣」，非從木、一。而漢白石神君碑「本」作「夲」。問篇「以困皃德」，戴望云：「『皃』乃『完』字之誤。如上文『定冬完良』，宋本作『皃良』之例。完德，全德也。」各本均作「貌德」。郭沫若不信戴説，以爲「『困』假爲『悃』，言貌爲忠厚」。然隋張君妻蕭氏墓誌「浣」作「⿰氵皃」，則「皃」確爲「完」字矣。大匡「桓公與宋夫人飲舡中」，各本均作「船」，獨凌登嘉同楊本。「舡」讀「缸」，形聲均謬，亦當爲誤字矣。然隸書「口」「厶」不別，如唐張封墓誌「私」作「和」，漢魯峻碑「強」作「强」，上文之「啚」作「⿱厶回」，則「船」可寫爲「舩」，再寫爲「舡」。説文「舩」字，廣韻作「舡」，是其證矣。今之「鉛」「鈆」、「沿」「㳂」等字，亦多互用。史記佞幸列傳「鄧通以濯舩爲黄頭郎」，漢書古今人表「晉舡人固來」。由西漢至東漢，隸書「舩」「舡」遞變，痕蹟顯然。六朝、隋、唐抄寫，沿用漢隸別字，其風未變。單以韻書言之，別體不少。姜寅清瀛涯敦煌韻輯收羅手蹟頗完備。如「胥」字廣韻及伯二〇一一王仁昫刊謬補缺切韻皆作「肙」。「埍」字刊謬補缺切韻作「娟」。唐韻及吳縣蔣氏藏唐寫本唐韻作「⿰口咠」。「鉛」字刊謬補缺切韻及斯二〇七一隋末唐初增字加注本陸韻皆作「鈆」，「船」作「舩」，「沿」作「㳂」同。而廣韻則從「㕣」之字皆作「公」。山至數：「今以諸侯爲竽，公州之飾焉。」「公」即「㕣」即「沇」即「兗」，「公州」即「兗州」。張佩綸、郭沫若不得其説，而多方改字，仍不能通。知爲別體，解釋極容易。

余由碑別體之啓示，解決不能解決之問題。輕重戊：「虙戲作，造六峜以迎陰陽。」「峜」，洪頤煊、莊述祖定爲古文「法」字。聞一多考定「六法」，無疑問矣。又云：「周人之王，循六⿱山志，合陰陽，而天下化之。」諸人以「⿱山志」爲「峜」之誤。然周人有八卦，無六法，且「峜」「⿱山志」形各異，定爲誤字無據。漢隸書「土」爲「山」，如漢景北海碑陰「赤」作「⿱山𣥖」。以「峜」字從「去」例之，「⿱山志」即「志」。「志」即「識」之古文。周禮保章氏「掌天星以志星辰日月之變動」，注：「『志』，古文『識』。識，記也。」論語「多見而識之」，白虎通禮樂篇作「志」，則「六⿱山志」即「六志」即「六識」。儀禮士喪禮「卦者在左」，注：「卦者，識爻卦畫地者。」少牢饋食禮「卦以木」，注：「卦以木者，每一爻畫地以識之，六爻備，書於板。」然則「六⿱山志」指識六爻於地或板，恰爲周人所循者。所謂隸書别體，非必具隸形，亦有形如楷書，而實爲隸之别體。如「急」之作「彶」，「池」之作「沱」，爲人所不注意。前述郭以「怠生」爲「怡生」，亦爲隸書别體，與此相類。山權數「民智而君愚」，别體作「㥔」。説文：「㥔，懽也。」通以娛爲之。諸人不知其義而改之。張佩綸謂當作「君智而民愚，君愚而民智」，郭沫若謂當作「民智而君智，民愚而君愚」，此皆不得其説而以意改之者。郭知「怠」之爲「怡」，而不知「愚」之爲「㥔」。甚矣！隸書别體之難辨也。甚矣！隸書别體之有助於校勘也。入國「徧枯握遞」，朱本作「偏」。醫書有「偏枯」而無「徧枯」，似能正誤矣。周易益卦「偏辭也」，孟喜作「徧」。「偏」「徧」不能相假。魏張猛龍碑「信」作「信」，魏奚智墓誌銘「徵」作「徵」，「彳」「亻」不别。曲禮「二名不偏諱」，鄭注謂「二名不一一諱之」，其義爲「徧」，然經典、唐律作「偏」，不作「徧」。以其相通，知朱本改「徧」爲多事，不明隸書之律令，爲妄作矣。

趙本改楊本隸書爲正楷，如上文所舉，「啚」之改「圖」，「咠」之改「胥」。然有時改錯，如「完」錯當「貌」。四時「鬬譯認」，「認」爲忌諱，趙本改爲「跽」，則爲長跪。大匡「凡仕者近公」，趙本改「公」爲「宫」，似乎近理。然小匡「公立三官之臣，市立三鄉」，「公」爲首都，趙不知也。小匡「人君唯僾與不敏」，「僾」訓掩翳，趙改爲「優」。

國準「燒山林，破增藪，焚沛澤，禽獸衆也」，趙本不知「禽」即「擒」，改爲「猛」。輕重丁「有五穀收粟布帛文采者」，趙本疑聲誤，依孟子改爲「菽粟」。不知「收」同「菽」，即蕎麥。小雅采菽本作「叔」，艸頭爲後加。「菽」本作「收」也。五行「神龜衍不卜」，趙本删「衍」字，忘洪範有「衍忒」之文，陳奂已爲訂正。有時將正字改爲俗字。心術上「掃除不絜」，趙本作「潔」。説文無「潔」，本作「⿱宀契」，修禊采蘭水上，祓除不祥。「絜」訓「麻一耑」，乃借字，後人乃於借字之旁加水，則爲漚麻，非其義矣。總之，趙本不明故訓，所改多不可信。

古本、劉本、朱本爲一系，間有不同，而大體一致，其誤比趙本更甚，名曰古本，實不古也。輕重甲「遺財不可包止」，三本改爲「拘止」。春秋隱八年「盟於浮來」，公羊作「包」，「包」通「浮」，即「俘」，非誤字。輕重乙「家足其所者，不從聖人」，「聖人」指君，後世通稱「聖上」。古本誤認「聖人」爲「盛德」，改爲「望人」。「望人」不可通。輕重丁「物之生未有刑」，三本疑「刑」爲誤字而改爲「形」，不知「刑」假爲「型」。堯典「觀厥刑于二女」，是其證矣。輕重戊「虙戲作，造六峜以迎陰陽」，「峜」爲古「法」字，古本改「六峜」爲「大陸」。山權數「天毀埊凶旱水泆」，「埊」與「峜」不同，決非「大陸」，而「大陸」亦不可通。

第四種之宋本，心術上「簡物小未一道」，墨寶堂本「未」作「末」。説文：「未，象木重枝葉也。」釋名：「未，味也。」言其物多而小，「未」非誤字。國蓄「謂之託食之君」，戴望云：「宋本『託』作『記』，誤。」輕重乙「桓公衍終，舉兵攻萊」，戴望云：「宋本無『終』字。」許維遹云：「墨寶堂本無『終』字。」「衍」同「演」，桓公演武既畢，舉兵攻萊，去「終」字則不可解。重令「凡君國之重器，莫重於令」，蔡潛道本「君」作「右」，丁士涵謂「右」通「有」。考「右」通「又」，「又」通「有」，而古籍無以「右」通「有」者，實爲不合。

第五類爲明板，異字不足論矣。

郭校羅列衆本，不分輕重，使人目迷五色，則其失也。

別有類書，字句亦多不同。王念孫以類書改正文，影響甚大，略論數則。四時「毋蹇華絶芋」，劉績云：「後禁藏作『毋拊竿』，必有一誤。」洪頤煊云：「類聚二、御覽十、事類賦注三引俱作『無絶華萼』，『蹇』是衍字。『華絶』二字誤乙，『芋』即『萼』之譌。尹注非。」王念孫云：「『蹇華絶萼』，類書引作『絶華萼』，所見本異耳。説文：『攓，拔取也。』『蹇』皆『攓』之或字，尹訓『蹇』爲『拔』，是也，但未知『芋』爲『萼』之譌耳。」三類書俱作「萼」，「芋」爲誤字無疑。然管書春發五政，五曰「無殺麑夭，毋蹇華絶芋」，各種皆有實用，獨禁折花萼何爲耶？儀禮士喪禮「其實葵菹芋」，注：「齊人或名全菹爲芋。」周禮醢人「七菹」，注：「韭、菁、茆、葵、芹、菭、筍。」「華」爲草木之榮，與花朵之「萼」有別。「蹇華」謂拔欣欣向榮之農作物，「絶芋」謂割韭、菁等。類書不解而改之。説文：「竿，竹梃也。」即全菹中之筍。春筍味鮮，長而成竹，竹園禁拔。禁藏房注：「竿，笋之初生也。」劉績謂必有一誤，而皆不誤矣。五行黄帝「得奢龍而辯於東方」，王念孫云：「『奢』當爲『蒼』。北堂書鈔帝王部十一、太平御覽皇王部四引此並作『蒼龍』。」蒼龍爲伏羲。金石索武梁石室畫像：「東方蒼精，其精爲龍。畫卦結繩，以理海内。」伏羲非黄帝之臣。且東方爲蒼龍，則南爲朱鳥，西爲白虎，北爲玄武，而皆不然，知「蒼」字爲類書所改。形勢解「奚仲之爲車器也」，王念孫云：「『器』字涉下文兩『器』字而衍。藝文類聚舟車部、太平御覽車部二引此皆無『器』字。」俞樾云：「下文云：『巧者奚仲之所以爲器也。』考工記曰：『一器而工聚焉者，車爲多。』此文以作『器』爲長。」俞説不全。形勢解謂「奚仲之爲車器也，方圜曲直皆中規矩鉤繩」，車不能中規矩鉤繩，中者爲車器。世本、尸子、墨子非儒、淮南脩務皆云「奚仲爲車」，無「器」字。類書删之，不知其不合文義也。上述數則，王氏所據類書，皆不可信。即以御覽而論，小問「走馬前疾」，御覽八百八十二引文同，三百二十九引作「馬前疾走」。「從左方涉，其深及冠，從右方涉，其深至膝」，御覽八百八十二引同，三百二十九引作「從左涉，深及冠，從右涉，深至膝」。若如王念孫之信御覽，則小問篇「錯誤」同時又「不錯誤」。其矛盾至此可爽然自失矣。

余之爲校注也，有問題之句，每字必考，不以常見之字而忽之。常見之字，往往蘊藏問題。輕重甲「桓公問四，因與癸乙、管子、甯戚相與四坐」，豬飼彥博、聞一多謂衍「四因」二字，張佩綸、許維遹謂衍「問四因」三字，皆以爲不可解矣。「四」爲常見之字，知假爲「駟」，則貫通矣。山國軌、山權數、山至數之「山」字，皆以爲誤字，予初用淮南説山訓注「説道之旨，委積若山」，釋篇名可通，然宙合「散之至於無間，不可名而山」，侈靡「能與化起而王用，則不可以道山也」，義不可通。宙合，劉績改「山」爲「止」；侈靡，丁士涵、郭沫若亦解爲「止」，定爲形近之誤。三人一致，當無問題，然不可以釋篇名。尋説文訓「山」爲「宣」，則五處皆貫通矣。輕重丁：「龍鬭於馬謂之陽，牛山之陰。管子入復於桓公曰：『天使使者臨君之郊，諸使大夫初飭，左右玄服，天之使者乎。』」末句不可通，豬飼彥博、顧廣圻、陶鴻慶均疑有脱字，若知「乎」爲「評」之借，則天使呼召，文從字順矣。「乎」假爲「評」，甲骨、金文常見，好以甲骨、金文釋管之于省吾曾不感覺。以「者乎」二字爲疑詞，乃常見也。予自經幾次教訓之後，每字必查，於舊説之改字，不肯信矣。早年崇拜王念孫之心理，乃大變易。

予之爲校注也，擴展舊法，通用之法四：有問題之字，先求説文本訓；不可通，求之於假借；不可通，求之於聲訓；最後均不可通，則定爲形誤。

説文本訓，至易知也。小匡「用此五子者何功」，俞樾、姚永概、張佩綸皆以「何」爲問詞，惟孫星衍知爲「擔荷」之「荷」，乃説文本訓也。戒篇「天不動，四時云下」，姚永概、許維遹謂「云下」爲「云云」之誤，王引之亦謂「運，古字讀若『云』，故與『云』通」，釋爲假借，不悟「云」爲「雲」之古文，「象雲回轉形」，轉運乃其本義。上二則單純，述其複雜者。侈靡「辱舉其死，開國閉辱」，丁士涵釋「辱」爲「厚」，與「蓐」通，章太炎釋「死」爲「屍」，皆是也。然「蓐」何以訓「厚」，丁、郭無説。説文：「葬，藏也。从死在茻中，一其中，所以薦之。易曰：『古之葬者，厚衣之以薪。』」「死」即「屍」，「辱」爲以蜃殻去草，其訓「厚」，在「葬」字説解中。「辱舉其死」，爲厚薦以草而舉其屍也。「開國閉」，張佩綸以「闢四門」釋之。俞樾以「閉」乃「門」之誤字，改爲「開其國門，辱知神次」，而「國門」之含義則不問也。説文：「國，邦也。从口从或。」徐鍇謂「或」亦「域」字。古籒補以「或」爲古「國」字。「或，邦也。从口从戈以守一。一，地也。」「『或』又从土」作「域」。「或」、「域」、「國」爲一字，以聲變而不覺。周禮冢人「掌公墓之地，辨其兆域」，國門即兆域之門。考工記「匠人營國」，禮運「祀社於國」，皆謂「公墓」。「國」之本義，乃在「域」字説解中。由是知求本義亦非易事也。

假借者，聲近義通，王念孫擅其勝。群以爲法，然亦有曲折者。輕重己「夏日至始，天子祀於大惢」，王紹蘭以「大惢」即「月」，爲「鼎」之譌。郭沫若謂與夏祀太宗、秋祀太祖同例，「乃人鬼之祀」，其言有理，然以「惢」音近於「昊」，「鼎」若「皎」，謂即太郊，證據不足。魏都賦「神惢形茹」，注：「垂也。」假爲「蘂」。曲禮「立視五巂」，注：「巂，或爲『橤』。」説文：「巂，周燕也。」即「鳦」，乃商頌之玄鳥，祀簡狄爲高禖者，於是郭説證實矣。侈靡「則約殺子，吾君故取夷吾謂替」，張佩綸擅改爲「鈞殺于吾」。郭沫若謂義不可曉，疑爲談易牙殺子事。不知「子」同「祀」。周禮閩隸「掌子則取隸」，杜子春謂「子」當爲「祀」。「包」字説文解云：「巳在中，象子未成形。」子則已成形。金文「乙子」、「辛子」即「乙巳」、「辛巳」。易損卦「巳事遄往」，虞本作「祀」。「殺」訓衰減，「替」爲「廢」，謂約減祀典也。此二則稍複雜，然亦有簡單而誤者。侈靡「薄德之君之府囊也」，「薄」假爲「普」，「德」假爲「得」，其義易知。丁士涵疑「薄德」爲「博德」。以俞樾之精而改「府」爲「所」，釋爲「薄德之君之所囊也」，不認爲假借而釋本義，則單純之假借亦易誤矣。

第三爲聲訓。朱駿聲闕一目，用者極少。五行「五穀鄰熟」，戴望云：「釋名釋州國曰：『鄰，連也。』『五穀鄰孰』猶言連孰，即所謂屢豐也。」此外未曾見。予嘗用之，前述「山」訓爲「宣」，即其一例。心術下「金心在中不可匿」，劉績、洪頤煊、冢田虎、許維遹皆謂内業作「全心」，爲「全」之譌。内業「全心在中，不可蔽匿」，承上文「心全於中，形全於外」，確爲「全」字。此則承「鏡大清者視乎大明」，下文「金心之形，明於日月」，文義一貫，非誤字。釋名釋天：「金，禁也，氣剛毅能禁制物也。」白虎通五行：「金在西方。西方者，陰始起，萬物禁止。『金』之爲言禁也。」「金」、「禁」同音，故「捦」之或體爲「襟」。物稱之爲「禁」，而其形爲「金」。説文謂：「生於土，从土，左右注象金在土中形。」地數：「上有丹沙者下有黄金，上有慈石者下有銅金，此山之見榮者也。君謹封而祭之，距封十里而爲一壇，是則使乘者下行，行者趨。若犯令者，罪死不赦。」蓋金可爲貨幣，爲兵器，禁民採取。釋名、白虎通之説，尚未抉其内蘊也。「金」音同「禁」，故兵以鼓進，以金退。釋名釋兵：「金，禁也，爲進退之禁也。」其義是也。孳乳爲噤，謂噤心不言而不可匿也。金人銘稱「古之慎言人」，亦謂其噤口不言也。戒篇「遂南伐楚，門傅施城」，姚永概謂「門傅」不辭，丁士涵謂「衍

「門」字」，不知釋名「門」訓捫，謂迫近施城也。心術上「天曰虛，地曰靜，乃不伐」，俞樾謂「『伐』乃『貸』字之誤」，天地不可伐。不知春秋説題詞「伐之爲言敗之也」。虛而靜則不敗，非誤字也。幼官「四舉而農佚粟十，五舉而務輕金九」，群以「十」「九」爲誤字，不知「十」訓爲具，「九」訓爲勼，聚也。説文解字形、聲、義並舉，義即在聲中，至劉熙釋名，專以聲訓。清代訓詁極盛，未曾運用，成爲具文，使一部分古籍不可解，抑亦大缺失也。

第四爲形誤。爲形誤而改字，王念孫喜用之，給後來壞影響不少。釋形誤有兩大原則：其一，詳爲考證，用各種方法不可通。其二，有堅强之證，上下文義皆貫通。否則，心靈一至，摇筆而定爲形誤，未有不謬者。其反面之禁條有一，金文、草書不可定形誤。形誤非隸即楷。金文在漢以前，隸定時不用。抄書雕板均慎重，不用草書。諸家用金文、草書定形誤者，無一可信，可以爲鑑戒。此外有隸書别體，似誤非誤，前已論之矣。輕重甲「夫妻服簞，輕至百里」，王引之定「簞」爲「葷」之譌，謂隸書相似。張佩綸定爲「單」字，引晏子春秋「民單服然後上」。言皆有理，要在上下文義。桓公因貴市皮幹筋角，非爲國之數。管子令高杠柴池，天雨，十人之力不能上。皮角爲九府之一，出於幽都，齊國出産少，而農業國不輕殺牛，故高杠柴池，使牛自斃。晏子云：「景公登東門防，民單服然後上。公曰：『此大傷牛馬蹄矣。夫何不下六尺哉？』晏子對曰：『昔者，吾先君桓公，明君也。而管仲，賢相也。夫以賢相佐明君而東門防全也。』」知高杠駕於高隄之上，牛馬上下難，多困斃。絶罷相繼而死，國家以高價收買皮角。晏子內諫下：「服牛死，夫婦笑，非骨肉之親也，爲其利之大也。」皮角價高利大，自斃乃得之，夫婦爲之笑。俞樾改「笑」爲「哭」，誤矣。霸言「埊近而攻遠」，孫星衍、宋翔鳳皆以爲古「地」字。王紹蘭謂：「地近攻遠之文不配，『埊』乃『峚』之譌。西山經『峚山』，郭音密，借爲『密邇』之『密』。」王説近之。然「密近」之文未見，仍有問題。「峚」乃「坴」字，説文：「土塊坴坴也。」山權數「峚凶旱水泆」，同形同義，即「陸」字，謂陸凶旱而水溢也。易「莧陸夬夬」，釋文蜀才「陸」作「睦」。唐扶頌「內和陸兮外奔赴」，嚴舉碑「九族和陸」，皆以「陸」爲「睦」。説文：「坴，一曰坴梁。」史記始皇本紀作「陸」。是「坴」於山權數用爲「陸」，於霸言用爲「睦」矣。郭謂山海經音「密」者，「睦」通「穆」。史記相如傳「旼旼睦睦」，漢書作「穆穆」，是其證。「穆」從「㣎」聲，「㣎」從「㝔」省聲，「㝔」同「隙」，故有「密」音也。此王説當修正者也。

予校管另有專用之法，非一般所能採用。其法有三：（一）漢隸別體。（二）齊國方言。(三)管書中心理論。隸書别體，上文舉出不少，不但保存漢、魏真蹟，且可以解决疑難問題。如「巨乘馬」或作「臣乘馬」，或作「匡乘馬」。魏司馬景和妻墓誌「矩」作「矩」，隋吕胡墓誌作「矩」，「臣」及「臣」皆爲「巨」字。形勢篇「譕臣者可與遠舉」，淮南作「蹠巨」，均可爲證。至於「匡」字，則爲「臣」之變矣。侈靡「鵑然若謞之靜」，余證明即「高」，同「蒿」，「謞」爲字書所無。何以左旁多「言」字，無法證明。齊陋赤齊造象記「高」作「髙」，移「言」於旁則爲「謞」矣。管書中齊之方言不少。山權數「天毁埊凶旱水泆」，戴望疑有脱文，聞一多以「天毁地」爲一句，郭沫若改爲「故天毁地」。説文：「燬，火也。」毛詩汝墳「王室如燬」，釋文：「『燬』音毁，齊人謂火曰『燬』。」「毁」即「燬」，「火」旁爲後加。孳乳爲「燬」爲「焜」，「天毁」即「天火」也。大匡：「吾欲發小兵以服大兵，内失吾衆，諸侯設備，吾人設詐，國欲無危，得已乎？」公羊僖三十三年傳「詐戰不日」，注：「詐，卒也。齊人語也。」諸侯有備，齊倉卒應戰，無有不敗，非謂欺詐也。輕重甲「今每戰，輿死扶傷如孤，荼首之孫，仰傳戟之寶」，張登雲謂「寶」爲「室」之誤，張佩綸謂「荼首」爲「貧子」二字之壞。左傳哀公六年「陳乞弑其君荼」，公羊作「舍」。是齊讀「荼」爲「舍」，「荼首」即「舍首」也。左傳莊公六年「齊人來歸衛俘」，公羊作「衛寶」。「傳戟之寶」即「傳戟之俘」。晏子春秋内諫上：「貧氓萬七千家，懷寶二千七百家」。「懷寶」即懷來之俘。第三法則管子以幼官爲中心，乘馬爲輔，詳見下文。

余用此七法校管，以釋難題。中有昔人所謂十分之見或非十分之見者，一人之精力有限，補苴闕失，留待後人。

余於是有感焉。少年學「文字學」，爲古代之小學，而字形孳乳，聲音部居演變，窮極幽妙，遠出小學範圍之外。識字辨句，專家所不屑爲，至校管而心情爲之改變。識字辨句，問題尚多。立政「道塗無行禽」，房注：「無禽獸之行。」俞樾改訓「禽獲」，是也，即「擒」字。白虎通田獵：「禽者何？鳥獸之總名，明爲人所禽制也。」其義甚明。段、桂、王未言「禽」即「擒」。易井「舊井无禽」，朱氏謂爲「捦」之借，「捦」訓「急持衣衿」，或體作「襟」。段注：「此篆古假借作『禽』，俗作『擒』作『捦』，走獸總名爲『禽』者，以其爲人所捦也。」是朱之誤由於段改白虎通之「鳥獸」爲「走獸」，是一誤而再誤。「捦」者擒而禁制之，與「擒」有殊，故其或體爲「襟」。「金」訓「禁」，前已述之矣。在小學大明之時，尚有此誤，何尤乎房注乎？立政「而民自盡竭」，李哲明云：「『竭』即盡也，『盡竭』連文無義。」不知「竭」之本義爲「負舉」，「盡竭」爲「盡負舉」。任法「皆虛其匈以聽其上」，許維遹云：「『匈』即『胸』省。」不知「匈」之或體作「𦙄」，從「勹」與從「肉」同義。「胸」乃俗字，此玉篇之謬，其字不見於説文。山權數「而農夫敬事力作」，李哲明云：「『敬』當作『亟』，亟猶急也。王氏謂五行篇『農事爲敬』，『敬』當作『亟』。此『敬』字宜與彼説同。」五行篇王氏謂讀如「亟其乘屋」之「亟」。集韻「亟」或作「蔜」，因譌而爲「敬」。「敬」從攴、苟會意，「苟」從廾，訓「自急敕」，與從艸之「苟」異。「亟」、「苟」、「敬」音義同。漢瓦當文「亟」作「檄」。廣雅釋詁：「亟，敬也。」段玉裁謂「當爲者定其字聲之誤而改之」。李哲明不知「竭」字之義，不知漢讀之例。許不知「胸」爲謬字，不足爲異。王念孫亦不知「敬」之從「苟」而音同「亟」，則可怪也。侈靡「而民不殺智運謀而雜櫜刃焉」，諸人定「雜」爲「離」之誤。説文：「雜，五彩相會，從衣，集聲。」「褋」變形作「雜」。廣雅釋詁三：「雜，聚也。」諸人不知其從「集」而有「聚」義。五行「不誅不貞」，諸人或以爲誤字，或從通義訓「正」，不知「貞」之本訓爲「卜問」，此五行之真義也。

上文所述，皆古代小學生之常識，而今之專家有問題。至於句讀之誤，則舉不勝舉。然則校勘之學，真當從古之小學做起，而非近代之所謂小學矣。

余用七法校管，前六法均屬「文字學」範圍，然不足應用，蓋所述有出文字範圍之外者矣。地數「上有慈石者下有銅金，上有陵石者下有鉛錫赤銅」，張佩綸引淮南説山，謂慈石引鐵，銅則不行，疑當作「必有鐵」。許維遹謂北山經注引作「下必有銅」。二人最好改字，而此文則疑之而不敢改。不知此乃黄鐵礦，視磁鐵礦磁性稍弱，似銅之黄色，故稱「銅金」，其實鐵也。「陵石」則爲真銅礦矣。孫星衍謂御覽三十八引作「緑石」，八百十引作「陵石」。孫毓棠引桂海志：「石緑，銅之苗也。」「陵石」是否錯誤，無人置喙。此乃孔雀石，有鮮緑色，故稱「緑石」，分佈於銅礦最上部，故稱「陵石」，管書不誤。我國各地銅礦，此石最多。地員「三分而益之以一，爲百有八，爲徵。不無有，三分而去其乘，適足以是生商。有三分而復於其所，以是成羽。有三分去其乘，適足以是成角」，諸人疑「不無」二字衍，而「百有八」非十二律之數，閉口不言。不知三分去一益一，淮南、史、漢與管子同。黄鐘八十一下生，管子則上生，81×4/3＝108，得徵。「三分而去其乘」，乃下生，108×2/3＝72，得商。「有三分而復於其所」，復爲上生，72×4/3＝96，得羽。「去其乘」下生，96×2/3＝64，成角。「不無有」謂如六韜所説，必有應聲，「知三軍之消息」。王光祈中國音樂史，知管書與淮南、史、漢之異同，而不能説其義。武王伐紂，吹律聽聲，其來遠矣。非一般書生所知也。或疑戒篇「桓公外舍而不鼎饋」一節，復見於侈靡，以爲不可辯護之錯簡。則請較兩篇之同異。侈靡篇開始多「載祭明置」一句，置社稷而祭之也。侈靡之烈士叢葬，即置於社中。孟子謂「諸侯危社稷則變置」，與致諸侯之語合。「汙殺之事」，乃殺牲塗血以祭，戒篇則易爲「持接」，彼此不同。蓋戒篇爲以言儆君，記中婦諸子之言，爲其能戒儆也，與侈靡之置社不同。言各有當，非錯簡也。論語八佾、鄉黨二篇同有「入太廟，每事問」一節，舊説以爲重出。劉寶楠鄉黨正義云：「此事弟子類記行事，與前篇別出。」其言是也。八佾記「或」有「孰謂鄹人之子知禮」之疑，所記詳。鄉黨記孔子之言行，則僅六字而已。觀論語之非重出，則管子非錯簡益明矣。

自宋以來，多疑管書非一人之作，中雜僞篇。嚴可均鐵橋漫稿書管子後：「近人編書者，每謂此書多言管子後事，蓋後人附益者多。余不謂然。先秦諸子，皆門弟子或賓客或子孫撰定，不必手書。」章學誠文史通義：「春秋之時，管子嘗有書矣。然載一時之典章政教，則猶周公之有官禮也。記管子之言行，則習管氏法者所綴輯，而非管子所著述。或謂管子之書，不當稱桓公之謚，閻氏若璩又謂後人所加，非管子之本文，不知古人並無親自著書之事，皆是後人綴輯。」余嘉錫四庫提要辨證：「向、歆、班固條別諸子，分爲九流十家。而其同一人之書，又自爲一家。合若干家之書，而爲某家者流，明乎其所謂家者，不必是一人之著述也。父傳之子，師傳之弟，則謂之家法，稱述師説者，即附之一家之中，如公、穀傳中，有後師之説是也。管子而稱毛嬙、西施、吴王、齊桓公，此明是爲管氏學者之言，何足疑乎？若謂管子不當記仲之死，則論語不當記曾子之死乎？故讀先秦之書，但當問其是否依託，而不必問其爲何人所著。」三子之言善矣，然猶未盡。學術至唐而荒，至宋而衰落，其轉變爲理學無論矣。管書以幼官爲理論中心，劉向定爲道家，深知管子；隋書改入法家，乃皮相者。幼官以顓頊爲主，故水地篇以水爲神，而楚水獨合標準。心術、白心、内業，理論導於幼官，前已指出，此四篇不僞。全書體系嚴密，一家之學，脈絡相承，言論不離其宗，非隨意綴輯也。輕重戊「魯梁之於齊也」，張佩綸、馬元材皆以爲梁孝王故國，謂「本書之作，至早不得在漢文帝十二年徙淮南王武爲梁王以前」。其言如此肯定，不知即魯國之南梁，見於國策齊策。最常見之書不考，輕騰口説，真妄人也。侈靡爲管子生財教戰之重要篇籍；婦人爲政，亦見君臣下，無可疑者。問題較複雜，爲小稱篇之稱西施，葉適、豬飼彦博、張佩綸、郭沫若皆以爲僞。女稱氏而不名，三傳所記，齊姜、周姬，無一稱名者。孟子稱爲西子。周禮遂人「與其施舍者」，注：「施，讀爲弛。」「施」即「子」。趙岐注孟子，高誘注淮南，皆以爲「古之好女」，而許慎淮南注則以爲「好人」。美女稱「好女」，古籍未見，更無稱「好人」者。丁山以甲文「婦好」爲子姓之女，證以甲文之「婦㚤」、「婦妊」，其言可信。詩衡門「豈其取妻，必宋之子」，箋：「子，宋姓。」左隱元年「惠公元妃孟子」，杜注：「子，宋姓，女以字配姓。」則西子爲殷女，故許以爲殷人而稱「好人」。越之西施，或用古人之名，或因其美而混名西施，皆不可知，而非管書之西施，故疑小稱爲晚作，亦不足信也。

集校叙録云：「唐中宗神龍年間，國子博士尹知章曾爲之注，有篳路藍縷之功。其注亦有存佚。文獻通考引崇文總目云：『按吳兢書目凡三十卷，今存十九卷，自形勢解篇而下十一卷亡。』今考諸解均無注，其輕重篇之偶有注者，蓋幸存者也。注文奪誤甚多，且每被人竄改。其最受人詬病者，如大匡篇『兄與我齊國之政』，『兄』本讀爲況，而注乃謂『召忽稱管仲爲兄』。然據劉績補注引『別本注』，則並無此語。藉此可知今存尹注已非尹氏之舊。顧尹氏之不幸尚不僅此，以其姓名不著，『尹知章』三字自唐以來已被坊間竄改爲『房玄齡』矣。晁公武郡齋讀書志云：『……房玄齡……注頗淺陋，恐非玄齡。或云尹知章也。』王應麟玉海卷五十三亦云：『唐杜佑抄管子書爲指略，序稱房喬所注，而舊録皆作尹知章，文句無復小異。』唐志及吳兢書目均有尹注而無房注，則或説得之。」不知關於管子目録問題甚大，決非如郭氏所言之簡單。

隋書經籍志法家：管子十九卷，齊相管夷吾撰。

唐修隋書時，管子尚未有注，此爲舊本。

舊唐書經籍志：管子十八卷，管夷吾撰。

新唐書藝文志：管子十九卷，管仲。尹知章注管子三十卷。

十九卷當爲目録一卷，本十八卷。張守節史記正義引劉歆七略曰：「管子十八篇，在法家。」班固藝文志移於道家，八十六篇。而劉向叙録稱八十六篇。向、歆父子間不至相差六十八篇之多。此十八篇者，即十八卷，篇爲簡册，卷爲縑素，名異而實同。此八十六篇者，一簡最多二十五字，簡牘繁重，不能聯綴只十八篇。藝文志分著於道家、兵家，隋志移於法家，即歆之舊部舊第也。舊唐書尹知章傳：「所注孝經、老子、莊子、韓子、管子、鬼谷子，頗行於時。」本書房傳未言其注管子。新唐書尹、房二傳均未言及，而志則有尹注。尹注老、韓各種均亡，則其書不爲人重視。房傳未提及，然不能因此謂房無管子注。房以相業爲重，注書非其要者。魏徵與玄齡同以功業著，所抄群書治要赫然尚在，而徵傳固未有也。

通志藝文略：管子十八卷，齊相管夷吾撰。又十九卷，唐尹知章注，舊有三十卷。又二十四卷，唐房玄齡撰。

通考經籍志：管子二十四卷。杜佑指略序云：「唐房玄齡注。」崇文總目曰：「唐國子博士尹知章注。」按吴兢書目，凡書三十卷，今存十九卷，自形勢解而下十一卷已亡。

宋史藝文志：管子二十四卷，齊管夷吾撰。尹知章注管子十九卷。

玉海云：隋志法家十九卷。唐志尹知章注三十卷。國史志尹知章注十九卷。吴氏西齋書目此自形勢解亡。舊唐史尹知章傳云：「注管子。」唐杜佑抄管氏書爲指略，序稱「房喬所注」，而舊録皆作尹知章，文句無復小異。今本房玄齡注，五十八篇有注。有經言、外言、内言、短語、區言、雜篇、解、輕重。牧民第一至輕重庚第八十六。

崇文總目：管子十九卷，唐國子博士尹知章注。吴兢書目凡三十卷，今存十九卷，自形勢解以下十一篇亡。

晁氏袁本讀書志：管子十八卷，五十八篇有解。指略序云「房玄齡所注」，或云「尹知章注」，不詳。晁氏衢本讀書志：管子二十四卷，杜佑云「唐房玄齡所注」，而注頗淺陋，恐非玄齡，或云尹知章也。

綜合觀之，十八卷本，房析爲二十四卷。十九卷本，尹析爲三十卷，亡形勢解以下十一篇。此十九卷爲隋志之舊，非由三十減十一爲十九，以所亡者十一篇，非十一卷也。王應麟所見之管子與今本同。今本亡十篇，形勢解上下均有，則所亡者乃尹注，非管書之篇目也。注文句無復少異，晁疑非玄齡，以其淺陋，非別有據也。

今本管子二十四卷，與房本同，而與尹本不同。自形勢解以下十一篇中，今本海王、國蓄、山國軌、山權數、山至數、地數、揆度、輕重甲乙丁戊均有注，其海王、國蓄注特詳，而尹注則已逸，此可斷言今本爲房注者一。杜佑去唐初不遠，所見爲房注本，而通典食貨引管子注文不少。以海王爲例：「海王，言以負海之利而王其業。」「正，税也。」「少半，猶劣薄也。」「吾子，謂小男小女也。」「曆，數。」「鹽十二兩七銖一黍十分之一爲升，當米六合四勺也。百升之鹽，七十六斤十二兩十九銖二絫爲釜，當米六斗四升。」所引均與今注同，此可斷言今本爲房注者二。歐陽修修新唐書時，尚見尹注三十卷之全。鄭樵修通志時，十一篇已亡。亡者尹注，非房注也。然今通典引國蓄末「天下也」下有「是以命之曰衡，衡者使物一高一下，不得有調也」十九字，又引注「若五穀與萬物平，則人無私其利，故設上中下之幣而行輕重之術，使一高一下，乃可權制利門，悉歸於上」，今本缺。則今本不但房注不全，而正文亦有奪失。唐及宋之初期，抄寫困難，注釋別行，如史記索隱尚有單行本，陸德明經典釋文今尚别行。爲閲讀便利，合而爲一。王弼注易，以傳合經，爲時甚早。經典釋文之莊子注，亦與郭象注合刊。有時已合，又復析出，如説文、字林爲其一例。今本説文中有字林之説，不易辨别。淮南爲高誘注，今本題許慎，與管子相傳爲尹注而今本題房玄齡同，蓋已合而復析者。劉績所舉别本凡五十餘條，爲房爲尹，不能定也。易明夷「用拯馬，壯」，釋文：「拯救之拯。説文云：『舉也。』子夏作『抍』，字林云：『抍，上舉，音承。』」是説文作「拯」，字林作「抍」，説文「舉也」，字林「上舉」，極爲分明。今本説文無「拯」字，云：「抍，上舉也。」此以字林混説文也。今本二十四卷之管子，確爲房注，以淮南、説文例之，則房注因混入析出而有奪失，蓋唐末或北宋人矣。而以爲尹注則謬，王念孫已誤於前矣。

房注淺陋，爲世所譏，然精粹者不少。如前述「附竿」之「竿」訓笴，此豈常人所能耶？小問「爲干國多」，房注：「戰功曰多。」郭沫若謂「不辭」，疑「多」爲「死」字，而不知其見於周禮司勳也。法禁「家無常姓」，注：「姓，生也。」君臣上「下有五横以揆其官」，注：「横，謂糾察之官，得入人罪者也。」此即漢之黄門，由虞横而演變者。霸形「宋伐杞，狄伐邢、衛，桓公不救，裸體紉胷稱疾」，注訓「紉」爲「摩」。洪頤煊以「紉」爲「束」，引左傳「魏犫束胸見使者」爲證。不知魏犫乃因受矢傷而束之，桓公稱病，但示胸有鬱滯，非傷也。方言六「㱙，楚謂之紉」，房注爲有據。房所注爲諸説改壞者不少，譏爲淺陋，謂其以後世常用之義釋古書，不合於本義，則校管所推尊之三大家俱不能免。王念孫不知「芋」爲「全菹」，俞樾不知「國」爲「兆域」，已具於前。幼官「刑則交寒害釱」，孫詒讓謂「害」爲「肉」，不知「釱」訓「車轄」，「害」假爲「轄」也。王、俞、孫三大家不知古義，於房玄齡何尤？

管子内容博大，體系整飭，超越九流諸家之上，漢初賈誼、晁錯稱述之。武帝定儒家爲一尊，其書漸微，然鹽鐵論猶論及之。孟軻極力貶抑，至東漢趙岐注孟子而後，傳述衰息。漢末鄭玄、服虔、許慎諸人不爲管子作注。六朝重玄言，更非老、莊之比。五胡亂華，士族南遷，中原舊義湮没，管子遂無人能讀其全矣。房玄齡作注於師傳久絶之後，不能盡解者，勢也，而又闕佚不全。通典十二引玄齡佚注：「此篇經秦焚書，潛蓄人間。自漢興，晁、賈、桑、耿諸子猶有言其術者。其後絶少尋覽，無人注解。或編斷簡蠹，或傳訛寫謬，年代綿遠，詳正莫由。今且梗概粗知，固難得搜摘其文字。凡問古人之書，蓋欲發明新意，隨時制事，其道無窮，而况機權之術，千變萬化，若一二模楷，則同刻舟膠柱耳。他皆類此。」玄齡此言，指山至數之「幣乘馬」爲不可行於後世，兼以否定管書精義，此則玄齡之淺陋不僅在注文也。「幣乘馬」即輕重之術，物價由政府控制，今世極爲重視，玄齡烏足以知之耶？玄齡之貽誤後人者，自己不明古音古義，而稱爲「編斷簡蠹」、「傳訛寫謬」，然猶未敢改字也。此風一扇，輒無據而「删」、「改」、「塗」、「乙」，其害不可勝窮矣。

管子樹義有五：曰政治，曰法令，曰經濟，曰軍事，曰文化。政治以牧民爲主，治國、權脩、山權數、山至數、揆度、禁藏、霸言、霸形、立政、正世、入國、度地、九守、輕重乙、問、版法、七臣七主、君臣上、君臣下次之。其樞言類似自序。法令以法禁、任法、明法、重令爲主，四時、正、正世、版法次之。經濟以國蓄爲主，山國軌、乘馬、巨乘馬、乘馬數、輕重甲、輕重乙、輕重丙、輕重丁、輕重戊次之。海王、地數爲鹽鐵專篇，地員爲農業專篇。軍事以參患、七法爲主，地圖、八觀、制分、九變、勢、山國軌次之。文化以幼官、水地爲主，侈靡、心術上、心術下、白心、内業、四時、五行次之。别有故事，在政治理論之外而兼有其内容，以小匡爲主，大匡、中匡、戒、四稱、封禪、桓公問、問、事語次之。主要者不過六七篇，爲全書之綱領，而幼官則爲腦神經中樞，理論體系由是出焉。

幼官爲玄宫，祀五帝、五室。東方太昊執規，南方炎帝執矩，中央黄帝執繩，西方少昊執衡，北方顓頊執權，以顓頊爲主。權衡用於經濟，規矩用於法令，繩用於軍事，皆源於幼官。以神道爲治，非泛言也。輕重之説即源於權衡，五帝、五獸、旗物、兵刑皆有圖，爲大教之宫，祭先祖，祀上帝，朝諸侯，養老尊賢教國子，饗射獻俘馘，治天文，告朔，皆在於是。其數爲洛書。「圖」比文字重要，全書每一篇皆可於幼官尋其脈絡。以牧民言之，「務在四時，守在倉廩。守國之度，在飾四維；順民之經，在明鬼神，祗山川，敬宗廟，恭祖舊」，似與幼官無關係。然務在四時，即春發五政，夏秋冬皆有之。春行冬政則雕，行秋政則霜，行夏政則欲（詳四時篇），即見於幼官矣。實倉廩之説詳治國篇，幼官「量委積之多寡，定官府之計數」，即其義也。四維以廉恥與禮義並重，「禮不踰節，義不自進，廉不蔽惡，恥不從枉」，皆爲戰爭之用，宋司馬子魚所謂「明恥教戰，求殺敵也」。柳宗元不知此義，作四維論，以廉恥不能與禮義並舉，此迂儒之見也。至於明鬼敬宗廟則關係顯著矣。雖然，管子非獨任神治也，而深倚民治：「政之所興，在順民心。政之所廢，在逆民心。民惡憂勞，我佚樂之；民惡貧賤，我富貴之；民惡危墜，我存安之；民惡滅絶，我生育之。能富貴之，則民爲之貧賤；能存安之，則民爲之危墜；能生育之，則民爲之滅絶。故刑罰不足以畏其意，殺戮不足以服其心。故知予之爲取者，政之寶也。」「民從上也，不從口之所言，從情之所好。……明君知民之必以上爲心也，故置法以自治，立儀以自正。」

（法法）此深達人情之論矣。「巧者能生規矩，不能廢規矩而正方圜。雖聖人能生法，不能廢法而治國。」（法法）「法律政令者，吏民規矩繩墨也。」（七臣七主）「民有餘則輕之，故人君斂之以輕。民不足則重之，故人君散之以重。君必有什倍之利，而財之櫎可得而平也。」（國蓄）「輕重」由「權」來，孟子「權然後知輕重」，規矩準繩權衡之源於幼官有徵矣。

輕重政策，管子所重視。以幣與穀權百物，又以幣互爲權。當幣重物輕，聚物散幣；穀重物輕，聚物散穀。穀輕幣重，聚穀散幣；穀重幣輕，聚幣散穀。穀、幣、物三者互爲影響。同一幣也，有上中下之不同，珠玉爲上幣，黄金爲中幣，刀布爲下幣。以中幣制上下之用，使之平衡。此種控制，現在經濟專家仍不越其範圍。

別有輕重之策，運用於戰時，稱爲「侈靡」。所謂「富者靡之，貧者爲之」也。「雕卵然後瀹之，雕橑然後爨之」，其作用爲發積藏，散萬物。漢書郊祀志「不如西鄰之瀹祭」，注：「煮新菜以祭。」「雕橑」即畫燭。禮記：「庭燎之百，自齊桓公始。」玉燭寶典云：「古之豪家，食稱畫卵。管子云：雕橑然後灼之，雕卵然後瀹之。」雕橑用於宗廟易知。雕卵入於宗社，惟殷俗有之。商頌「天命玄鳥，降而生商，宅殷土芒芒」，指簡狄吞燕卵也。所雕之卵爲燕卵。輕重己「天子祀於大㘬」。祀簡狄於高禖而求子，與庭燎之百，皆有大宗收入也。別有叢社爲烈士公墓。「辱舉其死，開國閉辱」，「辱」爲厚裹其屍，「死」即「屍」，「國」爲兆域。「參天地之吉綱」，公墓得吉壤。「開其國門者，玩之以善言，奈其斝」，既葬而祝福也。「斝」爲酒之器，與「嘏」諧聲，玩味祝福之頌詞。禮運「醆斝及尸」，周禮鬱人注「斝爲受福之嘏」是也。此種行動，所以鼓勵民衆，所謂「民欲佚而教之以勞，民欲生而教之以死，勞教定而國富，死教定而威行」也。於幼官精神之密切，亦不待言矣。

抑幼官之水宮爲水神玄冥。水地：「地者，萬物之本原，諸生之根菀也，美惡賢不肖愚俊之所生也。水者，地之血氣，如筋脈之通流者也，故曰水具材也。」「集於天地，而藏於萬物，産於金石，集於諸生，故曰水神。集於草木，根得其度，華得其數，實得其量。鳥獸得之，形體肥大，羽毛豐茂，文理明著。萬物莫不盡其幾，反其常者，水之内度適也。」此爲哲學之根本認識，希臘泰勒斯以水爲萬物之源，印度有水論師，命意相似，而精到不及。原子集爲萬物，其核爲流體，真可謂之水神矣。又云：「人，水也，男女精氣合而水流形。三月如咀，咀者何？曰五味。五味者何？曰五藏。酸主脾，鹹主肺，辛主腎，苦主肝，甘主心。……凝蹇而爲人，而九竅五慮出焉。」五味具於幼官，九竅五慮發爲心理及政治理論。心術上：「心之在體，君之位也。九竅之有職，官之分也。心處其道，九竅循理。」此心理學也。「耳目者，視聽之官也。心而無與於視聽之事，則官得守其分矣。夫心有欲者，物過而目不見，聲至而耳不聞也。故曰：上離其道，下失其事。故曰：心術者，無爲而制竅者也。」則爲政治學矣。夫心不能代耳目之職，心有欲則耳目反失其職，是以道家主張無爲而治，無爲而無不爲矣。任法：「不思不慮，不憂不圖，利身體，便形軀，養壽命，垂拱而天下治。」此老子之術也，後人誤會久矣。漢志列管子於道家，隋志改入法家，非知管子者也。小匡：「鮑叔爲大諫，王子城父爲將，弦子旗爲理，甯戚爲田，隰朋爲行。」「理」即法官，即大理院長。漢書藝文志：「法家者流，蓋出於理官。」法從理出，爲生理之自然現象。水可以爲平準，爲五量之宗。管子以「權」、「衡」、「規」、「矩」、「準」當之，而未嘗專以「法」稱也。山至數：「桓公曰：『天子三百領，泰奢而散，大夫准此而行，此如何？』管子曰：『非法家也。』」此「法家」之「法」爲法度，「家」指大夫，義與九流之法家異。此孝經所謂先王之法言、法服，師法舊制。管子則主張「不慕古，不留今，與時變，與俗化」（正世）。荀卿之「法後王」，韓非之「不期修古，不法常可」，皆與管異趣也。

水地又云：「齊之水道躁而復，故其民貪麤而好勇。楚之水淖弱而清，故其民輕果而賊。越之水濁重而洎，故其民愚疾而垢。秦之水泔冣而稽，淤滯而雜，故其民貪戾，罔而好事。齊、晉之水枯旱而運，淤滯而雜，故其民諂諛葆詐，巧佞而好利。燕之水萃下而弱，沉滯而雜，故其民愚戇而好貞，輕疾而易死。宋之水輕勁而清，故其民間易而好正。」所言之水，非江河而爲「潭」，回旋往復，旋而下，復旋而上，所謂弱而清也。齊有天齊淵，俗謂龍所潛也。楚、宋水最善，而齊次之。「賊」同「則」，扎實也，知齊與楚、宋同爲殷文化，則此説不足爲奇，然非主觀之武斷也。太平廣記三九九引水經，陸鴻漸（即陸羽）稱「楚水人間第一，晉水最下」。又引中朝故事略同，指「南陵」及「零水」，山下江心旋流。警世通言王安石三難蘇學士謂「三峽之水，中峽在緩急之間」，皆楚水也。晉水有鹽池，味鹹，故最下。「枯旱」即苦悍也。莊子庚桑楚「則蟻能苦之」，釋文「崔本作『枯』」，是其證矣。所言爲事實，郭沫若不知此義，以爲「戰國時文獻對於宋人每加鄙視，……此篇獨讚楚而美宋者，乃西楚霸王都彭城時作品。項羽乃下相人，下相與彭城均古宋地，而楚則項羽之故國而有天下之號也」。此真囈説。當時鄙視者尚有楚，如「契舟求劍」，即楚人也。閻若璩四書釋地考之甚詳，此爲周人敵愾之詞，郭於金文叢考謂「楚之文化勝於周，而周人鄙視之」，於此則忘之，何也？好異之過。心術、内業，其理論源於水地，郭沫若不悟，以爲宋銒遺著，其謬亦猶是也。

最難理解者，侈靡篇：「二十歲而可廣，十二歲而聶廣，百歲傷神，周、鄭之禮移矣。則周律之廢矣，則中國之草木有移於不通之野者。然則人君聲服變矣，則臣有依駟之祿。婦人爲政，鐵之重反旅金。而聲好下曲，食好鹹苦，則人君日退。亟則谿陵山谷之神之祭更應，國之稱號亦更矣。視之亦變，觀之風氣，古之祭有時而星，有時而星熺；有時而熰，有時而朐。鼠應廣之實，陰陽之數也。華若落之名，祭之號也。是故天子之爲國，圖具其樹物也。」每句每字，有奇怪含義，舊注不知所措，然若將精神貫注管子全部，則不難解決。歲星十二歲一周天，「聶」者「攝」也。帝張四維，運之以斗，斗柄旋轉，每月皆有攝提，故曰「十二歲而聶廣」。曆法一年三百六十五日四分之一，十九年七閏。幼官以十二日爲節，一年三百六十日，差五日，當置閏，約二十年，故曰「二十歲而可廣」。「可」者不足之詞。大匡「百歲之後」，指將來之老死言之，故曰「百歲傷神」。鄭伯爲周王卿士，有置閏之責，置閏失調則非禮，故曰「周、鄭之禮移」。閏失調則以冬爲春，而黃鍾之律廢，故曰「則周律之廢矣」。四夷無曆法，而以十二肖紀年，四時不誤。中國以冬爲春，無草，而四夷則春生草木，平日與中國無交通往來，故曰「中國之草木有移於不通之野者」。冬服白色，聽商聲。春服青色，聽角聲。冬春失調，「人君聲服變矣」。桓公多内寵，婦人爲政，管子屢舉以爲戒。地數：「上有慈石者，下有銅金。」磁石吸鐵，以女性得名，銅金即黄鐵礦，鐵之重反於金也。社稷變置，山谷更而應之。天垂象見吉凶而示人，視之亦變，其應爲風角，故曰「觀之風氣」。古之風角，今之氣象學也。冬祭大惢，爲心星，商人所重也。其神爲簡狄而祀於高禖。「星」假爲「腥」，殺牲薦其毛血。「熺」同「饎」，薦黍稷也。熰，炮也，薦燔炙也。朐，脯脡，薦籩豆也。雕卵而祭，與簡狄之女性有關，即與祀大惢有關。「惢」同「繠」，垂也，所謂「華若落之名，祭之號」。鼠爲十二肖之首，起於印度，中國早有之，於歲星爲十二次，故曰「鼠應廣之實，陰陽之數也」。「圖」指幼官圖，「樹物」即所樹之旗物，具於幼官中，故曰「圖具其樹物也」。一字一句，皆可徵實。郭沫若以爲吕后時所作，徒據「婦人爲政」一句，餘不能説。

諸葛亮自比管、樂，必能深知管子。漢經師鄭玄、服虔、許慎未注管。至唐，語言隔閡，多不能通其説。余生於漢學大昌之後，追踪漢儒較易，受時代之賜，受先師黄季剛之賜。此書完成，距先師之没二十九年矣。感念疇昔，不自知其耿耿不忘焉。

一九六四年二月二十五日黎翔鳳序於遼寧大學

附記：一九七四年山東臨沂漢墓，孫子兵法、六韜而外，兼發現管子。漢人固以管子爲兵書也。文物、考古諸刊物無一字提及，蓋不知也。

凡例

集校叙録云：「研究工作有如登山探險，披荆斬棘者縱盡全功，拾級登臨者仍須自步。」本書即在集校基礎之上，繼續努力，仍有少數未滿意者。補苴罅漏，期待後人。

本書以宋楊忱本爲底本，有疑難加以説明，以存其真。

諸家有立説允當而無證據，或證據不足者，一一補證。

諸家或據類書，或以私意增删，無關文義者，删削之，節省篇幅。

趙用賢用楊本校勘劉本，通行最廣。其序謂正其疑誤逾三萬言，其不可考者尚十之一二。趙本不明古義，改爲後世之文從字順，爲校勘之一厄。王念孫常蹈此病，然易得衆人之同情，必須糾正，以求存真。此非有好古癖，古人之書，還古人面目，方合原意。

加工説明

黎翔鳳先生於一九六四年完成管子校注。先生逝世後，原稿被中華書局購得。因字迹不易辨認，曾請沈嘯寰先生整理謄録。沈先生請人將原稿抄録一遍，自己只校核了前幾卷，亦與世長辭。後經書局一位編輯通校一遍，并請黎先生夫人李雪塵女士核校原稿，改正了不少文字差錯。雖經如此謄録校核，原稿仍存在一些問題，主要有三：一、黎先生稱用宋楊忱本爲底本，但原稿用以剪貼的却是四部備要本，即明吳郡趙用賢本，并將原有注文全部剪去，不僅與撰者的出發點相背，且出現未加校訂而據趙本立論之事。如釋幼官「三卯」、「十二始卯」爲趙本，楊本實作「十二始冊」。二、黎先生於凡例中强調，對前人的説法，「或據類書，或以私意增刪，無關文義者，刪削之，節省篇幅」，但原稿中却全部保留，未作處理。三、引書未認真核校原文，其突出者，如輕重甲注「春獻蘭，秋斂落」引侈靡、地數、西京賦、喪大祭文，無一條準確者。注「東車五乘」引釋名三十一字，竟錯漏十一字。因李雪塵女士年事已高，加工原稿力不從心，編輯部領導讓我勉爲其難，我只好從命。

此次加工，除改正一般文字、標點錯誤外，主要解決以下三個問題。

一、管子正文及原注用上海涵芬樓影宋刊楊忱本爲底本，重新進行標點、校勘。參校本有：湖北先正遺書影明刻中都四子本管子補注（簡稱補注），中華書局諸子集成本管子校正（簡稱校正），日本玉山堂新雕管子纂詁（簡稱纂詁）。凡有改動，均出校説明。保留張嵲讀管子一文（原稿缺）。

二、對前人的校注，除删削「或據類書，或以私意增删，無關文義者」外，重複者亦一併删去。

三、對校注中的引文重新進行核對。對部分注文亦稍有删改。

雖盡力遵循黎先生的思路整理其遺稿，爭取能多少彌補一些缺失，但學力所限，難免有背離之處，甚而有增添錯誤之處，還望讀者指正。

梁運華

一九九八年七月

楊忱管子序

序曰：春秋尊王不尊霸，與中國不與夷狄，始于平王避夷難也。是王室遷而微也，見于周書文侯之命。微王也，是王者失賞也。費誓善其備夷，是諸侯之正也。秦誓專征伐，是諸侯之失禮也。書、春秋合體而異世也。書以文侯之命終其治也。春秋以平王東遷始其微也。自東遷六十五年，春秋無晉，以其亡護亂也。及其滅中國之國，而後見其行事，譏失賞也。周之微也，幸不夷其宗稷，齊桓之功也。其中國無與加其盛也，其夷狄無與抗其力也。見于衛詩，美其存中國也。春秋無與辭，何異也？存一國之風，無其人，則衛夷矣。全王道之正，與之霸，是諸侯可專征伐也。夫晉之爲霸也，異齊遠矣。桓正，文譎。夫桓之爲正，抑夷狄，存中國。文之爲譎，陵中國，微王室。晉之風也，無美其美，無功其功，外無他焉，雖國人不與也。然而桓之正，非王道之正也，以文譎而桓正也。桓之功，非王道之功也，以攘狄而存周也。無桓周滅，有周桓賊。桓卒齊衰，楚人滅周。周之不幸，桓之早死也。故曰：周之存，桓之功也。桓之不幸，管仲之早死也。故曰：桓之功，管仲之力也。自是誑民哉；霸鄉方略，豈王者不先謀哉；霸審勞佚，豈王者暴師哉；霸謹畜積，豈王者使民不足哉！亦時夷狄内聘，大者畏威，小者懷仁，功亦至矣。不幸名之不正，然奈衰世何！孔子曰：「微管仲，吾其被髮左衽。」此其據也。時大宋甲申秋九月二十三日序。

劉向敘録

護左都水使者光禄大夫臣向言：所校讎中管子書三百八十九篇，太中大夫卜圭書二十七篇，臣富參書四十一篇，射聲校尉立書十一篇，太史書九十六篇，凡中外書五百六十四，以校除復重四百八十四篇，定著八十六篇，殺青而書可繕寫也。管子者，潁上人也，名夷吾，號仲父〔一〕。少時嘗與鮑叔牙游，鮑叔知其賢。管子貧困，常欺叔牙，叔牙終善之。鮑叔事齊公子小白，管子事公子糾。及小白立爲桓公，子糾死，管仲囚，鮑叔薦管仲。管仲既任政於齊，齊桓公以霸，九合諸侯，一匡天下，管仲之謀也。故管仲曰：「吾始困時，與鮑叔分財，多自予，鮑叔不以我爲貪，知吾貧也。嘗爲鮑叔謀事而更窮困，鮑叔不以我爲愚，知吾有利有不利也。公子糾敗，召忽死之，吾幽囚受辱，鮑叔不以我爲無恥，知吾不羞小節，而恥功名不顯於天下也。生我者父母，知我者鮑叔。」鮑叔既進管仲，而已下之，子孫世禄於齊，有封邑者十餘世，常爲名大夫。管子既相，以區區之齊在海濱，通貨積財，富國彊兵，與俗同好醜。故其書稱曰：「倉廩實而知禮節，衣食足而知榮辱，上服度則六親固。」「四維不張，國乃滅亡。」下令猶流水之原，令順人心，故論卑而易行。俗所欲，因予之；俗所否，因去之。其爲政也，善因禍爲福，轉敗爲功，貴輕重，慎權衡。桓公怒少姬，南襲蔡，管仲因伐楚，責包茅不入貢於周室。桓公北征山戎，管仲因而令燕脩召公之政。柯之會，桓公背曹沫之盟，管仲因而信之，諸侯歸之。管仲聘於周，不敢受上卿之命，以讓高、國。是時諸侯爲管仲城穀，以爲之乘邑，春秋書之，褒賢也。管仲富擬公室，有三歸反坫，齊人不以爲侈。管子卒，齊國遵其政，常彊於諸侯。孔子曰：「微管仲，吾其被髮左衽矣。」太史公曰：「余讀管氏牧民、山高、乘馬、輕重、九府，詳哉言之也。」又曰：「『將順其美，匡救其惡，故上下能相親愛。』豈管仲之謂乎？」九府書民間無有。山高一名形勢。凡管子書，務富國安民，道約言要，可以曉合經義。向謹第録上。

〔一〕翔鳳案：小匡：「管子對曰：『昔吾先王周昭王、穆王。』」管子爲周後，即管叔鮮也。管在今之鄭州。潁上在今安徽，當爲管叔失敗，家屬逃走，擬往依吳泰伯之後也。名夷吾，字敬仲，仲父乃其尊稱，非字也。海王篇之「吾子」即姪子，「夷」本作「𡰥」，從二、尸。詩國風：「誰其尸之？有齊季女。」古人以童男童女衣先人衣服，立爲尸而拜之，尸踞坐於上。論語「原壤夷俟」，「夷」爲踞坐。夷吾爲踞坐之姪子，故字敬仲，古人名與字相應也。周公殺管叔，爲管氏之讎，故管仲不滿於周公。侈靡：「今周公斷首滿稽，斷足滿稽，而死民不服，非人性也，敝也。」其情溢於言表。俞樾疑「周公」爲「用法」之誤，並房注而改之，謬矣。

管子校注卷第一

唐司空房玄齡註

牧民第一　國頌　四維　四順　士經　六親五法　經言一

翔鳳案：説文：「牧，養牛人也。」「牧民」從畜牧得義。權修：「無以畜之，則往而不可止也。無以牧之，則處而不可使也。」畜牧連用，是其證。禮記曲禮：「九州之長入天子之國曰牧。」書立政「宅乃牧」，鄭注：「殷之州牧曰伯，虞、夏及周曰牧。」齊爲侯國，故曰「牧民」。大夫以下，不得言牧。桓公爲五霸之長，霸爲月魄，假爲伯。白虎通號：「霸者，伯也。行方伯之職。」荀子成相「穆公任之，强配五伯」，注：「伯，讀爲霸。」齊爲殷文化，沿殷族之舊稱。周人則書「伯」爲「霸」。説文「霸」字引周書「哉生霸」，今康誥作「魄」，可證矣。禮記王制「州有伯」，漢書刑法志作「州有牧」。章氏叢書原經：「古之爲政者，必本於天，殽以降命。命降於社之謂殽地，降於祖廟之謂仁義，降於山川之謂興作，降於五祀之謂制度，故諸教令符號謂之經。吳語稱『挾經秉枹』，兵書爲經。論衡謝短曰：『五經題篇，皆以事義别之，至禮與律獨經也。』法律爲經。管子書有經言、區言，教令爲經。律曆志序庖犧以來帝王代禪，號曰世經。辨疆域者有圖經，摯虞以作畿服經是也。仲尼作孝經。漢七略始傳六藝，其始則師友讎對之辭，不在邦典。墨子有經上、下，賈誼書有容經，韓非爲内儲、外儲，先次凡目，亦楬署經名。老子書至漢鄰氏復次爲經。名實固有施易，世異變而人殊化，非徒方書稱經云爾。」管子爲教令，降於幼官，一家之言，後學尊崇誦習。韓非言法而祖管子。漢初張良、韓信校爲兵書，藝文志列於權謀家。經言之名，必合觀而其義始全矣。文學總略云：「書籍得名，馮傳竹木而起。經者編絲綴屬之稱，異於百名以下用版者。亦猶浮屠書稱修多羅。修多羅者，直譯爲線，義譯爲經。蓋彼以貝葉成書，故用線聯貫也，此亦竹簡成書，亦編絲綴屬也。鄭康成論語序云：『春秋二尺六寸，孝經一尺二寸，論語八寸。劉向校中古文尚書，一簡二十五字。』服虔注左氏傳云：『古文篆書，一簡八字。』蓋二十五字者，二尺四寸之經也。古官書皆長二尺六寸，故云二尺四寸之律，舉成數言，則曰三尺法。經亦官書，則長如之，其非經律，則稱短書，皆見論衡。」是則管子經言，爲長二尺四寸之簡。經言九篇，復有短語十九篇，則短書也。

凡有地牧民者，務在四時〔一〕，四時所以生成萬物也。**守在倉廩。**食者，人之天也。**國多財則遠者來，地辟舉則民留處**〔二〕，舉，盡也。言地盡闢則人留而安居處也。**倉廩實則知禮節，衣食足則知榮辱**〔三〕，**上服度則六親固**〔四〕，服①，行也。上行禮度則六親各得其所，故能感恩而結固之。**四維張則君令行**〔五〕。**故省刑之要，在禁文巧**〔六〕；文巧者，刑罰所由生。

---

① 「服」字原作「留」，據補注改。

守國之度，在飾四維〔七〕；順民之經〔八〕，在明鬼神，祇山川〔九〕，鬼神、山川皆有尊卑之序，故敬明之。敬宗廟，恭祖舊〔一〇〕。謂恭承先祖之舊法。不務天時則財不生，不務地利則倉廩不盈〔一一〕。野蕪曠則民乃菅〔一二〕，菅，當爲姦①。上無量則民乃妄。文巧不禁則民乃淫，不璋兩原則刑乃繁〔一三〕。璋，當爲章。章，明也。兩原，謂妄之原，上無量也；淫之原，不禁文巧也。能明此法者則刑簡。不明鬼神則陋民不悟〔一四〕，不悟鬼神有尊卑之異也。不祗山川則威令不聞〔一五〕，言能登封降禪，祇祀山川，則威令遠聞。不敬宗廟則民乃上校〔一六〕，校，効也。君無所尊，人亦效之。不恭祖舊則孝悌不備〔一七〕。四維不張，國乃滅亡〔一八〕。

右國頌〔一九〕頌，容也。謂陳爲國之形容。

〔一〕張佩綸云：本書有四時篇，「務在四時」，即堯典之「敬授人時」，論語之「使民以時」。聞一多云：山權數篇「天以時爲權」，「四」當爲「天」，字之誤也。下文「不務天時則財不生」即承此文「務在天時」言之。尹注「四」字疑亦「天」之誤。知者，四時中惟春夏二時生成萬物，不得云四時皆然也。翔鳳案：形勢解云：「春夏生長，秋冬收藏，四時之節也。」小匡

---

①「姦」字原作「蕪」，據補注改。

云：「今夫農，審其四時權節，具備其械器用，比耒耜穀芨；及寒，擊稾除田，以待時乃耕。深耕均種疾耰，先雨芸耨。」農夫四時皆有任務，聞氏忽略「務」字，改「四」爲「天」，大誤。四時包含天時，下文「不務天時」，可以補足。

〔二〕豬飼彦博云：舉，謂耕種也。臣乘馬曰：「起一人之繇，百畝不舉。」　戴望云：朱東光本作「地舉辟則可留處」，據尹注似亦作「地舉辟」。舉、處爲韻，上下文皆協韻，此不宜獨異。輕重甲篇曰「地辟舉則民留處」，事語、地數二篇並曰「壤辟舉則民留處」，是其明證。朱本「可」字誤。　許維遹云：戴説是也。廣雅釋詁一：「發，舉也。」則「舉」亦可訓發。辟、闢同。「地闢舉」，猶言地開發也。　翔鳳案：説文：「舉，對舉也。」古人偶耕，對舉耒耜，故言「辟舉」。詩大田箋「計耦耕事」，正義云：「以耕必二耜相對，共發一尺之地，故計而耦之也。」詩七月：「三之日于耜，四之日舉趾。」「發」今作「挖」。許知「舉」訓發，而不詳其義。「辟」訓法，此假爲「闢」。古本誤認「舉」訓皆，改爲「舉辟」，不知訓皆爲「與」之借。「辟舉」改爲「舉辟」失韻，决非管書之舊。凡古本、朱本、劉本所不同於楊本者，皆爲不知而妄改，予將一一證之，庶世人知其誤而不爲所愚矣。

〔三〕何如璋云：賈子新書引管子曰：「倉廩實知禮節，衣食足知榮辱。」無兩「則」字。史記管仲傳：「故其書曰：倉廩實而知禮節，衣食足而知榮辱。」兩「則」字作「而」字。鹽鐵論授時所引同。通典職官部引應劭曰：「張敞蕭望之言：『倉廩實而知禮節，衣食足而知榮辱。今小吏奉率不足，常有憂父母妻子之心，雖欲絜身爲廉，其勢不能。可以什率增天下吏奉。』宣帝乃益吏奉十二。」所引亦作「而」字。唯本書輕重甲則兩句仍爲「則」字也。劉師培云：周禮小祝疏、後漢書樊弘傳注引此文「則」並作「而」，文選籍田賦李注引作「則」。又羣書治要引崔寔政論云：「故古記曰：倉廩實而知禮節，衣食足而知榮辱。」字亦作「而」，與史記本傳及序録引合。任林圃云：齊民要術序文、通典序、太平御覽三百八十六引無「則」字。文選天監三年册秀才文注引此上句亦無「則」字。翔鳳案：永樂大典七五〇六卷引無「則」字。賈誼爲習管子最早之書者，知牧民篇本無「則」字，有「則」字爲輕重甲。或作「而」，則依史記也。

〔四〕張守節云：上之服御物有制度則六親堅固也。六親謂外祖父母一，父母二，姊妹三，妻兄弟之子四，從母之子五，女之子六也。王弼云：「父母兄弟妻子也。」豬飼彦博云：賈誼新書曰：「人有六親：始曰父，父有二子爲昆弟，昆弟又有子，爲從父昆弟，從父昆弟又有子，爲從祖昆弟，從祖昆弟又有子，爲曾祖昆弟，曾祖昆弟又有子，爲族昆弟。」如淳漢書注亦依此説。張佩綸云：説文：「服，用也。度，法制也。」漢書賈誼傳：「建久安之埶，成長治之業。以承祖廟，以奉六親，至孝也。」注：「應劭曰：六親：父母、兄弟、妻子也。」後漢書馮衍秦彭傳注作「父子兄弟夫婦」，但賈生以六親對祖廟，復屢以父子與六親並言，似不得夷父子於六親之內。翔鳳案：下文六親五法：「毋曰不同生，遠者不聽。」老子：「六親不和有孝慈。」故賈以「六親」對「祖廟」。同生爲同姓，一國一姓，爲自由民，非六親爲庶民。齊爲姜姓。權脩：「上身服以先之，審度量以閑之。」「地之生財有時，民之用力有倦，而人君之欲無窮。以有時與有倦養無窮之君，而度量不生於其間，則上下相疾也。」文義甚明。

〔五〕翔鳳案：「四維」各家無説，其解有二。周易以震、兑、坎、離爲四正，乾、坤、艮、巽爲四維。四維即四隅。似乎四維之外，尚有四正，比禮、義、廉、恥更爲重要，而管書無有也。蓋管子爲殷文化，與周不同。拙著中國文化兩大系統詳論之，此管書之要義，不可忽也。魏書李謐傳：「鄭康成釋五室之位，謂土居中，木、火、金、水各居四維。」此四維即幼官「四正」。明堂之制，殷五室，周九室，幼官乃五室，故管書有四維而無四正，此義被人忽略久矣。管子以幼官爲主，全書理論由幼官導出，宜注意也。

〔六〕豬飼彦博云：文巧，淫工也。張佩綸云：漢書禮樂志：「哀帝即位詔曰：惟世俗奢泰文巧，而鄭衛之聲興。夫奢泰則下不孫而國貧，文巧則趨末背本者衆，鄭衛之聲興則淫辟之化流。」廣雅釋詁二：「文，飾也。」鄭氏月令「毋或作爲淫巧以蕩上心」，注：「淫巧謂奢僞怪好也。」翔鳳案：立政：「工事競於刻鏤，女事繁於文章。」「文」指布織，「巧」指刻鏤。「文巧」爲工業，何爲禁之？鹽鐵論輕重：太公「通利末之道，極女工之巧，財畜貨殖，世爲彊國。管仲相桓公，襲先君之業，行輕重之變，本末並利，上下俱足」。是管仲時，齊之工業發達，農事不被重視而禁之，故重令云「菽粟不足，末生不禁」，本末並重，非輕視工業也。重令云：「工以雕文刻鏤相穉，女以美衣錦繡綦組相穉。」「穉」訓驕，相驕則作僞而犯刑，故禁文巧，兼以省刑也。

〔七〕俞樾云：禮義廉恥非由修飾，「飾」當讀爲飭。詩六月篇「戎車既飭」，毛傳曰：「飭，正也。」飭四維者，正四維也。「飭」與「飾」古通用。易雜卦傳「蠱則飭也」，釋文曰：「王肅本作『飾』。」禮記樂記篇「復亂以飭歸」，史記樂書作「復亂以飾歸」，並其證矣。郭沫若云：本篇乃有韻之文。而「守國之度在飾四維」，「維」既不與「巧」韻，「度」復不與「維」韻，字當有誤。疑「度」當作「癸」，「揆」之省文。「揆」亦度也。「癸」則與「維」爲句中韻矣。翔鳳案：黄梅讀「度」開口呼，與「右」、「尤」、「牛」同一韻母，在段表第一部。段表列「度」在第五部，其合音如「母」、「謀」、「士」等本音在第一部。此一、五兩部相轉之證。「牛」古讀疑，「右」讀以，「母」讀末。「度」塞口語作「抵」，「過渡」黄梅呼「對過去」，是「度」與「維」叶矣。郭疑「度」爲「癸」，非也。凡古音多存於現代方音中，如江、浙呼「母」爲「嬭」，江西稱「右邊」爲「以邊」，安徽呼「牛」爲「疑」，皆古音也。言古韻不以方音爲證，而拘守段表，段之合韻即方音，而謂之合韻，已甚不妥。凡顧、段之古音，皆周代雅言，乃官音，而尚有方音之存在，則顧、段不知也。説文：「天，顛也。」顛從真聲，即頂，轉入先韻之後，再製「頂」字，實則「天」、「顛」、「頂」爲一字。顧讀「天」爲丁，不知其讀頂。段以「天」、「顛」爲「同部叠韻爲訓」，而不知其爲古今字，非真能知古語者。

〔八〕俞樾云：「順」當讀爲訓。「訓民之經」，言教訓其民之道也。古順、訓通用。尚書洪範篇「于帝其訓」，「是訓是行」，史記宋微子世家「訓」並作「順」，是其證。

〔九〕豬飼彦博云：明，顯也，謂曲制祭祀之禮，以顯明鬼神之德也。大戴禮曰：「帝嚳明鬼神而敬事之。」金廷桂云：禮禮運孔疏「明猶尊也」，尊鬼神以覺愚衆，爲先王神道設教之意。顏昌嶢云：墨子有明鬼篇，明，猶尊也。祇，敬也。翔鳳案：鬼神爲始祖，人鬼尊爲天帝氏者，例如顓頊。鬼神居幽，明之，所以尊之也。明之者，柴燎以祭。明衣明器，皆由柴燎得義也。宗廟則爲始祖以下之帝王。

〔一〇〕王紹蘭云：「鬼神」、「山川」、「宗廟」皆對文，若以「祖舊」爲「先祖之舊法」，非其例矣。「舊」當讀人惟求舊之舊。四稱篇「敬其山川宗廟社稷及至先故之大臣，收聚以忠而大富之」，文義正與此同。是「祖舊」謂「先故之大臣」。祖即先，猶盤庚「乃祖先父」。舊即故，猶春官大宗伯「以賓射之禮親故舊朋友」，故下云「不恭祖舊則孝弟不備」（恭祖舊屬君，孝弟屬民）。顏昌嶢云：祖謂宗親，舊謂故舊。論語：「君子篤於親則民興於仁，故舊不遺則民不偷。」「孝」對「祖」言，「弟」對「舊」言。大學所謂「上老老而民興孝，上長長而民興弟」也。

〔一一〕戴望云：御覽居處部十、資産部十六引此均無「廩」字。翔鳳案：永樂大典七五〇六卷引此文亦無「廩」字。「廟」、「舊」叶，「生」、「盈」叶。

〔一二〕豬飼彦博云：上下皆用韻語，獨「菅」字音與曠不協，義亦難通，疑當作「荒」，惰也。安井衡云：上下韻語，此獨不韻，非體也。「菅」當爲「營」，字之誤耳。營，猶貪也。戴望云：元刻本「蕪曠」作「無儣」。「菅」疑「荒」字之誤，「荒」與「曠」爲韻。或作「蕪」，誤。張佩綸云：「『菅』當爲『蕪』」應作「『菅』當爲『荒』」。爾雅釋天「大荒落」，史記曆書作「大芒落」。亡、無易溷。蓋尹氏改「菅」爲「荒」，而傳寫作「蕪」，非尹改「菅」爲「蕪」也。趙本云「『菅』當爲『姦』」，失之。劉師培云：「野蕪曠」，「蕪」當從元本作「無」。尹注「『菅』當爲『蕪』」乃「『無』當爲『蕪』」之誤。李哲明云：疑「菅」或爲「蕩」，「蕩」古省作「葛」，簡缺脱筆，後人描改耳。「蕩」與「曠」叶，言土多荒棄，民乃游蕩也。禮王制「無曠土，無游民」，即此義之證。注「蕪」字亦即「蕩」之誤。翔鳳案：楊本誤字，多爲漢隸之別體，實際不誤，以後隨處可見。漢北海相景君銘「管」作「菅」，魏王汲浮圖頌作「菅」，韓非姦劫弑臣篇「管」作「管」（四部叢刊本），「吕」「目」不分。唐皇甫誕碑「榮」作「荣」，上半之二「火」作「卄」。則「菅」爲「營」字無疑，安井説是也。「營」與「生」、「盈」叶。其本句「曠」古讀横，亦可叶也。聞一多讀「菅」爲「逭」，引説文訓「逃」；郭沫若以豬飼説爲是，認爲「菅」乃「荒」之誤，均非。「量」、「妄」叶，「禁」、「淫」叶。

〔一三〕豬飼彦博云：「璋」當作「障」，塞也。説苑李克曰：「彫文刻鏤，害農事者也。錦繡纂組，傷女工者也。農事害則飢之本也，女工傷則寒之原也，饑寒並至而能不爲奸邪者，未之有也。」亦是此意。俞樾云：尹氏據上文以説「兩原」，是矣。讀「璋」爲章，未得其字。「璋」乃

「墇」字之誤。説文土部：「墇，擁也。」經典多以「障」爲之。吕氏春秋貴直篇「是障其原而欲其水也」，高誘注曰：「障，塞也。」障塞即墇擁也。此云「不墇兩原」，正與吕氏春秋所云「障其原」者同義。若非誤作「墇」，亦必改而爲「障」矣。　翔鳳案：「璋」爲「墇」之誤，俞説是也。

〔一四〕張佩綸云：楚辭自悲王逸注：「陋，小也。」　豬飼彦博云：「悟」音與「神」不協，義亦難通，疑當作「信」。　丁士涵云：「悟」疑「信」字之誤。神、信爲韻。　安井衡云：「悟」亦不與上下相韻，疑當作「悛」。悛，改也。　翔鳳案：「悟」讀霸。海王篇「吾子」即「姪子」。寤爲開眼，黄梅稱霸眼。「神」讀煞，「神」、「煞」爲古今字。「神」與「悟」韻。類此者如「參」同「三」，方音爲沙。伸開手爲耍手，哂爲耍笑，甚麽爲啥子，辛爲辣，登爲踏，盛飯爲打飯，刀柄爲刀把，皆是。

〔一五〕豬飼彦博云：王制「天子祭天下名山大川，諸侯祭名山大川之在其地者」，不必指封禪也。

〔一六〕張佩綸云：論語「犯而不校」，包咸曰：「校，報也。」韓子外儲説右上「荆莊王曰：夫犯法廢令，不尊敬社稷者，是臣乘君而下尚校也。臣乘君則主失威，下尚校則上位危。威失位危，社稷不守，吾將何以遺子孫」，本此。原注所見尚淺。　翔鳳案：張説是。

〔一七〕尹桐陽云：文選晉紀總論注引此「恭」作「供」。供、恭聲轉通用。　翔鳳案：説文：「犕，服也。易曰：『犕牛乘馬。』」今易繫辭作「服牛」。説文：「福，備也。」「福」、「服」同爲方六切，與「舊」韻。「張」、「亡」叶。

〔一八〕聞一多云：本章文分二段，前段歷陳行三事之利，後段重申不行三事之害。二段本詞意相承，井然有序。惟上來二句誤遭割裂，倒在前文，稍覺文意隔斷，層次不明。今悉移正，並製爲左表，示其正誤，裨有覽焉。翔鳳案：聞説逕改原文，承唐改洪範之誤，此禁例也。

	前段　陳行三事之利		後段　重申不行三事之害
	誤	正	
1	凡有地牧民者，務在四時，守在倉廩。國多財則遠者來，地辟舉則民留處。倉廩實則知禮節，衣食足則知榮辱。	凡有地牧民者，務在天時，守在倉廩。國多財則遠者來，地辟舉則民留處。倉廩實則知禮節，衣食足則知榮辱。	不務天時則財不生，不務地利則倉廩不盈，——野蕪曠則民乃菅（逭）。
2	上服度則六親固，四維張則君令行。故省刑之要在禁文巧。	上服度則六親固，故省刑之要在禁文巧。	上無量則民乃妄，文巧不禁則民乃淫，——不璋（障）兩原（源）則刑乃繁。
3	守國之度在飾（飭）四維。順（訓）民之經在明鬼神，祗山川，敬宗廟，恭祖舊。	順（訓）民之經在明鬼神，祗山川，敬宗廟，恭祖舊——守國之度在飾（飭）四維，四維張則君令行。	不明鬼神則陋民不信，不祗山川則威令不聞，不敬宗廟則民乃上校（姣），不恭祖舊則孝悌不備——四維不張，國乃滅亡。

〔一九〕何如璋云：其文每句諧聲如頌體，故名曰「國頌」。張佩綸云：頌、容通。廣雅釋詁：「容，瀍也。」此篇乃爲國之法。翔鳳案：説文：「頌，皃也。」釋名釋言語：「頌，容也，敘其成功之形容也。」周禮鄉大夫「和容」，杜子春讀爲「和頌」。漢書儒林傳「魯徐生善爲頌」，即善爲容也。阮元有釋頌，謂「頌爲形容，猶今言樣子」。房注不誤，張得其半，何則誤矣。

國有四維。一維絶則傾，二維絶則危，三維絶則覆，四維絶則滅。傾可正也，危可安也，覆可起也，滅不可復錯也〔一〕。何謂四維？一曰禮，二曰義，三曰廉，四曰恥〔二〕。禮不踰節，義不自進，自進，謂不由薦舉也。廉不蔽惡，隱蔽其惡，非貞廉也。恥不從枉。詭隨邪枉，無羞之人。故不踰節則上位安，不自進則民無巧詐，不蔽惡則行自全〔三〕，不從枉則邪事不生。

右四維〔四〕

〔一〕張文虎云：「錯」字疑衍。類聚五十二引作「得復」，「得」亦「復」字之譌衍。李哲明云：當作「滅不可復也」。「錯」字涉下文「不行不可復」與「錯國」句相連，傳寫誤創句讀。類聚引作「得復」，「得」即「復」之相似而衍。翔鳳案：下文「錯國於不傾之地」，作「復錯」是也。方言六「錯，藏也」，「措」之借。

〔二〕洪頤煊云：賈子新書俗激篇「恥」作「醜」。任林圃云：文選晉紀總論注引作「恥」，與今本同。翔鳳案：權脩以「禮」、「義」、「廉」、「恥」並言，「恥」字不誤。

〔三〕張文虎云：「全」疑當作「正」。翔鳳案：作「全」爲是，理由詳下。

〔四〕豬飼彦博云：大射儀謂以小繩綴侯之四角而繫之於植爲維。四維者，喻繫四角也。淮南子曰「帝張四維，運之以斗」，亦此意也。何如璋云：此節乃牧民解攙入者。禮義即禮節，乃治國之法度，所包甚廣。文但言「不踰節」、「不自進」，則禮義之一端也。廉恥即爲榮辱，榮辱加於賞罰。法度賞罰四者，御世大綱也，文但言「不蔽惡」、「不從枉」，乃禮義之緒餘耳，安得爲「四維」乎？即此可證其非經言也。柳子厚四維論以「廉恥」二字不能與「禮義」並舉，其論甚允。張佩綸云：禮義廉恥所括非止一端，必謂「不踰節」即足盡禮，「不自進」即足盡義，「不蔽惡」即足盡廉，「不從枉」即足盡恥，轉不如權脩所言之「脩禮、行義、飾廉、謹恥」爲包舉無遺。牧民解已亡，疑此乃管子解，非經言，傳寫溷入，轉删經言「禮義廉恥是謂四維」八字以遷就之。惟治要引「國有四維」至「四曰恥」，即直接「國乃滅亡」之下，「政之所行」之上，而子厚復引「禮不踰節」四句，則唐時寫本已然矣。翔鳳案：解之特點有二：一有「故曰」，二逐句釋之。此二者無有，則非解明矣。禮以辨上下。王制：「脩六禮以節民性。」荀子致仕：「禮者節之準也。」「不踰節」爲禮之確詁。「義不自進」者，論語：「質直而好義，察言而觀色。」不輕於自進明矣。論語：「舉直錯諸枉。」「直道而事人，焉往而不三黜？

枉道而事人，何必去父母之邦。」「直」與「枉」對，「枉」訓邪，有恥則守正而不從邪矣。徐灝說文解字注箋：「堂廉之石，平正修潔，而又棱角峭利，故人有高行謂之廉。其引申之意爲廉直，爲廉能，爲廉靜，爲廉平。」戴侗曰：「皐陶謨曰：『簡而廉。』孟子曰：『頑夫廉。』管子曰：『禮義廉恥。』恥於貪冒而不爲，故俗習以不貪爲廉，不貪特廉之一隅是也。」侈靡：「廉以摽人。」中匡：「刑廉而不赦。」廉爲有骨氣之人，不自隱蔽其惡。四稱「貞廉在側」，房注：「隱蔽其惡，非貞廉也。」所釋不誤。不能廉則行不全，不能爲完人矣。不知廉之含義，僅視爲不貪而輕之，陋矣。「四維」爲立國之本，而以爲「與人君之道不甚切」，誤矣。

政之所興，在順民心〔一〕；政之所廢，在逆民心。民惡憂勞，我佚樂之；民惡貧賤，我富貴之；民惡危墜，我存安之〔二〕；民惡滅絶，我生育之。能佚樂之則民爲之憂勞，君於平康，能佚樂人，及其危，人必爲之憂勞。下三順皆然。能富貴之則民爲之貧賤，能存安之則民爲之危墜，能生育之則民爲之滅絶。故刑罰不足以畏其意〔三〕，殺戮不足以服其心。畏意、服心，在於順其所欲，不在刑罰殺戮。故刑罰繁而意不恐，則令不行矣。殺戮衆而心不服，則上位危矣。故從其四欲，則遠者自親；行其四惡，則近者叛之。故知予之爲取者，政之寶也〔四〕。謂與之生全，取其死難也。

右四順

〔一〕孫星衍云：羣書治要三十二、藝文類聚五十二、太平御覽六百二十四引「興」作「行」。張德鈞云：葉適習學記言卷四十五引作「政之初興」，下文「政之所廢」亦作「政之初廢」，與各本俱異。

〔二〕戴望云：御覽治道部五引作「我安存之」。

〔三〕孫星衍云：治要引「畏」作「恐」，下句云「故刑罰繁而意不恐」。此作「畏」字誤。　于省吾云：作「畏」者是也，畏、威字通。治要改作「恐」，以爲與下文意不相符，不知假「畏」爲「威」。就君言則曰「不足以威其意」，就民言則曰「意不恐」。且尹注「畏意」，則正文「畏」字不誤，明矣。　翔鳳案：于説是也。皋陶謨「天明畏」，釋文：「馬本作『威』。」吕刑「德威惟畏」，墨子尚賢作「德威維威」，表記同。治要所引，多任意改原文，不足據，此其一也。

〔四〕許維遹云：「予」與「與」通。治要引作「與」。

錯國於不傾之地〔一〕，積於不涸之倉，涸，竭也。藏於不竭之府〔二〕，下令於流水之原〔三〕。使民於不爭之官，明必死之路，開必得之門。不爲不可成，不求不可得，不處不可久，不行不可復。錯國於不傾之地者，授有德也。積於不涸之倉者，務五穀也。藏於不竭之府者，養桑麻、育六畜也。下令於流水之原者，令順民心也〔四〕。使民於不爭之官者，使各爲其所長也〔五〕。各長其所長，則順而悦，故不爭也。明必死之路者，嚴刑罰也。開必得之門者，信慶賞也。不爲不可成者，量民力也。不求不可得者，不彊民以其所惡也。不處不可久者，不偷取一世也〔六〕。謂所處必可使百代常行。不行不可復者，不欺其民也。復，重也。欺民之事，不可重行也。故授有德則國安，務五穀則食足，養桑麻、育六畜則民富，令順民心則威令行〔七〕，使民各爲其所長則用備，嚴刑罰則民遠邪，信慶賞則民輕難。量民力則事無不成，不彊民以其所惡則詐僞不生，不偷取一世則民無怨心，不欺其民則下親其上。

右士經〔八〕士，事也。經，常也。謂陳事之可以常行者也。

〔一〕孫蜀丞云：文子精誠篇「錯」作「處」，本書度地篇云「故聖人之處國者，必於不傾之地」，亦作「處」。翔鳳案：上文云「不可復錯」，作「錯」是。

〔二〕吴廣霈云：「積」、「藏」下應各有「糧」、「財」字，或佚脱也。郭沫若云：吴説近是。唯「積」下當奪「食」字，「藏」下當奪「富」字。下文言「務五穀則食足，養桑麻、育六畜則民富」，即其證。翔鳳案：三句爲喻語，以一「國」字貫之。諸説非是。

〔三〕孫星衍云：「於」字當依文子精誠篇作「如」。張佩綸云：史記本傳「於」作「如」，與文子同。別録作「猶」。　劉師培云：文心雕龍書記篇云：「管子『下命如流水』。」是舊本「令」作「命」，「於」亦作「如」。　孫蜀丞云：施彦執北牕炙輠卷上引亦作「如」。　聞一多云：「原」，文子作「源」，古字通。　翔鳳案：五句皆比擬，用「於」字，明其爲基礎也。作「如」字，則是以此句爲比擬，誤矣。「原」爲「源」之本字，「源」乃「原」之孳乳字，聞説誤。

〔四〕張文虎云：上云「下令」，則下句「令」字衍。上文「授有德也」，「務五穀也」，「育六畜也」，皆四字句，宜一例。　張德鈞云：葉適習學記言卷四十五引管子此文云：「下令如流水之源者，令順民心也。」「者」下亦有「令」字。　翔鳳案：張説直排偶文，以後聲律之文，强古人就我，大不可也。

〔五〕孫星衍云：長短經八引「民」作「士」，「爭」作「静」。　戴望云：鄭注周官士師曰：「官，官府也。」　張佩綸云：治要引作「使民各爲其所長也」，據下文當補「民」字。　翔鳳案：下句蒙上，補「民」字不合，不可補也。

〔六〕張佩綸云：「一世」當作「一時」。「一世」三十年，不得謂不久矣。「時」作「世」，聲誤。韓非子難一篇：「以詐遇民，偷取一時，後必無復。」史記蘇秦傳：「偷取一時之功而不顧其後。」是其證。　翔鳳案：諸侯世及，不偷取一代之苟安而不顧其後，以作「世」爲是。與「一時」有別，不可據彼改此。

〔七〕豬飼彦博云：「威令」之「令」疑衍。　翔鳳案：令順民心，非爲立威。「威令」，君令也。

周書「合閭立教」，以威爲長，以閭胥爲君也。廣雅釋親「姑謂之威」，即爾雅之「君姑」。此「威」字猶言各級首長，與國君不同。知此，則「令」字不能衍也。

〔八〕顧廣圻云：「士」字當是「十一」二字並寫之誤。翔鳳案：房訓「士」爲事，是也。其證極多。詩東山「勿士行枚」，「士」非訓事不可。本節偶爲十一事，顧牽合之，鑿矣。

以家爲鄉，鄉不可爲也〔一〕。言有家之親，斥以爲鄉之疎，必生怨，故不可爲也。下三事同此。以鄉爲國，國不可爲也。以國爲天下，天下不可爲也。以家爲家，一親也。以鄉爲鄉，二親也。以國爲國，三親也。以天下爲天下。四親也。毋曰不同生，遠者不聽〔二〕。謂家也。言有家之親，而謂之曰不與汝同家而生，用此以相疎遠者必不聽。下同。毋曰不同鄉，遠者不行。毋曰不同國，遠者不從〔三〕。如地如天，何私何親〔四〕？五親也。如月如日，唯君之節〔五〕。六親也。天地日月，取其耀臨。言人君親下，當如天地日月之無私也。御民之轡，在上之所貴。言人從上之所貴，若馬之從轡。道民之門，在上之所先〔六〕。上所先行，人必行。人必從之，若由門矣。召民之路，在上之所好惡〔七〕。故君求之則臣得之，君將求之，臣已先索得之也。君嗜之則臣食之，君好之則臣服之，君惡之則臣匿之。一法也。毋蔽汝惡，毋異汝度，汝，君也。賢者將不汝助〔八〕。言室滿室，言堂滿堂〔九〕，是謂聖王〔一〇〕。二法也。言堂室事而令滿，取其露見不隱也。城郭溝渠不足以固守，兵甲彊力不足以應敵〔一一〕，博地多財不足以有衆。言城郭、兵甲、博地不足以固守、應敵、有衆。其固守、應敵、有衆，更在有道者也。唯有道者能備患於未形也，故禍不萌。三法也。天下不患無臣，患無君以使之。天下不患無財，患無人以分之〔一二〕。可以分與財者，賢人也。故知時者可立以爲長，無私者可置以爲政〔一三〕。審於時而察於用而能備官者，可奉以爲君也。四法也。緩者後於事，吝於財者失所親，信小人者失士〔一四〕。五法也。

右六親五法〔一五〕

〔一〕劉績云：鄉大於家。言以爲家者爲鄉，則鄉必不治。等而上之皆然。豬飼彥博云：爲，治也，謂以治家之法而治鄉，績云爲是。

〔二〕俞樾云：「生」與「姓」古字通。哀四年春秋經「公孫姓」，釋文曰：「姓，本又作『生』。」然則「同生」猶同姓也。詩杕杜篇「不如我同姓」，毛傳曰：「同姓，同祖也。」尹注謂「不與汝同家而生」，未達古義。

〔三〕豬飼彥博云：「國」當作「邦」，與「從」協韻，蓋漢人避高帝諱改之也。老子曰「修之國，其德乃豐」，正與此同。王念孫云：「國」當爲「邦」。上文生、聽爲韻，鄉、行爲韻，此邦、從爲韻。今作「國」，是漢人避諱所改。翔鳳案：「邦」與「封」同，讀「封」之重脣音。

〔四〕張文虎云：韓子揚搉篇「若地若天，孰疏孰親」，語本此，疑「私」字誤。郭大癡云：韓非五蠹「自環謂之私」，是吝於推惠也。易雜卦傳「同人，親也」，是樂與人同也。私、疏同紐，不煩改字。翔鳳案：「天」，古「頂」字，讀頂。舊讀丁，非是。

〔五〕戴望云：朱本作「如日如月」，誤。「日」與「節」韻，古日、月二字聲不同部，詩齊風東方之日篇可證。

〔六〕許維遹云：商君書君臣篇「臣聞道民之門，在上所先」，語本此。又「道」與「導」通。治要引作「導」。説文寸部：「導，引也。」尹注釋「道」爲「由」，非是。翔鳳案：「先」讀銑。

〔七〕丁士涵云：「召」，「詔」之假字。爾雅釋詁：「詔，道也。」翔鳳案：丁説是。呂氏春秋知度「凡朝也者，相與召理義也」，即借爲「詔」，與「誥」同。訓「道」，不切。

〔八〕張佩綸云：「惡」承上好惡，「度」承上服度。廣雅釋詁：「蔽，障也。」釋名釋天：「異者，異於常也。」大學「所惡於上，毋以使下」，此不蔽惡者。盤庚「以常舊服正法度」，此不異度者。

〔九〕聞一多云：「滿」謂聲滿。言於室而聲滿於室，令一室之人皆聞之。言於堂亦然。尹注未憭。韓非子難三篇：「管子曰：『言於室滿於室，言於堂滿於堂，是謂天下王。』或曰：管仲之所謂『言室滿室，言堂滿堂』，非特謂遊戲飲食之言也，必謂大物也。人主之大物，非法則術也。法者，編著之圖籍，設之於官府，而布之於百姓者也。術者，藏之於胸中，以偶衆端，而潛御羣臣者也。故法莫如顯，而術不欲見。是以明主言法，則境内卑賤莫不聞知也，不獨滿於堂；用術，則親愛近習莫之得聞也，不得滿室。而管子猶曰『言於室滿室，言於堂滿堂』，非法術之言也。」韓非引管子此語，而譏其不知御羣臣之道在藏術於胸中，是管尚誠而韓尚詐，此二家之異也。尹注云「取其露見不隱」，得之。

〔一〇〕安井衡云：「聖」，古本作「賢」。戴望云：宋本、朱本「聖王」並作「賢王」。御覽皇王部一引與此同。張德鈞云：葉適習學記言卷四十五引此語亦作「是謂聖王」，是葉所見本與楊忱本同。翔鳳案：「聖」爲聽之聰，「賢」爲多財，「見賢若貨」是其證。古本妄改，不足信也。

〔一一〕孫星衍云：治要引「彊」作「勇」。許維遹云：「應」讀爲膺。詩魯頌閟宮篇「戎狄是膺」，毛傳：「膺，當也。」翔鳳案：說文：「應，當也。」「膺，胷也。」詩之「戎狄是膺」，史記建元以來侯者年表云「戎、狄是應」。「膺」訓當乃「應」之借，許乃以本字爲借字，其疏於古訓如此。

〔一二〕黄震云：「分」，如分地之利之分，言有人次有財耳。乃釋云「可以分與財者，賢人也」，殊非章旨。（見黄氏日鈔卷五十五，後同。）俞正燮云：此「分」字，即乘馬篇「聖人善分民」之「分」，言託業用之也。注非。

〔一三〕丁士涵云：「爲政」與上「爲長」對文。「政」當讀爲正。爾雅釋詁：「正，長也。」

〔一四〕丁士涵云：廣韻：「⿱乂厶，俗『吝』字。」當改正。張佩綸云：此言不能審時，不能察用，不能備官。原注强分五法，非是。

〔一五〕丁士涵云：「六親」與「五法」當分章。宋本及劉氏績補注本子目下分爲二，是也。何如璋云：「六親五法」目無所指，舊注强爲分別，不可從。又上節釋「十一經」之目，此節言「十一經」之效，乃後人牧民解攙入正文者。許維遹云：丁氏及戴望所云宋本，乃墨寶堂本，與常熟瞿氏鐵琴銅劍樓藏宋刊本不合。張德鈞云：黄氏日鈔引稱「五法之章」，似所見本已將「五法」與「六親」分立矣。翔鳳案：身一，家二，鄉三，邦四，天下五，治法不同，是爲五法。六親亦在法中，是爲「六親五法」。求之過深，反失其義矣。房注所分非是。

形勢第二

自天地以及萬物，關諸人事，莫不有形勢焉。夫勢必因形而立，故形端者勢必直，狀危者勢必傾。觸類莫不然，可以一隅而反。

經言二

豬飼彦博云：山高、淵深，形也。羊至、玉極，勢也。取篇首兩句之意以爲名耳。一名山高，於體爲勝。丁士涵云：史記集解引劉向別録曰：「山高名形勢。」翔鳳案：説文無「勢」字，經典通用「埶」。禮運「在埶者去」，鄭注：「埶，埶位也。」釋文：「本亦作『勢』。」形勢之意，荀子正名言之最詳：「爵列尊，貢禄厚，形埶勝。」注：「形埶，謂埶位也。」埶位之義爲主要。又云「聖王之子也，有天下之後也，執籍之所在也」，亦謂執位。又云「天子者，執至重而形至佚」，則以「形」與「執」分言之。形勢爲身處高位，藉其勢以臨民。蛟龍得水，虎豹託幽，皆形勢也。形勢爲篇中之宗旨，山高則取篇首二字爲名，然亦爲「形勢」也。

山高而不崩，則祈羊至矣〔一〕。**淵深而不涸，則沈玉極矣**〔二〕。極，至也。山不崩，淵不涸，興雨之祥，故羊、玉而祈祭。烹①羊以祭，故曰祈羊。**天不變其常，地不易其則，春秋冬夏不更其節，古今一也。**今之天地即古之天地，今之四時即古之四時，故曰古今一也。**蛟龍得水而神可立也，虎豹託幽而威可載也**〔三〕，至德處盛位，天下可平。載，行也。**風雨無鄉而怨怒不及也**〔四〕。鄉，方也。既無方所，故無從而怨怒也。**貴有以行令，賤有以忘卑**，貴而行令，令乃行。賤而忘卑，卑可移。**壽夭貧富無徒歸也**〔五〕。皆有理在焉。**銜命者，君之尊也；受辭者，名之運也**〔六〕。言受君之辭以出命，則名必運。運，行也。

〔一〕錢大昕云：周禮肆師「及其祈珥」，注：「故書『祈』爲『幾』，杜子春讀『幾』爲祈。」又犬人「凡幾珥沈辜」，注：「鄭司農讀『幾』爲祓。」引爾雅「祭山曰庪縣」。然則幾、祈、庪、祓四字同音亦同義也。管子「祈羊」謂庪縣之羊。俞樾云：「祈」當讀爲釁，說文血部：「釁，以血有

① 「烹」字原作「耳」，據補注改。

所刉涂祭也。」周官或以「幾」爲之，犬人職「凡幾珥沈辜」是也。或以「刉」爲之，士師職「凡刉珥」是也。或以「祈」爲之，肆師職「及其祈珥」、小子職「掌珥于社稷，祈于五祀」是也。肆師之「祈」，故書作「幾」，小子之「祈」，鄭云「或爲刉」，是知「祈」爲假字矣。依説文，正當作「𩰫」。凡作「幾」者，「𩰫」之省；凡作「刉」者，音同也。陸德明云：「『刉』音機也。」鄭注於士師職云：「刉衈，釁禮之事，用牲，毛者曰刉，羽者曰衈。」此云「祈羊」，正「毛者曰刉」也。尹注「亨羊以祭，故曰祈羊」，北宋本作「耳羊以祭」。「耳」即「衈」之壞字，蓋以衈釋刉也。刉、衈雖有毛羽之别，然散文亦通。山海經中山經云：「祠毛用一雄雞，一牝豚，刉。」郭璞注曰：「『刉』亦割刺之名。」夫雞、豚並言刉，是刉、衈通稱之證。尹注以「衈羊」釋「祈羊」，未乖古義。因「衈」壞作「耳」，後人遂臆改爲「亨」，並「祈」字之義而亦晦矣。張文虎云：「祈羊」無義，疑「羊」當讀爲「祥」。國準篇云「立祈祥以固山澤」，是其證。何如璋云：此以山淵喻主德也，高而不崩則靈，深而不涸則神，靈則威令遠聞，神則變化不測。祈，説文：「求福也。」按祈則祭山之名。冬官考工記玉人注「其祈沈以馬」，此乃用羊。夏官小子：「掌祭祀，羞羊肆。」羊人：「掌羊牲，凡祈珥，共其羊牲。」沈，祭川之名。春官大宗伯：「以貍沈祭山林川澤。」沈玉者，祭川以璧投淵，故曰沈玉。左僖二十四年傳：「所不與舅氏同心者，有如白水。投其璧於河。」史記秦始皇本紀：「使御府視璧，乃二十八年行渡江所沈璧也。」

劉師培云：張説近是。輕重甲篇云「此所謂設之以祈祥」，設、立義同。惟後解以「所欲得」解「祈羊至」，誼亦難曉。竊以「祈祥」指祭山言。侈靡篇曰：「若樊神山祭之。」地數篇云：「苟山之見榮者，君謹封而祭之，距封十里以爲一壇。」是祭山即所以封山，故國準篇以爲「固山澤」。（宋紹興壬申本「固」作「周」。） 任林圃云：胡承珙小爾雅補遺云：「考工記玉人釋文引小爾雅：『祭山川曰祈沈。』案爾雅『庪縣』、『浮沈』，郭注或庪或縣，或浮或沈，各分爲二。據釋文引小爾雅『祈，音九委反』，是以祈爲庪，於庪縣、浮沈各舉其一，與玉人合。儀禮『祭川沈』，周禮大宗伯『以貍沈祭山林川澤』，鄭注『祭川澤曰沈』，皆言沈，不言浮。管子：『山高而不崩，則祈羊至矣。淵深而不涸，則沈玉極矣。』曰祈曰沈，正與小爾雅合也。」尋管子此文以「山川」與「祈沈」相對並舉，則祈爲祭山，沈爲祭川，其義甚明。然則「祈羊」之義以俞、何説爲長，蓋下文云「沈玉」，此言「祈羊」，恰爲對舉。張、劉説並非。 翔鳳案：説文：「羊，祥也。」元嘉刀銘：「宜侯王，大吉羊。」即以「羊」爲「祥」。博古圖十二辰鑑「辟除不羊」，亦以「羊」爲「祥」。蓋畜牧時代，羊爲主要財産，故以羊爲祥。積古齋有漢洗二，銘皆曰「大吉羊」，至漢猶然，則「祈羊」爲「祈祥」矣。與「沈玉」合看，則祈時用羊，並不矛盾。

〔二〕張佩綸云：左氏傳襄十八年：「晉侯伐齊，將濟河，獻子以朱絲係玉二瑴而禱。」昭二十四年：「王子朝用成周之寶珪于河。」定三年：「蔡侯歸及漢，執玉而沈。」史記秦始皇本紀：「有人持璧遮使者，使者奉璧具以聞，始皇使御府視璧，乃二十八年行渡江所沈璧也。」河渠書：「搴長茭兮沈美玉，河伯許兮薪不屬。」是周秦及漢均沈玉祭河。周禮玉人注：「於大山川則用大璋加文飾也，於中山川用中璋殺文飾也，於小山川用邊璋半文飾也，其祈沈以馬。」所謂「以馬」者，用玉時以馬爲牲也。近郝懿行疏爾雅，乃泥小子及玉人注，謂沈以牲，不以玉，誤矣。　任林圃云：漢書郊祀志記祭祀名山大川云：「春以脯酒爲歲禱，因泮凍，秋涸凍，冬塞禱祠，其牲用牛犢各一，牢具圭幣各異。」所記乃祠祀太室、恒山、泰山、會稽、湘山及沛水、淮水之事，皆爲牲幣並用，無所謂「以牲不以玉之事也」。通典引漢祀令：「天子行有所之，出河，沈用白馬，珪璧各一，衣以繒緹五尺，祠用脯二束，酒六升，鹽一升。涉渭、灞、涇、洛他名水如此者沈珪璧各一。律：所在給祠具。及行沈祠他川水，先驅投石，少府給珪璧，不滿百里者不沈。」此爲古代祭河牲玉並用之證。　翔鳳案：張説是也。爾雅釋詁：「極，至也。」詩崧高「駿極於天」，傳：「至也。」以玉爲上幣，沈玉猶後世之化錢紙、寶錠也。春秋書「梁山崩」，國語言「伊、洛竭」，古人以爲災異，則不祈禱之矣。

〔三〕安井衡云：「載」讀爲戴。　翔鳳案：説文：「載，乘也。」「託」於其上，舌上讀舌頭，故讀戴。

〔四〕豬飼彥博云：「鄉」同「嚮」。　何如璋云：「鄉」，釋名：「向也，衆所向也。」風雨之施，無所偏向，故非小民怨怒之所及，喻人主行政無私也。

〔五〕孫蜀丞云：淮南子俶真篇云：「夫道有經紀條貫，得一之道，連千枝萬葉。是故貴有以行令，賤有以忘卑，貧有以樂業，困有以處危。」注：「一者道本，得其本，故能連理千枝萬葉以少正多也。」與此解異而誼相成也。　翔鳳案：賤者非樂其卑，知其不可奈何而安之若命，故忘之也。

〔六〕豬飼彥博云：「銜」者，奉而守之也，言民奉命令則君尊。　俞樾云：「銜命」，形勢解作「銜令」。其解曰：「令出而民銜之。」此作「銜命」，雖於義亦通，然非管子原文矣。當據解訂正。　張佩綸云：禮記檀弓篇「銜君命而使」，漢書孫寶傳「臣幸得銜命奉使」，劉歆書「奉旨銜命，將以輔弱扶微」，後漢書寇恂傳「建節銜命」，魏志鄧艾傳「銜命征行」，鍾會檄「奉辭銜命」，「銜命」皆屬臣銜君命言，解謂「令出而民銜之」，非也。莊十九年公羊傳「聘禮大夫受命不受辭」，則他事固有受辭之理。辭亦臣受其辭，非民受其辭也。此言命即君之尊，辭即名之運，身不正則令不行，名不正則言不順，當有持於命與辭之先者，下所謂無事不言是也。抱蜀夜行，則召遠者使無爲，不待銜命矣，親近者言無事，不待受辭矣。　翔鳳案：臣銜君命而宣之，受其辭者民也。後解云：「民受其辭則名聲章。」張不得其解而爲之説，誤矣。

上無事則民自試〔一〕，試，用也。**抱蜀不言而廟堂既脩**〔二〕。抱，持也。蜀，祠器也。君人者，但抱祠器，以身率道，雖復靜然不言，廟堂之政既以修理矣。**鴻鵠鏘鏘，唯民歌之**〔三〕。感德化也。**濟濟多士，殷民化之**〔四〕。**紂之失也**，戒紂之失，故化文王。**飛蓬之問，不在所賓**〔五〕；**燕雀之集，道行不顧**〔六〕。蓬飛因風動搖不定，喻一二三之聲問，明主所不賓敬。燕爵翔集，事之常細也，故行道之人忽而不顧。謂小事非大人所宜知。**犧牷圭璧不足以享鬼神**〔七〕，鬼神享德，不在圭璧。**主功有素，寶幣奚爲**〔八〕！主能立功，可謂有素。有素，則諸侯不敢犯，寶玉幣帛何所爲乎！**羿之道非射也，造父之術非馭也，奚仲之巧非斲削也。**羿之射，貴其肆武服戎，不在其落烏中鵠。造父之馭，貴其軍容致遠，不在轍跡徧天下也。奚仲之巧，貴其九車以載，不在斲削成光鑑也。**召遠者使無爲焉**〔九〕，**親近者言無事焉，唯夜行者獨有也**〔一〇〕。遠使無爲，所以優遠方也。親於近者，貴於恩厚，不在於虛言①。夜行，謂陰行其德，則人不與之爭，故獨有之也。

〔一〕戴望云：元刻本「則」作「而」，與後解合。翔鳳案：後解云：「明主之治天下也，靜其民而不擾，佚其民而不勞。不擾則民自循，不勞則民自試。」牧民：「民惡憂勞，我佚樂之。」其言正合。上不擾民，民自試行。

〔二〕豬飼彦博云：李國祥曰：「蜀，疑當作『獨』。」愚案：抱獨，猶言疑獨也。解恐非。王念孫云：朱東光説「『蜀』乃『器』之誤」，是也。後形勢解作「蜀」，亦誤。「脩」當爲「循」，亦字之誤也。事、試爲韻，循、言爲韻。循，順也，從也。言人君抱器不言，而廟堂之中已順從也。俞樾云：形勢解曰「所謂抱蜀者，祠器也」，宋氏于庭據公羊「祠兵」左、穀作「治兵」，謂

①「虛言」二字原無，據補注增。

「祠器」即治器。又據方言「蜀，一也」，謂「抱蜀」即老子所謂「抱一」。其説「祠」字是矣，至「抱一」之説，終有未安。「抱一」可謂之治道，不可謂之治器，一也。影宋本第一卷音釋曰「蜀音猶」，宋謂「猶」乃「獨」字之誤，是固然矣。然「蜀」不當音獨，二也。竊疑管子原文當作「抱櫝」，「櫝」即櫝字也。詩葛生篇傳「韣而藏之」，釋文曰：「『韣』本作『櫝』，又作，『櫝』。」是韣、櫝、櫝三字通用。古者國之寶器皆櫝而藏之，故論語曰「龜玉毀於櫝中」，而陳國所分肅慎氏之貢，亦藏於金櫝，事見魯語。「抱櫝不言而廟堂既脩」者，言有德之君，但謹守宗器，恭默不言，而廟堂之上已無所不治矣。櫝字經典罕見，故須音釋，宋本音獨，正爲櫝字作音，自字壞作「蜀」，遂不可曉矣。王紹蘭云：疑「蜀」即「蠲」之壞字。小雅天保篇「吉蠲爲饎」，毛傳：「蠲，潔也。」周官蠟氏鄭注：「蠲，讀如吉圭惟饎之圭。」士虞禮「圭爲」，注引詩曰：「吉圭爲饎。」（吕氏春秋尊師篇「飲食必蠲絜」，高注：「蠲讀曰圭。」）是蠲爲圭也。攷工記玉人「四圭尺有二寸以祀天，土圭尺有五寸以致日，以土地，祼圭尺有二寸有瓚，以祀廟」，是圭爲祠器也。然則「抱蠲」猶言秉圭矣。翔鳳案：後解云：「所謂抱蜀者，祠器也。」此爲不可移易之定義。房注：「蜀，祠器也。」宋氏譏其删「抱」字，此一問題。音義「蜀音猶」，宋謂「『獨』之誤」，此又一問題。方言「一，蜀也」，注：「『蜀』猶獨耳。」「蜀」音獨無疑。古音舌上讀舌頭，「蜀」、「猶」音皆同獨，此一問題不足言矣。尸子治天下篇：「鄭簡公謂子産曰：『飲酒不樂，鐘鼓不鳴，寡人之任也。國家之不義，朝廷之不治，諸侯交之不得志，子之任也。子無入寡人之樂，寡人無入子之朝。』自是以來，子産治鄭，城門不閉，國無盜賊，道無饑人。孔子曰：『若鄭簡公之治樂，雖抱鐘而朝可也。』」「抱蜀」與「抱鐘」同，蜀爲祠器，而非抱蜀爲祠器，房注不誤。王信朱説，以「蜀」爲「器」之誤，及宋説之非，又可決定矣。蜀爲葵中蠶，爲何訓獨？歷來無説。朱駿聲謂「蜀」假爲「獨」。方言十二：「一，南楚謂之蜀。」爾雅釋山「獨者蜀」，又爲「燭」。仲尼弟子石作蜀，字子明。實則二義同一，「獨」即「燭」，朱不知也。説文：「燭，庭燎大燭也。」燕禮：「甸人執大燭於庭，閽人爲大燭於門外。」禮記少儀：「凡飲酒，爲獻主者執燭抱燋，客作而辭，然後以授人。」燕禮注：「燭，燋也。」公羊桓八年傳「春曰祠」，注：「祠，猶食也。」是「燭」爲祠器，可抱，已有證矣。弟子職「錯總之法」，注：「總，束也。」古者束薪以爲燭，故謂之總。其未然者，則横於坐之所也。説文：「熜，然麻蒸也。」廣雅：「熜，炬也。」説文：「總，束也。」合麻蒸而束之，因謂之「蜀」。「蜀」、「束」音近，合而爲一，故「蜀」訓一，音變而寫爲「獨」。君臣上「從順獨逆，從正獨辟，此猶夜有求而得火也」，張佩綸謂「獨」當作「燭」。此「獨」爲「燭」之證矣。爾雅釋天：「四時和謂之玉燭。」釋文引李巡云：「人君德美如玉而明若燭。」邢疏引尸子仁意篇述太平之事云「燭于玉燭」，「四氣和，正光照，此之謂玉燭」。然則「抱蜀」喻君之明，故不言而廟堂修也。諸説均誤，惟房注不誤也。

〔三〕戴望云：後解「鏘鏘」作「將將」，「唯」作「維」。「將將」古字，「鏘鏘」今字。張佩綸云：

廣雅：「鏘鏘，盛也。」王念孫以後解「將將，鴻鵠貌之美者也」，遂謂貌美乃釋「鏘鏘」，於廣雅疏證增一説曰：「美貌謂之將將。」此以興下之「濟濟多士」，當從廣雅作盛解爲是。　孫蜀丞云：「鏘鏘」當作「將將」。後解云：「將將，鴻鵠貌之美者也。」廣雅釋詁「將，美也」，重言之則曰「將將」。　翔鳳案：説文：「將，帥也。」「衛，將也。」「將」從寸，有法度之義。有人率領，行列整齊。故詩緜「應門將將」，傳「嚴正也」，引申爲美。其訓盛爲鏘鏘之聲，詩有女同車「佩玉將將」是也。

〔四〕黄鞏云：下有「紂之失也」句，蓋古注文。　許維遹云：詩文王篇「濟濟多士，文王以寧」，毛傳：「濟濟，多威儀也。」又按：「化」與上文「歌」爲韻。「紂之失也」當屬下爲義，尹注屬上爲義，非是。　翔鳳案：後解云：「天下畔之而願爲文王臣者，紂自取之也，故曰紂之失也。」二説均非。「化」讀貨，與「歌」叶。

〔五〕丁士涵云：宋本「問」作「閒」，「閒」乃「聞」字之誤。後解作「問」，古聞、問通。玩尹注「聲問」之訓，所見本不作「閒」矣。易益象傳「勿問之矣」，崔注：「問，猶言也。」觀後解云「蜚蓬之問，明主不聽也；無度之言，明主不許也」，語意自明。　章炳麟云：俞先生以「問」爲言，是也。「賓」字，尹注以爲「賓敬」，其義甚迂。按形勢解云「蜚蓬之問，明主不聽也」，則「賓」當與「聽」同義。考廣雅釋詁「聽，從也」，堯典「寅賓出日」，馬注：「賓，從也。」「賓」與「聽」皆爲從，則「賓」亦得爲「聽」，非「賓敬」之謂。　許維遹云：「飛蓬之閒」及下「燕雀之集」、

「犧牷圭璧不足以饗鬼神」，皆指「紂之失」而言。「閒」與「諫」通，白虎通諫諍篇「諫者，閒也」，論衡譴告篇「諫之爲言閒也」，是其證。「飛蓬」言其輕微也。「賓」當從章説，訓爲聽。諫而不聽者謂之「飛蓬之諫」。後漢書明帝紀：「飛蓬隨風，微子所歎。」章懷注引形勢解，而曰：「此言微子，未詳。」考尚書微子篇：「微子若曰：『我用沈酗于酒，用亂敗厥德于下。』」孫星衍云：「經文言我，不斥言紂者，爲尊親諱。」是也。此即微子諫紂之事，而紂不聽其諫，故論語云：「微子去之。」後漢書即合用管子、尚書之意。「飛蓬隨風」，謂紂不重視微子之諫，故微子歎之。章懷未達斯義，云「微子未詳」，亦其慎也。「燕雀之集，道行不顧」，亦即尚書微子篇所云：「殷罔不小大，好草竊姦宄，卿士師師非度，凡有罪辜，乃罔恒獲。小民方興，相爲敵讎。」以「燕雀之集」喻萬民羣臣集體爲惡，「道行不顧」喻紂不能制裁。翔鳳案：「閒」，趙本改爲「問」，與「賓」爲韻。然上文「鴻鵠」四句爲古詩，故有韻。「飛蓬」十句非詩，無韻。「飛蓬之閒」與「燕雀之集」相類，若爲「問」則不類矣。詩伯兮：「自伯之東，首如飛蓬。豈無膏沐？誰適爲容。」莊子説劍「蓬頭突賓」，假「突」爲「禿」，假「賓」爲「鬢」。説文：「鬜，鬢禿也。」則知「閒」亦爲「鬜」之借矣。觀宙合之歎美微子，「飛蓬」可能與微子有關。麥秀之歌，衆所共知。箕子佯狂爲奴，微子封於宋，當亦中心苦悶，首如飛蓬，而慨歎也。許説有理。

〔六〕豬飼彦博云：「道行」，行路之人也，孟子曰：「行道之人弗受。」解恐非。聞一多云：

「道行」當作「行道」，謂行道之人也。後解曰「務在行道，不顧小物」，正作「行道」。下文引經言「道行不顧」，疑後人依誤本經言改轉。尹注亦作「行道」。翔鳳案：聞説以近代語法律古人，大謬。

〔七〕丁士涵云：當從後解作「犧牲珪璧」。侈靡篇曰「知神次者操犧牲與其珪璧以執其斝」，輕重己篇曰「犧牲以魚」，「犧牲以彘」，是作「牲」爲長。作「牷」者，後人改之。戴望云：宋本「饗」作「享」，是也。説文「享，獻也」，「饗，鄉人飲酒也」，段氏注：「凡獻於上曰享，凡食其獻曰饗。」吳汝綸云：據管子解無「神」字。此傳寫妄增，遂失韻。張佩綸云：「鬼神」當作「神鬼」，鬼、璧爲韻。許維遹云：尚書微子篇：「今殷民（殷民即商紂，對天而言，紂亦民也。）乃攘竊神祇之犧牷牲，用以容，將食無災。」又牧誓篇：「商王受，惟婦言是用，昏弃厥肆祀弗答。」據此商紂蔑棄祭祀，其心不誠，雖設犧牲圭璧，鬼神亦不來享，故云「不足以享鬼神」。

〔八〕張文虎云：「主功有素」，即考工記所謂「畫繢之事後素功」也。言采色必施以素功，饗神不徒以寶幣，借喻以申上意。許維遹云：此承上文而言。主，謂紂也。詩六月篇毛傳：「功，事也。」廣雅釋詁：「有，取也。」「寶幣」，即上文「犧牲圭璧」。言主之事取乎平素，紂平素蔑棄祭祀，而享神徒以寶幣，何所爲乎？尹注本後解專指諸侯固非，張説失之於深，唯云「以申上意」得之。翔鳳案：小匡：「美爲皮幣，以極聘覜於諸侯，以安四鄰。」合之後解

「出名器重寶，以事鄰敵」，房注不誤。張、許立異説，謬矣。

〔九〕丁士涵云：「召」讀爲招。廣雅釋言：「招，來也。」欲來民者先起其利，雖不召而民自至。

陶鴻慶云：案尹注云「遠使無爲，所以優遠方也」，此説大誤。「使」讀如論語「使乎使乎」之使，言召遠者無待於使也。「召遠者使無爲焉」，與下句「親近者言無事焉」文義相配。後解云「欲民來者，先起其利，雖不召而民自至，設其所惡，雖召之而民不來也」，是其證。董子精華篇云「故曰親近者不以言，召遠者不以使」，文即本此。

〔一〇〕王念孫云：「獨有也」，當從朱本作「獨有之也」。尹注云「故獨有之也」，後解云「唯夜行者獨有之也」，（今本「也」誤作「乎」。）皆其證。淮南覽冥篇作「惟夜行者爲能有之」，亦有「之」字。

徐時棟云：夜行者，古論道書名也。鶡冠子有夜行篇，蓋闡發是書之義，即以名篇，篇末曰：「故聖人貴夜行。」又其武靈王篇曰：「昔夏廣而湯狹，殷大而周小，越弱而吴强，此所謂不戰而勝，善之善者也。此陰經之法，夜行之道，天武之類也。」與淮南子説無爲無事絶相類，而同稱夜行。其稱夜行與陰經連類竝舉，是夜行之爲古論道書無疑也。陸佃注鶡冠云：「陰經，黄帝之書也。」夜行無注，亦不知夜行爲古書名耳。愚但讀鶡冠子，亦未敢定其爲書名，至讀淮南子始決。安井衡云：古本「有」下有「之」字。解作「有之乎」。聞一多云：淮南子覽冥篇引此三句，高誘注曰：「夜行，喻陰行也，陰行神化，故能有天下也。」高釋「夜行」爲「陰行」，近是。此蓋法家尚術之義。翔鳳案：夜行者人不能見。後解云：「所謂夜行者，心行也。」行藏於心，不顯於外，即高誘所謂「陰行」。史記項羽本紀「富貴不歸故鄉，如衣繡夜行，誰知之者」，可知「夜行」之義。周本紀「西伯陰行善」，可知陰行之事例矣。

平原之隰，奚有於高（一）？ 言平隰之澤，雖有小封，不成於高。喻人有大失，小善不成其美。隰，下澤也。**大山之隈，奚有於深？** 隈，山曲也。言山既大矣，雖有小隈，不成爲深。喻人有高行，雖有小過，非不肖也。**訾讆之人，勿與任大**（二）。 訾，毁賢；讆，譽惡也。如此之人，任之則亂大邦也。**譕臣者可與遠舉**（三），言行莫先，謂之譕臣。有大言行者，可與圖國之遠也。**顧憂者可與致道。** 顧憂，謂忠①事勤臣道。有如此者，可致於道者也。**其計也速，而憂在近者，往而勿召也。** 小人之計，得之雖速，禍敗尋至，則憂及之。此人親近，推之令去，不須召也。**舉長者，可遠見也**（四）。 舉用長利②，衆皆見之，故曰遠見。**裁大者，衆之所比也**（五）。 裁，斷也。能斷大事，衆必比之。**美人之懷，定服而勿厭也**（六）。 欲令人貴美而懷歸者，須安定服行道德，勿有疲厭。**必得之事不足賴也，必諾之言不足信也。** 言人於事，莫爲疑動，言必得應

① 「忠」字原作「忘」，據補注改。

② 「利」字原作「和」，據補注改。

諾，如此，虛誕者耳，不足賴信也。**小謹者不大立**〔七〕，**訾食者不肥體**〔八〕。言人無弘量，但有小謹，不能大立也。訾，惡也。惡食之人，憂嫌致瘠，故不能肥體。**有無棄之言者，必參於天地也**〔九〕。言無可棄，動爲法則，若天地之無不容載，故曰參之天地。

〔一〕王念孫云：此當作「平隰之封，奚有於高」。後解當作「所謂平隰者，下澤也，雖有小封，不得爲高，故曰平隰之封，奚有於高」。尹注云「言平隰之澤，雖有小封，不成於高」，是其明證也。下濕曰隰，故言「下澤」。積土曰封，故言「雖有小封，不得爲高」。後人既改此文「平隰之封」爲「平原之隰」，遂並後解而改之，弗思甚矣。翔鳳案：說文：「隰，阪下溼也。」釋地：「陂者曰阪，下者曰隰。」「隰」爲極低之丘，與「溼」不同，不足爲高，故曰「奚有於高」。後解「下澤之封」極確，王未曾細爲分別也。

〔二〕丁士涵云：「訾」當作「呰」。說文：「呰，訶也。」（今作「苛」，此從一切經音義改。）鄭注喪服四制云：「口毀曰呰。」說文無讆字。心部：「𢖷，寱言不慧也。」爾雅釋詁：「衛，嘉也。」後解云：「推譽不肖之謂讆。」推譽與嘉誼相近。許維遹云：尹注是也。「訾」與「呰」同，不必改字。廣雅釋詁：「訾，諟也。」方言十：「呰，短也。」史記屈原傳：「短屈平於頃襄王。」短亦毀也。又「讆」與「躗」同。左哀二十四年傳「是躗言也」，服注：「僞不信言也。」或省作「衛」。呂氏春秋士容論「德行尊理，而羞用巧衛」，高注：「衛，榮衛。」榮衛與巧衛義相因。翔鳳案：禮記喪服四制「訾之者，是不知禮之所由生也」，注：「口毀曰訾。」玄應引作「呰」。左昭二十年傳注「不訾小忿」，釋文：「本作『呰』。」許謂「訾」與「呰」同，是也。與「疵」同義，類似吹毛求疵。朱駿聲以「讆」爲「譪」之借，「譀也，誇誕之意」，是也。説文：「噧，高气多言也。春秋傳曰『噧言』。」即左傳哀二十四年之「讆言」。衛、萬古聲同部，諸家未得其解。「任大」，依解爲「大事」，房云「大邦」，誤。

〔三〕王引之云：「譕」與「謨」同。集韻曰：「謨，古作譕。」爾雅曰：「謨，謀也。」「臣」當作「巨」，字形相似而誤。巨，大也。「譕巨」者，謀及天下之大，而非一家一國之謀也。形勢解曰：「明主之慮事也，爲天下計者謂之譕臣。」「臣」亦當作「巨」。曰「慮」，曰「計」，釋「譕」字也。曰「天下」，則釋「巨」字也。若作「譕臣」，則其義不可通矣。且「巨」與「舉」爲韻，「憂」與「道」爲韻。（二字古音同在幽部。）若作「臣」字，則又失其韻矣。尹注非。張佩綸云：王説『臣』當作『巨』，是也，淮南氾論訓「故小謹者無成功，訾行者不容於衆，體大者節疏，蹠距者舉遠」，高注：「蹠，足；距，大也。」是「距」乃「巨」之誤。説林訓「蹠巨者志遠，體大者節疏」，尤一確證。淮南即本此篇，而以喻爲正，以正爲喻耳。郭沫若云：張舉淮南「蹠距者舉遠」及「蹠巨者志遠」，證此「譕臣者可與遠舉」「臣」當作「巨」，至確。然「譕」字實亦「蹠」字之訛耳。草書「足」旁作「讠」，與言旁俗書極相似，「庶」與「無」亦極相似，故致訛。後解所據本已誤，可知作解者當係漢人，甚且後於淮南。翔鳳案：隋昌國惠公寇奉叔墓誌

「拒」作「挋」,「臣」爲「巨」之隸變。「譕」本作「無」,即「蹠」字,郭以爲訛,非也。刻本手抄,宋以前重視,不用草書。郭以草書證誤字,此法決不可用。其法始於王念孫。而因此證爲漢人作,且後於淮南,則又歧中有歧矣。説文:「無,豐也,从林、爽,或説『規模』字,从大。卌,數之積也。林者,木之多也。卌與庶同意。」「庶,屋下衆也。从广炗。炗,古之光字。」「卌」、「庶」同意,説文已不了了。「無」孳乳作「廡」,與「庶」同。弭仲簠有[illegible]字,魯公鐘作[illegible],舊釋「武」,實爲「無」,古「舞」字。「大」象人形,手撫地,高舉其足而舞,上象兩足共舉一物,即「卌」。武梁石室有倒舞畫像。古人舞會,慶於神廟,夜間舉行,庭燎有光,其字爲「庶」。「廿」,甲文作「[illegible]」,金文同。北涼沮渠安周碑「庶」作「謶」,内似「無」,外作「言」旁,可證郭「足旁草書」之誤。侈靡「六畜遮育,五穀遮熟」,則「庶」即亦「蹠」矣。

〔四〕戴望云:元刻本「見」下有「者」字,後解同。張佩綸云:荀子勸學「登高而招,臂非加長也,而見者遠」,大戴禮勸學作「升高而招,非臂之長也,而見者遠」,意同。此言所舉之物長則遠見,則所舉之人長亦見遠。翔鳳案:臂舉長物,非臂長,張引荀子非是。後解:「舉一而爲天下長利者,謂之舉長。」此由喻語申正意也。

〔五〕豬飼彦博云:「比」當作「庇」,依賴也。孫星衍云:「裁」,古通作「材」字,故形勢解云:「天之裁大,故能兼覆萬物;地之裁大,故能兼載萬物;人主之裁大,故容物多而衆人能比焉。」尹注非。張佩綸云:「裁」或爲「材」,「比」或爲「芘」。此言材大者衆之所託芘,則才之大者亦爲衆之所親比。翔鳳案：今人言「體裁」，又言「身材」，孫言是也。論語「義之與比」，皇疏：「親也。」周禮大胥「比樂官」，注：「鄭大夫讀『比』爲庀。」世婦「比其具」，注：「鄭司農『比』讀爲庀。」陸釋文作「庇」。説文：「庇，蔭也。」「芘，艸也。」莊子人間世「隱將芘其所賴」，假「芘」爲「庇」。張説不誤，然以借字爲本義，又混「親比」爲「庇蔭」，則大不可也。

〔六〕俞樾云：此句之義爲不可曉。據形勢解曰：「貴富尊顯民歸樂之，人主莫不欲也。故欲民之懷樂己者，必服道德而勿厭也，而民懷樂之。」然則管子原文本作「欲人之懷，必服而勿厭也」，故其解如此。若作「美人之懷定服而勿厭也」，則解何以不及「美」字、「定」字之義乎？尹注曰「欲令人貴美而懷歸者，須安定服行道德，勿有疲厭」，則其所據本已誤。夫「令人貴美而懷歸」，不得云「美人之懷」，即尹注之迂回難通，知管子原文必不如是，當據後解訂正。

譚戒甫云：「美」疑「羡」之捝誤字，説文：「羡，貪欲也。」後解以「欲」釋「羡」，以「必」釋「定」耳。翔鳳案：公羊莊十二年傳「魯侯之美也」，注：「好也。」孟子：「充實之謂美。」公羊隱五年傳：「美，大之之辭也。」詩：「彼美人兮，西方之人兮。」美人指王公大人，非誤字。

〔七〕何如璋云：「謹」，説文：「慎也。」小謹則過拘，漢書酈食其傳：「舉大事不細謹。」「大立」謂樹立遠大。「小謹」者，其樹立固不大也。

〔八〕安井衡云：諸本「餥」作「訾」，今從古本。解亦作「餥」。洪頤煊云：「訾」當作「餥」。形勢解「餥食者多所惡也，人餥食則不肥」，字皆作「餥」。玉篇「餥，嫌食貌」，義本此。張佩綸云：疑當作「仳」。詩正月傳：「仳仳，小也。」晉語一：「商之衰也，其銘有之曰：嗛嗛之德不足就也，不可以矜而祗取憂也；嗛嗛之食不足狃也，不能爲膏而祗罹咎也。」韋注：「嗛嗛，猶小小也。膏，肥也。」正是此意。翔鳳案：説文：「訾，不思稱意也。」周書太子晉「四荒至莫有怨訾」，注：「歎恨也。」貪食無滿意之時，是謂訾食。「餥」爲後起字。

〔九〕安井衡云：諸本作「參於」，無「之」字，今從古本。解亦有「之」字。張佩綸云：言君無棄言，如天地無棄物。郭沫若云：「之言」者此言，即指「小謹者不大立，訾食者不肥體」而言。言有不棄此言而行之者，其極必與天地參也。下「之」字不應有。翔鳳案：郭訓「之言」爲此言，已覺生硬。後解云「言而語道德忠信孝弟者，此言無棄者」，不指「小謹者」二句，其誤顯然矣。

墜岸三仞，人之所大難也，而猿猱飲焉〔一〕。**故曰：伐矜好專，舉事之禍也**〔二〕。猿遇墜岸而能飲。喻智者逢禍而能息也。**不行其野，不違其馬**〔三〕。馬有識道之性，不違馬而自得塗。喻未經其事，問其所經。**能予而無取者，天地之配也。**天地施生，不求所報。與而不取，可以配天地也。**怠倦者不及，**倦怠之人，觸塗廢滯，故多不及。**無廣者疑神**〔四〕。**神者**

在內，不及者在門〔五〕。無得以己不及，疑神不神。神①雖無形，常在於內，故曰在內也。不及外見，故曰在門也。在內者將假，在門者將待〔六〕。將假，謂神將借己也。待，謂須自厲以待。曙戒勿怠，後稺逢殃〔七〕。每曙而戒，所以戒皆之事。以待曙戒，戒勿爲倦怠也。朝忘其事，夕失其功。邪氣襲內，正色乃衰〔八〕。君不君則臣不臣，父不父則子不子。上失其位則下踰其節，上下不和，令乃不行。衣冠不正則賓者不肅〔九〕，進退無儀則政令不行，且懷且威則君道備矣。

〔一〕孫蜀丞云：「猿猱」，後解作「蝚蝯」。聞一多云：喻事有人君力所不及，而庶民或優爲之者。翔鳳案：三句仍是喻語。後解云：「明主之官物也，任其所長，不任其所短。」「緣高出險，蝚蝯之所長，而人之所短也。」聞不顧後解而自立說，謬。說文：「蝚，蛭蝚，至掌也。」「蝯，善援，禺屬。」說文無「猨」字，亦無「猱」字。字作「夒」，玉篇「猱獿」同。詩：「毋教猱升木。」當以「猱蝯」爲正。其「蝚猨」二字，因偏而訛，「猿」字更爲後起。

〔二〕劉績云：經文不應有「故曰」，此二字疑衍。宋翔鳳云：周秦傳記多以「是故」發端，「故曰」猶「是故」。故，古也，謂古語也。劉說非。王念孫云：「伐矜好事」二句與上文義不

①「神神」二字原作「祐」，據補注改、增。

相屬，則不當有「故曰」二字，此涉上注「故曰參之天地」而衍。翔鳳案：聞一多云：「故曰」二字非衍。「伐矜好專」正承上文「墜岸三仞」云云而言。翔鳳案：「伐」，自誇異於人也。老子：「不自伐，故有功。」後解云：「矜奮自功，專用己而不聽正諫，故事敗而禍生。」凡「故曰」承前文，否則古語也。「故曰」，古曰也。爾雅釋詁：「古，故也。」孟子七篇用「故曰」最多。「故曰持其志，無暴其氣」；「故曰域民不以封疆之界」；「故曰或勞心，或勞力」。最多者爲離婁篇：「故曰徒善不足以爲政，徒法不能以自行。」「故曰爲高必因丘陵，爲下必因川澤。」「故曰責難於君謂之恭，陳善閉邪謂之敬，吾君不能謂之賊。」前文皆無所承，而離婁一篇有四「故曰」，莫有議之者。此「故曰」包四句，「違其馬」有典，其爲古語無可疑矣。此後疑「故曰」爲衍文者不少，特發其凡於此。

〔三〕張文虎云：韓非子：「管仲、隰朋從於桓公而伐孤竹，春往冬返，迷惑失道。管仲曰：『老馬之智可用也。』乃放老馬而隨之，遂得道。」案此即「不行其野，不違其馬」之的注。上「不」字當依注作「未」無疑。孫蜀丞云：「不違其馬者」，不去其馬也。詩殷其靁傳：「違，去也。」注與解不合。聞一多云：賈誼新書春秋篇曰：「衛懿公好鶴，鶴有飾以文繡而乘軒者。賦斂繁多而不顧其民。貴優而輕大臣。羣臣或諫，則面叱之。及翟伐衛，寇挾城堞矣。衛君垂泣而拜其臣民，曰：『寇迫矣，士民其勉之。』士民曰：『君亦使君之貴優，將君之愛鶴，以爲君戰矣。我儕棄人也，安能守戰？』乃潰門而出走。翟寇遂入。衛君奔死，遂喪其國。故賢主者不以草木禽獸妨害人民，進忠正而遠邪僞，故民順附而臣下爲用。今釋人民而愛鳥獸，遠忠道而貴優笑，反甚矣。人主之爲人主也，舉錯而不債者，杖賢也。今背其所主，而棄其所杖，其債仆也，不亦宜乎？語曰：『禍出者禍反，惡人者人亦惡之。』管子曰：『不行其野，不違其馬。』此違其馬者也。」據此，則「不行其野，不違其馬」，謂雖不行其野，亦不違其馬也。許維遹云：詩節南山毛傳：「違，去也。」楚辭離騷篇：「來違棄而改求。」「違棄」連文，去、棄同義，尹注非。翔鳳案：此亦喻語。後解云：「雖不行於野，其養食馬也，未嘗解（懈）惰也。」「雖不守戰，其治養民也，未嘗解惰也。」説文：「違，離也。」「韋，相背也。」經典通以「違」爲「韋」，兼此二義，謂離棄之也。許説是。

〔四〕豬飼彦博云：「廣」疑當作「曠」，「無曠」謂惜寸陰也，與怠倦反。疑、凝同，解云「其成若神」，是也。安井衡云：「廣」讀爲曠。曠，空也。不曠其日者，事必速成，人疑其神。戴望云：張（文虎）云：「無，譕之假字，上文云『譕巨者可以遠舉』。」據後解云「故事廣于理者，其成若神」，則張説是。何如璋云：「廣」讀爲曠，漢書五行志「師出過時謂之廣」，字亦通「曠」。皋陶謨：「無曠庶官。」神者，陰陽不測之謂。無曠則事成而速，故疑神也。江瀚云：莊子達生篇「用志不分，乃疑於神」，「無廣」即「用志不分」也。翔鳳案：莊子達生：「用志不分，乃疑於神。」「不分」即「無廣」。「疑」即「凝」。易坤「陰始疑也」，荀、虞本作「凝」；中庸「至道不凝焉」，釋文「本作『疑』」，是其證。後解云：「以規矩爲方圜則成，以尺寸量短長則得，以法數治民則安。故事不廣於理者，其成若神。」「至道不凝」，鄭注亦訓爲「成」，俗言「務廣多荒」，義相近。

〔五〕豬飼彦博云：此承上句言，「神」上脱「疑」字。翔鳳案：心術上：「絜其宫，闕其門。宫者謂心也，心也者智之舍也。門者謂耳目也。」又曰：「虚其欲，神將入舍。」「神」即精神之神，氣之運也，或曰精氣。加「疑」字謬。

〔六〕戴望云：「假」當作「徦」。説文：「徦，至也。」方言：「徦、狢，至也。邠、唐、冀、兖之間或曰假，或曰狢。」聞一多云：「假」讀爲暇，（詩長發「昭假遲遲」，箋：「假，暇。」列子力命篇「行假念死乎」，注：「當作『何暇』。」）「待」讀爲殆。莊子養生主篇「以有涯隨無涯，殆而已矣」，向注：「殆，疲困之謂。」「暇」與「殆」義相對。此承上「怠倦者不及，無廣者疑神」，言怠倦者反得疲困，無曠者反得閑暇也。翔鳳案：心術下：「思之不得，鬼神教之。非鬼神之力也，其精氣之極也。」即神將借己之謂。戴、聞二説均誤。

〔七〕俞樾云：既勿怠矣，又何逢殃之有？「勿」疑「夕」字之誤。「曙戒夕怠」，言朝戒之而夕怠之也。下文云「朝忘其事，夕失其功」，此以「夕」對「曙」言，猶彼以「夕」對「朝」言矣。陶鴻慶云：俞不釋「後稺」之義。今案「稺」當爲「徲」，説文：「徲，久也。」朱氏駿聲曰「欽遲希待之意當作此」，是也。「稺」爲希待，引伸有遲緩之義，故亦以遲爲之。戒備於前而遲緩於後，則殃必及之，故曰：「曙戒勿怠，後徲逢殃。」正文義自可通，似不必改「勿」爲「夕」。許維遹云：俞説未諦，「怠」與「殆」通。易震注「咸駭怠惰」，釋文「『怠』本又作殆」，是其例。爾雅釋詁：「殆，危也。」重令篇注：「稺，驕也。」（詩載馳「衆（終）稺且狂」，稺、狂相對，稺亦驕也。）「曙戒」對「後稺」，「勿怠」對「逢殃」，詞意正相貫。　聞一多云：「説文：「鼜，夜戒守鼓也。」引禮：「昬鼓四通爲大鼜，夜半三通爲戒晨，旦明五通爲發明。」「曙戒」者，疑天將曙戒鼓鳴時謂之「曙戒」。「勿」讀爲忽，忽亦怠也。「稺」讀爲遲，遲猶暮也。（離騷「恐美人之遲暮」，王注曰：「遲，晚也。」論衡明雩篇曰：「暮者，晚也。」遲、暮並訓晚，是遲亦暮也。廣雅釋言：「暮，稚也。」「暮」訓稚，則「稚」亦訓暮。稚、稺同。「稺」之言亦猶遲也，故與暮同義。）「曙戒」與「後遲」對舉，謂旦明與日暮時也。旦明勿怠其事，則日暮必逢禍殃。下文「朝忘其事，夕失其功」，正申此意。　翔鳳案：「曙戒」猶「戒旦」。晉書趙至傳：「雞鳴戒旦。」説文：「睹，旦明也。」七發注引作「曙」。孟子：「雞鳴而起，孳孳爲善。」呂氏春秋重己：「一曙失之，終身不復得。」古人以神明降於旦。汗簡引古文尚書「神」作「襢」。禮記郊特牲「所以交於旦明之義也」，鄭注以「旦」爲「神」之脱爛。詩氓「信誓旦旦」，即誓於神而曙戒也。「稺」訓驕，許説是也。

〔八〕王念孫云：「入」當依宋本、朱本作「襲」，後解及文選長門賦注、七發注引此並作「襲」，襲即入也。無庸改「襲」爲「入」。　張佩綸云：「正色」疑當作「玉色」。胡刻李善注文選本兩引均作「邪氣襲內，玉色乃衰」，汲古閣本長門賦注已改作「正」，而七發注猶作「玉」。東方朔七諫怨思章「邪氣入而感内兮，施玉色而外淫」，是其確證。禮記：「盛氣顛實，揚休玉色。」翔鳳案：張謂「正」爲「玉」之誤，是也。「玉」之本字，與「王」相混。説文「瑇，朽玉也，讀若畜牧之畜」，段注訂爲「玉」字：「廣韻一屋云『玉音肅，朽玉』，此説文本字。四十九宥云『瑇音齅』，此從俗字。」後解云：「中無情實，則名聲惡矣。修行慢易，則汙辱生矣。」「惡」與「汙辱」，義與「朽玉」相近。後漢郭丹傳注：「縗之言實，衰之言摧，實摧痛於中也。」作爲正色而訓「衰」爲「衰滅」，亦通。然衰滅不即爲汙辱，知其不合矣。

〔九〕俞樾云：「賓」讀爲擯，古字通用。尚書堯典「賓于四門」，鄭注以「賓」爲擯，是也。主君衣冠不正，則擯者亦不肅，若上文云：「上失其位，則下踰其節矣。」翔鳳案：孟子：「其冠不正，望望然去之。」論語：「正其衣冠，尊其瞻視。」「整冠」至漢、魏有之，古詩：「瓜田不納履，李下不整冠。」古本「正」作「整」，非是。

莫樂之則莫哀之，常能樂人，及其有難，人必哀之也。莫生之則莫死之。常能生人，及其有危，人必死之。往者不至，來者不極。此往情不至，則彼①來意不然也。道之所言者一也，而用之者異。道之所言，其理不二，但用之不同，其事遂異也。有聞道而好爲家者，一家之人也。雖聞道，但好理家，此但一家之人耳。言無廣遠。有聞道而好爲鄉者，一鄉之

① 「彼」字原作「復」，據補注改。

人也。有聞道而好爲國者，一國之人也〔一〕。**有聞道而好爲天下者，天下之人也。**此亦仁者見之謂之仁，智者見之謂之智也。**有聞道而好定萬物者，天下之配也**〔二〕。此則君子體斯道也。**道往者其人莫往，道來者其人莫來**〔三〕，**道之所設，身之化也。**道者，均彼我，忘是非，故無來往之體。然道之所設，身必與之化也。**持滿者與天，安危者與人**〔四〕。**失天之度，雖滿必涸；上下不和，雖安必危。**能持滿者，則與天合。能安危者，則與人合。不合於天，雖滿必涸。不合於人，雖安必危。**欲王天下而失天之道，天下不可得而王也。得天之道，其事若自然；失天之道，雖立不安。其道既得**〔五〕，**莫知其爲之；其功既成，莫知其澤之**〔六〕。**藏之無形，天之道也。**

〔一〕翔鳳案：依牧民篇家、鄉、邦、天下相聯之例，此「國」字亦當作「邦」。

〔二〕王念孫云：「天下」當爲「天地」，人君能定萬物，則可以配天地。上文云「能予而無取者，天地之配也」，即其證。今作「天下」者，涉上文「天下之人」而誤。黃氏日鈔亦云「地」誤作「下」。尹桐陽云：自「有聞道而好爲國者」至此，形勢解無解。「天地之配」猶上云「天地之匹」。翔鳳案：上文「天地之配」，指予而無取，爲天地之道。此句承家、鄉、國、天下言其定萬物，則爲「天下之配」。法法：「正也者，所以正定萬物之命也。」政以正天下，不能正天地。

〔三〕豬飼彦博云：「道往」，失道也；「道來」，得道也。戴望云：宋蔡潛道本、趙本作「道往者其人莫來，道來者其人莫往」。宋翔鳳云：「道往者其人莫往」，言人與道俱化，而不見其往也。「道來者其人莫來」，亦與道俱化，而不見其來也。故注云：「均彼我，忘是非，故無來往之體。」劉績據形勢解改作「道往莫來，道來莫往」，彼係訛字。郭沫若云：當從後解。古本、劉本及朱東光本均作「道往者其人莫來，道來者其人莫往」。豬飼解「道往」爲失道，「道來」爲得道，是也。此即「得道者多助，失道者寡助」之意。翔鳳案：以解爲主，郭説是也。

〔四〕翔鳳案：後解云：「天之道，滿而不溢，盛而不衰，明主法象天道。」又云：「救禍安危者，必待萬民之爲用也。」越語云「持盈者與天，定傾者與人」，韋昭注：「與天，法天也；與人，取人之心也。」莊子大宗師「孰能相與於相與」，釋文：「猶親也。」「滿」當作「盈」，避漢惠帝諱而改。

〔五〕吴汝綸云：「其道既得」四字，當依管子解校删。尹桐陽云：自「得天之道」至此，形勢解無解。翔鳳案：解乃解其較難者，非逐句解之，韓非解老亦同。解無則删之，此謬説也。

〔六〕豬飼彦博云：「釋」，置也，解作「舍」。王念孫云：宋本「釋」作「澤」，古字假借也。（説見戒篇「澤其四經」下。）今本作「釋」者，後人不識古字而改之。

疑今者察之古，不知來者視之往〔一〕。萬事之生也，異趣而同歸〔二〕，古今一也。生棟覆屋〔三〕，怨怒不及。弱子下瓦，慈母操箠。言人以生棟造舍，雖至覆屋，但自咎而已，不敢怨及他人。至弱子下瓦，所損不多，慈母便操箠而怒之。喻人主過由己作，雖大而吞聲；過發他人，雖小而振怒也。天道之極，遠者自親；天道平分，遠近無二①，故遠者自親也。人事之起，近親造怨。人事則愛惡相攻，故有近親造怨也。萬物之於人也，無私近也，無私遠也，動物則有識而無知，植物則有生而無識，故於人也，無私遠近。巧者有餘，而拙者不足。萬物既無私於人，故巧者用之有餘，拙者用之不足。其功順天者天助之，其功逆天者天圍之〔四〕。天之所助，雖小必大；天之所圍，雖成必敗〔五〕。順天者有其功，逆天者懷其凶，不可復振也〔六〕。

〔一〕孫蜀丞云：春秋繁露精華篇：「古之人有言曰：不知來，視諸往。」蓋本管子。之、諸聲近。

〔二〕陳奂云：「生」後解作「任」，「任」字不誤。「趣」後解作「起」，誤。翔鳳案：説文：「生，進也。」進則有所趣。後解「趣」作「起」。莊子外物「跈則衆害生」，注：「起也。」後解神農、禹、湯皆言其異趣同歸，而非言其保任，「任」乃誤字。

① 「二」字原作「三」，據補注改。

〔三〕豬飼彦博云：以新伐之木爲棟也。　俞樾云：「生」當讀爲笙，方言曰：「笙，細也，自關而西，秦晉之閒，凡細貌謂之笙。」　孫詒讓云：「生」謂材尚新，未乾臘也。韓非子外儲説左云：「虞卿爲屋，謂匠人曰，屋太尊。匠人對曰，此新屋也，塗濡而椽生。」吕氏春秋别類篇云：「高陽應將爲室，家匠對曰：未可也，木尚生，加塗其上，必將撓。」此「生棟」與韓、吕二書義同。俞讀「生」爲笙，未塙。　翔鳳案：孫説是。「笙」爲秦、晉方言，非齊人之方言，不切。

〔四〕王念孫云：宋本「違」作「圍」，（下文「天之所違」及後解竝同。）古字假借也。違之通作圍，猶圍之通作違耳。（繫辭傳「範圍天地之化而不過」，釋文：「範圍」馬、王肅、張作「犯違」。）今本作「違」者，亦後人不識古字而改之。　李哲明云：王説固通，竊疑「圍」本作「圉」，形近而訛。「圉」有禁止意，與上「助」字義反。且圉、助爲韻，故知當作「圉」也。宋本誤「圍」，今本因改「違」耳。

〔五〕尹桐陽云：「雖成必敗」，解作「雖大必削」。　翔鳳案：此處非韻，李説誤。

〔六〕尹桐陽云：形勢解無解。懷，致也。振，救也。　翔鳳案：「懷」無訓「致」者。説文：「懷，念思也。」人遇凶則悔恨交集，刻不能忘。此乃通訓。尹舍近求遠，非是。説文訓「振」爲「舉救」，「救也」係小爾雅之訓，以「舉救」爲佳。

烏鳥之狡，雖善不親〔一〕。　狡，謂猜也。言烏鳥之性多猜，初雖相善，後終不親。**不重之**

結，雖固必解。道之用也，貴其重也。毋與不可，毋彊不能，毋告不知。與不可，彊不能，告不知，謂之勞而無功。見與之交，幾於不親；見，謂不忘而恃之也。與，親與也。見哀之役，幾於不結〔二〕；役而哀之，雖有惻然，見而不忘，故彼不結也。見施之德，幾於不報。雖有恩施之德，然見而不忘，故彼不報也。四方所歸，心行者也。心行能不見，則四方歸之。獨王之國，勞而多禍〔三〕。獨王，謂無四鄰之援也。獨國之君，卑而不威。自媒之女，醜而不信。未之見而親焉，可以往矣。未見而親，親必無終，故可往矣。久而不忘焉，可以來矣。日月不明，天不易也。山高而不見，地不易也。日月無不明，假令不明，是天有雲氣而不易也。山高無不見，假令不見，是地多嶮阻不平易也。言而不可復者，君不言也。行而不可再者〔四〕，君不行也。謂臣有忠言，不可復言者，則由君不言故也。臣有善行，不可再行者，則由君不行也。凡言而不可復，行而不可再者，有國者之大禁也。

〔一〕劉績云：「烏烏之狡」，當依解作「烏集之交」。王念孫云：「烏烏之狡」當作「烏集之佼」。「佼」與「交」同。江瀚云：「狡」與「交」，古字亦通。禮記樂記「血氣狡憤」，釋文「『狡』本作『交』。」不必改「狡」爲「佼」。任林圃云：漢書五行志「烏集醉飽吏民之家」，顔師古注云：「乍合乍離，如烏之集。」（此文同見漢書匡衡傳「烏集雜會飲醉吏民之家」，師古曰：「言聚散不恒，如烏烏之集。」）是「烏集」乃古人恒語。當依後解作「烏集」爲是。

翔鳳案：後解云：「與人交，多詐僞，無情實，偷取一切，謂之烏集之交。」「狡」字不誤。烏好群集，無「集」作「烏鳥」亦通。

〔二〕王念孫云：「見與之交」，當從朱本作「見與之友」，後解亦作「友」。「見哀之役」，「哀」與「愛」古字通。「役」當爲「佼」，字之誤也。「佼」與「交」同。後解作「見愛之交」，是其證也。尹注非。安井衡云：諸本「友」作「交」，解「交」作「友」，「哀」作「愛」，「役」作「交」，皆是也。見，示也，謂表顯之。翔鳳案：説文：「與，黨與也。」以利相結，非真能相親者。廣雅釋詁一：「役，使也。」哀而役使之，非真能哀憫者，不能固結也。

〔三〕劉績云：當依解作「獨任之國」。豬飼彦博云：「獨王」又見權修，即獨任之意。王念孫云：「任」字古通「壬」，因譌而爲「王」。尹注非。安井衡云：「獨王」，自用而不任人也。「獨國」，無與國也。王與君相呼成章，解作「獨任之國」，誤。戴望云：「王」字義長，不必改字。「獨王」者，若桀紂爲天子，不若一匹夫也。劉師培云：後解作「獨任之國」，治要引後解「國」作「圖」。以後解「不用聖人之智力」證之，自以治要所引爲正。翔鳳案：後解「獨用其智而不任聖人之智，獨用其力而不任衆人之力」，爲「任」字無疑。律書：「壬之爲言任也。」

〔四〕張文虎云：「言而不可復」者，猶言雖悔莫追，與下「行而不可再」義同。尹注謬。戴望云：後解兩「而」字皆作「之」。張德鈞云：「言而不可復」，即大戴禮曾子立事篇「言之必思復之，思復之必思無悔言」。盧辯彼注引論語曰「信近於義，言可復也」，阮元又引左襄二十五年太叔文子曰「君子之行，思其終也，思其復也」，謂思復即思覆行之，絶無偏敝。管子此文，義亦猶是。翔鳳案：「復」與「再」不同。小爾雅廣言：「復，白也。」孟子：「有復於王者曰。」口語謂之回信。「信近於義，言可復也」，即此義。訓「覆」則與「再」無别，非是。

權脩第三

經言三

權者，所以知輕重也。君人者，必知事之輕重，然後國可爲，故須脩權。

牟庭云：管子有權修篇，即輕重九府篇也。劉向言：「九府篇民間無有。」然據後文無權修解，而有輕重七篇以發明經言篇意，經言又無輕重篇，故知太史公所讀「輕重九府」即權修也。

翔鳳案：「九府」之名，見爾雅釋地：「東方之美者，有醫無閭之珣玗琪焉。東南之美者，有會稽之竹箭焉。南方之美者，有梁山之犀象焉。西南之美者，有華山之金石焉。西方之美者，有霍山之珠玉焉。西北之美者，有崑崙虛之璆琳琅玕焉。北方之美者，有幽都之筋角焉。東北之美者，有斥山之文皮焉。中有岱岳，與其五穀魚鹽生焉。」岱爲東岳，而九府以岱爲中。齊人言齊，是即管書之「九府」也。鹽鐵論輕重：「管仲設九府，徼山海。」山海之貨，集於九府。馬遷所云「輕重九府」，即輕重篇言「九府之藏」，近人以九府爲篇名，誤。牟以權修爲「輕重九府」，更誤。篇中所述，無一語有九府之藏也。

萬乘之國〔一〕，兵不可以無主。無所主，則無所統一也。土地博大，野不可以無吏。無吏，則不屬於墾闢。百姓殷衆，官不可以無長。無長，則無所稟令也。操民之命，朝不可以無政。地博而國貧者，野不辟也。民衆而兵弱者，民無取也〔二〕。兵無主，故無所取則。故末産不禁則野不辟，賞罰不信則民無取〔三〕。野不辟，民無取，外不可以應敵，内不可以固守。故曰：有萬乘之號，而無千乘之用，而求權之無輕，不可得也。國號萬乘，及其兵用，不滿於千，如此者，權必自輕也。

〔一〕豬飼彦博云：戰國時大國稱萬乘，以其地可出兵車萬乘也。春秋時雖齊、楚、晉、秦未至如此之大，故未有萬乘之稱。以是觀之，經言亦恐不出乎仲。翔鳳案：大匡：「同甲十萬，車五千乘。」五千乘不可以言「千乘」，以成數言之，則「萬乘」矣。輕重甲：「萬乘之國，千乘之國，不能無薪而炊。」「萬乘之國，必有萬金之賈。」輕重乙：「是有萬乘之號，而無千乘之用也。」則齊之自號「萬乘」有證。輕重九府之篇，民間無有，必非僞作，於經言之有「萬乘」，無可疑矣。此二句與輕重乙同意。

〔二〕洪頤煊云：「取」當作「恥」，謂民無愧厲，雖衆而弱。北堂書鈔二十七引下文「則民無取」，文選射雉賦注引下文「民無取」，「取」皆作「恥」。尹注非。何如璋云：「取」讀如督趣之趣，釋名：「取，趣也。」地官縣正：「趣其稼事而賞罰之。」漢書成帝紀：「督趣逐捕。」「民無取」者，謂兵無主以督趣之，乃衆而弱。下文「賞罰」云者，所以趣之也。洪云「『取』當作『恥』」，本字可通，固不宜改。

〔三〕洪頤煊云：兩「取」字均當作「恥」。（詳上。）何如璋云：不如督趣義長。「賞罰」云所以趣之也。

地辟而國貧者，舟輿飾，臺榭廣也〔一〕。**賞罰信而兵弱者，輕用衆，使民勞也。舟車臺榭廣**〔二〕，**則賦斂厚矣。輕用衆，使民勞，則民力竭矣。賦斂厚則下怨上矣，民力竭則令不行矣。下怨上，令不行，而求敵之勿謀己，不可得也。**

〔一〕宋翔鳳云：「榭」，劉本作「謝」，下同。説文無「榭」字，假「謝」爲之，是也。安井衡云：下覆此文作「舟車」，當據正。

〔二〕許維遹云：此復舉上文，「車」下當有「飾」字，趙本、凌本、花齋本均有「飾」字，今據補。翔鳳案：楊本可能奪字，古本以意增，非别有所據也。

欲爲天下者，必重用其國。欲爲其國者，必重用其民。欲爲其民者，必重盡其民力〔一〕。重爲矜惜之也。**無以畜之，則往而不可止也。**往，謂亡去也。**無以牧之，則處而不可使也。**人雖留處，無畜牧之道，故不可使也。**遠人至而不去，則有以畜之也。民衆**

而可一，則有以牧之也。見其可也，喜之有徵；徵，驗也。必有恩錫以驗，見喜①無空然矣。見其不可也，惡之有刑〔二〕，賞罰信於其所見，雖其所不見，其敢爲之乎！所見之處，賞罰既信，則所不見，懼而從教，不敢爲非。見其可也，喜之無徵；見其不可也，惡之無刑，賞罰不信於其所見，而求其所不見之爲之化，不可得也。厚愛利足以親之，明智禮足以教之〔三〕。上身服以先之，服，行也。凡所欲教人，在上必身自行之，所以率先於下也。審度量以閑之，所以防閑其姧僞也。鄉置師以説道之〔四〕，然後申之以憲令，勸之以慶賞，振之以刑罰〔五〕，振，整也。故百姓皆説爲善，則暴亂之行無由至矣。

〔一〕翔鳳案：「重用」即不敢輕用之意，房注爲「矜惜之」，尚隔一層。

〔二〕安井衡云：韓非子「刑」作「形」，上云「有徵」，則作「形」是也。刑、形古文通用。形，象也，謂罰之。

〔三〕翔鳳案：「智禮」二字連用，晦而不明。説文：「智，識詞也。」「識，常也。」「識」即「幟」，又同「志」，即「誌」。故記所記之辭爲「智」。「智」與「知」混用已久，管子猶存本義。

〔四〕豬飼彦博云：「道」同「導」。

① 「喜」字原作「善」，據補注改。

〔五〕安井衡云：振，震通，懼也。聞一多云：「振」讀爲震，威也。尹注非是。翔鳳案：説文：「振，舉救也。」本義自通，不必用借義。

地之生財有時，民之用力有倦，而人君之欲無窮。以有時與有倦，養無窮之君，而度量不生於其間，度量不生，則賦役無限也。則上下相疾也。上疾下之不供，下疾上之無窮。是以臣有殺其君，子有殺其父者矣〔一〕。故取於民有度，用之有止〔二〕，國雖小必安。取於民無度，用之不止〔三〕，國雖大必危〔四〕。地之不辟者，非吾地也。民之不牧者，非吾民也。凡牧民者，以其所積者食之，不可不審也。其積多者其食多，其積寡者其食寡，無積者不食。或有積而不食者〔五〕，則民離上；有積多而食寡者，則民不力；有積寡而食多者，則民多詐；有無積而徒食者，則民偷幸〔六〕。故離上、不力、多詐、偷幸，舉事不成，應敵不用。故曰：察能授官，班禄賜予，使民之機也。

〔一〕安井衡云：「弑」，古直作「殺」。「者」字當衍。翔鳳案：「者」爲别事之詞，口語爲「這種人」，不當衍。

〔二〕安井衡云：「止」，猶限也。治要引作「正」。正，常也，亦通。張德鈞云：葉適習學記言亦引作「用之有止」，與傳世諸本合。翔鳳案：治要作「正」，乃誤字也。

〔三〕張德鈞云：葉適習學記言亦引作「用之不止」。

〔四〕張佩綸云：自「地之生財有時」至此，牧民篇「上無量則民乃妄」解，爛脱在此。翔鳳案：管子有錯字，無錯簡。解有「故曰」，文無「故曰」則非解矣。張無證而肆其口説，誤矣。

〔五〕豬飼彦博云：「積」謂功勞。「或」，有也。此句與下「有無積而徒食者」對。黄鞏云：「積」與「績」同，總計其功也。計功受食，民乃勸事。翔鳳案：積多食多，積寡食寡，決不能訓績，黄説非是。

〔六〕張佩綸云：自「凡牧民者」至此，牧民篇「守在倉廩」、「積於不涸之倉」解，爛脱在此。翔鳳案：權脩言輕重之權，與輕重諸篇參看，則其積爲糧食，乃權脩篇正文，視「牧民」進一層。下文禮義廉恥，亦發揮「牧民」之義，張不細案全篇，可謂粗心。

野與市爭民，民務本業，則野與市爭民。家與府爭貨〔一〕，下務藏積，則家與府爭貨。金與粟爭貴〔二〕，所寶惟穀，故金與粟爭貴。鄉與朝爭治。官各務其職，故鄉與朝爭治。故野不積草，農事先也。府不積貨，藏於民也。市不成肆，家用足也。朝不合衆，鄉分治也。故野不積草，府不積貨，市不成肆，朝不合衆，治之至也。人情不二，故民情可得而御也〔三〕。審其所好惡，則其長短可知也；觀其交游，則其賢不肖可察也。二者不失，則民能可得而官也。二者，謂好惡、交游也。地之守在城，城之守在兵〔四〕，兵之守在人，人之守在粟，故地不辟則城不固。有身不治，奚待於人〔五〕？待，謂將治之。言身既不能自治，則無以治人也。有人不治，奚待於家？有家不治，奚待於鄉？有鄉不治，奚待於國？有國不治，奚待於天下？天下者，國之本也。國者，鄉之本也。鄉者，家之本也。家者，人之本也。人者，身之本也。身者，治之本也〔六〕。故上不好本事則末産不禁，末産不禁則民緩於時事而輕地利〔七〕，輕地利而求田野之辟，倉廩之實，不可得也。商賈在朝則貨財上流，若桓、靈之賣官也。婦言人事則賞罰不信〔八〕，婦者所以休其蠶織，此之不爲，輒言人事，婦人之性險詖，故賞罰不信矣。男女無別則民無廉恥。貨財上流，賞罰不信，民無廉恥，而求百姓之安難〔九〕，兵士之死節，不可得也。朝庭不肅，貴賤不明，長幼不分，度量不審，衣服無等，上下凌節〔一〇〕，而求百姓之尊主政令，不可得也。上好詐謀閒欺，閒，隔也。有所隔礙而欺誑也。臣下賦斂競得〔一一〕，使民偷壹〔一二〕，偷取一時之快。則百姓疾怨，而求下之親上，不可得也。有地不務本事，本事，謂農。君國不能壹民，而求宗廟社稷之無危，不可得也。

〔一〕孫星衍云：北堂書鈔二十七引「貨」作「貸」。

〔二〕陶鴻慶云：「金」、「粟」二字當互易。粟本賤於金，今以在上務本禁末，故粟與金爭貴也。與上文「野與市爭民，家與府爭貨」，下文「鄉與朝爭治」，文義一律。尹注云「所寳惟穀，故金與粟爭貴」，「金」、「粟」二字亦當互易。翔鳳案：老子「不貴難得之貨」，王注：「隆之稱也。」諸説以爲價高，均誤。鼂錯論貴粟，即用管子。

〔三〕陳奐云：「民情」之「情」，蒙上文「人情」而衍。許維遹云：陳説未安。此承上「人情不二」而言，則「情」非衍文明矣。下文云「民能可得而官也」，句法正與此同。小匡篇云「如是而民情可得，百姓可御也」，尤爲塙證。郭沫若云：二「情」字必有一誤，疑上「情」字當作「性」。翔鳳案：許説有確證，郭誤。下文「觀其交游」，則非「人性」明矣。

〔四〕翔鳳案：春秋時「兵」指械器，見閻若璩四書釋地。

〔五〕許維遹云：「待」猶至也。晉語韋注：「待，假也。」詩雲漢篇毛傳：「假，至也。」「假」訓至，則「待」亦可訓至。言身之尚不能治，何能至於治人。

〔六〕俞正燮云：此六句言天下以國爲本，國以鄉爲本，下仿此。與樞言篇「惡者美之充，卑者尊之充，賤者貴之充」語勢同。

〔七〕尹桐陽云：「時」，種也。廣雅作「蒔」。楊樹達云：「時事」謂春耕夏耘，秋收冬藏。或讀「時」爲蒔，偏而不備。翔鳳案：即牧民「務在四時」之「時」，楊説是也。

〔八〕洪頤煊云：當作「婦人言事」。君臣上篇「主德不立則婦人能食其意」，又云「婦人嬖寵假於男之知以援外權」，其證也。尹注非。孫蜀丞云：「婦言人事」誼不可解，「婦人言事」文亦未晰。「人事」疑當作「公事」，「公」字脱去下半，上半又誤爲「人」耳。詩瞻卬篇「婦無公事」，傳「婦人無與外政，雖王后猶以蠶織爲事」，箋「今婦人休其蠶桑織紝之職而與朝廷之事」，正此書所云「公事」之誼。君臣下篇：「婦言不及官中之事。」翔鳳案：「人事」指輕重之權言，若單言「事」則泛矣。

〔九〕孫星衍云：治要引無「難」字。安井衡云：治要以意删節原文，此有「難」字，是也。古本亦有「難」字。

〔一〇〕孫星衍云：羣書治要引作「下賤侵節」。

〔一一〕俞樾云：「閒」當讀爲姦。春秋昭公二十二年「大蒐于昌閒」，左、穀並同，而公羊作「昌姦」，是其例矣。聞一多云：説文「讕，詆讕也」，重文作「調」。廣雅釋詁二「閒，誣加也」，玉篇「讕，誣言相加被也」，是閒即讕也。詆讕與欺義近，故此以「閒欺」連言。左傳定四年「惎閒王室」，「惎」與「欺」同，惎閒猶閒欺矣。俞説未諦。

〔一二〕姚永概云：「壹」猶壹切。漢書張敞傳注如淳説「壹切，權時也」。此亦謂偷用權時之法也。翔鳳案：漢書路温舒傳「媮爲一切」，牧民「偷取一世」，皆即此「偷壹」，姚説是也。

上恃龜筮，好用巫醫，則鬼神驟祟〔一〕。故功之不立，名之不章，爲之患者三：苟功不立，名不章，必爲三患，下獨王、貧賤、日不足，是也。有獨王者〔二〕，謂無黨也。有貧賤者，有日不足者。有日不足之費也。一年之計，莫如樹穀；十年之計，莫如樹木；終身之計，莫如樹人。樹人，謂濟而成立之。一樹一穫者，穀也。一樹十穫者，木也。果木過十年漸就枯悴，故曰十穫也。**一樹百穫者，人也。**人有百年之壽。雖使無①百年，子孫亦有嗣之而報德者，故曰百穫也。**我苟種之〔三〕，如神用之，**一種百穫，近識者莫能測其由，故曰如神用也。**舉事如神，唯王之門。**王者貴神，道設教也。

〔一〕丁士涵云：「崇」當作「祟」。説文：「祟，神禍也，從示，從出。」「祟」與上「筮」、「毉」韻。翔鳳案：祭統：「崇事宗廟社稷。」漢書郊祀志：「莽遂崇鬼神淫祀。」「崇」爲神禍，卜筮擇吉，非專問祟，作「崇」爲是。

〔二〕張文虎云：上形勢篇「獨王之國」，一本作「獨任」，後解亦作「任」。此「王」字蓋亦「任」之誤。何如璋云：「獨王」當作「獨主」，謂偏執獨見，無所信用者。翔鳳案：「王」與「貧賤」對，讀旺，孟子多用之。莊子養生主：「神雖王，不善也。」

〔三〕戴望云：「苟」當是「茍」字之誤。説文茍部：「茍，自急敕也。」「茍」與「亟」通，爾雅釋詁：「亟，疾也。」釋文云：「字又作『茍』。」翔鳳案：知樹人之利，而能種之者少，我苟能種，則收如神之用。若作「茍」，則是人緩我疾，爲人人皆能之事，於文意不合。

凡牧民者，使士無邪行，女無淫事〔一〕。士無邪行，教也。女無淫事，訓也。教訓成俗而刑罰省，數也〔二〕。所角反。**凡牧民者，欲民之正也。欲民之正，則微邪不可不**

①「無」字原作「充」，據補注改。

禁也。微邪者，大邪之所生也。微邪不禁，而求大邪之無傷國，不可得也。凡牧民者，欲民之有禮也。欲民之有禮，則小禮不可不謹也。小禮不謹於國，而求百姓之行大禮，不可得也。凡牧民者，欲民之有義也。欲民之有義，則小義不可不行〔三〕。小義不行於國，而求百姓之行大義，不可得也。凡牧民者，欲民之有廉也。欲民之有廉，則小廉不可不脩也。小廉不脩於國，而求百姓之行大廉，不可得也。凡牧民者，欲民之有恥也。欲民之有恥，則小恥不可不飾也〔四〕。小恥不飾於國，而求百姓之行大恥，不可得也。凡牧民者，欲民之脩小禮，行小義，飾小廉，謹小恥，禁微邪，此厲民之道也。民之脩小禮，行小義，飾小廉，謹小恥，禁微邪，治之本也〔五〕。

〔一〕翔鳳案：「士」與「女」對。詩：「女也不爽，士貳其行。」「以穀我士女。」「士如歸妻。」荀子非相：「處女莫不願得以爲士。」易：「女承筐，士刲羊。」皆少年男女之稱。若認四民或卒伍之稱則泛矣。

〔二〕陶鴻慶云：尹注讀「數」爲所角反，然「省數」二字不得連文也。當以「省」字絶句。「數」讀如字，數，術也。教訓成俗而刑罰省，乃爲治之方術也。與上文「士無邪行，教也。女無淫事，訓也」，文法一律。翔鳳案：廣雅釋言：「數，術也。」陶説是也。

〔三〕許維遹云：據上下文例，「行」下奪「也」字。翔鳳案：一二虚字之增減，於文義無關，以後遇此類校勘，一概削去，不再説明。

〔四〕翔鳳案：「飾」通飭，見牧民篇俞説。説文：「飾，㕞也，讀若式。」段注：「『飾』、『拭』古今字。許有『飾』無『拭』。」爾雅釋詁：「拭，清也。」

〔五〕安井衡云：上文「小禮」言「謹」，「小廉」言「修」，「小恥」言「飾」，此覆上文，不容不同，蓋轉寫之誤耳。翔鳳案：除「行義」爲常用外，「修」、「飾」、「謹」三字可錯綜互用，不一定爲錯亂。「欲民之」云云者，直貫至「微邪」，皆牧民者之事。上爲「厲民之道」，下補足爲「治之本」，而無「欲民之」三字，一貫而下，亦非注文。

凡牧民者，欲民之可御也。欲民之可御，則法不可不審〔一〕。法者，將立朝庭者也。將立朝庭者，則爵服不可不貴也。爵服加于不義，則民賤其爵服；民賤其爵服，則人主不尊；人主不尊，則令不行矣。法者，將用民力者也。將用民力者，則禄賞不可不重也。禄賞加于無功，則民輕其禄賞；民輕其禄賞，則上無以勸民；上無以勸民，則令不行矣。法者，將用民能者也。將用民能者，則授官不可不審也。授官不審，則民閒其治〔二〕；民閒其治，則理不上通；理不上通，則下怨其上；下怨其上，則令不行矣。法者，將用民之死命者也。用民之死命者，則刑罰不可不審〔三〕。刑罰不審，則有辟就；有辟就，則殺不辜而赦有罪〔四〕；殺不辜而赦有罪，則國不免於賊臣矣。故夫爵服賤，禄賞輕，民閒其治，賊臣首難，此謂敗國之教也。

〔一〕孫星衍云：北堂書鈔四十三、太平御覽六百三十八引「審」作「重」。王念孫云：「審」本作「重」，此言人主重民而輕法，則民不畏，民不畏則不可御，故曰：「欲民之可御，則法不可不重。」法法篇曰「法重於民，不爲愛民枉法律」，義與此同也。今作「不可不審者」，涉下文兩「不可不審」而誤。翔鳳案：下文貴爵服，重禄賞，審授官，審刑罰，四者均爲法。重者、貴者各一，審者二，以作「審」爲是。

〔二〕翔鳳案：「閒」訓非，見方言及小爾雅廣言。左襄十五年傳「且不敢閒」，正義：「非也。」孟子離婁「政不足閒也」，趙注：「非也。」訓隙訓離，引申爲非。

〔三〕戴望云：元刻本「審」下有「也」字，是。

〔四〕豬飼彥博云：辟、避同。言有罪避刑，無辜就戮。翔鳳案：禮記儒行：「内舉不辟親。」孟子：「行辟人可也。」假爲「避」。

立政第四　經言四①

三本　四固　五事　首憲　首事　省官　服制　九敗　七觀

①「經言四」三字原作「經四言」，據補注乙。

安井衡云：治要引作「立君」。案：篇中所述，皆人君所以自立，作「立君」似是。聞一多云：「立」讀爲莅，「立政」猶臨政。治要作「立君」，非是。翔鳳案：史記蔡澤傳「明主立政」，索隱：「莅也。」聞説是。

國之所以治亂者三，殺戮刑罰不足用也。三，謂三本也，謂治、亂法各有三也。國之所以安危者四，城郭險阻不足守也。四，謂四固。國之所以富貧者五，輕稅租、薄賦斂不足恃也。五，謂五事。治國有三本，而安國有四固，而富國有五事。五事，五經也〔一〕。自「三本」已上總其目。君之所審者三：一曰德不當其位，二曰功不當其祿，三曰能不當其官〔二〕。此三本者，治亂之原也。故國有德義未明於朝者，則不可加于尊位；功力未見於國者，則不可授與重祿〔三〕；臨事不信於民者，則不可使任大官。故德厚而位卑者謂之過，德薄而位尊者謂之失。寧過於君子，而毋失於小人。過於君子，其爲怨淺；失於小人，其爲禍深〔四〕。是故國有德義未明於朝而處尊位者，則良臣不進；有功力未見於國而有重祿者，則勞臣不勸；有臨事不信於民而任大官者，則材臣不用〔五〕。三本者審，則下不敢求。三本者不審，則邪臣上通，而便辟制威〔六〕；如此則明塞於上而治壅於下，正道捐棄而邪事日長。三本者審，則便辟無威於國，道塗無行禽〔七〕，無禽獸之行。疏遠無蔽獄，孤寡無隱治〔八〕。故曰：刑省治寡，朝不合衆〔九〕。

右三本

〔一〕翔鳳案：管子以富國爲本，五事所論，散見各篇中，而「三本」、「四固」則否，故以「五事」爲「五經」。

〔二〕黄鞏云：「必」譌「不」，下同。翔鳳案：因爲「不當」則審其當否，若「必當」則不審矣。下文兩層，皆就「不當」言之，黄改「不」爲「必」，謬矣。

〔三〕孫星衍云：宋本「以」作「與」，羣書治要引「以」亦作「與」，無「授」字。翔鳳案：「授與」同「授予」。「加于」、「授與」、「使任」句法相同，則非「授以」可知也。趙本作「授以」，誤。

〔四〕安井衡云：治要引「淺」、「深」下並有「矣」字。凡引書之例，有節無增，則唐初之本，蓋有「矣」字。翔鳳案：治要以意改，其證甚多，楊本有漢隸，遠在唐前，治要不足據也。

〔五〕安井衡云：諸本「材」作「財」，今從古本。尹桐陽云：文選讓開府表「德未爲衆所服而受高爵，則才臣不進；功未爲衆所歸而荷厚禄，則勞臣不勸」，其注引此。

〔六〕翔鳳案：「便辟」有二義。説文：「嬖，便嬖，愛也。」孟子「便嬖不足使令於前與」，注：「愛幸小人也。」荀子儒效「事其便辟」，注：「左右親信。」此一義也。論語「友便辟」，朱駿聲謂：「『便』爲『般』之借，猶足恭也。」列子力命「便辟」，釋文：「恭敬大過也。」此又一義也。二義有異。管書用前義，而「便」字無説。説文：「便，安也。人有不便，更之。」荀子儒效：「周公屏成王而及武王。」「屏」借爲「便」。屏匽爲厠所，匽者匿也。或單稱曰屏。曲禮「則左右屏而待」，注：「隱也。」「便」借爲「屏」，「辟」借爲「僻」，同「匽」。然則便辟爲持便桶至僻所之人，親近小人，其義在是矣。

〔七〕黄震云：「道塗無行禽」指人言之，謂其爲能行之禽爾。乃釋云「無禽獸之行」，是以「行」爲去聲，亦覺不倫。俞樾云：尹注曰「無禽獸之行」，此曲説也。禽獸之行謂之禽行，已於文義未安，况倒其文曰「行禽」乎？此承上文「便辟無威於國」而言。「禽」猶囚也，襄二十四年左傳「收禽挾囚」，是「禽」與「囚」同。蓋以拘囚而言，則謂之囚；以禽獲而言，則謂之禽也。便辟左右之人，擅作威福，則赭衣滿路矣。今也不然，是以「道塗無行禽」也。下文「疏遠無蔽獄，孤寡無隱治」，皆以獄訟言，可證此文「禽」字之義。翔鳳案：白虎通云：「禽者何？鳥獸之總名，明爲人所禽也。」今作「擒」。以漢、明宦官之事證之，俞言是也。

〔八〕俞樾云：「無隱治」與「無蔽獄」同義。周官小宰職曰「聽其治訟」，司市職曰「聽其大治大訟小治小訟」，胥師職曰「聽其小治小訟而斷之」，皆治、訟並言，治亦訟也。公羊僖二十八年傳「叔武爲踐土之會，治反衛侯」，何休解詁曰：「叔武訟治於晉文公，令白王者反衛侯，使還國也。」是古人以「治」爲「訟」之證，然則「隱治」與「蔽獄」一也。

〔九〕安井衡云：「曰」字疑衍。無事可議，故不會合衆官於朝。翔鳳案：有「故曰」者爲古語，見前，「曰」字不當衍。說文：「合，合口也。」爾雅釋詁：「合，對也。」左襄十年傳「與伯輿合要」，疏：「使其各爲要約言語，兩相辯答。」既無蔽獄，則不須合口而對。權脩：「朝不合衆，鄉分治也。」疑獄於鄉解決，故不合衆於朝，安井未達此義。

君之所慎者四：一曰大德不至仁〔一〕，不可以授國柄。德雖大而仁不至，或苞藏禍心，故不可授國柄。二曰見賢不能讓，不可與尊位。三曰罰避親貴，不可使主兵。四曰不好本事，不務地利而輕賦斂〔二〕，不可與都邑。此四務者〔三〕，安危之本也。故曰：卿相不得衆，國之危也。大臣不和同，國之危也。兵主不足畏，國之危也。民不懷其產，國之危也。故大德至仁，則操國得衆；見賢能讓，則大臣和同；罰不避親貴，則威行於鄰敵；好本事，務地利，重賦斂，則民懷其產。

右四固①

〔一〕孫星衍云：羣書治要引「德」作「位」。長短經一引亦作「大位不仁」。王念孫云：「至仁」即「大德」，未有「大德」而不仁者。羣書治要引此「德」作「位」，是也。今作「德」者，涉上

① 「右」字原無，據補注增。

章諸「德」字而誤。大位而不至仁則必失衆心，故下文曰「卿相不得衆，國之危也」，卿相即「大位」也。尹注非。　俞樾云：尹注曰：「德雖大而仁不至，或包藏禍心，故不可授國柄。」此注於義未安。大德之人，何至包藏禍心乎？羣書治要引此作「大位」，疑亦後人以意改之，未足據也。「大德不至仁」，「仁」乃「人」之假字，謂雖有大德而獨善其身，不能及人也。下文曰「卿相不得衆，國之危也」，即承此文而言，惟不至人，故不得衆，人即衆也。　張佩綸云：案孫、王説非也。下文「不可與尊位」，治要、長短經涉此而誤，故治要下「大德至仁」仍作「德」，若作「位」，則與下「尊位」複，且不仁之人不可授國柄，豈可以在「大位」乎？殆不可通。「大德不至仁」當作「不大德至仁」，「德」、「仁」對文。　翔鳳案：春秋時「君子」、「小人」爲德與不德之分，實爲階級之分。樊遲學稼，孔子以爲小人，指爲下層社會之事，非謂其無德也。故儒有君子、小人之分。中庸「故大德者，必得其位，必得其名」，指上層階級。居上品而不仁，是謂「大德不至仁」，與九品中正之「上品無寒門，下品無士族」同意。

〔二〕豬飼彦博云：謂輕易取之也。下「重賦斂」正與此反。　張佩綸云：「輕賦斂」當與下「重賦斂」互易。　翔鳳案：權脩「必重用其國，必重用其民」，「重」爲重視，「重賦斂」與之同意。呂氏春秋知接「桓公非輕難而惡管子也」，注：「輕易也。」與此「輕」字同意。　豬飼説是，張誤。

〔三〕張佩綸云：「務」當作「固」，聲之誤也。　翔鳳案：説文「務，趣也」，謂敏於事。四者當力行，是爲「四務」，因其爲安危之本。若作「四固」，則已定而無危，非是。

君之所務者五：一曰山澤不救於火〔一〕，草木不得成〔二〕，國之貧也。二曰溝瀆不遂於隘〔三〕，鄣水不安其藏，國之貧也。三曰桑麻不殖於野〔四〕，五穀不宜其地，國之貧也。四曰六畜不育於家，瓜瓠葷菜百果不備具，國之貧也。五曰工事競於刻鏤，女事繁於文章，國之貧也。故曰：山澤救於火，草木殖成，國之富也。溝瀆遂於隘，障水安其藏，國之富也。桑麻殖於野，五穀宜其地，國之富也。六畜育於家，瓜瓠葷菜百果備具，國之富也。工事無刻鏤，女事無文章，國之富也。

右五事

〔一〕孫星衍云：「救」當作「敬」，下文「脩火憲，敬山澤」，其證也。「敬」與「儆」通，言山澤無焚萊之禁，則草木不植成。許維遹云：說文：「救，止也。」周禮司救注：「『救』猶禁也。」

〔二〕翔鳳案：「成」從戊從丁，丁亦聲。戊，茂盛也。丁，丁壯也。茂盛而丁壯，「成」之義也。此孔廣居說文疑疑之說，可從。公羊莊八年傳：「成者何？盛也。」成、盛古字通。山澤失火，則草木不得茂盛，「得」字不誤。若山澤救於火，則草木繁植茂盛。

〔三〕許維遹云：淮南精神篇高注：「遂，通也。」周禮匠人「爲溝洫」，注云：「主通利田間之水道。」尚書大傳：「溝瀆雍遏，水爲民害，則責之司空。」「不遂」即雍遏也。

〔四〕翔鳳案：「殖」假爲「植」，有種植之意，比「得成」更進一步。

分國以爲五鄉，鄉爲之師〔一〕。分鄉以爲五州，州爲之長。分州以爲十里，里爲之尉。分里以爲十游，游爲之宗〔二〕。十家爲什，五家爲伍，什伍皆有長焉。築障塞匿〔三〕，匿，隱。一道路，博出入〔四〕，審閭閈，慎筦鍵。筦藏于里尉，置閭有司，以時開閉。閭有司觀出入者，以復于里尉。復，白。凡出入不時，衣服不中，圈屬羊豕之類也。羣徒衆作役也。不順於常者〔五〕，閭有司見之，復無時。若在長家子弟、臣妾、屬役、賓客，則里尉以譙于游宗，游宗以譙于什伍，什伍以譙于長家。譙敬而勿復〔六〕，既譙，能敬而從命，無事可白，則是教令行。一再則宥，三則不赦。凡孝悌、忠信、賢良、儁材，若在長家子弟、臣妾、屬役、賓客，則什伍以復于游宗，游宗以復于里尉，里尉以復于州長，州長以計于鄉師，鄉師以著于士師。凡過黨，其在家屬，及于長家；其在長家，及于什伍之長；其在什伍之長，及于游宗；其在游宗，及于里尉；其在里尉，及于州長；其在州長，及于鄉師；其在鄉師，及于士師。三月一復，六月一計，十二月一著〔七〕。凡上賢不過等〔八〕，謂上賢雖才用絶倫，無得過其勞級。使能不兼官，罰有罪不獨及，罪必有首從及黨與也。賞有功不專與。孟春之朝，君自聽朝，論爵賞校官〔九〕，終五日。季冬之夕〔一〇〕，君自聽朝，論罰罪刑殺，亦終五日。正月之朔，百吏在朝，君乃出令布憲于國。五鄉之師〔一一〕，五屬大夫，皆受憲于太史。大朝之日，五鄉之師，五屬大夫，皆身習憲于君前〔一二〕。太史既布憲，入籍于太府，入籍者，入取籍於太府也。憲籍分于君前。五鄉之師出朝，遂于鄉官，致于鄉屬，及于游宗，皆受憲〔一三〕。憲所以察時令，籍所以視功過。憲既布，乃反致令焉，致令於君。然後敢就舍。憲未布，令未致，不敢就舍，就舍謂之留令，死罪不赦。五屬大夫，皆以行車朝，出朝不敢就舍，遂行。至都之日，五屬之都。遂於廟，致屬吏，皆受憲〔一四〕。憲既布，乃發使者，致令以布憲之日，蚤晏之時。憲既布，使者以發〔一五〕，然後敢就舍。憲未布，使者未發，不敢就舍，就舍謂之留令，罪死不赦。憲既布，有不行憲者，謂之不從令，罪死不赦。考憲而有不合于太府之籍者〔一六〕，曰侈專制〔一七〕，不足曰虧令，罪死不赦。首憲歲朝之憲。既布，然後可以布憲〔一八〕。憲，謂月朝之憲。

右首憲

〔一〕安井衡云：「師」疑當爲「帥」。唐人書「帥」字作「師」，故譌爲「師」耳。小匡云「五鄉一帥」，齊語同。下「鄉師」倣此。翔鳳案：周禮族師注「師之言帥也」，「師」假爲「帥」。然此處當爲「師」。桓公與高、國爲鄉師，此就軍事言之。政事不能親理，當有文官爲之師。廣雅釋詁四：「師，官也。」

〔二〕翔鳳案：説文：「游，旌旗之流也。」晏子春秋「景公畋如署梁，望游而馳」，是齊之鄉有游矣。

〔三〕孫星衍云：「匽」字衍，尹注非。何如璋云：「築障」，築土爲障，以蔽隔也。「匽」者旁出之空，史記五帝紀：「舜穿井爲匽空旁出。」「塞」，填塞其空也。翔鳳案：「障」爲障水安流，「匽」爲隱蔽之小穴，則爲易知之常識。蛇蟮穿岸漏水，農民年年塞之，旁出之空少見。

〔四〕豬飼彦博云：「博」當爲「摶」，同「專」，一也。王念孫云：「博」字義不可通，「博」當爲「摶」，字之誤也。（俗書「摶」字作「搏」，因譌而爲「博」。商子農戰篇「民不營則國力摶」，衛策「願王摶事秦，無有佗計」，韓詩外傳「好一則摶」，今本「摶」字並譌作「博」。）「摶」與「專」同。「一道路，專出入」，「專」與「一」正同義。「審閭閈，慎筦鍵」，亦所以專出入也。下文曰「置閭有司，以時開閉，閭有司觀出入者，以復于里尉」，即專出入之謂也。古書多以「摶」爲「專」。霸言篇曰：「夫令不高不行，不摶不聽。」（「摶」與「專」同，尹讀「摶」爲摶聚之摶，非是，劉已辯之。）内業篇曰：「能摶乎？能一乎？」（今本「摶」譌作「搏」，劉已辯之，心術篇作「專」。）繫辭傳「其靜也專」，陸績本「專」作「摶」。昭二十五年左傳「若琴瑟之專一」，董遇本作「摶」。史記秦始皇紀「摶心揖志」，索隱曰：「摶，古『專』字。」引左傳「如琴瑟之摶一」，從董本也。商子農戰篇曰：「摶民力以待外事。」（凡商子「專」字皆作「摶」。）呂氏春秋適音篇曰「耳不收則不摶」，高注曰：「不摶，入不專一也。」史記田完世家「韓馮因摶三國之兵」，徐廣曰：「『摶』音專。」漢書天文志「卒氣摶」，如淳曰：「摶，專也。」此皆借「摶」爲「專」之證。又八觀篇「先王之禁山澤之作者，博民於生穀也」，「博」亦當作「摶」，即商子所云「摶民力」也。又見幼官篇「博一純固」下。　洪頤煊云：「博」當作「摶」，謂摶擊出入之不時者。

顏昌嶢云：洪說非是。說文：「博，大通也。」此言一道路，通出入也。下文出入不時及異服羣遊者，譙之至再至三始有不赦之刑，知無出入即施摶擊之事。　王念孫云：「『博』當爲『摶』之誤，『摶』與『專』同。」按專與一同義，上句既言「一道路」矣，此當以通出入爲義。王說亦非。　翔鳳案：「博」字義不易定，下文「凡出入不時，閭有司見之，復無時」，爲稽查行人則無疑。考工記車人「其博三寸」，注：「故書『博』或爲『摶』。」周禮環人「摶諜賊」，釋文：「『摶』音博。」釋名釋姿容：「摶，博也，四指廣博，亦以擊之也。」「博」同「摶」，非假爲「摶」。說文「摶，索持也」，有稽查搜索之意。諸說均誤。凡義之不易通者，博考群集以通之，萬不可通，然後定爲誤字。王氏於常義不易通者，不博考而任意改字，乍視之可通，而不知其不合於古。昧者不知其非而信之。王氏本傳謂其「一字之徵，旁及萬卷」，此英雄欺人語也。王氏校管，其最大之失在此，於此爲發其凡焉。

〔五〕洪頤煊云：「圈」讀如圈聚之圈。「屬」，附也。「羣徒」謂朋輩，言環結交遊之人。故下文云：「不順於常者，閭有司見之，復無時。」幼官篇「强國爲圈，弱國爲屬」，即其證也。尹注非。王紹蘭云：幼官篇「强國爲圈，弱國爲屬」，「圈屬」蓋齊之方言。此當謂大里爲圈，小里爲屬，故云「圈屬羣徒」，猶言大小里之衆民耳。若羊豕之屬，安得有不順於常者。牟庭云：「圈屬」，房注云：「羊豕之類也。」非矣。幼官篇亦曰「强國爲圈，弱國爲屬」，史記樊噲傳曰「呂須婘屬」，「圈」、「婘」皆古之「眷」字也。周悦讓云：「圈」即「婘」字，「圈屬」即「婘屬」，（史記、漢書樊噲傳：「誅諸呂婘屬。」）即下「子弟臣妾」。「羣徒」，即下文「屬役賓客」也。幼官篇解同。翔鳳案：周説是。

〔六〕戴望云：「敬」與「儆」同，戒也。一云：「『敬』乃『亟』之誤。」陶鴻慶云：尹注云：「既譙，能敬而從命，無事可白，則是教令行。」此説非也。「敬」當爲「儆」，言自里尉以下，但譙儆之，而不白之於州長鄉師及士師，即下所謂「一再則宥，三則不赦」也。下文云：「凡孝弟忠信賢良儁材，若在長家子弟臣妾屬役賓客，則什伍以復于游宗，游宗以復于里尉，里尉以復于州長，州長以計于鄉師，鄉師以著于士師。」然則有善則復之於朝，有過則譙儆而勿復，皆所以優巨室而勸改過也。郭嵩燾云：自上讓下曰譙，自下報上曰復。「譙敬勿復」，謂訶譙之使自謝過而已，不以上聞也。

〔七〕孫蜀丞云：君臣上篇云：「是故歲一言者君也，時省者相也，月稽者官也。」周官宰夫：「歲終則令羣吏正歲會，月終則令正月要，旬終則令正日成，而以考其治。治不以時舉者，以告而誅之。」（太宰、小宰受六官歲會。）周官無一時半歲之計，管書無旬計，皆文不具也。

〔八〕聞一多云：「上」讀爲尚，舉也。「尚賢」與「使能」對文。尹說非是。

〔九〕譚戒甫云：春朝論賞，冬夕行刑，説出陰陽家。「爵賞校官」，「罰罪刑殺」，八字比平列。齊語「合羣叟比校民之有道者」，詩棫樸小序「文王能官人也」，此「校官」二字皆即其義。

〔一〇〕張佩綸云：説文：「夕，莫也。」荀子禮論「月夕卜宅」，楊倞注：「月夕，月末也。」案「季冬之夕」即季冬之暮。　翔鳳案：洪範五行傳注：「晡時至黄昏爲日之夕，下旬爲月之夕，自九月至十二月爲歲之夕。」張說是。

〔一一〕孫星衍云：藝文類聚五十四引「之師」作「五師」。　聞一多云：上文「分國以爲五鄉，鄉爲之師」，故曰「五鄉之師」。下文又曰：「五鄉之師出朝。」類聚引作「五鄉五師」，誤。

〔一二〕豬飼彦博云：「憲」者，所布於庶官之典令也。「籍」即其副也，藏之於太府，以待考校。周官大史職云：「凡邦國都鄙及萬民之有約劑者，藏焉，以貳六官。」鄭云：「『貳』猶副也。」是已。

陶鴻慶云：尹注云：「入籍者，入取籍于太府也。」「憲所以察時令，籍所以視功過。」以「憲」與「籍」爲二物，此説殊誤。兩「籍」字皆指憲令言之，憲令著之于籍，而一入於太府，一分於君前，如後世官府文書之有正本副本矣。周官太史：「掌建邦之六典，正歲年以序事，頒告朔於邦國。」而漢武帝置太史公，位在丞相上，天下計書先上太史，副上丞相。是頒布憲令，主藏圖籍，正太史之職也。下文云：「考憲而有不合於太府之籍者，侈曰專制，不足曰虧令，罪死不赦。」然則太史所入之籍，所以備考憲時據以勘合者也。分於君前之籍，乃頒諸五鄉之師，致於鄉屬游宗者也。若如尹注，則當云取籍，不當但云入籍，可知注說之非。翔鳳案：爾雅釋詁：「憲，法也。」此常義。而「布憲」則義稍異。周禮小司寇「憲刑禁」，注：「憲，表也，謂縣之也。」小司徒胥師「憲刑禁焉」，注：「憲，表縣之。」此「憲」有表懸之義。説文：「籍，簿書也。」入籍爲歸檔。公布之憲，則分於君前。豬飼説小誤。

〔一三〕豬飼彦博云：謂至於鄉之官府。王引之云：「致」下不當有「于」字，此涉上下兩「于」字而衍。「鄉官」，謂鄉師治事處也。言五鄉之師出朝，遂于治事之處，致其鄉屬，下及于游宗，皆來受憲也。下文云「五屬大夫至都之日，遂於廟致屬吏，皆受憲」，是其證。俞樾云：王氏引之曰：「致于鄉屬」，「于」字衍文。然此文實非止衍一「于」字也。「遂于鄉官」句，衍「鄉」字。「及于游宗」句，亦衍「于」字。管子原文當云：「遂於官，致鄉屬，及游宗，皆受憲。」「官」，古「館」字。周易隨初九「官有渝」，釋文曰：「官，蜀才本作『館』。」蓋官、館古今字也。「官」字從宀從自。宀，交覆深屋也。自，猶衆也。以屋覆衆，是官之本義爲館舍字也。官司者，其引申之義，本義爲引申義所奪，乃別製從食之館字。説文自部有「官」，食部有「館」，歧而二之，殆非矣。故古書每以「官」爲「館」。禮記曲禮篇「在官言官」，鄭注曰：「官謂版圖文書之處。」玉藻篇「在官不俟屨」，注曰：「官謂朝庭治事處。」皆即「館」字也。此文「官」字亦然，「遂于官，致鄉屬，及游宗，皆受憲」，言五鄉之師出朝，遂于館舍之中，致鄉屬及游宗，而受憲焉。下文曰：「憲既布，乃反致令焉。」尹注曰：「致令于君。」夫受憲之後，即致令于君，則未反其鄉可知。所謂「官」者，即在國中，不得有「鄉」字，明矣。後人不達「官」字之義，疑「遂于官」三字未足，妄增「鄉」字。又疑「鄉官」、「鄉屬」爲對文，「鄉官」上有「于」字，「鄉屬」上亦不得無「于」字，兩句既皆有「于」字，則「及游宗」三字文不成義，亦不得無「于」字，展轉相加，遂成此誤矣。又按戒篇曰：「進二子於里官。」尹注曰：「里官，謂里尉也。齊國之法，舉賢必自里尉始，故令里官進二子，將旌別而用之。」夫管仲、隰朋皆國之大臣，乃令里官進之，不亦褻乎？且果如此，當云「令里官進二子」，不當云「進二子於里官」，尹注非也。「官」亦即「館」字，「里」字亦後人不得其義而妄加也。此所謂「官」，正鄭君注玉藻所謂「朝廷治事處」者。桓公進二子於官，再拜頓首，誠重之也。後人不達古訓，率意增益，或爲「鄉官」，或爲「里官」，大可笑矣。

郭大癡云：受憲出即行，故曰「遂于鄉官」，明不留滯國都也。「致于鄉屬」者，州長里尉奉而推行之也。「及于游宗」者，偏播衍諸什伍也。既出布憲，還致命于君畢，然後敢休舍于國都。如俞説，似「就舍」字無着。

聞一多云：「致鄉屬」及下「致屬吏」之「致」均訓會。左傳哀四年注曰：「致之者，會其衆也。」

翔鳳案：穀梁襄十年傳：「遂，直遂也。」説文：「致，送詣也。」「致」與「遂」相接，聞説非是。説文：「館，客舍也。」「舍，市居曰舍。」周官有掌舍，爲國家招待所。鄉官、鄉屬、游宗皆地方官，若如俞釋爲「館」，則「就舍」無義，郭説是也。然郭謂「休舍於國都」，以「舍」爲動詞，亦非。「于」字非衍文，王、俞均誤。

〔一四〕張佩綸云：左氏莊二十八年傳：「凡邑有先君之主曰都，無曰邑。」説文：「有先君之舊宗廟曰都。」據此則州皆有廟。

〔一五〕戴望云：元刻「以」作「已」，以、已古通。翔鳳案：反「已」爲「以」，金文以「已」爲「子」，一正一反。金文「以」作「[illegible]」，而仲盤作「δ」，亦反正爲一字也。

〔一六〕陳奐云：「考憲」乃「布憲」之誤。張佩綸云：「考」，成也。大司寇「以邦成弊之」是也。陳奐改「考」爲「布」，非也。顔昌嶢云：「考憲」，歲終考成也。「而有不合」，猶云如有不合也。而、如同紐字。翔鳳案：考察所懸之表，是否合於所藏之籍。諸説誤。

〔一七〕顔昌嶢云：「曰侈」，趙本作「侈曰」，此殆傳寫倒誤耳。侈謂過之，不足謂不及。

〔一八〕丁士涵云：尹注上「憲」爲「歲朝之憲」，下「憲」爲「月朝之憲」，非也。「布憲」當爲「行憲」。上文云「憲既布，有不行憲者，謂之不從令」，故此謂「首憲既布，然後可以行憲」。下文云「首事既布，然後可以舉事」，舉亦行也，亦不謂「可以布事」矣。翔鳳案：布憲於國都之後，然後次第布於地方。「首憲」爲首布之憲，地方先布，則侈而爲專制矣。「行事」、「舉事」不同，觀下文自明。

凡將舉事，令必先出。曰事將爲〔一〕，其賞罰之數必先明之，立事者謹守令以行賞罰〔二〕。計事致令，復賞罰之所加。有不合於令之所謂者，雖有功利，則謂之專制，罪死不赦。首事既布，然後可以舉事。

右首事

〔一〕陶鴻慶云：「曰事」當作「曰首事」。下文云「首事既布，然後可以舉事」，即其證。蓋令發於舉事之先，故亦謂之「首事」。此謂事生於臨時，非常憲所有，故別布之。翔鳳案：「首事」與「首憲」同意，先行之事也。「事將爲」則包括首事與非首事在內。「首事既布」，事也；「然後可以舉事」，亦事也。「舉」從與，爲群力合作。陶混同之，非是。

〔二〕于省吾云：「立事」，金文習見。經傳假「莅」、「涖」爲之。

脩火憲，敬山澤林藪積草。夫財之所出〔一〕，以時禁發焉。使民於宮室之用，薪蒸之所積〔二〕，虞師之事也。決水潦，通溝瀆，修障防，安水藏〔三〕，使時水雖過度，無害于五穀，歲雖凶旱，有所粉扶門反。穫〔四〕，司空之事也。相高下，視肥墝，觀地宜，明詔期前後，農夫以時均脩焉〔五〕，使五穀桑麻皆安其處，由田之事也〔六〕。行鄉里〔七〕，視宮室，觀樹蓺，簡六畜，以時鈞脩焉，勸勉百姓，使力作毋偷，懷樂家室，重去鄉里，鄉師之事也。論百工，審時事，辯功苦〔八〕，上完利〔九〕，監壹五鄉〔一〇〕，以時鈞脩焉，使刻鏤文采毋敢造於鄉，工師之事也。

右省官

〔一〕丁士涵云：「敬」與「儆」同。「敬山澤」以下七字，當作一句讀。荀子王制篇「修火憲，養山林藪澤草木魚鼈百索，以時禁發」，句例相同。「夫財」當作「天財」。國蓄篇云：「天財之所殖。」地數篇云：「請問天財所出，地利所在。」山國軌篇云：「桓公曰：『何謂天財？』管子對曰：『泰春，民之功繇；泰夏，民令之所止，令之所發；泰秋，民令之所止，令之所發；泰冬，民令之所止，令之所發。此皆民所以時守也。』」尹注：「謂山澤之所禁發。」皆其證矣。劉師培云：荀子王制篇與此文同，「敬」作「養」。此文「敬」字無誼，疑當作「敄」，即古「養」字。　翔鳳案：防山澤焚燒，作「儆」爲是。「夫財」，彼財也。論語「夫人不言，言必有中」，謂彼人也。改爲「天財」，非是。王制有「魚鼈」，非可焚燒者，故言「養」。言各有當，不可泥也。

〔二〕俞樾云：當作「使足於宫室之用，薪蒸之積」，「足」字與「民」字相似而誤，「所」字衍文。戴望云：「民」下當脱「足」字。「所」字疑衍。　聞一多云：荀子王制篇作「使國家足用而財物不屈」，「足用」即足於宫室之用。戴説是也。　翔鳳案：使民積之，無誤字。古今語法不同，不可强求一致。

〔三〕聞一多云：「安」讀爲堰。　翔鳳案：聞讀於音理可通，而於古籍無據，且「修障防堰」或

「堰水藏」均不詞，説誤。

〔四〕豬飼彦博云：「使」字貫到「有所粉穫」。王紹蘭云：説文無「粉」字，「粉」蓋「扮」之譌。手部：「扮，握也；從手分聲，讀若粉。」「扮穫」謂握禾而刈之。聘禮「四秉曰筥」，鄭注：「此『秉』謂刈禾盈手之秉也。筥，穧名也。若今萊、易之間，刈稻聚把有名爲筥者。」皆其比矣。

〔五〕陳奐云：「前後」猶先後也。毛詩傳曰：「相道前後曰先後。」「均修」，荀子皆作「順修」。戴望云：當讀「前後農夫」句。張佩綸云：「明詔期」謂徵召之期。聞一多云：張説是也。「詔」之言召也，招也。吕氏春秋君守篇注曰：「召，致也。」荀子議兵篇注曰：「招，謂引致之。」周禮大司徒職曰：「大軍旅，大田役，以旗致萬民，而治其徒庶之政令。」鄭注曰：「徵衆刻日樹旗，期於其下。」小司徒職曰：「凡國之大事致民。」先鄭注曰：「國有大事，當徵召會聚百姓，則小司徒召聚之。」「申田」即司徒，其職主招聚衆庶，治其政令，故曰「明詔期」也。

〔六〕孫星衍云：「由田」當作「司田」。下文有「大司田」，此脱「司」字；「由」即涉「田」字而衍。王念孫云：「由」即「田」字之誤。今作「由田」者，一本作「田」，一本作「由」，而後人誤合之也。「田」謂農官也，月令「命田舍東郊」，鄭注曰：「『田』謂田畯，主農之官也。」法法篇曰：「皋陶爲李，后稷爲田。」小匡篇曰：「弦子旗爲理，甯戚爲田。」張文虎云：「由」疑「司」字之誤，小匡篇云：「請立寧戚爲大司田。」劉師培云：「由」當作「申」，即司田也。司田稱申田，與司徒亦稱申徒同例。小匡篇「請立爲大司田」，是其證。

〔七〕聞一多云：欒記「使之行商容而復其位」，注：「行猶視也。」呂氏春秋季夏篇「入山行木」，注：「行，察也。」行鄉里，即視察鄉里，與下「視宮室，觀樹蓺，簡六畜」，義俱相近。

〔八〕豬飼彥博云：「功」，堅牢也。「苦」，盬窳也。許維遹云：「辯」與「辨」同。荀子王制篇作「辨功苦」，楊注：「『功』謂器之精好者，『苦』謂濫惡者。」呂氏春秋誣徒篇「從師苦，而欲學之功也」，高注：「苦，不精至者，讀如盬會之盬。」漢書食貨志「器苦惡」，如淳注：「『苦』或作『盬』。」詩四牡「王事靡盬」，毛傳：「盬，不堅固也。」

〔九〕許維遹云：「上」與「尚」同，荀子作「尚」。

〔一〇〕翔鳳案：禮記玉藻「壹食之人一人徹」，注：「猶聚也。」「監壹五鄉」，監聚五鄉之人修之也。

度爵而制服，量祿而用財。飲食有量，衣服有制，宮室有度，六畜人徒有數，舟車陳器有禁〔一〕。脩生則有軒冕、服位、穀祿、田宅之分〔二〕，死則有棺槨、絞衾、壙壟之度〔三〕。雖有賢身貴體〔四〕，毋其爵不敢服其服；雖有富家多資，毋其祿不敢用其財。天子服文有章〔五〕，而夫人不敢以燕以饗廟。將軍大夫以朝，官吏以命，士止于帶緣〔六〕。散民不敢服雜采，百工商賈不得服長鬈求圓反。貂〔七〕，刑餘戮民不敢服絻，一本作絲。不敢畜連乘車〔八〕。

右服制

〔一〕孫星衍云：春秋繁露服制篇「六畜」作「畜産」，「陳」作「甲」。張佩綸云：「陳器」如顧命「陳寶」。許維遹云：定公四年穀梁傳「徙陳器」，范注引鄭嗣曰：「陳器，樂縣也。」繁露作「甲器」，「甲」爲「申」之壞字。「申」與「陳」通，商頌烈祖「申錫無疆」，漢書韋玄成傳作「陳錫無疆」，是其例。呂氏春秋離謂篇高注：「禁，法也。」翔鳳案：廣雅釋詁一：「徒，使也。」「人徒」謂使用之人。

〔二〕孫星衍云：服制篇「生」上無「脩」字，「冕」下有「之」字，「縠」作「貴」。王念孫云：「生」上不當有「脩」字，此涉上文「鈞脩」而衍。春秋繁露服制篇文與此同，無「脩」字。安井衡云：「分」讀如「禮達而分定」之「分」。翔鳳案：修，飾也。雖等級不同，而飾身則一，非誤字。

〔三〕許維遹云：禮記檀弓篇「制絞衾」，鄭注：「絞衾，尸之飾。」喪大記「小斂布絞」，鄭注：「絞，既斂所以束堅之者也。」

〔四〕孫星衍云：服制篇「身」作「才」，「貴」作「美」。

〔五〕洪頤煊云：當依服制篇作「服有文章」。張佩綸云：「服文有章」，繁露作「服有文章」，非是。說文：「文，錯畫也。」「服文」，晉語所謂「文錯其服」，韋昭注：「文，文織。」孟子「文繡」，注：「文繡，繡衣服也。」此「服文」正繡衣之謂。「有章」，如詩「出言有章」、「維其有章矣」、左「子產都鄙有章」之謂。翔鳳案：張說是。

〔六〕洪頤煊云：此有脱譌，以服制篇證之，「饗」字下當有「公以廟將軍大夫不得以燕卿以」十三字。宋翔鳳云：「將軍大夫」，是大夫爲將軍，乃上大夫也。墨子亦有將軍大夫之名。張佩綸云：漢書賈誼傳：「今民賣僮者，爲之繡衣絲履偏諸緣，内之閑中。是古天子后服，所以廟而不宴者也，而庶人得以衣婢妾。」賈生疏正用管子，是賈見本已如此。「將軍」謂卿。「官吏以命」，言官吏之服文各眂其命，所謂命服也。「士止于帶緣」，此「士」謂不命之士也。劉師培云：此文當作「夫人不敢以燕，以饗廟。將軍大夫不敢以廟，官吏不敢以朝，命士止於帶緣」。戴望云：「命」上「以」字涉上文而衍。翔鳳案：文無脱譌，張説是。「燕服」謂燕居之服。

〔七〕劉績云：「鬈」音權。記云「燕則鬈首」，注：「分髮爲鬌紒。」洪頤煊云：「長鬈貂」，服制篇作「狐貉」，貂、貉形相近。俞正燮云：「貉」與「貂」異文。水經注引竹書紀年云：「魏襄王十七年，邯鄲命將軍大夫適子戍吏皆貂服。」吕祖謙大事記引作「代吏皆貂服」。代，地名，今本水經誤也。貂服當武靈王八年，胡服當十九年，相距十二年。吴師道校戰國策謂「貂服即胡服」，或以疑管子「長鬈貂」之文，尤非也。周悦讓云：服制皆通男女言之。不得長鬈，古賤者婦女惟椎髻耳。「長鬈」，小雅所云「卷髮如蠆，彼君子女」者矣。黄鞏云：古以犬、羊、鼠、貛等皮爲賤服，而黑羊之鬈者爲羔，則貴爲大夫服。貂貴於羣鼠，羔不黑而毛深者，士農可服，工商不得服。　聞一多云：晉書輿服志引胡廣曰：「昔趙武靈王爲胡服，以金貂飾首。」管子書戰國時人作，故有服貂之語。　翔鳳案：説文：「貂，鼠屬，大而黄黑，出胡丁零國。」貂來自丁零，其皮貴。　漢官儀：「侍中金蟬左貂。」左傳有寺人貂，「寺」即「侍」，以其服貂而名之，庶人不能服。　聞以此爲戰國時作，非也。

〔八〕洪頤煊云：舊校云「一本作『絲』」，服制篇作「不敢服絲玄纁」，別本「絲」字是。　王念孫云：「刑餘戮民」，不得與四民同服，非但「不敢服絻」而已。一本「絻」作「絲」，是也。春秋繁露作「刑餘戮民不敢服絲玄纁」，是其證。古者爵弁服玄衣纁裳，皆以絲爲之。　戴望云：王氏廣雅疏證於「綂紬也」引管子「不敢服絻」，謂「絻」即「綂」之誤。釋名：「紬，抽也，抽引絲端出細緒也。」紬用絲，故一本作「絲」。其説更長。　安井衡云：「連」，古「輦」字。周易蹇卦「往蹇來連」，虞翻本作「來輦」。周禮地官鄉師職「正治其徒役，與其輂輦」，注：「故書『輦』作『連』，鄭司農讀爲輦。」孟子曰「從流上而忘反謂之連」，亦輦義也。　戴望云：「連」當讀爲輦。説文：「連，負連，从辵，从車。」易蹇「往蹇來連」，虞注：「『連』讀爲輦。」周官鄉師「正治其徒役，與其輂輦」，注：「故書『輦』爲『連』。」　許維遹云：「不敢」二字涉上文而衍。此文本作「刑餘戮民不敢服絻，畜連、乘車」，「不敢」直貫三事。繁露襲此文，作「刑餘戮民不敢服絲玄纁乘馬」，是其證。漢書高帝紀：「賈人毋得衣錦繡綺縠絺紵戮，操兵，乘騎馬。」韓詩外傳六云：「古者必有命民，民有能敬長憐孤，取捨好讓，居事力者，命於其君，然後得乘飾車駢馬。未得命者，不得乘飾車駢馬乘者，皆有罰。」然則刑餘戮民自不得服絻、畜連乘車。翔鳳案：「絻」爲「冕」之重文。冕爲大夫以上冠，庶人自不敢服，並不敢畜連乘車，用意有别，許説未析。「不敢」二字非衍文。

寢兵之説勝，則險阻不守。言事者競陳寢兵，其説見用而得勝，則武術必偃，雖有險阻，不能守矣。兼愛之説勝，則士卒不戰。兼愛之説勝，則①徐偃弱而行仁，宋襄惑而慕古也。全生之説勝，則廉恥不立。全生之説勝，則王孫自奉千金，何侯日食一萬。私議自貴之説勝，則上令不行。羣徒比周之説勝，則賢不肖不分。金玉貨財之説勝，則爵服下流。觀樂玩好之説勝，則姦民在上位。觀樂玩好之説勝，則費仲以奉奇異而居顯位，董賢以柔曼而處朝謁也。請謁任舉之説勝〔一〕，則繩墨不正。諂諛飾過之説勝，則巧佞者用。

右九敗〔二〕

〔一〕許維遹云：任，猶保也。任法篇「世無請謁任舉之人」，尹注：「任，保也。」

① 「則」字上原衍一「則」字，據補注删。

〔二〕豬飼彥博云：此段所言「寢兵」、「兼愛」、「全生」、「私議」、「任舉」之屬，皆是戰國之事也，亦可見其非仲之所筆矣。劉咸炘云：所詆「寢兵」、「兼愛」、「全生」、「私議自貴」，乃宋鈃、墨翟、楊朱、魏牟及戰國處士之說，意同商、韓，管仲時無有也。翔鳳案：群雄角力之時，必有以「兼愛」、「寢兵」爲號召者。大匡：「桓公歸而脩於政，不脩於兵革，弭師。」向戌亦曾倡弭兵，非始於戰國。二説謬。

期而致，使而往，百姓舍己，以上爲心者，教之所期也。始於不足見，終於不可及〔一〕，一人服之，萬人從之，訓之所期也。謂君將行令，始獨發於心，故不足見。終則功成事遂，故不可及也。未之令而爲，未之使而往，上不加勉而民自盡竭〔二〕，俗之所期也〔三〕。君既盡心於俗，所以能期於此也。好惡形於心，百姓化于下，罰未行而民畏恐，賞未加而民勸勉，誠信之所期也。君之好惡纔形於心，百姓已化於天下。爲而無害，成而不議〔四〕，得而莫之能爭，天道之所期也。君能奉順天道，所以能期於此。爲之而成，求之而得，上之所欲，小大必舉，事之所期也〔五〕。令則行，禁則止，憲之所及，俗之所被，被，合也。謂俗與憲合。如百體之從心，政之所期也。

右七觀〔六〕

〔一〕戴望云：元刻本「可」作「足」。

〔二〕戴望云：鶡冠子天則篇同此文，作「未令而知其爲，未使而知其往，上不加務而民自盡，此化之期也」。李哲明云：竭，即盡也，「盡竭」連文無義，據鶡冠子，「竭」字不當有。翔鳳案：説文：「竭，負舉也。」「盡竭」爲盡負舉。「竭」訓「盡」，爲「渴」之假借。不查説文本訓，而輕作校勘，妄矣。

〔三〕翔鳳案：學記：「化民成俗。」化在教訓之後，未之令、未之使而爲之，則已化矣，非「法」而爲「俗」矣。郭沫若云「俗」當作「法」，誤矣。

〔四〕戴望云：鶡冠子天則篇作「成而不敗」。

〔五〕豬飼彦博云：「天」字疑衍。翔鳳案：老子：「上善若水，水善利萬物而不爭，故幾於道。」又云：「夫唯不爭，故天下莫能與之爭。」此天道也。「天」字不誤。

〔六〕丁士涵云：「觀」當作「期」，前子目亦譌「觀」，當改正。劉師培云：「觀」疑「勸」訛。翔鳳案：八觀篇與此完全不同，其非七觀明矣。七法「立少而觀多」，房注：「『觀』當爲『勸』。」禮記緇衣「周田觀文王之德」，「觀」亦「勸」之誤。是知原文爲「勸」，義同「期」，由「勸」誤爲「觀」矣。丁、劉二説有理，爲補證之。

乘馬第五

立國　大數　陰陽　爵位　務市事　士農工商　聖人　失時　地里

經言五

吳汝綸云：篇名乘馬者，以篇中有「天下乘馬服牛而任之」之語，而取以名篇耳，非取「乘馬」爲義也。篇首立國、大數，篇末地里，皆於本篇文義不屬，淺人所附益也。　何如璋云：此是管子經言，詳述建邦制地之法。「馬」者，算數之籌，如今所謂法馬。禮投壺「爲勝者立馬，一馬從二馬，三馬既立，請慶多馬」，注：「立馬者，取算以爲馬，表其勝之數也。」「乘」者，計也。周禮天官宰夫「乘其財用之出入」，即今算法乘除之謂。凡治國之法制，皆出於數，有所建置，必立馬乘之，乃知其輕重長短多寡之數，而措注各得其宜。篇中言地、言用、言朝、言車，而詳發均地分民，是標名乘馬本旨。史記高祖紀「運籌帷幄之中，決勝千里之外」，「運籌」猶乘馬也。　翔鳳案：管子經濟政策，以輕重爲衡，而輕重之數，則乘馬也。春秋用籌算，乘馬須運籌，其義誠如何氏所云。現代運籌學，猶是管子「乘馬」。「馬」爲籌馬，非法馬，何氏小誤。然如篇中「方六里爲一乘之地也，一乘者四馬也」，此「馬」又確爲家畜。詩鄭風「叔于田，乘乘馬」，三字全同，何氏無説以貫通之，難以令人信服矣。左襄公二十二年傳：「皆無祿而多馬。」「多馬」通於制祿，與輕重有關者。投壺鄭注云：「馬，勝籌也。謂之馬者，若云技藝如此，任爲將乘馬也。」佩文韻府引注末有「『乘』又去聲」四字。「乘」讀去聲爲計算，鄭意謂「任爲將師計算」，非謂堪爲將師而騎馬也。孔疏已不甚明其義。原「乘馬」之義，起於賽馬，投壺亦爲競賽，借用其名。史記孫子吳起列傳：「田忌數與齊諸公子馳逐共射，孫子見其馬足不甚相遠。馬有上中下三輩，於是孫子謂田忌曰：『取君之下駟，與彼上駟。取君上駟，與彼中駟。取君中駟，與彼下駟。』既駟三輩畢，而田忌一不勝而再勝，卒得王千金。」此齊人賽馬故事。駟即乘馬，爲家畜。當競賽時，用籌計多少，乘爲計，計其馬亦爲乘馬。兼此二義，故篇中言治國之法制，而又有方六里爲乘之説，而多馬爲可愛也。説文：「立，住也。」籌爲長方形，算時竪立。立馬爲計算之表格，古天文家稱表格爲「立成」，以此。計馬之數字爲「馬」，今作「碼」，春秋時已有之。左襄公三十年傳：「晉悼夫人食輿人之城杞者，絳縣人或年長矣，無子而往，與於食。有與疑年，使之年。曰：『臣，小人也，不知紀年。臣生之歲，正月甲子朔，四百有四十五甲子矣，其季於今，三之一也。』史趙曰：『「亥」有二首六身，下二如身，是其日數也。』士文伯曰：『然則二萬六千六百有六旬也。』」杜注：「三分六甲之一，得甲子甲戌，盡癸未。」「二畫在上，併三六爲身，如算之六。」疏：「因亥畫似算位，故假之以爲言。」「如算之六」，指算碼「丄」，與「亥」畫之「丄」相似。「亥」爲二「二」三「丄」，爲二萬六千六百六。春秋時有算碼，此爲確證。然則「乘馬」即乘碼。是故巨乘馬：「桓公問乘馬。管子對曰：『國無儲在令。』」郭沫若謂「答問不銜接」，可恍然矣。吳説謬。

凡立國都，非於大山之下〔二〕，必於廣川之上，高毋近旱而水用足，下毋近水而溝防省。因天材，就地利，故城郭不必中規矩，道路不必中準繩。

右立國

〔一〕翔鳳案：「大」本讀太，安徽宿松最顯著。方音轉變，於下加點，或於去聲加圈，非本有「太」

字也。「泰山」本爲「大山」，由公名變爲專名，改寫爲「泰」以別之。

無爲者帝，爲而無以爲者王，爲而不貴者霸。不自以爲所貴，則君道也。貴而不過度，則臣道也。

右大數

地者，政之本也。政從地生。朝者，義之理也。義因①朝起。市者，貨之準也。市所以準貨之輕重。黄金者，用之量也。諸侯之地，千乘之國者，器之制也。五者，其理可知也，爲之有道〔一〕。

地者，政之本也，是故地可以正政也。地平可以正政。地不平均和調〔二〕，則政不可正也。不均平和調，則地利或幾於息，故不可正政②也。政不正，則事不可理也。

春秋冬夏，陰陽之推移也。夏秋推陽以生陰，冬春推陰以生陽。時之短長，陰陽之利用也。必長短相摩，然後成陰陽之用也。日夜之易，陰陽之化也。晝熱夜寒，交易其氣，

---

① 「因」字原作「國」，據補注改。

② 「正政」二字原作「不正」，據補注改。

此陰陽之化也。然則陰陽正矣，雖不正，有餘不可損，不足不可益也。假令時有盈縮不正，則百六之運數當然也，雖有堯、湯之聖，不能免之，故不可損益也。天地莫之能損益也〔三〕。天地亦準陰陽，不可損益也。然則可以正政者，地也，故不可不正也。正地者，其實必正，長亦正，短亦正，小亦正，大亦正，長短小大盡正。正不正則官不理〔四〕，謂天地之正不正，官不可得理。官不理則事不治，事不治則貨不多。是故何以知貨之多也？曰事治。何以知事之治也？曰貨多。貨多事治，則所求於天下者寡矣〔五〕。爲之有道。

右陰陽〔六〕

〔一〕陶鴻慶云：「爲」讀爲謂，言若此者「謂之有道」也。下文論政之本，義之理，貨之準，三節之末皆云「爲之有道」；而論用之量云「不知量，不知節，不可謂之有道」；論器之制云「不知任，不知器，不可謂之有道」，爲與謂文異而義同。翔鳳案：「爲之有道」，即爲此事有方法。「不知量，不知節」，不可稱爲有方法者。「不知任，不知器」，不可稱爲有方法者。「爲」、「謂」不同，陶説誤。

〔二〕戴望云：御覽三十六地部引作「均平」。

〔三〕張文虎云：此明政者以地爲本，若陰陽之化，有餘不足，皆天之事，莫能損益。故下云「然則可以正政者地也」。此句當作「天莫之能損益也」，「地」字衍。陶鴻慶云：「地」字蓋涉上下文而誤衍也。原文當云：「天（句），莫之能損益也。」此節釋「地者政之本也」句義，而自春秋冬夏以下但言天道，不及地利。上文云「然則陰陽正矣，雖不正，有餘不可損，不足不可益也」，故此云「天，莫之能損益也」。以天之不可正，明地之不可不正，故下文云「然則可以正政者地也，故不可不正也」，與此句一氣相承，衍「地」則上下文不可通矣。翔鳳案：天陽地陰，陰陽之化，兼天地言之，去「地」字則孤陽矣。春秋繁露：「陰，地氣也。」「地」字可去乎？誤矣。

〔四〕豬飼彦博云：上「正」字當作「地」。王念孫云：「正不正」當作「地不正」，此承上文「正地」而言。「地不正則官不理」，即上文所云「地不平均和調，則政不可正也」。今本「地」作「正」者，涉上下文「正」字而誤。尹注非。俞樾云：「正不正」句，上「正」字乃衍文也，蓋涉上句「長短小大盡正」而誤疊「正」字耳。張佩綸云：按當作「政不正」，上節「政不正」可證。翔鳳案：「正」與「政」通，然此節則分用。「正不正」謂當正者不正，諸説俱非。

〔五〕陶鴻慶云：「所求於天」承上「陰陽不正」而言，如寒暑愆咨水旱祈禳之事，是也。地力盡而天災自弭，故所求於天者寡。孫卿天論篇「彊本而節用，則天不能貧；養備而動時，則天不能病」云云，義與此合。後人不達此義，臆改爲「天下」，則文不成義矣。翔鳳案：貨多事治，不求鄰國之助，故云「求於天下者寡」。國不能孤立，謂求之不多，非一概不需與國協助也。齊國九府之藏，來自國外者不少，有乘馬之計算可先爲籌畫。删「下」字不合。

〔六〕張文虎云：題謬甚。此等皆後人妄增。翔鳳案：地爲政之本，指地之生産言。貨之多少，於四時陰陽之變化關係極大，故以陰陽標目，非五行家陰陽生剋也。不明此義，而以篇目爲謬甚，妄人也。

朝者，義之理也。是故爵位正而民不怨，民不怨則不亂，然後義可理。理不正則不可以治，而不可不理也〔一〕。**故一國之人不可以皆貴，皆貴則事不成而國不利也。**皆貴則無爲事者，故事不成也。**爲事之不成，國之不利也，使無貴者則民不能自理也，是故辨於爵列之尊卑，則知先後之序，貴賤之義矣。爲之有道。**

右爵位

〔一〕丁士涵云：「不正」謂爵位不正也，對上「爵位正」言之。「理」字涉上句「義可理」而衍。「而不可不理也」當作「而不可理也」，對上「義可理」言之。戴望云：「以」字及「而不可不理也」六字皆衍文。翔鳳案：「不可以治」有「治」字，則「理」字非避諱所改。「義之理」、「理不正」二「理」字爲名詞，「可理」、「不可理」爲動詞。名詞爲文理，動詞爲治理。而治與理又有别。吕氏春秋振亂「欲民之治也」，注：「整也。」貴當「治物者不於物，於人」，注：「飭也。」「治」爲整飭。理不正則不可以整飭，而又不可不分理也。蓋理以侯王之利益爲主，有時與民矛盾，明知其矛盾，而不可不分理之，使服從王侯利益。無誤字。下文「不可以皆貴」，即其例也。

市者，貨之準也。是故百貨賤則百利不得，謂不得過常之利也。百利不得則百事治〔一〕，百事治則百用節矣。是故事者生於慮，謀慮則事生也。成於務，專務則事成也。失於傲。輕傲則失事也。不慮則不生，不務則不成，不傲則不失。故曰：市者可以知治亂〔二〕，可以知多寡，而不能爲多寡。爲之有道。

右務市事

〔一〕孫星衍云：百貨賤，然後百利得，百利得，然後百事治，未有百利不得而百事治也。尹注非。太平御覽八百二十七引無兩「不」字。何如璋云：準者，輕重之準，百貨聚於市，故市爲百貨之準。穀者，本事也。貨者，末用也。幣者，國之制所以權國貨之輕重而平其準者也。貨賤則趨末者百利不得，趨末者百利不得則力農殖穀者百事皆治矣。力農者百事皆治則養生者百用皆節矣，無他，穀則貴而貨則賤也。

〔二〕戴望云：此下當有「而不能爲治亂」句，與下文「可以知多寡而不能爲多寡」一例。

黄金者，用之量也。辨於黄金之理則知侈儉，知侈儉則百用節矣。故儉則傷事，侈則傷貨。儉則金賤，金賤則事不成，故傷事。侈則金貴，金貴則貨賤，故傷貨。貨盡而後知不足，是不知量也。事已而後知貨之有餘，是不知節也。不知量，不知節，不可謂之有道。

天下乘馬服牛，而任之輕重有制。有壹宿之行，一宿有定準，則百宿可知也。道之遠近有數矣〔一〕。是知諸侯之地，千乘之國者，所以知地之小大也，所以知任之輕重也〔二〕。重而後損之，是不知任也；輕而後益之，是不知器也。不知任，不知器，不可謂之有道。

地之不可食者，山之無木者，百而當一。涸澤，百而當一。地之無草木者，百而當一。樊棘雜處〔三〕，民不得入焉，百而當一。藪，鎌纆得入焉，九而當一〔四〕。蔓山，其木可以爲材，可以爲軸，斤斧得入焉，九而當一。汎山〔五〕，其木可以爲棺，可以爲車，斤斧得入焉，十而當一。流水，網罟得入焉，五而①當一〔六〕。林，其木可以爲棺，

①「而」字原無，據補注增。

可以爲車，斤斧得入焉，五而當一。澤，網罟得入焉，五而當一。命之曰地均，以實數〔七〕。方六里命之曰暴〔八〕，五暴命之曰部，五部命之曰聚。聚者有市，無市則民之〔九〕。五聚命之曰某鄉，四鄉命之曰方，官制也。官成而立邑。五家而伍，十家而連，五連而暴，五暴而長〔一〇〕，命之曰某鄉，四鄉命之曰都，邑制也。邑成而制事。四聚爲一離，五離爲一制，五制爲一田，二田爲一夫，三夫爲一家，事制也。事成而制器。方六里爲一乘之地也〔一一〕。一乘者，四馬也。一馬，其甲七，其蔽五。蔽所以捍車馬。四乘，其甲二十有八，其蔽二十〔一二〕，白徒三十人奉車兩〔一三〕，器制也。

方六里，一乘之地也〔一四〕。方一里，九夫之田也〔一五〕。黄金一鎰，百乘一宿之盡也〔一六〕。無金則用其絹，季絹三十三，三等，其下者曰季。制當一鎰〔一七〕。無絹則用其布，經暴布百兩當一鎰〔一八〕。一鎰之金，食百乘之一宿〔一九〕，則所市之地六步一㪷〔二〇〕，一本作一升。命之曰中歲，有市、無市則民不乏矣〔二一〕。方六里名之曰社，有邑焉，名之曰央，亦關市之賦〔二二〕。命出關市之賦。黄金百鎰爲一篋，其①貨一穀籠爲十篋。其商苟在市者三十人〔二三〕，其正月、十二月黄金一鎰，命之曰正分。春曰書比，

①「其」字上原衍一「其」字，據補注删。

立夏曰月程，秋曰大稽〔二四〕，與民數得亡〔二五〕。三歲脩封，五歲脩界，十歲更制，經正也〔二六〕。

十仞見水不大潦，大潦，一本作「大續」，繼也，預貯水也。五尺見水不大旱〔二七〕。十一仞見水，輕征，征，税也。十分去二三，謂去十仞之二三。二則去三四，謂去十仞之三。四則去四，謂去十仞之四。五則去半，比之於山〔二八〕。五尺見水，言平地五仞見水，同於山五尺見水。十分去一，四則去三，八尺曰仞。分九仞，則屈每分有二仞二尺。去其三，則餘有一丈八尺。三則去二，二則去一〔二九〕。三尺而見水，比之於澤〔三〇〕。

距國門以外，窮四竟之内〔三一〕，丈夫二犂，童五尺一犂〔三二〕，以爲三日之功。正月令農始作，服于公田，農耕。及雪釋，耕始焉，芸卒焉。士聞見博學意察〔三三〕，而不爲君臣者，與功而不與分焉〔三四〕。此人學①以爲君之臣也，然以高尚其事而不爲。若此者，預食農收之功，而不受力作之分也。賈知賈之貴賤，日至於市，而不爲官賈者，與功而不與分焉。工治容貌功能，日至於市，而不爲官工者，與功而不與分焉。不可使而爲工〔三五〕，則視貸離之實而出夫粟。是故智者知之，愚者不知，不可以教民。教民必以有

① 「學」字原作「而」，據補注改。

智者。巧者能之，拙者不能，不可以教民。教人爲工，必以巧者，欲令愚智之人盡曉知之，然後可以教人也。非一令而民服之也，不可以爲大善。非夫人能之也〔三六〕，不可以爲大功。是故非誠賈不得食于賈，非誠工不得食于工，非誠農不得食于農，非信士不得立于朝。是故官虚而其敢爲之請〔三七〕，君有珍車珍甲而莫之敢有。君舉事，臣不敢誣其所不能。君知臣，臣亦知君知己也，故臣莫敢不竭力，俱操其誠以來。

道曰：均地分力，使民知時也。民乃知時日之蚤晏，日月之不足，飢寒之至于身也。是故夜寢蚤起，父子兄弟不忘其功，爲而不倦，民不憚勞苦。故不均之爲惡也，地利不可竭，民力不可殫。不告之以時而民不知，不道之以事而民不爲。與之分貨則民知得正矣，審其分則民盡力矣，是故不使而父子兄弟不忘其功。

右士農工商〔三八〕

〔一〕吴汝綸云：「有一宿之行」，言近也。下有脱文，蓋言遠者。故總以「遠近有數」。翔鳳案：「一宿之行」，謂一宿所行之遠近也。故下言「道之遠近有數」。語意已足，並無脱文。

〔二〕王念孫云：「地之小大」當作「器之小大」。上文云「諸侯之地，千乘之國者，器之制也」，故此文云「是知諸侯之地，千乘之國者，所以知器之小大也。所以知任之輕重也」。下文「不知任，不知器」，正承此二句言之。今本「器」作「地」者，涉上文「諸侯之地」而誤。翔鳳案：「是知諸侯之地」截句，屬上文。小大屬遠近，輕重屬器，小大易知，所難者任與器而已。

〔三〕王引之云：草木無名「樊」者，「樊」當爲「楚」，字形相似而誤。楚，荆也，「楚棘雜處」，謂荆棘叢生也。地員篇：「其草宜楚棘。」張文虎云：小雅青蠅「止于樊」，毛傳：「樊，藩也。」樊從爻、林，取交積材之義，雖非草木，而亦近草木。下二章「止于棘」，「止于榛」，比類而及，安知非草木名？翔鳳案：侈靡：「樊山神而祭之。」樊傍之棘爲「樊棘」，不誤。

〔四〕劉績云：「鎌」，刈割器。「纏」，捆縛索。王念孫云：「纏」當從宋本作「纆」。説文作「纆」，云：「索也。」坎上六「係用徽纆」，馬融曰：「徽纆，索也。」劉表曰：「三股曰徽，兩股曰纆。」案：鎌者所以刈薪，纆者所以束之。列子説符篇曰「擔纆采薪」是也。（今本「纆」譌作「纏」，據殷敬順釋文改。「采薪」譌作「薪菜」，據淮南道應篇改。）鎌與纆皆入藪采薪者之所用，故曰：「藪，鎌纆得入焉。」若纏爲纏繞之義，非繩索之名，不得與鎌並舉矣。世人多見纏，少見纆，故諸書「纆」字多譌作「纏」。辯見淮南道應篇。丁士涵云：此與下「蔓山九而當一」，兩「九」字皆當爲「十」，下文云「汎山十而當一」，是其例。上言「百而當一」者四，下言「五而當一」者三，或百分之一，或十分之一，或五分之一，三等之地由下而中而上，皆整齊成數。若如今本則分爲四等，且先「九而當一」，而後「十而當一」，尤失序次。即「藪」及「蔓山」之地與「汎山」亦無區別。翔鳳案：數字根據事實，無據不能以意改之。下同。

〔五〕于省吾云：「汎」同「洀」，古「盤」字。從凡從舟，古文形同。小問篇「意者君乘駮馬而洀桓，迎日而馳乎」，注：「洀，古盤字。」「汎」亦省作「凡」。墨子辭過篇「凡回於天地之閒」，節葬下篇「壟雖凡山陵」，「凡」均讀爲盤。盤山謂山之盤迴者，蔓山謂山之蔓延者，相對爲文。

〔六〕尹桐陽云：左襄二十五年傳：「度山林，鳩藪澤，辨京陵，表淳鹵，數疆潦，規偃豬，町原防，牧隰皋，井沃衍。」賈曰：「山林之地，九夫爲度，九度而當一井也。藪澤之地，九夫爲鳩，八鳩而當一井也。京陵之地，九夫爲辨，七辨而當一井也。淳，鹹也。淳鹵之地，九夫爲表，六表而當一井也。疆，疆槩墝埆之地。疆潦之地，九夫爲數，五數而當一井也。偃豬之地，九夫爲規，四規而當一井也。原防之地，九夫爲町，三町而當一井也。隰皋之地，九夫爲牧，二牧而當一井也。下平曰衍，有溉曰沃。衍沃之地，畝百爲夫，九夫爲井。」小司徒鄭注亦云：「隰皋之地，九夫爲牧，二牧而當一井。」其云「九度當一井」，以至「二牧當一井」，即此所謂「百而當一」、「五而當一」者也。

〔七〕丁士涵云：管子書多以「命」爲名。「地均」，土均也，即管子「地員」。

〔八〕張佩綸云：「暴」當作「簞」，字之誤也。史記楚世家「蓽露」，徐廣云「『蓽』一作『暴』」，是其證。說文：「簞，藩落也。」周禮司險「樹之林以爲阻固」，注云：「樹之林，作藩落也。」六里作一藩落，故曰簞，猶今之邨落。五簞作一部，五部成一聚。說文：「邑落曰聚。」是「聚」亦有落義。下文「五連而暴」，「暴」亦當作「簞」，五十家作一藩落。翔鳳案：「簞」爲籬落，非村落。「暴」同「堡」。集韻：「鰒或省作『暴』，墳起也。」「堡」古作「保」。左襄八年傳「焚我郊保」是也。

〔九〕許維遹云：「之」當爲「乏」，字之壞也。下文云「歲有市，無市則民乏矣」，可證。趙本、纂詁本作「乏」，當據改正。翔鳳案：聚市爲臨時市場，下文「歲有市」，其「市」爲買賣，含義不同。説文：「之，出也。」無市則民出。或「之」訓往，亦通。

〔一〇〕劉師培云：「五暴而長」與上文之「部」相當。上云「五部而聚，五聚而鄉」，則此文「而長」以下當有「五長而鄉」四字。翔鳳案：此爲邑制，與官制不必完全相同。

〔一一〕尹桐陽云：六六三十六里而爲三十六井也。前漢書刑法志：「一同百里，提封萬井。除山川沈斥城池邑居園囿術路三千六百井，定出賦六千四百井，戎馬四百匹，兵車百乘。此卿大夫采邑之大者也。是謂百乘之家。」方六里而爲一乘者，實計山川沈斥等地而出車數耳。如是則國無隙地而利因增多矣。三千六百井而爲百乘，三百六十井而爲十乘，三十六井則爲一乘也。

〔一二〕豬飼彦博云：「四乘」之「乘」當作「馬」。王念孫云：一馬之所用，不得有七甲五蔽。「一馬」當爲「一乘」。四乘有二十八甲，二十蔽，則一乘當有七甲五蔽也。今本「乘」作「馬」者，涉上文「四馬」而誤。丁士涵云：一乘甲士十人，若七甲則太少。王改「一馬」爲「一乘」，非也。下文「四乘」乃是「一乘」之譌，上文「一乘四馬」句，正引起甲蔽之分數合數。古人文法往往如是。若既知一乘甲蔽之數，又以四計之，則亦可以三計之以五計之矣。甲士十人而有二十八甲者，多爲之備也。金廷桂云：「二馬」當作「四馬」，覆承上句而言。

翔鳳案：「二馬」即「二碼」，爲計算單位。「四乘」，以四乘之，無誤字。諸人誤認爲獸而疑之改之，非是。

〔一三〕洪頤煊云：「奉」當作「輂」。周禮鄉師：「治其徒役，與其輂輦。」史記淮南列傳：「輂車四十乘。」說文云：「輂，大車駕馬也。」謂載物之車。王念孫云：「奉車兩」當爲「奉車一兩」。山至數篇「方六里而一乘，二十七人而奉一乘」，是也。張佩綸云：七法篇：「以教卒練士擊敺衆白徒。」呂氏春秋決勝篇「廝輿白徒」，高注：「廝役輿衆白衣之徒。」漢書鄒陽傳「驅白徒之衆」，注：「言素非軍旅者，猶曰白丁也。」黃鞏云：「白徒」，步卒也。三十人奉車兩，故詩云：「公車千乘，公徒三萬。」此周家舊制。至孫子以百人奉一車，則變車戰爲徒兵之漸矣。許維遹云：「兩」者，車一乘之謂。周禮小司徒職「乃會萬民之卒伍而用之，五人爲伍，五伍爲兩」，鄭注：「兩，二十五人。」然司馬法有二説，一爲每乘七十五人，一爲每乘三十人。江慎修云：「以七十五人爲邱甸之本法，三十人爲調發之通制。」江説是也。此云「白徒三十人奉車兩」，與司馬法一説合。

〔一四〕丁士涵云：「六」蓋「八」字之誤。下文云「方一里九夫之田也」，又云「正月令農始作服於公田」，此古井田遺制。侈靡篇云「乘馬甸之衆制之」，此周官丘甸之法。甸方八里，出長轂一乘，與司馬法合。

〔一五〕劉師培云：九夫之田方一里，與司馬法「六尺爲步，步百爲畝，畝百爲夫，夫三爲屋（上文「二田爲一夫，三夫爲一家」，「夫」與「家」並與此靡涉），屋三爲井」制合。一乘之地方六里，與司馬法「井十爲通，通十爲成，成出革車」不同。蓋管子之制，暴與社均方六里，爲方一里者三十六，故亦依此制出車。上文云「方六里爲一乘之地也。一乘者，四馬也。一馬其甲七，其蔽五。四乘（當作馬）其甲二十有八，其蔽二十，白徒三十人奉車兩」，此蒙彼言。山至數篇云「方六里而一乘」，與此正合。丁云「『六』當作『八』」，非是。

〔一六〕豬飼彦博云：「盡」、「贐」同，行費也。孟子曰「行者必以贐」，是也。趙岐以送賄行者爲贐，後儒皆從之，誤矣。丁士涵云：「盡」讀爲賮。張載注魏都賦引倉頡篇曰：「賮，財貨也。」賮、盡古字通。孟子公孫丑篇作「贐」，史記高帝紀作「進」。安井衡云：「盡」讀爲贐，高祖本紀作「進」。會費曰贐。翔鳳案：説文：「賮，會禮也。从貝，𦘔聲。」趙注不誤。豬飼釋爲「行費」，誤説也。説文：「盡，器中空也。」甲文作「[illegible]」，象滌器食盡形。黄金一鎰，百乘一宿而用盡，語氣相合。三説一致，而皆誤矣。

〔一七〕豬飼彦博云：一丈八尺曰制。丁士涵云：趙本「制」屬下讀，非。「季絹」以「制」計，猶「暴布」以「兩」計也。周官内宰「出其度量純制」，注：「杜子春云：制謂匹長，玄謂純制，天子巡狩禮所云：制，幣丈八尺。純，四只與？」禮既夕「贈用制幣」，注：「丈八尺曰制。」韓子外儲説右上篇「終歲，布帛取二制焉，餘以衣士。」金廷桂云：周禮地官山虞「凡服耜斬季材」，疏：「服與耜宜用稚材，尚柔忍也。」「季絹」蓋細輭上等之絹也，注誤。聞一多云：「季」讀爲繐，柳下惠，莊子盜跖篇、吕氏春秋審己篇、齊策四並作柳下季，是其比。説文：「繐，細疏布也。」釋名釋采帛：「繐，惠也，齊人謂涼爲惠，言服之輕細而涼惠也。」路史後紀三注引皇圖要覽：「伏羲化蠶桑爲繐布。」「季絹」即繐絹，絹之輕細疏薄者也。翔鳳案：聞説是。

〔一八〕陳奂云：「暴布」與考工記「暴絲」同事，與上文「季絹」對文。劉云「季絹，細絹；暴布，白布」，是也。「經」則公用之字耳。戴望云：「暴」字疑衍。説文：「經，織也。」經布，織布也。張佩綸云：「經」當作「絟」，字之誤也。此本音釋「絟，七全切」，是舊本作「絟」，後始訛爲「經」耳。説文：「絟，細布也。」又紵下：「細者爲絟布。」聞一多云：張説是也。漢書江都易王非傳「亦遺建荃葛」，臣瓚曰：「荃，細葛也。」絟、荃同。「暴」之言暴樂也。爾雅釋詁：「毗劉，暴樂也。」舍人本作「爆爍」，注云：「木枝葉稀疏不均爲爆爍。」是「暴」有稀疏之義。聲轉爲薄。匡謬正俗七引山海經圖讚曰「『暴』有薄音」。漢書宣帝紀注曰：「『薄』亦暴也。」本書音釋「暴，彼各切」，正與「薄」音同。薄與稀疏義相因。「絟暴布」謂以荃葛織成之薄布。「季（繐）絹」與「絟暴布」質皆疏薄，惟絹以絲，布以葛，絹貴而布賤，故無絹則用布也。翔鳳案：楊忱本篇末「絟（七全切）暴（彼各切）」二字相連，其爲「絟」字明矣。

張、聞説是也。

〔一九〕張佩綸云：此十字乃注文誤入正文。韻府十七霰「季絹」下引注言：「一鎰之金，供百乘之一宿，則無餘也。絹三等，其下者曰季絹。」足見内府尚有善本，惜不可得見。

〔二〇〕丁士涵云：「㪷」當爲「斗」。玉篇云：「㪷，俗斗字。」漢平帝紀、後漢仲長統傳皆有㪷字。一本「㪷」作「升」。　何如璋云：「㪷」，俗「斗」字。以百步爲畝計之，六步一斗，畝收一斛有七，故曰「中歲」。

〔二一〕豬飼彦博云：上云「聚者有市，無市則民乏」，疑是重出，又誤衍「不」字。　安井衡云：「曰中歲」下不宜言「有市」，此二句當在「曰央」下，而又衍「不」字。　陶鴻慶云：「有市」爲句。「無市則民不乏矣」，「不」字衍文。上文云「聚者有市，無市則民乏」，是其證。　翔鳳案：中歲民食足，有市不乏，即無市亦不乏也。

〔二二〕張佩綸云：「亦」當作「祘」，字之誤也。説文示部：「祘，明視以筭之，從二示。逸周書曰：士分民之祘，均分以祘之也，讀若筭。」　翔鳳案：説文：「亦，人之臂亦也。」今作「腋」。釋名釋形體：「腋，繹也。言可張翕尋繹也。」與「抽」同義，猶今言「抽税」也。

〔二三〕丁士涵云：「苟」字於義難通，疑即「商」字之誤而衍者。　張佩綸云：「苟」當作「耇」。左傳「三老凍餒」，服虔注：「三老，商老、農老、工老也。」（昭公五年）地官賈師「二十肆則一人」，鄭注：「賈師定物價。」賈師職：「賈師各掌其次之貨賄之治，辨其物而均平之，展其成而莫其賈，然後令市。凡國之賣價，各帥其屬而嗣掌其月。」商者，即賈師也。周禮但言肆數，此但言人數三十人，當亦「嗣掌其月」，循環相代。　翔鳳案：「苟」訓「者」，於古無徵。「苟」非誤字。國語魯語：「季康子欲以田賦。仲尼私於冉有曰：『先王賦里以入，而量其有無。有軍旅之出則徵之，無則已。其歲收，田一井，出稯禾、秉芻、缶米，不是過也。先王以爲足。若季孫欲其法，則有周公之籍矣。若欲犯法，則苟而賦，又何訪焉？』」韋注：「里，廛也，謂商賈所居之區域也。苟，苟且也。」是當時有商苟而賦之也。「商苟三十人」與「白徒三十人」同，則「商苟」與「白徒」同意，非正式之商賈也。「苟」從句聲（九過切），與「賈」同音。其行爲苟且，故不名曰「商賈」而曰「商苟」，非誤字。

〔二四〕丁士涵云：趙本「正」字絶句。案疑當「分」字絶句，「春曰書比」與「秋曰大稽」一例。或曰「分春」與「立夏」皆言時序之中，然則秋亦當曰「分秋」矣。　孫詒讓云：此春秋二時皆不箸中節，不宜夏文獨異，「夏」上「立」字疑衍。　張佩綸云：舊以「分」字屬下，案「正分」當是「正布」之誤，「廛人掌斂布、總布、質布、罰布、廛布而入於泉府」，「泉府掌市之征布」。又云：「歲終則會其出入而納其餘。」　翔鳳案：正月、十二月調整金價而定之，是爲「正分」。「比」者，比次物價也。月有品量，秋收後稽核之。

〔二五〕豬飼彥博云：「與」，記載也。淮南子曰：「與之弟子之籍。」言記民數之死生出入。　俞樾云：「與」讀爲舉。「舉民數得亡」，謂記録民數之得失也。襄二十七年左傳「仲尼使舉是禮也」，釋文引沈注曰：「舉，謂記録之也。」是其義。翔鳳案：易象上傳「物與无妄」，虞注：「『與』謂舉也。」説文：「與，黨與也。」段注：「會意，共舉而與之也。」俞説是。

〔二六〕于省吾云：「正」當讀爲政，「經政」猶今人言常例。

〔二七〕俞樾云：「十仞」當爲「一仞」。一仞見水，其地較高，故不大潦；五尺見水，其地較卑，故不大旱。若作「十仞」，則太縣絶矣。翔鳳案：説文：「潦，雨水也。」今作「澇」。澇以升高言，旱以掘深言，不可相混。地高則難澇，地低則難旱。「十仞」非誤字，若作「一仞」，則無濟於事矣。

〔二八〕劉績云：言地高則難澇，故曰「十仞見水，不大澇」。地低則難旱，故曰「五尺見水，不大旱」。當澇之時，若高亢地十一仞見水，則常徵十分中免二三分。十二仞見水，則免三四分。十四仞見水，則免四分。十五仞見水，則免五分。以其極高難灌溉，可以比於山也。豬飼彦博云：疑當作「十分去一」，「二則去二」，「三則去三」。王引之云：以「五則去半」推之，則當爲「一仞見水輕征，十分去一，二則去二，三則去三，四則去四，五則去半」。謂一仞見水，則去常征十分之一，二仞則去十分之二，三仞則去十分之三，四仞則去十分之四，五仞則去十分之五也。今本譌脱，而又有衍文，幾不可讀。翔鳳案：劉説是。

〔二九〕劉績云：此言當旱之時，若汙下地五尺見水，則常征十分免四分；四尺見水，則免三分；三尺見水，則免二分；二尺見水，則免一分。以其極低，易灌溉，可以比於澤也。「十分去一」

當作「十分去四」，乃字之誤也。安井衡云：此謬誤不可讀，當作「四則去二，三則去三，二則去四」，轉寫之誤耳。俞樾云：劉氏所說，亦未得也。「十一仞見水」數句，王氏引之已訂正矣。至此文亦有錯誤，當作「五尺見水，十分去一，四則去二，三則去三，二則去四，一尺而見水，比之於澤」，此王氏所未及訂正也。請合上文而具論之。上文曰「一仞見水不大潦」，然則一仞見水之地，所患非潦也。其輕征之故，以旱不以潦。故一仞見水，十分去一。至二仞見水，地更高矣，故十分去二。至三仞見水，地更高矣，故十分去三。推而至於五仞見水，則比之於山，地愈高，旱愈甚也。上文曰「五尺見水不大旱」，然則五尺見水之地，所患非旱也。其輕征之故，以潦不以旱。故五尺見水，十分去一。至四尺見水，地更卑矣，故十分去二。三尺見水，地更卑矣，故十分去三。推而至於一尺見水，則比之於澤，地愈卑，潦愈甚也。一尺見水之地，當去十分之五。此不言者，以上文「五則去半」推之可見，蓋比於山與比於澤同也。古書遇數目字往往錯誤。春秋繁露爵國篇所說諸數無一不誤，辯見本書。然則此文之誤，亦無怪矣。劉氏以旱爲潦，以潦爲旱，兩義顛倒，故不得其解。且此文惟五尺見水，十分去一兩句不誤，劉氏反以爲誤，信古書之難讀也。翔鳳案：五尺見水，以平地之掘深言，其地不大旱。若一尺而見水，則比於澤矣。俞說是也。

〔三〇〕王引之云：上文由五尺而四尺，四尺而三尺，三尺而二尺，則此當爲「一尺」矣。若三尺而見水，則地猶高燥，不得比之於澤，蓋寫者誤耳。翔鳳案：比之於澤，則隨時有淹沒之患，當全免。其上「一三」二字，何以連錯？不近情。當於乘馬之「碼」求之。四則去三，三尺較低，當在十分之四以上，二尺更低，在十分之六以上，一尺即十分之八。尺而見水，則全免之矣。如此則無誤字矣。

〔三一〕翔鳳案：説文無「境」字。樂曲盡爲「竟」，引申之，邊地爲「竟」，「土」旁乃後加也。

〔三二〕劉師培云：御覽八百二十三引「童」作「童子」。

〔三三〕孫詒讓云：「聞」當作「閒」，即「嫻」之假借字。「閒見」即荀子修身篇所謂「多見曰閑」。「閒見」與「博學」文相對，亦猶後任法篇云「閒識博學」也。

〔三四〕孫詒讓云：「功」即周禮内府之「九功」，亦即大宰九職之「功」也。「分」即太宰九式之「匪頒」，注鄭司農云「匪，分也」，鄭康成云「王所分賜羣臣也」。「與功而不與分」者，謂不爲君臣，則與民同受九職之功，而不得受分頒之賜給也。尹注竝誤。

〔三五〕丁士涵云：「工」與「功」同。「不可使而爲工」者，不可使而爲三日之功也。下文云「不使而父子兄弟不忘其功」。

〔三六〕許維遹云：「夫人」與上「一令」相對，「夫人」猶衆人也。襄八年左傳「夫人愁痛」，杜注：「『夫人』猶人人也。」淮南本經篇「夫人相樂」，高注：「夫人，衆人也。」

〔三七〕許維遹云：「其」當作「莫」。下文云「君有珍車珍甲而莫之敢有」，文同一例。趙本「其」作「莫」，當據改正。

〔三八〕劉績云：此篇言均地立制定賦之法，率民盡地力，終之以人君出令之事。末又言「均地分力，使民知時」，爲下三節之綱，謂之「士農工商」，不知何説也。翔鳳案：齊之經濟政策，以四民爲基礎。首言「黄金者，用之量」，於穀價市價有關，爲農商政策。次言「制器」，爲工之政策。三言土地比率，爲農之政策。下倣此。

聖人之所以爲聖人者，善分民也〔一〕。善令人知分，故名爲聖人。聖人不能分民，則猶百姓也，於己不足，安得名聖！不能令人知分，則己尚不足，何名爲聖人。是故有事則用，用謂人也。無事則歸之於民，謂令人退歸而居也。唯聖人爲善託業於民。謂託人以成功業也。民之生也，辟則愚，縱其淫辟則昏愚也。閉則類〔二〕。類，善也。閉其淫辟則自善。上爲一，下爲二。下之效上，必倍之也。

右聖人

〔一〕豬飼彦博云：謂分利於民，上云「與之分貨」，即是。黄鞏云：「分民」者，分之爲士、爲農、爲工、爲賈，使各盡其實。有事則効能於朝廷，合爲聖人之成功文章；無事則安其本業，士致道，農力田，工居肆，賈藏市，雖愚夫愚婦，一技一能，無非聖人之經濟。故曰「聖人善託業」也。翔鳳案：聖人爲權力絶對之通稱。由政治絶對權力，轉爲知識之絶對權威。

後漢班彪傳注：「聖躬，天子也。」

〔二〕王念孫云：「生」讀爲性。（見周官大司徒注。）「閉」當爲「閑」，字之誤也。廣雅曰：「閑，正也。」爾雅曰：「類，善也。」言民之性入乎邪辟則愚，由乎中正則善也。尹注非。翔鳳案：荀子宥坐「行辟而堅」，「辟」同「僻」。「閉」，呂氏春秋君守：「外欲不入謂之閉。」「類」，周語：「類也者，不忝前哲之謂也」。引申爲「善」。無誤字。

時之處事精矣，不可藏而舍也。時至則爲之，不可藏而捨息也。**故曰：「今日不爲，明日亡貨〔一〕。」**言不爲則失時。**昔之日已往而不來矣。**言日既往，不還來也。

右失時

〔一〕戴望云：「亡」當訓爲無。「貨」疑「資」字之誤，淮南精神訓「隨其天資」，高注曰：「資，時也。」此處尹注云「言不爲則失時」，蓋唐本尹所見者猶是「資」字。丁以「貨」爲「貸」之誤，云與下文「來」韻，亦通。張佩綸云：「亡貨」當作「亡時」，尹注可證。翔鳳案：此工界之古諺也。凡諺語皆有韻，「爲」讀譌，與「貨」韻。祇此二句。「昔之日」句爲管子所加，不必有韻。以末句爲有韻者，大誤。「亡」同「無」。此篇以經濟爲主，故言「貨」。

上地方八十里，萬室之國一，千室之都四〔一〕。中地方百里，萬室之國一，千室之都四。下地方百二十里，萬室之國一，千室之都四。以上地方八十里，與下地方百

二十里，通於中地方百里。

右地里

〔一〕翔鳳案：周禮大司徒「以其室數制之」，注：「城郭之宅曰室。」呂氏春秋貴因「舜一徙成邑，再徙成都，三徙成國」，注：「周禮：『四井爲邑，邑方二里也。四縣爲都，都方二十里也。』」此「國」類似現代小專區。「國」義同「域」。

管子校注卷第二

七法第六

謂則、象、法、化、決塞、心術、計數。　四傷　百匿　爲兵之數　選陳

經言六

何如璋云：此是管子經言，本名兵法，因脱去「兵」字，傳鈔者乃以後標子目七法名之。而外言中兵法解，乃删去「解」字，攙入管子正文矣。翔鳳案：藝文志言「張良、韓信序次兵法」，有管子，列於兵家之權謀，不止七法、兵法二篇。黿錯引兵法爲參患，此其證矣。七法爲原則，兵法用以教士，非解也。凡解釋較難之義，有「故曰」，兵法不類。何説非是。

言是而不能立，言非而不能廢，謂之是，不能立其人而用之。謂之非，不能廢其人而退之。有功而不能賞，有罪而不能誅，若是而能治民者，未之有也。是必立，非必廢，有功必賞，有罪必誅，若是安治矣，未也〔一〕。能此四者，可以安治矣，而猶未者，則以未具下事故。是何也？曰：形勢器械未具，猶之不治也。形勢器械具，四者備，治矣。四者備，謂立是、廢非、賞功、誅罪。不能治其民，而能彊其兵者，未之有也。能治民，然後能

彊兵。能治其民矣，而不明于爲兵之數，猶之不可。雖能治民，而欲彊兵，必明於爲兵之數然後可。不能彊其兵，而能必勝敵國者，未之有也。能彊其兵，而不明于勝敵國之理，猶之不勝也。雖能彊兵，其欲勝敵國，必須明審其理。理之不明，猶是不勝也。兵不必勝敵國，而能正天下者，未之有也。兵必勝敵國矣，而不明正天下之分，猶之不可。故曰：「治民有器，爲兵有數，勝敵國有理，正天下有分。」器、數、理、分，即下之七法也。則、象、法、化、決塞、心術、計數，此七法之目也。根天地之氣，寒暑之和，水土之性，人民、鳥獸、草木之生物，雖不甚多，皆均有焉，而未嘗變也，謂之則〔二〕。根，元也。生萬物者，天地之元氣也。義也，名也，時也，似也，類也，比也，狀也，謂之象〔三〕。義者，所以合宜也。名者，所以命事也。時者，名有所當也。似、類、比、狀，謂立法者必有所傚傚，不徒①然也。尺寸也，繩墨也，規矩也，衡石也，斗斛也，角量也〔四〕，謂之法。角亦器量之名。凡此十二事，皆立政者所以爲法也。漸也，順也，靡也，久也〔五〕，服也，習也，謂之化。漸，謂革物當以漸也。順也，靡也，謂物順教而風靡也。久也，服也，習也，謂人服習教命之久。予奪也，險易也，利害也，難易也，開閉也，殺生也，謂之決塞〔六〕。凡此十二事，皆爲政者所以

① 「徒」字原作「徙」，據補注改。

決斷而窒塞也。實也，誠也，厚也，施也，度也，恕也，謂之心術。凡此六者，皆自心術生也。剛柔也，輕重也，大小也，實虛也，遠近也，多少也，謂之計數。凡此十二事，必計之以知其數也。不明於則，而欲出號令〔七〕，明則然後可以出號令。猶立朝夕於運均之上〔八〕，擔①竿而欲定其末〔九〕。均，陶者之輪也。立朝夕，所以正東西也。今均既運，則東西不可準也。擔，舉也。夫欲定末者，必先靜其本。今既舉竿之本，其末不定也。不明於象，而欲論材審用，猶絶長以爲短，續短以爲長。鶴脛非所斷，鳧脛非所續也。不明於法，而欲治民一衆，猶左書而右息之。息，止也。左手爲書，右手從而止之，則無時成書矣。不明於化，而欲變俗易教，猶朝揉輪而夕欲乘車〔一〇〕。不明於決塞，而欲敺衆移民〔一一〕，猶使水逆流。不明於心術，而欲行令於人，猶倍招而必拘之〔一二〕。物有倍叛，而招之者必有以慰悦之，令其感服。令反拘留之，則彼逾叛矣。不明於計數，而欲舉大事，猶無舟檝而欲經於水險也。故曰：錯儀畫制，不知則，不可。論材審用，不知象，不可。和民一衆，不知法，不可〔一三〕。變俗易教，不知化，不可。敺衆移民，不知決塞，不可。布令必行，不知心術，不可。舉事必成，不知計數，不可。

①「擔」字原作「檐」，據補注改。注文「擔」字同。

右四傷〔一四〕

〔一〕孫星衍云：羣書治要引「安治」作「治安」。許維遹云：下文皆但言「治」，是「安」猶則也。地員篇「其陰則生之楂梨，其陽安樹之五麻」，「安」與「則」相對爲文，安亦則也。詳見經傳釋詞。

〔二〕翔鳳案：有生之物，比無生之物少，故云「不甚多」。衆皆有之，故云「均有」。

〔三〕何如璋云：「義」，説文「己之威儀也」，字讀作儀。詩楚茨「禮儀卒度」，韓詩作「禮義卒度」。大司徒「五曰以儀辨等」，注：「故書『儀』作『義』。杜子春讀爲儀，謂九儀。」春官典命「掌諸侯之五儀」，注：「故書『儀』爲『義』。鄭司農讀爲儀。」周語「無射所以宣布哲人之令德，示民軌儀」，儀禮大射儀注作「示民軌義」。儀者，蓋左氏傳「有儀可象」之謂也。張佩綸云：左桓六年傳：「公問名于申繻。對曰：『名有五：有信，有義，有象，有假，有類。以名生爲信，以德命爲義，以類命爲象，取於物爲假，取於父爲類。』」案申繻之説足與此相證。信即名也，假即似也，象即狀也。尹桐陽云：「義」同「儀」，度也。

〔四〕豬飼彥博云：漢書律曆志曰：「量者，躍於龠，合於合，登於升，聚於斗，角於斛也。」「角」蓋古「斛」字，疑古本「斗斛」作「斗角」，讀者因注此三字，後誤入正文歟？丁士涵云：「角」與「斠」同。説文：「斠，平斗斛量也。」平量之器謂之斠，因之平亦謂斠。月令「角斗甬」，注：「角謂平之也。」孫子虛實篇「角之而知有餘不足之處」，曹注：「角，量也。」「角」即「斠」之假借。

翔鳳案：丁說是。

〔五〕豬飼彥博云：「漸」謂漸進以化，「順」謂隨順不逆。「靡」，切靡也。「久」當作「灸」，薰灸也。

翔鳳案：物以久而化。

〔六〕翔鳳案：六項皆反對。君臣下：「決之則行，塞之則止。」房注「所以決斷而窒塞也」，非是。

〔七〕丁士涵云：案下文云「錯儀畫制，不知則不可」，即承此文言之。當作「不明於則，而欲錯儀畫制」。觀「運均」、「擔竿」之喻，皆是言儀法制度之無得而定，由於則之不明。若作「出號令」，則與「立朝夕」、「定其末」之意不相比附。且與下文「不明於心術而欲行令於人」句相復矣。

翔鳳案：周禮大司馬「辨號名之用」，注謂：「徽識，所以相別也。」大傳「殊徽號」，注：「旌旗之名也。」說文：「令，發號也。」形勢解：「儀者，萬物之程式也。」獨斷：「制書者，制度之命也。」是則儀制爲號令之用，丁說似是而非矣。

〔八〕丁士涵云：「運均」，墨子非命中篇作「員鈞」，音相近。廣雅：「運，轉也。」運鈞轉移無定，故尹注以爲陶者之輪。集韻「鈞，一曰陶旊輪」，是也。今注「輪」字誤「輪」，致不可通。尹桐陽云：墨子非命：「言而毋儀，譬猶運鈞之上而立朝夕者也。」「鈞」即均也。

〔九〕王引之云：「擔」當爲「摿」。「摿」，古「搖」字。考工記「矢人夾而搖之」，釋文：「搖，本又作『摿』。」漢書天文志：「附耳摿動。」言鈞運則不能定朝夕，竿搖則不能定其末也。故心術篇曰：「搖者不定，趬者不靜。」「搯」與「擔」字相似。世人多見擔，少見搯，故「搯」誤爲「擔」。（史記建元以來王子侯者年表「千鍾侯劉搖」，漢表作「劉擔」。文選上林賦「消搖乎襄羊」，汪文盛本漢書司馬相如傳作「消擔」，皆是「搯」字之誤。）尹注訓「擔」爲舉，非是。翔鳳案：説文：「儋，何也。」「儋」今作「擔」。「何」今作「荷」。荷竿於肩，兩端動搖不定。「末」指兩端。改字謬。

〔一〇〕翔鳳案：荀子勸學：「木直中繩，輮以爲輪，其曲中規。」説文：「輮，車網也。」「輮」今作「扭」。古無鋼鑿，扭木條以爲輪，形如網，其材以橿、杻、檍、赤楝爲之，名之爲杻，謂其可扭也。安徽秋浦讀「柔」如扭。

〔一一〕翔鳳案：「歐」，「毆」之借。漢書食貨志：「今歐民而歸之。」

〔一二〕王引之云：「倍」與「背」同。「招」，射之的也。（呂氏春秋本生篇曰：「萬人操弓，共射一招。」高注：「招，埻的也。」別類篇曰：「射招者，欲其中小也。」）「拘」當爲「射」，字之誤也。（草書射、拘相似。）射招者，必向招而射，若背招，則招不可得而射矣。上文云：「實也，誠也，厚也，施也，度也，恕也，謂之心術。」若無此六者，則令必不行於民，故曰：「不明於心術，而欲行令於人，猶背招而必射之也。」尹注非。金廷桂云：孟子「既入其苙，又從而招之」，注：「招，罥也。」「倍」，廣韻正韻云：「棄也。」言欲拘之而棄其羈絆，不能也。原注謬，王氏改「拘」爲「射」，亦未是。翔鳳案：張登雲云：「『招』所以羈鹿豕之足者。『倍』猶棄也。言舍棄其招而欲從鹿豕，必不能也。」金説不誤。本生又云：「出則以車，入則以輦，務以自佚，命曰招蹷之機。」爲招所覊則足厥痿。王去此取彼，用草書，謬。

〔一三〕戴望云：上文作「治民一衆」，此作「和」字，誤。下文選陳章亦是「治」字。

〔一四〕戴望云：宋紹興本及别本皆作「右四傷」，王念孫云「今本是」。許維遹云：趙本、凌本、花齋本、纂詁本皆作「右七法」，今據正。王云「今本」，即指趙本而言。翔鳳案：廣雅釋詁二：「傷，箴也。」西山經「浮山多盼木，枳葉而無傷」，注：「傷，枳刺鍼也。」「傷」訓創，引申爲箴言之箴。「四」指器、數、理、分。此爲兵法，用軍事術語，標題不誤。

百匿傷上威〔一〕，百，百官也。言百官皆匿情爲私，則上威傷。姦吏傷官法，姦民傷俗教，賊盜傷國衆。盜賊之人常欲損敗於物也。衆傷則重在下，君威傷則臣反得尊重。法傷則貨上流，教傷則從令者不輯，衆傷則百姓不安其居。重在下則令不行，貨上流則官徒毁〔二〕，官者既不以德進，但以貨成，故官徒毁。徒，事也。從令者不輯則百事無功，百姓不安其居則輕民處而重民散。輕民，謂爲盜者。用盜致富，故處。重民，謂務農者。爲盜破産，故散。輕民處、重民散則地不辟，地不辟則六畜不育，六畜不育則國貧而用不足，國貧而用不足則兵弱而士不厲，兵弱而士不厲厲，奮也。則戰不勝而守不固，戰不勝而守不固則國不安矣。故曰：常令不審則百匿勝，官爵不審則姦吏勝，符籍不審則姦民勝，刑法不審則盜賊勝。國之四經敗，人君泄，見危〔三〕。謂常令、官爵、符籍、刑法四者爲政之經。四者既敗，則是君泄其事。君泄其事，則其位危矣。人君泄則言實之士不進，言實之士不進則國之情僞不竭于上。下皆隱實言虛，則是國情不竭於上。世主所貴者寶也〔四〕，所親者戚也〔五〕，所愛者民也，所重者爵禄也。亡君則不然〔六〕，致所貴非寶也〔七〕，致所親非戚也，致所愛非民也，致所重非爵禄也。故不爲重寶虧其命〔八〕，故曰「令貴於寶」。重寶而全命，則當弃，是令貴於寶。不爲愛親危其社稷〔九〕，故曰「社稷戚於親」〔一〇〕。社稷者，身之存亡，故弃親而存社稷。不爲愛人枉其法，故曰法愛於人。法者，崇替所由，故弃所愛而存其法。不爲重禄爵分其威，故曰威重於爵禄。威者，人君以服海内，必不得已，寧散爵禄，不可分威也。不通此四者，則反於無有。不達於四者，用非其國，故曰反於無有。故曰：治人如治水潦，治水潦者，必峻其隄防也。養人如養六畜，養六畜者，必致其閑皂，堅其羈絆。用人如用草木。用草木者，時入山林，輪轅不失其宜，樵蘇各得其所。居身論道行理〔一一〕，則群臣服教，百吏嚴斷，莫敢開私焉〔一二〕。君之於民，其猶居身，治之、養之、用之三者各各得其①宜，論道而行理，則無私不服也。論功計勞未嘗失法律也，便辟、

①「其」字原無，據補注增。

左右、大族、尊貴大臣不得增其功焉，疏遠、卑賤、隱不知之人不忘其勞。故有罪者不怨上，罪得其人，故不怨。愛賞者無貪心〔一三〕，賞不踰等，故息其貪也。則列陳之士皆輕其死而安難，以要上事，賞罰不濫，則立功要功之士知其不誣，故競而爲之。本兵之極也〔一四〕。爲兵之本，其極要者，在於明賞罰也。

右百匿〔一五〕

〔一〕王念孫云：尹説甚迂。「匿」與「慝」同。「百匿」，衆慝也。言姦慝衆多，共持國柄，則上失其威矣。逸周書大戒篇「克禁淫謀，衆匿乃雍」，韓子主道篇「處其主之側爲姦匿」，「匿」並與「慝」同。漢書五行志「朔而月見東方，謂之仄慝」，書大傳作「側匿」。漢書酷吏傳「上下相爲慝」，史記「慝」作「匿」。後漢書班固傳典引「慝亡迴而不泯」，文選「慝」作「匿」。是「匿」與「慝」古字通。又明法篇「比周以相爲匿，是忘主死交，以進其譽」，尹讀「比周以相爲匿是」爲句，注云：「比周者，凡有公是之事，皆匿而不行也。」其説甚謬。此當讀「比周以相爲匿」爲句，「匿」亦與「慝」同。「比周以相爲慝」，猶言朋比爲姦也。「是」下當有「故」字，後明法解作「比周以相爲慝，是故忘主死佼以進其譽」，是其明證也。又案：「忘主死交」，韓子有度篇「死」作「外」，是也。故明法解云：「羣臣皆忘主而趨私佼。」「外」、「死」字相近，故「外」譌作

「死」。尹注云「爲交友致死」，非也。劉以「死」爲「私」之誤，亦非也。安井衡云：「匿」、「慝」通。「百慝」，衆惡也。何如璋云：「百」乃「下」之譌。「下」謂卿大夫，與「上」字應。舊注沿「百」字解爲「百官」，似於文義不順。

〔二〕豬飼彦博云：「貨上流」謂貨賂公行。翔鳳案：「匿」爲親匿，同「暱」。近幸之人多，故云「百匿」。王訓「姦匿」，與「姦吏」複。「徒」訓「事」，朱駿聲以爲「度」之借。上文「法傷則貨上流」，周禮大司徒「以度教節」，是其證。

〔三〕王念孫云：「見」當爲「則」。故尹注曰：「君泄其事，則其位危。」翔鳳案：「見危」，謂被人所危害，非誤字。方言十：「泄，歇也。」孟子：「泄泄猶沓沓也。」知其非而遲疑不改，是爲泄沓。

〔四〕戴望云：元本「實」作「寶」。豬飼彦博云：「實」當作「寶」，下「非實也」同。王念孫云：「實」當從朱本作「寶」，下文「令貴於寶」是其證。又侈靡篇「萬世之國必有萬世之實，必因天地之道」，「實」亦當從朱本作「寶」，下文「棄其國寶」，是其證。「寶」與「道」爲韻。下文「聖稱其寶」，亦與「道」爲韻。翔鳳案：晉語「非德不及世」，注：「嗣也。」「世主」，爲嗣世之主。「實」承上「言實之士」。後漢順帝紀注：「實，謂驗實之也。」現代稱爲實際情況。作「寶」，謬。此非韻文，王説非是。

〔五〕劉師培云：下云「不爲愛親危其社稷，故曰社稷戚於親」，與此相應。以他節例之，此文「所親者戚」當作「所戚者親」。下文「所親非戚」亦當作「所戚非親」。翔鳳案：廣雅釋詁三：「戚，近也。」爲親故之大臣，非自親其血統。所貴、所親、所愛、所重凡四項，劉昧於此義也。

〔六〕安井衡云：昭公四年左傳「無或如齊慶封弒其君，弱其孤，以盟其大夫」，吕覽載此事作「亡其大夫」。「盟」、「亡」古皆讀若芒，故吕覽誤「亡」。「盟」以明爲聲，則「明」古音亦同芒。「亡」當爲「明」，聲之誤也。俞樾云：「亡」疑當作「良」，「良」字古作「[illegible]」，闕其上半，則爲「亡」矣。襄十四年左傳：「良君將賞善而刑淫。」此稱「良主」，猶彼稱「良君」。何如璋云：「亡君」當作「明君」，文義始順。外言法法篇引此正作「明君」。翔鳳案：不能繼世而亡其國，是爲「亡君」。亡君所行，亦爲四項。「故不爲重寶」以下，另釋古語，與「亡君」無涉。諸人誤會，而改「亡君」爲「明君」，不自知其誤也。

〔七〕戴望云：元本、朱本「實」皆作「寶」，「實」字誤。翔鳳案：作「寶」者誤，見前。

〔八〕張文虎云：「故」字當衍，「命」當作「令」，觀下文自明。翔鳳案：「命」字承上「令」字，「寶」字承上「貨」字，於「亡君」無涉。五「故曰」皆古語，且釋且引，校者未曾注意。

〔九〕丁士涵云：當作「不爲親戚危其社稷」。法法篇兩見，皆作「親戚」。翔鳳案：「愛親」自明，不必相同。

〔一〇〕陳奂云：「戚」疑當作「愛」，與上文誤易。「愛於親」猶言重於親也。尹注云「棄親而存社稷」，不誤。　翔鳳案：「戚」訓「近」，謂利害尤切近也。陳説非是。

〔一一〕丁士涵云：「居」乃「君」之誤字。爾雅曰：「身，親也。」「君」對下羣臣百吏言之。聞一多云：「行」疑當爲「循」，字之誤也。考工記總目「或坐而論道」，注曰：「論道，謂謀慮治國之政令也。」離騷：「湯、禹嚴而祗敬兮，周論道而莫差。」「論道循理」猶「論道莫差」，皆指政令言。　翔鳳案：孝經「立身行道」，「居身」猶「立身」。「理」爲治理，無誤字。

〔一二〕戴望云：元本作「莫敢閑焉」。

〔一三〕陳奂云：「愛」當作「受」。尹注「賞不踰等」，是「受」之義。　翔鳳案：離騷「衆皆競進而貪婪兮」，注：「愛財曰貪。」貪由於愛，此常義而改爲「受」，可見諸人之好妄改矣。

〔一四〕孫蜀丞云：本者，主也。大戴禮曾子疾病篇云「言有主，行有本」，是「本」與「主」義同。繫辭傳「樞機之發，榮辱之主也」，説苑説叢篇「主」作「本」。史記袁盎傳「是時絳侯爲太尉主兵柄」，漢書「主」作「本」。竝其證。尹注非。　翔鳳案：本篇爲兵法，下文「兵主之事也」。孫説是。

〔一五〕王念孫云：朱本無「百匿」二字，是也。四傷是篇目，「百匿」乃「四傷」之一，不得與「四傷」並列。　張德鈞云：黄震云「四傷之篇，誤名百匿」，足見宋代坊間有本作「百匿」，亦別有善本作「四傷」。後人以兩本相校，未知孰正，遂並存之，合而爲一，故又作「四傷百匿」也。　翔鳳案：「四傷」義見前。諸人不知其義，而傅會爲「四經敗」，移其目於此，誤矣。「百匿」

爲綱，姦吏、姦民、盜賊皆屬之，非「百匿」之外别有此三種也。黄震謂「四傷誤名百匿」，抒其所見，非謂有别本不同也。趙本改四傷爲七法而移於後，標題曰「四傷百匿」，謬。王念孫又以「百匿爲四傷之一」，而文有「衆傷」、「法傷」、「教傷」，而無「威傷」，誤亦甚矣。

爲兵之數，存乎聚財而財無敵，存，謂專立意存之。君無財，士不來，故存意於聚財，則彼國之財不能敵也。存乎論工而工無敵，工者，所以造軍之器用者也。存乎制器而器無敵，器，謂兵器。存乎選士而士無敵，存乎政教而政教無敵，政教，軍中號令。存乎服習而服習無敵，服，便也，謂便習武藝。存乎偏知天下而偏知天下無敵，偏知天下，謂偏知其地形險易，主將工拙，士卒勇怯。存乎明於機數而明於機數無敵。機者，發内而動外，爲近而成遠，不疾而速，不行而至，見其爲之，不知其所以爲。有數存焉於其閒，故曰機數也。故兵未出境，而無敵者八。是以欲正天下〔一〕，財不蓋天下，不能正天下。財，謂貨財。不能蓋天下，則無以正天下也。財蓋天下，而工不蓋天下，不能正天下。工蓋天下，而器不蓋天下，不能正天下。財雖蓋天下，而工與器不能蓋，則無以正天下。餘皆放此。器蓋天下，而士不蓋天下，不能正天下。士蓋天下，而教不蓋天下，不能正天下。教蓋天下，而習不蓋天下，不能正天下。習蓋天下，而不偏知天下，不能正天下。偏知天下，而不明於機數，不能正天下。故明於機數者，用兵之勢也。大者，時也。小者，計也。王者①征伐，能立大功者，在於合天時也。至小者捷勝，亦在人計謀也。王道非廢也，而天下莫敢窺者，王者之正也。大寶之位，神器也，故令所共傳，非有蹔廢。而天下莫敢窺窬者，以王者當樂推之運，應天人之正。衡庫者，天子之禮也〔二〕。衡者所以平輕重，庫者所以藏寶物，不令外知者也。言王者用心，常當準平天下，既知輕重審用於心，無令長耳目者所得，此則天子之禮然也。是故器成卒選，則士知勝矣。選，謂簡其精練。偏知天下，審御機數，則獨行而無敵矣。所愛之國而獨利之，所惡之國而獨害之，則令行禁止，是以聖王貴之，貴，謂貴兵。勝一而服百，則天下畏之矣。立少而觀多，則天下懷之矣〔三〕。立少，謂興亡國雖少，天下共觀之，故曰觀多。桓公救邢遷衞，用此術也。或曰「觀」當爲「勸」。罰有罪，賞有功，則天下從之矣。故聚天下之精財〔四〕，論百工之鋭器，春秋角試，以練精鋭爲右。右，上也。成器不課不用，不試不臧。兵器雖成，未經課試，則不用不臧。收天下之豪傑，有天下之駿雄，故舉之如飛鳥，動之如雷電，發之如風雨，莫當其前，莫害其後〔五〕，獨出獨入，莫敢禁圉。成功立事，必順於理義，故不理不勝天下〔六〕，不義不勝人。故賢知

① 「者」字原作「之」，據補注改。

之君必立於勝地，故正天下而莫之敢御也〔七〕。

右為兵之數

〔一〕孫星衍云：通典百四十八、太平御覽二百七十一引作「此八者皆强，故兵未出境而無敵。八者悉備，然後能正天下」，文義方明晰。今本脱誤。任林圃云：今通典一百四十八引此文作「此八者皆須無敵，故兵未出境而無敵者八悉備，然後能正天下」，與孫氏所引不同。孫氏乃據御覽引文爲説耳。然御覽亦有脱誤，似當據通典引文爲正。

〔二〕戴望云：此數句與上下文義不貫，疑是錯簡。或云「衡庫」二字乃「行軍」之譌。章炳麟云：按尹注云：「衡者所以平輕重，庫者所以藏寶物，不令外知者也。言王者用心常當準平天下，既知輕重，審用於心，無令長耳目者所得，此則天子之禮然也。」其説是矣。但未明措詞之由，則「衡庫」屬文，語不相會，尋天文志云：「南宮朱鳥權衡，衡大微三光之廷；軫南衆星曰天庫，庫有五車。」衡、庫皆南宮之星，而又皆隸於五帝，故假天象以明帝制耳。聞一多云：「禮」疑當爲「理」。下文「必順於理義，故不理不勝天下」，二「理」字亦並誤爲「禮」。

翔鳳案：説文：「庫，兵車藏也。」義證：「荆州星占五車一名庫。」文曜鉤：「咸池曰天潢，五帝車舍也。」「衡」即「横」即「潢」。春秋元命苞「天潢車主河渠」，注：「潢，天津也。」「㶇」之借。説文：「㶇，小津也。」「衡庫」指軍器而言。下文「是故器成卒選」，上文「器蓋天下」。禮惟天子乃得有之。文義貫串，並無錯簡，當以章説通之，餘説均非。

〔三〕俞樾云：尹注曰：「或曰『觀』當爲『勸』。」然大戴記四代篇曰「臣願君之立知而以觀聞也」，亦以「立」與「觀」對，則「觀」字不誤。立知觀聞者，知聞，即見聞也，謂立乎近以觀乎遠也。説詳大戴記。此云「立少觀多」，義正與彼相近。

〔四〕王念孫云：「財」當爲「材」。幼官篇「求天下之精材，論百工之鋭器」，尹注云：「精材，可以爲軍之器用者。」是也。今本「材」作「財」者，涉上文「聚財」而誤。

〔五〕丁士涵云：「害」當作「圉」。下文「禁圉」即承此二句言之。「圉」古「禦」字。幼官篇「莫之能圉」，趙本亦譌作「害」。　于省吾云：丁説非是。害、遏古字通。書湯誓佚文「時日曷喪」，孟子梁惠王作「時日害喪」。詩長發「則莫我敢曷」，漢書刑法志作「則莫我敢遏」，是其證。　翔鳳案：于説是也。

〔六〕豬飼彦博云：「下」字疑衍。　翔鳳案：篇中屢言「正天下」，「下」字不當衍。

〔七〕戴望云：「御」，古「禦」字。説文：「禦，祀也。」段氏注云：「今假爲禁禦字，古只用『御』字。」　翔鳳案：説文：「御，使馬也。」引申爲駕御、制御。史記范蔡傳「幣御於諸侯」，索隱：「御者，制也。」周禮大宰「以八柄詔王馭群臣」，注：「凡言御者，所以敺之。」二義皆通。上文「莫敢禁圉」，則爲「禦」之借。莊子「列御寇」，國策作「列圉寇」。「圉」、「禦」可同假「御」，然本字不假，故段云「古只用『御』字」。

若夫曲制時舉〔一〕，不失天時，制雖委曲，順天而舉，不失天時也。毋壙地利〔二〕，其數多少，其要必出於計數〔三〕。壙，空也。天之所覆空。地，謂山河陂澤，所以營作而興利者也。必計數其多少①之要，然後度材而用之。故凡攻伐之爲道也，計必先定于內，然後兵出乎境。計未定於內，而兵出乎境，是則戰之自勝，攻之自毀也〔四〕。自勝，謂自勝於己，其敗可知也。是故張軍而不能戰，圍邑而不能攻，得地而不能實〔五〕，三者見一焉，則可破毀也。故不明于敵人之政，不能加也。不明敵政②，未可加兵。不明于敵人之情，不可約也〔六〕。不明敵情，未可約士約誓。不明于敵人之將，不先軍也。不明于敵人之士，不先陣也。是故以衆擊寡，以治擊亂，以富擊貧，以能擊不能，以教卒練士擊敺衆白徒，白徒，謂不練之卒無武藝。故十戰十勝，百戰百勝〔七〕。故事無備，兵無主，則不蚤知〔八〕；既無備無主，故敵來攻，不能先知之。野不辟，地無吏，則無蓄積；官無常〔九〕，下怨上，而器械不功〔一〇〕；功，謂堅利。朝無政，則賞罰不明；賞罰不明，則民幸生。僥倖以偷生也。故蚤知敵人如獨行〔一一〕，蚤知敵人，則有以備之。敵人望風自退，故曰獨行也。有蓄

① 「少」字原作「步」，據補注改。
② 「政」字原作「故」，據補注改。

積則久而不匱，器械功則伐而不費，賞罰明則人不幸，人不幸則勇士勸之〔一二〕。故兵也者，審於地圖〔一三〕，謀十官〔一四〕。地圖，謂敵國險易之形，軍之部置。十官，必伍什則有長，故曰十官，又須謀得其人也。日量蓄積，齊勇士，徧知天下，審御機數，兵主之事也。故有風雨之行，故能不遠道里矣。行疾如風雨，故不以道里爲遠。有飛鳥之舉，故能不險山河矣。輕捷如飛鳥，故不以山河爲險。有雷電之戰，故能獨行而無敵矣。雷電，天之威怒，故莫敢爲敵。有水旱之功〔一五〕，故能攻國救邑〔一六〕。謂其功可以爲彼水旱。有金城之守，故能定宗廟，育男女矣。有一體之治，故能出號令，明憲法矣。謂上下同心，其猶一體。風雨之行者，速也。飛鳥之舉者，輕也。雷電之戰者，士不齊也。懼雷電之威，故彼士不齊。水旱之功者，野不收，耕不穫也〔一七〕。能令彼有水旱，故不得使收穫也。金城之守者，用貨財，設耳目也〔一八〕。貨財所以養敢死之士，耳目所以聽鄰國之動靜，令必知之。一體之治者，去奇說，禁雕俗也〔一九〕。奇說，謂譎誑之言。雕俗，謂浮僞之俗。不遠道里，故能威絶域之民。不險山河，故能服恃固之國。獨行無敵，故令行而禁止。故攻國救邑，不恃權與之國〔二〇〕。雖有權與之國，不顧而恃之。權與，謂權爲親與也。定宗廟，育男女，天下莫之能傷，然後可以有國。制儀法，出號令，莫不嚮應，然後可以治民一衆矣。

右選陳

〔一〕丁士涵云：「曲制」見孫子。孫子言兵本管子。何如璋云：曲，部曲也。曲制，部曲之制也。漢書李廣傳注：「將軍領軍皆有部曲。大將軍營五部，部校尉一人。部下有曲，曲有軍侯一人。」即曲制也。

〔二〕何如璋云：「壙」與「曠」通。「地利」謂地形便利，但有益師行則爲利。險阻固利，即平易亦未嘗非利。因利乘便，則無曠矣。江瀚云：荀子議兵篇曰「敬謀無壙」，楊倞注曰：「『壙』與『曠』同。」

〔三〕丁士涵云：此言數之多少必出於計，「計」下不當有「數」字。下文云「計必先定于內」，「計未定于內」，皆承此「計」字言之。參患篇云「用日維夢，其要必出於計」，亦無「數」字。翔鳳案：「計數」爲七法之一，不能省稱爲「計」。上文「小者計也」，房注訓謀。「計必先定于內」，謂謀先定也。韓非子存韓：「計者，所以定事也。」不能混同。多少爲計數之一，尚有剛柔等五種，不詳考而説之，非是。「數」字非衍文，「故」屬下爲句。

〔四〕丁士涵云：參患篇作「則戰之自敗」。此「勝」字誤，當作「敗」。「是」字衍文。

〔五〕翔鳳案：詩小星「實命不同」，釋文引韓詩：「實，有也。」

〔六〕翔鳳案：房注：「不明敵情，未可約士約誓。」以「約誓」爲是。

〔七〕尹桐陽云：孫子軍形篇「勝兵先勝而後求戰」，杜牧注引自「天時地利」至「百戰百勝」云云，其文略與此異。

〔八〕丁士涵云：「知」下當脱「敵」字。下文「故蚤知敵」句，即承此文言之。兵法篇「兵無主則不蚤知敵」，亦有「敵」字。

〔九〕丁士涵云：「常」讀爲長。幼官篇「立常備能」，即立長也。權修篇云：「百姓殷衆，官不可以無長」。翔鳳案：「下怨上而器械不功」爲「官無常」，謂其變動不定，無固定負責之人。「官」即「長」，丁説非是。

〔一〇〕孫星衍云：「功」讀爲工。工，巧也。周禮肆師鄭注：「古『工』與『功』同字。」豬飼彦博云：「而」當作「則」。戴望云：朱本「而」作「則」，同上下文。翔鳳案：官無常而器械不功，故下怨上。若作「則」，乃一定趨勢，且器械不功，由於下怨上矣，其謬可知。

〔一一〕丁士涵云：案當作「蚤知敵則獨行」，與下文一例。今本涉注文而衍「人」字，又誤「則」作「如」。兵法篇「故曰蚤知敵則獨行」，是其證。張文虎云：「獨行」即上所謂「獨出獨入」。翔鳳案：「如獨行」猶言如入無人之境，「如」非誤字。

〔一二〕豬飼彦博云：「不幸」下脱「生」字。安井衡云：「不幸」，不幸生也，不言「生」者，蒙上省文。翔鳳案：安井説是。否則，近在眼前，連脱二「生」字，有是理乎？晉語「其下幸以偷」，即不省亦通。

〔一三〕戴望云：宋本「圖」作「啚」，説文以「啚」爲鄙嗇字。翔鳳案：卷十有地圖篇，以作「圖」爲是，然非誤字。説文「啚，嗇也」，徐灝曰：「啚，古『鄙』字。左氏莊二十六年傳『群公子皆鄙』，杜注：『鄙，邊邑也。』此即『啚』之本義。今簿書『都鄙』字用『啚』，蓋相沿用其簡文，而謬誤爲『圖』之省，乃竟書作『圖』，大謬也。」徐説得失參半。邵瑛群經正字：「俗以『啚』爲圖書之『圖』。廣韻云『圖，俗作啚』，佩觿云『啚吝之啚爲圖』，其順非有如此者。」邵説亦不全。韓勑後碑「改畫聖像如古啚□」，隸釋云：「『啚』即『圖』字。」魏程哲碑作「啚」，魏寇憑墓誌作「啚」。知以「啚」爲「圖」，始於漢隸。楊本保存漢、魏真蹟，他本無是也。校勘誤字，隸書極爲重要，王念孫偶用之，而以與篆、楷、草並列，則不知類也。

〔一四〕翔鳳案：金文「十」作「十」，「七」作「十」，漢隸則「十」作「十」，「七」作「十」，以横畫之長短別之，汾陰鼎其一也。管書存漢隸，則「十官」本爲「七官」。劉師培云「『十』當作『七』」，是也。

〔一五〕姚永概云：功，事也。「有水旱之功」猶言有水旱之事，故以「野不收，耕不穫」解之。注非。翔鳳案：吕氏春秋貴因：「人爲人之所欲，己爲人之所惡，先陳何益？適令武王不耕而穫。」左隱三年傳：「四月，鄭祭足帥師取温之麥。秋，又取成周之禾。」戰爭奪人收穫，使人如受水旱之災，故曰「有水旱之功」。姚説誤。

〔一六〕豬飼彦博云：「救」當作「拔」，下同。翔鳳案：或攻或救，作用不同，而戰略則同，「救」字不誤。

〔一七〕豬飼彦博云：我兵掠野使彼不得收穫，如遇水旱之災也。

〔一八〕豬飼彦博云：謂散貨財以設間者，制分曰「散金財，用聰明，故無溝壘而有耳目」，是也。

〔一九〕丁士涵云：「雕」今通假爲彫、凋字。物之彫飾者必傷，俗之雕飾者必敝，義本相通。史記酷吏傳「斲雕而爲朴」，索隱引晉灼云：「凋，弊也。」禮書「救其雕敝」，索隱：「彫謂彫飾也。」

〔二〇〕王念孫云：「故攻國救邑」，「故」字涉上下文而衍。「不遠道里」、「不險山河」、「獨行無敵」、「攻國救邑」皆承上文言之，則皆不當有「故」字。「不恃權與之國」，「恃」當爲「待」。幼官、事語二篇並云「不待權與」，是其證。今本「待」作「恃」者，涉上文「恃固」而誤。尹注同。幼官、事丁士涵云：王改非也。幼官、事語二篇均係譌字。樞言篇曰：「恃與國。」八觀篇曰：「然則與國不恃其親。」淮南要略「恃連與國」，高注云：「恃怙連與之國。」「連與」即「權與」，亦作「恃」。是其明證。　何如璋云：「攻國救邑」上「故」字衍。「不恃權與之國」，「之國」二字涉上而衍。「權」者權衡，「與」者與國。兵力既足，故不恃權與也。　章炳麟云：幼官云「慎號審章，則其攻不待權與」，事語云「獨出獨入，莫之能禁止，不待權與」，輕重甲云「數欺諸侯者無權與」，四「權與」一也。幼官下文云「明必勝則慈者勇」，尹注以「權與明必勝」爲句，云「權謀明略，必能勝敵」，此繆，雜志已駁之。尹于此七法注云「『權與』謂權爲親與也」，其說亦非。雜志但謂「權與」爲「與國」，未說「權」字之義。竊謂權、圈聲義相同。猶「鬈拳」，後漢書孔融傳作「權」，詩盧令箋云「『鬈』讀爲權」也。幼官云「强國爲圈，弱國爲屬」，立政云

「圈屬羣徒不順於常者」，「圈屬」與「羣徒」同意。尹氏泥於圈檻之義，以圈屬爲羊豕之類，繆矣。「圈」又通作「麇」，如春秋經文十一年「楚子伐麇」，公羊「麇」作「圈」也。故昭五年左傳「求諸侯而麇至」，杜解「麇，羣也」，麇即圈矣，是圈、權、麇皆訓羣。説文：「與，黨與也。」羣、與義相同。（釋典言「眷屬」，即此「圈屬」之變。）翔鳳案：「權」、「與」二字，如何氏所釋。

版法第七

選擇政要，載之於版，以爲常法。

經言七

凡將立事，立經國之事。**正彼天植**〔一〕，謂順天道以種植，必令得其正。**風雨無違**〔二〕，君道不虧，則風雨無違也。**遠近高下各得其嗣**〔三〕。高下，猶多少也。謂君之賦税，因其遠近之別，以多少之差，輕重合宜，故可嗣之以常行。嗣，續也。**三經既飭**〔四〕，**君乃有國**。三經，謂上天植、風雨、高下也。是三者既以飭整，故君可以有國也。**喜無以賞，怒無以殺。喜以賞，怒以殺，怨乃起，令乃廢。驟令不行**〔五〕，**民心乃外**。有外叛之心也。**外之有徒，禍乃始牙**〔六〕。徒，謂黨與也。外叛者有黨與，禍由是生，故曰始牙。**衆之所忿，置不能圖**〔七〕。衆忿難犯，故必置之，誰能圖之。

〔一〕俞樾云：按尹注曰「謂順天道以種植」，此義非也。「植」乃「悳」字之誤，古「德」字也。「悳」

字壞作「直」，因誤作「植」矣。管子原文本作「凡將立事，正彼天悳」。故版法解曰：「天悳者，天心也。」周官師氏職鄭注曰：「在心爲德。」觀「天心」之解，知其字必作「悳」。若作「天植」，於義難通矣。吴汝綸云：管子解：「天植者，天心也。」楚辭：「弱顔固植。」翔鳳案：「立」假爲「蒞」，詳上篇。「植」假爲「識」。易「君子以多識前言往行」，釋文：「識，劉作『志』。」漢書高帝紀「旗幟皆同」，師古注：「幟，史家或作『識』，或作『志』，皆同。」故「天植」即「天志」。

〔二〕豬飼彦博云：「風」喻號令，「雨」喻恩澤。張佩綸云：事、植、嗣、飭、國爲韻，「風雨無違」句下疑有闕文。觀後解第一節曰「四時之行有寒有暑，聖人法之，故有文有武」，當是「寒暑以治」四字。翔鳳案：後解「風雨無違，遠近高下各得其嗣」，無奪文可知。「遠近」八字爲句，張説誤。

〔三〕俞樾云：「嗣」讀爲司。尚書高宗肜日篇「王司敬民」，史記殷本紀作「王嗣敬民」，是古字通也。「各得其嗣」即「各得其司」。尹注曰「嗣，續也」，失之。于省吾云：注及俞説並非。金文嗣、𤔲通用，師酉𣪘「𤔲乃祖啻官」，「𤔲」即「嗣」之借字。𤔲，古「治」字。此言「遠近高下各得其治」也。翔鳳案：後解「無隱治，無遺利」，于説是也。

〔四〕豬飼彦博云：「三經」謂天植與風、雨。張佩綸云：「三經」，解以爲天、風、雨，謬甚。舊注「『三經』謂上天植、風雨、高下也。是三者既以飭整，故君可以有國也」，亦非。案「三經」

即小匡之「六秉」，合之則爲「三經」。下文錯綜參互，意至詳明。解注望文生義，均不可從。翔鳳案：解釋「三經」，「萬物尊天而貴風雨」，豬飼説是。此喻語，與形勢「不行其野，不違其馬」相似，不可以後世文法論之。

〔五〕豬飼彥博云：「驟」，數也。翔鳳案：上文「令乃廢」，令將廢則不驟，「驟」訓「疾」。

〔六〕聞一多云：疑「牙」字是，「牙」與徒、圖韻。「牙」讀爲芽，萌芽也。「禍乃始芽」與下文「禍乃始昌」同義。廣雅釋詁一「芽、昌」並訓始，檀弓注曰：「始，猶生也。」翔鳳案：「牙」讀虞，故與「圖」韻。詩之「騶虞」，山海經作「騶吾」，漢書東方朔傳作「騶牙」，可證。

〔七〕劉績云：當依後解作「寡不能圖」，注非。翔鳳案：後解「虛氣平心，乃去怒喜」，則作「置」爲是。解作「寡」，乃因「衆」而誤。

舉所美必觀其所終，凡人之情，靡不有初，鮮克有終，故須觀之。**廢所惡必計其所窮**〔一〕。蜂蠆有毒，故必計其所窮。知困獸猶鬭，其所終將何爲也？**慶勉敦敬以顯之**〔二〕，人有敦敬，則慶勉以顯之也。**富禄有功以勸之**〔三〕，人之有功，則富貴以勸之。**爵貴有名以休之**〔四〕。賢者有名，則爵貴以休之。**兼愛無遺，謂君**〔五〕。**必先順教，萬民鄉風**〔六〕。上之敦敬，有功名之士，必爵禄順而與之，所以教之急也。如此，則民向風而從化。**旦暮利之，衆乃勝任。**有功名之士，既旦暮得利，衆自厲而勝任。**取人以己，成事以質**〔七〕。將欲取人，必先審己才略能用彼不。質，謂準的。將欲成事，必先立其準的。事不違質，然後爲善。審用財，慎施報，察稱量〔八〕。故用財不可以嗇，用力不可以苦。用財嗇則費〔九〕，嗇於用財，不以賞賜，則立功之士懈怠，敵人來侵，其費更多。嗇，悋。用力苦則勞〔一〇〕。民不足，令乃辱〔一一〕；民不足則令不行，故辱也。民苦殃，令不行。施報不得，禍乃始昌〔一二〕；禍昌不寤，民乃自圖〔一三〕。謀爲叛己。正法直度，罪殺不赦。夫正直之法度，罪殺有過，終不免赦。殺僇必信，民畏而懼。武威既明，令不再行。頓卒怠倦以辱之〔一四〕，頓卒，猶困苦。其有怠倦不勤，則困苦以辱。罰罪宥過以懲之〔一五〕，殺僇犯禁以振之〔一六〕。植固不動〔一七〕，倚邪乃恐〔一八〕。言執法者必當深植而固守，則不可動移。若乃頓倚而邪，則法亂而身危，故可恐也。倚革邪化，令往民移。既能正倚化邪，歸於正直。如此化出，令纔往則民移。法天合德，天之資始，無有私德。象地無親，地之資生，無所私親。參於日月，日月無私耀也。佐於四時〔一九〕。賞以春夏，刑以秋冬。悦在施有，將悦於下，在於施無令有。衆在廢私〔二〇〕，將欲齊衆，在於廢私。召遠在修近，修近則遠者至。閉禍在除怨〔二一〕，除怨則禍端塞。修長在乎任賢，任賢則國祚長。安高在乎同利〔二二〕。與下同利則高位安。

〔一〕張佩綸云：緇衣：「故言必慮其所終，而行必稽其所敝。」

〔二〕豬飼彥博云：「慶」，賞也。「勉」，勞也。聞一多云：「勉」讀爲俛。說文「俛」爲「頫」之重文。周禮大行人「殷頫以除邦國之慝，……慶賀以贊諸侯之喜」，穀梁傳隱九年范注以爲皆天子施於諸侯之事。案此以「慶勉」連文，猶周官以「殷頫」、「賀慶」遞舉也。

〔三〕丁士涵云：「富禄」當作「禄富」，與「爵貴」對文。謂以禄富有功，以爵貴有名也。尹注侵下「貴」字固誤，後解亦誤。翔鳳案：論語：「迅雷風烈必變。」九歌：「吉日兮辰良。」古文錯綜成文，丁以駢文律之，陋矣。

〔四〕豬飼彦博云：「休」，美也。翔鳳案：郭沫若認爲，下文「頓卒怠倦以辱之」句應移補於「爵貴有名以休之」下，則休、辱正可爲韻。蓋古之校書者任意以刑賞各爲類而臆移之也。其説有理。然詩三百篇間隔叶韻者不少。樂有間歌，非必校者所移。移韻文而失韻，非人情也。

〔五〕翔鳳案：趙本作「是謂君心」。「君」字亦與「風」韻。居君之位，當兼愛，非必「君心」。

〔六〕陶鴻慶云：「順」當讀爲訓。後解云「是故明君兼愛以親之，明教順以道之」，「明教順」即明教訓也。翔鳳案：「風」古音讀分，存於南京口語中。凡古音皆存現代口語中，此通則也。孝經「先王有至德要道，以順天下」，「順」即「訓」，作「順教」爲是。

〔七〕豬飼彦博云：「質」，質實。翔鳳案：説文「質，以物相贅」，桂氏曰：「謂其物與所正相當直也。」解云「成事以質者，用稱量也」即此。豬飼説誤。

〔八〕丁士涵云：此三句不平列，「財」下脱一「力」字。下文「用財」、「用力」對舉，此不當專言「財」。「慎施報」是言「用財」，「察稱量」是言「用力」。上文「取人以己，成事以質」，亦分指財、力言。後解云：「成事以質者，用稱量也；取人以己者，度恕而行也。度恕者，度之於己也。己之所不安，勿施於人。」翔鳳案：「稱量」即力，左傳「不度德，不量力」，論語「驥不稱其力，稱其德也」可證。不當補「力」字。

〔九〕丁士涵云：「費」讀爲悖。悖，逆也。後解云：「人心逆則人不用，人不用則怨。」又云：「用財嗇則不當人心，不當人心則怨起。」用財而生怨，故曰悖。劉師培云：案後解所云，則「費」爲逆違之誼。「費」當讀拂。禮記中庸「費而隱」，釋文云「一本作拂」。墨子兼愛下篇「此言行拂也」，上文「拂」作「費」，是其例。

〔一〇〕翔鳳案：說文：「勞，劇也。從力，熒省。」「從力」當爲「力亦聲」。古文作「𤯍」，從悉聲，可證。黄梅謂「勞」爲「累」，與「劇」音近。北音讀「勞」同「樂」。從樂聲之字，有「櫟」有「礫」，可知「勞」讀「累」矣。與「費」之讀必爲韻。

〔一一〕聞一多云：「辱」讀爲縟，繁也。翔鳳案：說文：「辱，恥也。從寸在辰下。失耕時，於封畺上戮之也。」民不足，田畯趣耕，必辱之。聞說非是。

〔一二〕聞一多云：廣雅釋詁：「昌，始也。」檀弓注曰：「始，猶生也。」吕氏春秋任地篇「菖者，百草之先生者也」，「菖」與「昌」同。翔鳳案：後解云「衆勞而不得息，則必有崩阤堵壞之心」，即釋「昌」字。昌，猖也。說文無「猖」字。文選趙充國頌「先零猖狂」，漢書趙充國傳作「昌狂」。楚辭「何桀、紂之猖披兮」，文選作「昌披」。是其證。聞於故訓非所長，說誤。

〔一三〕翔鳳案：「啚」即「圖」，爲漢隸别體，詳上。

〔一四〕豬飼彦博云：「頓」，挫也。「卒」當作「啐」，戒也，呵也。　翔鳳案：漢書成帝紀「興卒暴之作」，假爲「猝」，即上文督耕之義。

〔一五〕豬飼彦博云：「宥」當從解作「有」。　王念孫云：「宥過」當從朱本作「有過」。此謂「怠倦」者「頓卒」之，「有過」者「罰罪」之，「犯禁」者「殺僇」之也。後解正作「有過」。　翔鳳案：有罪則罰，小過則宥，所以懲戒其後。詩小毖：「予其懲，而毖後患。」作「有」者誤，信之者亦誤。

〔一六〕聞一多云：「振」讀爲震，威也，懼也。　翔鳳案：説文：「振，舉救也。」聞説不合。重在用民力。

〔一七〕豬飼彦博云：「植」即天植。

〔一八〕豬飼彦博云：「倚」、「奇」同。　王念孫云：「倚邪」即周官之「奇衺」。言法立而不動，則奇衺之人皆恐也。

〔一九〕王念孫云：「佐」當從朱本作「伍」，字之誤也。「參於日月」與日月而三也，「伍於四時」與四時而五也。後解正作「伍於四時」。

〔二〇〕黄震云：版法篇末云：「四悦在施愛，有衆在廢私。」今因缺文而云「悦在施有衆在廢私」，不成文矣。　劉績云：按當作「悦衆在愛施」，解作「説在愛施」，脱一「衆」字。注以「有」字屬上句，非。蓋言能廢私然後有衆也。 安井衡云：諸本脱「愛」字，今從古本。 臧庸云：後解作「説在愛施，有衆在廢私」，而宋本作「四説在愛施」。其上文云「愛施俱行，則説君臣，説朋友，説兄弟，説父子」，此四説之明證也。然則此文實五字爲句，本篇脱「四」字「愛」字，後解有「愛」字而脱「四」字，合之宋本，而四説之旨乃明。 翔鳳案：説文：「衆，多也。」人多之衆作「㐺」。「多在廢私」，非誤字。諸人不識「衆」之本義而改古書，以致凌亂。

〔二二〕劉師培云：御覽四百八十三引後解「閉」作「閑」。此文「閉」字舊亦作「閑」。後解云「禍亂不生」，與「閑」義合。 翔鳳案：漢隸「閉」作「閇」，因誤爲「閑」。楊本用漢隸，非「閑」字。

〔二三〕王念孫云：「脩長」當從後解作「備長」，言備長久之道，在乎任賢也。「高安」當從後解作「安高」，言安上之道在乎與民同利也。今本「備長」作「脩長」，則義不可通。（俗書「備」字作「偹」，與「脩」相似而誤。）「安高」作「高安」，則與上句不對矣。又八觀篇「宫垣關閉，不可以不脩」，「脩」亦當爲「備」。下文曰「宫垣不備，雖有良貨，不能守也」，是其證。 張佩綸云：「同利」當作「利民」，因解與天下同利，而唐寫本又避「民」字，展轉致誤。解「能以所不利利人，能以所不有予人」，正申明利民之意。賢、民爲韻。 翔鳳案：論語「修廢官」，皇疏訓治，視「備」義爲長，王説誤。「怨」從夗聲。説文：「怨，恚也。」班馬字類、韻會皆引史記封禪書「百姓怨其法」，從死聲，與「恚」爲疊韻。 心術上「利」與「死」叶，是「時」、「有」、「私」、「怨」、「利」相叶矣。 張説亦非。

管子校注卷第三

幼官第八

經言八

幼，始也。陳從始輔官齊政之法。

陳澧云：管子幼官篇、四時篇、輕重己篇，皆有與月令相似者。四時篇「春行冬政則雕」云云，尤與月令無異，故通典云：「月令出於管子。」其書雖不韋之客所作，其説則出於管子也。漢儒以月令爲周公所作，鄭君不從其説，以月令之文明見於吕氏春秋，不能舍此實據，而以空言歸之周公也。明堂大道録必以爲周公作，且云：「康成之徒猶復蔽冒，爲首鼠兩端之説，不能無罪。」其詆鄭君至此，鄭君果有罪乎？　何如璋云：舊注：「幼者，始也。」「始」字無義，疑「幼」本作「玄」，故注訓爲始，宋刻乃誤爲「幼」字耳。「官」宜作「宫」，以形近而誤。本文有玄帝之命，又「玄官」凡兩見，戒篇「進二子於里宫」，亦譌作「官」。莊子「顓頊得之以處玄宫」，藝文類聚引隨巢子「昔三苗大亂，天命夏禹於玄宫」，足證「幼官」爲「玄宫」也。禮月令「天子居玄堂大廟」，吕覽孟春「天子居青陽左个」，高注：「青陽者，明堂也，中方外圜，通達四出，各有左右房，謂之个，東出謂之青陽，南出謂之明堂，西出謂之總章，北出謂之玄堂。玄堂，即玄宫也。北方屬水，其帝顓頊，其神玄冥。」又地官保章氏「以星土辨九州之地」，注：「玄枵，齊也，青州分野。」董子繁露：「三代改制，春秋作新王之事，變周之制，當正黑統。」淮南泰族：「昔者五帝三王之莅政施教，必用參伍，仰取象於天，俯取度於地，中取法於人，乃立明堂之朝，行明堂之令，以調陰陽之氣，以和四時之節，俯視地理，以制度量，中攷乎人德，以制禮樂，行仁義之道，以制人倫，而除暴亂之禍，此治之綱紀也。」其義本此，蓋玄宮時政猶明堂之月令也。

張佩綸云：「幼官」當作「幽宮」。周禮媒氏疏引聖證論管子篇時令云「春以合男女」，「合男女」正見此篇，是此篇亦名「時令」。「幽宮時令」猶之月令，亦名明堂月令。幼官圖即明堂圖之類也。蓋明堂天子之制，而黝宮則天子諸侯均得稱之，此一說也。明堂則正建孟春，是夏曆；黝宮則重日至，是周厤。故謂之幼，此一說也。幽宮亦曰玄宮，篇中一見「玄帝」，兩稱「玄宮」，是其證。左昭十年傳「鄭裨竈言於子産曰，今兹歲在顓頊之虚，姜氏、任氏實守其地」，杜注：「顓頊之虚謂玄枵，姜，齊姓；任，薛姓；齊薛二國守玄枵之地。」故曰玄宮，此三說也。

翔鳳案：篇名簡單而重要，刊者、抄者、校者較易集中其注意力，謂篇名兩字均誤，此爲情理之所必無。輕重甲：「管子對曰：『君請籍於鬼神。厭宜乘勢，事之利得也。計議因權，事之囿大也。王者乘勢，聖人乘幼，與物皆宜。』」「幼」通「幽」，籍於祖宗而乘幼，「幼」字不誤。易隨卦「初九，官有渝」，蜀才本作「館」。爾雅釋詁「寀、寮，官也」，郭注：「官地爲寀，同官爲寮。」禮記王制疏：「官者，管也。」曲禮「在官言官」，鄭注：「官，謂版圖文書處。」玉藻「官不俟屨」，鄭注：「官，謂朝廷治事處。」皆「館」字也。「幼官」即「幼館」，「官」字不誤。立政：「遂於鄉官。」戒篇：「進二子於里官。」本書以「官」爲「館」，非一處矣。齊爲太公之後，用殷制。藝文類聚三十八引尸子「殷曰陽館，周曰明堂」，「陽館」即「幼官」。齊爲顓頊之墟，故重北室。五后原爲女性，戰國以後轉爲男性，配以管子規、矩、權、衡、繩及周八卦混合之。淮南天文訓：「東方木也，其帝太皞，執規治春。南方火也，其帝炎帝，執矩治夏。中天土也，其帝黄帝，執繩治四方。西方金也，其帝少昊，執衡治秋。北方水也，其帝顓頊，執權治冬。」顓頊所處之玄宫，即在幼官北宫，聖人乘幼，故曰「幼官」，别於周之「明堂」。此殷制也，張佩綸第三説得之。水地以水爲神，而楚水最好，以顓頊水神，乃楚祖也。

若因夜虚守静，人物人物則皇〔二〕。言欲候氣聽聲，以知凶吉，必因夜虚之時，守其安静，以聽候人物。此時人物則皇暇，故吉凶之驗不妄。**五和時節**，土生數五。土氣和，則君順時節而布政。**君服黄色，味甘味**〔三〕，**聽宫聲**，此土王之時，故服黄、味甘、聽宫也。然土雖均王四季，而正位在六月也。**治和氣**，土主和，故治和氣。**用五數**①，**飲於黄后之井**，中央井也。**以倮獸之火爨**〔三〕。倮獸，謂淺毛之獸，虎豹之屬。**藏温儒**〔四〕，藏，謂包之。在心君之所藏者，温和儒緩，所以助土氣。**行歐養**〔五〕，謂禽獸之屬能爲苗害者，時歐逐之，所以養嘉穀也。**坦氣修通**〔六〕。

① 「用五數」三字原無，據補注增。

坦，平也。平土政，則其氣修通。

〔一〕黄震云：「若因夜虚，人物則皇」，其後方之圖本可覆也，衍「人物」二字。宋翔鳳云：「夜」是「致」字之譌，即老子「致虚極，守静篤」也。幼官圖作「處虚守静」，脱「致」字，「處」字涉下「虚」字而誤。丁士涵云：「若因」二字當在「人物」上。若，順也，順因人物虚静之道也。心術篇「静因之道也」，又曰「無爲之道，因也」，又曰「因也者，舍己而以物爲法者也」，此十字下當接下文「常至命」云云。（「凡物開静，形生理」七字，四時同。）「常」字上又脱一字，「則皇」與「則帝」、「則王」、「則霸」、「則衆」、「則强」、「則富」、「則治」、「則安」，文法一例。兵法篇亦皇、帝、王、霸四者平列。今本脱譌不可讀。張文虎云：下云「尊賢授德則帝」云云，疑本以「皇」、「帝」、「王」、「霸」爲次，與下諸句相連。「若因」二字不知何字之誤。「夜」字後圖作「處」，蓋「處」字古作「処」，因譌爲「夜」。兩「人物」字疑皆衍文。「處虚守静則皇」，所謂無爲而人自化，正與「尊賢授德則帝」句相對。既多誤衍，又轉寫錯亂，孤縣在首，與下文不相屬，遂令讀者茫然。張佩綸云：「皇」、「帝」、「王」、「霸」連讀，丁説是也。「人物人物」作「人人物物」，亦通。翔鳳案：「若因」二字冠於篇首，無論編者、抄者都不會錯，因爲人所注意也。「夜虚」，圖作「處虚」，用意不同，亦非誤字。幼官爲政事堂，有五后五獸，爲尊嚴之宗廟。全文精神，從宗廟理解，此必須注意者。堯典至西周，文章有一奇怪格式。後期有「王曰嗟」、「王曰嗚呼」、「王曰格」、「王曰猷」，如伊訓、大甲、大誥等篇。初期有「曰若」，如堯典、舜典、大禹謨、皋陶謨。後變爲「王若曰」，如盤庚上等篇。即臣之言不例外，如微子「若曰」，酒誥、康誥同。或者四字相連，如盤庚「王若曰格」、大誥「王若曰猷」，後來未見。羅振玉謂：「卜辭諸『若』字象人舉手而跽足，象諾時巽順之狀，古『諾』與『若』爲一字。」晉語：「夫晉國之亂，吾誰使先，若夫二公子而立之。」諸「若」字皆謂諾於神。馮夢龍古今譚概雅浪部：「裴休廉察宣城，值曲江池荷花盛開，步至紫雲樓，見教坊人坐於水濱，裴與朝士憇其傍。中有黄衣笑語輕脱，裴意稍不平，揖而問曰：『賢所任何官？』率爾對曰：『喏，即不敢，新授宣州廣德令。』反問裴曰：『押衙所任何職？』裴效之曰：『喏，即不敢，新授宣州觀察使。』於是狼狽奔散。」「喏」同「諾」，此種口氣，唐尚有之，非必諾於神也。篇首「若」字一句，爲諾於神者。説文：「因，就也。」「虚，大丘也。」今作「墟」。「夜墟」者，古代王者居高丘，神廟與政事堂爲一，祭神聽廟均以夜，神廟肅穆，必要守静。「若」字爲一莊嚴之表示，特冠於首。第一節無一誤字，諸人不解耳。圖作「處虚」，就所圖之處而言，言各有當，非誤字，不能校改。「人物人物」當作「人人物物」，詩碩鼠「適彼樂土，樂土樂土」，韓詩作「適彼樂土，適彼樂土」，是其證矣。爾雅釋詁：「則，法也。」法先皇。皇，始爲王者。霸形「薦之先君」是也。

〔二〕翔鳳案：四時春木、夏火、秋金、冬水，土旺於四時，分配在季夏。詳四時篇。木數三，火數二，金數四，水數一，土數五。洪範「五行：一曰水，二曰火，三曰木，四曰金，五曰土」，管子用其義。土旺於四時，四方之數加五，是爲「五和時節」。如東方木，爲春，加五爲八也。土色黄，服黄色。洪範「土爰稼穡，稼穡作甘」，故「味甘味」也。

〔三〕翔鳳案：五色之后無名，爲氏族之圖騰，不可以有名也。其后爲女權時代之酋長，故「后」從人仰卧而有口，明是女性。説文訓「后」爲「繼體君」，繼承者也是女性。許氏於字形不得其説，以爲「象人之形，施令以告四方，故厂之，从一、口。發號者，君后也」。除「故厂之從一口」六字外，全文都對。許不知古有女酋長而强説之。君臣下：「古者，未有君臣上下之别，未有夫婦妃匹之合，獸處群居，以力相征。」雜交狀況，管子已明言之。聞一多早年不知此義，後來知之。幼官以「黑后」爲主，然不言高陽或顓頊。桓公令諸侯但稱玄帝，玄帝爲殷之圖騰。説文訓「顓」、「頊」爲「謹皃」，義不明析。白虎通五行：「顓頊者，寒縮也。」此決不可以爲名，而爲北方畏寒之氏族。高陽爲氏族之名。左傳所謂「顓頊之虚」，指爲男性帝王，在春秋以後。詩：「天命玄鳥，降而生商。」「玄鳥」爲北溟大鵬，即鳳也。「鳳」爲古「朋」字。月令疏引鄭志：「娀簡狄吞鳳子之後，後王以爲媒官嘉祥，祀之以配帝，謂之高禖。」其餘四后均爲女性，圖騰相混，不能確定也。「井」爲古「穽」字。中匡「掘新井而柴焉」，有柴燎祭天之意。「倮獸」爲黄龍，無毛曰倮。淮南：「其蟲嬴，爨柘燧。」獸骨不可燒，雜木燒之。吕覽「管夷吾見桓公，祓以爟火」，除不祥也。

〔四〕王念孫云：「儒」、「濡」皆「偄」字之誤。凡隸書从耎之字多誤从需，若「碝」之爲「礝」，「麌」之爲「麢」，「蟆」之爲「蠕」，皆是也。劉績云：「濡」，古「軟」字。

〔五〕劉績云：「行」對「藏」而言，謂行之於身也。下放此。丁士涵云：「毆」讀爲嘔。廣雅：「區區，樂也。」「嘔嘔，喜也。」呂覽務大篇：「區區焉相樂也。」文選聖主得賢臣頌注引應劭曰：「嘔喻，和説貌。」皆與此「毆」義相近。廣雅云：「養，樂也。」韓詩外傳云：「聞其徵聲，使人樂養而好施。」下文「臧不忍，行毆養」，義亦同。俞樾云：「毆」之與「養」二義不倫。尹注曰「謂禽獸之屬能爲苗害者，時毆逐之，所以養嘉穀也」，斯亦曲説矣。「毆」當讀爲嘔。莊子人間世篇「以下傴拊人之民」，釋文引崔注曰：「傴拊猶嘔呴，謂養也。」字亦作「嫗」。禮記樂記篇：「煦嫗覆育萬物。」此云「嘔養」，彼云「煦嫗覆育」，其義正同。「嘔」即「嫗」也，「養」即「育」也。翔鳳案：下文郭沫若謂「五節言行藏，皆謂人君之修養」，是也。丁士涵訓「毆」讀爲嘔，俞樾謂「即嘔養」，皆是也。五方各圖所言之政，皆包括行藏言之。

〔六〕聞一多云：「修」疑當爲「循」，下同。本書「循」多誤「修」，詳形勢篇王念孫説。翔鳳案：廣雅釋訓：「坦坦，平也。」房注謂「坦，平也」，是也。「坦氣」即孟子「平旦之氣」。「坦」從土，旦聲。易「履道坦坦，幽人貞吉」，「幽」與「幼」同義，見前。坦氣以修而通，非自能循通也。「修」字不誤，承上文「歐」字來。

凡物開靜，形生理〔一〕，**常至命**〔二〕。凡土正之時所生之物，但開通安靜，則其形自生。既循理之常，則無殘盡於所賦之命也。**尊賢授德則帝**，帝者之臣，其實師也，故尊賢授德，則可爲帝也。身仁行義、服忠用信則王〔三〕，服，行。審謀章禮、選士利械則霸，章，明。定生處死、謹賢修伍則衆〔四〕，生者安定之。死者處置之，斂葬其柩。信賞審罰、爵材禄能則强有材者爵之，有能者禄之。計凡付終、務本飭末則富〔五〕，凡，謂都數也。付終，謂財。日月既終，付之後人。明法審數、立常備能則治〔六〕，常，謂五常也。備能，謂才能之士備有之。同異分官則安〔七〕。同異之職，分官而治。通之以道，畜之以惠，親之以仁，養之以義，報之以德，結之以信，接之以禮，和之以樂，期之以事，攻之以官，攻，治。發之以力，威之以誠〔八〕。一舉而上下得終〔九〕，謂初會諸侯，上下得終其禮。自此至九舉，説九合諸侯之所致。再舉而民無不從，三舉而地辟散成〔一〇〕，成，謂諸侯自盟要，不事於齊。至三會，則諸侯散其成而朝齊。四舉而農佚粟十〔一一〕，四會之後，傜役減省，故農人佚樂，而粟得十全。五舉而務輕金九〔一二〕，五會之後，兵戰既息，事務轉輕，而金得九分①一以供官也。六舉而絜知事變，絜，圍度也。胡結反。七舉而外内爲用，外，謂諸侯。八舉而勝行威立，九舉而帝事成形〔一三〕。九會之後，威行海内，雖居侯伯，帝王之事既以成形。九本搏大〔一四〕，人主之守也。自「九本」已下，管氏但舉其目，或有數在於他篇。但此書多從散逸，無得而知。然九本所以搏擊强

① 「分」字原作「全」，據補注改。

大，故人主守之。八分有職〔一五〕，卿相之守也。十官飾勝備威〔一六〕，將軍之守也。六紀審密，賢人之守也。五紀不解，庶人之守也。

〔一〕張德鈞云：尹知章以「形生」爲句，「理」字屬下讀。黃震日鈔云「幼官五圖以『形生理』爲句，而中央之注獨以『形生』屬上文」，已明其牴牾矣！翔鳳案：承上「物物」言之。易繫辭「開物成務」，王肅作「闓樂也」。凡物闓樂而安靜，由形以生文理。各節均有此七字，當於此斷句。呂氏春秋重己「死殃殘亡，非自至也，感召之也。壽長至常亦然」，「壽長」即「命」也。

〔二〕丁士涵云：「常」上脱一字，説詳上。張佩綸云：按「常至命」上當是「率」字。原注「既循理之常，原無殘盡於所賦之命也」，以「循」訓率。率，循也，爾雅釋詁文。左哀六年傳：「孔子曰：夏書曰：『惟彼陶唐，帥彼天常，有此冀方。今失其行，亂其紀綱，乃滅而亡。』又曰：『允出茲在茲。』由己率常，可矣。」杜注亦云：「逸書言堯循天之常道。」殆此原注所本，而各本捝去「率」字耳。翔鳳案：無脱文，觀上文自知。丁以「皇」、「帝」、「王」、「霸」四者並列，非是。皇爲所祀之后，非生人也。兵法「明一者王」同義。牧民者，本篇但有「帝」、「王」、「霸」而已。

〔三〕張佩綸云：爾雅釋言：「身，親也。」禮記祭義：「身者，父母之遺體也。」廣雅釋親：「體，身也。」「身仁」猶論語「親仁」，易「體仁」。説文：「身，躬也。」漢書匡衡傳：「太王躬仁。」

〔四〕安井衡云：處，安也，謂葬之。

〔五〕豬飼彦博云：「付」當作「符」，合也。張佩綸云：說文：「凡，最括也。」周禮宰夫「二曰師，掌官成以治凡」，鄭注：「治凡，若月計也。」又庖人注：「凡，計數之。」「付」當作「符」，聲之誤也。周禮小宰「聽稱責以傅別」，注：「故書作『傅辨』，鄭大夫讀爲符別，杜子春讀爲傅別。」淮南脩務訓注：「符，驗。」釋名：「符，付也。」周禮大府：「凡邦之賦用取具焉，歲終，則以貨賄之入出會之。」外府：「凡邦之小用皆受焉，歲終則會，唯王及后之服不會。」司會：「凡在書契版圖者之貳，以逆羣吏之治。而聽其會計，以參互攷日成，以月要攷月成，以歲會攷歲成。」皆付終也。翔鳳案：書高宗肜日「天既孚命正厥德」，石經作「付」。「付」謂孚合，諸說是也。

〔六〕豬飼彦博云：「立常」，立典常也。戴望云：「常」讀爲長，說見七法篇。翔鳳案：豬飼說是也。

〔七〕豬飼彦博云：「同異分官」上疑脫一句。丁士涵云：「同異分官」句有脫誤，不可解。以上文句例求之，脫去四字。張佩綸云：「分官」謂五官也。下文云「官四分」，則言春官、夏官、秋官、冬官也。翔鳳案：張謂「分官」爲五官是也。大匡「管仲趨立於相位，乃令五官行事」，是其證。五官職掌，異中有同，「同異分官」四字已足，非有脫文也。

〔八〕劉績云：當依後作「攷之以言」。豬飼彦博云：「攻」疑當作「攷」，「官」作「言」爲是。「誠」疑當作「武」。王念孫云：後「中方本圖」「攻之以官」作「攻之以言」。一本作「考之以言」，一本是也。堯典曰「詢事考言」，故曰「期之以事，考之以言」。尹注非也。「威之以誠」，「威」當爲「感」。「考」、「攻」，「言」、「官」，「感」、「威」，皆字之誤。安井衡云：古本「中方本圖」作「攷之以言」，是也。「誠」當爲「誠」，誠，敕也。荀子曰：「發誠布令而敵退，是主威也。」戴望云：當從後圖作「攷之以言」。堯典曰「詢事考言」。尹注誤。翔鳳案：後圖作「攻之以言」，「言」乃誤字。「官」字不誤也。

〔九〕何如璋云：「舉」猶行也，謂行政也。中庸「其人存則其政舉」，義同。「一舉」謂一歲首舉。天官大宰「正月之吉始和，乃施典於邦國」，是一歲一舉也。又「歲終，則令百官府各正其治，受其會，聽其致事」，是「上下之事得終」也。翔鳳案：「一舉」至「九舉」，「一會」至「九會」，皆以數計，係應河圖之數，兼方位言之，不能附會年月。

〔一〇〕何如璋云：「三舉」謂三歲復行此政。「散」乃「政」之譌。行之三歲，則土地闢，政教著矣。論語「三年有成」，又「比及三年可使足民」，即此義也。張佩綸云：當作「穀成」。篆書「糓」脱禾字，與「散」形近。洪範：「百穀用成。」翔鳳案：牧民：「地辟舉則民留處。」七法：「輕民處，重民散，則地不辟。」說文：「成，就也。」詩小旻「是用不集」，韓詩作「不就」。「散成」爲散者集，非誤字。一至九舉與下文一至九會，皆河圖之數與位，不可拘泥。

〔一一〕李哲明云：疑「十」當作「充」。古「充」字寫作「克」，缺下半，僅存上，校者摹作「十」耳。充字與上下韻相協。翔鳳案：說文：「十，數之具也。」同「什」。漢書食貨志「稅謂公田什一」，注：「十取其一也。」華嚴經音義上引三蒼：「什，聚也，雜也。吳、楚間謂資生雜具爲什物也。」「十」與「什」、「聚」與「具」一聲之轉，「十」字不誤。

〔一二〕安井衡云：「務」當爲「茂」，聲之誤也。茂、懋同。僞古文尚書「懋易有無」，真古文作「貿易」。此亦當讀爲貿，言貿易輕便，天下之金，得其九分也。張佩綸云：「務」即「物」之誤。「金九」當作「金重」，「重」壞其下，惟成篆文之首似九。地數篇：「令疾則黃金重，令徐則黃金輕。」山至數：「出實財，散仁義，萬物輕，數也。」又曰：「彼幣重而萬物輕，幣輕而萬物重。彼穀重而穀輕。人君操穀幣金衡，而天下可定也。」輕重甲：「守之以物則物重，不守以物則物輕。」皆其證。翔鳳案：莊子天下「九雜天下之川」，假爲「勼」，集也。「鳩」從九聲。爾雅釋詁：「鳩，聚也。」左隱八年傳「以鳩其民」，定四年傳「若鳩楚境」，皆訓聚，「九」字不誤。

〔一三〕丁士涵云：「帝」讀爲定。（見周禮瞽矇及小史注。）「定」與「成」同義。「定事」與「成形」對文。翔鳳案：説文：「帝，諦也。」兵法「察道者帝」，即審諦之義。

〔一四〕豬飼彥博云：「搏」當作「博」，言宏博寬大，人主之所守。何如璋云：「九本」即雜篇九守。

〔一五〕何如璋云：「八分」即君臣上「八揆」。君臣篇「主畫之，相守之。相畫之，官守之。則又有符節印璽典法筴籍以相揆也」，即此。張佩綸云：即五輔篇「八經」。翔鳳案：「分」

與「揆」比「經」合理，指職分言之。

〔一六〕王念孫云：此在「八分」之下，「六紀」之上，則「十官」當爲「七官」。何如璋云：「七官飾勝備威」，「官飾」二字乃本圖標目，鈔者誤攙入正文。「七勝備威」句法與上下文一例。「七勝」見樞言篇。張佩綸云：「十官」尚見七法篇。「七官」不可通。「十」作「七」是也，作「七官」非也。「官飭」二字錯置在此。當作「七勝備威」。「七勝」見樞言篇。翔鳳案：「九舉」以下，於次序無關，不能拘泥。非誤字。「官飾」二字不能衍。古今語法不同，不可强求一律。

動而無不從，靜而無不同〔一〕。强動弱必從，强靜弱必同。**治亂之本三，卑尊之交四，富貧之終五，盛衰之紀六，安危之機七，强弱之應八，存亡之數九**〔二〕。**練之以散群傰署，**傰，猶曹也。凡上之諸數既已精練，然後散之於衆，使傰曹署著其名以司之。**凡數財署**〔三〕，數，謂國用之數。使財者署。**殺僇以聚財**〔四〕，或因亡國，或因滅家，莫不籍没其財，故曰殺戮以聚財也。**勸勉以遷衆**〔五〕，**使二分具本。**使上之傰署、財署分知其事，各具其名籍之本，則財署知聚財，傰署知遷衆。**發善必審於密，執威必明於中。**發善，謂行賞。執威，謂行刑。**此居圄方中**〔六〕。此立時之政，管氏別五其圄，謂之方圄，而土位居中。

〔一〕豬飼彦博云：二句又見「東方方外」，此誤重出。翔鳳案：動靜皆從中制，故於「中圖」

言之。説文：「東，動也。」白虎通五行：「東方者，動方也，萬物始動生也。」故又於「東方方外」言之，非重出也。

〔二〕張佩綸云：立政篇：「國之所以治亂者三，國之所以安危者四，國之所以富貧者五。」此「治亂之本三」，「富貧之終五」，與立政合。疑「安危之機七」與「卑尊」互譌，亦當作「安危之機四」，「卑尊之交七」。「盛衰之紀六」，六秉是也。「卑尊之交七」，「交」當作「效」，七法是也。「强弱之應八」，八觀是也。「存亡之數九」，九敗是也。翔鳳案：從「治亂之本三」到「存亡之數九」，都是依次遞增，不少一件。理論條款，是客觀決定，不能如此巧合。與二分相加，恰爲九數，與洛書之數合，不必指實。

〔三〕何如璋云：「之以」二字乃「士卒」之譌。「備」，劉（績）云即「朋」字。謂練習卒伍以解散朋黨也。莊子田子方「列士壞植散羣，則尚同也」，本此。「署凡數」者，謂部署財用之大凡要數也。墨子雜守「先舉縣官室屋官府不急者，材之大小長短及凡數」，即「署凡數」之義。「財」字涉下「財」字而衍，「署」字涉上「署」字而衍。張佩綸云：莊子田子方篇：「迎臧丈人而授之政。典法無更，偏令無出。三年，文王觀於國，則列士壞植散羣，長官者不成德，斔斛不敢入于四竟。列士壞植散羣，則尚同也；長官者不成德，則同務也；斔斛不敢入於四竟，則諸侯無二心也。」案：臧丈人即寓言太公，「散羣備」固周公太公之法也。「財署」二字衍文。劉師培云：「散羣」、「凡數」對文，猶春秋繁露深察名號篇以「凡號」、「散名」對文也。「傰」、「財」二字亦似對文。「傰」與「朋」同（周禮士師「七曰爲邦朋」，注云「故書作傰」），「財」與「裁」同。廣雅釋詁二云：「裁，裂也。」後漢書李固杜喬傳注云：「朋，猶同也。」此文大旨，蓋謂類之散者合著之，類之總者分著之。舊注非。　聞一多云：張知管之「散羣」即莊之「散羣」，不知管之「傰署」即莊之「壞植」也。祭法：「大夫以下成羣立社曰置社。」植、置古通，「植」即「置社」。大夫以下成羣立社曰置社，故莊子曰「列士壞植散羣」。（司馬注曰：「植，行列也。散羣，言不養徒衆也。一云：植者，疆界頭造屋以待諫者也。」成疏曰：「植，行列也，亦言境界列舍以受諫書也，亦言是諫士文館也。」案諸説皆非，然曰造屋，曰列舍，曰館，皆以爲建築物，則與社制略近。）置社一曰書社。（華嚴經音義引廣雅：「置，著也。」説文：「書，著也。」置、書聲轉義通。）左傳哀十五年「書社五百」，呂氏春秋慎大篇：「諸大夫賞以書社。」史記孔子世家：「楚昭王將以書社地七百里封孔子。」署、書亦通用字，「署」即「書社」。「傰」之言猶崩也，「崩」亦壞也。（曲禮注：「自上顛壞曰崩。」呂氏春秋慎大篇：「崩，壞散。」）「傰署」謂傰其書社，「壞植」謂壞其置社，其義一而已矣。又疑「以」下脱一字，此當讀「練之以□」句，「散羣傰署」句。　翔鳳案：「散羣傰署」如何、張、聞説。易泰「財成天地之道」，荀本作「裁」。心術：「聖人因而財之。」「財署」者，裁度而書之也。

〔四〕翔鳳案：周禮稾人「詔王殺邦用」，注：「猶減也。」「僇」假爲「戮」。史記殷本紀：「予則帑僇汝。」晉語「戮力同心」，注：「並也。」説文：「戮，並力也。」一面縮減，一面並力，所以聚財。

〔五〕丁士涵云：宋本、朱本「選」作「遷」，後圖亦作「遷」。作「遷」是也。度地篇云：「遷有司之吏而第之。」戴望云：「選」之言具也，不必從「遷」。

〔六〕豬飼彦博云：此圖中央及四方，各有本副，其數總十，應如後世所傳河圖之方位也。張文虎云：此篇以政治條目分系中央四方，蓋放洪範九疇而圖之左右，以便觀覽。及削簡著書，不能爲圖，則於篇中記其方位。後人循之，復作幼官圖。傳者兩存其文，遂前後複出。郭沫若云：此等文字爲録書者所注識，非原文所有。下倣此。翔鳳案：圖畫計難也，圖象其引申義。有文字、有圖象之不同。鄭康成謂河圖九篇，指説明圖之文字言之。本篇亦有圖，藏之於館，下篇則書畫於壁，皆原文也。

春行冬政肅，肅，寒也。冬氣乘之故也。行秋政雷，春陽秋陰，陰乘陽，故雷。行夏政閹〔一〕。春既陽，夏又陽，陽氣猥併，故掩閉也。十二地氣發，戒春事〔二〕。自此已下，陰陽之數，日辰之名，于時國異政，家殊俗。此但齊獨行，不及天下。且經秦焚書，或爲煨燼，無得而詳焉，闕之以待能者。十二小卯，出耕。十二天氣下，賜與。十二義氣至〔三〕，修門閭。十二清明，發禁。十二始卯①，合男女。十二中卯，十二下卯，三卯同事〔四〕。謂三卯所用事同。他皆倣此。

① 「卯」字原作「丣」，據補注改。

〔一〕丁士涵云：「雷」乃「霜」字誤。四時篇作「春行冬政則雕，行秋政則霜，行夏政則欲」。翔鳳案：「行政」，吕氏春秋、淮南子皆作「行令」。如春天忽變嚴寒，謂之春行冬令。此「令」爲「節令」，管子稱爲「行政」。四時篇「春三月，以甲乙之日發五政。一政曰論幼孤，舍有罪；二政曰賦爵列，授禄位」云云，四時之政不同。齊曆以十二日爲節，一年三百六十日，差五日四分之一，歷久則四時失序，春變爲冬。四時「春行冬政則雕」，本文作「肅」，顯然以氣候言之，非人事也。

〔二〕翔鳳案：幼官以十二爲節，而非十五。國語周語：「紀之以三，平之以四，成於十二，天之道也。」則齊以十二爲節，乃自然之數。春八節，夏七節，秋八節，冬七節，共三百六十日。輕重己：「以冬日至始，數九十二日，謂之春至。以春日至始，數九十二日，謂之夏至。以夏日至始，數九十二日，謂之秋至。以秋日至始，數九十二日，謂之冬至。」凡三百六十八日，無春分、秋分之稱，以計算粗略，春至、秋至，不能晝夜相等也。節氣與四時差八日。一年三百六十五日四分之一，四年增一節氣，尚少一日，凡四十八年增十一節氣，終始分齊。周曆氣朔分齊，凡十九年，幾過一倍矣。管子承殷文化，然卜辭節氣無可考。試就正人方之材料推斷：「隹十祀才九月甲午，余步从侯喜征人方，告於大邑商。」（卜辭通纂）「才九月癸亥，正人方才雇。」（書契前編）「隹十祀才十月甲午，正人方才从東。」（續）同在十祀，有兩九月，必有一月爲閏九月。自甲午至癸亥六十日，兩九月各三十日。若以十五日爲節氣，則按之閏月無中氣爲不可能。知殷之閏法異於周，非一月必有一節氣、一中氣也。若以十二日計算，則兩九月共五節氣，於是管子行殷曆爲有據。

〔三〕丁士涵云：「義氣」不可解，「義」當爲「和」，聲之誤也。素問五常政大論「其候温和」，注：「和春之氣也。」修門閭以宣通春氣，月令所謂「乃修闔扉」也。翔鳳案：説文：「閭，里門也。周禮：『五家爲比，五比爲閭。』閭，侶也，二十五家相群侶也。」公羊解詁：「田作之時，春，父老及里正旦闔門坐塾上，晏出後時者不得出，莫不持樵者不得入。」是則修門閭所以限出入。七法：「義者所以合宜也。」「義」即「儀」，同「俄」，聲同「和」。此節在清明前，約當春分，晝夜均等。晝爲陽，夜爲陰，陰陽調和，是爲「義氣」。「義氣」即「和氣」，俗語猶然，非誤字。

〔四〕惠棟云：説文曰：「卯，冒也。二月萬物冒地而出，象開門之形，故二月爲天門。」「古文『酉』（丣）從卯。卯爲春門，萬物已出，酉爲秋門，萬物已入。一，閉門象也。」故春言三卯，秋言三卯。柳、卯同字。（尚書古義）臧庸云：春、秋竝有此文。今謂卯、酉二字，説文所載古文形相近。「丣，冒也。二月萬物冒地而出，象開門之形。」「酉，就也。丣，古文『酉』，从卯。卯爲春門，萬物已出，酉爲秋門，萬物已入。一，閉門象。」氣節之名，春當言卯，秋當言酉。如四時篇春月以甲乙之日發政，夏月以丙丁之日發政，秋月以庚辛之日發政，冬月以壬癸之日發政，干支配合可證。秋當言十二小酉，十二始酉，十二中酉，十二下酉。此篇的係先秦舊書，故古文「酉」誤爲「卯」。（與孫淵如論校管子書） 戴望云：宋本「始卯」作「始毋」。陳奂云：「毋」當作「毌」，音貫，古毌、卯聲同。「卯」亦作「丱」。詩齊風「總角丱兮」，毛傳曰：「丱，幼穉也。」禮記「濡魚卵醬」，鄭注曰：「『卵』讀爲鯤，鯤魚子，或作『𩷁』也。」卵之讀爲鯤，猶卵之讀爲毌矣。此篇名義若夏之小郢中郢，冬之小榆中榆，皆不用干支，則春與秋不當獨取干支可知；蓋其字或作「毌」，或作「卵」，又誤「卵」作「卯」。侈靡篇曰：「彫卵然後瀹之。」五行篇曰：「羽卵者不段。」禁藏篇曰：「如鳥之覆卵。」又曰：「毋殺畜生，毋拊卵。」俗本「卵」作「卯」，「卯」之爲卵，與「卵」之爲「卯」，其誤正同。今從宋本作「毌」字。尋文推義，此篇及後圖古本「卯」皆當作「卵」，或用同聲叚借字作「毌」。學者承其誤久矣。

林昌彝云：荀卿子（大略篇）云：「霜降逆女，冰泮殺内。」管子幼官篇春三丣：「十二始丣，合男女。」秋三丣：「十二始丣，合男女。」管子所謂秋始丣在白露之後，即荀子之「霜降逆女」也。春始丣在清明之後，即荀子之「冰泮殺内」也。通典引董仲舒書曰：「聖人以男女當天地之陰陽，天地之道，向秋冬而陰氣來，向春夏而陰氣去。」故古之人霜降而迎女，冰泮而殺止。與陰俱近，與陽俱遠也。太玄亦云：「納婦始秋分。」管、荀皆周、秦古書，董、楊又漢代通儒，説皆後先脗合，其義不可易矣。

翔鳳案：節氣以便民用，「三卯」可爲「三卵」之誤。然春秋均有之，不便孰甚？古人不是如之拙也。桂馥説文解字義證：「汗簡引『酉』作『丣』，説文『丣，古文卯』，相差只上一横。」古文尚書「酉」作「丣」。顧藹吉云：「漢李氏饒銘：『白虎辟丣，主除道。』白虎，西方之獸，屬秋，丣爲秋分，『辟丣』猶辟門也。」參同契：「二月榆落，魁臨於卯。八月麥生，天罡據卯。」桂氏謂「據卯」當爲「據丣」。（由參同契之二「卯」字，證明不是「卯」字之誤，陳奐説謬。）魯襄公二十一年「歲在己酉」，何休謂「在己卯」。昭二十二年「十有二月癸酉朔」，杜注：「以長曆推校前後，當爲『癸卯』。」「卯」、「酉」音不相混，必「丣」、「戼」形近而誤。「畱」、「劉」、「珋」、「駠」、「桺」等凡十九字，均從丣聲。説文：「桺，從木，丣聲。丣，古文『酉』。」作「丣」不作「戼」，確有「丣」字。（漢書王莽傳：「夫『劉』之爲字，卯、金、刀也。」此江湖測字之説，不可爲典要。）吳志虞翻傳注：「翻別傳：『翻奏鄭玄解尚書違失事目：「古文大篆『卯』字讀當爲柳，古柳、卯同字，而以爲昧，甚違不知蓋闕之義。」』臣松之案：翻云『古大篆卯當讀爲柳，古柳、卯同字』，竊謂翻言爲然。故劉、留、聊、柳同用此字，以從聲故也，與日辰『卯』字字同音異。然漢書王莽傳論『卯、金、刀』，故以爲日辰之『卯』，今未能詳正。然世多亂之，故翻所説云。」是漢代「卯」有二音，確有「丣」、「戼」二字相亂。卜辭、金文「卯」作「丣」，而「酉」爲酒器。散氏盤「柳」作「桺」，留鐘「留」作「畱」，其「丣」乃「酉」字，卜辭「卯」亦作「戼」（商編第三十九葉）。天門，秋門，由此導出哲學理論。詳心術、白心諸篇。

八舉時節[一]，木成數八。木氣舉，君則順時節布政。**君服青色，味酸味**[二]，**聽角聲**[三]，此木王之時，故服青，味酸，聽角①。**治燥氣，**春多風而旱，故治燥氣。**用八數，**八亦木成數也。**飲於青后之井，**東方井。**以羽獸之火爨**〔四〕。羽獸②，南方朱鳥。用南方之火，故曰羽獸之火。**藏不忍，行敺養，坦氣修通。**

〔一〕翔鳳案：木第三，加中央土五，故其生數三，成數八。

〔二〕翔鳳案：洪範「木曰曲直」，「曲直作酸」。

〔三〕翔鳳案：管子五音自成系統，詳水地篇。

〔四〕翔鳳案：東方蒼龍七宿，龍爲鱗蟲之長。南方七宿爲朱鳥，羽蟲之長。西方七宿爲白虎，毛蟲之長。北方七宿爲玄武，介蟲之長。故吕氏春秋、淮南子皆爲春鱗、夏羽、秋毛、冬介，以四季配四方。管子獨爲春羽、夏毛、秋介、冬鱗，相差一象限。舊籍無説，此冬季天象，幼官主北方，冬季也。左襄九年傳：「心爲大火，陶唐氏之火正閼伯居商丘，祀大火而火紀時焉。相土因之，故商主大火。」「大火」爲心宿，蒼龍七宿之一，商之所主祀也。顓頊爲北方之帝，幼官所主。商爲子姓，子在北，於是鱗蟲在北，羽蟲在東，毛蟲在南，介蟲在西，依次相差一象限矣。祀大火之「心」變爲「惢」，詳輕重己。

① 「角」字原作「自」，據校正改。
② 「獸」字原無，據校正增。

凡物開靜，形生理。合内空周外[一]，春主仁，故所藏者不忍之，理合聚於内，出空於外。**强國爲圈，弱國爲屬**[二]。强國所以禁禦弱國，弱國圈然也。**動而無不從，靜而無不同。**强動弱必從，强靜弱必同。**舉發以禮，時禮必得**[三]。强國舉發，必當以禮。時也禮也，必得其宜。**和好不基，貴賤無司，事變日至**[四]。鄰國和好不基，貴賤之位無司存，如此，則事變日至，無寧居。基，漸。**此居於圖東方方外。**

[一]戴望云：「空」即「内」字之誤而衍者。後圖亦誤。翔鳳案：「空」假爲「穹」。詩白駒「在彼空谷」，韓詩作「穹」。爾雅釋詁：「穹，大也。」文選左思詠史詩「寥寥空宇内」，注：「擴也。」周髀算經「其周七十一萬四千里」，注：「匝也。」合宇内之廣大區域與四周之外國，是爲「合内空周外」，無誤字。

[二]豬飼彦博云：「圈」亦當作「眷」，言强弱皆服從也。

[三]許維遹云：時，猶處也。莊子逍遥遊篇「猶時女也」，司馬彪注曰：「時女，猶處女也。」詩緜篇「曰止曰時」，猶云爰居爰處。是「時」與「處」同義。尹注分「時」、「禮」爲二，非其指矣。

[四]陳奂云：「基」與「期」同。尹桐陽云：「基」同「惎」，憎惡也。「不基」者，即月令所謂「不可以稱兵」是。「司」同「伺」，皐也。「無司」者即月令所謂「止獄訟」是。「至」同「窒」，塞也。

翔鳳案：爾雅釋詁：「基，謀也。」禮記孔子閒居「夙夜基命宥密」，注：「謀也。」左傳：「協以謀我。」「和好不基」，謂不謀害也。荀子王霸「日欲司間」，注：「伺其間隙。」富國「有掎絜伺詐」，注：「伺候其罪也。」尹說是。

夏行春政風，春箕宿，多風也。行冬政落，寒氣肅殺，故凋落也。重則雨雹，其災重則雨雹，水寒所致。行秋政水〔一〕。秋畢宿，多霖雨。十二小郢，至德〔二〕。十二絶氣下，下爵賞〔三〕。十二中郢，賜與。十二中絶，收聚。十二大暑至，盡善〔四〕。十二中暑，十二大暑終〔五〕，三暑同事。七舉時節〔六〕，火成數七，火氣舉，君則順時節而布政。君服赤色，味苦味〔七〕，此火王之時，故服赤，味苦也。聽羽聲，羽，北方聲也。火王之時，不聽徵而聽羽者，所以抑盛陽。用七數，七亦火之成數。飲於赤后之井，南方井也。以毛獸之火爨。毛獸，西方白虎。用西方之火，故曰毛獸之火。藏薄純〔八〕，盛陽之性，失在奢縱，故所藏者省簿純素也。行篤厚，陽性寬和，故行篤厚。坦氣修通。凡物開靜，形生理，物形既生，自然修理而長育也。定府官，明名分，而審責於羣臣有司，則下不乘上，賤不乘貴。法立數得，而無比周之民，則上尊而下卑，遠近不乖。此居於圖南方方外。

〔一〕戴望云：四時篇作「夏行春政則風，行秋政則水，行冬政則落」。尹桐陽云：「落」同「零」，雨霝也。淮南時則：「夏行春令風，行秋令蕪，行冬令格。」格、落、零，聲轉。其災重則雨雹。禮記月令：「仲夏行冬令，則雹凍傷穀。」

〔二〕何如璋云：「郢」當作「盈」，以「郢」有盈音而誤。「盈」亦通「嬴」。史記齊太公世家「晉大夫欒逞奔齊」，左傳作「欒盈」，晉世家亦作「欒逞」。左宣四年傳「伯嬴」，吕覽知分注作「伯盈」。是古字音同通假之證。爾雅釋天：「夏爲長嬴。」盈，滿也。嬴，亦滿也。今曆立夏後爲小滿，即本此。「至德」謂招致有德之人也。翔鳳案：卯月爲春分，酉月爲秋分，晝夜相等，故取陰陽之開合言。冬夏則長短之變化大，故言其盈縮。

〔三〕丁士涵云：惠周惕云：「『下下』當作『上下』，古文作『二二』。」案：此當衍一「下」字，應讀「絶氣下」句，「爵賞」句，與上文「十二天氣下，賜予」，下文「十二白露下，收聚」，句法一例。翔鳳案：爾雅釋詁：「下，落也。」天氣之長，至夏至而斷止，是爲「絶氣下」。禮記射義「下而飲」，注：「降也。」「下爵賞」，降爵賞也。兩「下」字各有其義，非誤非衍。

〔四〕翔鳳案：易略例「故有善邇而遠至」，注：「修治也。」假爲「繕」。夏季雨多水大，當修治也。

〔五〕吴志忠云：大暑小暑，以下文「十二大寒終」例之，則「大」、「小」二字當互易。翔鳳案：「大暑至」，「大暑終」，前後相承。趙本作「小暑終」，吴説「小暑至」，均非。

〔六〕翔鳳案：水數二，加五爲七。

〔七〕翔鳳案：洪範「火曰炎上」，「炎上作苦」。「用七數」上，趙本有「治陽氣」三字，因「治燥氣」、「治濕氣」而以意增，非是。劉績云：「諸本無此句，非。」其言誤也。燥濕爲致病之因，故治之。陽氣爲生命所係，可治之乎？

〔八〕丁士涵云：「薄」當爲「樸」，聲之誤。淮南要略篇「不剖判純樸」，注：「純樸，大素也。」漢孔耽碑曰：「蹈仁義兮履樸純。」翔鳳案：冬政亦有「行薄純」句，則非誤字，乃假借矣。

秋行夏政葉，盛陽氣乘之，故卉木生葉。行春政華，少陽氣乘之，故卉木更生華。行冬政耗〔一〕。盛陰肅殺，故虛耗也。十二期風至〔二〕，戒秋事。十二小卯，薄百爵〔三〕。十二白露下，收聚。十二復理，賜與。十二始節，賦事。十二始卯，合男女。十二中卯，十二下卯，三卯同事〔四〕。九和時節〔五〕，金成數九。金氣和，君則順時節而布政。君服白色，味辛味〔六〕，聽商聲，此金王之時，故服白，味辛，聽商。治濕氣，秋多霖雨水，故治濕。用九數，九亦金之成數。飲於白后之井，西方井。以介蟲之火爨〔七〕。介蟲，北方玄武也。用北方之火，故曰介蟲之火。藏恭敬，金性廉絜，故所藏者恭敬也。行搏鋭〔八〕，兑金性勁鋭，時方肅殺，故曰以勁鋭搏擊，所以順殺氣也。坦氣修通。凡物開靜，形生理，閒男女之畜〔九〕，男女之畜，有内外之異，故須閒之也。修鄉閭之什伍，殺氣方至，可以出師征伐，故修什伍。量委積之多寡，定府官之計數，養老弱而勿通〔一〇〕，老少異糧，故其養勿通。信利周而無私〔一一〕。申布秋利，既令周偏，無得有私。此居於圖西方方外。

〔一〕丁士涵云：「葉」當爲「水」，月令紀時變無及葉者。四時篇作「春行秋政則榮，行夏政則水，行冬政則秏」。俞樾云：「葉」字無義。淮南子時則篇作「秋行夏令華，行春令榮」，疑此「葉」字是「榮」字之誤。蓋榮、華二字，義本相近；故管子言「秋行夏政榮，行春政華」，而淮南子言「秋行夏令華，行春令榮」，文雖互易，義實不殊也。孫蜀丞云：「葉」疑「喬」字之誤。春秋繁露五行五事篇云：「秋行春政則華，行夏政則喬，行冬政則落。」説文：「喬，高而曲也。」爾雅釋木：句如羽喬，下句曰朻，上句曰喬，小枝上繚爲喬。」郭沫若云：「葉」字不誤，即所謂「苗而不秀」者，徒盛其葉也。

〔二〕丁士涵云：「期」乃「朗」字誤。朗風，涼風也。後圖亦誤。翔鳳案：説文：「年，穀熟也。」「秋，禾穀熟也。」穀熟爲秋收之期，是爲「期風」。預備收割爲「戒秋事」，非誤字。

〔三〕王紹蘭云：「卯」當爲「丣」，形之誤也。説文：「卯，冒也。二月萬物冒地而出，象開門之形，故二月爲天門。」「丣，古文酉，从一卯。（各本脱「一」字，今據類篇引補。）卯爲春門，萬物已出。丣爲秋門，萬物已入。一，閉門象也。」上文春言「卯」，則秋當言「丣」。（下文「十二始卯」、「十二中卯」、「十二下卯」、「三卯同事」均同。後「西方本圖」亦同。）安井衡云：「卯」當作「酉」，古文「酉」作「丣」，「卯」作「卯」，字形相涉，隸變訛「卯」耳。下並同。酉位在西，主秋，故以名節。「薄」，勉也；「百爵」，百官也。張佩綸云：「薄」當爲「搏」，字之誤也。「爵」、「雀」通，孟子：「爲叢敺爵。」月令：「鷹乃祭鳥，始用行戮，是月也，務搏執。」翔鳳案：「薄」假爲「迫」，易説卦傳：「風雷相薄。」「迫」者，迫近而驅之。小雀不必搏擊。白露以後，於月令爲秋分。秋分與春分皆爲晝夜相等之季節，循環不已，乃有條理者。循環即往復，故曰「復理」。自此晝短夜長，是爲「始節」。

〔四〕宋翔鳳云：上四「卯」字、莊葆琛先生以爲皆「酉」字之譌。古「酉」爲「丣」，與「[illegible]」相近，且涉上文諸「卯」字而誤。

〔五〕翔鳳案：金數四，加五則爲九。

〔六〕翔鳳案：洪範：「金曰從革，……從革作辛。」

〔七〕豬飼彦博云：倮、羽、毛、鱗皆曰獸，此不合特異，「蟲」當作「獸」，北方玄武其類爲介蟲，故變北方曰「介獸」。王引之云：上文言「倮獸」、「羽獸」、「毛獸」，下文言「鱗獸」，則此亦當言「介獸」。後人多聞「介蟲」，寡聞「介獸」，故改「獸」爲「蟲」也，不知羽、毛、鱗、介、倮皆可謂之蟲，亦皆可謂之獸。故此言「羽獸」、「介獸」、「鱗獸」。曲禮曰「前朱鳥而後玄武，左青龍而右白虎」，注曰：「以此四獸爲軍陳。」正義曰：「玄武，龜也。」龜爲四獸之一，即此所謂「介獸」也。淮南天文篇亦曰：「北方，其獸玄武。」

〔八〕孫蜀丞云：禮記月令「孟秋務搏執」，注：「順秋氣，政尚嚴。」則此文「鋭」當與「挩」同。説文：「解，挩也。」穀梁宣十八年傳：「挩，殺也。」范注：「捶打殘賊而殺。」又或與「敓」同，説文：「敓，彊取也。」翔鳳案：五行：「秋者司馬也。」「白露下，天子出令，命左右司馬衍組甲厲兵。」四時：「秋三月，以庚辛之日發五政。二政曰毋見五兵之刃。」厲兵則鋭矣，「鋭」字不誤。此謂用兵，孫、許之説小誤。

〔九〕丁士涵云：「閒」與「簡」通。廣雅：「簡，閲也。」周禮大司馬云：「簡稽鄉民。」張佩綸云：夏小正「五月頒馬」，沈本傳：「分夫婦之駒也。」夫婦、男女皆言牝牡也。尹注非。翔鳳案：男女之好，國家無從簡閱。以張説爲是。黄梅有男貓、女貓之稱，非必人也。莊子天運「食於苟簡之田」，司馬本作「間」。丁説有證。

〔一〇〕吴志忠云：「通」疑「遺」字之誤。「遺」與「私」爲韻。　翔鳳案：周書大聚「與田疇皆通」，注：「連比也。」老少分養。

〔一一〕趙用賢云：「周」，當依後圖作「害」。　王念孫云：隸書「害」字或作「⿵冂⿱丰口」，與「周」相似而誤。尹注非。

冬行秋政霧，秋多陰霧。**行夏政雷**，盛陽乘盛陰，故雷也。**行春政烝泄**〔一〕。少陽乘陰，故烝泄也。**十二始寒，盡刑**〔二〕。**十二小榆，賜予。十二中寒，收聚。十二中榆，大收。十二寒至，靜**〔三〕。**十二大寒之陰，十二大寒終，三寒同事。六行時節**〔四〕，水成數六。水氣行，君則順時節而布政也。**君服黑色，味鹹味**〔五〕，此水王之時，故服黑，味鹹。**聽徵聲**，不聽羽而聽徵者，亦所以抑盛陰也。**治陰氣**，不治則盛陰太過，太過則治陰氣也。**用六數**，六亦水之成數。**飲於黑后之井**，北方井也。**以鱗獸之火爨。**鱗獸，東方青龍也。用東方之火，故曰鱗獸之火。藏慈厚，君①人者，好生惡殺，故於刑殺之時，藏於慈厚，所以示其不忍也。行薄純，冬物朴素，故行省薄純儉。坦氣修通。凡物開靜，形生理。器成於僇〔六〕，冬行刑之時，故成僇器也。教行於鈔〔七〕，鈔，末也。冬爲四時之末，歲之將終也。動靜不記，行止無量。記動靜則行止可量。戒審四時以別息〔八〕，息，生也。四時生物，各有不同，故須別之。異出入以兩易〔九〕，出入既異，又並令無差，故曰兩易也。明養生以解固〔一〇〕，固，謂護恡也。生既須養，則物不可恡，故曰解固。審取予以總之〔一一〕。又恐所養過時，故審取與之多少以總統之。一會諸侯，令曰：「非玄帝之命，毋有一日之師役。」玄帝，北方②之帝。齊桓初會，命諸侯不使非時出師，故令曰：若非玄帝有命之時，毋得有一日之師役。一日尚不可，況多乎！再會諸侯，令曰：「養孤老，食常疾，收孤寡〔一二〕。」三會諸侯，令曰：「田租百取五，百分取五分。市賦百取二，關賦百取一，毋乏耕織之器。」四會諸侯，令曰：「修道路，偕度量，一稱數，偕，同也。稱，斤兩也。數，多少也。藪澤以時禁發之〔一三〕。」草木零落，然後入山林。獺祭魚，然後修澤梁也。五會諸侯，令曰：「修春秋冬夏之常祭食，常所祭，常所食，各

①「君」字原作「若」，據校正改。
②「方」字原作「帝」，據補注改。

有時物也。天壤山川之故祀必以時〔一四〕。」六會諸侯，令曰：「以爾壤生物共玄官〔一五〕，玄官，主禮天之官也。請四輔，四輔，即三公四輔也，所以助祭行禮。將以禮上帝。」七會諸侯，令曰：「官處四體而無禮者〔一六〕，流之焉莠命〔一七〕。」官處，謂處官也。處官位而四體無禮者，謂之莠命而流放焉。莠命者，謂穢亂教命，若莠之穢苗也。八會諸侯，令曰：「立四義而毋議者〔一八〕，尚之于玄官〔一九〕，聽于三公。」四義者，謂無障谷，無貯粟，無易樹子，無以妾爲妻，諸侯能順命而無異議者，則尚之于天子玄官，聽三公之錫命。尚，上也。九會諸侯，令曰：「以爾封内之財物、國之所有爲幣〔二〇〕。」爲幣禮。九會，大命焉出，常至〔二一〕。謂上九會既出大令，故天下諸侯常至。千里之外，二千里之内，諸侯三年而朝，習命；因朝而習教命。非此之外，則朝聘之數遠近各有差也。二年，三卿使四輔〔二二〕；諸侯三卿使天子四輔，以受節制也。一年，正月朔日，令大夫來修，受命三公〔二三〕。習所受命於三公。二千里之外，三千里之内，諸侯五年而會，至，習命；因會而至，以習命也。三年，名卿請事；二年，大夫通吉凶；十年，重適入正禮義；重適，謂承重也。適，諸侯之世子也。五年，大夫請受變〔二四〕。請所變更之教令也。三千里之外，諸侯世一至，道路既遠，故世一至。置大夫以爲廷安，其遠國大夫，則爲置廷館。每來，於此以安之也。入共受命焉〔二五〕。入共國所有，因以受命。此居於圖北方方外。

〔一〕豬飼彦博云：春秋繁露曰：「冬行春政則蒸。」「泄」字恐衍。　翔鳳案：周語：「陽氣俱蒸。」冬至一陽復始，故「烝泄」，不誤。

〔二〕翔鳳案：小爾雅廣言：「盡，止也。」天寒，止刑戮也。「榆」通「逾」，越也。百蟲蟄服越冬也。

〔三〕丁士涵云：當作「十二大寒至靜」，以上言「始寒」、「中寒」故也。　翔鳳案：「靜」假爲「竫」，亭安也。大匡「施舍靜衆」，義同。

〔四〕翔鳳案：水數一，加五爲六。

〔五〕翔鳳案：洪範「水曰潤下」，「潤下作鹹」。

〔六〕丁士涵云：「僇」當爲「穆」。穆，靜也。月令曰：「仲冬之月，事欲靜，以待陰陽之所定。」　俞樾云：尹注曰「冬行刑之時，故成僇器」，此妄説也。「僇」者「㣎」之假字，説文彡部：「㣎，細文也。」「器成於僇」，與下句「教行於鈔」同義；「鈔」猶眇也，皆謂始於微眇也。㣎聲與翏聲相近，故「穆」字從㣎得聲，而「昭穆」或爲「昭繆」，穆公或爲繆公；然則以「僇」爲「㣎」，猶以「繆」爲「穆」矣。　何如璋云：「僇」，説文：「一曰且也。」詩泉水箋：「聊，且略之辭。」且者，器成之始粗略也。製器必由粗致精，故曰「器成於僇」。　張佩綸云：説文：「僇，一曰且也。」經典借「聊」爲之。詩「聊與子同歸」，箋云：「聊，猶且也。」又「聊與子謀」，箋：「聊，且略之辭。」「器成於僇」，言器成於粗略也。尹注大誤。　翔鳳案：「僇」假爲「勠」，見前。

〔七〕宋翔鳳云：「鈔」疑作「眇」。陳奂云：「鈔」讀爲杪。方言云：「杪，少也。」戴望云：「鈔」當爲「眇」之借字，眇，本訓目小，引伸之爲微眇之義。易王肅本「眇萬物而爲言」，今字作「妙」。下文「聽於鈔」亦當讀爲眇。尹注訓爲「深遠」，得其義。翔鳳案：下文：「聽於鈔，故能聞未極。」戴説是也。荀子王制「仁眇天下，義眇天下，威眇天下」，所以教也。

〔八〕丁士涵云：「審」字涉下文「審取予」而衍。戒，慎也。

〔九〕翔鳳案：周禮「以九兩繫邦國之民」，注：「兩猶耦也。」

〔一〇〕張佩綸云：「固」或作「故」，大宗伯注：「故謂凶裁。」

〔一一〕戴望云：上文「以別息」、「以兩易」、「以解固」，句末一字皆非語詞，此云「以總之」，文義不倫矣。「之」疑「乏」字之誤，言審取予以總會其匱乏也。翔鳳案：「之」字自通，古今語法不同，强求一律，非是。

〔一二〕戴望云：「孤寡」當爲「鰥寡」，上文言「養孤老」，此不得更言「孤」矣。張佩綸云：「孤寡」當作「矜寡」。「孤」涉上，又與「矜」形近而譌，詳入國篇。翔鳳案：「孤老」指無子孫，「孤寡」指無父。義不同，非誤字。

〔一三〕孫星衍云：據下文幼官圖篇，「藪澤」上脱「毋征」二字。

〔一四〕安井衡云：從「祭」字絶句。「食」，饗也，謂祭之。俞樾云：「食」者「飭」之壞字。「修」與「飭」義相近。「修春秋冬夏之常祭，飭天壤山川之故祀」，二句相對成文。尹注以「常祭

食」三字連讀，解爲「常所祭，常所食」，失其義矣。不當從「祭」字絶句。　翔鳳案：「祭食」猶「血食」或「祭享」，

〔一五〕張佩綸云：「玄官」當作「玄宮」。　翔鳳案：「官」即「館」，不誤。「玄官」即幼官之北宮，以北宮爲主，故叙述「九會」之命於此。五宮所叙，北宮獨詳。玄帝即黑后，餘四后皆無命，不奉其命可知矣。主客顯然。

〔一六〕俞樾云：「處四體而無禮者」，與下文「立四義而毋議者」相對爲文。尹注以「官處」二字連讀，解曰「官處，謂處官也」，失之。　李哲明云：「官處四體」，即上文所云「四輔」，謂處股肱心膂之任，故曰「四體」耳。　翔鳳案：「官處」謂處館中。古人席地而坐，蹲踞爲無禮。此爲聖地，不準手足不合禮。諸説俱誤。

〔一七〕孫星衍云：呂氏春秋季春紀「天子焉始乘舟」，高誘注：「焉，猶於也。」公羊隱二年傳「託始焉爾」，何休解詁云：「焉爾，猶於是也。」焉、於古字通用。謂官處四體而無禮者，以莠命流之，與下文「尚之於玄官」句文義相對。尹注非。　翔鳳案：詩正月「莠言自口」，注：「醜也。」爾雅釋詁：「命，告也。」以其醜告於諸侯。孫説不合。

〔一八〕俞樾云：「議」讀爲俄。説文人部：「俄，行頃也。」廣雅釋詁：「俄，衺也。」是「俄」有傾邪之意。管子書或以「義」爲之。明法解曰：「雖有大義，主無從知之。」「大義」即大姦也，是以「義」爲俄也。此文又以「議」爲之，「立四義而毋議」，即立「四義」而毋「俄」，謂不傾邪也。尹

注以「無異議」説之，未達假借之旨。　翔鳳案：「義」爲古「儀」字。「議」不能訓「俄」。説文：「議，語也。」論難曰語，謂非難也。

〔一九〕翔鳳案：廣雅釋詁：「尚，舉也。」

〔二〇〕張佩綸云：儀禮覲禮：「四享皆束帛加璧，庭實，唯國所有。」周禮職方氏：「制其貢，各以其所有。」

〔二一〕豬飼彥博云：「九會大命焉出」句，「焉」猶言於此也。言九會諸侯，天下命令於是出自我。諸侯率服，朝聘不絶。下文所云即是也。　丁士涵云：「常至」句，下屬爲義。謂常歲所至，即下文「五年而朝」云云，王國定制習爲常也。

〔二二〕孫詒讓云：此文「四輔」上疑亦當有「受命」二字。「受命四輔」與下文「受命三公」文例正同。劉師培云：「使」爲「事」假，上脱「受」字。「受事」與「受命」對文，下文「名卿受事」是其證。　翔鳳案：「使」與「受命」相當，二説俱非。

〔二三〕丁士涵云：「令大夫」即「命大夫」也。管子它處兩見，位在「列大夫」之上。「來修」謂諸侯使命大夫來修好也。　安井衡云：「修」字句，來修諸侯所習之命，受命三公，不達於天子也。

〔二四〕丁士涵云：「至」字疑衍，與上文「諸侯三年而朝習命」句例同。上文言「常至」，即指會朝言。周禮「時見曰會」，是諸侯至王所見天子，非諸侯相會別來見天子也。「變」讀爲辯。説文曰：「辯，治言也。」諸侯大夫請命於天子，受教於象胥瞽史，若言語書名之屬，皆當身習之，周官大行人注可證。　俞樾云：「三年」、「二年」之下，又云「十年」、「五年」，於義難曉。諸侯既「五年而會至習命」矣，安得又使「大夫請受變」？再及五年即爲十年，亦是「五年而會」之期，安得又使「重適入」？至幼官圖「十年」作「七年」，亦不可通。合十年計之，則爲七年，就五年計之，則即二年耳。今以上下文求之，此皆傳寫誤也。蓋三千里內之諸侯，二年而使大夫通吉凶，三年而使名卿請事，至五年則自來會矣。計五年之中，止空閒二年，適當未會之前一年，及既會之後一年。立法周密，不容更有五年、十年之事。此二句當在下文「三千里之外，諸侯世一至」之下。蓋世一至則太疏闊，故五年必使大夫請受變，十年必使重適入正禮義也。傳寫之誤，所宜訂正。　張佩綸云：「名卿」即「命卿」。　章炳麟云：「名卿」非如今語所稱與名臣名士同義者也。　緐露深察名號云「鳴而命施謂之名」，名之爲言，鳴與命也。說文：「名，自命也。」廣雅釋詁：「命，名也。」是名、命聲義皆同。「名卿」即「命卿」，謂命于天子之卿也。　翔鳳案：「至」字一字爲句。三千里之外，三十年一至，則三千里之內，於常例之外，又有十年、五年之規定，非誤字也。「適」同「嫡」，嫡子也。詩「天位殷適」，指紂爲嫡子。

〔二五〕王念孫云：此當以「置大夫以爲廷」爲句，「安入」爲句，「共受命焉」爲句。「廷」，官名，言以大夫爲此官也。「安」，語詞，猶乃也，言諸侯乃入而共受命也。（尹讀「置大夫以爲廷安」絕句，甚爲不詞，其注亦甚謬，不足辯。）張佩綸云：古官無名「廷」者，王説殊意斷。惠棟左氏補注引此以證「使宰獻而請安」，謂齊君飲昭公酒，故使宰獻，乃用廷安之禮，非卑公也，以正杜失。惠説是也。「安」、「宴」通。儀禮覲禮「天子使大夫戒，某日伯父帥乃初事」，其末曰「饗禮乃歸」，即此「廷宴」也。翔鳳案：釋名釋言語：「安，宴也。晏晏然和喜，無動懼也。」春秋哀公六年「安孺子」，史記作「晏」。説文：「晏，安也。」易中孚「有它不燕」，干寶云：「安也。」「廷安」即廷燕，張説是也。

必得文威武，官習勝善勝敵者，必得文德之威，武藝之官，與之練習士卒，則可以勝之。**務**〔一〕**，時因勝之**時，是也。務是因脩，不逆於理，可以得勝也。**終，無方勝之**從始至終，計出無方者勝。**幾，行義勝之**庶幾行義者可以勝。**理，名實勝之**整理名實不謬妄，可以得勝。**急，時分勝之**敗敵所得之物，應受分者急分與之，可以得勝。**事**〔二〕**，察伐勝之**伐功行賞之事，必察有功，不令無功者妄受，可①以得勝。**行**〔三〕**，備具勝之**行師用兵，必備其攻戰之具，可以得勝。**定獨威勝**，用師之本定，能獨威者勝。**定計財勝**，計謀財用，先審定者勝。**定聞知勝**〔四〕，聞知敵謀，能審定者勝。**定選士勝**，精選士卒，能審

① 「可」字原爲墨丁，據補注補。

定者勝。定制祿勝，制祿亦與有功，能審定者勝也。定方用勝〔五〕，異方所用，各有不同，能審定者勝也。定綸理勝，經綸之理，能審定者勝也。定死生勝，定成敗勝，定依奇勝〔六〕，所依奇策，能審定者勝。定實虛勝，定盛衰勝。舉機誠要則敵不量，發舉兵機，誠得其要，則敵不能量也。用利至誠則敵不校〔七〕，用兵便利，又能至誠，則敵不敢校也。明名章實則士死節，明忠義之名，章功勞之實，士則死節，不求苟生。奇舉發不意則士歡用〔八〕，奇謀之舉，發彼不意，則士樂爲用。交物因方則械器備〔九〕，交質之物，因方之有，則器械備具也。因能利備則求必得，因彼所能所利而以備之，則所求必得。執務明本則士不偷。執所營之務，明所爲之本，則士不苟且。備具無常，無方應也〔一〇〕。其所備具無有常者，所以應敵無方。聽於鈔故能聞未極〔一一〕，鈔，深遠也。所聽在於深遠，故能聞於極理。視於新故能見未形〔一二〕，未形者，新事將起，所視者在新，故見未形也。思於濬故能知未始，未始者，事之深浚者，所思在深，故知未始。發於驚故能至無量〔一三〕，發舉可驚，故敵不能量。動於昌故能得其實〔一四〕，舉動昌盛，故敵懼而輸實也。立於謀故能實不可故也〔一五〕。其所建立，皆用深謀，故常堅實，不復衰故。器成教守則不遠道里，器用完成，教令堅守，故欲往則至，不憚道里之遠也。號審教施則不險山河，號令審悉，教命施行，則赴湯火而不顧，豈險難於山河也？博一純固則獨行而無敵〔一六〕，德博而一，行純而固，則仰我如時雨，歡我如椒蘭，誰能敵之？慎號審章則其攻不

待慎號令，審旗章，則攻者争先登，豈顧後而相待乎？ **權與**〔一七〕**，明必勝則慈者勇**，權謀明略，必能勝敵，則慈仁者猶致勇奮，況惡少哉！ **器無方則愚者智**，器用無方，應卒必備，則愚者習而成智，況不愚乎！ **攻不守則拙者巧**，我攻既妙，彼不能守，則拙者習而成巧，況不拙乎！ **數也**〔一八〕**。動慎十號**，兵既數動，必慎十①號九章等。 此有因，其數在他篇。 **明審九章**〔一九〕**，飾習十器**〔二〇〕**，善習五官**〔二一〕**，謹修三官**〔二二〕**，必設常主**〔二三〕**，計必先定。**軍之主將，既必有常，軍之計謀，亦須先定。 **求天下之精材**，精材可以爲軍之器用者。 **論百工之鋭器，器成角試否臧。 收天下之豪傑，有天下之稱材**〔二四〕，稱材，謂材稱其所用也。 **説行若風雨，發如雷電**〔二五〕**。此居於圖方中。** 此中圖之副也。

〔一〕王念孫云：「習勝」者，習勝敵之術也。「勝」下不當有「之」字，此涉下文「勝之」而衍。宋本、朱本皆無「之」字。 戴望云：後圖有「之」字，據尹注亦似有「之」字。 安井衡以此下九「勝之」句皆連下「務」、「終」、「幾」、「理」、「急」、「事」、「行」、「原」、「本」九字爲句，又以「得」爲「德」借字。 何如璋云：「得」當爲「德」。 任法篇：「主之所處者四：一曰文，二曰武，三曰威，四曰德。」「務」字斷句，下一例。 舊注讀「之」爲句，大非。 王云「之」字衍，亦非。

① 「十」字原作「一」，據補注改。

翔鳳案：荀子成相：「尚得推賢不失序。」漢書天文志：「行得盡勝之。」「得」假爲「德」。左昭六年傳「教之以務」，注：「時所急。」晏子春秋：「景公起大臺，役者皆凍。晏子執朴，鞭其不務者。」

〔二〕陳奐云：「幾」讀爲期，言期於行義則勝之也。詩楚茨毛傳曰：「幾，期也。」是「幾」與「期」通之證。　俞樾云：說文人部：「僟，精謹也。」「幾」即「僟」之假字，謂精謹行義也。「行」、「義」二字平列，賈子俗激篇：「此其無行義之尤至者已。」尹注謂「庶幾行義者」，非是。吳汝綸云：此以「勝之務」、「勝之終」、「勝之幾」等爲句。尹以「之」字絶句，非是。張佩綸云：「時因」當作「因時」。「終」，「紀」之誤。小匡「以爲民紀」，齊語作「陵爲之終」，是其證。「紀」、「幾」、「理」、「急」、「事」爲韻。「時分」當作「等分」。等，等威；分，名分。翔鳳案：「幾」與「終」對。幾微，事之先見者也。易曰：「知幾其神乎。」「無方」，即無偏向。多方考慮，勝之始也。

〔三〕翔鳳案：史記高祖功臣年表：「明其等曰伐。」

〔四〕戴望云：後圖作「知聞」。

〔五〕姚永概云：下「交物因方則械器備」句正承此文。謂交易各國之良弓勁矢，堅甲利兵也。「方用」猶言方物矣。　翔鳳案：「方」爲併船，有比併之義。莊子：「方舟而濟於河。」論語：「子貢方人。」

〔六〕王念孫云：「綸理」即「倫理」。（「倫」與「綸」古字通，故漢書律曆志「泠倫」作「泠綸」。）「依奇」即「依倚」也。（説卦傳「參天兩地而倚數」，釋文：「倚，蜀本作『奇』。」周官大祝「奇搼」，注：杜子春云：「『或云『奇』讀曰倚。」漢書外戚傳「欲倚兩女」，史記「倚」作「奇」。）「綸理」、「死生」、「成敗」、「依奇」、「實虚」、「盛衰」，皆兩字平列，尹注非。何如璋云：「依奇」之「依」當作「正」。孫子勢篇：「三軍之衆可使必受敵而無敗者，奇正是也。」又：「凡戰者以正合，以奇勝。」本此。翔鳳案：説文「依」、「倚」互訓，王説是也。學記「不學博依」，注：「廣譬喻也。」論語：「能近取譬。」此古人一種思想方法也。

〔七〕翔鳳案：依上下句，「利」爲名詞，不能釋爲「制」字。老子「絶巧棄利」，注：「巧利，用之善者。」

〔八〕王念孫云：「舉發不意」，即下文所云「發不意」也。「舉發」上不當有「奇」字，此涉上文「依奇」而衍。自「舉機誠要」至「執務明本」，皆四字爲句，尹注非。翔鳳案：「不意」則「奇」。古人不尚排偶，諸句不必一致。

〔九〕俞樾云：「交」讀爲校，謂考校其物，必因其方也。尹注謂「交質之物，因方之有」，非是。翔鳳案：小爾雅廣言：「交、校，報也。」左僖二十三年傳：「有人而校。」俞説是也。

〔一〇〕翔鳳案：此倒句也。書中倒句頗多，古今語法不同。

〔一一〕戴望云：後圖作「無極」。何如璋云：「鈔」當作「眇」，細微也。聽而得之，則遠而無極者能聞矣。陶鴻慶云：「鈔」當爲「訬」，故尹注訓爲「深遠」。極，至也。「聞未極」與「見未形」相對，注云「所聽在於深遠，故能聞於極理」，非是。

〔一二〕陳奐云：「新」當爲「親」，字之誤也。親，近也。聽於至小，故能聞未極。視於至近，故能見未形。鈔、親二義相同。安井衡云：「新」，初也，視於事初，故能見未成形之時。

〔一三〕戴望云：「驚」疑「警」字之誤。釋名曰：「敬，警也。行事肅警也。」「發於警」，正得臨事而懼之意。古字警、驚往往致誤。詩小雅「徒御不警」，今亦誤爲「驚」矣。翔鳳案：參患：「三驚當一至。」戴説謬。

〔一四〕戴望云：「昌」當爲「冒」，「寶」當爲「實」，皆字之誤也。説文曰：「冒，蒙而前也。」段氏注：「蒙者，覆也，引申之，有所干犯而不顧亦曰冒。」此「冒」字當同此意。「實」者，軍實也。左氏隱五年傳「以數軍實」，杜注曰：「數車徒器械。」宣十二年傳「楚國無日不討軍實而申儆之」，襄二十四年傳「齊社蒐軍實」，杜注竝云：「軍實，軍器。」此蓋言動於冒，故能得敵人之軍器，所謂「先人有奪人之心」是也。尹注大非。翔鳳案：「昌」訓「始」，爲「倡」之借。齊人謂「俘」爲「寶」，包括人與財物。左莊六年「齊人來歸衛俘」，公羊作「寶」。

〔一五〕戴望云：「故」當爲「攻」字之誤。「立於謀」，故能兵甲堅實，使敵不可攻也。或云：「故，『敵』字之誤。」張佩綸云：「故能實不可故也」無義。「寶」當作「守」，涉上「寶」而誤。「故」當作「攻」，涉上「故」而誤。故能攻不守，「守」與「謀」爲韻，下「攻不守則拙者巧」正承此文。「可」當爲「行」，自「聽於鈔」至「立於謀」，凡六端，即兵法之六行也。翔鳳案：賈子大政：「能言之、能行之者，謂之實。」荀子王霸：「而好詐故」，注：「謂事變也。」一字不誤。本篇非韻文，凡言韻者皆誤。

〔一六〕王念孫云：「博」字與「一純固」三字義不相屬。尹云「德博而一」，則曲爲之説也。「博」當爲「摶」，字之誤也。「摶」即專字也。「專一」與「獨行」，義正相承。唯其「專一純固」，故能「獨行而無敵」。兵法篇曰「一氣專定，則傍通而不疑」，是其證也。古書多以「摶」爲「專」。（説見前「博出入」下。）　翔鳳案：房注：「德博而一，行純而固。」「博」假爲「溥」。王説非。

〔一七〕王念孫云：案尹注甚謬。此當讀「則其攻不待權與」爲句。「權與」謂與國也。言能慎號審章，則攻人之國，不待與國之相助也。（即上文「獨行無敵」之意）。七法篇曰：「攻國救邑，不待權與之國。」事語篇曰：「獨出獨入，莫之能禁止，不待權與。」（今本「與」字皆作「輿」，此後人不曉文義，而妄改之也。唯宋本作「與」。）輕重甲篇曰「數欺諸侯者無權與」，是其證也。下文「明必勝則慈者勇，器無方則愚者智，攻不守則拙者巧」，六句文同一例，則「明必勝」三字不與「權與」連文，益明矣。

〔一八〕孫星衍云：「數」讀如計數之數，總承上文爲句。「動慎十號」爲句，與下文「明審九章，飭習十器，善習五官，謹修三官」句法爲一例。尹注非。　王念孫云：孫説是也。「數也」云者，猶言道固然也，乃總結上文之詞。荀子仲尼篇曰：「桓公兼此數節者而盡有之，其霸也宜哉，非幸也，數也。」呂氏春秋壅塞篇：「寡不勝衆，數也。」高注曰：「數，道數也。」本書權脩篇曰：「教訓成俗而刑罰省，數也。」法法篇曰：「上無固植，下有疑心，國無常經，民力必竭，數也。」皆其證。

〔一九〕何如璋云：「九章」即旗章也，見兵法篇。

〔二〇〕何如璋云：「十器」謂兵械也。夏官司馬：「掌五兵五盾，各辨其物與其等，以待軍事。」翔鳳案：「十器」即「什器」。「十」通「什」，見前。

〔二一〕洪頤煊云：兵法篇云：「三官不謬，五教不亂，九章著明。」此「五官」當作「五教」。翔鳳案：「官」訓「管」，見前。有管即有教，不必改字。

〔二二〕何如璋云：「三官」，兵法篇：「一曰鼓。二曰金。三曰旗。」

〔二三〕丁士涵云：當作「主必常設」，與下「計必先定」，兩「必」字相對成文。「設」、「定」皆立也。權脩篇曰「萬乘之國，兵不可以無主」，是其證。何如璋云：「常主」謂將軍之帥，建大常以爲主者。兵必立主，乃有專司。非此，則不能徧知天下，審御機數也。秋官大行人：「以九儀辨諸侯之命。上公建常，九斿。侯伯建常，七斿。子男建常，五斿。」是「常」亦諸侯所建。王之大常，所異者十二斿耳。翔鳳案：何説句改而意不改，謬矣。

〔二四〕王念孫云：「稱材」當作「精材」，即上文所云「求天下之精材」也。七法篇云：「聚天下之精材，論百工之鋭器。」小問篇云：「選天下之豪傑，有天下之精材。」意並同也。隸書「稱」字或作「稱」，與「精」相似而誤。尹注非。章炳麟云：釋言：「稱，好也。」考工「輪人欲其肉稱也」，注：「肉稱，弘殺好也。」皆訓「稱」爲好。好材，猶言美材也。上文云「精材」，小問亦以「精材」、「豪傑」竝言，字與此異，而意則大同。尹注「謂材稱其所用」，失之。雜志以「稱」爲「精」之誤，亦不必然。翔鳳案：「稱」之訓「好」，即謂其相稱。俗語作「稱力」，讀去聲。

〔二五〕豬飼彥博云：「說」字衍。丁士涵云：「說」讀爲銳。文選五等論注：「銳猶疾也。」廣雅曰：「銳，利也。」安井衡云：「說」，舍也，次舍行軍，若風雨之不可抑止也。翔鳳案：書有說命，與教令相當，貫二句，不當衍。

旗物尚青，木用事，故尚青。**兵尚矛**〔一〕，象春物之芒銳。**刑則交寒害釱**〔二〕。其行刑戮，則於初旦夜盡之交。其時尚寒主春，人不得已而行刑，故離害而釱禁①。釱或爲鈦。**器成不守，**器用既成，則敵不能圍守也。**經不知；**經，法也。用兵之法，敵不能知也。**教習不著，**我之教習，敵不能著。著，猶明著。**發不意**〔三〕。其所舉發，出敵不意。**經不知，故莫之能圉；發不意，故莫之能應。莫之能應，故全勝而無害；莫之能害，故必勝而無敵**〔四〕。**四機不明**〔五〕**，不過九日而游兵驚軍；**四機，即上不守、不知、不著、不意也。**障塞不審，不過八日**

① 「離害而釱禁」原作「難言而欽敬」，據補注改。

而外賊得閒；障塞者，所以防守要路也。由守不慎〔六〕，不過七日而內有讒謀；由守，所由而防守者。詭禁不脩，不過六日而竊盜者起；詭禁，所以禁詭常也。死亡不食〔七〕，不過四日而軍財在敵〔八〕。死亡者不享食，鬼神必怨怒，故軍財在敵。此居於圖東方方外。此東圖之副也。

〔一〕林昌彝云：管子幼官篇：「東方旗物尚青，兵尚矛；南方旗物尚赤，兵尚戟；西方旗物尚白，兵尚劍；北方旗物尚黑，兵尚脅盾。」此各方旗物配其兵，本禮記各以其方色與其兵。鄭注謂「未聞其兵」，此可補鄭注所未備。尹桐陽云：穀梁莊二十五年傳「陳五兵」，范注：「五兵：矛、戟、鉞、楯、弓矢。」楊勛疏引徐邈曰：「矛在東，戟在南，鉞在西，楯在北，弓矢在中央。」説蓋出此。翔鳳案：旗物配五行，墨子亦有之。蓋承洪範五行而發展，禮記在其後。林倒果爲因，誤。

〔二〕戴望云：「寒」當爲「蹇」字之誤。説文曰：「蹇，跛也。」「尣，烏光切，跛也，曲脛人也。」「交，交脛也。謂以兩繩系交其膝下，若曲脛然也。」「害」當從劉説讀爲轄，説文曰：「轄，鍵也。」「轄」與「舝」同字，「舝」下曰：「車軸耑鍵也。」段注曰：「以鐵豎貫軸頭而制轂，如鍵閉然。」依段説，則轄以鐵爲之。轄爲繫車軸之物，引申之，因謂以鐵索拘罪人者亦謂之轄，其狀蓋如鋃鐺矣。説文又曰：「鈦，鐵鉗也。」段注曰：「平準書：鈦左趾。三蒼：鈦，踏脚鉗也。張斐漢晉律序説：狀如跟衣，箸足下，重六斤，以代刖。」蓋「轄」與「械」音近，「鈦」與桎音近。

周禮掌囚注：「在手曰梏，在足曰桎。」梏亦械類。以是推之，則此亦當云「在手曰轄，在足曰鈦」矣。　章炳麟云：劉績曰：「鈦，鉗械人足也，恐當作轄鈦。」其説是也。漢書揚雄傳「肆玉鈦而下馳」，以「鈦」爲「軑」；而説文「軑」訓「車轄也」。（廣韻引。）「轄，一曰鍵也。」則軑本是鍵閉之物，與「軑」聲義相通，「軑」可言轄，故「鈦」亦可言轄。至「交寒」，則「骹骭」之借。説文：「骹，骭也。」「骭，脛也。」此以「骹骭」竝言，連文足句也。御覽引説文：「鈦，脛鉗也。」是鈦固施于骹骭矣。本當言轄軑骹骭，此倒句耳。　于省吾云：戴以「寒」爲「蹇」字之誤，是也。惟「蹇」字應讀作鍵，周禮司門「掌授管鍵」，鄭司農云：「『鍵』讀爲蹇。」　翔鳳案：「寒」誤爲「蹇」無據。文選七啟「寒芳苓之巢龜」，注：「『寒』與『韓』同。」曹子建名都篇「寒鼈炙熊蹯」，注：「『寒』與『韓』古今字。」左襄八年傳「寒促」，古今人表作「韓促」。説文：「韓，井垣也。」同「幹」。文選西都賦「攀井榦而未半」，李注：「『榦』音寒。」「韓」爲井榦，與校相似，即枷也。「害鈦」以章説爲是。

〔三〕王念孫云：「經」，過也，謂兵過敵境而敵不知也。「經不知」、「發不意」相對爲文。「經」之言徑也。兵法篇云「徑乎不知，發乎不意」，是其證。尹注非。　陶鴻慶云：尹注云「器用既成，則敵不能圍守」，殊不成義。「守」當讀如墨守之守，言成器之法，不拘故常也。上文云「器無方則愚者智」，即此義。　張佩綸云：「守」、「著」皆當作「若」，字之誤也。器成、教習，兵之正法，鼂錯所謂「士服習，器械利」也。然「器成不若經不知，教習不若發不意」，此兵之奇也。孫子計篇「攻其無備，出其不意」，孟氏注及通典注均引太公「動莫神于不意，謀莫大于不識」。　翔鳳案：王、陶説是。張無據改字，不可爲訓。

〔四〕安井衡云：「圉」諸本誤「害」，今從古本。　戴望云：元本作「莫之能圉」，後圖亦作「圉」，此涉上文「無害」而誤。

〔五〕何如璋云：「四機」即兵法篇「敵政」、「敵情」、「敵將」、「敵士」，四者乃兵機之要也。

〔六〕俞樾云：「由」疑「申」字之誤，哀二十六年左傳「申開守陴」。

〔七〕王引之云：「死亡不食」義不可通，尹曲爲之説，非也。「亡」蓋「士」之譌，死士，敢死之士也。（見定十四年左傳杜注。）「食」猶饗也。饗死士，若田單之盡散飲食饗士，李牧之日擊數牛饗士，是也。秦策曰：「廢文任武，厚養死士，綴甲厲兵，效勝於戰場。」是死士所以克敵效勝。今吝惜資財，不肯饗之，則死士不爲之用，將無以勝敵，而爲敵所勝，故「軍財在敵」也。後幼官圖篇同。　俞樾云：「食」乃「飭」之壞字。上文「飭天壤山川之故祀」，今亦誤作「食」，是其證也。「死亡不食」當作「死亡不飭」。禮記月令篇曰「飭死事」，即此「飭」字之義。　翔鳳案：侈靡篇：「國殤葬於叢社。」「食」即上文「修春秋冬夏之常祭食」。房注「死亡者不享食」，不誤。不厚待國殤，無以勵士氣。

〔八〕張佩綸云：「四日」當作「五日」。　翔鳳案：依「中方本圖，當爲「五日」。然祭祀以三爲神數（詳拙著周易探原），過三日即四日矣。幼官圖亦爲「四日」，「四」字不誤。

旗物尚赤，火用事，故尚赤。兵尚戟，象夏物之森聳。刑則燒交疆郊〔一〕。其用刑，則於疆郊焚燒而交也。必明其一，一，謂號令不二。必明其將，必明其政，必明其士。四者備〔二〕，則以治擊亂，以成擊敗。數戰則士疲，數勝則君驕。驕君使疲民，則國危〔三〕。至善不戰，用兵之善者，其唯不戰乎！其次一之。其次善者，雖戰而號令一。大勝者積衆，積衆然後可以大勝。勝，無非義者，焉可以爲大勝〔四〕。所以勝皆大義，故成大勝也。大勝，無不勝也。此居於圖南方方外。此南圖之副也。

〔一〕章炳麟云：「交」借爲「烄」，爲「窔」。説文「烄，交木然也」，「窔，交灼木也」，與「燒」義相承。「疆郊」者，「郊」即「墝」之借。左傳「數疆潦」，賈注：「疆墝埆之地。」月令「美土疆」，注：「强墝之地。」是也。强墝之地，古人每以他物變化之。月令季夏之月云「燒薙行水，利以殺草，如以熱湯，可以糞田疇，可以美土疆」，是即「燒烄疆墝」之謂。但夏日烈暑而從事炎火熱湯之中，農夫亦以爲苦，故以罰作有罪者，于刑爲胥靡城旦之類。文在南方圖中，亦與月令季夏之政合。

〔二〕何如璋云：「一」當作「情」，涉下「一」字而誤，兵法篇可證。「四者」即上「四機」之謂。「備」謂知其皆不如己。翔鳳案：細讀兵法，「一」字不誤。

〔三〕尹桐陽云：呂覽適威：「李克對魏武侯曰：『驟戰則民罷，驟勝則主驕。以驕主使罷民，然而國不亡者，天下少矣。』」淮南道應「驟」作「數」，「驕」作「憍」也。

〔四〕安井衡云：古本「衆勝」下有「而」字，似長。戴望云：「大勝者」三字衍文，當讀「積衆勝無非義者」爲句。「焉」猶乃也。「焉」字屬下爲句。尹注非。翔鳳案：「積衆勝」而爲「大勝」。「焉」字屬下爲句。

旗物尚白，金用事，故尚白。兵尚劍，象金性之利也。刑則詔昧斷絶〔一〕。其用刑，則繼晝之昧，斷絶而戮之也。始乎無端，卒乎無窮。始乎無端，道也。卒乎無窮，德也。道不可量，德不可數。不可量則衆强不能圖，不可數則爲詐不敢鄉〔二〕。兩者備施，兩者，謂道德也。動靜有功。畜之以道，養之以德。畜之以道則民和，養之以德則民合，故能習，習故能偕，偕，謂同爲其事。偕習以悉〔三〕，悉，盡也。莫能傷也。此居於圖西方方外。此西圖之副也。

〔一〕丁士涵云：說文：「紹，緊糾也。」「昧」與「末」通，內業篇「氣不通于四末」，注：「四末，四支。」左昭元年傳：「末，四支也。」「紹末斷絶」，謂以繩纆係其支體，斷絶之也。孫詒讓云：「詔」，明刻本竝作「紹」。「詔昧」疑當作「扼昧」，韓非子備內篇云：「此鴆毒扼昧之所以用也。」章炳麟云：「紹昧」亦與「斷絶」同義，古人言不避複也。「紹」得刀聲，「刀」之俗字作「刟」，廣雅釋詁：「刟，斷也。」「紹」借爲「刟」。「昧」者，公羊襄二十七年傳「昧雉彼視」，

注：「昧，割也。」（釋文云「昧雉舊音刎」，此猶「昧」與「曶」之通。）斷割，猶斷絕也，皆謂斬斷之刑。又以義之相反相成言之，斷字從𢇍，𢇍，古文絕也。反𢇍爲𢇛，即今繼字。説文「紹，繼也」，反則爲斷絕之義。「昧」之言未也，方言：「未，續也。」繼、續同義，（説文「繼」亦訓續。）故反亦爲斷絕之義。翔鳳案：「昧」訓「割」，爲「剺」之借。「剺」或作「劙」，荀子彊國：「劙盤盂。」堯典「昧谷」，史記作「柳谷」。「柳」借爲「劉」，義亦通。

〔二〕劉績云：「鄉」、「嚮」同。孫星衍云：「爲」讀作僞，兵法篇：「則僞詐不敢嚮。」禮記月令「毋或作爲」，注：「今月令『作爲』爲『詐僞』。」左氏定九年傳「子爲不知」，釋文：「『爲』本作『僞』，古字通用。」張佩綸云：「爲」古「僞」字，「數」、「量」當互易，「數」與圖韻，「量」與鄉韻。翔鳳案：「僞詐」即「譌詐」，通作「訛詐」。詩采苓「人之爲言」，正月「民之訛言」。

〔三〕劉績云：兵法篇作「和合故能諧，諧故能輯，諧輯以悉，莫之能傷」，則「習」乃「輯」聲之誤。後放此。丁士涵云：「習」爲「輯」之假借，輯，合也。諧，和也。尹注非。

旗物尚黑，水用事，故尚黑。兵尚脅盾，象時物之閉。盾或署之於脅，故曰脅盾。刑則游仰灌流〔一〕。其用刑，則游縱之所使仰藥死，而既乃投之於灌流。察數而知治，審器而識勝，明謀而適勝〔二〕，通德而天下定。定宗廟，育男女，宗廟存，則男女育也。官四分，則可以立威行德，制法儀，出號令〔三〕。擇才授官，四面分設。至善之爲兵也，非地是求也，罰人是君〔四〕。至善之兵，不求其地，所以君可罰人，若紂、桀之人，比屋可誅也。立義而加之以勝，至威而實之以德〔五〕，守之而後脩，勝心焚海内〔六〕。既獲敵人之國，順而守之，然後修其法制。如此，則强勝之心可以焚灼於海内。民之所利，立之；所害，除之，則民人從。立利、除害，則人從也。立爲六千里之侯，則大人從。既九會之後，天子加命，立爲侯伯，面各三千里，四方相距六千里。大人，謂天子三公四輔也。使國君得其治，則人君從。會國君，謂天下同盟諸侯①。請命於天〔七〕，地知氣和〔八〕，則生物從。謂郊祀天地神祇，使之合德，則四氣和可知，故生物從之。計緩急之事，則危危而無難〔九〕。緩急之事，皆已計定，則二者之危無所難。緩急之事，皆有可危之理，故曰危危。明於器械之利，則涉難而不變。察於先後之理，則兵出而不困。通於出入之度，則深入而不危。審於動静之務，則功得而無害也。著於取與之分，則得地而不執〔一〇〕。謂不悋執。慎於號令之官，則舉事而有功。此居於圖北方方外〔一一〕。此北圖之副也。

〔一〕翔鳳案：「仰」爲以水灌鼻之刑。左僖二十一年傳「夏大旱，公欲焚巫尪」，注：「女巫也。或謂疾病之人其鼻向上，俗謂天哀其病，恐雨入其鼻，故旱。」灌水於鼻，近代有用之者。

〔二〕王念孫云：「適勝」當爲「勝適」，「適」即敵字也。兵法篇云「察數而知治，審器而識勝，明理

① 「侯」下原衍「矣」字，據補注删。

而勝敵」，是其證。今作「適勝」者，涉上句「識勝」而誤。

〔三〕翔鳳案：幼官以北爲主，「官四分」，分春夏秋冬之官也。

〔四〕豬飼彥博云：末句當作「人是罰也」。張佩綸云：「罰」當作「非」，言非求其地，君其民。翔鳳案：廣雅釋詁四：「罰，伐也。」史記律書：「北至於罰，罰者言萬物氣奪可伐也。」「是」從「日」、「正」。易未濟「有孚失是」，虞注：「正也。」伐其民而正其君也。「人」當作「民」，避唐諱改。無誤字。

〔五〕丁士涵云：「至」當爲「立」字之誤，「立威」與上「立義」對文。劉師培云：「至」即「致」省。

〔六〕豬飼彥博云：「心焚」當作「必樊」，言能守仁義威德而後舉兵勝敵，則必服海內，如在樊籬之中也。戴望云：「焚」字義不可通，尹注訓爲「焚灼」，甚非也。「焚」當爲「樊」，字形相近而誤。詩齊風毛傳曰：「樊，藩也。」字本作「棥」，假借作「樊」。「勝心樊海內」者，言勝心足以牢籠海內，若藩籬之也。孟子「益烈山澤而焚之」，莊氏葆琛謂：「『烈』當作『列』，『焚』作『樊』，言衰列山澤而藩籬之也。」左傳「象以齒以焚其身」，宋本北堂書鈔引「焚」作「樊」，可證今本之誤。翔鳳案：説文：「燓，燒田也。从火、棥，棥亦聲。」「棥，藩也。」是「焚」有「藩」義矣。

〔七〕王念孫云：「則人君從」絶句，與上下之「民人從」、「大人從」、「生物從」文同一例。「會」字下屬爲句。會，合也，合請命於天地也。尹以「人君從會」爲句，非是。尹桐陽云：「會請命於天」句。「會」同「禬」，除疾殃祭也。（「地」字屬下，以「地知氣和」爲句。）翔鳳案：「會」即九會諸侯之「會」，尹説非是。

〔八〕丁士涵云：「知」當爲「志」，聲之誤。尹桐陽云：「地知氣和」句。「知」同「湒」，土得水沮也。集韻云：「水土和。」翔鳳案：莊子庚桑楚：「知者，接也。」墨子經上：「知，接也。」斷句從尹，解釋俱誤。

〔九〕劉績云：别本注云：「緩急之事，已有定計，雖危，其可危終無所難也。」洪頤煊云：上「危」字當爲「居」字之譌，尹注非。戴望云：兵法篇曰：「三官不繆，五教不亂，九章著明，則危危而無害，窮窮而無難。」亦以「危危」連文，洪改似非。

〔一〇〕王念孫云：「執」字義不可通，尹曲爲之説，非也。「執」當爲「報」。報，復也，反也。（周官宰夫注：「復之言報也，反也。」）言明乎取與之分，則得敵之地，而敵不能復取吾地也。越語曰「戰勝而不報，取地而不反」，是其證。隸書「執」字或作「瓡」（見漢淳于長夏承碑），形與「報」相似，故「報」譌爲「執」矣。（漢書王子侯表「騶邱原侯報德」，史表「報」作「執」。）俞樾云：「執」讀爲慹，漢書陳萬年傳「豪彊執服」，注曰：「『執』讀曰慹。」是其例也。説文心部：「慹，悑也。」「悑」即今怖字。「著於取與之分」，則得地而無患，故「不慹」，與上文「審於動靜之務，則功得而無害」，義正相同。尹注謂「不恡執」，失之。翔鳳案：俞説是也。

〔一一〕翔鳳案：幼官會諸侯，明政刑，大刑用甲兵，兵亦刑也。其義與五行配合。東方之刑，「交寒害鈇」皆木也。南方之刑，「燒交疆郊」皆火也。西方之刑，「紹昧斷絶」皆金也。北方之刑，「游仰灌流」皆水也。水火不可爲兵器，則取其形象。房注謂「矛象春物之芒鋭，戟象夏物之森聳，劍象金性之利，盾象時物之閉」，其言是也。然此僅就其粗淺者言之耳。幼官爲全書之腦神經系，一切言論皆從此出。阮元謂：「明堂爲天子所居之初名，祀上帝於是，祭先祖於是，朝諸侯於是，養老、尊賢、教國子於是，饗射、獻俘馘於是，治天文、告朔於是。」幼官爲諸侯之宫，其爲用一也。篇中所言多天文，顯而易見。卯爲春門，酉爲秋門，予已辯正之矣。心術上「絜其宫，開其門」，乃由此導出。老子「天門開闔，能爲雌乎」，即從此發展。幼官以北宫爲主，顓頊主之，所謂「顓頊得之，以處玄宫」，即此。老子「道可道，非常道，名可名，非常名」，「玄之又玄，衆妙之門」，其「門」即春門、秋門，亦即天門也。思想出於腦，古人已知。説文「思」從囟聲，囟即囟門，又呼天靈蓋。道家之嬰兒、姹女，由此引申。所謂「一丸萊菔火吾宫」，「宫」即心也。顓頊爲水帝，故水地篇以水爲神。顓頊爲楚之祖，楚水獨合於標準。篇中屢言「凡物開静，形生理，常至命」。心術上：「心之在體，君之位也。九竅之有職，官之分也。心處其道，九竅循理。」「物固有形，形固有名。」「静因之道也。」「人主者，立於陰，陰者静。」心術下：「正形飾德，萬物畢得。」白心：「建當立有，以靖爲宗，以時爲寶，以政爲儀。」亦由此導出。而白心之「祥於鬼者義於人」，「義於人者祥其神矣」，所謂「鬼神以祥使」，與幼官之關係尤爲顯著。由是以水地爲楚霸時作，心術、白心爲宋鈃、尹文作，其誤立見矣。五行、四時二篇，申述其義。宙合：「左操五音，右執五味，懷繩與准鉤，多備規軸。」「五音」、「五味」見於幼官。天左旋，積氣而有五音。地右轉，生物而有五味。規矩與繩，爲五帝所執，非幼官不得其解。而如侈靡之複雜，舊説幾於心迷目眩，不知所云，知「聖人乘幼」，則立迎刃而解矣。非獨此也，五方之數字，非此不解。地員篇辨土宜，「五粟」、「五沃」、「五位」、「五蘟」、「五壤」等，皆以五分，以土數爲五。「管仲之匡天下也，其施七尺」，由一施、二施、三施至二十施。施以竹爲之，木類，木之生數二，成數七。中匡「五官行事」，四時「春以甲乙之日發五政」，夏秋冬亦爲五政，以幼官爲五宮。五行篇黄帝六相，則合天地四方言之也。若夫七法「育男女」，小匡「牛馬育」，兵法「器械不巧則朝無定」，其詞皆見於幼官。七法、兵法尤多。故幼官爲理論之中心。

幼官圖第九

西方本圖　西方副圖　南方本圖　中方本圖　北方本圖　南方副圖

中方副圖　北方副圖　東方本圖　東①方副圖

經言九

① 「東」字原作「中」，據補注改。

安井衡云：此篇名圖，則當陳列幼官所不及以爲十圖。今不惟無圖，其言又與前篇無異；蓋原圖既佚，後人因再鈔幼官以充篇數耳，非管子之舊也。戴望云：宋本此篇，先西方本圖，次西方副圖，次南方本圖，次中方本圖，次北方本圖，次南方副圖，次中方副圖，次北方副圖，次東方本圖，次東方副圖，與今本大異，恐宋本爲是。此必有意義存乎其中，今本特以其不同前篇，而移其先後耳。翔鳳案：幼官圖與幼官篇文字相同，重復不合理，古人決不如是之愚蠢。以屈原祖廟及長沙軚侯墓畫絹例之，幼官圖是圖，是照幼官篇文字繪圖於壁上，即用幼官篇文字説明之。幼官圖即是此意。郭沫若誤會文義，用文分列爲圖而不言五帝、五獸之形象，非是。且篇中數字之意義即用洪範，其圖爲洛書。各書有洛書圖，而不知即在管子幼官篇中。可知圖不僅是畫像，即黑白點亦爲圖。本圖、副圖亦有分别者。楊忱本先西方，次南方，次中方，次北方，次中副，次北副，次東方，由左而上中下，合乎繪畫之順序，郭不知也。

秋行夏政葉，行春政華，行冬政耗。十二期風至，戒秋事。十二小卯，薄百爵。十二白露下，收聚。十二復理，賜予。十二始前節，弟賦事〔一〕。十二始卯，合男女。十二中卯，十二下卯，三卯同事。九和時節，君服白色，味辛味，聽商聲，治濕氣，用九數，飲於白后之井，以介蟲之火爨。藏恭敬，行搏鋭，坦氣脩通。凡物開靜，形生理，閒男女之畜，修鄉里之什伍，量委積之多寡，定府官之計數，養老弱而勿通，信利害而無私。此居於圖西方方外。

右西方本圖

〔一〕劉績云：前作「十二始節賦事」，無「前」、「弟」二字。戴望云：「前」、「弟」二字，疑皆「節」字之誤而衍者，上篇亦無此二字。翔鳳案：「前」同「翦」，齊也。義可通，不誤。

旗物尚白，兵尚劒，刑則紹昧斷絶。始乎無端，卒乎無窮。始乎無端，道也。卒乎無窮，德也。道不可量，德不可數。不可量則衆强不能圖，不可數則爲詐不敢鄉。兩者備施，動静有功。畜之以道，養之以德。畜之以道則民和，養之以德則民合，和合故能習，習故能偕，偕習以悉，莫之能傷也。此居於圖西方方外。

右西方副圖

夏行春政風，行冬政落，重則雨雹，行秋政水。十二小郢，至德。十二絶氣下，下爵賞。十二中郢，賜與。十二中絶，收聚。十二大暑至，盡善。十二中暑，十二小暑終，三暑同事。七①舉時節，君服赤色，味苦味，聽羽聲，治陽氣，用七數，飲於赤后之井，以毛獸之火爨。藏薄純，行篤厚，坦氣修通。凡物開靜，形生理，定府官，明名分，而審責於群臣有司，則下不乘上，賤不乘貴。法立數得，而無比周之民，則上尊而下卑，遠近不乖。此居於圖南方方外。

右南方本圖

若因處虚守靜，人物則皇。五和時節，君服黄色，味甘味，聽宫聲，治和氣，用五數，飲於黄后之井，以倮獸之火爨。藏温儒，行歐養，坦氣修通。凡物開靜，形生理，常至命。尊賢授德則帝，身仁行義、服忠用信則王，審謀章禮、選士利械則霸，定生處死、謹賢修伍則衆，信賞審罰、爵材禄能則强，計凡付終、務本飭末則富，明法審數、立常備能則治，同異分官則安。通之以道，畜之以惠，親之以仁，養之以義，報之以德，結之以信，接之以禮，和之以樂，期之以事，攻之以言〔一〕，發之以力，威之以誠。一舉而上下得終，再舉而民無不從，三舉而地辟散成，四舉而農佚粟十，五舉而務輕

① 「七」字原作「十」，據補注改。

金九，六舉而絜知事變，七舉而内外爲用，八舉而勝行威立，九舉而帝事成形。九本摶大，人主之守也。八分有職，卿相之守也。十官飾勝備威，將軍之守也。六紀審密，賢人之守也。五紀不解，庶人之守也。動而無不從，靜而無不同。治亂之本三，卑尊之交四，富貧之終五，盛衰之紀六，安危之機七，强弱之應八，存亡之數九。練之以散群傰署，凡數財署，殺僇以聚財，勸勉以遷衆，使二分具本。發善必審於密，執威必明於中。此居圖方中。

右中方本圖

〔一〕安井衡云：古本「攻」作「孜」。戴望云：「攻」當從一本作「孜」，「攻」字誤。翔鳳案：前篇亦作「攻」。

冬行秋政霧，行夏政雷，行春政烝泄。十二始寒，盡刑。十二小榆，賜予。十二中寒，收聚。十二中榆，大收。十二寒至，靜。十二大寒之陰，十二大寒終，三寒同事。六行時節，君服黑色，味鹹味，聽徵聲，治陰氣，用六數，飲於黑后之井，以鱗獸之火爨。藏慈厚，行薄純，坦氣修通。凡物開靜，形生理。器成於僇，教行於鈔，動靜不記，行止無量。戒審四時以别息，異出入以兩易，明養生以解固，審取與以總之。一會諸侯，令曰：「非玄帝之命，毋有一日之師役。」再會諸侯，令曰：「養孤老，食常疾，收孤寡。」三會諸侯，令曰：「田租百取五，市賦百取二，關賦百取一，毋乏耕織之器。」四會諸侯，令曰：「修道路，偕度量，一稱數，毋征藪澤，以時禁發之。」五會諸侯，令曰：「修春秋冬夏之常祭食，天壤山川之故祀必以時。」六會諸侯，令曰：「以爾壤生物共玄官，請四輔，將以祀上帝〔一〕。」七會諸侯，令曰：「官處四體而無禮者，流之焉莠命。」八會諸侯，令曰：「立四義而無議者，尚之于玄官，聽於三公。」九會諸侯，令曰：「以爾封內之財物、國之所有爲幣。」九會，大令焉出，常至。千里之外，二千里之內，諸侯三年而朝，習命；二①年，三卿使四輔；一年，正月朔日，令大夫來修，受命三公。二千里之外，三千里之內，諸侯五年而會，至，習命；三年，名卿請事；二年，大夫通吉凶；七年，重適入正禮義〔二〕；五年，大夫請變〔三〕。三千里之外，諸侯世一至，置大夫以爲廷安，入共受命焉。此居於圖北方方外。

---

① 「二」字原作「三」，據補注改。

右北方本圖

〔一〕安井衡云：諸本「禮」誤「祀」。今從古本作「禮」。翔鳳案：上文「祀必以時」，則作「祀」者是也。

〔二〕戴望云：當從前篇作「十年」，此「七」字誤。

〔三〕戴望云：元本作「請受變」，案前篇本有「受」字。

旗物尚赤，兵尚戟，刑則燒交疆郊。必明其一，必明其將，必明其政，必明其士。四者備，則以治擊亂，以成擊敗。數戰則士疲，數勝則君驕。驕君使疲民，則危國。至善不戰，其次一之。大勝者，積衆勝而無非義者，焉可以爲大勝？大勝，無不勝也。此居於圖南方方外。

右南方副圖

必得文威武，官習勝之務，時因勝之終，無方勝之幾，行義勝之理，名實勝之急，時分勝之事，察伐勝之行，備具勝之原，無象勝之本。定獨威勝，定計財勝，定聞知①勝，定選士勝，定制禄勝，定方用勝，定綸理勝，定死生勝，定成敗勝，定依奇勝，定實虚勝，定盛衰勝。舉機誠要則敵不量，用利至誠則敵不校，明名章實則士死節，奇舉發不意則士歡用，交物因方則械器備，因能利備則求必得，執務明本則士不偷。備具無常，無方應也。聽於鈔故能聞無極，視於新故能見未形，思於濬故能知未始，發於驚故能至無量，動於昌故能得其寶，立於謀故能實不可故也。器成教守則不遠道里，號審教施則不險山河，博一純固則獨行而無敵，慎號審章則其攻不待權與，明必勝則慈者勇，器無方則愚者智，攻不守則拙者巧，數也。動慎十號，明審九章，飾習十器，善習五官，謹修三官，必設常主，計必先定。求天下之精材，論百工之鋭器，器成角試否臧。收天下之豪傑，有天下之稱材，説行若風雨，發如雷電。此居於圖方中。

① 「聞知」二字原作「知聞」，據補注乙。

右中方副圖

旗物尚黑，兵尚脅盾，刑則游仰灌流。察數而知治，審器而識勝，明謀而適勝，通德而天下定。定宗廟，育男女，官四分，則可以立威行德，制法儀，出號令。至善之爲兵也，非地是求也，罰人是君也。立義而加之以勝，至威而實之以德，守之而後修，勝心焚海内。民之所利，立之；所害，除之，則民人從。立爲六千里之侯，則大人從。使國君得其治，則人君從。會請命於天地，知氣和，則生物從。計緩急之事，則危危而無難。明於器械之利，則涉難而不變。察於先後之理，則兵出而不困。通於出入之度，則深入而不危。審於動靜之務，則功得而無害也。著於取與之分，則得地而不執。慎於號令之官，則舉事而有功。此居於圖北方方外。

右北方副圖

春行冬政肅，行秋政雷，行夏政則闇。十二地氣發，戒春事。十二小卯，出耕。十二天氣下，賜與。十二義氣至，修門閭。十二清明，發禁。十二始卯，合男女。十二中卯，十二下卯，三卯同事。八舉時節，君服青色，味酸味，聽角聲，治燥氣，用八數，飲於青后之井，以羽獸之火爨。藏不忍，行歐養，坦氣修通。凡物開靜，形生理。合内空周外，强國爲圈，弱國爲屬。動而無不從，靜而無不同。舉發以禮，時禮必得。和好不基，貴賤無司，事變日至。此居於圖東方方外。

右東方本圖

旗物尚青，兵尚矛，刑則交寒害釱。器成不守，經不知；教習不著，發不意。經不知，故莫之能圉；發不意，故莫之能應。莫之能應，故全勝而無害；莫之能圉，故必勝而無敵。四機不明，不過九日而游兵驚軍；障塞不審，不過八日而外賊得聞；由守不慎，不過七日而内有讒謀；詭禁不修，不過六日而竊盜者起；死亡不食，不過四日而軍財在敵。此居於圖東方方外。

右東方副圖〔一〕

〔一〕翔鳳案：齊與楚同爲殷文化，楚廟壁畫無文，齊廟亦不能有。中外古代壁畫，亦無一有文字者。幼官形象可以概見，衹是排列形式不同耳。細玩全文，西方本圖云「此居於圖西方方外」，西方副圖云「此居於圖西方方外」，則是西方内有圖，而文字在圖之外。東南北相同，惟中方本圖云「此居圖方中」，中方副圖云「此居於圖方中」，不在方外，然仍有圖也。篇中五后、五獸、五數，皆當有圖。太炎有言：「營制之始，則昉乎神治。有神治然後有王治，故曰『五世之廟，可以觀怪』。禹之鑄鼎而爲魑魅，屈原觀楚寢廟而作天問，古之中國，嘗有是矣。澳大利亞與南亞美利加之野人，嘗堊涅其地以爲圖畫，而其圖則生人戰鬬與上古之異事，以敬鬼神。埃及、小亞細亞之法，自祠廟宫寢而外，不得畫壁，其名器愈陵。當是時，行政之堂與祠爲一，故以圖爲夬之政，以揚於王庭。其朝覲儀式繪諸此；其戰勝奏凱繪諸此；其民馴服，壺漿以迎繪諸此；其頑梗方命，終爲俘馘繪諸此。其圖也，史視之，且六典視之，而民乃震動恭恪，乃不專於神而流貤於圖，見圖則奭然師保隸其前矣。君人者，借此以相臨制使馴擾，於事益便。」幼官圖之義，合阮元及章氏之説乃明。北堂書鈔一百四十四引金匱：「武王伐紂，都洛邑未成。海神相謂曰：『今周王聖人，得民心乎，當防之。』隨四時而風雨陰寒，雨雪十餘日，深丈餘。甲子平旦，有五丈夫謁武王。太師尚父持一器粥，開門而進曰：『天寒進粥，未知長幼從何起？』兩騎曰：『先進南海君，次東海君，次西海君，次北海君。』尚父謂武王曰：『南海之神曰祝融，東海之神曰句芒，西海之神曰蓐收，北海之神曰玄冥。』各以其名召之，五神皆驚。」五神即五帝之佐，亦見淮南。知幼官之神，遠承太公也。故幼官圖有五后、五獸、五數。當有五佐，特未明言。五數「一與六共守，二與七爲朋，三與八成交，四與九同道」，而五居中。揚雄竊之爲太玄玄圖，即幼官圖也。五帝所執及五獸見前。黄后所執之繩即墨線，木匠所用之墨斗也。幼官五后之象，今不可知。五獸象見天文書中，即二十八宿。篇中述五方之刑，當亦有圖。東嶽泰山有蒿里，主召人魂（詳侈靡）。封禪書八神有天齊，齊有天齊淵，後代東嶽廟。天齊廟有地獄變相，刀山劍樹，五刑與此相似。「嶽」同「岳」，兼從「獄」得義。其旗物兵刑，圖繁不補。牧民：「順民之經，在明鬼神，祇山川，敬宗廟，恭祖舊。」此春秋時政治精神，非此不明幼官，不明管子。

五輔第十　外言一

謂六興、七體、八經、五務、三度。此五者，可以輔弼國政也。

安井衡云：古本分經言爲三卷，此篇以下爲第四卷。經言管子自著，不當與外言同卷，古本似長。翔鳳案：楊本五輔在第三卷，而古本在第四卷，係按其性質而分，以其爲外言一也。漢時十八卷本，房玄齡析爲二十四卷，尹知章析爲三十卷，詳敍録。古本改字多誤，是否有一部份沿尹注之誤，今不可考矣。莊子内篇爲旨趣所在，外篇爲輔。管子則外言在先，内言在後。外言用以輔經，内言敘雜事，藏於宫内，不公之於外，所謂「内言不出於閫」也。

古之聖王所以取明名廣譽〔一〕，**厚功大業，顯於天下，不忘於後世，非得人者未之嘗聞。**不得於人，而能使名譽顯當時，功業流後世者，則未嘗聞。**暴王之所以失國家，危社**

稷，覆宗廟，滅於天下，非失人者未之嘗聞。不失於人，而能使失國覆宗者，亦未嘗聞。今有土之君，皆處欲安，動欲威，戰欲勝，守欲固。大者欲王天下，小者欲霸諸侯，言諸侯欲大利則王天下，欲小利則霸諸侯也。而不務得人。是以小者兵挫而地削，大者身死而國亡。既不務得人，故必致禍，小則地削，大則國亡。故曰：人不可不務也，當務得之於人。此天下之極也。曰：然則得人之道，莫如利之〔二〕。利之之道，莫如教之以政〔三〕。故善爲政者，田疇墾而國邑實，朝廷閒而官府治，公法行而私曲止，倉廩實而囹圄空，賢人進而姧民退。其君子上中正而下諂諛，其士民貴武勇而賤得利〔四〕，賤苟得之利也。其庶人好耕農而惡飲食，惡費用之飲食。於是財用足好耕農，故財用足。而飲食薪菜饒。省費用，則薪菜饒。是故上必寬裕而有解舍〔五〕，解，放也。舍，免也。下必聽從而不疾怨，上下和同而有禮義。故處安而動威，戰勝而守固，是以一戰而正諸侯。不能爲政者，田疇荒而國邑虛，朝廷兇小人競進①，故兇。而官府亂〔六〕，小人用法，故亂。公法廢而私曲行，倉廩虛而囹圄實，賢人退而姦民進。其君子上諂諛而下中正，其士民貴得利而賤武勇，其庶人好飲食而惡耕農，於是財用匱而食飲薪菜乏。上彌殘

①「進」字原作「遯」，據補注改。

苟居上位者小人，故殘賊苟且也。**而無解舍，下愈覆鷙而不聽從**〔七〕，覆，察也。鷙，疑也。上既賊苟而不舍，故下伺察而懷疑。鷙，勑吏反。**上下交引而不和同**〔八〕。上引下以供御，下引上以恩覆，二俱不得，故不和同也。**故處不安而動不威，戰不勝而守不固，是以小者兵挫而地削，大者身死而國亡。故以此觀之，則政不可不慎也。**

〔一〕孫蜀丞云：「明」非顯明之明，韓非子説疑篇「是以譽廣而名威」，下文又云「主有明名廣譽於國」，是「明名」即威名也。淮南子説林篇「長而愈明」，注：「明，猶盛也。」　翔鳳案：孫引説疑篇文氣隔離，中云「自顯名也，而天下稱明焉，則威足以臨天下」，「明名」非威名明矣。孫誤。

〔二〕翔鳳案：古書疑義舉例「有非自問自答之辭，又中間又加『曰』字以别更端之語者」，此文即其例。

〔三〕孫星衍云：治要引無「以政」二字。　翔鳳案：論語：「不教民戰，是謂棄之。」政教無别。

〔四〕孫蜀丞云：後漢書明德馬后紀「而復戒之在得」，注：「貪嗇也。」

〔五〕孫蜀丞云：「解舍」即周官之「弛舍」，小宰「治其施舍」，注：「施舍，不給役者。」鄉師注：「施舍，謂應復免不給繇役。」釋文引周官小宰「施舍」作「弛舍」。　阮元云：「凡經云『施舍』字，注皆讀『施』爲弛，此注不言讀爲，蓋經本作『弛』字。」　翔鳳案：漢書五行志「歸獄不解」，注：「舍也，止也。」

〔六〕張文虎云：説文：「兇，擾恐也。」與上「朝廷閒而官府治」相反。

〔七〕劉績云：當作「殘苛」，乃字之誤也。　王念孫云：尹注甚謬。劉以「苟」爲「苛」之誤，是也。凡隸書从可从句之字，往往譌溷。（説文「柯」字，解引酒誥「盡執拘」。考工記「妢胡之笴」，注：「故書『笴』爲『笱』。」杜子春云：「『笱』當爲『笴』。」漢巴郡太守張納碑「犴無拘紲之人」，「拘」字作「抲」。冀州從事郭君碑「凋柯霜榮」，「柯」字作「枸」，其右畔極相似。又見下。）故「苛」誤作「苟」。下文「薄税斂，毋苛於民」，「苛」字亦誤作「苟」。（尹注「謂無苟取於民」，非是。）莊子天下篇「君子不爲苛察」，釋文：「苛，一本作『苟』。」楚策「以苛廉聞於世」，史記甘茂傳作「以苟賤不廉聞於世」。説文叙曰：「廷尉説律，至以字斷法，苛人受錢，苛之字止句也。」（隸書「苛」字或作「苟」，上从艸，下與句相似。而此云「苛之字止句者」，蓋隸書从止之字或作上，與从艸者相亂故也。）皆其證矣。「覆」讀爲愎，愎、鷙皆很也。言上殘苛而不已，則下很戾而不從也。廣雅曰：「愎，鷙，很也。」宣十二年左傳「剛愎不仁」，杜預曰：「愎，很也。」漢書匈奴傳「天性忿鷙」，顔師古曰：「鷙，很也。」「愎」字從心复聲，故與「覆」通。字又作「復」，趙策云「知伯之爲人，好利而鷙復」，是也。（韓子十過篇「復」作「愎」。）又作「蝮」，史記酷吏傳贊云「京兆無忌、馮翊殷周蝮鷙」，是也。　翔鳳案：王説是也。然此爲隸書別體，非誤字。

〔八〕豬飼彦博云：「引」疑當作「惡」。　丁士涵云：「交」，「狡」之借字，「引」當爲「弗」，古文

「弗」與「引」相似而誤。「狡弗」猶撟拂也。翔鳳案：詩行葦「以引以翼」，箋：「前行曰引。」「引」有牽制之義，非誤字。説文「弗」無古文，玉篇「弗」古文作「弜」，爲「𢼸」字，亦與「引」不相似，丁誤。

德有六興，義有七體，禮有八經，法有五務，權有三度。所謂六興者何？曰：辟田疇，利壇宅〔一〕，壇，堂基。修樹蓺〔二〕，勸士民，勉稼穡，修牆屋，此謂厚其生。上六者，可以厚養其生也。發伏利〔三〕，利人之事積久隱伏者，發而用之。輸墆積〔四〕，墆，貯積也。修道途，便關市，謂所置關市，皆令要便也。慎將宿〔五〕，將送貨財，必慎止宿。此謂輸之以財。上五者，皆生財之術，故曰輸財，所以納財於民。導水潦，利陂溝，決潘渚〔六〕，潘，溢也。決潘溢者，疏決之令通。潘音翻。潰泥滯，泥塗爲滯者，亦潰決之令通也。通鬱閉，鬱閉，亦謂川潰有遏塞者。慎津梁〔七〕，此謂遺之以利。上之六者，所以遺利於民。薄徵斂，輕征賦，弛刑罰，赦罪戾，宥小過，此謂寬其政。上之五者，所以寬裕其政。養長老，慈幼孤，恤鰥寡，問疾病，弔禍喪，此謂匡其急。上之五者，所以救民之急。衣凍寒，食飢渴，匡貧窶，賑罷露〔八〕，疾憊裸露者，有以振救之。資乏絶，此謂賑其窮。上之五者，所以振民之窮乏。凡此六者，德之興也。六者既布，則民之所欲無不得矣。夫民必得其所欲，然後聽上，聽上然後政可善爲也。故曰：德不可不興也。

〔一〕王念孫云：「利」當爲「制」，字之誤也。（隸書「制」字或作「剌」，形與「利」相似。）「壇」讀爲廛，謂制爲廛宅也。荀子王制篇曰：「順州里，定廛宅。」鹽鐵論相刺篇曰：「經井田，制廛里。」皆是也。（魏風伐檀傳曰：「一夫之居曰廛。」周官載師注曰：「廛，民居之區域也。」遂人注曰：「廛，城邑之居。」）「廛」與「壇」古同聲而通用。周官廛人，故書「廛」作「壇」，杜子春讀「壇」爲廛。又載師「以廛里任國中之地」，故書「廛」或作「壇」，鄭司農云：「『壇』讀爲廛。」是其證。翔鳳案：孟子：「利其田疇。」淮南説林訓「腐鼠在壇」，注：「楚人謂中庭爲壇。」説文：「壇，祭場也。」古人重祭。易萃六二「孚乃利用禴」，鄭注：「夏祭名。」「利」字不誤，王説非。

〔二〕孫蜀丞云：立政篇作「觀樹藝」，此「修」字或「循」字之誤。漢書東方朔傳注：「循，行視也。」翔鳳案：「修」訓治。立政：「行鄉里，視宮室，觀樹蓺，簡六畜，以時鈞修焉。」觀其所修，「修」字不誤。

〔三〕趙用賢云：「伏利」，謂人所未發之利也。

〔四〕丁士涵云：「墆」即「滯」字，周官泉府作「滯」，史記作「蹛」。

〔五〕豬飼彦博云：「將宿」，謂憩息止宿之舍。俞樾云：尹注曰「傳送貨財，必慎止宿」，其義甚爲迂曲。且上文「修道途，便關市」，皆二字平列，則「將宿」二字亦當平列。廣雅釋詁：「將，行也。」「宿，止也。」然則「將宿」猶言行止耳。金廷桂云：爾雅釋言：「將，送也。」

詩「百兩將之」，傳：「將，送也。」儀禮士冠禮「乃宿賓」，注：「宿，進也。」宿又通「速」，召請也。然則「將宿」者，送迎也，與上文「修道途，便關市」文義一貫。注未是。翔鳳案：此輸財項目之一，金説是也，俞説誤。

〔六〕丁士涵云：列子黄帝篇曰「鯢旋之潘爲淵，止水之潘爲淵，流水之潘爲淵，濫水之潘爲淵，沃水之潘爲淵，氿水之潘爲淵，雍水之潘爲淵，汧水之潘爲淵，肥水之潘爲淵，是爲九淵」，釋文：「潘，洄流也。」莊子「潘」皆作「審」，崔本莊子作「潘」，云：「回流所鍾之域也。」翔鳳案：爾雅釋水：「小州曰渚。」堵水使回旋，當決之。

〔七〕洪頤煊云：「慎」讀爲順。翔鳳案：「津」爲水渡，古文作「雝」，從舟，以舟爲渡。詩：「造舟爲梁。」孟子：「子産以其乘輿濟人於溱洧。」檀弓上「其慎也」，釋文：「『慎』本作『引』。」則以繩引舟而渡人。爾雅釋詁：「引，陳也。」

〔八〕王念孫云：上文云：「養長老，慈幼孤，恤鰥寡，問疾病，弔禍喪，此謂匡其急。」此云：「衣凍寒，食飢渴，匡貧窶，振罷露，資乏絶，此謂振其窮。」是上言「問疾病」，乃匡急之事，非振窮之事。此言「振罷露」，乃振窮之事，非匡急之事。尹以「罷」爲「疾憊」，非也。至以「露」爲「裸露」，則尤未解「露」字之義。今案：「罷露」謂室家疲敝也（「罷」與「疲」同）。「匡貧窶，振罷露，資乏絶」三者義相近。「露」之言羸也。方言曰：「露，敗也。」昭元年左傳「勿使有所壅閉湫底，以露其體」，杜注曰：「露，羸也。」（案廣雅：「疲羸極也。」「疲羸」猶「罷露」，故云：

「露，羸也。」正義曰「羸義與倮相近：倮，露形也；羸，露骨也」，誤與尹注同。）列子湯問篇「氣甚猛，形甚露」，張湛曰：「有膽氣而體羸虛。」逸周書皇門篇曰「自露厥家」，莊子漁父篇曰「田荒室露」，荀子富國篇曰「田疇穢，都邑露」，（楊倞注：「『露』謂無城郭牆垣。」此亦未解「露」字之義。）義竝同也。字或作「路」，又作「潞」。孟子滕文公篇「是率天下而路也」，趙注曰：「是率導天下之人以羸路也。」（今本「羸路」作「羸困之路」，此後人不曉「路」字之義而妄改之也。案音義曰：「丁張竝云：『路與露同』。」又所列注文内無「困之」二字，今據删。）秦策「士民潞病於内」，高注曰：「潞，羸也。」韓子初見秦篇「潞病」作「疲病」，是「罷」與「露」同義，故齊策曰：「其百姓罷而城郭露。」合言之則曰「罷露」矣。韓子亡徵篇曰：「好罷露百姓。」（外儲説左篇「罷露」作「罷苦」。）秦策曰：「諸侯見齊之罷露。」吕氏春秋不屈篇曰「士民罷潞」，高注曰：「潞，羸也。」皆其證矣。又四時篇：「不知五穀之故，國家乃路。」「路」亦與「露」同。露，敗也。尹注云「『路』謂失其常居」，亦失之。又七臣七主篇：「故設用無度，國家路。舉事不時，必受其菑。」「度」、「路」爲韻，「時」、「菑」爲韻。今本「路」作「踣」，乃後人不知古義而妄改之耳。（下文「亡國路家」，今本「路」作「踣」，亦是後人所改。）

曰：民知德矣，而未知義，然後明行以導之義。行即七義。義有七體。七體者何？曰：孝悌慈惠以養親戚[二]，恭敬忠信以事君上，中正比宜以行禮節，比，合也。行既中正，而又合宜也。整齊撙詘以辟刑僇，撙，節也。言自節而卑屈也。纖嗇省用以備飢饉，纖，細也。嗇，悋也。既細又悋，故財用省也。敦懞純固以備禍亂〔二〕，懞，厚也，音莫江反。和協輯睦以備冠戎。凡此七者，義之體也。夫民必知義然後中正，中正然後和調，和調乃能處安，處安然後動威，動威乃可以戰勝而守固。故曰：義不可不行也。

曰：民知義矣，而未知禮，然後飾八經以導之禮。所謂八經者何？曰：上下有義，貴賤有分，長幼有等，貧富有度。凡此八者，禮之經也。故上下無義則亂，貴賤無分則爭，長幼無等則倍，倍，乖戾也。貧富無度則失〔三〕。失其節制。上下亂，貴賤爭，長幼倍，貧富失，而國不亂者，未之嘗聞也。是故聖王飭此八禮，以導其民。八者各得其義，則爲人君者中正而無私，爲人臣者忠信而不黨，爲人父者慈惠以教，爲人子者孝悌以肅，爲人兄者寬裕以誨，爲人弟者比順以敬，比，和。爲人夫者敦懞以固，爲人妻者勸勉以貞。夫然，則下不倍上，臣不殺君〔四〕，賤不踰貴，少不陵長，遠不閒親，新不閒舊，小不加大，淫不破義。凡此八者，禮之經也。夫人必知禮然後恭敬，恭敬然後尊讓，尊讓然後少長貴賤不相踰越，少長貴賤不相踰越，故亂不生而患不作。故曰：禮不可不謹也。

曰：民知禮矣，而未知務〔五〕，然後布法以任力。任力有五務。五務者何？曰：君擇臣而任官，大夫任官辯事〔六〕，辯，明也。能明所任之事也。官長任事守職，士修身功材〔七〕，材，謂藝能。士既脩身，必於藝能有功也。庶人耕農樹蓺。君擇臣而任官，則事不煩亂；大夫任官辯事，則舉措時；官長任事守職，則動作和；士修身功材，則賢良發〔八〕；庶人耕農樹蓺，則財用足。故曰：凡此五者，力之務也〔九〕。夫民必知務然後心一，心一然後意專，心一而意專，然後功足觀也〔一〇〕。故曰：力不可不務也〔一一〕。

曰：民知務矣〔一二〕，而未知權，然後考三度以動之。所謂三度者何？曰：上度之天祥，下度之地宜，中度之人順，此所謂三度。故曰：天時不祥，則有水旱；地道不宜，則有飢饉；人道不順，則有禍亂。此三者之來也，政召之。曰：審時以舉事，時則天祥、地宜、人順之時也。得其時則事可成。以事動民，事成則民可動。以民動國，民昌則國可動。以國動天下，國强則天下可動也。天下動然後功名可成也。故民必知權然後舉錯得，權，謂能知三度。舉錯得則民和輯，民和輯則功名立矣。故曰：權不可不度也。

〔一〕翔鳳案：「六親」詳牧民。呂氏春秋圜道：「何謂六戚？父、母、兄、弟、妻、子。」「親戚」混用。「悌」指兄弟，「慈」對子。

〔二〕惠棟云：「蒙」與「尨」通。荀子「爲下國俊蒙」，今詩作「尨」。

〔三〕王念孫云：「失」讀爲佚，謂放佚也。（古字多以「失」爲「佚」，見九經古義。）尹注非。俞樾云：「失」當讀爲軼，廣雅釋詁：「軼，過也。」言貧富無度，則相過軼也。尹注曰「失其節制」，非是。

〔四〕翔鳳案：正其名曰「弑」，書其實曰「殺」，見説文段注。

〔五〕丁士涵云：「務」當爲「法」，此涉下文「五務」而誤。

〔六〕王念孫云：「辯」，治也。昭元年左傳曰「主齊盟者，誰能辯焉」，是也。

〔七〕王念孫云：「功」，成也，謂修身成材也。爾雅曰：「功，成也。」大戴禮盛德篇曰：「能成德法者爲有功。」周官稾人「乃入功于司弓矢及繕人」，鄭注曰：「功，成也。」莊子天道篇曰「帝王無爲而天下功」，言無爲而天下成也。荀子富國篇曰「百姓之力，待之而後功」，言待之而後成也。「修身功材」與「任官辯事」、「任事守職」，皆相對爲文，是「功」爲成也。尹説皆失之。

俞樾云：「功」讀爲攻，謂攻治其材藝也。尹注謂「士既修身，必於藝能有功」，非是。

翔鳳案：王説較長。

〔八〕安井衡云：「發」，興也。

〔九〕張佩綸云：「力之務也」當作「法之務也」。翔鳳案：上文「力有五務」，「力」字不誤。

〔一〇〕翔鳳案：任力故功足觀。許維遹於「功」下加「名」字，謬矣。

〔一一〕丁士涵云：「力」當作「法」，此涉上文「力之務」句而誤。

〔三〕丁士涵云：「民知務」之「務」，亦當爲「法」，庶與上下文一例。翔鳳案：説文：「務，趣也。從力，敄聲。」「務」爲極力以赴。「力」與「功」皆在「務」中，丁説俱謬。

故曰：五經既布〔一〕，然後逐姦民，詰詐僞，屏讒慝，而毋聽淫辭〔二〕，毋作淫巧。若民有淫行邪性，樹爲淫辭，作爲淫巧，以上諂君上〔三〕，而下惑百姓，移國動衆，以害民務者，其刑死流。大罪死，小罪流。故曰：凡人君之所以内失百姓，外失諸侯，兵挫而地削，名卑而國虧，社稷滅覆，身體危殆，非生於諂淫者，未之嘗聞也。何以知其然也？曰：淫聲諂耳，淫觀諂目，耳目之所好諂心，心之所好傷民，民傷而身不危者，未之嘗聞也。

曰：實壙虚〔四〕，墾田疇，修牆屋，則國家富。節飲食，撙衣服，則財用足。舉賢良，務功勞，布德惠，則賢人進。逐姦人，詰詐僞，去讒慝，則姦人止。修飢饉〔五〕，救災害，賑罷露，則國家定。明王之務，在於强本事，去無用，然後民可使富。本事，謂農桑也。無用，謂末作也。論賢人〔六〕，用有能，而民可使治。薄税斂，毋苟於民〔七〕，謂無苟取於民。待以忠愛，而民可使親。三者，霸王之事也。事有本，而仁義其要也。今工以巧矣〔八〕，而民不足於備用者，其悦在玩好。君悦玩好，則民務末作，故備用不足。農以勞矣，而天下飢者，其悦在珍怪，方丈陳於前〔九〕。方丈陳前，則役用廣，故農勞而不免於飢。女以巧矣，而天下寒者，其悦在文繡。君悦文繡，則女工傷而①天下寒。是故博帶梨，梨博帶以就狹也。梨，割也。大袂列〔一〇〕，列大袂以從小。文繡染，染文繡爲純色。刻鏤削，削刻鏤爲純素。雕琢采〔一一〕，采雕琢爲純慢。關幾而不征，幾，察也。但使察非常，而不征賦也。市鄽而不税〔一二〕。鄽，市中置物處。但籍知其數，不税斂。古之良工，不勞其知巧以爲玩好。是故無用之物，守法者不失〔一三〕。或爲無用物，守法者必得而誅之，無所漏失也。

〔一〕孫星衍云：「故曰」二字，因上文而衍。　翔鳳案：「故曰」爲古語，非衍文。

〔二〕翔鳳案：説文：「淫，浸淫隨理也。」書無逸「則其無淫于觀、于逸、于游、于田」，鄭注：「淫者，浸淫不止。」

〔三〕宋翔鳳云：「謟」音滔，過也。　戴望云：爾雅曰：「謟，疑也。」晏子春秋内篇諫上曰「隱情奄惡，蔽謟其上」，與此義同。　張佩綸云：「謟」乃「諂」之誤。隱四年公羊傳何休注：「諂，猶佞也。」此承上文「其君子上諂諛」。涉下文「謟淫」而誤。

〔四〕翔鳳案：説文：「壙，塹穴也。一曰大也。」孟子：「獸之走壙也。」

〔五〕俞樾云：「飢饉」不當言「修」，「修」乃「備」字之誤。「備」俗作「俻」，「俻」誤「脩」，又誤作「修」耳。版法篇「修長在乎任賢」，據後解則作「備長」，此本書二字相亂之證也。

① 「而」字原作「成」，據補注改。

〔六〕翔鳳案：國語齊語「論比協材」，注：「擇也。」

〔七〕王念孫云：「苟」字當作「苛」，尹注非。

〔八〕翔鳳案：「以」作「目」，「已」之反書。古文反正一字，見前。

〔九〕丁士涵云：此五字衍文。尹注「方丈陳前」四字，似解上文「珍怪」二字，校者遂以之誤入正文耳。　翔鳳案：孟子「食前方丈」，謂其陳列之廣。故房注：「方丈陳前則役用廣。」「珍怪」可以「方丈」解之乎？丁説謬。

〔一〇〕豬飼彦博云：「梨」、「⿱利力」同。　丁士涵云：「黎」即「剺」字之假借，「列」古「裂」字。説文：「列，分解也。」　安井衡云：「梨」、「剺」通；剺，劃也。「列」讀爲裂。　翔鳳案：房注：「梨博帶以就狹也。梨，割也。」「列大袂以從小。」其言是也。「博帶」與「大袂」相連。漢書雋不疑傳「褒衣博帶」，淮南氾論訓「褒衣博帶」，「褒」今通作「袍」。説文：「帶，紳也。男子鞶革，婦人鞶絲。」「鞶，大帶也。」詩小雅「垂帶而厲」，箋云：「『而』亦如也。而厲，如鞶厲也。」「厲」假爲「裂」，垂帶本裂開而下垂。丁訓「列」爲「裂」，其誤可知。豬飼、安井皆以爲「剺」之借。説文：「剺，剥也，劃也。」漢書揚雄傳「分黎單于」，顔注：「『黎』與『剺』同。」後漢耿秉傳「或至黎面流血」，注云：「『黎』即剺字，古通用也。剺，割也。」房説有據矣。「袂」爲褎衣之袖，説文：「袂，袖也。」經典釋文論語鄉黨注：「褎，亦作『袖』。」檀弓注：「褎，本又作『袖』。」義通。釋名：「袂，掣也，掣開也，開張之以受臂屈伸也。」房謂「列大袂以從小」，與裂開異，當注意。

〔一一〕孫星衍云：「采」讀如「采椽不斲」之「采」。　王引之云：「采」字義不可通，「采」疑當爲「[illegible]」，說文曰：「[illegible]，古文『平』。」形與「采」相似，故誤爲「采」也。「雕琢平」者，金曰雕，玉曰琢，皆篆刻爲文章，今則摩之使平也，與上文「刻鏤削」正同義。尹注非。　翔鳳案：浮雕可平，琢之爲器則成形，非可平也。王謂「[illegible]」爲「平」之古文，不如直認爲「采」。說文：「采，辨別也，象獸指爪分別也。讀若辨。」與從爪、木之「采」，幾無以別。「采」之古文作「[illegible]」，更與「平」相似。堯典「平章百姓」，尚書大傳作「辨章」。詩采菽「平平左右」，傳：「平平，辯治也。」說文：「辯，治也。」「辨」從刀，或從力作「辦」。廣韻三十一襇：「辦，具也。」「采」、「辨」、「辯」、「辦」聲義同。立政：「使刻鏤文采，毋敢造於鄉，工師之事也。」「毋敢造」者，使民不敢造，造則辦治之。孫説亦可通。説文：「采，捋取也。」晉語：「趙文子爲室，斲其椽而礱之。」「采椽不斲」爲采取，取之歸公也。然訓「辨」義長。

〔一二〕翔鳳案：字本作「廛」，「鄽」爲孳乳字，「鄽」又其別體也。

〔一三〕王念孫云：「失」當爲「先」，字之誤也。呂氏春秋先己篇注云：「先，猶尚也。」言守法之人，不尚此「無用之物」也。尹注非。　何如璋云：詩毛傳：「矢，陳也。」「失」當作「矢」，「不矢」即不陳也。　翔鳳案：説文：「失，縱也。」依法治之，不縱失也。如上文所述，「使刻鏤文采，毋敢造於鄉」，即其例也。

管子校注卷第四

宙合第十一　　外言二

古往今來曰宙也。所陳之道，既通往古，又合來今，無不苞羅也。

何如璋云：「宙」者，天宇所受也。莊子庚桑楚：「有長而無本剽者，宙也。」淮南齊俗：「往古來今謂之宙。」太玄玄攡：「闢宇謂之宙。」「合」者，六合也。莊子齊物論：「六合之外，聖人存而不論。」素問生氣通天論「六合之内」，注：「六合，謂四方上下也。」淮南原道「舒之幎於六合」，注：「孟春與孟秋爲合，仲春與仲秋爲合，季春與季秋爲合，孟夏與孟冬爲合，仲夏與仲冬爲合，季夏與季冬爲合，故曰六合。一曰四方上下爲六合。」此名「宙合」者，謂其道上極於天，下察於地，稽之往古，驗之來今，推之四方，運之四時，皆一道所範圍，而萬物莫能外也。

翔鳳案：說文：「宙，舟輿所極覆也。」包括太空而不包含時間。莊子、淮南則以「宙」表時，此乃宇宙分言，爲引申義，非本義也。「宙」從由，玉篇或作「伷」，凡从人旁之字，皆以右旁爲初文，本字作「由」。說文無「由」字，敦煌漢簡急就章「由廣國」，「由」作「甴」。唐寫本玉篇用部：「甴，今爲『由』字。」王國維、丁福保以爲即說文「東楚名缶曰甾」之「甴」。段玉裁謂

「缶」，「[illegible]」一字，書法少異。説文：「缶，瓦器。」天地形如缶，故曰「宙合有橐天地」，「合絡天地以爲一裹」。何依房注以古今兼釋之，誤矣。

左操五音，右執五味〔一〕。第一舉目。懷繩與准鉤〔二〕，多備規軸，減溜大成〔三〕，是唯時德之節。第二舉目。春采生，秋采蓏〔四〕，夏處陰，冬處陽，第三舉目。大賢之德長〔五〕。明乃哲，哲乃明，奮乃苓，明哲乃大行〔六〕。第四舉目。毒而無怒，怨而無言，欲而無謀。第五舉目。大揆度儀，若覺卧，若晦明〔七〕，若敖之在堯也。第六舉目。毋訪于佞，毋蓄于諂，毋育于凶，毋監于讒〔八〕，不正廣其荒〔九〕。第七舉目。不用其區區，烏飛准繩〔一〇〕，第八舉目。讂史縣反。充末衡〔一一〕，易政利民。第九舉目。毋犯其凶，毋邇其求，而遠其憂。高爲其居，危顛莫之救。第十舉目。可淺可深，可浮可沈，可曲可直，可言可默〔一二〕。第十一舉目。天不一時，地不一利，人不一事，可正而視，定而履，深而迹〔一三〕。第十二舉目。夫天地一險一易，若鼓之有椁，宅耕反。擿丁歷反。擋丁用反。則擊〔一四〕。天地萬物之橐，宙合有橐天地〔一五〕。第十三舉目。

〔一〕吴汝綸云：「右執五味」之下，當有「名之曰不德」五字。「德」與「節」韻。今本脱之，當據後解補。翔鳳案：本篇理論從幼官來，合以四時、五行，方能解釋之，從來無人察覺。「五音」、「五味」見幼官。天左旋，地右轉，成四時，生萬物，於是五音五味出焉。「音」與「味」叶。

「闇」、「瘖」從音聲，與「音」同爲於今切。今讀暗，暗亦從音得聲者。論語「高宗諒陰」，喪服四制作「諒闇」，此其證矣。「鉤」、「軸」叶，「成」、「節」同在段韻表十二部相叶。吳説謬。

〔二〕戴望云：「准」，俗「準」字。説文曰：「準，平也，从水，隼聲。」段先生注云：「準，五經文字云：字林作『准』。」案：古書多用「准」，蓋魏晉時恐與「淮」字亂而別之耳。翔鳳案：太皡執規治春，少昊執矩治秋，黄帝執繩制四方，皆在幼官之中。荀子勸學：「直者中繩，曲者中鉤。」以矩畫直，以規畫曲。軸以持輪轉轂，如天地之運鈞。「鉤」、「軸」叶。

〔三〕何如璋云：「減」者損而虛，「溜」者益而盈。「減溜」云者，即損益盈虛之義也。張佩綸云：「減溜」即君奭之「咸劉」，成十三年左氏傳之「虔劉」。「咸」借字，「減」正字。文十七年左傳作「克減侯宣多」，是也。説文：「減，省也。」「鎦，殺也。」周書世俘「咸劉商王紂」，注：「劉，克也。」爾雅釋詁：「劉，殺也，克也。」釋名：「成，盛也。」「減溜」與「大成」對文，猶言損益也。吕氏春秋圜道篇：「精行四時，一上一下，各與遇，圜道也。物動則萌，萌而生，生而長，長而大，大而成，成乃衰，衰乃殺，殺乃藏，圜道也。」衰殺即「減溜」，吕正本此爲説。

翔鳳案：「成」、「節」同在段表十二部，平、入相叶。四時云「刑德者四時之合也」，與宙合同意。春爲星德，夏爲日德，中央爲歲德，秋爲辰德，冬爲月德，是爲「時德」。「節」則以十二月計算。張引圜道是也，而不知其源於幼官。「減溜」之義詳下，二説均非。

〔四〕張佩綸云：「蓏」當作「藏」，字之誤也。解亦誤。其曰「言含愁而藏之也」，正解此句，乃「蓏」

當爲「藏」之證。翔鳳案：「蓏」、「陽」不叶，「藏」則叶，張言是也。然「蓏」與「藏」形聲均遠，何以致誤？非直接，乃間接也。説文：「芅，雕芅，一名蔣。」「蔣，芅蔣也。」漢書司馬相如傳「蔣芧青薠」，張楫曰：「蔣，菰也。」由「藏」誤爲「蔣」，由「蔣」轉爲「菰」，再誤爲「蓏」，其綫索歷歷可尋。是否爲隸書别體，未有證也。

〔五〕陶鴻慶云：注云「第三舉目」當在此句之下，今誤倒在上。翔鳳案：四時「春嬴育，夏養長，秋聚收，冬閉藏」，在歲德之中。總論四時之德，則云：「道生天地，德出賢人。」以此言之，則「第三舉目」，至「冬處陽」止，「大賢之德長」屬下矣。陶説非是，彼蓋以意定之也。

〔六〕戴望云：「苓」，「零」之借字。翔鳳案：漢書叙傳「失時者苓落」，假「苓」爲「零」，全同此文。「長」、「明」、「行」叶。

〔七〕翔鳳案：「度」爲忖度，「大度」則立儀。「度」、「儀」叶。「儀」讀俄。「覺」、「卧」叶，「晦」、「明」叶，「敖」、「堯」叶。「晦」從每聲。「我們」，元曲作「我每」。從每聲之字有「敏」，穀梁「晦冥也」，「晦」音同昏。

〔八〕翔鳳案：「監」訓臨下，通「闞」。春秋傳「闞止」，史記田世家作「監止」。「闞」訓下視，則「毋監于讒」爲毋聽下屬之讒言也。

〔九〕張佩綸云：「不正廣其荒」當作「不正其荒廣」。莊子天下篇「以謬悠之説，荒唐之言」，釋文：「荒唐，謂廣大無域畔也。」翔鳳案：下文：「爲臣者不忠而邪，以趨爵禄，懷樂雖廣，其威可須也。」「不正」即「邪」。「廣」訓衡，詳侈靡。邪則失平。

〔一〇〕陳奐云：疑衍一「區」字。「不用其區，鳥飛準繩」，下解之云：「不用其區，區者虛也。人而無良焉，故曰虛也。」當以「不用其區」爲句，下乃正釋「區」字之義。學者誤以「區區」連讀，而又于舉目下增一「區」字矣。　安井衡云：解曰：「不用其區，區者虛也。人而無良焉，故曰虛也。」是以「虛」解「區」。「不用其區」句，「區者虛也」句，未始連讀「區區」二字。此當作「不用其區」，諸本作「區區」者，與解相涉而衍耳。　翔鳳案：太玄玄攡「回行九區」，注：「九州之宇也。」飛鳥還山集谷，不是一區到一區曲行，而是在虛空直飛。「區區」二字連用不誤，二說俱謬。

〔一一〕章炳麟云：下文自解云：「讂充，言心也，心欲忠。末衡，言耳目也，耳目欲端。中正者，治之本也。」此可以得本文之義矣。「末衡」當作「衡末」。「讂」借爲「觼」，詩小戎「鋈以觼軜」，箋云：「軜之觼，以白金爲飾也，鋈繫於軾前。」「充」借爲「統」，荀子樂論「鐘統實」，是借「統」爲「充」，則亦可借「充」爲「統」。易「乾乃統天」，鄭注：「統，本也。」禮記「祭統目録」，「『統』猶本也。」本篇云「葆統而好終」，「終」猶末也。「統」訓爲本而與末對也。觼者，驂馬内轡所結。衡者，驂馬脅驅所繫。皆所以止驂馬之入，使之中正而不偏邪者也。（中即忠也。正即端也。）本與末對。本指心，（與「治之本也」之「本」異。）以觼喻之。末指耳目，以衡喻之。觼在内，故以喻本。衡在外，故以喻末也。　翔鳳案：吕氏春秋盡數：「故凡養生莫若知本。……精氣之集也，必有入也。集於羽鳥，與爲飛揚。集於走獸，與爲流行。集於珠玉，與爲精朗。集於樹木，與爲茂長。集於賢人，與爲夐明。」高注：「集皆成也。夐，大也，遠也。夐，讀如詩『于嗟夐兮』。」畢沅曰：「此韓詩。」廣雅釋詁三：「謏，求也。」王念孫疏證：「説文：『謏，流言也。』廣韻云：『流言有所求也。』説文：『夐，營求也。』『夐』與『謏』同義。」孟子：「夫志，氣之帥也。氣，體之充也。」樞言：「道之在天者日也，其在人者心也。故曰：有氣則生，無氣則死。」生者以其氣。古人以心爲氣之充，生命之司，思深慮遠，故曰：「謏充，言心也。」「謏充」非心之體，乃所以言心也，一「言」字含義甚深。房注「謏，火縣反，遠也」，即用韓詩之訓。毛詩作「洵」。

〔一二〕劉績云：「十一擧目」當在「人不一事」下。

〔一三〕劉績云：「十二擧目」當在「則擊」下。

〔一四〕黄震云：「梈」，宅耕反。「擿」，丁歷反。「擋」，丁用反。鼓聲也。張登雲云：「梈」，鼓枹也。「擿擋」，鼓聲也，猶鞺鞳也。言鼓之有擿擋之聲，由枹有以擊之也。洪頤煊云：「梈」當作「桴」。左氏成十二年傳：「右援桴而鼓。」韓非子功名篇：「至治之國，君若桴，臣若鼓。」字林云：「桴，鼓椎也。」「擿擋則擊」當作「擿擊則擋」，「擋」與「鐺」通，言若鼓之有搥，擊之則鐺然而有聲也。尹注非，上文同。張佩綸云：洪説非也。「昜」、「擿」、「擊」爲韻。説文「朾，橦也」，俗作「打」。集韻：「梈，撞也，觸也。」漢書史丹傳「天子自臨軒檻上，隤銅丸以擿鼓，聲中嚴鼓之節」，師古曰：「擿，投也，音持益反。一曰：擿，磓也，音丁歷反。」文十有一年穀梁傳「瓦石不能害」，范寧註：「瓦石打擿不能虧損。」説文：「打，擊也，從手，丁聲。」「打擿」即此「樽擿」。「擋」當作「當」，去聲。吕覽高誘注：「當，合也。」禮記學記「鼓無當於五聲，五聲弗得不和」，鄭注：「『當』猶主也。」故無所主而無不主，無所合而無不合。

翔鳳案：洪説是。

〔一五〕翔鳳案：石一參云：「囊之無底者曰橐。萬物生存於天地之間，猶處於囊橐之内，而宙合又包括古今言之，故曰『又橐天地』，以天地又遞相變化於古往今來中也。『有』與『又』通。」石説近是。下文「宙合之意，上通於天之上，下泉於地之下，外出於四海之外，合絡天地以爲一裹」，不包括時間，此其小誤也。石説宙合爲經言第一，不免妄改，然重視宙合爲一書關鍵，識力勝人一籌。

左操五音，右執五味，此言君臣之分也。左陽，君道；右陰，臣道，故曰君臣之分也。**君出令佚，故立于左；**君但出令，故曰佚。凡右爲用事，故左佚而右勞。**臣任力勞，故立于右**〔一〕。臣則任力，故曰勞。**夫五音不同聲而能調，此言君之所出令無妄也，**五音雖有不同，樂師盡能調之。喻百度雖各有别，君則盡能裁之，故所出無妄。**而無所不順，順而令行政成。**君出令，皆順奉之，則政成。**五味不同物而能和，此言臣之所任力無妄也，**五味，宰夫能和之。百職，臣守任之，而無妄也。**而無所不得，得而力務財多。**臣能任職，得宜務而財必多也。故君出令，正其國而無齊其欲〔二〕，民欲既異，常隨其欲而教之也。一其愛而無獨與是〔三〕，王①臣其愛，宜一率土周之，無所獨與，則是愛不一、毋獨與是也。王施而無私〔四〕，則海内來賓矣。臣任力，同其忠而無爭其利〔五〕，不失其事而無有其名，分敬而無妬，則夫婦和勉矣〔六〕。君失音則風律必流〔七〕，流，謂蕩散。流則亂敗。臣離味則百姓不養，臣離味，百職曠，故百姓不養也。百姓不養則衆散亡。君臣各能其分，則國寧矣〔八〕。故名之曰不德〔九〕。

〔一〕陶鴻慶云：「立」皆讀爲位，立、位古通用。翔鳳案：古以「立」爲「位」，證見前。天左旋，爲君道，發於氣而成五音。地右轉，爲臣道，成萬物而生五味。此宙合之基本原理也。左傳言「楚人尚左」，此殷制也。

〔二〕俞樾云：「齊」讀爲濟。荀子王霸篇「以國齊義」，楊倞注曰：「『齊』當爲『濟』。」是其例也。此言君但求正其國，而無自濟其私欲也。尹注非。翔鳳案：俞説是也。君出令以正國家，而非以濟其私欲。

〔三〕張佩綸云：「與」當作「其」，「無獨其是」，言君無自是也。許維遹云：「與」猶爲也，詳經

① 「王」字原作「正」，據補注改。

傳釋詞。言君非獨自以爲是也。　翔鳳案：「是」從日、正。不以己之私欲，强加於人而取之。

〔四〕豬飼彦博云：「王」當作「平」。　王念孫云：「王」當爲「正」。施之無私，故曰「正施」。　翔鳳案：廣雅釋詁一：「王，大也。」詩板：「及爾出王」，傳：「往也。」二義俱通，改字非是。

〔五〕李哲明云：「忠」疑當爲「患」，形近而訛。「患」與「利」對文。同其患難，正臣任力之事也。　翔鳳案：左昭元年傳：「臨患不忘國，忠也。」賈子道術：「愛利出中謂之忠。」二義俱合，改字非是。

〔六〕丁士涵云：「分敬」當作「合敬」。吕覽注：「合，和也。」「合敬」即下文之「和勉」也。「無妒」又合敬之義。　安井衡云：「分」猶交也，謂交相敬。　翔鳳案：「夫婦」指百姓。禮記月令「日夜分」，注：「猶等也。」「分敬」與「互敬」相似，亦即「合敬」。

〔七〕翔鳳案：謂君失政則陰陽失調，詳幼官、五行二篇。

〔八〕孫蜀丞云：荀子正名篇注：「能猶得也。」

〔九〕丁士涵云：古字多以「丕」爲「不」，此「不」字當讀爲丕。丕，大也。　翔鳳案：四時之德不同，是謂「時德」（見前），猶五音、五味亦因時不同。君臣各能其分，不偏執，故曰「不德」。丁誤。

懷繩與准鉤，多備規軸，減溜大成，是唯時德之節。夫繩扶撥以爲正〔一〕，**准壞險以爲平**，准必壞舊高峻，而後以爲平也。**鉤入枉而出直。**工人用鉤，則就枉取直也。**此言聖君賢佐之制舉也**〔二〕，言制以舉賢之法用鉤也。**博而不失，因以備能而無遺。**所舉既博，則枉直咸盡，故無所失。雖雞鳴狗盜，無所不取，皆有所長，故能備之。**國猶是國也，民猶是民也，桀、紂以亂亡，湯、武以治昌。**湯之國人，亦桀之國人。武之國人，亦紂之國人。桀、紂以之亡，亂之故也。湯、武以之昌，治之故也。**章道以教，明法以期，民之興善也如化**〔三〕，**湯、武之功是也。**湯、武之昌，教化明也。人之興善，亦章明也。**多備規軸者，成軸也**〔四〕。規者，正圓器。軸者，轉規。大小悉須備，故多備。方主嚴剛，圓主柔和。今用規者，欲施恩引物也。**夫成軸之多也，其處大也不究，其入小也不塞**〔五〕，究，窮也。大軸用大處，小用小處①。因物施宜，故有大小也。**猶迹求履之憲也**〔六〕，迹者，履之所出。善者，恩之所生。憲，法也。擬迹而求履法，履法可得；施恩而求善心，善心可生也。**夫焉有不適善？**以恩驅善，故無不適也。**適善，備也，僊也，是以無乏**〔七〕，僊，輕順貌。既皆適善能備，以恩爲善者輕順，人君善既備順，何所乏哉！則求者無不善也。**故諭教者取辟焉**〔八〕。辟，法也。取爲規拒也。**天淯陽，無計**

① 「處」字原作「故」，據校正改。

量；地化生，無法崖〔九〕。渻，古育字。天以陽氣育生萬物，物生不可計量。地以陰氣化萬物，物之生化，無有崖畔①。君之恩，法天地之厚廣也。所謂是而無非，非而無是，亦既行恩，又須順物。當順而是之，不得有非；當順而非之，不得有是也。是非有，必交來。苟信是，以有不可先規之，是非既有，必使二者俱來，得以驗之。是既信之有矣，非則不可掩，故先以恩意令息改也。必有不可識慮之。然將卒而不戒〔一〇〕，不可識，謂其非謀隱伏，意在不測。或苞藏禍心，故必有以防慮之。如其事將終，即必當陰備待之，不可戒告於彼也。故聖人博聞多見，畜道以待物，以道待物，物無不容也。物至而對，形曲均存矣〔一一〕。對，配也。物至矣，以多少之恩，配大小之形。如此，則均平皆在於恩，而無遺失也。減，盡也。溜，發也。言偏環畢，莫不備得，故曰：減溜大成〔一二〕。減溜，盡發。君既均施以恩，故物盡發於善，亦既盡善，君教不偏減，順圜圓之周，無不備得也。成功之術，必有巨獲〔一三〕，巨，大也。功，大成大獲。必周於德，審於時。時德之遇，事之會也，若合符然。故曰：是唯時德之節。德既周，時又審，二者遇會，若合符契，則何功而不成也？

〔一〕張文虎云：「撥」，傾也，與「正」相對。大雅「枝葉未有害，本實先撥」，列女傳孽嬖篇引「撥」

① 「地以陰氣化萬物，物之生化，無有崖畔」原作「地以陰化，無物不化，故乃法以制山崖畔」，據補注改。

作「敗」，傾亦敗也。俞樾云：説文𣥠部：「𣥠，足刺𣥠也，讀若撥。」此文「撥」字即「𣥠」之假字。刺𣥠則有不正之意，故與「正」爲對文也。荀子正論篇「不能以撥弓曲矢中」，亦是以「撥」爲「𣥠」。又或以「發」爲之，考工記弓人曰：「菑栗不迤，則弓不發。」孫詒讓云：淮南子本經訓亦云「扶撥以爲正」，高注云：「扶，治也。」「扶」之訓治，古書未見，以聲類校之，疑當與「輔」通。大戴禮記四代篇云：「巧匠輔繩而斷。」古从甫聲、夫聲字多通用。説文木部云「榑桑，神木，日所出也」，山海經海外東經「榑桑」作「扶桑」，是其例也。翔鳳案：木匠牽墨線，扶以手，撥而彈之，此「扶撥」之義。幼官規、矩、權、衡、繩皆爲制器之用，諸説俱誤。古本改「撥」爲「掇」，謬。

〔二〕翔鳳案：五方各有佐，如東方之佐句芒，西方之佐蓐收，故不稱「相」而稱「佐」。亦見淮南天文訓。古本改「佐」爲「相」，謬極。

〔三〕王念孫云：「如此」，當從宋本作「如化」。吕氏春秋懷寵篇曰：「兵不接刃，而民服若化。」翔鳳案：此篇兼取義於四時。中庸：「如四時之化行。」改「化」爲「此」者妄。

〔四〕張佩綸云：規所以制器，軸所以持輪，圜道也。解規軸爲成軸，未安。孫蜀丞云：尚書大傳云：「備者，成也。」廣雅釋詁：「備，成也。」尹注未晰。翔鳳案：説文：「規，有法度也。」規軸爲有法度之軸。有法度之軸，乃成軸也。備，具也，見廣雅釋詁三。此常義也。二説均誤。

〔五〕豬飼彦博云：「究」當作「窕」，細也。王念孫云：「究」當爲「窕」，字之誤也。窕，不滿也。「塞」，不容也。以小處大則窕，以大入小則塞，唯因物施宜，則處大而不窕，入小而不塞矣。廣雅曰：「窕，寬也。」昭二十一年左傳「鍾小者不窕，大者不摦，窕則不咸，摦則不容」，杜注曰：「窕，細不滿也。摦，横大不入也。不咸，不充滿人心也。不容，心不堪容也。」吕氏春秋適音篇「音太鉅則志蕩，以蕩聽鉅則耳不容，不容則横塞，横塞則振；太小則志嫌，以嫌聽小則耳不充，不充則不詹，不詹則窕」，高注曰：「窕，不滿密也。」淮南本經篇「小而行大，則滔窕而不親；大而行小，則陿隘而不容」，高注曰：「滔窕，不滿密也。」大戴禮王言篇曰：「布諸天下而不窕，内諸尋常之室而不塞。」（淮南氾論篇亦云：「舒之天下而不窕，内之尋常而不塞」。）墨子尚賢篇曰：「大用之天下則不窕，小用之則不困。」（窕，本或誤作「究」。尚同篇云「大用之，治天下而不窕；小用之，治一國一家而不横」，足證「究」字之誤。）荀子賦篇曰：「充盈大宇而不窕，入郄穴而不偪。」淮南原道篇曰：「處小而不逼，處大而不窕。」俶真篇曰：「處小隘而不塞，横扃天地之間而不窕。」皆其證也。草書「窕」字或作「窕」，「究」字或作「究」，二形相似，故「窕」誤爲「究」。尹氏不察，而訓「究」爲「窮」，失之矣。翔鳳案：説文：「櫅，木也。可以爲大車軸。」詩大東：「杼柚其空。」此梭中之軸也。軸有大小二類。廣雅釋室：「究，窟也。」説文無「窟」，作「窋」，物在穴中貌。黄梅呼「縮」爲「究」，問篇作「⿱宀欠」。大軸不縮，小軸不塞。軸非可布可舒之物，王僅就「不塞」觀其表面，而不考其實，誤矣。

〔六〕丁士涵云：説文：「楥，履法也。」「憲」即「楥」字。翔鳳案：「楥」俗作「楦」，楦在履中，不大不小，是爲「適善」。軸大小種類不一，故曰「成軸之多」，而皆適善。

〔七〕豬飼彦博云：「僊」當作「僎」，具也。丁士涵云：「僊」與「遷」同。鄭注大傳曰：「『遷』猶變易也。」姚永概云：尹乃以「善」字上屬爲句，大謬。「善適，善備也」，「善備」即多備也。「僊也是以無乏」，尹以「僊」爲「輕順貌」，非也。漢碑「遷」多作「僊」。此言既善備多軸，則遷之大，遷之小，無有不以供用，是以無乏也。翔鳳案：國三老袁良碑「僊修城之鄣」，尹宙碑「支判流僊」，皆假「僊」爲「遷」也。

〔八〕姚永概云：「辟」讀辟如行遠、辟如登高之辟，謂善教者亦必多備教法，隨其才之大小以成就之。翔鳳案：荀子彊國「辟稱比方，則欲自並於湯、武」，假「辟」爲「譬」。論語：「能近取譬。」

〔九〕丁士涵云：「陽」字當爲「養」，假借字。王引之云：「法」當爲「泮」，詩氓篇「隰則有泮」，箋曰：「『泮』讀爲畔。畔，厓也。」故曰「地化生無泮厓」。尹注曰「物之生化，無有厓畔」，是其證。今本「泮」作「法」者，涉注文「法天地」而誤。翔鳳案：説文「育」或體作「毓」，甲文「毓」旁有水滴形，房注以「淯」爲古「育」字，是也。幼官五官之數，皆爲天生地成，如天一生水，地六成之，火金木土倣此。「天育陽」，「陽」字不誤。地則化生萬物而有五味。正篇：

「當故不改曰法。」「如四時之不貣，如星辰之不變，如宵如晝，如陰如陽，如日月之明，曰法。」「崖」爲邊際，謂生物變化無常。

〔一〇〕丁士涵云：玩尹注「是非既有，必使二者俱來」，則當讀「是非有」句，「必交來」句。又云「是既信之有矣」，則當讀「苟信是」句。「以」乃「必」字之誤。「必有不可先」與「必有不可識」互文見義。「規」，古「窺」字。「慮」，圖也。謂非謀隱伏不可先知者，蚤窺伺而圖慮之也，斯倉卒之閒出於不備；皆由是非混淆，偏信爲是，而不能蚤辯其非也。今讀皆非。 翔鳳案：「卒」假爲「猝」。司馬相如傳「卒然遇逸材之獸」，注：「暴疾也。」

〔一一〕章炳麟云：「曲」即曲矩之曲，考工之「審曲面埶」，亦當指此。「均」即陶鈞之鈞，淮南原道訓所謂「鈞旋轂轉」者也。曲爲匠人模範之器，鈞爲陶人模範之器，此言聖人畜道待物，故物至而與形相配，斯模範常在矣。 翔鳳案：宙合爲天地之運轉，章說恰好。

〔一二〕劉師培云：「畢」疑「寓」訛。「環寓」即寰宇也。「偏」、「徧」古通。 孫蜀丞云：禮記學記：「呻其佔畢。」爾雅釋器：「簡謂之畢。」 翔鳳案：趙本作「徧」，是也。然楊本作「偏」，亦非誤字。曲禮「二名不偏諱」，即「不徧諱」。隸書亻彳不別，於別篇已詳爲證明矣。蒼頡篇：「溜，水垂下也。」方言「發，舍車也。東齊、海、岱之間謂之發」，郭注：「『舍』宜音寫。」今謂之卸車。 儀禮聘禮記「發氣怡焉」，注：「發氣，舍息也。」「發」同「潑」（黃梅以潑水爲寫水），與「溜」義近。做一事，舍去，別做一事，徧做不已，莫不備得，是謂「減溜大成」。俗謂「一溜過去」，即其義。

〔一三〕王念孫云：「巨獲」讀爲榘䉡。（榘今省作矩。）説文：「巨，規巨也，或作榘。」「蒦，度也，或作『彠』。」楚辭曰「求榘彠之所同」，今楚辭作「榘䉡」，王注云：「榘，法也；䉡，度也。」下文曰：「必周於德，審於時，時德之遇，事之會也，若合符然。」正所謂成功之術，必有榘䉡也。尹注非。　安井衡云：「巨」古「矩」字，「獲」當爲「䉡」，字之誤也。矩、䉡皆法也。　翔鳳案：説文無「䉡」字，本作「蒦」，因「矩」而加矢旁。「矩」之本字爲「巨」，巨乘馬即矩乘馬也。説文：「蒦，規蒦，商也。从又持萑。一曰蒦，度。」「萑，鴟屬。从隹从𦫳，有毛角，所鳴，其民有旤。」古人畏鴟，故持而度之，引申爲「矩䉡」。萑爲兎頭，爾雅釋鳥稱爲「老鵵」，引申之則以犬得兎爲「獲」。詩巧言：「躍躍毚兎，遇犬獲之。」一義之引申，故「獲」可爲「䉡」，非假借也。而以爲誤字，則更謬矣。

春采生，秋采蓏，夏處陰，冬處陽，此言聖人之動靜、開闔、詘信、浧弋逞反。儒、取與之必因於時也〔一〕。時則動，不時則靜，是以古之士有意而未可陽也〔二〕，故愁其治，言含愁而藏之也〔三〕。有意濟世，時亂方殷，未可明論，故曰：理代之言，陰愁而藏之。賢人之處亂世也，知道之不可行，則沈抑以辟罰，靜默以侔免。侔，取也。辟之也，猶夏之就清，七性反。冬之就温焉〔四〕，可以無反於寒暑之菑矣〔五〕，夏不就清，冬不就温，更以寒暑致災，終無益也。喻賢者不避亂世，更招刑譴，何榮之可得哉！非爲畏死而不忠也。賢人之避亂世，豈畏死而不忠哉！但以無益而徒死也。**夫强言以爲僇，而功澤不加，**時非所言，必致刑僇。既刑僇矣，何功澤之加哉！**進傷爲人君嚴之義，**臣進而遇傷，人君因此益加其嚴酷也。**退害爲人臣者之生**〔六〕**，**退而不遇害，而人臣因此轉更偷生也。**其爲不利彌甚。**不避亂世而遇害，則君益其嚴酷，臣益偷生，不利彌甚也。**故退身不舍端**〔七〕**，脩業不息版**〔八〕**，**版，牘也。**以待清明。**賢者雖復退身，終不捨其端操。不息修業亦不息其版籍，所以俟亂世清明，候風雲以舉翼也。**故微子不與於紂之難，而封於宋，以爲殷主，先祖不滅，後世不絕。故曰：大賢之德長。**可久可大，則賢人之德業。

〔一〕洪頤煊云：「浧儒」當作「温濡」，幼官篇「藏温濡」，其證也。「温濡」即燥濕，與「動靜」、「開闔」、「詘伸」、「取與」爲一例。「儒」、「濡」古字通用。王念孫：「浧」當爲「逞」，「儒」當爲「偄」，皆字之誤也。（幼官篇「藏温偄」，宋本「偄」誤作「儒」，今本又誤作「濡」，凡隸書從「耎」之字，多誤從「需」，若碝之爲礝，麌之爲麢，蝡之爲蠕，皆是也。）「逞」與「盈」同。（左氏春秋昭二十三年「沈子逞」，穀梁作「沈子盈」；左氏傳「欒盈」，史記作「欒逞」；又左氏傳昭四年「逞其心以厚其毒」，新序善謀篇「逞」作「盈」。）「偄」與「緛」同。「盈緛」猶「盈縮」也。廣雅「緛，縮也」，曹憲「音而兗反」。素問生氣通天論「大筋緛短，小筋弛長」，王冰曰：「緛，縮也。」漢書天文志「已出三日而復微入，三日迺復盛出，是爲耎而伏」，晉灼曰：「耎，退也。」太玄耎曰：「陽氣能剛能柔，能作能休，見難而縮。」范望曰：「耎而自縮，故謂之耎。」是「緛」與「縮」同義。「緛」、「偄」、「耎」古字通。「盈縮」與「詘伸」義相因也。淮南人閒篇曰：「得道之士，内有一定之操，而外能詘伸嬴縮卷舒，與物推移。」「詘伸嬴縮」即「詘信盈緛」。王紹蘭云：「呈」、「盈」古通用。説文「⿰糸盈，從系盈聲」，「⿰糸盈」或從「呈」。考工記輪人注鄭司農云「『桯』讀如『丹桓公楹』之『楹』」，是「桯」與「楹」通。公羊昭二十三年經「沈子楹」，穀梁作「盈」，左氏作「逞」；左氏襄十八年傳「欒盈」，晉世家「盈」作「逞」；昭四年傳「欲逞其心」，新序善謀篇「逞」作「盈」，是「盈」又與「逞」通。蓋管子「浧」本作「逞」，「逞」壞爲「浧」，「逞」即「盈」之借字也。「濡」當爲「虚」。（俗書「虚」字有作「虗」者，又聲與需近，因譌爲「需」，浧已從水，復加水旁耳。）此言「動静」、「開闔」、「屈信」、「取與」，文並相配，明「浧濡」當作「逞虚」，「逞虚」即「盈虚」也。戒篇云「消息盈虚與百姓詘信」，亦以「盈虚」、「屈信」對文，是其證矣。

牟庭云：「浧儒」即硬軟字，房注亦不知。江瀚云：「浧」，集韻音徎，云與「徎」同，説文：「徎，徑行也。」「儒」、「濡」古通用，隸釋衡方碑「少以濡術」，是其證。「徎」爲徑行，「濡」爲濡滯，與「動静」、「開闔」、「詘信」，皆相對成文。王志謂「徎儒」當即「逞緛」，「逞」與「盈」同。廣雅「緛，縮也」。其説亦通，終嫌改字。金廷桂云：「浧」，集韻音郢，又音逞，義同。廣韻：「逞，疾也。」方言：「逞，快也，自山而東曰逞。」風俗通：「儒者，濡也。」然則「浧濡」猶言疾徐也，恐非誤字。翔鳳案：「浧」同「郢」，詳幼官章説。此篇盛贊微子存殷，能詘能柔。幼官用箕子洪範，與此合觀，管書爲殷文化甚明顯矣。

〔二〕丁士涵云：釋名曰：「陽，揚也。氣在外發揚也。」大戴禮文王官人篇「攷其陰陽」，盧辯注曰：「陰陽，猶隱顯也。」「陽」主顯揚爲義，與下文「陰」字相對。

〔三〕王念孫云：注言「陰愁而藏之」，則正文「含」字當是「侌」字之誤。「侌」，古「陰」字也。「愁」與「揫」同，鄉飲酒義「秋之爲言愁也」，鄭注曰：「『愁』讀爲揫，揫，斂也。」「陰」與「陽」正相反，故曰：「有意而未可陽也，故揫其治言，陰揫而藏之也。」謂陰斂其治世之言而藏之也。下文「沈抑以辟罰，靜默以侔免」，正申「陰揫而藏之」之義。　翔鳳案：上文皆指微子，麥秀之歌，無限隱痛，所謂「含愁而藏之」，不敢揚於外。

〔四〕王念孫云：「辟之」之「辟」讀曰譬，下屬爲句，「也」字後人所加。（後人讀「辟」爲「賢者辟世」之「辟」，而誤以爲承上之詞，故於「辟」之下加「也」字。）

〔五〕丁士涵云：「反於寒暑之菑」，猶言反時之菑耳。夏就清，冬就温，則反時之菑可以無之。左宣十六年傳：「天反時爲災。」　翔鳳案：周禮大司馬「犯令陵政則杜之」，注：「犯令者，違命也。」「犯」與「反」義近，郭説是。

〔六〕丁士涵云：「嚴」字疑誤，當云「進傷爲人君者之義，退害爲人臣者之生」。文義甚明，尹注非是。　翔鳳案：此文鍼對微子，則易了解。「嚴」爲教令急。微子亡國受封，周人教令之急可想，「進」、「退」承上文「忠」字説，過於哀傷祖國，與周之教令抵觸；退而他適，又有傷生之危險。

〔七〕戴望云：「端」當讀爲專，假借字也。説文曰：「專，六寸簿也。」段氏注云：「六寸簿，蓋笏也。曰部曰：『曶，佩也。』無笏字。釋名曰：『笏，忽也。君有命，則書其上，備忽忘也。』徐廣車服儀制曰：『古者貴賤皆執笏，即今手版也。』杜注左傳：『珽，玉笏也，若今吏之持簿。』蜀志『秦宓見廣漢太守，以簿擊頰』，裴松之注：『簿，手板也。』『六寸』未聞，疑上奪『二尺』字。玉藻曰：『笏度二尺有六寸。』此法度也，故其字從寸。」古耑聲、叀聲同部，故可假「端」爲「專」。下文「修業不息版」，「版」與「專」正同物，若讀「端」如字，則不可通矣。孫詒讓云：「舍」與「捨」通，「端」即端衣也。周禮司服先鄭注云：「衣有襦裳者爲端，乃冕弁、朝服、玄端之通稱。」「不舍端」謂不捨朝服也。戴説未塙。翔鳳案：房注「雖復退身，終不捨其端操」，其言是也。諸人忘其指微子矣。

〔八〕宋翔鳳云：曲禮「請業則起」，鄭注：「業，謂篇卷也。」此言「修業不息版」，古人寫書用方版，爾雅「大版謂之業」，故書版亦謂之業。鄭訓「業」爲篇卷，以今證古也。翔鳳案：論語「式負版者」，注：「邦國籍也。」謂修殷之版籍。

明乃哲，哲乃明，奮乃苓，明哲乃大行，此言擅美主盛自奮也。以琅湯琅音浪。湯音瑒。凌轢人〔一〕，人之敗也常自此。是故聖人著之簡筴，傳以告後進曰：奮盛苓落也。盛而不落者，未之有也。故有道者不平其稱，不滿其量，不依其樂，不致其度〔二〕。有道者，則湯、武也。所以不平稱、滿量、依樂、致度者，所以晦其明。爵尊即肅士，禄豐則務施，功大而不伐，業明而不矜〔三〕。夫名實之相怨久矣〔四〕，是故絶而無交〔五〕。有名有實，必爲人怨，其來久。所以絶四鄰之好，杜賓客之交，惡其名實之聞也。惠者知其不可兩守，乃取一焉〔六〕。故安而無憂，名實不可兩守，故但存其一。怨從此而息，所以安然而無憂也。毒而無怒，此言止忿速，濟没法也〔七〕。毒者陰爲賊害，從而怒之。彼知其所以行毒，怨恨續赴，其行毒之法没而不用。今不爲怒者，所以止此忿速濟斷没法也。怨而無言，言不可不慎也。言不周密，反傷其身。言怨怒，但可藏之在心，不言之口，以泄其恨。陰懷他計，反被傷身也。故曰：欲而無謀〔八〕。言謀不可以泄，謀泄菑極。既欲其事，方始圖之，無使謀泄。泄謀，災必至，故曰災極至。夫行忿速，遂没法，賊發言，輕謀泄，菑必及於身〔九〕。故曰：毒而無怒，怨而無言，欲而無謀。大揆度儀，若覺卧，若晦明，言人君材質雖不慧，但大揆度儀法，有疑則問之賢，若覺而卧悟①，若從晦而視明，可以成大也。言淵色以自詰也〔一〇〕。靜默以審慮，依賢可用也〔一一〕。君有所未晤，當淵寂其色，以自窮詰，靜默其神，以審思慮。有所不晤，依賢以問之，故其爲可用也。仁良既明，通於可不利害之理，循發蒙

①「若」字原作「者」，「悟」字原作「聽」，均據補注改。

也〔一二〕。問於仁良，其事既明，見利害之理則通晤，循而用之，其蒙自發明也。故曰：若覺卧，若晦明，若敖之在堯也〔一三〕。敖，堯子丹朱，慢而不恭，故曰敖。敖在堯時，雖凡下材，但以聖人在上，賢人在下位，動而履規矩，常自禮法，竟以改邪爲明，故賓虞朝，讓德羣后。書曰：「無若丹朱敖。」

〔一一〕丁士涵云：「琅」讀爲浪，浪猶放也。「湯」讀爲蕩，蕩，説文作「愓」，云「放也」。浪、蕩、凌、轢四字同義。安井衡云：「凌」當爲「陵」，侵也，形聲相涉而誤。翔鳳案：放浪與「凌轢人」不很相連。漢書王莽傳：「以鐵鎖琅當其頸。」詩宛丘「子之湯兮」，傳：「蕩也。」「湯」古讀當。此節皆創巨痛深之詞，當從殷人亡國之心理理解之。

〔一二〕丁士涵云：「樂」當爲「槩」，與「稱」、「量」、「度」三者同義。方苞云：「樂」爲「槩」誤，量實滿則與槩相依，即不滿其量之意。俞樾云：「依」讀爲殷，禮記中庸篇「壹戎衣」，鄭注曰：「『衣』讀如殷，聲之誤也，齊人言殷聲如衣。」然則管子書以「依」爲「殷」，正齊言耳。「不殷其樂」，謂不盛其樂也。説文月部曰：「作樂之盛稱殷。」

〔一三〕俞樾云：「業明而不矜」，謂業盛而不矜也。淮南説林篇「長而愈明」，高誘注曰：「明，猶盛也。」翔鳳案：「業明」二字直承上文，俞説不合。

〔一四〕吳志忠云：「怨」當爲「苑」，言名實相因而至，亦交相爲病。高誘注淮南曰：「苑，病也。」禮運曰：「竝行而不苑。」今名實竝行則苑矣。故下文曰：「知其不可兩守，乃取一焉。」一者，去名取實。翔鳳案：荀子哀公「富有天下而無怨財」，注：「『怨』讀爲蕴，言無私積也。」名中有實，實中有名，是爲「想怨」。吴説誤。

〔五〕翔鳳案：「絶而無交」，與外界斷絶來往，不取名，但取實。

〔六〕孫星衍云：「惠」與「慧」通。

〔七〕章炳麟云：「没法」二字衍。止忿則事速成，正明所以「毒而無怒」之故，不容有「没法」二字。

翔鳳案：管書「速」通作「遬」，而「速」爲「迹」，皆籀文也。忿於中，不露於外，是謂「止忿迹」。「濟」訓渡水，「没」則潛水而渡。莊子：「絶迹易，無行地難。」二者皆喻語。

〔八〕王念孫云：「故曰」二字，涉下文而衍。翔鳳案：凡「故曰」皆爲古語，見前。此殷人遺言也。

〔九〕丁士涵云：「夫行忿速遂没法」句，即承上文「止忿速濟没法」句言之。「賊發」句，申言「速遂没法」之意。「没法」者，賊也。方言曰：「濟，滅也。」「止忿」，所以滅賊不使發。「遂」有成義。「行忿」，所以成賊使發也。章炳麟云：「行忿速遂」句，「没法賊發」句。丁氏士涵乃欲讀「行忿速遂没法」爲句，以上文云「毒而無怒，此言止忿速濟没法也」爲證，不知上文「没法」二字實涉此處而衍。言止忿則事速成，正明所以毒而無怒之故，不容有「没法」二字也。「没法賊發」，「賊」字本在「發」字下。漢書酷吏傳曰：「於是作沈命法曰：『羣盜起不發覺，發覺而弗捕，滿品者，二千石以下至小吏，主者皆死。』」應劭注：「沈，没也，敢匿盜賊者没其命也。」應注即本管子説。古曰「没法」，漢曰「沈命法」也。行忿以求速遂，作沈命法以發盜賊，輕言以泄密謀，三者皆病在躁急，足以取禍。「行忿」正與「止忿」相對。止忿則事速濟，若行忿以求速遂，則菑必及身，二義亦相對。翔鳳案：説文：「賊，敗也。」「言」謂怨言。

〔一〇〕張佩綸云：「淵色」當作「淵塞」，聲之誤也。詩燕燕：「其心塞淵。」定之方中：「秉心塞淵。」李哲明云：張説是也。「詰」爲「結」之誤，「自結」猶詩鳲鳩之言心結也。翔鳳案：小爾雅廣詁：「淵，深也。」度地：「水出地而不流者，命曰淵水。」「淵色」爲喜怒不見於色。周禮大宰「五曰刑典，以詰邦國」，注：「猶禁也。」從詰詘得義。

〔一一〕張佩綸云：「靜默以審慮」下當有「也」字，錯於「用」下。「靜默審慮」言恭默思道。「依賢可用仁良」，「可」當作「才」，「依」，倚也，言「倚賢才，用仁良」以爲己助。翔鳳案：「依」訓倚。亦爲「殷」，如上文「不依其樂」，此雙關語。張連「仁良」爲句，謬。

〔一二〕王念孫云：「循」字義不可通，「循」當爲「猶」，字之誤也。（隸書「猶」字或作「猶」，與「循」相似。）上言「若覺卧，若晦明」，此言「猶發蒙」，「猶」亦「若」也。仲尼燕居曰「昭然若發矇」是也。尹注非。翔鳳案：易蒙卦：「發蒙，利用刑人，用説桎梏。」「蒙」訓童蒙，即奴隸。循其發蒙之事，而通於可否利害之理。王誤。

〔一三〕翔鳳案：房注：「堯子丹朱，慢而不恭，故曰敖。」「傲」爲性情，非即丹朱，此不可通者。何爾鈞云：「書益稷篇無『丹朱敖』，王伯厚謂『即丹朱』。兩名連舉，於文義似爲不倫。奡者，堯庶子九人之一，朱駿聲之説不爲無見。考路史：『初取富宜氏曰皇，生朱鶩，狠媢，堯兄弟爲鬩，囂訟嫚遊而朋淫。』蓋惟其鶩狠，所以兄弟爲鬩；惟其嫚游，所以兄弟朋淫。意當時庶子九人中，惟奡之凶德實類丹朱，故堯舉以告舜。而管子宙合篇亦云『若敖之在堯也』。且本經下文云『朋淫於家』，朱與奡非兄弟，何以云『於家』乎？古人以父子相繼曰世，朱與奡非皆堯子，何以云『殄厥世』乎？」何言是也。朱引呂覽去私篇「堯有子十人」，求人篇「妻以二女，臣以十子」。孟子言「以九男事舜」，淮南泰族亦云「堯屬舜以九子」，則胤子朱不在數中。敖爲人名。

毋訪于佞，言毋用佞人也，用佞人則私多行〔一〕。毋蓄于諂，言毋聽諂，聽諂則欺上。毋育于凶，言毋使暴，使暴則傷民。毋監于讒，言毋聽讒，聽讒則失士。夫行私、欺上①、傷民、失士，此四者用，所以害君義失正也〔二〕。夫爲君上者既失其義正，而倚以爲名譽，爲臣者不忠而邪，以趨爵禄，亂俗數世〔三〕，以偷安懷樂，雖廣其威可須也。故曰：不正廣其荒〔四〕。是以古之人阻其路，塞其遂，守而物修〔五〕。故著之簡筴，傳以告後世人曰：其爲怨也深，是以威盡焉。

① 「上」字原作「士」，據補注改。

不用其區區者虛也，人而無良焉，故曰虛也〔六〕。凡堅解而不動，陼陻而不行〔七〕，其於時必失，失則廢而不濟。失植之正而不謬，不可賢也。植而無能，不可善也〔八〕。所賢美於聖人者〔九〕，以其與變隨化也。淵泉而不盡，微約而流施，是以德之流〔一〇〕，潤澤均加于萬物。故曰：聖人參于天地。鳥飛准繩〔一一〕，此言大人之義也。鳥飛准繩，曲以爲直。大人之義，權而合道。夫鳥之飛也，必還山集谷，不還山則困，不集谷則死。山與谷之處也，不必正直，而還山集谷，曲則曲矣，而名繩焉。以爲鳥起於北，意南而至于南；起於南，意北而至于北。苟大意得，不以小缺爲傷。鳥意將集南北，亦隨山谷而曲飛，苟遂南北之大意，不以曲飛小缺爲傷。聖人行權，亦猶是也。苟得合義之大致，不以反經小過而爲傷也。故聖人美而著之美鳥飛之事，著之簡筴也。曰：「千里之路，不可扶以繩。繩直千里，路必窮也。萬家之都，不可平以准。」平准萬家，居必塞也。言大人之行，不必以先，帝常義立之謂賢〔一二〕。守常違變，道必躓也。故爲上者之論其下也，議欲理也。不可以失此術也。此術，權道。

〔一〕陶鴻慶云：「私多行」當作「行私」，「行私」與下文「欺上，傷民，失士」一律。下文「夫行私、欺上、傷民、失士」云云，是其證。法禁篇「法（今本作「去」，屬上讀之。從俞氏改正。）非其人而人私行者，聖王之禁也」，俞氏云「言法本非其人所宜行」，則文義不順矣。「私行」二字誤倒，

「多」則「行」字之誤而衍者。 翔鳳案：呂氏春秋謹聽「聽者自多而不得」，注：「自賢也。」聽佞人之言，得意忘形，自以爲賢，故曰「私多行」。不誤。

〔二〕王念孫云：「義失正」當爲「失義正」，下文曰「爲君上者，既失其義正」，是其證。 張文虎云：「君」字疑衍。 陶鴻慶云：「害」即「君」字之誤而衍者。 翔鳳案：「害君義」即上文「進傷爲人君嚴之義」。

〔三〕翔鳳案：廣雅釋詁一：「數，責也。」列子周穆王：「後世其追數吾過乎？」

〔四〕丁士涵云：「廣」，大也。「損」，宋本作「須」，乃「頊」之誤。「頊」與「傾」同，傾者，覆滅之義。言雖大其威可以覆滅之也。下文曰：「是以威盡焉。」「傾」與「盡」皆釋舉目「荒」字。 逸周書大明武篇「靡敵不荒」，孔晁注云：「荒，敗也。」「荒」即「亡」之借字。 俞樾云：按北宋本「損」作「須」，然則「威」疑「烕」字之誤。「其烕可須」，言其滅亡可待也，涉下文「是以威盡焉」而誤。「烕」譌「威」，遂臆改「可須」爲「可損」矣。 翔鳳案：書甘誓「威侮五行」，王引之以爲「烕」之誤。說文：「烕，滅也。詩曰：『赫赫宗周，褒姒烕之。』」毛傳：「烕，滅也。」釋文：「『烕』或作『滅』。」後人少見「烕」而誤爲「威」。「廣」假爲「横」，說見前。

〔五〕尹桐陽云：「遂」同「術」，邑中道也。 孫蜀丞云：廣雅釋室：「隧，道也。」史記蘇秦傳索隱：「遂者，道也。」老子五十二章「塞其兑，閉其門」，「塞其兑」即本管子「塞其遂」也。說文「襚，衣死人也」，漢書朱建傳作「稅」；左襄二十三年傳「杞殖、華還載甲夜入且于之隧」，晏子春秋内篇問下作「且於兑」，竝其證。　翔鳳案：周禮載師「以物地事」，爲「昒」之借。説文「昒，目冥遠視也」。非誤字，非錯簡。

〔六〕李哲明云：莊子徐无鬼篇「良位其空」，釋文：「司馬云：『良，良人，謂巡虚者也』。」此「無良」當據此解之。　翔鳳案：「區區」二字連文，見前。小匡「鄉有良人」，足爲李説之證。

〔七〕丁士涵云：「解」與「堅」義相反，「解」疑「觡」字誤，本作「垎」。説文：「垎，堅也。」學記注：『格』讀爲凍垎之垎。扞格，堅不可入之貌。」地員篇：「五粟之土，乾而不格。」又曰：「五臭之狀，堅而不骼。」「觡」、「格」、「骼」，皆「垎」之假借。淮南原道篇注「『觡』讀曰格」。「堅觡」與下「陼隄」，皆二字平列。　郭沫若云：「堅解」殆猶扞格，亦猶今言尷尬，乃雙聲聯綿字，不必以字面求之。「陼隄」當爲「隄陼」，即踟躇也。　翔鳳案：丁、郭二説是也。淮南俶真：「孰肯解構人間之事乎？」後漢陳餘傳：「勿用傍人解構之言。」「解」音義近「格」，是其證。

〔八〕俞樾云：此本作「夫植之正而不謬」，涉上文兩「失」字而誤作「失」耳。「植而無能」句，文義未足，疑有闕文。　翔鳳案：「植」同「志」，見前。司馬遷傳「謬以千里」，禮記作「繆」。「繆」同「穆」。「失」字不誤。

〔九〕俞樾云：「美」乃「善」字之誤。上文云「夫植之正而不謬，不可賢也。植而無能，不可善也」，此云「所賢善於聖人者」，即承上而言，不容有異文。　翔鳳案：「善」、「美」義近，於本人爲善，他人則美之，不誤。

〔一〇〕丁士涵云：「流」字涉上文「流施」而衍。翔鳳案：論語「德之流行，速於置郵而傳命」，「流」字不誤。「潤澤」承「流」字而來。

〔一一〕尹桐陽云：淮南道應：「大人之行不掩以繩，至所極而已矣。」此筦子所謂梟飛而准繩者。」「梟」即「鳥」。

〔一二〕王念孫云：「帝」即「常」字之誤而衍者，尋尹注亦無「帝」字。「先常」猶言故常，「不必以先常」句絶。言大人之行，不必遵守故常，唯義立之爲賢也。丁士涵云：「義立」當爲「義正」。言大人之行，不必以先常而仍不失其正者，所謂義者宜也。猶鳥之飛，不必正直而名繩焉，大意得也。翔鳳案：説文：「先，前進也。」春秋運斗樞：「帝之言諦也。」審諦而義立，是之謂賢。

諼火縣反，遠也。充，言心也，心欲忠。末衡，言耳目也，耳目欲端〔一〕。中正者，治之本也。耳司聽，聽必順聞，聞審謂之聰。耳之所聞，既順且審，故謂之聰。目司視，視必順見，見察謂之明。目之順視曰明。心司慮，慮必順言，言得謂之知。心之所慮，既順且得，故謂之智。聰明以知則博，博而不惛，所以易政也〔二〕。聰也，明也，智也。三者既博，故事無過，舉乃得中，可制禮作樂，易先古政。政易民利，利乃勸，勸則告〔三〕。民既勸勉，故可以禮樂告之。聽不慎不審不聰〔四〕，不審不聰則繆。視不察不明，不察不明則過。慮不得不知，不得不知則昏。繆過以惛則憂，憂則所以伎苛，伎苛所以險政〔五〕。政險民害，害乃怨，怨則凶。故曰：譈充末衡，言易政利民也〔六〕。

毋犯其凶，言中正以蓄慎也〔七〕。毋邇其求，言上之敗常貪於金玉馬女，而𠫔愛於粟米貨財也。厚藉斂于百姓，則萬民懟怨。遠其憂，言上之亡其國也。常邇其樂立優美〔八〕，而外淫于馳騁田獵，内縱于美色淫聲，下乃解怠惰失〔九〕，百吏皆失其端，則煩亂以亡其國家矣。高爲其居，危顛莫之救，此言尊高滿大，而好矜人以麗，主盛處賢而自予雄也〔一〇〕。言君王豪盛，處己以賢，自許以爲英雄。予，許①也。故盛必失而雄必敗。夫上既主盛處賢以操士民，國家煩亂，萬民心怨〔一一〕，此其必亡也。猶自萬仞之山，播而入深淵，其死而不振也必矣②。故曰：毋邇其求，而遠其憂，高爲其居，危顛莫之救也。可淺可深，可沈可浮〔一二〕，可曲可直，可言可默。此言指意要功之謂也〔一三〕。凡此淺深曲直諸事，皆可詳之。言之指意，要必得此，然可以成功。

〔一〕孫蜀丞云：漢書李廣傳注：「『中』猶充也，讀與復同。」呂氏春秋盡數篇：「與爲復明。」明于

---

① 「許」字原作「計」，據補注改。
② 「矣」字原無，據補注增。

中，故言心也。廣雅：「末，垂也。」「衡」，稱也，謂兩端平也。垂于兩端，故以「耳目」釋之。

翔鳳案：心以氣言，見前。

〔二〕姚永概云：「易」，平也，讀如易繫辭「易者使傾」之「易」。此與下「所以險政」乃對文。尹注「制禮作樂，易古先政」，非也。翔鳳案：説文：「惛，不憭也。」孟子：「吾惛，不能進於是矣。」三「順」字皆假爲「慎」。易坤：「蓋言順也。」禮器：「順之至也。」「順」皆訓慎。

〔三〕劉績云：「告」當作「吉」，對下「凶」字。翔鳳案：勸則相互告語，文義至順，何必泥於下文「凶」字而改爲「吉」乎？

〔四〕丁士涵云：「不慎」二字衍。「聽不審不聽」與下「視不察不明」、「慮不得不知」句例相同。上文云「聞審謂之聰」，故聽不審則不聽也。下文「不審不聽則繆」，即承上言之。玩尹注亦無「不順」二字。陶鴻慶云：此文傳寫脱誤。上文云「耳司聽，聽必順聞，聞審謂之聰。目司視，視必順見，見察謂之明。心司慮，慮必順言，言得謂之知」，此文當云「聽不順不審，不審不聽，不聽則繆。視不順不察，不察不明，不明則過。慮不順不得，不得不知，不知則昏」，皆與上文反復相明。翔鳳案：「不慎」承上文「順」字，「順」即「慎」也。

〔五〕陳奐云：「伎」者，「忮」之假借，馬融注論語子罕篇曰：「忮，害也。」李哲明云：此當云「憂則伎苛，伎苛所以險政」。上「所以」字蓋涉下而衍。「伎」，事也；「苛」，煩也。治事煩苛，政之險由此矣。「險政」對上「易政」言。翔鳳案：説文：「伎，與也。詩曰：『鞫人伎忒。』」

今詩作「忮」，傳曰：「害也。」説文「忮，很也」，與「苛」義近。「伎」無訓「事」者，此李之臆説也。文從字順，無衍文。

〔六〕王念孫云：「言」字涉下文「言中正以蓄慎也」而衍。此復述上文「譾充末衡易政利民」之語，不當有「言」字。翔鳳案：「譾充末衡」爲古語，三「言」字皆釋古語。如「左操五音，右執五味，此言君臣之分也」，是其例。王説誤。

〔七〕張佩綸云：「蓄」當作「審」。翔鳳案：説文：「蓄，積也。」「蓄慎」猶言處心積慮，非誤字。

〔八〕金廷桂云：「立」字疑「工」字之誤。「樂工優美」即下文「美色淫聲」也。張佩綸云：「優美」當作「優笑」，小匡及齊語「優笑在前」。姚永概云：「立」字不辭。古「私」字作「厶」，後人不知，誤改爲「立」耳。所樂、所私、所優、所美皆便辟佞幸之人也，而常邇之，故足以亡國。翔鳳案：霸形：「桓公起行筍虡之間，管子從至大鐘之西。桓公南面而立，管仲北鄉對之。大鐘鳴。」「立」爲古「位」字，見前。樂懸有位，故曰「邇其樂立優美」，諸説均誤。

〔九〕安井衡云：「解」、「懈」，「失」、「佚」，古皆通用。翔鳳案：安井説是，證已見前。

〔一〇〕孫蜀丞云：莊子天下篇「施存雄而無術」，釋文引司馬彪注云：「意在勝人而無道理之術。」莊子之「存雄」，即管子之「予雄」也。

〔一一〕王引之云：「心怨」當爲「懟怨」。上文曰「萬民懟怨」，又曰「煩亂以亡其國家」，此文即承上言之。

怨，輕重不同。王不分輕重，非是。翔鳳案：穀梁莊三十一年傳「力盡則懟」，注：「恚恨也。」厚斂則懟怨，煩亂則心

〔一二〕王引之云：當從上文作「可浮可沈」。「沈」與「深」爲韻。翔鳳案：文本無韻，何以用韻？王氏未深察，故有此失。

〔一三〕于省吾云：「指」應讀作稽。「稽」猶計也。内業篇「此稽不遠」，即此指不遠。書西伯戡黎「指乃功」，即稽乃功。周禮大司馬「簡稽鄉民」，注：「『稽』猶計也。」「計意」與「要功」文正相對。下文「故博爲之治而計其意」，是其證。翔鳳案：爾雅釋言：「指，示也。」淺深、浮沈、曲直、言默，可示其意，非人稽之也。

天不一時，春夏秋冬，各有其時。地不一利，五土十地，各有其利。人不一事，士農工商，各有其事。是以著業不得不多，人之名位不得不殊。天時地利，猶有不一，况於人之所著事業及其名位，豈得不多而殊乎！方明者察于事〔一〕，故不官官，主也。于物而旁通于道〔二〕。方，謂法術。言法術通明之士，察於天地，知不可專一，故云不主一物，功用無方，旁通於道也。道也者，通乎無上，詳乎無窮〔三〕，運乎諸生。諸物由道而生。是故辯于一言，察于一治，攻于一事者，可以曲説，而不可以廣舉〔四〕。言寡能之人，但辯一言，察一理，攻一事。如此者，唯可以示一曲之説，未足以廣苞也。聖人由此知言之不可兼也〔五〕，故博爲之治而

計其意；知一言不可兼羣言，故博爲理衆言，而復計度所言之意，以告喻之也。知事之不可兼也，故名爲之説而況其功〔六〕。又知一事不足以兼衆事，故每事皆立名而爲此說。又恐未明其功，故比況而曉告之。歲有春秋冬夏，月有上下中旬，日有朝暮，夜有昏晨半，星星半隱半見也。辰序各有其司〔七〕，故曰：天不一時。此以上各舉天時不一。半星辰序，言其星辰晝隱夜出，常見半，至於次序，有司以爲法也。山陵岑巖，淵泉閎流〔八〕，泉踰瀷瀷，湊漏之流也。而不盡〔九〕，薄承瀷而不滿〔一〇〕，泉逾而前，瀷隨而後，欲其流不盡。至溪谷小既停，薄隨至而泄，雖承瀷而常不滿之流也。高下肥墝，物有所宜，故曰：地不一利。此以上略言地利不一也。鄉有俗，國有法，食飲不同味，衣服異采，世用器械，規矩繩准，稱量數度，品有所成，故曰：人不一事。此以上舉人之事不一也。此各事之儀〔一一〕，其詳不可盡也。此天地人三者之儀，但略舉之，故其詳不盡也。

可正而視，言察美惡，審別良苦〔一二〕，不可以不審。操分不雜，故政治不悔。定而履，言處其位，行其路，爲其事，則民守其職而不亂，故葆統而好終。深而迹，言明墨章書，道德有常，則後世人人修理而不迷，故名聲不息〔一三〕。夫天地一險一易，若鼓之有椁，椁當爲響。擿擋則擊，險易猶否泰。夫天地否泰，應德而至，猶鼓之含響，應擊而鳴者也。言苟有唱之，必有和之，和之不差，因以盡天地之道。唱則擊也。小則小和，大則大和，故曰和擊①而不差。應擊爲響，象天地應德爲否泰也。景不爲曲物直，響不爲惡聲美，物曲則影曲，聲惡則響惡，亦況天道福善禍淫隨事而至也。是以聖人明乎物之性者，必以其類來也〔一四〕。惡聲往則惡響來，猶積善餘慶，積惡餘殃。故君子繩繩乎慎其所先〔一五〕。天地，萬物之橐也，君子知善惡必報，繩繩戒慎，先天地以類善，天地萬物從而應之。則善在先，應在後，如橐之成物也，故曰天地萬物之橐。宙合有橐天地〔一六〕。宙合之道，教以先天地行善，故橐天地也。天地苴子餘反。萬物，故曰：萬物之橐。苴裹萬物，在天地之中，故爲橐也。宙合之意，上通於天之上，下泉於地之下〔一七〕，外出於四海之外，合絡天地以爲一裹，宙合，廣積善以通天上，入地下，包絡天地爲一裹也。散之至于無閒，不可名而山，宙合之裹故散，其終上能無偷觀，猶不可得其名，若山然也。是大之無外，小之無內〔一八〕，故曰：有橐天地。其義不傳，苟非其人，道不虛行，故其義不可妄傳也。一典品之，不極一薄，然而典品無治也〔一九〕。典，常也。宙合之道，專一而能常行，則不有窮。若乃輕薄不能崇重，則此道或幾乎息矣。常品之人，不能重理也。多內則富，時出則當，而聖人之道，貴富以當〔二〇〕。奚謂當？本乎無妄之治，運乎無方之事，應變不失之謂當。變無不至，無有應，當本錯，

①「擊」字原作「象」，據補注改。

不敢忿〔二一〕，當，謂行賞以當功。當功所以錯而不用者，則以變不至也。故雖不用物，不敢忿怒也。**故言而名之曰宙合。**尋古遺言之立名，名曰宙合也。

〔一〕丁士涵云：「著」當爲「緒」，據尹注「人之」二字在「著業」上。淮南泰族篇曰「是以緒業不得不多端，趨行不得不殊方」，則幷無「人之」二字矣。翔鳳案：「方」爲併船，故「方」有旁溥之義。儀禮覲禮「加方明於其上」，注：「方明者，上下四方明神之象也。」「方明」之義，由此引申。方苞不知而以「方」字上屬爲句，陋矣。「事」與「名位」，通以現代文法則爲「人不一事，是以著業不得不多，而其名位不得不殊」。「其」即指人，「人之」二字非衍明矣。原文不錯不衍，諸說均誤。

〔二〕張佩綸云：荀子解蔽篇：「經緯天地而材官萬物。」疑「不」乃「才」之誤。翔鳳案：王制疏「官者，管也」，有管束之義，與「囿」同意。「官」乃古「館」字也。張說非是。

〔三〕丁士涵云：「詳」，「翔」之假字。漢書西域傳「上翔實」，注：「『翔』與『詳』同。」吳仲山碑「出入教詳」，「詳」亦「翔」之借。文選東京賦「聲與風翔，澤從雲游」，注：「『翔』、『游』皆行也。」

〔四〕孫蜀丞云：「攻」，治也。淮南子泰族篇「夫徹於一事，察於一辭，審於一技，可以曲說而未可以廣應也」，即本管子。詩公劉、嵩高傳並謂：「徹，治也。」

〔五〕翔鳳案：「兼」有包舉之意，故云「博爲之治」。

〔六〕王念孫云：「名」當爲各。事不可兼，故必各爲之說而後備。（上言「博爲之治」，下言「各爲之説」，其義一也。）下文曰「此各事之儀，其詳不可盡也」，是其證。尹注非。丁士涵云：「名」當爲「多」。淮南要略訓：「懼爲人之惽惽然弗能知也，故多爲之辭，博爲之説。」翔鳳案：祭法「黄帝正名百物」，論語「必也正名乎」，鄭注：「謂正書字也，古曰名，今曰字。」荀子正名篇有「刑名」、「爵名」、「散名」，所包甚廣，每一事一物而爲之説，「名」字不誤。改爲「多」或「各」，誤甚。

〔七〕王念孫云：「半星辰序」二句，即承「夜有昏晨」言之。半星者，中星也。説文「半，物中分也」，玉篇「中，半也」，是「半」與「中」同義。中星居天之半，故曰「半星」。「辰序」，十二辰之序也。司，主也。十二辰之昏中旦中，各有其序，以主十二月，故曰「半星辰序，各有其司」。尹注非。俞正燮云：昏、旦、夜半，三候中星也。尹桐陽云：尚書考靈曜：「主春者鳥星，昏中，可以種稷。主夏者心星，昏中，可以種黍。主秋者虚星，昏中，可以種麥。主冬者昴星，昏中，可以斬伐，具器械。」翔鳳案：俞説是也。三候中星，爲觀象之常識。晨昏觀察，見於吕氏春秋。日中觀日影，見周髀算經。夜半觀察，惟墨子經及經説，拙著中算史導源考之甚詳。堯典「曆象日月星辰」，左昭七年傳「日月之會是謂辰」，其字作「⿱辰會」。而北辰爲不動之太一，皆爲觀察對象，星辰序列，各有其司。王不解天文，以「半星辰序」斷句，謬矣。「星辰序各有其司」，合歲、月、日、夜言之，非專指夜也。

〔八〕丁士涵云：「閎」當爲「泓」。説文：「泓，下深貌。」廣雅：「泓，深也。」翔鳳案：説文：

「閎，巷門也。」凡洪聲皆有大義，即小中大溝之流如胡同然。丁説淺。

〔九〕張文虎云：「踰」疑「輸」字譌。戴望云：段先生説文注云：「『瀷』乃『潩』字之異體，後人收入。如潩、汩之實一字也。淮南書曰『澤受瀷而無源』，許慎云：『瀷，湊漏之流也。』見文選注。但造説文不收『瀷』字。」翔鳳案：淮南覽冥「澤受瀷而無源者」，高注：「雨瀆疾流者。」本經「淌游瀷淢」，注：「讀燕人强春言勑之勑。」水經潩水注：「潩水，時人謂之勑水。」是「瀷」讀敕。「敕」從束聲。湊漏瀆出之細流，故曰「不盡」，與「閎流」不同。

〔一〇〕孫星衍云：廣雅：「草叢生曰薄。」謂水草叢生之處。尹注非。俞樾云：説文水部：「洦，淺水也。」字亦作「泊」。此文「薄」字，即「洦」之假字。廣韻「愽」字注曰：「古有愽勞，善相馬。」「愽勞即伯樂也。然則「薄」之通作「洦」，猶「愽」之通作「伯」矣。上句「泉踰瀷而不盡」，與此相對成文。泉是水之深者，洦是水之淺者。因以「薄」爲之，尹注遂失其義矣。

〔一一〕安井衡云：「儀」、「宜」通。天地人之事，各有其宜，故云各事之宜。翔鳳案：安井説是也。「儀」同「義」。禮記「義者，宜也」，楚語「采服之儀」，是其證。

〔一二〕王念孫云：「察美惡，別良苦」相對爲文。「別」上「審」字，涉下「審」字而衍。安井衡云：「苦」，濫惡也。古本「苦」作「善」，似非。翔鳳案：安井説是也。小匡：「辨其功苦。」此古本妄改之又一證。「審別良苦」，謂審視而別之。王以近代文法律古人，非是。

〔一三〕王念孫云：「書」當爲「畫」，「修」當爲「循」，字之誤也。此言君子之道德有常，如工之明其繩墨，章其規畫，則後人皆循其理而不迷也。楚辭九章「章畫志墨兮，前圖未改」，王注曰：「言工明於所畫，念其繩墨，循前人之法，不易其道，以言人遵先王之法度，循其仁義，不易其行。」語意略與此同。此釋上文「深而迹」之意。「而」汝也，「墨」與「畫」所謂迹也，「明墨章畫」，所謂「深而迹」也。今本「章畫」作「章書」，則義不可通矣。翔鳳案：說文：「書，箸也。」敘曰：「箸於竹帛謂之書。」明墨而章箸之，與規畫有別，王說非是。

〔一四〕安井衡云：「往」，諸本俱作「性」。按舊注云「惡聲往則惡響來」，據此，尹本作「往」審矣，今據而正之。孫蜀丞云：淮南子兵略篇「夫景不爲曲物直，響不爲清音濁，觀彼之所以來，各以其勝應之」，即本管子。又繆稱篇云「是故聖人察其所以往則知其所以來者，聖人之道猶中衢而致尊邪」，竝「性」當作「往」之證。翔鳳案：曲直美惡爲物之性，改「往」者非是。

〔一五〕姚永概云：此乃總束上文之語。尹注以與「天地，萬物之橐也」連屬而合釋之，大繆。

〔一六〕王念孫云：「也」字衍。「天地萬物之橐，宙合有橐天地」，已見上文。此復舉上文而釋之，不當有「也」字。翔鳳案：「天地萬物之橐，宙合有橐天地」二句，總目已言之。解中其義，言「天地萬物之橐也」，是固然矣。而其道在「宙合有橐天地」，蓋大之無外，天地包括其中，言有重點，二句非平列，王衍一「也」字而義大變，謬矣。

〔一七〕王引之云：「泉」字義不可通，當爲「臮」。臮，古「暨」字也。暨，及也，至也。言宙合之意，上通於天之上，下至於地之下。「臮」與「泉」字相似，後人多見「泉」，少見「臮」，故「臮」譌爲「泉」矣。

〔一八〕劉績云：「山」乃「止」字誤。洪頤煊云：「山是」當作「由是」，言宙合之意散之至於無閒，不可名而民莫不由是，故下文云：「大之無外，小之無内。」尹、劉注俱非。安井衡云：古本「山」作「出」。張佩綸云：洪説亦强解。「山是」乃「寔」之壞，當作「而實不可名」。翔鳳案：説文：「山，宣也。」「不可名而山」，不可名而宣也，詳山權數，非誤字。不解其義，改爲「出」，改爲「止」，又改爲「由」，與「是」字合爲「由是」，皆誤。

〔一九〕戴望云：吕氏春秋知士篇高注曰：「『一』猶乃也。」下「典品」二字涉上文而衍。郭沫若云：此語當讀爲「一典品之，不極一薄，然而典品無治也」，謂宙合之經言文字甚少，除去衍文，僅二百一十字，如整理之不能盡一簿。然而整理之事無人爲也。此承上「其義不傳」而言，蓋作解者之感嘆。「一典品之」，「一」者，一旦也，猶如也。「典品」謂整理。「簿」、「薄」字古每混，六朝人書艸、竹無別。翔鳳案：郭説極是。周禮大宰「掌建邦之六典」，治、教、禮、政、刑、事也。宙合所陳皆典言。廣雅釋詁四：「品，齊也。」比而齊之，不盡一簿。八字爲句，郭言尚當修正。「傳」同「專」，論語「傳不習乎」，魯論作「專」。「治」同「辭」，見前。

〔二〇〕安井衡云：古本作「富貴」，誤。陳奐云：「富」當爲「福」。福者，備也。「以」猶與也。「富以當」，猶言備與當耳。此承上文「多内則富（「内」與「納」同），時出則當」二句言之。

翔鳳案：「以」同「與」。貴其富與當，貴謂重視之。古本改爲「富貴」，含義全變，其謬如此。

〔三〕翔鳳案：説文：「應，當也。」淮南原道「百事之變無不應」，注：「當之也。」變無不至而無有應者，當則本而錯置之，不敢忿也。

樞言第十二

外言三

樞者，居中以運外，動而不窮者也。言，則慮心而發口，變而無主者也。其用若樞，故曰樞言。

周廣業云：魏志司馬芝奏曰：「管子區言：積穀爲急。」則「樞」當作「區」。孫蜀丞云：司馬芝所云，乃區言第四治國篇，非樞言篇也。周説非。翔鳳案：區言爲區蓋之言，有分限而不流溢，與「樞」字義絶遠。易繫辭「言行，君子之樞機也」，鄭注：「樞，户樞也。」莊子齊物論「謂之道樞」，注：「樞，要也。」周、孫之説未析。

管子曰：道之在天者，日也。日者，萬物由之以煦，萬象由之以顯，功莫大焉，故謂之道也。其在人者，心也。心者，萬物由之以慮，萬理由之以斷，云爲莫大焉，故謂之道。故曰：

有氣則生，無氣則死〔一〕，日與心以生成爲功，而生成以氣爲主①。此言氣者，道之用也，尤宜重也。**有名則治，無名則亂，治者以其名**〔二〕。物既生成，須立法以治之，在於名實相副，故實稱其名則治，名重其實則亂。**樞言曰：「愛之，利之，益之，安之。」四者道之出**〔三〕，四者從道而生，故曰道之出也。**帝王者用之而天下治矣。帝王者審所先所後，先民與地則得矣，**民者君之地，君者民之天，先此二者，則無所不得也。**先貴與驕則失矣。**貴而不已則驕，驕而不已則亡。先此二者，則無所不失矣。**是故先王慎貴在所先所後**〔四〕。**人主不可以不慎貴，不可以不慎民，不可以不慎富。慎貴在舉賢，慎民在置官，慎富在務地。故人主之卑尊輕重，在此三者，不可不慎。**慎三則尊以重，忽三則卑以輕。

〔一〕劉績云：諸本無「生者以其氣」五字，非。翔鳳案：凡「故曰」爲古語，猶後代之格言，其言質樸，含義廣，不加解釋。「死」字下有「生者以其氣」五字則是解釋，古本不識此義而妄加之，而劉誤信之矣。心爲氣之充，宙合：「謏充言心也。」

〔二〕張佩綸云：「治者以其名」乃羨文，據尹注亦無此五字。翔鳳案：此管子由古語比對而悟出，「治者以其名」非羨文也。

① 「主」字原作「言」，據補注改。

〔三〕翔鳳案：樞言亦古語，只八字。「四者道之出」則管書所補，是也。

〔四〕王念孫云：「貴在」二字涉下文「慎貴在舉賢」而衍。翔鳳案：吕氏春秋音律「審民所終」，注：「慎也。」「慎貴」即「審貴」，承上文，王以爲衍，謬。

國有寶，有器，有用。城郭、險阻、蓄藏，寶也。城郭完，險阻脩，則寇盜息。蓄藏積，民無飢，故爲寶也。聖智，器也。聖無不通，智無遺策，二者可操以成事，故曰器。珠玉，末用也〔一〕。珠玉者，飢不可食，寒不可衣，費多而益少，故爲末用也。先王重其寶器而輕其用〔二〕，故能爲天下。生而不死者二，謂寶與器。立而不立者四〔三〕。人君雖欲自立而重珠玉，則不令得立者四，謂喜怒惡欲。喜也者，怒也者，惡也者，欲也者，天下之敗也，而賢者寶之〔四〕。爲善者，非善也，非善此珠玉也。故善無以爲也〔五〕，故先王貴善。貴善蓄藏。王主積于民，無不足。霸主積于將戰士〔六〕，卒勇奮。衰主積于貴人，益其驕。亡主積于婦女珠玉，速其亡也。故先王慎其所積。疾之疾之，萬物之師也。爲之爲之，萬物之時也。强之强之，萬物之脂也〔七〕。

〔一〕劉師培云：「末」字疑涉注文而衍。「用」與「寶」、「器」並文。上云「有寶，有器，有用」，下云「重其寶器，而輕其用」，均無「末」字。翔鳳案：「本」與「末」對。「本」指農，見荀子天論及後漢書章帝紀、班彪傳注。「末」指商，鹽鐵論本議：「抑末利而開仁義，毋示以利。百姓就本者寡，趨末者衆。」通有：「商賈錯於路，諸侯交於道。然民淫好末，侈靡而不務本，田疇不修。」是「末用」爲商用，非賤珠玉之價值也。劉説誤。

〔二〕翔鳳案：西京賦「輕鋭僄狡」，注：「謂便利。」「輕其用」猶輕便其用，非鄙之也。趙本于「用」上加「末」字，非是。

〔三〕翔鳳案：房注謂「二」爲「寶與器」，是也。「名」非與「氣」並立，乃由「氣」引申。説文：「立，住也。」釋名：「立，林也。如林木森然，各駐其所也。」「住」同「駐」。喜怒惡欲四者爲情緒，不能穩定，故曰「立而不立」。

〔四〕翔鳳案：易繫辭「聖人之大寶曰位」，孟喜作「保」。謂賢者保之也。説文：「保，養也。」涵養之欲其住也，承上文言之。

〔五〕翔鳳案：郭沫若謂兩「爲」字均假借爲「僞」，其言是也。爾雅釋言：「造，作爲也。」左成九年傳「爲將改立君者」，釋文：「『爲』本作『僞』。」

〔六〕王念孫云：「將」字後人所加，霸主欲彊兵，必重戰士之賞。故曰「霸主積于戰士」。據尹注「卒勇奮」，則無「將」字明矣。翔鳳案：廣雅釋詁一：「將，養也。」詩桑柔「天不我將」，箋：「猶養也。」四牡「不遑將父」，傳：「養也。」「將戰士」，養戰士也。

〔七〕翔鳳案：饒炯説文部首訂：「『旨』即『脂』之本字，『脂』字角獸肥也。口味惟肥則美，美甘，於文從甘，匕聲，而引借爲凡美之稱。自引借義行，又加肉爲脂而别其體，則旨乃專爲美稱矣。」管書本文作「脂」，此宋本之可貴，後人依莊子、公孫龍子改爲「指」，文義不類。

凡國有三制。有制人者，有爲人之所制者，有不能制人、人亦不能制者。何以知其然？德盛義尊而不好加名於人，加名于人者，人亦加之也。人衆兵强而不以其國造難生患，患難于人者，人亦患難之。天下有大事而好以其國後，謙受益也。如此者，制人者也。下人者在人上。德不盛，義不尊，而好加名于人；人不衆，兵不强，而好以其國造難生患；恃與國，幸名利，言恃黨與之國，又不爲推讓，每輒幸其名利也。如此者，人之所制也。陵人者，人反陵之。息侯伐鄭之比。人進亦進，人退亦退，人勞亦勞，人佚亦佚，進退勞佚，與人相胥[一]，胥，視也。常視人與之俱進退勞佚也。如此者，不能制人、人亦不能制也。

〔一〕王念孫云：諸書無訓「胥」爲「視」者。「胥」，待也，言與人相待也。君臣篇「胥令而動者也」，尹注「胥，視也」，亦非。翔鳳案：房訓「胥」爲「視」，不誤。爾雅釋詁：「艾、歷、覛、胥，相也。」「瞻、臨、涖、頫、相，視也。」郝疏：「相，息羊或息亮反，兼讀二音。詩云『聿來胥宇』，又云『于胥斯原』，『胥』皆訓相視之相，故釋文並言：『相，息亮反。』則相兼二音，其證甚明。」是「胥」可訓「相」，王以爲諸書所無，可謂失言。

愛人甚而不能利也，愛甚不利，生其怨心。憎人甚而不能害也，憎甚不害，生其賊心。

故先王貴當愛必利，憎必害。貴周〔一〕。深密不測則周也。周者不出于口，不見于色，一龍一蛇，一則爲龍，一則爲蛇，喻人行藏。一日五化之謂周〔二〕。行藏五變，故曰五化。故先王不以一過二。以少踰多，衆所驚也。先王不獨舉，不擅功。獨舉擅功，人之所疾。先王不約束，不結紐。約束則解，有束，故可得而解。結紐則絶，有紐，故可得而絶。故親不在約束結紐。相親，從心生也。先王不貨交，貨交，則人心有親疏。不列地〔三〕，列地，則人心有向背。以爲天下。天下不可改也，親疏向背，是其改也。改謂分別。而可以鞭箠使也。若乃不改，而以鞭箠威之，則無思不服。時也，利也，出爲之也〔四〕。先王有所出爲，必上得天時，下盡地利。餘目不明，餘耳不聰，苟非時利，雖目視有餘，不用其明，耳聽有餘，不用其聰也。是以能繼天子之容。天子之容，時利而已。官職亦然。亦時利也。時者得天，義者得人，義即利也。既時且義，故能得天與人。先王不以勇猛爲邊竟則邊竟安，邊竟安則鄰國親，鄰國親則舉當矣。人故相憎也。人之心悍，故爲之法。法出于禮，禮出于治〔五〕。治、禮，道也。萬物待治、禮而後定。凡萬物陰陽兩生而參視〔六〕，先王因其參而慎所入所出〔七〕。以卑爲卑，卑不可得；以尊爲尊，尊不可得，桀、舜是也。先王之所以最重也，得之必生，失之必死者，何也？唯無得之，堯、舜、禹、湯、文、武、孝己斯待以成，天下必待以生〔八〕，故先王重之。一日不食比歲歉，三日不食比歲飢，五日不食比歲荒，七日不食無國土，十日不食無疇類，盡死矣。先王貴誠信。誠信者，天下之結也。信誠者，所以結固天下之心也。賢大夫不恃宗室，士不恃外權，坦坦之利不以功，坦坦之備不爲用，坦坦，謂平平。非有超而異者，故不能立功而成用也。故存國家，定社稷，在卒謀之閒耳。聖人用其心，沌沌乎博而圜〔九〕，豚豚乎莫得其門〔一〇〕，一本作「沌乎博而圜，豚豚乎莫得而聞也」。紛紛乎若亂絲，遺遺乎若有從治〔一一〕。故曰：「欲知者知之，欲利者利之，欲勇者勇之，欲貴者貴之。彼欲貴，我貴之，人謂我有禮。彼欲勇，我勇之，人謂我恭。彼欲利，我利①之，人謂我仁。彼欲知，我知之，人謂我慜。戒之戒之，微而異之〔一二〕，人心不同，其猶面焉。令既順欲稷，失時無所收。動作必思之，無令人識之，卒來者必備之。信之者仁也，不可欺者智也。既智且仁，是謂成人。

〔一〕陶鴻慶云：尹注云：「愛甚不利，生其怨心；憎甚不害，生其賊心。」其說甚謬。此言先王之利人害人，不以一己之愛憎耳。下文云「無私愛也，無私憎也」，即其義。

〔二〕尹桐陽云：呂覽必己曰：「一龍一蛇，與時俱化，而無肯專爲。」淮南俶真：「至道無爲，一龍一蛇。盈縮卷舒，與時變化。」日夜平均各有六時，除食息外約五時耳。「一日五化」者謂一

① 「利」字原作「和」，據補注改。

時而一化也。翔鳳案：説文：「五，五行也。从二，陰陽在天地間交午也。」一龍一蛇，交午而變化。尹説誤。

〔三〕安井衡云：「列」、「裂」同。「裂地」，賂人也。「貨交」、「裂地」，即約束結紐之事。姚永概云：

〔四〕丁士涵云：「出」當爲「士」，字之誤。士，事也。管子書多假「士」爲「事」。尹注「『利』即『義』也」，是反據上下文「時者得天，義者得人」，據此則「利也」當作「義也」。尹桐陽云：「出」同「趉」，力也。「利」字解下「義」字，非是。「出」當作「由」，形近致誤。

方言作「詘」。翔鳳案：説文：「出，進也。象艸木益滋上出達也。」釋名釋言語：「出，推也，推而前也。」推進時利而爲之，非誤字。

〔五〕翔鳳案：「治」爲水名，政治爲「理」之借。齊語「教不善則政不治」，注：「理也。」儀禮喪服「人治之大者也」，注：「猶理也。」法出於禮，禮出於理。樂記：「禮也者，理之不可易者也。」二説俱非。

〔六〕丁士涵云：「視」疑「死」字誤。「參死」對「兩生」言。下文云「得之必生，失之必死」，亦「生」、「死」對文。易之爲道，不外一陰一陽，乾爲化，坤爲成，所謂「兩生」也。若天地不正之氣變亂其中，則二氣沮喪，不能化成，是以參死。吳汝綸云：「視」與「生」對文，猶老子所云「長生久視」也。尹桐陽云：「參」，三也。陰一，陽二，天三也。「視」，活也。呂覽重己：「莫不欲長生久視。」淮南天文：「一生二，二生三，三生萬物。」楚辭天問：「陰陽三合，何本何化？」天對曰：「合焉者三，一以統同。吁炎吹冷，交錯而功。」注引穀梁子曰：「獨陰不生，獨陽不生，獨天不生，三合然後生。」　翔鳳案：萬物雖衆，其生也陰陽參合，獨陰獨陽不生也。由其參合而觀察之，非誤字。

〔七〕陶鴻慶云：「所入」二字疑衍。上文云「愛之、利之、益之、安之，四者道之出」，又云「時也、利也，出爲之也」，又云「人之心悍，故爲之法，法出於禮，禮出於治，治禮道也，萬物待治禮而後定」，然則「所出」指道言之，不當有「所入」字。　孫蜀丞云：呂氏春秋重己篇「莫不欲長生久視」，注：「視，活也。」「慎」與「順」同。此文「凡萬物」句，「陰陽兩生而參視」句，「視」亦「生」也。言萬物皆由陰陽，陰陽相並而生也。兩參者，陽奇而陰耦，兩謂陰，參謂陽也。陰陽莫大乎天地，故説卦傳：「參天兩地而倚數也。」天數一三五七九，地數二四六八十，故陰數兩也。陽數言參不言一者，易孔疏引孔氏云：「以三中含兩，有一以包兩之義，明天有包地之德，陽有包陰之道，故天舉其多，地言其少也。」故下句言參不言兩者，亦天包地、陽包陰之義也。順所入所出者，繫辭傳云「其出入以度，外內使知懼」，韓康伯曰：「明出入之度，使物知外內之戒也。」「出入」猶行藏，「外內」猶隱顯，正合此文桀舜之喻，諸説並失之。

〔八〕丁士涵云：上文言「萬物待治禮而後定」，初不言孝，此承上「得之必生」言之。「得」者，得治禮也。「無」，語詞。「孝」乃「者」字之譌。「己」指先王言。「天下」即上文所謂「萬物」也。「己斯待以成，天下必待以生」，所謂成己而成物也。　趙本承襲譌字，故句讀亦舛矣。　安井衡云：「唯無得之」下，應言不得穀粟而死亡之事，而今脱之。尹桐陽云：「唯無」，唯也。墨子多言「唯無」，字一作「惟毋」、「惟勿」。「毋」、「勿」均同「無」，爾雅云：「閒也。」帝王世紀：「殷高宗有賢子孝己，其母早死，高宗惑後妻之言，放之而死，天下哀之。」秦策曰：「孝己愛其親，天下欲以爲子。」「斯」，盡也。翔鳳案：尹説是也。立政九敗解數用「唯毋」，是其證。管書多言殷事，上篇言微子可知。

〔九〕丁士涵云：「博」當爲「摶」，摶亦圜也。攷工記梓人、廬人、弓人注竝云：「摶，圜也。」輪人注：「摶，圜厚也。」矢人注：「摶，讀如摶黍之摶，謂圜也。」楚辭橘頌「圜果摶兮」，注：「摶，圜也。楚人名圜曰摶也」。「沌沌」亦圜轉之意。孫子勢篇曰：「渾渾沌沌，形圜而不可敗。」説文：「笹，篅也。」「篅，判竹，圜以盛穀也。」翔鳳案：左文十六年傳「謂之渾敦」，莊子作「渾沌」，「沌」有敦厚之義。「博」訓大通，其義正合。丁改字非是。

〔一〇〕丁士涵云：「豚」，「遯」之假字。廣雅：「遯，隱也。」「遯遯」猶隱隱也。遯遯與沌沌義亦相近。凡圜轉之物，皆渾含包裹，隱隱不辨分際。莊子齊物論釋文引司馬注：「芚，渾沌不分察也。」白心篇「輅乎其圜也，輅輅乎莫得其門」，兩句實一義。

〔一一〕安井衡云：諸本無「所」字，今從古本。翔鳳案：漢書東方朔傳「遺蛇其迹」，注：「猶逶迤也。」「遺」、「蛇」同音，有委婉之義。左隱四年傳：「猶治絲而棼之也。」「治」爲理絲。漢書張湯傳「從迹安起」，史記作「蹤」。有蹤迹可理，「從」上加「所」字非是。

〔一二〕翔鳳案：說文：「異，分也。」知、利、勇、貴之不同，當別異之，其差至微。

賤固事貴，不肖固事賢。貴之所以能成其貴者，以其貴而事賤也。賢之所以能成其賢者，以其賢而事不肖也。惡者，美之充也〔一〕；卑者，尊之充也；賤者，貴之充也，故先王貴之。天以時使，地以材使，人以德使，鬼神以祥使，禽獸以力使。所謂德者，先之之謂也。故德莫如先，應適莫如後〔二〕。先王用一陰二陽者霸〔三〕，盡以陽者王；以一陽二陰者削，盡以陰者亡。量之不以少多，稱之不以輕重，度之不以短長，不審此三者，不可舉大事。能戒乎？能勑乎？能隱而伏乎？能而稷乎？能而麥乎〔四〕？春不生而夏無得乎？衆人之用其心也，愛者憎之始也，德者怨之本也。唯賢者不然〔五〕。先王事以合交，德以合人。二者不合，則無成矣，無親矣。

〔一〕翔鳳案：說文：「充，長也，高也。」卑充其下而有尊，賤充其下而有貴，無卑則無尊矣。惟美亦然，以有惡而現其美也。

〔二〕安井衡云：「適」、「敵」通。田單傳贊：「始如處女，適人開户。」後起者常得天下，故應敵莫如後也。陶鴻慶云：「適」讀爲敵，上文云「天下有大事而好以其國後」，即此義。「故德」之「故」疑有誤，當與「應適」對文。翔鳳案：「德」者，得也。得有先後，「故」字不誤。

〔三〕戴望云：「先王」二字當衍。翔鳳案：說文：「陰，闇也。」「陽，明也。」陰陽以政治之開明陰騭言，非正負也。「先王」用其事而知之，非衍文。

〔四〕宋翔鳳云：「能」、「而」音義並同，後人讀此「而」字爲能，遂改定爲「能」字，而仍存「而」字。舊文管子此例甚多。　俞樾云：「而」字並當作「爲」，古「爲」字作「𤔲」，故與「而」字相似而誤。襄十四年左傳「射爲禮乎」，太平御覽工藝部引作「射而禮乎」。孟子滕文公篇「方里而井」，論語顔淵篇正義引作「方里爲井」，並其證矣。　何如璋：「而稷」、「而麥」，兩「而」字作汝字解。　孫蜀丞云：兩「而」字竝與「如」同。呂氏春秋用民篇：「夫種麥而得麥，種稷而得稷，人不怪也。用民亦有種，不審其種而祈民之用，惑莫大焉。」此管書之古誼也。翔鳳案：詩都人士「垂帶而厲」，箋：「而亦如也。」孟子「九一而助」，注：「而，如也。」孫說是。

〔五〕王念孫云：此六句，皆涉下文而衍。下文云：「衆人之用其心也，愛者，憎之始也；德者，怨之本也。其事親也，妻子具則孝衰矣；其事君也，有好業，家室富足，則行衰矣；爵禄滿，則忠衰矣。唯賢者不然。」此則重出而脱其太半矣。又下文尹氏有注，而此無注，若果有此六句，則尹氏何以注於後而不注於前？然則尹所見本，無此六句明矣。　翔鳳案：王說有理，然去此數句，則「先王以事合交」不與上文啣接。今本房注與尹注混，或下文爲尹注，未可知也。

凡國之亡也，以其長者也〔一〕。人之自失也，以其所長者也。故善游者死于梁也〔二〕，善射者死于中野。命屬于食，治屬于事，無善事而有善治者，自古及今未嘗之有〔三〕。衆勝寡，疾勝徐，勇勝怯，智勝愚，善勝惡，有義勝無義，有天道勝無天道。凡此七勝者貴衆，用之終身者衆矣〔四〕。人主好佚欲、亡其身、失其國者〔五〕，殆。其德不足以懷其民者，殆。明其刑而賤其士者〔六〕，殆。諸侯假之威，久而不知極已者〔七〕，殆。身彌老，不知敬其適子者，殆。蓄藏積陳朽腐，不以與人者，殆。凡人之名三：有治也者，有恥也者，有事也者。事之名二：正之，察之。五者而天下治矣〔八〕。名正則治，名倚則亂，無名則死，故先王貴名。先王取天下，遠者以禮，近者以體〔九〕。體、禮者，所以取天下；遠、近者，所以殊天下之際。日益之而患少者惟忠，日損之而患多者惟欲。多忠少欲，智也，爲人臣者之廣道也。爲人臣者，非有功勞于國也，家富而國貧，爲人臣者之大罪也。爲人臣者，非有功勞于國也，爵尊而主卑，爲人臣者之大罪也。無功勞于國而貴富者，其唯尚賢乎〔一〇〕！

〔一〕安井衡云：以下句例上句，「長」上當有「所」字。翔鳳案：國集人之長而國無長，不當有「所」字。

〔二〕王念孫云：「梁」即橋也，非池之類，且與「善游」意不相屬，「梁」當爲「渠」，字之誤也。（史記建元以來侯者表「煇渠忠侯僕多」，廣韻引風俗通「煇渠」作「渾梁」。衛將軍驃騎傳「膺庇爲煇渠侯」，正義曰「煇渠，表作順梁」。漢書地理志「禹貢北條荆山下，有彊梁原」，水經渭水注作「荆渠原」。後漢書安帝紀「敗五原郡兵於高渠谷」，注：「東觀記曰：『戰九原高梁谷。』『渠』、『梁』相類，必有誤也」。）渠，溝也，言善游者死于溝池。何如璋云：「梁池」謂池之有梁者，猶澤梁之謂。善游者狎而玩之，故死於梁池。梁池非險，言失於疏也。王云「梁池」當作「渠池」，殊失本旨。江瀚云：「梁池」猶言「澤梁」。「善游者死于梁池」，即「人莫蹪於山而蹪于垤」之謂，似不必破「梁」爲「渠」。翔鳳案：「梁」爲障水之隄，詳輕重戊。觀於莊子達生「孔子觀於吕梁，縣水三千仞，流沫四十里，見一丈夫游之」，則游梁爲事實，「也」字作「池」者誤矣。

〔三〕王引之云：當作「未之嘗有也」，後人誤倒其文耳。翔鳳案：古今語法不同，管書倒句多，非誤也。古書疑義舉例有倒句例，不獨管書也。

〔四〕李哲明云：原文似有誤。「貴」疑上屬爲句。上「衆」字涉上下文而衍。翔鳳案：説文：「衆，多也。」「用之終身」，非一次，「衆」字不誤。

〔五〕安井衡云：「亡」與「忘」同。詩云：「心之憂矣，曷維其亡。」姚永概云：「亡」讀爲忘，「失」與「及」相近而譌。「好佚欲，忘其身及其國」，故「殆」也。論語「一朝之忿，忘其身以及其親」，與此文同。

〔六〕戴望云：宋蔡潛道本「賤」作「殘」。

〔七〕翔鳳案：荀子賦篇「出入甚極，莫能其門」，「極」即「亟」。淮南精神訓「隨其天資而安之不極」，「極」即「急」。

〔八〕翔鳳案：吕氏春秋士容「柔而堅，虚而實」，注：「而，能也。」易屯「宜建侯而不寧」，釋文：「鄭讀『而』曰能。」

〔九〕安井衡云：「體」猶親也。何如璋云：易文言：「體仁足以長人。」中庸「體羣臣」，注：「猶接納也。」禮文王世子「外朝以官體異姓也」，注：「體，猶連結也。」蓋禮以合交，故懷遠以禮。體以推誠，故悦近以體。翔鳳案：禮記學記「就賢體遠」，注：「猶親也。」安井之説有據，何誤。

〔一〇〕翔鳳案：無功勞於國而先富貴，必其賢過人，管仲即其一例，吕尚相周，其最著者。

衆人之用其心也，愛者，憎之始也；愛盡而憎。德者，怨之本也。德竭而怨生。其事親也，妻子具則孝衰矣。其事君也，有好業、家室富足則行衰矣，爵禄滿則忠衰矣。唯賢者不然，賢者有始有卒。故先王不滿也〔一〕。人主操逆，人臣操順。先王重榮辱，榮辱在爲。天下無私愛也，無私憎也，爲善者有福，爲不善者有禍。禍福在爲，故先王重爲。明賞不費，明刑不暴，賞罰明則德之至者也，故先王貴明。天道大而帝王者用愛惡，愛惡天下可祕，愛惡重閉必固〔二〕。釜鼓滿則人概之，人滿則天概之〔三〕，故先王不滿也。先王之書，心之敬執也〔四〕，而衆人不知也。故有事事也，毋事亦事也。吾畏事，不欲爲事；吾畏言，不欲爲言，故行年六十而老吃也〔五〕。

〔一〕王念孫云：此句與上文義不相屬，亦涉下文而衍也。下文云「釜鼓滿則人概之，人滿則天概之，故先王不滿也」，此亦重出而脱其太半。何如璋云：荀子性惡「舜曰人情甚不美。妻子具而孝衰於親，嗜欲得而信衰於友，爵禄盈而忠衰於君」，本此。亦有「唯賢者爲不然」句，無「先王不滿」句。六字涉下文而衍。翔鳳案：先王用人，不先滿其欲，以爲陞賞之地，則忠不衰，何云文義不相屬乎？

〔二〕丁士涵云：當讀「明」字句，承上「明刑」。「明賞」言之，此與上文「故先王重爲」句例相同。「天道」以下二十二字，譌奪不可句讀。翔鳳案：天道公而無私，本無愛惡，而帝王不能無愛惡。然其愛惡藏於心，不露於外，故曰「秘」。秘則重閉而能固矣，上文所謂「貴當貴周」也。

〔三〕翔鳳案：月令「正權概」，注：「槩，平斗斛者。」

〔四〕翔鳳案：孟子：「陳善蔽邪謂之敬。」詩常武「既敬既戒」，箋：「敬之言警也。」釋名釋言語：「敬，警也，恒自肅警也。」皆以心言。敬而執持之，文義自通。

〔五〕翔鳳案：戒篇：「桓公立四十二年。」仲先卒，作相三十餘年，其輔公子糾當爲三十上下，則仲年逾六十，不是七十，與此文正合。仲疾革，桓公問相，仲謂鮑叔善善惡惡已甚，推薦隰朋，以爲動必量力，舉必量技。言終歎曰：「天之生朋，以爲夷吾舌也。」事見戒篇。則仲之爲政，沉默寡言，多由隰朋宣述之。説文「吃」訓「言蹇難」，非真吃也，與仲恰合。

管子校注卷第五

八觀第十三

外言四

大城不可以不完，郭周不可以外通〔一〕，里域不可以橫通，橫通，謂從旁而通也。閭閈不可以毋闔，闔扉也。宮垣關閉不可以不脩〔二〕。故大城不完，則亂賊之人謀。郭周外通〔三〕，則姦遁踰越者作。里域橫通，則攘奪竊盜者不止。閭閈無闔，外內交通，則男女無別。宮垣不備，關閉不固，雖有良貨，不能守也。故形勢不得爲非，則姦邪之人愨愿；禁禦周固，形勢不得爲非，則姦邪之人無從生心，而變爲愨愿。禁罰威嚴，則簡慢之人整齊；憲令著明，則蠻夷之人不敢犯；賞慶信必，則有功者勸；教訓習俗者衆，則君民化變而不自知也〔四〕。習俗而善，不知善之爲善，猶入芝蘭之室，不知芳之爲芳也。是故明君在上位，刑省罰寡，非可刑而不刑，非可罪而不罪也〔五〕。明君者閉其門，塞其塗，弇其迹，使民毋由接於淫非之地，既閉出非之門，又塞生過之塗，成罪之迹，莫不掩匿。如此，則自然端直，欲接淫非之地，其路無由也。是以民之道正行善也若性然〔六〕，故罪罰寡而民以治矣。

〔一〕張文虎云：「大」字疑衍，或「夫」字之譌。後人見上句作「大城」，遂亦於「郭」下增「周」字，亦衍也。　張佩綸云：「郭周」當作「周郭」，史記平準書：「郡國鑄五銖錢周郭其下。」漢書食貨志：「皆有周郭。」禮記檀弓上注：「周，匝也。」　翔鳳案：吴越春秋：「鮌築城以衛君，造郭以守民。」都城二重，内城有宫殿，外城居民。大城，外城也，非衍文。度地：「城外爲之郭。」漢書尹賞傳「致令辟爲郭」，注：「謂四周之内也。」則郭有周明矣。「錢周郭」乃其外輪，與城全異。

〔二〕戴望云：「脩」當爲「備」字之誤，説見版法篇。　張文虎云：戴云「脩」當爲「備」，案下文正作「備」。　翔鳳案：「修」爲補修，「備」爲新築，一字差以千里，二説誤。

〔三〕翔鳳案：「郭周」，郭之周圍。「郭」本字作「𩫏」，象城郭之重，兩亭相對。舊城之郭，到處可見，城之開門處有之。

〔四〕俞樾云：「化變而不自知」，當以民言，不當以君言，此「君」字涉下文「明君在上位」句而衍。

翔鳳案：習俗通於上下，君不能除外，下文「民之所以化其上」。「君」非誤字。

〔五〕安井衡云：「罪」疑當作「罰」。　翔鳳案：「罪」本作「辠」。説文「罰，辠之小者，从刀从詈。未以刀有所賊，但持刀罵詈則應罰。」「罪」承「罰」而言，不誤。

〔六〕安井衡云：「道」，由也。

行其田野，視其耕芸，計其農事，而飢飽之國可以知也〔一〕。其耕之不深，芸之不謹〔二〕，地宜不任〔三〕，草田多穢，耕者不必肥，荒者不必墝，以人猥計其野〔四〕，猥，衆也。以人衆之多少，計其野之廣狹也。草田多而辟田少者，雖不水旱，飢國之野也。若是而民寡，則不足以守其地，若是而民衆，則國貧民飢；以此遇水旱，則衆散而不收。彼民不足以守者，其城不固；民飢者，不可以使戰；衆散而不收，則國爲丘墟。故曰：有地君國，而不務耕芸〔五〕，寄生之君也。故曰：行其田野，視其耕芸，計其農事，而飢飽之國可知也。

〔一〕丁士涵云：下文七句皆無「以」字，節末復舉，亦無「以」字，此誤衍。

〔二〕戴望云：御覽地部三十引此作「不勤」，「勤」、「謹」古通。翔鳳案：論語「植其杖而芸」，皇疏：「芸，除草也。」芸不謹則傷苗。且芸有一定次數，二次或三次已足，過勤反有害，以此見御覽之編者不知農事而妄改矣。

〔三〕翔鳳案：呂氏春秋有任地篇。説文：「任，保也。」王筠云：「保、任並云使也，謂可保任而使之也。」

〔四〕孫星衍云：「猥計」猶總計也，謂以人總計其野。漢書董仲舒傳云「科別其條，勿猥勿并」，與此「猥」字同義。文選潘安仁河陽縣詩注引許慎淮南注：「猥，凡也。」凡有總義。尹注非。

〔五〕張佩綸云：「曰」字涉下文而衍。翔鳳案：此「故曰」爲古語，下文「故曰」申述前文，亦古語也，非衍文。

行其山澤，觀其桑麻，計其六畜之産，而貧富之國可知也。夫山澤廣大則草木易多也，壤地肥饒則桑麻易殖也，薦子見反。草多衍則六畜易繁也。薦，茂草也。莊周曰：「麋鹿食薦。」山澤雖廣，草木毋禁，壤地雖肥，桑麻毋數，薦草雖多，六畜有征，征，賦。閉貨之門也。無貨可出，若閉門然。故曰：時貨不遂，金玉雖多，時貨，謂穀帛畜産也。謂之貧國也。故曰：行其山澤，觀其桑麻，計其六畜之産，而貧富之國可知也。

入國邑，視宮室，觀車馬衣服，而侈儉之國可知也。夫國城大而田野淺狹者〔一〕，其野不足以養其民；城域大而人民寡者，其民不足以守其城；宮營大而室屋寡者，其室不足以實其宮；室屋衆而人徒寡者，其人不足以處其室；囷倉寡而臺榭繁者，其藏不足以共其費〔二〕。囷倉所藏，不足以供臺榭之費。故曰：主上無積而宮室美，氓家無積而衣服脩，氓家，謂民家也。乘車者飾觀望，步行者雜文采，本資少而末用多者，本資，謂穀帛。侈國之俗也。國侈則用費，用費則民貧，民貧則姦智生，姦智生則邪巧作。故姦邪之所生，生於匱不足；匱不足之所生〔三〕，生於侈；侈之所生，生於毋度。

故曰：審度量，節衣服，儉財用，禁侈泰，爲國之急也。不通於若計者，若計，謂「審①度量」以下。不可使用國。故曰：入國邑，視宫室，觀車馬衣服，而侈儉之國可知也。

〔一〕王念孫云：「國城」當爲「國域」，下文云「城域大而人民寡」，「宫營大而室屋寡」，「營」亦域也。城在國中，宫在城中，若作「國城大」，則即是下文之「城域大」矣。「域」與「城」字相似，又涉下文「城」字而誤。丁士涵云：「城」當作「地」，下文言「國地」者凡三見。「狹」字衍文，乃校者以之訓「淺」而誤加之耳。翔鳳案：城以盛民，「國城」猶都城，與「城域」不同，二説誤。

〔二〕翔鳳案：周禮羊人：「共其羊牲。」左隱十一年傳：「不能共億。」周語：「事之共給。」當時均作「共」，作「供」者非管子書原文。

〔三〕姚永概云：既曰「匱」又曰「不足」，古人固有重文。然上下文中「姦邪」、「侈」、「無度」，皆是單文，此無取乎重也。「不足」二字當是「匱」字之注，誤入正文。後人又於下句添「不足」二字耳。翔鳳案：説文：「匱，匣也。」今作「櫃」。其訓乏者，假爲「潰」。「匱不足」謂貯藏不足，姚不知其本義而妄疑之。

① 「審」字原作「密」，據補注改。

課凶饑，計師役，觀臺榭，量國費，而實虛之國可知也，凡田野，萬家之衆可食之地方五十里，可以爲足矣。萬家以下，則就山澤可矣。萬家以下，其人少，可以就山澤逐便利。萬家以上，則去山澤可矣〔一〕。萬家以上，其人多，則去山澤，就原陸，而山澤有禁也。彼野悉辟，而民無積者，國地小而食地淺也。田半墾，而民有餘食，而粟米多者，國地大而食地博也。國地大而野不辟者，君好貨而臣好利者也。君臣好貨利，則妨農功，故其野不辟。辟地廣而民不足者，上賦重，流其藏者也。上賦重，則人藏流散也。故曰：粟行於三百里，賦重則粟賤，故人遠行而糴之。或遠人來糴也。則國毋一年之積；粟行於四百里，則國毋二年之積；粟行於五百里，則衆有飢色〔二〕。其稼亡三之一者，命曰小凶，三分常稼，而亡其一，時有凶①災故也，故謂小凶也。小凶三年而大凶，比三年不熟，故曰大凶也。大凶則衆有大遺苞矣〔三〕。時既大凶，無復畜積，雖相振濟，但苞裹升斗以相遺也。什一之師，什三毋事，則稼亡三之一〔四〕，師，法也。十一而稅，周禮之通法，今乃十三而稅，無事於舊稼亡三之一也。稼亡三之一而非有故蓋積也，則道有損瘠矣〔五〕。既已亡三之一，又無故積，則道行之人有毀損羸瘠者也。什一之師，三年不解，非有餘食也，則民有鬻子

①「凶」字原作「四」，據補注改。

矣〔六〕。既師十一，三年而不解，此當有餘食而不餘，則以遇歲凶故也，所以人有鬻子者。故曰：山林雖近，草木雖美，宮室必有度，禁發必有時。是何也？曰：大木不可獨伐也，大木不可獨舉也，大木不可獨運也，大木不可加之薄墻之上。凡此必資衆力，則妨農事，故宮室須有度，禁發須有時也。故曰：山林雖廣，草木雖美，禁發必有時〔七〕。國雖充盈，金玉雖多，宮室必有度。江海雖廣，池澤雖博，魚鼈雖多，罔罟必有正。多少小大之正。船網不可一財而成也，必多財然後成。非私草木，愛魚鼈也，惡廢民於生穀也。故曰：先王之禁山澤之作者，博民於生穀也〔八〕。彼民非穀不食，穀非地不生，地非民不動〔九〕，動，謂發生穀物。民非作力毋以致財。天下之所生，生於用力〔一〇〕；天下所以存其生，各由用力也。用力之所生，生於勞身〔一一〕。是故主上用財毋已，是民用力毋休也。財從力生，故用財不已，則用力不休也。故曰：臺榭相望者，其上下相怨也。上怨下不供，下怨上多稅。民毋餘積者，其禁不必止。民飢貧則爲盜賊，故禁不止也。衆有遺苞者，其戰不必勝。戰士飢則力屈，故戰不勝。道有損瘠者，其守不必固。損瘠則死期將至，故守不固也。故令不必行，禁不必止，戰不必勝，守不必固，則危亡隨其後矣。故曰：課凶饑，計師役，觀臺榭，量國費，實虛之國可知也。

〔一〕丁士涵云：乘馬篇曰「方一里九夫之田也」，此周官井田之法。又曰「農服於公田」，此都鄙用助法，孟子所謂「方里而井，井九百畝，其中爲公田」也。又曰「二田爲一夫」，此即大司徒造都鄙之制，通率不易、一易、再易三等之地，每家授田二百畝也。此篇曰「凡田野，萬家之衆，可食之地，方五十里，可以爲足」，以二田一夫計之，方里之井，私田八百畝可食四家。方五十里，得積二千五百里。一里食四家，則二千五百里適合萬家所食之數。乘馬篇以夫計，大司徒以室計。夫謂家也，室亦家也。此據可食之地言，故萬家以上去山澤，（以上非餘於萬家之外。）其萬家以下就山澤者，人少則可食之地亦少，此方五十里中可就山澤之地以足其數。制地必方五十里者，大司徒所謂「制其地域而封溝之」也。管子言山澤，周官言地域，義實相承。俞樾云：「下」、「上」二字，疑傳寫互易。上云「萬家之衆，可食之地，方五十里，可以爲足矣」，是方五十里之地，可食萬家之衆；然萬家或有盈有絀，此復分別言之，若在萬家以上者，則宜兼就山澤之地。若在萬家以下者，則山澤之地可去也。如今本義不可通，所宜訂正。陶鴻慶云：尹注云「萬家以下，其人少，可以就山澤逐便利。萬家以上其人多則去山澤就原陸，而山澤有禁也」，其説難通。俞氏疑正文「上」、「下」二字互誤，其説云：「方五十里之地可食萬家之衆，然萬家或有盈有絀，此復分別言之，若在萬家以上者，則宜兼就山澤之地；若在萬家以下者，則山澤之地可去也。」然下文云「先王之禁山澤之作者，博民於生穀也。彼民非穀不食，穀非地不生」，然則可食之地，祇計田野，不涉山澤，俞説未可從也。蓋萬家之衆，食地方五十里，可以爲足。若五十里之内，或有山澤，則萬家以下者，可合山澤計之，皆以五十里爲約數也。夫就山澤計之，名爲五十里，而食地不及五十里，故可食萬家以下。去山澤計之者，食地五十里，而食則不止五十里，故可食萬家以上也。翔鳳案：「五十里」以田野爲説，萬家以下則就山澤，如陶説。萬家以上，去山澤而入城邑，非去山澤計之也。無誤字。

〔二〕陶鴻慶云：「一年之積」、「二年之積」，「一」、「二」字傳寫互易。上文云「辟地廣而民不足者，上賦重，流其藏者也」，「上賦重」爲一事，「流其藏」爲一事，（尹注云「上賦重，則人藏流散也」，非是。）此復以流藏之遠近計凶饑之輕重，流行愈廣，則蓄藏愈少也。注云「賦重則粟賤，故人遠行糶之，或遠人來糴也」，其説殊謬。尹桐陽云：孫子作戰「國之貧於師者遠輸，遠輸則百姓貧」，杜牧引此「粟行三百里」云云，蓋以糧必因敵，不可出於己國也。翔鳳案：粟行三百里，積藏爲空，每年不能蓄積；行四百里，合二年之藏亦不能蓄積。行愈遠，積愈少，一字不誤。

〔三〕洪頤煊云：下文作「衆有遺苞」，無「大」字，此涉上文而衍。「遺苞」當讀作「遺莩」。公羊隱八年「盟於包來」，左氏作「浮來」。漢書楚元王傳「浮邱伯」，鹽鐵論作「苞邱子」。「包」、「孚」古字通用。孟子「塗有餓莩」，趙岐曰：「餓死者曰莩。」謂年大凶，則衆棄餓死之人於道旁。尹注非。翔鳳案：韓非外儲説右：「齊大饑，道旁餓死者不可勝數也，父子相牽趨田成氏者不聞不生。故周、秦之民相與歌之曰：『謳乎！其已乎！苞乎！其往歸田成子乎？』」「苞」即「莩」，此確證也，然釋韓非者均不知之矣。

〔四〕劉績云：前言「計師役」，則此師乃師役也。謂與師役一分，則相逮者衆，而爲三分，是十分中有三分不事農之人，而亡稅三之一矣。尹注訓「師」爲法，非也。

〔五〕洪頤煊云：「損」當作「捐」，漢書食貨志「國亡捐瘠」，孟康曰「『捐』謂棄捐」，其證也。公羊莊二十年傳：「大災者何？大瘠也，大瘠者何？痢也。」注云：「痢者，民疾疫也，『瘠』謂疾疫未死者。」王念孫云：「損」當爲「捐」，字之誤也。「瘠」讀爲「掩骼埋胔」之「胔」。露骨曰骼，有肉曰胔。（出蔡氏月令章句。）作「瘠」者，借字耳。荀子榮辱篇曰：「不免於凍餓，爲溝壑中瘠。」（楊倞注以「瘠」爲「羸瘦」，誤與尹注同。）字亦作「脊」。度地篇曰：「春不收枯骨朽脊。」周官「蜡氏掌除骴（與「胔」同）」，鄭注曰：「故書『骴』作『脊』。」漢書食貨志「堯、禹有九年之水，湯有七年之旱，而國無捐瘠」，蘇林曰：「『瘠』音漬。」（顏師古以「瘠」爲「瘦病」，誤與尹注同。日知録已辯之。）「道有捐瘠」與上文「衆有遺苞」同意。「捐」，棄也，謂棄胔於道也。尹注曰「道行之人，有毁損羸瘠者」，非是。又任法篇「倍其公法，損其正心」，「損」亦當依宋本作「捐」。（尹注同。）王紹蘭云：「損」當爲「捐」，形近誤也。漢書食貨志「故堯、禹有九年之水，湯有七年之旱，而國無捐瘠者」，孟康曰：「肉腐爲瘠；捐，骨不埋者。或曰捐謂民有飢相棄捐者，或謂貧乞者爲捐。」鼂錯正用管子此文，足知漢時舊本作「捐」。尹云「毁損」，則唐本久譌矣。下文同。翔鳳案：三説皆同，似乎「損」爲誤字無疑。然由大凶有遺苞，稼亡三之一而有損瘠，稼不亡而師役三年不解，民有鬻子，災漸輕而疾漸減，此可確信無疑者。孟子「野有餓莩」，趙注：「零落也。」爲「𠬪」之借，謂乞食零落道路，無人收恤。鹽鐵論作「殍」，非本意。「損瘠」謂瘦損，房、楊、顏三家説均不誤。再輕則民或有賣子者，非必人人瘦損也。若如王説，則餓死而屍骨露於外，比餓莩更嚴重，上下文不可通矣。「損」字不誤，三説均非。

〔六〕劉績云：別本注：「十三之税，三年不解弛，若非蓄積有餘，又遇歲凶，則民必鬻子矣。」翔鳳案：「什一之師」同前，而非「什三毋事」，但三年不解，民有賣子者，非必人人賣之也。

〔七〕陶鴻慶云：「故曰」二字衍文也。節首云：「課凶饑，計師役，觀臺榭，量國費，而實虛之國可知也。」自「民有鬻子」以上，言「課凶饑，計師役」之事，自此以下，言「觀臺榭，量國費」之事，與上文絶不相蒙，不當有「故曰」二字，涉下文「故曰山林雖廣」云云而衍。金廷桂云：「故曰山林雖近」云云五十五字當爲衍文，前半既與下文無異，「大木不可獨伐」數語疑爲好事者所加。翔鳳案：用「故曰」爲古語，陶、金不知也。

〔八〕王念孫云：「博」當作「摶」，已見幼官篇。安井衡云：「博」當爲「摶」，古「專」字。翔鳳案：「惡廢民於生穀」，「博民於生穀」，「博」義與「廢」相反。「博」从十、尃，尃，布也。有廣布之義，廣布則不廢，二説非。

〔九〕安井衡云：「動」謂耕發之。翔鳳案：説文：「動，作也。」孟子「終身勤動」，注：「作也。」

〔一〇〕劉績云：「天下」當作「天財」，乃字之誤也。　丁士涵云：「天下」下疑脱「財」字。　翔鳳案：非力無以致財，四民皆然，而士則非直接生財者，而其用力則一，故以「天下」二字括之。若用「天財」，義反隘矣，知非誤字也。

〔一一〕戴望云：此「用」字當衍。　翔鳳案：力生於身，勞身則爲用力。有「勞」字則「用」字不能衍。

入州里，觀習俗，聽民之所以化其上，君斯作矣，人胥効矣，故人莫不化上。而治亂之國可知也。州里不鬲，無限鬲也。閭閈不設，出入毋時，早晏不禁，則攘奪、竊盜、攻擊、殘賊之民毋自勝矣。自，從也。既不設備，則盜賊無從而勝。食谷水，巷鑿井，谷水巷井，則出汲者生其婬放。場圃接，鄰家子女，易得交通。樹木茂，婬非者易爲。宮墻毀壞，門户不閉，外内交通，則男女之別毋自正矣。鄉毋長游〔一〕，什長游宗也。里毋士舍，士，謂里尉。每里當置舍，使尉居焉。時無會同〔二〕，鄉里每時當有會同，所以結恩好也。喪烝不聚〔三〕，烝，冬祭名。禁罰不嚴，則齒長輯睦毋自生矣。鄉里長弟當以齒也。故昏禮不謹則民不脩廉，論賢不鄉舉則士不及行〔四〕，貨財行於國則法令毀於官，請謁得於上則黨與成於下。鄉官毋法制，百姓羣徒不從，此亡國弑君之所自生也。故曰：入州里，觀習俗，聽民之所以化其上者，而治亂之國可知也。

〔一〕宋翔鳳云：「長游」謂田畯之屬。郊特牲「饗農及郵表畷」，鄭注：「農，田畯也。郵表畷，謂田畯所以督約百姓於井閒之處。詩云：爲下國畷郵。」今毛詩作「綴旒」。「旒」通作「斿」，亦通「游」。詩正義云：「冕之所垂及旌旗之飾，皆謂之旒。」説文：「勿，州里所建旗，象其柄，有三斿，雜帛，幅半異，所以趣民，故遽稱勿勿。」大司徒「以旗致萬民」，遂師「亦以遂之大旗致之」，則鄉遂州里其長竝以其旗致民。取其垂，故謂之游。其長稱「長游」，（漢有游徼官，當是。）以此故也。田畯亦農民之長，於井間設旗，以趣民耕耨，故云「郵表畷」，「郵」、「游」字通。正義云「郵謂民之郵舍」，非也。翔鳳案：房注：「什長，游宗也。」立政：「分里以爲十游，游爲之宗。十家爲什，五家爲伍，什伍皆有長焉。」説文：「游，旌旗之流也。」本字作「斿」，見周禮大宰。説文無「斿」字。玉篇「斿」或作「游」，从㫃从子。又説文：「㫃，旌旗之游㫃蹇之皃。」玉篇：「斿，旌旗之末垂者」，从「子」無説。郭沫若釋干支謂殷祖契即蠍，爲籀文□（子）之變形。予按博古圖有蠆形鼎，其圖案與籀文「子」極似，爲殷之圖騰無疑。殷人旗上繪蠍形，會意爲「斿」，從水作「游」，當如甲文「毓」象生子水滴形，與游泳無涉。「游」爲正字，故説文有「游」無「斿」。晏子春秋「景公望游而馳」，「游」爲氏族圖騰，故云「游爲之宗」。宋説近之。

〔二〕宋翔鳳云：「士舍」，鄉學也。「會同」，鄉飲酒、鄉射也。翔鳳案：房注：「士謂里尉，每里當置舍，使尉居焉。」孟子：「舍館定。」舍爲里館，非鄉學。管子爲政，四民不使雜處。君臣下：「鄉樹之師，以遂其學。」里無學也。宋説誤。

〔三〕王念孫云：「喪蒸」二字，文不相類。且四時皆有祭，何獨舉蒸言之乎？「蒸」蓋「葬」字之誤。周官大司徒：「四閭爲族，使之相葬，所以教民睦也。」故喪葬不聚，則民不輯睦。「蒸」字本作「葵」，「葬」俗書作「葵」，二形相似而誤。張佩綸云：王説非也。「喪」，凶禮。「蒸」，吉禮。何不類之有？月令「大飲烝」，鄭注：「十月農功畢，天子諸侯與其羣臣飲酒於大學以正齒位，謂之大飲，别之於他。其禮亡。今天子以燕禮、郡國以鄉飲禮代之。黨正職曰『國索鬼神而祭祀，則以禮屬民而飲酒于序，以正齒位』，亦謂此時也。詩云『十月滌場，朋酒斯饗，曰殺羔羊，躋彼公堂，稱彼兕觵，萬壽無疆』，是頌大飲之詩。」翔鳳案：祭統「冬祭曰烝」。「冬」古「終」字，謂年終之祭也。周語：「禘郊之事，則有全烝。親戚宴享，則有殽烝。」後代除夕即烝祭之遺。古代柴燎祭天，酋長團集，述祖宗功德，升火不熄，至今有「煥歲火」之俗。訓君訓衆，皆由烝祭引申，與春夏秋之祭典不同。張佀以吉禮言之，非知言也。王念孫則誤矣。

〔四〕俞樾云：「及」當爲「服」，「服」從「𠬝」聲，古或「止」作「𠬝」，與「及」相似，往往致誤。僖二十四年左傳「子臧之服不稱也夫」，釋文作「子臧之及」，曰「一本作『之服』」，是其證也。尚書呂刑篇：「何敬非刑，何度非及。」「及」當爲「服」，「刑」謂五刑，「服」謂五服，即堯典之「五刑五服」也。大戴記王言篇「及其明德也」，「及」亦當爲「服」，謂天下皆服其明德也，説詳羣經平議。此文「士不及行」當作「士不服行」，謂士不服行道藝也。字誤作「及」，失其義矣。孫詒讓云：「及」即「急」之省。翔鳳案：説文「急」从及聲。釋名釋言語：「急，及也。操切之使相逮及也。」公羊隱元年傳：「『及』猶汲汲也。」「及」可訓「急」，孫以爲「急」，尚隔一間也。

入朝廷，觀左右，本求朝之臣〔一〕，謂原本尋求朝之得失。論上下之所貴賤者，而彊弱之國可知也。功多爲上，禄賞爲下，則積勞之臣不務盡力。戰功曰多，謂積勞之臣，論其功多，則居於衆上①。及行禄賞，翻在衆下，故不務盡力也。治行爲上，爵列爲下，則豪桀材臣不務竭能。便辟左右不論功能而有爵禄，則百姓疾怨非上，賤爵輕禄〔二〕。左右不論能而有爵禄，則百姓非但疾怨，又非上輕賤爵禄也。金玉貨財，商賈之人不論而在爵禄〔三〕，不論志行，使之在爵禄之位也。則上令輕，法制毁。權重之人不論才能而得尊位〔四〕，則民倍本行而求外勢〔五〕。彼積勞之人不務盡力，則兵士不戰矣。豪桀材人不務竭能，則内治不别矣〔六〕。百姓疾怨非上，賤爵輕禄，則上毋以勸衆矣。上令輕，法

① 「上」字原作「二」，據補注改。

制毁，則君毋以使臣，臣毋以事君矣。民倍本行而求外勢，則國之情僞竭在敵國矣。人既倍本求外，則國之情僞盡在於敵矣。竭，盡也。**故曰：入朝廷，觀左右，本朝之臣，論上下之所貴賤者，而彊弱之國可知也。**

〔一〕洪頤煊云：當作「求本朝之臣」。重令篇：「不逆於本朝之事。」荀子仲尼篇：「與之高、國之位，而本朝之臣莫之敢惡也。」淮南繆稱訓：「齊桓失之乎閨内，而得之本朝。」本朝之臣，謂朝廷尊重之臣。尹注非。王念孫云：尹説非也。「觀左右本朝之臣」作一句讀，「求」即「本」字之誤，今作「本求朝者」，一本作「本」，一本作「求」，而寫者誤合之也。下文「故曰：入朝廷，觀左右本求朝之臣」，宋本無「求」字，即其證。「本朝」即「朝廷」也。重令篇曰：「謹於鄉里之行，而不逆於本朝之事。」大戴禮記保傅篇曰：「賢者立於本朝。」晏子春秋諫篇曰：「本朝之臣，慙守其職。」孟子萬章篇曰：「立乎人之本朝而道不行。」荀子仲尼篇曰：「本朝之臣，莫之敢惡。」吕氏春秋應言篇曰：「諸侯之士，在大王之本朝。」翔鳳案：八觀皆爲從旁觀察。「求本朝之臣」，則爲王者自求，觀察者從何求之？洪説不可通。王説有理，然各本實有「求」字，不能任意删削。「求」爲「裘」之古文，本訓毛之聚。詩桑扈「萬福來求」，「求」即「聚」。本其聚於朝中之臣而察之，豪傑、便辟、商賈俱在内，非一人也。下文述古語，無「求」字。

〔二〕陶鴻慶云：尹注云：「左右不論功能而有爵禄，則百姓非但疾怨，又非上輕賤爵禄也。」以

「百姓疾怨」爲句，「非上」屬下爲義，殊失其旨。「非上」二字當屬上讀之，「賤爵輕禄」亦指百姓言。下節云「賤爵禄而毋功者富，然則衆必輕令而上位危」，「輕令」即輕爵禄也，可證此文之義。

〔三〕翔鳳案：商賈用金玉貨財買官，有何志行可言？觀於清代捐班，即可明白。説文：「在，存也。」「存，恤問也。」儀禮聘禮記「子以君命在寡人」，左襄二十五年傳「吾子獨不在寡人」，「在」皆訓恤問。「不論而在爵禄」，謂不論其人，而恤問以爵禄，蓋因其捐輸獻納而恤問之也。趙本加「志行」二字，改「在」爲「有」，不明古義而改之，謬極。

〔四〕翔鳳案：此指普通官吏，故有「才能」二字，非商賈之倫，趙本「而」上有「志行」二字，即因此而誤加。

〔五〕翔鳳案：「倍本行」承「不論才能而得尊位」，謂背棄其本業也。四民皆在其中。禮記坊記「民猶貴禄而賤行」，注：「爭也。」「行」爲行列，四民各有行列，至今尚有「本行」之説。「外」指本行之外，非國外也。

〔六〕翔鳳案：列子楊朱「我又欲與我別之」，注：「猶辨也。」方言三：「別，治也。」

置法出令，臨衆用民，計其威嚴寬惠，行於其民與不行於其民可知也〔一〕。法虛立而害疏遠，謂其立法但能害疏遠，而不行親近，故曰虛立也。令一布而不聽者存，不聽者存，是令不行。賤爵禄而毋功者富，無功者富，則有功者貧也。然則衆必輕令而上位危。

輕令則有無君之心，故上位危。故曰：良田不在戰士，三年而兵弱〔二〕；良田所以賞戰士，不賞則士無戰志，故兵弱也。賞罰不信，五年而破；上賣官爵，十年而亡；倍人倫而禽獸行，十年而滅。戰不勝，弱也。地四削，入諸侯，被也〔三〕。離本國，徙都邑，亡也。有者異姓，滅也。有其國者異姓之人，則宗廟滅也。故曰：置法出令，臨衆用民，計威嚴寬惠，而行於其民不行於其民可知也〔四〕。

〔一〕安井衡云：下覆此句「惠」下有「而」字，此誤脱耳。戴望云：「行」上脱「而」字，當從下文補。張佩綸云：「可知也」上脱五字，按解當作「而興滅之國」。翔鳳案：七觀爲最基本，首節所論，及前六觀在其中，爲安國之普通條件，非就興滅或興廢一方面言之也。從「弱」、「破」至「滅」、「亡」，非二字所能該，加字非是。

〔二〕俞樾云：「兵」字衍文也。「三年而弱」與下「五年而破」、「十年而亡」、「十年而滅」句法一律。故申説之曰「戰不勝，弱也；地四削入諸侯，破也；離本國徙都邑，亡也；有者異姓，滅也」，可證此文無「兵」字。翔鳳案：戰士無良田，故兵弱。去「兵」字不合。

〔三〕翔鳳案：上文「弱」、「破」、「亡」、「滅」四種情形，下文分别申述。「弱也」、「被也」、「亡也」、「滅也」，「被」爲「破」之誤無疑。

〔四〕安井衡云：此覆上文，「計」下當有「其」字，「不行」上當有「與」字。張佩綸云：「計」下當有「其」字，「而」字衍。「可知也」上當補「而興滅之國」五字。翔鳳案：八觀人主無所匿其情，一至六及八皆論現在之情況，惟第七則「三年」、「五年」、「十年」，均在若干年後，故僅謂「行於其民與不行於其民」，而無「其國可知也」之辭。由此言之，七節張所校爲不合矣。

計敵與，量上意，察國本，觀民産之所有餘不足，而存亡之國可知也。敵國彊而與國弱，諫臣死而諛臣尊，私情行而公法毁，然則與國不恃其親，謂黨與之國不恃己以爲親也。而敵國不畏其彊，寇敵之國不畏己以爲彊也。豪傑不安其位，而積勞之人不懷其禄。悦商販而不務本貨，則民偷處而不事積聚；豪傑不安其位，則良臣出；積勞之人不懷其禄，則兵士不用。民偷處而不事積聚，則囷倉空虚。如是而君不爲變，不改常而更化。然則攘奪、竊盜、殘賊、進取之人起矣。内者廷無良臣，豪傑不安其位。兵士不用，積勞之人不懷其禄故也。囷倉空虚，民偷處而不事積聚故也。而外有彊敵之憂，則國居而自毁矣〔一〕。居然自致滅毁。故曰：計敵與，量上意，察國本，觀民産之所有餘不足，而存亡之國可知也。故以此八者，觀人主之國，而人主毋所匿其情矣。

〔一〕俞樾云：古謂「坐」爲「居」，如所稱「居，吾語汝」之類是也。「居而自毁」者，坐而自毁也，猶云坐而待亡也。尹注曰「居然自致毁滅」，以「居」爲「居然」，文不成義矣。

法禁第十四

法制不議，則民不相私〔一〕；君出法制，下不敢議，則人奉公，不相與爲私。刑殺毋赦，則民不偷於爲善；有過必誅，則善惡明，故不爲苟且①之善。爵禄毋假，則下不亂其上。爵必有德，禄必有功，不妄假人，則人知君我者必賢德，故不亂於上。三者藏於官則爲法，施於國則成俗，其餘不彊而治矣。三者，謂法、刑、爵也。藏於官，謂下不得擅其用。如此則法施俗成，自斯②之外，雖不勉彊，莫不從理矣。君壹置其儀，則百官守其法；上明陳其制，則下皆會其度矣。君之置其儀也不一，則下之倍法而立私理者必多矣。是以人用其私，廢上之制，而道其所聞，既廢上之制，故競道其所聞，冀遂其私欲。故下與官列法〔二〕，而上與君分威，國家之危必自此始矣。下，謂庶人。上，謂權臣。列，亦分也。昔者，聖王之治其民也不然，廢上之法制者必負以恥，負，猶被也。廢法制者，必被之以恥辱也。財厚博惠，以私親於民者，正經而自正矣〔三〕。臣厚財而作福，則正禮經以示之，其人自

① 「且」字原作「見」，據補注改。
② 「斯」字原作「期」，據補注改。

正矣。**亂國之道，易國之常，賜賞恣於己者，聖王之禁也**〔四〕。賜賞者，人君所獨用也。臣爲君事，故須禁之也。**聖王既歿，受之者衰。**嗣君不德。**君人而不能知立君之道，以爲國本，則大臣之贅下而射人心者必多矣**〔五〕。越職行恩曰贅。福下者，君之事也，今臣爲之，故曰贅。臣之作福，所邀射人心，必使歸己也。**君不能審立其法以爲下制，則百姓之立私理而徑於利者必衆矣。**徑，謂邪行以趣疾也。

〔一〕俞樾云：「議」當讀俄，俄者，傾也，邪也。「法制不俄」，言法制平正不頃衺，則民不相私也。翔鳳案：下文「廢上之制而道其所聞」，即議之也。「議」不能訓「俄」。「不議」謂不以巧辯爲出入也。論語：「天下有道，則庶人不議。」

〔二〕俞樾云：「列」讀爲裂，裂亦分也。列、裂古通用。五輔篇曰「大袂列」，即其證矣。翔鳳案：説文：「列，分解也。」裂爲借字。

〔三〕王念孫云：「財厚」當依注作「厚財」，此言廢上之法制，及厚財博惠，以私親於民者，皆聖王之所禁也。「厚財博惠，以私親於民者」，與「正經而自正矣」文義不相連屬。兩句之間當有脱文。尹强爲之解，而終不可通也。張佩綸云：下文「必使有害」、「必使有恥」對文。「以私親於民者」下當有「必□以害」句，今爛脱。翔鳳案：左昭十五年傳：「王之大經也。」宣十二年傳「武之善經也」，注：「法也。」「正經」即法禁之義，何不可解？王末之思耳。禮記祭統：「禮有五經。」解爲禮經亦可，而以爲正文有誤則非是。

〔四〕丁士涵云：「亂國之道」至「聖王之禁也」十九字錯簡，疑當在下文「擅國權」之上。翔鳳案：「賞賜恣於己」上承「與君分威」，下接「贅下而射人心」，不能移至下節。此節專言大臣，下節則大臣小臣通言之，亦不可移也。

〔五〕劉績云：別本注：「君既失德，則大臣必作福作威以射人心，使之歸己也。」張佩綸云：詩桑柔「其贅卒荒」，傳：「贅，屬。」又商頌「爲下國綴旒」，傳「綴，表」，公羊襄十六年傳作「贅」。「贅下」本君之事，今大臣爲下之表，則私矣。翔鳳案：説文：「贅，以物質錢，从敖、貝。敖者，猶放貝當復取之也。」「贅下」爲市恩於下，冀待報答。房注「福下」，就其意言之。

昔者，聖王之治人也，不貴其人博學也〔一〕，欲其人之和同以聽令也。博學而不聽令，姦人之雄也。泰誓曰：「紂有臣億萬人，亦有億萬之心；武王有臣三千而一心〔二〕。」故紂以億萬之心亡，武王以一心存。故有國之君，苟不能同人心，一國威，齊士義，通上之治，以爲下法，則雖有廣地衆民，猶不能以爲安也。君失其道，則大臣比權重與權重者相比。以相舉於國〔三〕，小臣必循利以相就也。故舉國之士以爲亡黨〔四〕爲叛亡之黨也。行公道以爲私惠。費公以樹私也。進則相推於君，退則相譽於民，各便其身，而忘社稷，以廣其居，容受博也。聚徒威羣〔五〕，蓄黨以威衆。上以蔽君，下以索民，求人附己。此皆弱君亂國之道也。故國之危也，擅國權以深索於民者，聖王之禁也。其身毋任於上者，聖王之禁也〔六〕。進則受祿於君，退則藏祿於室，毋事治職，但力事屬，私其所勉力事務者，但屬意於私。王官，私君事，去王之官，私事則營之，君事則去之也。非其人而人私行者，聖王之禁也〔七〕。臣既非其人，故其人但爲私行，所以禁之也。

〔一〕張文虎云：「博學」二字，與上下文不相比附，疑「舉」字誤爲「學」。下云「君失其道，則大臣比權重以相舉於國，小臣必循利以相就也」，此即此所謂「博舉」。翔鳳案：「學」，說文作「斅」，「學」乃篆之省文，同「教」。老子「吾將以爲學父」，河上公作「教」。「博學」爲博教。大臣「蒙孫博於教」，義同。張不知其義矣。

〔二〕翔鳳案：此史臣記事之辭，晚出僞泰誓作武王語，閻若璩古文尚書疏證曾辨證之。

〔三〕張佩綸云：當作「則大臣權重以相比」，「舉於國」三字涉下「舉國之士」而衍。陶鴻慶云：尹注於「比權重」絕句而釋之云：「與權重者相比。」此未得「重」字之義。「重」猶威也。漢書汲黯傳「吾徒得君重」，師古曰「重，威重也」，是也。翔鳳案：孟子：「權然後知輕重。」諸人誤解爲權力。說文：「舉，對舉也。」對舉而比其輕重，廣植黨與亦在其中，諸說均誤。

〔四〕王念孫云：「亡黨」二字義不可通。「亡」當爲「人己」之「己」，字之誤也。上言「己黨」，下言

「私惠」，義正相同。下文曰「進則相推於君，退則相譽於民，各便其身，而忘社稷，以廣其居」，即所謂「舉國之士以爲己黨」也。又案：下文「壺士以爲亡資，脩田以爲亡本」，文義皆不可通，兩「亡」字亦當爲「己」。陶鴻慶云：「亡黨」二字義不可通。王氏以爲「己黨」之誤，是也。「之」字亦衍文。「國士」猶言「公臣」，「舉國士以爲己黨」與「行公道以爲私惠」相對爲文。「之」字隸書作「㞢」，故「士」誤爲「之」，校者補「士」字而「之」字失於删落耳。翔鳳案：「舉國」即上文之「相舉於國」。植黨而不自承爲有黨，而以無黨掩其私。王釋爲「己黨」，不獨無據，而其義反淺矣。下節兩「己」字、兩「亡」字，未嘗誤也。

〔五〕洪頤煊云：「威羣」當作「成羣」，下文云「常反上之法制以成羣於國」，法法篇「則人臣黨而成羣」，其證也。尹注非。翔鳳案：聚徒以威對方之群衆，即「比權重」。洪説誤。

〔六〕翔鳳案：指隱士與遊民。荀子宥坐「太公誅華士，管仲誅付里乙」，即其例也。

〔七〕俞樾云：「但力事屬」四字爲句。「毋事治職，但力事屬」，言不以治職爲事，而其所竭力從事者，惟在互爲連屬也。「私王官」爲句，「私君事」爲句，言以王官爲私，以君事爲私也。「去非其人而人私行者」爲句，「去」乃「法」字之誤，言法本非其人所宜行而其人私行之也。尹失其讀，故所解皆非。翔鳳案：「事」與「吏」古字通。林義光文源云：「説文：『吏，治人者也。从一从史。』按『一』、『史』非義。『事』字古或作『叓』，形與『吏』合，『吏』、『事』古同音，蓋本同字。」詩雨無正「三事大夫」，箋：「三公也。」文選景福殿賦「三事九司」，注：「三事，三公也。」「三事」即「三吏」，孟子所謂「天吏」也。「屬」者連屬，今稱連絡。

脩行則不以親爲本，簡孝敬也。治事則不以官爲主，邀虛譽也。舉毋能，進毋功者，聖王之禁也。交人則以爲己賜，臣或下交於人，恃之以爲己之恩賜。舉人則以爲己勞，爲國舉賢，恃之以爲己之功勞。仕人則與分其禄者，薦人令仕，得禄與共分也。聖王之禁也。交於利通而獲於貧窮〔一〕，臣所與交通者，皆貨利末業，則農桑廢，故獲於貧窮。輕取於其民而重致於其君，下取於人，輕然不難，上致於君，僞飾成重。削上以附下〔二〕，枉法以求於民者，削上威用，附下成恩，枉君公法，求人私悦也。聖王之禁也。用不稱其人，家富於其列，其禄甚寡而資財甚多者，列，業也。臣有用少而家業富，禄寡而資財多，則以枉法取於人故也。聖王之禁也。拂世以爲行，非上以爲名，常反上之法制，以成羣於國者，拂世非上，反違法制，以結連朋黨，亦所謂姦人之雄也。聖王之禁也。飾於貧窮，而發於勤勞，權於貧賤〔三〕，内富而外飾於貧窮，内逸而外發於勤勞，可以致勢而權於貧窮也。身無職事，家無常姓〔四〕，列上下之閒，議言爲民者〔五〕，聖王之禁也。姓，生也。身既無職事，家又無常生，自列於上下之閒，其有言議，每輒爲人以求名譽，非純粹之道，故聖王禁之也。壹士以爲亡資，脩田以爲亡本〔六〕，每以壺飱濟士，以爲亡去之資，若趙孟之爲。又脩營田業，以爲亡去之本也。則生之養私不死〔七〕，既有所備預，則私養其生，雖亡而不死也。然後失矯以深〔八〕，與上爲市者，自恃其備，然後君失必矯。其有不從，則示以去就之形而要之，故曰與上爲市。聖王之禁也。審飾小節以示民，釣虚譽也。時言大事以動上，示君以不測也。遠交以踰羣，假爵以臨朝者，遠交四鄰，以越羣黨，虚假高爵，威臨本朝也。聖王之禁也。卑身雜處，不簡儔類。隱行辟倚〔九〕，倚，依也。自隱其行，以避所依也。側入迎遠〔一〇〕，側身而入國，挺出而迎遠。遁上而遁民者〔一一〕，卑身雜處，所以遁上；隱行避倚，所以遁民。聖王之禁也。詭俗異禮，大言法行〔一二〕，大爲言譽以爲法，使人遵行也。難其所爲而高自錯者，錯，置也。聖王之禁也。守委閒居，博分以致衆，守其委積以閑居，博分其財以致衆。勤身遂行，説人以貨財，勤勞其身，以遂其行。施其貨財，以悦於人。濟人以買譽，濟施人貨財，所以買其聲譽。其身甚靜而使人求者，靜而多財，故人求之。聖王之禁也。行僻而堅，言詭而辯，術非而博，順惡而澤者〔一三〕，所順習者惡事，善潤飾之，令有光澤。聖王之禁也。以朋黨爲友，以蔽惡爲仁，朋黨有惡，相爲隱蔽，用此爲仁。以數變爲智，以重斂爲忠，以遂忿爲勇者，聖王之禁也。固國之本〔一四〕，其身務往於上，深附於諸侯者，每國自有其本，臣無境外之交。今雖身務歸於上，而心有異，託外深附於諸侯。聖王之禁也〔一五〕。

〔一〕俞樾云：「利通」猶利達也，言以賄賂結交利達之人，而所從得者，皆出於貧窮之民也。尹注非。

〔二〕翔鳳案：行小惠而收衆譽，田氏篡齊即用此術，當時有行之者矣。「附」爲小土山，假爲「坿」。難蜀父老「今割齊民以附夷狄」，注：「令之親附。」左宣十二年傳：「坿而勉之。」「附下」，附循其下也，與下文「深附於諸侯」同義。

〔三〕孫星衍云：「發」讀爲廢，古字通用。謂以貧窮自飾，而廢其勤勞之事，復不自安其居，以争權於貧賤，故爲聖王之所禁。張佩綸云：「權」當作「懽」，秦策注：「『懽』猶合也。」翔鳳案：吳都賦「覽將帥之權勇」，李注：「『權』與『拳』同。」本作「攉」，爲「捲」之異體。説文：「捲，氣勢也。」隸書「手」、「木」相混，「權」即「攉」。韓愈所謂「頡頏作氣勢」者。韓文多用管子，如「捆載而往」、「不塞而流」，自餘諸子不用，其所言即「權於貧賤」也。二説俱誤。（韓文見鄂州與柳中丞書）

〔四〕丁士涵云：「姓」當爲「生」，假借字也。孟子滕文公篇注：「産，生也。」詩谷風箋：「生，謂財業也。」「家無常生」，猶言家無恒産耳。翔鳳案：漢書田蚡傳「跪起如子姓」，顔注：「姓，生也。」重令「末生不禁」，即末産不禁，丁説是也。

〔五〕戴望云：「議言」當爲「訛言」，假借字也，謂以訛言疑民心，王制所云「假於鬼神時日卜筮以疑衆也」，故爲聖王之禁。翔鳳案：「議」可讀俄，然無訓爲訛者，戴説無據。詩北門「或出入風議」，則「議言」爲諷議之言，不須破字。

〔六〕王念孫云：「壺士以爲亡資，脩田以爲亡本」，文義皆不可通，兩『亡』字亦當爲「己」，「壺」當爲「壹」，（晉灼注漢書薛宣傳曰：「書篆形『壹尖』字象壺矢。」）「脩」當爲「備」（俗書「備」字作「偹」，與「脩」相似而誤），皆字之誤也。玉藻「壹食之人一人徹」，鄭注曰：「『壹』，猶聚也，爲赴事聚食也。」是「壹」可訓爲聚。「資」，用也，言收聚衆士，以爲己用；（即所謂「舉國之士，以爲己黨」。）備置田疇，以爲己業也。上文曰「交人則以爲己賜，舉人則以爲己勞」，是其明證矣。尹注皆謬。　何如璋云：「修田」之「田」，乃「甲」字之壞。　翔鳳案：「壹」訓聚，如王說。然「亡」非誤字，托言養士無資也。房釋壹爲「壺」，乃誤認，非別有不同之本。説文：「壹，專壹也。從壺，吉聲。」本當作「壹」，結構不易，隸書略存原狀。漢史晨奏銘作「壹」，唐李郴妻宇文氏墓誌作「壹」，其下皆不從「豆」。齊隽敬碑「壺」作「壷」，漢韓勑碑作「壴」，「壹」、「壺」二字幾無以別，故房誤認爲「壺」也。然若以爲本作「壺」，楊本誤認爲「壹」，亦通。太玄事次七「丈人扶孤，豎子提壺」，注：「壺，禮也。」居次二「家無壺，婦承之姑，或洗之塗」，注：「壺，禮也。」則「壺士」爲禮士，其義尤切。二者吾無以定之矣。

〔七〕吳汝綸云：「則生之養」句有脱誤。　安井衡云：「生之」二字不可讀。疑「則」字上脱「貧」字，「生之」，蓋謂使之得生業也。「養私不死」者，養育私人，待之以不死也。　張佩綸云：「則生之養私不死」當作「死士則私生養之」，此即「壹士以爲己資」之注，誤入正文。「壺殕濟士」，則僞房安注也，宋本作「壹士」者，疑張巨山校改。若僞房則所見乃「壺士」也。　翔鳳案：廣雅釋詁四：「死，窮也。」私人有無窮之奉養。

〔八〕安井衡云：「失」，古「佚」字。金廷桂云：「失」即古「佚」字，「矯」與「驕」音義並同。蓋謂貨利之臣恃其田業生養而淫佚驕侈，君或過之，則以去就要君，如南宋賈似道之於理宗、度宗也。翔鳳案：說文：「失，縱也。」周語「其刑矯誣」，注：「以詐用法曰矯。」謂放縱矯誣也。

〔九〕劉績云：「隱」，索隱行怪之隱。「辟倚」，皆邪不正也。王念孫云：尹注甚謬，劉說「辟倚」是也。版法篇曰「植固不動，倚邪乃恐」，（「倚邪」即周官之「奇衺」。）樞言篇曰「名正則治，名倚則亂」，荀子榮辱篇曰「飾邪說，文姦言，爲倚事」，是倚爲邪也。「隱行辟倚」，謂隱行其僻邪之事也，劉以「隱」爲「索隱行怪」之隱，亦非。

〔一〇〕張文虎云：據尹注，似本作「側入挺迎」。翔鳳案：韓愈詩「刺史不辭迎候遠」，即用管子，非誤字。

〔一一〕宋本、趙本作「遁民」，古本、劉本、朱本作「道民」。王念孫云：「遁上而遁民者」，「遁」，欺也，言上欺君而下欺民也。廣雅曰「遁，欺也」，賈子過秦篇曰「姦僞竝起，而上下相遁」，史記酷吏傳序曰「姦僞萌起，其極也上下相遁」，皆謂上下相欺也。「遁」字亦作「遯」，淮南修務篇「審於形者，不可遯以狀」，高注曰：「遯，欺也。」

〔一二〕張佩綸云：「法行」疑當作「汙行」。翔鳳案：孝經：「非先王之法行不敢行。」故爲規行矩步以售其奸。張說非。

〔一三〕尹桐陽云：荀子宥坐：「心達而險，行辟而堅，言僞而辯，記醜而博，順非而澤。」孔子以爲人之五惡，語與此略同。澤，飾也。

〔一四〕安井衡云：「固」讀爲錮，塞也。張佩綸云：「固」上脱「下不」二字。翔鳳案：周禮掌固注：「國所依阻者也。國曰固，野曰險。」賈誼陳政事疏「夫樹國固必有相疑之勢」，即用此義。依國本以爲固，乘勢爲惡也。

〔一五〕陶鴻慶云：「往」當爲「迋」，乃「誑」之假字，言務以大言以欺上，而深自結於諸侯也。尹注云「身務歸於上，而心有異」，失之。張佩綸云：「往」當作「迋」，詩揚之水「人實迋女」，傳：「迋，誑也。」「迋上」即「罔上」。翔鳳案：説文「迋，往也。从辵，王聲。春秋傳曰：『子無我迋。』」襄二十八年傳「子展迋勞於東門之外」，五行志作「往」，是其證矣。

聖王之身，治世之時，德行必有所是，道義必有所明。故士莫敢詭俗異禮以自見於國，莫敢布惠緩行、脩上下之交以和親於民〔一〕，從容養民，謂之緩行。故莫敢超等踰官、漁利蘇功以取順其君〔二〕。飾詐以釣君利，謂之漁利。因少搆多，謂之蘇功。蘇，生息也。聖王之治民也，進則使無由得其所利，退則使無由避其所害，必使反乎安其位，樂其羣，務其職，榮其名而後止矣。能如上事，則止而循常也。故踰其官而離其羣者，必使有害；不能其事而失其職者，必使有恥。是故聖王之教民也，以仁錯之，以恥使之，脩其能，致其所成而止〔三〕。故曰：絶而定〔四〕，絶邪僻。靜而治，安而尊，舉錯而不變者，聖王之道也。

〔一〕張佩綸云：「布惠」當作「市惠」，「緩行」當作「緩刑」。翔鳳案：東京賦「聲教布濩」，注：「猶散被也。」借爲「溥」。墨子非儒：「立命緩行而高浩居。」房注「從容養民謂之緩行」，是也。張説誤。王念孫云：「和親」當爲「私親」，字之誤也。上文曰「厚財博惠，以私親於民」，是其證。翔鳳案：隸書寫「口」作「厶」，故「私」爲「和」，非誤字。

〔二〕王念孫云：「莫敢超等踰官，（今本「莫」上有「故」字，涉上文「故士莫敢」而衍。兹據上句删。）漁利蘇功，以取順其君」，尹注曰：「因少構多，謂之『蘇功』。蘇，生息也。」念孫案：尹説甚迂。「蘇」者，取也。楚辭離騷「蘇糞壤以充幃兮」，王注曰：「蘇，取也。」淮南脩務篇「蘇援世事」，高注曰：「蘇猶索也。」，「索」亦取也。説文：「穌，把取禾若也。」廣雅曰：「穌，取也。」「穌」與「蘇」字異而義同。翔鳳案：君臣上連用「是以」，君臣下連用「是故」，左傳、國策連用「夫」字極多，古代有此文法，非衍文也。

〔三〕張佩綸云：「修其能」當作「修其所能」。翔鳳案：能爲自身，所成者在彼，不當有「所」字。説文：「修，飾也。」

〔四〕俞樾云：「絶」猶截也。釋名釋言語曰：「絶，截也，如割截也。」穆天子傳「乃絶漳水」，郭注曰：「絶，猶截也。」是絶、截義通。「絶而定」猶「截而定」，謂整齊而定也。詩長發篇「海外有截」，鄭箋云：「截，整齊也。」是其義矣。張佩綸云：呂覽權勳「嗜酒甘而不能絶于口」，注：「絶，止也。」「絶而定」即大學「知止而後有定」。

重令第十五　外言六

凡君國之重器，莫重於令。令重則君尊，君尊則國安。令輕則君卑，君卑則國危。故安國在乎尊君，尊君在乎行令，行令在乎嚴罰。罰嚴令行，則百吏皆恐。罰不嚴，令不行，則百吏皆喜。故明君察於治民之本，本莫要於令。故曰：虧令者死，益令者死，增益令者殺無赦。不行令者死，留令者死，令當行而故留之。不從令者死。五者死而無赦，惟令是視。設令者必不赦此五死也。故曰：令重而下恐。爲上者不明，令出雖自上，而論可與不可者在下。不明之君，雖日出令，至於可否，必與下論而後定。夫倍上令以爲威，則行恣於己以爲私，百吏奚不喜之有？倍公則得成私，虧令而喜，不亦宜乎！且夫令出雖自上，而論可與不可者在下，是如此者，臣反制君，何令之爲！威下繫於民也。可否定於下，則是威下繫也。威下繫於民，而求上之毋危，不可得也。下彊則上危也。令出而留者無罪，則是教民不敬也。王言如絲，其出如綸，所謂敬也。留者不誅，是教不敬。令出而不行者毋罪，行之者有罪，是皆教民不聽也。不行無罪，行之反誅，人之不聽上教之然也。令出而論可與不可者在官，是威下分也。官，謂百官。可否定於百官，則是威下分也。益損者毋罪〔一〕，則是教民邪途也。益，謂增令者。損，謂虧令者。二者不罪，人爲邪途，上教之然也。如此，則巧佞之人，將以此成私爲交；比周之人，將以此阿黨取與；貪利之人，將以此收貨聚財；懦弱之人，將以此阿貴事富；便辟伐矜之人，將以此買譽成名〔二〕。凡此皆上開其隙，則下得緣隙而成姦也。故令一出，示民邪途五衢〔三〕，五衢，謂上之五死也。死之則五衢塞，生之則五衢開。而求上之毋危，下之毋亂，不可得也。五衢開故也。

〔一〕張佩綸云：「益」上脱「令出而」。翔鳳案：兩句相承，三字可省，張説非是。

〔二〕丁士涵云：管子言「便辟」，多指君側小臣言之。（荀子楊注同。）他書言「便辟」，則與巧佞同義。此與「伐矜」竝舉，義不相類，且與下文「買譽成名」不相貫通，疑是衍文。「伐矜之人」與上四句一例。翔鳳案：豎刁、易牙、開方，皆買譽成名者。丁説非是。

〔三〕陶鴻慶云：「五衢」承上「巧佞之人」以下五者而言。尹注云「謂上之五死也」，非。

菽粟不足，末生不禁〔一〕，民必有飢餓之色，末生，謂以末業爲生者也。而工以雕文刻鏤相稺也，謂之逆〔二〕。稺，驕也。人有飢色，不息末以殺之，反以雕文相驕，故謂之逆。布帛不足，衣服毋度，民必有凍寒之傷，而女以美衣錦繡綦組相稱也，謂之逆〔三〕。萬乘藏兵之國，卒不能野戰應敵，社稷必有危亡之患，而士以毋分役相稱也，謂之逆。社稷有危，人人皆當效死。今反以無分役相驕，故謂之逆。爵人不論能，禄人不論功，則士無爲行制死節，爵不論能，故不爲行制。禄不論功，故不爲死節也。而羣臣必通外請謁，取權道行，事便辟，以貴富諂事便辟，以得富貴。爲榮華以相稱也，謂之逆〔四〕。不義富貴，志士所恥，反以爲榮華而相驕，故以爲逆。朝有經臣，國有經俗，民有經産。經，常也。何謂朝之經臣？察身能而受官〔五〕，不誣於上，無能受官，謂之誣上。謹於法令以治，不阿黨，撓法從私，謂之阿黨。竭能盡力而不尚得，不貴苟得。犯難離患而不辭死，致身授命。受禄不過其功，不以少求多也。服位不侈其能，不以小居大也。不以毋實虛受者，有功勞而後受禄。朝之經臣也。何謂國之經俗？所好惡不違於上，從君發也。所貴賤不逆於令，遵法制也。毋上拂之事，拂，違也。毋下比之説，毋侈泰之養，節而適也。毋踰等之服，禮而度也。謹於鄉里之行，信而悌也。而不逆於本朝之事者，行君令也。國之經俗也。何謂民之經産？畜長樹蓺，畜長，謂畜産也。務時殖穀，力農墾草，禁止末事者，民之經産也。故曰：朝不貴經臣，則便辟得進，毋功虛取，奸邪得行，毋能上通。賤經臣，則邪臣進。國不服經俗，則臣下不順，而上令難行。俗無常故也。民不務經産，則倉廩空虛，財用不足。輕本務故也。便辟得進，毋功①虛取，姦邪得行，毋能上通，則大臣不和，小人好事。臣下不順，上令難行，則應難不捷；人心不一。倉廩空虛，財用不足，則國毋以固守。人飢則逃散也。三者見一焉，則敵國制之矣。見一而制，況兼有乎。

〔一〕翔鳳案：「生」即「産」，「末産」指商業，均見前。

〔二〕張佩綸云：此「穉」當作「稱」，字之誤也。呂覽當染「必稱此三士也」，注：「稱，説也。」此與五輔篇「其説在玩好」、「其説在珍怪」、「其説在文繡」同。尹桐陽云：「穉」，侈也。莊子列禦寇：「以其十乘驕穉莊子。」翔鳳案：「穉」，説文作「稺」。字亦作「稚」，作「稊」。田完世家稺孟夷名稺，字孟夷。周禮薙氏「掌殺草，夏日至而雉之」，故書「雉」作「夷」。「穉」通「夷」。周禮凌人「共夷槃冰」，注：「夷之言尸也。」詩采蘋：「誰其尸之？有齊季女。」尸以代表祖宗，踞坐於上。論語「原壤夷俟」，注：「踞也。」墨子非命上引泰誓：「紂夷處，不肯事上帝鬼神。」踞坐則驕人，「穉」之訓驕，乃其引申義。

〔三〕王念孫云：「綦」當爲「纂」，字之誤也。（隸書「纂」或作「纂」，與「綦」相似而誤。爾雅釋天注

① 從注文「益謂增令者」至正文「便辟得進毋功」止，正文共四百四十五字，注文共二百六十二字，原本無，據補注增。

「用纂組飾旒之邊」，今本「纂」誤作「綦」。）説文曰：「纂似組而赤。」七臣七主篇曰：「文采纂組者，燔功之窑也。」楚辭招魂曰：「纂組綺縞，結琦璜些。」淮南齊俗篇、漢書景帝紀並曰：「錦繡纂組，害女工者也。」是其證。　翔鳳案：王説是也。爾雅釋文「練旒九，飾以組」，郭注：「用組飾旒之邊。」釋文：「綦，本亦作『纂』。」是「綦」爲「纂」之誤，已有確證，不必假隸書爲説。隸書未見有「纂」作「⿱艹⿱算糸」者，然「竹」誤爲「艹」，如「荅」、「苼」、「莁」等甚多，故王未舉名，但概言之也。

〔四〕丁士涵云：尹讀以「取權道行」爲句，「事便辟以貴富」爲句，解之曰：「諂事便辟，以得貴富。」案當讀「取權道」爲句，「行事便辟」爲句。行事者，奉事也。「以貴富」屬下句。　陶鴻慶云：「道行」二字無義，「道」疑「遁」之誤。法禁篇云「遁上而遁民者，聖王之禁也」，王氏云：「遁，欺也。」　翔鳳案：「道」，古文从首、寸，同「導」，有先行之義。文選赭白馬賦「飛輶軒以戒道」，注：「先也。」

〔五〕翔鳳案：爾雅釋詁：「身，我也。」「余，身也。」注：「今人亦自呼爲身。」郝疏：「今時惟獄詞訟牒自呼爲身，古人無貴賤自稱朕，即身也。」

故國不虛重，兵不虛勝，民不虛用，令不虛行。凡國之重也，必待兵之勝也，而國乃重。凡兵之勝也，必待民之用也，而兵乃勝。凡民之用也，必待令之行也，而民乃用。凡令之行也，必待近者之勝也，而令乃行。先勝服近習，令乃得行。故禁不勝於親貴，罰不行於便辟，法禁不誅於嚴重而害於疏遠，慶賞不施於卑賤而求令之必行〔一〕，不可得也。能不通於官，受禄賞不當於功〔二〕，號令逆於民心，動靜詭於時變〔三〕，有功不必賞，有罪不必誅，令焉不必行，禁焉不必止，在上位無以使下，而求民之必用，不可得也。將帥不嚴威，民心不專一，陳士不死制，卒士不輕敵〔四〕，而求兵之必勝，不可得也。內守不能完，外攻不能服，野戰不能制敵，侵伐不能威四鄰，而求國之重，不可得也。德不加於弱小，威不信於强大，征伐不能服天下，而求霸諸侯，不可得也。威有與兩立，下亦有立威者。兵有與分争，征伐有自諸侯出。德不能懷遠國，令不能一諸侯，而求王天下，不可得也。

〔一〕張佩綸云：「慶賞不施於卑賤」下奪一句。翔鳳案：親貴者自然有慶賞，所難者施於卑賤耳。不必缺下句，文義已足。

〔二〕張佩綸云：「受」當作「爵」，「官爵不通於能」，誤倒。姚永概云：「能不通於官受」，義不可曉。以上文「察身能而受官」證之，當作「受官不通於能」。翔鳳案：説文：「通，達也。」易繫辭：「推而行之謂之通。」不能推行其官守之事，是謂「能不通於官」，非誤字。

〔三〕安井衡云：「詭」猶違也。翔鳳案：西京賦注引説文：「詭，違也。」安井説是。

〔四〕安井衡云：「制」，命也。「卒士」，戰士。「輕敵」，不恐之也。兵志曰：「士卒恐將者勝，恐敵者敗。」

地大國富，人衆兵彊，此霸王之本也，然而與危亡爲鄰矣。天道之數，人心之變。所以與危亡爲鄰，則以天道數終，人心變易故也。天道之數〔一〕，至則反，終於下者，則反於上。盛則衰。日中則昃，月盈則蝕。人心之變，有餘則驕，不足者必謙。驕則緩怠。夫驕者驕諸侯，驕諸侯者，諸侯失於外。天子驕則諸侯叛。緩怠者，民亂於內。緩怠必輕於始，故民亂。諸侯失於外〔二〕，民亂於內，天道也，驕怠者必失外亂內，此天之道。此危亡之時也。若夫地雖大而不并兼，不攘奪；人雖衆，不緩怠，不傲下；國雖富，不侈泰，不縱欲；兵雖彊，不輕侮諸侯，動衆用兵，必爲天下政理〔三〕。此正天下之本，而霸王之主也。

〔一〕翔鳳案：説文：「數，計也。」論語：「天之曆數在爾躬。」莊子天道「有數存焉」，注：「術也。」數爲自然之趨勢，故下文云：「諸侯失於外，民失於內，天道也。」

〔二〕張佩綸云：當作「緩怠者怠民，怠民者民亂於內」。陶鴻慶云：「驕諸侯驕諸侯者」七字，當爲衍文，此承上文言之，本云「夫驕者諸侯失於外，怠緩者民亂於內」，今本涉上下文而誤重耳。又案：「諸侯失於外」兼霸王言之，尹注「主天子言」亦非。翔鳳案：「天道」以「至則反，盛則衰」言之，「有餘」則至於盛矣，於是驕心生焉。以驕臨民，其害不大，害在因驕而緩怠。緩怠於諸關係少，其害在驕，文從字順，疑者誤。

〔三〕安井衡云：「理」，下文作「治」。此作「理」者，唐人避諱，而後儒未訂也。翔鳳案：「治」乃水名，借爲「理」。左成二年傳「先王彊理天下」，注：「正也。」作「政治」反生疏矣。

凡先王治國之器三，攻而毁之者六。明王能勝其攻，故不益於三者而自有國正天下；明王雖勝攻，於三器亦不加益。即勝能自有其國，兼正天下。亂王不能勝其攻，故亦不損於三者而自有天下而亡〔一〕。亂王既不能勝攻，三器自毁，更不減此三者，縱有天下之大，而遂滅亡也。三器者何也？曰：號令也，斧鉞也，禄賞也。六攻者何也？曰：親也，貴也，貨也，色也，巧佞也，玩好也。三器之用何也？曰：非號令毋以使下，非斧鉞毋以威衆，非禄賞毋以勸民。六攻之敗何也？言六攻能敗三器者，謂何也？曰：雖不聽而可以得存者，謂親貴也。雖犯禁而可以得免者，謂貨色也。雖毋功而可以得富者〔二〕。謂巧佞玩好也。凡國有不聽而可以得存者，則號令不足以使下；有犯禁而可以得免者，則斧鉞不足以威衆；有毋功而可以得富者，則禄賞不足以勸民。號令不足以使下，斧鉞不足以威衆，禄賞不足以勸民，若此則民毋爲自用〔三〕。既有罪不誅，有功不賞，故人不自用其力也。民毋爲自用則戰不勝，戰不勝而守不固，守不固則敵國制之矣〔四〕。然則先王將若之何？曰：不爲六者變更於號令，不爲六者疑錯於斧鉞〔五〕，不爲六者益損於禄賞。若此則遠近一心，遠近一心則衆寡同力，衆寡同力則戰可以必勝，而守可以必固。非以幷兼攘奪也，以爲天下政治也。此正天下之道也〔六〕。

〔一〕王念孫云：兩「王」字皆當爲「主」，「其攻」皆當爲「六攻」，字之誤也。（「其」字古作「亓」，與「六」相似，故「六」譌爲「其」。史記周本紀「三百六十夫」，索隱曰：「劉氏音破六爲古『其』字。」淮南墬形篇「通谷六」，易林蠱之臨「周流六虚」，今本「六」字竝譌作「其」。）「勝六攻」，即承上文「攻而毀之者六」而言，下文「六攻者何也」，又承此文「勝六攻」而言。版法解亦曰：「明君能勝六攻，不肖之君。不能勝六攻。」何如璋云：此段見版法解，惟字句間有小異耳。其爲作僞者雜湊無疑。劉師培云：廣雅釋詁云：「正，君也。」「正天下」猶言君天下，謂起自諸侯，終爲天子也。下文「正天下」亦同。（元本「正」作「王」，非。）墨子尚賢篇云「堯舜禹湯文武之所以王天下、正諸侯者」，「正」亦訓君，與此同。翔鳳案：作版法解者，用重令之文以解版法，着重在「植固不動，奇邪乃恐」，非作重令者有取於版法解也。作解者爲後學，同出一家，而非同出一人，以作者不必自解也。王氏以版法證「其」爲「六」之誤，然語氣以「其」爲勝。王氏捨其難者不釋，好爲細碎之校勘，徒費目力耳。「明王」見莊子，非誤字。

〔二〕王念孫云：三「者」字皆因下文而衍。（下文曰：「凡國有不聽而可以得存者，則號令不足以使下。有犯禁而可以得免者，則斧鉞不足以威衆。有毋功而可以得富者，則禄賞不足以勸民。」上有「有」字，則下當有「者」字，此文上無「有」字，則下不當有「者」字。）版法解無。翔鳳案：「者」指「六攻」之某一部份人，非人人皆有之。「上無『有』字，則下不當有『者』字」，此不可通之論也。

〔三〕吴汝綸云：「爲自用」當作「自爲用」。　江瀚云：「毋爲自用」猶言「毋自爲用」也。翔鳳案：「毋爲」，爲也，見上篇，又見立政九敗解，諸説誤。

〔四〕王念孫云：「則戰不勝」以下，當作「則戰不勝而守不固，戰不勝而守不固，則敵國制之矣」。此文之兩「民毋爲自用」，兩「戰不勝而守不固」，義皆上下相承，今則下三句顛倒而失其指矣。七法篇曰：「國貧而用不足，則兵弱而士不厲。兵弱而士不厲，則戰不勝而守不固。戰不勝而守不固，則國不安矣。」文義正與此同。

〔五〕安井衡云：「疑錯」，遲疑錯誤也。　翔鳳案：下文「益損於禄賞」，「損」與「益」對，則此文當「疑」與「錯」對。漢書何武師丹傳贊「疑於親戚」，注「比也」，假爲「擬」。易繫辭「苟錯諸地而可矣」，借爲「措」。

〔六〕戴望云：元本「正」作「王」。

管子校注卷第六

法法第十六

外言七

不法法則事毋常，不設法以法下，故事無常。法不法則令不行。雖復設法，不得法之宜，故令不行。令而不行，則令不法也。法而不行，則脩令者不審也。法既得宜，而猶不行，則以脩令者未審之故也。審而不行，則賞罰輕也。脩令者既審，而猶不行，則以上輕於賞罰也。重而不行，則賞罰不信也。賞罰既重，而猶不行，則以雖賞罰而不信也。信而不行，則不以身先之也。賞罰既信，而猶不行，則以身不先自行其法也。故曰：禁勝於身，身從禁也。則令行於民矣。聞賢而不舉，殆。聞賢不舉，不若不聞，所以有殆。聞善而不索，殆。見能而不使，殆。親人而不固，殆〔一〕。同謀而離，殆。危人而不能，殆。危人不能，不若不危。廢人而復起，殆。既廢更起，或發其宿嫌。可而不爲，殆。可爲而不爲，多生後悔。足而不施，殆。足而不施，怨疾必生。幾而不密，殆。幾事不密則害成。人主不周密，則正言直行之士危；所謂君不密則失臣。正言直行之士危，則人主孤而毋內〔二〕；

策謀毋自入也。人主孤而毋内，則人臣黨而成羣。君子道消，則小人道長也。使人主孤而毋内，人臣黨而成羣者，此非人臣之罪也，人主之過也。君不密之過。

〔一〕安井衡云：羣書治要引作「親仁」，「殆」下並有「也」字，似非。翔鳳案：與人相親而不固結，作「仁」者誤，非「仁」者可以不固乎？其誤顯然矣。

〔二〕丁士涵云：「内」猶親也（漢書劉向傳注）。「孤而無内」與下「黨而成羣」對文。

民毋重罪，過不大也。有大過然後有重罪。民毋大過，上毋赦也。不赦，則懼而脩德。上赦小過則民多重罪，積之所生也。所謂積小以成高大。故曰：赦出則民不敬〔一〕，有罪不誅，則安用敬。惠行則過日益。特恩不恭，非過而何。惠赦加於民，而囹圄雖實，殺戮雖繁，姦不勝矣。造姦以待赦也。故曰：邪莫如蚤禁之。無使滋蔓，蔓難圖也。赦過遺善，則民不勵。善即惠也。有過不赦，有善不積〔二〕，勵民之道，於此乎用之矣。故曰：明君者，事斷者也。

〔一〕戴望云：「敬」與「儆」同。翔鳳案：説文：「敬，肅也。」詩常武「既敬既戒」，大禹謨作「儆」。

〔二〕翔鳳案：小過不赦，小善可賞，非小過之比。小善賞之，不俟積成大善再賞，故曰「有善不積」。趙本改「積」爲「遺」，非是。

君有三欲於民，三欲不節，則上位危。三欲者何也？一曰求，二曰禁，三曰令。求必欲得，禁必欲止，令必欲行。求多者其得寡，無厭則難供，故其得寡。禁多者其止寡，法令滋章，盜賊多有。令多者其行寡。再三則瀆，故其行寡。求而不得則威日損，獨唱莫和，非損而何。禁而不止則刑罰侮，愈禁愈犯，非侮而何。令而不行則下凌上。不稟其命，非凌而何。故未有能多求而多得者也，未有能多禁而多止者也，未有能多令而多行者也。故曰：上苛則下不聽，下不聽而彊以刑罰，則爲人上者衆謀矣〔一〕。爲人上而衆謀之，雖欲毋危，不可得也。

〔一〕陶鴻慶云：「則爲人上者衆謀矣」當作「則衆謀之矣」，與上下文一氣相屬。今本涉下句而衍「爲人上」三字，校者又增「者」字以成義耳，「衆謀」下奪「之」字，則義不明。翔鳳案：陶校合乎後代文法，然古人未必然。論語：「爲人謀而不忠乎？」尚書大傳「聽之不聽，是謂不謀」，注云：「君聽不聽，則是不能謀其事也。」皆無賓辭，陶説誤。

號令已出又易之，禮義已行又止之，度量已制又遷之，刑法已錯又移之，如是，則慶賞雖重，民不勸也；殺戮雖繁，民不畏也。故曰：上無固植〔二〕，植，志。下有疑心，國無常經，民力必竭，數也。數，理也。國無常經，人力必竭。而曰不竭者，此非理之言也。明君在上位，民毋敢立私議自貴者。立私議者，必自恃爲貴也。國毋怪嚴〔三〕，毋雜俗，毋異禮，士毋私議。國不作奇怪，則嚴肅而無雜，俗有常禮，士皆公儀。倨傲易令，錯儀畫制，作議者盡誅〔三〕。易令，謂變令。錯儀，謂别置儀。畫制，謂更畫制。凡此，盡以法誅之。故彊者折，鋭者挫，堅者破。引之以繩墨，繩之以誅僇，故萬民之心皆服而從上。推之而往，引之而來，彼下有立其私議自貴〔四〕，分争而退者，則令自此不行矣。立議分争，退而不誅，從此之後，令不復行。故曰：私議立則主道卑矣。況主倨傲易令〔五〕，錯儀畫制，變易風俗，詭服殊説猶立。立私説，尚能卑主，況其倨傲易風俗而猶有立者乎。上不行君令，下不合於鄉里，變更自爲，易國之成俗者，命之曰不牧之民。於上不行君令，於下不合鄉里，但率意自爲，易國之成俗，故曰不牧之民，言其不可養也。不牧之民，繩之外也，繩之外誅〔六〕。使賢者食於能，鬬士食於功。賢者食於能，則上尊而民從；鬬士食於功，則卒輕患而傲敵。上尊而民從，卒輕患而傲敵，二者設於國，則天下治而主安矣。

〔一〕翔鳳案：房注：「植，志。」「植」通「識」，即「志」，見前版法篇。

〔二〕孫星衍云：「怪嚴」，謂毋爲奇怪嚴急之命。説文：「嚴，教命急也。」下文「易令」二字，正釋此句。尹注非。丁士涵云：「嚴」當爲「服」字之誤，「怪服」與「雜俗」、「異禮」對文。下文云「變易風俗，詭服殊説」，「詭服」與「怪服」同。張文虎云：「嚴」當是「裝」字，漢避諱改。「怪裝」即異服也。　俞樾云：說文心部「怪，異也。」禮記大傳篇「收族故宗廟嚴」，鄭注曰：「『嚴』猶尊也。」「國無怪嚴」謂國無異尊，與下文「無雜俗」、「無異禮」一律。尹注曰「國不作奇怪則嚴肅」，是「無怪」爲一義，「嚴」爲一義，失其旨矣。　吳汝綸云：「嚴」讀爲業。小匡篇「擇其善者而嚴用之」，齊語作「業」。　翔鳳案：「怪嚴」與「雜俗」、「異禮」、「私議」相當，「怪」、「異」義近。說文：「嚴，教命急也。」文選爲宋公修張良廟教李注：「蔡邕獨斷曰：『諸侯言曰教。』」怪異嚴急之教命曰「怪嚴」。于鬯香草續校書謂「與法禁篇相似」，曰：「『雜俗』即彼『詭俗』，『異禮』即彼『異禮』，『私議』即彼『大言』，『怪嚴』即彼『法行』。」是也。然其解釋「怪嚴」爲「莊嚴之行出於怪異」，則非是。「嚴」於軍法有關，故見於法法、法禁兩篇。西京賦「嚴更之署」，注：「督行夜鼓也。」孟子公孫丑下：「『使虞敦匠，事嚴，虞不敢請。今願竊有請也：木若以美然。』曰：『古者棺槨無度，中古棺七寸，槨稱之。』」注：「事嚴，喪事急也。」孝經：「非先王之法服不敢服，非先王之法言不敢道，非先王之法行不敢行。」儒即巫祝，重喪禮。法服爲巫祝之服，即道士服。孔子執禮用雅言，即法言。宗廟祭祀，贊禮者用一種莊嚴怪異而宏大之呼聲即法言，規行矩步爲法行，故「怪嚴」與「法」相當，于尚未知也。孫說已得其義，諸人不悟，穿鑿附會。

〔三〕翔鳳案：「令」承「嚴」，即教命，「儀」承「俗」，「制」承「禮」，「議」承「議」。說文：「錯，金涂也。」以金涂飾之，與「畫」同意。上文「刑法已錯」借爲「措」，含義不同。說文：「作，興也。」猶言興事生非。

〔四〕丁士涵云：「自貴」二字，當屬上讀。上文云：「民毋敢立私議自貴者。」乘馬篇云：「私議自貴之説勝，則上令不行。」

〔五〕俞樾云：「主」乃「其」字之誤。尹注云「況其倨傲易風俗」，是其所據本未誤。丁士涵云：「主」字涉上「主道」而衍。翔鳳案：荀子非十二子「成名況乎諸侯」，注：「比也。」莊子「每下愈況」，爲常用之詞。「況主」，自比於主也。

〔六〕翔鳳案：以繩染墨而彈之，是爲「繩墨」。法如引繩，故曰「繩之外」。

凡赦者，小利而大害者也，苟悦衆心，故曰小利。人則習而易犯法，故曰大害也。**故久而不勝其禍。**犯法漸廣，轉欲危君，故曰不勝其禍。**毋赦者，小害而大利者也，**人初不悦，故曰小害。創而脩德，故曰大利也。**故久而不勝其福。**家正而天下定，則太平可致，故曰不勝其福也。**故赦者，犇馬之委轡〔一〕；**必致①覆佚也。**毋赦者，痤**徂禾切，癤也。**睢之礦石也〔二〕。**疾可瘳也。**爵不尊，禄不重者，不與圖難犯危，以其道爲未可以求之也。**以其道未可求，故不與尊爵重禄。既與之尊爵重禄，則②可與之圖難犯危也。**是故先王制軒冕足以**

① 「致」字原作「也」，據補注改。
② 「則」字原作「其」，據補注改。

著貴賤，不求其美；設爵禄所以守其服，不求其觀也〔三〕。使君子食於道，小人食於力。君子食於道，則上尊而民順；小人食於力，則財厚而養足。上尊而民順，財厚而養足，四者備體則胥足，上尊時而王不難矣〔四〕。胥，相也。文有三侑，侑，寬也。武毋一赦〔五〕。惠者，多赦者也，先易而後難，久而不勝其禍。法者，先難而後易〔六〕，久而不勝其福。故惠者，民之仇讎也；惠者生其禍，故爲仇讎也。法者，民之父母也。法者生其福，故爲父母也。太上以制制度，其次失而能追之，能追悔①也。雖有過亦不甚矣。明君制宗廟，足以設賓祀，不求其美〔七〕；爲宮室臺榭，足以避燥濕寒暑，不求其大；爲雕文刻鏤，足以辯貴賤，不求其觀。故農夫不失其時，百工不失其功，商無廢利，民無游日，無游閑②之日。財無砥墆〔八〕。墆③，久積也。故曰：儉其道乎〔九〕！

〔一〕王念孫云：今本脱「也」字，據羣書治要及初學記政理部、藝文類聚政治部、太平御覽兵部八十九、刑法部十八所引補。翔鳳案：王信類書而增字，此事甚多，而影響甚大。諸凡一二虛字之增删，無絲毫之價值，皆王念孫爲之作俑也。

---

①「悔」字原作「海」，據補注改。
②「游閑」二字原作「關閉」，據補注改。
③「墆」字原作「帶」，據補注改。

〔二〕孫星衍云：「睢」當作「疽」。淮南説林訓：「潰小皰而發痤疽。」韓非子外儲説：「夫痤疽之痛也，不能使人以半寸砥石彈之。」廣雅：「痤疽，癰也。」羣書治要、初學記一又八、白帖四十八、太平御覽三百五十八、又六百五十二引俱作「痤疽礦石」。御覽六百五十二引作「砭石」。

王念孫云：初學記政理部、太平御覽兵部八十九引此亦作「磺石」。説文繫傳引作「磏石」。案「礦」字本作「磺」，説文「磺，銅鐵樸也」，「磏，厲石也」，皆非治痤疽者所用。羣書治要及太平御覽刑法部十八引此竝作「砭石」，是也。説文：「砭，以石刺病也。」素問異法方宜論曰：「東方之民，其病皆爲癰瘍，其治宜砭石。」故曰「痤睢之砭石」。翔鳳案：周禮卝人注：「金石未成器曰礦。」廣雅釋詁四：「礦，强也。」礦石謂堅硬之石。東山經：「高氏之山，其下多箴石。」可以爲砭鍼治癰腫者。説文：「砭，以石刺病也。」今民間通用磁鋒爲砭，朱駿聲不知，以爲石法失傳，誤矣。砭取其廉利，故謂之磏石。廉石以硬爲主，打碎而取其鋒，不能磨也。礦爲堅石，不誤，可以爲砭之用。其引作「砭石」者，不知而以意改之也。「疽」訓久癰，長時不潰，取次且之義。二者有别。癰易潰，不必痤，所挫者疽。

〔三〕王念孫云：兩「所以」皆當作「足以」，「足」與「不求」文義正相承。下文曰「明君制宗廟，足以設賓祀，不求其美。爲宮室臺榭，足以避燥濕寒暑，不求其大。爲雕文刻鏤，足以辨貴賤，不求其觀」，是其明證也。後人改「足以」爲「所以」，則非其指矣。羣書治要及藝文類聚封爵部、太平御覽封建部一引此竝作「足以著貴賤」、「足以守其服」。文選羽獵賦注引作「足以章貴賤」。

也，説見弟子職篇。 宋翔鳳云：「所」，宋本作「足」，「所」與「足」古字通用。蓋古字多以「足」爲「所」

臣均有之，故用「所以」。 翔鳳案：軒冕惟大臣有之，小臣無有，故用「足以」。爵禄則大臣小

〔四〕王念孫云：「胥足上尊時而王」，「足上尊」三字因上文而衍。「胥」，待也，言待時而王也。尹注「胥，相也」，失之。又君臣下篇「上尊而民順，財厚而備足，四者備體，頃時而王，不難矣」，「頃」當爲「須」，「須」亦「胥」也。 翔鳳案：爾雅釋詁：「胥，皆也。」「尊」、「宗」互訓。穀梁成五年傳「晉君召伯尊」，左傳作「宗」。一切經音義九引字林：「宗，尊也，亦主也。」「足」字斷句，「上主時而王不難」與上文「上尊」兩字義異。王混同之，以爲衍文也。

〔五〕洪頤煊云：「侑」與「宥」通。儀禮聘禮注：「古文『侑』皆作『宥』。」周禮：「三宥之灋，壹宥曰不識，再宥曰過失，三宥曰遺忘。」尹注「侑，寬也」，義亦作「宥」。

〔六〕丁士涵云：「法者」下脱「無赦者也」四字，此與上文「惠者多赦者也」對文，意林引作「惠者多赦，法者無赦」。 翔鳳案：用法即是毋赦，意林取其意，不足據。

〔七〕張佩綸云：「賓」，賓尸也。詩緑衣序：「繹賓尸也。」楚茨「爲賓爲客」，傳：「繹而賓尸及賓客。」 翔鳳案：説文：「賓，所敬也。」卜辭有「賓於帝」、「賓於祖」、「賓日」之文。所以敬事鬼神，不獨賓尸也。

〔八〕俞樾云：「砥」讀爲底。昭元年左傳「勿使有所壅蔽湫底」，杜注曰：「底，滯也。」故以「底滯」

連文。

〔九〕何如璋云：韓子十過有「故曰儉其道也」句。翔鳳案：此「故曰」爲古語之一證。

令未布而民或爲之，而賞從之，則是上妄予也。未布而爲，所謂先時者也。當刑而賞，故曰妄與也。上妄予則功臣怨，功臣怨而愚民操事於妄作，愚民操事於妄作，則大亂之本也。令未布而罰及之，所謂不令而罰。則是上妄誅也。上妄誅則民輕生，民輕生則暴人興，輕生故爲暴亂。曹黨起而亂賊作矣〔一〕。令已布而賞不從，則是使民不勸勉，不行制，不死節。民不勸勉，不行制，不死節，則戰不勝而守不固，戰不勝而守不固，則國不安矣。令已布而罰不及，則是教民不聽。民不聽則彊者立，彊者立則主位危矣。故曰：憲律制度必法道，號令必著明，賞罰必信密〔二〕，此正民之經也。

〔一〕陳奐云：大雅毛傳云：「曹，羣也。」

〔二〕王念孫云：「密」本作「必」，後人罕聞「信必」之語，故以意改之，不知「信必」者，信賞必罰也。八觀篇曰「賞慶信必，則有功者勸」，九守篇曰「刑賞信必於耳目之所見」，版法解曰「無遺善，無隱姦，則刑賞信必」，皆其證。

凡大國之君尊，小國之君卑。大國之君所以尊者何也？曰：爲之用者衆也。小國之君所以卑者何也？曰：爲之用者寡也。然則爲之用者衆則尊，爲之用者寡則卑，則人主安能不欲民之衆爲己用也！使民衆爲己用柰何？曰：法立令行，則民之用者衆矣；法不立，令不行，則民之用者寡矣。故法之所立，令之所行者多，而所廢者寡，則民不誹議〔一〕，民不誹議則聽從矣。法之所立，令之所行，與其所廢者鈞，則國毋常經，國毋常經則民妄行矣。法之所立，令之所行者寡，而所廢者多，則民不聽，民不聽則暴人起而姦邪作矣。計上之所以愛民者，爲用之愛之也。爲愛民之故，不難毁法虧令，則是失所謂愛民矣。夫以愛民用民，則民之不用明矣。夫用人者，當以法令以愛人。廢法而用之，則人不可用也。夫至用民者〔二〕，殺之，危之，勞之，飢之，渴之。用民者將致之此極也，而民毋可與慮害己者〔三〕。至，善也。夫善用人者必以法，其不從法，甚者危殺之，其次勞苦飢渴之。將欲用之，必致此極，則姦者不敢爲非，善者悦而從命，欲求可與謀害己者，其可得哉。明王在上，道法行於國，民皆舍所好而行所惡。所好者，私欲也。所惡者，公義也。故善用民者，軒冕不下儗，而斧鉞不上因〔四〕。不以下有私寵①，妄以軒冕，有所許儗。不因上有私憾，妄以斧鉞，有所誅戮也。如是則賢者勸而暴人止，賢者

①「下有」二字原無，據補注增。「寵」字下原衍「下」字，據補注删。

勸而暴人止，則功名立其後矣。蹈白刃，受矢石①，入水火，以聽上令。上令盡行，禁盡止。引而使之，民不敢轉其力；轉，猶避也。推而戰之，民不敢愛其死。不敢轉其力，然後有功；不敢愛其死，然後無敵。進無敵，退有功，是以三軍之衆皆得保其首領，父母妻子完安於内。故民未嘗可與慮始，而可與樂成功。是故仁者、知者、有道者，不與大慮始〔五〕。大，猶衆也。

〔一〕安井衡云：古本作「謗」。翔鳳案：「議」即上文之「私議」，以作「議」爲是。

〔二〕張佩綸云：「至用民」當作「善用民」。翔鳳案：古今語法不同。意謂用民者，至於殺之，危之，勞之，飢之，渴之。「至」字不誤。

〔三〕翔鳳案：「與」同「以」，論語「鄙夫可與事君也與哉」，「可與」即「可以」。「慮」謂顧慮也。

〔四〕俞樾云：「軒冕不下擬」，謂其人有善，即從而軒冕之，不以其人在下位，而有所擬議也。「斧鉞不上因」，謂其人有罪，即從而斧鉞之，不以其人在上位，而有所依違也。心術篇曰：「因也者，舍己而以物爲法者也。」此「因」字之義也。尹注曰：「不以下有私寵，妄以軒冕有所許擬。不因上有私憾，妄以斧鉞有所誅戮。」此説殊不可通。豈上有私寵，即可以軒冕許擬之；下有私憾，即可以斧鉞誅戮之乎？翔鳳案：説文：「儗，僭也。一曰相疑。」善用

①「石」字原作「后」，據補注改。

民者「道法行於國」，即上文「法令立」。依法行事，不在以賞誘人，以刑恐人，不一定要軒冕下儗，而斧鉞上因也。上文：「制軒冕足以著貴賤。」乘馬：「一國之人，不可以皆貴，皆貴則事不成而國不利也。」管子不輕用軒冕賞人，可知矣。

〔五〕王念孫云：「大」當爲「人」。民不可與慮始，而可與樂成功，故有道者不與人慮始。人亦民也。尹注「大，猶衆也」，「大」亦當爲「人」。翔鳳案：説文：「大，天大地大人亦大，故大象人形。」「大」象正立，「人」象側立。「夷」从人持弓，「亦」爲人之臂亦，「奎」爲兩髀之間，「夾」爲俠二人。「大」通讀太，伸其兩足，有安泰之義。西京賦「心奓體泰」，即「大」之本義也。洛誥「王入大室」，注：「清廟中央之室。」説文：「央，中央也，从大在冂之内。大，人也。」「大」爲中央之人，掌握政權之大人，地方民衆領袖。人，普通民衆也。君臣下「通中央之人和」，即「大」也。房訓「衆」，稍誤；王改「人」，則誤矣。

國無以小與不幸而削亡者，必主與大臣之德行失於身也，官職、法制、政教失於國也，諸侯之謀慮失於外也，故地削而國危矣〔一〕。言國無以小與不幸而削亡者。其削亡也，則以臣主有失故也。國無以大與幸而有功名者，必主與大臣之德行得於身也，官職、法制、政教得於國也，諸侯之謀慮得於外也，然後功立而名成。言國無以大與幸而有功名者。其有功名也，則以臣主有得①故也。然則國何可無道？人何可無求[二]？得道而導之，得賢而使之，將有所大期於興利除害，期於興利除害，莫急於身，而君獨甚傷也[三]，必先令之失。先身無害而有利，然後可以及物。今君獨立無與，則是有害，故甚可傷。所以然者，則由先令之失也。人主失令而蔽，失令則爲下所蔽塞也。已蔽而劫，已劫而弑。凡人君之所以爲君者，勢也，故人君失勢，則臣制之矣。勢在下，則君制於臣矣；勢在上，則臣制於君矣。故君臣之易位，勢在下也。在臣期年，臣雖不忠，君不能奪也。臣得勢期年，君雖知其不忠，而不能奪，無如之何也。在子期年，子雖不孝，父不能服也。亦無如之何。故春秋之記，春秋即周公之凡例，而諸侯之國史也。臣有弑其君，子有弑其父者矣[四]。故曰：堂上遠於百里，堂下遠於千里，門廷遠於萬里。今步者一日，百里之情通矣。堂上有事，十日而君不聞，其事適在堂上耳，而君遂十日不聞。此所謂遠於百里也。步者十日，千里之情通矣。堂下有事，一月而君不聞，此所謂遠於千里也。步者百日，萬里之情通矣。門廷有事，期年而君不聞，此所謂遠於萬里也。故請入而不出謂之滅[五]，臣有情告，既入而不出，此則左右不爲通於下，其事遂消滅也。出而

---

①「得」字下原衍「名」字，據補注删。

不入謂之絶，其事既出而不入，此則左右不爲通於上，其事遂斷絶也。**入而不至謂之侵，**其事既入，不得至於君，此則左右侵君事故也。**出而道止謂之壅。**其事既出，中道而止，此則左右壅君事故也。**滅絶侵壅①之君者，非杜其門而守其户也，爲政之有所不行也。**政之不行，自致侵壅，非由杜門守户也。**故曰：令重於寶，社稷先於親戚，法重於民，威權貴於爵禄。故不爲重寶輕號令，不爲親戚後社稷，不爲愛民枉法律，不爲爵禄分威權。故曰：勢非所以予人也。**凡此上事，其勢不當與人，故君專之。

〔一〕丁士涵云：以上文及尹注校之，此「危」字當是「亡」字之誤。翔鳳案：重令：「社稷必有危亡之患。」又云：「諸侯失於外，民亂於内，天道也，此危亡之時也。」「諸侯之謀慮失於外」與此相似，何必改「危」爲「亡」？迂矣。

〔二〕張佩綸云：「求」當作「賢」，下文「道」、「賢」承此。翔鳳案：文意重在求賢，不重在人之賢，非誤字。

〔三〕翔鳳案：説文：「傷，創也。」秦策「楚、魏爲一，國恐傷矣」，注：「害也。」「甚傷」與殺傷有别，與下文「傷國」同義。

① 「壅」字原作「擁」，據補注改。下注文同。

〔四〕洪頤煊云：韓非子外儲説右上篇引春秋之記，「弑」皆作「殺」，古字通用。吴汝綸云：「春秋」即孔子之春秋，此文自戰國時作，非管子作也。若未修之春秋，乃一國之史，不行於他國，管子安得稱之。翔鳳案：此春秋在孔子之前。太炎云：「春秋之名，始見管子。法法篇：『春秋之記，臣有弑其君，子有弑其父者矣。』山權數篇：『春秋者，所以記成敗也。』今觀十二諸侯年表，始自共和，知此前但有尚書，更無記年之諜。墨子歷述春秋，亦以宣王爲始，是知始作春秋者，宣王之史官，蓋尹氏、辛史、史籀之倫也。周室雖有春秋，記其法式，侯國殊絶，同時不能葩録。十二諸侯所載，平王以上，列國之事甚稀，惟即位及卒爲具，以周有錫命會葬之典，故得其詳。列國之春秋，蓋晉爲最先，穆侯四年，記先齊女爲夫人（宣王二十年）。其次則齊，釐公二年，記同母弟夷仲生公叔毋知（平王四十二年）。此二國者，依中興法以紀年，先於諸侯。」釐公即僖公，齊有春秋，在桓公以前不遠，管仲所言，周春秋也。吴説謬。春秋正名，書「弑」不書「殺」，古本非是。

〔五〕丁士涵云：「請」與「情」古字通，此承上文「情通」言之。明法篇曰：「下情求不上通，謂之塞；下情上而道止，謂之侵。」陶鴻慶云：「請」讀爲情，（孫卿書多以「請」爲「情」。）承上「百里之情」、「萬里之情」諸句言之。「故請」二字爲句，冒下文「入而不出謂之滅，出而不入謂之絶，入而不至謂之侵，出而道止謂之壅」四句言之，皆謂君民之情不相通也。尹讀「請」爲本字，注云：「臣有請告，既入而不出。」則下文「出而不入」云云，不知何指矣。翔鳳案：釋詁：「請，謁告也。」「請」通「情」，然此處不能訓爲「情」，以情不自入，必在告之者，乃「請」也。請者即以其情告，非其文作「情」也。二説非是。

政者，正也。正也者，所以正定萬物之命也。萬物之命，由正而定。是故聖人精德立中以生正，德精而不過，其正自生也。明正以治國，故正者所以止過而逮不及也。正者中立，故過者令止之，不及者令逮之。過與不及也，皆非正也。正在於中立。非正，則傷國一也。過猶不及，傷國一也。故①勇而不義，傷兵；不及於勇，故傷兵也。仁而不法，傷正〔一〕。不及於仁，故傷正。故軍之敗也，生於不義；不義則失宜，故軍敗。法之侵也，生於不正。不正則入邪，故法侵也。故言有辯而非務者，言辯而浮誕，則非要務也。行有難而非善者。行難而詭怪，故非正善也。故言必中務，不苟爲辯；行必思善，不苟爲難。規矩者，方圜之正也。雖有巧目利手，不如拙規矩之正方圜也。故巧者能生規矩，不能廢規矩而正方圜；雖聖人能生法，不能廢法而治國。故雖有明智高行，倍法而治，是廢規矩而正方圜。

〔一〕翔鳳案：「正」即「政」，仁而不法，傷政。

① 「故」字原爲小號字接注文，據補注改爲大號字正文。

一曰〔一〕：管氏稱古言，故曰「一曰」。凡人君之德行威嚴，非獨能盡賢於人也〔二〕。人君之德行，雖當威嚴，既不能事事盡賢，亦須納賢而自輔，故曰：能自得師者王。曰人君也，故從而貴之，不敢論其德行之高卑，人曰：此人君也。謂其道備德成，不察其是非，即從而貴之，豈敢更論其高卑乎。有故爲其殺生急於司命也。乘人君之勢，怒則伏尸流血，喜則軒冕塞路，故急於司命也。富人貧人，使人相畜也；人君富人亦可，貧人亦可，使以富畜貧亦可。貴人賤人，使人相臣也。貴人亦可，賤人亦可，使人以貴臣賤亦可。人主操此六者以畜其臣，六者，謂生、殺、富、貴、貧、賤。人臣亦望此六者以事其君。人臣事君，亦望操此六者以臨下。君臣之會，六者謂之謀〔三〕。君臣所以相合，皆欲謀操六者。六者在臣期年，臣不忠，君不能奪。在子期年，子不孝，父不能奪。故春秋之記，臣有弒其君，子有弒其父者。得此六者，而君父不智也〔四〕。令臣子得此六者，是君父之不智也。六者在臣，則主蔽矣。主蔽者，失其令也。故曰：令入而不出謂之蔽，令出而不入謂之壅，令出而不行謂之牽，牽於左右。令入而不至謂之瑕〔五〕。君臣相閒，故曰瑕。牽瑕蔽壅之事君者〔六〕，非敢杜其門而守其户也，爲令之有所不行也。此其所以然者，由賢人不至，而忠臣不用也。故人主不可以不慎其令。令者，人主之大寶也。一曰：賢人不至謂之蔽〔七〕，忠臣不用謂之塞〔八〕，令而不行謂之障，禁而不止謂之逆。蔽塞障逆之君者，不敢杜其門而守其户也〔九〕，爲賢者之不至，令之不行也。

〔一〕劉績云：此乃集書者再述異聞。吳汝綸云：此管子書有別本，校者幷載之。翔鳳案：韓非外儲説多用「一曰」，並有用兩「一曰」者，皆自著。管書不便正言，用「一曰」明之，不是校者並載。史記但舉管子重要篇名，非舉其全部，不能謂史遷所見爲單篇。弟子職裁篇別出，故應劭謂在管子書，非單行本。漢志此類不少，章學誠已言之。管書分列道家、兵家，兵家附識於權謀中，韓信校管子，非有二本也。

〔二〕陶鴻慶云：「威嚴」二字與上下文不相屬，「德行」二字當在「非」字下，元文本云「凡人君之威嚴，非德行獨能盡賢於人也」，言人君之尊不以德行而以權勢耳。下文曰「人君也，故從而貴之，不敢論其德行之高卑」，即申言此義。尹注非。翔鳳案：論語「望之儼然」，釋文：「一本作『嚴』。」「嚴」爲矜莊之貌。「威」與「畏」通，王國維已言之。孟子：「孟子見梁襄王，出語人曰：『望之不似人君，就之而不見所畏焉。』」

〔三〕俞樾云：「六者謂之謀」當作「六者爲之媒」，言君臣會合，皆此六者爲之媒也。説文女部：「媒，謀也。」廣雅釋詁文同。是「謀」與「媒」聲近義通。禮記禮器篇「誰謂由也而不知禮乎」，家語公西赤問篇作「孰爲」。宣二年穀梁傳「孰爲盾而忍弒其君者乎」，公羊傳作「誰謂」。是「爲」與「謂」古亦通用也。翔鳳案：「謂」與「爲」通，是也。説文：「謀，慮難曰謀。」君臣之際，暗中謀慮此六者。

〔四〕王念孫云：尹讀「智」爲智慧之智，非也。「智」與「知」同。（小問篇「恃不信之人而求以外知」，九變篇作「恃不信之人而求以智」。）言權已下移，而上不知，故有弒父弒君之禍也。君臣篇曰「四者一作，而上不知也，則國之危可坐而待也」，語意正與此同。「智」字古有二音二義，一爲智慧之智，一爲知識之知。説文：「智，識詞也。」是「智」即知識之知。廣雅曰：「覺、叡、聞、曉、哲，智也。」「叡、哲」爲智慧之智，「覺、聞、曉」爲知識之知，是「智」有二音二義也。墨子節葬篇曰：「力不足，財不贍，智不智。」（上「智」字去聲，下「智」字平聲。）經説篇曰：「逃臣不智其處，狗犬不智其名。」（此篇内「智」字甚多，皆與「知」字同義。）耕柱篇曰：「豈能智數百歲之後哉。」（此篇内「知」字亦多作「智」。）吕氏春秋忠廉篇曰：「若此人者，固難得其患，雖得之，有不智。」（「有」與「又」同。）韓子孤憤篇曰：「智不類越，而不智不類其國，不察其類者也。」秦策曰：「楚智橫門君之善用兵。」（姚本如是，鮑本「智」作「知」。）淮南詮言篇曰：「有智若無智，有能若無能。」以上諸「智」字，皆與「知」字同義。後人但知智慧之智或作知，而不知知識之知又作智，故凡古書中知識之知作「智」字者皆改爲「知」字。此「智」字若非尹氏誤解，則後人亦必改爲「知」矣。

〔五〕俞樾云：「瑕」當讀爲格，古字通也。儀禮少牢饋食禮「以嘏于主人」，鄭注曰：「古文『嘏』爲『格』。」「瑕」之爲格，猶「嘏」之爲格也。説文人部引書曰「假于上下」，今書作「格」。「瑕」之爲格，猶「假」之爲格也。「令入而不至謂之格」，謂有所扞格而不得達也。尹注曰「君臣相閒故曰瑕」，未合「入而不至」之義。

〔六〕王念孫云：「牽瑕蔽壅之事君者」，衍「事」字。「非敢杜其門而守其户也」，衍「敢」字。「爲令之有所不行也」，「爲」猶謂也。（古者「爲」與「謂」同義，説見釋詞。）言所謂牽瑕蔽壅之君者，非杜其門而守其户也，謂其令之有所不行也。此三句皆指君言之，非指臣言之，則首句内不當有「事」字，次句内亦不當有「敢」字，皆後人妄加之耳。下文曰：「蔽壅障逆之君者，不敢杜其門而守其户也。爲賢者之不至，令之不行也。」首句無「事」字是也。次句「敢」字亦後人所加。羣書治要引作「不杜其門而守其户也」，「不」下無「敢」字，是其證。上文曰：「滅絶侵壅之君者，非杜其門而守其户也，爲政之有所不行也。」首句無「事」字，次句亦無「敢」字，此尤其明證矣。（明法解曰「夫蔽主者，非塞其門，守其户也，然而令不行，禁不止，所欲不得者，失其威勢也」，文義亦與此同。）翔鳳案：「者」指其人，牽瑕壅蔽之人，加「事君」二字爲形容詞，王以不類後代語法而改之，非是。

〔七〕安井衡云：「至」，古本作「臣」。翔鳳案：「賢人不至」，爲有人蔽之。「不臣」，爲賢不肯出仕。古本非是。

〔八〕孫星衍云：治要引「用」作「至」。

〔九〕王念孫云：「敢」字衍，羣書治要引無「敢」字。翔鳳案：牽瑕蔽壅，乃臣所爲，未有君自爲牽瑕蔽壅者。王認爲衍「事」字，而以指君，不類。既衍「事」字，不得不衍「敢」字，此王作繭自縛，非書誤也。

凡民從上也，不從口之所言，從情之所好者也。上好勇則民輕死，上好仁則民輕財。故上之所好，民必甚焉。是故明君知民之必以上爲心也，故置法以自治，立儀以自正也〔一〕。故上不行則民不從，彼民不服法死制，則國必亂矣。是以有道之君，行法脩制，先民服也。服，行也。先自行法以率人。凡論人有要。論人才行，各有綱要。矜物之人，無大士焉。大士不矜，謙以接物。彼矜者滿也，滿者虛也。所謂滿招損者也。滿虛在物，在物爲制也。既滿而虛，則制之在物。矜者，細之屬也。自矜者，小人之類。凡論人而遠古者，無高士焉〔二〕；高士必順考古道也。既不知古而易其功者，無智士焉。智士必知古而謹功也。德行成於身而遠古卑人也〔三〕，事無資遇時而簡其業者，愚士也。德行雖曰成，而乃遠古卑人，則是事無資稟。若遇有道之時，其業必見簡弃，如此者，可謂愚士。釣名之人，無賢士焉；賢士必脩實而成名。釣利之君，無王主焉。王主必度義而取利。賢人之行其身也，忘其有名也；王主之行其道也，忘其成功也。賢人之行，王主之道，其所不能已也。不能已而後動。明君公國一民，以聽於世；賢明之君，必公誠於國，以一其民人之心。忠臣直進，以論其能。忠臣必直道而求進。明君不以祿爵私所愛，唯賢是與。忠臣不誣能以干爵禄。量能而受①禄也。君不私國，臣不誣能，行此道者，雖未大治，正民之經也。治雖未大，足成正民之經。今以誣能之臣，事私國之君，而能濟功名者，古今無之。誣能之人，功名所以不濟，易可知，起下文也。誣能之人易知也。臣度之先王者〔四〕，臣，管氏自稱也。舜之有天下也，禹爲司空，契爲司徒，臯陶爲李，古治獄之官，作此李官。后稷爲田。此四士者，天下之賢人也，猶尚精一德，謂各精一事也。以事其君。今誣能之人，服事任官，皆兼四賢之能，自此觀之，功名之不立，亦易知也。結上文也。故列尊禄重，無以不受也；德不足以與其位也。勢利官大，無以不從也〔五〕。直以勢利官大，故每舉必從之。以此事君，此所謂誣能篡利之臣者也。世無公國之君，則無直進之士；無論能之主，則無成功之臣。昔者，三代之相授也，安得二天下而殺之？三代無能授於有能，桀、紂失之，湯、武得之。今之天下即古之天下，豈有二天下而行其刑殺哉。貧民、傷財，莫大於兵；危國、憂主，莫速於兵。此四患者明矣，古今莫之能廢也。兵當廢而不廢，則古今惑也；兵有四患，則當廢也。五材並用，則不當廢。廢興之理難明，故惑也。此二者不廢而欲廢之，則亦惑也〔六〕。二者，謂廢與不廢。既不廢矣，

① 「受」字原作「必」，據補注改。

又欲廢之，則亦惑也。**此二者傷國一也。**廢之，則寇來無以禦，固①傷國也。不廢，則費財憂主，亦傷國也，故曰一也。**黄帝、唐、虞，帝之隆也，資有天下，制在一人，**資，用也。率土之賓，莫非王臣，故曰制在一人。**當此之時也，兵不廢。今德不及三帝，天下不順，**三帝之時，天下皆服，不須用兵。**而求廢兵，不亦難乎！故明君知所擅，知所患。國治而民務積，此所謂擅也**〔七〕**；**擅，專也。君之所專爲，在於國家②治民務積聚也。**動與靜，此所患也。**動靜失宜，則患生也。**是故明君審其所擅，以備其所患也。**

〔一〕孫星衍云：羣書治要引「儀」作「義」。

〔二〕張文虎云：尹注云「高士必順考古道也」，疑正文「遠」字當作「違」。翔鳳案：「遠」即「遠佞人」之「遠」，去也，不必改爲「違」。論人而不以古爲則，與「度之先王」相反。

〔三〕俞樾云：尹注以「遠古卑人」連讀，非也。上文云「凡論人而遠古者，無高士焉」，則此文當以「德行成於身而遠古」爲句。句末亦當有「者」字，今奪之耳。「卑人也」三字爲句，與「無高士焉」義正相應，猶下文「愚士也」與上文「無智士焉」義亦相應也。翔鳳案：上下文有「大士」、「高士」、「愚士」、「賢士」。如俞説當爲「卑士」而非「卑人」也。房讀不誤。此指有德無

① 「固」字原作「則」，據校正改。
② 「家」字原作「而」，據補注改。

材之人，故謂之愚。説文：「愚，戇也。」論語「不違如愚」，疏：「不達之人。」謂戇直不達世務，非謂其蠢也。

〔四〕何如璋云：管子全書無文内自稱臣者。子政校書時有「臣富參書四十一篇」，文殆富參所著，雜入管書者。翔鳳案：下文「今德不及三帝」，「彼智者知吾情僞」，知此篇爲奏進之文，故自稱「臣」，與諸篇作普通論文者不同。韓非存韓即爲上書，難言、有度諸篇亦有「臣」字，何獨疑於管子？樞言「行年六十而老吃」，亦管子自稱也。

〔五〕翔鳳案：廣雅釋詁三：「以，予也。」詩江有汜「不我以」，箋：「猶與也。」不自量其能，無予而不受，是誣能也。

〔六〕王念孫云：此文本作「兵當廢而不廢，則惑也。不當廢而欲廢之，則亦惑也」。今本「古今」二字，涉上文「古今」而衍。「此二者」三字，涉下文「此二者」而衍。「不廢而欲廢之」，「不」下又脱「當」字。尹注非。翔鳳案：兵有四患，古今俱遲疑而不廢。「二者」指「古今」言。古今俱不廢，而我今欲廢之，是亦惑也。無誤字。

〔七〕王念孫云：「此所謂擅也」，「謂」字後人所加。「所擅」、「所患」，皆承上文而言，則「擅」上不當有「謂」字。尹注曰「擅，專也。君之所專爲，在於國家治民務積聚也」，則無「謂」字明矣。翔鳳案：樞言：「王主積于民，霸主積于將戰士，衰主積于貴人，亡主積于婦女珠玉。」房注：「動靜失宜，則患生也。」「患」爲易知，而「積」則有四種，惟王主獨能積於民，此明君之所謂「擅」，非其人不知。「謂」字不可省。

猛毅之君，不免於外難；懦弱之君，不免於内亂。猛毅之君者輕誅，輕誅之流，道正者不安〔一〕，輕誅則乖正，故道正之士不安。道正者不安則材能之臣去亡矣。彼智者知吾情僞，爲敵謀我，則外難自是至矣〔二〕。智者，即①道正之士。從此亡之敵國，既知我情，必爲敵謀我，所以外難至也。故曰：猛毅之君不免於外難。懦弱之君者重誅，難爲誅罰。重誅之過，行邪者不革，行邪者久而不革則羣臣比周，羣臣比周則蔽美揚惡，蔽君美，揚君惡。蔽美揚惡則内亂自是起矣。故曰：懦弱之君不免於内亂。明君不爲親戚危其社稷，社稷戚於親；不爲君欲變其令，令尊於君；不爲重寶分其威，威貴於寶；不爲愛民虧其法，法愛於民。

〔一〕翔鳳案：家語觀周「夫説者流於辯」，注：「猶過也，失也。」孟子「從流下而忘反謂之流」，即放失不知收斂之意。

〔二〕陶鴻慶云：上文云：「道正者不安，則材能之臣去亡矣。」此云「彼」者，即指材能之臣言，不當復有「智者」二字。疑本作「彼智吾情僞」，「智」與「知」同，後人誤讀爲智慧之智，輒增「者

① 「即」字原作「則」，據補注改。

知」二字耳。翔鳳案：材臣去亡，未必敵國重用，「智者」指敵國謀臣，陶説非是。

兵法第十七　外言八

明一者皇，察道者帝，通德者王，一者，氣質未分，至一者也。道者，物由以生者也。德者，物由以成者也。夫皇帝王道，隨世立名者也，其實則一也。謀得兵勝者霸。所謀必得，用兵必勝，故霸。故夫兵雖非備道至德也，然而所以輔王成霸。兵者，不祥之器，不得已而用之，故於道則未備，於德則未至。然用之上可以輔王，下可以成霸。今代之用兵者不然，不知兵權者也。權者，所以知輕重。既不知兵權，則失輕重之節。故舉兵之日，而境內貧，行師十萬，日費千金。戰不必勝，勝則多死〔一〕，雖今得勝，死者已多。得地而國敗。雖復得地，既貧且死，所以國敗。此四者，用兵之禍者也。四者，謂內貧、不勝、多死、國敗也。四禍其國，而無不危矣。一舉兵而國四禍，則何爲而不危哉！大度之書曰〔二〕：謂大陳法度之書。「舉兵之日，而境內不貧，戰而必勝，勝而不死，得地而國不敗。」爲此四者若何？四者，謂不貧、得勝、不死、不敗也。舉兵之日而境內不貧者，計數得也。戰而必勝者，法度審也。勝而不死者，教器備利而敵不敢校也。得地而國不敗者，因其民。因其民則號制有發也〔三〕，號令制度，因彼而發。教器備利則有制也，有制則能備利。法度審則有守也，有所守，則法度審。計數得則有明也。有明則計數得。治衆有數，自治其軍，有數存焉。勝敵有理。勝於敵國，有理存焉。察數而知理，審器而識勝，器備利，則敵可勝也。明理而勝敵〔四〕。勝敵者，在於明理也。定宗廟，寇寧則宗廟定。遂男女，人安則男女遂。官四分，既定且寧，則四分官以守之。則可以定威德，制法儀，出號令，然後可以一衆治民。兵無主則不蚤知敵，兵無主，則人懷苟且，故不能知敵。野無吏則無蓄積，野無田吏，則人惰本業，故無蓄積。官無常則下怨上，官無常，則徵賦不節，故下怨上。器械不巧則朝無定〔五〕，器械不巧，則寇敵見凌，故朝無定。賞罰不明則民輕其産〔六〕。賞罰不明，則人無聊生，故輕其産。故曰：早知敵而獨行〔七〕，有蓄積則久而不匱，器械巧則伐而不費〔八〕，賞罰明則勇士勸也。

〔一〕丁士涵云：疑當作「勝而多死」，與上文「舉兵之日而竟内貧」，下文「得地而國敗」一例。下文「大度之書曰：勝而不死」，亦作「而」，此言兵禍之足以危國，謂有勝而多死者是用兵之禍，非謂勝則必多死也。翔鳳案：管子用兵，未嘗大戰，恐勝則多死，未有不死而能勝者。若作「勝而多死」，則有勝而不死者，非是。

〔二〕翔鳳案：墨子天志下：「於先王之書，大夏之道然。」兼愛下：「先王之所書，大雅之所道。」

「大夏」即「大雅」。古人引書，格式與今異，「大度」非人名。白虎通亦引「大度」。此文用「大度」證上文，非引文則複。

〔三〕翔鳳案：國策齊策「王何不發將而擊之」，注：「遺也。」說文：「敗，毀也。」用兵得地，而不受損失，因敵人之民而遺發之，有所補充，故不敗也。幼官「發之以力」，義與此同。

〔四〕張佩綸云：三「理」字皆誤。唐諱「治」爲「理」，「察數而知理」，幼官及圖皆作「治」。「察數而知治」承上「治衆有數」。「審器而識勝」承上「勝敵有理」，則「理」當作「器」。「明理」，據幼官及圖均作「明謀」。又幼官下有「通德而天下定」句。翔鳳案：「治衆」有理，唐本當作「理」，已改爲「治」。「察數而知治」，則幼官已改而兵法未改，偶未察耳。此承上「治衆有數」。「明理而勝敵」亦承上「勝敵有理」，不當改爲「器」。

〔五〕孫星衍云：「巧」當作「功」，「定」當作「政」，七法篇「器械不功朝無政」，其證也。功、巧字形相似。「政」作「正」，與「定」字相近，因譌。若奇巧之器，則當爲朝所禁。尹注非。丁士涵云：「常」讀爲長，「則下怨上」，「則」字當在下句首，誤脱于此。「巧」爲「功」字之誤。「則朝無定」，「則」字衍，「定」爲「正」字之誤。正、政通。下又脱「則賞罰不明」五字，當據七法篇補正。下文曰「器械功，（「功」今亦誤「巧」，七法篇不誤。）則伐而不費；賞罰明，則勇士勸也」，即承此文言之。翔鳳案：荀子王制「辨功苦」，注：「功謂器之精好者。」即從工巧得義。周禮肆師「凡師不功」，故書「功」爲「工」。莊子徐无鬼「有一狙焉，見巧乎王」，崔本

「巧」作「工」。漢書韋玄成傳集注：「『功』字或作『攻』。」廣韻：「山海經曰：『義均始爲巧，倕作百巧也。』」「功」、「巧」相通，非誤字。

〔六〕翔鳳案：説文：「産，生也。」

〔七〕翔鳳案：四句中三句用「則」，此獨用「而」。「而」同「如」。詩都人士「垂帶而厲」，箋：「『而』亦如也。」

〔八〕翔鳳案：説文：「伐，擊也。」牧誓「不愆於四伐、五伐、六伐、七伐」，傳：「『伐』謂刺擊。」

三官不繆，五教不亂，九章著明，則危危而無害，窮窮而無難，危危、窮窮，皆重有其事。故能致遠以數，縱彊以制〔一〕。有數則遠可致，有制則强可縱。三官：一曰鼓。鼓所以任也〔二〕，任，猶載也，謂今①之俶裝也。所以起也，所以進也。二曰金。金所以坐也，所以退也，所以免也。三曰旗。旗所以立兵也，所以利兵也〔三〕，所以偃兵也。此之謂三官。有三令而兵法治也。五教：一曰教其目以形色之旗，五色之旗，各有所當，若春尚青、夏尚赤之類。二曰教其身以號令之數〔四〕，謂坐起之數。三曰教其足以進退之度，四曰教其手以長短之利，長兵短兵，各有所利，遠用長，近用短也。五曰教其心以賞罰

①「今」字原作「令」，據補注改。

之誠。貪賞畏罰，士乃自厲。五教各習，而士負以勇矣。負，恃也。恃其便習而勇也。九章：一曰舉日章則晝①行，二曰舉月章則夜行，三曰舉龍章則行水，四曰舉虎章則行林，五曰舉鳥章則行陂〔五〕，六曰舉蛇章則行澤，七曰舉鵲章則行陸，八曰舉狼章則行山，九曰舉韝章則載食而駕〔六〕。韝，韜也。謂韜其章而舉之，則載其所食而駕行矣。九章既定，而動静不過。三官、五教、九章，始乎無端，卒乎無窮。無端、無窮者，出敵不意，彼不能測知也。始乎無端者，道也。卒乎無窮者，德也。道不可量，德不可數也。故不可量則衆彊不能圖，不可數則僞詐不敢嚮。兩者備施，則動静有功。徑乎不知，徑，謂卒然直指，故敵不知。發乎不意。徑乎不知，故莫之能禦也。發乎不意，故莫之能應也。故全勝而無害〔七〕，因便而教，准利而行。

〔一〕俞樾云：尹注曰「有制則强可縱」，「縱」字殊爲無義，當讀爲從。襄十年左傳「從之將退」，杜注曰：「從，猶服也。」「從强以制」，謂有制則强可服也。古字「縱」與「從」通。論語八佾篇「從之」，何晏集解曰：「『從』讀曰縱。」人知從之可讀縱，而不知縱之可讀從，斯莫得其解矣。翔鳳案：俞説費周折。王鳴盛蛾術編：「古以『縱』爲『蹤』。漢伍被傳『縱蹟如此』，南

① 「晝」字原作「畫」，據補注改。

監板作『蹤』。張敞傳：『賊縱跡皆入王宮。』縱彊以制，追蹤彊敵，有以制之也。」説文有「縱」無「蹤」，玉篇始收「蹤」字。

〔二〕江瀚云：「任」，當也。春秋傳所云「一鼓作氣」也。

〔三〕陶鴻慶云：「利兵」二字無義。「利」當作「制」，隸書「制」或作「剃」，故誤爲「利」。制，裁也，謂左右進退之也。與「立兵」、「偃兵」各成一義。翔鳳案：左傳「曹劌曰：『吾視其轍亂，望其旗靡。』」兵敗則旗靡，故立旗有利於戰鬥，非誤字。

〔四〕洪頤煊云：「身」當作「耳」。號令之數，耳所聽也。因字形似而譌。尹注非。翔鳳案：身之進退左右有數，聽者耳，而服習則身也，非誤字。

〔五〕翔鳳案：詩六月：「織文鳥章，白旆央央。」「鳥」非誤字。書君奭「我則鳴鳥不聞」，鄭注：「謂鳳也。」周禮司尊彝「鳥彝」，注：「刻爲鳳凰之形。」堯典「日中星鳥」，傳：「南方朱鳥七宿。」鶡冠子「鳳，鶉火之禽，陽之精也」，即「朱鳥」。「鳥」專指鳳。

〔六〕王念孫云：「韓」本作「皋」，即「櫜」字也。詩彤弓、時邁傳竝曰：「櫜，韜也。」莊十年左傳正義曰：「樂記云：『倒載干戈，包之以虎皮，名之曰建櫜。』鄭玄以爲：『兵甲之衣曰櫜。櫜，韜也，其字或作「建皋」。』是『櫜』、『皋』古字通，故尹注云：『皋，韜也。』」今本作「韓」者，因「韜」字而誤加「韋」耳。白帖五十八引此已誤。考説文、玉篇、廣韻皆無「韓」字，唯集韻云「『櫜』或作『韓』」，則爲俗本管子所惑也。翔鳳案：「皋」即「臭」。説文：「皋，氣皋白之進也。」

从夲从白。」「臭，大白澤，从大从白。古文以爲『澤』字。」二字僅差一「十」字，古文則合爲一字而用之矣。軒轅記：「帝於恒山得白澤神獸，能言萬物之情，因問天地鬼神之事，令寫爲圖，作祝邪之文以祝之。」先天記：「黄帝巡狩，東至海，登恒山，於海濱得白澤神獸，能言，達於萬物之情，因問鬼神之事。自古精氣爲物，游魂爲變者，凡萬一千五百二十種，令以圖寫之，以示天下。」石鼓文第二鼓：「其逢又旃，□□臭□。」「旃」從「㫃」，申聲，則亦以「臭」爲章矣。「臭」訓大白澤，段玉裁以爲白澤無大小，不知「大白」爲名詞，即皓氣也。唐六典「旂制三十二，白澤其一也」，則沿用久矣。

〔七〕丁士涵云：據幼官篇，則「故」上當有脱文。翔鳳案：「故」字貫下三句。

教無常，教既因便，故無常也。**行無常，**行既準利，故亦無常也。**兩乃備施，動乃有功。**兩者，謂教與行。**器成教施，追亡逐遁若飄風，擊刺若雷電，絶地不守，**謂孤絶之地，無險固可恃，故不守。**恃固不拔**〔一〕，拔恃固之守，必多費而無功也。**中處而無敵，令行而不留。**用兵之道，常能處可否之中，則彼遠避而不能敵，有令必行而不留也。**器成教施，散之無方，聚之不可計。教器備利，進退若雷電，而無所疑匱**〔二〕。匱，竭也。**一氣專定，則傍通而不疑**〔三〕；精一其氣，專而且定，故不疑。**厲士利械，則涉難而不匱。**士既厲，械又利，故不匱。**進無所疑，退無所匱，敵乃爲用**〔四〕。既無疑匱，敵乃服從而爲己用。**凌山阬**①**不待鈎梯**〔五〕，習山故也。**歷水谷不須舟檝**，習水故也。歷，謂遠②歷而渡。**徑於絶地，攻於恃固，獨出獨入，而莫之能止**。見其隟故。**寶不獨入**〔六〕，**而莫之能止**；俘厥寶玉，必選精勇與俱，故曰不獨入也。**寶不獨見**，與精勇俱見之。**故莫之能斂**〔七〕。寶玉所以禮神，使無水旱之災，故取之不嫌也。**無名之至盡**〔八〕，其取寶玉也，潛伏不名，至能盡獲而不匱也。**盡而不意，故不能疑神**〔九〕。既盡寶玉，皆非彼所意，故不能疑度，謂之爲神。**畜之以道則民和，養之以德則民合。和合故能諧，諧故能輯，諧輯以悉，莫之能傷**。我之軍士，悉以諧輯，故敵不能傷也。

〔一〕豬飼彦博云：「不拔」當爲「必拔」。

〔二〕丁士涵云：「匱」皆「潰」字之假借。左氏文三年傳：「凡民逃其上曰潰。」戴望云：「疑」當爲「礙」之省字，説文：「礙，止也。」章炳麟云：尹注：「匱，竭也。」戴氏望曰：「『疑』當爲『礙』字之省字。説文：『礙，止也。』」丁云：「『匱』乃『潰』之借。左氏文三年傳：『凡民逃其上曰潰。』」今謂戴説「疑」字義得之。然荀子解蔽云「無所疑止之」，鄉射禮「賓升西階上

① 「阬」字原作「阮」，據補注改。

② 「遠」字原作「凌」，據補注改。

疑立」，注：「疑，止也。」釋言「疑，戾也」，注：「『疑』者亦止。」是「疑」本有止義，不必借爲「礙」也。至「匱」字，則尹丁皆失之。「匱」亦止也，字借爲「讀」。說文：「讀，中止也，從言貴聲。」司馬法曰：「師多則人讀，讀，止也。」，是師不行曰讀，與民逃之潰異。「疑讀」並言者，猶詩「靡所止疑」，亦以同訓字竝言耳。

〔三〕丁士涵云：「定」當爲「意」。「一氣專意」，猶君臣篇云「專意一心」也。「專」、「一」同義。說文：「壹，專壹也。」儀禮鄭注：「古文『壹』皆爲『一』。」內業篇云「摶氣如神」，謂一氣也。「一氣專意」與下「厲士利械」對文。俞樾云：「疑」當讀爲礙，廣雅釋言曰：「礙，閡也。」旁通而不礙，言無隔礙也。尹注曰：「精一其氣，專而且定，故不疑。」以本字讀之，則與旁通之義不貫矣。翔鳳案：大學「靜而後能定」，「定」字不誤。「疑」於音理可通「礙」，然古籍未見。荀子解蔽「可以知物之理而無所疑止」，注：「『疑』或爲『凝』。」易坤「陰始疑也」，釋文：「疑，荀、虞、姚本作『凝』。」易繫辭：「旁行而不流。」則「疑」即「凝」矣。

〔四〕張佩綸云：言敵適爲我用也。原注「服從」，非。翔鳳案：此句總結上文，張說是也。

〔五〕張佩綸云：「阬」，說文：「閬也。」土部：「塹，阬也。」詩曰：「皋門有伉。」此言城外之阬。「塹」，元本作「險」，非。

〔六〕劉績云：「寶」疑「實」字之誤。謂雖曰獨入，實與衆俱入，非獨也，故不能止。下放此。翔鳳案：左莊公六年「齊人來歸衛寶」，公羊作「衛俘」。齊人以「寶」爲俘。輕重甲「仰傳戟之寶」，「寶」亦俘，非誤字。

〔七〕丁士涵云：「見」乃「出」字誤。姚永概云：此言得敵之寶與衆共之，不私入己，故士用命，莫之止耳。破敵之時，凡其所寶，人共見之，莫能私歛藏耳。尹注誤以「獨入」與上文「獨入」同解，故不得其説，從爲之辭。翔鳳案：俘獲敵人財産人畜也。

〔八〕翔鳳案：周禮小祝故書作「銘」，今書或作「名」，「名」同「銘」。釋文：「銘，名也，記名其功也。」不以俘獲爲己功，至盡而止。

〔九〕俞樾云：此本作「故能疑神」。疑神，猶言如神也。形勢篇曰「無廣者疑神」，是其證也。「盡而不意，故能疑神」，與下文「和合故能諧，諧故能輯」一律。後人不達「疑神」之義，而妄增「不」字。尹注曰「皆非彼所意，故不能疑度，謂之爲神」，則「神」字與「不能疑」不相連屬，其不辭甚矣。翔鳳案：房注二「盡」字分屬二句是也。「疑」同「凝」，見上。

定一至，行二要，縱三權，施四教，發五機〔一〕，設六行，論七數，守八應〔二〕，審九器，章十號〔三〕，自「一至」已下，管氏不言其數，無得而知也。**故能全勝。大勝**全勝，謂全我而勝彼。大勝，謂遍服諸國。**無守也，故能守勝〔四〕。**無守，謂不守一數，故能常守其勝也。**數戰則士罷，數勝則君驕。夫以驕君使罷民，則國安得無危！故至善不戰，**服之以德。**其次一之。**雖勝不驕。**破大勝彊，一之至也。**不以勝爲勝，故能破大勝彊也。**亂之不以**

變，亂敵不設變計也。乘之不以詭，乘敵不以詭計①。勝之不以詐，勝敵不以詐謀。一之實也。凡此皆至一之實也。近則用實，遠則施號。謂十號。力不可量，彊不可度，氣不可極，德不可測，一之原也。原，本也。凡此，皆我守其一，彼不能知。衆若時雨，寡若飄風，一之終也〔五〕。用衆貴詳審，故若時雨之漸。用寡貴機速，故若飄風之卒至。此亦以一爲本，故能終致此道。利適，器之至也。兵刃利而適者，其器得宜之至。用適，教之盡也。士卒用命而適者，則教練之盡。不能致器者不能利適，不能盡教者不能用敵。器既不利，教又不盡，敵則不服，豈能用之哉！不能用敵者窮，既不能用敵，敵則反侵，故窮也。不能致器者困〔六〕。既不能致器，則無以應敵，故困也。遠用兵而可以必勝〔七〕，兵遠用，所以絕②其反顧之心，故必勝。出入異塗則傷其敵〔八〕。出入異塗，或有所傷也。有迷而失道，故爲敵所傷也。深入危之則士自脩〔九〕，深入敵國，其處又危，所謂置之死地，故士自脩以求生也。士自脩則同心同力。善者之爲兵也，使敵若據虛，居常畏懼。若搏景。擊③無所獲。無設無形

① 「計」字原作「故」，據補注改。
② 「絕」字原作「紀」，據補注改。
③ 「擊」字原作「繫」，據補注改。

焉，無不可以成也。無策可以設，無形可以尋，所向皆無，故不可以成功也。**無形無爲焉，無不可以化也**〔一〇〕。無形可以覩，無計可以爲，所在皆無，故不可以變化也。**此之謂道矣。**無形迹可尋詰者，道之謂。**若亡而存，若後而先，威不足以命之。**善①用兵者，體道以爲變化者也，故若亡者而乃存，若後者而乃先。今以威武命之，去之遠矣。

〔一〕張佩綸云：「四教」、「五機」當作「五教」、「四機」。「四機」見幼官，「五教」見本篇。

〔二〕張佩綸云：「六行」、「七數」、「八應」均見幼官。

〔三〕張佩綸云：「九器」當作「九章」，見本篇。「器」乃「㫺」（慎）之誤。「動慎十號」見幼官。

〔四〕丁士涵云：「無」，語詞，言惟守故能以守取勝，承上「全勝大勝」而言。下文言數戰數勝之足以危國，明戰勝之不如守勝也。張佩綸云：「故能全勝」句，「大勝」下有闕文，以幼官及此互補當作「無不勝也，故能大勝。無不守也，故能守勝」。翔鳳案：能大勝則敵無能守之者，故敵能守而我仍能勝之矣。幼官「攻不守則拙者巧」，即此義，非有闕文。

〔五〕翔鳳案：孟子：「有如時雨化之者。」荀子正名注：「化者，改舊形之名。」我士卒多於敵，則包圍誘降而改編之；少於敵，則迅速出奇以制勝。故曰「衆若時雨，寡若飄風」。一字不誤。

〔六〕陳奂云：「適」，古「敵」字。「至」，古「緻」字。下文「不能致器者困」，「致器」二字當作「利

① 「善」字原作「魯」，據補注改。

適」。「不能用適者窮」承「不能用敵」句，「不能利適者困」承「不能利適」句，「利適」猶勝敵耳。言勝敵由於器之緻，用敵由於教之盡。器不緻，不能勝敵，教不盡，不能用敵。不能用敵者終窮，不能勝敵者必困也。尹注讀「適」如字，誤。　俞樾云：諸「敵」字並當作「適」。「利適器之至也，用適教之盡也」，尹注曰「兵刃利而適者，其器得宜之至，士卒用命而適者，則教練之盡」，是其所據本作「用適」，不作「用敵」也。「不能致器者不能利適，不能盡教者不能用適」，即承上二句爲文。乃「用適」誤作「用敵」，尹注遂曰：「器既不利，教又不盡，敵則不服，豈能用之哉。」望文爲説，而不一檢上文，何也？今本因下作「用敵」，遂幷「用適教之盡也」亦改作「用敵」，則又非尹氏所據之舊矣。宋本尚不誤。　翔鳳案：「利適」、「用敵」凡二見，則「適」非誤字。説文：「適，之也，宋、魯語。」韻會引作「齊、魯語」。齊用殷文化，齊、宋無區別。書盤庚「民不適有居」，可以爲證。「利適」者，所往皆利，爲器之至。「致」同「至」。能用敵爲教之盡。下文分承。

〔七〕張文虎云：「遠」疑當作「速」。所謂兵貴神速，即上風雨雷電之喻是也。「速」譌爲「遠」，猶孟子「舜、禹、益相去久速」，誤爲「相去久遠」也。　翔鳳案：能利適用敵，雖遠用兵而可以必勝，近者無論矣。此句屬上。

〔八〕俞樾云：「出入異塗」，即所謂多方以誤之也，故足以傷敵。尹注反云「爲敵所傷」，誤矣。

翔鳳案：俞説是。

〔九〕丁士涵云：「脩」疑當爲「備」，「備」與敵、力爲韻。翔鳳案：此處非韻文。

〔一〇〕安井衡云：古本作「無設無爲焉，無不可以化也」，無「無形」至「無形」十一字。戴望云：王氏經傳釋詞云：「焉，發語詞。」當屬下讀。呂覽君守篇「至大無形而萬物以成，至精無象而萬物以化」，「象」亦當作「爲」。老子曰：「道常無爲而無不爲，侯王若能守，萬物將自化。」又曰：「我無物而民自化。」莊子天地篇曰：「無爲而萬物化。」「形」、「成」爲韻，「爲」、「化」爲韻。陶鴻慶云：尹注云「所向皆無，故不可以成功。所在皆無，故不可以變化」，是讀正文「無」字爲句，義殊難通。兩「無」字皆屬下爲句，言無形者可以成功，無爲者可以變化也，故曰「此之謂道」。翔鳳案：四句承上「據虛」、「搏影」來。説文：「設，施陳也。」廣雅釋詁三：「形，見也。」樂記「然後心術形焉」，注：「形，猶見也。」未見者不施陳之，未有動作不顯露之。四字非平列，則「焉」不屬下讀矣。本文非韻文。

管子校注卷第七

大匡第十八 謂以大事匡君。

內言一

翔鳳案：莊子內篇在先，爲旨趣所在。孟子外篇已亡，趙岐謂不能宏深。現存七篇，亦爲內篇。外篇在內篇之後。管子則外言在先，內言在後，「言」非篇也。其經言類莊、孟之內篇，內言、外言則類莊、孟之外篇。外言用以輔經，內言多叙雜事，藏於宫內，不公之於外。所謂「內言不出於閫」，「閫以內寡人制之，閫以外將軍制之」。管子原爲兵書，有此分別。君臣上「爲人君者，修官上之道，而不言其中。爲人臣者，比宫中之事，而不言其外」，是也。「匡」之或體作「筐」。詩采蘋「維筐及筥」，傳：「方曰筐，圓曰筥。」筐爲長方形之竹籃，簠爲外方內圓，皆中空。郭沫若謂假「匡」爲「簿」，而簿非中空之物。專爲六寸簿，一曰紡專，今作磚，用作算籌。段引蜀志秦宓「以簿擊頰」，手版也，形質不類。周書卷一、卷四均有大匡解。卷一大匡解：「唯周王宅程三年，作大匡以詔牧，其方三州之侯咸率。曰：不穀不德，政事不時，國家罷病，不能胥匡，二三子不尚助不穀。信誠匡助，以補殖財。」卷四大匡解云：「唯十有三祀，王在管，管叔自作殷之監，東隅之侯，或受賜於王，王乃旅之以上陳誥，用大匡，順九則八宅六位（孔鼂注言大匡有此法）。大官備武，小官承長。大匡封攝，外用和大（和平大國）。中匡用均，勞故禮新（士大夫乃賓客）。小匡用惠，施舍靜衆（靜，安也）。」「三匡」之義，叙述分明。論語：「管子相桓公，霸諸侯，一匡天下。」參患：「小征而大匡。」霸言：「等列諸侯，賓屬四海，時匡天下，大國小之，曲國正之。」「匡」訓助訓正。管書「三匡」，沿用周書舊義，房注大匡「以大事匡君」不誤，特中匡、小匡不能言之具體耳。匡非簡書，大中小各有意義，周書是其確證，按之管書悉合，異義所未聞也。

齊僖公生公子諸兒、公子糺、公子小白。使鮑叔傅小白，鮑叔辭，稱疾不出。管仲與召忽往見之，曰：「何故不出？」鮑叔曰：「先人有言曰：『知子莫若父，知臣莫若君。』今君知臣之不肖也，是以使賤臣傅小白也，鮑叔以小白年幼，又不肖而賤，故難爲之傅也。賤臣知棄矣。」召忽曰：「子固辭無出，吾權任子以死亡〔一〕，必免子。」任，保也。君若有疑，我當保子以疾困，至於死亡，此可以免子之身。鮑叔曰：「子如是，何不免之有乎？」言必免也。管仲曰：「不可。以召忽言非。持社稷宗廟者，不讓事，不廣閒〔二〕。社稷宗廟至重，故不可讓難事而廣求閑安。將有國者，未可知也。於三公子未可的知其人。

子其出乎！」召忽曰：「不①可。吾三人者之於齊國也，譬之猶鼎之有足也，去一焉則必不立矣。言三人不可異其出處。吾觀小白必不爲後矣。」管仲曰：「不然也。夫國人憎惡糾之母，以及糾之身，而憐小白之無母也。諸兒長而賤，事未可知也。夫所以定齊國者，非此二公子者，將無已也〔三〕。二公子，謂諸兒、子糾。言二子既不能定齊國，而又不立小白，即是將更無所用。謂小白必得立矣。小白之爲人，無小智，惕而有大慮〔四〕。言雖無小智，能惕懼而有大慮。非夷吾莫容小白〔五〕，小白既無小智，必乖迕於俗人，故非夷吾莫能容。天不幸降禍加殃于齊，糾雖得立，事將不濟。非子定社稷，其將誰也？」糾既不濟，次在小白，輔小白而定社稷者，非子而誰？子謂召忽。召忽曰：「百歲之後，吾君卜世〔六〕，犯吾君命而廢吾所立，奪吾糾也，雖得天下，吾不生也，吾君卜世，謂僖公之子小白等也。君命，謂僖公之命使立子糾。今而奪焉，我當致死。兄與我齊國之政也〔七〕。受君令而不改，奉所立而不濟，是吾義也〔八〕。」召忽稱管仲爲兄。與我齊國之政，謂使知政也。今受君令而立子糾，不改其所奉，更有所立，不濟而死，是爲臣之義也。管仲曰：「夷吾之爲君臣也〔九〕，言已立君臣之義，與召忽異。將承君命，奉社稷以持宗廟，豈死一糾哉！言當爲宗

① 「不」字原無，據補注增。

廟社稷致死，不死於一糺。夷吾之所死者，社稷破，宗廟滅，祭祀絶，則夷吾死之。非此三者，則夷吾生。夷吾生則齊國利，夷吾死則齊國不利。」鮑叔曰：「然則奈何？」管子曰：「子出奉令則可。」子出奉令，則小白有所依，故曰可。鮑叔許諾，乃出奉令，遂傅小白。

〔一〕翔鳳案：言當冒險進諫。房注「任，保也。君若有疑，我當保子以疾困，至於死亡」，非是。

〔二〕俞樾云：「廣」者「曠」之假字。荀子王霸篇「人主胡不廣焉」，楊倞注曰：「『廣』或讀爲曠。」列子湯問篇「不思高林廣澤」，釋文曰：「廣，一本作『曠』。」是其證也。「不廣閒」者，不曠閒也。詩何草不黄篇毛傳曰：「曠，空也。」「空」與「閒」義正相近。尹注曰「廣求閒安」，則增出「求」字矣。　張佩綸云：「廣」讀爲曠。「不讓事」，言不宜辭傅。「不曠閒」，言不宜稱疾。舊注「廣求閒安」，非是。

〔三〕劉績云：「二公子」指糾、小白也。「已」、「以」同，言定齊必此二人也。　俞樾云：尹注：「二公子，謂諸兒、子糺。」然上文曰：「夫國人憎惡糺之母以及糺之身，而憐小白之無母也，諸兒長而賤，事未可知也。」既云「事未可知」，安知齊國之必屬諸兒、子糺哉？「二」疑「三」字之誤，齊僖公止此三子，更無異人，故曰「非此三公子將無已也」。　蘇輿云：「二」字不誤，指糺與小白言之。呂覽不廣篇作「夫有齊國必此二公子也」，是其證。（見管子集解稿本，下同。）　翔鳳案：蘇説是也。韓非説林下「管仲、鮑叔相謂曰：齊國之諸公子，其可輔者，非公子糾則小白也」，是其證。然召忽語意未完。不廣「召忽曰：吾三人之於齊國也，譬之若鼎之有足，去一焉則不成。且小白必不立矣，不若三人佐公子糾」，是大匡「吾觀小白必不爲後」之同義語，而不廣較顯。

〔四〕王念孫云：尹訓「惕」爲「惕懼」，與「有大慮」義不相屬，非也。「惕」當爲「愓」，字之誤也。說文：「愓，放也。」今通作「蕩」。言小白之爲人，跌蕩而有大慮也。跌蕩則爲人所不容，故下句即云「非夷吾莫容小白也」。下文曰「臣聞齊君愓而亟驕」，「愓」亦當爲「愓」。荀子榮辱篇曰「愓悍憍暴」，是也。「憍」與「驕」同。又下文「吾君愓」，「愓」亦當爲「愓」。安井衡云：諸本作「惕」，獨古本作「愓」。下文「愓而亟驕」同。張佩綸云：吴語「一曰惕，一曰留」，韋注：「惕，疾也；留，徐也。」「愓而有大慮」，言桓公性疾而有大慮。下文伐宋，伐魯，諫而不聽，皆其性疾而有大慮之證。翔鳳案：「愓」即「惕」，非誤字。隸書易、昜不別。漢韓勑碑「陽」作「陽」，曹全碑「楊」作「楊」，魏樂全王元緒墓誌「錫」作「錫」，皆其證。二字並不通假。華嚴經音義上引説文：「愓，放恣也。」漢書東方朔傳「指意放蕩」，又作「婸」，爲淫戲貌。小匡「桓公曰：寡人不幸而好田」，「寡人不幸而好酒」，「寡人有汙行，不幸而好色，而姑姊有不嫁者」，則非跌蕩而爲放蕩。王説修正，張説誤。

〔五〕陶鴻慶云：「容」讀爲用也，言非夷吾莫能用其才智也。尹注解爲莫容於俗人，失之。姚永概云：莊子「容成氏」，六韜作「庸成氏」。「容」、「庸」古通。庸，用也。翔鳳案：小白放浪而有大慮，非夷吾莫能涵容之，二説俱誤。

〔六〕俞樾云：「卜世」疑「下世」之誤。　翔鳳案：説文以三十年爲一世，引申則畢身爲一世。秦策：「負芻必以魏没世事秦。」國家立君，每世必卜。左傳：「卜世三十，卜年七百，天所命也。」「卜世」爲立新君，故下文云「廢吾所立」，即承「卜世」言之。改「卜」爲「下」，誤甚。

〔七〕劉績云：「兄」，故「況」字。別本注：「雖許我齊國之政，然受君令而立子糾，若不濟，以死繼之，是爲臣之義。」　王念孫云：困學紀聞諸子類引張嵲讀管子曰「兄，古『況』字」，而注乃謂「召忽稱管仲爲兄」，陋矣。　翔鳳案：自張嵲以「兄」爲「況」之後，舉世無異詞，王念孫且以房注爲陋。雖然，有問題在。説文：「兄，長也。」「況，寒水也。」詩常棣「況也永歎」，釋文本作「兄」，傳：「兹也。」仍有「兄」之本義。孟子：「而況不爲管仲者乎？」「而況於王乎？」「況於爲之强戰。」「況廣天下之廣居者乎？」凡「況」皆爲進一步之詞，由「滋」義引申。召忽謂：「犯吾君命而廢吾所立，奪吾糺也，雖得天下，吾不生也，況與我齊國之政也。」語氣相合，張嵲之言可信。以「兄」爲「況」，又見於侈靡「交觶者不處，兄遺利」。是本書有直接之證。然若作另一解釋，論語「惟我與女有是夫」，以「與」爲「許」；「子張問十世可知也」，以「也」爲「耶」。則其義爲：「兄許我齊國之政耶！」與上文「定社稷」鍼鋒相對，口氣尤合。然則房注非誤矣。「兄」之作兄長或語詞，其音不異。釋名「兄，荒也。荒，大也。故青徐人謂兄爲荒也」。朱駿聲謂浙江杭州人呼「兄」爲「阿況」或「況」，則又非張、王之所知也。

〔八〕俞樾云：「奉所立而不濟」，安得云「是吾義也」？尹注曰「更有所立，不濟而死」，則增出「死」字矣。疑管子原文本作「奉所立而不廢」。上文云：「犯吾君命而廢吾所立，奪吾糺也。雖得天下，吾不生也。」此即所謂「奉所立而不廢」，涉上文「事將不濟」句而誤。作「不濟」，則不可通矣。　翔鳳案：廣雅釋詁一：「濟，憂也。」方言一「濟，憂也。宋、衛曰或謂之慎，或謂之瞢；陳、楚或曰溼，或曰濟」，郭注：「失意潛沮之名。」「濟」者沮喪之意，奉所立而不沮喪以變其節，故曰「是吾義也」。

〔九〕陳奐云：「爲君臣」當作「爲人臣」，此涉上文「君命」而誤。下文「管仲曰：爲人臣者，不盡力於君，則不親信」，義正相同。　俞樾云：兩「君」字並指僖公言，夷吾爲君之臣，則將承君之命爲社稷宗廟之計，不爲子糺一人死也。尹注曰「言已立君臣之義」，誤以「君臣」連讀，失之。　翔鳳案：「君」字泛指。「爲君臣」，爲人君之臣。

鮑叔謂管仲曰：「何行？」問其事君當何所行。管仲曰：「爲人臣者，不盡力於君，則不親信。不爲君親信。不親信，則言不聽。言不聽，則社稷不定。夫事君者無二心。」此事君之所行。鮑叔許諾。僖公之母弟夷仲年生公孫無知，有寵於僖公，衣服禮秩如適〔一〕。言無知之寵與適子同。僖公卒，以諸兒長得爲君，是爲襄公。襄公立后，絀無知，無知怒。公令連稱、管至父戍葵丘〔二〕，曰：「瓜時而往，及瓜時而來。」期戍，公問不至〔三〕，請代不許，故二人因公孫無知以作亂。魯桓公夫人文姜，齊女也。公將如齊，與夫人皆行〔四〕。公，謂桓公。申俞諫曰：「不可〔五〕。申俞，魯大夫也。女有家，男有室，女有夫之家，男有妻之室。無相瀆也，謂之有禮。」公不聽，遂以文姜會齊侯於濼。文姜通於齊侯〔六〕，桓公聞，責文姜。文姜告齊侯，齊侯怒，饗公，使公子彭生乘魯侯，脅之〔七〕，乘，謂扶公①升車。拉其脅而殺之。公薨于車。豎曼曰：豎曼，齊大夫也。「賢者死忠以振疑，百姓寓焉〔八〕。振，救也。賢者死於忠義，以救當時之疑，故百姓有所託焉。寓，寄託也。智者究理而長慮，身得免焉。智者既盡理，而謀慮又長，故免於危亡。今彭生二於君〔九〕，不以正道輔君，而從之於昏，故曰二。無盡言而諛行，以戲我君，使我君失親戚之禮命〔一〇〕，無盡言，謂不忠諫。襄公通其妹，故曰失親戚之禮命。又力成吾君之禍，以搆二國之怨，恃其多力，拉殺魯君，故曰力成吾君之禍。彭生其得免乎，禍理屬焉！禍敗之理，屬於彭生。夫君以怒遂禍，君怒魯桓，彭生則遂成其禍。不畏惡親，聞容昏生，無醜也〔一一〕，君而通妹，是謂惡親。不畏此事遠聞，而容忍之，然此昏愚之生於不識其類，故曰昏生無醜。醜，類也。豈及彭生而能止之哉！及，如也。禍由彭生，則彭生力能之。今而成禍，故當誅之。魯若有誅，必以彭生爲說。」二月，魯人告齊曰〔一二〕：「寡君畏君之威，不敢寧

① 「公」字原作「力」，據補注改。

居，來脩舊好，禮成而不反，無所歸死〔一三〕，請以彭生除之。」齊人爲殺彭生，以謝于魯。五月，襄公田于貝丘〔一四〕，見豕彘〔一五〕。從者曰：「公子彭生也。」公怒曰：「公子彭生安敢見〔一六〕！」射之，豕人立而啼〔一七〕。公懼，墜於車下，傷足亡屨。反，誅屨於徒人費〔一八〕，不得也，誅，責。鞭之見血。費走而出，遇賊於門，脅而束之。費袒而示之背，賊信之，使費先入，伏公而出，鬬死于門中。石之紛如死于階下。孟陽代君寢于牀，賊殺之，曰：「非君也，不類。」見公之足于户下，遂殺公，而立公孫無知也。

〔一〕翔鳳案：儀禮士喪禮「死於適室」，注：「正寢之室也。」段玉裁云：「嫡庶字古祇作適，適者之也，所之必有一定也。」詩「天位殷適」，傳曰：「紂居天位，而殷之正適也。」凡經傳作「嫡」者皆不古。

〔二〕翔鳳案：此齊之葵丘，在山東臨淄縣西。若桓會諸侯，則宋之葵丘，今河南東仁縣境。古本疑爲會諸侯之葵丘而删「丘」字，其謬如此。

〔三〕翔鳳案：説文「問」訓爲「訊」，然此爲恤問，與訊有別。

〔四〕李哲明云：「皆」讀爲偕，古字通用。書湯誓「予及女皆亡」，孟子作「偕亡」，此類正多。

〔五〕尹桐陽云：申俞，魯大夫，左傳作申繻。繻、俞聲轉通用，古今人表有「魯申繻」。

〔六〕尹桐陽云：詩序：「南山刺襄公也。鳥獸之行，淫乎其妹。」考諸禮記檀弓云「齊襄夫人，魯莊外祖母」，則文姜乃齊襄女，「淫妹」之説，胡自而來？諸侯夫人一嫁而不復歸母家者，防其曳漏國情也。此云「通於齊侯」，謂文姜以魯國機務而告於其父耳，非淫通謂也。翔鳳案：公子糾之母爲魯女，齊、魯互通婚姻，不止一代。輩行不齊，不能證明文姜爲襄公之女。此事左傳、史記無異詞，尹持異説，不必辨矣。申俞之諫曰：「女有家，男有室，謂之有禮。」曳漏國情，非無禮之謂，謬矣。

〔七〕王引之云：彭生之殺魯侯，固由斷其脅骨，然「脅之」之「脅」，則非謂脅骨也。「脅」即「拹」字之假借。説文：「拹，摺也，一曰拉也。」「摺，敗也。」「拉，摧也。」「摧，折也。」玉篇「拹」音吕闔、虚業二切。虚業切之音，正與「脅」同，故借「脅」爲「拹」。莊元年公羊傳説此事曰「拹幹而殺之」，何注曰：「拹，折聲也，以手折拹其幹。」釋文：「拹，本又作『搚』，亦作『拉』。」然則「脅之」者，以手摧折之也。若以爲匈脅之脅，則當云「折其脅」，不得云「脅之」矣。蘇輿云：揚子法言重黎篇叙伍子胥事，云「卒眼之」，謂以眼置吳東門也。與此「脅之」句法相例。

〔八〕俞樾云：「振」通作「抿」，儀禮士喪禮：「抿用巾。」古文「抿」作「振」，是也。爾雅釋詁：「抿，拭刷，清也。」是「抿」與「拭刷」同義。此云「抿疑」，謂拭刷其疑也。作「振」者，假字。尹注曰「振，救也」，未得其旨。陶鴻慶云：「百姓寓焉」義不可曉。尹注云：「賢者死於忠義，以救當時之疑，故百姓有所託焉。」此曲説也。「百姓」疑當作「身如」。「身」字隸書作「㐆」，上半與「百」相似；「如」字偏旁與「姓」相同，故「身如」誤爲「百姓」。「賢者死忠以振（俞氏云

「振」爲「拒」之借字，與拭刷義同。）疑，身如寓焉」，言賢者死忠，視身如寄也，與下文「智者究理而長慮，身得免焉」，文義相對。翔鳳案：說文：「寓，寄也。」「寄，記也。」言爲百姓所寄託也。穀梁僖十年傳：「以重耳爲寄矣。」孟子：「士之不託於諸侯。」房注不誤。

〔九〕俞樾云：「二」當爲「貳」。禮記坊記篇「唯卜之日稱二君」，鄭注曰：「『二』當爲『貳』。唯卜之時，辭得曰『君之貳某』爾。」然則「彭生貳於君」，謂彭生爲君之貳也。彭生爲公子，故云然。尹注曰：「不以正道輔君，而從之於昏，故曰『二』。」夫從君於昏，非有二心之故，安得云「二於君」乎？

〔一〇〕翔鳳案：周禮小宰「五曰聽祿位以禮命」，注：「禮命，禮之九命之差等。」

〔一一〕戴望云：「惡親」指魯言，「聞容」當爲「閒咎」，字之誤。廣雅釋詁：「閒，加也。」「昏」讀爲泯。「生」讀爲姓。毛傳曰：「泯，滅也。」廣雅曰：「醜，恥也。」言君以怒成二國之禍，不畏魯之加咎，（下文曰「禮成而不反，無所歸咎」，即加咎也。）由其滅姓，無恥之甚。謂公與文姜淫，播其惡于萬民。翔鳳案：「昏」與「泯」通者，惟釋名釋天：「昏，損也。陽精損滅也。」與「滅」不同。戴說非是。「昏」爲「婚」之本字，儀禮有士昏禮。於昏時與行，引申爲昏亂，左昭十四年傳「己惡而掠美爲昏」，注：「亂也。」「昏生」指淫亂性生活。聞我容許此人爲無恥，不必改字。

〔一二〕蘇輿云：上未叙年，忽出「二月」，不合。二字當衍。翔鳳案：齊、魯不同曆，說見幼官。

此當爲齊之二月，此文與左傳、史記互異者多，所見所聞，有所不同也。

〔一三〕王念孫云：「無所歸死」，當依左傳作「無所歸咎」，字之誤耳。翔鳳案：「咎」與「死」形相似，有誤寫可能。然「歸死」二字自通，謂事未弄清，不能歸葬於魯也。「死」即「屍」，詳侈靡。

〔一四〕尹桐陽云：後漢書郡國志「博昌有貝中聚」，注引左傳「齊侯田于貝丘」杜預曰：「博昌縣南有地名貝中聚。」京相璠曰：「博昌南近澠水，水側有地名貝丘。」在今山東博興縣南五里。史記齊世家作「沛丘」。「沛」、「貝」聲轉而通用。

〔一五〕丁士涵云：「豕」下不當有「彘」字，蓋後人旁注以「豕」爲「彘」，因而誤衍。翔鳳案：説文「豕」讀與「豨」同，豕走豨豨。走而豨豨之彘，非複也。

〔一六〕張文虎云：「公子」二字涉上而衍。翔鳳案：「公子彭生」爲名詞，襄公發怒，衝口而出，神情如見，減二字反不合矣。

〔一七〕洪頤煊云：荀子禮論篇注引「啼」作「諦」，楊倞曰：「古字通用。」

〔一八〕王引之云：「徒人費」本作「侍人費」，此後人據誤本左傳改之。辯見經義述聞。

鮑叔牙奉公子小白奔莒，管夷吾、召忽奉公子糾奔魯〔一〕。九年，公孫無知虐於雍廩〔二〕，雍廩殺無知也。桓公自莒先入，魯人伐齊，納公子糾，戰於乾時，管仲射桓公中鈎。魯師敗績〔三〕。桓公踐位，於是劫魯，使魯殺公子糾。劫，謂興兵脅之。

〔一〕翔鳳案：左莊公八年傳：「初，襄公立，無常。鮑叔牙曰：『君使民慢，亂將作矣。』奉公子小白出奔莒。亂作，管夷吾、召忽奉公子糾來奔。」是小白先奔，亂尚未作。

〔二〕安井衡云：春秋魯莊公「九年春，齊人殺無知」，則「九年」者，魯莊公之九年也。齊人著書當用齊國紀年，而今用魯紀者，蓋此篇成於丘明傳春秋之後，記無知之亂，襲其文而删節之，遂并用魯莊紀年不自喻耳。　吴汝綸云：此「九年」字採左氏而失删者。　尹桐陽云：「雍廩」，史記作「雍林」，賈逵曰：「渠丘大夫。」索隱引左傳「雍廩殺無知」，杜預曰：「雍廩，齊大夫。」史記云：「遊雍林，雍林人嘗有怨無知，遂襲殺之。」蓋以雍林爲邑名，其地有人殺無知。賈言「渠丘大夫」者，蓋以雍林爲渠丘大夫也。左昭十一年傳「齊渠丘實殺無知」，則賈説是矣。水經注：「時水西北逕西安縣故城南，本渠丘，齊大夫雍廩邑。」今山東臨淄縣西蘧丘里是。古今人表云：「雍人廩」，是又以「雍」爲官名，「廩」爲人名者。

〔三〕翔鳳案：史記齊世家：「小白自少好善大夫高傒。及雍林殺無知，亦發兵送公子糾，而使管仲別將兵遮莒道，射小白中鉤，小白佯死。管仲使人馳報魯，魯送糾者行益遲。六月至齊，小白已入，高傒立之，是爲桓公。桓公中鉤佯死以誤管仲，已而載温車中馳行，亦有高、國内應，故得先入之。發兵距魯，戰於乾時。」則戰乾時在射公中鉤之後。此事管仲受騙，故管書諱之而用曲筆，抑由此可見小白之有大慮也。

桓公問於鮑叔曰：「將何以定社稷？」鮑叔曰：「得管仲與召忽，則社稷定矣。」

公曰：「夷吾與召忽，吾賊也。」鮑叔乃告公其故圖。故圖，謂管仲本使鮑叔傅小白，將立之。公曰：「然則可得乎？」鮑叔曰：「若亟召則可得也。不亟，不可得也。夫魯施伯知夷吾爲人之有慧也，其謀必將令魯致政於夷吾。夷吾受之，則彼知能弱齊矣[一]。夷吾不受，彼知其將反於齊也，必將殺之。」既不受魯政而反於齊，恐其將爲魯害，故殺之。公曰：「然則夷吾將受魯之政乎，其否也？」鮑叔對曰：「不受。夫夷吾之不死糾也，爲欲定齊國之社稷也。今受魯之政，是弱齊也。夷吾之事君無二心[二]，雖知死，必不受也。」君，謂桓公。公曰：「其於我也曾若是乎？」曾，則也。則能無二心如是乎？鮑叔對曰：「非爲君也，爲先君也。其於君不如親糾也，言管仲親糾多於小白也。糾之不死，而況君乎！親尚不死，疏則可知。君若欲定齊之社稷，則亟迎之。」管仲既志在定齊社稷，故須急迎之。公曰：「恐不及，奈何？」鮑叔曰：「夫施伯之爲人也，敏而多畏。多畏則念慮深。公若先反，恐注怨焉[三]，必不殺也。」若先反管仲，而施伯殺之，齊必注怨，故不敢。公曰：「諾。」從鮑叔之言也。施伯進對魯君曰：「管仲有急，其事不濟[四]。今在魯，君其致魯之政焉。有急難之事，與小白爭國。其事既不濟，故來在魯，可因此事而致政。若受之，則齊可弱也。若不受，則殺之。殺之以説於齊也。與同怒，尚賢於已。」施伯恐管仲反齊爲害，欲殺之。有若與齊同怒，如此猶賢於不殺也。君曰：「諾」。魯未及致政，而齊之使至，曰：「夷吾與召忽也，寡人之賊也。今在魯，寡人願生得之。若不得也，是君與寡人賊比也。」魯君問施伯，施伯曰：「君與之。臣聞齊君惕而亟驕，雖得賢，庸必能用之乎？庸，猶何也。及齊君之能用之也，管子之事濟也[五]。及，猶就也。就令能用之，管子之事必濟也。夫管仲，天下之大聖也。今彼反齊，天下皆鄉之，豈獨魯乎！今若殺之，此鮑叔之友也，鮑叔因此以作難，君必不能待也[六]，齊國强，鮑叔賢，故不能待。待，猶擬。不如與之。」魯君乃遂束縛管仲與召忽。管仲謂召忽曰：「子懼乎？」召忽曰：「何懼乎？吾不蚤死，將胥有所定也[七]。胥，待。今既定矣，謂小白已定齊。令子相齊之左，必令忽相齊之右[八]。雖然，殺君而用吾身，是再辱我也。君，謂子糺①。子爲生臣，忽爲死臣。生則定社稷，死則顯忠義。忽也知得萬乘之政而死，公子糺可謂有死臣矣。子生而霸諸侯，公子糺可謂有生臣矣。死者成行，死成忠義之行。生者成名。生定社稷之名。名不兩立，既成生名，不可又成死名。行不虛至。必致身受命，乃謂之行也。子其勉之，死生有分矣。」乃行，入齊境，自刎而死。管仲遂入。君子聞之曰[九]：「召忽之死也，賢其生也。召忽之生，不能霸諸侯。管仲之生

①「糺」字原作「也」，據補注改。

也，賢其死也。」管仲之死，不成九合之功。

〔一〕王念孫云：「彼知能弱齊」，本作「彼能弱齊」，「彼」謂魯也，小匡篇作「則魯能弱齊矣」，是其證。「彼」下「知」字，涉下文「彼知」而衍。

〔二〕李哲明云：此鮑叔言夷吾素行事君無二心而已。時仲未歸桓，「君」字係泛言。且下云：「公曰：其於我也曾若是乎？鮑叔對曰：非爲君也。」此「君」不指桓公，明甚。注非。

〔三〕張文虎云：「反」疑「及」字之誤，對上文「恐不及」而言。俞樾云：「反」乃「彼」之壞字。當以「公若先」爲句，「彼恐注怨焉」爲句，「彼」謂施伯也。尹注云「若先反管仲」，是其所據本已誤。翔鳳案：房注自通，何必改字？史記趙世家：「反高平、根柔於魏。」正義：「反，還也。」即此「反」之義也。

〔四〕陶鴻慶云：「急」當爲「慧」字之誤。上文「鮑叔對桓公曰：夫魯施伯知夷吾爲人之有慧也」，是其證。翔鳳案：問篇「舉知人急，則衆不亂」，注：「謂困艱也。」指子糾之難。子糾已死，故云「其事不濟」。

〔五〕王念孫云：尹未曉「及」字之義，「及」猶若也，言若齊君能用之，則管子之事必濟也。樂記曰：「樂極則憂，禮粗則偏矣。及夫敦樂而無憂，禮備而不偏者，其唯大聖乎！」「及夫」，若夫也。中庸曰：「今夫天，斯昭昭之多，及其無窮也，日月星辰繫焉，萬物覆焉。」「及其」，若其也。（言自其一處言之，則唯此昭昭之多；若自其無窮言之，則日月星辰萬物皆在其中。

下文「及其廣厚」、「及其廣大」、「及其不測」，竝同此意，非謂天地山川之大，由於積累也。）老子曰：「吾所以有大患者，爲吾有身，及吾無身，吾有何患。」言若吾無身也。又曰：「取天下常以無事，及其有事，不足以取天下。」言若其有事也。翔鳳案：説文：「及，逮也。」有從後及前，從彼及此之意。「逮」字本作「隶」，从又，从尾省，及也，口語作「到」。此與禮記中庸、老子各「及」字，皆用本義，王改爲「若」，爲假設之解，語氣不合，非是。

〔六〕王引之云：尹訓「待」爲「擬」，於義無取。今案「待」者，禦也。言鮑叔作難，君必不能禦之也。魯語曰「帥大讎以憚小國，其誰云待之」，楚語曰「其獨何力以待之」，韋注竝曰：「待，禦也。」昭七年左傳曰：「晉師必至，吾無以待之。」墨子七患篇曰：「桀無待湯之備，故放；紂無待武之備，故殺。」孟子梁惠王篇曰：「諸侯多謀伐寡人者，何以待之？」是「待」爲「禦」也。禦敵謂之「待」，故爲宮室以禦風雨，亦謂之「待」。「重門擊柝，以待暴客；上棟下宇，以待風雨」，其義一也。墨子辭過篇「宮室足以待雪霜雨露」，節用篇「待」作「圉」，「圉」與「禦」同。又制分篇曰「故莫知其將至也，至而不可圉；莫知其將去也，去而不可止；敵人雖衆，不能止待」，「止待」，即止禦也。「止」字承上「不可止」而言，「待」字承上「不可圉」而言。尹以「待」字下屬爲句，大謬，劉已辯之。

〔七〕翔鳳案：趙本改楊本之「肙」爲「胥」，是也。然以「肙」爲誤字則非是。漢韓勑碑「胥」作「肙」，梁蕭憺碑作「肙」。魏張猛龍碑「緝」作「絹」，「胥」與「肙」隸相混而非「咠」字。戒篇「賓胥無」，一作「賓胥無」，其非誤字明甚。楊本保存隸書真蹟，沿漢、唐之舊而未改。趙本一切改爲楷字，有時謬誤，予一一著之。予校書至此，悟及宋本保存隸書别體，爲校勘創一新條例，凡指爲誤者，涣然冰釋矣。

〔八〕翔鳳案：齊承殷俗尚左，見宙合。

〔九〕翔鳳案：此與左傳「君子曰」同，乃當時士大夫之輿論也。

或曰〔一〕：明年集書者更聞異説，故言「或曰」。明年，襄公立之明年也。襄公逐小白〔二〕，小白走莒。三年，襄公薨，公子糾踐位，國人召小白〔三〕。鮑叔曰：「胡不行矣？」小白曰：「不可。夫管仲知，召忽强武，雖國人召我，我猶不得入也。」鮑叔曰：「管仲得行其知於國，國可謂亂乎〔四〕？管仲得行其智於國，國則不亂。今亂，是不得行其智。召忽强武，豈能獨圖我哉？」國人既召小白，則不與召忽圖我。小白曰：「夫雖不得行其知〔五〕，豈且不有焉乎〔六〕？直是智不行，不得言無智。召忽雖不得衆，其及①豈不足以圖我哉〔七〕？」召忽雖不得衆，若及獨能圖我。鮑叔對曰：「夫國之亂也，智人不得作内事，智人作内事，則其國理。朋友不能相合摎〔八〕，而國乃可圖也。」摎，交入也。朋友不能相交

①「及」字原作「反」，據補注改。下注文同。

合，則黨與弱，故乃可圖。乃命車駕〔九〕，鮑叔御，小白乘而出於莒。小白曰：「夫二人者奉君令，吾不可以試也。」二人，謂管仲、召忽。奉君令，則致死拒我，故不可試也。乃將下。鮑叔履其足曰：「事之濟也在此時，事若不濟，老臣死之，公子猶之免也〔一〇〕。」鮑叔言事若不濟，則己致死，公子猶可得免脱。乃行，至於邑郊，鮑叔令車二十乘先，十乘後。二十乘先，鮑叔欲與之入國。十乘後，令衛公子。鮑叔乃告小白曰：「夫國之疑二三子，莫忍老臣〔一一〕，二三子，謂從小白者。不忍違老臣，故相從，中心實疑。事之未濟也，老臣是以塞道〔一二〕。」以事未濟，故以二十乘先行塞道。鮑叔乃誓曰：「事之濟也，聽我令。事之不濟也，免公子者爲上，死者爲下。吾以五乘之實距路。」鮑叔於前二十乘，更將五乘先行距路，不令子糺之黨得及小白。鮑叔乃爲前驅，遂入國，逐公子糺。管仲射小白中鈎。管仲與公子糺、召忽遂走魯。桓公踐位，魯伐齊，納公子糺而不能。

〔一〕翔鳳案：用「或曰」者爲寫書者，非校書之劉向。此人非必在管仲之後，可以與之同時，親見其事。然而用「或曰」作爲疑詞者，凡歷史有爲執政所諱言，用曲筆以愚人，知者不敢直言，而用「或曰」。史記老子列傳即用此法。而如韓非用異聞述前代事，則又爲一例矣。

〔二〕張文虎云：尹注「襄公立之明年」，案據下入國之文則非襄公立之明年矣，蓋異聞之誤。（觀後叙宋夫人事，可知其謬。）安井衡云：按左傳、史記襄公以魯桓公十五年即位，莊八年爲公孫無知所弑，在位十二年。下文云「小白走莒，三年襄公薨」，則「明年」者别有所指，然今不可考。　翔鳳案：左傳言鮑叔知亂將作，奉小白奔莒，則所謂「明年」者，乃小白奔莒之明年，其事在襄公八、九年。另有傳説，則非小白自出奔，而爲襄公逐小白，其事甚明，何云「不可考」乎？此事桓公諱言，故記以「或曰」存疑。

〔三〕翔鳳案：「國人」爲隱語，指高、國二卿，高傒爲内應，陰召小白，前已言之，非普通之國人所能爲力也。

〔四〕安井衡云：「謂」當爲「以」，聲之誤也。　吴汝綸云：「謂」疑當作「得」。　翔鳳案：鮑叔言管仲不得行其知。若得於國中，國可謂亂乎？説文：「謂，報也。」段注：「𠦒部曰：『報，當罪人也。』」蓋刑與罪相當謂之報，引伸凡論人論事得其實謂之報，如論語「子謂仲弓」、「其斯之謂與」是也。亦有借爲「曰」字者，如左傳「王謂叔父」，即魯頌之「王曰叔父」也。「可謂亂乎」，即事得其實之謂，諸人但知「謂」訓曰，認爲不可通而改字，謬矣。

〔五〕翔鳳案：「夫」猶彼也。論語：「夫人不言，言必有中。」

〔六〕俞樾云：「且」乃語詞，「豈且不有焉乎」，猶云豈不有焉乎。故尹注云：「直是智不行，不得言無智也。」莊子齊物論篇「誰獨且無師乎」，又曰「果且有彼是乎哉，果且無彼是乎哉」，吕氏春秋無義篇「豈且忍相與戰哉」，並用「且」字爲中語助，説見王氏引之經傳釋詞。　翔鳳案：釋言樊孫本曰：「將，且也。」墨子經説：「自前曰且，自後曰已。」「豈且」猶豈將。左昭二十年傳「是不有寡君也」，杜注：「有，相親也。」詩葛藟：「亦莫我有。」「有」從又，古「侑」字，言豈將不助之乎。俞認爲有無之有，「且」字亦未質言，俱莫能明也。

〔七〕翔鳳案：說文：「及，逮也。」釋名：「急，及也，操切之使相逮及也。」「急」從及聲，「及」同「急」，急則圖我。

〔八〕尹桐陽云：「摎」同「勠」，并力也。　翔鳳案：說文「摎，縛殺也」，段注：「今之絞罪，即古之所謂摎也。」廣雅釋詁三：「摎，束也。」言不能合而絞束小白也。

〔九〕翔鳳案：「駕」爲動詞，孟子：「今乘輿已駕矣。」趕大車者，促馬走則呼曰「駕」，今停止則呼曰「喻」(馭)。駕馭英雄，乃其引伸義也。

〔一〇〕翔鳳案：「猶之免也」與「猶免之也」同，古今語法異也。郊特牲：「天子樹瓜華，不斂藏之種也。」吕氏春秋愛類：「匡章曰：公取之代乎？其不歟？」「之」字倒用，古人有此語法。

〔一一〕翔鳳案：「夫國」，彼國也。「忍」假爲「認」。古「認」字作「仞」，漢書儒林傳「喜因不肯仞」，卓茂傳「有人認其馬」，則變「仞」爲「認」矣。承認者以言，其本字爲「忍」。無極山碑：「浚谷千刃。」則「仞」之本字亦作「刃」。「刃」訓刀堅，孳乳爲「忍」。地員「淖而不肕」，注：「堅也。」即「忍」之變而近於「仞」。

〔一二〕翔鳳案：「是以」者，因是而作也。「塞道」，緩其來攻之路。

桓公二年，踐位入國二年，方得踐位。召管仲〔一〕。管仲至，公問曰：「社稷可定乎？」管仲對曰：「君霸王，社稷定。君不霸王，社稷不定。」公曰：「吾不敢至於此其大也，定社稷而已。」管仲又請，君曰：「不能〔二〕。」管仲辭於君曰：「君免臣於死，臣之幸也。然臣之不死糾也，爲欲定社稷也。社稷不定，臣祿齊國之政而不死糾也，臣不敢〔三〕。」既不死糾，空①食齊政之祿，而不定社稷，臣則不敢。言將致死。乃走出。至門，公召管仲。管仲反，公汗出曰②：「勿已，其勉霸乎〔四〕！」必欲令霸王而不已，我將勉力而求霸也。管仲再拜稽首而起，曰：「今日君成霸，臣貪承命〔五〕。」趨立於相位，君既許霸，臣貪於承命，故趨立相位。乃令五官行事。

〔一〕王念孫云：「桓公踐位」已見上文，此自謂桓公二年召管仲耳。「踐位」二字，乃涉上文而衍。尹氏不察，而云「入國二年，方得踐位」，謬矣。陳奂云：「二年」當是「一年」之誤。桓公入國之一年召管仲也。小匡篇及春秋内外傳皆桓公入國之年召管仲，下文曰「二年，桓公彌亂」，桓公入國之二年也。下文言「二年」，則知此爲一年矣。尹注誤。翔鳳案：中庸：「踐其位，行其禮。」「踐位召管仲」五字爲句，桓公立君位而召管仲也。「位」古作「立」。周禮小宗伯「掌建國之神位」，注云：「古者『立』、『位』同字。古文春秋經『公即位』爲『公即立』。」

①「空」字原作「室」，據補注改。
②「曰」字原無，據補注增。

「踐位」，踐立也。非以「二年踐位」四字斷句。凡新君接位，有時即改元，有時待至次年改元。按文意，此爲公子糾之二年，當時無年號，合併計算。此「踐位」與上文「踐位」稍殊，諸人自不解耳。

〔二〕丁士涵云：上下文皆作「公曰」，此「君」字亦當作「公」，蓋涉上下有君字而誤。翔鳳案：稱「公」爲史臣追述，此乃管仲面對，稱「君」爲是。言各有當，丁説非是。

〔三〕俞樾云：「禄」讀爲録，謂領録其政也。尚書堯典篇「納于大麓」，今文家讀「麓」爲録，故劉昭注後漢書百官志引新論曰：「昔堯試于大麓者，領録天子事，如今尚書官矣。」鄭君注尚書大傳亦云：「堯聚諸侯，命舜陟位居攝，致天下之事，使大録之。」與史記堯使舜入山林川澤之説不合。然管子書已云「禄齊國之政」，則其義古矣。尹注不知「禄」爲「録」之假字，而云「空食齊政之禄」，夫食齊政之禄，不可言「禄齊國之政」，足知其非也。翔鳳案：孝經援神契：「禄者，録也。取上所以敬録接下，下所以謹録事上。」「禄」即「録」，俞不知也。

〔四〕翔鳳案：此省「曰」字。管子省「曰」字者，見前後各篇。

〔五〕陳奐云：「貪」讀爲欽，假借字也。「貪承命」，言欽承君命也。大雅皇矣篇「無然歆羡」，毛傳曰「無是貪羡」，謂「歆」爲「貪」之假借字。古「歆」、「欽」、「貪」聲同，「欽」之爲「貪」，猶「貪」之爲「歆」矣。尹注非。翔鳳案：説文：「貪，欲物也。」莊子漁父：「專加擅事，侵人自用謂之貪。」謙言己之材不稱，猶今人言「僭」也。左傳：「天王使宰孔賜胙，桓公曰：小白余敢貪天子之命！」太炎謂「余」同「啥」，何物也，亦謙詞。

異日，公告管仲曰：「欲以諸侯之閒無事也，小修兵革〔一〕。」管仲曰：「不可。百姓病，公先與百姓而藏其兵〔二〕。百姓困病，當先賦與之，而兵事且可藏。與其厚於兵，不如厚於人。人厚兵自强。齊國之社稷未定，公未始於人而始於兵，外不親於諸侯，内不親於民。」公曰：「諾。」政未能有行也，二年，桓公彌亂〔三〕，不盡行夷吾之言，故彌亂。又告管仲曰：「欲繕兵。」管仲又曰：「不可。」公不聽，果爲兵。桓公與宋夫人飲舡中〔四〕，夫人蕩舡而懼公，公怒出之。宋受而嫁之蔡侯。明年，公怒告管仲曰：「欲伐宋。」管仲曰：「不可。臣聞内政不脩，外舉事不濟。」公不聽，果伐宋。諸侯興兵而救宋，大敗齊師。公怒，歸告管仲曰：「請脩革〔五〕。吾士不練，吾兵不實，諸侯故敢救吾讎。内脩兵〔六〕。」管仲曰：「不可。齊國危矣。内奪民用，士勸於勇外，亂之本也〔七〕。脩兵則用廢，故曰奪人用。士所勸者唯勇，則輕敵故爲外亂之本也。外犯諸侯，民多怨也。外犯必多殘害，故爲人所怨。爲義之士，不入齊國，君爲不義，故義士不歸也。安得無危？」鮑叔曰：「公必用夷吾之言。」公不聽，乃令四封之内脩兵〔八〕，關市之征侈之。侈，謂過常也。謂重其税賦。公乃遂用以勇授禄。士勇則與之禄。鮑叔謂管仲曰：「異日者，公許子霸，今國彌亂，子將何如？」管仲曰：「吾君惕〔九〕，其智多誨。智多則可試誨之也。姑少胥，其自及也〔一〇〕。」胥，待也。待其自能及道。鮑叔曰：「比其自及也，國無闕亡乎？」管仲曰：「未也。國中之政，夷吾尚微爲〔一一〕，焉亂乎？尚可以待。國政微爲，則未至亂，可待君自及。外諸侯之佐，既無有吾二人者，未有敢犯我者。」諸侯之佐，既無有如我二人，故不敢犯我。明年，朝之爭祿相刺，裚領①而刎頸者不絕〔一二〕。裚，謂掣斷之也。鮑叔謂管仲曰：「國死者衆矣，毋乃害乎？」管仲曰：「安得已然！此皆其貪民也。貪人爭祿自殘，亦未能自爲害也。夷吾之所患者，諸侯之爲義者莫肯入齊，齊之爲義者莫肯仕。此夷吾之所患也。有義之士，內外不歸，亂亡立至，故可患也。若夫死者，吾安用而愛之？」貪人自相殺傷，吾何能惜之！公又內脩兵。

〔一〕翔鳳案：「兵」爲戟盾等，「革」爲皮幹筋骨，細觀全書可見。輕重九府，筋角出於幽都，齊國所出不多。初作小規模之準備，故云「小脩兵革」。下文所云「內修兵」而不言革，以革須用現金向外購買，措資不易，故用「內」字。「欲繕兵」，「果爲兵」，均無「革」字，原因在此。下文「請修革」無「兵」字，「內修兵」無「革」字，各有深意。趙本二句均作「兵革」，謬矣。

〔二〕安井衡云：古人與君言，未有稱君曰「公」者，此「公」當爲「君」。蘇輿云：「與」，親也。

①「領」字原作注文「子計」二字，據補注改。

下云「内不親於民」，承此言之。本書如霸言篇「諸侯之所與之」，形勢篇「見與之交」，注訓「親」。

〔三〕丁士涵云：疑當作「桓公又告管仲曰」，傳者誤移置上文耳。翔鳳案：周禮小祝：「彌裁兵。」襄公二十五年左傳：「兵其少弭矣。」「彌」假爲「弭」，止也。「桓公彌亂」爲「桓公止亂」。

〔四〕劉績云：左傳作「蔡姬」，蕩舟事亦不同。何如璋云：據左傳是蔡姬，此云「宋受而嫁之蔡侯」，不知所據。且是桓二十九年事，此云「二年」，大誤。翔鳳案：下文伐魯爲其救宋，作「蔡姬」則伐魯不能解釋。本宋女，晚嫁蔡而誤傳。説文無「舡」字，史記項羽紀「皆湛船」，宋本亦作「舡」，爲宋本特點。隸書口、厶不分，「船」作「舩」，如「鉛」與「鉛」、「沿」與「沿」，是其例。再寫爲「舡」，説文「舩」字，廣韻作「舡」，可證。史記佞幸列傳「鄧通以濯船爲黄頭郎」，古今人表「晉舡人固來」，皆即「船」字。

〔五〕翔鳳案：古本加「兵」字，謬。理由見前。

〔六〕翔鳳案：「内修兵」不能有「革」字，趙本謬，理由見前。

〔七〕王念孫云：「外亂之本也」，本作「亂之本也」，「亂」上「外」字，涉下文「外犯諸侯」而衍。「内奪民用，士勸於勇」，其事皆在内而不在外，下文「外犯諸侯」，乃始言外事耳。尹注非。翔鳳案：「勇外」爲勇於對外，「外」非誤字。王不解也。

〔八〕張佩綸云：此「修兵」二字羨，因上下均有「内修兵」而衍。　翔鳳案：上文「内修兵」爲意圖，此則實行，非羨文。

〔九〕王念孫云：「惕」當爲「愓」。愓，放也。説見前「愓而有大慮」下。　安井衡云：諸本作「惕」。古本脱「吾君」至「鮑叔」十六字。然上二「惕」字古本並作「愓」，則此亦當同。　翔鳳案：「愓」即「惕」，非誤字，見前。

〔一〇〕孫星衍云：「誨」當作「悔」，謂其多悔，故少胥其自及。下文「成而不悔爲上舉」，宙合篇「故政事不悔」，其證也。尹注非。　王引之云：「智」與「知」同。（説見法法篇「不智下」。）「誨」與「悔」同。（繫辭傳「慢藏誨盜，冶容誨淫」，釋文：「誨，虞作『悔』」，謂悔恨。」論語述而篇「吾未嘗無誨焉」，釋文：「魯讀爲『悔』字。」）「及」當爲「反」，字之誤也。（下同。）管仲言吾君之爲人愓，及自知其過，則必多悔，悔則必能自反，故曰：「姑少胥其自反也。」而鮑叔則曰：「比其自反也，國無闕亡乎？」尹注非。　陶鴻慶云：「智」當讀如字，言其智足以自鏡，正以平日之多悔也。小匡篇云：「夫鮑叔之忍，不僇賢人，其智稱賢以自成也。」與此文語意正同。　翔鳳案：國語晉語「往言不可及」，注：「追也。」「自及」爲自追悔，王改「反」字，非是。

〔一一〕陶鴻慶云：「微爲」，言陰爲之地也。説文「微，隱行也」，是其義。　尹注未晰。

〔一二〕丁士涵云：「裚」，「折」之俗字。説文：「折，斷也。」

三年，桓公將伐魯，曰：「魯與寡人近，謂國相隣。於是其救宋也疾，疾，謂先諸侯至。寡人且誅焉。」管仲曰：「不可。臣聞有土之君，不勤於兵，不忌於辱，不輔其過，則社稷安。勤於兵，忌於辱，輔其過，則社稷危。」公不聽，興師伐魯。造於長勺，魯莊公興師逆之，大敗之。桓公曰：「吾兵猶尚少，吾參圍之，安能圉我？」吾以三倍之兵圍之，則何能圉我！

四年，脩兵，同甲十萬，同甲，謂完堅齊等。車五千乘〔一〕。謂管仲曰：「吾士既練，吾兵既多，寡人欲服魯。」管仲喟然嘆曰：「齊國危矣，君不競於德，而競於兵！人君當以德義服遠，不當競於兵也。天下之國，帶甲十萬者不鮮矣。吾欲發小兵以服大兵，欲以齊國服諸侯而致霸王，故曰：以小兵而服大兵也。內失吾衆。謂數搖動之，則衆疲而散。諸侯設備，數見侵伐，故設備。吾人設詐〔二〕，力不足，則詐以繼之。國欲無危，得已乎？」公不聽，果伐魯。魯不敢戰，去國五十里而爲之關。更立國界，而爲之關。魯請比於關內〔三〕，以從于齊，齊亦毋復侵魯。魯請從服於齊，供其徵求，比於齊之關內。桓公許諾。魯人請盟，曰：「魯，小國也，固不帶劍。今而帶劍，是交兵聞於諸侯。君不如已，若以交兵聞於諸侯，不如止而不盟也。請去兵。」桓公曰：「諾。」乃令從者毋以兵。管仲曰：「不可。諸侯加忌於君，君如是以退，可。忌，怨也。諸侯欲以結盟致怨於君，今請不盟，從此即退可也。君果弱魯君〔四〕，諸侯又加貪於君，若果弱魯，諸侯又以貪名加君。後有事，小國彌堅，大國設備，既有貪忌之名，故皆設備。非齊國之利也。」桓公不聽。管仲又諫曰：「君必不去魯，胡不用兵？曹劌之爲人也，堅强以忌〔五〕，不可以約取也。」不可以盟取信也。桓公不聽，果與之遇。莊公自懷劍，曹劌亦懷劍。踐壇，莊公抽劍其懷，曰：「魯之境，去國五十里，亦無不死而已。」左揕桓公，右自承，曰：「均之死也，戮死於君前。」左手舉劍，將揕桓公，且以右手自承而言曰：「齊迫魯境亦死，今殺君亦死。同是死也，將殺君，次自殺。」故曰「均之死也，戮死於君前」。管仲走君，曹劌抽劍當兩階之閒，曰：「二君將改圖，無有進者。」拔劍當階，所以拒管仲。言魯、齊二君將欲改先者之所圖，今不當有進者也。管仲曰：「君與地，以汶爲竟。」桓公許諾，以汶爲竟而歸。桓公歸而脩於政，不脩於兵革，自圉辟人，以過弭師〔六〕。既不脩其兵革，故出入自圉辟其人。以先者之過，故弭息其師。

〔一〕惠棟云：「同甲」者，均服之謂也。（見左傳補注。）宋翔鳳云：「同」，合也。攷工記「合甲壽三百年」，合甲十萬，則他兵之脩可知已。王引之云：下文：「桓公築緣陵以封杞，予車百乘，甲一千；築夷儀以封邢，予車百乘，卒千人。」又曰：「大侯車二百乘，卒二千人，小侯車百乘，卒千人。」皆車一乘，甲十人。此文「車五千乘」，則當云「甲五萬」，今作「十萬」

者，因下文「帶甲十萬」而誤也。下文「天下之國，帶甲十萬者不鮮矣」，其數多於桓公之甲，故曰：「吾欲發小兵以服大兵，……國欲無危，得已乎？」王紹蘭云：尹注謂「『同甲』謂完堅齊等」，按「同」不訓「完堅」，「甲」亦不能「齊等」。「同」當爲「仝」，「仝」即全字。説文：「仝，完也。全，篆文『仝』，從玉。純玉曰全。」蓋舊本作「仝甲」，傳寫者以「仝」爲俗「同」字，因改爲「同」耳。説文：「同，合會也。」若以「合甲」解之，則帶甲十萬皆五屬下等之甲，而無備，安得齊同。攷工記：「函人爲甲，犀甲七屬，兕甲六屬，合甲五屬。」十萬之甲，三等皆犀、兕，於義難通。「仝甲」謂完堅之甲，犀、兕、合三者皆合，而五行篇「命左右司馬全組甲」，是其證矣。（今本全譌衍，據類聚所引訂正。）史記衛將軍驃騎列傳、漢書霍去病傳，皆用「全甲」之文，即本此也。翔鳳案：下文「車百乘，甲五千」，並非一比十也。所云「帶甲十萬者不鮮」，指與齊同等大國，非有多數大國兵力二倍於齊也。王説誤。

〔二〕劉績云：「詐」，一本作「誑」。安井衡云：「吾人」，「吾民」也，疑唐人避諱，而後人未改也。翔鳳案：公羊僖二十三年傳「詐戰不日」，注「詐，卒也，齊人語也。」月令「毋或作爲」，注：「今作『詐僞』。」「詐」音同作，即同乍。金文以「乍」爲「作」。「設詐」謂倉卒應戰。房注誤解爲詐僞，一本訛爲「誑」矣。

〔三〕俞正燮云：吕氏春秋貴信篇云：「魯請比關内侯以聽。」國皆有關，如言封内食采耳，非如漢人説關内侯爲崤函也。尹桐陽云：言與齊内臣等也。吕覽貴信「内」下有「侯」字，則爲爵名。小匡篇曰：「執玉以見，請爲關内之侯。」墨子號令：「封城將三十里爲關内侯。」韓非顯學：「關内之侯雖非吾行，吾必執禽而朝。」魏策：「王不若與竇屢爲關内侯。」則春秋戰國已有關内侯，非自秦始有矣。

〔四〕安井衡云：古本作「若魯弱於君」。翔鳳案：「君果弱魯君」，謂國弱君不弱，不能以魯君爲懦柔無勇氣也。若如古本，則是魯國弱於君，文意全非。魯比於關内侯，不敢戰，魯弱明矣。

〔五〕丁士涵云：「忌」與「惎」同，説文：「惎，毒也。」翔鳳案：丁説是也。泰誓「未就予忌」，説文引作「惎」。

〔六〕張佩綸云：「自圉」，即詩之「我圉」，左傳之「聊以固吾圉」，言慎守邊圉也。「辟人」，理人也。「以」通作「已」，止也。「已過」，止過也。「弭師」，弭兵也。舊注大誤。翔鳳案：爾雅釋詁「圉，垂也」，郭注：「守圉在外垂也。」「辟人」，避人也。言不與衝突，張説非是。孟子：「行辟人可也。」荀子榮辱：「不辟死傷。」古籍無以「辟」訓理者。

五年，宋伐杞。桓公謂管仲與鮑叔曰：「夫宋，寡人固欲伐之，無若諸侯何！無若諸侯救宋何。夫杞，明王之後也。杞，夏之後。今宋伐之，予欲救之，其可乎？」管仲對曰：「不可。臣聞内政之不脩，外舉義不信。君將外舉義，以行先之，以内行先之。則諸侯可令附。」桓公曰：「於此不救，後無以伐宋。」今不救杞，後無辭以伐宋。管仲曰：「諸侯之君，不貪於土。貪於土必勤於兵〔一〕，勤於兵必病於民，民病則多詐。夫詐，密而後動者勝，密，靜。詐則不信於民。夫不信於民則亂內動，則危於身〔二〕。是以古之人聞先王之道者，不競於兵。」兵者凶器，競之則危。桓公曰：「然則奚若？」管仲對曰：「以臣則不，以臣之意，則不與君同。而令人以重幣使之〔三〕。以重幣使宋，令罷杞兵。使之而不可，謂宋不從令。君受而封之。」受杞告命而建封之。桓公問鮑叔曰：「奚若？」鮑叔曰：「公行夷吾之言。」公乃命曹孫宿使於宋，宋不聽，果伐杞。宋果伐杞。桓公築緣陵以封之，緣陵，杞城。予車百乘，甲一千。謂與杞也。明年，狄人伐邢，邢君出致於齊〔四〕。致命於齊以告急。桓公築夷儀以封之，夷儀，邢城。予車百乘，卒千人。明年，狄人伐衛，衛君出致於虛。虛，地名。詩所謂「升彼虛矣，以望楚矣」。桓公且封之。隰朋、賓胥無諫曰：「不可。三國所以亡者，絕以小〔五〕。小國之亡，理則然矣，不當封也。今君籍封亡國，國盡若何〔六〕？」國之車盡於封亡國，其若之何？桓公問管仲曰：「奚若？」管仲曰：「君有行之名，安得有其實〔七〕。既有行封之名，則當虛國而爲之，安得有其富實乎？君其行也。」公又問鮑叔，鮑叔曰：「君行夷吾之言。」桓公築楚丘以封之，與車三百乘，甲五千〔八〕。

〔一〕張文虎云：此言諸侯之君不貪於土則已，若貪於土，則必勤於兵也。檀弓「伯氏不出而圖吾君，伯氏苟出而圖吾君，申生受賜而死」，句法正同。或改「不」字作「必」，非也。

〔二〕戴望云：當讀「民病則多詐，詐則不信於民，夫不信於民則亂，內動則危於身」，「夫詐密而後動者勝」句當在下，此「詐」字當爲「計」字之誤也。「計密而後動者勝」，即老氏「不敢爲天下先」之意，故下文遂云：「是以古之人聞先王之道者，不競於兵。」今本倒亂其文，又誤「計」爲「詐」，而遂不可讀矣。何如璋云：「夫不信於民則亂」句，「內動則危於身」句，尹注「亂內」爲句，誤。翔鳳案：「夫詐」二字一頓。詐之術，要密，要後動。「亂內動」指民，兩「則」字蟬聯而下。

〔三〕安井衡云：古本作「以臣則不然，若令人以重幣使之」。俞樾云：此十二字當作一句讀，古「而」、「如」通用，「不而」即不如也。言以臣之意，則不如令人以重幣使之也。翔鳳案：說文「否，不也」，段注：「不者，事之不然也。否者，說事之不然也。故音義皆同。孟子：『咸丘蒙問：「舜南面而立，瞽叟亦北面而朝之。」孟子曰：「否。」』注：『言不然也。』」「不」讀否，與不然同，古本不知而妄加「然」字。

〔四〕姚永概云：「致」當讀至，「致」與「至」本通，又可訓至。下文「衛君出致於虛」同。翔鳳案：廣雅釋詁一：「致，至也。」姚說是。

〔五〕姚永概云：「絶」，止也。三國之亡，止以小故耳。

〔六〕孫星衍云：「斳」當作「靳」，求也，言三國所以亡者，以土地小不足自存。今君求封亡國，是自盡其國也。尹注非。

〔七〕陶鴻慶云：尹注云：「既有行封之名，則當虚國而爲之，安得有其富實乎？」文義俱未安。疑「行之」二字當在「君」字之上，其文曰「君行之」句，「有名安得有實，君其行也」，語氣上下相應。桓公與管仲問答，曰何行，曰行之，曰既行之，篇中屢見，此亦其例。宙合篇云：「夫名實之相怨久矣。是故絶而不交，惠者知其不可兩守，乃取一焉，故安而無憂。」中匡篇云：「桓公曰：『君人者名之爲貴，財安可有？』管仲曰：『此君之明也。』」皆所謂「有名安得有其實」也。翔鳳案：「安」在句首同「乃」。下文「安以其餘修兵革」。有存亡繼絶之名，乃得有霸諸侯之實。古本誤以「安」訓何而「名」、「實」互易，非是。

〔八〕王引之云：「三」乃「五」之誤。每車一乘，甲十人。甲五千，則車五百乘，不得云「三百」也。霸形篇云「車五百乘，卒五千人，以楚丘封衛」，是其證。翔鳳案：車與甲之比率，非固定不可移易者，王氏每好作此無謂之計算，不知包含有輜重工程也。

既以封衛，明年，桓公問管仲：「將何行？」更問以所行之政也。管仲對曰：「公内脩政而勸民，可以信於諸侯矣。」君許諾。乃輕稅，弛關市之征〔一〕，爲賦禄之制。既已，謂已行上事。管仲又請曰：「問病臣，臣有病者，君當慰問之。願賞而無罰〔二〕，五年諸侯可令傅。」行此五年，可令諸侯親附。公曰：「諾。」既行之，管仲又請曰：「諸侯之禮〔三〕，請諸侯交聘之禮。令齊以豹皮往，小侯以鹿皮報。齊以馬往，小侯以犬報。」往重報輕，所謂大國善下小國則取小國。桓公許諾，行之。管仲又請賞於國，以及諸侯。君曰：「諾。」行之。管仲賞於國中，君賞於諸侯。諸侯之君，有行事善者，以重幣賀之。從列士以下有善者，衣裳賀之。列士，謂齊之列士。管仲自以衣裳賀之。凡諸侯之臣，有諫其君而善者，以璽問之，以信其言。謂桓公以璽問之，以信驗其所諫之言爲善。公既行之，又問管仲曰：「何行？」管仲曰：「隰朋聰明捷給，可令爲東國。東國，謂自齊東之國。令隰朋理之。賓胥無堅强以良，可以爲西土。西土，齊西之土。令胥無之國與士交兵。衛國之教，危傅以利〔四〕。謂其教既高危，且相傅以利，謂以利成俗。公子開方之爲人也，慧以給，不能久而樂始，可游於衛。其人性輕率，不能持久，所謂「靡不有初，鮮克有終」，故曰樂始。使此人游於衛，誘動之，令歸於齊也。魯邑之教，好邇而訓於禮〔五〕。既訓學於禮，禮者所以飾貌，故曰好邇。邇，近也。季友之爲人也〔六〕，恭以精，博於糧〔七〕，多小信〔八〕，可游於魯。博於糧，謂多委積。楚國之教，巧文以利，不好立大義，而好立小信〔九〕。蒙孫博於教〔一〇〕，而文巧於辭〔一一〕，不好立大義，而好結小信，可游於楚。小侯既服，大侯既附，厚往輕報，所以服小侯。游三人於三國，所以附大侯。夫如是，則始可以施政矣。」君曰：「諾。」乃游公子開方於衛，游季友於魯，游蒙孫於楚。

〔一〕翔鳳案：事類賦七七卷「㢮」作「弛」，「弛」爲正字。然「㢮」見周禮小宰、文選西京賦、廣雅釋詁四，則漢隸用之久矣。

〔二〕俞樾云：尹注於「臣」字絶句，解曰：「臣有病者，君當慰問之。」夫慰問病臣，雖亦盛德事，然何與霸業乎？且病臣又何罰之有？此文「問」字疑「國」字之誤。山權數篇「君不高仁則國不相被」，宋本「國」誤作「問」，即其例也。當讀「國病」爲句，「臣願賞而無罰」爲句，言國家罷病，臣願有賞無罰以寬之也。下文：「管仲又請賞於國以及諸侯，君曰：『諾。』行之。管仲賞於國中，君賞於諸侯。」按「賞於國」者，承此文而言也；「賞於諸侯」者，承下文諸侯之禮而言也。蓋此兩節國與諸侯分言，下又合并而言之耳。翔鳳案：入國之「問病」爲國内，此爲鄰國。鄰國之民不能盡問，問其臣耳，如此則諸侯可令附矣。「賞而無罰」，即下文「列士以下有善者」。

〔三〕戴望云：元刻「諸」上有「請」字。

〔四〕丁士涵云：「危」，「恑」之假字。説文「恑，變也。」「傳」乃「轉」之誤，中匡篇作「巧轉而兑利」。「恑」與「巧」皆兼變詐之義，「變轉」即「巧轉」也。俞樾云：「危」當讀爲詭。漢書天文志「司詭星出正西」，史記天官書「詭」作「危」。淮南説林篇「尺寸雖齊必有詭」，文子上德篇「詭」作「危」，是古字通也。「衛國之教危」，謂其政教詭譎。尹注以「高危」釋之，非是。翔鳳案：開方巧轉而兑利，含義由比對可得。漢書陳湯傳「萬年自詭」，注：「責也。自以爲憂責也。」京房傳、趙充國傳同有「自詭」之文，與「恑」之訓變詐者稍殊，俞訓未析。「傳」讀曰附，漢書此義最多。詭附而趨利。

〔五〕丁士涵云：「邇」乃「學」之誤。漢書地理志「魯民好學上禮義」，又云「好學猶愈於它俗」，是其證。戴望云：「魯邑」當作「魯國」，「邇」乃「遜」之誤，小匡篇曰：「公子舉爲人博聞而知禮，好學而辭遜，請使遊於魯。」「遜」、「邇」形相近，此當作「好遜」明矣。張文虎云：「邇」當如戴說作「遜」，「訓」當讀爲馴。俞樾云：「邇」當讀爲爾，說文㸚部「爾，麗爾，猶靡麗也」。然則魯國好爾，謂麗爾也，正靡麗之意。尹注曰「邇，近也」，未得其義。

〔六〕梅士享云：「季友」，小匡一曰「季勞」，一曰「公子舉」。

〔七〕劉績云：小匡作「公子舉博聞而知禮，好學而辭遜，請使游於魯」，疑即一人。「糧」乃「禮」字誤也。翔鳳案：「糧」爲「禮」之誤，無據。周禮廩人注：「行道曰糧。」莊子逍遥游：「適百里者宿舂糧，適千里者三月聚糧。」其遠近有量。「糧」從「量」得聲義，爲「量」之借，或爲其隸書之別體。月令「審五庫之量」，注謂「物善惡之舊法也」，其義相合，則「糧」即「量」矣。

〔八〕丁士涵云：上文言「季友恭以精，博於禮」，承上「好學訓禮」言之，乃云「多小信」，恐非文義。小匡篇亦不言「季友多小信」，此必涉下文兩言「小信」而衍無疑。翔鳳案：「小信」與善惡之法相應，非誤字。

〔九〕張文虎云：下二句涉下文而衍，上衛魯二國皆只一句，此當一律。翔鳳案：品評非必一律，張說非是。

〔一〇〕劉績云：「蒙孫」，小匡作「曹孫宿」。　孫星衍云：小匡篇作「曹孫宿」，「蒙」、「曹」聲相近。毛詩還「遭我乎峱之間兮」，漢書地理志「峱」作「嶩」。爾雅釋言「懵，慮也」，釋文云：「『懵』本作『悰』。」皆聲近之證。　王念孫云：隸書「蒙」字或作「蒙」，其上半與「曹」相似，故「曹」譌作「蒙」。孫謂「曹」、「蒙」聲近而字通，非也。「博於教」當作「博於斅」，「斅」與「學」同。（見說文及漢外黃令高彪碑。）「斅」、「教」字相似，又涉上文「楚國之教」而誤。　張文虎云：當由「曹」與「瞢」相似，初誤作「瞢」，又聲誤爲「蒙」耳。　章炳麟云：小匡「蒙孫」作「曹孫宿」，淵如謂「曹」、「蒙」聲近而字通，于音理固不合。　王懷祖謂：「隸書『蒙』字或作『蒙』，其上半與『曹』相似，故『曹』譌作『蒙』。」然細按「蒙」、「曹」上體實不相類，況下體尤遠，無緣致誤。此蓋孟仲、士范之類，一人二氏者也。　翔鳳案：人名無理論可言，范蠡、陶朱，張祿、范睢，若非史有明文，誰知其爲一人者？證形證音之說，有時而窮。

〔一一〕安井衡云：古本「文」作「又」。　張佩綸云：「文」字涉上「巧文」而衍。　翔鳳案：「文巧」原就工藝言，此借用。古本誤。

五年，諸侯附，狄人伐〔一〕。謂入伐齊。桓公告諸侯曰：「請救伐。」諸侯許諾。大侯車二百乘，卒二千人；小侯車百乘，卒千人，諸侯皆許諾。齊車千乘，卒可致緣陵，先者使卒戍緣陵，今有狄難，故致之。戰於後故〔二〕，敗狄。後故，地名。其車甲與貨，小侯受之。謂敗狄所得車甲及貨，盡與小侯。大侯近者，以其縣分之，不踐其國。近齊之大侯，則以齊縣分之，終不踐其國以侵之。北州侯莫來，謂不來救齊北州。謂北之州，即幽州、營州等。桓公遇南州侯於召陵，謂伐楚，盟於召陵也。曰：「狄爲無道，犯天子令，以伐小國〔三〕。小國，齊自謂。以天子之故，敬天之命，令以救伐〔四〕。言諸侯以敬順天命，救齊伐狄。北州侯莫至，上不聽天子令，下無禮諸侯，寡人請誅於北州之侯。」諸侯許諾。桓公乃北伐令支，令支，國名。下鳧之山〔五〕，斬孤竹〔六〕，孤竹，國名。斬其君。遇山戎〔七〕。顧問管仲曰：「將何行？」管仲對曰：「君教諸侯爲民聚食，諸侯之兵不足者，君助之發，如此則始可以加政矣。」既使諸侯足食足兵，然後可以加之政也。桓公乃告諸侯，必足三年之食安，有三年食，然後可安。以其餘脩兵革〔八〕。兵革不足以引其事〔九〕，告齊，齊助之發。諸侯兵之不足，當引其事之闕者以告齊，齊當發卒以助之也。既行之，公又問管仲曰：「何行？」管仲對曰：「君會其君臣父子，會，謂考合其君臣父子之宜。則可以加政矣。」公曰：「會之道奈何？」曰：「諸侯無專立妾以爲妻，毋專殺大臣，無國勞，毋專予禄。於國無勞者，不得專予禄。士庶人毋專棄妻，毋曲隄，所謂無障谷也。毋貯粟，毋禁材，山澤之材，當與人共之也。行此卒歲，則始可以罰矣。」行之終歲，而有不從者，可以加刑罰。君乃布之於諸侯，諸侯許諾，受而行之。卒歲，吳人伐穀。穀，齊之下都，後以封管仲。桓公告諸侯未徧，諸侯之師竭至，以待桓公。竭至，言其盡來。桓公以車千乘會諸侯於竟，都師未至，吳人逃，齊都之師尚未至，而吳人逃也。諸侯皆罷。桓公歸，問管仲曰：「將何行？」管仲曰：「可以加政矣。」諸侯服從如此，故可以加之政。曰：「從今以往二年，適子不聞孝，不聞愛其弟，不聞敬老國良〔一〇〕，其老者，國之賢良也。三者無一焉，可誅也。無一尚可誅，況無三乎。諸侯之臣及國事，三年不聞善，可罰也。及國事，預知國政。三年不聞善，則不賢也，故可罰。君有過，大夫不諫，士庶人有善，而大夫不進，可罰也。士庶人聞之吏，賢孝悌可賞也。」士庶人有賢孝悌聞之於吏，則可賞也。桓公受而行之，近侯莫不請事〔一一〕。近齊之諸侯，皆請齊徵賦之事。兵車之會六，兵車之會，謂興兵有所伐。乘車之會三〔一二〕，乘車之會，謂結好息人之會也。饗國四十有二年。

〔一〕張文虎云：據尹注「入伐齊」，則「人」乃「入」字之誤。張佩綸云：當作「狄人伐杞」，以下「緣陵」及「伐小國」定之。翔鳳案：狄稱「人」，賤之也，春秋通例，非誤。張謂「伐杞」，以上文「宋伐杞，桓公築緣陵以封之」而定。緣陵，房注爲「杞城」。然桓公築夷儀封邢，春秋謂邢遷夷儀，則夷儀非邢地，賓胥無謂「國盡若何」，則緣陵、夷儀均爲齊地，否則不能謂「國盡」也。且齊車「卒可致緣陵」，「卒」謂倉卒，若在杞，不可卒至，知張説之非。公羊莊二十八年傳「伐者爲客，伐者爲主」，注：「伐人者爲客，讀『伐』長言之。見伐者爲主，讀『伐』短言之。皆齊人語也。」段謂短言讀房越切，長言爲房廢切。此短言，不必有賓語，乃齊言也。

若魯之春秋，則書「狄人伐我」矣。諸人不知此種分別，「狄人伐」乃伐齊也。房注「小國，齊自謂」，此亦自謙之通語。此「伐」字以無賓詞而有爭論，皆誤會也。

〔二〕豬飼彥博云：「卒」下脱「萬人」二字。孫星衍云：「戰於後」三字爲句。以「卒先致緣陵」，故稱「後」。尹注非。俞樾云：「卒」下有闕文，據上文「大侯車二百乘，卒二千人，小侯車百乘，卒千人」，則齊「車千乘」，當言「卒萬人」矣。「先致」者，先至也。「致」與「至」通。「戰」上闕「諸侯」二字，上文齊請救於諸侯。而齊車卒先致緣陵，故諸侯之師戰於後也。「後」字正對上「先」字而言。尹注誤以「後故」連讀，解爲地名，非是。張佩綸云：「後故」即「緣陵」之壞。翔鳳案：食貨志「行西踰隴，卒」，注：「倉卒也。」辛慶忌傳「則亡以應卒」，注：「謂暴也。」諸人誤認爲士卒。説文：「致，送詣也。」「卒可致」爲可卒送致。趙本改「可」爲「先」，謬。諸説均非。「後故」當爲地名。

〔三〕張佩綸云：「小國」指杞。舊注「小國，齊自謂」，非是。翔鳳案：張説非是，見前。

〔四〕張佩綸云：「令」當作「合」。翔鳳案：「以天子之故，敬天之命，令以救伐」，天子本無令，託之於天，天不言而無令，又申言「以天子之故」，左支右絀之外交辭令，肺肝如見，「令」字不誤。

〔五〕張佩綸云：「凥之山」或「揭石山」，「凥之」、「揭石」形近。劉師培云：書鈔一百十四引「下凥」作「不梟」，未知孰誤。翔鳳案：地員「觳土之次曰五凥」，凥者言山之形狀，「梟」

乃誤字。

〔六〕俞樾云：「斬」讀爲摲。文選長楊賦「麾城摲邑」，李善引倉頡篇曰：「摲，拍取也。」「摲孤竹」猶取孤竹。尹注「謂斬其君」，則當云斬孤竹之君矣。　翔鳳案：禮記檀弓「可以爲棺槨者斬之」，注：「伐也。」俞誤。

〔七〕安井衡云：古本「遇」作「過」。　陶鴻慶云：「遇」字無義，疑爲「遏」字之誤。國語齊語「北伐山戎」，韋注云：「以其病燕，故伐之。」又令支、孤竹，山戎之與也。然則上之「北伐令支，下鳧之山，斬孤竹」，皆所以止山戎之内侵也。　翔鳳案：春秋隱四年：「公及宋公遇於清。」公羊傳：「遇者何？不期也。」桓公伐孤竹，不期而與山戎遇，諸説均誤。

〔八〕王念孫云：尹注以「必足三年之食安」爲句，甚爲不詞。此當讀「安以其餘脩兵革」爲句。「安」，語辭，猶乃也。必足三年之食，乃以其餘脩兵革也。内業篇曰「精存自生，其外安榮」，言精生於中，其外乃榮也。（尹訓「安」爲「靜」，非是。）山國軌篇曰「民衣而繇，下安無怨咎」，言下乃無怨咎也。　安井衡云：「安」助字，同「焉」，荀子作「案」。

〔九〕蘇輿云：「引」與「益」同義。本書小匡篇「是以國家不日益」，齊語「益」作「引」，是其證。

〔一〇〕戴望云：「國」疑「圖」之誤字。爾雅釋詁曰：「圖，謀也；良，善也。」尹注非。　張佩綸云：「不敬老及國之良臣也。」　翔鳳案：大學「老吾老以及人之老」，第一「老」字有敬義。

〔一一〕翔鳳案：論語：「雍雖不敏，請事斯語矣。」請，力行也。

〔一二〕尹桐陽云：史記齊世家、封禪書均云「兵車之會三，乘車之會六」，與此互異。惟國語云「桓公兵車之會六，乘車之會三」，文全同管，蓋均以大概言之。穀梁傳：「衣裳之會十有一，未嘗有歃血之盟也，信厚也。兵車之會四，未嘗有大戰也，愛民也。」會數雖殊，然其分兵車乘車則一矣。

桓公踐位十九年，弛關市之征〔一〕，征，賦也。五十而取一，取其貨賄五十之一。賦禄以粟，案田而税，案知其壤墒而税之。二歲而税一。率二歲而一税之。上年什取三，中年什取二，下年什取一，歲飢不税〔二〕。歲飢，謂時歲總飢，故不税。歲飢弛而税〔三〕。此歲飢，謂有飢者，有不飢者，故弛飢而税不飢。桓公使鮑叔識音志。君臣之有善者〔四〕，晏子識不仕與耕者之有善者，不仕，謂餘子未仕者。高子識工賈之有善者。國子爲李，李，獄官也。隰朋爲東國，賓胥無爲西土，弗鄭爲宅〔五〕。爲宅，掌脩除宮室。凡仕者近公〔六〕，仕者有公事，職務故近公。不仕與耕者近門，不仕與耕者，當出入田野，故近於外門。工賈近市，三十里置遽委焉，有司職之。遽，今之郵驛也。委，謂當有儲擬，以供過者，立官以主之。從諸侯欲通，謂從諸侯欲通於齊。吏從行者，令一人爲負以車〔七〕，其吏從行而來者，遽之有司，當令一人以車爲負載其行裝。若宿者，令人養其馬，食其委〔八〕。其客若宿，即以所委食之。客與有司別契，別契，謂分別其契，以知真僞也。至國八契，自郊至國八契，則二百五十里之郊地，相距爲五百里，此周之大國也。費義數而不當，有罪〔九〕。義，謂供客之禮。徒費義數，而於事不當者，罪之。凡庶人欲通，鄉吏不通，七日囚。庶人有所陳訴通於君，鄉吏抑而不通，事經七日者，則囚其吏，鞠劾其所以也。出欲通，吏不通，五日囚〔一〇〕。出，謂欲適他國。貴人子欲通，吏不通，三日囚。凡縣吏進諸侯士而有善，觀其能之大小，以爲之賞，有過無罪。賞雖過能，亦不罪也。令鮑叔進大夫，勸國家，升進大夫，令之勉營國家之事。得之成而不悔爲上舉〔一一〕。得此大夫，故有成功。終然允當，無有可悔。如此者舉，善之上。從政治爲次。所進大夫，從政而能理者，次上成功也。野爲原，又多不發，起訟不驕，次之〔一二〕。所進大夫，有能勸勉農人，開闢荒野，皆爲原田。又教之和通，不相告發。雖有起而訟者，莫不恭恪，不爲驕傲。此又其次也。勸國家，得之成而悔，從政雖治，而不能野原，又多發，起訟驕，行此三者爲下〔一三〕。令晏子進貴人之子，晏子，平仲之先。出不仕，不仕，則樂道深。處不華，不華，則無過失。而友有少長〔一四〕，友有少長，則遵禮經。爲上舉，全此三者，故爲上。得二爲次，得二，三之二也。得一爲下。士處靖，靖，卑敬皃。敬老與貴，敬老近於親，敬貴近於君。交不失禮，行此三者爲上舉，得二爲次，得一爲下。耕者農農用力〔一五〕，勤而不惰。應於父兄，孝且義。事賢多，擇善而從，故能多。行此三者爲上舉，得二爲次，得一爲下。令高子進工賈，應於父兄，事長養老，承事敬，承奉君敬而從之也。

行此三者爲上舉，得二者爲次，得一者爲下〔一六〕。令國子以情斷獄，定罪罰者，貴得其情。三大夫既已選舉〔一七〕，使縣行之。三大夫，謂鮑叔、晏子、高子。管仲進而舉言，上而見之於君〔一八〕，見三大夫所選舉者。此言選舉者，國子主斷獄，故不在三大夫之數。以卒年君舉。卒年，謂終年如此。管仲所進者，君舉用之也。管仲告鮑叔曰：「勸國家不得成而悔，從政不治，不能野原，又多而發，言相告發。訟驕，既訟而驕。凡三者有罪無赦。」告晏子曰：「貴人子處華，下處華屋之下，則淫泆。交，好飲食〔一九〕，重交好，則挾朋黨。嗜飲食，則道情薄。行此三者，有罪無赦。士出入無常，不敬老而營富，行此三者，有罪無赦。耕者出入不應於父兄，用力不農，不事賢〔二〇〕，行此三者，有罪無赦。」告國子曰〔二一〕：「工賈出入不應父兄，承事不敬，而違老治危〔二二〕，危，傾險也。行此三者，有罪無赦。凡於父兄無過，州里稱之，吏進之，君用之。無過於父兄，見稱於州里，吏進此人，君必用之。有善無賞，有過無罰，吏不進，廉意〔二三〕。有善不能賞，有過不能罰，吏則苟免而已，故不進，廉意也。於父兄無過，於州里莫稱，吏進之，君用之。善，爲上賞；不善，吏有罰。」雖無過於父兄，而州里不稱，吏進此人，君承用之，其人善則吏受上賞，不善則吏當罰。君謂國子：「凡貴賤之義，入與父俱，父貴而子賤也。出與師俱，師貴而資賤也。上與君俱，君貴而臣賤。凡三者遇賊不死，不知賊，則無赦。言人於此三者所在當致死，所謂在三如一。今賊將害此三者，遇之而不能死，有賊而又不知，則不臣不子也，故無赦也。**斷獄情與義易，義與禄易，**凡斷獄者，所以止罪邪。止罪邪，所以興禮義。今犯罪者，非以乖僻易義，則以姦僞易禄也。**易禄可無斂，有可無赦**〔三四〕。」姦僞易禄者，既當罰其罪，可無斂其禄，然今所有罪必無赦之也。

〔一〕翔鳳案：「㢮」即「弛」之隸書別體。

〔二〕安井衡云：古本「飢」作「饑」。　俞樾云：此即什一之法而變通之，仍是什而取一也。蓋雖有「取三」、「取二」、「取一」之不同，然二歲一稅，假令六年之中，上年二，中年二，下年二，則通三二一之數而適得六，是即歲取其一也。　翔鳳案：説文：「飢，餓也。」「饑，穀不熟爲饑。」二字多混用而義有别。詩衡門「可以樂飢」，箋：「飢者，不足於食也。」案文義當作「飢」，古本不知其異。飢可弛而饑則不可弛。

〔三〕蘇輿云：㢮，緩也，解也。「而」與「則」同。言俟歲飢已解則稅之。

〔四〕王引之云：「君」當爲「羣」，羣臣大夫也。下文云「令鮑叔進大夫」，是也。晏子識不仕者之善，鮑叔則識已仕者之善。下文曰「凡仕者近宮，不仕與耕者近門，工賈近市」，仕者即羣臣矣。又案問篇「君臣有位而未有田者幾何人」，「君」亦當爲「羣」，下文「羣臣有位事官大夫者幾何人」，是也。　俞樾云：王氏念孫讀書雜志曰「『君』當爲『羣』」，其説非也。乘馬篇曰：「士聞見博，學意察，而不爲君臣者。」又云：「賈知賈之貴賤，日至於市，而不爲官賈者，工冶容貌功能，日至於市，而不爲官工者。」「君臣」與「官賈」、「官工」竝稱，則「君臣」猶言公臣耳。襄二十九年傳：「公臣不足，取於家臣。」古「君」、「公」通稱，則「公臣」、「君臣」亦得通稱。又問篇曰「君臣有位而未有田者幾何人」，義亦同此。古蓋自有「君臣」之稱，未可臆改也。　翔鳳案：白心「君親六合」，「君」亦「羣」也。王説是。

〔五〕安井衡云：左昭三年傳：「使宅人反之。」齊有是官，掌分賦宅地。

〔六〕翔鳳案：小匡：「公立三官之臣，市立三鄉，工立三族，澤立三虞，山立三衡。」「公」爲首都辦公處。「官」即館，見幼官。宮則朝會祭享之處。趙本不知其義，改「公」爲「宮」，謬矣。

〔七〕俞樾云：尹注曰：「當令一人以車爲負載其行裝。」然正文明言「人爲負」，注乃云「車爲負」，義不可通。尹氏特疑車非人所能負，故曲爲是説耳。今按「車」乃「連」字之誤。海王篇「行服連」，注曰：「輂名，所以載作器，人挽者。」然則此云「負連」，猶云「服連」，「負」、「服」古通用。淮南子人閒篇「負輂載粟而至」，御覽治道部「負輂」作「服撻」，是其證也。連本人挽者，故可以一人負之。下文云「若宿者令人養其馬」，然則彼從諸侯來者，固自有車馬，必令一人負以連者，當是分載其囊橐耳。　翔鳳案：「通」字斷句，俞説是。

〔八〕安井衡云：古本「其」作「以」。「食以委」，以委積食之也。

〔九〕丁士涵云：「別」讀如小宰「傅別」之「別」。司農注：「傅別，謂券書也。別，別爲兩，兩家各得一也。」康成注：「傅別，謂爲大手書於一札中字別之。」又士師注：「傅別，中別手書也。」

問篇云「問人之貸粟米有別券者幾何家」，尹注：「別券，謂分契也。」「八契」當爲「入契」之誤。客與有司別契書，遽委所供之數，有司入於國，得以徵驗開除供客之用。「義」、「儀」古同字。「費」讀爲悖，「悖儀數而不當」者，則「有罪」也。禮有大賓客、小賓客之儀數，或薄或厚，皆謂之「不當」，非「徒費義數」，如尹注所云也。張佩綸云：說文：「八，別也。」「八契」即是「別契」。「費」謂所用之財。「義」爲待客之儀。「數」，鈎考也。「不當」，或省或豐，似較該括。翔鳳案：「有司」爲來客之司事者。「別契」爲契名，至國則驗其契而別之，張說是。「義」訓儀，如丁說。

〔一〇〕劉績云：「出」疑「士」字誤。王引之云：劉說是也。「士」在「貴人子」與「庶人」之間，猶下文「選舉之事」，「士」在「貴人子」與「農工賈」之間也。隸書「出」字或省作「士」，（若「敳」省作「敖」，「賫」省作「賣」，「欵」省作「款」之類。）故諸書中「士」、「出」二字多相亂。（荀子大略篇「以其教士畢行」，今本「士」譌作「出」。又「習容而後出」，今本「出」譌作「士」。史記呂后紀「齊内史士」，徐廣曰：「一作『出』。」）翔鳳案：此亦隸書之別體，非譌字也。

〔一一〕陶鴻慶云：尹注云：「升進大夫，令之勉營國家之事。」「得此大夫，故有成功，終然允當，無有可悔，如此者舉，善之上。」是以「得之」爲鮑叔得此大夫，大誤。「勸國家得之成而不悔」，與下文「勸國家得之成而悔」，兩「之」字皆衍文。「勸國家得成而不悔」者，謂所進大夫勸勉於國事，既得成功，而又無後悔也。下文管仲告鮑叔曰「勸國家不得成而悔」云云，是其明證。　翔鳳案：廣雅釋詁二：「勸，助也。」王氏疏證：「盤庚云『女誕勸憂』，君奭云『在昔上帝割申勸寧王之德』，皆『助』之義也。」「得之」之「之」指人，非衍文。周禮司書「及事成」，注：「猶畢也。」公羊襄二十九年傳「尚速有悔於予身」，注：「咎也。」

〔一二〕王引之云：「爲次」二字，涉下文「得二爲次」而衍。「次之」二字，總承上文「從政治」以下四句而言，則不當更有「爲次」二字。且「從政治，野爲原，又多不發起，訟不驕」，正對下文之「從政雖治，而不能野原，又多發起，訟驕」而言。若有「爲次」二字，則既於本文不協，又與下文不對矣。　洪頤煊云：「發」讀爲廢，謂開辟荒野爲原田，又教以樹藝之功，不廢其地利。「發」、「廢」古字通用。「起訟」，謂民起而相訟者。「不驕」，謂聽之無驕矜之色。尹注非。　俞樾云：尹注曰：「又教之和通，不相告發，雖有起而訟者，莫不恭恪，不爲驕傲。」此於句讀未審也，當以「起」字絶句。「多」字衍文，涉下文「又多發起」句而衍。七臣七主篇曰「然彊敵發而起，雖善者不能存」，即可證此文「發起」之義。上云「野爲原」，謂能辟草萊也。此云「又不發起」，謂能治盜賊也。又云「訟不驕」，謂能聽獄訟也。「驕」讀爲矯。國語周語曰「其刑矯誣」，韋注曰「以詐用法曰矯」，是其義也。下文云「又多發起，訟驕」，亦當以「起」字絶句。其下又云「又多而發訟驕」，則誤衍「而」字，奪「起」字。　翔鳳案：大夫僅能理政，無大助於國家者次之，此句上屬，「爲次」二字不誤。「野爲原」，多闢水源也，此本義。洪訓「發」爲「廢」，是也。莊子列禦寇「曾不發藥乎」，釋文：「發，司馬本作『廢』。」「訟」，説文訓「事」。易序卦「飲食必有訟」，鄭注：「猶諍也。」諸人解爲訟獄，誤矣。

〔一三〕王引之云：「行此三者」四字，因下文而衍。「勸國家得之」以下，優劣相間，凡五事，不得云「行此三者」也。　孫蜀丞云：「行此三者」四字，當在下文「爲上舉」之上，誤竄于此。

〔一四〕翔鳳案：説文：「仕，學也。」桂氏義證：「書、周官學古入官，議事以制，政乃不迷。」論語：「學而優則仕，仕而優則學。」左襄三十一年傳：「子皮欲使尹何爲邑。」「使夫往而學焉，夫亦愈知治矣。」「仕」猶今之見習。　郭沫若解爲宦，而改「仕」作「狂」，非是。

〔一五〕王引之云：此文多一「農」字，後人所加也。「耕者農用力」，此「農」字非謂農夫。　廣雅曰：「農，勉也。」言耕者勉用力也。下文云「耕者用力不農」，亦謂用力不勉也。　吕刑曰「稷降播種農殖嘉穀」，言勉殖嘉穀也。（説見經義述聞。）襄十三年左傳曰「君子上能而讓其下，小人農力以事其上」，言勉力以事其上也。（「農力」猶努力，語之轉耳。）後人不知「農」訓爲勉，而誤以爲農夫之農，故又加一「農」字，不知「耕者」即是農夫，無煩更言「農」也。　郭沫若云：「農農」猶濃濃、重重、沖沖。重一「農」字，正見其非農夫之農。「農」字重文，不應删。

〔一六〕王念孫云：兩「者」字，因上「者」字而衍。「得二爲次，得一爲下」，上文凡三見，皆無「者」字。
　翔鳳案：説文訓「者」爲別事之詞，口語作「這」，有衆寡之別。論語「子見齊衰者」，「見冕者與瞽者」。此爲工賈，上文爲貴人之子及士，固有別也。兩「者」字不當衍。

〔一七〕安井衡云：「舉」，古本作「得」。

〔一八〕陶鴻慶云：「舉」讀爲與，「管仲進而舉言」爲句，三大夫既已選舉，管仲則進其人而考之以言，然後上而見之於君也。翔鳳案：陶説是也。周禮師氏「王舉則從」，注：「故書『舉』爲『與』。杜子春云：當爲『與』。」

〔一九〕劉績云：「處華」句，照上「處不華」。「下交」，謂以貴陵人，使友居下也，照「友有少長」。「好飲食」照「出不仕」。何如璋云：劉讀「處華」句，「下交」句，是。注非。劉以「下交」爲「以貴陵人，使友居下」，亦非。此殆言其瀆也。金廷桂云：此謂居處奢華，下交輕薄子弟，好酒食游戲，是貴人子通病，與上文「處不華，友有少長」正相反，故罪之無赦也。

〔二〇〕戴望云：詩北山傳曰：「賢，勞也。」此「賢」字當訓爲勞。上文「事賢多」，亦謂服勞多也。御覽資産部二引作「農不事賢行」，誤連下文「行此三者」「行」字爲句，又衍一「農」字。翔鳳案：上文「事賢多」，則「賢」爲老農有材藝者。

〔二一〕何如璋云：當作「高子」，此應上文。涉下「君謂國子」而誤。陶鴻慶云：下言工賈之事，「國子」當爲「高子」。

〔二二〕蘇輿云：「危」與「詭」同聲通用。漢書天文志「司詭星」，史記天官書作「危」；淮南説林訓「尺寸雖齊必有詭」，文子上德篇作「危」。翔鳳案：以「危」爲「詭」是也，而未盡其義。説文：「詭，責也。」責，古「債」字。左成十八年傳：「施舍已責。」國策齊策：「馮煖收責於薛。」後漢書梁冀傳注：「詭億，一曰射意，一曰射數，即攤錢也。」易於負債，故「詭」訓爲責。

違背老者之教而賭博，此工賈子所常見者，張、蘇之説，非實義也。

〔三三〕翔鳳案：漢書何武傳「廉得其罪」，注：「察也。」吏不進，則察其意是否挾私。

〔三四〕王念孫云：當依上文作「有罪無赦」，今本涉上句「可無斂」而誤，尹注可證。丁士涵云：「獄情」，謂兩造之實也。「義」如「鴟義姦宄」之「義」。（廣雅曰「俄，衺也」，「義」與「俄」同。）「禄」，善也（爾雅文）。「斷獄情」爲句。「與義易義」，「與禄易禄」，二句對文，衍一「易」字耳。謂獄之情實，一邪一善。斷者與邪，則民易爲邪。與善，則民易爲善。蘇輿云：如丁説，則「無斂」句無義。余謂「情與義易，義與禄易」者，言斷獄當凖人情，情之無可原者則以義斷之，義之無可寬者則以禄贖之。易繫辭「理財正辭，禁民爲非曰義」，大戴禮盛德篇「司寇之官以成義」，即此「義」字之旨，所謂以法濟情之用也。「禄」亦貨寶之通詞，謂甲盾金矢之屬，隨法輕重以爲之差，而以其所屬之物移諸甲兵（具見小匡篇），所謂「易禄無斂」也。「有可」，當如王説作「有罪」。本書法法篇「赦者小利而大害者也，故久而不勝其禍」，蓋即斯旨。言不當以贖論者，亦不可概爲寬宥。此通論斷獄之法，不與上文相蒙。翔鳳案：周禮大宰「四曰禄位，以馭其士」，注：「若今月俸也。」斷獄以義爲主，「義」如蘇説。不大違於義，可以禄贖。説文：「斂，收也。」若不義而專以禄則不收。有禄以贖，亦可以無赦矣。一字不衍，一字不誤。

內言二

管子校注卷第八

中匡第十九

翔鳳案：「中匡」，房氏無注。郭沫若以爲一尺二寸簡書，長爲大匡之半。周書大匡解：「中匡用均，勞故禮新。」篇中管仲會國用，桓公致仲父，其義恰合。郭説誤。

管仲會國用〔一〕，三分二在賓客，二以供賓客。其一在國，管仲懼而復之〔二〕。復，白也。以賓客之費太半，故白之。公曰：「吾子猶如是乎〔三〕？以吾子爲賢，當以供賓之義爲急務，尚懼而白之乎？四鄰賓客，入者説，出者譽，入見禮而悦者，出必爲延譽也。光名滿天下。入者不説，出者不譽，汙名滿天下。壤可以爲粟，播壤則生粟。木可以爲貨〔四〕。破木成器則貨。粟盡則有生，貨散則有聚。君人者，名之爲貴，財安可有〔五〕？」有財則失名，故不可有。管仲曰：「此君之明也。」公曰：「民辦軍事矣，則可乎〔六〕？」對曰：「不可。甲兵未足也，請薄刑罰以厚甲兵。」於是死罪不殺，刑罪不罰，使以甲兵贖。有罪使出甲兵以贖之也。死罪以犀甲一戟，刑罰以脅盾一戟〔七〕，脅盾也，既出盾又令出一戟也。過罰以金，過誤致罰，出金以贖之。軍無所計而訟者，成以束矢〔八〕。不計於軍事，而以私訟者，令出束矢，以平其罪。成，平也。公曰：「甲兵既足矣，吾欲誅大國之不道者，可乎？」對曰：「愛四封之內，而後可以惡竟外之不善者〔九〕。先施愛於四封之內，則士致死，故可以惡竟外之不善。安卿大夫之家，而後可以危救敵之國〔一〇〕。卿大夫家安，則大臣盡力，故以危救敵之國。賜小國地，而後可以誅大國之不道者。舉賢良，而后可以廢慢法鄙賤之民。是故先王必有置也，而後必有廢也。必有利也，而后必有害也〔一一〕。」

桓公曰：「昔三王者既弒其君〔一二〕，今言仁義，則必以三王爲法度，不識其故何也？」對曰：「昔者，禹平治天下，及桀而亂之，湯放桀以定禹功也。湯平治天下，及紂而亂之，武王伐紂以定湯功也。且善之伐不善也〔一三〕，自古至今，未有改之，君何疑焉！」公又問曰：「古之亡國其何失？」對曰：「計得地與寶而不計失諸侯，計得財委而不計失百姓，計見親而不計見棄。三者之屬，一足以削，遍而有者亡矣。古之隳國家、隕社稷者，非故且爲之也〔一四〕，必少有樂焉，不知其陷於惡也。」

〔一〕翔鳳案：周禮司會「以歲會考歲成」，注：「歲計曰會。」合言之曰會計。孟子：「會計當而已矣。」合市之人則爲儈。史記貨殖列傳「子貸金錢千貫，節駔會」，漢書「會」作「儈」。

〔二〕翔鳳案：房注：「復，白也。」「復」音轉爲「白」，如「扶服」轉爲「匍匐」也。

〔三〕翔鳳案：儀禮士冠禮「願吾子之教之也」，注：「吾，我也。」又云：「吾子，相親之詞。」海王「吾子食鹽二升少半」，注：「謂小男小女也。」三者不同。實則「吾子」即娃子，爲長輩對晚輩親愛之詞，轉爲長官對部屬。訓「吾」爲「我」，作爲我天子，此臆説也。

〔四〕翔鳳案：侈靡「諸侯之化，幣也」，「化」即「貨」。今存齊之刀幣，有「化」字可證。幣有金玉，有帛，有皮。魚鹽非幣。司馬遷謂：「仲以區區齊在海濱，通貨積財。」貨於海有關，然鹽鐵論輕重篇謂管仲總一鹽鐵，既有鐵，則不得專言水矣。國蓄：「春賦以斂繒帛。」當時無棉，繒帛以蔴爲之。「蔴」從林，即二𣎳，匹刃切，非莫卜切之「木」也。篆作「𣎳」，隸書與「木」無別。王筠謂：「造字之始，必先有林，而後省之爲木。蓺之比如櫛，疏則無用，林象其密也。」「林」爲匹卦切，與「貝」同音，二者音轉「幣」。用「𣎳」爲「林」，猶用「屮」爲「艸」。下文「貨散則有聚」，「散」本作「㪔」，知其於「幣」有關矣。「木」爲匹卦切之木，郭沫若疑「木」作「水」，非是。

〔五〕翔鳳案：謂不私爲己有也。即下文「計得財委而不計失百姓」之意，房注未析。

〔六〕戴望云：元刻「辨」作「辦」。陶鴻慶云：桓公之問，不知何指，「則可乎」上當有脱句。下文云：「公曰：甲兵既足矣，吾欲誅大國之不道者，可乎？」疑「吾欲誅大國之不道者」九字，本在此文「民辦軍事矣」句下，故管仲以甲兵未足止之。小匡篇云：「桓公曰：卒伍定矣，事已成矣，吾欲從事於諸侯，其可乎？」管子對曰：「未可，若軍令則吾既寄諸內政矣。夫齊國寡甲兵，吾欲輕重罪而移之於甲兵。」文義與此節相近，可證此文之誤。下文本作「公曰：甲兵既足矣，可乎」，則蒙此句而言。小匡篇：「公曰：民安矣，其可乎？」又：「公曰：外內定矣，可乎？」皆其例也。傳寫於此誤奪，校者又誤補於下耳。翔鳳案：承上「國用」言之。國用有軍有政。管子所用在政，桓公則就軍言之，謂舊例軍由民辦也。

〔七〕王引之云：「刑罰」當爲「刑罪」。「死罪以犀甲一戟」，是承上「死罪不殺」而言。「刑罪以脅盾一戟」，是承上「刑罪不罰」而言。齊語作「重罪贖以犀甲一戟，輕罪贖以鞼盾一戟」，「重罪」即「死罪」，「輕罪」即「刑罪」也。今作「刑罰」者，涉上文「薄刑罰」而誤。尹桐陽云：淮南氾論：「齊桓公將欲征伐，甲兵不足。令有重罪者出犀甲一戟，有輕罪者贖以金分，訟而不勝者出一束箭。」翔鳳案：説文：「刑，剄也。」「㓝，罰辠也。」此爲自剄之刑，次於死一等。呂氏春秋仲秋「行罪無疑」，注：「罰也。」「刑罪不罰」之「罰」訓爲撻。周禮司救「三讓而罰」，注：「撻擊之也。」

〔八〕王引之云：「軍」當爲「鈞」，「鈞」、「軍」聲相亂，又涉上文「軍事」而誤。「過罰以金鈞」者，謂過失之罰令出金一鈞也。小匡篇作「小罪入以金鈞」，是其證。若無「鈞」字，則所罰之金無定數矣。下文「無所計而訟者」，別是一事。小匡篇作「無坐抑而訟獄者」，句法亦相同。尹以「軍」字屬下讀，謂「不計於軍事而以私訟者」，非也。此是獄訟之事，與軍事無涉。何如璋云：「訟者成以束矢」，即秋官大司寇「以兩造禁民訟，入束矢於朝，然後聽之」之義。淮南氾論作「訟而不勝者出一束箭」，是也。蘇輿云：「無所計」於義無取。「計」當作「抑」，言無所屈抑而輒訟也。小匡篇作「無坐抑」，「抑」字不誤，而「坐」當爲「所」。「坐」、「所」聲近，「抑」、「計」形近，可以互訂。翔鳳案：承上「民辦軍事」言。民問計劃不足而爭訟，雖非個人犯罪，而於軍事進行有損，故罰以束矢。房訓「成」爲「平」，謂平議也。淮南氾論「贖以金分」，爲小匡之文。

〔九〕翔鳳案：「竟」即「境」，見前。

〔一〇〕王引之云：「救敵」與「仇敵」同。集韻：「仇，讎也，一曰匹也，或作『㧑』。」方言「㧑，仇也」，（今本「㧑」譌作「杌」，據集韻引改。）郭璞曰：「謂怨仇也。」太玄内初一「謹于㧑嬰」，范望曰：「㧑，匹也。」釋文曰：「『嬰』與『妃』同。『㧑』音仇，一作『救』。」「嬰㧑」即「妃仇」。（桓二年左傳：「嘉耦曰妃，怨耦曰仇。」）而「㧑」又作「救」，是「仇」、「㧑」、「救」古字通也。小問篇作「先定卿大夫之家，然後可以危鄰之敵國」，是其證。翔鳳案：列國並峙，用兵之難，不在敵國，而在救敵之國。大匡「公不聽，果伐宋，諸侯興兵而救宋，大敗齊師」，此一例也。左傳、國策，事例隨處可見。王不顧事理而求之於字形，非是。

〔一一〕王念孫云：兩「而後」下，皆不當有「必」字，此涉上文而衍。小問篇云「是故先王必有置也，然後有廢也，必有利也，然後有害也」，是其證。安井衡云：古本「廢」作「發」，假借字。

翔鳳案：「必」字可省，然兩篇非必一致，不可據彼改此。一篇之中，作者每有增删，王氏此種主觀校勘法，給後世之不良影響甚大。

〔二〕翔鳳案：白虎通引春秋讖曰：「弒者，試也。欲言臣子殺君父，不敢卒。候問司事，可稍稍試之。」「弒」，石經公羊作「試」。管子用齊言，當作「試」，非徒以近古也。

〔三〕翔鳳案：齊法懃禪師塔銘「代」作「伐」。此隸書之別體也。霸言「伐不謂貪者」，「伐」即「代」字。

〔四〕翔鳳案：楚語「夫其有故」，注：「猶意也。」淮南氾論訓「勒問其故」，注：「意也。」口語爲「故意」。

桓公謂管仲曰：「請致仲父〔一〕。」仲父者，尊老有德之稱。桓公欲尊事管仲，故以仲父之號致之。公與管仲父而將飲之〔二〕，行飲酒禮以尊顯之。掘新井而柴焉〔三〕。新井而又柴蓋之，欲以潔清，示敬之。十日齋戒，召管仲。管仲至，公執爵，夫人執尊，觴三行，管仲趨出〔四〕。公怒曰：「寡人齋戒十日而飲仲父，寡人自以爲脩矣〔五〕。仲父不告寡人而出，其故何也？」謂不辭而出，所以怒。鮑叔、隰朋趨而出，及管仲於途，曰：「公怒。」管仲反，入，倍屏而立，公不與言。少進中庭，公不與言。少進傅堂〔六〕，公曰：「寡人齋戒十日而飲仲父，自以爲脱於罪矣。仲父不告寡人而出，未知其故也。」對曰：「臣聞之，沉於樂者洽於憂〔七〕，樂過則憂慱。厚於味者薄於行，慢於朝者緩於政，害於國家者危於社稷。臣是以敢出也。」公遽下堂曰：「寡人非敢自爲脩也〔八〕，仲父年長，雖寡人亦衰矣，吾願一朝安仲父也。」言俱至於衰老，故欲一朝樂飲而爲安。對曰：「臣聞壯者無怠，老者無偷，順天之道，必以善終者也。三王失之也，非一朝之萃〔九〕，其所由來者漸矣，非一朝萃集也。君奈何其偷乎！」管仲走出，君以賓客之禮再拜送之。

〔一〕俞樾云：「請致仲父」者，欲仲父就己飲酒也。仲父猶仲甫，夷吾之字耳。尹注曰「仲父者，尊老有德之稱，桓公欲尊事管仲，故以仲父之號致之」，此説非是。蓋自毛公解尚父爲「可尚可父」，鄭君亦以尚父爲尊稱，後人因疑仲父之稱猶尚父之比，故有此説。不知尚父亦字也，初非尊號。説詳羣經平議。蘇輿云：史記吕不韋傳「尊吕不韋爲相國，號稱仲父」，正義：「效齊桓公以管仲爲仲父。」又秦王賜書曰「君何親于秦？號稱仲父。」尹氏之説未爲無本。但「致」非致號之謂耳。翔鳳案：説文：「致，送詣也。」臣子於君則上尊號，君於臣則爲送致。古人之字，亦爲尊長送致，故儀禮有士冠禮。韓非子外儲説左：「齊桓公將立管仲，令群臣曰：『寡人將立管仲爲仲父，善者入門而左，不善者入門而右。』」又云：「管仲相齊，曰：『臣貴矣，然而臣貧。』桓公曰：『使子有三歸之家。』曰：『臣富矣，然而臣卑。』桓公使立於高、國之上。曰：『臣尊矣，然而臣疏。』乃立爲仲父。」是「致仲父」爲送以榮譽之號，猶清代之稱「相公」、「公祖」，近時之稱「老」，何諸人之不考乎？説文「甫，男子之美稱也」，段注：「春秋：『公及邾儀父盟於蔑。』穀梁傳曰：『儀，字也。父猶傅也，男子之美稱也。』」

士冠禮：「字辭曰：伯某甫，仲叔季，惟其所當。」詩之祈父、仲山甫皆王室老臣，其稱爲人送致，非若後世之自號。俞字蔭甫，日日自稱而不覺，且以疑及古人。蘇知吕不韋之故事，而又謂非致號，真牴牾之尤。「仲」且非字，而況「仲父」乎？齊之姜太公、管仲父，皆非字也。

〔二〕俞樾云：「與」讀爲預，一切經音義卷六曰「預，古文作『與』」，是也。「公預管仲父而將飲之」，猶襄十四年左傳曰「衛獻公戒孫文子、寧惠子食也」，「戒」與「預」其義相近。劉師培云：尹注云「行飲酒禮以尊顯之」，蓋讀「與」爲舉。「舉」、「與」古通。翔鳳案：論語「惟我與爾有是夫」，皇疏：「與，許也。」桓公許夷吾以仲父之尊而將飲之，否則「而」字無意義。俞説不可通，劉訓爲「舉」亦不切。

〔三〕戴望云：「柴」字於義無取。「柴」當爲「突」，古「深」字，隸變作「罙」，因誤爲「柴」耳。輕重甲篇「請以令高杠柴池」，「柴」亦「突」字之誤。劉師培云：「柴」與「棧」通。謂以木闌井，禁他汲，以保絜清也。

〔四〕劉師培云：册府元龜二百四十一引作「大夫執尊」。考輕重丁篇云「請以令召稱貸之家，君因酌之酒，太宰行觴」，或册府元龜所引非訛。翔鳳案：立政：「天子服文章，夫人不敢以燕以饗廟。」管子未過三爵，不可謂沈於樂，蓋不滿於夫人執爵，不敢顯言之。

〔五〕劉師培云：「脩」疑「備」訛。（荀子勸學篇「聖心備焉」，俗本亦訛作「脩」，是其例。）翔鳳案：禮運「義之修而禮之藏也」，注：「『修』猶飾也。『義』即『儀』。」桓公亦知管仲之意，自謂飾於禮儀，非慢也。一「脩」字含意躍然，劉氏不知。

〔六〕翔鳳案：左隱十一年傳「傅於許」，注：「傅于許城下。」

〔七〕安井衡云：「沈」、「淫」通。「洽」，沾漬也。

〔八〕劉師培云：「脩」字亦當作「備」。「自」下脱「以」字，元龜引有「以」字。翔鳳案：「脩」義見前。説文無「偷」字。人部：「佻，偷也。」「佻」即「恌」。詩鹿鳴「視民不恌」，張衡西京賦作「示民不偷」。「偷」有輕佻之意，君臣問答，各有隱情。

〔九〕丁士涵云：「萃」讀爲卒。史記索隱引廣雅曰：「卒，暴也。」俞樾云：「萃」當讀爲猝，言由來者漸，非起於一朝之猝然也。尹注讀如本字，而訓爲「萃集」，非是。

明日，管仲朝，公曰：「寡人願聞國君之信。」對曰：「民愛之，鄰國親之，天下信之，此國君之信。」公曰：「善。請問信安始而可？」對曰：「始於爲身，中於爲國，成於爲天下〔一〕。」公曰：「請問爲身。」對曰：「道血氣以求長年，長心，長德〔二〕，長心，謂謀慮遠也。長德，謂恩施廣也。此爲身也。」公曰：「請問爲國。」對曰：「遠舉賢人〔三〕，慈愛百姓，外存亡國，繼絶世，起諸孤，孤，謂死王事者子孫。薄税斂，輕刑罰，此爲國之大禮也〔四〕。法行而不苛〔五〕，刑廉而不赦〔六〕，有司寬而不淩〔七〕，不虐惸獨。菀濁困滯，皆法度不亡，菀①濁，謂穢塞不潔清者也。困滯，謂疲羸微隱者也。有如此者，皆以法度加之，不令有所失亡也。**往行不來**〔八〕，**而民游世矣**〔九〕，其行法度者，但往行而進，不却來而退，而人以此自得行於世也。**此爲天下也。」**

〔一〕翔鳳案：孝經開宗明義章「夫孝，始於事親，中於事君，終於立身」，此「成」當訓「終」之證。

〔二〕于省吾云：「長心長德」與「長年」之「長」不應同訓。「長」宜讀爲養。書大誥「民養其勸弗救」，漢書王莽傳作「民長」。夏小正「執養宮事」，傳：「養，長也。」「長心長德」即養心養德。翔鳳案：一字二音，如好惡、美惡之類，古人無是也。于之讀非而訓則是。

〔三〕郭嵩燾云：下文「外存亡國」，則此當云「内舉賢人」，「遠」字疑誤。張佩綸云：「遠舉」疑「選舉」之誤。論語：「湯有天下，選於衆，舉伊尹，不仁者遠矣。」翔鳳案：「遠舉」，即不專用近臣之謂。左定六年傳「用好遠人」，注：「異族也。」其義更廣。張未達而改爲「選」，非是。

〔四〕張佩綸云：「之大體」三字疑衍。上曰「此爲身也」，下曰「此爲天下也」，此不應獨增三字，羣書治要無之。翔鳳案：「大禮」猶今言大體，不舉細節也。淮南齊俗訓：「禮者，體也。」易繫辭「以行其典禮」，釋文：「禮，姚本作『體』。」張以爲衍文，非是。

① 「菀」字原作「鬱」，據補注改。

〔五〕張佩綸云：依上文例，句首當有「公曰：請問爲天下，對曰」九字，傳寫失之。翔鳳案：天下信之，不待桓公問而補出，若必補此九字，反呆滯矣。

〔六〕丁士涵云：「赦」當爲「忮」；忮，很也。「不忮」與上文「不苛」同意。説文「玉」下曰：「廉而不忮，絜之方也。」水地篇曰：「廉而不劌。」張佩綸云：丁説非也。「不赦」，乃管仲明刑之意，詳見法法篇。釋名釋言語：「廉，斂也，自檢斂也。」大匡篇「平禄無苛，廉斂，有苛無赦」，所謂「斂有苛」，即此之所謂「廉」也。廉自不苛，不必改「赦」爲「忮」。姚永概云：言刑雖廉潔而不妄赦。廉，不濫也。周禮小宰注：「廉者潔，不濫濁也。」翔鳳案：廣雅釋言：「廉，棱也。」管子以赦爲久而不勝其害。此國之法，有司善用之，寬而不凌，義相反而實相成，張、姚二説近之，丁則誤矣。

〔七〕王念孫云：「凌」者，嚴急之意，字或作「陵」。荀子致士篇曰：「凡節奏欲陵，而生民欲寬。」富國篇曰：「其於貨財取與計數也，寬饒簡易，其於禮義節奏也，陵謹盡察。」是「凌」與「寬」正相反也。尹注非。姚永概云：文選難蜀父老注：「『陵夷』即陵遲也。」後漢儒林傳論「朝綱日陵」，注：「陵遲也。」漢書成紀注：「『陵夷』言其頽替。」尹注「謂不虐惸獨」，則與寬不別。王氏又訓「陵」爲嚴急。皆未思法行易於苛，故以「不苛」爲美，刑廉易於赦，故以「不赦」爲美，有司寬則易於陵遲，故以「不陵」爲美也。翔鳳案：「凌」從仌，有棱角而寒。廣雅釋言：「凌，暴也。」莊子徐无鬼「察士无凌誶之事」，注：「謂相凌轢。」皆引申義。

〔八〕安井衡云：「菀」猶屈也；「濁」猶辱也；「困」，窮；「滯」，淹也。四者皆窮民無告者，亦皆有法度而安之，不使之喪亡。　張文虎云：「皆」下脱一字，屬上爲句，蓋謂「菀濁困滯」皆疏決也。「來」疑「爽」字之誤，（爾雅釋鳥「鶆鳩」誤爲「鶆鳩」，是其證）與「法度不亡」爲韻。尹注本已脱誤。　張佩綸云：「菀濁」即「煢獨」之壞。原文當作「煢獨困滯，皆有法度行之」，下注「行法度」是其證。「亡」乃「出」之誤。詩：「哀此惸獨。」洪範：「無虐煢獨。」周禮大司寇鄭注：「無兄弟曰惸，無子孫曰獨。」晉語「救乏振滯，匡困資無」，韋注：「振滯，振淹困之士，正窮困之人。」　翔鳳案：「菀」同「鬱」。詩都人士「我心菀結」，箋：「猶積也。」張説誤。「皆法度不亡」，謂不失法度。爾雅釋詁釋文：「來，本又作『勑』。」釋文條例「『來』旁作力，俗以爲『約勑』字，説文以爲『勞徠』字，經典多省作『來』」，則「來」、「勑」爲古今字。

〔九〕俞樾云：「世」讀爲泄，「游」、「泄」皆和樂之意。　戴望云：當作「游於世」，「游」下脱「於」字。　張佩綸云：莊子山木篇：「人能虚己以游世，其孰能害之？」此即上所謂「獨與道游于大莫之國」。　翔鳳案：「泄」從世聲，義得相假。然「泄」之本字作「洩」，古無「世」、「泄」互假之例，俞説無據，張説爲妥。不必加「於」字，戴説非。

小匡第二十

翔鳳案：周書大匡解「小匡用惠，施舍靜衆」，注：「靜，安也。」篇中提出「惠」字，「衆」則兼內外言之，「大」、「中」、「小」各有義。

桓公自莒反于齊，使鮑叔牙爲宰。鮑叔辭曰：「臣，君之庸臣也。君有加惠於其臣〔一〕，使臣不凍飢〔二〕，則是君之賜也。若必治國家，則非臣之所能也，其唯管夷吾乎！臣之所不如管夷吾者五：寬惠愛民，臣不如也。治國不失秉〔三〕，臣不如也。秉，柄也。柄所操以作事。國柄者，賞罰之紀要也。忠信可結於諸侯〔四〕，臣不如也。制禮義可法於四方，臣不如也。介冑執枹，立於軍門，使百姓皆加勇〔五〕，臣不如也。枹，擊鼓槌。夫管仲，民之父母也〔六〕。將欲治其子，不可棄其父母。」公曰：「管夷吾親射寡人，中鉤〔七〕，殆於死，今乃用之，可乎？」鮑叔曰：「彼爲其君動也〔八〕，君若宥而反之，其爲君亦猶是也。」公曰：「然則爲之奈何？」鮑叔曰：「君使人請之魯。」公曰：「施伯，魯之謀臣也。彼知吾將用之，必不吾予也。」鮑叔曰：「君詔使者曰：『寡君有不令之臣在君之國，願請之以戮羣臣〔九〕。』戮以徇羣臣。魯君必諾。且施伯之知夷吾之才，必將致魯之政。既知其材，故授以國政。夷吾受之，則魯能弱齊矣。夷吾不受，彼知其將反於齊，必殺之。」公曰：「然則夷吾受乎？」鮑叔曰：「不受也。夷吾事君無二心。」公曰：「其於寡人猶如是乎？」對曰：「非爲君也，爲先君與社稷之故。君若欲定宗廟，則亟請之。不然，無及也。」公乃使鮑叔行成，成，平也。與魯平。曰：「公子糾，親也，請君討之。」魯人爲殺公子糾。又曰：「管仲，讎也，請受而甘心焉〔一〇〕。」魯君許諾。施伯謂魯侯曰：「勿予。非戮之也，將用其政也〔一一〕。用之使知政。管仲者，天下之賢人也，大器也。在楚則楚得意於天下，在晉則晉得意於天下，在狄則狄得意於天下。今齊求而得之，則必長爲魯國憂〔一二〕。君何不殺而受之其屍〔一三〕？」魯君曰：「諾。」將殺管仲。鮑叔進曰：「殺之齊是戮齊也，言戮以徇齊也。殺之魯是戮魯也。以誡羣臣。弊邑寡君願生得之〔一四〕，以徇於國，爲羣臣僇。戮之以誡羣臣。若不生得，是君與寡君賊比也〔一五〕。言親吾賊。非弊邑之君所謂也〔一六〕，使臣不能受命〔一七〕。」於是魯君乃不殺，遂生束縛而柙以予齊。柙，檻。鮑叔受而哭之，三舉，三舉其聲，僞哀其將死也。施伯從而笑之，笑其僞也。謂大夫曰：「管仲必不死。夫鮑叔之忍不僇賢人，言多所容忍，必不僇賢人。其智稱賢以自成也〔一八〕。稱，舉也。鮑叔相公子小白，先入得國。得國人心。管仲、召忽奉公子糾，後入，與魯以戰，能使魯敗〔一九〕。與魯師與齊戰，能使魯敗而齊克也。功足以得天與失天，其人事一也〔二〇〕。管仲本圖將立小白，今能敗魯而勝齊，是其功也。故於齊爲得天，於魯爲失天，至於能成人事則一。今魯懼，殺公子糾、召忽，囚管仲以予齊，鮑叔知無後事，既得管仲，則知後無禍難之事也。必將勤管仲以勞其君〔二一〕，必探管仲本敗魯勝齊之意，以成其功，勤而慰勞其君也。願以顯其功〔二二〕。衆必予之願君試用管仲，以顯其定齊之功。如此，衆必與之。與，許也。有得。力死之功，猶尚可加也〔二三〕。顯生之功，將何如？是假令管仲力死成功，但一時之事耳，猶尚可加，況不恥垢辱，忍而生全，齊將得之而霸，以顯其本謀之功，何善如之乎！言不可加也。昭德以貳君也〔二四〕。言昭管仲之德，以爲君之副貳。鮑叔之知不是失也。」以鮑叔之智，能及此圖，必不失也。至於堂阜之上，堂阜，地名。鮑叔祓而浴之三〔二五〕，祓，謂除其凶邪之氣。桓公親迎之郊。管仲詘纓捷衽〔二六〕，示將就戮。使人操斧而立其後。操斧者，將受斧鉞之誅也。公辭斧三，然後退之。退操斧者。公曰：「垂纓下衽，寡人將見。」管仲再拜稽首，曰：「應公之賜〔二七〕，殺之黄泉，死且不朽。」言君賜之死，尚感恩不朽，況生之乎！公遂與歸，禮之於廟，三酌而問爲政焉。

〔一〕孫星衍云：文選陸厥答内兄詩注引「加」作「嘉」，左氏莊九年正義引無「其」字。翔鳳案：「其」通訓爲彼，此處同「爾」。墨子明鬼「御非爾馬之政」，書甘誓作「其」。「其臣」猶言你的臣，親切之稱，齊語不知其義而誤删。

〔二〕孫星衍云：治要引「飢」作「餒」，左氏正義作「餒」。翔鳳案：「飢」訓餓，與「饑」不同，前文已指出。「餒」即「飢」之異文，非二字也。

〔三〕孫星衍云：治要引「秉」作「柄」。戴望云：齊語與治要同。翔鳳案：詩：「秉國之鈞。」「柄」爲後出字。

〔四〕丁士涵云：齊語「諸侯」作「百姓」。翔鳳案：論語：「言忠信，行篤敬，雖蠻貊之邦行矣。」作「諸侯」爲是。左傳：「忠於民而信於神。」齊語不合。

〔五〕孫星衍云：左氏正義引「加」作「知」。蘇輿云：齊語亦作「加」，韋注：「加，益也。」未可據後來之本改之。翔鳳案：左傳：「夫戰，勇氣也，一鼓作氣。」執枹以鼓爲「加勇」，非「知勇」之時，此義極淺。

〔六〕劉師培云：左傳莊九年疏及治要並引「仲」作「子」。

〔七〕翔鳳案：鈎有多種，此帶鈎也。晉語「申孫之矢，集於桓鈎」，注：「帶鈎也。」中鈎，幾於洞穿腹部，故曰「殆於死」。

〔八〕孫星衍云：齊語「夫爲其君動也」，羣書治要引此無「動」字，非。左氏正義引作「勤」。洪頤煊云：「勤」字是。左氏僖二十八年傳「令尹其不勤民」，周語「不佞以勤叔父」，又楚語「是勤民以自封也」，爾雅：「勤，勞也。」杜預曰：「盡心盡力、無所愛惜爲『勤』。」今本與齊語作「動」，皆誤。翔鳳案：易繫辭「效天下之動者也」，虞注：「發也。」合乎發矢之義。洪説非。

〔九〕王念孫云：「戮羣臣」，當從朱本作「戮於羣臣」。「戮於羣臣」者，下文曰「願生得之，以徇於國，爲羣臣僇」，是也。脱去「於」字，則義不可通。左傳正義引此正作「願請之以戮於羣臣」，齊語作「欲以戮之於羣臣，故請之」。翔鳳案：下文「殺之齊是戮齊也，殺之魯是戮魯也」，通例皆無「於」字，非省之也，古今語法不同也。此處決不能有「於」字。王氏不知古今語法之異，誤矣。

〔一〇〕王念孫云：左傳正義引作「請受而戮之」，是也。下文施伯曰「非戮之也」，正對此句而言，則本作「請受而戮之」明矣。今作「請受而甘心焉」者，後人依左傳改之，而不知與下文不合也。且是書之文，不必皆與左傳同也。翔鳳案：「甘心」有報讎之意，外交辭令，不得不如是。下文「非戮之也」，施伯減輕其語氣，以明施伯之知。王氏書生氣太重矣。

〔一一〕翔鳳案：用其爲政，省「爲」字，與上下文省「於」字同。

〔一二〕安井衡云：古本無「魯」字。丁士涵云：「令」當作「令」。齊語曰「令彼在齊，則必長爲魯國憂矣」，語意正同。翔鳳案：「今」字指鮑叔言，「今齊求」與「令彼在齊」語意不同，丁説誤。

〔一三〕劉績云：一作「殺之而授其屍」。孫星衍云：左氏正義引「受」作「授」，無「之」字。

戴望云：齊語作「殺而以其屍授之」。翔鳳案：説文：「受，相付也。」此義正合。「授，予也」，爲後出字。嚴格言之，「受」從爪，其「爪」與「又」均爲「手」，再加「手」爲「授」，與加「手」爲「採」同，乃俗字矣。知古本改「受」爲「授」之非。若其改「屍」爲「政」，則謬極。既殺而死矣，可授以政乎？

〔一四〕翔鳳案：「敝邑寡君願生得之」，爲君願得之，古本以下文有「賊」字而加「之賊」二字，此句無主詞，不可通也。

〔一五〕戴望云：左氏正義引「寡君」下有「之」字，元刻同。翔鳳案：此又省「之」字。「比」，親也。

〔一六〕王念孫云：「謂」當爲「請」，字之誤也。左傳正義引作「非弊邑之所請也」，齊語作「若不生得以戮於羣臣，猶未得請也」。上文「請」字凡五見，皆其證。翔鳳案：説文：「謂，報也。」「報，當罪人也。」段注：「刑與罪相當謂之『報』，引申凡論人論事得其實謂之『報』。謂者，論人論事得其實也。」意謂非使臣所論之實，王改爲「請」，誤。

〔一七〕孫星衍云：左氏正義引「能」作「敢」。翔鳳案：「能」字語氣較硬，魯爲戰敗之國，鮑叔有要挾之意，志在生得。作「敢」字不合。

〔一八〕洪頤煊云：尹注言「多所容忍，必不僇賢人」，其義甚迂。左氏正義引作「鮑叔之不忍僇賢人，其知知稱賢以自成也」，義勝於今本。下句上「知」字音智，下「知」字如字。今本删一

「知」字，俱誤。王念孫云：「夫鮑叔之不忍僇賢人」語意亦未了，當作「夫鮑叔之仁，不忍僇賢人；其智，知稱賢以自成也」，「仁」與「智」正相對。正義所引脱「仁」字，尹本則大誤矣。尹注亦非。張文虎云：「忍」當作「忈」，古「仁」字也。左傳正義引作「不忍」，蓋所見本已誤。

忍」猶云「鮑叔之仁」。俞樾云：釋名釋言語曰：「仁，忍也，好生惡殺，善含忍也。」然則「鮑叔之忍」猶云「鮑叔之仁」。下云「其智」，正以「仁」、「智」並言也。左傳正義引作「鮑叔之不忍戮賢人」，蓋後人不達「忍」字之義而妄改之，不足爲據。翔鳳案：「夫鮑叔之忍」，謂鮑叔請戮於齊，似爲忍人，然其心不戮賢人也。

〔一九〕俞樾云：「與」、「以」二字，傳寫互誤，當作「以魯與戰」，言以魯國之師與齊戰也。「能」字義不可通，管仲以魯師與齊戰，豈反使魯敗乎？「能」當讀爲「乃」，以魯與戰，乃使魯敗，明是天意，非人力所爲也。「能」與「乃」聲近，故得通用。淮南人間篇「此何遽不能爲福乎」，藝文類聚禮部「能」作「乃」。漢書匈奴傳「東援海代，南取江淮，然後乃備」，漢紀「乃」作「能」，並其證也。翔鳳案：「與魯以戰」，爲語法不同。「能」同「乃」，俞説是。

〔二〇〕俞樾云：「足」乃「定」字之誤。言鮑叔相小白而得國，管仲奉公子糾，以魯與齊戰而敗，此非人事有優劣，乃由小白得天，而公子糾失天也。功之成不成，定以得天與失天，若以人事論，則一而已矣。「定」與「足」字，形相似而誤。君臣上篇「朝有足度衡儀」，「足」亦「定」字之誤，宋本正作「定」，可證也。若依尹注説此文，違戾甚矣。張佩綸云：「功足以」三字衍。

尹注亦非。言鮑叔得天，管仲失天，而其人事則一。翔鳳案：「以」爲「已」之變形，屢見前文。

〔二一〕安井衡云：「勤」當爲「勸」，字之誤也。翔鳳案：晉語「秦人勤我矣」，注：「助我也。」「勤」訓助，非誤字。

〔二二〕翔鳳案：「願」爲將來，承上「將」字。郭沫若説當作「顧」，非是。

〔二三〕劉績云：言常人有爲君得曾力死爲國者，功猶可貴；今鮑叔爲桓得生仲者，則功無以加矣。丁士涵云：當讀「衆必予之有得」爲句。「力死之功」與下「顯生之功」對文，「加」與「嘉」通。戴望云：朱本「得」作「德」。「予」讀曰「與」，「衆必予之有德」者，謂衆以有德之名與之也。尹注非。張佩綸云：「力」字涉「功」而衍。「有得死之功」謂殺子糾，「顯生之功」謂薦管仲，言殺子糾爲微功，生管仲爲大功。翔鳳案：左哀二十四年傳「得太子適郢」，注：「相親説也。」今人尚謂朋友相親爲相得。「有得」斷句。大匡「老臣死之」，是鮑叔曾有力死之功矣。

〔二四〕王念孫云：「將何如」爲句，「是昭德以貳君也」爲句。尹以「是」字上屬，非是。

〔二五〕戴望云：「浴」者，謂以香熏草藥沐浴之。國語曰：「三釁三浴之。」翔鳳案：吕氏春秋贊能桓公「祓以爟火，釁以犧猳焉」，與古俗合。蓋除其穢氣，與祓除不祥同意。

〔二六〕劉績云：「插」，一本作「揷」。弟子職所謂「揷衽盥漱」。王念孫云：「插」，當從宋本作

「捷」。「捷」，古「插」字也。（小雅鴛鴦篇「戢其左翼」，韓詩曰：「戢，捷也，捷其噣於左也。」士冠禮注：「扱柶於醴中。」鄉射禮注：「搢，插也。」大射儀注：「搢，扱也。」內則注：「『搢』猶扱也。」釋文「插」、「扱」二字竝作「捷」。淮南泰族篇「捷昒而朝天下」，「捷昒」即插笏。）今作「插」者，後人所改耳。太平御覽服章部三引此正作「捷」。

〔二七〕王念孫云：廣雅：「應，受也。」桓公郊迎管仲而禮之，故仲稱「受公之賜，死且不朽」。尹以「賜」爲賜死，大謬。翔鳳案：檀弓「申生受賜而死」，此「賜」爲恩賜，王説是也。然房注「君賜之死」亦不誤。帝制時代，固以賜死爲君恩也。古本改「賜」爲「死」，謬。

曰：「昔先君襄公，高臺廣池，湛樂飲酒，田獵罼弋〔一〕，不聽國政，卑聖侮士，唯女是崇〔二〕。九妃六嬪，九妃，謂諸侯所娶九女。天子九嬪，諸侯六也。陳妾數千〔三〕，食必粱肉，衣必文繡，而戎士凍飢〔四〕。戎馬待游車之弊〔五〕，游車弊然後以爲戎車。戎士待陳妾之餘，陳妾食餘，然後以食戎士。倡優侏儒在前，而賢大夫在後〔六〕。是以國家不日益，不月長，吾恐宗廟之不掃除，社稷之不血食。敢問爲之奈何？」管子對曰：「昔吾先王周昭王、穆王〔七〕，世法文、武之遠迹〔八〕，以成其名。合羣國，比校民之有道者〔九〕，設象以爲民紀〔一〇〕，校試其人有道者，與之設法象而爲人紀。式美以相應，比綴以書，原本窮末〔一一〕，其所用美事，必令始終相應，然後次比緝綴，書之簡策，故能原其本，窮其末，無不錯綜也。

勸之以慶賞，糾之以刑罰，糞除其顛旄〔一一〕，顛，謂高之頂，人或不墾闢。旄者，所以誓勒兵士。言能務農息兵，故糞其顛而除其旄。賜予以鎮撫之，以爲民終始〔一二〕。

〔一一〕張佩綸云：説文繫傳「隿，繳射飛鳥也」，臣鍇曰：「管子曰『田獵畢隿』，『隿』今作『弋』。」是小徐所見管書古本作「隿」。翔鳳案：「畢」爲田網，再加网，隸書别體也。古本作「畢」不誤，然不如楊本之近古也。

〔一二〕尹桐陽云：漢書地理志：「桓公兄襄公淫亂，姑姊妹不嫁。於是令國中民家長女不得嫁，名曰巫兒，爲家主祠。嫁者不利其家。」「唯女是崇」，由此引申而説也。翔鳳案：本篇：「桓公曰：『寡人不幸而好色，姑姊有不嫁者。』」此種污行，桓公與襄公同。則「唯女是崇」，乃指「九妃六嬪，陳妾數千」，而非姑姊妹之引申，明矣。丁山謂「殷有族内婚姻」，齊承殷俗，不以爲非。漢人指爲淫亂。

〔一三〕張佩綸云：齊語「千」作「百」。韋注：「陳，列也。」翔鳳案：「戎馬待游車之弊，戎士待陳妾之餘」，「游車」、「陳妾」同爲名詞，韋注不大合。李斯上始皇書「所以飾後宫，充下陳」，注：「猶後列也。」則「陳」雖訓列，而「陳妾」爲「下陳之妾」之省稱。否則，「列妾」爲不詞矣。

〔一四〕翔鳳案：「飢」訓餓，「餧」爲「飢」之孳乳字，前已言之。「饑」爲穀不熟，古本作「饑」，謬。

〔一五〕王念孫云：「戎馬」，當依齊語作「戎車」，據尹注亦作「戎車」。翔鳳案：詩六月「元戎十乘」，小戎「小戎俴收」，皆以「戎」爲兵車，不加「車」字。「戎馬」爲戎車之馬，車不貴，所貴在駕車之馬，王説誤。

〔六〕翔鳳案：春秋時，大夫爲諸侯大臣，士非其比。士大夫並言，在春秋以後。古本於「賢」下加「士」字，非是。

〔七〕張佩綸云：「周」字淺人妄加，齊語無「周」字。翔鳳案：管蔡世家「封叔鮮於管」，杜預謂在榮陽。水經濟水注：「榮城城内有管叔冢。」叔鮮死而國亡，管仲即爲其後，故韋昭云：「姬姓之後，管嚴之子敬仲也。」昭王、穆王與管子同祖，周乃姬姓，同一祖先，故用「周」字。張不知而以爲淺人妄加，非是。

〔八〕陳奂云：齊語「迹」作「績」，韋注：「績，功也。」據管子，則齊語當是「蹟」字。説文：「迹，道也。」「蹟」，「迹」之或字。下文亦云「以遂文武之迹於天下」。翔鳳案：孟子「王者之迹息而詩亡」，「迹」謂歷史記載。作「績」非是。

〔九〕安井衡云：「國」，當依齊語爲「叟」。張佩綸云：「合羣」爲句，「國比」爲句，周禮鄉師之職「各掌其所治鄉之教而聽其治，以國比之法以時稽其夫家衆寡，辨其老幼貴賤廢疾」。

翔鳳案：齊語韋注訓「校」爲考舍，乃「覈」之借。「國」同「域」，亦可釋爲城市。説文：「國，邦也。」「或，邦也。」「或」變爲「域」。考工匠人「國中九經九緯」，注：「城内也。」諸人異説紛紜，由於不識「國」字耳。

〔一〇〕劉績云：「設象」，即周禮所謂「縣治象之法於象魏」是也。董增齡云：尹注：「校試其人有道者與之設法象而爲人紀。」案成十五年傳「善人，國之紀也」，言取有道之人，使民法而象之，故下言「班叙顛毛，爲民統紀」，則「設象」指人，非指書。知章此注，似合傳義。（見國語正義，下同。）

〔一一〕劉績云：「本」謂上之所設，「末」謂下之所行。　翔鳳案：爾雅釋言：「式，用也。」詩民勞：「式遏寇虐。」不當改。

〔一二〕劉績云：「糞」，分也。孟子「百畝之糞」，王制作「分」，是也。「旄」，老人也。國語作「班序」。言合羣叟比校民之有道者，必先設象刑以爲民法，其從而相應者，比合連綴於書，推象刑之意而究其是非，合則勸以慶賞，違則糺以刑罰，於中又分異其老而「賜予以鎮撫之」，猶勞之來之之意也。　宋翔鳳云：國語作「班序顛毛」，「班」，列也，謂以頂髮色列序之，使有長幼。「班」與「糞」，「除」與「序」，並聲之轉。「糞除」當讀爲「班序」，「旄」與「毛」通。　俞樾云：尹注解「顛旄」之義，殊不可通。據國語作「班序顛毛」，韋昭注曰：「顛，頂也；毛，髮也。言次列頂髮之白黑，使長幼有等。」然則此文「糞」字，疑「⿱罒取」字之誤。「糞」，篆文作「糞」，與「⿱罒取」字相似，故誤也。「⿱罒取」即今所用頒賜字，亦或以「班」爲之。是故管子書以「⿱罒取」爲「班」，亦猶他書之以「班」爲「⿱罒取」也。「除」乃「叙」字之誤。「叙」與「序」通。「⿱罒取叙」即「班序」也。「⿱罒取」誤作「糞」，後人乃改「叙」爲「除」，以求其義，而不知其不可通矣。　王紹蘭云：齊語作「班序顛毛」。「班」，說文作「班」，解云「分瑞玉」，是「班」有分義。「分」、「糞」古通用，王制「百畝之分」，孟子作「糞」，「糞」猶「分」也。「序」，正字當作「叙」，傳寫者因字皆從「余」，又見上有「糞」字，遂改作「除」。「旄」借燕毛之毛，然則故書本當作「叙其顛旄」，謂分次頂髮之白黑，故下云「賜予以鎮撫之」，證以齊語及韋注，其義甚明。尹注「糞顛除旄」，語難通曉。蓋唐本「叙」久譌「除」，致有此誤耳。翔鳳案：「顛旄」承上「有道」而言。說文：「除，殿陛也。」引申爲叙用。漢書景帝紀：「初除之官。」諸家俱有所得。射義「旄期稱道不亂」，「旄」即「耄」也。

〔一三〕劉績云：「終始」猶言常行也。張佩綸云：齊語「終始」作「統紀」，無「賜予以鎮撫之」。

公曰：「爲之奈何？」管子對曰：「昔者，聖王之治其民也，參其國而伍其鄙，定民之居，成民之事，以爲民紀，謹用其六秉，如是而民情可得，而百姓可御。」桓公曰：「六秉者何也？」管子曰：「殺、生、貴、賤、貧、富，此六秉也。」桓公曰：「參國奈何？」管子對曰：「制國以爲二十一鄉，商工之鄉六，士農之鄉十五。公帥十一鄉〔一〕，高子帥五鄉，國子帥五鄉，參國故爲三軍。公立三官之臣〔二〕，謂三軍之官也。市立三鄉〔三〕，工立三族，澤立三虞，山立三衡。自三鄉已下，每皆置其官。制五家爲軌〔四〕，軌有長。十軌爲里，里有司。四里爲連，連有長。十連爲鄉，鄉有良人〔五〕。三鄉一帥〔六〕。」桓公曰：「五鄙奈何？」管子對曰：「制五家爲軌，軌有長。六軌爲邑，邑有司。十邑爲率，率有長。十率爲鄉，鄉有良人。三鄉爲屬，屬有帥。五屬一大夫〔七〕，武政聽屬，以武爲政者聽於屬。文政聽鄉，各保而聽，鄉屬之聽，各自保之。毋有淫泆者〔八〕。」桓公曰：「定民之居，成民之事奈何？」管子對曰：「士農工商，四民者，國之石民也〔九〕，四者國之本，猶柱之石也，故曰石也。不可使雜處。雜處則其言哤〔一〇〕，其事亂。哤，亂也。是故聖王之處士必於閒燕〔一一〕，處士閑燕，則謀議審。處農必就田壄，處工必就官府，處商必就市井。立市必四方，若造井之制，故曰市井。今夫士，羣萃而州處，閒燕〔一二〕，每州之士，羣萃共處。閒燕，謂學校之處。則父與父言義，子與子言孝，其事君者言敬，長者言愛，幼者言弟，旦昔從事於此，旦昔，猶朝夕也。以教其子弟。少而習焉，其心安焉，不見異物而遷焉。異物，謂異事，非其所當習者。是故其父兄之教，不肅而成。其子弟之學，不勞而能。夫是，故士之子常爲士〔一三〕。今夫農，羣萃而州處，審其四時權節〔一四〕，於四時中，又權量其節之早晚。具備其械器，用械器皆謂田器。比耒耜穀茇〔一五〕。比偶其耒耜及穀茇。穀茇小於耒耜，一人執之，以隨耒耜之後，重治其闕遺。茇音捶。及寒，擊稾除田，以待時乃耕〔一六〕。冬寒之月，即擊去其草之稾者，修除其田，以待春之耕也。深耕均種疾耰，耰，謂復種。既已均種，當疾耰之。先雨芸耨，以待時雨。時雨既至，挾其槍刈耨鎛，在掖曰挾。槍，摏也。刈，鎌也。耨，鎡錤也。鎛，鉏也。以旦暮從事於田壄，税衣就功，脱其常服，以就功役，便事而省費。別苗莠，列疏遬〔一七〕，遬，密也，謂苗之疏密①當均列之。首戴苧蒲〔一八〕，苧，蔣也。編苧與蒲以爲笠。身服襏襫〔一九〕，襏襫，謂麤堅之衣，可以任苦著者也。沾體塗足，暴其髮膚，盡其四支之力，以疾從事於田野〔二〇〕。少而習焉，其心安焉，不見異物而遷焉。是故其父兄之教，不肅而成。其子弟之學，不勞而能。是故農之子常爲農。樸野而不慝，農人之子，朴質而野，不爲姦慝。其秀才之能爲士者〔二一〕，則足賴也。農人之子，有秀異之材可爲士者，即所謂生而知之、不習而成者也，故其賢足可賴也。故以耕則多粟，以仕則多賢，是以聖王敬畏戚農〔二二〕。有司見之而不以告，其罪五，有司已於事而竣〔二三〕。以農民能致粟，又秀材生焉，故聖王敬畏農而戚近之。今夫工，羣萃而州處，相良材，審其四時，辨其功苦〔二四〕，功，謂堅美。苦，謂濫惡。權節其用，論比計制，斷器尚完利〔二五〕。裁斷爲器，貴於完利。相語以事，相示以功，相陳以巧，相高以知事〔二六〕。以其能知器用之事相高。旦昔從事於此，以教其子弟。少而習焉，其心安焉，不見異物而遷焉。是故其父兄之教，不肅而成。其子弟之學，不勞而能。夫是，故工之子常爲工。今夫商，羣萃而州處，觀凶飢，審國變，察其四時，而監其鄉之

① 「密」字原作「者」，據補注改。

貨，監，視也。以知其市之賈。負任擔荷，服牛輅馬〔二七〕，以周四方，料多少，計貴賤，以其所有，易其所無，買賤鬻貴。是以羽旄不求而至，竹箭有餘於國，奇怪時來，珍異物聚〔二八〕。旦昔從事於此，以教其子弟。相語以利，相示以時，相陳以知賈〔二九〕。賈知物價，相與陳説。少而習焉，其心安焉，不見異物而遷焉。是故其父兄之教，不肅而成。其子弟之學，不勞而能。夫是，故商之子常爲商。相地而衰其政〔三〇〕，則民不移矣。相地沃瘠，以差其政，則人安其沃瘠而不移。衰，差也，音楚危反。正旅舊，則民不惰〔三一〕。國之軍旅，正之以從舊貫，則禀令而不惰。山澤各以其時至，則民不苟。苟，謂非時入山澤也。陵陸丘井田疇均，則民不惑〔三二〕。無奪民時，則百姓富，犧牲不勞，則牛馬育〔三三〕。」過①用謂之勞。

〔一〕孫蜀丞云：「十一鄉」，當依齊語作「五鄉」。工之鄉不從戎役，此言三軍，故「公帥五鄉，高子帥五鄉，國子帥五鄉」，蓋專指士農之鄉也。後人强合於二十一鄉之數，故改爲「十一」，其實非也。翔鳳案：孫依國語韋注爲説。工鄉不服役，於史無徵。下文「爲三軍」，「立三官」，有農工賈，工官即管工之服役者，孫説之謬立見。周禮族師「相保以役國事」，即「工立

①「過」上原衍「注」字，據補注删。

三族」之「族」。説文：「族，矢鋒也。」今作「鏃」，乃工之事。

〔二〕劉績云：「官」，官府也。此言士之鄉。董增齡云：呂氏春秋上農篇「民自七尺以上屬諸三官」，高注：「三官，農、工、賈也。」六韜曰：「大農、大工、大商謂之三寶。農一其鄉則穀足，工一其鄉則器足，商一其鄉則貨足，無亂其鄉，無亂其俗。」則「三寶」即「三官」。六韜雖非太公書，然管子此制實與之同。下即言工、商、山、澤，可知「三官」爲工商農。翔鳳案：「官」同「館」，見幼官。「三官」即「三館」。大匡「仕者近公」，「公」爲首都辦公處，各本誤作「宫」。

〔三〕王引之云：「鄉」亦官名，與「族」、「虞」、「衡」同例。淮南時則篇「三月官鄉」，高注曰：「三月料民户口，故官鄉也。」翔鳳案：「鄉」即鄉辦公處，「族」、「虞」、「衡」同義。

〔四〕翔鳳案：「軏」從几旁，説文「軌」從九聲，「軓」從凡聲，無從几聲者，此乃「軌」之變形。

〔五〕王紹蘭云：「鄉有良人」，齊語作「鄉有鄉帥」。蘇輿云：齊語韋注：「賈侍中云：『良人，鄉士也。』昭謂：『良人，鄉大夫也。』」汪遠孫云：司馬法天子之義篇：「國曰元戎，先良也。」爾雅：「良，首也。」廣雅：「良，長也。」並與此「良人」之「良」義同。翔鳳案：詩與孟子均以婦人之夫爲良人，通作「郎」。與漢之郎官略同。

〔六〕安井衡云：古本「三鄉」作「五鄉」，下文及齊語亦作「五鄉」。丁士涵云：五鄉萬家，家出一人，爲萬人也。下文曰：「五鄉一師，故萬人一軍，五鄉之師率之。」翔鳳案：下文

「鄉有良人，三鄉爲屬，屬有帥」，則作「三」者是。古本改「三」爲「五」，因上文「帥五鄉」而改之，不知「帥五鄉」之「帥」爲帥領，「屬有帥」爲官，義不同。此又古本之妄。

〔七〕劉績云：齊語作「制鄙，三十家爲邑，邑有司，十邑爲卒，卒有卒帥，十卒爲鄉，鄉有鄉帥，三鄉爲縣，縣有縣帥，十縣爲屬，屬有大夫。五屬，故立五大夫，各使治一屬焉」。案後「屬退而脩連，連退而脩鄉，鄉退而脩率，率退而脩邑」，則「三鄉」下缺「爲連連有帥十連」七字，但國語以「連」爲「縣」耳。王念孫云：「十邑爲率」，「率」當依齊語作「卒」（下同）。下文「鄉退而脩卒」，亦與齊語同也。隸書「卒」字或作「卒」（見漢韓勑造孔廟禮器碑），形與「卒」相似，故「卒」誤爲「率」。「屬有帥」當作「屬有大夫」，此涉上文「連有帥」而誤。「五屬一大夫」，「一」當爲「五」。下文云「正月之朝，五屬大夫復事於公，擇其寡功者而譙之曰，列地分民者若一，何故獨寡功」，是每屬有一大夫，故齊語云「五大夫各治一屬」，不得言「五屬一大夫」也。王紹蘭云：「十邑爲率，率有長，十率爲鄉」，三「率」字齊語作「卒」。此下云「屬有帥」，「帥」與「率」同，明「率」當作「卒」。且下云「鄉退而修卒，卒退而修邑」，正作「卒」字。「卒有長」，齊語作「卒有卒帥」。「三鄉爲屬，屬有帥，五屬一大夫」，齊語作「三鄉爲縣，縣有縣帥，十縣爲屬，屬有大夫，五屬，故有五大夫」。

〔八〕翔鳳案：說文：「泆，水所蕩泆也。」書酒誥：「淫泆于非彝。」左隱三年：「驕奢淫泆。」

〔九〕孫星衍云：文選陸士衡挽歌詩注、揚雄劇秦美新注引作「國之正民」。「正民」對「閒民」而言，作「石」字非。稽叔夜絶交書注、陳孔璋檄吳將校文注、白帖八十三引倶作「石民」。孫詒讓云：注説迂繆，不足據。「石」當與「碩」通。詩邶風簡兮毛傳云：「碩人，大德也。」文選阮瑀爲曹操與孫權書云「明棄石交」，李注云：「『碩』與『石』古字通。」陸士衡挽歌詩及揚子雲劇秦美新注引此「石」竝作「正」者，乃不得其説而臆改。（稽叔夜絶交書、陳孔璋檄吳將校文注引仍作「石」，與今本同。）孫校從之，非也。劉師培云：今考文選藉田賦注亦引作「正民」，永平十一年策秀才文注又引作「右」。竊以「正」即「定」字，對下「不使雜處，不遷異物」言，其義較長。作「右」亦通，「右」爲上誼，「石」即「右」訛。翔鳳案：四民之重要，非因其碩大，乃因其爲基本民衆，所謂國以民爲本也。書大傳「大夫有石材，庶人有石承」，注：「石材，柱下質。石承，當柱下而已。」説文：「礎，磌也。」「質」同「磌」。一切經音義卷十八引許叔重曰：「楚人謂柱碣爲礎。」墨子備城門：「柱下傅舄。」「舄」同「碣」，爲石之轉音也。諸説均誤。

〔一〇〕翔鳳案：説文：「哤，哤異之言也，一曰雜語。」「尨」爲犬之毛亂，從口則爲言亂矣。

〔一一〕張佩綸云：「於」，當從齊語作「就」。郭沫若云：以「處農必就田野，處工必就官府，處商必就市井」例之，「閒燕」二字不類。韋昭國語注訓爲「清淨」，固未深考；尹知章於下「羣萃而州處閒燕」，則解爲「謂學校之處」，亦僅以意爲説。余疑乃「閒黄」之誤。「黄」假爲「黌」，後漢書儒林傳「順帝感翟酺之言乃更修黌宇」，注引説文曰：「黌，學也，『黌』與『横』

同。」（今本説文奪此字。）同書鮑昱傳「德乃修起横舍」，注：「横，學也，字又作『黌』。」「横」既可假爲「黌」，則「黄」亦可假爲「黌」矣。五比爲閭，計二十五家。「閭黄」猶言鄉校。後人不解「閭黄」之意，以下文有「閒燕」字而改易之耳。國語蓋誤於先，管子則據改於後，故同誤。

翔鳳案：禮記有仲尼燕居、仲尼閒居。釋文：「退燕避人曰閒居。」目録：「退朝而處曰燕居。」大戴保傅「七月而就燕寢」，注：「夾室，次於寢也。」「閒燕」指處所，在都市之内，與官府相類，與田野市井稍别。當時貴族世襲，士即世襲之貴族。農爲農奴，當時謂之甿，奴隸非永爲奴隸，雖爲世襲，但其才能傑出者，亦能成爲士。工商則自由民，但其才能傑出者能否成爲士，則未言及。

〔一二〕安井衡云：此「今夫」古本作「令夫」，與齊語同，餘亦作「令夫」。丁士涵云：「今」當依齊語作「令」。「閒燕」亦當如齊語屬下讀。董增齡云：王制鄭注「連屬卒州猶聚也」，孔疏「州者聚居」，是也。翔鳳案：「今夫」猶言現在這些。中庸「今夫天」、「今夫地」、「今夫水」、「今夫山」連用。侈靡：「今夫政則少。」改「今」爲「令」，非是。訓「州」爲「聚」，爲「勼」之借。然説文謂「水中可居曰州，周繞其旁」，則「州處」謂環繞而居，諸説均非。

〔一三〕劉師培云：周禮大司徒疏引「常」作「恒」，引下三「常」字同。此乃唐末避諱所更。翔鳳案：廣雅釋地「恒山」謂之「常山」，漢書地理志注謂避文帝諱改，則在寫漢隸時已改之，劉説誤。

〔一四〕劉績云：當作「權節其用，備其械器」，乃字誤亂。注皆非。齊語作「權節其用」，是也。張佩綸云：管書本作「備其械器」，校者據齊語改之，遂致複沓。觀尹注「械器皆謂田器」，不注「用」字，則上文注爲「四時中量其早晚」，僞房誤改入「權節」字，以致支離。翔鳳案：房注以「權節」二字屬上句，是也。「用」字屬下爲句，無誤字。二説均非。

〔一五〕孫星衍云：「穀芨」，當依齊語作「耞芟」，宋本「穀」作「殺」，即「耞」字之壞。王紹蘭云：「耒耜穀芨」，齊語作「耒耜耞芟」，韋注曰：「耞，拂也，所以擊草也。芟，大鎌，所以芟艸也。」「芟」本刈草之稱，用鎌芟草，因即呼鎌爲芟，猶下文「刈」亦芟艸之稱，用鎌刈艸，因又呼鎌爲刈耳。此文「芨」即「芟」之譌，「穀」蓋「椵」之譌，説文：「椵，橦樓也，一曰燒麥柃椵。」齊語自作「耞」，管書自作「椵」，無妨各異。至「穀芨」，則古田器中罕聞此名，且四器並列，今以「穀芨」配「耒耜」，文亦不詞。翔鳳案：釋名：「殳，殊也。長丈二尺而無刃，有所撞挃於車上，使殊離也。」用爲農器，從耒作殺，其音近拂，與枷同類。黄梅有此器，名曰連枷，用以擊麥穀使脱粒者。故古本誤作「穀」。「穀」從殼，亦謂以殳脱其殼也。齊語作「枷」，管子作「殺」，名異而器同。「芨」爲藥名，不可通。爲「芟」之隸變，隸書未見「芟」字，而隋常景墓誌「投」作「投」，隋元君墓誌銘「役」作「伇」，知「芟」隸變作「殳」，其形近「芨」，非誤字也。「芟」爲大鎌，「椵」亦爲撞擊之器，王説近之。

〔一六〕俞樾云：「時」字絶句，「乃」當作「及」，字之誤也。「及耕」二字屬下爲義。齊語作「及耕深耕而疾耰之」，是其證。惟齊語「時」下有「耕」字，似爲衍文，當據此删。翔鳳案：「乃耕」，然後耕也。時未至不耕，作「及」字反不合。

〔一七〕翔鳳案：「遬」、「數」古字通。吕氏春秋辯土篇「慎其種，勿使數，亦無使疏」，疏數即疏密也。

〔一八〕戴望云：齊語「苧」作「茅」。段玉裁云：作「苧」是也。今俗云馬苧，可以爲蓑笠。

〔一九〕韋昭云：「襏襫」，簑薜衣也。董增齡云：小雅無羊毛傳：「蓑所以避雨。」上文言「時雨既至」，則「襏襫」當爲蓑衣，不當爲布衣。尹知章之説非也。翔鳳案：「襏襫」二字見廣韻注，云：「雨衣也。」俗以小兒能抵抗寒暑易生長者爲「潑匹」，與「襏襫」同音，則此乃衣名，房注未可非也。

〔二〇〕丁士涵云：「疾」字涉上文「疾耰」而衍。張佩綸云：「從事於田野」上下複見，依士工商，當云：「旦昔從事於此，以教其子弟。」翔鳳案：「疾」爲快速，承上文。

〔二一〕陶鴻慶云：此二句文義相屬，惟其樸野不慝，故其才足賴也。下文又云「以仕則多賢」，正指此言。尹注未得其旨，其解下句云「所謂生而知之，不習而成」，尤非。金廷桂云：「秀才」二字始見于此。日知録以史記賈生傳「吳廷尉聞其秀才」，謂爲「秀才」二字之始，疏矣。翔鳳案：合下文「敬畏戚農」，「教士三萬人」，此「士」爲軍士。

〔二二〕王念孫云：「敬畏戚農」當作「敬農戚農」，言農民耕則多粟，仕則多賢，是以聖王敬之親之也。「農」與「畏」字形相近而誤，尹注非。翔鳳案：「戚農」未聞。檀弓「畏厭溺」，王肅

注：「犯法獄死謂之畏。」白虎通：「畏者，兵死也。」兵死之説與侈靡「次祖」相近。「畏」爲農之服兵役而死者，故先王敬之。

〔二三〕張佩綸云：「有司見之」三句涉下而衍，韋解齊語亦未訂正。　翔鳳案：兵役農耕爲立國基本，故多此三句，趙本不知而誤删之。

〔二四〕戴望云：「苦」讀爲「鹽」，詩傳曰：「鹽，不堅固也。」字亦作「沽」，周官司兵「辨其物」，注：「謂功沽。」亦作「楛」，見荀子。

〔二五〕王引之云：「計」當作「汁」，字形相似而誤。「汁」與「協」通。（周禮大行人「協辭命」，故書「協」作「汁」，大戴禮朝事篇譌作「計」。史記曆書「祝犂協洽」，單行索隱本「協」作「汁」，譌作「計」。）「汁」下當有「材」字。齊語正作「論比協材」，韋注曰：「協，和也，和其剛柔也。」翔鳳案：公羊莊二十四年傳「斷修云乎」，釋文：「『斷』本作『腶』。」朱駿聲謂「段」之借。「腶修」，即穀梁莊二十四年之「鍛」。「斷」同「鍛」，與「尚完利」合看，知「斷器」爲軍也。

〔二六〕陶鴻慶云：「事」字不當有，涉上文「相語以事」、下文「旦夕從事」而誤衍也。「知」讀爲智。考工記云「智者創物，巧者述之」，智固工所尚也。「相高以智」，與上文「相語以事，相示以功，相陳以巧」句法一律。　翔鳳案：工巧以器言。制器爲事。「相語以事」爲舊知識，「相高以知事」爲新創造，去「事」字則「知」字落空。陶説誤。

〔二七〕劉績云：「輅」，一作「軺」。　戴望云：古無「輅」字。「輅」必「軺」字之誤，齊語正作「軺」。

姚永概云：「輅」字不可通，當讀爲「絡」。文選景殿賦注：「『絡』與『落』古字通。」莊子秋水篇「落馬首」，即「絡馬首」也。字又作「雒」。莊子馬蹄篇「刻之雒之」，釋文：「雒，謂羈雒其頭也。」顔昌嶢云：文選解嘲注引應劭云：「輅，謂以木當胸以輓車也。」

〔二八〕俞樾云：「物」當爲「總」，言珍異總聚也。若作「物聚」，則不詞矣。因俗書「總」字作「揔」，其上半與「物」相似而誤。翔鳳案：左昭九年傳「事有其物」，注：「類也。」「物聚」猶繫辭之「方以類聚」，非誤字。

〔二九〕丁士涵云：齊語及此文竝衍「知」字。「賈」，讀如平市賈之賈。「相陳以賈」，與上文二句對文。姚永概云：此與上論工中「相語以事，相示以功，相陳以巧，相高以知」文正相對，不應此獨少「相高」一句，疑本作「相陳以賈，相高以知」也。工以巧爲重，商以賈爲重，「相高以知」句不變者，工與商均非知不可也。翔鳳案：「賈」即「價」。白虎通商賈篇「論語曰：『沽之哉，沽之哉，我待價者也。』」「價」字漢始有之，管書自作「賈」。

〔三〇〕劉師培云：「政」字，齊語作「征」。九章算術六李籍音義云「衰，次也，不齊等也，管子曰『相地衰征』」，是管子古有作「征」之本。

〔三一〕劉績云：當從齊語作「政不旅舊，則民不偷」。「旅舊」，棄故舊不用如旅也。或疑乃「施」字誤，所謂「故舊不遺，則民不偷」。姚永概云：劉說是也。論語「故舊不遺，則民不偷」，正同此義。但「旅」乃謂使之失所，旅寄他方也。旅「小享」疏：「失其本居而寄他方曰旅。」

翔鳳案：「相地」句指農，「山澤」句指工，此句指商。呂氏春秋仲秋「來商旅」，注：「旅者，行商也。」周禮遺人「以待羇旅」，注：「遇行寄止者。」周禮宰夫「歲終則令群吏正歲會」，注：「『正』猶定也。」法法：「正也者，所正定萬物之命也。」此「正旅舊」，乃安定來客，姚誤爲旅寄他方。

〔二〕安井衡云：「慼」，諸本作「惑」，古本作「或」，乃「慼」之壞字，今從之。「慼」，古「慽」字，齊語作「慽」。丁士涵云：「井」與「陵」、「陸」、「丘」三者不類。「井」當爲「阜」。地圖篇曰「陵、陸、丘、阜之所在」，説苑辨物篇曰「山川汙澤，陵陸丘阜，五土之宜，聖王就其勢，因其便，不失其性，高者黍，中者稷，下者秔，蒲葦萑蔽之用不乏，麻麥黍粱亦不盡」，即此所謂「陵陸丘阜田疇均」。齊語作「陵阜陸墐井田疇均」，「井」字衍。「不慼」，齊語作「不慽」，誤。翔鳳案：曲禮「不斬於丘木」，注：「壟也。」丘爲壟墓所在，井爲飲水及灌溉之用，非誤字。

〔三〕王念孫云：尹説非也。「勞」讀爲撈。方言曰：「撈，取也。」（廣雅同。）古無「撈」字，借「勞」爲之。齊語作「犧牲不略，則牛馬遂」，韋注曰：「略，奪也。」「略」與「勞」一聲之轉，皆謂奪取也。「無奪民時」，不輕用民也。「犧牲不勞」，不妄取於民也。今俗語猶謂略取人物曰「撈」矣。翔鳳案：書微子「今殷民乃攘竊神祇之犧牷牲用」，「攘竊」即掠也。犧牲用作祭祀祈福，畜牧時即祈神而求牲畜之蕃育，含有迷信在內。

桓公又問曰：「寡人欲脩政以干時於天下〔一〕，其可乎？」干，求也。時時見曰會。

欲求天下諸侯脩時見之會。管子對曰：「可。」公曰：「安始而可？」管子對曰：「始於愛民。」公曰：「愛民之道奈何？」管子對曰：「公修公族，家修家族，使相連以事，相及以祿，則民相親矣。相連以事則人慣狎，相及以祿則恩情生，故有親也。放舊罪，修舊宗，立無後，則民殖矣。放舊罪則全人命，修舊宗則收散親，立無後則繼絶世，故人殖。殖，生也。省刑罰，薄賦斂，則民富矣。鄉建賢士，使教於國，則民有禮矣。出令不改，則民正矣。此愛民之道也。」公曰：「民富而以親〔二〕，則可以使之乎〔三〕？」管子對曰：「舉財長工，以止民用〔四〕。工能積財，舉而長之，民則慕而不費用矣。陳力尚賢，以勸民知〔五〕。賢能陳力而崇上之，民則勸而學智矣。加刑無苛，以濟百姓。行之無私，則足以容衆矣。出言必信，則令不窮矣。此使民之道也。」

〔一〕翔鳳案：公羊定四年傳「以干闔廬」，注：「不待禮見曰干。」廣雅釋言：「時，伺也。」論語：「孔子時其亡也，而往拜之。」「時」同「伺」，「干時」二字連用，房注小誤。

〔二〕張佩綸云：「以」字衍。翔鳳案：「以」同「已」，見前，張不知而以爲衍。

〔三〕翔鳳案：管子有「甚富不可使」之言，桓公疑富不可使，故問。郭沫若釋「可」爲「何」，非是。

〔四〕王念孫云：「止」當爲「足」，尹注非。章炳麟云：「止」，待也，訓見釋詁。論語之「齊景公待孔子」，孔子世家「待」作「止」，此「待」、「止」聲義同之證。周禮「外府掌邦布之入出，以共百物，待邦之用」，注：「『待』猶給也。」此「止民用」，與彼文義正同。「待」又通「偫」，説文：「偫，待也。」引申爲備具之義。周語：「偫而畚挶。」羽獵賦：「儲積共偫。」「止民用」亦即偫民用也，不必如雜志以「止」爲「足」之奪誤。翔鳳案：檀弓「吉事雖止不怠」，注：「止，立俟時事也。」則「止」之訓待，爲當時常語。「止」即「趾」，與「足」同訓，見士昏禮鄭注，然非「充足」之「足」。

〔五〕張佩綸云：「知」當爲「和」，尹注非。翔鳳案：論語：「陳力就列，不能者止。」賢乃有能者，知人善任。公羊宣六年傳「趙盾知之」，注：「由人曰知之，自己知曰覺。」此齊人之界説，謂了解賢人也。張改爲「和」，誤。

桓公曰：「民居定矣，事已成矣，吾欲從事於天下諸侯，其可乎？」欲從會事。管子對曰：「未可。民心未吾安。」公曰：「安之奈何？」管子對曰：「脩舊法，擇其善者，舉而嚴用之〔一〕。慈於民，予無財〔二〕，貧無財者，當施與之。寬政役〔三〕，敬百姓，則國富而民安矣。」公曰：「民安矣，其可乎〔四〕？」管仲對曰：「未可。君若欲正卒伍〔五〕，修甲兵，則大國亦將正卒伍，修甲兵。君有征戰之事，則小國諸侯之臣有守圉之備矣。然則難以速得意於天下。公欲速得意於天下諸侯，則事有所隱，而政有所寓。」不顯習其兵事，故曰事有所隱。軍政寓之田獵，故曰政有所寓。公曰：「爲之奈何？」管子對曰：「作内政而寓軍令焉〔六〕。爲高子之里，爲國子之里，爲公里。三分齊國，以爲三軍。擇其賢民，使爲里君。每里皆使賢者爲君。鄉有行伍卒長，則其制令，且以田獵〔七〕，因以賞罰，因田獵之功過行賞罰。則百姓通於軍事矣。」桓公曰：「善。」於是乎管子乃制五家以爲軌〔八〕，軌爲之長。十軌爲里，里有司。四里爲連，連爲之長。十連爲鄉，鄉有良人。以爲軍令。是故五家爲軌，五人爲伍〔九〕，軌長率之。十軌爲里，故五十人爲小戎，里有司率之〔一〇〕。四里爲連，故二百人爲卒，連長率之。十連爲鄉，故二千人爲旅，鄉良人率之。五鄉一師〔一一〕，故萬人一軍，五鄉之師率之。三軍：故有中軍之鼓，中軍則公之里卒也。有高子之鼓，有國子之鼓。春以田曰蒐，振旅。因寓軍政，而且整旅。秋以田曰獮，治兵。順殺氣，因治兵。是故卒伍政定於里，軍旅政定於郊〔一二〕。内教既成，令不得遷徙。故卒伍之人，人與人相保，家與家相愛〔一三〕，少相居，長相游，祭祀相福〔一四〕，死喪相恤，禍福相憂〔一五〕，居處相樂，行作相和，哭泣相哀。是故夜戰其聲相聞，足以無亂。晝戰其目相見，足以相識。驩欣足以相死。是故以守則固，以戰則勝。君有此教士三萬人，以横行於天下〔一六〕。教士，謂先教習之士。誅無道，以定周室。天下大國之君，莫之能圉也。

〔一〕安井衡云：「嚴」猶尊。張佩綸云：詩殷武「下民有嚴」，傳：「嚴，敬也。」

〔二〕戴望云：齊語作「遂滋民，與無財」，韋注：「遂，育也；滋，長也。貧無財者振業之。」王氏經義述聞曰：「遂，語詞，猶言因也。『滋』即『慈』之借。慈者，愛也，卹也。『與無財』，則所以卹之也。大戴禮記少閒篇『制典慈民』，墨子非儒篇『不可使慈民』，皆謂惠卹其民也。」

〔三〕安井衡云：「政」讀爲征。翔鳳案：周禮閭胥「凡春秋之祭祀役政喪紀之數」，杜子春讀「政」爲征，此其證也。

〔四〕翔鳳案：承上文省「從事」二字。

〔五〕洪頤煊云：「正」當作「定」。漢書刑法志引此作「定」。下文「卒伍政定於里，軍旅政定於郊」，「桓公曰：卒伍定矣」，皆作「定」字。翔鳳案：「卒伍政定於里」，再訓「政」爲「定」，是可通乎？詩皇矣「爰整其旅」，所謂整軍經武。「正」借爲「整」。說文：「整，齊也。從攴從束從正，正亦聲。」周禮大司馬「賊殺其親則正之」，注：「正之者，執而治其罪，與『整』同義。」

〔六〕劉師培云：周禮天官冢宰先鄭注云：「因内政寄軍令。」疏云：「此管子文，彼云『作内政』，司農云『因内政』者，讀字不同。」據疏説似以先鄭所據本作「因」。又天官宰夫疏、地官小司徒疏、夏官序官疏引管子並作「因内政寄軍令」，蓋從先鄭。翔鳳案：説文：「寓，寄也。」方言：「齊、衛、宋、魯、陳、晉、汝、潁之間曰庇，或曰寓。」管用齊之方言。

〔七〕孫星衍云：「其」字誤。通典一百四十八引此作「有」。翔鳳案：「則其制令且以田獵」

八字爲句，謂以田獵爲掩護。孫説非是。

〔八〕翔鳳案：「以」訓用，非虚字，軏爲基本，故以後不用「以」字。

〔九〕戴望云：齊語無「是故」二字，此文衍。「五人爲伍」上，當依下句例補一「故」字。翔鳳案：上文「五家以爲軏」云云乃法令，至是實行，當有「是故」二字。戴不知此意而衍之補之，俱誤。

〔一〇〕陶鴻慶云：當作「里司率之」。翔鳳案：「有司」二字爲一名詞。廣雅釋詁一：「有司，官也。」論語、三禮屢見，下文六用「有司」。「司」但訓主，非官名，陶説非是。

〔一一〕王念孫云：「師」，皆當依齊語、通典作「帥」。上文「三鄉一帥」，即其證。王紹蘭云：「五鄉一師，故萬人一軍，五鄉之師帥之」，二「師」字齊語皆作「帥」。翔鳳案：周禮地官序注：「『師』之言帥也。」族師注同。漢書鼂錯傳注：「師，字或作『帥』。」借用管子，則管子作「師」不誤。作「帥」者，後人以通語改之耳。

〔一二〕王念孫云：通典作「卒伍定於里，軍政定於郊」（「政」當爲「旅」），齊語作「卒伍整於里，軍旅整於郊」。案：「政」即「正」字也，「正」與「定」古字亦通。（堯典「以閏月定四時」，史記五帝紀「定」作「正」。齊語「正卒伍」，漢書刑法志「正」作「定」。）今「政定」竝出者，一本作「政」，一本作「定」，而後人誤合之也。齊語作「整」，「整」與「政」、「定」聲亦相近。任林圃云：王念孫言通典引此文與本文有出入，然今本通典卷一百四十八全引此節，此句與今本同，亦作

「是故卒伍政定於里，軍旅政定於郊」，未知王氏何據。或後人據今本管子以改通典者與？翔鳳案：本作「正」，與「整」通，說見上。

〔一三〕丁士涵云：「愛」當爲「受」。周禮大司徒職曰「令五家爲比，使之相保，五比爲閭，使之相受」，注曰：「受者，宅舍有故，相受寄託也。」五家爲比，故五人爲伍。五比爲閭，故五伍爲兩。大司徒會萬民之卒伍而用之，管子因之作内政而寓軍令，是卒伍之人即比閭之人也。翔鳳案：丁說有理。魏樂安王鶡冠子王鈇篇「家與家相受，人與人相付」，與管子同。元緒墓誌、魏寇憑墓誌「愛」字均無「心」，「愛」、「受」相混也。

〔一四〕翔鳳案：周禮膳夫「凡祭祀之致福者」，注謂：「諸祭祀，進其餘肉，歸胙於王。」然胙有限，鄭注祭統云：「世所謂福者，謂受鬼神之佑助。」此義最廣。

〔一五〕安井衡云：「福」，當依齊語作「災」。

〔一六〕戴望云：「横」讀曰「旁」，「旁」猶普也，徧也。齊語作「方」。蘇輿云：漢書武五子傳「非教士不得從徵」，與此義同。吕覽簡選篇「齊桓公教卒萬人以爲兵首，横行海内」，即此事也。翔鳳案：堯典「光被四表」，「光」即「廣」。漢書王莽傳作「横」。

正月之朝，鄉長復事，復，白也。公親問焉，曰：「於子之鄉，有居處爲義好學，聰明質仁〔一〕，慈孝於父母，長弟聞於鄉里者〔二〕，有則以告。有而不以告，謂之蔽賢〔三〕，其罪五。」謂其罪當入於五刑而定其罰。有司已於事而竣。既畢於上事而竣退。公又問焉，曰：「於子之鄉，有拳勇股肱之力，筋骨秀出於衆者〔四〕，有則以告。有而不以告，謂之蔽才〔五〕，其罪五。」有司已於事而竣。公又問焉，曰：「於子之鄉，有不慈孝於父母，不長弟於鄉里，驕躁淫暴，不用上令者，有則以告。有而不以告，謂之下比，下與有罪者比而掩蓋之。其罪五。」有司已於事而竣。於是乎鄉長退而脩德進賢明。公親見之〔六〕，遂使役之官〔七〕。謂授之官而役之，所以歷試其材能。公令官長期而書伐以告，伐，功也。且令選官之賢者而復之。曰：「有人居我官，有功，休德維順，端愨以待時使，以愨善待時，待可用之時而使之①也。使民恭敬以勸〔八〕。其稱秉言〔九〕，則足以補官之不善政。」謂此人所稱柄之言，可以補不善之政。公宣問其鄉里，而有考驗，宣，遍也。遍問其鄉里之人，以考其所行皆有事驗。乃召而與之坐，省相其質，以參其成功成事。既有考驗，召而與坐，更省視其質體，以參驗其所成功之事也。可立而時〔一〇〕，設問國家之患而不肉〔一一〕，其人既可，將立之，又時設問國家之患，以知智謀之深淺，不直相其骨肉而已。肉者，所謂皮相也。退而察問其鄉里，以觀其所能，而無大過，登以爲上卿之佐。爲卿大夫之佐。名之曰三選〔一二〕。名此人曰三大夫所選。高子、國子退而脩鄉，朝事既畢，二大夫又如前退

①「而使之」三字原無，據補注增。

脩於鄉。鮑叔在朝，故不言。鄉退而脩連，連退而脩里，里退而脩軌，軌退而脩家。是故匹夫有善，故可得而舉也。匹夫有不善，可得而誅也〔一三〕。政既成，鄉不越長，朝不越爵。罷士無伍，罷，謂乏於德義者。周禮所謂罷人不義之衆，恥以爲伍也。罷女無家。罷女，猶罷士，衆恥娶之，故無家。士三出妻，逐於境外。三出妻，所謂「士也罔極，二三其德」。爲政者之所忌，故逐於境外也。女三嫁，入於舂穀〔一四〕。三見出而嫁，是不貞順者也，故入於舂穀。是故民皆勉爲善〔一五〕。士與其爲善於鄉，不如爲善於里。與其爲善於里，不如爲善於家。家善則鄉善矣，所謂居家治理，可移於官。是故士莫敢言一朝之便，皆有終歲之計。莫敢以終歲爲議，皆有終身之功。脩政則人無苟且。正月之朝，五屬大夫復事於公，擇其寡功者而譙之，曰：「列地分民者若一〔一六〕，何故獨寡功？何以不及人〔一七〕？教訓不善，政事其不治〔一八〕。一再則宥，三則不赦。」公又問焉，曰：「於子之屬，有居處爲義好學，聰明賢仁，慈孝於父母，長弟聞於鄉里者，有則以告。有而不以告，謂之蔽賢，其罪五。」有司已事而竣〔一九〕。公又問焉，曰：「於子之屬，有拳勇股肱之力，秀出於衆者，有則以告。有而不以告，謂之蔽才，其罪五。」有司已事而竣。公又問焉，曰：「於子之屬，有不慈孝於父母，不長弟於鄉里，驕躁淫暴，不用上令者，有則以告。有而不以告者，謂之下比，其罪五。」有司已事而竣。於是乎五屬大夫退而脩屬，屬退而脩連，連退而脩鄉，鄉退而脩卒，卒退而脩邑，邑退而脩家。是故匹夫有善，可得而舉。匹夫有不善，可得而誅。政成國安，以守則固，以戰則彊。封内治，百姓親，可以出征四方，立一霸王矣〔二〇〕。可謂一霸王之功也。

〔一〕翔鳳案：論語：「質直而好義。」又曰：「文質彬彬。」文選大將軍讌會詩「遺華反質」，注：「淳樸也。」「質」爲鄉民本色。

〔二〕王念孫云：上言「慈孝於父母」，則下當言「長弟於鄉里」，「於」上不當有「聞」字（下文「長弟聞於鄉里」同），此後人據齊語加之也。（齊語作「有居處好學，慈孝於父母，聰惠質仁，發聞於鄉里者」，文與此異，不得據彼以改此。）墨子非命篇曰「入則孝慈於親戚，出則弟長於鄉里」，文義正與此同。下文云「不慈孝於父母，不長弟於鄉里」，尤其明證也。翔鳳案：慈孝行於一家，而長弟不能徧接於鄉里。有親受之者，有聞之者。「聞」字不可省，王説非是。

〔三〕戴望云：齊語「賢」作「明」。翔鳳案：「賢」指下層，「明」屬於上，管書義勝。

〔四〕董增齡云：「拳」，説文引作「捲」，氣勢也。文選七命張銑注：「秀，特也。」李善注：「秀出於衆。秀，出貌也。」翔鳳案：「秀」從禾，苗之榮而實者，「出」爲其引申義。

〔五〕戴望云：齊語「才」作「賢」。翔鳳案：勇力爲才，非德與智，可知齊語之不當也。

〔六〕翔鳳案：「明」承上「聰明」言之。本篇一事另述用「桓公」，接述但用「公」字。

〔七〕張佩綸云：周禮瞽矇「以役太師」，注：「役，爲之使。」韋氏「遂役之」，注：「役之，使助之。」此「役之官」，乃在官助使，非官之也。

〔八〕劉績云：「順」，一作「慎」。　王念孫云：上「使」字因下「使」字而衍。尹注曰「待時，待可用之時也」，則無「使」字明矣。（今本注文「可用之時」下，有「而使之」三字，乃後人所加，宋本無。）　張佩綸云：「待」、「使」二字竝衍，當作「以時使民」爲句，「恭敬以勸」爲句，齊語及韋解亦衍「待」字。　翔鳳案：易坤卦傳「蓋言順也」，「順」即「慎」。「維順」上屬，無衍字。

〔九〕戴望云：齊語作「綏謗言」。案：「稱」，「綏」之誤。「秉」與「謗」古同部字，音相近。　王紹蘭云：「稱秉言」，齊語作「綏謗言」。（韋注：「綏，止也。」）凡從「秉」之字，多與「丙」通，「丙」與「方」通，「方」與「旁」通。（説文「棅」爲「柄」之或字，「㑂」爲「仿」之別文；春官「八枋」即「八柄」；左氏「防田」，公、穀作「邴田」；尚書「方施」作「旁施」，「方行」作「旁行」，此類多矣。）「秉」當依齊語讀爲謗。「稱」即「偁」之借字。説文：「偁，揚也。」謂揚其謗言令上聞也，猶晉語云「問謗譽於路」矣。（左氏襄十四年傳：「庶人謗。」）齊語之「綏」，蓋與「稱」形近而譌。（篆文「綏」作「綏」。）韋注以「止」釋「綏」，止謗言事同弭謗，非其義也。以此證之，「稱」字爲長，當作「稱謗言」。　翔鳳案：荀子禮論「貧富輕重，皆有稱者也」，注：「謂各當其宜。」説文：「稱，詮也。」爾雅釋詁：「秉，執也。」品論人而執言。「秉」通「丙」，未聞再轉「旁」者。　王訓轉折太多，古無其例。

〔一〇〕王念孫云：「可立而時」，齊語作「誠可立而授之」。韋注曰：「言可立以爲大官而授之事也。」此作「可立而時」者，「之」、「時」古字通（古「時」字作「旹」，以「㞢」爲聲，故二字可以通用。呂氏春秋胥時篇「事在當時」作「事在當之」，漢書張蒼傳「草立土德時曆制度」，史記作「草土德之曆制度」），又脱去「授」字耳。尹注非。王紹蘭云：齊語作「訾相其質，足以比成事，誠可立而授之」。以此校之，此文「功」當爲「事」（今本「事」字錯在下「成」字之下，則「成成」連文，不得不於上「成」字下增「功」字矣），下「成」字當爲「誠」之壞字。「時」當爲「授」（「授」譌爲「持」，又譌「持」爲「時」）。翔鳳案：論語：「成事不説。」易歸妹「遲歸有時」，象傳作「有待」。「時」，待也。「成功成事」爲句。本文自通，何必比附齊語？

〔一一〕劉績云：齊語作「設之以國家之患而不疚」，則「肉」乃「疚」之誤。王念孫云：尹解「肉」字甚謬。劉依齊語，以「肉」爲「疚」之誤，是矣，而未盡也。「肉」與「疚」形不相近，若本是「疚」字，無緣誤爲「肉」，蓋其字本作「宊」，隸書或從篆作「宊」，形與「肉」相似，因誤爲「肉」。説文：「宊，貧病也，從宀久聲。詩曰：『煢煢在宊。』」今詩「宊」作「疚」，未必非後人所改。此「宊」字若不誤爲「肉」，則後人亦必改爲「疚」矣。王紹蘭云：齊語作「設之以國家之患而不疚」，韋注：「疚，病也，預設以國家之患難問之，不病不罷也。」以此校之，此文「肉」當爲「疚」（「疚」譌爲「灸」，「灸」又壞而爲「肉」）。何如璋云：「肉」乃「内」之譌。言設辭問以國家之患而直陳不吶也。張佩綸云：劉王改「肉」爲「宊」，泥齊語，非是。韋解「不疚」爲「不病」、「不能」，亦牽强。「肉」乃「向」之誤。論語包咸注：「訥，遲鈍也。」漢書鮑宣傳：「吶鈍于辭。」言不遲鈍，而行又無大過，故可以爲卿佐。翔鳳案：「不病不罷」、「不吶」、「吶鈍」，皆與「國家之患」不相應，「不窮」似矣。然隸書方整，無依篆作「[seal]」者，此乃王氏臆説。玉篇引説文「月見東方謂之縮朒」，九章算術有「盈朒」。漢書五行志：「『朔而月見東方謂之仄慝，仄慝則侯王其肅。』肅者，王侯縮朒不任事。」安徽秋浦讀「肉」如朒。「不肉」謂非縮朒不任事者，語意正合，「肉」字不誤。唐齊士員造象記「肉」作「宍」，與「穴」形近，此乃齊語誤「肉」爲「穴」。「穴」不能誤爲「肉」，王校適得其反。

〔一二〕陶鴻慶云：尹注云「名此人曰三大夫之選」，此臆説也。「三選」皆見上文：「令官長選官之賢者而復之」，一也。「公召而與之坐，省相其質，以參其成功成事」，二也。「退而察問其鄉里以觀其所能，而無大過」，三也。蘇輿云：韋昭注：「鄉長所進，官長所選，公所訾相。」尹注非。

〔一三〕王念孫云：下兩「故」字，皆涉上「故」字而衍，齊語無。下文「匹夫有善，可得而舉，匹夫有不善，可得而誅」，亦無兩「故」字。翔鳳案：墨子經上：「故，使爲之也。」趙本「可」上有「故」字。

〔一四〕張佩綸云：「穀」當作「稾」，字之誤也。周禮大司寇司厲「其奴男子入于罪隸，女子入于舂稾」，是其證。鄭司農云：「舂人，稾人之官也。」翔鳳案：漢書惠帝紀：「舂者皆耐爲鬼薪白粲。」「春穀」即得白粲，「穀」非誤字。

〔一五〕陶鴻慶云：此承上文「士女」言之，句末不當有「士」字。齊語云「夫是故民皆勉爲善」，無「士」字。　翔鳳案：下文「是故士莫敢言一朝之便」，即承此言之。陶説誤。

〔一六〕蘇輿云：「者」衍字，齊語作「制地分民如一」。　翔鳳案：「寡功」指人，「者」字不當衍。

〔一七〕張佩綸云：齊語無此句，此乃尹氏「寡功」之注，誤作大字。　翔鳳案：加一句重其事，不必與齊語相同。

〔一八〕戴望云：「其」字衍，册府元龜引無。　翔鳳案：史記高祖本紀「其以沛爲朕湯沐邑」，「其」用於發聲，似將非將也，非衍文。

〔一九〕張佩綸云：「已事」，依上當作「已於事」。　劉師培云：元龜二百三十九引作「已於事」。

〔二〇〕翔鳳案：言可以建立一霸王。

桓公曰：「卒伍定矣，事已成矣，吾欲從事於諸侯，其可乎？」管子對曰：「未可。若軍令則吾既寄諸内政矣。夫齊國寡甲兵，吾欲輕重罪而移之於甲兵〔一〕。」公曰：「爲之柰何？」管子對曰：「制：重罪入以兵甲犀脅二戟〔二〕，輕罪入蘭盾鞈革二戟〔三〕，蘭，即所謂蘭錡，兵架也。鞈革，重革，當心著之，所以禦矢。小罪入以金鈞，三十斤曰鈞。分宥薄罪入以半鈞〔四〕，分宥，謂從坐者分其首犯而寬宥之。無坐抑而訟獄者〔五〕，正三禁之而不直，則入一束矢以罰之〔六〕。謂其人自無所坐，而被抑屈爲訟者，正當禁之三日，得其不直者，則令入束矢也。美金以鑄戈劍矛戟，試諸狗馬。惡金以鑄斤斧鉏夷鋸欘〔七〕，試諸木土。」夷，鋤類也。鋸欘，钁類也。桓公曰：「甲兵大足矣，吾欲從事於諸侯，可乎？」管仲對曰：「未可。治内者未具也，爲外者未備也。」故使鮑叔牙爲大諫〔八〕，所以諫正君。王子城父爲將，弦子旗爲理〔九〕，理，獄官。甯戚爲田〔一〇〕，教以農事，自此已上理内，已下理外。隰朋爲行，行，謂行人也，所以通使諸侯。曹孫宿①處楚〔一一〕，商容處宋〔一二〕，季勞處魯〔一三〕，徐開封②處衛〔一四〕，匽尚處燕〔一五〕，審友處晉。令此諸賢，各處諸侯之國者，所以諷動之，令歸齊也。又游士八千人〔一六〕，奉之以車馬衣裘，多其資糧，財幣足之，使出周游於四方，以號召收求天下之賢士。飾玩好，使出周游於四方，鬻之諸侯，以觀其上下之所貴好。擇其沈亂者而先政之〔一七〕。以政正也。公曰：「外内定矣，可乎？」管子對曰：「未可。鄰國未吾親也。」公曰：「親之奈何？」管子對曰：「審吾疆埸〔一八〕，反其侵地，正其封界，毋受其貨財，而美爲皮幣〔一九〕，以極聘頫於諸侯〔二〇〕。頫，見也。以安四鄰，則鄰國親我矣。」桓公曰：「甲兵大足矣，吾欲南伐，何主？」謂以

①「孫宿」二字原作「宿孫」，據補注乙。

②「開」字原作「閑」，據補注改。

何國爲征伐之主也。管子對曰：「以魯爲主。反其侵地常、潛〔二一〕，常、潛，地名。使海於有弊〔二二〕，或遇水灾，教令泄於海，使有弊盡也。渠彌於有渚〔二三〕，復教之穿渠，彌亘於河渚。綱山於有牢〔二四〕。」教之立國，城必依山以爲綱紀，而有牢固。桓公曰：「吾欲西伐，何主？」管子對曰：「以衛爲主。反其侵地吉臺、原姑與柒里〔二五〕，皆地名。使海於有弊〔二六〕，渠彌於有渚，綱山於有牢。」桓公曰：「吾欲北伐，何主？」管子對曰：「以燕爲主。反其侵地柴夫、吠狗，亦地名也。使海於有弊，渠彌於有渚，綱山於有牢。」四鄰大親，既反其侵地，正其封疆，地南至于岱陰〔二七〕，謂岱山之北。西至於濟，北至於海，東至于紀隨〔二八〕，紀隨，地名。地方三百六十里。三歲治定，四歲教成，五歲兵出，有教士三萬人，革車八百乘〔二九〕。諸侯多沈亂，不服於天子，於是乎桓公東救徐州，分吳半，分吳地之半。存魯蔡陵〔三〇〕，蔡陵，地名。割越地。南據宋、鄭，既割越地，又據宋、鄭之國，以爲親援也。征伐楚〔三一〕，濟汝水，伐楚時渡汝水。踰方地〔三二〕，謂方城之地。望文山〔三三〕，楚山也。使貢絲于周室，使貢楚絲，即所謂檿絲者也。堪爲琴瑟絃。成周反胙於隆嶽，周室有事，歸胙於齊。齊，太嶽之後，故言隆嶽。荆州諸侯，莫不來服〔三四〕。中救晉公，禽狄王，敗胡貉，破屠何〔三五〕，屠何，東胡之先也。而騎寇始服〔三六〕。北狄以騎爲寇。北伐山戎，制泠支〔三七〕，斬孤竹，而九夷始聽。海濱諸侯，莫不來服。西征，攘白狄之地，遂至于西河。謂龍門之西河。方舟投柎〔三八〕，乘浮濟河〔三九〕。至于石沈，石沈，地名。縣車束馬〔四〇〕，踰大行。與卑耳之貉〔四一〕，拘秦夏〔四二〕。與卑耳之貉共拘秦夏之不服者。西服流沙西虞，西虞，國名。而秦戎始從。故兵一出而大功十二。自救徐州已下有十二也。故東夷、西戎、南蠻、北狄、中國諸侯，莫不賓服。與諸侯飾牲爲載書，書，謂要盟之辭，載之於策。以誓要于上下，薦神〔四三〕，謂以上下之神祇爲盟誓，又以其牲薦之於神。然後率天下定周室，大朝諸侯於陽穀。故兵車之會六，乘車之會三，九合諸侯，一匡天下〔四四〕。甲不解壘，兵不解翳〔四五〕，翳所以蔽兵，謂脅盾之屬。不解甲於壘，不解兵於翳，言不用也。弢無弓，服無矢，弢，弓衣也。無弓無矢，亦言不用也。寢武事，行文道，以朝天子。

葵丘之會，天子使大夫宰孔致胙於桓公，曰：「余一人之命〔四六〕，有事於文、武，有祭事於文王、武王之廟也。使宰孔致胙。」且有後命曰：「以爾自卑勞，以爾自卑而勞弊。實謂爾伯舅，毋下拜。」桓公召管仲而謀。管仲對曰：「爲君不君，君命臣無下拜，是不君也。爲臣不臣，臣承命而不讓，是不臣也。亂之本也〔四七〕。」桓公曰：「余乘車之會三，兵車之會六，九合諸侯，一匡天下。北至於孤竹、山戎、穢貉〔四八〕，拘秦夏〔四九〕，西至流沙、西虞，南至吳、越〔五〇〕、巴、牂柯〔五一〕、䑗、不庾〔五二〕、雕題、黑齒〔五三〕，皆南夷之國號也。荆夷之國，莫違寡人之命，而中國卑我。中國之人，不尊崇樂推，使居臣位，是卑我也。昔三代之受命者，其異於此乎？」管子對曰：「夫鳳皇鸞鳥不降，而鷹隼鴟梟豐。庶神不格，庶神不至，則未歆其祭享。守龜不兆，守龜，國之守龜。不兆，謂不以信誠告之。握粟而筮者屢中。長者不告而短者告，是德之不至。傳曰：「龜長筮短。」詩曰：「握粟出卜。」時雨甘露不降，飄風暴雨數臻。五穀不蕃，六畜不育，而蓬蒿藜藋徙弔反。竝興〔五四〕。夫鳳皇之文，前德義，後日昌〔五五〕。前包德義，後有日昌，明先德義，乃可以日昌也。昔人之受命者，龍龜假，假，至也。河出圖，雒出書，地出乘黃。乘黃，神馬也。坤利牝。馬之貞，故從地出，若漢之渥洼神馬之比。今三祥未見有者，三祥，謂龜龍、圖書、乘黃也。雖曰受命，無乃失諸乎？」桓公懼，出見客曰：「天威不違顏咫尺，小白承天子之命，而毋下①拜，恐顛蹶於下，以爲天子羞。」遂下拜，登受賞。服大路，龍旗九游〔五六〕，渠門赤旂〔五七〕。渠門，旗名。天子致胙於桓公而不受，天下諸侯稱順焉〔五八〕。

〔一〕翔鳳案：重罪不死，減輕而以甲兵贖，是「輕重罪」。

〔二〕張佩綸云：「犀脅」，齊語作「犀甲」，中匡有「脅盾犀脅」，注：「未詳。」詩小戎「游環脅驅」，箋：「脅驅者，著服馬之外脅，以止驂之入。」「犀脅」，以犀革爲脅驅也。蘇輿云：齊語、

①「下」字原作「不」，據補注改。

淮南氾論訓並云「出犀甲一戟」。「犀脅」疑「犀盾」之誤，釋名：「以犀皮作之曰犀盾」。翔鳳案：越語「水犀之甲」，注：「水犀有珠甲，山犀則無。」吴都賦「户有犀渠」，注：「楯也，犀皮爲之。」犀皮堅，可以爲甲，亦可以包盾。「犀脅」乃以犀護脅，與甲相類。今婦女所服之馬甲，小如背心，當爲古之遺制。犀皮貴，小則省料，名爲犀甲，實犀脅也。

〔三〕劉績云：齊語作「制：重罪贖以犀甲一戟，輕罪贖以鞼盾一戟」也。劉師培云：荀子議兵篇楊注引同。白帖四十七、五十八兩引此文，兩「二」字並作「一」（合上「重罪」而言），以中匡篇及齊語證之，似以作「一」爲允。翔鳳案：房注：「蘭」即所謂蘭錡，兵架也。鞈革，重革，當心著之，所以禦矢。」蘭錡當爲以織蘭之繒帛裹之（見輕重丁）。鞈革類犀革，惟以牛皮爲之，價賤。知犀脅亦以禦矢，其義更明。

〔四〕董增齡云：淮南氾論訓高注「以金分出金，隨罪輕重有分兩也」，即管子小匡篇「小罪入以金鈞，分宥薄罪入以半鈞」也。張佩綸云：齊語作「小罪讁以金分，宥閒罪」，淮南氾論篇作「有輕罪者贖以金分」，高注：「輕，小也；以金分出金，隨罪輕重有分兩也。」疑古本管子亦作「金分」，下文「分宥薄罪」之「分」字是其證。屬下讀非。「宥薄罪」爲句，「入以半鈞」衍，「宥」則不必入金，明甚。翔鳳案：鈞以外之零數，多少不一，董、張之説是也。

〔五〕俞樾云：「坐」當爲「挫」，言人有挫折屈抑，則宜訟，若無是而訟，是好訟也，故必有以禁之。尹注「謂其人自無所坐，而被抑爲訟者」，非是。蘇輿云：「獄」字衍。周禮秋官「以兩造禁民訟，入束矢於朝」，鄭注：「訟，以貨財相告者。」又「以兩劑禁民獄」，注云：「獄，相告以罪名者。」是訟、獄相對爲文，此不當有「獄」字。中匡篇作「無所計而訟者」，亦無「獄」字，是其證。 翔鳳案：釋名：「坐，挫也，骨節挫詘也。」安徽宿松讀「坐」如挫。俞謂當爲「挫」，尚隔一層。

〔六〕劉績云：「正」如春秋傳「正直爲正」之「正」，言罪於刑本無所坐，屈抑訟獄者，君爲之正，先已三禁之，不從，成獄，不直，則入束矢以罰其誣。齊語作「索訟者三禁而不可，上下坐成以束矢」。 董增齡云：周禮大司寇「禁民訟，入束矢」，惠士奇曰：「矢取其直，不直者入束矢。」束矢以示罰也。 張佩綸云：「正三禁」之「正」，涉「三」而衍。 尹桐陽云：「禁」，臨問也。周禮大司寇：「以兩造禁民訟。」又：「以兩劑禁民獄。」 翔鳳案：禮記王制：「史以獄成告於正。」爾雅：「正，長也。」劉、張未得其義。

〔七〕張佩綸云：「夷」，周禮薙氏「夏日至而夷之」，鄭注：「夷之，以鉤鎌迫地芟之也，若今取茭矣。」據此，則「夷」即鉤鎌之屬。原注非。 翔鳳案：周禮故書「夷」作「薙」，「雉」今作「剃」。說文：「鐵，古文作『銕』，從夷。」鐵從𢧜聲，𢧜從戜聲。說文：「戜，利也，一曰剔也。」「剔」同「剃」同「夷」。然則夷爲犀利之戈屬，今已變形爲鉤鎌矣。戈訓平頭戟，戟爲有枝兵，其上即有鉤矣。

〔八〕王念孫云：「鮑叔牙」本作「東郭牙」。下文「管仲曰：犯君顏色，進諫必忠，不辟死亡，不撓富貴，臣不如東郭牙，請立以爲大諫」，是其證。晏子春秋問篇、吕氏春秋勿躬篇、韓子外儲説左篇、新序雜事篇並同。世人多聞鮑叔牙，寡聞東郭牙，故以意改之耳。張佩綸云：齊桓初政，諫官之任，自當屬之鮑叔。東郭駃乃智士，亦不足副犯顔進諫之稱。王氏改此從彼，非也。疑東郭牙即鮑叔牙之别名，如東里子産之類。

〔九〕尹桐陽云：吕覽、説苑作「弦章」，韓子作「弦商」，商、章聲轉。此云「子旗」，其字與？

〔一〇〕尹桐陽云：「戚」，吕覽作「遬」，韓子作「武遬。」「遬」、「戚」聲轉，甯之名也。武，其謚。淮南道應云「衛人」。

〔一一〕孫星衍云：大匡篇幷此篇下文俱作「曹孫宿」。

〔一二〕尹桐陽云：淮南繆稱：「老子學商容，見舌而知守柔。」説苑敬慎作「常摐」，疑即此人。

〔一三〕劉績云：前作「季友」。宋翔鳳云：「季勞」即下文「季友」，説文古文「友」字作「𦫳」，故誤爲「勞」。

〔一四〕王念孫云：「徐」當爲「衛」，字之誤也。「開封」當爲「開方」，聲之誤也。開方，衛人也，故曰衛開方。大匡篇曰「游公子開方於衛」，故曰「衛開方處衛」。宋翔鳳云：「開封」即下文「開方」，「方」與「封」聲之轉。

〔一五〕孫星衍云：「匽尚」，蓋即大匡篇「晏子」。

〔一六〕王引之云：「八千人」爲數太多，當從齊語作「八十人」。韋昭注曰「州十人，齊居一州」，爾雅曰「齊曰營州」，是也。「又」讀曰有，古字「又」與「有」通（周語「是三子也，吾又過於四之無不及」，「又」與「有」同）。齊語作「爲」，「爲」亦「有」也（說見釋詞）。劉師培云：元龜引「千」作「十」，與齊語合。

〔一七〕安井衡云：「沈」、「淫」古通用。淮南子「瓠巴鼓琴而淫魚出聽」，是也。「正」、「政」、「征」三字古通用，此「政」讀爲征。齊語作「征」。翔鳳案：「政」通「征」，證見前。

〔一八〕戴望云：宋本作「疆場」。安井衡云：「場」當爲「埸」，字之誤也。「疆埸」，邊境也。翔鳳案：本文「審吾疆場，反其侵地，正其封界」，則所指爲邊境。穀梁昭元年傳：「疆之爲言猶竟也。」「竟」即「境」，義正合。說文：「埸，疆也。」左成十二年作「疆埸」。趙本作「埸」是也，然楊本作「場」亦非誤字。隸書「易」、「昜」不分，如大臣之「惕」即「愓」，是其例矣。管書原文當作「易」。荀子富國「至於疆易」，漢書食貨志「殖於疆易」，皆作「易」，不作「埸」，可證也。安井說是。

〔一九〕翔鳳案：皮幣選文采者，是之謂美。下文「文飾虎豹皮」，是其證。

〔二〇〕陶鴻慶云：「極」讀爲亟，數也，齊語作「驟」。小爾雅廣言「驟，數也」，與「亟」義同。翔鳳案：「極」假爲「急」。淮南精神訓「隨其天資而安之，不極」，注：「急也。」說文：「諸侯三年大相聘曰頫。」

〔二一〕戴望云：齊語「常」作「棠」。董增齡云：春秋隱五年杜注：「棠，高平方與縣北有武唐亭、魯侯觀魚臺。」即今濟寧州魚臺縣魚亭山。惠棟左傳補注：「『堂』與『棠』古通，字見魯峻碑。」「堂」又與「常」通。詩魯頌：「居常與許，復周公之宇。」言「復」，則桓以義返之也。春秋隱二年杜注：「潛，魯地。」蓋近戎之地，當在今兗州府西南境。張佩綸云：魯頌「居常與許，復周公之宇」，毛傳：「常、許，魯南鄙西鄙。」箋：「『常』或作『嘗』，在薛之旁。春秋莊公三十一年『築臺于薛』，是歟？周公有嘗邑，所由未聞也。六國時，齊有孟嘗君食邑于薛。」佩綸謂：詩言魯僖「復周公之宇」，即指齊反侵地言。常爲魯南鄙，毛公所據何書，且不能詳。鄭氏以孟嘗之薛混之，非是。齊語作「棠」，以爲即「公矢魚于棠」之棠。「潛」見春秋杜注：「潛，魯地。」

〔二二〕安井衡云：「於」，爰也。「弊」讀爲蔽。張佩綸云：齊語「弊」作「蔽」。翔鳳案：國策秦策「南陽之弊幽」，注：「隱也。」同「蔽」。

〔二三〕趙用賢云：國語作「弭」。「渠彌」，裨海之名。言齊有高山大海，軍士可依之爲險阻。董增齡云：韋注「渠弭，裨海也」者，淮南墬形訓「東方曰大渚、曰少海」，高注：「水中可居者曰渚。東方多水，故曰少海，亦澤名也。」裨海即少海之義。管子小匡篇尹注「教之穿渠，彌亘於河陼」，非行軍之事，其説非也。

〔二四〕王念孫云：「綱山」，齊語作「環山」，韋注曰：「環，繞也。」後漢書馬融傳注引齊語「繯於山有罕」，賈注曰：「繯，還也。」是賈本作「繯山」，與韋異也。今管子作「綱山」者，蓋俗書「綱」字作「緈」，與「繯」字相似，「繯」譌爲「緈」，又譌爲「綱」耳。尹注皆非。翔鳳案：王説「綱」爲「繯」之誤，是也，然以爲俗書則非。魏司空穆秦墓誌「綱」作「緈」，水經濟水注「京城北有檀山罡」，則齊人書「岡」爲「罡」久矣。

〔二五〕劉績云：「柒」，齊語作「漆」。王念孫云：「吉」字，疑即「臺」字之誤而衍者也。齊語作「臺原姑與漆里」，韋注曰：「衛之四邑。」無「吉」字。戴望云：册府元龜引無「吉」字。翔鳳案：地名無考者，無法訂正，亦可云齊語奪「吉」字，王説不可信也。

〔二六〕何如璋云：「海」當作「河」，以齊衛界無海也。齊語亦誤。翔鳳案：古代洪水，群居高丘，有四海之名，山海所記是也。水退而名稱不改，左傳楚屈完謂：「君處北海，寡人處南海。」楚固無海，何説陋矣。

〔二七〕尹桐陽云：「岱陰」，泰山北也。公羊桓十六年傳「越在岱陰」。齊語作「餉陰」，謂定陶之陰也。翔鳳案：「地」對「海」而言，非虚設。

〔二八〕尹桐陽云：「隨」，腄也。前漢書地理志東萊郡有腄，在今山東文登縣西七十里。齊語作「紀酅」，以酅爲紀邑耳。

〔二九〕王引之云：「八」當爲「六」，上文云「五十人爲小戎」，積而至於三萬人，則六百乘矣。齊語作「八百乘」亦誤，説見韋注。翔鳳案：「小戎」爲基本單位，尚有工兵輜重，則非六百乘矣。王好作此無謂之計算，不止一次，書生之見也。

〔三〇〕俞樾云：地無名「蔡陵」者。據下文云「築蔡鄢陵」疑此文「蔡」上奪「築」字，「陵」上奪「鄢」字。存魯爲一事，築蔡鄢陵又爲一事。戴望云：册府元龜作「有魯荼陵」。張佩綸云：「蔡陵」當作「陵蔡」，即僖四年侵蔡事。一切經音義三引三蒼：「陵，侵陵也。」廿四引倉頡：「陵，侵犯也。」書大傳：「侵，陵也。」原注非。翔鳳案：此指桓公東征事，蔡不在東，張説謬。

〔三一〕陶鴻慶云：此以七字爲句，言據二國以伐楚也。霸形篇言「楚欲吞宋、鄭，桓公興兵而南存宋、鄭，與楚王遇於召陵，因以鄭城與宋水爲請」，即其事也。尹讀「南據宋鄭」爲句而解之云「據宋鄭以爲親援也」，非當時事實也。

〔三二〕劉績云：「地」乃「城」字誤，後亦作「方城」。王念孫云：齊語及御覽治道部七引並作「方城」，尹注非。翔鳳案：屈完謂：「楚國方城以爲城，漢水以爲池，雖衆無所用之。」齊未嘗踰方城也。後文「門傅方城」，乃迫近之義。非一處，諸説俱誤。

〔三三〕安井衡云：古本「文」作「汶」。「汶」音珉，即岷山也。黄丕烈云：戰國策言「三苗之居文山在其南者」，即此。

〔三四〕宋翔鳳云：國語作「使貢絲於周而反，荆州諸侯莫敢不來服」。後於「西服流沙西吴」下作「南城於周，反胙於絳，嶽濱諸侯莫敢不來服」。國語當采自管子，而文多異。管子傳本脱誤，惟小匡一篇首尾完善，似勝國語。「濱」，水厓。「嶽」不得言「濱」。此漢人整齊國語之文，遂效上文「海濱」作「嶽濱」。今定「嶽」字當連上讀，「反胙於絳嶽」猶言「歸胙於齊侯」，即後文宰孔致胙事。舊注以「太嶽」訓「隆嶽」，是也。國語「反胙於絳」，賈、唐紛紛之説並非也。四嶽於古爲方伯，於成周言「隆嶽」者，言天子以桓公爲方伯矣。

〔三五〕尹桐陽云：「屠何」，東胡之先，漢爲徒河縣，屬遼西郡。故城在今錦縣西北。劉恕通鑑外紀：「周惠王三十三年齊桓公救燕，破屠何。」墨子作「不著何」。

〔三六〕宋翔鳳云：此知騎戰春秋時已有，然非中土制，故經傳罕言。後趙武靈王云：「變服騎射以備燕三胡秦韓之民。」此騎射亦習北俗，非刱爲也。

〔三七〕董增齡云：史記齊世家「北伐山戎離枝孤竹」，集解引地理志曰：「令支縣有孤竹城。」疑「離枝」即「令支」，「令」、「離」聲相近。應劭曰「『令』音鈴」，「鈴」、「離」聲亦相近。管子亦作「離」字。　俞樾云：「制」乃「剬」字之誤。齊語作「剬令支」，韋注曰：「剬，擊也。」　翔鳳案：「制」字自通，「剬」字希用，不必用齊語改本文。

〔三八〕孫星衍云：「投」，當依齊語作「設」，因字形相近而譌。　安井衡云：古本「投」作「設」。　董增齡云：荀子子道篇「不放舟，不避風，則不可涉」，楊注：「『放』讀爲方。」漢書酈食其傳「蜀漢之粟，方船而下」，顔注：「方，併也。」詩釋文引郭璞云：「木曰簰，竹曰筏，小筏曰泭。」　翔鳳案：「柎」同「泭」。古音「束」讀投，同音假借。「束泭」與「方舟」對文。

〔三九〕翔鳳案：柎以木爲之，因其浮於水而名之曰「浮」。趙本作「桴」，爲後起字。

〔四〇〕孫星衍云：北堂書鈔一百十四引作「乘馬」。　翔鳳案：「乘馬」與「懸車」，不相容，此亦類書不可信之一證矣。

〔四一〕王念孫云：「貉」當爲「谿」，字之誤也。齊語作「辟耳之谿」，「辟」、「卑」古字通。鈔本北堂書鈔武功部二引此正作「卑耳之溪」。（明陳禹謨本依今本管子改「溪」爲「貉」。）小問篇亦云：「未至卑耳之溪十里。」尹注非。　董增齡云：史記封禪書作「卑耳之山」，集解引韋昭曰：「卑耳，即齊語所謂『辟耳』。」索隱：「卑耳，山名，在河東太陽。」水經濡水注引管子：「齊桓公二十年，征孤竹，未至卑耳之谿十里。」案傳以孤竹屬北伐，以辟耳之谿屬西征，今酈氏合爲一地，各記所傳聞，不必盡符合也。　翔鳳案：「貉」爲種族名，字亦作「貊」，即下之「穢貉」也。海内西經：「貊國在漢水東北。」房注「與卑耳之貉共拘秦夏之不服者」，其言是也。卑耳之谿別在一處，王説非是。

〔四二〕丁士涵云：「秦夏」疑「泰夏」之誤。「泰」與「大」同。　戴望云：封禪篇「西伐大夏，涉流沙」，則大夏蓋國名。「拘」者，謂係累其君而歸也。　翔鳳案：戴説是也，然非誤字。事語篇之「泰夏」亦作「秦夏」，則「秦」乃隸書別體也。

〔四三〕劉績云：「薦」，當依齊語作「庶」。　王念孫云：尹注曰：「謂以上下之神祇爲盟誓，又以其牲薦之於神。」劉曰：「薦，當依齊語作『庶』。」念孫案：劉説是也。下文「庶神不格」，即其證。「誓要」當爲「要誓」，齊語作「約誓」，「約」亦「要」也。謂以盟載之詞，要誓於上下衆神也。尹不知「薦」爲「庶」之譌，而以「薦神」二字別爲句，謬矣。翔鳳案：以誓於神爲約束，作「誓要」爲是。易豫：「殷薦之上帝。」房注「薦之於神」不誤，省「於」字耳，本書省字者多。下文「庶神」即所薦之神，齊語不足據也。「薦神」二字句。

〔四四〕韋昭云：「兵車之會」，謂魯莊十三年會於北杏，十四年會于鄄，十五年復會于鄄，魯僖元年會于檉，十三年會于鹹，十六年會于淮。「乘車之會」，僖三年會于陽穀，五年會于首止，九年會于葵邱。九會也（見國語齊語注）。王紹蘭云：「六」、「三」互譌。史記齊世家作「兵車之會三，乘車之會六」。正義引「左傳魯莊十三年會北杏以平宋亂，僖四年侵蔡遂伐楚，六年伐鄭圍新城，是兵車會三也」。又引「左傳魯莊十四年會于鄄，十五年又會鄄，十六年同盟于幽，僖五年會首止，八年會于洮，九年會葵丘，是乘車會六也」。本書封禪篇正同。然則此誤明矣。大匡篇誤與此同。穀梁莊二十七年傳曰「衣裳之會十有一，未嘗有歃血之盟也」，范甯云：「十三年會北杏，十四年會鄄，十五年又會鄄，十六年會幽，二十七年又會幽，僖元年會檉，二年會貫，三年會陽穀，五年會首戴，七年會寧母，九年會葵丘。」傳又曰「兵車之會四，未嘗有大戰也」，范甯云：「僖八年會洮，十三年會鹹，十五年會牡丘，十六年會淮。」紹蘭案：論語「桓公九合諸侯不以兵車」，則「衣裳之會」當有九，不得有十一之數。故穀梁疏引鄭釋廢疾云：「自柯之明年，葵丘以前，去貫與陽穀，固已九合矣。」如鄭所言，柯盟在莊十三年冬，北杏之會在是年春，則鄭不數北杏矣。其明年爲莊十四年，今自十四年會鄄始，至僖九年會葵丘止，中間去貫與陽穀。鄭意謂衣裳之會：莊十四年會鄄，一也；十五年又會鄄，二也；十六年會幽，三也；二十七年又會幽，四也；僖元年會檉，五也；五年會首止，六也；七年會甯母，七也；八年會洮，八也；九年會葵丘，九也。正符「九合諸侯不以兵車」之數。

〔四五〕王念孫云：「壘」，當依宋本、朱本、齊語作「纍」，韋注曰：「纍，所以盛甲也。」補音：「纍，律追反。」戴望云：説文：「纍，大索也。」「医，藏弓弩矢器也。」「翳」爲「医」之假字。

〔四六〕王引之云：「之命」二字，蓋因下文「天子之命」而衍。齊語同。僖九年左傳云「天子有事於文武」，無「之命」二字。翔鳳案：下文「且有後命」，則其前有命，非衍文。

〔四七〕丁士涵云：「亂之本也」下，當依齊語接「桓公懼」云云，中間「九合」、「一匡」諸語，皆是桓公侈大之辭。考左傳、史記之言，勤遠略乃在復會葵丘時，鳳皇鸞鳥一節，是管子諫止封禪之意，以史記所載封禪篇文參觀之，疑其篇未嘗亡佚，特錯簡於斯，以致前後文多脱落耳。翔鳳案：君不君，臣不臣，爲亂之本，乃擬議之辭，桓公何至於懼？懼者，懼其德不足以致祥瑞耳。齊語缺此一段不合，丁説非是。

〔四八〕張佩綸云：説文：「貉，北方豸種，孔子曰：貉之謂言惡也。」周禮職方「八貉」，鄭司農曰：「北方曰貉。」孟子「子之道，貉道也」，趙注：「貉在荒服者也。」漢書武紀「東夷獩君南閭等」，注：「服虔曰：獩貊在辰韓之北，高句驪沃沮之南，東窮于大海。」翔鳳案：此爲西北之貉，與東北之貉同名而異地。史記匈奴傳「以臨胡貉」，索隱：「貉，即穢也。」其地在漢水附近，故與胡合言之。穢貉與秦夏近，爲卑耳之貉加一確證矣。

〔四九〕李哲明云：「秦夏」，當從丁氏作「泰夏」，即大夏也。此句統以「北至於」三字，祇就其地言，不應有「拘」字。校者例以上文臆補之。此「拘」字當衍。翔鳳案：與穢貉同拘秦夏，非僅至其地而已。非衍文。

〔五〇〕張佩綸云：春秋左氏桓九年傳：「巴國在巴郡江州縣。」

〔五一〕張佩綸云：漢書地理志「牂柯郡，武帝元鼎六年開。莽曰同亭。有柱蒲關。屬益州。」應劭曰：「臨牂柯江也。」十三州志「江中山名」，水經注「江中兩山名」，左思賦「吐浪牂柯」，是也。華陽國志：「楚頃襄王時，遣莊蹻伐夜郎，以且蘭有椓船牂柯處，乃改其名曰牂柯。」歷考諸説，齊桓之迹，無至牂柯理。翔鳳案：文意但言莫違其命，非親至其地也。

〔五二〕張佩綸云：「𢊍」，字書無之。「不庾」，未詳。疑「𢊍不」乃「髳」之壞，「庾」乃「庸」之誤，蓋襲牧誓「庸、蜀、羌、髳」之文。髳者，後漢書西羌傳：「武王克商，羌髳率師會牧野。」字與「髦」通。詩角弓「如蠻如髦」，傳曰：「髦，夷髦也。」箋曰：「髦，西夷別名。」庸者，文十六年左氏傳云「庸人率羣蠻以叛楚」，又云「楚師滅庸」，杜注：「今上庸縣，屬楚小國。」尹桐陽云：「𢊍」從長瓜，字書所無。蓋「長瓜」即長沙之聲轉，合形而爲𢊍。「不庾」即北朐，海内南經雕題國、北朐國皆在鬱水南。翔鳳案：「𢊍」即「髟」，隸書左右易形，如「和」即「咊」，乃一字。與「髳」同。古無輕脣音，「髟」讀髳，即湖南之苗族也。「不庚」即北朐，用尹説。「庚」與「庸」不相似，又加「不」字，非「庸」可知也。

〔五三〕安井衡云：雕題，交趾也。黑齒者，嶺南之人食檳榔，其齒變黑，因以名其國耳。　張佩綸云：禮記王制篇「南方曰蠻，雕題交趾，有不火食者矣」，鄭注：「雕文，謂刻其肌以丹青涅之。」孔疏：「題，謂額也，謂以丹青刻其額。」史記趙世家：「黑齒雕題，却冠秫絀，大吳之國也。」集解劉逵曰：「以草染齒，用白作黑。」　尹桐陽云：海外東經：「黑齒國爲人黑齒。」淮南墬形：「有黑齒民。」呂覽求人：「禹東至黑齒之國。」東夷傳：「倭國東四千餘里有裸國，裸國東南有黑齒國，船行一年可至。」逸周書王會：「黑齒、白鹿、白馬。」

〔五四〕俞樾云：「⿱艹⿰糸翟」乃「⿱艹⿰禾翟」字之誤，即「藋」字也。莊子徐无鬼篇「藜藋柱乎鼪鼬之徑」，釋文曰：「藋，本或作『⿱艹⿰糸翟』。」　翔鳳案：説文：「藋，釐艸也。」徒弔切，從「⿰糸翟」得聲正合，特其字不見於説文也。

〔五五〕丁士涵云：「日昌」與「德義」文不相對。「日」者，「明」之壞字，「明昌」猶昌明也。大戴禮虞戴德篇曰：「天事曰明，地事曰昌。」誥志篇曰：「天曰作明，地曰作昌。」天地之事曰「明昌」，天地之文亦曰「明昌」，鳳皇之文，法天地也。楚語「天明昌作」，注：「昌，盛也。」廣雅：「昌，光也。」　尹桐陽云：南山經曰：「鳳皇，首文曰德，翼文曰義，背文曰禮，膺文曰仁，腹文曰信。」其所記略與此殊。

〔五六〕劉師培云：書鈔一百二十引「游」作「旒」。玉海八十三引國語「龍旂九旒」，自注曰「管子九斿」，與書鈔所據本異。翔鳳案：晏子春秋：「景公望游而馳。」齊人作「游」，不作「旒」。

〔五七〕宋翔鳳云：齊語韋昭注：「渠門，兩旂所建以爲軍門，若今牙門也。」按「牙」古音如吾，與「渠」音近，亦爲一物。考工記「車人」，鄭司農注：「『渠』謂車輮，所謂牙渠門，即轅門。」穀梁昭八年傳「置旃以爲轅門」，范甯注：「轅門，卬車以其轅表門也。」有轅必有渠，故「轅門」亦爲「渠門」。桓受天子賞，不以旃而置交龍之旂也。

〔五八〕陳奐云：「不」乃「下」之誤。下受，承「下拜登受」而言。陶鴻慶云：「致胙」當爲「致命」，謂天子致「無下拜」之命，而桓公不受也。齊語「諸侯稱順矣」，韋注云：「下拜順於禮也。」明「稱順」指不受致命言之。若作「致胙而不受」，則情事乖違矣。

桓公憂天下諸侯。魯有夫人慶父之亂〔一〕，而二君弒死，慶父通莊公夫人姜氏，弒子般，又弒閔公。國絶無後。桓公聞之，使高子存之。男女不淫，馬牛選具〔二〕，選擇其善者以成具，凡欲以貢齊也。執玉以見，請爲關内之侯，請爲齊關内之侯。而桓公不使也。狄人攻邢，桓公築夷儀以封之。男女不淫，馬牛選具，執玉以見，請爲關内之侯，而桓公不使也。狄人攻衛，衛人出旅於曹〔三〕，旅，客也。客居曹也。桓公城楚丘封之，其畜以散亡〔四〕，故桓公予之繫馬三百匹，謂馬在閑廄繫養之，言其良也。天下諸侯稱仁焉。於是天下之諸侯知桓公之爲己勤也，是以諸侯之歸之也譬若市人。桓公知諸侯之歸己也，故使輕其幣而重其禮，故使天下諸侯以疲馬犬羊爲幣〔五〕，疲，謂瘦也。齊以良馬報。諸侯以縷帛布鹿皮四分以爲幣〔六〕，齊以文錦虎豹皮報。諸侯之使，垂橐而入，攟丘粉反。載而歸〔七〕。垂橐，言其空也。攟，收拾也。故鈞之以愛〔八〕，致之以利，結之以信，示之以武。是故天下小國諸侯既服桓公，莫敢之倍而歸之〔九〕，喜其愛而貪其利，信其仁而畏其武。桓公知天下小國諸侯之多與己也，於是又大施忠焉〔一〇〕。可爲憂者爲之憂，可爲謀者爲之謀，可爲動者爲之動，伐譚、萊而不有也〔一一〕，諸侯稱仁焉。通齊國之魚鹽東萊〔一二〕，自東萊通魚鹽於諸侯。使關市幾而不正〔一三〕，廛而不稅，幾，察也。察其姦非，而不征①稅。以爲諸侯之利，諸侯稱寬焉。築蔡、鄢陵、培夏、靈父丘〔一四〕，皆邑名。以衛戎狄之地〔一五〕，所以禁暴於諸侯也。築五鹿、中牟、鄴蓋與社丘〔一六〕，以衛諸夏之地，所以示勸於中國也。教大成。是故天下之於桓公，遠國之民望如父母，近國之民從如流水。故行地茲遠〔一七〕，得人彌衆，是何也？懷其文而畏其武。故殺無道，定周室，天下莫之能圉，武事立也。定

① 「征」字原作「王」，據補注改。

三革〔一八〕，車、馬、人皆有革甲，曰三革。偃五兵，朝服以濟河，而無怵惕焉，謂乘車之會，朝服濟河，以與西諸侯盟也。文事勝也。是故大國之君慙媿，小國諸侯附比。是故大國之君事如臣僕，小國諸侯驩如父母。夫然，故大國之君不尊，不以國大加其尊禮。小國諸侯不卑。不以國小而卑其敬。是故大國之君不驕，小國諸侯不懾。於是列廣地以益狹地〔一九〕，損有財以與無財。周其君子，不失成功。周給君子，得其力用，故不失成功也。周其小人〔二〇〕，不失成命。周給小人，懷德而歸，故不失成命也。夫如是，居處則順，出則有成功，不稱動甲兵之事〔二一〕，以遂文、武之近於天下〔二二〕。既以朝服濟河，故不稱甲兵，文德成也。大國畏威，事如臣僕，武功立也。桓公能假其羣臣之謀，以益其智也。其相曰夷吾，大夫曰甯戚、隰朋、賓胥無、鮑叔牙。用此五子者何功言何功而不成。度義〔二三〕，光德繼法，紹終以遺後嗣。貽孝昭穆〔二四〕，大霸天下，名聲廣裕，不可掩也。則唯有明君在上，察相在下也。

〔一〕劉師培云：元龜「有」作「自」，義較長。翔鳳案：「有」字是。「自」爲叙述長期歷史，於此不合。

〔二〕韋昭云：「淫」，見淫略也。王引之云：「選」亦「具」也，古人自有複語耳。說文：「僎，具也。」又云：「巽，具也。」「僎」、「選」與「巽」古竝同聲。「牛馬選具」者，謂牲畜皆全，不見掠奪也。墨子號令篇：「所居之吏，上數選具之。」「選具」猶齊備也。恐其不全，故選具之也。韋注訓「選」爲「數」，「數具」連文則不詞矣。尹注亦以迂回失之。張佩綸云：「男女不淫，馬牛選具」二句與下複，疑衍文。原注以爲「貢齊」，尤誤。翔鳳案：大匡：「魯請比於關内。」存亡繼絶，安定人畜爲要着，魯、邢相同，何爲複加而衍之？

〔三〕董增齡云：大雅公劉「於時廬旅」，毛傳：「廬，寄也。」管子小匡篇「狄人攻衛，衛人出旅於曹」，故詩序亦言「東徙渡河，野處漕邑」。載馳毛傳：「漕，衛東邑。」

〔四〕翔鳳案：古本「丘」下有「以」字。下「以」同「已」，前文屢見。

〔五〕丁士涵云：上文云「故使輕其幣而重其禮」，此承上言之，當作「故天下諸侯」，不當有「使」字，齊語無。翔鳳案：諸侯不以疲馬犬羊爲幣，齊之所使也。「使」字不可少，否則諸侯無禮矣。

〔六〕王念孫云：「縷帛布」本作「縵帛」。説文：「縵，繒無文也。」韓子十過篇曰「縵帛爲茵」，「縵帛」與「文錦」正相對。霸形篇曰「以虎豹皮文錦使諸侯，諸侯以縵帛鹿皮報」，文義正與此同，則本作「縵帛」明矣。今本作「縷帛」者，後人以齊語改之也。（齊語作「縷纂以爲奉」，韋注曰「縷纂以縷織纂，不用絲」，則非謂帛明矣。不得據彼以改此。）其「布」字，則因「帛」字而誤衍耳。王引之云：「鹿皮四分」，「分」當爲「介」，「介」即今「个」字也。（古字有「介」無「个」，説見經義述聞通説「个」字下。）齊語作「鹿皮四个」，韋注曰：「个，枚也。」（宋庠本如是，明道本「个」譌作「分」，注内「枚」字又譌作「散」，辯見經義述聞通説。）「鹿皮四个」，即聘禮所謂「乘皮」。「個」字古書作「介」，廣韻云「介，俗作『分』」，形與「分」相似，因譌作「分」。尹謂四分其鹿皮，失之矣。　翔鳳案：「縷」字不誤，「帛布」爲二物，亦不誤。「分」爲「介」，王説是，然非誤字。隋造龍華碑「界」作「堺」，與「分」無別。傳本原是「介」字，房誤認耳。

〔七〕俞樾云：「櫏」字當從禾，即「稛」字也，説文禾部：「稛，絭束也，從禾囷聲。」此作「攟」者，又變從麕聲。「麕」亦從囷得聲者，故其聲同也。傳寫誤從木，非是。　姚永概云：昌黎答竇秀才書云「稛載而往，垂橐而歸」，正用此語。彼注引此，亦作「垂櫜」，蓋「櫜」與「橐」本通，詩「載櫜弓矢」，鹽鐵論引作「載橐弓矢」，故二字每互用也。「櫏」字以韓文測之，則昌黎所見本作「稛」。

〔八〕安井衡云：古本「鈞」作「釣」。釣，取也。齊語作「拘」，義粗通。　翔鳳案：漢書律曆志：「鈞者，均也。」「拘」亦「均」之誤，若作「釣」，則不能誤爲「拘」矣。

〔九〕張佩綸云：「而歸之」當從齊語删。　翔鳳案：「莫敢之」，趙本等均作「莫之敢」，此以近代語法改古書也。「倍」同「背」。「歸之」，歸於齊也。此三字不可少。

〔一〇〕劉師培云：元龜「忠」作「惠」。　翔鳳案：左傳：「忠於民而信於神。上思利民，忠也。」作「惠」者，不知其義而改之耳。

〔一一〕董增齡云：莊十三年春秋杜注：「譚國在濟南平陵縣西南。」郡國志：「東平陵有譚城，故譚國。」水經濟水注：「武源水經譚城東，俗謂之布城。」通典：「齊州全節縣，春秋時譚國城在縣西南，唐元和十五年省入歷城。」寰宇記：「譚城在歷城縣東南十里。」案今山東濟南府歷城縣東南七十里有譚城。　尹桐陽云：「譚」見左莊十年，杜注：「譚國，子爵。」今山東歷城縣東南七十里有譚城，爲齊所滅。說苑正諫：「桓公曰：昔者吾圍譚三年，得而不自與者，仁也。」「萊」，夷國名，姜姓，子爵。今山東黃縣東南二十里萊子城是。左襄六年齊滅之。輕重乙曰：「桓公終舉兵攻萊，並其地，禽其君。」蓋後仍存之而不有其地，故延至襄六年而齊始滅之耳。　蘇輿云：「伐萊」未聞。齊語作「軍譚遂」。案滅譚在莊十年，滅遂在莊十三年。

〔一二〕安井衡云：古本「魚鹽」下有「于」字。　戴望云：劉本及齊語「魚鹽」下有「于」字。翔鳳案：此爲以近代語法改書最顯之例。

〔一三〕安井衡云：古本「正」作「征」。

〔一四〕張佩綸云：「培夏」即「負夏」。禮記檀弓「曾子弔於負夏」，鄭注：「負夏，衛地。」「靈父丘」疑即靈丘，趙岐孟子注：「靈丘，齊下邑。」　俞樾云：齊語作「負夏」，古字通也。尚書禹貢篇「至於陪尾」，史記夏本紀作「至于負尾」，即其例矣。

〔一五〕安井衡云：「衛」字不可通，齊語作「御」，當據正。　翔鳳案：說文「衛，宿衛也」，即戍守之意。安井誤解。

〔一六〕王引之云：地無名「社丘」者，當從朱本作「牡丘」，春秋僖十五年「公會齊侯、宋公、陳侯、衛侯、鄭伯、許男、曹伯盟于牡丘」，是其地也。齊語正作「牡丘」。

〔一七〕翔鳳案：説文艸部：「玆，艸木多益也。」水部：「滋，益也。」趙本作「滋」，古字通用。

〔一八〕戴望云：王煦國語釋文云：「革，甲也。」考工記函人「犀甲七屬，兕甲六屬，合甲五屬」，是謂三革。

〔一九〕翔鳳案：説文：「列，分解也。」

〔二〇〕安井衡云：「周」古「賙」字。「命」，令也。翔鳳案：論語：「君子周急不繼富。」説文無「賙」字。周禮鄉師「賙萬民之囏阨」，鄭司農云：「賙，讀爲周急之周。」雷浚云：「凡漢人讀爲皆易其字，則『賙』當爲『周』。」「周」以音理求之，即津貼、補貼之貼，故「賙」從貝。

〔二一〕蘇輿云：「稱」，舉也，下不當有「動」字。尹注言「不稱甲兵」，似所見無「動」字。

〔二二〕張佩綸云：「近」當作「迹」，篇首「法文武之遠跡」，是其證。翔鳳案：「近」者，「辺」之隸變。説文：「辺，古之遒人，以木鐸記詩言，讀與記同。」王筠句讀：「詩崧高『往近王舅』，箋云：『近，詞也，聲如彼記之子之記。』六經正誤謂『近』爲『辺』之譌。候人『彼其之子』，箋云：『其或作記。』此讀直可作丌，即由『亓』『其』一字知之。」「辺」或作「近」，而誤爲「近」，再誤爲「迹」。朱駿聲謂王者之迹息爲「辺」之誤字。

〔一三〕孫星衍云：「何」讀如擔荷之「荷」。易「何校滅耳」，毛詩「百禄是何」，廣雅釋詁曰：「何，擔也。」言此五子者擔何而成其功也。尹注非。俞樾云：尹注曰：「言何功而不成。」然正文止有「何功」二字，乃增益其文曰「何功而不成」，殆失之矣。據下文，管仲請立隰朋爲大行，甯戚爲大司田，王子城父爲大司馬，賓胥無爲大司理，東郭牙爲大諫，而繼之曰：「君若欲治國彊兵，則五子者在矣。若欲霸王，夷吾在此。」然則此文疑當作「甯戚、隰朋、王子城父、賓胥無、東郭牙」，所謂「五子」者，指此五人。不數夷吾，明桓公所以霸者，皆由其相夷吾之力。若止用此五人者，則何功之有？故下文曰：「則唯有明君在上，察相在下也。」正見齊桓明君，夷吾察相，兩相得而成霸功，非由此五大夫矣。傳寫奪「王子城父」，又誤「東郭牙」爲「鮑叔牙」，與後文五子不合，遂并數夷吾爲五子，而「何功」之義不可解矣。管子此篇多與齊語同，蓋本齊國史之文。齊語末云「惟能用管夷吾、甯戚、隰朋、賓胥無、鮑叔牙之屬而伯功立」，此自是當時公論。爲管氏之徒者，取其文入管子書，則獨歸功於管仲，而他人不與焉。以其書固管氏之書也。今本錯誤，大非其旨矣。姚永概云：俞謂當增「王子城父」，改「鮑叔牙」爲「東郭牙」，是也。但直謂五子何功之有，上文何必曰「假羣臣之謀」乎？「用此五子者何功」，乃設問之辭，故下以「度義光德」云云釋之。尹注固非，俞解亦太抹煞矣。尹桐陽云：「何功」，任事也。翔鳳案：孫説是。以俞氏之精，不識「何」字，可怪也。

〔二四〕翔鳳案：周禮小宗伯「辨廟祧之昭穆」，注：「父曰昭，子曰穆。」禮記祭統「昭穆者，所以別父子遠近長幼親疏之序而無亂也」，則「昭穆」包長幼輩行在内，與「貽厥孫謀」之「貽」不抵觸。

初，桓公郊迎管子而問焉。管仲辭讓，然後對以參國伍鄙，立五鄉以崇化，建五屬以厲武，寄兵於政，因罰備器械〔一〕，加兵無道諸侯，以事周室。桓公大說，於是齋戒十日，將相管仲。管仲曰：「斧鉞之人也，幸以獲生，以屬其腰領，屬，綴連也。臣之禄也。若知國政，非臣之任也。」公曰：「子大夫受政，寡人勝任。言子受政而輔我，我則勝君之任也。子大夫不受政，寡人恐崩。」管仲許諾，再拜而受相。三日，公曰：「寡人有大邪三，其猶尚可以爲國乎？」對曰：「臣未得聞。」公曰：「寡人不幸而好田，晦夜而至禽側，言夙興晦夜之時，已至禽之側畔也。田莫不見禽而後反〔二〕。其田必見禽，多獲而後反。諸侯使者無致〔三〕，百官有司無所復。」既專於田，故使者不得致命，有司不得白事。對曰：「惡則惡矣，然非其急者也。」公曰：「寡人不幸而好酒，日夜相繼，諸侯使者無所致，百官有司無所復。」對曰：「惡則惡矣，然非其急者也。」公曰：「寡人有汙行，不幸而好色，而姑姊有不嫁者〔四〕。」對曰：「惡則惡矣，然非其急者也。」公作色曰：「此三者且可，則惡有不可者矣！」此三者尚以爲可，豈更有不可於此者。對曰：「人君唯優與不敏爲不可。優，謂逶隨不斷。優則亡衆〔五〕，不敏不及事。」公曰：「善。

吾子就舍，異日請與吾子圖之。」對曰：「時可將與夷吾〔六〕，何待異日乎？」可言之時，正與夷吾，不可待他日。公曰：「奈何？」對曰：「公子舉，爲人博聞而知禮，好學而辭遜，請使游於魯，以結交焉。公子開方，爲人巧轉而兑利〔七〕，請使游於衛，以結交焉。曹孫宿，其爲人也，小廉而苛忕〔八〕，音逝。苛，密。忕，習也。言多所慣習也。足恭而辭結〔九〕，其辭能與人定交結。正荆之則也，言此人立行正與荆俗同，使之游荆，必得其歡心。上二人亦然。請使往游，以結交焉。」遂立行三使者而後退。使三使行出然後退。相三月，請論百官。公曰：「諾。」管仲曰：「升降揖讓，進退閑習，辨辭之剛柔，臣不如隰朋，請立爲大行。大行，大使之官。墾草入邑〔一〇〕，辟土聚粟，多衆〔一一〕，盡地之利，臣不如甯戚，請立爲大司田〔一二〕。平原廣牧，廣遠可牧之地。車不結轍，士不旋踵，鼓之而三軍之士視死如歸，臣不如王子城父，請立爲大司馬。決獄折中，不殺不辜，不誣無罪，臣不如賓胥無〔一三〕，請立爲大司理〔一四〕。犯君顏色，進諫必忠，不辟死亡，不撓富貴，臣不如東郭牙，請立以爲大諫之官。此五子者，夷吾一不如〔一五〕，於五子各不如其一。然而以易夷吾，夷吾不爲也。以五子之能，易夷吾之德，則夷吾所不能。君若欲治國彊兵，則五子者存矣〔一六〕。若欲霸王，夷吾在此。」桓公曰：「善。」

〔一〕陶鴻慶云：「因罰」當作「因刑罰」，中匡篇云「請薄刑罰，以厚甲兵」，是其證。

〔二〕戴望云：馬總意林引作「不幸好畋，晦夜從禽不反」。

〔三〕翔鳳案：説文「致，送詣也」，段注：「言部曰：詣，候至也。送詣者，送而至其處也。引申爲召致之致。」「無致」，無召問者。趙本作「無所致」，謬。

〔四〕孫星衍云：意林、白帖九十三引「姊」下有「妹」字。荀子仲尼篇「齊桓，五伯之盛者也，内行則姑姊妹之不嫁者七人」，何休公羊解詁「齊侯亦淫，諸姑姊妹不嫁者七人」，當有「妹」字。

翔鳳案：「姊」從女，市聲。六書正譌云：「姊，俗作『姉』。」漢武梁祠畫像題字「姊」作「姉」，此隸書正體。「妹」字可省，詩泉水「問我諸姑，遂及伯姊」，亦無「妹」字。

〔五〕宋翔鳳云：「僾」訓隱，言人君自隱其情，使不可知，則人不附之，故曰「僾則亡衆」也。注家疑「僾」爲「優」字之誤，遂以「逶隨不斷」釋之。（宋本注中「優」字亦作「僾」。）後校管子，竟改爲「優」。夫「逶隨不斷」，與「不敏」無異。翔鳳案：説文「僾，彷彿也。詩曰：僾而不見。」方言：「掩、翳，薆也。」郭注：「謂蔽薆也。詩曰：薆而不見。」所引爲韓詩。隸書艸、竹不分，即「⿱竹愛」。字作「曖」或「靉」。趙本作「優」，誤。

〔六〕翔鳳案：論語「惟我與爾有是夫」，皇疏：「許也。」報任少卿書：「而世俗又不與能死節者。」「與」訓許。

〔七〕惠士奇云：「兑」同「説」。顧廣圻云：「兑」即「鋭」，見荀子、韓詩外傳。丁士涵云：大臣篇曰「恑轉以利」，顧説近之。

〔八〕翔鳳案：詩蕩釋文、四月正義、左桓十三年傳正義皆引説文：「怢，習也。」是古本有「怢」篆，今奪。房用古義，不誤。詩關雎序「哀刑法之苛」，釋文：「苛，本作『荷』。」檀弓下「無苛政」，釋文：「苛，本亦作『荷』。」管子原文作「荷」，趙本以後世通用之字改爲「苛」。

〔九〕劉績云：大臣作「博於教而又巧於辭，不好立大義而好結小信」，則「辭結」當作「辭給」。翔鳳案：廣雅釋詁二：「結，續也。」莊子徐无鬼「王射之，敏給」，注：「給，續括也。」二字相通，「結」假爲「給」，非誤字。論語：「禦人以口給。」

〔一〇〕丁士涵云：「入邑」，韓子外儲説作「仞邑」，新序雜事篇作「屻邑」，吕氏春秋勿躬篇作「大邑」。翔鳳案：説文：「入，内也。」「内」爲古「納」字。秦策「入其社稷之臣於秦」，注：「納也。」此義至順。左成十七年傳：「凡諸侯去其國，國逆而立之曰『入』。」

〔一一〕翔鳳案：「多」字屬下爲句。五帝紀「與爲多焉」，索隱：「『多』猶大也。」吕氏春秋知度「其患又將反以自多」，注：「多，大。」

〔一二〕王念孫云：「大司田」本作「司田」，此因「大司馬」之文而誤衍也。羣書治要作「請立以爲司田」，無「大」字。（治要「立」下皆有「以」字，吕氏春秋、韓子、新序同。）丁士涵云：吕氏春秋勿躬篇、韓子外儲説皆作「大田」。晏子春秋問篇：「桓公聞甯戚歌，舉以爲大田。」淮南繆稱篇「甯戚擊牛角而歌，桓公舉以爲大田」，高注：「大田，田官也。」大田爲田官之長，與大行、大司馬、大理、大諫之官皆一例。「司」字蓋衍，不得據治要反改爲「司田」也。翔鳳案：立政篇有「由田」，即司田也。四「大」字皆爲衆官之長，不可省也。韓非、吕覽皆用「大」而省「司」，行文不同，不必據彼改此。

〔一三〕孫星衍云：「賓胥無」，韓非子外儲説作「弦商」，晏子春秋問上篇、吕氏春秋勿躬篇作「弦章」，雜事篇作「弦寧」，上文「弦子旗爲理」，即其字。　王念孫云：「賓胥無」本作「弦章」，後人以上文云「其相曰夷吾，大夫曰甯戚、隰朋、賓胥無、鮑叔牙，用此五子者何功」，遂改「弦章」爲「賓胥無」，不知上文自謂用此五人而成霸功，不謂以賓胥無爲大理也。大匡篇曰「賓胥無堅强以良，可以爲西土」，則不使爲大理明矣。又上文云「使東郭牙爲大諫（今本作「鮑叔牙」，亦後人所改，辯見上），王子城父爲將，弦子旗爲理，甯戚爲田，隰朋爲行」，此文云「隰朋爲大行，甯戚爲大司田，王子城父爲大司馬，東郭牙爲大諫」，皆與上文同，而弦子旗即弦章之字，則爲大理者，乃弦章而非賓胥無矣。吕氏春秋、韓子、新序並云「以弦章爲大理」，即本於管子也。（韓子作「弦商」，「商」與「章」古字通。費誓「我商賚女」，「商」徐邈「音章」，荀子王制篇「審詩章」作「審詩商」，皆是也。新序作「弦寧」，即「弦章」之譌。）而困學紀聞乃謂「弦章在景公時，當以管子作『賓胥無』者爲正」，不知桓公時亦有弦章，不嫌與後人同名。且上文「弦子旗」即「弦章」之字，則此文當作「弦章」明矣。（上文是記事之詞，故稱弦子旗，此文是管仲告君之詞，故稱弦章。）而羣書治要所載亦作「賓胥無」，則唐初本已誤。　張佩綸云：王伯厚（困學紀聞）之説爲確。諸書作「寍」，乃「賓」之誤文，作「章」、作「商」，乃「胥」

之壞文。懷祖執弦章字子旗爲説，不知「胥」有待訓，胥無之字子旗，猶巫馬施之字子期也。安知子旗非即賓胥無之字，弦非賓胥無之别邑，而必舉晏子時之弦章實之？若云「賓胥無爲西土」，即不得爲大理，則「隰朋爲東國」，又何以復爲大行？且大匡云「國子爲李」，而小匡云「弦子旗爲理」，又云「賓胥無爲大理」，一官頓有三人，必强正之，爲之説，不固即鑿矣。

翔鳳案：張説是。

〔一四〕孫星衍云：治要、長短經一引俱無「司」字。王念孫云：「大司理」本作「大理」，此因「大司馬」之文而誤衍也。羣書治要作「請立以爲大理」，無「司」字。呂氏春秋勿躬篇、韓子外儲説左篇、新序雜事篇皆作「大理」。

〔一五〕金廷桂云：大戴禮衛將軍文子篇「則一諸侯之相也」，盧注：「一，皆也。」謂五子己皆不如也，注非。

〔一六〕戴望云：「存」，一本作「在」。俞樾云：呂氏春秋勿躬篇作「則五子者足矣」，當從之。此作「在」者，涉下「夷吾在此」而誤。翔鳳案：論語「則有司存」，公羊隱三年傳「有天子存」，皆與此「存」字同一用法。何休注：「存，在也。」一本作「在」，可知其義。作「足」字反非齊人口氣，俞説非是。

王言第二十一 闕　　內言四

管子校注卷第九

霸形第二十二

陳霸言之形容。　　内言五

張佩綸云：下篇霸言篇第一句「霸王之形」，管子多以首句名篇，如牧民、山高之類，疑此篇乃霸言，而霸言篇乃霸形。翔鳳案：房注是也。篇首言救杞，救邢、衛，次言存宋、鄭，終之以九合諸侯，述其大略。其大體爲論霸者之形。下篇則論理而不述事矣，是爲霸言。題旨明白，不能以首句定之，張説非是。

桓公在位，管仲、隰朋見，立有間〔一〕，有貳鴻飛而過之〔二〕。桓公嘆曰：「仲父，今彼鴻鵠有時而南〔三〕，有時而北，有時而往，有時而來，四方無遠，所欲至而至焉。非唯有羽翼之故，是以能通其意於天下乎〔四〕？」管仲、隰朋不對。桓公曰：「二子何故不對？」管子對曰：「君有霸王之心，而夷吾非霸王之臣也，是以不敢對。」桓公曰：「仲父胡爲然，盍不當言〔五〕，寡人其有鄉乎？何不陳當言，令寡人有所歸向。寡人之有仲父也，猶飛鴻之有羽翼也，若濟大水有舟楫也。仲父不一言教寡人，寡人之有耳，將安聞道而得度哉〔六〕？」言何以自度得至於霸王哉。

〔一〕戴望云：御覽人事部百十五引作「管仲、隰朋侍，立有閒」。

〔二〕安井衡云：古本「貳」作「二」。

〔三〕戴望云：藝文類聚引無「鵠」字，御覽有。

〔四〕洪頤煊云：文義不應有「非」字。藝文類聚、太平御覽引俱無「非」字。翔鳳案：此常用語氣，洪疑之，可怪。易屯「匪寇婚媾」，詩氓「匪來貿絲」，「匪」假爲「非」。

〔五〕王念孫云：尹未解「當言」二字之義。「當言」，讜言也。讜言，直言也。蔡邕注典引曰：「讜，直言也。」皋陶謨「禹拜昌言」，孟子公孫丑篇注引作「禹拜讜言」。字亦作「黨」，逸周書祭公篇曰：「王拜手稽首黨言。」爾雅「昌，當也」，郭注曰：「書曰：禹拜昌言。」「昌」、「讜」、「黨」、「當」，竝聲近而義同。翔鳳案：王説是也。書益稷「亦陳當言」，釋文：「當，本作『讜』。」莊子天下「公而不當」，釋文：「當，本作『黨』。」舌上讀舌頭，「昌」讀當。

〔六〕張佩綸云：詩楚茨傳：「度，法度也。」原注非。翔鳳案：桓公引飛鴻、濟水兩事爲比，飛鴻承上，濟水開下，此「度」字承濟水而言，即「渡」也。漢書王莽傳「度百里之限」，注：「踰越也。」楚辭惜賢：「年忽忽而曰度。」皆借爲「渡」。書盤庚「度乃口」，釋文：「度，本作『渡』。」張不顧上下文釋爲「法度」，誤。

管子對曰：「君若將欲霸王，舉大事乎〔一〕，則必從其本事矣〔二〕。」桓公變躬遷席，拱手而問曰：「敢問何謂其本？」管子對曰：「齊國百姓，公之本也。人甚憂飢，而稅斂重。人甚懼死，而刑政險。人甚傷勞〔三〕，而上舉事不時。公輕其稅斂，則人不憂飢。緩其刑政，則人不懼死。舉事以時，則人不傷勞。」桓公曰：「寡人聞仲父之言，此三者聞命矣。不敢擅也，將薦之先君。」不敢專擅，自發此命，將進之宗廟，告先君而後行。所謂以神道設教者也。於是令百官有司，削方墨筆，方，謂版牘也。凡此欲書其所定令也。明日皆朝於太廟之門。朝定〔四〕，令於百吏。因朝廟而定百吏之令也。使稅者百一鍾，假令百石而取一鍾。孤幼不刑，澤梁時縱，放人入，不設禁。關譏而不征，市書而不賦〔五〕。書，謂録其名籍。近者示之以忠信，遠者示之以禮義。行此數年，而民歸之如流水。

〔一〕翔鳳案：霸與王有别，然此處爲一名，猶言霸也。口語尚有霸王之稱。

〔二〕丁士涵云：「本事」之「事」，涉上文「大事」而衍。舉大事必從其本，不必加一「事」字。下文「何謂其本」、「公之本」，即承此「本」字言之。元本作「從其事」，亦非。陶鴻慶云：「本事」當爲「本始」，所謂物有本末，事有終始也。下文「桓公變躬遷席拱手而問曰：敢問何謂其本」，又曰「請問所始於國將爲何行」，「本」與「始」正承此言。「始」、「事」聲相亂，又涉上舉「大事」而誤。翔鳳案：「本事」猶言事之本，非誤字。侈靡「此謂本事」，可以爲證。

〔三〕張佩綸云：「人」字，治要作「民」。下同。

〔四〕丁士涵云：趙本「朝」字别爲句。案「門朝」即門廷，朝、廷一也。霸言篇：「門廷遠於萬里。」翔鳳案：説文：「朝，旦也。」白虎通朝聘：「朝者，見也。因用朝時見，故謂之朝。」上「朝」字爲朝見。下「朝」字爲早，屬下爲句，即於早朝時決定而爲令也。門廷爲門與廷，而「門朝」則不詞，丁説誤。

〔五〕劉績云：「書」乃「廛」字誤。　張佩綸云：王制及五輔篇均作「關譏而不征，市廛而不税」，劉氏所本也。周禮「質人掌稽市之書契」，所謂書也；「廛人掌斂布」，所謂賦也。今但使質人書之，而不使廛人賦之，故曰「書而不賦」。劉氏强改之，非是。　翔鳳案：「廛」爲市居區域。給其居址而不納口税，此「廛」之義也。周禮大宰「以八則治都鄙。……五曰賦貢，以御其用」，注云：「口率出泉也。」廣雅釋言：「書，箸也。」左哀十五年傳「書社五百」，服注：「籍也。」市書其籍而不納口税，與「壥而不税」同意。

此其後〔一〕，宋伐杞〔二〕，狄伐邢、衛。桓公不救，裸體紉胷稱疾〔三〕。紉，猶摩也。自摩其胷，若有所痛患也。召管仲曰：「寡人有千歲之食，而無百歲之壽，今有疾病，姑樂乎？」管子曰：「諾。」於是令之縣鍾磬之榬〔四〕，于元反。榬所以嚴飾之。陳歌舞竽瑟之樂，日殺數十牛者數旬。羣臣進諫曰：「宋伐杞，狄伐邢、衛，君不可不救。」桓公曰：「寡人有千歲之食，而無百歲之壽，今又疾病，姑樂乎！且彼非伐寡人之國也，伐鄰國也，子無事焉。」宋已取杞〔五〕，狄已拔邢、衛矣。桓公起行筍虡之閒〔六〕，管子從，至大鍾之西，桓公南面而立，管仲北鄉對之。大鍾鳴。桓公親管子曰〔七〕：「樂夫，仲父！」管子對曰：「此臣之所謂哀，非樂也。臣聞之，古者之言樂於鍾磬之閒者，不如此。言脱於口，而令行乎天下，脱，出也。游鍾磬之閒，而無四面兵革之憂。今君之事，言脱於口，令不得行於天下，在鍾磬之閒，而有四面兵革之憂。此臣之所謂哀，非樂也。」桓公曰：「善。」於是伐鍾磬之縣，伐，謂斫斷也。併歌舞之樂〔八〕，併，除也。宮中虛無人〔九〕。不令人掌守之。桓公曰：「寡人以伐鍾磬之縣，併歌舞之樂矣，請問所始，於國將爲何行？」管子對曰：「宋伐杞，狄伐邢、衛，而君之不救也，臣請以慶。以不救爲是，故慶之。臣聞之：諸侯爭於彊者，勿與分於彊〔一〇〕。若救三國，是分於彊。今君何不定三君之處哉〔一一〕？」三君既失國，當定其居處也。於是桓公曰：「諾。」因命以車百乘，卒千人，以緣陵封杞。車百乘，卒千人，以夷儀封邢。車五百乘，卒五千人〔一二〕，以楚丘封衛。桓公曰：「寡人以定三君之居處矣，今又將何行？」管子對曰：「臣聞諸侯貪於利，勿與分於利，君何不發虎豹之皮、文錦以使諸侯，令諸侯以縵帛、鹿皮報。」桓公曰：「諾。」於是以虎豹皮、文錦使諸侯，諸侯以縵帛、鹿皮報，則令固始行於天下矣〔一三〕。

〔一〕吴汝綸云：「此」皆當作「比」。　翔鳳案：「此」爲代名詞，與「行此數年」同義，且從上句而來，吴説非是。

〔二〕張佩綸云：春秋僖十有三年：「夏，公會齊侯、宋公、陳侯、衛侯、鄭伯、許男、曹伯於鹹。」十有四年：「春，諸侯城緣陵。」左氏傳：「會於鹹，淮夷病杞故，且謀王室也。」「十四年春，諸侯城緣陵而遷杞焉，不書其人，有闕也。」公羊傳：「諸侯城緣陵，孰城之？城杞也。曷爲城杞？滅也。孰滅之？蓋徐、莒脅之。」穀梁傳以鹹爲兵車之會，城緣陵爲桓德衰，而不言何國。案：左氏傳：「宋背北杏之會，諸侯伐宋，齊請師於周。單伯會之，取成于宋而還。」在魯莊十三四年，桓之四五年。其後齊、宋同盟，在桓之世安得有「宋伐杞」之事？「宋」當作「徐」。惟會鹹、城緣陵皆在管仲卒後，此自傳述謬誤，不足深求矣。　翔鳳案：史記宋世家：「桓公二年，諸侯伐宋，至郊而去。三年，齊桓公始霸。」其伐宋之先後，與本書合。杞世家但敘世次，不載一事。司馬遷謂杞微小，其事不足稱述。則城緣陵事不載，不足爲異，張説不足爲反證矣。

〔三〕洪頤煊云：楚辭離世篇「情素潔於紉帛」，王逸章句云：「紉，結束也。」謂以帛結束其胷而稱疾。左氏僖二十八年傳「魏犫束胷見使者」，即其證。尹注非。　翔鳳案：魏犫束胷爲受傷，與此不類。方言六：「擘，楚謂之紉。」房注訓「摩」，不誤。洪説非是。

〔四〕俞樾云：尹注曰「檈，所以嚴飾之」，此未得其義也。玉篇木部：「檈，禹煩切，絡絲籰也，或作『簑』。」説文無「𧟰」、「簑」二字，蓋即「繯」字。説文系部：「繯，落也。」「落」與「絡」通。廣雅釋器曰：「繯，絡也。」此文「𧟰」字，當訓爲「絡」。又下文兩言「鍾磬之縣」，疑此文本作「於是令之𧟰鍾磬之縣，陳歌舞竽瑟之樂」，故下文曰「於是伐鍾磬之縣，倂歌舞之樂」，即承此文而言也。所謂「𧟰鍾磬之縣」者，鍾磬本在縣，更從而繫絡之，使牢固也。尹注「飾」字雖非，而「嚴」字則是。觀尹注以「嚴飾」爲解，疑其所據本正作「𧟰鍾磬之縣」，故解爲「嚴飾」。若如今本，則爲縣鍾磬之嚴飾矣，於義豈可通乎？　翔鳳案：釋名：「轅，援也，車之大援也。」「援」本作「爰」，同「瑗」，爲大孔璧與環。「𧟰」假爲「環」。

〔五〕翔鳳案：於相曰「取」，於邢、衛曰「拔」，則相爲杞之一邑，非拔其國也。或曰「杞」隸作「相」而寫爲「相」，亦通。

〔六〕張佩綸云：詩靈臺傳：「植者曰虡，横者曰栒。」檀弓上：「有鍾磬而無簨虡。」禮記明堂位注：「簨虡所以懸鍾磬也。」

〔七〕陳奐云：「親」，近也。言桓公就近管子而爲言也。　翔鳳案：陳説是也。趙本、古本作「視」，乃以意改之。

〔八〕安井衡云：「倂」讀爲屛，荀子曰：「倂己之私欲必以道。」

〔九〕張佩綸云：秦策「是日見范睢，見者無不變色易容者，秦王屛左右，宫中虚無人」，與此文同，原注非。　翔鳳案：房注「不令人掌守之」，是也。秦策謂無人侍立，情况不同。

〔一〇〕安井衡云：「彊」不可言分，讀當爲疆，形聲相涉而誤。翔鳳案：下文「分於利」與虎豹之皮、文錦有關，則「爭於彊」與居處有關，安井説是也。史記越世家「越王無彊」，即無疆。古籀補：「彊，古文以爲『疆』字。」下文「兵彊」亦作「彊」。

〔一一〕翔鳳案：「定其處」，言當安置於某處。桓公答詞，則其處已定而可居矣，前後淺深不同。

〔一二〕張佩綸云：此與大匡略同。左氏傳「車三百乘，甲士三千人伐曹」，大匡作「車三百乘，甲五千」，此皆作「五」，「五」乃「三」之誤也。

〔一三〕翔鳳案：論語「固天縱之將聖」，晉語「臣固聞之」，與此同意。「固」假爲「故」。

此其後，楚人攻宋、鄭。燒焫熯焚鄭地〔一〕，使城壞者不得復築也，屋之燒者不得復葺也，令其人有喪雌雄〔二〕，失男女之偶。居室如鳥①鼠處穴。要宋田夾塞兩川〔三〕，使水不得東流，楚人又遮取宋田，夾兩川築堤而壅塞之，故水不得東流。兩川，蓋睢、汴也。東山之西，水深滅埦〔四〕，埦，敗墻也。四百里而後可田也。楚欲吞宋、鄭而畏齊，日思人衆兵彊能害己者必齊也〔五〕，於是乎楚王號令於國中曰：「寡人之所明於人君者，莫如桓公。所賢於人臣者，莫如管仲。明其君而賢其臣，寡人願事之。既以其君臣爲明

①「鳥」字原作「烏」，據補注改。

賢，故願事之。誰能爲我交齊者，寡人不愛封侯之君焉〔六〕。」於是楚國之賢士，皆抱其重寶幣帛以事齊。桓公之左右，無不受重寶幣帛者。於是桓公召管仲曰：「寡人聞之，善人者，人亦善之。今楚王之善寡人一甚矣，寡人不善，將拂於道，拂，違也。若不報善之，是違於道也。仲父何不遂交楚哉？」管子對曰：「不可。楚人攻宋、鄭，燒焫熯焚鄭地，使城壞者不得復築也，屋之燒者不得復葺也。令人有喪雌雄，居室如鳥鼠處穴。要宋田夾塞兩川，使水不得東流，東山之西，水深滅垝，四百里而後可田也。楚欲吞宋、鄭，思人衆兵彊而能害己者必齊也，是欲以文克齊，以寶幣賂齊，而齊自服，故曰以文克齊。而以武取宋、鄭也。楚取宋、鄭而不止禁〔七〕，是失宋、鄭也。禁之則是又不信於楚也。知失於內，兵困於外，非善舉也。」桓公曰：「善。然則若何？」管子對曰：「請興兵而南存宋、鄭。而令曰：無攻楚。言與楚王遇〔八〕，冬會曰遇。至於遇上〔九〕，而以鄭城與宋水爲請。楚若許，則是我以文令也。楚若不許，則遂以武令焉。」桓公曰：「善。」於是遂興兵而南存宋、鄭，與楚王遇於召陵之上，而令於遇上曰：「毋貯粟，毋曲隄，無擅廢適子，無置妾以爲妻。」因以鄭城與宋水爲請於楚。楚人不許，遂退七十里而舍。使軍人城鄭南之地，立百代城焉〔一〇〕。取其雖百代而無敢毀者也。曰：「自此而北，至於河者，鄭自城之」。而楚不敢隳也。東發宋田，夾兩川，使水復東流，而楚不敢塞也。遂南伐，及踰方城，濟於汝水，望汶山〔一一〕，汶音岷。岷山，江水所從出。南致楚、越之君〔一二〕，而西伐秦，北伐狄〔一三〕，東存晉公於南〔一四〕，自伐秦而遂存晉。於晉之南，故曰東存。北伐孤竹，還，存燕公。兵車之會六，乘車之會三，九合諸侯，反位已霸，修鍾磬而復樂。管子曰：「此臣之所謂樂也。」

〔一〕張佩綸云：戰國策：「秦且燒焫獲君之國。」郊特牲：「焫蕭合羶薌。」說文：「爇，燒也。」玉篇、廣韻：「『焫』同『爇』。」　翔鳳案：說文：「熯，乾皃。」左昭二十七年傳：「遂令攻郤氏，且爇之。國人弗爇。令曰：『不爇郤氏，與之同罪。』或取一編菅焉，或取一秉秆焉。」「燒焫」爲以引火之物焚之，「熯焚」則因其乾燥而焚之也。

〔二〕戴望云：「有」與「又」同。　翔鳳案：失配偶者，令其同居，「有」訓又。

〔三〕翔鳳案：房注「楚人又遮取宋田」，是也。孟子「使數人要於路」，即要遮之義。

〔四〕翔鳳案：房注訓「垝」爲敗牆，引詩「乘彼垝垣」爲證，非是。爾雅釋宮：「垝謂之坫。」壘土所築之堤，黄梅稱「垝」。

〔五〕陶鴻慶云：「曰」字衍文。下文「管仲之言曰：楚欲吞宋、鄭，思人衆兵彊而能害己者，必齊也」，是其證。　翔鳳案：「曰」乃「日」字，非衍文。

〔六〕安井衡云：不愛惜封之爲有土之君。　戴望云：「君」疑「賞」字誤。　翔鳳案：儀禮喪服傳：「君，謂有地者也。」左傳：「諸侯縣君。」安井說是也。

〔七〕俞樾云：此本作「楚取宋、鄭而不止」，「止」即禁也，故下文曰「禁之，則是又不信於楚也」。後人因下文是「禁」字，遂改「不止」爲「不禁」，而傳寫者又或誤合之，故宋本作「楚取宋、鄭而不止禁也」。今本作「不知禁」，則又因「止禁」連文，於義重複，故易「止」爲「知」耳。夫「楚取宋、鄭而不止」者，非不知也，乃不能也。不曰「不能禁」，而曰「不知禁」，是可見其文之誤矣。下文曰「知失於内，兵困於外」，「知失於内」猶云計失於内，此「知」字乃智慮之智，非知識之知，不得因此而疑本文之非誤也。張佩綸云：春秋三傳，桓公之世無楚攻宋之事。

翔鳳案：今人言「禁止」，古人言「止禁」。趙本作「知」，乃以「止禁」不習用而改之。以近代文辭仰範古人，何其謬也！

〔八〕張佩綸云：公羊隱四年「公及宋公遇于清」，傳：「遇者何？不期也，一君出，一君要之也。」此「遇」亦當如是，非「冬會」之遇也。舊注非。陶鴻慶云：「言」當爲「吾」字之誤。「無攻楚，吾與楚王遇」，皆預告宋、鄭之辭。翔鳳案：此桓公自令其軍也。「與楚王遇」不在令中。但聲言，使衆聞之，以便轉述於楚王耳。「言」改爲「吾」，則在令中，謬矣。

〔九〕安井衡云：「上」猶所也。翔鳳案：「遇上」猶會上，不能訓「所」。

〔一〇〕翔鳳案：「代」當爲「世」，避唐諱改。詩「本支百世」，此常語，猶言永久城，所以使楚不敢隳也。

〔一一〕安井衡云：「及」當爲「乃」，字之誤也。翔鳳案：「南伐」即伐楚。踰方城之後，折回而濟汝水，此「及」字決不誤。若作「乃」，則汝水在方城之南矣。一字之不同，方向遂變。

〔一二〕張佩綸云：「楚」，依小匡當作「吳」。翔鳳案：小匡吳在東，不合。汝水、岷山一帶，連方城在内，安得有吳？越亦因楚及之耳。

〔一三〕安井衡云：「北伐狄」三字衍。張佩綸云：小匡中擒狄王，蓋以王子城父獲長狄，如事屬之桓公時，疑但作「西伐秦狄」，「北伐」二字涉下而衍。翔鳳案：此秦、晉附近之狄也。

〔一四〕俞樾云：此承上「西伐秦，北伐狄」爲文。自秦而言，則晉在東矣。自狄而言，則晉在南矣。故曰「東存晉公於南」。尹注曰：「自伐楚而遂存晉，於晉之南，故曰東存。」此得「東」字之義，而未得「南」字之義。張佩綸云：當作「東還存晉君」，「於」字衍。下作「北伐孤竹，南還存燕君」，較安。翔鳳案：俞説明晰。張擅改古書，謬。

霸言第二十三

謂此言足以成霸道。　　内言六

豬飼彦博云：疑當作「霸形」，篇首云「霸王之形」。蓋此篇舊名曰霸形，前篇曰霸言，後人互誤代之也。翔鳳案：本篇但言倡霸之理論，未嘗侈陳爭功，與前篇言形勢不同，非互誤也。

霸王之形，象天則地，謂象天明，則地義。化人易代〔一〕，謂美教化，移風俗。創制天下，與之更始。等列諸侯，列爵惟五，各得其宜。賓屬四海，賓禮四夷，以恩屬之。時匡天下。時一會而正之。大國小之，曲國正之，彊國弱之，重國輕之，亂國并之，并亂所以總其威權。暴王殘之。僇其罪，卑其列，維其民，然後王之。其王之凶暴者則殘滅之，於國則戮其首罪，卑其爵列，維持其人衆。夫豐國之謂霸〔二〕，但自豐其國者，霸也。兼正之國之謂王〔三〕。兼能正他國者王。夫王者有所獨明，德共者不取也，道同者不王也〔四〕。夫①能王天下者，必有獨見之明，羣物之所不違。若彼德與我共，彼道與我同，則不取而且不王。夫爭天下者，以威易危，暴王之常也〔五〕。若以兵威易彼危亂，此固暴王之常也，非霸王之道也。君人者有道，有常道也。霸王者有時。必遇其時，然後霸王。國修而鄰國無道，霸王之資也。我修而彼暴，可以取亂侮亡，故曰資也。夫國之存也，鄰國有焉。雖存而國小弱，必事鄰國以爲安，故曰鄰國有焉。國之亡也，鄰國有焉。因其亡而取之。鄰國有事，鄰國得焉。鄰國有征伐之事，因而敗績，故鄰國得焉。鄰國有事，鄰國亡焉。或有征伐之事，大勝而多獲，遂亡鄰國。天下有事，則聖王利也。必有非常之事，然後有非常之人。國危則聖人

① 「夫」字原作「大」，據補注改。

知矣〔六〕。懷獨見之明，故先知。夫先王所以王者，資鄰國之舉不當也。舉事皆當，則我無因爲功。舉而不當，此鄰敵之所以得意也〔七〕。不當所以資我，故得意也。

〔一〕安井衡云：「代」當作「世」，唐人避諱，改爲「代」耳。翔鳳案：「人」字亦避唐諱，當改「民」。學記「化民成俗」可證。

〔二〕翔鳳案：晉語「今晉侯不量齊德之豐」，「豐兄弟之國」。「豐國」爲當時常語，國力豐盛者霸。

〔三〕俞樾云：上「之」字疑「它」字之誤，「它」即「他」字也，故尹注曰：「兼能正他國者王。」翔鳳案：「正」者，政也。集政權於中央，是謂「兼正」。非以平等地位而兼正他國，此不可能也。「之」字不誤。

〔四〕張佩綸云：「不王」當作「不正」。翔鳳案：「取」比「正」更深一層，下句自以作「王」爲是。

〔五〕張佩綸云：注以「危」字絶句。疑當以「以威易危暴」絶句，否則「暴」當作「霸」。翔鳳案：惟其有威，是以稱暴。惟其暴，故易之而終危，非誤字。下文「君人者有道」，則易之而不危。此句承上，「霸王者有時」一句啓下。此「君人者」即霸王也。

〔六〕豬飼彦博云：言國之存亡係於鄰國之治亂强弱。下文「鄰國有事」四句，即覆説此義也。「鄰國有事」，「事」字謂舉動，不止征伐也。陶鴻慶云：此節之文，乃發明「霸王有時」之義也。物不兩盛，鄰國與我迭爲興廢，故曰「國之存也，鄰國有焉，國之亡也，鄰國有焉」。尹注非是。又案：「鄰國有事」四句，本作「鄰國有事，鄰敵得焉，鄰國有事，鄰敵亡焉」，此申言「國之存亡，鄰國有焉」之義。「鄰敵」者，鄰國之敵，質言之，即我國耳。下文云「舉而不當，此鄰敵之所以得意也」，尹注云「不當所以資我，故得意也」，正得其旨。今本「鄰敵」皆誤作「鄰國」，則文不可曉矣。又案：「國危則聖人知矣」，「知」讀爲智，言國將危亡而後見聖人之智也。下文云「國在危亡而能壽者，明聖也」，「能壽」猶言能保，見俞氏評議。「明」亦智也。尹注解「知」爲「先知」，殊不成義。翔鳳案：「事」字如豬飼說。舉事有得有失，「鄰國亡焉」之「亡」訓失。秦策「亡趙自危」，注：「失也。」穀梁定八年傳「非其所以與人而與人謂之亡」，注同。陶説誤矣。古本誤認「亡」字之義，改「焉」爲「乎」，爲無據自改之證。

〔七〕翔鳳案：凡「鄰國」皆有敵意，舉而不當，未有不幸災樂禍者。「鄰國」固通，「鄰敵」尤妙。

夫欲用天下之權者，必先布德諸侯。諸侯懷德而歸，欲求無權，其可得乎。**是故先王有所取，有所與，**所謂將欲取之，必姑與之。**有所詘，有所信〔一〕，**所謂尺蠖之屈，以求伸也。**然後能用天下之權。**妙於前四事，故能用天下之權。**夫兵幸於權，權幸於地〔二〕。**兵幸在於有權，權從在於得地。幸，猶勝也。**故諸侯之得地利者，權從之。失地利者，權去之。**

夫爭天下者，必先爭人。人惟邦本。**明大數者得人，審小計者失人。得天下之衆者王，得其半者霸。是故聖王卑禮以下天下之賢而王之〔三〕，均分以釣天下之衆而臣**

之〔四〕，既王有地，均分其禄，用此以引天下之衆，故可得而臣之也。**故貴爲天子，富有天下，而伐不謂貪者，其大計存也**〔五〕。得地均分，可以臣彼。地自利彼，於我何貪。此其大計也。**以天下之財，利天下之人。以明威之振，**利天下之人，還用天下之財，於我無所減削，更可以明威權之振，所謂惠而不費者也。**合天下之權。以遂德之行，結諸侯之親。**合天下之權，皆令在己。權總則德遂，德遂則親成也。**以姦佞之罪，刑天下之心**〔六〕。所謂懲一而勸百。**因天下之威，以廣明王之伐。**因天下所欲亡而亡之，則明王之伐自廣。**攻逆亂之國，賞有功之勞，封賢聖之德，明一人之行**〔七〕，**而百姓定矣。**賞加一人而天下勸，罰加一人而天下畏，故曰：明一人之行而百姓定矣。

〔一〕翔鳳案：房注「所謂尺蠖之屈，以求伸也」，「信」同「伸」。

〔二〕張佩綸云：「幸」當作「宰」，或作「執」，宰、執皆制也。舊注「『幸』猶勝也」，謬。翔鳳案：從幸之字，如「婞」如「緈」，皆不可通。然説文「㚔」讀若籋，即訓爲「籋」，「箝也」。字又作「鑷」，方言十二：「鑷，正也。」郭沫若讀「㚔」爲「埶」，訓「樹也」，極有理。

〔三〕張佩綸云：「王之」之「王」當作「上」，「下天下之賢而上之」，「上」、「下」對文。下「臣之」指衆言，則此不當言「王之」。翔鳳案：呂氏春秋下賢：「賢主，士雖驕而己愈禮之。王者，天下之往也。」王使士往也。「下賢」、「卑禮」同義，習用與王者相連。

〔四〕李哲明云：「均分」疑當作「均禄」，觀注「均分其禄」可證。

〔五〕王念孫云：尹注曰：「得地均分，可以臣彼，地自利彼，於我何貪。」案：如尹注，則「伐」字當爲「我」字之譌。「我不謂貪」，我不爲貪也。（古者「謂」與「爲」同義，説見釋詞。）安井衡云：「伐」當爲「世」，唐人避諱，易「世」爲「代」，遂譌爲「伐」耳。俞樾云：「伐」乃「代」字之誤，上文「化人易代」，宋本「代」誤作「伐」，即其例也。管子原文本作「世不謂貪」，言一世之人不以爲貪也。唐人避諱改「世」爲「代」，因又誤爲「伐」耳。郭嵩燾云：下文數言「先王之伐」，又云「一而伐之，武也」，「謂」與「爲」同誼，言有所攻伐而不爲貪也。若改「伐」爲「我」、爲「代」，則所謂貪者將何所指？有以知其不然也。翔鳳案：「伐」即「代」，見中匡。

〔六〕翔鳳案：漢書終軍傳「刑於宇内矣」，注「見也」，是其義。堯典「觀厥刑于二女」，「刑」與「形」通。

〔七〕李國祥云：古天子朝諸侯、分職、授政、任功，曰「予一人」。姚永概云：「一人」言天子也。左傳「稱一人，非名也」，注：「天子稱一人，非諸侯之名。」

夫先王取天下也術〔一〕。非術則無以取天下也。**術乎，大德哉！物利之謂也。**術可以取天下，故曰大德。然術之所歸，在於令物得利也。**夫使國常無患，而名利並至者，神聖也。**神聖則多所感致。**國在危亡，而能壽者，明聖也**〔二〕。明聖則不失事機。**是故先王**

之所師者，神聖也。其所賞者，明聖也〔三〕。賞，謂樂翫也。夫一言而壽用其言，故壽也。國，不聽而國亡。若此者，大聖之言也。

〔一〕豬飼彦博云：「術術」，贊道術之多方。洪頤煊云：「術」當屬下句，讀作「術術乎大德哉，物利之謂也」。「術」古通作「遂」字，左氏文十二年「秦伯使術來聘」，公羊作「遂」，禮記樂記「術有序」，注：「『術』當爲『遂』，聲之誤。」爾雅釋訓「烝烝、遂遂，作也」，郭注：「皆物盛興作之貌。」尹注非。王念孫云：上文云「以遂德之行，結諸侯之親」，「遂德」即此所云「術術乎大德」也。安井衡云：「術」讀爲恤。恤恤，憂貌。姚永概云：洪説以「術術」連讀，是也。但「術」本有大義，故以形容大德。説文：「術，邑中道也。」漢書刑法志注：「如淳曰：術，大道也。」不必通「遂」，訓物盛興作之貌。翔鳳案：「德」同「得」。大得而物利，是術也。穀梁宣十五年傳：「滅國有三術。」鼂錯傳：「以知術數也。」本書有心術。樂記「然後心術形焉」，注：「所由也。」下文「視時而動，王者之術也」，其確證也。房讀不誤。「術術」連讀，則一言不能説矣。

〔二〕俞樾云：國語楚語「臣能自壽也」，韋注曰：「壽，保也。」然則「能壽」猶能保也。晏子春秋雜下篇「賴君之賜，得以壽三族」，「壽三族」，亦猶保三族也。説文土部：「壔，保也。」古「壽」字作「𠷎」，與「壔」字並從𠷎聲，故義亦得通矣。戴望云：説文及廣雅釋詁竝云：「壽，久也。」翔鳳案：訓「久」自通，何必訓「保」！

〔三〕丁士涵云：「賞」當讀尚，與「師」義同。荀子王霸篇「賞賢」，楊倞注：「『賞』當爲『尚』。」翔鳳案：「神聖」與「明聖」有別，則「賞」、「師」有別，若訓「尚」，是相同矣。「賞」即賞識之賞。

夫明王之所輕者馬與玉，其所重者政與軍。若失主不然，輕與人政，而重予人馬；輕予人軍，而重予人玉。重宮門之營，而輕四竟之守〔一〕，所以削也。夫權者，神聖之所資也。獨明者，天下之利器也。獨斷者，微密之營壘也。謂獨斷可以自營而即定，故曰營壘。此三者，聖人之所則也。聖人畏微，而愚人畏明。聖人能知吉凶之先見，故曰畏微。愚人近火方知熱，履冰乃知寒，故曰畏明也。聖人之憎惡也內，愚人之憎惡也外。聖人知心胷之姦謀，故憎惡內。愚人兵在頸方懼，故憎惡外也。聖人將動必知，愚人至危易辭〔二〕。聖人之動必闇知。愚者至危不知禍之將至，尚有慢易之辭。然後湯、武之師起也。聖人能輔時〔三〕，不能違時，聖人能因時來，輔成其事，不能違時而立功。不有桀、紂之暴，則無湯、武之功。知者善謀，不如當時。精時者，日少而功多。夫謀無主則困，事無備則廢。是以聖王務具其備，而慎守其時。以備待時，以時興事。時至而舉兵，絕堅而攻國〔四〕，其兵超絕而又堅利，故能攻國。破大而制地〔五〕，大本而小標〔六〕，標，末也。本大而末小，則難崩。埊近而攻遠〔七〕。所全之地近，故能攻遠而有歸。若高光之有關中、河內也。以大牽小，以彊使弱，以衆致寡。德利百姓，威振天下，令行諸侯而不拂。近無不服，遠無不聽。

〔一〕孫星衍云：八觀篇「宮營大而室居小」，此句不誤。羣書治要引「重宮闕之勞」，是俗人所改。王念孫云：羣書治要「宮門」作「宮闕」，於義爲長。陳奐云：王氏從治要作「宮闕」。案：王宮方三里，四面各距城三里。諸侯城闕南方。此就明王説宮制，故曰「宮門之營」，治要似不可從。張文虎云：説文「營，帀居也」，字通作「環」。厶部首引韓非曰「倉頡作字，自營爲厶」，今韓子作「環」。「宮門之營」，蓋所謂環列之，尹、王説恐非。張佩綸云：諸説皆泥。「門」、「闕」，「營」、「勞」，文異義同，兩本皆可通，言重臺榭而輕邊圉也。劉師培云：治要引作「重宮闕之勞」，「勞」字疑誤。此「營」字誼當訓治。墨子七患篇云「城郭溝池不可守而治宮室，一患也」，正與此同。「宮闕之營」猶彼文所云「治宮室」也。陳奐、張文虎二説求之於深，轉失此文之旨。翔鳳案：劉説是也。詩靈臺：「經之營之。」

〔二〕劉績云：聖人將動，先知其安危。若愚人則至危之時，方改易平素之言。翔鳳案：「必知」與「易辭」對，必知之反面爲不悟，非不改也。禮記表記：「故仁者之過易辭也。」「易辭」爲成語，房注「慢易之辭」不誤。紂謂「我生不有命在天」，王莽謂「天生德於予，漢軍其如予何」，皆其例也。

〔三〕何如璋云：呂覽召類「譬之若寒暑之序，時至而事生之。聖人不能爲時，而能以事適時。事適於時者，其功大」，即精時功多之義。張佩綸云：秦策三：「聖人不能爲時，時至而勿失。」易：「后以裁成輔相天地之宜。」呂氏春秋介立注：「輔，相也。」「輔時」，相時而動。翔鳳案：「輔時」，即易之「後天而奉天時」之意。

〔四〕姚永概云：此與下「破大而制地」句爲對，謂人堅而我能絶之，人大而我能破之也。

〔五〕翔鳳案：控制其地，問篇亦有「制地」。

〔六〕翔鳳案：「摽」，趙本作「標」。唐姚暢墓誌「標」作「摽」，唐侯君夫人墓誌作「摞」，非誤字，隸之別體也。

〔七〕孫星衍云：玉篇「埊」古「地」字。顏昌嶢云：尹注云「所全之地近，故能攻遠而有歸，若高光之有關中、河内」，則尹所據本作「全」，今作「埊」，傳寫誤也。翔鳳案：以上文「絶」、「攻」、「破」、「制」例之，「埊」爲動詞，若作「地」則爲名詞矣，不合。「埊」同「坴」。說文：「坴，土塊坴坴也，一曰坴梁。」始皇本紀作「陸梁」。易「莧陸夬夬」，釋文：「蜀才作『睦』。」堯典「九族既睦」，嚴舉碑「九族和陸」。是「坴」即「陸」，通「睦」。睦近攻遠，與秦之遠交近攻相反，然時勢不同，各有所宜，要不能同時並行也。

夫明王爲天下正理也〔一〕，修正理而動，故能成天下之功也。案彊助弱，按，抑也。圉暴止貪，存亡定危，繼絶世〔二〕。此天下之所載也〔三〕，德義如此，故爲天下所載。諸侯之所與也，與，親也。百姓之所利也。是故天下王之。天下樂推以爲王。知蓋天下，繼最一世〔四〕，其繼敗續亡，能成天下之功也。材振四海，王之佐也。千乘之國，可得其守〔五〕，諸侯可得而臣，天下可得而有也。萬乘之國失其守，國非其國也。天下皆理，己獨亂〔六〕，國非其國也。諸侯皆令，皆從霸者之令。己獨孤〔七〕，國非其國也。鄰國皆險，己獨易，易，平易，不牢固，謂無守禦之備也。國非其國也。此三者，亡國之徵也。夫國大而政小者，國從其政。小政蹴國，故國從其政。國小而政大者，國益大。大政開國，故國益大。大而不爲者復小，大而不爲則日損，故復小。彊而不理者復弱，彊而不理，則綱紀亂，故復弱也。衆而不理者復寡，衆而不理，則人散，故復寡。貴而無禮者復賤，貴而無禮，則位奪，故復賤也。重而凌節者復輕〔八〕，重而凌節，則威喪，故復輕。富而驕肆者復貧。富而驕肆，則財竭，故復貧也。故觀國者觀君，君爲化主。觀軍者觀將，將爲兵本。觀備者觀野。野有障塞，則國不侵。其君如明而非明也，外明而内暗。其將如賢而非賢也，外賢而内愚。其人如耕者而非耕也，雖耕而鹵莽。三守既失，國非其國也。三守，謂明賢耕。既失，謂是而非。地大而不爲，命曰土滿。謂土廣而功狹也。人衆而不理，命曰人滿。謂人多而政少。兵威而不止〔九〕，命曰武滿。謂人亢之爲言也，知進而不知退也。三滿而不止，國非其國也。三滿不止，敗亡立至。地大而不耕，非其地也。地大不耕則無所獲。卿貴而不臣，非其卿也〔一〇〕。卿貴不臣，化爲敵也。謂卿大夫。人衆而不親，非其人也。人衆不親，欲亡者也。夫無土而欲富者憂，無土欲富，猶緣木而求魚，故憂。無德而欲王者危，無德而王，猶欲進而却行，故危。施薄而求厚者孤。施薄求厚，人必不應，故孤。夫上夾而下苴，苴，苞，裹也。上既狹，故爲下所苞。國小而都大者弑〔一一〕。此二者，常有簒弑之禍。主尊臣卑，上威下敬，令行人服，理之至也。使天下兩天子，天下不可理也。一國而兩君，一國不可理也。一家而兩父，一家不可理也。凡此所謂兩雄①必爭，亂之本也。夫令不高不行，不摶不聽〔一二〕。摶，聚也。君命不高不聚而聽之。堯、舜之人，非生而理也〔一三〕。化之而理。桀、紂之人，非生而亂也。效之而亂。故理亂在上也。夫霸王之所始也，以人爲本。本理則國固，本亂則國危。故上明則下敬，政平則人安，士教和則兵勝敵〔一四〕，使能則百事理，親仁則上不危，任賢則諸侯服。霸王之形〔一五〕，説霸王之形容。德義勝之，智謀勝之，兵戰勝之，地形勝之，動作勝之，故王之。有此五勝，故可以王。夫善用國者，因其大國之重〔一六〕，以其勢小之。因彊國之權，以其勢弱之。因重國之形，以其勢輕之。凡大彊重，皆國之盈盛者也。然盛者有時而衰，盈者有時而息，故因其衰息之勢，大者小之，彊者弱之，重者輕之。弱國衆，合彊以攻弱〔一七〕，以圖霸。謂時彊國衆多，吾國雖彊，適可圖霸。彊國少，合小以攻大，以圖王。謂時彊國既少，我則合衆聚小，以攻彊大之

① 「雄」字原作「推」，據補注改。

國，如此者，可以圖王。彊國衆而言王勢者，愚人之智也。非言王之時。彊國少而施霸道者〔一八〕，敗事之謀也。非施霸之時。夫神聖視天下之形，知動靜之時，視先後之稱〔一九〕，知禍福之門。彊國衆，先舉者危，後舉者利。彊國衆，先舉必爲彊者所圖，故危。彊國少，先舉者王，後舉者亡。戰國衆，後舉可以霸。戰國少，先舉可以王。夫王者之心方，而不最心雖方直，未爲其最。列，不讓賢雖列爵位，不讓賢俊。賢，不齒弟擇衆，雖稱爲賢，無優劣齒弟，又非選衆而舉也。是貪大物也〔二〇〕。大物，謂大寶之位。有此數者，是定貪大位之利，而無得位之實也。是以王之形大也。不可以小數得。夫先王之爭天下也以方心〔二一〕，心方而最，故可以爭天下也。其立之也以整齊，整而齊①之，故可立也。其理之也以平易。平而易之，故可理。立政出令用人道〔二二〕，政令須合人心。施爵禄用地道，地道平而無私。舉大事用天道。心應天時，然後可以舉大事。是故先王之伐也，伐逆不伐順，伐險不伐易，伐過不伐及〔二三〕。伐其太過者。四封之内，以正使之。以正使之，則人無怨。諸侯之會，以權致之。以權致之，則不敢不來。近而不服者，以地患之。侵削其地則自服。遠而不聽者，以刑危之〔二四〕。興師以征之。一而伐之，武也〔二五〕。守一不移，興師伐

① 「而齊」二字原作「齊而」，據補注乙。

之，此其武也。**服而舍之，文也。**既服舍之，綏之以德，此其文也。**文武具滿，德也**〔二六〕。唯文教武①功可以滿其德。

〔一〕陶鴻慶云：尹注云「修正理而動，故能成天下之功」，以「正理」連讀，非也。此當以「正」字絶句。正，長也。言明王爲天下長也。「理也」二字爲句，言其理固然也。下文皆申言此義。

翔鳳案：「正理」即「正治」，此避唐諱而改也。

〔二〕張佩綸云：中匡篇「外存亡國，繼絶世」，此不應專以「繼絶世」爲句，非挩二字，即「存亡定危」當作「存亡國」。翔鳳案：「存亡」、「定危」、「繼絶」三種，一般合而爲二，行文不同，非有脱誤。

〔三〕戴望云：「載」與「戴」古通用。詩絲衣箋云：「『載』猶戴也。」

〔四〕王引之云：「繼」字義不可通，蓋「計」之譌，言計謀爲一世之最也。「知」、「計」、「材」相對爲文。「計」與「繼」同聲。又涉上文「繼絶世」而誤，尹注非。俞樾云：「繼」乃「彊」字之誤，草書「系」旁與「弓」旁相似，又涉上文「繼絶世」而誤耳。下文云「彊最一伐而天下共之，國必弱矣」，宋本作「彊最一代」，「代」即「世」也。然即此云「彊最一世」，彼云「彊最一代」，兩文正同。此「彊」字誤爲「繼」，彼「代」字誤爲「伐」，而兩句不可通矣。張佩綸云：「繼」

① 「教武」二字原作「德諸」，據補注改。

當爲「斷」，字之誤也。禮記儒行「不斷其威」，鄭注「『斷』或爲『繼』」，是其證。淮南説林訓「是而行之故謂之斷」，高誘注：「『斷』猶治也。」

〔五〕戴望云：宋本「得」上有「可」字，衍文。翔鳳案：「可」字承上兩層，非衍文。趙本以意删之。

〔六〕張佩綸云：「理」當作「治」，唐人諱。

〔七〕王念孫云：「令」當爲「合」，字之誤也。下文云「諸侯合則彊，孤則弱」，是其證。尹注非。翔鳳案：隸書口寫爲厶，故「合」寫爲「令」。「合」與「孤」對。

〔八〕翔鳳案：吕氏春秋論威「雖有江河之險則凌之」，注：「越也。」

〔九〕丁士涵云：上下文屢言「兵」，此言「止兵」，非文義。「止」當爲「正」，此涉下文「三滿而不止」而衍。下文曰「夫先王之爭天下也以方正」，又曰「正四海者不可以兵獨攻而取也」。翔鳳案：「不止」爲用兵不休，故曰「武滿」。丁誤解矣。

〔一〇〕丁士涵云：當從意林「臣」作「仁」。立政篇曰「大位不至仁，不可以授國柄」，又曰「卿相不得衆，國之危也」，又曰「故大位至仁，則操國得衆」，「大位」即卿相，故言「貴」也。張佩綸云：此承上「三滿」，「卿貴而不臣，非其卿也」句有誤。當作「兵威而不止，非其兵也」，觀注「化爲敵也」，乃解「非其兵」。若解「非其卿」，則無義。「謂卿大夫」乃僞房妄改。翔鳳案：「貴而不臣」，即不爲君用之意，故曰「非其卿」。諸説誤。

〔一一〕王念孫云：「夾」，當依尹注作「狹」。「苴」與「粗」同。（莊子讓王篇：「苴布之衣。」）「上狹而下苴」，謂上小而下大也。與下句文同一例。尹注非。翔鳳案：説文：「夾，盜竊褱物也。从亦。『陜』字从此。」「夾，持也。从大俠二人。」陜隘之陜從之。形近易混，此「夾」從二人。莊子讓王釋文「苴」本作「麤」，王説是也。

〔一二〕豬飼彥博云：「摶」當作「摶」，同「專」，謂命令專出於君也。翔鳳案：説文：「摶，索持也。一曰至也。」其義同迫切，急持之也。月令注「摶勞」，釋文本作「伯」，是「摶」同「迫」矣。義自通，不必訓「專」也。

〔一三〕戴望云：御覽治道部五引「人」作「民」、「理」作「治」，是也。今本係唐人避諱所改，下文同。翔鳳案：宋本藝文類聚五十二卷「人」皆作「民」、「理」皆作「治」，與御覽同。古本疑「人」字不合，改爲「人君」，誤。

〔一四〕戴望云：「士」當爲「土」，屬上讀，「人安土」與「兵勝敵」對文。翔鳳案：牧民「地辟舉則民留處」，即「安土」之義。吕氏春秋任地「子能使吾士靖而甽浴士乎」，注：「『士』當作『土』。」詩長發「相土」，周禮校人注引世本作「相士」，二字互誤久矣。

〔一五〕姚永概云：篇首「霸王之形」至此「霸王之形」，前後相應。本篇文疑即止此。「德義勝之」以下乃後人附益。後云「夫欲以（據注加「以」）臣伐君，正四海者，不可以兵獨攻而取也」，又云「令人主一喜怒者，謀也」，又云「故精於謀，則人主之願可得，而令可行也」，此皆人臣竊國之陰謀，與前所云「卿貴而不臣，非其卿也」正相背戾。或田氏之徒習管子者所爲，後人取以入書歟？　翔鳳案：此不知霸形、霸言之別，其說非是。

〔一六〕戴望云：元本、劉本無「其」字，當爲衍文。　俞樾云：「其」字衍文。下文「因彊國之權」，「因重國之形」，並無「其」字。　張佩綸云：當作「因大國之謀」，「其」乃「謀」之壞，「重」涉下「重國」而衍，下文「爭謀、爭形、爭權」是也。　翔鳳案：因人之勢而利用，「其」字不可少，下二句省之耳。張説不可從。

〔一七〕戴望云：宋本作「弱國衆」，是也。今本涉下文多言「彊國衆」而誤。　張佩綸云：「弱國衆」，各本均作「彊國衆」，據注及下文作「彊國衆」是。　翔鳳案：「攻弱」，即上文之「弱國」。若作「彊」則是「攻彊」，非圖霸之道。左傳：「兼弱攻昧，武之善經也。」戴説是。

〔一八〕丁士涵云：上文「勢」字亦衍，據尹注云「非言王之時」，則無「勢」字。又云「非施霸之時」，則無「道」字。　戴望云：「彊國少」當作「弱國少」，此涉下文「彊國少」而誤。唯其弱國少而欲施霸，則衆彊之國必不我與，故曰「敗事之謀也」。若作「彊國少」，則此句何解乎？下文「彊國衆，先舉者危，後舉者利；彊國少，先舉者王，後舉者亡」，不必承此文言也。　翔鳳案：彊國少可以圖之，僅施霸道，是自敗其事矣。更進一層，無誤字。彊國衆，僅可圖霸，不可言王。兩相對照，文義自明。

〔一九〕李國祥云：「稱」，去聲，謂不失先後之宜。　張佩綸云：「稱」即下文「權稱」。

〔二〇〕孫星衍云：「方」，大也。「最」，聚也。言心大而不知聚，故下文「夫先王之爭天下也以方心，其立之也以整齊」，「整齊」即聚之謂。尹注非。陳奐云：尹注不得其句讀，當以「王者之心方」爲句。此言夫王者居心執方而不知通變之權也。「而不最列」爲句。隱元年公羊傳曰「『會』猶最也」，「不最列」，不會聚賢人於列位也。「不讓賢」，不敬讓賢人也。下「賢」字涉上文而衍。「齒弟」猶次弟，謂不能於衆人中次第以擇之也。此皆不願予人以爵禄，故曰「貪大物也」。尹注失之。安井衡云：「齒」，録也。「第」，諸本作「弟」，今從古本。第，但也。言有賢者而不録用，其用人但擇於衆人。翔鳳案：郭沫若解「夫王」爲「失主」，則「夫王者」爲「失主者」，不辭。陳解「方」爲「執方」，與「方心」不合。廣雅釋詁一：「方，正也。」侈靡云：「不方之政，不可以爲國。」説文「最，犯而取也」，與積聚之「冣」異。左僖二十五年「入而未定列」，注：「位也。」説文：「讓，責也。」謙讓爲「攘」之借。論語「賢賢易色」，猶尊賢也。周禮大司寇「不齒三年」，注：「不得以年次列於平民也。」説文：「弟，韋束之次弟也。」「第」爲隸書别體。凡此皆常義，年代久不易解，紛紛有異説，惟陳得其半耳。

〔二一〕王念孫云：「方心」當爲「方正」，隸書「正」、「心」二字相似，又涉上文「王者之心方而不最」而誤。「方正」、「整齊」、「平易」三者相對爲文。尹注非。翔鳳案：「方」訓正，改「心」爲「正」，謬。

〔二二〕丁士涵云：「人道」當作「人心」。尹注云「政令合人心」，尹所見本是「心」字。張佩綸云：「立政出令」當作「出政令」，「立」字涉上而衍。　翔鳳案：「立政出令」可通，何必整齊如現代文，迂矣！

〔二三〕戴望云：宋本、元本「及」上有「不」字。　丁士涵云：宋本是也。說苑指武篇太公望曰「臣聞之，先王伐枉不伐順，伐嶮不伐易，伐過不伐不及」，正與此同。　翔鳳案：「及」借爲「急」，見大匡，常用。

〔二四〕張佩綸云：「刑」當作「形」，以下「刑」皆「形」之借。　翔鳳案：易鼎「其刑渥」，集解今本「刑」作「形」。張說有據。然周禮秋官序言「以佐王刑邦國」，注：「刑，正人之法。」則「刑」本字可通也。

〔二五〕王念孫云：「一而伐之」，「一」當爲「二」，「二」與「貳」同。僖十五年左傳「貳而執之，服而舍之」，文義正與此同。尹注非。　翔鳳案：此言先王之伐，乃王而非霸。公羊「王者大一統」。孟子「定於一」，「武王亦一怒而安天下之民」。「一而伐之，武也」，即其義。「貳而執之」，爲霸者所爲，王未悉也。

〔二六〕王引之云：「文武具滿」，「滿」當爲「備」，字之誤也。（俗書「滿」字作「滿」，「備」字作「備」，右邊相似。）尹注非。　翔鳳案：說文訓「滿」爲盈溢，則「具滿」有完備充足之意，不必改字。古今習慣不同，今以「具備」爲常用詞，管仲時齊或以「具滿」爲常用詞也。

夫輕重彊弱之形，諸侯合則彊，孤則弱。驥之材而百馬伐之，驥必罷矣〔一〕。彊

最一伐而天下共之，國必弱矣。彊國得之也以收小，其失之也以恃彊。小國得之也以制節〔二〕，制度合節故得。其失之也以離彊。離彊，則乖節者也，故失。夫國小大有謀，彊弱有形。服近而彊遠〔三〕，謂用彊兵威遠國，故曰彊遠。王國之形也。合小以攻大，敵國之形也。以負海攻負海，謂以蠻夷攻蠻夷，蠻夷負海以爲固，故曰負海。中國之形也。折節事彊以避罪，小國之形也。自古以至今，未嘗有能先作難，違時易形，以立功名者，無有。言無有此事。常先作難，違時易形，無不敗者也〔四〕。夫欲臣伐君〔五〕，以臣伐君，若湯、武之於桀、紂也。正四海者，不可以兵獨攻而取也。謂當兼下事。必先定謀慮，便地形，利權稱，親與國。視時而動，王者之術也。夫先王之伐也，舉之必義，用之必暴〔六〕，其用師必加於暴亂。相形而知可，謂相其亂亡之形。量力而知攻，攻得而知時〔七〕。是故先王之伐也，必先戰而後攻，先攻而後取地〔八〕。故善攻者，料衆以攻衆，量吾衆寡，可敵彼衆，然後攻。餘倣此。料食以攻食，料備以攻備。以衆攻衆，衆存不攻。彼衆存，則我不能亡之，故不攻。以食攻食，食存不攻。以備攻備，備存不攻。釋實而攻虛，知其實而避之。釋堅而攻脆，釋難而攻易。夫摶國不在敦古〔九〕，在於合今時之宜，摶，聚也。理世不在善攻〔一〇〕，在於權宜。霸王不在成曲〔一一〕。在於全大體。夫舉失而國危，刑過而權倒〔一二〕，刑罰過理，則權柄倒錯。謀易而禍反〔一三〕，謀事數易，禍必反來。計得而彊信，音申。功得而名從，權重而令行，固其數也。數，猶理也。夫爭彊之國，必先爭謀，爭刑〔一四〕，爭權。先此三爭，然後爭彊。令人主一喜一怒者，謀也。謀得則喜，謀失則怒。令國一輕一重者，刑也。怒刑則重，喜刑則輕。令兵一進一退者，權也。權重則進，權輕則退。故精於謀，則人主之願可得，而令可行也。精於刑，則大國之地可奪，彊國之兵可圉也。精於權，則天下之兵可齊〔一五〕，諸侯之君可朝也。夫神聖視天下之刑，知世之所謀，知兵之所攻，知地之所歸，知令之所加矣。夫兵攻所憎而利之，此鄰國之所不親也。兵攻所憎之國，而以攻得爲利。德義不施，鄰國必怨而不親。權動所惡，而實寡歸者，彊〔一六〕。其威權能動移所惡，而德義之實少爲人所歸，如此但彊而已，不能至霸王也。擅破一國，彊在後世者，王。今能專破一國，常守其彊，傳之後世，如此者王也。擅破一國，彊在鄰國者，亡。既破一國，不能守彊，令鄰國得之，如此者亡也。

〔一〕豬飼彥博云：「百馬伐之」，「伐」當作「代」，言百馬錯代而馳。「彊最一伐」，「伐」亦當作「代」，謂强最於一世。「天下共之」，天下同力而伐之也。王念孫云：「百馬伐之」，「伐」當依宋本作「代」。代，迭也。言以驥之材，而百馬迭與之逐，則驥必罷也。「彊最一伐」，「伐」亦當依宋本作「代」。言彊爲一代之最，而天下共伐之，則國必弱也。「代」、「伐」字相似，又涉上文諸「伐」字而誤。丁士涵云：「共」當作「攻」，聲相近而誤也。書甘誓兩

「攻」字，墨子引作「共」，顔氏家訓云：「河北切『攻』字爲古琮，與『工』、『功』、『公』三字不同。」古琮切正與「共」聲近也。翔鳳案：「伐」當爲「代」，豬飼説是也。然非誤字，乃隸書別體，前面已有證明。詩「克共明刑」，「靖共爾位」，傳並云：「共，執也。」爾雅釋詁：「拱，執也。」論語「衆星共之」，釋文：「鄭作『拱』。」「共」訓執持，不必作「攻」。

〔二〕王引之云：「制」讀爲折，廣雅曰「制，折也」，折之爲言卑詘相下也，廣雅曰：「折，下也。」又曰：「折，詘曲也，詘，曲折也。」「折節」者，卑詘其節，以事彊大之國。下文曰「折節事彊以避罪，小國之形也」，是也。古字「制」與「折」通。（吕刑「制以刑」，墨子尚同篇「制」作「折」。論語顔淵篇「片言可以折獄」，魯讀「折」爲「制」。）「離彊」者，謂不肯附於彊大之國也。尹注非。

〔三〕張佩綸云：「彊遠」當作「疆遠」。左成八年傳：「先王疆理天下。」翔鳳案：「彊」作「疆」，本篇屢見。「服」即禹貢「侯服」、「甸服」之「服」。

〔四〕戴望云：宋本作「能先」，今本誤倒。陳奂云：「無有」連下讀。「無有常先作難，違時易形」，即承上意而申言其義。尹注以「無有」連上讀，非。張文虎云：「無不敗」之「無」，「而」字之誤，當連上讀，作「無有常先作難，違時易形，而不敗者也」。宋本亦誤作「無」。張佩綸云：此當作「常先作難，違時易形，以成功名者，無有」。「未」、「有能」三字，淺人誤加。「常先作難，違時易形，無不敗者也」，乃尹注誤入正文，原注不應如此複沓。翔鳳案：自古至今，未嘗有能先作難，其違時易形，因以立功名者，此決無有。何也？「常先作難，違時易形，無不敗者也。」一字不誤。「能先」者，能先爲之。「能先」與「常」相承，若「先能」則不相承也。若以「無有」連下，而改「無」爲「而」，則複矣。

〔五〕吴汝綸云：「伐」當作「代」，「代」本「世」字，避唐諱改。翔鳳案：「臣伐君」，即中匡之「湯放桀」，「武王伐紂」。此處非「代」之別體，下文兩言「先王之伐」，非誤字也。

〔六〕張佩綸云：「暴」當作「恭」，甘誓：「今予惟恭行天之罰。」陶鴻慶云：注云「用師必加於暴亂」，此臆説也。「暴」當爲「纂」，説文：「纂，疾有所趣也。」兵法云「衆若時雨，寡若飄風」，可釋此二句之義。

〔七〕安井衡云：「攻」讀爲攷，形聲相涉而誤。「得」、「德」通。考彼之德以知時可攻與否。陶鴻慶云：「攻」當爲「政」，因與上句「知攻」連文而誤重也。本篇「理世不在善攻」，通典引作「治世不在善政」，即其例也。「政得」即「正德」，與上文「相形而知可，量力而知攻」句例同。翔鳳案：「得」本作「㝵」。説文：「㝵，取也。」攻取知時，其義甚順，改字非是。

〔八〕張佩綸云：「地」涉上「也」字而衍。翔鳳案：先野戰消滅實力，而後攻其所守。再先攻其所守，而後取其地。「地」字不誤。

〔九〕安井衡云：諸本「摶」作「搏」，注云「聚也」，則字當作「摶」，今據注訂正。張佩綸云：「搏國」當作「摶國」。「敦」，詩閟宫箋：「治也。」言摶國不在治古事。翔鳳案：左僖二十八年傳：「晉侯夢與楚子搏。」「搏」爲搏擊，承上攻國來，作「摶」者誤。

〔一〇〕王念孫云：「治世」與「善攻」兩不相涉。通典兵三引作「治世不在善政」，是也。「治世不在善政」，所謂有治人無治法也。故尹注云「在於權宜」。今本「政」作「攻」者，涉上文諸「攻」字而誤。翔鳳案：與人國相搏擊，不在拘守古法。治國尚文，而武次之，故曰「不在善攻」。一意相承，改字者誤。

〔一一〕俞樾云：尹注曰「在於全大體」。然「成曲」之義，殊有未安。「曲」疑「典」字之譌。「霸王不在成典」，言圖霸王者不必拘守成法也。「曲」與「典」形近而誤。國語周語「瞽獻曲」，注曰：「曲，樂曲也。」宋明道二年槧本如此，今本「曲」皆作「典」，是其例矣。翔鳳案：莊子天下「一鄉一曲」。「曲」爲小局面，霸王在顧全大體，不在裝飾小局面。

〔一二〕丁士涵云：王氏於下文「爭刑」讀爲形，此「刑」亦當讀形。上文云「相形而知可」。「形過」者，形失其可也。「過」猶失也。

〔一三〕陶鴻慶云：「易」，率易也。「反」當爲「及」字之誤，言謀事不精則禍及也。尹注云「謀事數易，禍必反來」，殊不成義。翔鳳案：論語子罕「偏其反而」，即此「反」字之義。

〔一四〕王念孫云：「刑」與「形」同。（「形」、「刑」古多通用，不煩枚舉。）上文云「夫國小大有謀，彊弱有形」，又云「必先定謀慮，便地形，利權稱」，故此文亦云「必先爭謀、爭刑、爭權」。自此以下，「刑」字凡四見，皆「形」之借字也。尹注非。

〔一五〕俞樾云：「齊」讀爲濟，詩載馳篇「不能旋濟」，毛傳曰：「濟，止也。」周易雜卦傳「既濟，定也」，「定」亦「止」也。天下之兵可濟，謂天下之兵可止也。上文云「彊國之兵可圉也」，「圉」亦有止義。翔鳳案：周禮亨人「以給水火之齊」，注：「齊，多少之量。」「兵可齊」，可調劑也。此權之作用。「權」爲權謀，非權力。

〔一六〕豬飼彦博云：實，利也。言所得之利寡也。未免利之，故其功止於强。張佩綸云：「寡」字衍。陶鴻慶云：尹注云「其威權動移所惡，而德義之實，少爲人所歸，如此但彊而已，不能至霸王也」，此未達「實」字之義。此承上文「兵攻所憎而利之，此鄰國之所不親也」而言，「實」亦利也。言不以利歸己也。宙合篇云：「夫名實之相怨久矣，是故絶而無交，惠者知其不可兩守，乃取一焉，故安而無憂。」大匡篇云：「君有行之名，安得有其實。」皆此旨也。

問第二十四　謂爲國所當察問者。　內言七

趙用賢云：此篇文法累變而不窮，真天下之奇也。翔鳳案：此爲當時之調查綱要，非有意爲文，而自多變化。

凡立朝廷，問有本紀。所問之事，必有根本綱紀。**爵授有德，則大臣興義**〔一〕。**禄予**

有功，則士輕死節〔二〕。上師士以人之所戴，則上下和〔三〕。上師其士所爲者，皆人之所戴仰，故上下和。授事以能，則人上功。有能然後得事，故人上功。審刑當罪，則人不易訟〔四〕。易，猶交也。所刑皆當其罪，故人不交相訟。無亂社稷宗廟，則人有所宗。社稷宗廟，各得其正，則人知所宗。毋遺老忘親，則大臣不怨〔五〕。大臣非國老，則君親令不遺忘，故不怨。舉知人急，則衆不亂〔六〕。行此道也〔七〕，急，謂困艱也。舉困難之事以示人，則人不復行此道。國有常經，人知終始，此霸王之術也。國有常經，則人知終始之所歸，如此者，霸王之術也。然後問事。事先大功，先問大功，則勞臣悦。政自小始。爲政先小，從微而至著。

〔一〕張佩綸云：「大」字衍。翔鳳案：白虎通攷黜：「爵者，尊號也。」「臣」爲貴賤之通稱。孟子：「在野曰草莽之臣。」此不能有爵者，「大」字不能衍。

〔二〕丁士涵云：「節」者士所最重，不可言「輕」，「節」字衍。「士輕死」，謂不惜死也。張佩綸云：「士輕死節」，一本作「士輕死」，一本作「士死節」，校者誤合之，復於「臣」上加「大」字以配之。「紀」、「義」、「死」韻，「節」亦與「紀」、「義」韻。翔鳳案：郭沫若云「謂視死節之事爲輕而易舉」，是也。呂氏春秋知接「桓公非輕難而惡管子也」，注：「輕，易也。」漢書賈誼傳注同。此常義而不解，可怪也。

〔三〕張佩綸云：「上下和」當作「上下和同」，「同」與「功」、「訟」、「宗」爲韻。翔鳳案：此篇非韻文。凡韻文爲經典格言，使人易記。若篇夾有韻語，爲歌、詩或古語。非此而指爲韻文，皆誤也。

〔四〕豬飼彦博云：「易」，輕易。陶鴻慶云：尹注云「所刑皆當其罪，故人不交相訟」，此未達「易」字之義。「易」讀爲難易之易，刑當其罪，則人不輕訟而訟自稀也。

〔五〕張文虎云：此則論語所謂「不弛其親，不使大臣怨乎不以也」，尹注不明析。

〔六〕俞樾云：尹解「舉知人急」爲「舉困難之事以示人」，則亦不然。牧民篇「地辟舉則民留處」，尹彼注曰：「舉，盡也。」此「舉」字義與彼同。「舉知人急」者，盡知人急難之事也。張佩綸云：「舉知人急」當作「舉人知急」。孟子曰：「知者無不知也，當務之爲急；仁者無不愛也，急親賢之爲務。堯舜之知而不徧物，急先務也；堯舜之仁而不徧愛人，急親賢也。」陶鴻慶云：俞氏正尹注之誤云：「舉，盡也，盡知人急難之事也。」然急難之事豈當知之而已乎？說亦未安。霸言篇云：「夫先王之所以王者，資鄰國之舉不當也。」彼注解爲「舉事」，正此「舉」字之義。舉事知人所急，則事有條理而衆不亂，所謂「務民之義」也。下文云「人知終始」，即其旨也。

〔七〕王念孫云：此總承上文以起下文也。尹連上文「則衆不亂」作一句讀，大謬。

問死事之孤，其未有田宅者有乎？未有則給與之。死事孤，謂死王事之子孫。問少仕而未勝甲兵者幾何人〔一〕？知其數，則預有所準。問死事之寡，其餼廩何如？寡，謂其妻。餼稟，言給其餼稟①。餼，生食。稟，米粟之屬。問國之有功大者，何官之吏也〔二〕？問何官之吏，欲知其材之所當。問州之大夫也，何里之士也？問何州里，欲知其風俗所好尚。今吏亦何以明之矣〔三〕？問吏所明，欲知其優賞厚薄。問刑論有常，以行不可改也〔四〕，今其事之久留也何若〔五〕？罪既論決，國有常科，當奉而行之。此不可改易者也。今乃久留其事，將如之何？問五官有度制，官都其有常斷，今事之稽也何待〔六〕？官都，謂總攝諸司者也。五官既各有制度，官都復自有常斷，今乃稽其事而不行，將何待乎？問獨夫、寡婦、孤寡、疾病者幾何人也〔七〕？知其人數，當有所稟餼。問國之棄人，何族之子弟也？棄人，謂有過不齒，投之四裔者也。問知其族，欲有所收也。問鄉之良家，其所牧養者幾何人矣〔八〕？良家，謂善營生以致富者。牧養，謂其人不能自存，良家全活之。知其所養之數，欲有所復除也。問邑之貧人，債而食者幾何家？債而食，謂從富者出息以供食。知其家數，欲有所矜免也。問理園圃而食者幾何家？人之開田而耕者幾何家？士之身耕者幾何家？問鄉之貧人，何族之別也〔九〕？知從何族而別，或從公族，當有所收恤也。問宗子之牧昆弟者，以貧從昆弟者幾何家〔一〇〕？以貧故從昆弟以求養者，與之從者各有幾家也。餘

①「稟」字原無，據補注增。

子仕而有田邑，今入者幾何人〔一一〕？謂收入其稅者。子弟以孝聞於鄉里者幾何人？餘子父母存，不養而出離者幾何人〔一二〕？出離，謂父母在分居者。士之有田而不使者幾何人？吏惡何事〔一三〕？不使，謂不用。其吏不惡此等，當惡何事？士之有田而不耕者幾何人？身何事？既不耕，此人身爲何事？君臣有位而未有田者幾何人〔一四〕？外人之來從而未有田宅者幾何家〔一五〕？國子弟之游于外者幾何人？貧士之受責於大夫者幾何人〔一六〕？貧士無資而被大夫責者有幾人。官賤行書身士，以家臣自代者幾何人〔一七〕？其人居官，乃賤自行文書，身任士職，輒以家臣自代，亦須知其數也。官承吏之無田餼而徒理事者幾何人〔一八〕？承吏，謂攝官無餼而空理事。羣臣有位事官大夫者幾何人〔一九〕？羣臣自有位事，乃左官於大夫。外人來游在大夫之家者幾何人？外人，謂外國人。鄉子弟力田爲人率者幾何人？既自力田，又能率人。國子弟之無上事，衣食不節，率子弟不田弋獵者幾何人〔二〇〕？既無上事，乃率子弟不田農，但弋獵。男女不整齊，亂鄉子弟者有乎？謂不以禮交者。問人之貸粟米有別券者幾何家？別券，謂分契也。問國之伏利，其可應人之急者幾何所也〔二一〕？伏利，謂貨利隱蔽不見，若銅銀山及溝瀆可決而溉灌者。

〔一〕戴望云：宋本「壯」作「仕」，誤。翔鳳案：曲禮：「三十曰壯。」論語：「少之時，血氣未定，戒之在色。及其壯也，血氣方剛，戒之在鬭。」少、壯爲兩期，不能混同。説文：「仕，學也。」段注：「訓『仕』爲入官，此今義也。古義『宦』訓仕，『仕』訓學，故毛傳五言『士，事也』。而文王有聲傳亦言『仕，事也』。論語子張篇：『子夏曰：仕而優則學，學而優則仕。』以仕學分出處，起於是時也。」趙本不知古義，改「仕」爲「壯」，戴反以宋本爲誤，非是。

〔二〕張佩綸云：「功大」當作「大功」。

〔三〕陶鴻慶云：尹注云「問吏所明，欲知其優賞厚薄」，此説非也。「今吏」二字爲句。「吏」者，治事之通稱，即指州之大夫而言。「明」讀如「明試以功」之「明」。此與上文之問爲一事。試連上文讀之，云「問州之大夫也何里之士也？今吏（句）亦何以明之矣」，言其昔爲士而今得爲吏者，以何材能而登進也。蓋既詢其里居，又必知其行誼，若今之籍貫與履歷矣。下文云「餘子仕而有田邑，今入者幾何人」，文例與此同。

〔四〕吴汝綸云：「以」、「已」同字。張佩綸云：「以行」之「以」衍。翔鳳案：「以」同「已」，屢見前，吴説是也。

〔五〕丁士涵云：「事之久留」，乃有司之罪，不必問其「何若」，當問其所以久留之故。「若」當爲「居」字之誤。禮記檀弓注：「何居，怪之之詞，猶言何故也。」翔鳳案：「若」字不誤，問其久留之時，此調查之目，乃虚擬，何爲怪之乎？

〔六〕劉師培云：「其」字衍。「官都」即都官也。度地篇云「州十爲都」，乘馬篇曰「四鄉命之曰都」。又山國軌篇云「百都百縣」，山至數篇云「去其都秩與其縣秩」，均「都」、「縣」並文。揆度篇云「爲官都重門擊柝不能去（路史後紀十一引作「者」），亦隨之以法」，「官都」與「重門擊柝」並文，則「官都」確爲鄉官賤職。尹注以「總攝諸司」爲「官都」，俞氏平議襲其説，以淮南天文訓「中央曰都」相證。不知彼文之「都」乃司徒之職，「徒」、「都」古通，與此迥别。本篇下文云「問執官都者其位事幾何年矣」，使「官都」爲五官之總，則職與相同，奚有昧其莅事之年而轉待詢問者哉？　翔鳳案：「其」爲虚擬之詞，非衍文。「官都」有大小，房注不誤。

〔七〕張佩綸云：「孤寡」之「寡」複上，或「窮」字、「貧」字之誤。　翔鳳案：「獨夫」一種，「寡婦」一種，此單身之男女。「孤寡」又一種，乃幼孤而有寡母者。不明事理，任意改字，而不知其不誤也。

〔八〕豬飼彦博云：「牧」當作「收」。　張佩綸云：易鄭注：「牧，養也。」伊注作「收養」，非。入國所謂「鄉黨知識故人，養一孤，養二孤，養三孤者」，是。　翔鳳案：魏正平太守元仙墓誌「收」作「牧」，魏河間王元定墓誌作「収」。則「牧」爲「收」之别體，非訛字也。

〔九〕翔鳳案：「别」爲别子。禮記大傳：「别子爲祖，繼别爲宗。」下文即問宗子。房注「知從何族而别」固誤，而諸人皆未察覺也。

〔一〇〕陳奐云：宋本「收」作「牧」，非。禮記曰：「敬宗故收族。」　張佩綸云：「從」，去聲。當作「問宗子之收昆弟從昆弟者幾何家」，「者以貧」三字衍。　李哲明云：以注云「求養」推之，「收」字當作「牧」，亦形近而訛。宋本正作「牧」。翔鳳案：「牧」即「收」，不誤，見前。

〔一一〕豬飼彦博云：父在，餘子仕而有田邑。既而父歿，襲其禄，故今收入其田邑於官也。陶鴻慶云：尹注云：「謂收入其税者。」夫田邑有税，不獨「餘子」爲然，尹説非也。此當謂「餘子」在官以罪被黜而没收其田邑者。翔鳳案：孟子：「餘夫二十五畝。」其田在鄉村，仕則居邑，今邑中有餘子幾何人。諸説非是。

〔一二〕俞樾云：「離」讀爲儷。禮記月令篇「宿離不貸」，鄭注曰「離，讀如儷偶之儷」，是也。「不養而出離」，謂出而儷偶於他族，若後世贅壻矣。何如璋云：漢書賈誼傳：「秦人家富人壯則出分，家貧子壯則出贅。」「出」，出分也。「離」，出贅也。翔鳳案：廣雅釋詁一：「離，分也。」謂分居，非必出贅也。

〔一三〕丁士涵云：尹注曰：「不使，謂不用其吏。」疑本作「不吏」，謂不治吏事也。士有田，則已身爲官吏，故問其不治吏事者幾何人，并問其所治者何事也。「惡」即何也，疑一本作「惡」，一本作「何」，寫者誤并入之。「使何事」與下文「身何事」句法一例。張佩綸云：「吏惡何事」之「吏」，即上「使」之複。「惡」當作「志」。「有田而不使」，即乘馬篇「士聞見博學意察而不爲君臣者」，所謂「不可使」也。「有田而不使者」，有隱士亦恐有華士，故必問其所志爲何事。易：「不事王侯，高尚其志。」孟子：「王子墊問曰：士何事？孟子曰：尚志。」陶鴻慶云：尹注云「不使，謂不用。其吏不惡此等，當惡何事」，非也。此言士食公田之禄而不可任使，當問以何事見惡則處分之也。襄二十二年左傳「穆叔謂御叔不可使也。而敖使人，國之蠹也，今倍其賦」，正此類。翔鳳案：陶説是也。

〔一四〕豬飼彦博云：「君」當作「羣」。王引之云：「君」當讀爲羣，説見大匡篇。翔鳳案：「君」即「羣」，證已見前。

〔一五〕王引之云：「外人」，他國之人也。「從」當爲「徙」，字形相似而誤。他國之人來徙於齊，不可無田宅以安之也。王制曰「自諸侯來徙家，期不從政」，此「來徙」二字之證。翔鳳案：周禮「比長若徙於他」，注謂：「出居異鄉也。」孟子：「死徙無出鄉。」未見有以遷入爲徙者。孟子「姑舍爾所學而從我」，此「來從」之義。改「從」爲「徙」，誤。

〔一六〕陶鴻慶云：「責」與「債」同。上文云「問邑之貧人債而食者幾何家」，彼言受貸於私室，此則受貸於公家也。周官泉府有從官賒貸之法，漢王莽又放行之。

〔一七〕俞樾云：尹注曰：「其人居官乃賤，自行文書，身任士職，輒以家臣自代，亦須知其數也。」然身任士職以家臣自代，疑無是理。即有之，亦私事無從核其數也。「士」蓋「出」字之譌，言身出而以家臣自代也。隸書「出」字或似「士」，如「賣」之爲「賣」，「敖」之爲「敖」皆是。故古書「士」、「出」二字往往相亂。王氏引之經義述聞詳言之。吴汝綸云：「書」疑當爲「賈」。張佩綸云：説文：「書，著也。」官賤而行可書。或「書」乃「貴」之誤。「身」當作「貧」。翔鳳案：「官」即「館」，詳幼官篇。周禮天官序官「司書」，注：「主會計之簿書。」是即商賈之事，「書」乃今之賬簿也。

〔一八〕張佩綸云：「承吏」當作「丞史」。史記汲黯傳：「擇丞史而任之。」周禮小行人「爲承而擯」，鄭注：「『承』猶丞也。」儀禮聘禮「大夫爲承擯」，周書大匡「小官承長」，呂覽介立「爲之丞輔」，注：「丞，佐也。」「史」，掌書者，「丞史」謂官之屬。翔鳳案：張改「承」爲「丞」，「吏」爲「史」，「官丞史」三字不詞。説文：「承，奉也。」猶言奉官之吏，與近世承法吏義近，非官也。

〔一九〕吴汝綸云：「位」讀曰涖。江瀚云：「位」當作「涖」，周禮肆師「凡師甸用牲于社宗則爲位」，注曰：「故書『位』爲『涖』。」

〔二〇〕俞樾云：尹注曰：「既無上事，乃率子弟不田農，但弋獵。」此釋「率」字未得其義。小匡篇曰：「十邑爲率，十率爲鄉。」然則「率子弟」者，率之子弟也。下文曰：「男女不整齊，亂鄉子弟者有乎？」「鄉子弟」、「率子弟」，蓋當時有此名。尹氏不達，以謂由「國子弟」率之使然，非其義矣。「國子弟」與「率子弟」文正相對。張文虎云：兩「率」字義同。上謂率衆爲力田者，下謂率衆不耕而弋獵者。尹注不誤。或援小匡篇「十邑爲率」之文以解「率」字，殆非也。

〔二一〕翔鳳案：廣雅釋詁四：「伏，藏也。」此謂儲藏之利，故可應急也。

人之所害於鄉里者何物也〔一〕？ 人之爲害者害何物？ **問士之有田宅，身在陳列者**

幾何人？餘子之勝甲兵，有行伍者幾何人？問男女有巧伎，能利備用者幾何人〔二〕？能利備器之用。處女操工事者幾何人？能操女工之事，謂綺繡之屬也。冗國所開口而食者幾何人〔三〕？言其不農作，直開口仰食。問一民有幾年之食也〔四〕？問兵車之計，幾何乘也？牽家馬、軶家車者幾何乘〔五〕？牽家馬，言直有馬。軶家車，言直有車。相配以成乘。處士修行，足以教人，可使帥衆莅百姓者幾何人？士之急難可使者幾何人？謂士之可以急難使者。工之巧，出足以利軍伍，處可以修城郭、補守備者幾何人？其人既有技巧，出用則能利軍，居處則可以修城補備也。城粟軍糧，其可以行幾何年也〔六〕？行，由經也。城粟，謂守城之粟。軍糧，謂出軍之糧。二者可經幾年？吏之急難可使者幾何人？大夫疏器，疏，謂飾畫也。甲兵、兵車、旌旗、鼓鐃、帷幕帥車之載幾何乘〔七〕？載，謂其車蓋。疏藏器〔八〕，疏畫而可以藏者。弓弩之張〔九〕，弓弩之可以張者。衣夾鋏，鋏，兩刃鈹也。衣夾，謂其衣也。鉤弦之造，鉤弦所以挽弦。戈戟之緊〔一〇〕，緊，謂其堅彊者。其厲何若？其淬厲可用何如？其宜修而不修者故何視？視，比也。其器物宜修者，於故物何比？而造修之官〔一一〕，出器處器之具，宜起而未起者何待〔一二〕？出器，謂可出用之器。處器，謂貯庫而爲備者。起，謂其材所經日月可起用者也。鄉師車輜造脩之具，其繕何若〔一三〕？輜，謂車之有防蔽可以重載者。工尹伐材用，毋於三時，羣材乃植，而造器定冬，兑良備用必足〔一四〕。工尹，工官之長。三時，謂春、夏、秋。此時木方生植，不堅，故不可伐材。其伐材必以冬也。人有餘兵詭陳之行，以慎國常〔一五〕。方戰，有餘兵不用，且詭而陳之，以爲行伍，當慎而聽命，遵國之常令也。時簡稽帥馬牛之肥膌，其老而死者皆舉之〔一六〕。軍之統帥，常時簡選稽考之，以知其能不，而有黜陟。至於馬牛肥膌，及老而死者，皆舉之，以知其數也。其就山藪林澤食薦者幾何？薦，草之美者。出入死生之會幾何？會，謂合其數。若夫城郭之厚薄，溝壑之淺深，門閭之尊卑，宜脩而不脩者，上必幾之。幾，察也。君必察知之。守備之伍，器物不失其具，淫雨而各有處藏〔一七〕。器物遇雨不藏，必致腐敗，故當有藏處。問兵官之吏，國之豪士，其急難足以先後者幾何人〔一八〕？官吏國豪，有急難可令之先後者，當知其數。相導前後曰先後。詩曰：「予曰有先後。」夫兵事者，危物也，不時而勝，不義而得，未爲福也。必合於時義然後爲福。失謀而敗，國之危也，慎謀乃保國〔一九〕。問所以教選人者何事？其教人及選人者，問以何事，欲知其勤，且觀其材用也。問執官都者，其位事幾何年矣〔二〇〕？執官都之職者，問其官位及執事，并建立之年數。所辟草萊有益於家邑者幾何矣？所封表以益人之生利者何物也？謂其事業最可以益人者，遂封表以示之，問知是何物也。所築城郭，脩牆閉，絶通道阨闕，深防溝，以益人之地守者何所也〔二一〕？牆閉，謂築牆有所遮閉，雖通路而爲妨礙者，絶塞之。阨闕，空之處亦當絶之。凡此，守地者所以省其功費，故曰益地守。所捕盜賊，除人害者幾何矣？

〔一〕翔鳳案：即下文「盜賊」。

〔二〕李哲明云：「技能」與「備用」對文。下云「備用必足」，即其證。荀子王制篇「便備用」，即此之「利備用也。」

〔三〕俞樾云：「宂」乃「問」字之誤，與上下文一律。尹注不釋「宂」字，則所見本未誤也。張佩綸云：當作「國所開口而宂食者幾何人」，周禮稾人「掌共外内朝宂食者之食」，鄭注：「宂食，謂留治文書，若今尚書之屬諸直上者。」翔鳳案：説文：「宂，㪚也，从宀，人在屋下，無田事。周書曰：宮中之宂食。」房注「不農作」即釋「宂」字，何云不釋乎？「宂國所開口而食者」，與孟子「遍國中無與立談者」句法相似，「宂」字不誤。

〔四〕翔鳳案：「一民」取其平均數，即耕三餘一，耕五餘二之意。上中下農食幾人，孟子亦有之，言其生産力，非儲備也。

〔五〕姚永概云：此言家私畜之車，家私畜之馬。欲知其數者，備兵事有緩急，可相配取用之。

〔六〕張佩綸云：「行」，周禮司爟鄭注：「用也。」

〔七〕吴汝綸云：「師車」疑當作「師車」，即兵車。張佩綸云：儀禮有司徹「疏匕」，鄭注：「匕柄有刻飾者。」此舊注所本。文選東京賦注引蔡邕月令章句「疏，鏤也」，「疏器」即飾器。周禮掌固鄭注：「飾器，甲兵之屬。」「師車之載」，言以車載各器共幾乘也。姚永概云：漢書「數疏克過失」，注：「疏，謂條録之。」此兩「疏」字應作「條録」解。尹訓爲「飾畫」，非。顏昌嶢云：廣雅釋詁：「疏，識也。」説文言部：「記，疏也。」漢書賈誼傳「難徧以疏舉」，顏注：「言不可盡條記也。」原涉傳：「削牘爲疏，具記衣被棺木」。此言大夫疏記器具之數，即下文所舉甲兵諸物是也。「載」謂車之任載者也。翔鳳案：左成十三年傳：「晉帥乘和。」「帥」字不誤，吳説非。

〔八〕張佩綸云：「疏藏器」當作「藏疏器」，言藏甲兵之屬也。顏昌嶢云：「疏藏器」，疏記所藏之器具也。翔鳳案：郭沫若云「『疏藏器』指兵器之衣被」，是也。

〔九〕張佩綸云：「張」當作「韔」，詩小戎「交韔二弓」，傳：「韔，弓室也。」説文：「韔，弓衣也。」鄭風大叔于田作「鬯」，小戎釋文作「暢」，檀弓釋文作「韔」，並字異音同。翔鳳案：史記高祖紀「高祖復留止張」，假爲「帳」。釋名：「帳，張也，張施於牀上也。」以韋爲之則爲「韔」。

〔一〇〕丁士涵云：「緊」當作「繄」，戟衣也。安井衡云：「造」、「簉」通。張佩綸云：「衣夾鋏」，莊子説劍篇「鋏」正作「夾」。「鋏」當作「錟」，方言九「錟謂之鈹」，故注云：「錟，兩刃鈹也。」（文選注：「鈹，兩刃小刀也。」）「衣夾錟」當作「夾錟之衣」。少儀「加夫橈與劍焉」，鄭注：「夫橈，劒衣也。」注當作「夾鈹，兩刃鈹也。衣，謂其衣也」。韻府本引作「夾鋏之衣」，獨不誤。翔鳳案：齊策「長鋏歸來乎」，注：「劍把也。」説文：「夾，持也。」「持鋏」與「鈎弦」對，不必改字。左傳昭二十四年釋文：「簉，本作『造』。」文選西京賦「屬車之簉」，薛注：

說是也。戈戟大器，以繩緊束之。「緊」、「繫」聲遠，不能假借。戈爲平頭戟，戈戟有衣，仍當束之也。戈長六尺六寸，戟長丈六尺，非束之不可。

〔一一〕何如璋云：「視而造修之官」，「官」即製器之場。張佩綸云：釋名：「視，是也，察其是非也。」晉語韋注：「『視』猶相察也。」「視而造修之官」，謂察而造修之官也。翔鳳案：「官」讀館，同前。「故何視」，謂從前曾否視察也。

〔一二〕張佩綸云：廣韻：「起，作也。」姚永概云：「出器」謂行者所用，「處器」謂居者所用，「具」謂收藏之所。禮運疏：「『起』猶作也。」下文「器物不失其具，淫雨而各有處藏」，可證。

〔一三〕安井衡云：「師」當作「帥」，管子治齊，「五鄉爲帥」。張佩綸云：「鄉帥」各本作「鄉師」，「帥」與「率」同。小匡篇「十邑爲率」。翔鳳案：釋「師」爲「帥」有據。周禮族師注：「『師』之言帥也。」然以「帥」訓士，義亦可通。

〔一四〕吳汝綸云：「冬」疑誤字。（「皃」作「完」。）張佩綸云：「而造器」上脱一字，疑是「具」字，與「植」相似而誤合矣，上兩「具」字可證。「定冬」當作「正冬」，書「以正仲冬」。「皃良」，當從各本作「完良」，詩燕燕序、穀梁隱三年經「完」均作「皃」，是其證。翔鳳案：「三時不害」亦見左傳。造器定於冬季，「定」字不誤。隸書「完」作「皃」，隋張君妻蕭氏墓誌「浣」作「涚」，可證。「皃」非誤字。

〔一五〕張佩綸云：「詭陳之行」當作「試之行陳」，言器當試之行陳，宜慎國之典常也。章炳麟云：說文：「詭，責也。」趙充國傳之「自詭滅賊」，薦禰衡表之「詭係單于」，義皆訓責。此言人有餘兵則責其陳之于行伍，不得私匿，「所以慎國常」也。陳之行伍，謂簡閱時，故下遂言「簡稽馬牛」。

〔一六〕陳奐云：「帥」當爲「師」字之誤。「師」下疑脱「田」字。周官冢宰：「聽師田以簡稽。」張佩綸云：周禮校人注：「鄭司農云：『養馬爲圉，故春秋傳曰：馬有圉，牛有牧。』玄謂帥，趣馬，馭夫，僕夫，帥之名也。」此「帥牛馬」指圉牧，不必改爲「師」，爲「師田」也。陶鴻慶云：尹注以「時簡稽帥」爲句，而解之云：「軍之統帥當時簡選稽考之，以知其能否而有黜陟。」以軍帥與馬牛並舉，甚爲不倫。「帥」疑「師」字之誤，連下文讀之。「師馬牛」所以備行師之用，猶周禮言「戎馬」、漢書「軍馬」矣。翔鳳案：「帥」謂帥領，如此則皆通矣。

〔一七〕李哲明云：依注文「故當有藏處」，似正文「處藏」本爲「藏處」，誤倒耳。「處」、「具」與上「伍」字韻叶。翔鳳案：「處藏」自通，非韻語。

〔一八〕安井衡云：「先後」猶輔佐也。翔鳳案：吏爲軍佐，非決勝所必需。「吏」同「使」，左襄三十年傳「使走問諸朝」，釋文本作「吏」。兵與官之奉令出發者爲「兵官之吏」。

〔一九〕張佩綸云：此數語與上雖同爲兵事，而意不相承，以「失謀而敗」句證之，當爲謀失篇殘簡，僞房以意厠此。翔鳳案：上文言軍備，然好兵非國家之福，乃以保護國事之有益者。

下文即承益言之，張未解其義。

〔二〇〕丁士涵云：「位」當作「涖」。周禮肆師注「故書位爲涖」，是其例也。

〔二一〕陳奐云：「牆閉」不屬，疑「牆」下脱一「垣」字。「闕」上脱「門」字，誤移于「牆」之下，而又改作「閉」也。「防溝」當作「溝防」。「築城郭，修牆垣，絶通道，阸門闕，深溝防」，皆三字句。月令「完隄防，謹壅塞，修宫室，環垣牆，補城郭」，又「築城郭，建都邑，穿竇窖，修囷倉」，文義略同。四時篇「修牆垣，周門閭」，輕重甲篇「立臺榭，築牆垣」，文句相同。吴汝綸云：「闕」當爲「關」。張佩綸云：「阸」當爲「陒」，字之誤也。「修陒牆」爲句，「閉絶通道」爲句，「闕深溝防」爲句。原注非。吴語「闕爲石郭陂漢」，注：「闕，穿也。」隱元年左傳：「闕地及泉。」翔鳳案：左襄三十一年傳「高其閈閎」，伏注：「閉也。」説文「閉」從才，段謂：「才不成字。攷王逸少書黄庭經，三用『閈』字，即今『閉』也。」二字相亂久矣，非誤也。説文：「阸，塞也。」其處有闕爲通道，無事則絶之。

制地〔一〕。**君曰，理國之道，地德爲首**〔二〕。當制地之時，君爲此言，故言曰：法地以爲政。故曰「地德爲首」。**君臣之禮**，地有高下，君臣之禮也。**父子之親**，高地下覆，下地上承，父子之親也。**覆育萬人**〔三〕，百貨出於地，人得以生焉，故曰覆育萬人。**官府之藏，彊兵保國，城郭之險，外應四極**。四極，謂國之四鄙也。自官府已下，非地則無所容居。**具取之地**，凡此皆因地而成，故曰具取之地。**而市者天地之財具也**，求天地之財，不登山，不入海，於市求而得之，故曰天地之財具。而萬人之所和而利也〔四〕，和，謂交易也。萬人因市交易而得利。正是道也〔五〕。言市正合道之理。民荒無苛〔六〕，人盡地之職。一保其國，欲理荒人，無得苛虐，但使盡地之職，自然齊一而保國也。各主異位〔七〕，毋使讒人亂普而德，營九軍之親〔八〕。自君以下，其位既異，當各主之，無使讒人交亂，普廢其德。如此，則九軍之親自營也。關者，諸侯之陬隧也，謂陬隅之道也。而外財之門户也，他國之財，因之而入。萬人之道行也〔九〕。謂因此出入。明道以重告之，當明道路之令，再重而告之。征於關者勿征於市，征於關，謂行商。征於市者勿征於關〔一〇〕，征於市，謂坐賈。虚車勿索，索虚車，益其煩擾。徒負勿入，徒負貨既寡，故勿令入其征。以來遠人，關政如此，可以來遠人。十六道同〔一一〕。齊國凡有十六道，皆置關，並同此令。身外事謹，則聽其名〔一二〕，謂出入於關者，身之外事既謹，而從令則當聽其名之真僞也。視其名〔一三〕，視其色，既知其名，又須視其色之是非。是其事〔一四〕，稽其德，既知其色，又須是正其事，以考合其德也。以觀其外，既知其德，又觀其外，以校量之。則無敦於權人，以困貌德〔一五〕，敦，猶厚也。校察如此，則權詐之人無以成其厚。校察行，則困厚姦非因而不生，故曰以困貌德。國則不惑，行之職也。國無姦人，所以不惑。凡此掌行者之職。問於邊吏曰〔一六〕，小利害信，小怒傷義，邊信傷德，邊人失信，故傷德也。厚和構四國，以順貌德，敦厚而和，可以構結四國。四國之來，皆以誠信，故曰以順貌德。后鄉四極〔一七〕。既結四國，然後向四極而撫安之。令守法之官曰，行又令守法之官，日行邊鄙與關塞。度必明，失經常〔一八〕。其巡行之時，必明其制度，無得失於經常。

〔一〕安井衡云：「制地」以下，古本無。何如璋云：「制地」二字是此文標目，與上段各問不相連屬，當別出自爲一篇。翔鳳案：山權數：「國無制，地有量。地無量，國無筴。」「制地」即定地之筴。説文：「地，萬物所陳列也。」包括田土關市在內，而制其筴。蓋調查問明之後，所以處置之也。明是一篇之總結，古本不明而删之，以爲别篇之誤入，則誤甚。

〔二〕安井衡云：「君」謂古之明君，一説「君」下當脱「子」字。翔鳳案：此制地之筴，假君之令以行。「制地」爲綱，「君曰」即下文所云。不曰「桓公」而曰「君」者，非桓公一人所行，乃通則也。「道」、「首」、「禮」韻，「親」、「人」韻，「國」、「極」、「地」韻，「地」讀遺。

〔三〕安井衡云：「人」當爲「民」，唐人避諱未訂耳。何如璋云：宜移下文「具取之地」句於此，而接「覆育萬人」句，則「親」與「人」叶。翔鳳案：管書「民」同「氓」同「萌」，作「民」則失韻，何不知韻，不必辨矣。

〔四〕張佩綸云：「而」字當作「夫」。顔昌嶢云：此二句當在下文「關者諸侯之陬隧也」句上，此錯簡。翔鳳案：五材生於地，市易之。爲承上，不誤。

〔五〕翔鳳案：論語：「正惟弟子不能學也。」今口語尚作「正」。「具」、「利」、「道」韻。

〔六〕張佩綸云：「民荒無苛」當作「無荒無苛」。尹桐陽云：「荒」，氓也。「苛」同「痾」，病也。

翔鳳案：詩閟宮「遂荒大東」，傳：「有也。」爾雅釋言：「荒，奄也。」民掩有其地也。說文：「苟，自急敕也。」爾雅釋詁：「亟，速也。」釋文：「『亟』字又作『苟』，居力反。」「苟」、「職」、「國」韻。非苛虐之「苛」，「苛」則失韻矣。

〔七〕張佩綸云：「各主異位」，周禮司市：「大市，日昃而市，百族爲主；朝市，朝時而市，商賈爲主；夕市，夕時而市，販夫販婦爲主。」翔鳳案：上市下闕，張說不誤。

〔八〕王念孫云：「普」當爲「暜」，（「普」本作「𣊫」，形與「暜」相似。）尹注「普廢其德」，「普」亦當爲「暜」，「暜」與「替」同，故注言「暜廢」。宋翔鳳云：注云：「自君以下，其位既異，當各主之，無使讒人交亂暜廢，其德如此，則九軍之親自營也。」據注意則「暜」音他計反。說文「暜，从竝，白聲。一从曰」，與从竝从日之「普」相似而不同。朱長春讀爲「普遍」之「普」，非也。按：當以「毋使讒人亂暜」爲句，「而德營九軍之親」爲句，言毋使讒人擾亂暜廢其君之位，而其德足以營衛九軍相親之心也。（詩召旻「暜」與「引」韻，離騷「暜」與「艱」韻，是古音「暜」在真韻，與「親」字相協。）丁士涵云：當讀「毋使讒人」句。「使」，用也，言無用讒人也。「亂」，治也。「暜」，偏也。「而」猶乃也。出治天下，偏周乃德，足以營衛九軍之親。「九軍」尹無注。說文：「軍，圜圍也。」一切經音義引字林：「軍，圍也。」廣雅釋言同。「九軍」猶「九圍」，（詩長發傳：「九圍，九州也。」）指諸侯言之，此古義之僅存者。霸言篇曰「以遂德之行結諸侯之親」，文義正與此同。張佩綸云：呂覽貴因篇「讒慝勝良」，注：「讒，邪也。」周禮「胥師察其詐僞飾行價慝者而誅罰之，肆長各掌其肆之政令，陳其貨賄，名相近者相遠也，實相近者相爾也，而平正之」，鄭司農云：「謂若珠玉之屬，俱名爲珠，俱名爲玉，而賈或百萬，或數萬，恐農夫愚民見欺，故別異令相遠，使賈人不得雜亂以欺人。」「普」當作「朁」，漢書王子侯年表注：「朁，古『僭』字。」説文：「僭，假也。」「九軍之親」當作「九軌之馗」。攷工記匠人：「營國中方九里，旁三門，國中九經九緯，經涂九軌。」爾雅：「九達謂之逵。」馗，古「逵」字。　李哲明云：「營」者，惑也。言無使讒人亂德，營惑九軍，致不親睦也。呂覽尊師「心則無營」，淮南原道「精神亂營」，注皆云「營，惑也」，是也。　翔鳳案：「普」即「替」，王、宋説是。「軍」訓「圍」，丁説是。　廣雅釋詁三：「德，得也。」易「尚德載」，虞翻作「得」。「君子以順德」，姚信作「得」。亂替而得利。「人」、「親」韻。

〔九〕安井衡云：「道」，由也，所由而行也。　翔鳳案：爾雅釋宮：「行，道也。」指關言。下文「十六道」同意。「隧」、「户」、「告」韻，「告」讀鵠。

〔一〇〕惠士奇云：此周禮司關聯門市之法也。自外入者征於關，關移之門，門移之市。所謂「征於關者勿征於市」也。自内出者征於市，市移之門，門移之關，所謂「征於市者勿征於關」也。（見禮説。）　翔鳳案：此二句「市」「市」、「關」「關」本身爲韻。

〔一一〕張佩綸云：「十六道」當作「十八道」。　匠人「國中九經九緯徑涂九軌」，鄭注：「經、緯，謂涂也。」孔正義：「九經九緯者，南北之道爲經，東西之道爲緯。王城面有三門，門有三涂，男子由右，女子由左，車從中央。」合九經九緯，正十八道。亦可云三十六道。翔鳳案：四正四維，四四十六，歧中有歧，言其多，非必十六也。四達曰衢，桓公屢稱齊爲衢之國，「十六」二字不誤。「索」、「入」韻。「人」、「同」韻，「同」讀屯。

〔一二〕戴望云：此句疑有脱誤。翔鳳案：周禮大行人「諭書名」，即此「名」也。荀子王制「謹畜藏」，注「嚴也」，即此「謹」字之義。關市有遠人，則謹聽其書名也。

〔一三〕王引之云：「視其名」三字，因上下文而衍。尹不解此三字，則本無可知。張佩綸云：治要引申子大體篇「以其名聽之，以其名視之，以其名命之」，則「聽」與「視」並舉爲是。翔鳳案：張説是，指遠人。王不知而以爲衍，非是。

〔一四〕豬飼彥博云：「是」、「諟」同，審也。俞樾云：「是」猶視也。荀子解蔽篇「是其庭可以搏鼠」，楊倞注曰「『是』蓋當爲『視』」，即其證也。上云「視其色」，此云「是其事」，文異而義同。尹注「謂是正其事」，失之。翔鳳案：文義自通，解「是」爲「視」，則與上文複，非是。

〔一五〕丁士涵云：「則」字當屬上讀，爾雅曰：「則，事也。」「則」與「色」、「德」、「惑」、「職」爲韻。戴望云：宋本「貌」作「皃」，「皃」乃「完」字之誤。如上文「定冬完良」，宋本作「皃良」之例。完德，全德也。下文「以順貌德」，宋本亦作「皃」，皆「完」字誤。張佩綸云：「敦」，信也。「困」，亂也。「權」，説文：「一曰反常。」逸周書周祝孔晁注「貌，謂無實」，王充論衡「實行爲德」，「貌德」猶言「虛實」。大戴禮衛將軍文子篇：「不學其貌，竟其德，敦其言，於人也，無所不信。」後漢書郎顗傳：「易傳曰：有貌無實，佞人也，有實無貌，佞人也。」　翔鳳案：丁説是，「貌」本作「皃」，即「完」字，見前。

〔一六〕翔鳳案：左莊八年傳「公問不至」，注：「命也。」與下文「令守法之官」同義。

〔一七〕王念孫云：「德厚」二字連讀，「厚」字上屬爲句，不與「和構」相連。「德厚」猶言「仁厚」。形勢解篇曰「無德厚以安之，無度數以治之」，樂記曰「廣其節奏，省其文采，以繩德厚」，鄉飲酒義曰「主人者，接人以仁，以德厚者也」，荀子君道篇曰「德厚者進，而佞説者止」，韓子外儲説右篇曰「德厚以與天下齊行」，齊策曰「德厚之道得，貴士之力也」，史記秦本紀曰「施德厚骨肉，而布惠於民」，漢景帝詔曰「德厚侔天地，利澤施四海」，鼂錯對策曰「今以陛下神明德厚」，鄒陽獄中上梁王書曰「墮肝膽，施德厚」，司馬相如子虛賦曰「今足下不稱楚王之德厚，而盛推雲夢以爲高」，皆以「德厚」連文。尹以「厚」字下屬爲句，非是。　安井衡云：「邊」讀爲偏。檀弓曰「齊衰不以邊坐」，正義云：「不可著齊衰而偏坐。」是「邊」、「偏」通也。　俞樾云：尹注曰「邊人失信，故傷德也」，然邊人失信，不得謂之「邊信」，於義殊不可通。「邊」當讀爲簒，即今籩字也。玉篇竹部「簒，籩也」，然説文無「籩」字，「簒」即「籩」也。簒信者，小信也。小信傷德，正與上文「小利害信，小怨傷義」一律。尚書君奭篇「文王蔑德」，正義引鄭注曰：「蔑，小也。」然則小信謂之「簒信」，猶小德謂之「蔑德」矣。顧命篇「敷重蔑席」，孫氏星衍疏曰：「『蔑』俗從竹，當爲『蔑』，即『簒』假音字」，據此知「簒」爲正字，「蔑」爲假字，「篾」爲俗字。管子之「篡信」，與尚書之「蔑德」，文異而義同矣。張佩綸云：王說「德厚」似矣，而於「邊信」二字全不置詞。俞氏至解「邊信」爲「蔑信」，曰「小信也」，殆不可通。今案：「邊信傷德厚」皆涉上下文而衍。下當作「和構四國，厚鄉四極」，（「厚」、「后」通，古文「厚」作「垕」。）以順貌德」，言勿以小利害信，勿以小怒傷義，和以構四國，厚以向四極，以順其外貌與內德。此安邊之策也。「義」與「國」、「極」、「德」爲韻。翔鳳案：郭沫若以「信」爲「和」之誤，是也。易傳「利者義之和也」，故小利害和。

〔一八〕豬飼彥博云：「失」上古本有「無」字，觀注可見。王念孫云：尹注甚謬，「日」當爲「曰」，字之誤也。「令守法之官曰」爲句，（上文「問於邊吏曰」云云，即其證。）「行度必明」爲句。（「行度」，行法度也。）「無失經常」爲句。翔鳳案：「日」當爲「曰」，王說是也。「明」、「常」韻。易晉「失得勿恤」，孟、馬、虞、王肅皆作「矢」。爾雅釋言：「矢，誓也。」論語：「夫子矢之曰。」「失」爲「矢」之誤，不必加「無」字。

謀失第二十五 闕　　內言八

新編諸子集成

管子校注

中

黎翔鳳撰
梁運華整理

中華書局

管子校注卷第十

戒第二十六 所以陳戒桓公。　　內言九

桓公將東游〔一〕，問於管仲曰：「我游猶軸轉斛，言我之游必有所濟，猶軸之轉載斛石。南至琅邪〔二〕。司馬曰：『亦先王之游已。』何謂也〔三〕？」春游而南行，故司馬正令之爲先王之游。公未達其意，故問管仲。管仲對曰：「先王之游也，春出，原農事之不本者，謂之游〔四〕。原，察也。農事不依本務，當原察之。秋出，補人之不足者，謂之夕〔五〕。秋爲西成，尚有不足者，當補之。夫師行而糧食其民者，謂之亡。師行無成功，空費糧食，如此者必亡。從樂而不反者，謂之荒。先王有游夕之業於人，無荒亡之行於身。」桓公退，再拜，命曰寶法也。謂其法可寶也。

〔一〕張德鈞云：洪邁容齋三筆卷一，「桓公」引作「威公」。後文同。翔鳳案：此宋人避諱也。

〔二〕劉績云：孟子：「昔者齊景公問於晏子曰：『吾欲觀於轉附朝儛，遵海而南，放於琅邪。』」此

必「轉附」之誤也。但以之爲景公、晏子，未知孰是。洪頤煊云：「斛」當作「轂」，言游之不已如軸轉轂中。文子上德篇：「通於道者，若車軸轉於轂中，不運於己。」鹽鐵論刺權篇「齊國轉轂游海者蓋三千乘。」尹注非。朱亦棟云：鹽鐵論：「齊國内倍而外附，權移于臣，政墜于家，公室卑，而田宗强，轉轂遊海者蓋三千乘，失之于本而末不可救。」據此則「轉斛」字疑即「轉轂」之訛也。王引之云：「猶」讀爲欲，古字「猶」與「欲」通。大雅文王之聲篇「匪棘其欲」，禮器引作「匪革其猶」。周官小行人「其悖逆暴亂，作慝猶犯令者，爲一書」，大戴禮朝事篇「猶」作「欲」。「軸」當爲「由」，「由轉」二字相連，寫者遂誤加車旁矣。翔鳳案：太玄玄掜「日月相斛」，注：「量也。」以「斛」爲「斠」，與「轂」同音，知洪、朱二氏之説可采。「軸」爲「由」，以王説爲是。

〔三〕張佩綸云：司馬，王子城父。

〔四〕張佩綸云：輕重丁篇：「無本者予之陳，無種者予之新。」翔鳳案：楊本「本」作「夲」。説文：「从大从十，讀若滔。」然非誤字，此漢隸之「本」，見白石神君碑。

〔五〕孫星衍云：晏子内篇：「春省耕而補不足者謂之游，秋省實而助不給者謂之豫。」孟子亦作「一游一豫」。夕、豫聲相近。白帖三十六引「夕」作「豫」，下同。宋翔鳳云：古讀「夕」如「豫」，此言「夕」，猶孟子言「豫」也。

管仲復於桓公曰：「無翼而飛者，聲也。 出言門庭，千里必應，故曰無翼而飛。 **無根**

而固者，情也。同舟而濟，胡、越不患異心，知其情也，故曰「無根而固。」無方而富者，生也〔一〕。生全則萬方輻湊，生盡則鴻毛不振，故曰「無方而富」也。莫知生所在，故曰「無方」也。公亦固情謹聲，以嚴尊生〔二〕，言當固物情，謹聲教，嚴爲防禦，以尊其生。此謂道之榮。」謂此三者順道而光榮。桓公退，再拜，請若此言〔三〕。若，順也。

〔一〕翔鳳案：説文「富，備也」，段注：「富與福音義皆同。釋名曰：『福，富也。』」詩所謂「萬福來求」，則其富爲無方矣。「嚴」有敬畏之意，一字不誤。理論參考幼官、心術。丁士涵云：尹注云「嚴爲防禦，以尊其生」，疑本作「嚴以尊生」。「生」與「聲」、「榮」爲韻。何如璋云：吕覽貴生「故所謂尊生，全生之謂。所謂全生者，六欲皆得其宜也」，本此。

〔二〕豬飼彦博云：「嚴」亦「尊」也。言當固其情，謹其言，以嚴尊其生。

〔三〕張佩綸云：「請若此言」，猶論語「請事斯語」。

管仲復於桓公曰：「任之重者莫如身，萬事萬行，非身不舉，故曰重任。塗之畏者莫如口，樞機之發，榮辱之主，故可畏也。期而遠者莫如年〔一〕。殤夭①日聞，期頤實寡，故曰遠期也。以重任行畏塗，至遠期，唯君子乃能矣〔二〕。」桓公退，再拜之曰：「夫子數以此言

① 「夭」字原作「子」，據補注改。

者教寡人〔三〕。」管仲對曰：「滋味動靜，生之養也。好惡喜怒哀樂，生之變也。聰明當物，生之德也。非禮勿視聽，故曰當物。是故聖人齊滋味而時動靜，所以養其生。御正六氣之變，所以循其變也。六氣，即好、惡、喜、怒、哀、樂。禁止聲色之淫。所以成其德。邪行亡乎體，違言不存口，體無邪行，口言必順。靜然定生，聖也〔四〕。欲靜則生定，如此者聖也。仁從中出，義從外作。仁自心生，故曰中出。義因事斷，故曰外作。仁，故不以天下爲利。義，故不以天下爲名。若以天下爲名利，則非仁義也。仁，故不代王。不以道輔君，而代之王者，非仁也。義，故七十而致政。老而不致政，貪冒者耳，非義也。是故聖人上德而下功，尊道而賤物。物，謂名利之事。道德當身，故不以物惑。身苟有道德，豈名利之物能惑哉。是故身在草茅之中，而無懾意〔五〕。道德爲量，何懼之有。南面聽天下，而無驕色。神器儻來，何驕之有。如此而後可以爲天下王。所以謂德者，不動而疾，德必冥通，故不動而疾。不相告而知〔六〕，不出户牖，以知天下。不爲而成，無爲而無不爲。不召而至，是德也〔七〕。同聲相應，同氣相求，如此者，可謂至德也。故天不動，四時云下而萬物化。天常無爲，故曰不動。然四時云下，故萬物化。云，運動貌也。君不動，政令陳下而萬功成〔八〕。君亦常無爲，故曰不動。然政令陳列而下，故萬物成也。心不動，使四枝耳目而萬物情〔九〕。心亦當無爲，故曰不動。然四枝耳目自心使，萬物莫不得其情也。寡交多親，謂之知人。以其

知人，故能交寡而親多。**寡事成功，謂之知用。**以其知用，故能事寡而功成。**聞一言以貫萬物，謂之知道。**以其知道，故能聞一言而得物貫也。**多言而不當，不如其寡也。**故曰：狗不以善吠爲良，人不以多言爲賢。**博學而不自反，必有邪。**博學而不反修於其身，心曼衍者，故必有邪行。**孝弟者，仁之祖也。**仁從孝弟生，故爲仁祖。**忠信者，交之慶也**〔一〇〕。有忠信之心，故能慶交友之善。**内不考孝弟，**言不仁。**外不正忠信，**言不友。**澤其四經而誦學者，是亡其身者也**〔一一〕。」四經，謂詩、書、禮、樂。既無孝弟忠信，空使四經流澤，徒爲誦學者，即四經可以亡身也。

〔一〕王念孫云：「期而遠者」本作「期之遠者」，與上二句文同一例。治要、北齊書魏收傳、文選陸機長歌行注引此竝作「期之遠者」。翔鳳案：「期之遠」，其遠在年。「期而遠」，期者爲我，語意不同。此文重在我之作用，則「而」不可改爲「之」矣。類書多改字，不足信。

〔二〕王念孫云：「唯君子乃能矣」本作「唯君子爲能及矣」，今本脱「爲」字，「及」誤爲「乃」，又誤在「能」字上。治要、北齊書竝作「唯君子爲能及矣」。翔鳳案：説文：「乃，曳詞之難也。」公羊宣八年傳：「乃者何？難也。」説文「及，逮也」，爲由後追及。「唯君子乃能」，其意謂非君子不能。若作「及」，則所追者何事？不合口氣矣。

〔三〕丁士涵云：「之」當作「命」，上文「桓公退再拜命曰」，是其證。尹桐陽云：「數」猶速也。

翔鳳案：桓公聞善言薦之祖廟，「法寶」即「御神用寶」之「寶」，故言「拜命」，與此不同。丁不知此義也。

〔四〕張文虎云：「然」猶乃也（見王氏釋詞），「靜乃定生」，與下「仁從中出，義從外作」句法略同。大學所謂「定而后能靜」也。尹注「欲靜則生定」，文義倒置。翔鳳案：「齊滋味」五句，皆爲定性之事。樂記「人生而靜，天之性也」，注：「『性』之言生也。」心術上：「物固有形，形固有名，名當謂之聖人。」能定性則名當而爲聖人。

〔五〕何如璋云：呂覽下賢「帝也者，天下之適也；王也者，天下之往也。得道之人，貴爲天子而不驕倨，富有天下而不騁夸，卑爲布衣而不瘁攝，貧無衣食而不憂懾」，本此。

〔六〕王念孫云：「不相告而知」，衍「相」字。翔鳳案：「相告」見孟子。知者非一人，故言「相告」，非衍文。

〔七〕翔鳳案：房謂至於德，即不召而至之至，非謂盛德。

〔八〕劉績云：「云」，周旋也。王引之云：「下」字因下文「政令陳下」而衍，尹注同。「云」即「運」字，言四時運而萬物化也。「運」字古讀若云，故與「云」通。丁士涵云：據尹注，「萬功成」，亦當作「萬物成」。草書「物」作「𢬉」，與「功」字形近而誤。俞樾云：「云」字、「陳」字皆絶句。「下而萬物化」，言天氣下行而萬物自化也。「下而萬功成」，言君道下行而萬功自成也。王氏引之謂「『云』即『運』字」，得之。謂上句「下」字涉下句而衍，則非也。兩

句一律，不得參差，由失其句讀故耳。翔鳳案：「云」爲古文「雲」。説文：「雲，運也。象雲回轉形。」天之北辰不動，斗柄運而有四時，諸説紛紜，由於不考本字耳。君之政令爲成事功，可成萬物耶？房注誤。

〔九〕劉績云：一本作「萬情得」，是也。戴望云：宋本「肢」作「枝」。陶鴻慶云：「使四肢耳目」當作「四肢耳目使」。爾雅釋詁：「使，從也。」言百體從令也。吕氏春秋圜道篇「感而不知，則形體四肢不使矣」，高注云「不能相使」，可與此義互證。「四肢耳目使而萬物情」，與上二句文法一律。尹注云：「心亦當無爲，故曰不動，然四肢耳目自心使，萬物莫不得其情也。」是其所見本未誤。又案：此「物」字當訓爲「事」，注未得。翔鳳案：周書武順解：「左右手各握五，左右足各履五，曰四枝。」孟子「爲長者折枝」，趙注：「按摩手節，解罷枝。」素問陽明脉解：「四支者，陰陽之本也。」以「支」爲之。釋名：「胑，枝也。似木之枝格也。」則「肢」爲後起，或作「胑」。

〔一〇〕豬飼彦博云：「慶」當作「度」，與「祖」協韻。翔鳳案：此節非韻文，何必改之以叶韻？説文：「慶，行賀人也，从心从夊。吉禮以鹿皮爲贄，故从鹿省。」廣雅釋言：「慶，賀也。」交友禮尚往來，爲忠信之徵，文自明晰。

〔一一〕王念孫云：尹以「澤」爲「流澤」，「『四經』謂詩、書、禮、樂」，皆非也。「澤」讀爲「舍其路而弗由」之「舍」。（舍、釋、澤三字，古同聲而通用。周頌載芟篇「其耕澤澤」，正義引爾雅作「釋

釋」。夏小正「農及雪澤」，管子乘馬篇作「農耕及雪釋」。考工記「水有時以凝，有時以澤」，是「釋」與「澤」通也。周官占夢「乃舍萌於四方」，鄭注曰：「『舍』讀爲釋，古者釋菜釋奠，多作『舍』字。」鄉飲酒禮「主人釋服」，大射儀「獲而未釋獲」，古文「釋」並作「舍」。月令「命樂正習舞釋菜」，呂氏春秋仲春篇「釋」作「舍」。是「釋」與「舍」通也。管子形勢篇「莫知其爲之，莫知其澤之」，形勢解「澤」作「舍」。是「舍」與「澤」通也。又見下。）「經」，常也。（「四經」猶言五常。）「四經」即孝、弟、忠、信。內不孝弟，外不忠信，故曰「舍其四經」。又小問篇「語曰『澤命不渝』，信也」，即鄭風羔裘之「舍命不渝」。困學紀聞諸子類引張嵲讀管子曰：「『澤命不渝』，『澤』古『釋』字。而注乃以爲恩澤之澤，陋矣。」

桓公明日弋在廩〔一〕，廩所以盛米粟，禽鳥或多集焉，故於此弋也。管仲、隰朋朝。公望二子，弛弓脱釬釬，所以扞弦。而迎之〔二〕，曰：「今夫鴻鵠，春北而秋南，而不失其時。夫唯有羽翼以通其意於天下乎？今孤之不得意於天下，非皆二子之憂也。」二子不能爲羽翼，所以當憂。桓公再言，二子不對。桓公曰：「孤既言矣，二子何不對乎？」管仲對曰：「今夫人患勞，而上使不時。人患飢，而上重斂焉。人患死，而上急刑焉。如此而又近有色親冶容。而遠有德，疏賢俊。雖鴻鵠之有翼，濟大水之有舟楫也，其將若君何〔三〕！」不飛，雖羽翼無益。不濟，雖舟楫徒施。不聽，雖讜言空設。故曰「其將若君

何」！桓公蹵然逡遁。管仲曰：「昔先王之理人也，蓋人有患勞，而上使之以時，則人不患勞也〔四〕。人患飢，而上薄斂焉，則人不患飢矣。人患死，而上寬刑焉，則人不患死矣。如此而近有德而遠有色，則四封之内視君其猶父母邪！四方之外歸君其猶流水乎！」公輟射，援綏而乘，自御，管仲爲左，隰朋參乘。朔月三日〔五〕，進二子於里官〔六〕，里官，謂里尉也。齊國之法，舉賢必自里尉始，故令里官進二子，將旌别而用之。再拜頓首，曰：「孤之聞二子之言也，耳加聰而視加明，於孤不敢獨聽之，薦之先祖。」謂陳其所言，以薦祖廟。管仲、隰朋再拜頓首，曰：「如君之王也，君能如此，可以王也。此非臣之言也，君之教也。」此雖臣言，必君用之，然後成教，故曰「君之教」。於是管仲與桓公盟誓爲令，曰：「老弱勿刑〔七〕，參宥而後弊〔八〕，老弱犯罪者，無即刑之，必三寬宥而後斷罪。三宥，即周禮三宥，一曰不識，二曰過悞，三曰悼耄也。關幾而不正，市正而不布〔九〕，布，謂錢也。即其物而正之，不必分錢。山林梁澤以時禁發，而不正也。」獺祭魚，然後入澤梁。豺祭獸，然後入山林。草封澤鹽者之歸之也〔一〇〕，譬若市人。草封澤，謂澤多草。刈積成封，可用煮鹽者也。其處既多鹽，故歸者譬若市人，言不設禁也。三年教人，四年選賢以爲長，五年始興車踐乘〔一一〕。遂南伐楚，門傅施城〔一二〕。施城，楚城名。謂附至其下。北伐山戎，出冬蔥與戎叔，布之天下〔一三〕，山戎有冬蔥、戎叔。今伐之，故其物布天下。戎叔，胡豆。果三

匡天子而九合諸侯〔一四〕。

〔一〕張佩綸云：左傳「雍廩」，史記齊世家作「齊無知游于雍林」，蓋以爲地名。疑齊有雍門，雍林即雍門郊外歟？「廩」、「林」之借字。翔鳳案：「弋」爲射鳥，「廩」爲羣鳥覓食之地。若在林，則爲獵矣。觀下文「弛弓脱釬」，無重武器，不在林，張説非是。

〔二〕孫星衍云：太平御覽三百五十引「釬」作「捍」，禮記内則「右佩決捍」。注：「捍，謂拾也。」言可以捍弦也。説文「釬，臂鎧也」，字從金旁作「釬」。戴望云：御覽資産部十二又引作「軒」，北堂書鈔一百六十引「釬」作「杆」。張佩綸云：説文繫傳金部「釬」下，臣鍇曰：管子曰：「桓公方田，弛弓脱釬。」楚金所見本作「方田」，異文。翔鳳案：田必有車馬，此徐鍇以意改之，非異文。

〔三〕王念孫云：「濟大水之有舟楫」七字，後人所加也。後人以霸形篇云「寡人之有仲父也，猶飛鴻之有羽翼也，若濟大水有舟楫也」，故增入此句，不知此文「雖鴻鵠之有翼也，其將若君何」，是管仲對桓公語，而上文桓公但云「鴻鵠有羽翼」，不云「濟大水有舟楫」，若闌入此句，則所答非所問矣。尹不審文義而爲之作注，失之。太平御覽治道部八所引無此七字。翔鳳案：「羽翼」、「舟楫」之喻，當爲常語，故不止一次引用。管仲答時，順口帶出，非必衍文。

〔四〕張文虎云：「患勞」、「患飢」、「患死」三句，皆承上文，此句獨衍「有」字，文不成義，宜删。翔鳳案：李哲明云：下云「則人不患飢矣」，「則人不患死矣」，是此「也」當亦「矣」字之訛。

鳳案：「有」者不全是，下二句承用，不當衍。「也」口語作「呀」，「矣」口語作「呢」。言時口氣變换，不必相同。古本改字多誤，不必論矣。

〔五〕豬飼彦博云：「朔月」二字當作「齊」（齋）字。洪頤煊云：當作「三月朔日」。翔鳳案：皇侃論語義疏：「月旦爲朔。朔者，蘇也，生也。言前月已死，此月復生也。」月爲太陰，非年月之月，此於尚書爲「哉生霸」，「三日」恰合，諸説均非。

〔六〕豬飼彦博云：「里官」爲「甕宫」二字之誤，甕、僖同，桓公父甕公之廟也。吕氏春秋（贊能篇）曰「桓公命有司除廟，筵几而薦之曰：自孤之聞夷吾之言也，目益明，耳益聰，孤弗敢專，敢以告于先君」，可徵也。何如璋云：「里官」當作「里宫」，謂里中先君之廟也。凡邑有先君之廟曰都，小匡「爲高子之里，爲國子之里，爲公里」，此即國都公里之廟也，故曰「里宫」。下文有「薦之先祖」，可證。張佩綸云：「里官」當作「祖宫」。日本豬飼彦博云「『里官』爲『甕宫』之誤」，案下云「薦之先祖」，則非專進於甕宫矣。翔鳳案：「官」即「館」，「里官」與「幼官」相類，祖廟所在，非誤字。

〔七〕張佩綸云：禮曲禮：「八十九十曰耄，七年曰悼，悼與耄，雖有罪，不加刑焉。」

〔八〕陳奂云：「弊」，治也。言三宥而後治其罪也。立政、中匡篇皆曰「一再則宥，三則不赦」，今令三宥者，寬緩其刑也。「後」，劉本作「友」，云「『反』字之誤，『弊』即蔽」，失之。張佩綸云：「參」者參聽，「宥」者三宥。禮記王制「大司寇以獄之成告於王，王命三公參聽之；三公

以獄之成告於王，王三又然後制刑」，鄭注：「『又』當作『宥』；宥，寬也。一宥曰不識，再宥曰過失，三宥曰遺忘。」　翔鳳案：「獘」從犬，或從死作「斃」，「弊」爲俗書。此承上「民患死」來，三宥而後殺之。古籍無以「弊」訓治者，陳説誤。

〔九〕翔鳳案：國語「而時布之於農」，注：「賦也。」古無輕脣音，「賦」讀布。關市幾而不征，亦見孟子，決非誤字。「正」即征。周禮司勳「惟加田無國正」，司農注：「税也。」

〔一〇〕張佩綸云：「草」，孟子「闢草萊」，商君書「墾草」。「封」，韋昭吴語注：「『壅』本曰封。」言墾草而壅，就澤而鹽。原注非。孟子：「從之者如歸市。」　翔鳳案：本草圖經：「鹽者海水作之，謂之澤鹽。」澤爲海邊有水之低地。

〔一一〕安井衡云：「車」乃「軍」字誤。　翔鳳案：有車而後可乘，「興」爲同力作之，非誤字。

〔一二〕洪頤煊云：「施城」當作「方城」，尹注非。　丁士涵云：「門」字衍。　翔鳳案：釋名：「門，捫也。在外爲人所捫摸也。」「門」即「捫」。「傅」即「拊」，迫近之義。「施城」爲方城之一段。方城從竹山東南，連接南陽唐縣、葉縣數百里，非一處也。「施」爲「沱」之借，與地員假「施」爲「鉈」同。禹貢「沱潛既道」，即夏水，在江陵，即郢，爲楚之故都，故言迫近。

〔一三〕孫星衍云：列子力命篇釋文引「出」作「得」，「戎叔」作「荿菽」。毛詩生民正義、爾雅釋器疏引作「戎菽」。　戴望云：御覽百穀部五引作「桓公伐山戎，得戎菽以布天下」。　翔鳳案：舌上讀舌頭，「叔」即「豆」。戎者，言其外來。中國外來之物，稱之曰戎曰胡曰番，近代

稱之曰洋。周書王會「山戎之叔」，可證。

〔一四〕安井衡云：「三匡天子」當爲「一匡天下」。翔鳳案：郭沫若解「三匡」爲「三會」，即魯僖五年會于首止，九年會于葵丘，十三年會于鹹，皆「事關天子，故列于九合諸侯之上」，是也。然「匡」當訓「正」，其訓爲「簿」則誤。詳大匡篇。

桓公外舍而不鼎饋。外舍，謂出宿於外。不以鼎饋食，言其饌不盛也。中婦諸子謂宮人〔一〕：「盍不出從乎？君將有行。」中婦諸子，内官之號。君將有行，何不出乎。盍，何不也。宮人皆出從。公怒曰：「孰謂我有行者？」宮人曰：「賤妾聞之中婦諸子。」公召中婦諸子曰：「女焉聞吾有行也？」對曰：「妾人聞之〔二〕，君外舍而不鼎饋〔三〕，非有内憂，必有外患。今君外舍而不鼎饋，君非有内憂也，妾是以知君之將有行也。」公曰：「善。此非吾所與女及也〔四〕，而言乃至焉，言我本不與汝及此謀，今汝言乃能至於此，謂能知我謀也。吾是以語女。吾欲致諸侯而不至，爲之奈何？」我欲諸侯之至，而乃不至。今欲令其至，如何乎？中婦諸子曰：「自妾之身之不爲人持接也〔五〕，爲，猶與也。言妾身在深宮之中，未嘗得出與人相持而接對。未嘗得人之布織也，意者更容不審邪〔六〕？」宮中既少織紝之事，又不得外人之布織。言此者既昧於人事，不當訪以軍謀。蓋託不知以止君之行也，故言更當容我思其不審之事。明日，管仲朝，公告之。管仲曰：「此聖人之

言也，君必行也。」謂中婦諸子止君不行，此合聖人之言也，故令君行之。

〔一〕豬飼彦博云：「婦」，侈靡作「寢」。翔鳳案：子爲宋國之女，以論語「君娶于吴爲同姓，謂之吴孟子」例之，當爲齊之同姓。小匡「寡人有汙行，姑姊有不嫁者」，則「中婦諸子」乃桓公之姑姊也。

〔二〕張文虎云：「妾人」猶言「妾身」。長門賦「妾人竊自悲兮」，善注引此文爲證。安井衡云：「人」當爲「久」，字之誤也。久，舊也。翔鳳案：白虎通嫁娶：「妾者，接也，以時接見也。」爲人持接，故曰「妾人」，省稱爲「妾」，「人」非誤字。

〔三〕豬飼彦博云：「外舍」，侈靡云「舍於朝」。蓋曰「外」者，對寢也。

〔四〕翔鳳案：左宣七年傳：「凡師出與謀曰及。」房注「本不與汝及此謀」，是也。

〔五〕劉績云：此言己不事人，未嘗得人布織而衣，猶君不下小諸侯，故諸侯不至也。意者或有不審致諸侯之道耶？章炳麟云：尹注「爲，猶與也」。言妾身在深宫之中，未嘗得出與人相持而接對」，此望文生義也。「持」與「承」同，含神霧云「詩者，持也」，特牲禮「詩懷之」，注：「『詩』猶承也。」内則「詩負之」，注：「『詩』之言承也。」正義曰：「以手維持則承奉之義。」是「持」、「承」同義。「承」、「接」意相近，「承」即「承事君子」之「承」，「接」即「接見君子」之「接」，皆謂爲人婢妾也。「爲」讀爲于，如聘禮「賄在聘于賄」，亦讀「于」爲「爲」也。「于人承接」即「承接于人」，古人語多倒句，類如此矣。身備内官，則不承接于他人矣。必如是言之

者，爲下句「未嘗得人之布織」起本也。侈靡篇述此事，大略相同。上句云「自吾不爲汙殺之事」，「殺」讀爲褻。考工記輪人「牙得則無槷而固」，注：「鄭司農云：槷，摋也。蜀人言摋曰槷。」是「槷」、「摋」一聲之轉，蓋「執」與「殺」本同部而兼雙聲，「槷」、「褻」皆執聲，故「殺」與「褻」亦相通借。不爲汙褻之事，亦謂不爲他人婢妾也。故下曰「人布織不可得而衣也」。

〔六〕劉師培云：據注，疑「容」下有「思」字。翔鳳案：晉語「姓利相更」，注：「續也。」周禮巾車：「歲時更續。」説文用部「庸」下曰：「庚，更事也。」「庚」同「賡」。廣雅釋詁三：「賡，諟也。」言待人未嘗庚續有禮，不能得布織。意謂公不能致諸侯，由於不能庚續接待也。故管子以爲「聖人之言，君必行也」。桓公九會諸侯，不止一次，故言及之。

管仲寢疾，桓公往問之。曰：「仲父之疾甚矣，若不可諱也，不幸而不起此疾，彼政我將安移之？」管仲未對。桓公曰：「鮑叔之爲人何如？」管仲對曰：「鮑叔，君子也。千乘之國，不以其道予之，不受也。雖與千乘之國，不以其道，彼必不受。雖然，不可以爲政。其爲人也，好善而惡惡已甚，已，猶太也。言憎惡惡人太甚。見一惡終身不忘。」桓公曰：「然則孰可？」管仲對曰：「隰朋可。朋之爲人，好上識而下問〔一〕。好上識，謂好知遠大之事。臣聞之：以德予人者，謂之仁。以財予人者，謂之良〔二〕。以善勝人者，未有能服人者也。以善勝人，人亦生勝己之心，故不服。以善養人者，未有不

服人者也。於國有所不知政，於家有所不知事，必則朋①乎〔三〕！若皆知之，則事鍾於己，將不勝任而敗。朋能有所不知，故可以移政。且朋之爲人也，居其家不忘公門，居公門不忘其家〔四〕，事君不二其心，亦不忘其身〔五〕。舉齊國之幣，握路家五十室，其人不知也〔六〕。或有舉齊國之幣，持與路旁之家五十室，言其事大而且易顯，此皆自有主司，朋能不干預，而强知此，所謂於國有所不知政，合於天地之無不容載，故曰「大仁哉，其朋乎」也。大仁也哉，其朋乎！」握，持也。公又問曰：「不幸而失仲父也，二三大夫者，其猶能以國寧乎？」管仲對曰：「君請矍已乎〔七〕。矍已，謂有所驚懼而問未止也。鮑叔牙之爲人也，好直。賓胥無之爲人也，好善〔八〕。甯戚之爲人也，能事。孫在之爲人也，善言〔九〕。」公曰：「此四子者，其孰能一人之上也？寡人并而臣之，則其不以國寧，何也〔一〇〕？」言四子皆有超絶之材，無人能過其上。今吾併得臣之，國尚不寧，何也？對曰：「鮑叔之爲人，好直而不能以國詘〔一一〕。不能爲國以屈其直也。賓胥無之爲人也，好善而不能以國詘。甯戚之爲人，能事而不能以足息〔一二〕。甯戚善於農植，貪於積聚，不能知足而息也。孫在之爲人，善言而不能以信默。其所陳言，既見信用，尚不能默。凡此四子，皆矜能太過，不能與時屈

① 「朋」字原作「明」，據補注改。下注文同。

申，故國不寧也。臣聞之，消息盈虛，與百姓詘信，然後能以國寧。勿已者，朋其可乎！朋之爲人也，動必量力，舉必量技。」言終，喟然而歎曰：「天之生朋，以爲夷吾舌也。其身死，舌焉得生哉！」言朋亦將隨己早亡，不得久理齊政，故哀歎也。以先知未然，夷吾所以稱聖也。管仲曰：「夫江、黄之國近於楚，爲臣死乎，二國既近於楚，必臣於楚，豈爲齊臣而死乎①？君必歸之楚而寄之。以二國歸楚，若寄託然，則楚不得爲私，而齊猶有望。君不歸楚，必私之，私之而不救也則不可，救之則亂自此始矣〔一三〕。」楚既私二國，二國有難，齊必不救。一爲不救，則不可救。此救彼不臣，則構怨矣，故曰「亂自此始」。桓公曰：「諾。」管仲又言曰：「東郭有狗嚎嚎〔一四〕，旦暮欲齧，我猳而不使也〔一五〕。今夫易牙，子之不能愛，將安能愛君？君必去之。」公曰：「諾。」東郭之狗，喻易牙。言其人殘忍，同於狗矣。枷，謂以木連狗，取聲爲義，即國家也。言易牙終能亡國滅家，此不當使，必須去之也。管子又言曰：「北郭有狗嚎嚎，旦暮欲齧，我猳而不使也。今夫豎刁，其身之不愛，焉能愛君？君必去之。」公曰：「諾。」管子又言曰：「西郭有狗嚎嚎，旦暮欲齧，我猳而不使也。今夫衛公子開方，去其千乘之太子而臣事君，是所願也得於君者，是

① 「乎」字下原衍「也」字，據補注刪。

將欲過其千乘也〔一六〕。開方在衛，當嗣君之位，今弃而事齊，則所望不只千乘也，其意必得齊國，然後稱所望也。**君必去之。」桓公曰：「諾。」管子遂卒。卒十月，隰朋亦卒。**

〔一〕豬飼彦博云：「好」當作「也」。「識」音志，「上識」，强記也。吕氏春秋云：「隰朋之爲人也，上志而下求。」

〔二〕尹桐陽云：莊子徐无鬼作「以德分人謂之聖，以財分人謂之賢」。

〔三〕戴望云：劉本「則朋」作「隰朋」。陳奂云：作「則」是也。爾雅曰「是，則也」，「則」與「是」同義。「必則」，必是也。「必則朋乎」，下文曰「朋其可乎」，句法相同。劉不明「則」之訓爲「是」，因改作「隰」，誤矣。翔鳳案：「必則朋乎」，猶言「則必朋乎」，古今語法不同。陳釋「則」爲「是」，尚隔一層。

〔四〕翔鳳案：言兩得其當，郭沫若謂下句「不」字當爲「而」字之譌，則複矣。

〔五〕翔鳳案：論語「一朝之忿，忘其身以及其親」，則亦可以及君矣。

〔六〕洪頤煊云：「握」，古通作「幄」字。（爾雅釋言「握，具也」，釋文云：「李本作『幄』。」）「路家」謂露處之家，逸周書皇門篇：「自露厥家。」「路」、「露」古字通用。言幄覆露處者五十家而不使其人知之，故爲大仁。尹注非。王引之云：「握」當爲「振」，「辰」與「屋」字形相近，又因下文「室」字而誤。説文曰：「振，舉救也。」「路」讀爲露，露家，窮困之家也。（詳見五輔篇「振罷露」下。）五輔篇：「衣凍寒，食饑渴，匡貧窶，振罷露，資乏絶，此謂振其窮。」「振罷露」，

即此所謂「振露家」也。尹注非。張佩綸云：晉語「是先王覆露子也」，韋昭注：「露，潤也。」「握露」即覆露。「家五十室」當作「五家十室」。「五家」者，小匡篇「五家爲軌」。「十室」者，論語「十室之邑」。言以齊國之幣覆露近隣遠邑，而民不知其所以然，故曰「大仁」。洪、王說「路」爲「露」，可從，餘皆迂曲。陶鴻慶云：「其人」之「人」亦當讀爲仁，恩惠及民而人不知其仁，所以爲大仁也。尹注解其人爲隰朋，非。姚永概云：王讀「路」爲露，訓爲羸敗，是也。「握」應讀渥。易萃卦「一握爲笑」，釋文：「握，傅氏作『渥』。」鼎「其形渥」，注：「渥，沾濡之貌也。」此謂舉齊國之幣沾濡羸敗之家耳。王改「握」爲「振」，洪讀作幄，均未安。翔鳳案：隰朋用所得俸禄養五十家，而不彰其德，非用公款養國内所有之家也。張說非是。

〔七〕俞樾云：尹注曰：「矍已，謂有所驚懼而問未止也。」此注於義未安。「矍」疑「獲」字之誤，隸書「獲」字或作「獲」，見祝睦碑，又或作「獲」，見靈臺碑，其左旁皆與「矍」相似，缺其右旁，因誤爲「矍」矣。「請」者，問也。儀禮士昏禮、聘禮鄭注並曰：「『請』猶問也。」「君請」者，君問也。「君請獲已乎」，言君有所問，不得已而爲此對也。下文將歷言鮑叔牙諸人之短，故以此發之。張佩綸云：韓子十過篇述此事：「管仲曰：『君其試以心決之。』」「心決之」，即此所謂「矍已」也。「矍」乃「蒦」之假借。「君請矍已」，猶孟子「王請度之」也。說文：「矍，一曰視遽貌。」又：「蒦，規蒦，商也。一曰視遽貌，一曰蒦度也。」段若膺云：「『蒦』與『矍』形聲

皆相似，故此義同。」　翔鳳案：張訓「矍」爲「度」，是也。「蒦」又作「韄」。説文引楚辭「求矩韄之所同」。寸部曰：「度人之兩臂爲尋。尋，八尺也。」高誘注淮南曰：「榘，方也。韄，度法也。伸兩臂以度之，故從尋也。」後漢崔駰傳注：「韄，尺也。」漢書律曆志：「尺者，蒦也。」引申爲以尺度之。廣雅：「韄，度也。」「韄」，今楚辭作「韄」。是「蒦」之爲「度」，無疑義矣。管子意謂度量諸人之性格，非請桓公度量自己。「已」即「以」，用也，前文屢見。君請度用之。郭沫若訓「已」爲自己之己，非是。

〔八〕翔鳳案：「骨」爲「胥」之隸，説解詳大匡。

〔九〕劉師培云：「孫在」即小匡「曹孫宿」，「宿」訛爲「在」，又上挩「曹」字。大匡篇作「蒙孫」。仲稱之曰「蒙孫博於教而文巧於辭」，與此「善言」正合。　翔鳳案：楚辭天問「在」與「首」韻，是「在」爲「宿」之假音，不誤。

〔一〇〕王引之云：「其孰能一人之上也」，若作一句讀，則文不成義，當以「其孰能」絶句。言此四子者，其孰能以國寧也。「其孰能」下當有「管仲謂其不能以國寧」之語。「一人之上也」三句，則桓公不解其所以不能又從而問之也。今本有脱文耳。不然，則「不以國寧」之問何自而來邪？「一」，皆也。大戴禮衛將軍文子篇「則一諸侯之相也」，盧注曰：「一，皆也。」「一人之上」，言四子之材皆在人之上也，而尹注曰「言四子皆有超絶之材，無人能過其上」，則所見已是脱誤之本，故連「其孰能」三字解之。然如其説，則是「孰能」在四子之上，豈所謂「一人之

上」乎？失之矣。　張佩綸云：「其孰能一」爲句，言孰能有一也。「一」與下「并而臣之」相應。王說非。姚永概云：此句當衍一「孰」字，「能」即材也。　翔鳳案：釋名釋言語：「能，該也，無物不兼該也。」「能」本讀耐，故訓爲該。言誰能兼該，與「寡人并而臣之」一意相承，無誤字。

〔一一〕安井衡云：「人」下諸本無「也」字，今從古本。　翔鳳案：説文：「或，邦也。」廣雅釋詁四：「域，國也。」「或」、「域」、「國」同一字而音稍變，郭沫若謂「國」當爲「或」，「即能直而不能詘」，是也。

〔一二〕孫蜀丞云：「足」，止也。「足息」猶止息也。足從止，老子「知足不辱，知止不殆」，是「足」、「止」同義，故河上公老子「常德乃足」注：「足，止也。」漢書五行志注：「足，止也。」

〔一三〕劉績云：「臣」，管仲自謂也。言江、黄二國近楚，楚爲利之國也。爲己死後，君必歸二國於楚，使楚知服已而不伐。若不歸楚，爲齊私國，楚必伐之。齊不救，固不可。若救，則遠興師旅而致亂矣。穀梁曰：「貫之盟，管仲曰：『江、黄遠齊而近楚，楚爲利之國也，若伐而不能救，則無以宗諸侯矣。』桓公不聽，遂與之盟。管仲死，楚伐江滅黄，桓公不能救，故君子閔之也。」　梅士享云：春秋魯僖公十二年，齊桓公三十八年也。是年夏，楚人滅黄；其冬，齊侯使管仲平戎於王，則管仲病時，黄已先亡，惟江在耳。　王念孫云：「爲臣死乎」，「爲」猶如也。言如臣死，則君必歸江、黄於楚也，古或謂「如」曰「爲」。列子説符篇：「孫叔敖戒

其子曰：『爲我死，王則封女，女必無受利地。』」言如我死也。秦策秦宣太后出令曰：「爲我葬，必以魏子爲殉。」言如我葬也。張佩綸云：江、黄近楚，形勢易明，當如穀梁。子政〔説苑善謀篇〕所云：阻公於貫盟之日既不見納，垂死復申前議耳。然則仲之卒，蓋在十二年楚人滅黄之先矣。

〔一四〕劉績云：「嗺」，魚佳切，狗欲齧也。王念孫云：「嗺」當作「啀」。玉篇：「啀，魚佳切，狗欲齧。」廣韻：「啀，犬鬭。」字皆作「啀」，無作「嗺」者。集韻「『啀』或作『嗺』」，則所見管子本已誤。翔鳳案：齊李清爲李希宗造象記「涯」作「漄」，則「嗺」即「啀」，乃隸之别體，非另有一字也。王不知而以爲誤。説文無「啀」字，有「犴」字，玉篇「『犴』有牛佳、語斤二切」，雷浚謂「牛佳切，即俗用之『啀』字」，是也。易牙亦稱東郭牙，以其居東郭而言。齊人好以地加於人之上，或竟以地稱人。如「南郭先生」、「城北徐公」、「於陵仲子」之類。以此推之，豎刁居北郭，開方居西郭，南郭未必爲棠巫所居。

〔一五〕王引之云：「猳」當作「枷」，注内「猳」字，宋本、朱本皆作「枷」。考注云「以木連狗」，則其爲「枷」字明甚。若如今本作「猳」，則注當訓爲「牡豕」，安得云「以木連狗」乎？（白帖九十八引此作「猳」，乃後人以誤本改之。）但注讀「旦暮欲齧我枷」爲句，則非。尋繹文義，當以「旦暮欲齧我」爲句。「枷」字則屬下讀。「枷」者，「迦」字之假借。説文：「迦，迦互，令不得行也。」玉篇作：「迦牙，令不得進也。」「迦而不使」者，謂迦互之不使進而齧人也。今世齧人之

狗，繫木於其頸，使任重難進，是也。下文同。俞樾云：此當以「旦暮欲齧」爲句，「我枷而不使也」爲句。「我」者，管仲自謂也。劉師培云：王説近是，惟未悉注文殘挩，今本注文云「枷，謂以木連狗」。惟册府元龜二百四十二引注文云「『猳』韻爲枷，謂以木連狗」。「韻」乃「讀」訛，蓋正文本作「猳」字，與今本同。（白帖、藝文類聚引「齧」並作「噬」，與今本異。）非訛字也。惟注説實長，後漢馬融傳廣成頌「枷天狗」，是其證。管書借「猳」爲「枷」，與加、假通用例同。翔鳳案：加一物於身謂之「加」，聲假爲「叚」，因其用木爲之，而制「枷」、「椵」二字，則原來之「枷」可爲「叚」，明矣。周禮封人「凡祭祀飾其牛牲，設其楅衡」，鄭注：「楅設於首，衡設於鼻，如椵狀也。」由鄭注知漢時本作「叚」，因其枷犬而寫爲「猳」，此文字孳乳之順序也。劉謂「猳」讀爲枷，非訛字，通人之見也。

〔一六〕豬飼彦博云：小稱及吕氏春秋、韓非子皆不言開方爲太子，此蓋誤。洪頤煊云：「願」下「也」字衍，當讀「是所願得於君者」爲句。王念孫云：尋尹注亦無「也」字，下「是」字亦涉上「是」字而衍。陶鴻慶云：「是所願也」，「也」字當在「而臣事君」之下，「是所願」三字屬下爲句，下「是」字讀爲「實」。翔鳳案：「太子」猶言長子，非必爲繼承之大宗也。豬飼不知此而以爲誤。檀弓「不爲伋也妻者，是不爲白也母」，句法與此同。商輅茅道論「不爲楚也妻」學此句法，梁章鉅制藝叢話載八股文有學此句法被黜者。

桓公去易牙、豎刁、衛公子開方。五味不至，於是乎復反易牙。宫中亂，復反豎

刁。利言卑辭不在側，復反衛公子開方。桓公内不量力，外不量交，而力伐四鄰。公薨，六子皆求立〔一〕。易牙與衛公子，内與豎刁，因共殺羣吏而立公子無虧〔二〕。故公死七日不斂，九月不葬〔三〕。孝公犇宋，宋襄公率諸侯以伐齊，戰于甗，大敗齊師，殺公子無虧，立孝公而還。襄公立十三年，桓公立四十二年。

〔一〕豬飼彦博云：「六子」，公子無虧、惠公元、孝公昭、昭公潘、懿公商人、公子雍。

〔二〕丁士涵云：當作「易牙外與衛公子開方，内與豎刁」，「外」對「内」言。上文竝言「衛公子開方」，此不宜單言「衛公子」也。陶鴻慶云：「與衛公子」上當有「外」字，與下句對文。「與」謂相黨與也。尹桐陽云：左僖十七年傳：「易牙入與寺人貂因内寵以殺羣吏而立公子無虧。」劉師培云：「内與」二字乃「開方」之訛，「開」、「内」草書形近，「方」、「与」字形略同。「方」訛爲「与」，因易爲「與」矣。晏子春秋雜上篇云「方見國之必侵」，「方」爲「與」訛，此其比也。韓非子十過篇「豎刁率易牙、衛公子開方及大臣爲亂」，與此同。翔鳳案：「内」與「入」通，丁、陶説誤。

〔三〕陶鴻慶云：「七日」當作「六十七日」。兩「不」字當作「而」，今作「不」者，後人所改也。僖公十七年左傳：「冬十月乙亥齊桓公卒。十二月乙亥赴。辛巳夜殯。」杜注云：「六十七日而殯。」史記齊世家「桓公尸在床上六十七日，尸蟲出於户」，故此云「六十七日而斂」也。春秋經十有七年「冬十有二月乙亥齊侯小白卒」，次年「秋八月丁亥葬齊桓公」，相距九月，故此云

「九月而葬」也。（杜注「十二月而葬，亂故」，乃通始卒之日記之。）傳寫奪「六十」二字，後人輒改兩「而」字爲「不」。然諸侯正禮「五日而斂，五月而葬」，不當以「七日不斂，九月不葬」爲異也。足明其誤。又案：小稱篇云：「公死十一日，蟲出於户。」桓公死在冬時，不應有十一日而蟲出户之事，亦當有誤。翔鳳案：小稱「四子作難，圍公一室」，是時公尚未死。而此篇則作亂在公死後，此作史者有所隱諱，故此篇不當以史訂正。五日當斂，至七日而不斂；七月當葬，至九月而不葬，皆略爲推遲，隱諱顯然。

地圖第二十七

短語一

翔鳳案：「短語」爲短簡所書，六寸簿也。張佩綸云：周禮於地圖最詳。地官遂人職：「掌邦之野，以土地之圖經田野，造縣鄙形體之法。」此國中分圖也。夏官職方氏：「掌天下之圖，以掌天下之地，辨其邦國都鄙四夷八蠻七閩九貉五戎六狄之人民與其財用九穀六畜之數要，周知其利害。」此天下總圖也。司險：「掌九州之圖，以周知其山林川澤之阻而達其道路；設國之五溝五涂而樹之林以爲阻固，皆有守禁而達其道路；國有故則藩塞阻路而止行者，以其屬守之，唯有節者達之。」此九州險要形勢約圖也。圖不能明，則書之。量人「邦國之地與天下之涂數，皆書而藏之」，鄭注：「書地謂方圜山川之廣狹，書涂謂支湊之遠近。」此圖經

也。書不能明，則説之。土訓「掌道地圖」，鄭注：「説地圖九州形勢山川所宜。」此圖説也。此篇專主兵事，與司險九州之圖同，而於道里遠近、城郭大小、地形之出入相錯，纖悉具詳，自必兼用量人之算、土訓之説，誠古今地圖之要法也。竊意管子是篇必附九州之圖，惜如山海圖經、元和郡縣圖志，皆書存而圖亡耳。翔鳳案：此論地圖之内容，篇中言盡藏之，則不以示衆。軍事地圖不公開，元和郡縣圖志有軍事地圖乎？歷代軍用地圖有公開發賣者乎？張説可謂不曉事矣。

凡兵主者，必先審知地圖。轘轅之險〔一〕，謂路形若轅，而又轘曲。緱氏東南有轘轅道，是也。**濫車之水**〔二〕，其水深渺能泛車。**名山、通谷、經川、**謂常川也。**陵陸、丘阜之所在，苴草、林木、蒲葦之所茂**〔三〕，苴草，謂其草深茂，能有所覆藏。**道里之遠近，城郭之大小，名邑、廢邑**〔四〕、**困殖之地**〔五〕，困，謂其地墝埆，不可種藝。殖，謂壤田，可播殖者也。**必盡知之。**凡此皆兵主所當知。**地形之出入相錯者，盡藏之**〔六〕。藏，謂苞藴在心。**然後可以行軍襲邑，舉錯知先後，不失地利**〔七〕，**此地圖之常也。**

〔一〕尹桐陽云：「轘」，環也。謂地形若轅而又環曲。元和郡縣志引左氏舊注：「轘轅關，道路險隘，凡十二曲，將去復還，故曰轘轅。」緱氏東南有轘轅道，是也。翔鳳案：春秋以車戰爲主，車不能直行，旋其轅而行，即爲險地。本爲「還轅」，因車行而作「轘」。古本作「檈」，何

所取義於木乎？凡古本改字多謬，此其一端也。

〔二〕陳奂云：「濫」當讀爲漸。詩衛風：「淇水湯湯，漸車帷裳。」「漸」，漬也。「漸車」與「濡軌」同義。「濡」亦漸也。上云「轘轅之險」，言地之高遠。此云「漸車之水」，言地之淺近。張佩綸云：「車」當爲「軌」。爾雅：「濫泉正出」，「正出」，涌出也。「氿泉穴出」，「穴出」，仄出也。釋名：「水正出曰濫泉。濫，銜也，如人口有所銜，口闓則見也。」「側出曰氿泉。氿，軌也，流狹而長如車軌也。」説文：「濫，氾也。一曰濡上及下也。詩曰：『觱沸濫泉。』」「氿，水厓枯土也。爾雅曰：『水醮曰氿。』」厂部「厬，仄出泉也，讀若軌」，與今爾雅「氿泉」及「水醮曰厬」正互易。爾雅音義「厬」亦作「漸」。案：詩大東「有冽氿泉」，采菽、瞻卬「觱沸檻泉」，大東采菽傳、瞻卬箋並同爾雅。知「濫」、「氿」本字，「檻」、「軌」借字也。許「氿」、「厬」，同音互誤耳。詩之借「檻」爲「濫」，猶管之借「軌」爲「氿」也。許以「氿」、「厬」同音通借耳。（段注從爾雅，嚴鐵橋、王菉友從説文，玆從郝爾雅説。）尹桐陽云：前漢書鼂錯傳作「漸車」。翔鳳案：御覽引作「漸車」。左昭十七年「環而塹之」，同「漸」。説文：「濫，濡上及下也。」

〔三〕王念孫云：「苴」（采古反）亦草也，語之轉耳。字或作「蘆」，廣雅曰：「蘆，草也。」呂氏春秋貴生篇「其土苴以治天下」，高注曰：「苴，草蓟也。」（「草蓟」即「草芥」，今本「蓟」譌作「蒯」，辨見呂氏春秋。）逸周書人聚篇曰：「陂溝道路，藂苴邱墳。」靈樞經癰篇曰：「草蘆不成，五穀不殖。」草謂之苴，故枯草亦謂之苴。楚辭九章「草苴比而不芳」，王注曰「生曰草，枯曰

苴」，是也。「苴草」、「林木」、「蒲葦」皆兩字平列。尹注非。

〔四〕張佩綸云：「名邑」當作「名都」，國策：「不如賂之以一名都。」翔鳳案：地員：「地潤數毁，難以立邑置廧。」邑有大小，此小邑也。吕氏春秋貴因「舜一徙成邑，再徙成都，三徙成國」，注：「周禮四井爲邑，邑方二里也。」此今日之小鄉鎮，有時廢而他徙。廢則無名，用兵者必盡知之。張誤解以爲「名都」，非但不知都邑之異，豈有用兵而不知名都者乎？

〔五〕孫星衍云：杜牧孫子注引「困」作「園」，謂「園地可種殖者」，或古「[illegible]」(囿)字之省。尹注非。

張佩綸云：「困殖」當爲「固植」，周禮掌固：「掌脩城郭溝池樹渠之固。……若造都邑，則治其固與其守法。凡國都之竟，有溝樹之固。郊亦如之。」司險：「掌九州之圖，以周知其山林川澤之阻而達其道路；設國之五溝五涂而樹之林以爲阻固，皆有守禁而達其道路；國有故則藩塞阻路而止行者，以其屬守之，惟有節者達之。」翔鳳案：説文：「困，故廬也。」廬爲種田臨時所居，其故廬謂之「困」。段注：「疏廣所謂自有舊田廬，令子孫勤力其中也。」説文：「殖，脂膏久殖也。」字林：「膭，膏敗也。」地員：「弞土之次曰五殖，五殖之狀，甚澤以疏，離坼以臞埆。」「殖」爲荒瘠之地，加以叢葬而多骨殖。此種土壤，種植價值不高，而用兵則不可忽，人迹不到，敵人易藏也。諸説均非。

〔六〕張文虎云：「藏」疑「識」字之誤。張佩綸云：「盡」上當奪「必」字，「盡」當作「書」，量人「書而藏之」是其證，涉上「必盡知之」而誤。翔鳳案：張文虎不知軍事地圖不公開，故

須收而藏之。「藏」字不誤。「必盡知之」，因爲易忽視。密藏則無忽視者，張佩綸不知其義，故加「必」字，亦誤。

〔七〕安井衡云：古本無「地」字。

人之衆寡，士之精麤，器之功苦，盡知之，此乃知形者也。形，謂兵之形。知形不如知能，知能不如知意，故主兵必參具者也，主明、相知、將能之謂參具。明、智、能三者合，故謂之參具。故將出令發士，期有日數矣。宿定所征伐之國，宿，猶先也。使羣臣、大吏、父兄、便辟左右不能議成敗，人主之任也。事之成敗，明王獨斷於心，故其臣不能議。論功勞，行賞罰，不敢蔽賢不敢蔽隱賢能。有私。行用貨財，供給軍之求索，言相室或用私財供軍所求，若竇嬰、李牧之爲也。使百吏肅敬，不敢解怠行邪，以待君之令，相室之任也〔一〕。繕器械，選練士，爲教服，設教令，使士服習。連什伍，使其什伍各相鉤連，有所統屬。偏知天下，審御機數，此兵主之事也。

〔一〕張佩綸云：漢書五行志「僖公三十三年十二月『李梅實』」，「記曰：『不當華而華，易大夫；不當實而實，易相室。』」顔師古曰：「『相室』猶言相國，謂宰相也。合韻，故言『相室』。相室者，相王室。」

參患第二十八

太强亦有患，太弱亦有患，必參詳强弱之中，自致於無患也。

豬飼彦博云：漢書鼂錯傳引篇内數語，冒之以「兵法曰」，疑漢初未編入管子書中。又自篇首至「故曰猛毅者伐，懦弱者殺也」，與法法所云略同。下文不相屬，蓋他篇之錯簡也。張佩綸云：僞房注非也。「猛毅則伐，懦弱者殺」一節，與後初不相承，明是錯簡，强爲之說。通章之指，傅益支離，今以法法篇「知擅備患」一節移置此篇，則所謂「參患」者，乃參考用兵之患與廢兵之患耳。前後既有條不紊，章指亦如絲不棼，後之君子詳焉。翔鳳案：張良、韓信校管子，編入兵書權謀中，見漢書藝文志，故鼂錯直以兵書稱之，豬飼不知也。國語：「臧文仲曰：『大刑用甲兵，次刑用斧鉞，中刑用刀鋸，薄刑用鞭朴。』」兵刑掌在主持政權者之手，即人主也。不知其義，動輒以爲錯簡，誤矣。

凡人主者，猛毅則伐，懦弱則殺〔一〕。猛毅者何也？輕誅殺人之謂猛毅。懦弱者何也？重誅殺人之謂懦弱〔二〕。此皆有失彼此。凡輕誅者殺不辜，而重誅者失有罪。故上殺不辜，則道正者不安〔三〕；上失有罪，則行邪者不變。道正者不安，則才

能之人去亡。行邪者不變，則羣臣朋黨。才能之人去亡〔四〕，則宜有外難。能士去亡，必構鄰來伐，故有外難也。羣臣朋黨，則宜有内亂。羣臣朋黨，則狗變爲虎，篡殺常因是生，故有内亂也。故曰：猛毅者伐，懦弱者殺也〔五〕。

〔一〕張文虎云：此「殺」字當音所界反，尹注失音，則與諸「殺」字混。戴望云：此「殺」字當讀爲弑，言懦弱則見弑也。翔鳳案：「殺」指内亂言，戴説是也。然以爲「讀爲弑」則非。説文：「弑，臣殺君也。」段注：「音家多有讀殺爲弑者。按述其實則曰殺君，正其名則曰弑君。春秋正名之書，故言弑。三傳述實以釋經之書也，故或言殺，或言弑。」則殺君言其實，不讀弑明矣。

〔二〕翔鳳案：「重」爲遲疑不敢輕決之意。司馬相如傳「重煩百姓」，索隱：「猶難也。」懦弱之君，恐殺人激變，不敢輕於執行。

〔三〕翔鳳案：禮器「則禮不虚道」，注：「由也。」制分諸「道」字同訓。

〔四〕翔鳳案：説文：「去，人相違也。」明離爲去。論語：「微子去之。」暗逃爲亡。説文：「亡，逃也，从人从乚。」「乚，匿也。讀若隱。」廣雅釋詁三：「亡，避也。」晉語：「公子生十年而亡。」

〔五〕張佩綸云：自篇首「凡人主者猛毅則伐」至此，與法法篇末「猛毅之君」一節大同小異。歷證吕氏春秋蕩兵篇、淮南兵略訓、史記律書、漢書刑法志，其説悉本於此，既足疏明此篇之義，且可證法法篇末乃此篇之錯簡。翔鳳案：行政與執法，互相依賴，有時相混。本篇言

行政，法法篇言執法，言各有當，部份意義相近，而以爲錯簡則非是。

君之所以卑尊，國之所以安危者，莫要於兵。故誅暴國必以兵，禁辟民必以刑〔一〕。然則兵者，外以誅暴，内以禁邪。故兵者，尊主安國之經也，不可廢也。若夫世主則不然。外不以兵而欲誅暴，則地必虧矣。無兵誅暴，暴必内侵，故地虧。内不以刑而欲禁邪，則國必亂矣。無刑禁邪，邪必上侵，故國亂。故凡用兵之計，三驚當一至，驚，謂耀威示武，能驚敵使懼。如此者三，可當師之一至敵國。三至當一軍，師之三至，可當一軍之用。三軍當一戰〔二〕。軍之三用，可成一戰之功。故一期之師，十年之蓄積殫〔三〕。師行一期，能盡十年之蓄積。一戰之費，累代之功盡。傾國一戰，能盡累代之功。今交刃接兵而後利之，則戰之自勝者也〔四〕。交刃接兵，必卒喪刃折，貨財空耗，雖未被敵勝，先已自勝。攻城圍邑，主人易子而食之，析骸而爨之，則攻之自拔者也。主人食子爨骸，攻者必智窮力竭，財殫士喪，城雖未攻，先已自拔。凡此皆庸主之師，非善計者。是以聖人小征而大匡〔五〕，不失天時，不空地利，用日維夢〔六〕，其數不出於計〔七〕。小征，謂誅暴國。大匡，謂正天下。既合天時，又得地利，用吉日，襲吉夢，其數從何而生？皆出於計謀也。故計必先定，而兵出於竟〔八〕。計未定而兵出於竟，則戰之自敗，攻之自毁者也。

〔一〕翔鳳案：荀子成相「邪枉辟回失道途」，注：「『辟』讀爲僻。」

〔二〕豬飼彥博云：「用兵之[illegible]會計用兵之費也。『驚』當作『警』，謂戒嚴以備。」張佩綸云：易「震驚百里」，鄭注：「『驚』之言警戒也。」言三驚之費當一至之費，三至之費當養一軍之費，三軍之費當一戰之費。原注未晰。陶鴻慶云：説文：「軍，圜圍也，從車從勹，會意。」廣雅釋言：「軍，圍也。」是「軍」之本義爲圍，後世遂爲師旅之通名。「三至當一軍」者，言三至當一圍也。「三軍當一戰」者，言三圍當一戰也。尹注下二句云「師之三至可當一軍之用，軍之三用可成一戰之功」，説非是。

〔三〕張佩綸云：「期」即驚也。翔鳳案：説文：「期，會也。」「一期」猶言一次會戰，張説誤。

〔四〕丁士涵云：「勝」當作「敗」。下文「戰之自敗」，七法篇亦譌作「勝」。「戰之自敗」與「攻之自拔」同義。翔鳳案：廣雅釋詁：「自，從也。」書召誥「自服於土中」，鄭注：「利也。」「利」假爲「賴」。周禮大宰「六曰主，以利得民」，注：「讀如上思利民之利。」即「賴」也。交刃接兵而後賴之，則必戰之所從勝也，否則不敢輕於用兵矣。「勝」字不誤。「自」訓自己，僅見於大學「毋自欺也」。朱駿聲謂「古傳注未見此訓」，是也。

〔五〕孫星衍云：案禮記禮器「衆不匡懼」，注：「匡，猶恐也。」尹注非。翔鳳案：「匡」仍訓正，不必作異解。「征」同「正」，屢見前。聖人重其事，小則正之，大則以兵匡救之。

〔六〕豬飼彥博云：「用日維夢」疑當作「用財雖多」。孫星衍云：「夢」讀爲召誥「女乃是不薎」之「薎」，馬融云：「薎，勉也。」洪頤煊云：説文：「夢，不明也。」毛詩：「視天夢夢。」

古者師行早，常在天未明時，牧誓「時甲子昧爽」，史記高祖本紀「黎明圍宛城三匝」，皆其證也。俞樾云：説文：「夢，不明也。」然則「夢」之本義爲夜不明，故此以「夢」與「日」對。「用日維夢」謂將於其日有事，必先其夜預爲之計，是所以用日者在夢。因經傳「夢」皆「寢」之假借，而無用其本義者，故於此文莫得其解耳。翔鳳案：説文：「夢，不明也。从夕，瞢省聲。」苜部：「瞢，不明也。」心部：「懜，不明也。」三字同義，與「明」同音而義相反，實可以相反而相成。如論語「予有亂臣十人」，「亂臣」即撥亂之臣而訓爲治。「逆」是反向而行，亦可爲相向而行爲迎接。「孟津」又作「盟津」，則「夢」可訓爲明。改字改訓，都不能解決問題。

〔七〕豬飼彦博云：「不出於計」上疑脱「無」字。七法曰：「其數多少，其要必出於計數。」丁士涵云：「不」當作「必」。尹注云「其數從何而生？皆出於計謀也」，是尹所見本非作「不出於計」。七法篇曰「其數多少，其要必出於計〔數〕」，是其證。翔鳳案：七法：「剛柔也，輕重也，大小也，實虚也，遠近也，多少也，謂之計數。」二人未明「夢」之爲不明，疑有脱誤，非是。

〔八〕劉師培云：「而」下當有「後」字，七法篇作「然後兵出乎竟」，是其證。孫子計篇張預注引作「計先定於内而後兵出境」，亦有「後」字。翔鳳案：有「先」字義自明，不必加「後」字。

得衆而不得其心，則與獨行者同實。不得其心，則叛亡至，故與獨行同實也。**兵不完**

利，與無操者同實〔一〕。甲不堅密，與俴者同實〔二〕。俴，謂無甲單衣者。弩不可以及遠，與短兵同實。射而不能中，與無矢者同實。中而不能入，與無鏃者同實。將徒人，與俴者同實〔三〕。徒人，謂無兵甲者。俴，單也。人雖衆，無兵甲，則與單人同也。短兵待遠矢，與坐而待死者同實〔四〕。遠矢至，短兵不能應，則坐而受死也。故凡兵有大論，必先論其器，論其士，論其將，論其主。故曰：器濫惡不利者，以其士予人也。士不可用者，以其將予人也。將不知兵者，以其主予人也。主不積務於兵者〔五〕，以其國予人也。故一器成，往夫具，而天下無戰心。一器，謂師之器。其器既成，敢往之夫又具，則天下不敢生心與戰也。二器成，驚夫具，而天下無守城。二器，謂軍之器。其器既成，驚敵之夫又具，則天下不敢守城而禦也。三器成，游夫具，而天下無聚衆〔六〕。三器，謂一國之器。其器既成，游務之夫又具，則天下之衆懼而自散也。所謂無戰心者，知戰必不勝，故曰無戰心。所謂無守城者，知城必拔，故曰無守城。所謂無聚衆者，知衆必散，故曰無聚衆。

〔一〕何如璋云：自此至「以其國予人也」，與鼂家令（錯）言兵事書（見漢書鼂錯傳）文意大同，疑即鼂書雜入者，亦未可知。翔鳳案：何不讀藝文志，不知漢初定管子爲兵書，疑鼂書雜入，妄矣。

〔二〕豬飼彦博云：「俴者」，漢書鼂錯傳作「袒裼」。張佩綸云：秦風俴駟釋文引韓詩「駟馬不著甲曰俴」，「甲不堅密，與俴者同實」，言與無甲同也。翔鳳案：殷王河亶甲，卜辭作「戔甲」。舌上讀舌頭，音同「袒」。荀子議兵「路亶者也」，注謂「露袒」。則「俴」即「袒」矣。

〔三〕安井衡云：「徒人」，白徒也，謂不教練者。「俴」、「翦」通，殺也。與待殺同。張佩綸云：「俴」當爲「殘」。文選東京賦薛綜注：「『殘』猶殺也。」言如自殘殺之也。論語「不教民戰，是謂棄之」，即此意。此二句當在「坐而待死者同實」下。翔鳳案：説文：「徒，步行也。」左襄元年傳「敗其徒兵於洧上」，疏：「步兵謂之徒兵。」隱八年傳：「彼徒我車。」當時以車戰爲主，僅有步兵，而無車馬衝鋒陷陣，雖有堅甲，與袒者同實。諸説均誤。

〔四〕翔鳳案：我之兵短，未能攻人，人先以遠矢攻我，與坐待相同。

〔五〕張佩綸云：漢書鼂錯傳云「故兵法曰：器械不利，以其卒予敵也；卒不可用，以其將予敵也；將不知兵，以其主予敵也；君不擇將，以其國予敵也。四者，兵之至要也」，本此。鼂錯引兵法不言管子者，管子本入兵法，疑任宏所定，即本張良、韓信，自東漢時復省出之耳。管書溷亂，亦未必不因此也。（趙充國傳引孫子亦曰「兵法」，蓋諸子入兵法者，皆冠以兵法之名，不必言某子也。）翔鳳案：張知張良、韓信曾校管子，非人所及，而以爲管書混亂則誤。司馬遷謂其書世多有之，安得混邪？管書有二十七篇者，四十一篇者，十一篇者，九十六篇者，各因其用而有不同，未嘗混也。叙論詳言之，此處從略。

〔六〕趙用賢云：「鶩夫」，智謀鶩衆之夫。「游夫」，才辨游説之人也。張文虎云：「往夫具」，「往」疑「狂」字之譌。張佩綸云：疑「往夫」當作「征夫」。詩桑柔「征以中垢」，韓詩外傳作「往以中垢」，是其證。詩何草不黄「哀我征夫」，箋：「征夫，從役者也。」「鶩」即上「三鶩」之「鶩」。詩車攻篇「徒御不驚」，釋文作「警」。「游夫」即游士，言遣士一游説而天下無聚衆。此極言利器之效。翔鳳案：三夫之中，「游夫」最重。大匡令隰朋爲東國，賓胥無爲西土，公子開方游衛，季友游魯，蒙孫游楚。輕重丁：「使賓胥無馳而南，隰朋馳而北，甯戚馳而東，鮑叔馳而西。」此管子重游夫之證。「鶩夫」如張所云「三鶩」之「鶩」。説文：「鶩，馬駭也。」詩車攻：「徒御不驚。」步兵馬車，均可使之鶩，而在車戰爲重時，能鶩駭敵人之馬，則勝利過半矣。張改「往夫」爲「征夫」，有證。然「征夫」爲普通戰士，此處當爲勇士。孟子：「自反而不縮，雖千萬人吾往矣。」此「往夫」之義也。

制分第二十九

短語三

凡兵之所以先爭。謂欲用兵，所當先而爭爲者，謂下事。**聖人賢士，不爲愛尊爵。**有聖人賢士，則以尊爵加之，而不愛惜也。**道術知能，不爲愛官職。**有道術智能，則以官職加

之。巧伎勇力，不爲愛重禄。聽耳明目，不爲愛金財。故伯夷、叔齊非於死之日而後有名也，其前行多修矣。由前行多修，故死後有名。武王非於甲子之朝而後勝也，其前政多善矣。由前政多善，故甲子之朝，一戰大勝。故小征千里偏知之，小征，謂以諸侯之衆有所征。古者諸侯大國有五百里者，今既與衆而征，己國與敵國皆當知之，故偏知千里。築堵之墻，十人之聚，日五閒之。閒，謂私候之。假令築一堵之牆，或十人聚作，主者猶日五候之，況戎事之大，可以不偏知哉。大征偏知天下，大征，謂以天下之衆有所征伐。天子以天下爲家，故偏知天下也。日一閒之〔一〕。散金財，用聰明也。夫動衆，當令主者日一閒候之。其閒候之也，或散金財，有所慕賞；或用聰明，度其不虞也。故善用兵者，無溝壘而有耳目。溝壘，防禦小。耳目，視聽遠。兵不呼儆，不苟聚，不妄行，不强進。呼儆則敵人戒，苟聚則衆不用，無事徒聚，衆必不用，若周幽之僞烽也。妄行則羣卒困，强進則鋭士挫。故凡用兵者，攻堅則韌〔二〕，韌，牢固之名也。所攻既堅，則韌而難入。乘瑕則神〔三〕。瑕，謂虚脆也。所乘既脆，纚然瓦解，故若神。攻堅則瑕者堅，所攻雖堅，能令脆者，則以士卒堅强故也。乘瑕則堅者瑕〔四〕。所乘雖脆，却爲堅者，則以士卒脆弱故也。故堅其堅者，瑕其瑕者，謂强卒攻堅，弱卒攻脆。屠牛坦朝解九牛，而刀可以莫鐵，莫，猶削也。則刃游閒也〔五〕。刃游理閒，故刀不虧。

〔一〕豬飼彦博云：「築堵之牆」以下十二字，當在上文「故小征」之上。「日一閒之」四字，因上文而誤衍。丁士涵云：當作「一堵之牆」，與「十人之聚」對文。尹注云「假令築一堵之牆」，蓋探下文「十人之聚」，故加一「築」字，足成文義。自後人誤會尹注，遂改正文「一」字爲「築」矣。「閒」，「瞷」字之借，尹注「謂私候之」，即瞷義也。張文虎云：丁云「築」當作「一」，是也。然此文疑有錯簡，當云「一堵之牆，日一閒之，十人之聚，日五閒之，故小征千里偏知之，大征偏知天下」。張佩綸云：「日」當爲「曰」，「五間」，即孫子所謂用間有五：因間、内間、反間、生間、死間是。「一間」，即孫子所謂「五間之事，主必知之，知之必在於反間也」。「築堵之牆」皆用間之地，「十人之聚」皆行間之人。微哉微哉，無所不用其間也。原注失之。翔鳳案：此節主要在「牆」與「聚」。「聚」字無人解釋，似乎十人聚處，衆所共喻，不知「聚」爲臨時「市場」。史記五帝紀：「舜一年所居成聚，二年成邑。」𨂁集𨂁場，川、滇各省尚多有之。説文「堵，垣也，五版爲一堵」，爲用兵小工事。不知其與軍事之關係，慢言「私候」，其亦遠於事情矣。張釋「一間」爲「反間」，太泥。「五間」言其多。千里範圍小，可以多間，天下範圍大，故用間少。

〔二〕豬飼彦博云：作「軔」爲是，止車輪之物名軔。謂所攻既堅，則兵威頓挫也。孫星衍云：「軔」當作「韌」，説文云：「韌，柔而固也。」張佩綸云：孫説引伸舊注。「軔」、「神」皆就攻者言之，不必改字。説文：「軔，礙車也。」原注非。詩小旻正義引作「礙車木」。漢書

楊雄傳注：「服虔曰：軔，止車之木。」尹桐陽云：「軔」同「訒」，頓也。廣雅云：「難也。」以兵攻堅，則難破。　翔鳳案：豬飼説是。

〔三〕翔鳳案：説文無「瑕」字。「叕，綴聯也。」「輟，車小缺復合者。」「綴，合箸也。」合玉爲「瑕」，同「脃」，小耎易斷也。同「膬」，耎易破也。與「堅」義相反。諸本不知而改爲「瑕」。説文：「瑕，玉小赤也。」淮南精神訓「審乎無瑕」，注：「猶釁也。」則謂罅之借，其義不切合，世俗沿誤久矣。房注：「『瑕』謂虚脆也。」「脆」即「脃」。字本作「瑕」，「瑕」爲誤字。大典二一九四九卷正作「瑕」。

〔四〕陶鴻慶云：尹注「所攻雖堅，能令脆者，則以士卒堅强故也」，此説殊謬。自「凡用兵者」以下，皆明舍堅攻瑕之義。「攻堅則瑕者亦堅」，即上所謂「攻堅則韌」也。「乘瑕則堅者亦瑕」，即上所謂「乘瑕則神」也。故下文云「堅其堅者，瑕其瑕者」。如尹注，則上下文不可通矣。

翔鳳案：攻堅者消耗實力，不能再猛攻，則敵人之脆轉而爲堅矣。

〔五〕孫星衍云：莊子養生主篇釋文云「管子有屠牛坦，朝解九牛，而刀可剃毛」，與此文異。安井衡云：「莫」讀爲摹，「摹鐵」猶鐫鐵也。　戴望云：御覽八百九十九獸部引「屠牛長朝解九牛而刀可以割髮，則刃遊于其間也」。淮南齊俗訓：「屠牛吐一朝解九牛而刀可以剃毛，庖丁用刀十九年而刀如新剖，何則？游乎衆虚之閒。」注：「屠牛吐，齊之大屠。衆虚之閒，剖中理也。」張佩綸云：「鐵」乃「鈍」之誤。漢書賈誼傳：「屠牛坦一朝解十二牛而

芒刃不頓者，所排擊剥割皆衆理解也。至於髖髀之所，非斤則斧。」師古曰：「坦，屠牛者之名也，事見管子。芒刃，謂刃之利如毫芒也。『頓』讀曰鈍。」案：顔監所見管書必作「莫鈍」，故讀「頓」爲鈍。莊子釋文引作「刜毛」，亦「弗屯」之誤。翔鳳案：北人讀「勃」爲「簿」。「弗」古讀勃，則「弗」、「莫」同音，「莫」假爲「刜」。説文：「刜，擊也。」廣雅釋詁一：「刜，斷也。」釋言：「刜，斫也。」左昭二十六年傳：「苑子刜林雍，斷其足。」齊語：「刜令支。」是「刜」爲齊所用，而「莫」之假爲「刜」，無可疑矣。屠牛長、屠牛吐當别爲一事。莊子釋文所引，乃其正文。賈誼傳用其意，詞意不同。張强解爲一詞，誤矣。

故天道不行，屈不足用兵者必順天道，若及天道之不行，必屈竭而不足。**從**〔一〕。**人事荒亂，以十破百。**敵國人事，既荒且亂，故十可破百。**器備不行，以半擊倍**〔二〕。敵國器備，不可施行，故此雖半，可以擊彼之倍。**故軍爭者不行於完城池**〔三〕，行，謂先覘之也。欲以軍爭而行其城池，彼則知而備之也。**有道者不行於無君**〔四〕。覘彼無君，亦恐知而有備。**故莫知其將至也，**既不先覘以潛襲，所以不知其將至。**至而不可圉**〔五〕。**莫知其將去也，**不可圉者，必潛而遁，故不知其將去，楚幕有烏之比。**去而不可止。敵人雖衆，不能止**去既不可止，雖衆何能止。**待**〔六〕。**治者所道富也，治而未必富也**〔七〕，有所待而治，其道當然，未必能富。**必知富之事，然後能富。富者所道强也，而富未必强也，**富者，其道當强，而未必能强也。

必知强之數，然後能强。强者所道勝也，而强未必勝也，必知勝之理，然後能勝。勝者所道制也，而勝未必制也，必知制之分，然後能制。是故治國有器，富國有事，强國有數，勝國有理，制天下有分〔八〕。

〔一〕劉績云：「從」字爲句，舊讀下，非。何如璋云：「行」猶順也。言天道不順，人即屈服，亦不足從而圖功也。

〔二〕姚永概云：「行」字涉上「天道不行」而誤，當作「器械不備」。翔鳳案：國語吴語「無以行之」，注：「『行』猶用也。」口語謂不中用爲不行，非誤字。

〔三〕丁士涵云：「池」字衍。「城」與「君」爲韻。翔鳳案：用兵無論攻守，城池同樣重要。孟子：「城非不高也，池非不深也。」左傳：「屈完曰：楚國方城以爲城，漢水以爲池。」「池」字非衍。此非韻文，丁説非是。

〔四〕張佩綸云：「無君」謂不伐喪。司馬法仁本篇：「不加喪，不因凶，所以愛夫其民也。」尹注非。翔鳳案：張謂「無君」爲不伐喪，是也。舊君已亡，新君未立。

〔五〕翔鳳案：説文：「圉，守也。」公羊莊十年傳「圉不言戰」，注：「以兵守城曰圉。」地員「以圉羣殃」，注：「『圉』同『衛』。」衛亦守也。其訓包圍者，乃「□」之借，趙本不知而改爲「圍」。

〔六〕劉績云：「待」即上「圉」意，注非。又不知此爲句。王引之云：「止待」即止禦也，「止」字承上「不可止」而言，「待」字承上「不可圉」而言。尹以「待」字下屬爲句，大謬。劉已辯之。

張佩綸云：「敵人雖衆不能止待」，即尹注。寫本誤入正文，而僞房因之，注復加注。此八字決非管書也。翔鳳案：有道者兵至不能守，「待」承「守」來，王以爲承「圉」字，誤。圉在途中，非待也。

〔七〕豬飼彦博云：「道」，由也。「治而」當作「而治」。言富由治而成，然治國者不必成富。王念孫云：「治而未必富也」，當依朱本作「而治未必富也」，方與下文一例。道者，由也。（見禮器、中庸注。）尹注誤解「道」字。

〔八〕張佩綸云：此節乃制分篇本文，餘皆他篇錯簡，今不可考矣。翔鳳案：篇首言兵術，即所以制天下者，兵不强不能制天下。張説陋。

君臣上第三十

短語四

爲人君者，修官上之道，而不言其中〔一〕。君在衆官之上，但修此官上之道而已。至於官中之事，則有司存，非所言也。**爲人臣者，比官中之事，而不言其外**。比，謂校次之也。若言官外，則爲越職。**君道不明，則受令者疑。權度不一，則修義者惑**〔二〕。**民有疑惑貳豫之心，而上不能匡，則百姓之與閒**〔三〕，閒，謂隔礙不通也。人心有疑，君不能正，故其所與

爲多礙而不通也。猶揭表而令之止也〔四〕。揭，舉也。表，謂以木爲標，有所告示也。既使舉於表，又令止之，是亦不一也，故以況人心之疑也。是故能象其道於國家〔五〕，加之於百姓，而足以飾官化下者，明君也〔六〕。象，法也，謂能本道而立法。能上盡言於主，下致力於民，而足以修義從令者，忠臣也。上惠其道，下敦其業〔七〕，上下相希，言相希准以爲法也。若望參表，則邪者可知也〔八〕。參表，謂立表所以參驗曲直。吏嗇夫任事，吏嗇夫，謂檢束群吏之官也，若督郵之比也。人嗇夫任教〔九〕。人嗇夫，亦謂檢束百姓之官。教在百姓，論在不橈，謂百姓有不從教，論其罪罰，不橈法以行私。賞在信誠。體之以君臣，其誠也以守戰〔一〇〕，既賞信罰，必君臣合體，莫不至誠，故入可以守城，出可以野戰也。如此則人嗇夫之事究矣。吏嗇夫盡有訾程事律〔一一〕，訾，限也。程，准也。事律，謂每事據律而行也。論法辟衡權斗斛，文劾不以私論，而以事爲正〔一二〕，辟，刑也。文劾，言據文而舉劾。謂論法刑已下，皆據事以爲正，不曲從其私也。如此則吏嗇夫之事究矣。人嗇夫成教，吏嗇夫成律，之後，則雖有敦慤忠信者不得善也，人嗇夫之教既成，則人皆忠信，故無有獨得善者也。而戲豫怠傲者不得敗也〔一三〕，吏嗇夫之律既成，人皆懼法，不敢爲非，雖有豫怠，不得爲敗也。如此則人君之事究矣。是故爲人君者，因其業，謂因人嗇夫之業也。乘其事，謂乘吏嗇夫之事。而稽之以度。又以國之法度考此二者。有善者，賞之以列爵之尊，田地之厚，而民

不慕也。善自應賞，故不善者不敢横慕。有過者，罰之以廢亡之辱，僇死之刑，而民不疾也。過自應罰，故人不敢疾怒。殺生不違，而民莫遺其親者，或罰而殺之，或賞而生之，皆不違其理，則人知主德之有常，不輕爲去就，故人不遺其親也。此唯上有明法，而下有常事也。

〔一〕張佩綸云：廣雅釋詁一：「官，君也。」「官上之道」即君道。説文：「官，吏事君也。」「官中之事」，吏事也。

〔二〕王念孫云：「脩」當爲「循」，下文「而足以脩義從令者」同。下文曰「下之事上不虚，則循義從令者審也」，是其證也。説詳形勢篇。

〔三〕安井衡云：「百姓之與間」，與百姓間也。凡虚字當在實字上者，移之置下，必加「之」字以勻句。左傳「爲淺丈夫」作「淺之爲丈夫」、戴記「使小人治國家」作「小人之使治國家」，及「謂此」作「此之謂」之類，皆是也。張佩綸云：廣雅：「與，待也。」左傳哀二十七年「故君臣多間」，賈注：「間，隙也。」

〔四〕張文虎云：「止」當爲「正」之誤，此與七法篇「猶立朝夕於運均之上擔竿而欲定其末」義同。蓋測景者當立表平地，若以手舉，何能定景？此文「揭」字，彼文「擔」字，尹注竝訓「舉」，似不誤。雜志謂『擔』爲『搖』誤」，夫立表運均而手擔之已不能定，何待搖乎？證以此文，不煩改字。張佩綸云：「揭表」猶「擔竿」，張説是也。爾雅釋詁：「尼、定、曷、遏，止也。」又：「尼，定也。」郭注：「『止』亦定。」改「止」爲「正」，失之。翔鳳案：「止」非誤字，張佩

綸說是也。

〔五〕翔鳳案：「象」謂明示。周禮大宰：「乃縣治象之灋於象魏。」白虎通：「武王曰：象者象太平而作，示已太平也。」

〔六〕安井衡云：「飾」讀爲飭，正也。

〔七〕張佩綸云：詩燕燕篇「終温且惠」，傳：「惠，順也。」爾雅釋詁：「敦，勉也。」翔鳳案：張說是。

〔八〕安井衡云：「希」，摩也，猶言切磋。立三表而望之，彼此相正，則邪者可知也。俞樾云：「希」讀爲睎，說文目部：「睎，望也。」「上下相睎」，謂上下相望也。故下句曰「若望參表」。何如璋云：淮南天文「正朝夕：先樹一表東方，操一表却去前表十步，以參望日始出北廉。日直入，又樹一表於東方，因西方之表以參望日入北廉。則定東方兩表之中，與西方之表，則東西之正也」，即其義。孫詒讓云：「參表」即九數重差之法，安井衡釋爲「三表」，是也。「希」與「睎」通，亦望也。呂氏春秋不屈篇云「或操表掇以善睎望」，與此文可互證。注及纂詁說並未得其義。翔鳳案：周髀算經「希望牽牛中央之中」，「希望」二字連用。春分秋分，日出震入兑，爲正東西，餘皆有偏斜。何引淮南文當補入「日冬至，日出東南維，入西南維。至春秋分，日出東中入西中。夏至，日出東北維入西北維，至則正

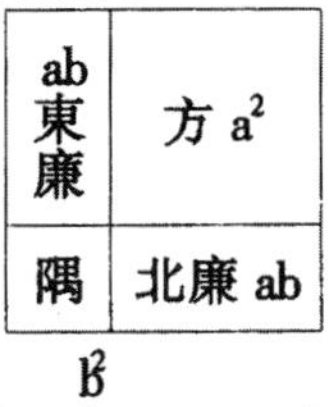

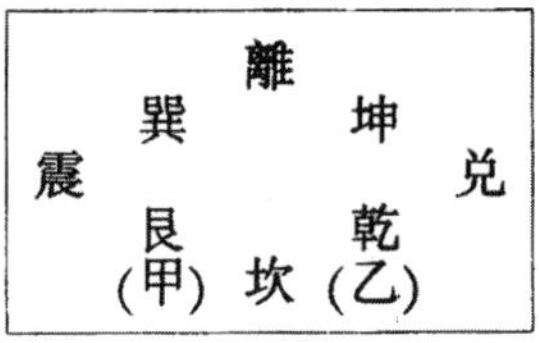

（上南下北與現代相反）

	離	
巽		坤
震		兑
艮(甲)	坎	乾(乙)

ab東廉	方 a^2
隅 b^2	北廉 ab

南」。周易卦位，震、兑、坎、離爲四正。巽、坤、艮、乾爲四維，維即隅（管書有「四維」而無「四正」，維即廉，與周易不同，爲殷制，詳牧民篇）。説文：「廉，仄也。」鄉飲酒禮「設席於堂廉」，注：「側邊曰廉。」古語謂「失之東隅，收之桑榆」，日出入之方位，均以廉隅説明之矣。日出入北廉，爲夏至後觀測之情形。周髀云：「冬至從坎，陽在子，日出巽入坤。夏至從離，陰在午，日出艮入乾。」乍看似兩書相反，實則冬至一陽始，日極短而漸長。夏至相反。春分以後，日出地平，偏東南，夏至在極南，又折回北移，黄道線成爲弧形，轉至北廉之上。「以參望日始出北廉之上」以此。先樹一表於東，在甲。操一表，退後去前表十步，在乙。可以參望日之出北廉矣。至日直入之時，又樹一表於坎，而在乙之東方，甲、坎、乙三表成一直線，相去五步。而在坎時，可見日由北廉之乙直入，回視東方甲、坎兩表，而知坎在甲、乙之中，其直線則東西之正也。「參」同「三」。孔子閒居「參於天地」，注：「其德與天地爲三。」「望參表」，兼有三表相參考之義。東西之正，本在震兑直線上，而甲坎乙直線與平行，故其向相同。淮南一字不誤。

〔九〕張佩綸云：「人」當作「民」，唐諱。春秋昭十七年左傳引夏書曰：「辰不集于房，瞽奏鼓，嗇夫馳，庶人走。」漢書五行志引左傳：「説曰：掌幣吏。庶人，其徒役也。」儀禮覲禮「嗇夫承命告于天子」，鄭注：「嗇夫，蓋司空之屬也。爲末擯，春秋傳曰『嗇夫馳』。」詩「田畯至喜」，鄭箋：「田畯，司嗇；今之嗇夫。」胡匡衷儀禮釋官曰：「嗇夫之官，始見於夏書，周殆因夏制

與？曲禮疏引音義隱云：『嗇夫主諸侯所齎幣帛皮圭之禮，奉以白於天子。』解與經略合。儀禮惟覲禮尚存天子之禮，而有嗇夫，其爲冬官之屬無疑。」據漢書「庶人，其徒役」，則嗇夫當士爲之。「吏嗇夫」即掌幣嗇夫及承命嗇夫之類，「民嗇夫」即司嗇之類。疑周時六官皆有嗇夫，鄭以嗇夫爲冬官之屬，亦涉意斷。覲禮掌於春官，似「末擯」必不用冬官之屬。疏以爲「冬官已亡，故言『蓋』以疑之」，是也。史記張釋之傳有「虎圈嗇夫」，漢書何武傳有「市嗇夫」，即「吏嗇夫」之類也。漢書百官公卿表：「十亭一鄉，鄉有三老、有秩、嗇夫、游徼。……嗇夫職聽訟，收賦稅。」朱邑爲舒桐鄉嗇夫，張敞爲有秩。後漢書鄭康成亦嘗爲鄉嗇夫，即「民嗇夫」之類也。夏小正「嗇人不從」，胡氏疑即嗇夫。鶡冠子王鈇篇「五家爲伍，伍爲之長，十伍爲里，里置有司，四里爲扁（「扁」當爲「面」），扁爲之長，十扁爲鄉，鄉置師，五鄉爲縣，縣有嗇夫治焉，十縣爲郡，有大夫治焉」，蓋即本此。以爲「成鳩之道」，則無稽之言也。原注失之。

〔一〇〕俞樾云：「誠」當爲「成」，言人嗇夫教成之後，可用以守戰也。涉上文「賞在信誠」句而誤爲「誠」耳。然「誠」與「成」古亦通用。翔鳳案：「誠」即信誠之誠。

〔一一〕張佩綸云：漢書枚乘傳注李奇曰：「訾，量也。」說文：「程，品也。」周禮司書「九正九事」，注：「九事，謂九式。」尹注非。

〔一二〕張佩綸云：文選幽通賦注引項岱「舉罪曰劾」，「文」與「劾」平列，尹注亦非。翔鳳案：

說文「刻」從力，段注謂：「俗作刻，从刃。恐从刀則混於刀部之『刻』也。」由楊本知隸書已然，不自近日始。

〔一三〕劉績云：言教律既成，善惡不能損益。張佩綸云：釋名：「善，演也。演，盡物理也。」說文：「繕，補也，繕之言善也。」此言賢者不能補，不肖者不得敗。原注分承，失之。

天有常象，懸象著明，不改其貞。地有常刑〔一〕，山澤通氣，不改其靜。人有常禮，尊君父，卑臣子，其儀不易。一設而不更，此謂三常。兼而一之，人君之道也。人君無官，兼統衆官，故曰「兼而一之」。分而職之，各有司存。人臣之事也。君失其道，無以有其國〔二〕。臣失其事，無以有其位。然則上之畜下不妄，而下之事上不虛矣。上之畜下不妄，所出法則制度者明也〔三〕。下之事上不虛，則循義從令者審也。上明下審，上下同德，代相序也〔四〕。代，更也。謂上明下審，更相序。君不失其威，下不曠其産〔五〕，而莫相德也。君以威覆下，下以産供上，各有所恃，故不相德。是以上之人務德，而下之人守節。義禮成形於上，而善下通於民，則百姓上歸親於主，而下盡力於農矣。故曰：君明、相信、五官肅、士廉、農愚、商工愿，則上下體上下各得其體也。而外内別也〔六〕。民性

因而三族制也〔七〕。三族，謂農、商、工也。言因①上下有體，内外有别，故此三族各得其制也。夫爲人君者，廕德於人者也。君者以德廕人。爲人臣者，仰生於上者也。臣者仰君而生。爲人上者，量功而食之以足〔八〕。量其功之多少，制禄以食之，各得足也。爲人臣者，受任而處之以教〔九〕。受任者必設教。布政有均，民足於産，則國家豐矣。以勞授禄，則民不幸生〔一〇〕。有勞者必得禄，人則致死以立功，不徼倖而偷生也。刑罰不頗，則下無怨心。名正分明，則民不惑於道。刑名職分明，則人於道不惑也。道也者，上之所以導民也。是故道德出於君，德從君出。制令傳於相〔一一〕，令因相傳。事業程於官。官各以其事業程於君也。百姓之力也，胥令而動者也〔一二〕。胥，視也。視令而動，則所舉不妄。

〔一〕翔鳳案：「刑」通「形」。漢書終軍傳「刑乎宇内矣」，注：「見也。」孫叔敖碑：「辟患乎無刑。」趙本已改作「形」，當非管書之舊。

〔二〕翔鳳案：「以」訓從，「無從有」文義自通。

〔三〕丁士涵云：「所」字即「則」之譌而衍者，「則出法制度者明也」，與下文「則循義從令者審也」對文。宋本作「所出法則制度者明也」，恐非。安井衡云：「出法制度」資之於道，故曰

① 「因」字下原衍「士」字，據補注删。

張佩綸云：詩傳「則，法也」，爾雅釋詁同。各本均作「則所出法制度者明也」，惟宋本不誤。翔鳳案：七法：「根天地之氣，寒暑之和，水土之性，人民鳥獸草木之生物雖不甚多，皆均有焉，而未嘗變也，謂之則。」「則」即法。素問八正神明論：「必有法則焉。」古代文字，不尚排偶。楊本不誤，丁誤。

〔四〕翔鳳案：上尊下卑不能更迭相序次。「代」本作「世」，避唐諱，此例不少。言世世職分如此相序列也。

〔五〕翔鳳案：呂氏春秋無義篇「以義動則無曠事矣」，高注：「曠，廢也。」

〔六〕丁士涵云：「則上下體」當連下「而外内別也」爲句。尹讀非。翔鳳案：承上文「君明、相信、五官肅」，爲上爲内；「士廉、農愚、商工愿」，爲下爲外。房注「上下各得其體」，尚爲有間。詩行葦「方苞方體」，箋：「體成形也。」謂上下一體也。下文「上下之分不同任，而復合爲一體」，是其證矣。

〔七〕豬飼彦博云：「性」、「生」同。「因」謂有所因依。安井衡云：「三族」，父族、己族、子族也。「制」謂守制度。尹知章云：「三族，謂農、商、工。」管子有此言，然此似非其義。張佩綸云：仲尼燕居篇「以之居處有禮，故長幼辨也。以之閨門有禮，故三族和也」，鄭注：「三族，父、子、孫也。」此節極言禮之效，與孔子之言正同。原注以「三族」爲「農、工、商」，非也。翔鳳案：顔昌嶢云：「三族」謂士與農與商工也。小匡篇亦「商工」併言。尹注非。

鳳案：當時四民世代爲恒産，故民性因，安井説是。

〔八〕翔鳳案：論語亦有「足食」之説。下文「布政有均」承「教」字，「民足於産」承「足」字。

〔九〕張佩綸云：「教」即上文「任教」。劉師培云：「教」字疑當作「敬」。翔鳳案：「教」即虞書「敬敷五教」之「教」。劉説非是。

〔一〇〕翔鳳案：房注「不僥倖而偷生」，謂假爲「倖」。公羊宣十五年傳「小人見人之厄則幸之」，注：「僥倖也。」晉語：「其下幸以媮。」以「幸」爲「倖」，乃當時通義。

〔一一〕于省吾云：此言制令由相以傅布也。「傅」與「敷」通。書禹貢「禹敷土」，荀子成相篇「敷」作「傅」。

〔一二〕王念孫云：諸書無訓「胥」爲「視」者，「胥」，待也。尹注非。翔鳳案：「胥」訓「視」不誤，詳樞言篇。

是故君人也者，無貴如其言。君以言制下，無言，則下無所稟令，故言最貴也。**人臣也者，無愛如其力**〔一〕。臣則宣力事君，故其力最可愛也。**言下力上，**君言下於臣，臣力上於君也。**而臣主之道畢矣。是故主畫之，相守之；**畫，謂分别其所授事。君既畫①其事，相則守而行之也。**相畫之，官守之；官畫之，民役之。**官既畫之，人則役力以行其事。**則又有**

① 「畫」字原作「盡」，據校正改。

符節、印璽、典法、筴籍以相揆也，符節印璽，所以示其信也。典法策籍，所以示之制也。凡此，可以考其真僞，定其是非，故曰「以相揆也」。此明公道而滅姦僞之術也。論材量能，謀德而舉之，謀知其德，然後舉用之。上之道也。專意一心，守職而不勞〔二〕，不以職事爲勞苦。下之事也。爲人君者，下及官中之事，則有司不任。下及官中之事，則君奪臣職，故有司不任也。爲人臣者，上共專於上，則人主失威〔三〕。臣當上供，從君之命，今乃專上之權，故主失威。是故有道之君，正其德以莅民〔四〕，而不言智能聰明。智能聰明者，下之職也。所以用智能聰明者，上之道也。謂用下之智能聰明。上之人明其道，下之人守其職，上下之分不同任，而復合爲一體。君爲元首，臣爲股肱，故曰一體。是故知善，人君也。身善，人役也〔五〕。身善則材能可任，故爲人役也。知善則謀慮深遠，故可以爲人君也。君身善則不公矣〔六〕。君身善，則智淺，故不公人也。人君不公，常惠於賞而不忍於刑，不公，則不識理之正，故惠賞而不忍刑也。是國無法也〔七〕。治國無法，則民朋黨而下比，飾巧以成其私。法制有常，則民不散而上合〔八〕，竭情以納其忠。是以不言智能，而順事治，國患解，大臣之任也。不言於聰明，而善人舉，姦僞誅，視聽者衆也〔九〕。是以爲人君者，坐萬物之原〔一〇〕，而官諸生之職者也〔一一〕。謂授諸生之官，而任之以職也。生，謂知學之士也。選賢論材而待之以法，舉而得其人，坐而收其福，不可勝收也。得人則

福多，故不可勝收。官不勝任，犇走而奉，其敗事不可勝救也〔一二〕。不勝任，則敗廣，故不可勝救。而國未嘗乏於勝任之士，上之明適不足以知之〔一三〕。是以明君審知勝任之臣者也。故曰：主道得，賢材遂，百姓治，治亂在主而已矣。故曰：主身者，正德之本也〔一四〕。官治者，耳目之制也〔一五〕。官稟君命而後行，若耳目待心制而後用，故曰「官者耳目之制」。身立而民化，德正而官治。治官化民，其要在上。是故君子不求於民。立身正德而已。是以上及下之事謂之矯，及，猶預也。矯，僞也。上預下事，則僞有餘而實不足也。下及上之事謂之勝〔一六〕。下預上事，則威權勝君故也。爲上而矯，悖也。爲下而勝，逆也。國家有悖逆反迕之行，迕，背。有士主民者失其紀也。

〔一〕戴望云：中立本作「臣人」，與上「君人」對文。翔鳳案：即勝任愉快之意，房注不誤。

〔二〕張佩綸云：「不勞」即論語「無施勞」。

〔三〕劉績云：此言臣奪君職，共其專令。朱長春云：「共」者侵分上柄，國如兩君。「專」者擅奪上勢。翔鳳案：郭沫若謂「上」當作「官上」，是也。篇首「官上」屬君，「官中」屬臣，上句君不下及官中，則下句臣不共專官上，文義方合。

〔四〕翔鳳案：老子：「以道莅天下。」易需象辭「位乎天位」，上「位」字鄭讀爲莅。周禮鄉師「執斧以涖匠師」，故書「涖」作「立」，「立」即古「位」字。朝會束茅表位曰蕝。晉語：「置茅蕝表

坐。」「位」加艸爲「莅」，即此意。

〔五〕陶鴻慶云：尹注解「知善」爲「謀慮深遠」，「身善」爲「材能可任」，讀「知」爲智，非也。「知」當讀如字。「知善」者，知人之善也。「身善」者，自善其身也。下文云「選賢論材而待之以法」云云，正承此義而言。　翔鳳案：廣雅釋言：「善，佳也。」釋名釋言語：「善，演也，演盡物理也。」陶説「知善」爲「謀慮深遠」，即大匡謂小白有大慮；「身善」爲「材能可任」，即小匡管仲論隰朋、甯戚諸人之優點。「身善」爲自身有材德，而謂「自善其身」，則措辭失當。

〔六〕張文虎云：「公」疑當作「法」，下文云「是國無法也」，「無法」即「不法」，蓋身善者人臣之事。君身善，則所謂「代馬走、代鳥飛」矣，故云「無法」。　翔鳳案：材識局於一偏，而無大慮，則有好惡之私，而不能秉公處理。「公」字不誤。

〔七〕翔鳳案：不能公則不宜賞而賞，是惠之過。當罰而不罰，是不忍於刑。

〔八〕豬飼彦博云：「不」當作「下」，「下散」謂下不比。　俞樾云：「不」字衍文也。上云「治國無法則民朋黨而下比」，此云「法制有常則民散而上合」，兩文正相對。「散」者散其朋黨也。昔文王寓政於臧丈人，而列士散植壞羣，見莊子田子方篇。此所謂「民散」，即「散植壞羣」之意。後人不達其旨而妄增「不」字，非管子原文也。　翔鳳案：郭沫若云：「『不』字不誤。『法制有常』則民不朋黨下比，不飾巧成私，是即『不散』也。」郭説是。

〔九〕陶鴻慶云：上文云「是故有道之君正其德以莅民而不言智能聰明」，此文承上言之，不當及

於大臣。「大臣之任也」本作「大臣勝任也」，與「視聽者衆也」文義相配。下文云「官不勝任，犇走而救，（今誤作「奉」，從俞氏説改。）其敗事不可勝救也，而國未嘗乏於勝任之士，上之明適不足以知之，是以明君審知勝任之臣者也」，正承此言，是其證也。又案：「不言於聰明」，衍「於」字。翔鳳案：智能在己，聰明則寄耳目於人，故有「於」字，非衍文。禮記禮器「順之至也」，釋文：「順，本作『愼』。」

〔一〇〕翔鳳案：左桓十二年傳「楚人坐其北門」，注：「猶守也」。

〔一一〕宋翔鳳云：「諸生」猶言「羣生」，書中屢見。此注云「生謂知學之士」，非。翔鳳案：「諸生」見水地，猶佛教言衆生，現代言生物。此處義稍狹，宋釋「羣生」，猶詩之「羣黎百姓」也。

〔一二〕丁士涵云：「奉」當爲「救」，「事」字衍。尹注曰「不勝任則敗廣」，所見本無「事」字。「救其敗不可勝救」，與上文「收其福不可勝收」相對。翔鳳案：「收」即「牧」之隸書别體，見問篇。「奉」俗作「捧」，不誤。

〔一三〕于省吾云：金文「適」字通作「啻」，適、啻字通，亦詳經傳釋詞。秦策「疑臣者不適三人」，史記甘茂傳作「疑臣者非特三人」，是「適」猶特也。

〔一四〕俞樾云：「主」當作「立」，涉上文兩「主」字而誤。下文曰「身立而民化，德正而官治」，「身立」、「德正」即承此文「立身」、「正德」而言。王先謙云：據下文王説衍「治」字，當從之。下

文作「官者」，此仍當作「主身者」，相對爲文，不當改「立」。俞説非。翔鳳案：「主」與「官」對，「主身」爲「主之身」，不誤不衍。

〔一五〕王引之云：「治」字因下文「官治」而衍。尹注曰「官稟君命而後行，若耳目待上制而後用（「上」字誤，當爲「心」），故曰官者耳目之制」，則無「治」字明矣。此但言「官」，下文乃言「官治」也。張佩綸云：藝文類聚五十四引風俗通「吏者治也」，「官治」者猶言官吏。周禮太宰職：「三曰官聯以會官治，四曰官常以聽官治。」「官治」與「主身」對文。注似脱誤或避唐高宗諱省之。上「官治」與下「官治」，虚實稍别。王説與俞樾改「主身」爲「立身」，均不可從。于省吾云：「治」字不誤，金文「治」與「司」同用。「制」謂制度。言國家之有官司猶人身之有耳目，其制度正同。心術上篇「九竅之有職，官之分也」，注「百官之有其分也」，與此可互證。翔鳳案：于説是也。

〔一六〕王念孫云：淮南俶真篇注曰：「矯，拂也。」上而及下之事，則拂乎爲上之道，故下文云：「爲上而矯，悖也。」「勝」者，陵也。下而及上之事，是陵其上也。故下文云：「爲下而勝，逆也。」修靡篇曰「得天者高而不崩，得人者卑而不可勝」，謂卑而不可陵也。易漸六四「終莫之勝」，虞注曰：「勝，陵也。」尹注皆失之。張佩綸云：大戴禮曾子立事篇：「非其事而居之，矯也。」翔鳳案：王説是。

是故别交正分之謂理，别上下之交，正君臣之分。**順理而不失之謂道，道德定而民**

有軌矣。有道之君者，善明設法而不以私防者也。而無道之君，既已設法，則舍法而行私者也。爲人上者，釋法而行私，則爲人臣者，援私以爲公。公道不違，則是私道不違者也。臣之所以爲公者，乃是私也。名曰不違公道，更是不違私道也。行公道而託其私焉，寖久而不知，姦心得無積乎？既久行私而不知，則是姦心之積也，故言姦心豈復無積乎！姦心之積也，其大者有侵偪殺上之禍，其小者有比周内爭之亂。此其所以然者，由主德不立，而國無常法也。主德不立，則婦人能食其意〔一〕。君意委曲，隨於女謁。若食之充口，故曰「婦人能食其意」。國無常法，則大臣敢侵其勢。大臣假於女之能以規主情〔二〕，假，因也。因女之能食主意，以規度主之情也。婦人嬖寵假於男之知以援外權，婦人既得君之嬖寵，又因大臣之智以引其外權，則何爲而不成也？於是乎外夫人而危太子，女寵既隆，又挾大臣之助，故夫人被外，太子見危。兵亂内作，以召外寇，此危君之徵也。

〔一〕俞樾云：尹注曰：「君意委曲隨於女謁，若食之充口。」其說甚迂，且如此則君食婦人之意，非婦人食君之意矣。「食」當讀爲蝕，周易豐彖詞「月盈則食」，釋文曰：「『食』或作『蝕』。」是古字「食」與「蝕」通。説文虫部：「蝕，敗創也。」婦人能蝕其意者，婦人能敗其意也，正和下文「國無常法則大臣敢侵其勢」文義一律。下篇云「便辟不能食其意」，義亦同此。翔鳳案：釋名釋天：「日月虧曰食，稍稍侵虧，如蟲食草木葉也。」「食其意」，所謂浸潤之譖，即使

不信，亦漸漸不覺而信之。俞説是。

〔二〕丁士涵云：「規」，古「窺」字。説文：「窺，小視也。」荀子非十二子篇「瞡瞡然」，楊注：「規規，小見之貌。」安井衡云：「規」讀爲窺。窺，伺也。翔鳳案：「規」從夫見會意。木匠以斧削木，測其直否，閉一目以窺之，丁説是也。「窺」爲從穴中小視，其義少别，若謂假「規」爲「窺」則誤矣。

是故有道之君，上有五官以牧其民，則衆不敢踰軌而行矣。下有五横以揆其官，則有司不敢離法而使矣〔一〕。横，謂糺察之官得入人罪者也。五官各有其横，曰五横。朝有定度衡儀以尊主位，衡，正。衣服緷絻盡有法度，緷絻，古袞冕字。則君體法而立矣。體，猶依也。君據法而出令，有司奉命而行事，百姓順上而成俗，著久而爲常，著明而且久，積習而爲常也。犯俗離教者，衆共姦之，衆以離教爲姦而罪之也。則爲上者佚矣。天子出令於天下，諸侯受令於天子，大夫受令於君，子受令於父母，下聽其上，弟聽其兄，此至順矣。衡石一稱，斗斛一量，丈尺一綧制〔二〕，所謂同律度量衡也。綧，古准字。准節律度量也，謂丈尺各有准限也。戈兵一度，書同名，車同軌〔三〕，此至正也。從順獨逆，從正獨辟，此猶夜有求而得火也〔四〕。衆皆從順，而有獨逆者；衆皆從正，而有獨僻者，必爲順正者所伏也。姦僞之人，無所伏矣，此先王之所以一民心也。是故天子有善，讓德

於天。諸侯有善，慶之於天子。諸侯有善，讓於天子而慶也。大夫有善，納之於君。民有善，本於父，慶之於長老〔五〕。此道法之所從來，是治本也。道法以讓爲主。是故歲一言者，君也〔六〕。謂正歲之朝，布政縣象。時省者，相也。月稽者，官也。務四支之力〔七〕，修耕農之業以待令者，庶人也。是故百姓量其力於父兄之間〔八〕，聽其言於君臣之義，而官論其德能而待之〔九〕。謂百吏之官，各論其德能，以待君命。大夫比官中之事，不言其外，而相爲常具以給之。具論衆官之法制也。相總要者，相無常官，所以總統百吏之要。官謀士〔一〇〕，士，事也。官各謀其職事也。量實義美，又當量實宜其有美善者，用匡於所疑，必陳而請之也。匡請所疑〔一一〕。而君發其明府之法瑞以稽之〔一二〕，府，謂百吏所居之官曹也。立府必有明法，故曰「明府之法」。瑞，君所與臣爲信者，珪璧之屬也。又必合其瑞以考之也。立三階之上，南面而受要。君之路寢前有三階。要，謂百吏之目也。是以上有餘日，上唯受要，故有餘日。而官勝其任，各理其職，故能勝任。時令不淫，而百姓肅給，言其敬而供上。唯此上有法制〔一三〕，下有分職也。

〔一〕張佩綸云：「横」、「衡」古通用。「五衡」似指法度而言。本篇「又有符節印璽典法筴籍以相揆」，下文「定度衡儀」，是也。原注非。章炳麟云：尹注「横，謂糾察之官得入人罪者也。五官各有其横，曰五横」，其説得之。「五横」即「五潢」，假天象以名官也。此如天有司

禄之星，周官亦有司禄也。天文志：「西宫咸池曰天五潢。五潢，五帝車舍。」又曰：「德成衡，觀成潢，傷成戉，禍成井，誅成質。」晉灼注：「觀，占也。」方言「凡相竊視南楚或謂之占」，此謂「占」、「覘」通。成十七年左傳注：「覘，伺也。」廣雅釋詁：「占，視也。」又云：「占，譣也。」是潢主伺察按驗之事，故糾察之官亦曰「五潢」也。其官蓋如今六科給事中。翔鳳案：「横」如章説。

〔二〕王念孫云：「綧」讀若準，字或作「淳」，敦、純竝同耳。周官内宰「出其度量淳制」，鄭注曰：「故書『淳』爲『敦』，杜子春讀『敦』爲純，『純』謂幅廣也，『制』謂匹長，玄謂純制，天子巡守禮所云『制幣丈八尺，純四䫶』與？」質人「同其度量，壹其淳制」，杜注與内宰同。聘禮釋幣「制玄纁束」，注曰：「朝貢禮云：純，四只（咫、䫶、只竝同）；制，丈八尺。」士喪禮下篇「贈用制幣玄纁束」，注曰：「丈八尺曰制。」内宰疏引鄭答趙商問曰：「巡守禮『制丈八尺，純四咫』，咫八寸，四咫三尺二寸，太廣。四當爲三，三八二十四，二尺四寸，幅廣也。古三四積畫，是以三誤爲四也。」韓子外儲説右篇曰「終歲布帛取二制焉」，淮南天文篇曰「四丈而爲匹，一匹而爲制」，地形篇曰「門閒四里，里閒九純，純丈五尺」，此所言純制之度與鄭所引逸禮不合，所傳者異也。尹注皆未考。

〔三〕張佩綸云：中庸：「車同軌，書同文。」江瀚云：「同名」即同文也。周禮大行人「諭書名」，注曰：「書名，書文字也，古曰名。」又外史「掌達書名於四方」，注曰：「古曰名，今曰字。」

翔鳳案：中庸作「同文」，秦刻作「同文字」，管作「同名」。衡以「古曰名，今曰字」，非秦人作，漢無論矣。

〔四〕張文虎云：尹注「從」作「衆」，是。　張佩綸云：「獨」當作「燭」。呂氏春秋知度篇高注：「燭，照也。」　翔鳳案：「獨」爲古「蜀」字，「蜀」訓一，即「獨」也。舌上讀舌頭，「蜀」、「獨」同音。「蜀」即「燭」，詳形勢「抱蜀不言」。

〔五〕王念孫云：兩「慶」字皆當作「薦」，薦，進也。言下有善，則進之於上也。祭義曰：「天子有善，讓德於天；諸侯有善，歸諸天子；卿大夫有善，薦於諸侯；士庶人有善，本諸父母，薦諸長老。」（今本「荐」譌作「存」，辯見經義述聞。）是其證。隸書「薦」字或作「䕒」（見漢魯相史晨饗孔廟後碑），形與「慶」相似而誤。（大戴禮四代篇「臣聞之弗薦，非事君也」，晏子春秋問篇「薦善而不有其名」，今本「薦」字竝譌作「慶」。史記司馬相如傳封禪文「將以薦成」，漢書「薦」作「慶」。）尹注非。　翔鳳案：霸形記桓公聞仲父之言，薦之先君，朝於太廟之門，是其薦與後代之推薦有殊也。

〔六〕劉績云：一作「王省惟歲」，是。　陳奐云：「一言」當是「省」之譌。「歲省者君也」，與「時省者相也」、「月稽者官也」句法相同。　俞樾云：周官冢人「及葬言鸞車象人」，司農注曰：「言，言問其不如灋度者。」此「言」字與彼同義。歲一言者，謂每歲一言問其不如灋度者也。下文云「時省者相也，月稽者官也」，言問亦有省察稽考之意。尹注曰「謂正歲之朝，布

之縣象」，是未解「問」字也。張佩綸云：洪範「王省惟歲，卿士惟月，師尹惟日，庶民惟星」，意同。「歲一言」承上「無貴如其言」，陳奂改「一言」爲「省」，非也。商君書禁使篇：「夫吏專制決事于千里之外，十二月而計書以定，事以一歲別計，而主以一聽，見所疑焉，不可蔽員不足。」案：商書文有挩誤，大致謂主一聽不足見疑，安見其不可蔽欺？正駁此篇「歲一言者君也」之説。管、商之判在此，學者審之。翔鳳案：王於正月公佈一年之計，懸其法於象魏，此「王言」也。相以下則奉王言而省稽之，王但言之而已，無言何從而稽之省之乎？俞説得其半，陳則誤矣。劉補注蓋一本依洪範而改之也。

〔七〕翔鳳案：「四支」即「四肢」，見前。

〔八〕劉績云：此言庶人。

〔九〕翔鳳案：禮記王制「凡官民財，必先論之」，注：「謂考其德行道藝。」儒行：「儒有席上之珍以待聘。」「待」字不誤。

〔一〇〕何如璋云：「者」當爲「考」，謂考其官也。「士」者事也，謂謀其事也。張佩綸云：「者」乃「省」之誤，上文「時省者相也」，是其證。尹桐陽云：「者」同「諸」，諸官謂衆官。翔鳳案：相總内外之要，「者」字不誤。

〔一一〕丁士涵云：「實」，功實也。「義」當作「議」，謂量其功實，議其美善也。張文虎云：「義」，「儀」之借字。儀，度也。翔鳳案：莊子讓王「有倫有義」，釋文崔本作「議」。議而

請之。訓「度」則與「量」複矣。

〔一二〕劉績云：「明府之法瑞」，謂太史既布憲，入籍於太府者，猶象魏所懸之法也。稽考其合否。「瑞」或疑「端」字誤。翔鳳案：說文「瑞，以玉爲信也」，與法並當稽考，房注謂「珪璧之屬」，是也。「端」字與「明府」不貫。

〔一三〕丁士涵云：「唯此」當作「此唯」。上文云：「此唯上有明法而下有常事也。」翔鳳案：上文「此唯」論其理。此文乃稽而受要之後，述其效果，語氣不同，不必一致。

道者，誠人之姓也，非在人也〔一〕。姓，生也。言道立人之生，人之所從出，故非在人。而聖王明君善知而道之者也〔二〕。道，猶言也。聖王善知道理，故言而相告也。是故治民有常道，而生財有常法。道也者，萬物之要也。爲人君者，執要而待之，則下雖有姦僞之心，不敢殺也〔三〕。不敢殺君。夫道者虛設，道無形而善應，故曰「虛設」。其人在則通，其人亡則塞者也，非茲是無以理人，非茲是無以生財〔四〕。前茲是，謂是道。民治財育，其福歸於上，是以知明君之重道法而輕其國也〔五〕。得道之真以理身，緒餘以理國家，故重道而輕國。故君一國者，其道君之也。道可爲君，故君一國。王天下者，其道王之也。道可王，故王天下。大王天下，小君一國，其道臨之也。其道足以臨國與天下也。是以其所欲者，能得諸民。君之所欲，人則順之令得。其所惡者，能除諸民。君之所惡，亦順之而

除。所欲者，能得諸民，故賢材遂。所惡者，能除諸民，故姦僞省。如治之於金，陶之於埴，制在工也。廢置之由君，若金埴之由工也。

〔一〕陶鴻慶云：「誠」當爲「成」，「姓」讀爲生。成，立也。國策秦策「以成百王之名」，高注云「成，立也」，是也。尹注云「言道立人之生，人之所從出，故非在人」，是其所見本正作「成」。翔鳳案：說文：「姓，人所生也。」桂馥義證：「顧炎武曰：姓之爲言生也。左昭四年：『問其姓，對曰：余子長矣。』詩曰：『振振公姓。』天地之化，專則不生，兩則生。故叔詹謂其『男女同姓，其生不蕃』。晉語曰：『同姓不婚，懼不殖也。』中庸『君子之道，造端乎夫婦』，即兩姓之謂。」「姓」字不誤。

〔二〕張佩綸云：「道」讀爲導。陶鴻慶云：「道」，由也。尹注解「道」爲「言」，非是。翔鳳案：「道」訓由，前文屢見，陶說是也。

〔三〕王念孫云：「殺」當爲「試」，言不敢試其姦僞也。下文云「然則躁作姦邪僞詐之人，不敢試也」，語意正與此同。今作「不敢殺」者，「試」譌爲「弑」，又譌爲「殺」耳。尹注非。翔鳳案：一字輾轉訛誤，此無證者。廣雅釋詁三：「殺，賊也。」陰爲賊害，乃姦僞之人。

〔四〕王念孫云：「人」當作「民」，唐人避諱改之。王引之云：「茲」，此也，謂道也。「是」字屬下讀，爾雅曰：「是，則也。」蓋理民者道也，非道則無以理民。生財者道也，非道則無以生財。上文所謂「治民有常道，生財有常法」也。尹不知「是」之爲則，而以「茲是」連讀，失之。

〔五〕陶鴻慶云：「知」字當在「明君」下。「是以明君知之」爲句，承上文「聖王明君善知而道之」而言。翔鳳案：原文自通，陶説非是。

是故將與之，惠厚不能供〔一〕。謂欲與人，雖有惠厚之意，財不能供。將殺之，嚴威不能振。謂欲殺人以致其理，然而嚴威銷縮，不能振起也。嚴威不能振，惠厚不能供，聲實有間也。或有聲無實，或有實無聲，聲實間礙，故不供不振也。有善者不留其賞，故民不私其利。善必得賞，私利何爲？有過者不宿其罰，故民不疾其威。宿，猶停也。罰得其過，則人不疾其威。疾，怨也。威罰之制〔二〕，無踰於民，因人所欲罰而罰之，故不踰於人也。則人歸親於上矣。如天雨然，澤下尺，生上尺。澤從上降，潤有一尺，則苗從下生，上引一尺。澤下降，苗上引，猶君恩下流，人心上就也。是以官人不官，事人不事，獨立而無稽者，人主之位也。君者與人之官而不自官，授人之事而不自事，獨立於無過之地，臣下莫得而稽之，如此者，人主之位也。先王之在天下也，民比之神明之德，先王善牧之於民者也〔三〕。夫民別而聽之則愚，別而聽之，則各信其一方，暗莫之發，故愚。合而聽之則聖〔四〕。合而聽之，則得失相輔，可否相濟①。芻蕘之言，賢聖不能易，故聖也。雖有湯、武之德，復合於市人之

① 「可否相濟」四字原作「可不相齊」，據補注改。

言。是以明君順人心，安情性，而發於衆心之所聚。聚，謂同所歸湊。是以令出而不稽，稽，留也。刑設而不用。人不犯法，故無所用刑。先王善與民爲一體。以百姓心爲心，故言一體。與民爲一體，則是以國守國，以民守民也。一國同一意，萬人同一心。然則民不便爲非矣。爲非則失利，故不便。雖有明君，百步之外，聽而不聞。耳聽有所極。間之堵牆，窺而不見也。目視有所窮。而名爲明君者，君善用其臣，臣善納其忠也。君能善用，臣能善納，則何聽而不聞，何視而不見。耳目不壅①，非明而何也。信以繼信，善以傳善〔五〕，君信而臣繼之，君善而臣傳之。是以四海之内，可得而治。是以明君之舉其下也，盡知其短長，知其所不能益，若任之以事。夫任人以事者，必擇其可否②。君之舉臣，亦猶是也。賢人之臣其主也，盡知短長，與身力之所不至，謂知君之短長及其身力所不至也。若量能而授官〔六〕。天授人官者，亦擇其可否③。臣之擇事，亦猶是也。上以此畜下，擇其可畜而畜之。下以此事上，擇其可事而事之。上下交期於正，君有賢臣，臣有令主，欲求不正，

① 「壅」字原作「擁」，據校正改。
② 「可否」原作「可不」，據校正改。
③ 「可否」原作「可不」，據校正改。

其可得乎。則百姓男女皆與治焉。君臣正，則百姓無自爲淫僻也。

〔一〕丁士涵云：「惠厚」當作「厚惠」，與「嚴威」對文，下同。翔鳳案：春秋時不尚排偶。論語「迅雷風烈必變」，未嘗以「烈風」對文。丁改之，妄矣。

〔二〕劉績云：「威」當作「賞」，注非。翔鳳案：踰賞民仍歸親於上，所難者罰不踰節，此單承，非雙承也。劉説非是。

〔三〕陶鴻慶云：「牧」當爲「收」字之誤。廣雅釋詁：「收，取也。」「善收之於民」者，善取之於民也，其義具見下文。（輕重甲篇「牧貧病」，朱本「牧」作「收」。侈靡篇：「智者能牧之。」明法解：「牧漁其民以富其家。」王氏以爲皆當作「收」。）

〔四〕張佩綸云：舊唐書裴度傳韋處厚上言：「管仲曰：人離而聽之則愚，合而聽之則聖。」「民」，唐諱作「人」。「離」、「別」異文。

〔五〕戴望云：「傳」當爲「傅」字之誤，説見前「制令傅於相」下。張文虎云：「傳」猶繼也。戴君謂「傳」當作「傅」，非。

〔六〕俞樾云：兩「若」字並當訓乃。小爾雅廣言曰：「若，乃也。」國語周語引書曰「必有忍也，若能有濟也」，韋注曰：「『若』猶乃也。」此文言君必知其臣，乃任之以事，臣必知己，乃量能而受官。「授」當作「受」，周官典婦功職曰「凡授嬪婦功」，司儀職曰「登再拜授幣」，鄭注並云「『授』當爲『受』」，是古「授」、「受」得通言也。「陳力就列，不能者止」，是謂量能而受官矣。

管子校注卷第十一

君臣下第三十一

短語五

朱長春云：是先秦荀、韓間一篇長議論文字。何如璋云：商君有君臣篇，首句爲「古者未有君臣上下之時」，殆即此文所本。翔鳳案：韓非五蠹：「藏商、管之法者家有之。」當時誰敢襲商君書以欺人耶？此必無之事。何無證，騰其口説，妄矣。

古者未有君臣上下之别，未有夫婦妃匹之合〔一〕，獸處羣居，以力相征。若野獸之處，以羣而居，力强者征於弱也。於是智者詐愚，强者凌弱，老幼孤獨不得其所。故智者假衆力以禁强虐，而暴人止。智者，即聖王也。爲民興利除害，正民之德，正人之邪德。而民師之。師智者也。是故道術德行出於賢人，賢人，知道術德行者也。其從義理兆形於民心〔二〕，則民反道矣〔三〕。道術既出，故莫不從義而順理。理之極，則無姦僻之事，始見於人心，則人無不道矣。名物處違是非之分〔四〕，則賞罰行矣。人既反道，故以正其善惡之物，處其背理之違，則爲是非者自分矣。是非既分，故行賞罰以當其功過也。上下設，民生體，而國

都立矣〔五〕。上下既設，人則生其貴賤之禮，故國都立也。是故國之所以爲國者，民體以爲國。貴賤成禮，方乃爲國。君之所以爲君者，賞罰以爲君。無賞罰，則君不足貴。致賞則匱，賞而不已則匱。致罰則虐〔六〕。罰而無節則虐。財匱而令虐，所以失其民也。是故明君審居處之教，而民可使，人從教，故可使。居治戰勝守固者也〔七〕。居處既治，戰則勝，守則固。夫賞重則上不給也，賞重則費用多，故不給也。罰虐則下不信也。令虐，則人無所措手足，故不信也。是故明君飾食飲弔傷之禮，飲食，謂享燕。傷，謂喪祭也。而物厲之者也〔八〕。禮行則物親也。是故厲之以八政，八政，謂洪範之八政。旌之以衣服，衣服所以表貴賤也。富之以國裹〔九〕，裹，謂財貨所苞裹而藏也。貴之以王禁〔一〇〕，禁令行，然後知常者之可貴也。則民親君，可用也。民用，則天下可致也。

〔一〕丁士涵云：廣韻去聲十二霽：「媲，配也，匹詣切，又作『𨁈』，見管子。」疑此文「妃匹」，古本當作「𨁈匹」。陳奐云：「𨁈」是俗字，當本是「媲」字而譌作「𨁈」者。翔鳳案：遠古無君臣夫婦之别，此爲歷史事實。古本不知而删「未」字，爲任意改削之一證。

〔二〕丁士涵云：「理」上脱「順」字。尹注云「道術既出則莫不從義而順理」，可證也。翔鳳案：「從」爲信從。孟子：「堯舜帥天下以仁而民從之。」易繫辭：「理財正辭禁民爲非曰義。」「理」爲條理，「兆」爲吉凶之端。荀子儒效「井井兮其有理也」，注：「有條理也。」魏都賦

「兆朕振古」，注：「兆，猶事之先見者也。」

〔三〕劉績云：「反」，復還也。言民有所趨向則反道。

〔四〕劉績云：處名物爲是，違名物爲非。戴望云：「名物」，謂正名其物也。張佩綸云：「之」字衍。當作「名物處，是非分」，與下「上下設，民生體」對文。翔鳳案：説文：「處，止也。」「違，離也。」詩節南山「惡怒是違」，傳：「違，去也。」二字用其本義，正相反對。有處違即有賞罰。

〔五〕姚永概云：據尹注，則兩「體」字均本作「禮」。以下文「墳然若一父之子，若一家之實，義禮明也」，又「此禮，正民之道也」，又「君臣上下之分素則禮制立矣」，又「君人者制仁，臣人者守信，此言上下之禮也」，又「君子食於道則義審而禮明，義審而禮明則等倫不踰」諸語證之，亦應作「禮」。張佩綸云：「而」當作「則」。安井衡云：「體」猶親也。貴賤既設，民生體君之心，而國都因以立矣。言國以民爲本。翔鳳案：説文：「體，總十二屬也。」文王世子「體異姓也」，注：「猶連絡也。」「生」同「姓」，見上篇。「民生體」即民姓體。諸説均誤。

〔六〕翔鳳案：漢書公孫弘傳「致利除害」，注謂：「引而至也。」

〔七〕劉績云：言明不致賞罰，但審教可使民，居國則治，以戰則勝，以守則固也。翔鳳案：以居則治，以戰則勝，以守則固，此使之之效，重在可使。論語「民可使由之」，「民可使富也」。劉説非。

〔八〕戴望云：宋本「屬」作「厲」，涉下「厲之」而誤。張佩綸云：「物厲之」，即霸言篇「物利之謂也」。論語「必先利其器」，漢書梅福傳引論語作「必先厲其器」。史記陳杞世家索隱：「『厲』、『利』聲相近。」翔鳳案：書皐陶謨「庶明厲翼」。漢書儒林傳「以厲賢焉」，注：「勸勉之也。」假爲「勵」。「厲之以八政」即「勵之以八政」。若作「屬之以八政」，則不順適矣。戴說非是。

〔九〕王引之云：書傳無謂財貨爲「裏」者，「裏」當爲「稟」，字形相似而誤。稟，古「廩」字。「富之以國稟」，謂食以國之廩粟，所謂「禄以馭其富」也。周官廩人「掌九穀之數，以待國之匪頒賙賜稍食」，鄭注曰：「稍食，禄廩。」翔鳳案：富國以農事爲本。詩公劉：「乃積乃倉，乃裹餱糧。」穆天子傳：「米三百裹。」房注不誤。禄即米也。

〔一〇〕俞樾云：「貴」讀爲會，言以王禁會集之也。尹注非。許維遹云：尹注固非，俞說亦不可從。「禁」猶法制也。「貴之以王制」，猶言以官制尊貴之。廣韻：「禁，制也。」翔鳳案：吕氏春秋離謂「此爲國之禁也」，注：「禁，法。」孟秋「禁止姦」，注：「禁，令。」淮南氾論訓「是故因鬼神禨祥而爲之立禁」，注：「戒也。」許說是。

天下道其道則至，君得君道，則天下至。**不道其道則不至也。夫水，波而上，盡其摇而復下，其勢固然者也**〔一〕。言水波湧而上，既盡其勢，還復摇動歸下而止。此自然之勢，喻人懷德而來，畏威不去者也。**故德之以懷也，威之以畏也，則天下歸之矣。有道之國，發**

號出令，而夫婦盡歸親於上矣。布法出憲，而賢人列士盡功能於上矣〔二〕。千里之內，束布之罰〔三〕，束，謂帛也。布，謂錢也。古者罰刑或令出錢帛也。一畝之賦，盡可知也。賢人爲之視聽，故無不知。治斧鉞者不敢讓刑，讓，猶拒也。當其罪，不敢①讓刑也。治軒冕者不敢讓賞〔四〕。賞當其功，故不讓也。墳然若一父之子〔五〕，若一家之實，義禮明也〔六〕。墳，順貌。或刑賞之，莫敢違逆。若子之從父，家之從長。如此者，禮義明故也。夫下不戴其上，臣不戴其君，則賢人不來。上下不交，則賢人隱。賢人不來，則百姓不用。百姓無賢人，則不知所歸，故百姓不用也。百姓不用，則天下不至。百姓不用，則天下無邦，將何至哉！故曰：德侵則君危，君德見侵，不危何待。論侵則有功者危，論議②侵理則功過不明，故有功者危。令侵則官危，令侵則法不行，故官危也。刑侵則百姓危，刑侵則無辜受戮，故百姓危也。而明君者，審禁淫侵者也。上無淫侵之論，則下無異幸之心矣〔七〕。

〔一〕戴望云：「波」爲「播」之假字，言水播蕩而上，盡其動摇而復下也。「波」與「播」古字通，詳見王氏經義述聞「滎波既豬」條下。金廷桂云：「摇」與「遥」古字通。注作「摇動」解，未

① 「不敢」原作「敢不」，據校正乙。

② 「議」字原作「義」，據補注改。

是。　翔鳳案：説文：「波，水涌流也。」平讀爲波，去讀爲播，本一字之孳乳也。説文：「搖，動也。」方言十二：「搖，上也。」左昭十二年傳「搖蕩我邊疆」，文義相似。金説乃旁義，非正解。

〔二〕俞樾云：「功」當作「貢」。説文貝部：「貢，獻功也。」「貢能於上」，猶上文言「歸親於上」也。翔鳳案：周易繫辭傳「六爻之義易以貢」，釋文曰：「貢，荀作『功』。」是「功」、「貢」相通之證。説苑臣術：「列士者，所以參大夫也。」史記伯夷列傳：「烈士徇名。」

〔三〕劉績云：此即「宅不種桑麻者有里布」之類。　安井衡云：「束布」，一束布也。十端曰束。　翔鳳案：孟子「廛無夫里之布」，戒篇「市征而不布」，注皆訓「錢」。周禮廛人「掌斂市紋布、總布、質布、罰布、廛布。」注：「泉也。」「泉」即錢也。合而觀之，罰之爲布明矣。房注及安井之説不誤。

〔四〕俞樾云：尹注曰：「『讓』猶距也。」然此以「治斧鉞」、「治軒冕」者言，非以受之者言。尹解「讓」字，殆非其義。「讓」當讀爲攘。禮記曲禮篇「左右攘辟」，鄭注云：「攘，古『讓』字。」是「攘」、「讓」古字通也。此文兩「讓」字，並當爲攘竊之「攘」。「不敢讓刑」，「不敢讓賞」，謂不敢攘竊刑賞之權也。　張佩綸云：楚辭「知死不可讓兮」，王注：「讓，辭也。」　翔鳳案：治斧鉞軒冕者乃工人，可以攘竊刑賞之權乎？此不可能也。賞可辭，犯罪而受斧鉞之誅，是可辭乎？俞、張之説不可通。「讓」之本訓爲責讓。治軒冕者，不能以軒冕爲己所治，

責上無功而賞以軒冕。治斧鉞者，不以斧鉞爲己所治，責上有罪不當刑以斧鉞。當注意「不敢」二字也。

〔五〕陳奂云：尹訓「墳，順貌」，「墳」於順義不可通。「墳」當爲「隤」字之誤。易繫辭「夫坤隤然，示人簡矣」，馬融、韓伯注竝云：「隤，柔貌。」柔、順義同，尹所見本蓋不誤。丁士涵云：玉篇「墳」與「隤」同，蓋本是「墳」字。安井衡云：「墳」本作「隤」，今本作「墳」者，形相涉而誤。李國祥云：「其人若一父之子，其財若一家之實。」張佩綸云：玉篇「『隤』或作『頽』」，禮檀弓「頽乎其順也」，曲禮「凡遺人弓者」，鄭注：「隤然，順也。」陳丁說是。翔鳳案：「墳」讀爲賁。湯誥「賁若草木」，詩白駒「賁然來思」，「賁若」與「賁然」同義。易雜卦傳「賁，无色可爲證。左昭十二年「三墳五典」，王政碑「研典賁」；尚書之「黑賁」即「墳」，皆也」，王肅注：「賁有文飾黃白色。」房注訓「墳」爲「順貌」，不誤。說文：「賁，飾也。」與下「一家之實」相應。諸說俱誤。

〔六〕張佩綸云：「實」，吕氏春秋行論篇「左右官實」，高注：「官實，官長也。」〔尹〕注「家之從長」，本此。說文：「室，實也。」「一家之實」猶言「一家之室」，即天下一家之意。陶慶鴻云：「實」與「室」聲近義通。釋名：「室，實也，人物實滿其中也。」命士以上，父子異室。」「一家之室」，與「一父之子」文異而義同。尹注未晰。翔鳳案：張、陶說是也，「實」與「墳」相應，見前。「義禮明」之「明」，即「墳」（賁）矣。「義禮」即儀禮。

〔七〕翔鳳案：説文：「冀，北方州也。」假爲「覬」。魯語「吾冀而朝夕修我」，注：「望也。」

爲人君者，倍道棄法而好行私，謂之亂。爲人臣者，變故易常而巧官以諂上，謂之騰〔一〕。**亂至則虐，**騰，謂凌駕於君。**騰至則北**〔二〕。騰至則摧降故敗北①。**四者有一至，敗，敵人謀之**〔三〕。四者，則上之四危也。**則故施舍優猶以濟亂，則百姓悦**〔四〕。言施恩厚，舍罪罰，二者優厚，雖非用法，猶能濟亂，故百姓悦之也。**選賢遂材而禮孝弟，則姦僞止。**遂，達。**要淫佚，別男女，則通亂隔。**要，謂遮止之也。言能止淫佚，別男女，則先雖通亂，今能隔阸也。**貴賤有義，倫等不踰，則有功者勸。國有常式，故法不隱，則下無怨心。**隱，謂伏而不行。**此五者，興德匡過，存國定民之道也。**

〔一〕王引之云：「官」當爲「言」，字形相似而誤。幼官篇「攷之以言」，今本誤作「攻之以官」，是其證。

張文虎云：「巧官」猶巧宦。「騰」疑當作「勝」，上篇「下及上之事謂之勝」，王云：「勝者陵也。」本篇下文云「倍其官，遺其事，穆君之色，從其欲阿而勝之」，即申此文言之。

翔鳳案：説文：「諂，諛也。」「『巧官』猶巧宦」，張説是也。「騰」謂超昇也。洛神賦「騰文魚以驚策」，注：「昇也。」西京賦「乃奮志而騰驤」，注：「超也。」是其義。巧官不必用巧言，

① 「降故敗北」原作「故敗降北」，據補注乙。

別有陰險手段，王改「官」爲「言」，意反淺矣。

〔二〕趙用賢云：「北」應作「比」，臣下比周也。　王念孫云：「北」與「背」同，言不忠之臣，必背其君也。說文曰：「北，乖也，從二人相背。」韋注吳語曰：「北，古之『背』字。」齊策曰「食人炊骨，士無反北之心」，「反北」即反背。尹注非。　翔鳳案：奸臣騰達，時至則叛。王莽、司馬懿是也。

〔三〕王念孫云：「至」字因上文兩「至」字而衍。「敗」當作「則」，字之誤也。言四者若有一於此，則敵人謀之矣。「四者」謂亂也、騰也、虐也、北也。尹注非。　張佩綸云：「至」非衍文。虐由於亂，北由於騰，亦不當爲四者。「四」當爲「二」之誤。

〔四〕王念孫云：尹說非也。「故施舍優猶以濟亂」當作一句讀，「優猶」即「優游」。荀子正論篇曰「優猶知足」，是也。「濟」，止也。鄘風載馳篇「不能旋濟」，毛傳曰：「濟，止也。」莊子齊物論篇曰：「厲風濟則衆竅爲虛。」施舍以厚之，優游以畜之，則可以止亂矣。　安井衡云：「則」字衍。　翔鳳案：爾雅釋詁：「是，則也。」「則故」猶是故，「則」字非衍。

夫君人者有大過，臣人者有大罪。國所有也，國之所有也。民所君也，民者，己之所君。有國君民，而使民所惡制之，此一過也〔一〕。言民惡君之制己，此亦君之過。民有三務不布，其民非其民也〔二〕。三務，謂春夏秋務農。人不務三，則餒餓成變，故民非其民也。民非其民，則不可以守戰。此君人者二過也。夫臣人者，受君高爵重禄，治大官。倍

其官，遺其事，穆君之色〔三〕，穆，猶悦也。從其欲，阿而勝之〔四〕，阿，曲也。巧言令色，委曲從君，至於動也。剛漸以勝之，其終或至於篡殺，故曰阿而勝之也。此臣人之大罪也。君有過而不改謂之倒〔五〕，臣當罪而不誅謂之亂。君爲倒君，臣爲亂臣，國家之衰也，可坐而待之。是故有道之君者執本〔六〕，相執要，大夫執法，以牧其羣臣。羣臣盡智竭力，以役其上。謂給上之役也。四守者，得則治，易則亂，故不可不明設而守固〔七〕。明設上四法，固而守之。昔者，聖王本厚民生，審知禍福之所生，是故慎小事微，違非索辯以根之〔八〕。謂有違非，必尋索分辯，得其根而止之也。然則躁作姦邪僞詐之人，不敢試也。此禮正民之道也〔九〕。制禮者，用此道以正人也。不敢爲非以嘗君。

〔一〕張佩綸云：「民所惡」指姦僞。上篇：「其所惡者能除諸民，所惡者能除諸民故姦僞省。」「使民所惡制之」，言以民所惡之人制民。陶鴻慶云：尹注云「民惡君之制己，此亦君之過」，非也。此言貪佞之臣，人民所惡，使之制國，君之過也。小稱篇「甚矣百姓之惡人之有餘忌也」，劉氏引别本注云「百姓見惡人之所忌」，義與此同。

〔二〕王引之云：「布」當爲「務」，蓋「務」字脱左畔之「矛」，其右畔之「务」，與隸書「布」字作「吊」者相似（「吊」見校官碑），因譌爲「布」矣。尹注曰：「農人不務之，則餒餓成變，故民非其民也。」是所據本正作「務」字。「其民非其民也」，上「其」字因下「其」字而衍。下文「民非其民

則不可以守戰」，即承此句言之，不當有上「其」字。注曰「故民非其民也」，則無上「其」字可知。張佩綸云：王氏之説非也。説苑辨物篇：「古者有主四時者：主春者張，昏而中，可以種穀，上告于天子，下布之民；主夏者大火，昏而中，可以種黍菽，上告于天子，下布之民；主秋者虚，昏而中，可以種麥，上告之天子，下布之民；主冬者昴，昏而中，可以斬伐，田獵蓋藏，上告之天子，下布之民。」「三務」指春夏秋，原註不誤。翔鳳案：左傳：「三時不害，而民和年豐也。」合之張説，其義已明。

〔三〕俞樾云：續漢祭祀志注引決疑要注曰：「穆，順也。」「穆君之色」即順君之色。下句曰「從其欲」，「從」亦順也。尹訓「穆」爲「悦」，未得。

〔四〕豬飼彦博云：「勝」當作「騰」，上云：「巧官以諂上謂之騰。」張文虎云：「從」字疑當讀爲縱。此「勝」字蓋亦「騰」字之誤。張佩綸云：「勝」即騰也。〔逸〕周書文酌注：「騰，勝也。」翔鳳案：説文：「勝，任也。」阿君欲而任行之，本訓可通。

〔五〕翔鳳案：大戴禮虞戴德：「有子不事父，有臣不事君，是非反，天倒行也。」即越語之「倒行逆施」。莊子外物：「草木之到植者過半。」説文無「倒」字，漢碑始有之。益知楊本之爲漢隸矣。

〔六〕李哲明云：此「者」字疑當衍。翔鳳案：「者」爲别事之詞。藝文志「某家者流」，同此。與不明君相别，非衍文。

〔七〕丁士涵云：尹注云「明設上四法固而守之」，疑當作「明設而固守」。翔鳳案：「明設守固」即明設固守，與論迅雷風烈相似，錯綜成文，不必對偶也。

〔八〕丁士涵云：「違」字疑「韙」之誤。説文：「韙，是也。」上文曰「名物處違是非之分，則賞罰行矣」，即此所謂「韙非索辯以根之」也。翔鳳案：説文：「違，離也。」其違與非則根究之。若爲「韙」，則何必根究乎？

〔九〕丁士涵云：「禮」上疑脱一字。尹注云「制禮者用此道以正人」，豈本作「制禮」邪？吴汝綸云：「禮」上有脱字。翔鳳案：説文：「此，止也。从止从匕，匕相比次也。」以禮比次之。不脱不衍。

古者有二言，牆有耳，伏寇在側。牆有耳者，微謀外泄之謂也。伏寇在側者，沈疑得民之道也〔一〕。微謀之泄也，狡婦襲主之請而資游慝也〔二〕。襲，入也。謂狡婦①妖蠱人主，遂行請謁。謂所請既從外資游説爲姦慝者也。沈疑者，得民者也〔三〕。前貴而後賤者，爲之驅也。所驅役之人，前得貴寵，今怨淪賤，然賤者必思貴，常伺君以興禍，故謂之伏寇也。明君在上，便僻不能食其意〔四〕，便僻者不能諂君以得意，故曰「不能食其意」也。刑罰亟近也〔五〕。既不能得君意，故刑罰數也。大臣不能侵其勢，不能侵君之勢。比黨者誅，明也。

① 「婦」字原作「人」，據補注改。

君明，故比黨者誅之。爲人君者，能遠讒諂，廢比黨，淫悖行食之徒〔六〕，行食，游食。無爵列於朝者，此止詐拘姦厚國存身之道也。爲人上者，制羣臣百姓，通中央之人和〔七〕。中央之人，謂君之左右也。左右與君和之也。是以中央之人，臣主之參，左右之人，在臣主之閒參會其事者也。制令之布於民也，必由中央之人。中央之人，以緩爲急，急可以取威；君雖曰緩，左右行之乃爲急，故能取威也。以急爲緩，緩可以惠民。君雖曰急，左右行之爲緩，故能惠人。威惠遷於下，則爲人上者危矣。賢不肖之知於上，必由中央之人。財力之貢於上，必由中央之人。能易賢不肖，而可威實賢謂之不肖，實不肖謂之賢，故曰「易賢不肖」也。黨於下〔八〕。有能以民之財力，上陷其主，而可以爲勞於下〔九〕。用人財力，上以陷主，即於下以爲勞。兼上下以環其私〔一〇〕，上則擅君之柄，下則用人材力，上下之利皆用遶身，故曰「環其私」也。爵制而不可加，則爲人上者危矣。勢既淩君，故爵制不能加也。

〔一〕李國祥云：「沈」，没也。「疑」，攜貳也。謂包藏禍心者。「得民」，得君之民也。丁士涵云：「沈疑」解上「伏寇」二字。「沈」猶伏也。（周語注）「疑」，姦慝也。（太玄玄衝：「格好也是，而疑惡也非。」）「得民」當作「得君」，下文「狡婦襲主之情」，是言君，非言民。下文曰「沈疑之得民也」，當作「沈疑之得君也」，言伏寇奪君之威惠耳。戴望云：丁解「沈疑」二字

是也，其改「得民」爲「得君」則非也。下文曰「沈疑之得民也，前貴而後賤者爲之先驅也」，蓋「前貴後賤」者乃上所黜退之人，姦臣欲得民心必先加恩於黜退之人，使其宣君之惡而揚己之善，因驅民來歸於己。若如丁說，則下句難解矣。翔鳳案：說文匕部：「匙，未定也。从匕，矣聲。矣，古文『矢』字。」子部：「疑，惑也。从子止匕，矢聲。」二字同音而相混。詩桑柔「靡所止疑」，傳：「定也。」士昏禮「疑立於席西」，注：「正立自定之貌。」「凝」乃俗「冰」字。易坤卦「陰始疑也」，荀、虞作「凝」。中庸「至道不凝焉」，釋文本作「疑」。易鼎「君子以正位凝命」，鄭注：「成也。」書臯陶謨「庶績其凝」，馬注：「定也。」「匙」、「疑」、「凝」三字相亂已久。「沈疑」之「疑」訓定。沈默而凝定，以陰險之道得民，是爲「伏寇」，言潛伏而不覺也。諸說俱非。

〔二〕丁士涵云：「襲」者密取之意，狡婦密取主之情，謀之所由泄也。「請」與「情」通。宋本尹注作「狡人」。陶鴻慶云：「請」讀爲情。「襲」，掩取也，謂刺取主之情實以爲遊士之資也。上篇云「大臣假於女之能以規主情」，可證此文之義。尹注云「襲，入也，謂狡婦妖蠱人主，遂行請謁」，非是。翔鳳案：荀子成相「聽之經，明其請」，「請」即「情」也。

〔三〕翔鳳案：上言沈疑爲得民之道。此言得民者，即爲沈疑者。

〔四〕張文虎云：「食」字與上篇「婦人能食其意」同。俞氏讀爲「蝕」，是也。下文「行食之徒」，「食」字同此義，或訓「食」爲「僞」，非。

〔五〕豬飼彦博云：「亟」，急也。言刑罰先加於近臣。翔鳳案：豬飼説是也。

〔六〕翔鳳案：郭沫若説「『行食之徒』，謂遊客辯士之類」，是也。

〔七〕孫星衍云：「制羣臣」爲句，「百姓通」爲句，「中央之人和」爲句。言爲人上者，所以宰制羣臣而百姓得通於上者，由於「中央之人和」也。故下文云：「制令之布於民也，必由中央之人。」豬飼彦博云：「通」當作「道」，由也。「和」字疑衍。丁士涵云：「通」疑「道」字之誤。道，由也。管子書皆以「道」爲「由」。尹注不爲「通」字作解，則所見本尚是「道」字。言上之制羣臣百姓，必由中央之人，是以中央之人，臣主之參。以文義論之，蓋「和」字衍。劉師培云：「中央」上疑挩「則」字。「制」與「令」同。（小匡篇曰「制重罪入以甲兵犀脅二戟」，「制」亦訓令。）此謂人君令羣臣百姓上通，則中央之人調順也。舊説均非。翔鳳案：「中央」二字，諸家無解釋。房注「左右與君和之」，以「中央」爲朝廷，似可通，然與孟子所謂天時地利人和不完全相合，蓋孟子所謂人和，包括百姓在内，非專指朝廷也。乘馬：「六步一㪷，命之曰中歲。方六里名之曰社，有邑焉，名之曰央。」説文：「央，中央也。从大在冂之内。大，人也。」「冂」即「坰」字，在林外，象遠界也。「中央」爲現代村鎮，房注非是。

〔八〕劉績云：「威」當作「爲」。謂能易賢不肖而可以爲朋黨于下。注非。方苞云：以賢爲不肖，則可以示威；以不肖爲賢，則可以植黨。翔鳳案：廣雅釋詁三：「黨，比也。」論語「吾聞君子不黨」，孔注：「相助匿非曰黨。」作威而比黨於下也。非誤字。

〔九〕劉績云：「有」，又也。　王引之云：「陷」字義不可通，疑當作「啗」，字形相似而誤。「上啗其主」，謂啗之以利也。史記樂毅傳「令趙嚪説秦以伐齊之利」，（今本脱「説」字，辯見史記。）「嚪」與「啗」同。高祖紀曰「使酈生、陸賈往説秦將，啗以利」，是也。尹注非。　翔鳳案：「陷其主」，即使主墮其術中而不能自拔。王改「陷」爲「啗」，非是。

〔一〇〕王念孫云：尹未曉「環」字之義，「環」之言營也，謂兼上下以營其私也。「營」與「環」古同聲而通用。韓子五蠹篇曰：「古者蒼頡之作書也，自環者謂之私。」（「私」本作「厶」，見下。）説文「厶」字解，引作「自營爲厶」。韓子人主篇曰「當途之臣，得勢擅事，以環其私」，謂自營其私也。「環」字亦作「還」。管子山至數篇曰「大夫自還而不盡忠」，謂自營也。秦策曰「公孫鞅盡公不還私」，謂不營私也。（荀子臣道篇：「朋黨比周，以環主圖私爲務。」「環主」，謂營惑其主也。成相篇「比周還主黨與施」，「還」與「環」同。春秋文十四年「有星孛入於北斗」，穀梁傳曰「其曰入北斗，斗有環域也」，「環域」即營域。「環」與「營」同義，故「環繞」即「營繞」，「環衛」即「營衛」。又齊風還篇「子之還兮」，漢書地理志「還」作「營」，亦以聲同而借用也。）

先其君以善者，侵其賞而奪之實者也〔一一〕。先君行善，則是侵君之賞，奪君之富實也。先其君以惡者，侵其刑而奪之威者也。訛言於外者，脅其君者也。假説妖妄之言以惑衆，如此者，欲脅君也。鬱令而不出者，幽其君者也。鬱，塞也。君之令而不出行者，將欲幽

君也。四者一作，而上下不知也〔二〕，則國之危可坐而待也。

〔一〕丁士涵云：「實」當作「惠」，「惠」對下文「威」字，上文亦「威」、「惠」對文。翔鳳案：上文「緩可以惠民」，與「侵」不同。侵君之賞而以實歸己，「實」非「惠」也。丁説非是。

〔二〕王念孫云：「上下不知」，當從朱本作「上不知」。「一」者，皆也。（大傳「五者一得於天下，民無不足，無不贍者」，言五者皆得於天下也。莊十六年穀梁傳「外内寮一疑之」，言皆疑之也。大戴禮衛將軍文子篇「若吾子之語審茂，則一諸侯之相也」，盧辯曰：「一，皆也。」家語弟子行篇「一」作「壹」。又三年問「壹使足以成文理」，王肅注並云：「壹，皆也。」）翔鳳案：上知而下不知，其惡不昭著，「下」字不可少。

神聖者王，仁智者君，武勇者長，此天之道，人之情也。天道人情，通者質，寵者從，此數之因也〔一〕。質，主也。能通於天道人情者，可以爲主。其不能通，但寵貴之者，可以爲從，謂臣也。言臣主數，因此通而立也。是故始於患者，不與其事〔二〕；親其事者，不規其道。言初始謀慮而憂患者，乃行其事，令人爲之，而不自預，此謂君也。是以爲人上者，患而不勞也；百姓，勞而不患也。君臣上下之分素，有謀慮之患無別，謂上患而不勞也。則禮制立矣〔三〕。是故以人役上，人，謂百姓。百姓勞其身，供上之役也。以力役明，謂臣勤力役，用其明而理職位。以刑役心〔四〕，刑，法也。君則役心以出法制也。此物之理也。心道進

退，心則度量可不，故進退也。而刑道滔赶〔五〕。滔，謂充也。赶，謂逡①巡曲也。設法有當不，故有合成②也。進退者主制，君心進退，所以主爲制令。滔赶者主勞。主勞者方，主制者圓。君臣之道主得制者，其事必有方有圓也。圓者運，運者通，通則和。圓，謂君道也。圓而不滯，必運而無礙，通者必暢，故和之也。方者執，執者固，固則信。方，謂臣道也。方而有常，故執而不舍則固，固而不妄則信也。君以利和，君道和則利也。臣以節信〔六〕，臣則守節。則上下無邪矣。故曰：君人者制仁，臣人者守信，此言上下之禮也。君之在國都也，若心之在身體也。道德定於上，則百姓化於下矣。戒心形於内，戒慎之心，成形於内。則容貌動於外矣〔七〕。正也者，所以明其德。必正然後德明。知得諸己，知得諸民，從其理也。於己既不失，於人必不妄，如此者，從理故也。知失諸民，退而脩諸己，反其本也。有失於人，必脩己自責，如此者，反其本也。所求於己者多，故德行立。求己多者，必進德脩業，故德行立也。所求於人者少，故民輕給之。求人少者，必薄賦斂，故人輕於給也。故君人者上注，臣人者下注。上注者，紀天時，務民力。上注，謂注意於上天，故紀要天

① 「逡」字原作「迪」，據補注改。
② 「成」字原作「或」，據補注改。

時，務全人力也。下注者，發地利，足財用也。下注，謂注意於下地，故發興地利，足於財用也。故能飾大義，審時節，上以禮神明，下以義輔佐者。所用輔佐，皆得其宜。明君之道〔八〕，能據法而不阿，上以匡主之過，下以振民之病者〔九〕，忠臣之所行也。明君在上，忠臣佐之，則齊民以政刑。牽於衣食之利〔一〇〕，君明臣忠則國理，國理則人重生，故人皆以養其形，而牽係於衣食之利也。故愿而易使，愚而易塞。塞，止也。易用法止也。君子食於道，小人食於力，分民〔一一〕。食道力不同，故曰分民也。威無勢也無所立，必有勢然後有所立。事無爲也無所生，必有爲然後有所生。若此則國平而姦省矣。君子小人既食於道力，邪惡之人復無所立生，故國平而姦省。君子食於道，則義審而禮明。義不審，則無所食也。義審而禮明〔一二〕，則倫等不踰，雖有偏卒之大夫，不敢有幸心，則上無危矣〔一三〕。國既明禮義，倫等不踰，雖有大夫偏獨出，伏罪而怨，不敢有幸亂心。齊民食於力，作本〔一四〕。作本者衆，農以聽命。是以明君立世〔一五〕，民之制於上，猶草木之制於時也。草木必得時然後生①。故民迂則流之，人太迂曲不行，則流通之。民流通則迂之〔一六〕。人太流蕩，則迂屈之。決之則行，塞之則止。雖有明君能決之，又能塞之〔一七〕。決之則君子行於

① 「生」字原作「也」，據補注改。

禮，塞之則小人篤於農。君子行於禮，則上尊而民順。小民篤於農，則財厚而備足。上尊而民順，財厚而備足，四者備體，謂備具而成體。頃時而王，不難矣〔一八〕。四肢六道，身之體也〔一九〕。四肢，謂手足也。六道，謂上有四竅，下有二竅也。四正五官，國之體也。四正，謂君臣父子。五官，謂五行之官也。四肢不通，六道不達，曰失〔二〇〕。四正不正，五官不官，曰亂。是故國君聘妻於異姓，設爲姪娣命婦宫女，盡有法制，所以治其内也。明男女之别，昭嫌疑之節，所以防其姦也。是以中外不通，讒慝不生，婦言不及官中之事〔二一〕，而諸臣子弟無宫中之交，此先王所以明德圉姦，昭公威私也〔二二〕。明立正嫡，設其貴寵子，不令逐而廢之，故不傷義也。禮私愛驩，勢不竝論。明妾寵設〔二三〕，不以逐子傷義。餘子之勢，終不得與之並論也。爵位雖尊，禮無不行。嫡子者，所以傳重也，故禮許私愛，雖驩之超異，可也。言嫡子爵位雖復尊異，必須行之以禮也。選爲都佼〔二四〕，冒之以衣服，旌之以章旗，所以重其威也。所立之嫡，必選其都雅佼好者，又以美衣麗服覆冒①之，章表旗幟旌異之。凡此，皆所以重嫡子之威也。然則兄弟無閒郄，讒人不敢作矣。嫡威

① 「冒」字原作「習」，據補注改。

重則兄弟和，故讒人無所作其讒①矣。**故其立相也，陳功而加之以德，論勞而昭之以法，參伍相德而周舉之**〔二五〕，**尊勢而明信之。**其謂國相，則功德兩兼，勞法獲美，於此四者，參驗伍偶，相與俱得。其事既周，然後舉用之。既用之，尊勢而明信之也。**是以下之人無諫死之誋，君明相賢，必從説如流，故無諫死之忌也。若得其所，故無怨望也。**如此則國平而民無慝矣。慝，姦惡者也。**其選賢遂材也，舉德以就列，不類無德。**舉有德者以就列位，不以無德之人爲類。**舉能以就官，不類無能。以德弇勞，不以傷年**〔二七〕。有德者超於上列，使在有功勞者之前，故曰有德掩勞。苟有②德，雖年未至，而亦將用之，不以年少爲之傷也。**如此則上無困而民不幸生矣。**有功能必賞用之，故人不以苟生爲幸也。

〔一〕丁士涵云：案「寵」當爲「窮」，「通窮」猶尊卑也。呂覽貴信篇：「可與尊通，可與卑窮者，其唯信乎？」翔鳳案：説文「質，以物相贅」，謂以物受錢也。天道人情，非可虚致，必我有其實以應之。周書謚法「名實不爽曰質」，是其義矣。其承天人之寵者，勢尊矣，亦當順其道而行之。丁説誤。

① 「讒」字原作「故」，據校正改。
② 「有」字原作「其」，據補注改。

〔二〕劉績云：「始於患者不與其事」，即下「患而不勞也」。「親其事者不規其道」，即下「勞而不患也」。　翔鳳案：「患」訓爲憂，即慮難也。　何如璋云：「患」謂思患，即孟子「君子勞心，小人勞力」之義。

〔三〕張佩綸云：儀禮士喪禮注：「形法定爲素。」　翔鳳案：中庸「素隱行怪」，注：「『素』讀爲傃，猶鄉也。」謂各有其嚮也。「始」字可通，于省吾改爲「治」，非是。

〔四〕劉績云：「以人役上」，自君臣言。「以力役明」，自等類言。「以刑役心」，自一身言。「刑」乃「形」字譌，下同。此注及下俱非。　洪頤煊云：劉説是也。「形」對「心」言，故下文云：「心道進退，而形道滔赶；進退者主制，滔赶者主勞。」「滔」與「蹈」通。楚辭謬諫篇「年滔滔而日遠兮」，王逸注：「滔滔，行貌。」廣雅釋訓：「蹈蹈，行也。」説文云：「赶，舉尾走也。」皆與「勞」義相近，尹注非。　王念孫云：「以力役明」，所謂「君子勞心，小人勞力」也。「刑」、「形」古字通。

〔五〕王紹蘭云：説文：「夲，進趣也，從大從十，十，猶兼十人也，讀若滔。」（叔重「讀若」皆聲兼義，故讀從大從十進趣之「夲」，若水漫漫大皃之「滔」。）「赶，舉尾走也。」（「舉尾走」者，馬之疾者也。）「滔」即「夲」之假借。言運心之道進退有度，執法之道敏則有功。「滔」謂進趣，「赶」謂進趣之疾，故下文云「滔赶者主勞也」。大雅江漢篇「武夫滔滔」，謂武夫疾趣而進，猶此云「滔赶」矣。詩人因上言「江漢浮浮」，因即借「滔」爲「夲」，毛傳「滔滔，廣大皃」，即「夲」

從大從十之義。鄭箋「使循流而下滔滔然」，即「夲」進趣之義。可與此文參證。劉師培云：尹注云：「『滔』謂充也。『赶』謂逡巡，曲也。」注以「逡巡曲」訓「赶」，是「赶」係「迂」訛。下文云「故民迂則流之，民流通（王氏引之云「通」字衍）則迂之」，尹注云：「人太迂曲不行則流通之。」今楊本上「迂」字亦訛爲「赶」。以此互證，則「滔赶」當作「滔迂」，明矣。「滔」義同流（注略），「滔迂」，流迂之誼，約與屈伸、拘放相當。此文「刑」與「形」同，謂心運進退於無形，體呈屈伸於有形也。下文「滔赶者主勞」，「赶」亦「迂」訛。（瞿氏楊本提要亦以「滔赶」之「赶」即「迂」字。）翔鳳案：劉説是也。然以「赶」爲「迂」之訛，則未必。從辵從走之字多同，説文「𧽾，趁也」，易屯卦作「邅」。「𧾩，疾也」。詩齊風「子之還兮」，傳：「便捷之貌。」「越，度也」，與「𨒅」同。「超」與「迢」，「趍」與「迻」，皆聲近義同，則「迂」可爲「赶」，惟其字未收之於説文耳。而以「于」爲「干」，則少誤矣。

〔六〕翔鳳案：易文言：「利者，義之和也。」

〔七〕王念孫云：「戒」當爲「成」，字之誤也。「成」與「誠」通。（禁藏篇「賞罰莫若成必」，「成」即「誠」字。小雅我行其野篇「成不以富」，論語顏淵篇「成」作「誠」。）「誠心形於內，容貌動於外」，所謂「誠於中，形於外」也。此以身之從心喻民之從君，不當專以「戒心」言之。尹注非。翔鳳案：管子有戒篇，以戒爲重。儒家之誠亦爲慎獨，房訓「戒慎」，不誤。王説誤。

〔八〕戴望云：元本「道」下有「也」字。翔鳳案：「明君之道」句起下，安得有「也」字？

〔九〕安井衡云：「振」，救；「病」，患也。

〔一〇〕丁士涵云：據尹注，則「政刑」當作「正形」。「齊民」猶言平民也。張佩綸云：「牽於衣食之利」，即牧民「衣食足而知榮辱」意。劉師培云：據注説，是「政刑」當作「養形」，蓋正文舊作「敊刑」，校者不識古「養」字，因易爲「政」。注文改用今字，故仍作「養形」。張德鈞云：「齊」字作動詞解。「齊民以政刑」，即論語「道之以政，齊之以刑」意。翔鳳案：張德鈞説是。孟子「明其政刑」，亦以「政刑」相連。「牽於衣食之利」句起下，房注誤連上矣。

〔一一〕吴志忠云：「分民」之「民」，當爲「也」字之誤。李哲明云：「民」當爲「也」。言君子食道，小人食力，分固然也。孟子：「治人者食於人，治於人者食人，天下之通義也。」此節語意正同。秦刻石「也」字作「㔟」，傳寫者以字似「民」，臆改致誤。注「分民也」，「民」字亦涉正文誤增。翔鳳案：諸人改「民」爲「也」，以「分民」二字不當爲一句，然下文「作本」亦以二字爲句，則「民」非誤字。「分民」者，各盡其力之所能也。

〔一二〕戴望云：朱本作「禮審而義明」，下文同。翔鳳案：義審是非之宜，禮明上下之等，朱本謬。

〔一三〕丁士涵云：「偏卒」，皆副佐之義。左襄三十年傳「令尹之偏」，注：「偏，佐也。」「卒」與「倅」同。説文：「倅，副也。」周官車僕注：「萃，猶副也。」萃、倅亦同義。「偏卒之大夫，不敢有幸

心」，謂職居副佐者，不敢冀幸踰倫等，僭居正位也。尹注大繆。俞樾云：「偏」者車數，「卒」者人數，成七年左傳杜注引司馬法曰「百人爲卒，車九乘爲小偏，十五乘爲大偏」，是也。「有偏卒之大夫」，蓋謂大夫之家有車徒者耳。尹注未得。翔鳳案：俞説是。

〔一四〕翔鳳案：趙本、古本以二字不成句，而於「力」下加「則」字，然上文「分民」亦有二字句，不可信也。

〔一五〕翔鳳案：左襄十三年傳「小人農力以事其上」，大匡「耕者用力不農」，「農」謂努力。「立」訓涖，詳立政篇。「明君立世」，明君涖世也。

〔一六〕王引之云：「民流」下「通」字因注而衍。注於上「流」字訓爲「流通」，下「流」字訓爲「流蕩」，則無「通」字明甚。若有「通」字，不得訓爲「流蕩」矣。翔鳳案：房注即以「蕩」訓「通」，謂遷也。「迂」字不誤，見前。

〔一七〕戴望云：「雖」與「唯」同。翔鳳案：「雖」同「唯」，王引之已有此説，詳經傳釋詞。

〔一八〕王念孫云：「頃」當爲「須」，説見法法篇。翔鳳案：「頃時」形容「不難」，若作「須時」則難矣。孟子「以齊王猶反手也」，文意全同，王説誤。

〔一九〕張佩綸云：周禮天官疾醫「兩之以九竅之變」，鄭注：「陽竅七，陰竅二。」淮南天文訓：「天有九重，人亦有九竅。天有四時，以制十二月，人亦有四肢，以使十二節。」疑「六道」乃「九竅」之誤，注「四竅」即「七竅」，正引鄭注爲釋。翔鳳案：素問有六經：陽明、少陽、太

陽、太陰、少陰、厥陰，爲氣血之通道，故下云「六道不違」。張説誤。

〔二〇〕翔鳳案：「失」，謂氣血失調。

〔二一〕翔鳳案：「婦言不及官中之事」，防其進讒，且與下文「宫下之交」相應。

〔二二〕俞樾云：「威」乃「戚」字之誤。戚者，滅也。劉氏績謂是「戒」字之誤，非是。翔鳳案：「威」從戌聲。説文：「戌，滅也。」王莽傳有「威斗」，今作「熨斗」。「熨」，從上按下也。「威」有抑義，「威私」即抑私。甘誓「有扈氏威侮五行」，猶滅侮也。非誤字。

〔二三〕姚永概云：「明立寵設」屬嫡子言，不屬庶子言。下「選爲都佼」四句，即「明立寵設」之事。「不以逐子傷義禮」爲句。「私愛」爲因私而予之愛，「驩勢」爲因驩而予之勢，四字對文也。此乃言庶子矣。「私愛驩勢」焉能與禮並倫乎？然必「明立寵設」而後乃能不逐嫡子以傷義禮也。劉師培云：「妾」字當從他本作「立」。正世篇曰「設人之所不利欲以使，立人之所不畏欲以禁」，「立」、「設」並文，正與此同。「明立」者，尊所立之適也。「寵設」者，寵所設之適也。「明立寵設」文異誼同。尹注云「明立正嫡，設其貴寵子」，似解「寵設」爲設寵，與本文弗合。章炳麟云：尹注：「明立正嫡，設其貴寵，子不令逐而廢之，故不傷義也。」劉績曰：「言庶子雖有才有寵，亦不以逐適子而傷義。」雜志曰：「『明』猶尊也，言庶子雖尊寵，不以代適子也。」今謂劉以「明立寵設屬庶子言」，王又訓「明」爲尊，皆是矣，至「逐子」之義，猶取尹説。然下文言「禮私愛驩，勢不並倫，爵位雖尊，禮無不行」，方言別嫌明微之始，而此

處已戒其廢逐大子，于言陵躐無序，管子本義不如是，亦謂別嫌明微而已。「傷義」乃後人增竄之字。知者，「不以逐子」與「勢不竝倫」、「禮無不行」相儷。彼皆四字句，則此亦當然。「逐」借爲「冑」。易大畜「良馬逐」，釋文：「逐，如字，一音冑。」海外北經「夸父與日逐走入日」，注：「逐，音冑。」是「逐」、「冑」聲通也。後漢書班固傳「六師發冑」，（此「冑」非從月之甲冑字，若作甲冑字讀，終不可通。）文選西都賦作「六師發逐」，則明借「冑」爲「逐」矣。「冑」可借爲「逐」，「逐」亦可借爲「冑」。堯典「教冑子」，馬注：「冑，長也。」詩崧高疏引說文：「禮謂適子爲冑子。」「以」通作「與」，「與」即「一與一」之與，敵也。此言庶子雖尊寵，不得敵冑子，與下「禮私愛驩，埶不竝倫」同意。但彼據權勢言，此據禮秩言耳，後人不曉「逐」爲「冑」字之借，「以逐」爲「放逐」義，則「不以逐子」四字文義不足，乃又加「傷義」二字以足之，非舊本也。

翔鳳案：「逐子」即「冑子」，章說是也。廣雅釋親：「妾，接也。」「妾」爲古「接」字，謂其接於君，見前。「明妾」謂明接之。趙本、古本不知其義而改爲「立」，非別有善本爲依據也。廣雅釋詁二：「設，合也。」

〔二四〕翔鳳案：說文：「佼，交也。」段引明法解「羣臣皆忘主而趨私佼」，證「佼」即「交」字。史記趙世家「齊之事王，宜爲上佼」，是齊以「佼」爲「交」，不訓佼好。漢書兒寬傳「嘗爲弟子都養」，注：「都，凡衆也。」與都督同義。「都佼」爲交際之總管。問篇「官都其有常」，即此「都」也。翔鳳

〔二五〕李哲明云：注云：「參驗、伍偶，相與俱得。」依此，正文「德」當爲「得」，同聲而誤。

案：「周舉」猶徧舉。

〔二六〕翔鳳案：「諅」同「忌」。房注是也。「聚立」承上「立相」。方言二：「萃、襍，集也，東齊曰聚。」左成十三年傳：「我是以有輔氏之聚。」

〔二七〕章炳麟云：當作「不以年傷」，「傷」借爲「揚」。詩泮水「不吳不揚」，傳：「揚，傷也。」此謂借「揚」爲「傷」，則「傷」亦可借爲「揚」。文王世子云「或以德進，或以事舉，或以言揚」，「揚」亦「舉」也。此「以年揚」文法與「以言揚」正同。「不以年揚」者，謂不以歷官積日而舉之，如後世之奉滿例遷者，蓋德僅小任，雖歷久亦不遷也。凡彖日積官，亦得稱勞，故書言「三載考績」，以積久則有績也。然德不足以處高位，雖積勞不遷，德足以處高位，則無勞亦遷，是謂「以德弇勞，不以年揚」。翔鳳案：章說有理，且能尋出更多之證，然任何政府未有專重德而不顧年資者。德能並重，能可包於年中。德可弇勞，亦不以勞弇其年資。下文「及年而舉」，兼顧年資可知。

國之所以亂者四，其所以亡者二。內有疑妻之妾〔一〕，此宮亂也〔二〕。庶有疑適之子〔三〕，此家亂也。朝有疑相之臣，此國亂也。任官無能，此衆亂也〔四〕。四者無別，無別，謂妻妾嫡庶等不分別也。主失其體，群官朋黨以懷其私，則失族矣〔五〕。國亡則宗族隨之，故曰失族也。國之幾臣〔六〕，陰約閉謀以相待也，則失援矣。爲國之機，臣下陰爲要結，其所謀者，閉而不泄，以此相待，人必懷疑，而不相親矣，故失其援也。失族於內，失援於外，此

二亡也。故妻必定，子必正，相必直立以聽，官必中信以敬〔七〕。故曰：有宮中之亂，有兄弟之亂，有大臣之亂，有中民之亂，中民，謂百吏之屬也。有小人之亂〔八〕，五者一作，則爲人上者危矣。宮中亂曰妬紛〔九〕，言積妬紛然，所以亂。兄弟亂曰黨偏〔一〇〕，黨偏，則强弱相凌，故亂也。大臣亂曰稱述〔一一〕，各稱述其己德①之長而不相讓，則亂也。中民亂曰讋諄〔一二〕，謂以智詐讋恐諄質則亂。小民亂曰財匱。賦税重，則財匱，故亂。財匱生薄，財不供，則禮義息，故薄也。讋諄生慢，不重淳質，而智詐讋②恐之，此其慢也。稱述、黨偏、妬紛生變。此三者或生③，簒君弑④主，能爲大變也。故正名稽疑，刑殺亟近，則内定矣〔一三〕。正嫡庶之名，稽妻妾之疑，不正者之黨數，取其偪近者而刑殺之，如此，則黨偏妬紛之變息，故内定。順大臣以功，順中民以行，順小民以務，順用其務農也。則國豐矣〔一四〕。三者各稱其所順，故國豐也。審天時，天時各有宜也。物地生〔一五〕，以輯民力。禁淫務，繡文刻鏤，淫務。勸農功，以職其無事〔一六〕，無事者皆令得職也。則小民治矣。上稽之以數，謂上欲有

①「己德」原作「德己」，據補注乙。
②「智詐讋」原作「讋稱迷」，據補注改。
③「三」字原作「二」，「生」字原作「主」，據補注改。
④「弑」字原作「殺」，據補注改。

所徵發，必考其定數以命之也。**下十伍以徵，**既得其定數，下其什伍名以徵之也。**近其罪伏**〔一七〕**，以固其意。**日期既近，尚有不供者，則加之罪，以權伏之，所以固供者之意。**鄉樹之師，以遂其學，**每鄉必立之師，以遂之也。**官之以其能，及年而舉，則士反行矣**〔一八〕。舉而有材能者，則授之以官。既有年矣，則舉其功過而考察之，如此，則皆反其行矣。**稱德度功，勸其所能**〔一九〕**，若稽之以衆風，若任以社稷之任**〔二〇〕，既稱其德，又度其功，則其材能不可不知矣。既知其能，順而考之，或使之莅衆，以立風化。其材能尤高者，或授之以社稷之任者也。**若此，則士反於情矣**〔二一〕。有能必任之以職，故士反於情也。

〔一〕豬飼彦博云：「疑」、「擬」同。　宋翔鳳云：「疑」讀儗，僭也，比也。下兩「疑」字同。漢書食貨志「遠方之能疑者」，顔注：「『疑』讀曰擬（同儗），僭也。」　張佩綸云：韓子説疑篇：「故曰：孼有擬適之子，配有擬妻之妾，廷有擬相之臣，臣有擬主之寵。此四者，國之所危也。」

〔二〕戴望云：長短經十一引此「宫亂」作「家亂」，下「家亂」作「宗亂」。　翔鳳案：妻妾同處宫中，「家」字謬。

〔三〕翔鳳案：説文：「嫡，孎也。」「孎，謹也。」「嫡」爲謹飭之意。段注：「俗以此爲嫡庶字，而許書不尒。蓋嫡庶字古衹作『適』，適者之也，所之必有一定也。詩『天位殷適』，傳曰：『紂居

天位，而殷之正適也。』凡今經傳作『嫡』者，蓋皆不古。」儀禮士喪禮「死於適室」，注：「正寢之室也。」每日所往，故居是室者爲適。管子用本字。古聲舌上讀舌頭，「適」本讀嫡，韓非尚用「適」字（見下），則用「嫡」字在漢時。

〔四〕張佩綸云：「任官無能」與上三者不類，當依韓子作「官有疑主之寵」，「主」譌爲「任」，「寵」誤爲「能」，蓋狃於上文「舉能就官」耳。翔鳳案：「疑」通「擬」，擬謂相等，韓非所謂「內寵並后，枝子配適，大臣擬主也」。「擬主之寵」指大臣，管書之「衆亂」非大臣，不能以彼校此而改字也。

〔五〕丁士涵云：「懷」當是「環」字之誤。上文云「兼上下以環其私」，「環」讀爲營。姚永概云：此但言宗族微弱，不能衛其本根耳。觀下文「失族於內，失援於外，此二亡也」，明明但言有亡之徵。人臣竊國，必先弱其宗室，乃漸及篡弒。叔向憂公室之卑而三家分晉，崔、慶、欒、高之不保而陳氏代齊，皆其證矣。翔鳳案：說文：「懷，念思也。」此義至順，何必改訓？「環其私」，韓非作「營其私」，王念孫已指出，「懷」、「環」、「營」音理可相轉，然不可改。作文用字，前後當一致也。凡改字者，因其本義不可通，或有別證，否則不改，此常識也。

〔六〕安井衡云：「幾臣」與「羣臣」對，蓋謂掌機密之臣。國之幾臣陰與敵國約，閉藏其謀，以待可乘之時，則失鄰國之援。李哲明云：「幾」有近義，「幾臣」猶言近臣，與上「羣官」對文。「幾」、「近」雙聲，易屯卦「君子幾」，釋文：「幾，子夏作『近』。」中孚「月幾望」，釋文：「幾，京

作『近』。」是「幾」、「近」通用之證。「陰約閉謀」對舉，正上所謂「疑相之臣」者也。翔鳳案：李説是。樂記「知樂則幾於禮矣」，此「幾」訓近之證。「幾」音近祈，「祈」、「近」同從斤聲。李謂「幾、近雙聲」，尚隔一層。

〔七〕張佩綸云：「直立」當作「正直」。劉師培云：治要「中」作「忠」。翔鳳案：説文：「直，正見也。」廣雅釋詁一：「直，正也。」「立」，古文「位」字，見前。聽政各有其位，而位仍當立，故曰「直立」。周禮大司樂「中和祗庸孝友」，注：「猶忠也。」漢張遷碑「中謇於朝」，魏橫海將軍碑「君以中勇」，皆以「中」爲「忠」也。

〔八〕丁士涵云：下文三言「小民」，當據改。翔鳳案：此避諱回改未盡者，與誤字不同。

〔九〕張佩綸云：史記鄒陽傳：「女無美惡，入宫見妒。」楚辭惜誦注：「紛，亂也。」翔鳳案：左隱四年傳：「以亂，猶治絲而棼之也。」此「曰」與洪範「水曰潤下，火曰炎上」同一用法。

〔一〇〕翔鳳案：「黨偏」，謂與不正者爲黨。

〔一一〕劉師培云：「稱述」疑「偪邇」之訛。「偪」訛爲「偁」，因改爲「稱」。翔鳳案：儀禮士喪禮「不述命」，注：「既受命而中言之曰述。」大臣或假述天命，或假述王命，皆「稱述」者。

〔一二〕張文虎云：「諄」疑當作「誖」，「誖」亦亂也。下云「讋誖生慢」，則「誖」義亦與「悖」近。尹解爲「諄質」，謬。翔鳳案：孫子行軍篇「諄諄翕翕，徐與人言者，失衆也」，曹操注云：「失志貌。」桂馥謂「『翕』爲『讋』之借」，此「讋」、「諄」二字相連之證。張文虎改爲「誖」，其誤可

知。「讋」爲「失氣言」，「諄」爲「告曉之孰」，均爲本義，失氣而言多也。

〔一三〕金廷桂云：「亟」，齊語也。揚子方言：「東齊海岱之間謂欺詐爲亟。」此言刑殺其欺詐近習之人耳。注太迂曲。

〔一四〕翔鳳案：孝經「先王有至德要道，以順天下」，「順」讀爲訓。

〔一五〕豬飼彦博云：「物」如「物土方」之「物」，相也。「地生」，地之所生也。　翔鳳案：「生」與「性」通。

〔一六〕王念孫云：「無」當爲「典」，典，常也，常事即指農功而言。禁淫務，勸農功，則民皆職其常事矣。隸書「無」字作「橆」，「典」字或作「㒖」，（漢益州太守高頤碑「游心典籍」，「典」字作「㒖」。）二形相似，故「典」譌爲「無」。尹注非。　張佩綸云：王説非也。禁淫務而勸農功，則無事者皆有常職矣。尹注不誤。　翔鳳案：「無」字有二。説文：「無，豐也，从林奭。或説規模字，从大，卌，數之積也。林者，木之多也。『卌』與『庶』字同意。」又曰：「無，亡也，从亡，無聲。」楷書二字不别。孳乳作「廡」，與「庶」同義。晉語「不能蕃廡」，是其證。形勢篇「譕臣」即「蹠巨」。「職其無事」，謂職其庶事也。諸人皆誤爲有無之無矣。

〔一七〕張文虎云：據尹注，則「其」當爲「期」字之誤。　張佩綸云：當作「近伏其罪」，即上文「刑殺亟近」也。　翔鳳案：詩民勞「赦彼有罪，既伏其辜」，此「罪伏」之義也。

〔一八〕俞樾云：「反」當爲「𠬝」字之誤。𠬝，古「服」字。　許維遹云：俞説非也。「反」，復還也，

下文「則士反於情矣」，上文「則民反道矣」，「反」字義與此同。老子云：「歸真反樸。」「反」、「歸」相對爲文，則反亦歸也。歸即復還。　翔鳳案：許説是。

〔一九〕翔鳳案：大學「子庶民則百姓勸」。「勸」有勉義。

〔二〇〕丁士涵云：「風」與「諷」同。「衆諷」猶衆議，即「國人皆曰賢」之意，「風」與「任」韻。　俞樾云：兩「若」字並當訓乃，説詳上篇，此承上文而言。既稱德度功，勸其所能，乃稽之以衆風，乃任以社稷之任也。「衆風」者，衆人之風謡，尹解非是。

〔二一〕安井衡云：此論「順大臣」而亦曰「士」者，天下無生而爲大臣者，大臣亦出於士也。　翔鳳案：上文「則小民治矣」，與「小民亂曰財匱」對。此「士」指中民。

小稱第三十二　稱，舉也。小舉其過，則當權而改之。　短語六

管子曰：「身不善之患，毋患人莫己知。言但患身之不善耳，無患人不知己也。丹青在山，民知而取之。美珠在淵，民知而取之。丹青與珠，各有可用之性，故雖在山泉而藏，人猶知而取之，況在於人懷善而不知乎。是以我有過爲，而民毋過命。我身有過爲，人必知而名之，無有過而妄命者也。民之觀也察矣，不可遁逃，有過必知，故不可以遁逃。以爲不

善〔一〕。故我有善則立譽我，我有過則立毀我。當民之毀譽也，則莫歸問於家矣〔二〕。人既毀譽，則己之善惡審矣，故不復問家。問家，則左右佞媚者，善掩其過，而飾其非也。故先王畏民。民之毀譽，必當其過善，故畏之。操名從人，無不强也。謂君自行善，持名使之延譽，故强也。操名去人，無不弱也〔三〕。君既行惡，即是持名去人，無①善可稱，故弱也。雖有天子諸侯，民皆操名而去之，則捐其地而走矣〔四〕。皆持其名而去於人，則過惡日聞，人共畏之，故棄其地而走也。故先王畏民。無善名，則棄之走，故畏人。在於身者孰爲利？氣與目爲利〔五〕。氣也者，所以生全其形；目也者，所以獨見其運爲，功用莫大焉，故最爲利也。聖人得利而託焉，故民重而名遂，聖人之聖，精而又神，託而行善，則譽滿天下，故人重而名遂也。我亦託焉。聖人託可好，我託可惡。我託可惡以來美名〔六〕，又可得乎？我雖託氣，濁而不神，所行皆可惡。用此招來美名，其可得乎！愛且不能爲我能也〔七〕。託氣既濁，雖令人愛，猶不得美名，況於惡之乎！毛嬙、西施，天下之美人也〔八〕。盛怨氣於面，不能以爲可好。嬙、施雖美，而面有怨氣，亦不能爲可好。喻聖人外見其惡，亦不得美名。我且惡面而盛怨氣焉。怨氣見於面，惡言出於口，去惡充所往去於人者，皆以惡事充。以求美名，又可

① 「無」字原無，據校正增。

得乎〔九〕？喻人君既内無聖德，外皆行惡，必無美之名也。甚矣！百姓之惡人之有餘忌也〔一〇〕，惡人不善，更有餘忌。是以長者斷之，短者續之，滿者洫之〔一一〕，虚者實之。」洫，虚也。長滿者，人所忌，故或斷之，或虚之。短虚者，人之所好，故或續之，或實之也。

〔一〕劉績云：此爲句。言人之觀我甚明，豈可遁逃以爲不善也？翔鳳案：不以爲於我爲不善也，即畏民之意。郭沫若以爲注文誤入，非是。

〔二〕張文虎云：「莫歸問於家」，言善與過，視民之譽毁，不必問之家人。或欲改「家」爲「我」，非也。

〔三〕豬飼彦博云：持善名使人從我也，持惡名使人去我也。金廷桂云：此承上「有善譽我，有過毁我」而言。君有善名而從人者無不强也，有惡名而去人者無不弱也。「操名從人」猶孟子言「以善服人」也。「操名去人」猶言「苟不好善，士止於千里之外」也。翔鳳案：漢書張湯傳「雖賈人，有賢操」，注：「謂所執持之志行也。」楚辭諫大夫「何執操之不固」，注：「志也。」「操名」謂所執持之人。下文「民皆操名而去之」，「去之」與「去人」同意。王者亦人也，金説是。

〔四〕姚永概云：「捐地而走」，謂天子不保天下，諸侯不保社稷，非指民言。若言民，則既「去之」，又曰「捐地而走」，複矣。翔鳳案：天子諸侯，不願自棄其地，若爲人所逼，不得謂之捐棄矣。操名去人則弱，亦未必捐地而走。孟子「吾聞西伯善養老，盍往歸之」，「陳良之徒陳相，負耒耜而自宋之滕」，皆民之捐棄也。

〔五〕方苞云：「氣與目」能感人，故于身爲利，猶位與勢能動人，于治人爲利也。聖人得位勢之利而託之以爲善，世主託焉則以爲惡。張佩綸云：依後「明王懼聲以感耳，懼氣以感目」，則「氣與目」當作「氣與聲」，或脱「聲與耳」三字。翔鳳案：下文「充」字即氣，氣充則身强，目則觀測外界事物。「氣」字不誤。此節之義，宜與幼官、宙合參看。

〔六〕王念孫云：「來」當爲「求」。下文云「以求美名，又可得乎」，即其證。又侈靡篇「不出百里而來足」，「來」亦當爲「求」，言不出百里，而所求者足也。又任法篇「富人用金玉事主而來焉」，「來」亦當爲「求」。下文云「近者以偪近親愛，有求其主」，即其證。又九守篇「君因其所以來，因而予之」，「來」亦當爲「求」。鬼谷子符言篇正作「求」。隸書「來」字作「来」，「求」字或作「来」，（漢三公山碑「乃求道要，本祖其原」，「求」字作「來」，蕩陰令張遷碑「紀行求本，蘭生有芬」，「求」字作「来」，皆與「來」字相似，惟首畫作曲形。自右而左，與「來」字不同。）二形相似，故「求」譌爲「來」。（「求」、「來」二字，書傳多互譌。呂刑「惟貨惟求」，馬注云：「求，有求請，賕也。」案：漢律有受賕之條，即經所云「惟貨」也。又有聽請之條，即經所云「惟求」也。二者相因，故馬注云云，以兼釋「惟貨惟求」之義。「求」字傳寫作「来」，故與「來」字相似，而某氏傳遂訓爲往來之來，失之矣。孟子離婁篇：「舍館定，然後來見長者乎？」史記李斯傳：「來丕豹、公孫支於晉。」（今本「來」字又皆譌作「求」。）尹注皆非。翔鳳案：我託可惡，不能有美名來歸我。若怨氣見於面，則求之亦不可得，況自來乎？又深一層。王以下

校上，非是。

〔七〕安井衡云：「爲」猶謂也。張文虎云：下「能」字讀「如不相能」之「能」，義與「得」同。

張佩綸云：「愛」謂親愛我者。翔鳳案：漢書百官公卿表「柔遠能邇」，注：「善也。」荀子勸學「非能水也」，注：「善也。」

〔八〕葉適云：管子非一人之筆，亦非一時之書，莫知誰所爲；以其言毛嬙、西施、吳王好劍推之，當是春秋末年。（習學記言卷四十五。）豬飼彦博云：「西施」，吳王夫差之姬。此乃贋作之破綻。戴望云：後人據此謂管子是周末書。考莊子齊物論釋文引司馬彪云：「毛嬙，古美人；西施，夏姬也。」謂夏時人，則非吳之西施明矣。張佩綸云：趙岐孟子注：「西子，古之好女，西施也。」淮南齊俗訓高注：「西施、毛嬙，古好女也。」脩務訓注：「西施、陽文，古之好女。」或據莊子齊物論釋文引司馬彪注「西施，夏姬」爲説，案夏姬即陳夏姬，亦在管子後。西施，古之好女，乃漢儒相傳古説，不必泥吳王事。翔鳳案：「西施」，孟子作「西子」，「子」，口語作「你」。説文「施，旗皃」，字亦作「旎」，與「你」同音，「施」即「子」。左隱公元年傳「惠公元妃孟子卒」，杜注：「子，宋姓。女以字配姓。」詩衡門：「豈其食魚，必河之魴？豈其娶妻，必齊之姜？豈其食魚，必河之鯉？豈其娶妻，必宋之子？」箋：「子，宋姓。」由是推之，則西爲字，子其姓也。高注、趙注稱「古好女」，則爲春秋以前之宋子，或爲殷女，以宋爲殷後也。所謂「好女」，從來誤解爲美女。丁山以甲文「御婦好於蒿」、「手婦好先

共人於瀧」，謂好爲子姓之女，證以甲文之「婦妣」、「婦妊」，其言可信。妊爲薛姓，妣即詩之孟弋。姬、姜、嫣、嬴皆爲姓，好爲子姓無疑，然則「古好女」謂古代殷女也。越之西施，襲用古美人之名，或以其美而以「西施」稱之，決非「古好女」。由是而管書非周末之文，無可指摘矣。

〔九〕俞樾云：尹注斷「去惡充」三字爲一句，解曰「所往去於人者，皆以惡事充」，此説殊未安。「去惡充以求美名」，七字爲句，「惡充」、「美名」相對成文。詩山有扶蘇篇毛傳「子充，良人也」，正義曰：「充者，實也。」吕氏春秋正名篇「不肖者之充」，淮南子主術篇「此皆有充於内」，高誘注並訓「充」爲「實」。然則「惡充」者惡實也，正與「美名」相對。「求」乃「來」字之誤，上文「我託可惡以來美名」，字正作「來」，可證也。「去」、「來」亦相對成文，「去惡充以來美名」，謂自我而去者爲惡實，自人而來者爲美名，此必不可得之數也，故曰「又可得乎」。上文「怨氣見於面，惡言出於口」，此皆惡之實也。尹氏不知「充」有「實」義，故失其解。姚永概云：俞樾訓「充」爲「實」，謂「『惡充』、『美名』相對成文」，是也。而訓「去」爲「自我而去」，又改「求」爲「來」，則非是。「去」即「弆」之缺字，弆，藏也。我藏惡實而以求人美名，又可得乎？王氏方以此文之「求」證他文「來」字之誤，豈得反據誤文以改此乎？翔鳳案：「惡充」謂惡氣充滿。詳宙合篇「謏充」。「求」字不誤，見前。

〔一〇〕豬飼彦博云：「甚矣百姓」以下至「虚者實之」三十字，蓋錯簡也，當移下章「此其所以失身也」之下。張佩綸云：説文：「忌，憎惡也。」翔鳳案：「百姓惡人」承上「先王畏

之」。廣雅釋詁四：「忌，恐也。」豬飼説謬。

〔一一〕洪頤煊云：「洫」當作「溢」。（莊子齊物論「以其老洫也」，釋文云：「洫，本作『溢』，古字通用。」）形勢解「天之道，滿而不溢」，與上下句文義相對。尹注非。張佩綸云：「洫」當作「泄」，素問有「滿者泄之」句。翔鳳案：莊子則陽「所行之備而不洫」，注「濫也」，爲「渫」之借。「渫」訓除去，與「泄」義近。

管子曰：「善罪身者，民不得罪也。成湯罪己，故人不罪之也。不能罪身者，民罪之。桀、紂罪人，故人罪之。故稱身之過者，强也。稱身之過，即是謙受益也。治身之節者，惠也〔一〕。懷智之人，然後理身節，故曰惠。不以不善歸人者，仁也。不以不善之事歸之於人，如此者，仁也。故明王有過，則反之於身；有善，則歸之於民。有過而反之身，則身懼。過反於身，則懼而脩德也。有善而歸之民，則民喜。民得善，故喜也。往喜民，善往則人喜也。來懼身，過來則懼身也。此明王之所以治民也。今夫桀、紂不然，有善則反之於身，有過則歸之於民。歸之於民則民怒，反之於身則身驕〔二〕。往怒民，來驕身，此其所以失身也。故明王懼聲以感耳，人以惡聲懼己，耳聞而感，則心不敢念非。懼氣以感目，人以惡氣懼己，目見而感，則身不敢造惡。以此二者有天下矣〔三〕，可毋慎乎！匠人有以感斤欘，故繩可得料也〔四〕。羿有以感弓矢，故彀可得中也。造父有以感轡

筴，故遬獸可及〔五〕，遠道可致。轂，謂射質棲皮者也。感，謂深得其妙，有應於心者也。天下者，無常亂，無常治。不善人在則亂，善人在則治，在於既善所以感之也。」既，盡也。天下所以理，在於君人者內外盡善感之於人也。

〔一〕翔鳳案：仲尼燕居「樂也者，節也」，疏：「制也。」節之不可過。周語：「惠所以和民也。」周書謚法：「愛民好與曰惠。」

〔二〕王念孫云：羣書治要作「有過而歸之於民則民怒，有善而反之於身則身驕」，是也。上文云「有過而反之身則身懼，有善而歸之民則民喜」，是其證。今本無「有過而」、「有善而」六字者，後人以意刪之耳。翔鳳案：管文勁潔，無此冗沓字句，此治要以意增之，王言非也。

〔三〕豬飼彥博云：「故明王」以下至「所以感之也」九十五字，亦錯簡也，當移上章「以求美名又可得乎」之下。又云：兩「懼」字並當作「愼」，蓋因上「懼身」而誤也。此承「怨氣」、「惡言」二句，言明王能愼其聲言氣色以感人之耳目。翔鳳案：此文在「以」字。房注感己耳己目是，豬飼說非。

〔四〕張佩綸云：文選赭白馬賦注引字林：「料，量也。」「繩可得料」，言木從繩則正。御覽作「斷」，誤。翔鳳案：張說是。

〔五〕翔鳳案：左氏成二年「衛侯速」，公羊作「衛侯遬」。左僖二十六年「公會莒子、衛甯速盟于向」，公羊作「甯遬」。方言二：「速，疾也。東齊海岱之間曰速。」以疾爲速，乃齊之方言。字

本作「遨」。晏子春秋内篇雜上「二君之來遨」，可以爲證。楚辭與管子同爲殷文化，大司命
「吾與君兮齊速」，不作「遨」，似乎例外。然禮記玉藻「見所尊者齊遨」，知楚辭本作「遨」也。
爾雅釋獸：「鹿，其迹麕。」釋文亦作「速」。「遨」從欶從辵，「欶」爲氣疾。逐鹿迹而喘氣，故
訓爲疾，「速」則省文矣。

管子曰：「修恭遜敬愛辭讓，除怨無爭，以相逆也，逆，迎也。謂用此恭遜等以相迎
接也。則不失於人矣。遜以接人，有何失乎？嘗試多怨爭利，相爲不遜，則不得其
身〔一〕。苟爲不遜，身尚不得，況於人乎！大哉！恭遜敬愛之道。吉事可以入察，凶事可
以居喪〔二〕，大以理天下而不益也，直用恭遜敬愛，足以理天下，更不須益。小以治一人而
不損也。雖復一身用恭遜敬愛理之，纔可足耳，亦不須損也。嘗試往之中國諸夏蠻夷之
國〔三〕，以及禽獸昆蟲，皆待此而爲治亂。有恭遜敬愛則理，無之則亂也。澤之身則榮，去
之身則辱〔四〕。恭遜敬愛，身之粉澤也，故在身則榮，去身則辱也。審行之身毋怠，雖夷貉之
民，可化而使之愛。夷貉之人，殘戾凶暴，苟以恭遜敬愛化之，可使生愛。審去之身，雖兄弟
父母，可化而使之惡〔五〕。父母兄弟，恩情結固，苟無恭遜敬愛化之，可令生惡。故之身者使
之愛惡，之，是也。同是此身，有恭遜敬愛則愛，無之則惡。名者使之榮辱〔六〕。同是此身之
名，有恭遜敬愛則榮，無之則辱也。此其變名物也，如天如地，言恭遜敬愛可以變化愛惡榮

辱。名物之善惡，如天地之生殺也。**故先王曰道〔七〕。」**道者，貴作變化也。

〔一〕丁士涵云：「嘗試」二字，涉下「嘗試往之中國」而衍。「多怨爭利」承上「除怨無爭」言之。「相爲不遜」承上「修恭遜敬愛辭讓」言之。古音之、真對轉，「遜」與「利」、「身」爲韻也。張文虎云：丁云「嘗試」二字涉下而衍，是也。又云：「古音之、真對轉，『遜』與『利』、『身』爲韻。」案：之、真古不通轉，「利」亦非之部去聲，「遜」與「身」亦不同部。「則不得其身」與上「則不失於人矣」爲對。「身」下疑脱「矣」字。張佩綸云：「相爲」之「爲」讀爲僞，孟子：「是相率而爲僞也。」顏昌嶢云：丁、張(文虎)二説均非。「嘗試」下三句，乃反言以足上意，不與上文平列。且語氣未完，句末不當有「矣」字。翔鳳案：「嘗試」爲假定之問，非一定有之，非衍文。

〔二〕王念孫云：「察」當爲「祭」，「祭」，吉事也。「喪」，凶事也。二句相對爲文。安井衡云：尹不注「察」字，則其本作「祭」。張佩綸云：藝文類聚禮部上引書大傳：「祭之爲言，察也。」春秋繁露祭義篇：「祭者，察也，以善逮鬼神之謂也。善乃逮不可聞見者，故謂之察。」王氏、安氏改「察」爲「祭」，失之。翔鳳案：張遷碑「際」作「傺」，「察」作「蔡」。左昭元年傳「周公殺管叔而蔡蔡叔」，上「蔡」字讀如察。「察」從祭聲。淮南原道訓「際天地」，文子道原篇作「察天地」，是其證也。

〔三〕戴望云：「中國」二字衍，「諸夏」即「中國」，不得於「諸夏」之上更言「中國」也。于省吾

云：戴説非是。「中國」就京師言，詩民勞篇「惠此中國」，傳：「中國，京師也。」「諸夏」就全國也。此文言「中國、諸夏、蠻夷」三者，係由近以及遠，層次井然。

〔四〕豬飼彦博云：「澤」當作「釋」，舍也。張文虎云：「澤」字，尹解爲「粉澤」，曲。案下文云「審行之身」、「審去之身」，疑此「澤」字亦「行」之誤。何如璋云：「澤」猶潤也。大學「德潤身」，義同。翔鳳案：水地：「水者萬物之準也。」「萬物莫不盡其幾、反其常者，水之内度適也。」説文「澤」訓光潤，何説是也。

〔五〕張佩綸云：「審去之身」下奪「毋澤」二字。「怠」與「愛」韻，「澤」與「惡」韻。（「澤」當在藥鐸，詩、禮屢見，段氏説。）翔鳳案：此非韻文，張説誤。行之可毋怠，去之不可毋怠，已去矣，何言「怠」乎？

〔六〕俞樾云：「身」上衍「之」字，蓋涉上文「澤之身」、「去之身」、「審行之身」、「審去之身」四句而衍。「身者使之愛惡」、「名者使之榮辱」兩文相對。今作「之身者」，於義難通。尹注曲爲之説，非是。顔昌嶢云：俞説非也。此「之」字非衍文，惟下句「名」上脱一「之」字耳。繹尹注訓「之」爲「是」，上句注云「之，是也，同是此身」云云，下句注云「同是此身之名」，知尹所見本「名」上有「之」字也。但尹訓「之」爲「是」，則誤矣。「之」猶於也，往也。大學「之其所傲惰而辟焉」，檀弓「之死而致生之」，「之」皆訓於。此言恭遜愛敬辭讓之道，審行之於身則疏者可使之愛，審去之於身則親者可使見惡。故恭遜敬愛辭讓之道之於身也使人愛惡，於名

也使己榮辱。此其變化名物之神速也，如天地之不可測度也，故先王命之曰道。翔鳳案：莊子逍遥遊「之人也」，「之」同「此」。「故之」即「故此」，二字一頓，統下文「身」與「名」二層，非有脱字也。

〔七〕吴汝綸云：「道」下當有脱文。張佩綸云：小稱止此，以下乃後人竄入。翔鳳案：房注小稱爲「小舉其過，則當權而改之」。前半言理，後半則管仲後學舉事實以證其説。管勸桓公去四子，而桓公不知懼；鮑叔勸桓公無忘在莒時，而桓公不能終守其戒。前後一貫，以爲竄入者，誤也。

管仲有病，桓公往問之，曰：「仲父之病病矣〔一〕，若不可諱而不起此病也，仲父亦將何以詔寡人？」管仲對曰：「微君之命臣也，故臣且謁之〔二〕。謁，謂有所告之也。雖然，君猶不能行也。」恐其不從，故以此言抑之。公曰：「仲父命寡人東，寡人東。令寡人西，寡人西。仲父之命於寡人，寡人敢不從乎？」管仲攝衣冠起，對曰：「臣願君之遠易牙、豎刁、堂巫、公子開方〔三〕。夫易牙以調和事公〔四〕，公曰惟烝嬰兒之未嘗，於是烝其首子而獻之公〔五〕。人情非不愛其子也，於子之不愛，將何有於公〔六〕？公喜宫而妬〔七〕，豎刁自刑，而爲公治内。人情非不愛其身也，於身之不愛，將何有於公？公子開方事公十五年，不歸視其親。齊、衛之間，不容數日之行〔八〕。臣聞之，

務爲不久，務時爲事，久必發揚之也。蓋虚不長〔九〕。覆蓋虚妄，不得長掩，謂上三士皆務爲蓋虚者，其姦情終當彰露也。其生不長者，其死必不終〔一〇〕。」其所行之行，所長之性，其至於死，必將改復本情，未有能終爲意也。言三士之忠，皆僞①忠耳，必將復其不忠。桓公曰：「善。」管仲死，已葬。公憎四子者，廢之官。逐堂巫而苛病起兵〔一一〕，苛，煩躁也。巫善，今既逐之，而公有煩苛之病，起兵妄征伐，無使療之也。逐易牙而味不至，逐豎刁而宫中亂，逐公子開方而朝不治。桓公曰：「嗟！聖人固有悖乎！」四子既逐，而有四闕，故以管仲爲悖。乃復四子者。處朞年，四子作難，圍公一室，不得出。置公一室之中而圍之，故不得出也。有一婦人，遂從竇入，得至公所。公曰：「吾飢而欲食，渴而欲飲，不可得，其故何也？」婦人對曰：「易牙、豎刁、堂巫、公子開方四人分齊國，塗十日不通矣。既有兵難，故國之道塗行旅②十日不得通也。公子開方以書社七百下衛矣，古者群居二十五家則共置社，謂以社數書於策。謂用此七百之書社降下於衛者也。食將不得矣。」作亂，欲公之死，故不給之食。公曰：「嗟兹乎〔一二〕！聖人之言長乎哉！言其所見長遠。死者無知

①「僞」字原作「爲」，據補注改。
②「故」字原作「固」，「旅」字原作「伐」，據補注改。

則已，若有知，吾何面目以見仲父於地下。」乃援素幭以裹首而絶〔一三〕。幭所以覆軨也。死十一日，蟲出於户〔一四〕，乃知桓公之死也，葬以楊門之扇〔一五〕。謂用門扇以掩屍也。桓公之所以身死十一日蟲出户而不收者，以不終用賢也。

〔一〕戴望云：當依吕覽知接篇作「仲父之疾病矣」，鄭君注論語子罕篇曰：「疾甚曰病。」

〔二〕王引之云：當作「臣故且謁之」，「故」與「固」同，言臣固將謁之也。韓子難一作「臣故將謁之」，是其證。

〔三〕孫星衍云：史記齊世家索隱引作「棠巫」，漢書古今人表、吕氏春秋知接篇引作「常之巫」。張佩綸云：左氏傳、史記有雍巫，集解引賈逵曰：「雍巫，雍人名巫，易牙字。」索隱：「賈逵以雍巫爲易牙字，未知何據。按管子有棠巫，恐與雍巫是一人也。」又正義：「易牙即雍巫也。賈逵曰：雍巫，雍人名巫，易牙也。」杜預左氏注：「雍巫，雍人名巫，即易牙。」漢表寺人貂、易牙、常之巫、衛公子開方並列下上。「常之巫」下師古注：「齊桓時人也，見吕覽。」周禮有内饔外饔，又有食醫，皆中士爲之。雍巫即食醫之類，乃官名。賈侍中以爲名巫字易牙，非也。疑易牙棠氏，其族有棠公，故亦稱棠巫。吕氏謌爲二人，而漢表因之，非是。

〔四〕孫星衍云：羣書治要「和」作「味」。翔鳳案：周禮内饔「煎和之事」。食醫「掌和王之六食、六飲、六饍、百羞、百醬、八珍之齊」。「和」即和味。

〔五〕孫星衍云：「首子」當作「子首」，韓非子難一篇宋本作「子首」。戴望云：治要「首子」作

「子首」，韓子難篇同，今本誤倒。許維遹云：孫、戴説非也，作「首子」是。韓非子二柄篇作「首子」（據道藏本）、十過篇同（據趙用賢本，王先慎集解本均改爲「子首」，其誤與孫、戴同）。淮南主術篇：「昔者齊桓公好味，而易牙烹其首子而餌之。」淮南精神篇高注云：「齊桓好味，易牙蒸其首子而進之。」「首子」亦見漢書元后傳。是秦漢所述此事皆作「首子」，「首子」即長子。墨子魯問篇：「楚之南，有啖人之國者橋，其國之長子生，則鮮而食之，謂之宜弟。美則以遺其君，君喜則賞其父。」後漢書南蠻傳亦載此事，然則烝長子而獻於君，既爲當時之風尚，又可藉此得賞，故易牙烝其「首子」而獻之桓公。若改「首子」爲「子首」，則失其古義矣。説略本楊樹達易牙非齊人考。

〔六〕翔鳳案：左昭二十年傳「是不有寡君也」，注：「有，相親有也。」義同「愛」，王念孫曾言之。

〔七〕王引之云：「喜宫」，當依朱本作「喜内」，故下句云「豎刁自刑而爲公治内」。左傳、史記皆言桓公好内，韓子作「君妬而好内」，是其證。翔鳳案：「宫」爲宫中，「内」爲内寢。君臣下有「宫中」，侈靡有「中寢」，改「宫」爲「内」，不合齊國稱呼，一誤。檀弓「晝居于内」，注：「正寢之中。」魯語「卿之内子爲大帶」，謂適妻也。「宫」兼妻妾，「内」惟妻一人，改「宫」爲「内」，與諸侯多宫人者不同，二誤。朱本妄改，王以近於常識而信之，非是。

〔八〕王念孫云：此下脱「於親之不愛，焉能有於公」十字，羣書治要有。吕氏春秋知接篇作「其父之忍，又將何有於君」，韓子作「其母不愛，安能愛君」，皆其證。上文云「於子之不愛，將何有

於公」，「於身之不愛，將何有於公」，文義正與此相對。翔鳳案：「不歸視其親」已足，下文「務爲不久」二句即釋其義，如王説添蛇足矣。

〔九〕王引之云：「爲」即「僞」字也。（兵法篇「僞詐不敢嚮」，幼官篇作「爲詐」。成九年左傳「爲將改立君者」，「爲」即「僞」字，與僖二十五年傳「僞與子儀、子邊盟者」文義正同。定十二年傳「子僞不知」，釋文「僞」作「爲」。史記封禪書「果是僞書」，漢書郊祀志作「果爲書」。淮南衡山傳「使人僞得罪而西」，漢書亦作「爲」。）「僞」與「虚」正相對。韓子及説苑説叢篇竝作「務僞不長」，是其證。（今本韓子「務」譌作「矜」。）尹注非。翔鳳案：「務爲」乃專於作僞。

〔一〇〕陶鴻慶云：尹注云：「其所行之行，所長之性，其至於死，必將改復本情，未有能終爲意（「意」蓋「忠」字之誤）也。言三士之忠皆僞忠耳，必將復其不忠。」據此，尹所見「不長」本作「所長」，讀爲長短之長。「其生所長」承上「務僞」、「蓋虚」而言，注所謂「僞忠」也。「其死不終」承上「不久」、「不長」而言，注所謂「復其不忠」也。今本作「不長」者，涉上文「蓋虚不長」而誤。

〔一一〕豬飼彦博云：吕氏春秋無「兵」字。高誘曰：「苛病，鬼魂下人病也。」王念孫云：「苛病起」下不當有「兵」字，尹曲爲之説，非也。羣書治要、吕氏春秋皆無「兵」字。翔鳳案：「兵」字甚怪，然相沿不改，必非後人所增。「苛病」何以鬼魂下人病？尋知接云：「常之巫審此生死，能去苛病，猶尚可疑耶？管子曰：『死生命也，苛病失也。君不任其命，守其本，

而恃常之巫，彼將以此無不爲也。』明年，公有病，常之巫從中而出曰：『公將以某日薨。』」是常之巫自謂知人生死，能以術生死人。房訓「苛」爲「煩躁」，然煩躁無論陰燥陽燥，均非巫術所能左右，不合理。隸書從竹從艸無別，如「荅」、「荃」、「蔄」、「菅」、「萁」、「苻」等，皆變竹爲艸，則「苛」當爲「笴」。考工記「胡之笴」，注：「笴，矢幹也。」又「矢人爲矢，以其笴厚」，注：「『笴』讀爲稾。」今之巫治病者，取磁鋒刺兩足靜脈管，因血色黑，以爲陰兵放箭所傷，所謂「鬼魂下人病」即此。金匱謂：「武王伐紂，丁侯不朝，太公畫丁侯於册而射之，丁侯病大劇，願舉國爲臣虜。」然則齊用此種巫術，是謂「苛病起兵」，「兵」字非衍文也。知接云「苛病失也」，「失」爲「矢」之誤。易晉「失得勿恤」，王肅本作「矢」，可證。山東人所謂「撞苛」，即謂撞於苛矢之上。

〔一二〕王引之云：「嗟茲」即「嗟嗞」。説文：「嗞，嗟也。」廣韻：「嗞嗟，憂聲也。」秦策曰「嗟嗞乎司空馬」，説苑貴德篇曰「嗟茲乎，我窮必矣」，楊雄青州牧箴曰「嗟茲天王」，皆歎辭也。

〔一三〕王念孫云：尹以「幭」爲「鞹鞃淺幭」之「幭」，非也。「幭」謂帊幞也。（廣韻：「帊，帊幞。」通俗文曰：「帛三幅曰帊，普駕切。」今人言手帊是也。）方言曰「幡裷謂之幭」，郭璞曰：「即帊幞也。」廣雅曰：「幭帊幡裷，幞也。」説文曰：「幭，蓋幭也。」吕氏春秋知化篇「夫差乃爲幎以冒面而死」，事與此相類。「幎」即「幭」字也。帊幞可以覆面，故云「援素幭以裹首」，非車上之覆軨也。

〔一四〕張佩綸云：戒篇作「七日」，此作「十一日」，傳述各異，不必改。尹桐陽云：史記齊世家、説苑權謀、韓子十過、吕覽知接與貴公均作「蟲出於户」。魏武帝善哉行「齊桓之霸，賴得仲父，後任豎刁，蟲出於户」，其説均與此同。而韓子二柄「桓公蟲流出於尸而不葬」，難一「桓公死，蟲出尸不葬」，蓋蛆生於尸而浸行於户，故或云「出尸」，或云「出户」耳。

〔一五〕張佩綸云：「葬」，吕作「蓋」。高誘注：「楊門，門名。扇，屏也。邪臣爭權，莫能舉喪事；六十日而殯，蟲流出户，不欲人見，故掩以楊門之扇也。」案：「楊門」當是「稷門」之誤。

桓公、管仲、鮑叔牙、甯戚四人飲〔一〕。飲酣，桓公謂鮑叔牙曰：「闔不起爲寡人壽乎〔二〕？」奉尊者酒祝令增壽。鮑叔牙奉杯而起，曰：「使公毋忘出如莒時也〔三〕，使管子毋忘束縛在魯也，使甯戚毋忘飯牛車下也。」桓公辟席再拜，曰：「寡人與二大夫能無忘夫子之言，則國之社稷必不危矣。」

〔一〕張文虎云：此節錯簡，當在「管仲有病」節前。張佩綸云：此下當爲正言篇，故吕氏取之爲直諫，「直諫」即「正言」也。翔鳳案：小稱舉過，桓公忌其在莒時，爲失敗之根源，特著之，以爲全篇總結。二張不審文義，誤矣。

〔二〕孫星衍云：此「闔」字誤也。羣書治要、太平御覽五百三十九引俱作「盍」。劉師培云：藝文類聚七十三引「闔」作「盍」，類聚二十三、御覽四百五十九並引作「何」。新序雜事四作「姑爲寡人祝乎」。翔鳳案：祝壽爲禱，禱者所以求壽。

〔三〕王念孫云：上二句，當依羣書治要作「使公毋忘出而在於莒也，使管仲毋忘束縛在於魯也」，「在於莒」與「在於魯」對文。「莒」與「魯」、「下」爲韻，今本「出而在於莒」作「出如莒時」，則失其韻矣。藝文類聚人部七、太平御覽人事部一百、説郛卷六引此竝作「在莒」。又説郛引無「時也」二字。吕氏春秋直諫篇作「出奔在於莒」，新序雜事篇作「出而在莒」，皆無「時」字。

四稱第三十三

謂稱有道之君、無道之君、有道之臣、無道之臣以戒桓公。　短語七

桓公問於管子曰：「寡人幼弱惛愚，不通諸侯四鄰之義，仲父不當盡語我昔者有道之君乎？吾亦鑒焉〔一〕。」管子對曰：「夷吾之所能與所不能，盡在君所矣。君胡有辱令〔二〕？」言己能不皆盡①之於君，無所隱藏。今何勞辱君令，而②使己言之乎。桓公又問曰：「仲父，寡人幼弱惛愚，不通四鄰諸侯之義，仲父不當盡告我昔者有道之君乎？吾亦鑒焉。」管子對曰：「夷吾聞之於徐伯曰：昔者有道之君，敬其山川、宗

① 「皆盡」原作「盡皆」，據補注乙。
② 「而」字下原衍「令危」二字，據補注删。

廟、社稷，及至先故之大臣，收聚以忠而大富之〔三〕。先故之臣，謂祖考時舊臣也。今以忠誠收聚而賙恤之，令其大富也。固其武臣〔四〕，宣用其力。聖人在前，貞廉在側，競稱於義，上下皆飾〔五〕。形正明察〔六〕，四時不貸〔七〕，民亦不憂，五穀蕃殖。外内均和，諸侯臣伏〔八〕，國家安寧，不用兵革。受其幣帛，以懷其德，昭受其令，以爲法式。鄰國以幣帛來聘，當取之，以懷來有德。其或以制令來告者，則君受之，以爲法式乎。此亦可謂昔者有道之君也。」桓公曰：「善哉。」

〔一〕陶鴻慶云：「亦」當作「以」。下文「桓公曰：仲父既已語我昔者有道之君矣，不當盡語我昔者無道之君乎，吾亦鑒焉」，語氣與此相承，明此文不當作「亦」也。下文桓公先問「有道之臣」，繼問「無道之臣」，而前作「吾以鑒焉」，後作「吾亦鑒焉」，是其證。翔鳳案：「亦」，口語作「也」，對他事而言「亦」，非必第二次也。

〔二〕戴望云：册府元龜「令」作「命」。吴汝綸云：「有」讀又。

〔三〕張文虎云：「忠」疑「悳」字之誤，「大富」謂富有之，猶言善人是富。尹注非。翔鳳案：「大富」謂大賚之。論語：「周有大賚，善人是富。」

〔四〕安井衡云：古本「其」作「大」。戴望云：册府元龜「固」作「因」。翔鳳案：「固」猶今言團結。魯語「帝嚳能序三辰以固民」，與此同。左昭四年傳「固陰沍寒」，疏「牢也」，是其

義。

〔五〕安井衡云：「飾」讀爲飭。飭，修治也。

〔六〕戴望云：朱本「形正」作「刑政」。

〔七〕陶鴻慶云：「貸」讀爲「忒」，禮記月令「毋有差貸」，鄭注云「謂無失誤」，亦讀「貸」爲「忒」也。

〔八〕劉師培云：元龜二百四十引「伏」作「服」。翔鳳案：「伏」爲本義，「服」爲借義。

桓公曰：「仲父既已語我昔者有道之君矣，不當盡語我昔者無道之君乎？吾亦鑒焉。」管子對曰：「今若君之美好而宣通也，既官職美道，又何以聞惡爲〔一〕？」言君既美好宣通，官又合於美道，脩而行之，自可爲理，何須聞於惡事乎？以此抑桓公，欲觀其意也。桓公曰：「是何言邪？以繡緣繡〔二〕，吾何以知其美也？以素緣素，吾何以知其善也？仲父已語我其善，而不語我其惡，吾豈知善之爲善也？」管子對曰：「夷吾聞之於徐伯曰：昔者無道之君，大其宫室，高其臺榭。良臣不使，讒賊是舍〔三〕。舍，止也。謂止讒賊於其旁與之近也。有家不治，借人爲圖。言自不能理其家，借他人圖也。政令不善，墨墨若夜。言其①昏闇之甚也。辟若野獸，無所朝處〔四〕。野獸各恣意爲生，不

① 「言其」原作「其言」，據補注乙。

相統屬，故無朝處也。不脩天道〔五〕，不鑒四方。有家不治，辟若生狂〔六〕。狂惑者失其性，不分善惡也。衆所怨詛，詛，祝之也。希不滅亡。進其諛優〔七〕，繁其鍾鼓。流於博塞〔八〕，戲其工瞽。誅其良臣，敖其婦女〔九〕。唯與婦女爲敖從也。獠獵畢弋，暴遇諸父。其所接遇諸父，惟以凶暴。馳騁無度，戲樂笑語。式政既輮，刑罰則烈。言其法式之政既已輮曲，至於刑罰惟益酷烈。内削其民，以爲攻伐〔一〇〕。反以削生爲伐功也。辟猶漏釜，豈能無竭？漏釜則江海不能滿，故必有竭也。此亦可謂昔者無道之君矣。」桓公曰：「善哉。」

〔一〕戴望云：朱本「君」上有「吾」字。翔鳳案：廣雅釋詁：「道，治也。」論語：「道千乘之國。」

〔二〕王念孫云：劉績曰：「繬，所力切。」案：劉音非也。「繬」當爲「緇」。下文云「以素緣素，吾何以知其善也」，「素」與「緇」正相對，是「繬」爲「緇」之譌也。「緇」從甾聲，「繬」從嗇聲，隸書「嗇」字作「啚」，「甾」字或作「畠」，（玉篇「菑」或作「蔷」，集韻「淄」俗作「滀」，是「畠」爲「甾」之變體也。）二形相似，故「甾」譌爲「嗇」矣。又輕重甲篇曰：「越人果至，隱曲蔷以水齊。」案：「蔷」亦當爲「菑」，「曲菑」，菑水之曲處也。菑水東流，過臨菑城南，又折而北，過其東，（見水經注。）故有「曲菑」之名，若後人之言曲江矣。「隱」，塞也，（上文云「請以令隱三川」，謂塞三

川也。小雅魚麗傳「士不隱塞」，正義曰：「爲梁，止可爲防於兩邊，不得當中皆隱塞。」是「隱」與「塞」同義。）謂塞曲菑以灌齊都也。輕重甲篇又曰：「楚之有黄金，中齊之有蕃石也。」案「蕃」亦當爲「菑」。「中」，當也。言楚之有黄金，當齊之有菑石也。輕重乙篇曰「使玉人刻石而爲璧」，尹注曰：「刻石，刻其菑石。」「蕃石」、「菑石」皆「菑石」之譌也。又輕重丁篇曰：「今彗星見於齊之分，請以令朝功臣世家，號令於國中曰，彗星出，寡人恐服天下之仇，請有五穀叔粟布帛文采者，（舊本「叔」譌作「收」，辨見輕重丁。）皆勿敢左右。國且有大事，請以平賈取之。功臣之家，人民百姓，皆獻其穀菽粟帛布，（舊本「帛布」譌作「泉金」，辨見輕重丁）歸其財物，以佐君之大事，此謂乘天嗇而求民鄰財之道也。」案「嗇」亦當爲「甾」，「甾」即「災」字。（史記秦始皇紀「甾害絶息」，今本「甾」作「菑」，後人所改也。宋毛晃增脩禮部韻略、婁機班馬字類引此竝作「甾」，漢冀州從事郭君碑「降此𡿧甾」，字亦作「甾」。）慧星天災也，因慧星出而歛財物，故曰「此謂乘天災而求民鄰財之道」。戴望云：册府元龜引「繪」作「績」。張佩綸云：作「績」是。説文：「績，一曰畫也。」皋繇謨作「會」。鄭注曰：「『繪』讀曰績。」鄭司農注周禮引論語作「績事後素」。「績」、「素」對文，「績緣績」與「美」意合。王説非也。翔鳳案：王説是也。

〔三〕孫詒讓云：尹訓「舍」爲「止」，迂曲難通。「舍」當爲「予」之借字。隸續載魏三體石經大誥「予惟小子」，「予」字古文作「舍」，是其證。予、與義亦同。「讒賊是舍」猶言讒賊是與也。

（荀子成相篇云：「外不避仇，内不阿親，賢者予。」）

〔四〕戴望云：册府元龜作「就處」。翔鳳案：野獸處暗，承上「墨墨若夜」説。説文：「朝，旦也。」左昭十五年經「蔡朝吳出奔鄭」，公羊作「昭」。「朝處」猶昭處，指人。

〔五〕王念孫云：「脩」當爲「循」，下文「不修先故」同。説見形勢篇。

〔六〕安井衡云：上文既有「有家不治」，不當重出。下句云「辟若生狂」，則「家」當爲「身」。

〔七〕安井衡云：「俳」，諸本作「諛」，今從古本。翔鳳案：莊子漁父：「不擇是非而言謂之諛。」齊語：「優笑在前。」説文：「優，一曰倡也。」越語：「信讒喜優。」諛與讒同類，爲二種人，改爲「俳」則一種矣。古本非是。

〔八〕安井衡云：「流」猶溺也。「博塞」，局戲。安井衡云：「敖」亦戲也。

〔九〕孫星衍云：爾雅釋天疏引「敖」作「淫」，尹注非。

〔一〇〕豬飼彦博云：據注，古本「攻」作「功」。安井衡云：「伐」亦「功」也，朘削其民，自以爲功也。

桓公曰：「仲父既已語我昔者有道之君，與昔者無道之君矣，仲父不當盡語我昔者有道之臣乎？吾以鑒焉〔一〕。」管子對曰：「夷吾聞之徐伯曰：昔者有道之臣，委質爲臣〔二〕，不賓事左右。賓，敬也。君知則仕，不知則已。若有事必圖國家〔三〕，徧其發揮，良臣皆私其所有，必能於國家，及其發，又普徧之也。循其祖德〔四〕，辯其順逆。推育

賢人，讒慝不作。事君有義，使下有禮。貴賤相親，若兄若弟。忠於國家，上下得體。居處則思義，語言則謀謨〔五〕，動作則事。居國則富，處軍則克。臨難據事，雖死不悔。近君爲拂〔六〕，遠君爲輔。義以與交，廉以與處。臨官則治，酒食則慈〔七〕。不謗其君，不諱其辭。君若有過，進諫不疑。君若有憂，則臣服之〔八〕。服，行也。此亦可謂昔者有道之臣矣。」桓公曰：「善哉。」

〔一〕戴望云：朱本「以」作「亦」，同上文。翔鳳案：「亦」字爲是，見前。

〔二〕安井衡云：「委」，置也。「質」、「贄」通，見君者所執。凡獻尊者，置而不授。翔鳳案：史記仲尼弟子列傳服注：「委質於君，然後爲臣，委必死節於其君也。」「質」爲斧鑕之鑕，安井誤。

〔三〕翔鳳案：「作」即「乍」，詩采薇叶「故」。「逆」，吕氏春秋任地叶「慕」，皆與「家」叶。郭沫若謂失韻，誤。

〔四〕戴望云：册府元龜「循」作「脩」。

〔五〕張文虎云：上下文三十句皆四字句有韻，此二句獨五字，不相叶。蓋「義」字、「謨」字後人妄增，元文當以「思」、「謀」爲韻。戴望云：册府元龜無「謨」字。翔鳳案：不能以己意强加古人，「義」與「俄」與「謨」韻。

〔六〕安井衡云：「拂」，弼也。矯過曰拂。

〔七〕劉績云：「慈」，一作「辭」。俞樾云：「酒食則慈」，謂有酒食必分以予人，以見慈惠之意也，或疑其當作「辭」，非也。翔鳳案：禮記内則「則慈以旨甘」，注：「愛敬進之也。」正「酒食則慈」之義。

〔八〕王引之云：「憂」，謂國有大患也。「服」當爲「死」。范雎言「主憂臣辱，主辱臣死」，義與此相近。「死」本作「𡚁」，「服」或作「䏑」，下半相似而譌。（淮南主術篇「馬服於衡下」，今本「服」譌作「死」。）尹注非。翔鳳案：主憂臣辱，未遽至於死，房注訓「服」爲「行」，是也。王説非是。

桓公曰：「仲父既以語我昔者有道之臣矣，不當盡語我昔者無道之臣乎？吾亦鑒焉。」管子對曰：「夷吾聞之於徐伯曰：昔者無道之臣，委質爲臣，賓事左右，執説以進，不蘄亡已〔一〕。執①佞説以進於君，專固寵位，無求去也。遂進不退，所謂知進而不知退。假寵鬻貴。假，因也。因君之寵，必能鬻其貴。尊其貨賄，卑其爵位。不令入②，未必能貴其爵位，但尊其貨賄而已。進曰輔之，退曰不可。進於君，則言己能爲輔弼。退而私議，則曰君不可輔。以敗其君，皆曰非我。由斯之人不肖，故君有敗，乃更推過於君，云此非我。

① 「執」字下原衍「事」字，據補注删。
② 「入」字原作「人」，據補注改。

不仁羣處，以攻賢者。小人所忌者君子，故其羣處，常有陷賢之見。見賢若貨〔二〕，其見賢人，無敬恭之心，反欲規利，若求貨然。見賤若過。其見賤人無矜恤之心，蕭然不顧，若行者之過。貪於貨賄，競於酒食。不與善人，唯其所事。人有曲而事己與之交也。倨敖不恭，不友善士〔三〕。讒賊與鬬〔四〕，不彌人争〔五〕，其人見争則恣令鬬，無彌縫之心。唯趣人詔〔六〕。人有制命，不問可不，則向而順之，言其佞諛①。湛湎於酒，行義不從〔七〕。從，順也。不脩先故〔八〕，變易國常。擅創爲令〔九〕，迷惑其君〔一〇〕。生奪之政，生猶奪政，況於死後乎。保貴寵矜〔一一〕。懼寵而矜夸者，則保依而貴重。遷損善士〔一二〕，善士則遷改而損棄之。捕援貨人〔一三〕。其所捕追而援引者，唯財貨之人。入則乘等，出則黨駢〔一四〕。其貨賄之人，與之入國則同乘而等，至其出也，又朋黨而駢並。貨賄相入，酒食相親。俱亂其君。君若有過，各奉其身。奉身自潔，推過於君也。此亦謂昔者無道之臣〔一五〕。」桓公曰：「善哉。」

〔一〕孫星衍云：「蘄」，求也，言不至於干求則不已，尹注非。王念孫云：「亡」當爲「正」，字之誤也。（賈子過秦篇「天下莫不引領而觀其正」，今本「正」誤作「亡」。）言但賓事左右，執邪説以進於君，而不求正己也。尹注非。于省吾云：「亡」，古「忘」字。此言「不蘄忘己」，

① 「諛」字原作「設」，據補注改。

故下接以「遂進不退」也。莊子天地篇「有治在人，忘乎物，忘乎天，其名爲忘己。忘己之人，是之謂入於天」。是忘己乃古人成語。尹注以「去」釋「亡」，則尹所見本「亡」不作「正」，明矣。

〔二〕丁士涵云：「賢」當爲「貴」，「見貴」與「見賤」對文。「見貴若貨」，謂阿附貴者若奇貨可居，正與「見賤若過」義相反。「貨」、「過」爲韻。俞樾云：此本作「見貴若貨」，與下句「見賤若過」相對成義。謂見貴者則趨之若貨財然，見賤者則若行者之相過不相顧也。因涉上句「以攻賢者」句，而誤「貴」爲「賢」。尹注曲爲之説，非是。翔鳳案：説文：「賢，多財也。」多財爲本義，多才爲引申義。莊子徐无鬼：「以財分人謂之賢。」非誤字。

〔三〕翔鳳案：「居」爲「踞傲」本字，加人作「倨」可通。

〔四〕丁士涵云：當作「通」，與上文「恭」、下文「訟」、「從」爲韻。劉師培云：元龜作「與通」，與趙用賢補注所引或本合。

〔五〕張文虎云：「彌」字或作「弥」，與俗書「殄」作「㳽」相似而誤。「彌」與「弭」古通。説文曰：「弭，弓無緣，可以解轡紛者。」「彌人爭」，即爲人解紛爭也。戴望云：册府元龜「彌」作「殄」。

〔六〕劉績云：「詔」，一本作「訟」。王念孫云：「趣」讀爲促；「詔」當爲「訟」，字之誤也。(「訟」、「詔」草書相似。)「不彌人爭，唯趣人訟」，意正相承。且「訟」與「從」爲韻，(「訟」字古

讀平聲。召南行露篇「何以速我訟」，與「墉」、「從」爲韻。管子問篇「則人不易訟」，與「功」、「宗」爲韻。堯典「嚚訟可乎」，「訟」馬本作「庸」。史記吕后紀「未敢訟言誅之」，「訟」亦作「公」。）若作「詔」，則失其韻矣。尹注非。劉師培云：元龜「詔」作「訟」，與補注所引或本合，足爲王校之證。翔鳳案：隸書口厶相亂，如「船」作「舩」。「訟」寫爲「詔」，非誤字。

〔七〕于省吾云：「義」、「儀」字通。金文「威儀」之「儀」亦多作「義」。上云「湛湎於酒」，蓋醉酒則行不檢而儀不飭，故云「行儀不順」。

〔八〕王念孫云：「脩」當爲「循」，説見形勢篇。

〔九〕許維遹云：「爲」即「僞」字。

〔一〇〕安井衡云：古本「或」作「惑」。翔鳳案：孟子：「無或乎王之不智也。」易象傳：「或之者，疑之也。」「或」通用作「惑」，「惑」爲晚出字。

〔一一〕劉師培云：元龜「保」作「葆」，「葆」、「寶」古通，故與「寵矜」並文。

〔一二〕俞樾云：尹注曰「善士則遷改而損棄之」，疑正文及注文「損」字均「捐」字之誤。惟是「捐」字，故尹氏以「棄」字足成其義耳，宜訂正。戴望云：「損」當爲「捐」字之誤。「遷」猶去也。翔鳳案：墨子經上：「損，偏去也。」「損」亦有棄義，不必改「捐」。

〔一三〕陶鴻慶云：「捕援」二字義不相屬，尹注云「其所捕追而援引者，唯財貨之人」，説殊難通。

「捕」當讀爲扶。甫、夫二字聲義皆同，故从甫从夫之字古多通用。説文「尃，度四寸也」，禮記投壺篇「籌，室中五扶」，疏云：「扶，廣四寸。」山海經海外東經「湯谷上有扶桑」，吕氏春秋求人篇「禹東至榑木之地」，皆甫、夫通用之證。「扶」，謂扶助之，與「援」義同。翔鳳案：説文：「捕，取也。」顔注急就篇：「捕，收掩也。」「捕」訓收取，非誤字。

〔一四〕王念孫云：尹以「乘」爲「同乘」，則「乘等」二字義不相屬。今案：「乘」者，匹耦之名。廣雅曰：「雙耦匹乘，二也。」方言曰：「飛鳥曰雙，鴈曰乘。」淮南泰族篇曰：「關雎興於鳥，而君子美之，爲其雌雄之不乘居也。」（今本「乘」譌作「乖」，辯見淮南。）乘爲匹耦之名，故二謂之乘，四亦謂之乘。周官「校人乘馬」，鄭注曰：「二耦爲乘。」凡經言「乘禽」、「乘矢」、「乘壺」、「乘韋」之屬，義與此同也。「等」亦乘也。廣雅曰：「等，輩也。」「入則乘等，出則黨駢」，其義一也。　安井衡云：「乘」，陵。「等」，輩也。「駢」，比也。入朝則乘陵等輩，出朝則結黨相駢比。

〔一五〕翔鳳案：決定之辭。管子人臣，故以此爲戒。古本「亦」下「可」字、「臣」下「乎」字不當有。

正言第三十四 闕

短語八

管子校注卷第十二

侈靡第三十五

短語九

劉績云：此篇多錯簡脱誤，不可讀。　洪頤煊云：藝文類聚八十引：「周容子夏以侈靡見桓公，桓公曰：『侈靡可以爲天下乎？』子夏曰：『可，夫雕橑然後炊之，雕卵然後瀹之，所以發積藏、散萬物也。』」又初學記二十六、白帖九十七、太平御覽八百九十二引「武王爲侈靡（輕重乙篇有武王問於癸度），令人豹襜豹裘，方得入廟，故豹皮百金，功臣之家耀千鍾未得一豹皮」，皆今本所無。此篇一問一答，以「侈靡」名篇，又「雕卵」二句見下文，二條疑皆此篇之闕文。　劉師培云：玉燭寶典二引「雕橑然後灼之，雕卵然後瀹之，所以發積藏、散萬物」，御覽八百九十二引子夏云「雕卵然後瀹之，所以發積藏、散萬物」，並與洪校所引類聚合。又書鈔一百二十九引管子云：「武王爲侈靡，令曰：『豹襜豹裘方得入廟。』」李石續博物志十云：「管子曰：武王爲侈靡，令曰：『豹襜豹裘方得入廟。』故豹皮百金，功臣之家耀千鍾而未得一豹皮。」並與洪校所引初學記、白帖、御覽相合。（寶典引「然後灼之」，足證類聚作「炊」之誤。）

翔鳳案：本篇認爲錯簡錯字最多，而不可讀，自劉績昌言之，至何如璋、張佩綸任意塗

乙，面目全非。篇以「侈靡」名，僅反映其一面。大旨爲「生財教戰」，所謂「富者靡之，貧者爲之」。生財則以侈靡斂富人之財，所謂「發積藏，散萬物」，「豹皮百金，方得入廟」，即其義也。教戰則以神道設教，使民忘死，輕重甲所謂「藉於鬼神」，「聖人乘幼」，即其義也。管子作内政，寄軍令，恐大國，正卒伍，修甲兵，小國有征戰之備（見小匡），不欲顯言之，故但云侈靡，事有所隱也。持此意以讀全篇，涣然冰釋，無餘藴矣。不總攬全篇大義，而枝枝節節以釋之，如治絲而棼，無從着手矣。管書以幼官爲骨幹，此篇關係尤密，雕燎雕卵，生教死教，皆夜間於神廟行之。古人祭神上朝都以夜，燭光輝煌，氣象森嚴，故曰「大昏也，博夜也」，同時於夜間觀察天象，一氣貫注。

問曰：「古之時與今之時同乎？」曰：「同」。天地四時，既無所易，故曰同。「其人同乎？不同乎？」曰：「不同。古淳而今澆，古質而今浮，故不同也。可與政其誅〔一〕。言今雖不同古，可爲政誅其不法以復古。俈、堯之時，混吾之美在下，其道非獨出人也〔二〕。言俈，帝俈也。言二帝之時，比屋可封，美俱在下。其能若此，亦言非有出人之道，脩古而已。混，同也。山不同而用掞〔三〕，澤不弊而養足〔四〕。山無草木曰童。弊，竭也。耕以自養，以其餘應良天子，故平〔五〕。以其自養之餘，應天子之食，故天下平①。有時而賦曰良。牛馬之牧不

① 「故」字原作「須」，「平」字原作「半」，據補注改。

相及，各自足，則不相及也。**人民之俗不相知，**人至老死不相往來，故不相知。**不出百里而來足**〔六〕。行者不出百里，而來者所求足故也。**故卿而不理，靜也**〔七〕。雖立公卿，不理其事，以人靜故。**其獄一踦腓、一踦屨而當死**〔八〕。諸侯犯罪者，令著一隻屨以恥之，可以當死刑。**今周公斷滿稽**〔九〕**，斷首滿稽，斷足滿稽**〔一〇〕**，而死民不服**〔一一〕**，非人性也，敝也**〔一二〕。今周公，謂時所用法也。稽，考也。罪滿而斷，則從而考之。首滿其罪者，亦從而考之。應斷足所罪滿者，又①從而考之。凡此欲以爲慎審也。罪定者死之，然人尚不服其罪，豈人性之然乎？時爽故也。**地重人載，毁敝而養不足，事末作而民興之，**載，生也。今地利既重，人之生植穀物，君則從而毁奪弊盡之，所以養有不足。人既惰於本業，故競起而事末作。**是以下名而上實也。**謂下但有農作之名，不得自用，而實皆歸於上也。**聖人者，省諸本而游諸樂。**聖人察人之本，游之於富壽之域，則皓、堯以前爲然也。**大昏也，博夜也**〔一三〕**。**」夜，謂暗昧之行也。令人主至於大昏者，則以博爲夜事故也。

〔一〕張佩綸云：「可」，「何」之省。「何與」問辭。宋本、朱東光本、日本昌平學元本均無「其」字。「誅」當爲「殊」，字之誤也。翔鳳案：首先注意古今之時同，而主持人的措施不同。

① 「又」字下原衍「亦」字，據補注删。

「誅」字不誤，要連下俈、堯之事看。史記楚世家：「共工氏作亂，帝嚳使重黎誅之而不盡。」韓非子外儲説左上篇：「堯又舉兵而誅共工氏於幽州之都。」「誅」字指共工，「政」者，正也。

〔二〕孫詒讓云：注義不可通。「混吾」疑即「昆吾」。「美」謂美金也。山海經中山經云：「昆吾之山，其上多赤銅。」文選子虚賦「琳瑉昆吾」，張揖注云：「昆吾，山名也，出美金。」尸子曰：「昆吾之金。」此言帝嚳與堯之時崇尚儉樸，弗貴美金，故在下也。　姚永概云：詩采薇序「昆夷」，釋文：「『昆』字又作『混』。」漢書匈奴傳注：「『昆』、『混』、『畎』聲相近。」是「昆」、「混」通也。山海經「白淵，昆吾之師所浴也」，注：「昆吾，古王者號。」是昆吾氏甚古也。古王者後降爲諸侯，至俈、堯二帝之時又有賢美之君能佐二帝。或即四嶽，亦未可知與。又案史記司馬相如傳「琳瑉混珸」，司馬彪云：「石之次玉者。」索隱云：「字或作『昆吾』。」則此句或謂美玉埋藏地下，不發取之，以見當時風氣淳質，不事侈靡。與下文「牛馬之牧不相及，人民之俗不相知，不出百里而求足」合。　翔鳳案：地數篇：「上有慈石者，下有銅金。上有赭者，下有鐵。苟山之見其榮者，君謹封而祭之。犯令者罪死不赦。」礦山保護很嚴，俈、堯之時不嚴，故曰「美在下」。

〔三〕趙用賢云：言山不童而材木不可勝用也。　陳奂云：「同」讀爲童，「掞」古「贍」字，「同」字或誤作「用」。劉績本作「山不用而童贍」，「童」、「用」互易，其所據爲流俗之本。　翔鳳案：爾雅「剡，利也」，郭曰：「詩曰：『以我剡耜。』」削木鋭利刺土。易繫辭「剡木爲楫」，「剡

木爲矢」。山不同而用剡，「童」、「贍」二字皆不合。

〔四〕翔鳳案：當時無水利設備，灌溉賴自然之陂澤，房注訓「弊」爲「竭」，是也。

〔五〕豬飼彦博云：「良」當作「食」。丁士涵云：「良」疑「食」字誤。尹注云「以其自養之餘應天子之食，故天下平」，是其證。俞樾云：「應良天子」義不可通，「良」疑即「養」之壞字，「應」之言承也。爾雅釋樂「小者謂之應」，釋文引李巡注曰：「小者聲音相承，故曰應。」「應」，承也。説文手部：「承，奉也。」然則「應養」猶奉養也，言耕以自養，而以其餘奉養天子也。「養」字闕其上半而誤爲「良」，尹氏曲爲之説曰「有時而賦曰良」，謬矣。翔鳳案：釋名釋言語：「良，量也。量力而動，不敢越限也。」海内北經：「大封國有文馬，名曰吉良之乘。」「良」與「量」通，量其多少而備之。以其餘應天子之師役而量之，非誤字。

〔六〕王念孫云：「來」當爲「求」，説見小稱篇。翔鳳案：生活資料不需要從百里外來而自足，改「來」爲「求」，其義反淺。

〔七〕丁士涵云：「卿」乃「鄉」字誤。天子南鄉，即恭己正南面之意。下文「忽然易鄉而移」，今本亦誤爲「卿」。張佩綸云：「卿」，中立本作「鄉」，據原注則宋僞房此本已誤作「卿」。梅士享引白虎通「卿之爲言，章也，章善明理也」爲解，義亦通，然不如「鄉而不理」之安。一説「鄉」讀如「鄉也」之「鄉」，儀禮士相見禮注「曏，曩也」，「而」，耐字；「鄉能不理」與下文「今」字對文。翔鳳案：「卿」義如梅引白虎通所云，其本字爲「鄉」，詳章太炎小學答問，所謂

事之制。諸人不知，改作「鄉」而釋爲「向」，非是。「理」爲法治，小匡「弦子旗爲理」，似大理院。

〔八〕劉績云：「踦」音奇，物體不具。趙用賢云：言古者刑不加大夫。若諸侯犯罪，令其一足有履，一足無履以恥辱之，可以當死也。王引之云：「腓」讀爲扉，乃草屨之名，非謂足腨也。方言：「扉，麤履也。」釋名：「齊人謂草屨曰扉。」字亦作「菲」，喪服傳曰：「菅屨者，菅菲也；繩屨者，繩菲也；疏履者，藨蒯之菲也。」是「扉」爲「屨」之粗者。荀子正論篇「治古無肉刑，而有象刑：墨黥，慅嬰，共、艾畢，（劉氏端臨曰：「『共』當爲『宫』。」）菲、封屨，殺、赭衣而不純」，楊倞注曰：「菲，草屨也。」引尚書大傳曰：「唐、虞之象刑，上刑赭衣不純，中刑雜屨，下刑墨幪。」白虎通義曰：「五帝畫象者，其衣服象五刑也，犯宫者履雜扉。」漢書刑法志亦曰：「墨黥之屬，菲履赭衣而不純。」是象刑有扉履也。「一踦扉、一踦屨」，謂足箸一隻屨，一隻草屨，明罪人之屨異於常人也。「屨」與「扉」對文，蓋以絲作之者。方言：「絲作之者謂之履。」「履」即「屨」也。尹桐陽云：御覽刑法引慎子曰：「有虞氏之誅，以蒙巾當墨，以草屨當劓，以菲履當刖，以艾韠當宫，布衣無領當大辟。」此「腓」即菲履，「屨」即封屨及雜屨之類也。

〔九〕俞樾云：尹注曰「今周公，謂時所用法也」，如注義則當云「今周公之法」，於文方足，不得但云「今周公」也。疑「周公」二字乃「用法」二字之誤。「法」字奪水旁，止存「厺」字，與「公」相

似，因誤爲「公」，後人因「用公」二字無義，妄加「口」於下而爲「周」字耳。尹氏作注時，文尚未誤，故曰「今用法，謂時所用法也」。後人據已誤之正文而改注文，遂并注義而不可通矣。

翔鳳案：篇首言古今之時不同，佶、堯與周公爲古今之斷限。「今周公」，謂其所制之刑法遠重於前也。改爲「今用法」，則是齊國之法，與佶、堯不相應。周公殺管叔，即在齊境，管仲爲管叔之後（詳小匡），於周公有宿怨，以法家反儒。商之始祖簡狄爲女酋長，顓頊爲氏族祀爲天帝，佶、堯才是男性中心之帝王。簡狄與嚳非夫婦，天問疑之，謂「簡狄在臺嚳何宜」，屈原不信也。

〔一〇〕趙用賢云：有斷指之罪，有斷首之罪、斷足之罪，充滿于獄。豬飼彦博云：「稽」，計也。言刑罪數多，滿于計帳。王引之云：「稽」者，計罪人名之簿書。言斷指、斷首、斷足之罪人，名滿於計簿也。周官小宰「聽師田以簡稽」，先鄭司農云：「簡稽，士卒兵器簿書。『簡』猶閱也；『稽』猶計也，合也。合計其士之卒伍，閱其兵器，爲之要簿也。」引吳語「黄池之會，吳陳其兵，皆官師擁鐸拱稽」，是其證。尹訓「稽」爲「考」，失之。翔鳳案：乘馬：「春曰書比，秋曰大稽。」斷獄用秋決，周時已然。四時「刑始於秋」，明言之矣。幼官西方副圖「刑則紹昧斷絶」，西方屬秋。問篇「官都其有常斷，今事之稽也何待」，「稽」與「斷」連言之。「周公斷滿稽」爲斷獄之斷，與斷首、斷足爲斬斷者不同，乃斷決或判斷也。趙本不解文義，而加「指」字，大謬。孝經「五刑之屬三千」，周之刑繁。周公分康叔以殷民六族，康叔以

殷民七族（左傳定公四年）。周滅殷，把殷民變爲奴隸，周族爲自由民，比奴隸高一等，且監視奴隸。

〔一一〕俞樾云：此本作「而民死不服」，言民至死不服也。「民死」二字傳寫誤倒，尹注遂斷「而死」二字爲句，失之矣。　翔鳳案：「死民不服」猶言死者不服。口語有言「死人不服」者，非誤倒。

〔一二〕豬飼彥博云：民毁弊，故犯刑也。　張文虎云：此謂法玩則敝，尹注「時爽」，非。　翔鳳案：周滅商，以商民爲奴隸，「敝」指民族失敗。

〔一三〕梅士享云：莊子：「廣成子謂黄帝曰：至道之精，窈窈冥冥，至德之極，昏昏默默」，「上脩渾沌氏之術」，是「大昏」也。「而百姓醇醇不知所往」，是「博夜」也。堯時童謡曰：「立我蒸民，莫匪爾極，不識不知，順帝之則。」「大昏」、「博夜」之義，此其一徵。「苑風謂諄芒曰：致命盡情，天地樂而萬事銷亡，萬物復情，此之謂混冥。」「游諸樂」之義，此又其一徵。　豬飼彥博云：「載」字當在「地」字下。「載」，事也。租税重，故人毁弊。　張文虎云：此文錯簡。「大昏也」二句，當承「養不足」之下。「事末作」二句，當承「游諸樂」之下。「樂」乃「末」字之誤。「民興之」當爲「民興化」。蓋言庶而不富，民生困敝，故如在大昏博夜中。「聖人省諸本而游諸末」，即下文所謂「侈靡」也。「事末作而民興化」，即下文所謂「興時化」也。「上名下實」，即下文所謂「賤有實，敬無用」也。　張佩綸云：梅氏引莊證管，近之，而意未盡。民

趨末，故「省諸本」。上聚財，故「游諸樂」。爾雅釋詁：「昏，代也。」説文：「夜，舍也，天下休舍也。」此以起其以侈靡爲時化之説。陶鴻慶云：「大昏也，博夜也」，注家多以爲指今時而言，殆非本篇之旨。此與上句意義相承。上云「聖人者省諸本而游諸樂」，尹注云「聖人察人之本，游之於富壽之域，則佶、堯以前爲然也」，其説是也。而其所以然者，則以其時民智茫昧，事物簡而欲易給，故曰「大昏也，博夜也」。若指今時言，則與上文不相屬矣。

劉師培云：「大昏」、「博夜」，均喻治不外呈。形勢篇云：「唯夜行者獨有也。」宙合篇：「若覺卧，若晦明。」此文之旨，略與彼同。張（文虎）指爲錯簡，非是。翔鳳案：「地重人載」，謂地厚而載物，中庸「載華嶽而不重」，易文言「坤厚德載物」，可以印證。商人做農奴，竭其力而不足養身家，不得已而經營商業。行商坐賈，「商」的含義即從商族來的。「賈」、「古」、「嘏」同音，坐致厚利而享福，祇有奴隸主。奴隸做小貿易，是到處奔走的。「事末作而民興之」，「末作」爲商，「興」爲興起，「民」指商族。奴隸經商，奴隸主分享一部分，故曰「下名而上實」。然而齊國的聖人則是同情商民的，於祭祖時，大昏博夜，讓他們同樂。幼官篇是祭祖的，「夜虚人靜，人物則皇」，即此意。

問曰：「興時化若何〔一〕**？」**謂度時興化，其理若何也。**「莫善於侈靡。」**侈靡，謂珠玉之用也。管氏以爲，珠玉者飢不可食，寒不可衣，然時共貴之。君若不重，不重則强者守之以招人，故度時興化，莫若重珠玉以爲侈靡。**賤有實，敬無用**〔二〕**，則人可刑也**〔三〕**。**有實，謂穀帛可貴

故賤粟米而如敬珠玉，好禮樂而如賤事業，本之始也〔四〕。言粟，常人賤之，賢者貴之，如常人之敬珠玉。末業，常人貴之，賢人賤之。今則賢者之好禮樂，如常人貴末業，若此者，可謂務本之始。**珠者，陰之陽也，故勝火。**珠生於水，而有光鑒，故爲陰之陽，以向日則火烽，故勝火。**玉者，陰之陰也，故勝水**〔五〕。玉之生於山，而藏於石①，故爲陰之陰，以向月則水流，故勝②水。**其化如神。**言珠玉能致水火，故曰如神也。**故天子臧珠玉，諸侯臧金石，大夫畜狗馬，百姓臧布帛。不然，則强者能守之，智者能牧之**〔六〕，**賤所貴而貴所賤。**粟米可貴而賤之，珠玉可賤而貴之。**不然，鰥寡獨老不與得焉，均之始也。」**君不貴而藏之，則利積於强智，雖矜鰥寡獨老③，無所與之。今藏之者，所以賑貧乏，故爲均之始。

〔一〕陶鴻慶云：「興時化」，「興」蓋「與」字之誤。「與時化」者，與時爲變。尹注云：「謂度時興化，其理若何。」不知本篇凡言「化」者，義皆訓變，無讀爲風化者，尹據誤本作注，故失其解。

翔鳳案：虞書「懋遷有無化居」，「化」即「貨」。金石索引齊刀文「齊吉化」，即齊貨。有

① 「石」字原作「山」，據補注改。
② 「勝」字原作「爲」，據補注改。
③ 「矜」字原作「務」，「老」字原無，據校正改、增。

早晚時價各種商品。上中下包括珠玉刀幣穀，三者互相爲權，其輕重由國家控制。

〔二〕陳奂云：「敬」乃「苟」字誤。「苟」與「亟」同。後人不識「苟」字，因改「苟」爲「敬」。下「敬珠玉」，亦當作「苟」。翔鳳案：無實用之珠玉，佯爲尊敬，以斂富人之財。若有實用的粟米，其價值反賤，以便民，則人可爲型範也。

〔三〕張文虎云：「刑」疑當作「制」。何如璋云：「刑」通「型」。型者鑄器之法。土曰型，金曰範，木曰模。言人可陶鑄。張佩綸云：廣雅釋詁三：「刑，治也。」翔鳳案：何義爲長。

〔四〕豬飼彦博云：「如」字疑衍。或曰珠玉是無用之物而權貴之，故曰「如敬」也。王引之云：兩「而」字後人所加，「如」即「而」也。「賤粟米而敬珠玉，好禮樂而賤事業」，正所謂「賤有實、敬無用」也。尹注非。

〔五〕王念孫云：「陰之陰」當作「陽之陰」。珠生於水，爲陰，而其形圓，故曰「陰之陽」。玉生於山，爲陽，而其形方，故曰「陽之陰」。大戴禮勸學篇作「玉者陽之陰」，淮南地形篇「水圓折者有珠，方折者有玉」，高注曰「圓折者陽也，珠，陰中之陽。方折者陰也，玉，陽中之陰」，皆其證。太平御覽珍寶部三引此正作「陽之陰」。尹注非。劉師培云：事類賦九引作「陽之陰」，足證王校之確。郭大癡云：「陰之陽」、「陰之陰」，上兩「陰」字謂地。春秋繁露人副天篇「陰地氣也」，謂地所産也。下分科一陽一陰，始言物質性之别。王改非是。翔

鳳案：郭説是，而未盡。水地篇以水藏於玉而論玉有九德，其勝爲純陰，即「陰之陰」。説文：「珠，蚌之陰精。春秋國語曰『珠以禦火災』是也。」以其能禦火災，而定爲「陰之陽」，非以其形圓也。

〔六〕王念孫云：「牧」字於義無取，「牧」當爲「收」，謂强者能以力守之，智者能以術收之也。俗書「收」字作「収」，與「牧」相似而誤。又輕重甲篇「以振孤寡，牧貧病」，「牧」亦當依朱本作「收」，謂收恤之也。又明法解篇「牧漁其民，以富其家」，「牧」亦當爲「收」，謂收漁民財以自富也。張佩綸云：「牧」爲「收」誤。國蓄篇「分地若一，彊者能守；分財若一，智者能收」，是其證。大戴禮勸學篇「牧」作「秉」。尹桐陽云：「牧」，蓄也。大戴禮作「秉」。君棄而下守牧以爲害，若漢吴王濞、朐肕是。翔鳳案：魏正平太守元仙墓誌「收」作「牧」，知「牧」爲「收」之隸變，非誤字也。

「政與教孰急？」政者立法以齊物，教者訓誘以感心，用二①者何先也？管子曰：「夫政教相似而殊方。若夫教者，標然若秋雲之遠，動人心之悲。標，高舉貌。秋雲凄慘，有愁悴之容，高置且遠，能生人之悲心。喻教者憂人之不令見其戚容，人亦爲之傷悼之。藹然若夏之靜雲，乃及人之體。鵑然若謞之靜〔一〕，藹，油潤貌。鵑然，和順貌。夏雲之起，油然含

① 「二」字原作「一」，據補注改。

潤，將降其澤，及人之體，去除熱氣而和順，雖有謪躁之人，亦皆①恬静。喻教者灑之温辭，而强梁者亦能②感服之。**動人意以怨。****蕩蕩若流水，**教者若秋雲之動人意，人意既動，則自怨而蕩搖，自怨而蕩搖，則從教若流水也。**使人思之。****人所生往**〔二〕**，教之始也，身必備之**〔三〕。教者若夏雲之順適，故其人使人思之。人既思③之，則生其善心。教人之始，必備此二者，然後可也。**辟之若秋雲之始見**〔四〕**，賢者、不肖者化焉。**教者既若秋雲始見而哀憐之，又若夏雲之起而潤悦之，則天下之賢與不肖無不化焉。**敬而待之，愛而使之，若樊神山祭之**〔五〕。既從④聖化，人則敬而來待，愛⑤而後使，尊衛其君，若樊落神山，設祭而祈福者也。**賢者少，不肖者多，使其賢，不肖惡得不化**〔六〕**？**賢與不肖皆教而使之，則不得不化也。**今夫政則少則，**即皆從教，則人無所犯，故於爲政少用爲則也。**若夫成形之徵者也。****去則少，可使人乎**〔七〕**？」**欲成太平之形，以知其徵驗者，全能去則而使人，斯太平之先兆也。**「用貧與富，何如而可？」**問貧

①「亦皆」二字原無，據補注增。
②「亦能」二字原無，據補注增。
③「思」字上原衍「可」字，據補注删。
④「從」字原作「後」，據補注改。
⑤「愛」字下原衍「之」字，據補注删。

富之中適。**曰：「甚富不可使，**甚富則驕，故不可使。**甚貧不知恥**〔八〕，甚貧則濫竊，故不知恥也。**水平而不流，無源則遬竭。**平而不流，謂水也。停水無源，必速竭。**雲平而雨不甚，無委雲，雲則遬已**〔九〕。平雲少雨，又無委雲以助之，其雨必遬。已上二事，爲下有比例。**政平而無威則不行，**此則爲政者威以爲本也。**愛而無親則流。**但行汎愛，無所偏親，則其愛流漫，賢智不盡力。**親左有用，無用則辟之。**雖曰當有所親，而用親之理避左，則有爲用者，不爲用者。譬①猶言有中不中。**若相爲，有兆怨**〔一〇〕。此但爲怨兆而已②，親之無益也。**上短下長，無度而用，則危本。不稱**或復上得短而下持長，其役用之不以度。如此者，或能懷怨以敗國，故曰「危本不稱」也。**而祀譚次祖，犯詛渝盟傷言**〔一一〕。譚，延③也。國敗絶祀之事，延及次祖，更有犯詛渝盟傷言之罪。**敬祖禰，尊始也。**祖禰，人之始也。**齊約之信，論行也。**詛盟欲爲整齊要束之信，所以論行也。**尊天地之理，所以論威也**〔一二〕。天地以秋冬肅殺雷震電耀爲威，爲政者所取則，故威不可**弛之也。薄德之君之府囊也**〔一三〕，凡尊始論行論威，爲政者

① 「譬」字上原衍「不爲用者」四字，據補注删。
② 「已」字原作「以」，據校正改。
③ 「延」字原作「近」，據校正改。

所當行。德薄之君，皆囊而藏之，故有敗亡之禍。**必因成刑而論於人，此政行也，可以王乎**〔一四〕？」必因王事之成刑，論考於人事。此爲政所行也，遵而勿失，故可以王也。

〔一〕豬飼彥博云：「夏之靜雲」，「之靜」二字蓋因下文而誤衍。「乃」當作「之」。「鵖」，字彙補與「驩」同。「鵖然」難解。疑「鵖」當作「嵲」。「嵲然」，山高貌。「譪」當作「高山」二字。「動」字衍。孫星衍云：當作「若夏雲之靜」，與上句「秋雲之遠」相對。王念孫云：此當作「藹然若夏雲及人之體」，九字作一句讀，言君子教澤及人，藹然若夏雲之爲雨，而及人之體，莫不沾濡也。今本作「若夏之靜雲」，「之靜」二字涉下文「若譪之靜」而衍。據尹注，但言夏雲之起，油然含潤，而不言其靜，則本無「之靜」二字明矣。其「乃」字，則「及」字之誤而衍者耳。俞樾云：「動人心之悲」當作「動人心以悲」，與下文「動人意以怨」一律，古「以」、「而」字通用，說見王氏引之經傳釋詞。「動人心以悲」，猶云動人心而悲也。「動人意以怨」，猶云動人意而怨也。今作「之悲」，則不詞矣；蓋涉上句有「之」字而誤耳。「藹然若夏之靜雲」當作「藹然若夏雲之靜」，與上「秋雲」句一律，惟雲不能及人之體。尹注增成其義曰「油然含潤，將降，其澤及人之體」，此曲說也。疑管子原文本作「藹然若夏雲之靜，動人意以怨」，與上文「標然若秋雲之遠，動人心以悲」相對成文。「乃及人之體」當在「鵖然若譪之靜」下，「鵖然」句不可解，疑當作「鶱然若高山」，與下「蕩蕩若流水」相對成文。「山」字與篆文「之」字相似而誤，又涉上文「夏雲之靜」句而衍「靜」字。後人因「若高之靜」義不可通，乃加

「言」旁作「謞」耳。「鴅」字字書所無，乃「窵」字之誤。因其字從穴從鳥，篆字「穴」字與隸書「肉」字相似，傳寫者誤從肉，後人因從肉之字皆在左旁作月，因變而爲「鴅」矣。墨子備城門篇有「牘」字，即「竇」字之誤，正與此同，説詳墨子，可以爲證。「乃及人之體」，「乃」字衍文，即「及」字之誤而複者也。「及」讀爲岌。文選羽獵賦「天動地岋」，注引韋昭曰：「岋，動貌。」「窵然若高山岋人之體」，言如登高山動人之體也。管子此文最舛譌難讀，今考正之如此。

王紹蘭云：「鴅」當作「鴅」，讀「讙兜」之「讙」。「讙然」猶歡然也。「謞」當爲「歊」，説文：「歊歊，氣皃。」此謂教者藹然可愛，既若夏雲之靜，逮其及人，鴅然可歡，又若歊烝之靜也。

張佩綸云：此篇文既爛脱，注尤支離，孫、王之説近似而未盡，當作「若夫教者標然若秋雲之遠，動人心以怨，藹然若夏雲之清，（書「直哉惟清」，史記五帝紀作「直哉惟靜絜」，是其證。）及人體以靜」。「遠」、「怨」爲韻；「清」、「靜」爲韻。「動人心之悲」，即「動人意以怨」之衍文。「鴅然若謞之靜」，「鴅」、「謞」皆「藹」之壞字也。（注：「鴅，和順皃。」按廣韻「鴅兜四兇名」，古文尚書作「鴅」，重修本古文尚書作「鵩」。蓋此文由「藹」誤「鵩」，又誤「鴅」耳。元注「藹，和順皃」，僞房又改爲「藹，油潤貌，鴅，和順貌」，王氏校注加「潤」字，以「夏雲之潤及人之體」作一句讀，殆涉於滯。）如仍原文，「若謞之靜」何至「動人意以怨」乎？蓋百思之而不可通。且此節政教均以雲水爲譬，不應雜入「若謞之靜」一喻明矣。

翔鳳案：此一節論政教原則，先論教，無一誤，諸人不解而改字，均謬。「標然若秋雲之遠，動人心之悲」。

秋天乾燥，低空無雲，惟高空有之。「遠」指高空。風吹流動快，故以「標」形容之。「票」爲火飛，「飄」、「猋」義皆相近。草木零落，心悲者見之愈悲，故曰「動人心之悲」。先有悲在心也。若改爲「動人以悲」，則見秋雲而心始悲，其義淺矣。「藹然若夏之靜雲，乃及人之體」。予於民國七年在考田高山寺避暑，天氣晴朗，大片雲貼地移動，穿人而過，其行極緩。以「靜」字形容其移之緩，非靜止也。房注「藹，油潤貌」，是也。説文：「乃，曳詞之難也。」以「乃」字狀其穿過人體之緩。濃雲之外，晴日照人，非霧，霧則滿山不見矣。「鵾然若謞之靜，動人意以怨」。此則非雲，而爲另一境界。説文無「謞」字。近尋此字，（一）與靜有關；（二）與怨有關；（三）音同「謞」，即呼交切。晉語「使人蒿焉，忘其安樂」，義與（二）合，音與（三）合。得一啓示。封禪書「鄗上之黍」，注：「鄗上，山也。」又得一啓示。知此字與「蒿」、「鄗」相近，求其同點，去邑去草，其字爲「高」，疑其音不合。然漢書武帝紀「禮高里」，服注：「高里，山名，在泰山下。」圖書集成泰安州「高里山在州西南三里，俗訛爲蒿里山，其陰有鬼仙洞，窈然幽暗，人不敢入」，則其幽然而使人怨，全部相合。齊陋赤齊造象記「高」作「髙」，移高於旁則爲「謞」，「謞」爲「高」之别體，訛爲「蒿里」。説文「薨，死人里也」，呼毛切，則讀「高」爲「蒿」矣。御覽三十九：「博物志曰：『泰山一名天孫，言爲天帝孫也，主乃人魂。』」水經汶水注：「泰山在左，亢父在右。亢父知生，梁父知死。」「人所生往」指亢父，「亢」者高也。月令「祀于高禖」，鄭注：「高辛氏之出，玄鳥遺卵，簡狄吞之而生契。」疏引鄭志：「娀簡狄吞鳳子之後，後

王以爲媒官嘉祥，祀之以配帝，謂之高禖。」論語「高宗諒陰」，注：「凶廬也。」閒居賦注：「寒涼幽暗之處。」喪服四制作「梁闇」，此梁父之事。亢父、梁父都在泰山，主生主死不同，本篇都重要。鳳爲大鵬，殷之圖騰也。

〔二〕丁士涵云：疑當作「則人生善」。今本「人所」二字，「所」乃「則」字誤，又誤乙二字，「往」即「生」字之誤衍，又脱「善」字耳。伊注云「人既思之，則生其善心」，可證今本之誤。張文虎云：疑當作「人心所往」，猶言衆所歸往也。「心」字誤「生」，又倒。姚永概云：「生」當是「歸」字脱爛而誤。……人上應有「君者」二字。言「君者人所歸往，教之始也」。然欲教人，必先身備之。下云「敬而待之，愛而使之」，正是身備之義。「賢者少，不肖者多，使其賢，不肖惡得不化？」「使其賢」者，使其自賢也。翔鳳案：亢父、蒿里主人生死，人死即「往生」，如後代所謂天堂者。下文「民欲生而教以死」，故曰「教之始」。

〔三〕丁士涵云：「備」乃「犕」之誤。「犕」與「服」同。權修篇「上身服以先之」，法法篇「先民服也」，荀子宥坐篇「上先服之」。翔鳳案：丁説是也。欲民敬畏，上必以身率先。

〔四〕張文虎云：「賢者」二字，疑當在「辟」之上。謂賢者在上，如「秋雲之始見」，不肖者仰而化之，猶離熱而得涼也。張佩綸云：「辟之若秋雲之始」七字亦衍。「辟之若秋雲」乃注語，觀「教之始也」下注但言「夏雲」而不及「秋雲」，知其闌入本文。「之始」二字，乃「教之始也」之衍文。陶鴻慶云：尹注云：「教者既若秋雲始見而哀憐之，又若夏雲之起而潤悦

之，則天下之賢與不肖無不化焉。」據此，正文「秋雲之始見」下，當有「若夏雲之起」五字。翔鳳案：「辟」同「譬」。荀子彊國：「辟稱比方，則欲自並乎湯、武。」以此蒿里譬秋雲也。賢與不肖同有怨怖情緒，故化。說文：「化，教行也。」已托勞教死教。

〔五〕張佩綸云：當作「若山神焚祭之」。或「樊」乃「孿」字之衍文。翔鳳案：「神山」指出金銀之鑛山。地數：「上有丹沙者，下有黄金。上有慈石者，下有銅金。上有陵石者，下有鉛錫赤銅。上有赭者，下有鐵。此山之見榮者也，君謹封而祭之。」改爲「山神」，誤。

〔六〕張文虎云：「使」猶用也。賢者見用，則不肖者自化，亦承上文。翔鳳案：承上文，「使」謂教之。

〔七〕丁士涵云：「少則」之「則」當作「行」，「也」字衍。「去則」當作「正行」，「正」與「政」通。「少」字衍。（尹注亦無。）當讀「今夫政則少行，若夫成形之徵者，正行可使人乎」。下文云「必因成形而論於人，此政行也」，又云「政平而無威則不行」，是其證。張佩綸云：「少則」，「少」當作「尚」；「則」，法也。「去則少」當作「尚法則」。李哲明云：「則」者，法也。此言政取少者爲則，「少」謂賢者。蓋「賢常少，不肖常多」，任使賢者爲不肖者法，此政之成形足徵者也。去其法則，豈可使人化之乎？下「少」字涉上而衍。劉師培云：「今夫政則少則」，下「則」字疑當作「別」，冡上「相似而殊方」言。翔鳳案：說文「則，等畫物也。从刀从貝，」會意。今作「鍘」。下文「國之山林，則而利之」。分富人之財而使之少。聚少成多，

爲行政之大用，故曰「若夫成形之徵者也」。

〔八〕張文虎云：此四句與上下文意義不屬，當是它處錯簡。　張佩綸云：此一問一答當在「請問用之若何」前，誤厠于此。　翔鳳案：承上文「則少」，重在「甚富不可使」句。分其財用於貧者，免其甚貧而不知恥。二張未明其意，以爲錯簡，誤矣。

〔九〕張文虎云：此上疑亦有錯簡。　張佩綸云：淮南説山訓：「地平則水不流。」「雲則遬已」當作「雨則遬已」。　姚永概云：「委」字當衍。「無源則速竭」，「無雲雨則速已」，正相對爲文。　翔鳳案：「雲」本作「云」，象回轉之形。廣雅：「雲，運也。」戒篇「四時云下」，即以「云」爲運。無委雲運轉則速已。趙本「雲」作「雨」，不通其義。「委」，委隨也，正以形容雲。姚説誤。

〔一〇〕孫星衍云：「爲」讀作僞，言若詐僞相尚則生怨。尹注非。　丁士涵云：此承上文「愛而無親」言之。「左」字即「有」之譌。「親有用」者，親近賢者也。「無用則辟之」者，遠去不肖也。「若相爲兆怨」句屬下讀。（「有」字衍。）尹注下文「危本不稱」句云：「如此者，或能懷怨以敗國。」管子文義本如此也。　張佩綸云：「親左有」當作「親左右」。疑「怨」乃「眢」字之誤。説文：「眢，目無明也，瞽，目但有眣也。」淮南詮言訓「游無眣」，高注：「眣，兆也。」「有兆」即有眣也。周禮眡瞭「相瞽」，注：「『相』謂扶工。」論語「固相師之道也」，馬注：「相，導也。」鄭注：「相，扶也。」相當用有目者，今乃爲目但有眣之眢，無用明矣。禮記仲尼燕居

篇：「治國而無禮，辟猶瞽之無相與，倀倀乎其何之。」李哲明云：「左」，古「佐」字。「有用」當斷句，「辟之」斷句，「辟」讀爲避。言親近佐我之人爲甚有用耳。若「無用」則匪唯不親之，且當避之。「爲」，當從孫星衍説同「僞」。親之與否，無所容僞。若相與爲僞，「兆怨」之道也。翔鳳案：親佐有用，無用則避之。小爾雅廣言：「辟，除也。」孟子「行辟人可也」，假「辟」爲「避」。若作「親左右」，則與「近便辟」無別，張佩綸説誤。詐僞相尚，不能以「相僞」二字代之，孫説不可通。「爲」假爲「譌」。詩正月「民之譌言」，毛本作「訛」。堯典「平秩南訛」，史記作「南譌」，司馬貞本作「南爲」。「爲」爲訛詐，則詞順矣。「有」訓又，不誤。

〔一二〕丁士涵云：「譚」與「覃」通。「祖」疑「神」字誤。「次神」當爲「神次」。下文云：「知神次者，操犧牲與珪璧以執其斝。」此涉下「祖」字而誤。張文虎云：句不可解，疑「祀」乃「亂」之誤，俗書「亂」作「乱」也。「禫」與「神」草書形似，「次」字衍，「祖犯」倒，「詛」即「祖」字之譌，衍文，當作「而亂神犯祖渝盟傷言」。「犯祖」見漢書翟方進傳。劉師培云：丁校是也。五行篇云「貨曋神廬」，正與此句約同。「神廬」猶之「神次」也。此文「祀譚」之「譚」，亦必與「貨曋」之「曋」同字。惟「譚」及「貨曋」義並未詳。（下文「辟之若尊譚」亦然。）李哲明云：「則危」當斷句，與上「則不行」、「則流」文法一例。「本不稱」蓋屬下「而祀譚」爲句。祀莫崇於報本，故祖爲重。本不稱而祀及之，是「非其鬼而祭之」，誣其祖矣。「譚」，依注訓「延」，延，及之也。

「次祖犯詛」與「渝盟傷言」對文。「次」字疑「欺」之誤。詛盟正以表其不欺，自欺其祖則犯詛矣。盟言不可以渝，犯詛則渝盟，是「傷言」也。翔鳳案：權脩：「地之生財有時，民之用力有倦。以有時與有倦，養無窮之君，而度量不生於其間，國雖大必危。」「危」指農業，「稱」指輕重説。「譚」爲國名，無意義。「譚」爲「禫」之借。説文：「禫，除服祭也。」士虞禮「中月而禫」，注：「祭名也，自喪至中凡二十七月。古文『禫』或爲『導』。」廣雅釋詁四：「次，舍也。」説文「次」，古文作[illegible]，象茅舍形。釋名：「茨，次也。次艸爲之也。」「次祖」爲叢社。左傳：「殺鄫子於次睢之社。」「次睢」即「次祖」。秦策「范睢」，韓非子外儲作「且」，即「祖」字。祀禫次祖時又犯詛盟。左隱十一年傳鄭伯使「詛射潁考叔者」。宣二年傳「驪姬之亂，詛無畜羣公子」，杜注：「詛，盟誓。」楚語「潰而所犯必大矣」，注：「敗也。」説文：「渝，變汙也。」「祖」之用凡三變。其始爲告廟，所謂始廟也。次爲叢社，爲詛盟之所。三將行犯軷之祭爲祖。詩韓奕：「韓侯出祖。」烝民同。

〔一二〕翔鳳案：「敬祖禰」句承「祀譚次祖」，「齊約之信」句承「犯詛渝盟」，「論威」句承「無威則不行」。「齊約」即「劑約」。

〔一三〕丁士涵云：「尊始」、「論行」、「論威」，不可言「薄德」，疑當作「博德」，猶大德也。史記張儀傳「欲王者務博其德」，下文言政行可王，皆指大德之君言。俞樾云：尹注但云「德薄之君，皆囊而藏之」，不釋「府」字之義，疑「府」乃「所」字之誤。隸書「所」字作「所」，與「府」相似

而誤。管子原文本云「薄德之君之所囊也」，故尹注止解「囊」字也。張文虎云：丁、俞二説皆是也。「囊」字疑當作洛誥「汝乃是不蘉」之「蘉」。釋文「蘉，莫剛反」，引馬氏云「勉也」，與「囊」字形聲相近。（「囊」，俗「囊」字。）翔鳳案：淮南精神訓「薄食無光」，借爲「普」。天文訓「薄靡而爲天」，「薄」亦訓普。本經訓「旁薄衆宜」，即「旁溥」也。易升「君子以順德」，姚信本作「得」。「薄德之」，普得之也。諸人誤解。「府囊」者，貨財所藏。管子有輕重九府。

〔一四〕翔鳳案：「刑」同「形」，屢見前。説文：「衍，水朝宗於海。」

「**請問用之若何？**」問用政何如也。「**必辨於天地之道**〔一〕，**然後功名可以殖。**天地有尊卑恩威之序，故明之然後可以立功名也。**辯於地利，而民可富。通於侈靡，而士可戚。**戚，親也。貴珠玉以賞士，故士可親也。**君親自好事**〔二〕，謂好爲政之事。**强以立斷**，强立其志，以斷是非。**仁以好任**所謂悦以使用。**人**〔三〕。**君壽以政年**〔四〕，君所以①壽考，由爲政以順年之四時令也。**百姓不夭厲**，厲，廢②疾也。**六畜遮育，五穀遮熟**〔五〕，遮，猶兼也。**然後民力可得用。**人俱富而力全可用也。**鄰國之君俱不賢，然後得王。**」若俱賢，則不可得而制難以王矣。「**俱賢若何？**」問之。曰：「**忽然易卿而移，**黜不肖，立仁賢。**忽然易事而化，**去

① 「所以」原作「以所」，據校正乙。

② 「廢」字原作「發」，據補注改。

故而取新。**變而足以成名**〔六〕，革當而故成名。**承弊而名勸之**〔七〕，承先代之弊，而成能名，故民勸勉之①也。**慈種而民富**〔八〕。流慈以勉種，故人富。**應言待感，與物俱長**〔九〕。應物而後言，待感而後動，所謂應天順人者也，故與物俱長之也。**故日月之明**〔一〇〕，所謂與日月齊其明。**應風雨而種**〔一一〕。風時雨若，則以君禮不失故也。**天之所覆，地之所載，斯民之良也**〔一二〕。君人者，德苞天地，首出庶物，有生莫能踰，故曰人之良。**不有而醜天地，非天子之事也**〔一三〕。不有上事，而又醜惡天地之化，此非天子之事。**民變而不能變，是棁之傅革**。棁，柱也。革，皮也。棁之附革，則外革而内不革也。今人變而君不能變，亦外革而内不革之類，故取喻焉。**有革而不能革，不可服**〔一四〕。可革而不革，則人有輕君之心，故不服也。**民死信，諸侯死化**〔一五〕。」變通之，以盡利不化，則利竭故死。人無信不立，故死②在信也。

〔一〕安井衡云：下句言「地」，此「地」字當衍。翔鳳案：此節貨幣與農業並言，不僅地利，天道亦有之，無衍文。「天地之道」詳宙合。用之爲權衡輕重。

〔二〕吴汝綸云：「自」當爲「目」。翔鳳案：許維遹亦改「自」爲「目」，以「親自」連文，非先秦所有。公羊宣公十二年傳：「楚莊王伐鄭。鄭伯肉袒，左執茅旌，右執鸞刀以逆。莊王親自

① 「民」字原無，「之」字原作「者」，據補注增改。
② 「死」字原無，據補注增。

手旌，左右撝軍，退舍七里。」則「親自」連文，齊人常用，許乃妄改。其所改多類此。

〔三〕王引之云：「任」當作「仕」，字之誤也。「仕」與「士」同，此承上「士可戚」而言。且「仕」與「事」爲韻，尹注非。何如璋云：「仁以好人」句，「任」字衍。張佩綸云：當作「仁以任人」。論語子張問仁於孔子，孔子曰：「信則人任焉。」言其效則人任，言其體則任人，亦仁之一端也。翔鳳案：王斷句不當而改字，謬。「任」字、「好」字均不當衍。

〔四〕丁士涵云：「政」當爲「致」。張佩綸云：「君壽以政年」當作「政以壽年」。漢書刑法志：「詩云：宜民宜人，受禄于天。書曰：立功立事，可以永年。言爲政而宜於民者，功成事立，則受天禄而永年命。」翔鳳案：説文：「壽，久也。」吕氏春秋尊師「以終其壽」，注：「年也。」漢書高帝紀「莊入爲壽」，注：「凡言爲壽，謂進壽於尊者，而獻無疆萬壽。」張説是。

〔五〕惠棟云：「康侯用錫馬蕃庶」，鄭氏曰：「蕃庶，謂蕃遮禽也。『庶』音止奢反。」棟案：管子「六畜遮育，五穀遮熟」，則「蕃遮」猶蕃育也。（九經古義）洪頤煊云：説文：「遮，從辵，庶聲。」易晉卦「用錫馬蕃庶」，釋文云：「庶，鄭止奢反，謂蕃遮禽也。」「遮」、「庶」古字通用。爾雅釋詁：「庶，衆也。」尹注非。

〔六〕俞樾云：尹注解「易卿」句曰「黜不肖，立仁賢」，解「易事」句曰「去故而取新」，皆非管子之意也。管子蓋謂鄰國之君俱賢，則不得王，故必待其有變。「忽然而易卿」，「忽然而易事」，皆

就鄰國言之。「易卿而移」，「易事而化」，皆謂變而不善，使我有可乘之機也。故下文曰「變而足以成名」。尹注失之。張佩綸云：「卿」當作「鄉」，字之誤也。荀子賦「四時易鄉」，文選東京賦「授時順鄉」，薛注：「鄉，方也。」翔鳳案：俞説是。自此至「斯民之良也」，皆言鄰國之君賢。「足以成名」，以其變也。「化」即「貨」，此本篇通義。「易事而化」，謂其重視經濟。

〔七〕張佩綸云：「承弊而名勸之」，謂承周法之弊而重名以勸之，即下文「輕財重名」是也。各本改爲「民勸之」，誤。陶鴻慶云：尹注解「承弊」爲「承先代之弊」，非也。上文云：「鄰國之君俱不賢，然後得王，俱賢若何？曰：忽然易卿而移，忽然易事而化。」俞氏云：「此皆就鄰國言之，謂其變而不善，使我有可乘之機也。」然則此云「承弊」，亦謂「承鄰國之弊」，其功易成，故民勸之也。劉師培云：「名」字當從他本作「民」。「之」字衍。（尹注所據本已作「名」。）下云「慈種而民富」，與此對文。翔鳳案：郭沫若讀「弊」爲「幣」，非也。鄰國之君俱賢，我當謹慎從事，並非束手無可作爲，靠我贈幣於民，即足以制服。主要在承敵之弊，發揮民衆力量。陶説是也。

〔八〕丁士涵云：「慈」讀曰滋，説文：「茲，草木多益。」「滋，益也。」種殖繁茂，故民富。一曰：滋亦種也，楚辭「余既滋蘭之九畹兮」，注：「滋，蒔也。」一切經音義三：「滋，古文『孖』、『稵』二形同。」玉篇：「稵，益也，與『滋』同，一曰蒔也。」李哲明云：「慈」當爲「茲」。茲，益也，

即今滋長字。言滋養種植而民自富也。下文「與物俱長，應風雨而種」，即申「茲種」之義。古「慈」與「茲」通。左氏春秋經「公孫茲如牟」，公羊作「公孫慈」。又宋襄公茲父，公羊作「慈父」，即其證。翔鳳案：李説是也。讀「慈」爲茲，爲齊之方音，故管子、公羊用之。

〔九〕張文虎云：「言」疑「訔」字之譌，「訔」古「時」字，下文云：「變之美者應其時。」（「之」字本作「其」，從雜志説。）張佩綸云：「應言待感」，「言」乃「變」之壞字。即下文「變之美者，應其時也」。翔鳳案：「言」即上詛盟之言，有詛盟在先，以待天心之感動。諸説非是。

〔一〇〕俞樾云：「故」疑「放」字之誤。唐石經桓九年穀梁傳「則是放命也」，今本「放」誤作「故」，即其例也。「放日月之明」，正尹注所謂「與日月齊其明」者，若作「故」字，則文義未足矣。張佩綸云：禮記禮器：「爲朝夕必放於日月。」李哲明云：「故」疑「效」之誤。度地篇「以毋敗爲固」，宋本「固」作「故」，元本作「效」，亦一證也。翔鳳案：俞、李之説俱有證，含義相同。「放」同「倣」，亦「效」也。然以俞説爲佳。

〔一一〕張文虎云：「種」疑當作「動」。翔鳳案：承上「慈種」。種植須應風雨，最易知，非「動」字。

〔一二〕豬飼彦博云：上云「應風雨而種」，「良」疑當作「食」，謂五穀也。翔鳳案：「良」即「糧」，見上。

〔一三〕丁士涵云：形勢篇云「有聞道而好定萬物者，天地之配也」，此「醜」字或「配」之誤。張

佩綸云：「不有而醜天地」當作「道不而媿天地」。廣韻：「踀，見管子。」案：媿，俗字也。此必三家修廣韻所見本尚作「踀」，及宋本傳刻有作「配」者，有作「媿」者，遂誤刻爲「醜」矣。陶鴻慶云：「醜」，類也。「也」讀爲邪。此承上文，言不有其功而德齊天地，非天子之事而何。管子之意，蓋謂鄰國之君俱賢，雖不得王，苟有上事，則亦天子之事矣。尹注云「不有上事而醜惡天地之化，此亦非天子之事」，殊不成義。姚永概云：禮記「比物醜類」，猶比也。此言不有天地覆載之德，不可比於天地耳。尹以爲「醜惡天地」，失之。郭大癡云：方言：「醜，同也。」「醜天地」，同其覆載也。翔鳳案：承上「應風雨而種」，不有此不能同天地也。

〔一四〕丁士涵云：「梲」當爲「毤」。輕重甲篇「請文皮毤服而以爲幣乎」，尹注曰：「它卧切，落毛也。」廣雅：「毤，毻解也。」「毻，鳥易毛也。」方言「毻，易也」，郭璞注云：「謂解毻也。」江賦「産毻積羽」，李善注曰：「字書曰：毤，落毛也。」「毤」與「毻」同。説文：「蜕，蛇蟬所解皮也。」莊子寓言篇云：「予蜩甲也，蛇蜕也。」「毻」、「毤」、「蜕」竝同義。「毻」之言隋也。「毤」之言脱也。蛇蟬所解皮曰蜕，鳥獸所脱毛亦曰毤矣。「傅」與「附」同，「革」猶皮也。（説文：「革，獸皮，治去其毛，革更之象。」又云：「鞹，去毛皮也。」詩羔羊傳：「『革』猶皮也。」疏：「獸皮治去其毛曰革，對文言之異，散文言之則皮革通云。」）民之變化，辟若鳥獸之脱毛。變而不能變，辟若鳥獸所脱之毛仍附於其皮。其皮不能去舊更新，所謂有革而不能革也。上

「革」字指皮革言，下「革」字指革更言。尹注誤。　張佩綸云：説文：「棁，木杖也。」詩羔羊傳：『革』猶皮也。」説文：「服，用也。」傅革於木杖，不可用，以喻不能變民，民亦不可用也。定四年傳：「吳用木也，我用革也。」　翔鳳案：丁説是也，然而未盡。「毻」本作「髶」。説文：「髶，髮隋也。從髟，隋省。」輕重甲「發、朝鮮不朝，請文皮毻服而以爲幣」，指一豹之皮，發、朝鮮爲四夷之一，即揆度篇之「豹飾」、「豹幨」，即武王之侈靡政策。「傳」即「皮之不存，毛將焉傅」之「傅」。貫通上文「鄰國」、下文「可服」。

〔一五〕豬飼彥博云：下「死」字，當依下作「之」。　張文虎云：兩「死」字疑當作「服」，承上「不可服」來，古文「服」作「𦨈」與「𠬝」形近而譌。「化」乃古「貨」字。　張佩綸云：兩「死」字皆「无」字之誤，言民无信，由於諸侯之无化。　翔鳳案：「死」字不誤。「信」即詩「信誓旦旦」之「信」，承詛盟言。「化」即「貨」。

「請問諸侯之化弊也。」弊，謂久行而無益者。**「弊也者，家也。」**言國之弊，則以家習不革。**家也者，以因人之所重而行之**〔一〕。非人所重，則當革也。**吾君長來獵，君長虎豹之皮，**君好虎豹皮，故來獵。**用**〔二〕。**功力之君，上金玉幣**〔三〕。君上用金玉爲幣，故用功力。**好戰之君，上甲兵。甲兵之本，必先於田宅。**有田宅，然後①可以充甲兵之賦。**今吾君戰，則**

① 「後」字原無，據補注增。

請行民之所重〔四〕。飲食者也，侈樂者也，民之所願也〔五〕。足其所欲，贍其所願，則能用之耳。君之於人，必足欲贍願，然後可用也。今使衣皮而冠角，食野草，飲野水，孰能用之？言士既乏於衣食，則君之不能用也。傷心者不可以致功〔六〕，謂富者奢靡而有餘，貧者窘悴而不足，則傷心矣。傷心則無聊而苟且，故不能致功。故嘗至味而罷至樂〔七〕，謂富者先奏至樂，及食至味而罷之。而雕卵然後瀹以灼反。之，雕橑力道反。然後爨之〔八〕。皆富者所①爲也。橑，薪也。丹沙之穴不塞，則商賈不處〔九〕。趨丹穴而求利，故不處也。富者靡之，貧者爲之〔一〇〕。富者所以得成此侈靡，則重幷貧者而爲之也。此百姓之怠生，百振而食，非獨自爲也〔一一〕，百姓既爲富者所兼，則怠於作業，故能生此富者之靡。富成此侈靡②，亦以百姓振起之故也，豈富者能自爲乎！爲之畜化用〔一二〕。今欲爲此畜貧富之法，當變化富者之用也。其臣者〔一三〕，予而奪之，謂臣富者，今欲化之使貧，或先少與而後多奪之也。使而輟之，既使之多所費用，然後成其功。徒以而富之，或空言與利，而令③得富且取其物終之也。父擊而伏

① 「者所」二字原無，據補注增。
② 「侈靡」原作「至味」，據補注改。
③ 「令」字原作「今」，據補注改。

之〔一四〕，或加父罪而擊之，子必伏而破産以贖父也。**予虛爵而驕之**，或空與爵名，而無其位以驕此人，令有所貴用也。**收其春秋之時而消之**〔一五〕，富者先貯物以射春秋之利，今則官自收而消也。**有雜禮我而居之**〔一六〕，或有費用財物雜禮於我，若此者，順其意而居之。**時舉其强者以譽之**。富而又强，則爲之作聲譽，或令有所統率。**强而可使服事**，服，行也。强者服事，事必成。**辯以辨辭**，其有辯明者，則令辯繁辭。**智以招請**，富而多智，則使招來而請謁也。**廉以摽人**。富而清廉，則使爲人摽式。**堅强以乘六，廣其德以輕上位**，君能堅意强力，以乘上之六者，可以廣其德，又可以分其上之任，故位輕者也。**不能使之而流徙，此謂國亡之郄**〔一七〕。」若不能使任上之六者，乃流移而徙之，斯亡國之郄也。

〔一〕張文虎云：「化」亦讀爲貨。「弊」與「幣」古通。「弊」無「家」義，疑「帛」之譌。古文四聲韻引古文「家」字作「[illegible]」，與「帛」形近。説文：「幣，帛也。」下「家」字疑當作「弊」，涉上而誤。劉師培云：張謂「弊」與「幣」古通，其説是也。「家」疑「易」訛，或係「賈」字之假。（莊子列禦寇篇云「單千金之家」，釋文云「家，本一作『賈』，又作『價』」，是其例。）下文云「家也者，以因人之所重而行之」，作「易」作「賈」，義並可通。　李哲明云：幣爲凡有家者之所須，故云「家也」。言所以殖其家也。「家也」者，以因人所重在幣，家所恃以立，必求以流行之。翔鳳案：齊幣爲刀形。「弊」同「幣」，見前。「家」爲大夫之家。諸侯侈靡對象，主要是大

夫。「雕卵」、「雕橑」即生財之道，同時顧及教戰，所謂「富者靡之，貧者爲之」也。

〔二〕王念孫云：此當作「吾君長來獵虎豹之皮」，尹注云「君好虎豹皮，故來獵」，是其證。其下「君長」二字，則因上而衍。丁士涵云：「來」疑「求」字之誤。「獵」，取也。「虎豹之皮用」，猶周官言邦國之財用耳。尹讀「用」字下屬，非。俞樾云：上「長」字衍文，下「長」字當訓爲上。吕氏春秋貴公篇「用管子而爲五伯長」，勿躬篇「雖不知可以爲長」，高注並曰：「長，上也。」此文當以「吾君來獵」爲句，「君長虎豹之皮」爲句。「君長虎豹之皮」者，君上虎豹之皮也，與下文「上金玉幣」、「上甲兵」文異而義同。尹注曰「君好虎豹皮故來獵」，則其所據本尚未衍上「長」字。若如今本，則「君長」二字連文。「君長虎豹之皮」文義未明，尹何以云「君好虎豹皮」乎？注文「好」字，正釋「長」字之義，「長」即上也。上之，是好之也。後人不達，誤以「君長」連讀，遂於上句亦增「長」字，而文義失矣。張佩綸云：當作「校獵之君，長虎豹之皮」，上「吾君長」三字衍。劉師培云：「吾君長」三字均係衍文。（「君長」涉下而衍，「吾」又「君」字之訛。）「君」上脱「之」字。下文云「用功力之君上金玉幣，好戰之君上甲兵」，此與並文。又下句尹注云「君上用金玉爲幣，故用功力」，本文尹注云「君好虎豹皮故來獵」，兩注句例正同，則尹注所據之本當作「來獵之君，長虎豹之皮」（「來」亦誤字，丁疑「求」字，義較長），「長」猶上也。左傳桓五年「君子不欲多上人」，鄭世家作「犯長且難之」，此「長」、「上」古通之證。（國語吴語注：「長，先也。」）翔鳳案：孟子：「事之以皮

幣。」虎豹之皮爲皮幣。武王爲侈靡，豹皮百金（見前），虎皮當更貴矣。「來」假爲「勑」。孟子「勞之來之」。中庸「來百工」。上「長」字訓久，長久招致獵者。下「長」字訓崇貴，漢書杜欽傳「廢奢長儉」，注：「崇貴之也。」崇貴虎豹之皮用，用於宗廟也。諸說均誤。

〔三〕丁士涵云：「幣」字衍。「上金玉」與「上甲兵」對文。張佩綸云：「用功力之君」，「用」當作「通」，孟子「通功易事」。朱東光本無「力」字，即「功」字之壞也。翔鳳案：說文：「功，以勞定國也。」史記高祖功臣年表：「用力爲功。」以金玉爲賞賜，故重之。

〔四〕丁士涵云：十一字當一句讀，上文云：「以因人之重而行之。」翔鳳案：謂皮幣也。

〔五〕張佩綸云：當作「飲食者民之所欲也，侈樂者民之所願也」。禮記：「飲食男女，民之大欲存焉。」補此句，則兩「者」字文義始順。下文「欲」、「願」並承亦合。陶鴻慶云：此文本云「飲食者，民之所欲也，侈樂者，民之所願也」，下云「足其所欲，贍其所願，則能用之耳」，即承此言。傳寫「飲食者」下奪「民之所欲」四字，校者不能是正，輒於「侈樂者」下加「也」字以相配耳。翔鳳案：詩伯兮「願言思伯」，箋：「念也。」「念」謂不忘。足其所欲，則贍其所不忘，直承，非分承。諸人拘牽於禮記，而以爲分承，非是。

〔六〕翔鳳案：本篇重其爲國宣勢，以作「功」爲是。古本作「力」，謬。

〔七〕劉績云：別本注：「罷至樂，謂耳倦絲竹也。」姚永概云：「嘗至味而」爲句，「罷至樂而」爲句。兩「而」字讀如論語「偏其反而」及「已而已而」之「而」。致功之人不可令其傷心，必有

以娱樂之，故其言如此。翔鳳案：劉説是。廣雅釋詁一：「罷，勞也。」姚説謬。

〔八〕段玉裁云：「橑」當爲「燎」，庭燎，大燭也。「爨」，然也。洪頤煊云：蓺文類聚八十引作「夫雕橑然後炊之，雕卵然後瀹之」，與此不同。淮南本經訓「橑檐榱題」，高誘注：「橑，椽橑也。」大戴記保傅篇「二十八橑以象列星」，注：「橑，蓋弓也。」一切經音義：「燎，古文『橑』同。」張佩綸云：玉燭寶典引管子云：「雕燎然後灼之，雕卵然後瀹之。」又云：「古之豪家，食稱畫卵，今世猶染藍蒨雜色，仍加雕鏤，遥相餉遺，或置槃。」翔鳳案：篇首言「賤有實，敬無用」，爲侈靡政策，其效用是興時貨。「賤有實」爲賤粟米，下文已明言之。貨爲珠玉而言「如神」，則非無用者。名爲無用而又敬之，意義何在？不明顯。御覽引：「武王爲侈靡，令人豹襜豹裘方得入廟，故豹皮百金。功臣之家糶千金未得一豹皮。」以漢武帝白鹿皮方尺緣以繢爲皮幣直四十萬例之，是以某種無用之物，敬之而高其價，斂富人之財以爲軍用。齊之刀幣爲貨，則貨亦幣也。洪頤煊疑御覽所引爲侈靡之闕文，不知管子語多散見，如輕重甲之五戰散在各篇，非闕也。所引當在亡逸九篇中。「雕卵然後瀹之，雕燎然後灼之」，其作用爲發積藏，散萬物。漢書郊祀志「不如西鄰之瀹祭」，注：「煮新菜以祭。」燎爲大燭，「雕燎」即畫燭。禮記：「庭燎之百，自齊桓公始。」玉燭寶典引管子：「古之豪家食稱畫卵。」皆桓公所爲，以靡富人之財，與豹襜、豹裘入廟同。雕燎用於宗廟易知，雕卵用於宗廟，惟殷俗有之。商頌「天命玄鳥，降而生商」，指簡狄吞燕卵言之。所雕之卵必燕卵也。月令鄭

注：「玄鳥遺卵，簡狄吞之而生契。」疏引鄭志：「娀簡狄吞鳳子之後，後王以爲媒官嘉祥，祀之以配帝，謂之高禖。」「鳳」即離騷之「鷖」，爲鳳之别體，青黑色，是爲玄鳥，即輕重己之「大惢」。雕卵瀹祭，嘗至味而罷至樂，貧者亦能享有，敬祭祀之燎卵，有精神作用。

〔九〕張文虎曰：上「不」字當衍，言利源塞則商賈去也。張佩綸云：國蓄篇曰：「塞民之養，隘其利途。」不塞則利不「出於一孔」，而商賈他往矣。塞之則商賈處而貧民日有所業，不至甚貧。翔鳳案：地數：「上有丹沙者，下有黄金。」「丹沙之穴」重在黄金，「塞」謂封禁，不讓商賈得其利。説文：「處，止也。」

〔一〇〕張文虎云：「靡」與「爲」韻。言富者能不恤其財，則貧者不憚其勞。陶鴻慶云：尹注云：「富者所以得成此侈靡，則重（疑「兼」字之誤）並貧者而爲之也。」此失其旨。此言富者費財而貧者致力耳。翔鳳案：二句爲本篇之宗旨。此節言生財祀簡狄。

〔一一〕豬飼彦博云：「息」當作「息」。「息生」猶養生也。「百振」當作「相振」，謂相救也。丁士涵云：「百」當爲「不」，此涉上文「百姓」而誤。「振」與「賑」同，給也。俞樾云：「百」乃「自」字之誤，言自振作而食，非獨自爲也。兩「自」字正相應，因涉上句「百姓」字而誤「自」爲「百」。文不可通。張文虎云：丁君云「『百』當爲『不』」，是也。「息」疑當作「治」。言此百姓之所以爲生，貧富相濟，不待上之振恤，而自以得食也。張佩綸云：「百姓」，百族。「生百」即「百姓」之衍文。「息振」當作「振德」。姚永概云：此言商賈之財散之以生百

姓，必爲上者代民爲之，民不能自爲也。富者肯侈靡，然後貧者之力有所售，故曰「富者靡之，貧者爲之」。「怠」字當衍。此百姓之生必百方振作而食，然非獨自爲，必君相「爲之畜化用」之法以生之也。化富者之財用之貧者，化貧者之力用之富者，所謂「化用」矣。郭大癡云：「百」讀魯僖廿八年左傳「距躍三百，曲踊三百」之「百」，杜預注：「猶勵也。」「百振」者，勉力自奮以爲之也。翔鳳案：周語「百姓兆氏」，注：「官有世功受姓氏者。」指富者而言。郭沫若謂「怠生」爲「怡生」，有據。易雜卦傳「謙通而豫怠也」，釋文：「怠，虞作『怡』。」然此節爲富者靡之，貧者覺飲食侈靡於己無望，因而怠惰。説文：「振，救也。」多方賑救，食養貧者，非獨富者自爲而已。

〔一二〕翔鳳案：「化用」即「貨用」。王念孫以「用」屬下爲句，非是。

〔一三〕王念孫云：「用其臣者」四字，統下八句而言。尹以「用」字上屬爲句，非也。翔鳳案：蓄貨用爲富者。「其」指富者。「臣」爲富者家奴，自然爲之勞動。「其臣者」三字領下，王説非是。

〔一四〕豬飼彦博云：「以」當作「予」，「父」疑當作「久」。王念孫云：「父」字義不可通，當是「又」字之譌。（篆文「又」、「父」相似。）又者，承上之詞，尹注非。張佩綸云：徒役，以而富之。「父」，詩伐木傳：「天子謂同姓諸侯，諸侯謂同姓大夫皆曰父。」「擊而伏之」，漢書王陵傳「主臣」，注：「晉灼曰：主，擊也；臣，服也。言其擊伏，皇恐之辭。」章炳麟云：尹

注：「或加父罪而繫之，子必伏而破産以贖父也。」此説殊爲譎詐之尤，管子雖尚權術，何至于是？且于文義亦甚迂曲。雜志謂「父」爲「又」之誤，然尚須改字。「父」乃「捕」之省借，「捕」從甫聲，「甫」從父聲也。「伏」借爲「偪」，猶考工「不伏其轅」，故書「伏」作「偪」也。此謂有逋國帑者，則捕繫以逼迫之使完納也。翔鳳案：説文：「父，矩也。家長率教者，从又舉杖。」白虎通：「父者，矩也，以法度教子也。」「父擊」謂父之教子。「擊」字古本作「繫」。訓「父」爲「捕」，訓「伏」爲「偪」，均不合文之本意。以爲「皇恐之辭」，更謬。

〔一五〕丁士涵云：「時」當爲「利」，尹注亦作「利」。「春秋之利」，若春收以斂繒帛，夏貸以收秋實，以及泰春泰秋斂穀之説，皆是也。張文虎云：「時」疑當作「財」，古音同部，字形相近。姚永概云：春秋之時，民皆收歸於農畝以消散之。若使富者常擁衆，亦非策也。翔鳳案：「消」蓋「捎」之借字。説文：「捎，自關以西，凡取物之上者爲撟捎。」解見段氏注。承上文農業言之。虞書「播時百穀」，鄭注：「讀曰蒔。」廣雅釋地：「蒔，種也。」富者秋穀所入，於國家與民衆都不利，用輕重之策消其種植所有而歸之衆人。播時百穀之義不生僻，諸人皆以「時」爲誤，何耶？

〔一六〕王引之云：「有」讀爲又，亦承上之詞。「禮我」當爲「禮義」，脱其上半耳。俞樾云：「有」當爲「肴」，「我」當爲「義」，並壞字也。「肴」讀爲殽。説文殳部：「殽，相雜錯也。」漢書食貨志「殽雜爲巧」，亦以「殽雜」連文。姚永概云：王説是也，俞説不可通。「褋」乃

「集」之誤。又集之於禮義之中，使其得所居，然後末作之人乃不生事。此與上句皆爲防弊之法。　翔鳳案：俞説是也。此篇言叢社多雜宗教感情。禮記禮運：「殽以降命，命降於社之謂殽地，降於祖廟之謂仁義。」宗教儀式必繁。「我」同「義」。墨子天志上：「天欲其治而惡其亂，此義所以知天欲義而惡不義也。」孟子：「是集義所生者，非義襲而取之也。」「義」皆同「我」。「我」之爲「義」，非假借，乃引申也。説文：「我，施身自謂也。从戈从手。手，或説古『垂』字，一曰古『殺』字。」義爲己之威儀。持戈示勇，有威儀者。武器防身，用以戰鬥，爲個人私有。「義」、「我」同意。韓詩「如食儀」，傳：「儀，我也。」「儀」即「義」。今江南人稱「我」爲「倪」，即「儀」也。

〔一七〕朱長春云：「招」，召而謀議。「請」如請事、請問。　安井衡云：古本「摽」作「標」。俞樾云：「國亡之郄」，當依注作「亡國之郄」，與下文「成國之法」正相對成文。然則此七句者，非美事也，而尹注皆失之。今爲釋其義曰：「强而可使服事」者，言下不順從上令，强之而後可使服事也。「辯以辯辭」者，下「辯」字當讀爲變，禮記禮運篇「大夫死宗廟謂之變」，鄭注曰「『變』當爲『辯』」，是其例也。謂以辯給變亂人之辭也。「智以招請」者，「請」讀爲情。荀子成相篇「聽之經，明其請」，楊注曰「『請』當爲『情』」，是其例也。國語周語曰「而好盡言以招人過」，此「招」字義與彼同，言恃其智以招人之情實也。「廉以摽人」者，「摽」讀爲剽。後漢書崔寔傳「剽賣田宅」，李賢注曰「『剽』一作『標』」，是其例也。説文刀部：「剽，砭刺

也。」廉而剽人，言恃其廉而傷人也。「堅强以乘六」者，尹注曰：「君能堅意强力，以乘上之六者。」然上文並無六者，注説非也。「六」乃「下」字之誤，草書相似故也。國語周語曰「乘人不義」，韋注曰：「乘，陵也。」「堅强以乘下」，言堅强以陵下也。「廣其德以輕上位」者，「位」字當屬下讀。「廣其德以輕上」，與「堅强以乘下」正相對成文，言廣樹其德，以分上之權，若齊之陳氏也。「位不能使之而流徙」者，「位」字據尹注作「任」，故云「可以分其上之任」，是「位」乃「任」之誤也。此文當作「任不能而使之流徙」，言不能之人任之以事，而使之得罪流徙，所謂「賊夫人之子」也。今「而」字在「使之」下，乃傳寫誤倒，又誤「任」爲「位」，而屬之上句，遂不可曉矣。張文虎云：俞説是也。然「强而可使服事」句不辭，疑有衍字，謂以强服人也。與下「辯以辯辭，智以招請，廉以摽人」，句法當一例。翔鳳案：所言爲又一部份奴隸，不種田而任事，君臣下所謂「近其罪伏也」。此處論各用其才，能使者使之，不能使者流徙之。正世「人君不廉而變」，大匡「吏不進廉意」，「廉」，察也。説文：「摽，擊也。」有觀察能力之人，用以摽擊人。「六」爲「下」之誤，俞説可通。然抄書不用草字，不可爲訓。「六」爲「大」之訛。輕重戊「六峜」，古本「六」作「大」，是其例。法法「不與大慮始」，注：「『大』猶衆也。」「郄」與「隙」同，間隙也。

「故法而守常〔一〕，謂古法。得其法者則守常，故而不革也。**尊禮而變俗**，流遁之俗，則當變之。**上信而賤文**，文虚而寡用，故賤之。**好緣而好駔**〔二〕，子朗反。緣，即捐也。駔，馬之壯

健者。怯惡者必亂，故棄之。喻姦人之雄亦亂國，當絶。此謂成國之法也。爲國者，反民性然後可以與民戚。戚，親也。反者，冥也。順其性欲，必敗亡。若能反之，然後有成，可與之親也。民欲佚而教以勞，勞致於耕鑿①，則有功。民欲生而教以死。死致於寇難，則有功也。勞教定而國富，積財故也。死教定而威行。致死則莫敢當其鋒，故威行也。聖人者，陰陽理，言法陰陽之理。故平外而險中〔三〕。此則含陰於内，發陽於外。故信其情者傷其神，美其質者傷其文〔四〕。情盛則神滅也。化之美者應其名，實應其名，故化美也。變其美者應其時〔五〕，事應其時，故變美也。不能兆其端者菑及之。來事之端，不知其兆者，常失於幾，故災及之也。故緣地之利，緣，順也。承從天之指〔六〕，指，意也。當承順天之意也。辱舉其死〔七〕，辱，猶逆也。逆地天以舉事，則死也。開國閉辱〔八〕。若能開國以納善言，則辱可閉也。知其緣地之利者，所以參天地之吉綱也〔九〕。知能順地之利，則能參天地之吉綱。承從天之指者，動必明。辱舉其死者，與其失人同，逆天舉事，故與失人同也。公事則，道必行〔一〇〕。公事則無擁，故其道必行也。開其國門者，玩之以善言，有善言可玩，故開國以納之

① 「耕鑿」原作「寇難」，據補注改。

也。奈其罼〔一一〕。辱亦既有辱，當奈之何。唯有執①罼爵祭神以謝過耳。知神次者，操犧牲與其珪璧，以執其罼〔一二〕。常令巫祝知神之次秩者，操牲及珪璧，執罼爵以禱神，而謝逆舉之罪也。家小害，以小勝大〔一三〕。祭祀之費，家雖有小損，因此小損，以勝大災。員其中，辰其外既以謝過，又當員中，心無所專，固有善則從，無失外事之時也。辰，時也。而復〔一四〕，畏强，長其虛〔一五〕其有强大於己者，則當長其謙虛之心，而敬畏之也。而物正，以視其中情〔一六〕。」其於物也，雖見外正猶未可信，又當視其中情以驗之。公曰：「國門則塞，百姓誰衍赦，胡以備之〔一七〕？」謂寇有至，國門以塞，百姓警衛，而誰可放赦者？事至於此，如何救而可？「擇天下之所宥，謂不爲②天下之所疾者。擇鬼之所當，謂爲神所福助者也。擇人天之所戴，謂爲人所戴仰者也。而亟付其身〔一八〕，此所以安之也。」得此三德之人，付其身而任之，雖有寇賊，無若我何，故安。

〔一〕王念孫云：此當作「法故而守常」，「法故」與「守常」對文。「法故而守常」與下文「尊禮而變俗，上信而賤文」，文亦相對。尹注非。郭大癡云：「故」、「固」古通。「故法」，堅持成憲

① 「執」字原作「報」，據校正改。
② 「不爲」原作「王不」，據補注改。

也。「守常」，循爲世典也。　翔鳳案：這一節是教戰。勞教定而國富，死教定而威行。以烈士公墓表現之。魯世家「不忘固實」，「固」，故也。

〔二〕洪頤煊云：古者禮服皆有緣，玉藻云：「緣廣寸半，謂衣邊飾也。」晏子春秋諫篇云：「聖人之服中侻而不駔，今君之服駔華，不可以導衆。」周禮典瑞「駔圭璋璧琮琥璜之渠眉」，鄭注：「駔，讀爲組，以組穿聯六玉。」「好緣」、「好駔」，皆謂衣服華飾，尹注非。　丁士涵云：上「緣」，順也。「駔」猶麤也。下「好」當爲「棄」，尹所見本不誤，注文可證。　俞樾云：上「好」字，乃「惡」字之誤。尹注曰「『緣』即捐也。怯惡者必亂，故棄之」，是其所據本正作「惡緣」，惟尹解此句未得其義。「緣」之言循也。廣雅釋詁曰：「緣，循也。」莊子列禦寇篇曰：「緣，循仗物而行者也。」然則「緣」與「駔」義正相反。「惡緣而好駔」，謂惡因循而好壯健也。　張文虎云：上「好」字疑當作「惡」，謂惡華飾而好駔馬也，與上「尊禮而變俗，上信而賤文」，句法當一例。　張佩綸云：周禮「内司服緣衣」，鄭注：「雜記曰『夫人服税衣，揄狄』，又喪大記曰『士妻以褖衣』（今本喪大記作「税衣」），言『褖』者甚衆。此『緣衣』者，實作『褖衣』也。褖衣御于王之服，亦以燕居。男子之褖衣黑，則是亦黑也。『緣』，字之誤也。」儀禮士喪禮「褖衣」，注：「古文『褖』爲『緣』。」禮記玉藻「士褖衣」，注：「『褖』或作『税』。」是則「褖衣」古文作「緣」，亦或作「税」。晏子「聖人之服中侻而不駔」，正當作「中税而不駔」，即「緣」之或體也。釋名釋衣服：「褖衣，褖然黑色也。」「駔」讀爲組，據晏則華飾也。「好駔」之

「好」承上而誤。元注：「『緣』即捐也。駔，馬之壯健者。怯惡者必亂，故棄之。」「緣」之訓「捐」，於古無徵。且本文「緣」、「駔」相對，「好捐」更不可解。説文：「捐，棄也。」「『緣』即捐也」當作「『捐』猶棄也」。訓「捐」爲「棄」，故下云「棄之」。「好駔」當作「捐駔」。丁士涵謂當作「棄駔」，「棄」字易明，不必更釋爲「捐」矣。「捐駔」猶言黜華。翔鳳案：以「尊禮而變俗，上信而賤文」例之，「緣」必與「駔」有關。「即捐」與「捐也」不同，乃相類而非訓詁。爾雅釋器：「弓，有緣者謂之弓，無緣者謂之弭。」左僖二十三年正義引李巡曰：「骨飾兩頭曰弓，不以骨飾曰弭。」此骨飾作環形，釋器又云：「環謂之捐。」房注合用，故曰「『緣』即捐也」。郝氏義疏：「『捐』與『肙』音義同。肙，空也。環中空以貫轡，故謂之捐。」房不知此義而誤訓「棄」，然謂「『緣』即捐」則不誤。張佩綸考之不審，而謂「於古無徵」也。弓馬相連，故云「好緣而好駔」。三句正喻夾寫，爲當時常有文法，一字不誤。若以衣飾言之，則洪説以晏證管，恰合。

〔三〕翔鳳案：勞教死教，假陰陽以神其説，而其情不可以告人，故曰「平外而險中」。「險」即陰也。

〔四〕張佩綸云：「信其情」，「信」讀爲伸。翔鳳案：神道設教，不可以情實告人，此政治之文飾，以質樸形式行之，否則有傷害矣。「傷」爲哀傷，與害不同。

〔五〕王念孫云：當作「變之美者應其時」，與上句「化之美者應其名」相對爲文。尹注云「事應其

時，故變美也」，即其證。今本「之」作「其」者，涉上下諸「其」字而誤。翔鳳案：「美」謂美其質。「質」與「文」對，變其美者所以應其時，「其」字不誤。恐傷文，當變之也。

亦非有誤也。

〔六〕戴望云：「從」字衍，蓋一本作「承」，一本作「從」，校者誤合之耳。下文同。翔鳳案：「緣地之利」申述上文「民欲佚而教以勞」，「承從天之指」申述上文「民欲生而教以死」，非爲政府而死，乃「從天之指」，而政府則承奉天之指者。從者戰士，承者政府，「從承」二字不衍，

〔七〕丁士涵云：「辱」與「蓐」古字通用。方言、廣雅並云：「蓐，厚也。」金神曰蓐收，亦以厚收爲訓。左昭廿九年傳「祭法蓐收」，釋文：「本作『辱』。」章炳麟云：下文釋之曰：「辱舉其死者，與其失人同，公事則道必行。」「辱」乃借爲「蓐收」之「蓐」。左昭二十九年「蓐收」，釋文作「辱」，可證。白虎通五行釋「蓐收」云：「蓐，縮也。」按「縮」與「收」義本相近。周語云：「縮取備物。」淮南覽冥訓云「春秋縮其和」，注：「縮，臧也。」是皆與「收」義近。「蓐舉其死」，猶云「收舉其死」，「死」即「屍」之借。（陳湯傳「求谷吉等死」，尹賞傳「安所求子死、桓東少年場」，可證。）謂收舉捐瘠也。云「與其失人同」者，「其」讀爲「已」，如詩揚之水「彼其之子」，箋云「『其』或作『己』」也。言收舉捐瘠與己家失亡人同，謂其求之之懇切也。視人如己，爲事至公，故曰「公事則道必行」也。翔鳳案：「蓐」之訓厚，見方言十二，然非本義。說文：「蓐，陳艸復生也。一曰簇也。」左宣十二年傳「軍行右轅，左追蓐」，杜注：「在左邊者，追求

草蓐爲宿。」復生之草可宿，引申爲「褥」。後漢趙岐傳：「卧蓐七年。」鹽鐵論散不足篇：「古者皮毛草蓐，無茵席之加。」再引申爲「厚」，即由簇生得義。説文：「葬，藏也。从死在茻中，一其中，所以薦之。易曰：『古之葬者，厚衣之以薪。』」「死」即「屍」。「蓐舉其死」，厚藉以薦，舉屍而行，所以寵之也。是之謂「死教」。

〔八〕豬飼彦博云：當依下文作「開其國門，奈其罜辱知神次」，「奈」疑當作「奉」。俞樾云：以下文證之，「其」字當在「開」字之下，「閉」字乃「門」字之誤。「辱知」下有「神次」二字，而今奪之。管子原文本作「開其國門，辱知神次」，下云「開其國門者，玩之以善言，辱知神次者，操犧牲與其珪璧，以執其罜」，皆舉此文而釋之，因傳寫脱誤，遂不可讀。尹注以「知其」二字屬下「緣地之利者」爲句，不知「緣地之利者」亦是舉上文而釋之，不當有「知其」二字也。

章炳麟云：俞先生曰「上六字當作『開其國門，辱知神次』，下云『開其國門者，玩之以善言，辱知神次者，操犧牲與其珪璧，以執其罜』，皆舉此文而釋之」也，斯説墒矣。又曰「『奈其罜辱知神次者』，『辱』字屬下讀，『奈其罜』三字衍文」，説皆的。然麟謂「辱知神次」當作「知神辱次」，此誤寫在尹氏之前矣。「辱」亦即「蓐」，而與訓縮者殊。廣雅釋器「『蓐』謂之蒩」，説文「蒩，一曰蓐也」，是「蒩」、「蓐」一聲之轉，音義皆同。墨子明鬼下「必擇木之脩茂者，立以爲蒩位」，襍志曰：「『蒩』與『叢』同，『位』當爲『社』。急就篇『祠祀社稷叢臘奉』，『叢』一本作『蒩』。秦策『恒思有神叢』，吕氏懷寵『問其叢社大祠民之所不欲廢者而復興之』，太玄聚

次四『牽羊示于叢社』，皆其證也。」是故通論。然諸言「神叢」、「叢社」者，實與陳涉世家之「叢祠」有異。字當作「蕞」爲塙。畢校墨子以「蕞」爲「蕝」字假音，于韻理固不合，然義未嘗不通。蓋「蕝」即「綴兆」之「綴」，樂記注云：「綴，謂酇舞者之位也。」「酇」即「欑」字假音。倉頡篇：「欑，聚也。」説文：「欑，一曰叢木也。」喪大記「君殯用楯欑至於上」，注：「『欑』猶蕞也。」是「綴」與「欑」、「欑」與「蕞」，義相轉注。綴爲酇舞者之位，又爲叢神之位，即作蕝位，義亦可通。而「蕞社」即「叢社」，本當言「社叢」，謂社神之叢位，古人文法倒耳。「蓐」、「蕞」、「叢」一聲之轉，此「蓐次」即蕞次，「次」亦位也。「知神蕞次」，言知神之位，猶楚語所謂「能知次主之度，屏攝之位，壇場之所」也。翔鳳案：「蓐舉其死開國閉蓐」八字一氣讀。「知其」二字屬下。「國」爲殯宫，其義奇特，此瘞結所在也。説文口部：「國，邦也。」戈部：「或，邦也。」「域，或又从土。」「或」、「域」、「國」三字音義同。金文多以「或」爲「國」。廣雅釋詁：「域，國也。」釋丘：「域，葬地也。」周禮冢人：「掌公墓之地，辨其兆域而爲之圖。」詩葛生「蘞蔓于域」，傳：「域，營域也。」後漢書光武紀「爲起明堂靈臺辟雍及北郭兆域」，「北郭」猶北邙，其「兆域」即公墓。合而觀之，公墓爲「域」，即爲「國」。考工記：「匠人營國，左祖右社。」此「國」即兆域，旁有祖與社。牧誓：「用命賞於祖，不用命戮於社。」「國」爲戰士公墓，十分明顯矣。禮運：「祭帝於郊，所以定天位也。祀社於國，所以列地利也。」此「國」即公墓。舊注未析。黄梅謂停柩小屋爲國屋，爲長方形，有三面而空其上，入棺而後封之。「或」訓邦，

邦即封也。古無輕脣音，「邦」、「封」音義全同。齊侯甑「國」作「國」，缺一面，與國屋全合。於是而「國」爲公葬烈士無疑矣。「辱舉其死」，爲以艸薦而厚舉其屍；「開國閉辱」，爲開公墓之國屋，薦以草而閉之，一字不誤矣。「閇」，趙本作「閉」，魏石門頌「閉」作「閇」，乃隸字，非誤字。章說以爲「叢社」，至是益明矣。此一小節，俞氏以爲錯誤不可讀，全行改易，可以定其好改之謬矣。

〔九〕丁士涵云：「吉」疑「告」字誤，太玄「陰陽啓告」，注：「告，音化。」尹桐陽云：「吉綱」，紀綱也。文選左思蜀都賦「天以日月爲綱，地以四海爲紀」，注引越絶書范蠡曰：「天貴持盈，不失日月星辰之綱紀。」詩：「滔滔江漢，南國之紀。」翔鳳案：「地利」二字見禮運，指國而言，即兆域也，上文已述之矣。孝經「卜其宅兆而安厝之」，卜兆取其吉。「吉綱」即「吉岡」，「岡」爲「綱」之古文。山國軌：「去其田賦，以租其山，巨家重葬其親者服重租，小家菲葬其親者服小租。」私墓在山，公墓可知。古人葬必卜日，是謂天時，「吉岡」爲地利。「知其緣地之利者，所以參天地之吉綱也」，無錯字，無錯簡。紛改原文，甚無謂也。

〔一〇〕翔鳳案：由「開國閉辱」觀之，決非家中所立之戸，以活人爲之。「失」同「秩」，爾雅釋鳥釋文「秩秩，本作失失」，是其證。戰士立功，生者加官，死者厚葬。荀子王制「重其官秩」，注：「禄也。」「與其秩人同」，死生之榮寵無殊也。無誤字。

〔一一〕俞樾云：「辱」字當屬下「知神次者」爲一句，乃覆舉上文而釋之也。「奈其罕」三字並衍文，

即下文「執其罜」之誤而衍者。「執」字闕壞，止存左旁之㚔，因誤爲「奈」矣。翔鳳案：「奈其罜」三字句。「罜」爲名詞，「奈」當爲動詞。「柰」爲果名。廣雅釋言：「柰，那也。」王念孫疏證：「宣二年左傳『棄甲則那』，言棄甲則奈何也。奈何二字，單言之則曰柰。楊雄廷尉箴云『惟虐能殺，人莫予柰』是也。」釋言所釋百餘字，無一虚詞，「柰」訓奈何，非張揖本意。黄梅謂以手按下曰「那」，讀「那」之濁去。集韻「捺，手重案也」，形聲義皆合。「柰」即「捺」，猶「采」即「採」，手旁爲後加也。「人莫予柰」者，人莫能抑制我也。「柰其罜」即「捺其罜」，此義久廢矣。按「罜」有祝嘏之意。周禮鬱人「大祭祀，與量人受舉罜之卒爵而飲之」，注：「罜，受福之嘏，聲之誤也。」「嘏」、「罜」音同，取諧聲以祝福，非誤字也。禮運：「醆罜及尸，君非禮也。」明堂位：「殷以罜。」行殷制，非誤字。「辱知神次者」，謂於叢祠中知死者位次也。「玩之以善言」，祝嘏之詞。易繫辭：「居則觀其變而玩其占。」葬墳祝其發福，此常見者也。

〔一二〕何如璋云：原文多脱誤顛倒，不可讀。俞云「閉」乃「門」之誤，「辱知」下有「神次」二字，「柰其罜」衍。「辱」屬下爲句。張云「吉綱」當爲「本綱」。愚案：「失人」二字乃「佚」字之壞，兩「罜」字乃「勞」字之誤，「公」當爲「生」，「事」當爲「神」，「以」當爲「次」。今證以上下文，更其錯誤，次第於次：「故緣地之利，從天之指，承執其勞，辱舉其死，開國門，知神次，所以參天地之本綱也。緣地之利者道必行，從天之指者動必明。（以上五句張文虎所定。）承執其勞

者與其佚，辱舉其死者同其生。開其國門者玩之以善言，知其神次者操其圭璧與犧牲。」「緣地之利」者，因地宜也。「從天之指」者，順天時也。「承執其勞」者，謂勸農之教也。「辱舉其死」者，謂明刑之教也。「開國門」者，謂達其聰也。「知神次」者，謂致其敬也。張佩綸云：此節紊雜極矣，俞樾讀「閉」爲「門」，「知其」下補「神次」二字，甚當，而餘文不能是正。佩綸初校以「緣地之利者道必行，承天之指者動必明」對舉，而疑義未盡釋然。俄讀兩「罤」字爲「勞」之誤，以「勞」、「死」二句承上「勞教」、「死教」而言。批郤導窾，脈絡分明，因覆細勘之，無不豁然矣。今隨文訂正於左方：「故緣地之利，承天之指，從執其勞，辱舉其死，開其國門，知其神次，所以參天地之吉綱也。緣地之利者道必行，承天之指者動必明，從執其勞者與其佚，辱舉其死者與其生，開其國門者玩之以善言，知其神次者操珪璧以司公事。」「從執其勞」，詩「黽勉從事，不敢告勞」是也。「辱舉其死」，說文「辱，恥也」，文選注二十引周書「君憂臣勞，君辱臣死」是也。「從執其勞者與其佚，辱舉其死者與其生」，即牧民篇「能佚樂之則民爲之憂勞，能生育之則民爲之滅絶」之意。「開國門」，書曰「闢四門」是也。「知神次」，書曰「肆類于上帝」之類是也。詩「于以用之，公侯之事」，傳：「之事，祭事也。」翔鳳案：何、張二氏所校，分貼「勞教」、「死教」是也。而死教之義，相去極遠。紛紛更改，成爲不倫不類之八股文，使管子面目全非，而自以爲「批郤導窾，脈絡分明」，爲之鼲然。如上所釋，文從字順，何曾「脱誤顛倒」？又何曾「紊雜極矣」？郭沫若讀「罤」爲蝦，非何、張所及

也。

〔一三〕張文虎云：「家」疑「蒙」字之譌。何如璋云：「家」謂世禄之家。言其封邑雖小，恐有所害，有時乃以小勝大，故不可不防也。張佩綸云：「家」乃「災」之誤，當是「大災小害，以小勝大」，與内業合。翔鳳案：列子「將嫁於衛」，「家」通「嫁」。趙世家：「是欲嫁禍於趙也。」當時有秘祝，宋景公時，熒惑守心，羣臣請移過於下，景公不允。周文王時地動，羣臣請移過，文王不允（見吕氏春秋及宋世家）。移過即嫁禍也。晏子春秋外篇：「祝有益也，詛亦有損。雖其善祝，豈能勝億兆人之詛。」祝椵爲祝，嫁禍爲詛。「勝」爲厭勝之勝。

〔一四〕陳奂云：「員」與「辰」對文，辰有廉隅之義。説文「唇，口耑也」，毛詩傳「漘，水隒也」，竝與此「辰」字義近。作「辰」者，假字耳。尹注失之。何如璋云：「辰」乃「振」之譌。「員其中」，周之以恩。「振其外」，檢之以法。姚永概云：「辰」當是「展」字之譌。詩車舝「展彼碩女」，列女傳作「展彼碩女」。廣雅釋詁「展，直也」，與「員」正相對。翔鳳案：此接「神次」而言，當讀「員其中，辰其外而復」爲句。詩「景員維何」，傳：「均也。」「辰」即蜃殼，非誤字。「辱」從辰從寸，即「耨」之古文。説文：「裖，社肉盛以蜃，故謂之裖。」春秋定十四年「天王使石尚來歸脤」，周禮掌蜃引作「蜃」，此「辰」即「蜃」之證。莊子：「雲雨草木怒生，銚辱於是始修。」蓋未耜未大興以前，以蜃殼挖土，以手（寸）持辰，是之謂「辱」。説文：「辱，恥也。从寸在辰下，失耕時，於封畺上戮之也。辰者農之時也，故房星爲辰，田候也。」舊説不

知其義，以爲迂曲，若知「辰」爲農器，則迎刃而解矣。「辰其外」，以蜃殼修治其外也。「復」，所以招死者之魂。儀禮士喪禮「曰皐某復」是也。

〔一五〕張文虎云：此謂示以懦怯，因以長彼之虚憍，蓋驕敵之術也。翔鳳案：烈士爲國殤，多爲强死者。九歌國殤：「終剛强兮不可凌。」「强」者，鬼神精氣之强也。祭義「强者强此者也。」説文「虚，大丘也」，即叢葬之大冢。易繫辭：「精氣爲物，游魂爲變。」説苑有辨物篇，即精氣之物也。畏其鬼之强，培修其墓，而精氣正矣。張説誤。

〔一六〕張文虎云：「物」如射禮「物長如笴」之「物」，射者所立處也。窺彼盈虚以爲進退，此篇故多陰符家言。何如璋云：「物」乃「勿」字之譌。謂宗之强者亦復可畏。防之之道，則當長其虚，與之委蛇，而勿遽加裁抑，徐徐察視其中情焉。翔鳳案：易繫辭「精氣爲物，游魂爲變，故知鬼神之情狀」，與此「情」字同義。其情由物而知之。諸説所云，不知其所謂，與上文有何關也？

〔一七〕丁士涵云：宋本是也。「誰」乃「讙」之誤，寫者脱去「雚」字上半耳。荀子彊國篇亦云「百姓讙敖」，楊注：「讙，喧譁也。敖，喧噪也。」「敖」亦讀爲嗷，謂叫呼之聲嗷嗷然也。張佩綸云：「百姓誰衍敖」，各本作「百姓誰敢敖」，此必張嵲於「敢」下校注「衍」字，傳刻者删「敢」字而轉以「衍」字入正文矣。「則塞」當作「不塞」。「百姓誰敖」當作「百姓讙敖」，語見荀子彊國篇。公慮國門開而不塞，則百姓讙敖，故問胡以備之。翔鳳案：詩板「及爾游衍」，

傳：「衍，溢也。」說文：「敖，出游也。」「衍敖」與「游衍」同意。趙本改「衍」爲「敢」，謬極。「則」猶即也。言叢社之門即塞，百姓畏懼鬼神，誰來遨游，何以預備之乎？諸說俱誤。

〔一八〕王念孫云：「天下之所宥」當作「天之所宥」，「天」與「人」、「鬼」對文，不當有「下」字。「宥」讀爲「自天祐之」之「祐」，（漢書禮樂志郊祀歌「神若宥之」，師古曰：「宥，祐也。」）尹注非。「鬼之所當」，「當」宜爲「富」，字之誤也。郊特牲曰「富也者，福也」，故尹注云「爲神所福助」。（大雅瞻卬篇「何神不富」，毛傳曰：「富，福也。」大戴禮武王踐阼篇「勞則富」，盧辯注曰：「躬勞終福。」謙彖傳「鬼神害盈而福謙」，京房「福」作「富」。）「富」與「宥」、「戴」爲韻。（「富」古讀若背，「宥」古讀若異，竝見唐韻正。）翔鳳案：荀子宥坐「此蓋宥坐之器」，注：「勸也。」莊子徐无鬼「於五者無當也」，釋文：「合也。」呂氏春秋大樂「莫不咸當」，注：「合也。」易繫辭：「與鬼神合其吉凶」。周語「衆非元后何戴」，注：「奉也。」孟子：「不負戴於道路矣。」頂於頭爲「戴」。說文：「天，顛也。」「顛」同「頂」。易睽：「其人天且劓」。「人天之所戴」，人之所頂禮，與上文「天下」不複。擇死者之功德，爲天下之所勸，鬼之所合，人之所頂禮者，急附其身於祖廟，以妥其靈，所以安之，不畏其精氣之强也。周禮大祝「付練祥」，「付」與「附」通。文氣貫注，無一誤字，更無不辭者矣。王說誤。

「**强與短而立齊，國之若何**〔一〕**？**」謂寇賊既持强弓，又執短兵，列陣而立，以攻齊國，若之何禦之？此亦公問之辭。「**高予之名而舉之**〔二〕**，**高舉其名，則歡悦也。**重予之官而危**

之〔三〕，與之重官，則①不避危亡也。因責其能以隨之。責知其能，隨而任之，則自課厲，而無所顧望。猶儼則疏之，毋使人圖之。因不寵任而疏己者，則數加恩意以悦之，無使人見怨陰謀，曲求己隙者也。猶疏則數之，毋使人曲之。此所以爲之也〔四〕。」撫人若此，可以禦上强與短兵之寇也。「大有臣甚大，將反爲害〔五〕。謂大臣富有，既臣且甚大，甚大則逼君，故將反爲害。吾欲優患除害，將小能察大，爲之奈何〔六〕？」言我且欲寬優此患，漸除其害，每見其小能，則察知其大欲，爲此事如何？亦公之問辭也。「潭根之，毋伐。潭，深也。此以大樹喻惡也。譬若大樹，深根不可伐。大臣根黨盤，亦未可卒誅。固事之，毋入。既未能誅，且固事之，無得入同其惡也。深䰟之，毋涸。䰟，謂探其深情，常令見之，無使涸竭也。不儀之，毋助〔七〕。儀，善也。彼爲不善，無得助爲之也。章明之，毋滅。當發明不善，令人皆知之，無使昧滅也。生榮之，毋失〔八〕。謂生簒殺之心，若草木之生榮，此其可誅之時，必不得失之。十言者不勝此一〔九〕，謂令他事有十言之善，不如此一言也。雖凶必吉。忍而客之，屈而事之，凶也。惡稔易誅，吉也。故平以滿。」「無事而總，以待有事而爲之，若何〔一〇〕？」總，謂收積也。故使國家從故平安之時滿積其財，以無事之時收積，至時散其積而用

① 「則」字原作「財」，據補注改。

也。**「積者立餘食而侈**〔一一〕**，美車馬而馳，多酒醴而靡，**積，謂富而積財者。富而侈食，美車多醴，財有所散，因其散而收之。**千歲毋出食，此謂本事**〔一二〕**。」**雖復千歲，常令自食其財，無使他外，則富者之財可得而收之，此積之本。

〔一〕張文虎云：「短」字疑亦當作「强」，「齊」下絶句。「强與强而立齊」，謂强臣相結而竝立，若魯三桓、晉六卿，故下文言御之之術。尹注「齊國」連文，又以「强」爲「寇賊」，與下文不相應。

安井衡云：以下文例之，「齊國」下當脱「爲」字，言强有力者與才短者，而同立齊國之朝，爲之將若何。　張佩綸云：「短」當爲「族」，字之誤也。「與强族而立齊國」，言與强族竝立齊國，所謂「大都耦國」也。　陶鴻慶云：尹注云「謂寇賊既持强弓，又執短兵，列陣而立，以攻齊國，若之何禦之」，據此是正文「之若何」本作「若之何」，寫者倒之耳。然注説殊謬。此當以「强與短而立齊」爲句，「國若之何」爲句。「强與短」皆指大臣之才識言，「立」讀爲位，「位齊」者，位相等也。蓋管仲既言國有寇賊，當「擇天（今本衍「下」字）之所宥，鬼之所富（今本訛作『當』），人之所戴」者，付以大任，則國安，此所謂强臣也。故公復問設有才識短淺者與此强臣權位相等，則一遇變故，將觀望牽制，而事權不一，又將若何也。下文「高予之名」云云，正言任此强臣之法。如注説，則答語爲不倫矣。　翔鳳案：此節言侈靡政策，諸人誤解。九章算術：「凡有贏餘命曰强。」「短」爲短少，口語常用之。呂氏春秋先識「此治世之所以短」，注：「少也。」「立」爲「位」，陶説是也。周禮小宗伯「掌建國之神立」，注：「古

者『立』、『位』同字。」位同而財力不同也。廣雅釋詁四「國，謀也」。「規」之借，王念孫廣雅疏證以爲「圖」之誤，非是。「國」同「域」，限制之也。承前節「人天」説。

〔二〕翔鳳案：此一法也。

〔三〕翔鳳案：此又一法也。莊子盜跖「去其危冠」，李注：「高也。」以虚名榮之。

〔四〕丁士涵云：「僙」當作「戚」，上文「通於侈靡而士可戚，然後可以與民戚」，皆作「戚」。陶鴻慶云：「猶」與「由」同，「僙」與「戚」同，「曲」讀爲局。方言五：「所以行棊謂之局，或謂之曲道。」詩正月「不敢不局」，傳：「曲也。」是「局」、「曲」聲義竝同，故「曲」得借爲「局」。言此受任之大臣若由貴戚進者，其勢易逼君，當戒其燕昵，則人不得圖議之矣。若由疏逖進者，其情易隔，君當勤與延納，則人不得拘局之矣。下文「據大臣之家而飲酒」，正此義也。「爲之」讀如「夫子爲衛君」之「爲」，「爲」猶助也，皆所以助之成功也。尹注並非。章炳麟云：「猶」借爲「欲」，如詩「匪棘其欲」，禮器引作「匪革其猶」也。此言欲戚近其人，則外示疏之之形，毋使人謀陷之也。蓋戚近者爲人所嫉妬，故懼其致此。欲疏遠其人，則外示數之之形，毋使人枉曲之也。蓋疏遠者爲人所凌侮，故懼其致此。凡此皆以權術代爲道地，故曰「所以爲之也」。翔鳳案：疏貴戚者謀將泄。戚則疏，毋使知密謀，人將圖我。疏則數之，毋使得見，有委曲不能自達。陶説非。

〔五〕豬飼彦博云：「有」字衍。王念孫云：上「大」字，涉下「大」字而衍，尹注非。安井

衡云：上「大」當爲「夫」。　張文虎云：上「大」字疑作「夫」，下「大」字與「將反爲害」韻。又疑上「大」字不誤而衍「有」字。　翔鳳案：「大有」，即春秋、周易之「大有」。年豐則富者更富，上文「甚富不可使」，故云「將反爲害」。無誤字。

〔六〕丁士涵云：「患」當作「惠」，表記「節以壹惠」，注：「『惠』猶善也。」優善，即下文「潭根毋伐」云云。　李哲明云：「優」疑爲「擾」，擾，安也。周禮地官「以佐王安擾邦國」，注「擾，亦安也」，是其義。「優」、「擾」形近而誤。　翔鳳案：承上文「將反爲害」言。「優」同「憂」。素問五行大論注：「憂，慮也。」詩長發「布政優優」，説文夂部引作「布政憂憂」。諸説非是。

〔七〕丁士涵云：「潭」與「覃」通，淮南原道注：「潭，讀葛覃之覃。」毛詩傳：「覃，延也。」「入」當作「乂」，「毋乂」與「毋伐」同義，（爾雅：「乂，治也。」）「乂」與「伐」爲韻。「深」當作「淫」，多皃也。「黝」讀爲幽，「深幽之毋涸」，言「察見淵魚不祥」。　何如璋云：「⿱刺黑」乃「黝」之誤，（楚辭沈江注。）「⿱刺黑」乃「黨」之譌，「涸」當爲「錮」之譌字。　張佩綸云：丁云「『入』當作『乂』」。案「事」當作「蔕」，深根固柢聯文。　翔鳳案：楚辭抽思注「楚人名淵曰潭」，「潭」有深義。深植其根，毋輕剪伐。　漢書蒯通傳：「不敢事刃公之腹者，畏秦法也。」文選思玄賦注引作「傳」，韋昭云：「北方人呼插物地中曰傳。」「入」從「事」得義。「⿱刺黑」即「刺」。　考工記廬人「去一以爲刺圍」，司農注：「刺，謂矛刃胷也。」説文齊謂黑爲「黸」，則廬人之「刺」正當作「⿱刺黑」，朱駿聲以「⿱刺黑」爲「刺」之異體，是也。　説文：「儀，度也。」莊子徐无鬼「顔不疑歸而師董梧，以

助其色」，注：「除去也。」即假「助」爲「鋤」。郭沫若讀「毋助」爲「毋鋤」，有證。文意言用侈靡取富人之財，但不可根本傷害之。無誤字。

〔八〕張佩綸云：「榮」當作「殺」，字之誤也。漢書五行志中之下：「殺生之秉，失而在下。」翔鳳案：說文「失，縱也」，玉篇引作「縱逸也」。此用其本義。五輔「貧富無度則失」，與此同義。此又反言之，不可傷殘，亦不可放縱。郭沫若說「生」假爲「旌」，是也。

〔九〕丁士涵云：「十」乃「六」字誤，指上文六句。張佩綸云：此上止六言，疑脱四句。翔鳳案：說文：「十，數之具也。」言政策既定，任何多數之言論，不爲動摇也。

〔一〇〕翔鳳案：「無事而總，以待有事而爲之」句。「若何」兩字爲問語。

〔一一〕劉績云：「餘」一作「爲」。丁士涵云：據尹注亦作「食」字，下文「千歲毋出食」，即承「餘食」言之。張佩綸云：當作「餘日」，莊子天道注「有餘者，閒暇之謂也」，餘日即暇日。翔鳳案：周頌「立我烝民」，箋：「『立』當作『粒』。」「立食」同「粒食」，即王制所謂「粒事」也。委積之富人，粒食有餘而侈。趙本改「食」爲「日」，謬。

〔一二〕李哲明云：此似言積財之多，雖至千歲，可不必出而求食。一説「千」疑爲「歉」，音近而訛。歉歲毋出食，此閉糴之意也。翔鳳案：「出」假爲「詘」。周禮庭氏注「嘻嘻詘詘」，釋文本亦作「出」。荀子勸學「詘五指而頓之」，注：「與『屈』同。」淮南詮言「聖人無屈奇之服」，注：「短也。」「無出食」，不短食也。李說非是。

「縣人有主，縣，謂繫屬也。言欲繫屬於人，必有所主。主於財。人此治用，官既積財，人則於官取之，以理其器用也。然而不治，積之市〔一〕。謂不取官財以理其用，翻乃積之於市，使高價得其利也。一人積之下，一人積之上，此謂利無常。財既入市，則公私共積之，上雖積一分，下亦積一分，可謂利無常也。百姓無寶，以利爲首。百姓無他寶，唯以利爲寶之首。一上一下，唯利所處。利積多者，百姓則從而歸之也。利然後能通，通然後成國。無利而不通，則國亡也。利靜而不化〔二〕，觀其所出。從而移之，利而不化者，則由所出不變故也，觀而移變之。視其不可使，因以爲民等〔三〕。等，謂率而齊之。不可使，謂其人非有文武之材，又不任作役，若此者，使之率興利之人而齊之也。擇其好名，因使長民，其有好虚譽之名者，則擇之使爲興利者之長。好而不已，是以爲國紀。好名不已，財①乃彌積，故爲國紀。功未成者，不可以獨名。積財之功未成，則無獨與之名。事未道者，不可以言名〔四〕。成功然後可以獨名，衆共言此人有名。事道然後可以言名〔五〕，然後可以承致酢〔六〕。既有獨名，又有言名，然後可以至於承君之酢報也。先其士者之爲自犯，人有士行，當推以爲先。今反自先之，是爲自犯其過也。後其民者之爲自贍〔七〕。人能興利，亦當先之充國。今乃後之，是自爲其贍，

① 「財」字原作「則」，據補注改。

不憂國也。輕國位者國必敗，輕國位，則有散君之心，故國敗也。疏貴戚者謀將泄。疏貴戚，則有外顧之意，故謀泄。毋仕異國之人〔八〕，是爲經〔九〕。異國之人，所謂非我族類者也。今而仕之，其必異，此所有國之經也。毋數變易，是爲敗成。數變易，則事繁而無功，故曰敗成。大臣得罪，勿出封外，是爲漏情。毋數據大臣之家而飲酒，是爲使國大消〔一〇〕。飲酒於臣家，則威權移焉。物不兩盛，故臣强則國消也。三堯在，臧於縣，返於連比。若是者〔一一〕，必從是嚚亡乎〔一二〕！雖使三堯在臧，但懸其物而不散施之，終亦不能守。其物亡，必不返於連比之臣。臣既得之，自用樹福，則國從是嚚敗而亡乎！嚚，即梟之也。辟之若尊譚〔一三〕，未勝其本，亡流而下，譚，延也。雖堯守藏，不施必亡。猶如尊位將反，而未能勝其本。此位既不可得，自然流而下者也。不平。令苟下不治〔一四〕，凡始理下者，必先能平令。令既不平，令雖下，而不理者也。高下者不足以相待〔一五〕，自處其高，欲下待上，必不待之也。此謂殺〔一六〕。」

〔一〕張佩綸云：「縣人有主人」有脱誤，「此治用」當作「此謂治用」。翔鳳案：儀禮喪服「人治之大者也」，注：「『治』猶理也。」齊制大夫所轄有縣有鄉（見山至數），故以縣言之。

〔二〕戴望云：尹注無「靜」字，疑正文「靜」字衍。翔鳳案：靜爲留滯於少數人手中，施以侈靡政策，則從而移之也。此節就大夫説。

〔三〕翔鳳案：「不可使」指富者，上文「甚富不可使」，是其證。荀子富國「等賦府庫者，貨之流

也」，注：「以等差制賦。」此以等差散財。

〔四〕劉績云：別本注：「獨擅名譽。」　翔鳳案：上文「高予之名而舉之」。長民之富人，功未成不可獨予之名。廣雅釋詁三：「道，治也。」論語：「道千乘之國。」

〔五〕丁士涵云：「成功」當作「功成」，與下「事道」對文。下文云：「成而不信者殆。」　翔鳳案：古人不尚排偶，丁説非是。

〔六〕張佩綸云：「然後可以承致酢」上脱一句。　尹桐陽云：「酢」同「胙」，祭福肉也。史記周本紀：「致文武胙於秦孝公。」後漢書鄧彪傳：「四時致宗廟之胙。」　翔鳳案：説文：「承，奉也，受也。」爾雅釋詁：「酢，報也。」上報其功而下承受之。兩「然後」連用，非有奪文。非祭神，不得爲「致胙」。

〔七〕翔鳳案：所得之財，主要用於戰士，其次則民衆。先其士而用之，則有陵犯。後其民而用之，則是自足也。

〔八〕王引之云：「仕」當爲「任」，字之誤也。上文「疏貴戚者謀將泄」，言不可疏其所親也。此言「毋任異國之人」，言不可親其所疏也。今本「任」作「仕」，則非其旨矣。

〔九〕翔鳳案：房注「有國之經」，是也。趙本作「是爲失經」，既云「毋仕」，安得言「失經」？

〔一〇〕何如璋云：「是爲使國」當作「侵邦」。「經」、「成」、「情」、「邦」叶。舊注連下「大消」爲句，誤。「大消三𡉚在」五字，「大」乃「下」之誤，「消」乃「削」之誤，「三」乃兩「上」字，古文「上」作「二」，

脱去一畫乃爲「三」矣。「在」乃「下」之誤。以意定爲「下削上，上垚下」。張佩綸云：上「經」、「成」、「情」與「消」不合韻，「使」當作「侵」，「消」當作「省」，皆字之誤也。公羊傳莊二十有二年「肆大省，大省者何？災省也」，二傳皆作「大眚」。「侵國」，言臣侵主權，乃大災異也。正應上「將反爲害」句。翔鳳案：非韻文。釋名：「消，削也，言減削也。」對積纍而言。

〔一二〕張佩綸云：「三堯在」上有奪字。荀子富國篇：「雖左堯而右舜，未有能以此道得免者焉。」韓子難勢篇：「今夫堯、舜生而在上位，雖有十桀而不能亂者，則勢安也。桀、紂亦生而在上位，雖有十堯、舜而不能化之，則勢亂也。」與此文義同。言雖有三堯在，亦必從是敗亡也。元注於「雖有聖人，惡能用之」下云「堯爲匹夫，不能服三家」，即其事也。疑此作「三堯在下」矣。姚永概云：「臧於縣」爲句，「返於連」爲句，「比若是者」爲句。「臧」即「藏」字，「連」即「四里爲連」之「連」。「比若是者」，每每若是也。翔鳳案：此節言親貴大臣，在大夫之上，於齊爲國子、高子，與桓公合稱「三堯」。小匡篇言參國以爲二十鄉，桓公帥十一鄉，國、高各帥五鄉。桓公入齊，國、高有推戴之功，特尊崇之。説文：「堯，高也。从垚在兀上。」韻會：「垚積纍而上，象高形。」漢之高祖、唐之神堯同，非指堯、舜。

〔一三〕洪頤煊云：「䨓亡」疑「喪」字之譌。俗作「喪」，蘇浪反。宋翔鳳云：説文：「傴，相敗也，从人畾聲，讀若雷。」説文無畾字，而多用畾聲，「畾」即古「靁」字之省，音近，故亦假「靁」

爲「儡」。管子之「纍」即「儡」字，猶言敗亡也。書仲虺古文作中𩰢，當亦爲「儡」字之省。

張佩綸云：宋説是也，元注「則國從是纍敗而亡乎」，『纍』即『臭』字也」，正以「敗」訓「儡」。字書無「臭」字，「『纍』即『臭』」當是「『纍』即『儡』」之誤。王氏謂尹注作𡀉解，非是。（文選寡婦賦注引説文作「儡，敗也」，無「相」字。西征賦注引作「壞敗之皃」。道德經傅奕本「儡儡」，陸釋文：「儽，一本作『儡』，敗也，欺也。」禮記「喪容纍纍」，選注引作「儡儡」。康熙字典「纍」字引管子此注：「即『臭』字，敗也。」似内府必有别本管子勝於今之宋本。）翔鳳案：古書疑義舉例云：「纍，古『儡』字也。説文人部：『儡，相敗也。从人畾省聲。』『纍』字亦從人從畾省，而止省去中間一回，猶『鸓』字從鳥，畾省聲。而籀文作『𩰢』，止省去中間一回也。『纍亡』猶言敗亡。」俞釋「儡」字是也。訓敗亡亦通。然若知「三堯」之爲累積，則是言其積累之亡失，非泛言敗亡也。由下文取譬於流失，其義益顯。「儡亡」由上文「三堯」來。

〔一三〕何如璋云：「譚」宜作「觶」。張佩綸云：「尊譚」當作「尊觶」。翔鳳案：何、張校「譚」爲「觶」，是也。輕重甲「夫妻服簟」，亦爲「單」之誤。取譬承上「致酢」來。説文：「觶，鄉飲酒角也。」禮記：「尊者舉觶，卑者舉角。」角形尖，重心不在下，易於傾倒，故曰「未勝其本，亡流而下」，以其不平也。

〔一四〕丁士涵云：「未」當爲「末」，「亡」當爲「上」，「末勝其本」與「上流而下」對文成義。張佩綸云：「末勝其本」當作「末勝其本」，「亡流而下不平」爲句。詩旱麓「瑟彼玉瓚，黄流在中」，

傳：「黄金所以飭流𨚵也。」周禮典瑞「裸圭有瓚」，鄭司農注：「於圭頭爲器，可以挹𨚵。」「流𨚵」猶「挹𨚵」。「亡流」則中無流𨚵之地，而下又不平，宜其覆矣。「令苟下不治」當作「令苟不治」，「下」涉上下文「下」字而衍。翔鳳案：「辟之」至「不平」爲喻言，「令苟下」至「相待」爲正文，申明使國大消之理。

〔一五〕張佩綸云：言上下不足相當。翔鳳案：觶上重下輕，上下不足以相持。與經濟上下不足相持同。許維遹解「待」爲「持」，是也。

〔一六〕翔鳳案：周禮廪人「詔王殺邦用」，注：「猶減也。」漢書杜鄴傳「陰義殺也」，注：「謂減降也。」「此謂殺」三字句，猶言此之謂衰減，承上文「大消」、「流失」而言。

「事立而壞，何也？兵遠而畏，何也〔一〕？此謂弑君之事。其事既立而後壞，如此者何也？即以德不素積故也。民已聚而散，何也？人不歸，無道故。輟安而危，何也？」神不祐故也。皆謂簒弑。「功成而不信者，殆。兵强而無義者，殘〔二〕。不謹於附近，而欲來遠者，兵不信〔三〕。欲來遠者，必謹於附近，然後遠而來信也。略近臣合於其遠者，立〔四〕。略，禮爲不繁也。言於近則略之，於遠則合之，若此者，則可以立功。亡國之起，毁國之族〔五〕，則兵遠而不畏〔六〕。先自疏國之宗族，漸以至三者若此，則兵皆逃遠。無兵則威息，故不畏也。國小而脩大，仁而不利，猶有爭名者，累哉是也〔七〕！不量國之小，好脩遠大，雖復行仁，不

遇其利，而①猶與他國爭名，是必自累者也②。**樂聚之力，以兼人之強〔八〕，以待其害，雖聚必散。**好自勉以聚力，欲兼他人之强，用此以禦危害。如是者，先雖聚，後必散。**大王不恃衆而自恃〔九〕，百姓自聚，供而後利之，成而無害〔一〇〕。**大王亶父爲狄所攻，乃去豳之岐，杖策而往，百姓曰：「仁君也，不可失。」扶老携幼而從之。一年成邑，二年成都，三年五倍其初。言大王雖有衆，不恃，但自恃其德，故百姓隨而聚之，供其所須而利之，遂至於成功而無危害者也。**疏戚而好外企，以仁而謀泄，賤寡而好大，此所以危〔一一〕。**言自疏己親，好交外人，雖企慕於仁，而所謀多泄漏。既賤且寡，好爲迂大，凡此皆危敗之道也。**衆而約，**謂與衆爲約束也。**實，取而言讓〔一二〕，**謂實取彼③物，於言更成遜讓。**行陰而言陽。**於行實爲陰，密在言，更成顯陽。**利人之有禍，**謂因禍而生利。**言人之無患〔一三〕，**人雖實禍，於言乃爲無患。**吾欲獨有是，若何〔一四〕！」**凡此獨君之事也。問獨有之何如。自「衆而約」已下，公問之辭。

〔一〕陶鴻慶云：「畏」與「威」通，「兵遠而畏」當作「兵遠而不畏」，言雖勤兵於遠而不能威敵也。下文云「亡國之起，毁國之族，則兵遠而不畏」，是其證。翔鳳案：廣雅釋言：「畏，威

① 「而」字原作「不如小好脩遠是以」，據補注删改。
② 「是必自累者也」原作「是者必相累而惕」，據補注删改。
③ 「彼」上原衍「危」字，據校正删。

也。」兵能威遠，則遠者來。觀下文自明。「兵遠而畏，何也」，問兵遠而威之道，非脱「不」字也。此節承前，就教戰言之。

〔二〕李哲明云：「功成」句承上「事立而壞」言，「兵强」句承「兵遠而不畏」言，「功成」即「事立」。「不信」，所以壞也，宜其殆矣。

〔三〕李哲明云：此申「功成而不信」句，答上「事立而壞」之詞。「兵不信」，「兵」字涉上下文而衍。此言政事，於兵無與，觀注不及「兵」字，知尹所據本尚未衍。夫子答葉公問政云「近者悦，遠者來」，即此句確詁。翔鳳案：此「信」字作信實解，從「不謹」二字看出。生教死教即包兵事在内，李謂衍「兵」字，謬。

〔四〕丁士涵云：「立」即「亡」字之誤，下文「亡國之起」四字義不可通，蓋涉上下文而衍。陶鴻慶云：「立」上當有「事」字，「立」下當有「而壞」二字。元文本云「略近臣合於其遠者事立而壞」，上文「事立而壞何也，兵遠而不畏何也，民已聚而散何也，輟安而危何也」，共爲四事，自「亡國之起」云云，分釋「兵遠而不畏」以下三事，此乃釋「立而壞」之由也。言忽於貴近之臣而合疏遠之臣，則事雖立而必壞也。尹據誤本而曲爲之説，非是。劉師培云：據注「近」下無「臣」字，當係衍文。此解上文「立而壞」句。以下文證之，當作「則事立而壞」。惟尹注所據本已僅存「立」字。翔鳳案：説文：「略，經略土地也。」引申則爲經略。左昭七年傳：「天子經略，諸侯正封，古之制也。」「略近臣」，此侈靡政策而言。「合」，和也。吕氏

春秋有始「夫物合而成」，注：「和也。」能如此則事立矣。勤遠略則戰事多，侈靡政策所得者又復毁壞。此正答，非反答，無誤字。

〔五〕張佩綸云：「亡國之起」無義，「起」當作「紀」，字之誤也。「國紀」，上文「好而不已，是以爲國紀」。「國族」即「公族」。翔鳳案：素問五行應大論「少陽司天，火氣下臨，肺氣上從，白起金用」，注：「臨，謂御下；從，謂從事於下；起，謂價高於市；用，謂用於刑罰也。」下文「市也者勸也，勸者所以起本」同。用侈靡提高皮幣之價，取之於公族，國之財力雄厚，兵能威遠，否則兵遠而不威矣。

〔六〕張佩綸云：此節文多複沓，賴問辭甚明，今爲正之：「亡國之紀，毁國之族，略近臣合於其遠者，則事立而壞。不謹於附近而欲來遠者，則兵遠而不畏。」文顛倒，遂不可讀。翔鳳案：此節文不複沓，張自不解耳。詞義已説明於前矣。

〔七〕張佩綸云：「累哉是也」當作「累綦是也」。「綦」俗作「碁」，譌而爲「哉」。秦策四黄歇説昭王曰「臣聞之：物至而反，冬夏是也；致至而危，累碁是也」，是其證。李哲明云：「哉」當爲「戰」，形近而訛。翔鳳案：説文無「累」，而「纍」之古文作「累」，與此相混。爾雅釋言「諈諉，累也」，釋文：「本又作『纍』，又作『絫』，同。」此「累」字與上「纍」字同。「猶有爭名」，敗壞哉，是此情况也。

〔八〕張文虎云：上「之」字，蓋「己」之譌。尹注云「好自勉以聚力」，是所見本未誤。何如璋

翔鳳案：積聚所得，由人之樂輸，乃有此財力。若以此兼併他人之强，則已聚而終散矣。云：「聚」下脱「己」字，宜補。

〔九〕俞樾云：尹注以「大王亶父」爲説，非也。古之賢王多矣，何獨舉一「亶父」乎？「大王」，蓋泛言古之王者，曰「大」者，尊之之辭，猶言盛王也。説詳羣經平議禮記。張文虎云：無由闌入「大王」，疑是「人主」二字之譌。尹注引「亶父」釋之，非。翔鳳案：趙策「臣之所甚願，無大大王」，與此同義，俞説是也。「兼人之强」，勤遠略，皆爲恃衆，「恃」字不誤。

〔一〇〕丁士涵云：「供而後利」，與下「成而無害」句例同，「之」字衍。何如璋云：「供而後利之」，「供」乃「仁」之譌，上文可證。張佩綸云：當作「仁而後利之」，與上「仁而不利」相反。「成而無害」義亦通，惟參考前後文，當作「危而無害」，幼官篇「計緩急之事則危而無難」，兵法篇「危危而無害」，皆其的證。翔鳳案：財爲百姓自聚（指貴族，見上），上供而後利之，則事成而無害。

〔一一〕俞樾云：法法篇「故仁者知者有道者，不與大慮始」，尹彼注曰：「『大』猶衆也。」然則「賤寡而好大」，猶賤寡而好衆，謂不問是非曲直，但以衆寡爲斷也。尹此注非。何如璋云：「企」字衍。「以仁而謀泄」，「仁」乃「人」之譌，謂用人不慎也。張佩綸云：「企以仁而謀泄」言「欲及人而謀泄」，「仁」、「人」通。「賤寡」當作「殘寡」，「好大」當作「奸大」。李哲明云：「以仁」，「以」字涉下文「所以危」而衍，「仁」當從張説作「人」。「企人」，猶言仰賴其

人。「謀泄」，言泄漏其人之謀計。「寡」，少也，少之言小也。「賤」與「好」對文，「寡」與「大」對文。　翔鳳案：上文「疏貴戚者謀將泄」。釋名：「企，啓也。」「啓，開也。」言自延竦之時，樞機皆開張也。「外企」者，企與外親密。左定十年傳「封疆社稷是以」，注：「『以』猶爲也」。説文：「仁，親也。」爲親而謀泄，不衍不誤。

〔一二〕張文虎云：尹注於「約」下絶句，非是。「實」乃「寡」字之譌，當屬上爲句。「衆而約寡」，謂行之者衆，則餘者不約而自從。（觀下文自明。）與「取而言讓」句例相同。宋本「約」作「納」，與尹注「約束」不合，蓋譌字。　姚永概云：「衆而約，實取而言讓，行陰而言陽」，此三句皆以相反爲義。「衆而約」者，雖衆而故示以約也。　翔鳳案：曲禮「典司五衆」，注：「謂羣臣也。」説文：「實，富也。」哀公問「好實無厭」，注：「『實』猶富也。」周禮司約注：「言語之約束。」士師「正之以傅別約劑」，注：「所持券也。」此二義皆可。侈靡之策，但施之於巨富，而不可偏施於羣臣也。

〔一三〕王念孫云：「言」當爲「害」，字之誤也。（隸書「害」字或作「宐」，「言」字或作「言」，二形相似。）謂所利在人之有禍，所害在人之無患也。（昭十五年左傳：「楚費無極害朝吳之在蔡也。」哀十五年傳：「莊公害故政，欲盡去之。」）「利」與「害」、「有禍」與「無患」相對爲文。尹注非。　翔鳳案：隸書未有以「言」作「害」者，王説無據。房注「人雖實禍，於言乃爲無患」，以「利人之有禍，言人之無患」爲相承之語，王以平列解，視爲不通而改字。此二句補足

上文「行陰而言陽」，謂别有陰險之用心，而外貌則以爲非禍而無患也。此承

〔一四〕張佩綸云：元注以「衆而約」已下爲公問之辭，非是。「是」當作「實」，言欲獨有其實。「爲之」節言，既獨有其名，復欲獨有其實。翔鳳案：「是」字總結上文，爲詠歎之詞。莊子齊物論「是以無有爲有，無有爲有，雖有神禹且不能知，吾獨且奈何哉」，與此相類。

「是故之時陳財之道，可以行令也。利散而民察，必放之身然後行〔一〕。」管氏言，此乃古之陳設致財之道，亦可行求於今。然利散於下，人則察而知之，置之於身，勿令下知，然後可以行放置之言也。公曰：「謂何？」問所以行之。「長喪以黚其時，黚，黯也。居①喪者毁屑之息，謂增長叛居喪之禮，使人皆黚黯之敗也。重送葬以起身財〔二〕。重送葬，則費用廣，憢慢則不及事，由人習爲精厲，庶事不怠，故能起身之財。一親往，一親來，所以合親也，謂一親往死，一親來生，親無絶時②，故曰合親。此謂衆約〔三〕。」人皆親教之，重葬可以起財，故曰衆要之也。問：「用之若何？」問用衆要。「巨瘞培，所以使貧民也〔四〕。瘞培，謂壙中埋藏處深暗也。貧人雖無財，力則己有焉，故教之巨瘞培以役其力也。美壟墓，所以文明也〔五〕。壟墓高

① 「居喪」原作「吾喪」，據補注改。下同。
② 「時」字原作「特」，據補注改。

美，文明而不滅①也。**巨棺槨，所以起木工也。**人習爲棺槨，則增長木②之工也。**多衣衾，所以起女工也。**習爲衣衾，則增長女工也。**猶不盡，故有次浮也。**謂上之理猶有不盡也，次浮，謂棺槨壟墓之外遊飾也。**有差樊，**樊，蕃也。謂壟墓之外樹以蕃，其制尊卑之外，此壟之次浮也。**有瘞藏〔六〕，**謂古之樊者，或藏以金玉，或以器物，此棺槨之次浮也。**作此相食，然後民相利，守戰之備合矣〔七〕。**方喪之時，孝子荒迷，或不舉火，鄰里爲食以相飼。如此，則人遞相銜親，恩情結固。至於守戰之時，必誠力齊敵而不能當之矣。**鄉殊俗，國異禮，則民不流矣。**流，移也。俗禮殊異，則人各得③其所安，故不流移也。**不同法，則民不困〔八〕。鄉丘老不通，覲誅流散，則人不眺〔九〕。**丘，大也。大老者，各足於其所，不相交通。流散於其鄉則誅之。今其覲見如此，則人安其本，不眺望他所而歸之。**安鄉樂宅，享祭而謳吟，稱號者皆誅〔一〇〕，所以留民俗也。**皆令安樂鄉宅，享祭先祖。其有謳吟思於他所者，則誅之。或有稱舉號詠於④他鄉者，皆誅之。凡此，皆欲留止人俗，不令轉移。**斷方井田之數，**謂分人之地，每斷定其方，而立

---

① 「滅」字原作「威」，據補注改。
② 「木」字原作「久」，據補注改。
③ 「得」字原無，據校正增。
④ 「於」字原無，據補注增。

之田數，屋三爲井也。乘馬田之衆，每一甸之衆，數賦長轂。一乘馬四疋，謂之乘馬。十六井曰丘。四丘爲甸。制之〔一一〕。陵谿立鬼神而謹祭，每大陵深谿，皆有靈焉，立鬼神之祠，使人祭之。皆以能別以爲食數，示重本也〔一二〕。人之大小，皆各有材，能多者食衆，能少者食寡，故曰「以能別爲食數。」凡此皆重人本之事也。故地廣千里者，禄重而祭尊。其君無餘〔一三〕。言不脩祭，以餘地與飼也。地與他若①一者，從而艾之。從，謂次當受封者。艾，謂減削也。言脩祭之君，受地與他同，故曰「若一者」。則削減其地與次受封之君者也。君始者謂始爲君者也。艾，若一者從乎殺，與于殺若一者。言始受封之君，本既無地，故取先受君者。彼或不與，從而殺之。彼或自取，與受而殺之。彼自取與于始封者，令與先受封者地均若一也。從者艾艾，若一者從于殺，與于殺若一者。從無封始，王事者上〔一四〕。王者言從者先無封，令始王事，故艾②取他國之地，與先者均齊若一則止也。上事，霸者生功〔一五〕，言重本。言諸侯既受地分，則上事霸主，隨政命以生立其功。凡此，皆爲重本也。是爲十禺，分免而不爭，言先人而自後也〔一六〕。禺，猶區也。十禺，謂十里之地。每里爲一禺，故曰十禺。若他國來分，明勸

---

① 「若」字原無，據校正增。

② 「艾」字原作「乂」，據補注改。

勉而與之，不敢交爭。如此者，所以先陳他人，自取其後。**官禮之司**，言國官禮各有司①。**昭穆之離**，離，謂次位之別也。**先後功器事之治**，功有大小，器有精麤，各定其先後之差也。**尊鬼而守**尊鬼，謂謹其享祭之禮也。**故，戰事之任，高功而下死本事**，戰士雖有高下之殊，各令死其本事也。**食功而省利勸臣。**飼其有功，省其無功，則臣勸也。**上義而不能與小利。**上當操大義而主斷，不可顧小利而移也②。**五官者，人爭其職，然後君聞**〔一七〕。官爭理職則國治，故君名聞於天下。**祭之時，上賢者也，**謂助祭之時，賢者居上爲儀而已，非能有所益。**故君臣掌。**祭者掌禮以行事，所用其智謀，或君有故，使臣攝之，事亦無曠，故曰「君臣掌」也。**君臣掌，則上下均。**臣能行君事，故曰上下均者也。**此以知上賢無益也，其亡茲適。**祭祀之時，非不上賢，但庸臣亦能行君之事，無損於令主。人雖云上賢，而不用其智謀，與祭時適，故曰無益。既不賢，則動皆違理，故茲適於危。**上賢者亡，**謂空上之而已，不能用之也。**而役賢者昌**〔一八〕。役賢則功成，故國昌。**上義以禁暴，**義者所以除去不宜，故禁暴也。**尊祖以敬祖，**祖，始也。尊立祖廟，所以敬始封之君也。**聚宗以朝殺**〔一九〕**，示不輕爲主也。**」謂聚會也。小之封宗以朝

---

① 「言」字上原衍「享」字，「司」字原作「私」，據校正刪改。

② 「也」字原作「止」，據補注改。

於君，而有親疏之殺，凡此爲主之重者也。

〔一〕王引之云：「故」讀爲古，（尹注曰「此乃古之陳設致財之道」，是尹亦讀「故」作「古」。）「可以行」爲句，「今也」二字屬下讀，言古之時陳財之道如是，則可以行矣。今也則利散而民察，必放之身然後行，是今不同於古也。　張佩綸云：「是」字涉上而衍。古之時陳財之道可以行，今也利散而民察，必以身爲準，然後可行也。　李哲明云：「放」讀爲昉，始也。言散財之道必自身始，身行之，民然後行。下文「長喪」云云，皆所謂「放之身」者也，其義至明。

翔鳳案：「是故」爲更端之詞。「之」，此也。周禮內宰「陳其貨賄」，注：「猶處也。」處財之道，可以令行之。趙本「令」作「今」，非是。爾雅釋言：「身，親也。」大戴記哀公問：「身者親之枝也。」由巨族之葬親，利散於民，從其身始。下文「身財」、「合親」皆身之事，「身」字不誤。此侈靡之又一法也。此節承上「死教」言之，不獨烈士公墓，可推行於一般也。

〔二〕丁士涵云：尹注「長喪」句與今本不同，「身」疑「其」字誤，與上文對。　張文虎云：「⿰黑圼」字不知何字之誤，尹注舛謬，無從攷證，而就其意審之，疑「喪」上當有「居」字，「身」字當作「其」，句法一例。　何如璋云：「⿰黑圼」字字書未收，疑乃「毁」之誤。謂設爲三年之喪以毁其時也。　張佩綸云：「⿰黑圼」或「毁」之或體，或「黜」之誤。　翔鳳案：説文：「涅，黑土在水中者也。」廣雅釋器：「涅，黑也。」論語：「涅而不緇。」「涅」爲染緇黑土，故變其字作「⿰黑圼」，非「毁」字也。方言三：「涅，化也。燕朝鮮洌水之間曰涅，或曰譁。」曰化曰譁，即「⿰黑圼」

之義，猶言花費，謂久喪以敗其時日也。「身」義見上，非誤字。左昭二十六年傳「王師起於滑」，注：「發也。」「起身財」，與大學「以身發財」相似。巨族葬親，親朋送厚禮，故可起身財。

〔三〕李哲明云：「一親往，一親來」，似指喪家親故之往來。言不吝財費，往來繁數。喪葬之侈，彼一親然，此一親又何不然？故云「衆約」。翔鳳案：此習俗之喪葬縻費，所謂約定俗成。

〔四〕丁士涵云：「培」疑「埋」字誤。張佩綸云：「培」當作「培」，字之誤也。方言：「晉楚之間，冢或謂之培。」劉師培云：尹注云「瘗培，謂壙中深藏處深暗也」，其説弗譌。「培」即説文「窨」字，謂土室也。丁疑「埋」字，大誤。翔鳳案：劉説是也。巨族墓葬，有地下室，陳列各種器用，且有壁畫。

〔五〕丁士涵云：「文明」上當脱一字。劉師培云：上云「使貧民」，下言「起木功」、「起女功」，本節之旨均謂厚葬有裨於養民。此作「文明」，與上下文弗合。竊疑「明」當作「萌」，上奪一字。「文」又「使」之壞字也。「貧民」、「□萌」兩言「使」，猶「木工」、「女工」兩言「起」也。揆度篇云「良萌也，力作者也」，輕重丁篇云「以利吾貧萌」，此本書「氓」恒作「萌」之證。翔鳳案：「明」指明器。檀弓：「其曰明器，神明之也。」論語：「文之以禮樂。」文其明是謂「文明」，上下文均合。非誤字。

〔六〕丁士涵云：「次浮」當作「沈浮」，下文云「沈浮，示輕財也」，是其證。何如璋云：「次

浮」，「次」謂次第，「浮」當爲「捊」。「捊」與「捄」通。説文：「捄，盛土於梩中也。一曰捊也。」言於墓域捊聚土壤，築牆周之，如城之有郛郭也。「差樊」者，壟外植木爲樊，而制其廣狹之差也。「瘞藏」者，明器之屬。皆文之以禮，使貧富相資也。淮南道應：「繁文滋禮以弇其質，厚葬久喪以亶其家，含珠鱗、施綸組以貧其財，深鑿高壠以盡其力。」蓋本此文爲説，而未盡達其旨也。張佩綸云：檀弓「見若覆夏屋者矣」，鄭注：「覆，謂茨反也。」詩角弓「如塗塗附」，箋：「附，木桴也。」檀弓「天子之殯也，菆塗龍輴以椁，加斧于椁上畢塗屋」，鄭注：「菆木以周龍輴，如槨而塗之。」詩「捄之陾陾」，傳：「捄，虆也。」箋：「捄，捊也。捊取壤土，盛之以虆，而投諸版中。」説文：「捊，引堅也。捄，盛土於梩中也。」由天子以降，或間用茅草木皮，即所謂斬板封也。「茨」作「次」，管子多古文，「捊」假爲「浮」，同部。釋名釋宮室：「屋以草蓋曰茨；茨，次也，比草爲之也。」莊子徐无鬼「具茨」，一本作「次」。説文：「茨，以茅葦蓋屋。」「差」疑「羨」之誤。墨子節葬下：「今王公大人之爲葬埋異於此，曰必埵垛差通壟，雖凡山陵，此爲輟民之事，靡民之財，不可勝計也。」荀子禮論篇「抗折其貇，以象槾茨番閼也」，楊倞注：「『番』讀爲藩。」儀禮：「陳明器於乘車之西，折横覆之抗木，横三縮二加抗席三。」「次浮」、「差樊」，即既夕之「抗折」矣。劉師培云：「次」當作「羨」，「羨浮」同誼，謂餘乎正制之外也。據注文觀之，似所據本亦作「羨」。章炳麟云：此節皆言葬事，「次浮」、「差樊」、「瘞藏」三者平列。「次浮」下有「也」字，助語詞，古人立文不必截然整齊，亦所以免

平直也。「浮」借爲「苞」，「樊」借爲「藩」。説文「捊」或作「抱」，「罦」或作「罬」，諸書「孚」聲、「包」聲之字關通者不可勝數，故可借「浮」爲「苞」。釋言云：「樊，藩也。」是「樊」、「藩」聲義同。詩青蠅「止于樊」，武五子傳引作「止于藩」，故可借「樊」爲「藩」。「次苞」，苞有次也。「差藩」，藩有差也。既夕禮「徹巾苞牲，取下禮」，雜記「遣車視牢具」，注：「言車多少各如所包遣奠牲體之數也。遣奠：天子大牢，包九個；諸侯大牢，包七個；大夫亦大牢，包五個；士少牢，包三個。」（按此字作「包」，則其與「浮」通用，猶左隱八年之「盟于浮來」，穀梁作「包來」，假借更切。）此所謂包之次也。既夕禮「設披」，注：「今文『披』皆爲『藩』。」是「披」亦名「藩」。按喪大記曰：「君纁戴六纁，披六，大夫戴前纁後玄，四披亦如之，士戴前玄後纁，二披用纁。」此謂君六披，大夫四披，士二披。（從王伯申説。）此所謂藩之差也。

〔七〕李哲明云：「此」字總上「巨瘞培」至「瘞藏」，言謂興作侈喪之事，使貧民及工人得因勞力而獲食也。民以獲食爲利而樂盡其利，斯守戰時用其力亦易易矣，故云「備合」。翔鳳案：此侈靡政策之一，「富者靡之，貧者爲之」，李説是也。

〔八〕張文虎云：「矣」字不知何字之誤，當屬下文爲文，今本作「矣」，遂以屬上句之末，非也。翔鳳案：「不流」謂不遷徙。「不同法」即異法，與「異禮」同意。齊之法不同於他國，則民不困矣。

〔九〕洪頤煊云：「丘」讀爲區，古者「丘」、「區」同聲。「老不通」，老子所謂「老死不相往來」。「眺」

即「逃」之借字。廣雅云「逃、晀，避也」，義本此。尹注非。丁士涵云：「覩」，「䚋」字之誤。「不通都」，禁民流散也。「不通」爲句，而「覩誅流散」不復置論，亦疏。張佩綸云：洪氏解「晀」爲「逃」，失之。以「老不通」爲句，誤而爲「通」。「晀」當爲「佻」，詩「視民不恌」，昭十年左傳及説文、玉篇俱作「佻」。此當爲「鄉丘老不覩征誅流散」，「延」，古文「征」字，見玉篇，老子「小國寡民，使有什伯之器而不用，使民重死而不遠徙，雖有舟輿無所乘之，雖有甲兵無所陳之，使人復結繩而用之，甘其食，美其服，安其居，樂其俗，鄰國相望，雞犬之聲相聞，民至老死不相往來」，全本乎此。「不覩征誅」，即甲兵無所陳也。「不覩流散」，即舟輿無所乘也。翔鳳案：洪説是。「覩」同「堵」。魏策「文侯謂覩師贊」，後語作「堵」。「誅」，責也。堵責流散則不逃，承上文守戰而言。

〔一〇〕張佩綸云：「皆誅」當作「皆殊」。翔鳳案：大傳「殊徽號」，周禮大司馬「辨名號之用」，注：「徽識所以相別也。」「誅」，責也。叢葬，不准自有稱號。

〔一一〕丁士涵云：謂乘馬爲一甸之衆制之也。「甸」、「田」古字通。尹注正如此讀。今本誤以「制之」二字屬下「陵谿」爲句。張佩綸云：「乘馬田之衆」，各本作「甸之衆」，「斷」字當屬下，作「制斷之」。度地篇「乃別制斷之」，是其證。翔鳳案：周禮職方「甸服」，注：「『甸』之言田。」詩甫田「無田甫田」，上「田」字讀甸。釋名釋州國：「甸，乘也。出兵車一乘。」丁説是也。「制之」，定爲法制也。此爲備戰守條件之一，「立鬼神」亦在其中，張不知而

以爲錯簡也。

〔一二〕張佩綸云：「皆以能别以爲食數」指禄言，上似有脱文。翔鳳案：陵谿立鬼神，與國家立叢社配合。食兼人鬼而言，鬼神有血食也。張不知以爲有脱文，非是。

〔一三〕張佩綸云：「其君無餘地」爲句，注雖不明，本以「餘地」爲句，坊本妄於「餘」字句絶，非是。「其君無餘地」，即「先人而自後」之證。翔鳳案：説文「餘，饒也」，承上「累積三堯」而言。荀子富國「不求其餘」，注：「謂過度。」禄祭皆不過度。「餘」字絶句，張説非是。

〔一四〕張佩綸云：「與他一者從而艾之」，各本作「與他若一者，從而艾之」，「他」當作「世」，字之誤也。元注「從，謂次當受封者」不可通，「從」亦「世」字之誤。此節文幾不可句，然以上文之「禄重祭尊」及下文之「聚宗以明殺」參稽互證，猶可疏通其義。「與世若一」者，言昭穆如一者也。「艾」，報也，君始者報，始封之君，百世不遷也。「若一者從乎殺」，親盡則祧也。「與于殺若一者從」，言此六世之族亦從祖而殺也。「者艾艾」三字當作「大夫始者」，「大夫」或作「夫夫」，與「艾」字形近而譌，又捝「始」字，遂不可讀。今依「君始者」句例改補之。大夫事三世，一昭一穆，六親盡則殺。其族之與于殺若一者亦從之。「無封始王事者」，謂士事一世。「上」則「止」字之誤，元注可證。李哲明云：此二節句義難曉，姑以意通之，大抵受地分封之差等也。蓋地廣千里者，封地之特殊者也，其禄重而祭尊。無餘地可以分給，至受地與他國同一者，與千里者異，則從而削減之，分諸次封之君。（「地與他一者，從而艾之」兩句爲

一段，「若」字當從宋本衍。）次受封而始爲君者，其封地與已減艾若一，則從而降殺之，視地與他一者又減矣。（「君始者」至「從乎殺」爲一段。）其次，受地與已降殺若一者，又從而減艾之；「從者艾」當爲「從乎艾」，涉上下文「者」字而訛；視從乎殺者又減矣。（「與于殺若一者從乎殺」爲一段。）其又次，受地與又經降殺若一者，則與初無封始服王事者同，其減降至始封而止，無可再殺也。「始王事者上」，「上」乃「止」之訛，觀注「與先者均齊若一則止也」，即其確證。（「與于殺若一者，從無封始王事者止」爲一段。） 翔鳳案：釋名：「艾，乂也。乂，治也。治事能斷割芟刈無所疑也。」同「刈」。周禮薙氏：「掌殺草，春始生而萌之，夏日至而夷之，秋繩（孕）而芟之，冬日至而耜之。」月令注：「欲稼萊者先薙其草。」「君始者艾」，從割刈開始。「若一者從乎殺」，若整塊是雜草則芟除之。芟除之後，還有整塊的小草及根核，再割刈之。與之芟除之後，還有一整塊者，越界向外再墾治之，從無封疆之界處開始。「王者上事，霸者生功」，言重視根本的做法，稱農爲本，即此義也。有墾荒經驗者，蒿萊叢木，遍地皆是，是不可以一次成功者。「艾」與「殺」相連聯，「殺」即殺草，解爲差等非是。

〔一五〕丁士涵云：「生」乃「上」字誤。「王者上事，霸者上功」，二句對文。以上多不可讀，可正者此耳。 張佩綸云：「王者上事」當作「王者上德」。 李哲明云：「王者上事」二句對文，言王者以實事爲上，能勤其事則封之。霸者但責人以功，欲報其功則封之。其量之廣狹不同，而同爲「重本」。本者何？修人事而敬祭祀也。「生」疑「主」之誤。 翔鳳案：説

文：「生，進也。」非誤字。

〔一六〕豬飼彦博云：「分免」疑與「黽勉」同。丁士涵云：「免」疑「地」字誤。張佩倫云：「禺」當作「耦」，上有脱文。「免」當作「衆」。李哲明云：「禺」讀爲齵，省借字。人齒牙參差謂之齵，見考工記注，因以齵爲差别之名。上曰「艾」、曰「殺」，約皆以十爲差，分等而勸勉之，奮事循職，故不爭也。「免」、「勉」亦省借字。王者不私國土，但因事程功，不吝封賞，亦不留遺餘，故曰「先人而自後也」。翔鳳案：「禺」通「偶」或「耦」，偶耕從之得義。房訓「區」，「區」讀歐，「禺」、「區」音義皆同。上文「斷方井田之數，乘馬田之衆」，「馬田」爲牧馬場，與井田之九區合爲十區，即「十禺」。田疇牧場，分免而不爭，大家退讓，言先人而自後也。壟墓多爲荒地，可墾治者墾治之，地廣千里者必考慮之。

〔一七〕梅士享云：「先後功器」爲句。「功」當作「工」，臣工也，宗祝之類。「器」，祭器也。「事」當作「祀」，乃祭祀之治也。「戰事」至「下死」句，言成功爲上，死事爲下也。「本事」至「省利」句，大小臣工莫不有事。原本其事以爲之禄，是食功也。省察其利，不以虚利冒功也。「勸臣」至「小利」句，言不以小利害大義也。如此方合上「官禮之司」爲下「五官」。丁士涵云：當讀「尊鬼而守故」爲句。本篇云「法故而守常」，「故」與「古」同。「高功而下死」，「高」當作「尚」，下文「上義」，「上」亦與「尚」同。「本事食功而省利勸臣」，「利」字衍，朱本無「利」字。俞樾云：「先原本其事之有功者而食之，所以省試而激勸之，即周官「以功詔禄」之意。

後功器事之治」，「事」字衍文也。尹注曰「功有大小，器有精麤，各定其先後之差也」，是其所據本無「事」字。張佩綸云：此節明言「五官」，則上所言者，五官之職掌矣。而挩誤不復可辨，今以意正之。「官禮之司，先功而後器」，此司徒兼太宰也。「昭穆之離，尊鬼而守故」，此宗伯職也。「戰事之任，高功而下死」，此司馬職也。「本事」當作「本事之治」。上「事之治」雖雜厠于前，而兩「事」字猶可證明。「食功而省利」，此司空職也。「勸臣上義而不能與小利」，當作「勸臣之義，上能而慎刑」。「與小」二字乃「慎」字之壞。「利」涉上「省利」而誤，當爲「刑」字，此司寇職也。「聞」當作「明」。陶鴻慶云：「故」字疑當屬上，「尊鬼而守故」，言尊鬼而用其故俗也。此文讀云「戰事之任」句，「高功而下死」句，「本事」句，言戰事以有功爲上，徒死爲下，凡以事爲本也。「高功而下死本事」與下文「食功而省利」句、「勸臣」句，句法一律。尹注非。翔鳳案：「功」爲田功或戰功，「器」爲祭器。立功爲上，死本事次之。「省利」之「省」爲省察。「義」訓己之威儀。易繫辭：「理財正辭禁民爲非曰義。」以武力禁暴，爲理官之職。下文「上義而禁暴」，明明説出齊五官爲大諫、行人、理、將、田（見小匡），與周不同，張不知也。「君聞」即聞於君。

〔一八〕丁士涵云：「君」當作「羣」，「下」當作「不」，方與上下文義融貫。惠棟云：「掌」猶攝也。言臣行君事，惟祭則然，其它不攝也。苟非祭而亦攝焉，名爲上賢，適足以亡而已，姑存備攷。（見禮説。）俞樾云：「掌」當爲「黨」，字之誤也。祭禮有賓主，故有賓黨主黨，天子

諸侯之祭亦然，故曰「君臣黨」。　張佩綸云：管子一書屢言「尚賢」，此節殊謬妄無理。使管子果爲此言，直聖王之亂民而已，豈特不知禮哉？夫「上賢」乃太公之遺法，即墨子之非儒猶有尚賢三篇，老子始有「不尚賢使民不爭」之説，莊子從而解之，則曰「至治之世不尚賢，不使能，上如標枝，民如野鹿」，道家清虚之説不過如是而已，安得云「上賢，其亡茲適」乎？證之元注，當作「此以知不尚賢無益也，其亡茲適，役賢者亡，而上賢者昌」。僞房所見本下兩句已互誤，故曲爲之解曰「非不尚賢」，又曰「既不賢，則動皆違理」，然後人猶可攷見原文，若惠氏之説，則支離穿鑿矣。案文王世子：「宗廟之中，以爵爲位，崇德也。宗人授事以官，尊賢也。」中庸：「序事所以辨賢也。」皆祭時上賢之證。「君臣」當作「羣臣」，「羣臣掌」即序事也，其所掌之事，周禮詳矣。孔子曰：「均無寡，和無傾。」上下均則昌盛之兆矣。此遥應「亡國之郄」，「徒以而富之，父擊而伏之」，「父」爲同姓之臣，故以祭時證之，尤爲悚切。

李哲明云：「君臣」，當從張説作「羣臣」。「掌」下應有「之」字。注雖未瞭，然云「使臣攝之」，即「掌」下有「之」字之證。「此以知上賢無益也」，「上賢」上當從張説補「不」字。「上賢者亡」當作「不上賢者亡」。「役賢」見孟子，與「不上賢」正相反。「其亡茲適」，「適」字或「速」字之訛，「茲」即「滋」字，「茲速」云者，猶言「魯之削滋甚」也。　翔鳳案：祭時尚賢，位尊者主祭；戰時尚功，功大者得獎，並不矛盾。賢，多財也。不能尊重多財者，故有侈靡。

〔一九〕丁士涵云：「敬祖」疑當作「敬宗」，禮記大傳曰：「尊祖故敬宗。」「朝」乃「明」字誤，謂收聚宗

族以明親疏之殺也。　張佩綸云：「朝殺」當作「設廟」。　劉師培云：「朝」疑「廟」誤。　章炳麟云：此與「上義以禁暴，尊祖以敬祖」文義一例。「朝」當借爲「昭」。左氏春秋昭十五年經「蔡朝吳出奔鄭」，公羊作「昭吳」，是「朝」、「昭」通之證。列子楊朱篇「子產有兄曰公孫朝，有弟曰公孫穆」，疑亦以昭、穆命。此「聚宗以朝殺」，言聚族人于宗室以昭親疏之殺也。　翔鳳案：周禮有大宗，五世則遷。齊十世，無大宗，聚宗於朝則禮制較簡。山至數：「三世則昭穆同祖，十世則爲祏。」説文：「祏，宗廟主也。禮有郊宗十室。一曰大夫以石爲主。」（依御覽五百三十一引校改。）比周禮簡約爲殺。

載祭明置〔一〕。載，行也。言公將爲行祭，至明而置之，欲人不知也。高子聞之，以告中寢諸子〔二〕。高子，齊大夫。聞君之將行，故告中寢諸子，諸侯諸子之居中寢者。中寢諸子告寡人，舍朝不鼎饋。常禮，退朝常鼎饋而食。今不然，故致怪之。中寢諸子告宮中女子曰：「公將有行，故不送公〔三〕。」言何故不送公也。公言：「無行，女安聞之？」曰：「聞之中寢諸子。」索中寢諸子而問之：「寡人無行，女安聞之？」「吾聞之先人〔四〕，諸侯舍於朝不鼎饋者，非有外事，必有內憂。」公曰：「吾不欲與汝及若，若不欲與汝論此言也。女言至焉，不得毋與女及若言〔五〕。至，謂盡理。吾欲致諸侯，諸侯不至，若何

哉？」女子不辯於致諸侯，婦人無豫於外政①，故不明於致諸侯之理。**自吾不爲汙殺之事，人布職不可得而衣**〔六〕，汙殺言然，人必有所污②殺染戮者，所以伏遠而來近。今既爲人，雖織不爲己用，故有布不得而衣。言此者，欲桓公立威以伏其諸侯③也。**故雖有聖人，惡用之**〔七〕**？」**服④者寡也。后不用威，聖人亦何⑤能用之？堯爲疋夫，不能服三家，即其事也。

〔一〕張佩綸云：當作「載祭明悳」。翔鳳案：孟子：「諸侯危社稷則變置。」殷人重社，詩玄鳥「天命玄鳥，降而生商，宅殷土茫茫」，史記作「殷社」。公封則置社，承上分封言之。此句冒下，下文「致諸侯」可證。郭沫若以爲錯簡而欲移之，非也。

〔二〕劉績云：此以下至「雖有聖人，惡用之」，皆錯簡也。張文虎云：「中寢諸子」，案戒篇作「中婦諸子」，「婦」字與「寢」字形相似，疑「寢」字是。孫詒讓云：自此至「雖有聖人，惡用之」，與上下文義不相屬，而與前戒篇「桓公外舍而不鼎饋」章文略同，或即彼文錯簡複著於此。「中寢諸子」，當從戒篇作「中婦諸子」，古「寢」字作「𡪢」，與「婦」形近，故誤。注曲爲

① 「政」字原作「致」，據校正改。
② 「污」字原作「訏」，據補注改。
③ 「立」字原作「訏」，「侯」上「諸」字原無，據補注改增。
④ 「服」字原作「人」，據校正改。
⑤ 「何」字原作「可」，據校正改。

之説，失之。張佩綸云：「中寢諸子」一節，戒篇無「雖有聖人，惡用之」句，仍是此篇之文。翔鳳案：桓公爲置社而有行，高子聞之，以告中寢諸子，文義直承，此爲正文。戒篇作爲大事記入，而以爲戒。此婦人干預政事，爲管子所不滿。因祀簡狄而兼及之，時不同也。篇末「婦人爲政，鐵之重反旅金」，可見。

〔三〕王念孫云：「故」當爲「胡」，尹注非。翔鳳案：史記馮唐傳集解「令人故行」，索隱：「『故』與『雇』同。」漢書食貨志「公得顧租」，注：「顧租，謂顧庸之租。」是「顧」與「雇」同。則「故」通「顧」，猶乃也。「故」、「胡」古無通假之例，王説非。

〔四〕劉師培云：「吾」上當脱「曰」字。翔鳳案：吾聞之某某，史記多有之，無「曰」字。劉説非是。

〔五〕豬飼彦博云：「若」下脱「言」字。孫詒讓云：戒篇作「公曰善，此非吾所與女及也，而言乃至焉，吾是以語女」，文義較此完備。翔鳳案：「若」，此也。「吾不欲與女及若」，包括言行在内，下文「不爲汙殺」句可見。豬飼以爲脱「言」字，非也。

〔六〕戴望云：宋本「織」作「職」，古字通。安井衡云：古本「辯」作「辨」，辨，别也。言吾一女子，不能辨别於致諸侯之道。孫詒讓云：此乃中婦諸子答語。戒篇「中婦諸子曰：自妾之身不爲人持接也，未嘗得人之布織也。（「職」、「織」古通，以此校之，疑尹本亦作「布織」。）意者更容不審耶？」此文多譌捝，當以彼文互校，「汙殺」疑即「持接」之誤。尹釋「汙

殺」爲「染戮」，殊繆。翔鳳案：「汙殺」，謂殺牲塗血以祭。説文：「釁，以血有所刏涂祭也。」「汙，一曰涂也。」「汙殺」爲塗血明矣。汙染則用新衣。「職」爲「織」之本義，非借也，詳輕重篇。戒篇作「持接」，謂持牲而接之，言各有當。小問「釁社塞禱」，汙殺之證。

〔七〕孫詒讓云：此言婦人不與外事，雖聖人無所用之。戒篇云：「明日管仲朝，公告之。管仲曰：此聖人之言也，君必行也。」此文與彼異，或有脱誤，尹注亦難通。張佩綸云：「雖有聖人惡用之」當在「鬼神不明」下。牧民篇：「不明鬼神，則陋民不悟。」此釋其義，謂不明鬼神，雖有聖人惡能用民也。翔鳳案：言不習於汙殺之事，無所用。張説非是。

「能摩故道新，道定國家，然後化時乎〔一〕？」摩，謂新其事也。故道，謂先王之典刑。新道，謂度時而制法。言能摩①故道以成新道，定國安家，然後可以化時也。**「國貧而鄙富，苴美於朝，市國。**言國朝貧而邊鄙富饒，若此者，邊鄙之邑必苞苴財貨，好遺朝以市權利也。**國富而鄙貧，莫盡如市〔二〕。**國富財故富，鄙輸貨故貧，其取半反也。其物莫知盡入於市，以市人不虛取，故鄙人不虛與故也。**市也者，勸也，勸者所以起。**本善農者能多致市利，則自勸而不怠，故能起本也。**善而末事起，不侈，本事不得立。**侈，謂饒多也。末事不饒多，農事不

① 「摩」字原無，據校正增。

給，故本事不得立。**選賢舉能不可得**〔三〕，**惡得伐不服用**〔四〕？欲伐不損用，必待賢能。**百夫無長，衍可臨也**〔五〕。若無賢，雖百夫之長無人爲之。**千乘有道，不可修也**〔六〕。雖千乘之國，有道以用之，則不可脩營而伐之也。**夫紂在上，惡得伐不得**〔七〕？紂在上位，萬人讎之，鬼神怒之，雖其旅若林，莫不倒干自伐，故無有伐而不得者也。**鈞則戰，守則攻**〔八〕。言伐紂者力鈞則與之野戰，城守則固而攻之。**百蓋無築，千聚無社，謂之陋**〔九〕，**一舉而取。天下有一，事之時也**〔一〇〕。言紂人苟且，雖有千①聚之夫，不立一社以統之，如此者，爲政之陋也，故武王一舉取天下而有之，此萬代一時之事也。**萬諸侯鈞，萬民無聽。**雖使萬諸侯鈞引於人，人必不聽，此言王者貴。**上位不能爲功更制，其能王乎**〔一一〕？居上位，不獨立其功，不更共制之，若此者，必不能王也。**緣故脩法，以政治道**〔一二〕，**則約殺子，吾君故取夷吾謂替**〔一三〕。」子，君之子也。其能緣②順故常，脩理法制，爲政不違於道。若此者，可共謀要殺君子之不當立者。吾君所以取夷吾爲替者，爲有此道也。**公曰：「何若？」**問何以獨取夷吾也。**對曰：「以同。**以其德智同，故取也。**其日久臨，可立而待**〔一四〕。**鬼神不明，**謂君子不當立者，雖久臨其位，危

① 「千」字原無，據校正改。
② 「緣」上原衍「制」字，據補注删。

亡可立而待。其享祭鬼神之禮，又不能明也。**囊橐之食無報，明厚德也**〔一五〕。此論桓公之隱，雖以囊橐之食遺人，不求其報，所以明厚德也。**沉浮，示輕財也**〔一六〕。其散施於人，不顧其沉，所以示輕財也。不得其報曰沉，得報曰浮。或曰祭川曰沉浮也。**先立象而定期**〔一七〕，**則民從之，**先立法象，與人定期，人則率服皆順從也。**故爲禱。**謂先人禱神祈福祥。**朝縷綿明，輕財而重名**〔一八〕。」縷，帛也。言每於朝置綿以賞賜。賞與所明，是輕財而重①名者也。**公曰：「同臨，所謂同者，其以先後智渝者也**〔一九〕。所謂臣德同君者，能先後於君，其遇危難，則智謀變而通之，詩所謂「予曰有先後」者也。**鈞同財，爭依則說。**假令財與人鈞同，人則悦而爭依於己。**十則從服，**若財十倍多彼，則服而從之。**萬則化**〔二〇〕。**成功而不能識**若財萬倍多彼，則變化而無不如意，故可以成功，而觀者莫能識之。**而民期，然後成形而更名，則臨矣**〔二一〕。」言人心期以爲主，相與樂推，然後成形於以名前所服之人，則臨之以爲君矣。

〔一〕張文虎云：「摩」讀如揣摩之摩，謂揣摩於新故閒而用之。何如璋云：「道定國家」，「道」字沿上衍。翔鳳案：此節承上封君置社言。新闢地在邊鄙，與鄰國有接觸。「故」指舊法，「新」指新地。「道」訓由也、治也。論語：「道千乘之國。」墨子明鬼：「燕之有祖，當

① 「重」字原作「𨤲」，據校正改。

齊之社稷，宋之有桑林，楚之有雲夢也。此男女之所屬而觀也。」「社稷」者廟會，即市。

〔二〕洪頤煊云：「苴」是「莫」字之譌，與下文「莫盡如市」文相對，言國中貧而邊鄙富，莫善趨於朝以爲市於國中。國中富而邊鄙貧，莫若盡趨於都鄙之市以益其貧。尹注非。丁士涵云：宋本、朱本「鄙富」上衍「貪」字，尹注云「言朝國貧而邊鄙富」，是所據本無「貪」字。尹注「苴美於朝市國」句，云「邊鄙之邑，必苞苴財物好遺朝以市權利」，是「國」字又涉下文「國富」而衍。以下文「莫盡如市」句例之，恐「市」字亦衍文。言國富而鄙貧，莫如國及鄙咸爲市也。安井衡云：舊注云「莫盡入於市」，則尹所據本作「莫如盡市」矣。今本誤倒耳。張佩綸云：「貪」字衍，「國」字複，洪解非是。丁刪上「市」字，以「朝」、「市」對文，下文何以但解「市」而不言「朝」邪？「苴」涉「美」而衍，非「莫」字。文當作「國貧而鄙富，美如朝市；國富而鄙貧，盡如莫市」。史記孟嘗君列傳：「君獨不見夫朝趨市者乎？明旦側肩爭門而入，日暮之後，過市朝者掉臂而不顧。非好朝而惡暮，所期物忘其中。」此猶言：「百姓足，君孰與不足？百姓不足，君孰與足？」鄙富則民富，其美如朝市。國富則卿大夫私富，而民力耗盡，如莫市之無物。此正申明前節「均之始也」之義。陶鴻慶云：「苴」當爲「莫」之壞字，「市國」二字涉上下文而衍，「盡」當爲「善」字之誤，其文云「國貧而鄙富，莫美於朝，國富而鄙貧，莫善如市」，蓋朝所以聚鄙邑之財，市所以通都會之財，四句反義相對。下文云「市也者勸也，勸者所以起本善，而末事起，不侈，本事不得立」，正承「莫善如市」而言。翔

鳳案：國貧而貪邊鄙之富，苴其美於朝，以市於國。漢書賈誼傳「冠雖敝，不以苴履」，注：「履中之藉也。」説文「藉」，「祭藉也」，段注引申爲「承藉」。字或作「藉」。爾雅釋詁：「如，往也。」國富而邊鄙貧，則不盡往市矣。

〔三〕張文虎云：「勸」字疑「觀」之誤，讀如觀兵之觀。此文疑有錯簡，當云：「市也者觀也，觀者所以起末而善本，末事不侈，本事不得立。」此侈靡本旨。張佩綸云：「市也者勸也」，「勸」者無義，當作「權」。（「市者貨之準也」，是其證。）「所以起本善」，「善」當作「事」，下當作「而末事不侈，本事不得起」，文義始順。「選賢舉能不可得」，「得」字涉下而誤，當作「不可立待」。元注「必待賢能」，是本作「待」字之證。李哲明云：「本善」當連讀。各勸生業，所謂「本善」也。「起」字蓋涉上而衍。「末事」即百工商賈逐末之事。工商不饒，農無所資，其用弗給，則邊鄙益貧，百業墮矣。故「本事不立」。張德鈞云：此處「而」字讀爲如，假設之詞。翔鳳案：「起」爲價高於市，見前。能使勸勉，「勸」字不誤。「本」指農，「末」指商。農豐收而商有起色，不侈則本事不得立。各説均誤。

〔四〕豬飼彦博云：「惡得伐不服」五字，疑因下文誤衍。丁士涵云：「用」乃「國」字誤，「國」與「得」韻。尹注云「欲伐不服國，必待賢能」，今本尹注「服國」二字譌作「損用」矣。張佩綸云：「惡」字衍，當作「得伐不服乎」，此桓公問詢。李哲明云：言欲伐四隣之不服，必須用賢。不得賢者與共圖之，而以伐不服，惡可得乎？「用」字似當移「不可得」下，句意

自明。注「損」字，或即「服」字之訛。翔鳳案：左襄十三年傳「小人伐其技以馮君子」，注：「自稱其能爲伐。」曲禮「子貢問有無惡乎齊」，注：「何也。」何得自誇異於人而不服用皮幣。諸説均誤。

〔五〕張佩綸云：「百夫無長衍可臨也」，各本均作「不可臨也」，疑張嵲於「不」下注「衍」字，刻本削去「不」字而以「衍」字足行，當依下句例作「百夫有長，不可臨也」。有長雖百夫不可臨。翔鳳案：釋名釋地：「下平曰衍，言漫衍也。」説文：「臨，監臨也。」爾雅釋詁：「臨，視也。」百夫之衆，無長則散漫，可監臨之。改「衍」爲「不」，意義相反，非是。

〔六〕戴望云：「修」疑「備」字之誤，「備」與上「國」、「得」爲韻。張佩綸云：「修」當作「侵」。有道雖千乘不可侵。翔鳳案：千乘之國，自謂有道，當觀其實，不可文飾。説文：「修，飾也。」下文所述之紂，是其例也。

〔七〕豬飼彦博云：「不得」當作「不服」，言紂既無道，故不得伐不服。丁士涵云：當作「惡得不伐」，與上「惡得伐」句相對，下「得」字涉上「惡得」而衍。李哲明云：此蓋言紂無道，何伐不可得。「伐」上「得」字疑衍。觀注「無有伐而不得者」，是本無上「得」字甚明。寫者見上句「惡得伐不服」，遂增「得」字配句，而不知實不相蒙也。翔鳳案：説文：「德，行有所得也。」承上「不可修」言。夫以紂之不善而在上，其敗必矣。惡得自修飾爲善，而誇此不德之人乎？「伐不得」言怎麽伐不得，今俗語尚然。

〔八〕張佩綸云：孫子謀攻篇：「用兵之法，十則圍之，五則攻之，倍則分之，敵則能戰之，少則能逃之，不若則能避之。」「鈞則戰」，即孫子所謂「敵則能戰之」也。「守則攻」句，似當作「□則守，□則攻」。翔鳳案：勢鈞而不能相統攝則戰，戰則攻其所守，非有誤字。

〔九〕丁士涵云：禮記王制注「今時喪葬築蓋嫁娶卜數文書」，疏云：「蓋，謂舍宇。」然則「百蓋」猶百室與？「千聚」疑當爲「十聚」。乘馬篇：「方六里曰暴，有社，五暴曰部，五部曰聚。」一聚積二十五暴，當有二十五社，無社，焉得不謂之陋？若作「千聚」，恐無此大也。張佩綸云：「千聚無社」似當作「千社無聚」。翔鳳案：左成二年傳「所蓋多矣」，注：「覆也。」晏子：「皆有蓋廬，以避暑濕。」覆其上曰蓋。「築」指四面築牆，詩「築室百堵」是也。言雖有百蓋，可謂屋多矣，然未有築牆，則謂之陋。雖有千聚，可謂人多矣，然未有神社，則謂之陋。此假定之詞，其重在社。張不知改爲「千社」，謬矣。

〔一〇〕張佩綸云：當作「非一時之事也」。李哲明云：注云：「武王一舉，取天下而有之，此萬代一時之事也。」疑本文「有」字在「取」字下。「一事之時」當作「一時之事」，傳寫誤倒耳。翔鳳案：「天下有一」句，承上「無築」、「無社」來，「有一」則爲可乘之機也。説文：「事，職也。」「職，記微也。」此記微之事，無誤也。結上，非起下也。

〔一一〕豬飼彦博云：「萬諸侯」，「萬」字疑衍。「鈞」，古本作「鈞」，觀注可見。然以作「鈞」爲是。安井衡云：諸本「鈞」作「鈞」，俗本作「鈞」。然注以「引」釋「鈞」，則其本作「鈞」矣。

張佩綸云：「萬諸侯鈞萬民」，言今之時「地醜德齊」也。「無聽」當作「無德」，「無德上位」爲句，言無德而在上位，不能爲功更制，何以至於王乎？上俱不賢得王，此言己亦不賢，仍不得王。李哲明云：言萬諸侯勢力均同，莫能相尚，即萬民無適聽從，必居上位者獨立其功，革命制作，乃可王天下，不然則否。「更」讀平聲。「上位」謂方伯。

〔一二〕王念孫云：「脩」當作「循」，「緣」亦「循」也，「政」與「正」同，言緣循故常，遵循法度，以正治道也。尹注非。張佩綸云：「緣故脩法」，言循故以脩新法；「以政治道」，言因政而進於道也。李哲明云：此即「更制」之意。「政」者正也；「以政治道」，謂正其治國之道。尹注「謂爲政不違於道」，依本字讀，乃不成詞。王謂「修」是「循」誤，恐未是。

〔一三〕張佩綸云：「約」當作「鈞」，「子」當作「于」，「均殺于吾」，言諸侯均不及吾。「君故取」當作「君取故」。「夷吾謂替」，爾雅「替，待也」，夷吾言請待賢能也。李哲明云：「約」當依張說作「鈞」，「子」作「于」，當連下「吾君」爲句。夷吾言諸侯均不及吾君，君故取夷吾爲之伐籌治國。「替」者代也，「謂」當作「爲」。觀注「取夷吾爲替」可見。「爲」、「謂」古通，本書霸言篇「伐不謂貪」，王念孫云「『謂』與『爲』同義」，是也。翔鳳案：「子」同「巳」，即「祀」。易革：「巳日乃孚。」周以甲子滅紂，「巳」即「子」。損「巳事遄往」，釋文虞本作「祀」。子巳爲雙子，其祀爲契。左昭元年傳及史記鄭世家：「昔高辛氏有二子，伯曰閼伯，季曰實沈。日尋干戈，帝遷閼伯于商丘，主辰，爲商星。遷實沈于大夏，主參，唐人是因。」古十二辰當參商之

位者，商爲雙子。閼伯即契，契作「卨」，即蝎之象，商星本爲蝎形。「殺子」即滅殺不典，所殺祀即簡狄之子契也。

〔一四〕張佩綸云：「臨」當作「賢」，字之誤也。儀禮鄉射：「大射若右勝則曰右賢於左，若左勝則曰左賢於右，若左右鈞則左右各執一算以告曰左右鈞。」左氏傳「年鈞擇賢」（襄三十），皆以「賢」與「鈞」對文。此節遠承「俱賢」，近承「選賢舉能」，似從「賢」義長。李哲明云：「同」謂同德。言君臣以同德相濟也。言其日久臨，制諸侯可立而待其治也。翔鳳案：「日」承上「陵谿立鬼神而謹祭」，與「約殺祀」緊接。説文：「同，合會也」。合會而計之，是爲「以同」。詩大明：「上帝臨女。」「其日久臨」，謂上帝久已監臨也。

〔一五〕何如璋云：「明厚德也」上脱二字，以下句證之可知。當指宗廟社稷之祭言，疑是「祼獻」二字。張佩綸云：「鬼神不明」以下錯簡。李哲明云：「鬼神不明」屬下「囊橐」句爲義。鬼神之道幽，幽故不明。「囊橐之食」指祭品，所謂「筐筥錡釜之器、蘋蘩藴藻之菜可薦於鬼神」者。言君子謹祭鬼神，非望其報，所以報本反始，明厚德之意也。翔鳳案：左莊三十二年：「明神降之，監其德也。」旱乾水溢，是鬼神不明。「立」，古「位」字，見前。可變置其位而待之。非錯簡。變置後之處置，則如下文所云。

〔一六〕何如璋云：「沈浮」宜作「浮沈」，爾雅：「祭川曰浮沈。」川祭投玉，故云「示輕財」。

〔一七〕翔鳳案：「象」指神像。

〔一八〕李哲明云：「朝」疑當爲「廟」，古字通，連上「故爲禱」讀。「禱廟」承上鬼神言。「縷綿」，注謂「置綿以賞賜」，蓋如後世賜高年帛矣。此屬民言。「縷」有分析之義，「綿」疑本爲「帛」，涉「縷」字誤加「糸」旁耳。　翔鳳案：「朝」假爲「召」，與招魂之「招」相應。招魂注云：「招者，召也。以手曰招，以言曰召。」説文：「名，自命也。」周禮小祝故書作「銘」，今書或作「名」。士喪禮古文作「銘」，今文皆爲「名」。銘死者之德，故曰「重名」。招魂「秦篝齊縷」，縷爲齊人所用。孟子「有布縷之征」，注：「鐵鎧甲之縷也。」説文：「綿，聯微也。」春秋無棉花，用縷聯鎧甲，以招戰士之魂。此與廟無關也。

〔一九〕張佩綸云：此有脱字，當作「何謂同，何謂賢」。「渝」當作「踰」，詩將仲子「無踰我里」，傳：「踰，越也。」言其先後之智相踰越也。　李哲明云：「同臨」疑當作「何臨」，蓋公承上「久臨」而問「所謂」云云，管仲答詞。「同者」當作「臨者」，緣上文誤「何」爲「同」，又誤此「臨」亦爲「同」耳。「先後智渝」，「渝」當從張説作「踰」。惟先後之智相踰越，故得而臨之也。翔鳳案：同臨其地也，非誤字。詩黄鳥：「臨其穴，惴惴其慄。」爾雅釋言：「渝，變也。」臨沂竹簡孫臏兵法「智」均用爲「知」。

〔二〇〕何如璋云：「財」當作「則」，「依」當作「倍」，觀下有「十」字、「萬」字，可證。財倍於彼則彼悦，財十於彼則彼服，財萬於彼則彼化。如以一白入萬黑中，黑質不移，而白盡化爲黑矣。翔鳳案：周禮大司寇「入鈞金」，注：「三十斤曰鈞。」禮記坊記「先財而後禮」，注：「財，幣帛

也。」黄金貯量相同，則以幣帛競爭。互相依賴則相悦。房注「若財十倍多彼，則服而從之」，「若財萬倍多彼，則變化而無不如意」，其言是也。

〔二〕翔鳳案：「名」，即上「重名」之「名」。有功德可銘，則臨其社矣。

「**請問爲邊若何？**」問所以防御邊境。**對曰：「夫邊日變，不可以常知觀也。**邊者，兩國交爭，寇敵伺郄，日有變，當應機而動，故不可以常智觀。**民未始變而是變，是爲自亂。**未變者，應機未發，且當循常而伺之。今人未當變而輒爲變，此謂先時也，更益其亂，故曰「是爲自亂」也。**請問諸邊而參其亂，任之以事。**謂參驗知其委變之亂，然後以事任之，因其所謀而用之。**因其謀**〔一〕，諸邊，則四邊也。此已上，公問之辭也。**方百里之地，樹表相望者，丈夫走禍，婦人備食**〔二〕。謂百里之國，自國都至邊境，每於高顯之處，樹立其表，使遞相望。其有寇賊之禍，丈夫則走而奔命，婦人則備食以餽①之也。**内外相備，**外拒寇以防内，内備食以給外，故曰「相備」也。**春秋一日，敗曰千金，稱本而動**〔三〕。春秋種穫，尤爲農要，此二時而有戰敗，但經一日，敗費千金，故爲國者必當稱本而動也。**候人不可重也，唯交於上，能必於邊之辭**〔四〕。候人，謂謁候之來入國者。候人入國，或伺我虚實，覘我動静，不可使重之。唯有能與上交，

① 「餽」字原作「餽」，據補注改。

必定邊境之辭至國不易者，其可重也。行人可不有私，不有私，所以爲內因也〔五〕。行人，使人也。若何而可？唯不有私耳。無私則意成，故能爲國內成事者也。使能者有主矣，而內事〔六〕。」使人出境，必有所主。其所主者，欲成內國之事。

〔一〕戴望云：元刻「因」上有「而」字。李哲明云：上文「鈞同財爭」（當作「鈞則爭」）以下就內情言，「夫邊日變」以下就外情言。「問」當爲「伺」，形近，兼涉上「請問」而訛。上文注云「寇敵伺隙」，又云「循常而伺之」，即其證。此注亦承上注。觀「諸邊則四邊也」（注兩「邊」字，刊本俱誤爲「變」），則字可知。言備邊之計不當自亂，須伺察四邊而參驗其變亂之萌，乃急修邊事，因其亂而謀之。「任之」句與上對文，許氏（光清）校影宋本「事」下有「而」字，當從之。二句本答語。翔鳳案：邊防即國防。請詢問諸邊而參考其亂象。因人之謀而定計，「而」字不當有。

〔二〕何如璋云：「表」者，立標爲識也。夏官大司馬：「虞人萊所田之野爲表，百步則一爲三表。」墨子號令篇：「士候無過十里，居高便所樹表。表三人守之。比至城者三表，與上烽燧相望。」本此。翔鳳案：釋名：「徐行曰步，疾行曰趨，疾趨曰走。」說文「碣，屰惡驚詞也」，段注：「遇惡驚駭之詞曰碣。」漢書五行志：「數其碣福。」「禍」與「碣」通。丈夫飛奔，報告邊警也。

〔三〕戴望云：宋本、朱本「敗」下有「事」字。丁士涵云：「事曰」二字，乃「費」字之壞。尹注

云「但經一日，敗費千金」，是其證。張佩綸云：詩「無俾亡敗」，毛傳：「敗，壞也。」孫子用間篇：「凡興師十萬，出征千里，百姓之費，公家之奉，日費千金。」「敗日千金」猶日費千金。　翔鳳案：「本」指穀，此處兼財力而言。檀弓：「喪事稱家之有亡。」中庸：「既廩稱食。」承「一日」、「千金」來，言量力而動，不可輕試也。說文：「敗，毁也，從攴貝。」言耗財也。

〔四〕何如璋云：當作「不可不重」。候人之職内關國是，外涉鄰交，所繫於安危者大。「必」者，誠信無貳之謂。墨子號令「發候必使鄉邑忠信善重士，有親戚妻子，厚奉資之，必重發候」，即重候之義。　翔鳳案：言不可專重候人。「必」，說文：「分極也。」

〔五〕丁士涵云：疑當作「行人不可私」，與上文「候人不可重」句例相同。「有」字及下文「不可私」句皆衍。　李哲明云：此當云「行人不可有私，有私所以爲内因也」，下文「無私交則無内怨」，即其證。蓋「有私」則輸内國之情，敵人因以成其計。故云「内因」，而内怨由此起矣。　翔鳳案：任法：「私者，下之所以侵法亂主也。」行人受命而行，唯命是從，不可雜以己之私意，此爲内因。外因則在環境矣。「候人」爲斥候者，「行人」爲交通部長（小匡）。

〔六〕張佩綸云：問詞，「而」讀爲如，「如内事」下當有「何」字，言使能者既有所主矣，我之内事將若之何？　李哲明云：疑於「主」字絶句。「矣」當爲「嚴」，簡寫「嚴」字與「矣」略近而誤。此承上文，言當使能者心有常主，嚴密其内事，不泄於敵人也。「能者」，即無私交而不爲敵所因之謂。　翔鳳案：「内」古讀納。周禮鐘師「納夏」，故書作「内」，音轉爲「訥」。說文

：「訥，言難也。从口从内。」使行人之能者心有所主，事之當承訥者訥之，是爲「内事」。諸說均非。

萬世之國，必有萬世之實〔一〕。無萬世之實，不能成萬世之國也。**必因天地之道，**天地之道，順以動者也。**無使其内，使其外，**應内而外，失外情也。**使其小，毋使其大，棄其國寶**〔二〕。應小而大，失事之宜。大臣，國之寶也。今非理使之，故曰棄國寶也。**使其大**〔三〕**，貴一與而聖稱其寶。使其小，可以爲道**〔四〕。謂使其大臣當尊之，一與其事，必無轉移。知此則舉輒有成，能立聖人之功，謂稱其寶矣。**能則專，專則佚。**使得其能，於事必專，專則功成，故佚樂也。**椽能踰則椽於踰，**椽，猶梯也。謂鑿椽以爲梯。凡欲蹈越高遠，必因梯而後能。若不因梯，直欲踰之，則不能踰矣。然則踰因梯而踰矣。此喻成功必有良臣賢佐，然後事遂而名立也。**能宮則不守而不散**〔五〕。宮，謂防禦之國。四國也，能有四國之宮，則不有寇難。若無宮，直欲守之，其衆必散也。**衆能伯，不然將見對。**伯，長也。謂材能之士①，衆必能爲之長。若不能長之，豪俊之人將來對己以兩雄。兩雄角②之，道也。**君子者，勉於糺人者也，**君子者，德民之

①「士」字原作「主」，據補注改。
②「角」字原作「者」，據補注改。

稱，故但糺察人，不爲人所糺。**非見糺者也**〔六〕。**故輕者輕，重者重，前後不慈**〔七〕。輕，謂臣人。重，謂君也。凡君臣所以能相慈者，輕能事重，重能制輕，然後慈惠之心油然生矣。今輕自在輕，重自在重，或前或後，不相交接，否之謂也，何慈之有乎！**凡輕者，操實也**。臣須君食，故必操君實也。**以輕則可使**，輕而操實，則可使也。**重不可起**，輕雖重無實，則輕不可起用。**重有齊**。**重以爲國**，重者不①限，則以②爲國。**輕以爲死**〔八〕。以道使輕，可以致死。**毋全賞好德，毋全禄貧國而用不足**，欲全其禄，不以與下，則賢去而人散，故國逾貧而用逾不足也。**毋全賞好德，惡亡使常**〔九〕。」雖曰好德，全賞而不與。雖曰惡亡，所使者乃常人。若此者，敗亡之道。

〔一〕王念孫云：「實」當爲「寶」，下文「棄其國寶」，即其證也。「寶」與「道」爲韻，下文「寶」字亦與「道」爲韻。戴望云：「實」，當從朱本作「寶」，説見七法篇。翔鳳案：欲國家永不衰亡，必有其實。有財實即能永存乎？改「實」爲「寶」者謬。「寶」與「國寶」不同，不可據彼改此。非韻文，王説非是。下文「輕者操實」，與此相應。

〔二〕俞樾云：此當作「使其内無使其外」，與下句「使其小毋使其大」一律。張佩綸云：「使其外」句當在「無使其内」上。姚永概云：當作「毋使其大使其小」，與上句一律。且

① 「不」字原作「則」，據補注改。
② 「則以」原作「不過」，據補注改。

「道」、「小」、「寶」爲韻。下文「稱其寶，使其小，可以爲道」，亦以「寶」、「小」、「道」爲韻。翔鳳案：建國從内做起，從小事做起，是謂「國寶」。中庸「楚國無以爲寶，惟善以爲寶」，與此同意。若單言寶則爲財寶，不可混也。非韻文，諸説誤。

〔三〕張文虎云：「大」當作「外」，此與下「使其小」分承上文言之。　翔鳳案：以使其小爲本，大非不可使也。此釋「使其大」之意，連下文言之。張説非。

〔四〕李哲明云：「聖」疑當爲「勝」，同聲而訛。「貴一與而勝」，即後所云「與大則勝」也。「稱」讀去聲，言稱其爲國寶也。「寶」上應脱「國」字。「可以」上脱「不」字。上明云「使其小爲棄國寶」矣，此何云「可以爲道」乎？當作「不可以爲道」甚明。　翔鳳案：白虎通謂「聖」爲聞聲知情。「與」謂與國，管書屢言「權與」，可證。使大貴知敵情，與其所寶相稱。無誤字。

〔五〕丁士涵云：上文云「交於上能」，又云「使能」，「能」即賢能之能。「宮」乃「官」字誤。言賢能皆官，則守而不散（尹注「守」上無「不」字）。權修篇云：「則民能可得而官也。」　張文虎云：「椽」當爲「掾」。史記貨殖傳「陳掾其間」，讀如緣。　張佩綸云：「椽」當作「隊」，説文：「隊，道旁卑垣也。」　章炳麟云：尹注：「『椽』猶梯也，謂鑿椽以爲梯。」此訓無據，當借爲「隊」。説文：「隊，道邊庫垣也。」廣雅釋室：「隊，垣也。」吴語云「君有短垣而自踰之」，即其義。「隊於踰」猶「踰於隊」，亦倒句也。「能宮」之「能」讀爲而，「宮」猶喪大記「君爲廬宮之」、釋山「大山宮小山」之「宮」，謂周垣也。此言備盜徒恃庫垣，有能踰庫垣者則踰於庫垣

矣，而周垣則高峻難踰，室中之物不必守而自不散也。此爲守國寶者設喻，謂立防宜峻，不可使庫墮易踰也。上云「萬世之國，必有萬世之寶」，又云「棄其國寶」，此即承上爲言。注非。翔鳳案：左桓十四年傳：「以大宮之椽歸，爲盧門之椽。」「椽」與「宮」有關係，下文「能宮」即承「椽」言之，此決不能解爲「緣」或「隊」。說文：「椽，榱也。」釋名：「桷或謂之椽。椽，傳也，相傳次而布列也。」「榱」從衰，有差等之義。房注訓「椽」爲「梯」，不誤。即以屋桷言之，相次布列，亦不易踰越也。章說近是。其訓「宮」字亦是。

〔六〕張文虎云：兩「紃」字乃「亂」之譌。「君子治人，非治於人」，即此。紃則小矣。翔鳳案：周禮大司寇「以五刑糾萬民」，注：「猶察異之。」郭沫若又改「見」爲「身」，强古書以從我，此不可爲訓者。

〔七〕丁士涵云：「慈」讀爲訾，君臣上篇「吏嗇夫盡有訾程事律」，七臣七主篇「貧富之不訾」，淮南原道「息耗減盈，通於不訾」。吴志忠云：當作「不愆」，「愆」古字作「僁」，與「慈」字形近致誤。說文：「愆，過也。」左傳云：「失所爲愆。」李哲明云：「君子者」以下，皆說官人之事。「輕」謂羣臣，「重」謂國相。「慈」疑爲「惑」，「惑」書「惑」，形近之誤。輕者輕之，重者重之，乃得其序，而前後不相淆惑。章炳麟云：「慈」借爲「戴」，禮記中庸「故栽者培之」，注：「『栽』或爲『茲』。」詩下武「昭茲來許」，謝承後漢書引作「昭哉來御」，是「茲」聲字與「𢦔」聲字通。說文：「嗞，嗟也。」淮南繆稱訓「意而不戴」，注：「戴，嗟也。」則直以「戴」爲

「噝」之借矣，故知「茲」可借爲「戴」。喪服大記「皆戴綏」，注：「『戴』之言值也，所以連繫棺束與柳材使相值。」考工弓人「謂之牛戴牛」，注引鄭司農云：「牛戴牛角直一牛。」是相當值謂之戴。此蓋以衡之縣物爲喻，輕者自輕，重者自重，則衡之前後，必有低卬（「前後」即左右，據横縦言之則曰前後），不相當值矣。翔鳳案：地數「上有慈石，下有銅金」，通作「磁」，其本義仍爲「慈」。說文：「慈，愛也。」郭璞慈石贊：「慈石吸鐵，母子相戀也。」「前後不慈」，猶言輕重不相吸引也。

〔八〕許光清云：「重不可起輕」，句末「輕」字當連下「重」字讀，不複。元本亦不複「輕」字。何如璋云：「齊」，中也，劑也。言貴審其權衡也。吕覽慎勢「以大使小，以重使輕，以衆使寡」，又曰：「以重使輕，從。以輕使重，凶」，即此義也。張佩綸云：「重以爲國」，重名也。「輕以爲死」，輕財也。輕財皆爲喪祭，故曰「輕以爲死」。李哲明云：「凡輕者操實」，「實」謂禄賞也。「以輕則可使」，「以」字涉下「以爲」而衍。「使」、「起」、「死」韻。「起」下「輕」字屬下讀，不當複出，許校是也。輕者可以禄賞使之，重者不可徒以禄賞起之，謂宜有加禮。「輕重有齊」，「齊」讀爲劑，君子於輕重因其才以劑其平而已。「重以爲國，輕以爲死」，言重者以主執國柄，輕者亦效死君上；興國用人，道無逾此。翔鳳案：雖以輕重爲喻，然實包含經濟之輕重，以申其侈靡政策，非泛言也。重而聚之，以爲國。輕而散之，以勵死士。生財教戰，始終不離其宗。

〔九〕丁士涵云：「亡」同「無」，「使」字涉上衍。「好德惡無常」，言全賞必窮，不能久也。何如璋云：「惡亡使常」，「亡」當爲「可」。賈子匈奴「凡賞於國者，此不可以均賞，均則國窾」，本此。張佩綸云：「惡亡」之「亡」衍，言賞爲好德，惡使民以爲常，下文「一爲賞，再爲常，三爲固然」，正釋此義。李哲明云：「禄」、「足」爲韻，「賞」、「常」爲韻。「好德惡亡使常」，疑「惡」字涉「德」字而衍。「德」古作「悳」，與「惡」形近。既訛爲「惡」，校者旁注「德」字，後乃並入正文。傳者遂删「而」字，以「好德惡亡」配句矣。此言禄賞公諸臣下，當有品限，如全以予人，雖好行其德，人轉視爲固常而無所勸，故必無使爲常也。後文「一爲賞，二爲常，三爲固然」，即其確詁。翔鳳案：「禄」爲常俸，「賞」則臨時所賜。「全禄貧國」。「惡亡」爲惡無。不使用一般輕重政策，賈誼所云「凡賞於國者，不可以均賞」。正當方法使其常規。無誤字。

「請問先合於天下而無私怨，謂與天下合同，人皆樂推，故無私怨也。**犯强而無私害，**雖犯於强，乃以公義，故無私害。謂貢楚苞茅之比①也。**爲之若何？」對曰：「國雖强，令必忠以義。**令忠以義，雖强必德之也。**國雖弱，令必敬以哀〔一〕。**令敬以哀，雖弱必②免也。**强**

① 「比」字原作「此」，據補注改。
② 「必」字原作「不」，據補注改。

弱不犯，則人欲聽矣。犯雖輕弱，則人違之。先人而自後，而無以爲仁也〔二〕。先人自後，大國禮之，何仁之爲也。加功於人而勿得〔三〕，施功而不求於報也。所橐者遠矣，橐貨而匱民者，當遠之①也。所爭者外矣〔四〕。交爭無禮者，當遣之外也。明無私交，則無內怨。私交則不公而偏，故內怨起之。與大則勝，能親與大國，故得勝。私交衆則怨殺〔五〕。夷吾也使君私交者，夷吾之由，故恐衆怨而殺之。如以予人財者，不如毋奪時；如以予人食者，不如毋奪其事〔六〕。不奪其事，則各安其業，食無不足也。此謂無外內之患。」

〔一〕丁士涵云：「哀」當是「愛」字之誤。李哲明云：「哀」讀爲愛，古字通。翔鳳案：老子：「抗兵相加，則哀者勝矣。」凡國受凌辱，其令必哀，改「哀」爲「愛」，謬。

〔二〕李哲明云：「先人自後」本仁之術，而不矜謂仁，與下句「加功於人而勿得」同意。

〔三〕丁士涵云：「得」與「德」同。正篇云：「利民不德。」

〔四〕李哲明云：此言功德及人不自矜持，則量之所包容者遠，而所與爭者自阻於外矣。上句「囊括四海」之說，下句「天下莫與爭功」之意也。

〔五〕張佩綸云：「交衆則怨殺」下當接「此謂無外內之患」。「夷吾」以下與此節意不相貫。

① 「遠」字上原衍「而」字，「之」字下原無「也」字，據補注刪、增。

翔鳳案：詩黃鳥「不可與明」，箋：「信也。」假爲「盟」。「與大」指與盟之大國。荀子大略「仁之殺也」，注：「差等也。」私友有怨，私交衆而怨有差等，更爲複雜。

〔六〕俞樾云：「如以予人財者」，「如以予人食者」，當作「如以財予人者」，「如以食予人者」。「不如無奪時」當作「不如無奪其時」。張佩綸云：淮南泰族訓：「故爲治之本，務在寧民，寧民之本在於足用，足用之本在於勿奪時，勿奪時之本在於省事，省事之本在於節用，節用之本在於反性。」翔鳳案：「如以」作爲假定之詞，其義自通。

事故也，財食足，則外内之患忘也。**君臣之際也**〔一〕。君臣非有骨肉之親，但以禮義相接也。**禮義者，人君之神也，**禮義在，則君尊臣卑，萬人以寧，故曰神。**且君臣之屬也**〔二〕。以義相屬。**親戚之愛，性也**〔三〕。相親相愛，性也。**使君親之察同索，屬故也。**索，求也。君親之於臣子，同求其愛敬矣。故，事也。臣雖屬君，當以事親之故事君。**使人君不安者，屬際也**〔四〕，使君不安其位者，則臣但以義際君，無愛敬故也。**不可不謹也。**臣無愛敬，或化爲仇敵，故不可不謹之也。**賢不可威，**威賢則邦國殄瘁。**能不可留**〔五〕。材能當引用之，不可留之於彼身。**杜事之於前，易也**〔六〕。**水，鼎之汨也，**姦凶之事，先其未然而杜塞之，則甚易。猶水之在鼎以烹之，食事亦不擾也。**人聚之。壤，地之美也，**由是地美，故人聚之也。**人死之**〔七〕。**若江湖之大也，**人所以爲君致死者，則君量若湖水之大，無不容納故也。**求珠貝者不令也**〔八〕。

君之於人，有所簡擇，若求珠貝之爲也，人必去而不令之。**逐神而遠熱，交觶者不處**〔九〕**，兄遺利**〔一〇〕。君之於人也，使敬之若逐神，畏①之若遠熱。其逐神者，交觶祭祀，不敢留處。其遠熱也，雖有兄弟之親，亦遺利而去。君之尊嚴莫與大，誰敢窺覦之哉。**夫事左**謂人君行事不得正。**中國之人，觀危國過君而弋其能者，豈不幾於危社主哉**〔一一〕**！**中國，謂得禮義之中國也。弋，取也。中國之人，見危國過君，不能用賢道爲己用，如此，則過君之社主近於危也②。

〔一一〕李哲明云：當於「患」字句絕，結上文之詞。「事故也，君臣之際也」二句當連讀。「也」當爲「者」。「事故者君臣之際也」，與「禮義者人君之神也」相對爲文。君以事故責臣而臣奉行之，故並言君臣。禮義爲御臣之大柄，故言人君。言各有當耳。張佩綸云：〔「事」句，「故也」句，〕「君臣之際也」，「之」字衍，「君臣」句，「際也」句。韓子難一「君臣之際，非父子之親也，計數之所出也」，蓋即本此以難管子。翔鳳案：廣雅釋詁三：「故，事也。」易序卦傳「蠱者事也」，書大傳「乃命五史以書五帝之蠱事」，即「故事」也，「故」同「蠱」。詩鴇羽「王事靡盬」，傳：「不攻緻也。」四牡「王事靡盬」，傳：「不堅固也。」時久則不堅固。「盬」爲河東鹽池，「蠱」爲腹中蟲，其訓爲「事」、爲「固」，皆假爲「故」，然則「事故」爲君臣之際所有。

---

① 「畏」字原作「長」，據校正改。
② 「也」字原無，據補注增。

〔二〕李哲明云：「屬」下當奪「義」字。「君臣之屬義也」，與「親戚之愛性也」亦對文。觀注云「以義相屬」，是尹所注本有「義」字矣。　翔鳳案：「且」字連上，不得再有「義」字。說文：「屬，連也。」釋名釋親：「屬，續也，恩相連續也。」君臣以禮義相連屬。

〔三〕俞樾云：古人稱父母亦曰「親戚」，韓詩外傳「曾子曰：親戚既沒，雖欲孝，誰爲孝」，是也。「親戚之愛，性也」，正見人子之於父母，其愛出於天性，與君臣之以義相屬者不同也。尹注非。

〔四〕丁士涵云：據尹注無「察」字。　安井衡云：據上下文推之，「察」當爲「際」，字之誤也。「故」當爲「固」，聲之誤也。當使君臣之際同於親子之際，求君臣繫屬之堅固也。　章炳麟云：此當作「使君親之屬察同，索故也」。「察」借爲「際」，淮南原道篇「施四海，際天地」，文子道原篇作「施於四海，察於天地」，是「察」、「際」通之證。上文云「君臣之際，君臣之屬」，下文云「使人君不安者（「不」疑是衍文），屬際也」，明此亦以「屬際」連言。「屬際」猶交際也。「索」者，左昭十二年傳賈注「八索，八王之法」，定四年傳「疆以周索」，杜解：「索，法也。」言父母之愛（「親戚」爲古人父母之稱）出于天性，非君所得比也，乃使君親之交際相同，則法度之故也。　李哲明云：君臣以義屬，親戚以愛合，蓋言君之於臣當如親之於子，相聯以愛。但以義際，人君轉有不安。「屬際」當爲「義際」，參之注文可知。以義通之，疑或作「使君親之屬同愛故也，使人君不安者義際也」。「索」當爲「愛」，形略近而訛。「屬」字誤竄於

下，遂以「屬故」、「屬際」對言。「察」又涉「祭」字而誤。翔鳳案：君臣以禮相接，與親戚之愛，皆自然發生，不是勉强加於人者，不必加「義」字。中庸：「天命之謂性。」

〔五〕何如璋云：「威」，制也，凌蔑也。「留」，止也，淹滯也。張佩綸云：「留」，鎦。説文：「鎦，殺也。」李哲明云：言能者當急用之，不可稽留。翔鳳案：賢者接之以禮，以威臨之，則不安而求去。下文「天地不可留」同義，殺之不合情理，李説是，張説誤。

〔六〕張佩綸云：「杜事之於前」當作「杜之於事前」。李哲明云：此結上文，言君之於臣以禮義相使，仍當以愛敬相結，謹之於前，以杜塞後慮，爲道甚易。翔鳳案：古今語法不同，管書以今視之多倒，其例不少。張説謬。

〔七〕洪頤煊云：「汩」當作「汨」，言水者鼎投之則汨没，人有舟楫之利，則聚居於上。壤者本地之美，往往爭奪而至於死者，皆杜事前不前之别，承上文對言，尹注非。何如璋云：「汨」當作「洎」，説文「灌釜也」，與「溉」通。「人聚之」，謂喜熱湯也。吕覽應言「市邱之鼎以烹雞，多洎之則淡而不可食」，是也。陶鴻慶云：「鼎」當爲「泉」字之誤。隸書「鼎」作「鼎」，與「泉」相似，故「泉」誤爲「鼎」。水泉之汩，壤地之美，皆利源所在，人皆聚處而致死以求之，故曰「水泉之汩也，人聚之；壤地之美也，人死之」。下文「若江湖之大也，求珠貝者不舍也」（「令」爲「舍」之誤，從洪氏改），即由此二句之義。尹注「以水鼎之汩也」屬上句爲一義，「人聚之壤地之美也」爲一義，「人死之若江湖之大也」爲一義，大謬。翔鳳案：「鼎」字見漢

景君碑，然與隸書「泉」字不相似，此説不可從。壤爲地之美，非「壤地」連文。與「水泉」不能對文。改「鼎」爲「泉」，又改「汨」爲「洎」，不妥。水汨於鼎，人收聚之。

〔八〕洪頤煊云：「令」當作「舍」，謂舍而去之。文選蜀都賦劉淵林注引此作「舍」。尹注非。安井衡云：「若」字衍。翔鳳案：文爲「不令」，作「舍」則爲「不舍」，何能謂舍而去之？洪説之謬。隸書口、厶不別，此爲「合」字。楚語「合其州鄉朋友婚姻」，注：「會也。」非誤字。「若」字常用，非誤字。

〔九〕李哲明云：「逐神遠熱」言其敬畏，「交觶者」謂相酬酢也。蓋既逐而遠之，雖尋常酬宴亦不可與相處，況幸其有利乎？翔鳳案：釋名釋天：「熱，爇也。如火所燒爇也。」「熱」同「爇」，蓋先有「熱」然後有「爇」也。

〔一〇〕劉績云：「兄」，古「況」字。翔鳳案：劉説是也。詩：「彼有遺秉，此有滯穗，伊寡婦之利。」

〔一一〕何如璋云：「左」當作「在」。張佩綸云：「夫事」當作「失事」，「失事」與「遺利」對。「左」即「在」字。「中國之人」當作「國中之人」，孟子：「國中無與立談者。」「弋其能」，「弋」乃「貣」字之誤，説文：「態，意也。」言危國過君，民皆變態。李哲明云：「左」字當連「中國之人」讀，謂行事與中國之禮義相左也。「危國過君」即與中國左戾者。「能」，謂禮義之國能服役諸侯也。觀彼危國過君而欲挾無道以弋取其效，勢必棄德怙力，社稷之主豈不幾於危殆

哉？翔鳳案：「左」，古「佐」字。佐人之國也。

利不可法，故民流。神不可法，故事之〔一〕。神亦不得其法，不知神之所在，故畏敬事之，所謂陰陽不測之者也。**天地不可留，故動，化故從新**〔二〕。天施地化，日夜不息，故能生成不已。以天地變化①不可留停，故動。化其故以就其新，然亦循②故之四時，周而復始，無③所易之也。**是故得天者，高而不崩。**謂得天變化日新之理，故能常保其尊高而不崩壞者也。**得人者，卑而不可勝。**得人則衆歸之，故雖卑不可勝。**是故聖人重之，**謂重天也。**人君重之。**謂重君也。**故至貞生至信，**至貞，正也。謂正心生，則至信生而應之也。**言往至絞，生絞，**謂急言私己。今空以言往，而無其實，則至絞已言生而應。**至自有道**〔三〕。正生則信至，言往則絞來，皆有因而然，故曰「至自有道」。**不務以文勝情，**以文勝情，情彌虚也。**不務以多勝少。**少是能正，衆非故多不能勝之。**不動則望有廧，**君子儼然不動，則望者如墻焉。**旬身行**〔四〕。旬，均也。君子身行，必令均平正直。

〔一〕張佩綸云：爾雅釋詁：「法，常也。」「故民流」當作「故流之」，唐諱「民」作「人」，此「之」字偶

① 「化」字原無，據補注增。
② 「循」字原作「楯」，據校正改。
③ 「無」字原作「而」，據補注改。

誤作「人」，淺人以意改「人」爲「民」耳。翔鳳案：利王盈絀無常，故民流徙以就利。鬼神禍福無常，故人敬祀之。張訓「法」爲「常」，是也。天地不停留，故常新。正世：「不慕古，不留今，與時變，與俗化。」此管子中哲學思想，以天道言之，得天者與儒家言天命異。

〔二〕劉績云：別本注「天地變化，生成不息，不可留停」云。張文虎云：此言「故動」而「化故從新」也（承上「能摩故道新道」來）。尹以三字爲句，謬甚。郭嵩燾云：「天地不可留故動」句絶，言其運行不熄也。「化故從新」句絶，言其循環發斂相乘也。李哲明云：觀尹注「動化其故，以從其新」，是「從」上當有「以」字。傳寫者誤兩「故」字爲對舉詞，因删「以」耳。

〔三〕安井衡云：「言」當爲「信」，「往」當爲「生」，皆字之誤也。絞，交結也。至信則生鄰國至極之約結。張文虎云：「言往」乃「信生」之譌，「絞」乃「效」之譌。當作「至信生至效」。張佩綸云：安井衡説是也。左昭元年傳「叔孫絞而婉」，杜注：「絞，切也。」後漢李雲傳注：「絞，直也。」「生至自」上脱「至絞」二字，「自」乃「道」之壞，當作「至絞生至道」。姚永概云：「絞」字不可通，當爲「交」字。「至言往」則人信，故至交乃生。李哲明云：此當從安井衡説，「言」爲「信」，「往」爲「生」，作「至貞生至信，至信生至絞」。「至絞」二字當重，「自有」二字衍，當爲「至絞生至道」。張説同。翔鳳案：「貞」訓卜問、訓當、訓正，三義都有。陽貞行而左，陰貞行而右，信而有徵。釋名釋言語：「往，旺也。謂歸往於彼也。」説文

「絞，縊也」，段注：「謂兩繩相交。禮喪服：『絞帶者，繩帶也。』兩繩相交而緊謂之絞。」姚不知「絞」可訓交。

〔四〕張佩綸云：「廧」當爲「齊」，字之誤也。「旬」當爲「均」，「身」乃「則」之誤。不動則有望，齊均則行，下文「不動以爲道，齊以爲行」，是其證。翔鳳案：說文無「廧」字。左襄二十六年傳「寺人惠廧伊戾」，釋文或作「牆」。「旬」同「徇」。入國「四旬五行九惠之教」，已爲證明。左傳正考父銘：「循牆而走，亦莫余敢侮。」昭元年傳：「人之有牆，以蔽惡也。」釋名：「牆，障也，所以自障蔽也。」行政在動，不動則望有成法可循，以自障蔽，免於無所適從。蓋「循牆」之義爲當時所周知，故取以爲喻。

法制度量，王者典器也。理國之常器也。**執故義道〔一〕，畏變也。**君人執守故義以尊於道者，畏輕躁之人妄有所變也。**天地若夫神之動，化變者也〔二〕。天地之極也，**若能祀神而動，化變流弊，天地之極理，善莫大焉。**能與化起而王用〔三〕，則不可以道山也〔四〕。**若能隨神化而起，王有天下，其所運用，則不可以常道格之，其富饒取類於山也。**仁者善用，智者善用，非其人則與神往矣〔五〕。**非其人尚能用之，則明無不用。如此者，可謂通靈合契，與①神往來也。**衣食之於人也，不可以一日違也。**一日違衣食，生理或幾乎不全也。**親戚可以時**

① 「與」字原作「契」，據補注改。

大也〔六〕。謂時大聚會之，以結其恩意。**是故聖人萬民**〔七〕，**艱處而立焉**。人者難靜而易擾，故聖人處立其上，常有戰兢之心，畏難之也。

〔一〕安井衡云：「故」、「古」通。堅執古之義與道，是畏世變者也。何如璋云：「執」當作「執」，「義」讀爲儀。張佩綸云：（孟子：）「天之高也，星辰之遠也，苟求其故，千歲之日至可坐而致也。」「執故」即孟子之求故。「義」讀爲儀，以天道爲儀也。李哲明云：注云「執守故義以尊於道」，似「道」上本有「尊」字。疑當作「故執義尊道」。翔鳳案：「執故」即上文「事故」之「故」。孟子「志義與道」，二字平列，安井説是也。

〔二〕丁士涵云：「天地」二字，涉下文「天地之極」而衍，尹注亦無。張佩綸云：「畏變也天地」當作「畏天地之變也」，「天地之」三字均誤厠于下。「若夫神之動化變者也」，「之」字屬上，「也」字衍。翔鳳案：説文：「神，天神引出萬物者也。」風俗通：「神者，申也。」神者引申變化，天地之變化，與神相若。變化爲天地之極。諸人不考「神」字之義，而以「天地」爲衍文，誤矣。

〔三〕豬飼彦博云：「用」當作「者」，蓋因下文誤也。安井衡云：「王」當爲「善」，上下壞殘，特存其中，下文「善用」乃述此句也。張佩綸云：「王用」當作「主用」。李哲明云：「王」不改字亦可。「王」即承上「王者」言。翔鳳案：「化」即貨，「起」爲價高於中。「王」讀旺，均屢見前文，一字不誤。孟子「王」讀旺最多。

〔四〕丁士涵云：「山」乃「止」字誤，尹注云「則不可以常道格」之「格」，即「止」字之訓。小爾雅曰：「格，止也。」下有「其富饒取類於山也」八字，乃淺人妄增，非注文所本有。張佩綸云：「山」當作「里」，淮南泰族訓「故凡可度者小也，可數者少也，至大非度之所能及也，至衆非數之所能領也，故九州不可頃畝也，八極不可道里也，太山不可丈尺也，江海不可斗斛也，故大人者與天地合德，與日月合明，與鬼神合靈，與四時合信，故聖人懷天氣，樞天心，執中含和，不下廟堂而衍四海，變習易俗，民化而遷善，若性諸己，能以神化也」，本此。說山訓「不可爲道里」，高注：「言相去遠也。」　翔鳳案：「山」訓宣，詳山國軌，不可以道宣也。非誤字。

〔五〕李哲明云：此言唯仁智善用其化，非智者仁者則不能格乎天地，化與神俱往矣，能起化而致王乎？　翔鳳案：廣雅釋詁一：「往，去也。」權脩「往而不可止」，注：「謂亡去也。」非智與仁者，則與神亡去而不知變矣。

〔六〕何如璋云：「大」當作「合」。張佩綸云：「大」當作「从」，字之誤也。言人於親戚有時相從，有時相違，惟衣食不可一日相違。元注非。　翔鳳案：上文「親戚之愛，性也」，即指父子兄弟言之。言家庭人口以時而增大，衣食之供給加多，困難漸增，故下文謂「聖人萬民艱處而立焉」。「大」字不誤。

〔七〕戴望云：「萬民」二字當衍。　翔鳳案：聖人指王公。萬民之家族以時大，衣食之艱苦，

王公與萬民共之。「萬民」即庶。

人死則易云，死者無所爲，不憂其爲亂，故易云也。**生則難合也**〔一〕。生者有利欲之心，合而無防，或生姦謀，故難合。**故一爲賞，再爲常，三爲固然。**謂一時行其賜，人則欣賴以爲賞。頻再爲之，則人以爲常，謂至此時必當有賞。頻三爲之，則以爲理固①當然，無懷愧之心。**其小行之則俗也，**若小行其賞，則人習之以爲俗，無過厚之恩也。**久之則禮義**〔二〕。久而一行厚賞，則人荷德而懷恩，此禮義之正者也。**故無使下當上必行之**〔三〕，無使下人每至時承當君上必行之賞也。**然後移商人於國，非用人也**〔四〕。下既不希上賞，則專意於市，故商人皆移來入國也。**不擇鄉而處，不擇君而使**〔五〕，商人常隨利往來，故不擇鄉，又不擇君。**出則從利，入則不守。**商人出國，唯從利焉。其入國遇寇難，則恇怯而苟免，不爲君城守也。**國之山林也，則而利之**〔六〕。商人雖不爲國用，亦有利於國。猶山林也，隨取而得其利焉②，則當容受而取其利也。**市塵之所及，二依其本**〔七〕。市則衆聚喧囂，尤多塵埃。今使工商二族依之以爲本，此亦處物之宜也。**故上侈而下靡，**得商賈之利，故上侈下靡。**而君臣相上下。**得商工之用，故依

① 「固」字原作「國」，據補注改。
② 「隨取而得其利焉」七字原無，據補注增。

之章著上下之儀。**相親，則君臣之財不私藏**〔八〕。相親則情公，故不私藏財。**然則貪動，枳而得食矣**〔九〕。枳棘者，所爲擁塞也。農人貪商賈而動者，則多枳塞，其幸者但得貪食而已，無餘利也。**徙邑移市，亦爲數一**〔一〇〕。其有田邑之人，今移於市，此亦爲費數而得一耳也。

〔一〕劉績云：「云」，旋而歸之也。詩：「婚姻孔云。」豬飼彥博云：「云」，運旋也。孫星衍云：「云」讀如運數之運，言人死則易其運行之數。戒篇云：「四時云下。」呂氏春秋圜道篇「雲氣西行云云然」，高誘注：「云，運也。」下文「士能自治者不從聖人豈云哉」，「故阨其道而薄其所予，則士云矣」，言士能自治，豈爲運數所限？若阨其道而薄其所予，則士爲運數所限矣。兩「云」字皆讀作運。「然後運可請也」，「運」即「云」字通用之證。俞樾云：說文雨部「雲，山川氣也，從雨；云，象雲回轉之形」，故有旋繞之義。詩正月篇「昏姻孔云」，毛傳曰：「云，旋也。」鄭箋曰：「『云』猶友也。」蓋旋繞即有相親之義，故得訓「友」。廣雅釋詁曰：「云，有也。」「有」與「友」通，古者謂相親曰有。昭二十年左傳「是不有寡君也」，杜注曰：「有，相親有也。」「云」訓有，即「相親有」也。襄二十九年傳「晉不鄰矣，其誰云之」，猶言其誰親之也。此以「易云」、「難合」相對爲文。「易云」者，易親也，古人族葬，故有「死則易云」之說。下文「多賢可云」，亦言可親也，故下曰「則士云矣」，言士親之也。尹注以爲「可言」，非是。翔鳳案：俞說有理。然以「云」訓運，亦可通。此爲叢葬，可運送於一處，非族葬也。

〔二〕陶鴻慶云：「賞」當爲「黨」字之誤，其讀爲儻。莊子繕性篇「物之黨來寄也」，「黨來」即儻來也。漢書伍被傳「黨可以徼幸」，京房傳「黨焦延壽獨得隱士之説」，師古注皆云：「『黨』讀曰儻。」儻者，適然而至也。一則以爲儻然，至於再三，則習爲故常矣。故曰「小行之則俗，久之則禮義」，墨子所謂「安其習而義其俗」也。姚永概云：「俗」乃誤字，當是「裕」也。小行其賞，國用則裕。李哲明云：「也」當爲「化」，形近而訛。賞一人而天下之人勸，即「俗化」也。「化」與「義」爲韻。顔昌嶢云：「俗」疑「欲」字之誤，言願欲也。或「欣」字之誤，言欣賴也。翔鳳案：烈士公葬，於國門爲獎賞。民間初視爲賞賜，再則視爲尋常，三則視爲當然。其小行之成爲風俗，久之則成爲典禮之儀式，非此不可矣。「義」，古「儀」字。一字不誤。紛紛改字，甚無謂也。

〔三〕陶鴻慶云：「無使下當」，「當」亦「黨」字之誤，言上有所行，無使在下者以爲儻然而至也。商君懸金徙木，孫子斬吳宫人，皆此意。尹注以賞賜釋之，則文不成義。姚永概云：「當」乃「富」字之誤。無使下富，故下接以「移商人於國」云云。翔鳳案：國語晉語「非德不當雝」，注：「猶任也。」非誤字。

〔四〕安井衡云：古本「人」作「入」。翔鳳案：「國」爲兆域，義同前。漢書武帝紀：「徙郡國豪傑於茂陵。」原涉傳：「郡國諸豪及長安五陵諸爲氣節者皆歸慕之。」史記淮陰侯列傳：「母死，行營高敞地，令其旁可置萬家。」墓地爲富豪所居，故移商人於此。

〔五〕張文虎云：「君」當爲「羣」之壞文。張佩綸云：「使」當作「事」，篆文相似。劉師培云：「使」即「事」字之假。翔鳳案：管書以「君」爲「羣」。白心「君親六合」，即羣親六合也。

〔六〕豬飼彦博云：「則」當作「財」，同「材」。丁士涵云：「則」當爲「取」，尹注不誤。張佩綸云：丁説是也。言國之山林，商人取之以爲利。李哲明云：「則」疑爲「賦」之誤。注云「隨取而得其利」，知當爲賦矣。所謂山林之賦者也。蓋「賦」誤爲「賊」，傳寫改作「則」耳。翔鳳案：「則」同「鍘」，詳水地篇。兆域之山林，伐取而利之，非誤字。

〔七〕孫星衍云：「廛」當作「壥」，尹注非。丁士涵云：「依」乃「倍」字誤。張佩綸云：孫説非也。左昭三年傳：「景公欲更晏子之宅，曰：子之宅近市，湫隘囂塵，不可以居。」「二依」當作「百倍」，國蓄篇：「故使蓄賈游市，乘民之不給，百倍其本。」李哲明云：「壥」，當從孫説作「廛」。「二」疑當爲「上」。古「上」字作「二」，因訛爲「二」矣。市廛之賦，君上依之以爲本用者也。翔鳳案：「壥」字不誤，張説是。「所及」言其四周，非誤字。「二依其本」，與「二倍其本」同意。蓋侈靡之税重則利厚也。

〔八〕丁士涵云：「而君臣相」四字，涉上下文而衍。「上下相親，則君臣之財不私藏」，承上文「上侈而下靡」言之。尹讀大謬。安井衡云：「相」下疑當脱「歡」字。何如璋云：「君臣相」下脱一字，或當作「化」。李哲明云：「君臣相上下」不詞，疑連下「相親」爲句，作

「君臣上下相親」，前「相」字涉下而衍。翔鳳案：兩「君」字皆訓羣。詩：「雄雉於飛，下上其音。」「相上下」言相呼應也。

〔九〕張佩綸云：「貪動枳」當作「貧氓動」。又云：「「枳」當作「肞」（肞即肢），淮南子修務訓：「故自天子以下至於庶人，四肞不動，思慮不用，事治求澹者，未之聞也。」李哲明云：「貪動枳」，當從張説作「貧氓動」。君臣皆無私藏，則人不營私財，即貧氓動可得食矣。翔鳳案：「貪動」猶爭動也。爾雅釋地「有枳首蛇焉」，釋文謂蛇有兩頭。廣雅釋木：「枳，枝也。」「枳而得食」，謂分途用力而得食，承上「動」字來。下文「徙邑移市」，即「枳」也。

〔一〇〕張佩綸云：「亦爲數一」，言爲數之一也。翔鳳案：説文：「數，計也。」周禮廩人：「以歲之上下數邦用。」「爲數一」，爲國計之一也。

問曰：「多賢可云〔一〕？」問多賢之理可言不。對①曰：「魚鼈之不食咡者〔二〕，不出其淵。樹木之勝霜雪者，不聽於天。霜雪不能殺，是不聽於天也。士能自治者，不從聖人。能自理者則有餘，不從聖人而求之也。豈云哉〔三〕？能自理，則雖聖人，不能致。自斯之外，何可云者。夷吾之聞之也，不欲强能材能之士，心不慕己，勿强引之也。不服，智而不

①「對」字原作「封」，據補注改。

牧〔四〕。士之材智，上不服，則勿養之。若旬虚期於月津，若出於一明，然則可以虚矣〔五〕。匝①一月曰期。津，明潤貌。君人之道，當若每旬之虚而任②數，自期於來日既至，津然後出一明矣。如此虚而任數，理足自明③。人但虚懷接物，賢才自至，亦猶是也。故阨其道而薄其所予，則士云矣〔六〕。士之道藝，則能阨而服之，至人所與，則薄而少之，如此，則必自來，其理可言也。不擇人而予之，謂之好人〔七〕。不擇人而取之，謂之好利。遇人則與，無所簡擇，可謂④多所愛，所愛多不當⑤。審此兩者以爲處行，則云矣。」兩者，謂不擇取，與不擇而取。寧不擇而與，用此以爲處身之行，則其理可云矣。

〔一〕張佩綸云：爾雅釋詁：「多，衆也。」「可」，「何」省。詩正月「洽比其鄰，昏姻孔云」，毛傳：「云，旋也。」左襄二十九年傳子太叔釋此詩曰：「晉不鄰矣，其誰云之？」杜預注：「言王者和協近親則昏姻甚歸附也。『云』猶旋，旋歸之。」此「云」字與子太叔意同，言歸附也。

翔鳳案：此節承上「移商人於國」。説文：「賢，多財也。从貝，臤聲。」列子力命：「景公

① 「匝」字原作「布」，據補注改。
② 「任」字原作「在」，據補注改。
③ 「明」字原作「耶」，據補注改。
④ 「謂」下原衍一「謂」字，據補注删。
⑤ 「多不當」三字原無，據補注增。

曰：以財分人謂之賢人。」貝者，貨也。「云」訓有訓親，見上節。

〔二〕孫星衍云：「咡」當作「餌」。

〔三〕張文虎云：「從」疑「待」字誤。　翔鳳案：「云」訓親，見前。

〔四〕王引之云：「能」亦「而」也。「强能不服」，言强而不服於上也。上文曰「强而可使服事」，正與此相反。「牧」，治也，治人謂之牧，治於人亦謂之牧。「智而不牧」，言智而不受治於上也。法法篇曰「上不行君令，下不合於鄉里，變更自爲，易國之成俗者，命之曰不牧之民」，是也。古書多以「能」、「而」互用（詳見經傳釋詞）。且「牧」與「服」爲韻，尹以「能」字絶句，「不服」二字屬下讀，則既失其義，而又失其韻矣。　張佩綸云：「不欲」，中無所欲也。中無所欲，則遇强者能不服，遇智者能不牧。「不欲」對上文「民足其所欲」。「强能不服，智而不牧」對上文「强者能守之，智者能收之」。「欲」、「服」、「牧」爲韻。　翔鳳案：王説是。然本節非韻文。

〔五〕豬飼彦博云：「旬」當作「盈」，「盈虚」即下虚滿也。　何如璋云：當作「若律明出於一」，與上句對。言君之待士當虚己明道，如月之期，若律之一，乃可以處。「虚」當作「處」，沿上誤。「處」謂待之、使之。　張佩綸云：此三句錯入，當屬下。　李哲明云：此言每市一月得三十日爲旬滿，得二十九日爲旬虚，而其於月也晦朔弦望不失其常。當其明時，光潤津津然若出於一，不因旬之虚而是月遂減其明也。然則虚以受人，即其理矣。　翔鳳

案：「月津」乃術語。淮南天文訓：「月者，陰之宗也。是以月虛而魚腦流，月死而蠃蛖膲。」又云：「陽燧見日，則燃而爲火。方諸見月，則津而爲水。」「月津」者，月津而爲水也。「旬虛」與「月虛」相類。史記龜筴列傳：「日辰不全，故有孤虛。」集解謂：「甲子旬中無戌亥，戌亥即爲孤，辰巳即爲虛（辰巳與戌亥相衡）。甲戌旬中無申酉，申酉爲孤，寅卯即爲虛。」乃至午未、子丑、辰巳皆此。則「旬虛」亦爲術語。李哲明之説大體不誤，唯未能舉證耳。每一旬虛由月津看出。

〔六〕張佩綸云：當作「則士不云矣」。

〔七〕陶鴻慶云：下「人」字讀爲仁，「好仁」與下句「好利」文義相對。尹注云「遇人則與，無所簡擇，可謂多所愛，所愛多不當」，正釋「好仁」之義。翔鳳案：淮南精神訓「好憎者心之暴也」，原道訓「好憎者心之過也」，「好」有過份之義。

不方之政，不可以爲國〔一〕。不方之政，謂邪也。**曲靜之言，不可以爲道**〔二〕。靜，謀也。**節時於政，與時往矣。**凡爲節度，當合於時，所施政教，與時俱往。**不動以爲道，齊以爲行。**守正不動以爲道，齊整肅然，以此爲行也。**避世之道，不可以進取**〔三〕。苟避世，則晦明藏用。若無所能，故不可進取。**陽者進謀，幾者應感**〔四〕。顯明其事者，欲進而爲謀，幾理之動，唯應所感也。**再殺則齊，**一殺尚有參差，必再殺然後可齊。文王再駕伐崇，武王再駕伐紂也。**然後運，可請也。**既齊則天下服，故請問歷數之運，將陟帝位也。「陽者進謀」已下，公問之辭

也。**對曰：「夫運謀者，天地之虚滿也。合離也，**言歷運之謀，崇替相因，若天地之有滿虚合離，乃理之不可已者也。**春秋冬夏之勝也**〔五〕。若無春秋冬夏之變，則不能相勝而成歲。**然有知强弱之所尤，然後應諸侯取交。**尤，殊絶也。謂應運而王者，必有智而强，殊絶於衆，若然，諸侯之可以取天下之交者也①。**故知安危，國之所存。以時事天，以天事神，**謂以神禮事也。**以神事鬼**〔六〕。謂依時而享鬼也。**故國無罪而君壽**〔七〕**，而民不殺智運謀而雜橐刃焉**〔八〕。雖用智運謀，亦須威以成之，故曰雜。橐，韜也。**其滿爲感，**感則物應，故滿也。**其虚爲亡**〔九〕。亡則物散，故虚也。**滿虚之合，有時而爲實，**滿時爲實也。**時而爲動**〔一〇〕。虚時爲動散也。**地陽時貸**〔一一〕，地在陽，時假貸萬物精氣以長養也。**其冬厚則夏熱，其陽厚則陰寒，**厚，謂過於寒熱。冬有極寒，夏有極熱。夏有極熱，冬有極寒。**是故王者謹於日至。**謂冬夏至也，當知二至之寒熱也。**故知虚滿之所在以爲政令，**知其寒熱之虚，爲時令以順之。**已殺生，其合而未散，可以決事**〔一二〕。時冬時，既有肅殺，其萌芽内發欲生也。然其時方寒合而未散②，時可以決斷罰罪之事也。**將合可以**

① 「者也」二字原無，據補注增。
② 「散」字原作「有」，據校正改。

禺，其隨行以爲兵〔一三〕。禺，謂事端初見也。謂夏末初秋之時，寒涼方至，將凝合初見其禺，隨此時而行，可以爲兵威也。**分其多少，以爲曲政**〔一四〕。」兵之所由，各有多少，隨其多少，委曲爲政。

〔一〕張佩綸云：廣雅釋詁一：「方，正也。」何（如璋）云：乘馬篇：「政不正則官不理。」

〔二〕張佩綸云：莊子秋水篇：「曲士不可以語於道者。」荀子解蔽：「曲知之人，觀於道之一隅。」釋名釋言語：「曲，局也。」道該動静，局於静則非道矣。李哲明云：「静」疑爲「諍」。注云「静，謀也」，當作「諍，諫也」。蓋諍臣以道事君，當用正諫，若訐以市直名而不盡軌於正，是曲諍，即不可以爲道。翔鳳案：左昭二十九年「官修其方」，注：「法術也。」心術上：「心之在體，君之位也。九竅之有職，官之分也。心術者，無爲而制竅者也。」管子主張無爲，故漢志入道家。「曲」爲一偏，「静」爲不動，道主變化，不可以爲道。

〔三〕何如璋云：「齊」下脱去「二」字，與上句對。張佩綸云：「避世之道不可以進取」句，當在「不可以爲道」下。翔鳳案：「不動」二句，即下文所云「避世之道」，反言之，非有取於不動也。

〔四〕張佩綸云：「進」當作「運」。李哲明云：「陽」與「幾」對文。「陽」之言顯也，「幾」之言微也。翔鳳案：有善謀明進之，若作「運」則非陽矣。張説誤。

〔五〕戴望云：元刻無「可」字，「可」字衍文。丁士涵云：「請」當爲「謀」字之誤。下文「夫運

謀者」、「知運謀」，皆承此文言之。張文虎云：丁君云「請」當作「謀」，是也。疑「運」、「謀」二字當互易。張佩綸云：「然後運可請也」當作「然後謀可運也」，「請」字乃「請問」云云，今挩去問辭，不復可考。翔鳳案：「再殺則齊」承上「齊以爲行」，石一參謂「損之又損」是也。兩人對談，不必用問辭。「運」爲運謀。高翔麟説文字通：「『謀』通『規』。」戰國策『齊無天下之規』，注：『規，猶謀也。』後漢書凡『謀』多作『規』。」「虚滿」指月亮虚盈，「合」指日月合朔，合之後又離，一年季節以運規合離定之。「規」指日行黄道，月行白道也。政治應時安排，所謂「節時於政」。

〔六〕豬飼彦博云：「安危國之所存」，「國」字疑衍。張文虎云：疑當云「以事天神，以事神鬼」。何如璋云：「以時事天」三句，「事」猶治也。張佩綸云：此節文多顛倒，當作「故知强弱之所尤，然後應諸侯、取國交。知安危之所存，然後以時事天、以天事神」。「然有」乃「然後」之誤。「以神事鬼」句疑衍，「神」或作「魋」，淺人遂依例加此句耳。「尤」、「侯」、「交」爲韻，「存」、「天」、「神」爲韻。李哲明云：「有」當讀又，「知」讀如字。言運謀者上揆之天時，然又當下度之人事。「强弱所尤」，謂人力之殊異也。天順人服，然後可以應諸侯而取天下之交。翔鳳案：「有」讀爲又，李説是也，非「後」之誤，張説非。房注訓「尤」爲「殊絶」，不誤。司馬相如封禪文末有「殊尤絶迹」，可證。「事」與「使」古爲一字，證已見前。

〔七〕張文虎云：「罪」疑「罰」字之誤。翔鳳案：説文：「罪，捕魚竹网。」詩小明：「畏以罪

罟。」國不徧設網羅捕人，犯法者少，而君亦壽。「罪」字不誤。

〔八〕趙用賢云：「雜」，一本作「離」。李哲明云：「殺」當作「役」，形近而訛。書牧誓「以役西土」，疏：「役，使用也。」尹注「用智運謀」，是所據本正作「役智」。翔鳳案：「殺」義爲衰減，見前。諸説均誤。廣雅釋器：「櫜，弓藏也。」「櫜刃」爲藏其刃。説文：「雜，五彩相會，从衣，集聲。」本作「襍」，有合義。廣雅釋詁三：「雜，聚也。」「聚櫜刃」，示不用兵。諸人不識「襍」字而改爲「離」，何也？

〔九〕張文虎云：「感」疑「盛」字之誤。翔鳳案：「感」爲天人感應，非誤字。「滿」爲「盈」，避漢惠帝諱。任林圃據此認爲「此爲本篇作者爲惠帝高后時人之一證」，謬。刻五經避清諱，亦將認爲作於清代乎？

〔一〇〕何如璋云：下句「時」上宜加「有」字，與上對。翔鳳案：「有」字領下二句。

〔一一〕丁士涵云：當作「陰陽時貸」，「貸」與「代」通。下文云「其陽厚則陰寒」。張佩綸云：法苑珠林：「日爲天陽，火爲地陽，地陽上升，天陽下降。」周語：「天無伏陰，地無散陽。」翔鳳案：詩七月「我朱孔陽」，傳：「明也。」月之盈虚，地上明有差異。「貸」爲「忒」之借。月令「毋有差忒」，即其證。古人每年造曆，先推冬至，故曰「謹於日至」。

〔一二〕丁士涵云：尹注「時，冬時」，又云「其時方寒合而未散時」，疑今本「其」下脱「時」字。尹桐陽云：「已殺生」謂秋時也。秋時天氣尚和同，故曰「合而未散」。「決事」，斷獄也。禮記

月令：「孟秋之月命理瞻傷察創，視折審斷，決獄訟，必端平，戮有罪，嚴斷刑。」「季秋之月乃趣獄刑，毋留有罪。」　翔鳳案：「已殺生」承上「日至」。四時：「刑德合於時則生福。」

〔一三〕洪頤煊云：「禺」，古「偶」字。心術篇：「其應物也若偶之。」此言將合可以如物之有偶，尹注非。　翔鳳案：房注是也。漢書刑法志「秋治兵以獮」，顔注云：「治兵，觀威也。獮，應殺氣也。」説文：「玁，秋田也。从犬，璽聲。祢，玁或从豕，宗廟之田也。」齊語：「秋以獮治兵事。」周禮肆師：「獮之日，涖卜來歲之戒。」於宗廟有關，且爲齊制。

〔一四〕張文虎云：「曲」疑「典」之誤。　張佩綸云：疑「曲」乃「禮」之壞。　李哲明云：「曲政」不可通。上云「殺生」，云「爲兵」，以意推之，當作「軍政」。「軍」字古書爲「匍」，「匍」字缺壞，傳寫誤改其形耳。　翔鳳案：郭沫若釋「曲政」猶軍政，軍制亦稱部曲，是也。

「請問形有時而變乎？」謂歲年多吉凶之變可知。**對曰：「陰陽之分定，則甘苦之草生也。**陰陽之分定於吉，則有甘草生薺是也。定於凶，則苦草生葶藶是也。**從其宜，則酸鹹和焉，**謂從四時之宜，以酸鹹之味和而食焉。若春多酸，冬多鹹，是也。**而形色定焉，以爲聲樂。**酸色青，鹹色黑。青聲角，黑聲羽。言定色而生聲。**夫陰陽進退滿虛時亡〔一〕，其散合可以視歲。唯聖人不爲歲，**言陰陽滿虛散合，可視知歲之豐荒也。**能知滿虛，奪餘滿補不足，**聖人善識滿虛之所在，故奪有餘者補於不足。**以通政事，以贍民常〔二〕。**減滿與虛，萬人均

平，故能通達政事，瞻足於人，使脩常道①。**地之變氣，應其所出。**謂地見災變之氣，應其所出之處，設法以穰之。**水之變氣，應之以精**〔三〕**，受之以豫。**水見災變之氣，則當應之以精誠。其祥不弭，當受之者，須預有所防備之也。**天之變氣，應之以正。**天見災變之氣，唯守正以應之也。**且夫天地精氣有五**〔四〕**，不必爲沮，**謂五行之時也。其時之氣不能必，則爲沮敗也。**其亟而反其重陔，動毀之進退即此**〔五〕**，數之難得者也。**其爲沮敗也，或纔有形而違反者，或遲重滯凝久而不去者，或發動而有所毀傷者，或有乍進②乍退者，凡此皆災敗之數難得而知之者。**此形之時變也**〔六〕**。**」謂歲年之形有變也。

〔一〕張佩綸云：「『時亡』，當從各本作『亡時』，『亡』讀爲無。」翔鳳案：説文：「亡，逃也。」爲流走之意。作「亡時」非是。

〔二〕張文虎云：「『不』、『歲』二字疑衍。」張佩綸云：「『聖人不爲歲』，不狃於數也；『能知滿虛』，通其理也。故凡政事民常，皆以奪餘滿補不足之道行之。」翔鳳案：「爲」，譌也。堯典「平秩南訛」，五帝本紀作「便程南爲」。「不爲歲」，不訛歲也。説文：「歲，木星也。越曆二十八宿，宣徧陰陽十二月一次，从步，戌聲。律曆書名五星爲五步。」「民常」即民恒，民

① 「道」字原作「通」，據補注改。
② 「乍進」二字原無，據補注增。

之恒産，避諱改。

〔三〕翔鳳案：吕氏春秋圜道「精行四時」，注：「日月之光明也。」翔鳳案：精氣五即在歲中。水地：「水爲萬物之源。」

〔四〕戴望云：朱本「精氣」作「之氣」，尹注同。

〔五〕張佩綸云：「沮」當作「祖」，爾雅釋詁：「祖，始也。」堯典「黎民阻飢」，史記作「黎民始飢」，徐廣曰：「今文尚書作『黎民祖飢』。」「祖」、「阻」、「沮」同部，形近而譌。「重陔」，「重」爲勾芒，「陔」爲蓐收。「動毁」，漢書五行志：「水類動，故有龜孽；貌氣毁，故有雞旤。介蟲孽者陽氣所生，言氣毁，故有犬旤。温奥生蟲，故有蠃蟲之孽；視氣毁，故有羊旤。寒氣動，故有魚孽；聽氣毁，故有豕旤。温而風則生螟螣，有裸蟲之孽，思心氣毁，故有牛旤。」俞樾云：「之」字衍文也。尹注曰：「或遲重滯凝，久而不去者，或發動而有所毁傷者，或乍進乍退者。」是三者並列，不當有「之」字。李哲明云：「陔」借爲「硋」，爲「閡」，皆即「礙」字。尹注云「遲重滯凝，久而不去」，「滯凝」即「礙」之義。小爾雅廣言：「閡，限也。」法言「礙諸以禮樂」，注：「礙，限。」後漢虞詡傳注：「『閡』與『礙』同。」一切經音義：「閡，郭璞以爲古文『礙』字。」又云：「礙，古文『硋』同。」「陔」與「硋」、「閡」一也。俞云衍「之」字，是也。翔鳳案：「正」指正月。「沮」，止也。「重陔」爲一名詞，諸人不知而誤讀誤解。説文：「陔，階次也。」漢書郊祀志「壇三陔」，注：「陔，重也。三陔，三重壇也。」史記封禪書作「垓」。漢書司

馬相如傳「上暢九垓」，服虔曰：「垓，重也。」重陔爲帝王封禪時所遺留。淮南主術訓：「雖馳傳騖置，不若此其亟。」説文：「此，止也。从止从匕，匕相比次也。」承「重陔」言之。

〔六〕翔鳳案：「形」指地言。

「沮平氣之陽，若如辭靜〔一〕。言欲沮敗平和之陽氣，默至而無形聲，如辭言之靜者。餘氣之潛然而動〔二〕，愛氣之潛然而哀，胡得而治動？」災之餘氣，潛然發動，愛怜之氣，已潛然而哀，則氣候之動難知者也，故曰「胡得而治動」。自「沮平」已下，公問之辭。對曰：「得之衰時，位之觀之〔三〕，得其沮氣衰敗之時，立分位而觀察之。佁美然後有煇〔四〕。佁，深思貌。謂深得其美理，然後情魂悦而貌煇然也。脩之心，其殺以相待〔五〕，既知災氣之所召，則脩德於心以禳之。其凶殺之至，必有以待之。故有滿虚哀樂之氣也。當察災而德禳，或滿而樂，或虚而哀也。故書之帝八，神農不與存，爲其無位，不能相用〔六〕。」

〔一〕何如璋云：素問六節藏象論：「帝曰：平氣何如？岐伯曰：無過者也。」張佩綸云：「沮」亦當作「祖」，史記律書：「聖人知天地識之别，故從有以至未有，以得細若氣、微若聲然，聖人因神而存之。」「微若聲然」即此「若如辭靜」也。李哲明云：疑「平」即「乎」字之訛。「陽」下脱「默」字，「辭」下脱「之」字。尹云「默至而無形聲，如辭之靜」，可證。「如」字涉注而衍，寫者因正文缺落以足句耳。「沮乎氣之陽，默若辭之靜」對文。言陽氣喜宣暢，沮閉

之則抑而爲陰，默默然如辭之静矣。　翔鳳案：「平氣之陽」爲三百六十日之日光，此數調劑盈虚不静而作爲静止計算（詳正篇）。「静」字承上「蒿之静」。

〔二〕張佩綸云：「餘氣」，謂陽之餘氣。「胡得而治動」，「動」字衍，「得」當作「德」，言何德而治，此言五德之德。　陶鴻慶云：「愛」與「哀」義不相屬，「愛」疑「虚」字之誤，隸書「虚」作「虗」，「愛」作「𢙣」，兩形相近，故「虚」誤爲「愛」。上文云「能知滿虚，奪餘滿補不足」，然則「餘氣」即滿氣，滿虚皆承上而言也。下文云「故有滿虚哀樂之氣也」，即其證矣。　李哲明云：「動」字，涉上「潛然而動」而衍。蓋言餘氣潛動，愛氣潛哀，斯不可得而治也。作「薆」而訓隱，見爾雅釋言。楚辭哀時命「時曖曖其將罷兮」，王注：「『曖』亦作『薆』。」「愛」通作「曖」，訓「哀」爲有「愛」訓隱。説文：「薆，蔽不見也。」詩静女「愛而不見」，即「薆」也。　翔鳳案：「平」爲朝氣，「餘氣」爲暮氣，日將没，曖曖欲罷，故哀之。變動而已，胡得而治。「餘氣」據包括盈虚，詳下。

〔三〕張佩綸云：「衰時」當作「衰等」，言德之衰等，可以設位而觀之。　姚永概云：「得之」二字爲句。「衰」讀如小匡「相地衰征」之「衰」。衰，差也。　翔鳳案：「衰」爲等差之數，由一尺五寸至一丈三尺逐日變。「位」爲測日影之表位。

〔四〕張佩綸云：「佁」當作「治」，「煇」當作「運」，「治美然後有運」，神農無位即無運矣。　翔鳳案：「煇」假爲「暈」。周禮眡祲「掌十煇之灋」，注：「謂日光炁也。」長笛賦「佁儗寬容」，司馬

相如大人賦「仡以佁儗」，與「佁」義近。

〔五〕張佩綸云：「脩之心其殺以相待」，即九守篇「虚心平氣以須時也」。「其殺」，言五德迭殺。其殺減之數，每日不同，由長而短，又由短變長，是相對待的。翔鳳案：日影變動中不變之道，非長期用心觀察不能知之，故曰「修之心」。

〔六〕翔鳳案：房注以五帝三王爲八帝。説文：「帝，諦也。王天下之號也。」左僖二十五年傳：「今之王，古之帝也。」房注似有據。然古無八帝之名。八帝爲四正四隅八方之帝，日影所移，普至八方。當時北方觀察較易，而南方遠，不能設位觀察，故曰「無位不能相用」。炎帝指南方。

問：「運之合滿安臧？」易之所序五帝，謂伏羲、神農、黄帝、堯、舜。書之所記三王，夏、殷、周。然於八帝之中，神農所存事迹獨少，則以不爲位，以觀災處，氣又不供①。公問：「自今之後，運之合滿，何所藏隱，可得知之乎？」「**二十歲而可廣，十二歲而聶廣，百歲傷神**〔一〕，管氏對曰：「從今之後二十歲，天下安寧，德義可廣。又十二歲，代將亂而攝其廣。又百歲之後，天下分崩，鬼神之祀絶矣。」**周、鄭之禮移矣**〔二〕。禮移則俗變也。**則周律之廢矣**〔三〕，周之法則壞矣。**則中國之草木有移於不通之野者**〔四〕。時既戰爭，廢於農事，稼穡之地，荆棘生焉，故草

① 「供」字原無，據補注增。

之屬移變於不通之野。**然則人君聲服變矣，**聲，謂樂聲。衆亂則聲服俱變。**則臣有依駟之禄**〔五〕。依，稱也。代衰則臣富，故臣多養駟馬，反其受禄，又以稱之。**婦人爲政，鐵之重反旅金**〔六〕。君幼，則母后爲政。鐵者所以爲兵器，當重之。謂下流卑①識，不重鐵，反旅陳於金而玩之者也。**而聲好下曲**〔七〕**，食好鹹苦，**謂聲之下而悲者，食多鹹苦之味者，婦人之所好。**則人君日退。**亟既使婦人爲政，則百度昏，人君②之退衰也，豈不亟急哉。**則谿陵山谷之神之祭更應，國之稱號亦更矣**〔八〕。更，改也。國衰則神之祀改，其所應祭國之稱號亦更矣。市朝既變，後聖既作，故改其國號。**視之亦變，**旌麾之屬，目視而取節，今變矣。**觀之風氣**〔九〕**，古之祭有時而星，**或祭星以祈風氣之和者也。**有時而星熺，**熺，星之明。或有祭明星者。**有時而煏，**煏，熱甚也。祭，謂此旱熱甚而祭。**有時而朐**〔一〇〕。朐③，遠也。或遠而爲來歲祈福而祭之也。**鼠應廣之實，陰陽之數也。**鼠，憂也。凡此皆君之憂，人故廣爲祈福祥而祭之，調陰陽爲物也。**華若落之名，祭之號也**〔一一〕。言祭時爲物作美號，若花落之莅物，益其光輝。**是故天子**

①「流卑」原作「而悲」，據補注改。
②「君」字原無，據補注增。
③「朐」字原作「胞」，據補注改。

之爲國，圖具其樹物也〔二三〕。」

〔二〕張佩綸云：考工記「信其程圍以爲部廣」，鄭注：「廣，謂徑也。」「可」當作「阿」。廣雅釋詁二：「阿，衺也。」淮南天文訓：「太陰在甲子，刑德合東方宫，常徙所不勝，合四歲而離，離十六歲而復合，所以離者，刑不得入中宫而徙于木。」錢補注：「二十年之中，德以東西南北中爲序，刑以東西南北爲序，周而復始，故唯有四年之合，一合一離爲一小終，一終而得甲申，二終而得甲辰，三終而復于甲子。」案：淮南本於管子，「阿廣」者，刑不入中宫，自東而西，自西而南，自南而北，皆衺徑也，此謂太陰。「聶」，合也。（初學記廿八引爾雅釋木「晝聶宵炕」孫注。）淮南天文訓：「天經建元，帝以寅始，右徙一歲而移，十二歲而大周，天終而復始。」十二歲而聶廣，此謂太歲。　李哲明云：此下究言齊國之運，因及天下大勢。齊自是後二十年霸業寖成，如封邢、衛，會首止、葵邱，平戎于王，犖犖大事皆在二十年後也，故云「可廣」。迨管仲卒，桓亦即世，内難迭起，霸業頓衰。晉文嗣興，莫盛于城濮，距仲、桓之後適十二歲，故云「攝廣」，言代齊霸也。再及百年，當周景十三年，齊公室弱，大夫田氏始大，田和篡齊已見其端，姜氏子孫守府而已，祖宗威靈彌見銷歇，故云「傷神」矣。……「聶」、「攝」古通，禮内則注「聶而切之」，釋文「『聶』一作『攝』」，是其證。本文「聶廣」用假借字，注「攝其廣」用本字也。　翔鳳案：承上文「虚滿」、「合離」而申其説，張以天文釋之，是也。然未得其旨，其要在「春秋冬夏之勝」，所謂四時之運也，故曰「運之合滿安臧」。淮南天文訓：「帝張四維，運之

以斗。」歲星十二歲行天一周，故十二歲而聶廣。聶者攝也。山海經海外北經「聶耳之國，爲人兩手聶其耳」，注：「耳長，行則以手攝持之。」訓「聶」爲攝，黄梅方言仍謂以手聶之也。素問調經論「聶神氣之不足」，即攝生之攝。爾雅釋天：「太歲在寅曰攝提格。」朱熹楚辭集註云：「攝提，星名，隨斗柄指十二辰者也。」開元占經：「攝提格之歲，攝提在寅。」每年均有攝提，非必寅年也。運行不已，斗柄攝提而行，是爲「聶廣」。石一參釋爲「攝衡」，張佩綸釋「廣」爲「徑」，皆未得其實也。「二十歲」指閏月言，周髀十九年七閏，氣朔分齊。一年爲三百六十五日又四分之一。日月合於建星，爲七十六年九百四十月，二萬七千七百五十九日。一月爲$\frac{27759}{940}=29\frac{499}{940}$日，$365\frac{1}{4}-360=5\frac{235}{940}$爲氣盈。$360-29\frac{499}{940}\times 12=5\frac{592}{940}$爲朔虚。今爲閏率$5\frac{235}{940}+5\frac{592}{940}=10\frac{827}{940}$，十九年七閏氣朔分齊而無奇零，$10\frac{827}{940}\times 19=206\frac{673}{940}$，$29\frac{499}{940}\times 7=206\frac{673}{940}$，此爲周曆。殷曆較早，閏率尚未確定。幼官以十二日爲節，春秋八節，夏冬七節，一年三百六十日，不足三百六十五日之數。其日月合朔，十九年之後尚差七月，約爲二十年，故曰「二十歲而可廣」。「可」者不足之詞，此禮行於宗廟，爲告朔之禮，用之於玄宫。「百歲傷神」者，爲將來言之。大匡：「召忽曰：『百歲之後，吾君卜世，犯吾君命而廢吾所立，奪吾糾也，雖得天下，吾不生也。』」百歲指死後，故曰「傷神」。制閏爲禮制之一，左傳「魯於是閏三月，非禮也」，可證。置閏不合而周、鄭之禮移。左傳：「鄭武公、莊公爲平王卿士。」置閏爲卿士之

職，故合言周、鄭也。石一參謂：「三十年爲一世，三世則運盡氣索，猶歲之入冬而萬物皆殺也。天運二十年一小變，三十年一交代，猶歲氣每三月一易時序。」此不知曆法之説，於古無徵也。

〔二〕張佩綸云：當作「則周之禮移矣」。李哲明云：周禮獨重，此合鄭言者，「周室東遷，晉、鄭焉依」，鄭又密邇周畿，故得並舉。翔鳳案：「周、鄭」連言見前，李説非。

〔三〕戴望云：當作「則周之律廢矣」，此誤倒耳。劉師培云：玉海六十五引無「之」字，「之」乃衍文。翔鳳案：十二月氣温不同，頻率不同，古謂之律，言其一定不可變易也。如「十一月也，律中黄鐘」。黄鐘者，陽氣踵黄泉而出也。其於十二子爲子。子者，滋也；滋者，言萬物滋於下也。其於十母爲壬癸。壬之爲言任也，言陽氣任養萬物於下也。癸之爲言揆也，言萬物可揆度，故曰癸」（史記律書）。十一月最冷，地面下温而上寒，物之生機未盡，孕育而待生也。黄鐘之律管九寸，五音爲宫，振動數爲二十四，命之爲一，西樂爲c爲do，他律振動數依此爲比例，其餘十一月從略。中外相通，律之數非神秘者也。史爲太師兼長樂律。

〔四〕李哲明云：「不通之野」，蓋指吴、越言。春秋盛時，吴、越尚未通中國。迨齊、晉霸衰，吴壽夢、越允常始與諸侯通聘好。其後駸駸皆以霸顯。所謂「移」者殆指此。「草木」猶言英華。

翔鳳案：古曆多置閏於年終，置閏失調，可以反春爲冬。幼官「春行冬政肅」，四時「春行冬政雕」，言雖名爲春，實爲冬月，陰寒嚴肅，草木尚爲雕落之時。四鄰小國無曆法，然一

年三百六十五日則知之，用十二肖紀年，鼠年牛年，循環不亂，春日不誤。中國之春，草木未生，而四鄰則草木萌生矣，故云「中國之草木有移於不通之野」。「不通」爲兩國無往來，有時如此，非年年如此，置閏調正則中國與四鄰之草木生長時候相同矣。近日少數民族以十二肖紀年，極普遍而久遠，李以吴、越當之，非也。

〔五〕張佩綸云：「依駟」無義，當是「千駟」之誤。「千」壞作「亻」，又涉下文「禄」字譌而爲「依」。

翔鳳案：方言十三：「依，禄也。」黄梅方言有「衣禄」之稱。論語「齊景公有馬千駟」，又曰「陳文子有馬千駟」，「禄」以駟言，非誤字。

〔六〕丁士涵云：「旅」疑「於」字誤。李哲明云：金重於人國久矣，自婦人執政，多有兵禍，鐵所以爲兵器，故重之，反足以抵拒黄金。「旅」者拒也。御覽引風俗通「旅，拒也」，後漢書馬援傳「黠羌欲旅拒」，注「旅拒，不從之貌」，是其證。翔鳳案：齊襄公、桓公多内寵，婦人爲政。戒篇「中婦諸子」與侈靡兩言之。權脩：「婦言人事，則賞罰不信。」君臣上：「主德不立，則婦人能食其意。大臣假於女之能以規主情，婦人嬖寵假於男之知以援外權。」小匡：「寡人有污行，不幸而好色，而姑姊有不嫁者。」管子屢言之。齊人崇祀簡狄，女子地位增高，以致婦人爲政。地數：「上有慈石者，下有銅金。」銅金即黄鐵礦。磁石吸鐵，當時已知。稱之爲「慈」，比慈母。吸銅金而實鐵，此鐵之重比於金也。

〔七〕孫星衍云：「下曲」謂「下里之曲」，見宋玉對楚王問。翔鳳案：曲有高下，各處有之，非

獨楚也，特宋玉於對楚王問偶發之耳。春秋之楚，與齊同爲殷文化。

〔八〕王念孫云：「亟」字下屬爲句，「亟」與「極」同，（上文「其亟而反」，亦以「亟」爲「極」。）言世之亂也。婦人爲政，而人君日退，其亂之極，則谿陵山谷之神之祭更，應國之稱號亦更也。尹以「亟」字上屬爲句，非是。安井衡云：「應」當作「膺」。張佩綸云：「應國」無義，當是「舊國」之誤，莊子：「舊國舊都望之暢然。」章炳麟云：「應」，晉通稱「應」，即「晉」也。左僖二十四年傳云：「邘、晉、應、韓，武之穆也。」是晉、應同祖，故得通稱，猶趙，秦同祖，而秦通稱趙矣。何以證之？水經注：「溘水東徑應城南，故應鄉也，應侯之國，詩所謂『應侯順德』者也。」應劭曰：「韓詩外傳稱周成王與弟戲，以桐葉爲圭曰：吾以封汝。周公曰：天子無戲言。王乃應時而封，故曰應侯鄉。」而陳留風俗傳則云：「周成王戲其弟桐葉之封，周公曰：君無二言，遂封之於唐。唐侯克慎其德，其詩曰『媚兹一人，唐侯慎德』是也。」按今毛詩作「應侯」，韓詩同毛。然據呂氏春秋重言篇、史記晉世家，則桐圭之封實爲唐叔。然則當時疑已通稱唐爲應。彼指爲溘水所經之應國，而以應時而封説之者，附會之談也。其作「唐侯慎德」者，則以訓詁代經文也。其實「應侯慎德」自指唐侯，應、唐通稱，斯爲的證。翔鳳案：上文言「載祭明置，以告中寢諸子」，指婦人言之。社稷變置，谿陵山谷之神，祭祀亦更而應之。「應」字絶句。章以國名解之，非是。

〔九〕俞樾云：「亦」乃「天」字之誤，「亦」古作「㕛」，與「天」字相似，又涉上句「應國之稱號亦更

矣」，因而致誤。「視之天變」與下句「觀之風氣」，兩句一律，尹注非。翔鳳案：「示」爲天垂象見吉凶，天垂日月星也。莊子徐无鬼「中之質若示日」，同「視」。「風氣」以氣象言之，十二律之風也。

〔一〇〕豬飼彦博云：「有時而星」，「星」當作「腥」，謂祭之朝殺牲，而薦其血毛也。「有時而星熺」，「星」字蓋因上句而誤衍也。「熺」、「饎」同。炊黍稷曰饎，謂薦黍稷也。「熰」，炮也，謂薦燔炙也。「朐」，脯脡也，謂薦籩豆也。按禮經祭祀薦物先後之序正與此合。俞樾云：此四句，皆以天象言，謂方祭之時，天象不同如此，即上文所謂「視之天變，觀之風氣」也。「星」者，詩定之方中篇「星言夙駕」，釋文引韓詩曰：「星，晴也。」次句「星」字涉上句而衍，當作「有時而熺」。「熺」者，禮記樂記篇「天地訢合」，鄭注曰：「『訢』讀爲熹，『熹』猶蒸也。」正義曰：「言天地氣之蒸動，猶若人之喜也。」「熺」、「熹」一字耳。「熰」字他無所見，疑亦以氣言。「朐」者，「昫」字之誤。說文日部：「昫，日出温也。」翔鳳案：輕重己祭日祭月之外有祭星，故用「有時」二字。此星爲特種，指大火言之，即忿，爲簡狄，祭用后禮，故稱祭月。公羊謂「星熹熹出者」，「星熺」二字不誤。易繫辭「天地絪緼，萬物化醇」，「緼」即「熰」。「昫」訓日出温，因祭月改爲「朐」，同「煦」。樂記：「煦嫗覆育萬物。」「熺」、「熰」、「煦」由大火來。

〔一一〕俞樾云：「應」字、「若」字，皆衍文也。尹解上句不釋「應」字之義，則上句無「應」字也。「應」即「廣」字之誤而複者耳。尹解下句曰：「言祭時爲物作美號，若花落也。」以「花落」連文，即

正文「華落」字也。然則「華落」兩字之間不當有「若」字。因注言「若花落」，遂誤羼入正文耳。管子原文本作「鼠廣之實，陰陽之數也，華落之名，祭之號也」。雖其義不可盡通，而其文猶可考也。「華」、「落」對文，「鼠」、「廣」疑亦對文。漢書五行志曰「鼠盜竊小蟲」，意者以「鼠」喻小，故與「廣」對歟？　戴望云：據尹注，則正文「鼠」下無「應」字，「華」下無「若」字，當於「實」字、「名」字絶句，然其義不可解。　章炳麟云：俞先生據尹注以「應」字、「若」字爲衍文，是也。唯「鼠廣」、「華落」之義尚無的解。麟謂「鼠」乃「巤」之誤，「巤」借爲「聶」。古「巤」聲、「聶」聲通，如説文「擸，理持也」，「攝，引持也」，聲義相通。釋木「欇，虎櫐」，注：「今江東呼爲『⿰木巤欇』。」「⿰木巤」與「欇」亦以疊韻而連言也。釋魚「龜後弇，諸獵」，注：「甲後長。」又云「三曰攝龜」，注：「腹甲曲折，解，能自張閉。」按必甲長而後能張閉，則獵龜即攝龜，（猶「俯者靈」即「二曰靈龜」。）借「獵」爲「攝」耳。然則「巤廣」即「聶廣」。上文云「十二歲而聶廣」，是也。「華落」者，其即上文所謂「中國之草木移於不通之野」乎？皆覆上文而釋之也。「聶廣」爲齊闢土之實，乃應陰陽之數者也。「華落」謂夷狄掠取中原草木，正與齊取戎菽、漢取蒲陶相反，而弭災兵之祭，姑取「華落」爲名以成祝詞，故曰「祭之號」也。

翔鳳案：生年用十二肖，南北皆然，少數民族同樣用十二肖，推之蒙古、小亞細亞、南洋羣島也同樣用十二肖。十二肖起源印度。居十二方，修聲慈，每一年以一獸出游，教化其同類。見法苑珠林住持篇菩薩部大積經。説文：「巳爲蛇，象形。」「亥爲豕。」詩「吉日庚午，既差我

馬」，以庚午日選馬，馬武也，午屬馬。次證其餘九肖。「子」，滋也，古文作「[illegible]」，籀文作「[illegible]」。殷之先人契作「禼」。説文：「禼，蟲也。从厹，象形，讀與偰同。」「萬」字古文與籀文「子」相似。説文：「鼠，穴蟲之總名也。」原義不是老鼠，指蟄居之蟲，當讀蟄。「鼠」音書呂切，呂即旅，切音正爲蟄。「鼠」形上半同「兒」，各家不得其解。説文：「巤，毛巤也。象髮在囟上及毛髮巤巤之形，此與籀文『子』字同。」是「巤」即「子」字，而其形又同「鼠」。「兒」象頭上囟未合，與「巤」及籀文「子」同意，然則「鼠」音同「子」，子屬鼠。史記灌夫傳「首鼠兩端」，後漢書鄧訓傳「首施兩端」，「鼠」通「施」，即通「滋」、通「子」也。「丑，紐也」，與「牛」同音。「羞」從羊從丑，爲饈羞，丑即牛肉。印度以寅爲獅，我國無獅，改爲虎，其初仍爲獅。爾雅「狻」，郭注：「師子也。」「寅」訓居敬，「寅」、「狻」同音。幼官篇「三卯同事」，三國志虞翻傳裴松之注：「翻云：古大篆『丣』字讀當言『柳』，古『柳』、『丣』同字。」竊謂翻言爲然。故『劉』、『留』、『聊』、『柳』同用此字，以從聲故也。」「卯」讀柳，與「兔」同音。「辰」爲陽氣動，雷電震。龍興雷電，辰屬龍。「未」同「味」，與「芊」同音，羊鳴也，未屬羊。「申，神也」，舌上讀舌頭爲垂。苗語獮猴爲都靈。我著古音系統，知苗、漢同文。申屬猴。漢族保存舌上聲，作「猻」。王延壽三孫賦以猴爲三孫。「酉，就也」，古「酒」字。「酒」，久也。「久」古讀紀。詩小旻「是用不就」，韓詩作「集」。「酉」、「醉」同音，酉屬雞。「戌，滅也，從戊含一。」釋名：「戌，茂也。」鄭康成月令注：「『戊』之言茂也。」戌即矛。庸蜀羌髳之髳，即今之苗族。古代始祖盤古，即

苗族的盤瓠。水經沅水注：「盤瓠者，高辛氏之畜狗也。」苗族以狗爲圖騰。「盤瓠」的合音爲戌。苗人定期市場，十二肖都有，以狗坊爲重。苗爲漢族所滅，故「戌」訓滅。知戌屬犬。十二肖詳述，始王充論衡物勢篇：「寅，木，其禽虎也。戌，土也，其禽犬也。丑、未，亦土也，丑禽牛，未禽羊也。亥，水也，其禽豕也。巳，火也，其禽蛇也。子，亦水也，其禽鼠也。午，亦火也，其禽馬也。」以十二肖配五行，是中國陰陽家。然則「鼠應廣之實」可明矣。雕卯爲祀簡狄，其星爲大㤈，心宿也，古稱大火。魏都賦「神㤈形茹」，注「垂也」，爲「燊」。曲禮「立視五嶲」，注：「『嶲』或爲『燊』。」垂者華似落非落，故名「華若落」。祀簡狄祭月，故爲「祭之號」。

〔一三〕朱長春云：「圖具樹物」，「樹」是山川壇墠封樹之變，三社松、栢、栗之類；「物」是文章服色之易，三代青、白、赤之尚。此皆世代之更，改步改物之謂也。此後世讖數緯符之説，推背代運之圖，意未必管氏之書。聖不語神，理不及數，所謂「六合之外，存而不論」可也。夢之中又占夢，以求甚解，則惑矣。章炳麟云：此管子所定之讖，託桓公問以明之也。律曆志曰：「易九戹曰初入元，百六陽九，次三百七十四陰九，次四百八十陽九，次七百二十陰七，次七百二十陽七，次六百陰五，次六百陽五，次四百八十陰三，次四百八十陽三。凡四千六百一十七歲，與一元終。經歲四千五百六十，災歲五十七。」讀管子此章，實相表裏。其設爲問答，當在齊桓元年，年與史記異。尋十二諸侯年表，以爲齊襄立十二年，齊桓立四十三年，

則齊桓元年，即魯莊九年。管子戒篇則云「襄公立十三年，桓公立四十二年」，大匡篇亦云「桓公饗國四十有二年」，則以魯莊十年爲齊桓元年，而魯莊九年爲齊襄之十三年矣。蓋襄雖弑于魯莊八年，而無知、子糾皆不成君，桓公至夏始入，或未改元，故管子以是年上屬先君也。三統法自入元至齊桓元年四千三十七歲，自齊桓元年至漢太初元年五百八十歲。計魯成公元年距齊桓元年九十四歲，自此至魯成三年爲陰三之歲。陰爲水，陽爲旱，水旱皆有災，而管子言「佁美然後有煇」，「有煇」即雨霽也。「佁」即「迨」之借，釋言：「迨，及也。」「美」即「算」之譌，言及此四百八十之算，出陰三之歲而後雨霽也。「二十歲而可廣」，「可」讀爲河，春秋寶乾圖云「移河爲界」，在齊吕填閼八流以自廣，蓋當在魯莊三十年，齊桓公二十一年也。是歲即北伐山戎之年，桓功始盛自廣，當在此時矣。「十二歲而聶廣」，「聶」當借爲「攝」。僖元年經「齊師、宋師、曹師次于聶北，救邢」，水經注謂此「聶」即「聊攝以東」之「攝」，爲齊之西竟。擴地西極聊攝，是爲「聶廣」也。「十二歲」者，謂二十歲後又十二歲，當齊桓三十三年，魯僖八年也。惠王崩于七年，至是年襄王定位，始發喪。襄王之定位，桓公洮之盟定之也。至明年，會葵丘，襄王遂有文武胙之賜。齊桓之事至此而極盛，故地亦極廣矣。「百歲傷神」者，此還自齊桓元年起算，至其後百歲也。是歲，當魯成七年。前此二年爲成五年，梁山崩，所謂「谿陵山谷之神之祭更」也。前此一年爲成六年，「晉人謀去故絳遷于新田」，應國即晉，所謂「應國之稱號亦更」也。（謂稱新田曰絳。）其時諸大夫皆欲居郇瑕氏之

地，曰「沃饒而近鹽」，是當時習俗好之，所謂「食好鹹苦」也。至成七年，而吴伐郯，郯成，季文子曰：「中國不振，蠻夷入伐而莫之或恤，無弔者也。」夫此所謂「中國之草木移於不通之野」者乎？是歲，巫臣以夏姬之故，深嫉楚人，乃通吴于上國，而吴入州來矣，此所謂「婦人爲政」乎？餘則竇書散佚，不能悉驗矣。要之，齊桓元年後百年，當魯成七年，去太初適四百八十年。管子于是年言災，蓋參用四分歷，除去陰陽九七五三之歲，而但計經歲四千五百六十，其分歲則仍以百六、三百七十四等數爲限，故其災至四百八十歲之末而見也。成七年則爲下限四百八十之首，餘氣未盡，故「不通之野」于此始横。翔鳳案：「圖具其樹物」者，「圖」即幼官圖，四時均有「凡物開静」一句，萬物及精氣爲物皆屬之。又云「旗物尚青兵，尚矛，刑則交寒害鈦」云云，也都是物。「樹」爲樹植，各家於此句不加解釋，不知其總結全篇也。

管子校注卷第十三

心術上第三十六

短語十

張佩綸云：漢書藝文志小説家「待詔臣饒心術十五篇，武帝時」，師古曰：「劉向別録云：饒，齊人也，不知其姓。」或據以疑此，謂是待詔之書闌入管子。案小説乃街談巷議，與道家清虚卑弱之旨迥殊，或説非也。七法篇：「實也、誠也、厚也、施也、度也、恕也，謂之心術。」此篇大旨主於虚静無爲，似與七法所言「心術」微戾。不知虚静其體而實誠厚施度恕其用，未有不虚静而能實誠厚施度恕者也。疑上下兩篇分別體用，今上篇附解，而下篇似内業之解。蓋篇名存而其文固爛脱矣。又云：淮南原道訓：「夫許由小天下而不以己易堯者，志遺於天下也。所以然者何也？因天下而爲天下也。天下之要不在於彼而在於我，不在於人而在於我身，身得則萬物備矣。徹於心術之論，則耆欲好憎外矣。」疑「心術之論」即指管書，故其旨在「因天下而爲天下」，與「静因之道」合。翔鳳案：心術、白心、内業諸篇理論由幼官導出。前已述其大略，若一一對照，理解更深。形勢「無廣者疑神，神者在内，不及者在門。在内者將假，在門者將待」等語，非心術之義不能解釋。書中理論自成體系，爲道家之先河。此三篇郭

沫若指爲宋鈃遺書，以莊子天下篇爲證。然天下篇約老、莊之言，其詞即在老、莊書中，而約宋鈃之言，不見於心術、白心、内業，僅「白心」二字相同，不足爲反證，而正面之説甚顯明，郭説誤矣。

心之在體，君之位也〔一〕。心之在體，當身之中，凡身之運爲，皆心之所使，故象君位。**九竅之有職，官之分也**。九竅則各有職司，不能以此代彼，若百官之有其分也。**心處其道，九竅循理**。心之君處常能順道，則九竅所司，各循理而應也。**嗜欲充益**〔二〕，**目不見色，耳不聞聲**。君嗜欲充益，動違道則九竅失其由，故目有所不見，耳有所不聞也。**故曰：上離其道，下失其事**〔三〕。上順道，則下事得。**毋代馬走，使盡其力。毋代鳥飛，使獘其羽翼**〔四〕。**毋先物動，以觀其則。動則失位，靜乃自得**。**道不遠而難極也**，能走者，馬也。能飛者，鳥也。今不任鳥馬之飛走，而欲以人代之，雖盡力獘翼，而終竟不能盡。以喻君代臣亦然，故曰「不遠」，而不得，故曰「難極也」。**與人並處而難得也**。**虛其欲，神將入舍**。但能空虛心之嗜欲，神則入而舍之。**掃除不絜**〔五〕，**神乃留處**〔六〕。不絜亦喻情欲。**人皆欲智，而莫索其所以智乎**〔七〕？所以智者，虛心以循理也。**智乎智乎，投之海外無自奪**，但能虛心循理，其智雖復遠投海外，虛心用之，他毋從而奪之也。**求之者不得處之者**將欲求之智，終不知其處而得之也。**夫**〔八〕。**正人無求之也**，智既不可得，故人亦無從而求之。**故能虛無。虛無無形謂之道**〔九〕。

化育萬物謂之德。君臣父子人閒之事謂之義。人事各有宜也。登降揖讓，貴賤有等，親疏之體謂之禮〔一〇〕。簡物小未一道〔一一〕，殺僇禁誅謂之法〔一二〕。謂簡擇於物，未有能與道爲一者，乃殺勠禁防之，此法之用也。大道可安而不可說〔一三〕。夫道無形無聲者也。體神而安之，則有理存焉。如欲說之，無緒可言。直人之言，不義不顧〔一四〕。不出於口，不見於色，四海之人，又孰知其則〔一五〕？謂安道之君子，雖人言其不義，驚然不顧。言既不出於口，理又不見於色，言理既絶，四海之人誰有能知其則義哉！

〔一〕何如璋云：荀子天論「心居中虚以治五官，夫是之謂天君」，又「耳目鼻口形能，各有接而不相能也，夫是之謂天官」，本此。張佩綸云：「之位」二字衍，「君」、「分」爲韻，下解作「故曰君」，是其證。荀子解蔽篇：「心者，形之君也，而神明之主也。」春秋繁露循天之道篇：「心，氣之君也。」素問靈蘭秘典論：「心者君主之官也，神明出焉。」翔鳳案：職從位來，下文亦有「之位」二字。此二字提綱，不必用韻，牧民篇「時」與「廩」爲提綱，亦不韻。

〔二〕王念孫云：「充益」當爲「充盈」，字之誤也。上以「道」、「理」爲韻，（「道」字合韻讀若峙。下文「上離其道」，與「事」爲韻。白心篇「天之道也」，與「殆」、「已」爲韻。正篇「臣德咸道」，與「紀」、「理」、「止」、「子」爲韻。恒象傳「久于其道也」，與「已」、「始」爲韻。月令「毋變天之道」，與「起」、「始」、「理」、「紀」爲韻。凡周、秦用韻之文，「道」字多如此讀，不可枚舉。）此以「盈」、「聲」爲韻。此篇中多用韻之文。翔鳳案：王説可商。永樂大典一九六三六卷「益」作

「盈」，不可用作實證。「充益」即「充溢」，流動閉塞，故下云「目不見色，耳不聞聲」。「益」字義不合。「溢」，楚方音爲「門閏切」，正與「聲」韻。

〔三〕何如璋云：此下脱去「心術者無爲而制竅者也」十字，乃起下六句語，宜據下解補入，以解引此有「故曰」字，可證。且「無爲」字與下文相應，「心術」又文中標目也。賈子道術「道者，所從接物也，其本謂之虚，其末謂之術。虚者，言其精微也，平素而無設施也。術也者，所以制物也，動静之數也。凡此皆道也」，本此。翔鳳案：下文「心術制竅」句，即用古語以釋「上離其道」二句，於前文無關，非奪文。

〔四〕陳奂云：「羽」字衍，「使獘其翼」與「使盡其力」皆四字爲句，「力」、「翼」爲韻。尹注云「盡力獘翼」，其所見本無「羽」字。翔鳳案：「羽翼」二字，連用者多，非四字句，陳説非是。

〔五〕戴望云：宋本「潔」作「絜」，下「潔其宫」同。説文無「潔」字，作「絜」爲正。翔鳳案：説文：「㝛，静也。从宀，契聲。」廣雅釋言：「絜，静也。」「㝛」亦作「楔」。風俗通：「楔者，潔也。」修楔以祓除不祥，引申爲「潔」。「絜」訓「麻一耑」，「潔」孳乳字，其本字爲「㝛」。大典二九四九卷作「絜」。楊本爲正字，趙本從俗改之也。

〔六〕吴汝綸云：「處」，止也，「神乃留處」，言留止而不來也。據後解則當作「神不留處」。翔鳳案：「乃」者難之之詞，潔除然後留止而不去也。吴釋「留止不來」，誤。

〔七〕王念孫云：「智」下不當有「乎」字，此涉下文兩「智乎」而衍。翔鳳案：「乎」爲讚歎之

詞，四川口語呼爲「嗎」，論語「不亦説乎」，亦爲讚歎詞，王以爲疑問詞，非是。

〔八〕俞樾云：下「之者」二字，衍文也，「求之者不得處」，謂不得其處也。尹注謂「不知其處而得之」，是其所據本未衍。張文虎云：「處」上疑脱「其」字。張佩綸云：「處之者」三字衍，「奪」、「得」爲韻。翔鳳案：此句當以「奪」爲韻。費鳳別碑：「鴻若飛鷹鷂，虓若夫鳩虎。」以「夫」爲「趺」，與「奪」韻。此又碑之別體，諸説誤。

〔九〕王念孫云：上二句本作「夫聖人無求也，故能虚」，今本「聖人」作「正人」，聲之誤也。「無求」下有「之」字，乃涉上文「求之」而衍，（尹注非。）「故能虚」下有「無」字，則後人所加也。下解云「唯聖人得虚道」，又曰「虚者，無藏也，故去知則奚求矣，（今本「故」下衍「曰」字，「奚」下衍「率」字，辯見後。）無藏則奚設矣，無求無設則無慮，無慮則反覆虚矣」，皆是釋此文「夫聖人無求也，故能虚」九字，且但言「虚」而不言「虚無」，今據以訂正。「虚無無形」本作「虚而無形」。洪曰：「文選遊天台山賦注、嘯賦注、左太沖詠史詩注引此竝作『虚而無形』。（案今本文選嘯賦及詠史詩注皆作「虚無無形」，蓋後人以誤本管子改之，唯遊天台山賦注未改。）案下解云『天之道虚其無形』，則此文本作『虚而無形謂之道』，明矣。今本『虚而』作『虚無』，亦後人所改。」劉師培云：洪、王並以「虚無無形」爲「虚而無形」之訛，所校是也。文選嵇康雜詩注，應貞晉武帝華林園集詩注並引「虚無形謂之道」，則不叠「無」字，甚明。翔鳳案：詩「母氏聖善」，「俱曰予聖」，「聖」猶聰明，不尊崇。「正人」即莊子之「真人」，非誤字。

文選注引文不同，以意改管子爲道家，「虛」與「無」爲二，王説誤。

〔一〇〕丁士涵云：當作「親疏有體」，周禮天官序官注云：「『體』猶分也。」「體分於兼也。」親疏之分爲天然，若有分則人以禮法定之者。丁説謬。　翔鳳案：墨子經説

〔一一〕丁士涵云：「末」疑「大」字之誤，六字作一句讀。　吴汝綸云：「簡物」六字有脱。　張佩綸云：「簡」，周禮趣馬鄭注：「差也。」「物」猶事也，三禮注屢見。「小末」者，春秋繁露十指篇：「强榦弱枝，大本小末，一指也。」又曰：「强榦弱枝，大本小末，則君臣之分明矣。」舊注「謂簡擇於物，未有能與道爲一者」，誤「末」作「未」，失之。「一道」者，禮記王制篇：「一道德以同俗。」　翔鳳案：説文云：「未，味也。象木重枝葉也。」鹽鐵論通有「無味利則本業所出」，盧云：「『味』疑『末』。」王校云：「書中或云『末利』，或云『利末』，其義一也。」「未」、「味」、「末」聲近義通。晉語「妹喜」，荀子、新序皆作「末喜」。白虎通三綱六紀：「妹者，末也。」晉語「其娣生卓子」，注：「女子同生，謂後生爲娣，於男則言妹。」宿松、黄梅謂幼子幼女爲抹，即末，最末所生者。丁、張以「末」爲誤，謬矣。

〔一二〕戴望云：中立本「僇」作「戮」。　翔鳳案：説文：「僇，癡行僇僇也。」史記楚世家「僇越大夫常壽過」，索隱：「僇，辱也。」「誅」訓責。殺僇禁誅異義，改「戮」謬。

〔一三〕張文虎云：依注，則「安」乃「案」之借字，「大」字疑本作「夫」。　翔鳳案：中庸「或安而行之」，此「安」字之義，張説誤。

〔一四〕王念孫云：「直人」當爲「真人」，説見下解。張佩綸云：「顧」當作「側」，字之誤也，「側」與「色」、「則」、「貣」爲韻。「義」讀爲俄，言無反無側也。章炳麟云：此即後世所謂「不偏不倚」、「發而中節」之意。「義」與「顧」意相近。「義」借爲俄。詩賓之初筵箋：「俄，傾貌。」廣雅釋詁：「俄，衺也。」説文：「顧，環視也。」環視者必傾邪其目以眄睨。凡傾邪者必有所偏倚。吾心既無所設，無所爲，則無所偏倚於一物。有感者則應之、因之而已，初非偏倚于此迹也。不必如雜志以「直」爲「真」之誤。翔鳳案：章説是也。

〔一五〕丁士涵云：「又」即上文「人」字之譌衍，下解無。翔鳳案：「又」字非衍。非但己不知，四海亦不知也。

天曰虚，地曰静，乃不伐〔一〕。言能體天而虚，順地而静，則道德全備，故不可伐也。絜其宫〔二〕，宫者，心之宅，猶靈臺也。開其門，門，謂口也。開口使順理而言。下解中門，謂耳目也。去私毋言，謂無私言。神明若存。宫潔無私則神存。紛乎其若亂，静之而自治。雖紛然而亂，但静而順之，則自理也。强不能徧立，智不能盡謀。忘强與智，然後所謀立能遍而盡。物固有形，形固有名，名當謂之聖人。立名當物，所以稱聖。故必知不言無爲之事，然後知道之紀〔三〕。道以不言無事爲紀。殊形異埶，不與萬物異理〔四〕，故可以爲天下始①。

① 「始」字原無，據補注增。

君人者，必殊形異埶，與物同理，故可以爲天下主。**人之可殺，以其惡死也。**若不惡死，雖殺無益。**其可不利，以其好利也。**若不好利，雖不利之，亦無懲也。**是以君子不怵乎好，**怵，止也。不止人好利之情。下解中作怵。**不迫乎惡**〔五〕。不迫移人惡死之意。**恬愉無爲，去智與故**〔六〕。**其應也，非所設也。其動也，非所取也。**故，事也。既忘智，則事自去。**過在自用，**自用不順理，則生過。**罪在變化。**小聰明，變舊章，則成罪也。**是故有道之君，其處也若無知，**寂泊之至。**其應物也若偶之，**若符契自然而合也。**靜因之道也**〔七〕。凡此皆虚靜循理之道也。

〔一〕俞樾云：「伐」乃「貸」字之誤，「貸」字闕壞，止存上半之「代」，因誤爲「伐」矣。據下解曰「天之道虚，地之道靜，虚則不屈，靜則不變，不變則無過，故曰不伐」，以「無過」釋「不伐」，則「不伐」是「不貸」之誤，明矣。禮記月令篇「宿離不貸」，鄭注曰：「不得過差也。」是「貸」之義爲「過差」。周易豫彖傳曰「天地以順動，故日月不過，而四時不忒」，「忒」與「貸」同。「日月」曰「不過」，「四時」曰「不忒」，文異而義不殊。然則此文言「不貸」，而後解言「無過」，正合古義。且言天地者，當美其不差貸，不當言「不伐」。天地之大，誰能伐之乎？於義求之，既不可通，「貸」字與上文「色」字、「則」字爲韻，今誤作「伐」，則於韻求之，又不合矣。是不可不正也。　張佩綸云：「伐」當作「忒」，周易豫彖傳曰：「天地以順動，故日月不過而四時不

忒。」　翔鳳案：俞改「伐」爲「貸」，似有理。然虛靜運動無差忒可言。説文云：「伐，擊也。」春秋説題詞：「『伐』之爲言敗也。」虛靜則不敗，「伐」字不誤。「天」、「地」、「宮」、「門」，皆由幼官來。

〔二〕張佩綸云：「宮」當作「官」，字之誤也。孟子「心之官則思」，趙岐注：「官，精神所在也。」

〔三〕王念孫云：「不言」下脱「之言」二字。　翔鳳案：論語：「天何言哉？四時行焉，百物生焉，天何言哉？」此不言無爲之事也，王説誤。

〔四〕王念孫云：「不」字，涉上文「不言」而衍，竝見下解中，尹注非。　何如璋云：言事物之蕃變，形勢雖殊，其理則一。此即形勢篇「萬物之生，異趣同歸」之旨。得其道則皆備於我，自範圍天地而不過，曲成萬物而不遺矣。　王以「不」字涉上文「不言」而衍，非。　張佩綸云：王説非也，此言勢異而理不異，若云「與萬物異理」，則不可通矣，下解自奪「不」字。

〔五〕王念孫云：尹所見本本作「不休乎好」，故云：「休，止也，不止人好利之情。」且云「下解中作『怵』」，則此不作「怵」明矣。今作「怵」者，後人據下解改之也。但改注文「休，止也」爲「怵，止也」，則於義不可通。又案：下解作「怵」是也，「怵」與「訹」通。説文曰：「訹，誘也。」漢書賈誼傳鵩賦「怵迫之徒，或趨西東」，孟康曰：「怵，爲利所誘怵也。迫，迫貧賤也。」此云「怵乎好，迫乎惡」，即承上「好利」、「惡死」而言，故下解云：「人迫於惡，則失其所好，怵於好，則忘其所惡。」尹注非。

〔六〕許維遹云：「智」與「故」相對，「故」猶詐也。吕氏春秋論人篇「釋智謀，去巧故」，高注：「巧故，僞詐也。」淮南原道篇「不設智故」，高注：「智故，巧飾也。」荀子王霸篇：「不敬舊法而好詐故。」竝其證也。尹注釋「故」爲「事」，失之遠矣。

〔七〕翔鳳案：此與宙合相類，房於宙合不言，而獨疑於此，何哉？當時自有此體，否則不應兩篇相類。韓愈進學解即倣效此體。

心之在體，君之位也。九竅之有職，官之分也。此已下，上章之解也，然非管氏之辭。豈有故作難書，而復從而解之？前修之①制皆不然矣。凡此書之解，乃有數篇。版法、勢之屬皆閒錯不倫，處非其第。據此，則劉向編②授之由曰，謂爲管氏之辭，故使然也。今究尋文理，觀其體勢，一韓非之論，而韓有解老之篇，疑此「解老」之類也。耳目者，視聽之官也。心而無與於視聽之事，則官得守其分矣。夫心有欲者，物過而目不見，聲至而耳不聞也。故曰：上離其道，下失其事。故曰：心術者，無爲而制竅者也，心無嗜欲之爲，故能制於九竅。故曰君〔一〕。無代馬走，無代鳥飛，此言不奪能能，不與下誠也〔二〕。君之能不預於下之誠，凡爲其所能無不誠。毋先物動者，摇者不定，趮者不静，言動之不可以觀也。位

① 「修之」原作「之循」，據補注乙改。
② 「編」字原作「偏」，據補注改。

者，謂其所立也。人主者立於陰，陰者靜，靜爲躁君，故人主立於陰也。故曰動則失位。失君位也。陰則能制陽矣，靜則能制動矣。君亦能制臣矣。故曰靜乃自得。道在天地之閒也，其大無外，其小無內，所謂大無不苞，細無不入也。故曰不遠而難極也。虛之與人也無閒，虛能貫穿人形，故曰無閒。唯聖人得虛道，故曰並處而難得。世人之所職者精也，職，主也。言所稟而生者精也。去欲則宣，宣則靜矣〔三〕。宣，通也。去欲則虛自行，故通而靜。靜則精，精則獨立矣〔四〕。獨則明，明則神矣。神者至貴也，故館不辟除，則貴人不舍焉。故曰：不潔則神不處。人皆欲知，而莫索之其所以知，彼也。其所以知，此也〔五〕。有此然後知彼也。不脩之此，焉能知彼。無此其具則不往知彼。脩之此，莫能虛矣〔六〕。虛者無藏也，此既脩，則彼不能虛，誑者無能藏隱故也。故曰：去知則奚率求矣。率，循也。無知則循理而自求也。無藏則奚設矣。既不能隱藏，則無策謀可以施設也。無求無設則無慮〔七〕，無慮則反覆虛矣〔八〕。

〔一〕王念孫云：凡言「故曰」者，皆覆舉上文之詞，此文「心術者」二句，是釋「無代馬走」、「無代鳥飛」之意，不當有「故曰」二字，蓋涉上下文而衍。又下文「故曰去知則奚率求矣」，「故」下亦衍「曰」字。張文虎云：上「故曰」二字，雜志云「衍」，是也。「術」字亦疑衍文。尹注云「心無嗜欲之爲，故能制於九竅」，亦無「術」字，可證。「故曰君」三字當連此，正解上文「心之

在體，君之位也」。趙本以「君」字下屬，（尹注意亦如此。）謬。何如璋云：觀「故曰」二字，知係解者所引經言。正文脱去此十字。内「心術」乃本篇標目，宜據補。張佩綸云：王説「故曰」衍文，是也。依趙讀以「君無代馬走」爲句，則非。「無爲而制竅」，乃以心處其道，九竅循理，解經之「君也」二字，猶之以「目不見色，耳不聞聲」解「上離其道，下失其事」也。此二語當在「耳目者」上。且心術分上下篇，而「心術」二字見解不見經，疑原書不以「心術」名篇，而解者始題此名。翔鳳案：「故曰」之用有二，一引古語，一覆舉上文。此處之「故曰」有兩用，非衍文，詳乘馬。諸説均誤。

〔二〕張文虎云：上「能」字疑當作「人」，「誠」乃「試」字之譌。古「能」字讀如耐。「不奪人能，不與下試」，「能」與「試」爲韻。趙本於上「能」字斷句，謬。吴汝綸云：「誠」當爲「成」。張佩綸云：淮南道應訓：「故人與驥逐走則不勝驥，託於車上則驥不能勝人，此以其能託其所不能。」李哲明云：當於第二「能」字斷句。言馬能走，鳥能飛，不代之者，不奪能者之所能。「誠」，實也，下實能之，即不復參與也。翔鳳案：張佩綸釋「能」是也。非韻文，不能改「誠」爲「試」。禮記經解「繩墨誠陳」，注：「猶審也。」此其義。

〔三〕張文虎云：「世」當作「聖」。俞樾云：此「精」當爲「情」，蓋世人唯以情爲主，故必去欲而後宣，宣而後静，静而後精，精而後獨立。若作「所職者精」，失其怡矣。翔鳳案：易繫辭：「精氣爲物。」老子：「其精甚真。」莊子秋水云：「夫精，小之微也。」氣無形而精有質，

精猶現代之分子也。石一参云：「職，司也。精爲生生之本，而爲欲所鬱則不宣。」房注「言所禀而生者精也」，其説不誤。

〔四〕劉師培云：「立」字衍。「則獨」與「則静」、「則神」並文。下云「獨則明」，亦無「立」字。翔鳳案：「立」爲古「位」字，上文「位者謂其所立也，動則失位，静乃自得」，自得則獨立矣。劉説誤。

〔五〕王念孫云：此當作「人皆欲知而莫索其所以知，其所知彼也，其所以知此也」。「人皆欲知」云云，覆舉上文也。「其所知」云云，乃釋上文之詞。今本「莫索」下衍「之」字，「彼也」上又脱「其所知」三字，遂致文不成義。吴汝綸云：「而莫索之其所以知彼也」，「以」衍字。翔鳳案：二説俱誤。「知」由比較而得，亦即由對待而得，故曰「彼也，其所以知，此也。」一字不誤。

〔六〕張文虎云：「能」讀爲而，「而」、「如」古通用。翔鳳案：論語「修慝辨惑」，注：「治也。」月令「脩鞀鞞鼓」，注：「治其器物，習其事之言。」能修之此，則一定知彼而不落空，故曰「莫能虚」。張説非是。

〔七〕王念孫云：「故」下衍「曰」字，「奚」下不當有「率」字，此即「奚」字之誤而衍者。「去知則奚求，無臧則奚設」相對爲文，則無「率」字明矣。尹注非。翔鳳案：房注：「率，循也。」「率」假爲「帥」，爲「衛」，故可訓「循」。去知則彼此不辨，莫知所遵循。王説誤。

〔八〕張文虎云：「覆」當爲「復」，篇末云「復所於虚」。翔鳳案：反復於虚，復爲行故道。説文云：「覆，覂也。」段注：「『覆』、『覂』、『反』三字雙聲。反覆者，倒易其上下，如襾从冂而反爲凵也。」「復」與「覆」通，張説謬。

天之道，虚其無形〔一〕。虚則不屈，屈，竭也。無形則無所位赶〔二〕。赶，逆也。無所位赶，故偏流萬物而不變。無物與之同，故不變。德者，道之舍〔三〕，物得以生謂道因德以生物，故德爲道舍。生，知得以職道之精〔四〕。得其生者，主由稟道之精也。故德者，得也。得也者，其謂所得以然也〔五〕。得道之精而然。以無爲之謂道〔六〕，無爲自然者，道也。舍之之謂德。道之所舍之謂德也。故道之與德無間，道德同體，而無外内先後之異，故曰無間。故言之者不别也。同體故能不别。閒之理者，謂其所以舍也〔七〕。道德之理可間者，則有所舍，所以舍之異也。義者，謂各處其宜也〔八〕。禮者，因人之情，緣義之理，而爲之節文者也。故禮者，謂有理也。理也者，明分以諭義之意也。故禮出乎義，義出乎理，理因乎宜者也〔九〕。法者，所以同出不得不然者也〔一〇〕。有禮則有法，故曰同出也。故殺僇禁誅以一之也。故事督乎法，督，察也。謂以法察事。法出乎權，權出乎道。權道者，事從之而出。道也者，動不見其形，施不見其德，萬物皆以得，然莫知其極。故曰：可以安而不可説也。莫人言，至也。人無能言者，理之至也。不宜言，應也〔一一〕。有時宜

言，則應物故。應也者，非吾所設，故能無宜也。不顧言，因也。無所顧思者，因舊故。因也者，非吾所所顧，故無顧也〔一二〕。因，舊也。非吾所爲，故無顧。不出於口，不見於色，言無形也。四海之人，孰知其則？言深囿也。不知深淺之囿城也。天之道虛，地之道靜。虛則不屈，靜則不變，不變則無過，故曰不伐。潔其宮，闕其門〔一三〕。宮者，謂心也。心也者，智之舍也，故曰宮。潔之者，去好過也〔一四〕。去欲好之過也。門者，謂耳目也。耳目者，所以聞見也〔一五〕。物固有形，形固有名，此言不得過實，實不得延名〔一六〕。不得無實，虛延其名。姑形以形，以形務名〔一七〕，督言正名，姑，且也。且言形者以其形也。故曰聖人。不言之言，應也。言則言彼形耳，於我無言。應也者，以其爲之人者也。人有所爲，故聖人得不應。執其名，務其應，所以成之，應之道也〔一八〕。物既有名，守其名而命合之，則所務自成，斯應物之道。無爲之道，因也。因也者，無益無損也。損益者生有爲。以其形，因爲之名，此因之術也。見形而後名，非因而可。

〔一一〕翔鳳案：「其」指虛。

〔一二〕王引之云：「位趀」二字義不相屬，「位」當爲「低」（下同），「低趀」，即抵啎也。（説文：「啎，逆也。」漢書司馬遷傳「或有抵梧」，如淳曰：「梧，讀曰迕，相觸迕也。」「啎」、「梧」、「迕」、「趀」竝字異而義同。）凡物之有所抵啎者，以其有形也。道無形，則無所抵啎，故下文云「無所低

悟，故偏流萬物而不變也」。史記天官書「其前抵者戰勝」，漢書天文志「抵」作「低」。漢書食貨志「封君皆氐首仰給焉」，晉灼曰「『氐』音抵距之抵」，史記平準書作「低」。是「抵」、「低」古字通。隸書「低」字作「佂」，（干禄字書曰：「佂氐上通下正，諸從氐者竝準此。」）形與「位」相似，因譌而爲「位」矣。翔鳳案：「位」即「立」，已見侈靡。莊子寓言「使人乃以心服而不敢蘁立」，桂馥謂「蘁」即「啎」。「啎立」與「位啎」同義，王改字非是。

〔三〕郭沫若云：此「舍」字當爲施舍之舍。下文云「道也者，動不見其形，施不見其德」，可證。「舍之之謂德」，亦同此解。翔鳳案：道爲虚位不可見，道即寓於德中。前後「舍」字皆爲館舍，此處不應獨異，郭謂爲「施舍之舍」，非是。「偏」即「徧」，易益「偏辭也」，孟喜作「徧」。

〔四〕張文虎云：「職」、「識」古通假字，「知」字似衍。吴汝綸云：「生」字屬上讀。張佩綸云：「生知得以」當作「生得以知」。翔鳳案：「職」通「識」，生生不已，三説各有取。

〔五〕丁士涵云：「其謂」當作「謂其」，下文「謂其所以舍」、「謂各處其宜」、「謂有理」，皆「謂」字在上。「以」與「已」同。張佩綸云：「其謂所得以然也」當作「謂其所以得然也」。翔鳳案：「以」同「已」，屢見前。論語「其斯之謂與」，「其謂」二字連用，何必大驚小怪。

〔六〕俞樾云：「以」衍字，尹注曰「無爲自然者道也」，是無「以」字。翔鳳案：「以」同「已」。因已然之勢，不加人力。「以」非衍文。

〔七〕王引之云：「之理」二字因注而衍，「間者」上又脱「無」字。「無間者，謂其所以舍也」，言道之與德所以謂之「無間」者，謂德即道之所舍（上文曰「德者道之舍」），故「無間」也。尹所見本已脱「無」字，故以爲「可間」，豈有上言「無間」，而下言「可間」者乎？翔鳳案：舍必有處，無間之處，何從而舍？王説誤。

〔八〕戴望云：「各」，一本作「名」。

〔九〕王引之云：「禮出乎義」當作「禮出乎理」，「禮」者，謂有理也，故曰「禮出乎理」。「義出乎理」當作「理出乎義」，「理」也者，明分以諭義之意也，故曰「理出乎義」。「理因乎宜」當作「義因乎宜」，「義」者，各處其宜也，故曰「義因乎宜」。寫者錯亂耳。不然，則「義」者宜也，上言「禮出乎義」，而下又另言「理因乎宜」，是分「義」與「宜」爲二也，殆不可通。翔鳳案：通常假「義」爲「誼」，釋爲「宜」。此處「義」即「儀」，朝廷所用。禮器：「義理，禮之文也。」樂記「理習諸外」，注：「容貌之進止也。」理亦因時而制其宜，一字不誤。老、管書之政治立場，而以抽象之理説之，宜其誤矣。

〔一〇〕俞樾云：尹注曰：「有禮則有法，故曰『同出』也。」如其説，當曰「與禮同出」。乃曰「所以同出」，義不可通矣。「出」疑「世」字之誤，「世」隸書或作「丗」，故與「出」相似而誤也。「所以同世」，謂所以齊同一世之人。下文曰「故殺僇禁誅以一之也」，即「所以同世」之義。郭沫若云：此釋「簡物小大一道」。「出」謂參差，「同出」謂統一其參差。白心篇「難言道術，須同

而出」，「而」猶其也，與此同義。　翔鳳案：郭説是。

〔一一〕王念孫云：此釋上文「真人之言，不義不顧」也。（上文「真人」譌作「直人」。）「莫人」當爲「真人」，隸書「真」字作「眞」，「莫」字作「眞」，二形相似。（史記高祖功臣侯者表「甘泉戴侯莫搖」，漢表「莫搖」作「真粘」。朝鮮傳「嘗略屬真番」，徐廣曰：「『真』一作『莫』。」新序雜事篇「黄帝學乎大真」，路史疏仡紀曰：「『大真』或作『大莫』，非。」）上文作「直人」，此文作「莫人」，故知其皆「真人」之譌也。「言至也」三字，語意未明，疑有脱誤。「宜」與「義」古字通，「不宜」即上文之「不義」也。義者，度也。（説見經義述聞左傳「婦義事也」及國語「比義」下。）言事至而後應之，不先爲量度也，故曰：「不宜言應也。」應也者，非吾所設，故能無宜也。」尹不知「莫」爲「真」之譌，又不知「不宜」即上文之「不義」，遂讀「莫人言」爲句，「不宜言」爲句，而强爲之説矣。　俞樾云：此云「莫人，言至也」，下云「不宜，言應也」，又云「不顧，言因也」，皆釋上文「直人之言，不義不顧」之義，「不宜」即「不義」也，然則「莫人」乃「直人」之誤。疑管子原文本作「直人言正也」，蓋以「正」釋「直」。禮記曲禮篇「直而勿有」，郊特牲篇「直祭祝於主」，鄭注並曰：「直，正也。」以「正」釋「直」，乃古義也。「直」與「莫」，「正」與「至」，皆以形近而誤。　張佩綸云：〔王〕訓「義」爲「度」，則〔下文〕「故能無宜也」爲「故能無度也」，殆不可通。「無義」當作「無俄」，「無顧」當作「無側」。　翔鳳案：此句承上「不可説」，故曰「莫人言」、「不宜言」。王説「真人」無據，「真人」莊子有之，管書無有。同一篇中，

前之「真人」誤作「直人」，後之「真人」誤作「莫人」，有是理乎？俞説改「莫」爲「直」，又改「至」爲「正」，太任意矣。「莫」同「無」，房注「人無能言」，不誤。

〔一二〕俞樾云：「非吾所顧」當作「非吾所取」，此與上文「應也者非吾所設」相對成文。據下文云「其應非所設也，其動非所取也」，又云「感而後應，非所設也，緣理而動，非所取也」，並以「所設」、「所取」對言，故知此文亦當作「所取」也。廣雅釋詁：「取，爲也。」尹氏作注時，文尚未誤，故釋其義曰：「非吾所爲故無顧。」以「爲」訓「取」，正本廣雅義。或據尹注，謂正文亦當作「爲」，則是尹氏空舉正文，無所訓詁，無爲貴注矣。翔鳳案：説文云：「顧，還視也。」因物之自然，則不徘徊審顧。説文：「所，伐木聲也。詩曰：『伐木所所。』」毛詩作「許」。論語「居其所」，假爲「處」。「非吾所所顧」即「非吾處所顧」，字當重。

〔一三〕孫星衍云：「闕」，當依上文作「開」。張文虎云：上文作「開其門」，疑皆「關」字之誤，此言收視返聽也。翔鳳案：漢書王莽傳「圍城爲之闕」，注：「不合也。」與「開」同。

〔一四〕丁士涵云：「好過」當作「好惡」，好惡，謂私也。上文云：「去私無言。」又云：「是以君子不怵乎好，不迫乎惡。」韓子揚權篇：「喜之則多事，惡之則生怨，故去喜去惡，虚心以爲道舍。」翔鳳案：嗜好無論善惡，皆足爲心累。房注「去欲好之過也」，不誤。

〔一五〕翔鳳案：説文：「門，聞也。」

〔一六〕王念孫云：「不得過實」上當有「名」字。張佩綸云：「延名」乃「過名」之誤，舊注非。

陶鴻慶云：「言」下當重「言」字，因重文作「＝」而誤奪也。「言不得過實」、「實不得延名」二句文義相對，故下文云「督言正名」。此節上下文皆論聖人因形以名，故於其言無所苟，孔子所謂「名之必可言也」。王氏謂「『不得過實』上當有『名』字」，非也。翔鳳案：「言不得過實」，承上「形固有名」來，何必有「名」字？「延名」之「延」，與現代邏輯「外延」相同，張説誤。

〔一七〕張佩綸云：「姑」當作「故」。翔鳳案：詩卷耳「我姑酌彼金罍」，説文引作「我夃酌彼金罍」。玉篇「夃，今作『沽』」，引論語「求善賈而夃諸」。「姑」，估計之義。説文：「務，趣也。」「趣」同「取」。

〔一八〕王引之云：「務其」下「應」字，「所以成」下「之」字，皆衍文也。尹注曰「物既有名，守其名而命合之（「合」蓋「令」之譌），則所務自成」，則正文作「務其所以成」，明矣。此以「名」與「成」爲韻，下文曰「以其形因爲之名，此因之術也」，亦以「形」與「名」爲韻。張佩綸云：「之應之道也」當作「此應之道也」，與下一律。翔鳳案：知「務」之爲「趣」，則無一字當衍。

名者，聖人之所以紀萬物也。萬物雖多，立名以紀之也。**人者，立於强，**必强然後有所立也。**務於善，**必善然後成人也。**未於能，**能未成者，習而成之。**動於故者也**〔一〕。凡所運動，必循於故致也。**聖人無之，**謂無宰物之心也。**無之則與物異矣。**物有我無，故異也。**異則虛，**異於有，故虛也。**虛者，萬物之始也，**有形生於無形也。**故曰：可以爲天下始。**聖

人體虛，故爲天下始也。人迫於惡則失其所好，迫入於惡，故失所好。怵於好則忘其所惡，爲好所怵，故忘其惡。非道也。二者皆非。故曰：不怵乎好，不迫乎惡。惡不失其理，欲不過其情，故曰：君子恬愉無爲。去智與故，言虛素也〔二〕。凡知與言，習從虛素生，則無邪欲也。其應，非所設也。其動，非所取也。此言因也。因也者，舍己而以物舍己而隨物，故曰因。爲法者也〔三〕。感而后應，非所設也。緣理而動，非所取也。過在自用，罪在變化。自用則不虛，不虛則仵於物矣。變化則爲生，謂有爲於營生。爲生則亂矣〔四〕。故道貴因。因者，因其能者，言所用也。就能而用，故曰因也。君子之處也，若無知，言至虛也。其應物也，若偶之，言時適也。若影之象形，響之應聲也。故物至則應，過則舍矣。舍矣者，言復所於虛也〔五〕。

〔一〕丁士涵云：「未」乃「本」之誤。本，始也。安井衡云：「未」，味也。玩味於才能。吳汝綸云：「未」當作「成」。陶鴻慶云：「未於能」三字文不成義，尹注云「能未成者習而成之」，疑正文本作「習於能」，故注云然，今作「未」者，涉注文而誤耳。又案：「故」謂智故，（上文云：「恬愉無爲，去智與故」。）尹注云「運動必循於故致」，非是。李哲明云：疑「未」當爲「制」。蓋人有技能，乃有所制裁。又不能者往往受制裁於能者，故曰「制於能」。制，説文本作「㓏」，簡蝕半，因訛「未」耳。翔鳳案：「未」同「朱」，證已見前。能後現，故

云「未於能」也。

〔二〕張佩綸云：「虚素」當作「虚絜」，本經「虚其欲，神將入舍，掃除不絜，神乃留處」言。尹桐陽云：「故」，計術也。莊子刻意：「去知與故，循天之理。」吕覽論人：「釋智謀，去巧故。」淮南原道：「保其精神，偃其智故。」「素」，空也。吕覽上德：「虚素以公。」

〔三〕丁士涵云：「物」字當連下爲句，尹注非。陶鴻慶云：此當連下文「爲法者也」四字作一句讀，下文云「物至則應，過則舍矣」，即此義。尹注於「以物」斷句，誤。

〔四〕俞樾云：古「爲」、「僞」字通。禮記月令篇「毋或作爲淫巧」，鄭注曰：「今月令『作爲』爲『詐僞』。」成九年左傳「爲將改立君者」，定十二年傳「子爲不知」，釋文並云：「『爲』本作『僞』。」是其證也。此言「變化則僞生，僞生則亂」，而尹氏以本字讀之曰「謂有爲於營生」，失之。

〔五〕何如璋云：「舍矣者」當作「舍也者」，文義始順。張佩綸云：此節解多脱誤。「因者，因其能者」，複重無義。「過則舍矣」乃解語；下又曰「舍矣者」，復自解其解，亦非例。今無從推究矣。李哲明云：下「矣」字涉上而衍，「所」字亦當衍。删此二字，文即可讀。上言「物至則應」，是其體本虚也。過而舍之，舍之是復於虚矣。翔鳳案：「因」者因其能，張誤解而割斷下句，非是。復處於虚，其言至順（「所」同「處」，見前），李不知而以爲不可讀，誤矣。

心術下第三十七

何如璋云：此篇乃内業解，因錯卷在此，遂附以心術標目而分爲上下二篇。然其文俱見内業，惟顛倒錯亂耳。吴汝綸云：此篇與内業篇相出入。翔鳳案：管子一家之學，作述非一人。春秋時無私人著述，而以荀卿、韓非之書强律管子，以爲錯出，此不知學術之源流也。各自成文，非「解」亦非散簡。

形不正者德不來，有諸内必形於外，故德來居中，外形自正。《詩》云：「抑抑威儀，惟德之隅。」中不精者心不治。精，誠至之謂也。中能誠至，心事自理。正形飾德〔一〕，萬物畢得。正外形，飾内德，則下觀而化矣，故萬物盡得其理也。昭知天下，翼然自來〔二〕，神莫知其極。因物之義可以逆順，故能昭知天下，自近以及遠，通達於四極。是故曰：無以物通於四極。亂官，貪賄則官亂也。毋以官亂心〔三〕，健羨太甚，則心亂也。此之謂内德〔四〕。官貨兩忘，則内德也。是故意氣定然后反正〔五〕。無欲則意氣定，故能反正也。氣者，身之充也。氣以實身，故曰身之充也。行者，正之義也。行不違中正之宜者也。充不美則心不得，充不美則氣邪，故心亂而不自得也。行不正則民不服。行不正則邪枉，故人不服。是故聖人若天然，無私覆也；若地然，無私載也。私者，亂天下者也。凡物載名而來，聖人因而財之，

而天下治；實不傷，因名而財，則物宜之不爽，故天下之理不傷也。**不亂於天下，而天下治**〔六〕。天地以及萬物皆有理存焉，直莫之亂，則是理矣。

〔一〕劉績云：後內業作「正形攝德，天仁地義，則淫然而自至」。李哲明云：「飾」當爲「飭」。內業云「攝德」，「攝」亦整攝之意。「飾德」則虛僞，非其義矣。

〔二〕戴望云：元本「畢」作「必」。

〔三〕安井衡云：古本「無」作「毋」。戴望云：元本無「是」字。張文虎云：此謂耳目口鼻之官也。尹注云「貪賄則官亂」，謬。陶鴻慶云：「曰」字不當有，涉上篇之解而誤衍也。「官」謂耳目，上篇云「耳目者，視聽之官也」，是也。又云「心術者，無爲而制竅者也」，即此義。尹注解爲「官府」，大誤。翔鳳案：此古語，有「曰」字，詳乘馬。

〔四〕安井衡云：內業再言「內得」、「中得」，皆作「得」，此「德」亦當爲「得」。戴望云：朱本「德」作「得」，內業篇同。翔鳳案：廣雅釋詁三：「德，得也。」古本改「德」爲「得」，非是。

〔五〕翔鳳案：「反」字承上「亂」字來，復還也。

〔六〕劉績云：「財」同「裁」。王念孫云：此以兩「治」字絶句。「實不傷不亂於天下」八字連讀，「實」與「名」正相對也。尹以「天下治實不傷」連讀，大謬。翔鳳案：劉説是也。易泰「財成天地之道」，荀本作「裁」。絶句如王説。前者「天下治」論名，後者論實，分言之。

專於意，一於心，耳目端，知遠之證〔一〕。但專意一心，則耳目自端，證知遠事也。**能專**

乎？能一乎？能毋卜筮而知凶吉乎？惠迪吉，從逆凶，豈勞卜筮而後知乎？能止乎？能已乎？謂能止於己分。能毋問於人而自得之於己乎？誠己自通，問人致惑，故不問而自得也。故曰：思之思之，不得，鬼神教之〔二〕。誠己思而不得，必有鬼神來教。非鬼神之力也，其精氣之極也〔三〕。鬼神雖能教不精極者，今有精極，則鬼神不得不教，豈鬼神能致其力也①！一氣能變曰精，謂專一其氣，能變鬼神來教，謂之精。一事能變曰智。能專一其事，能變而動之，謂智也。慕選者，所以等事也〔四〕。人之來助，或占慕之，或選擇之，欲令其事齊等也。極變者，所以應物也。物窮則變，變而通之，我之所由。令極於變通之理，應物者也。慕選而不亂，慕選則齊潔，故不亂。極變而不煩，極變以順物宜，故不煩也。執一之君子〔五〕。執一而不失，能君萬物，一，謂精專也。既精且專，故能君萬物也。日月之與同光，天地之與同理，所謂與天地合其德，與日月合其明。聖人裁物，不爲物使。聖人者裁斷於物，而使物不爲裁而使已也。

〔一〕翔鳳案：「知遠」即未來之吉凶，觀下文可見。廣雅釋詁：「證，諭也。」假爲「徵」。中庸「雖善無徵」，注：「『徵』或爲『證』。」「證」讀徵，與「心」韻。然四聲起於齊、梁，古人無有，則以去

① 「也」上原衍「我」字，據補注删。

與平韻，亦無不可。許維遹改「證」爲「近」，誤矣。

〔二〕丁士涵云：當以「思之思之」句，「不得」上又脱「思之」二字。内業篇曰：「思之思之，又重思之，思之而不通，鬼神將通之。」以彼證此，可知其有脱字矣。翔鳳案：執筆者非一人，非必脱「思之」二字。

〔三〕劉績云：言其得乃非鬼神之教，乃吾心之靈自覺。此語極精，學者宜深味之。

〔四〕俞樾云：「慕」乃「纂」字之誤。詩猗嗟篇「舞則選兮」，毛傳訓「選」爲「齊」，仲尼弟子傳「任不齊，字子選」，是「選」有「齊」義。韓詩作「舞則纂兮」，蓋「選」與「纂」聲近而義通。此云「纂選者，所以等事也」，正以「纂」、「選」之義並爲「齊」也。賈子等齊篇曰「撰然齊等」，是其義也。「纂」與「慕」字形相似，因而致誤。尹注曰「或占慕之，或選擇之」，失其義矣。劉師培云：「慕選」與「極變」對文。「慕」疑「綦」訛，綦亦極也。「選」當訓齊。翔鳳案：荀子王制「案謹募選閱材伎之士」，注：「募，招也。選閱，揀擇也。」是「慕選」即「募選」。七法「器成卒選」，與此「選」字同義。説文：「慕，習也。」義爲模倣之模。楚辭懷沙「邈不可慕兮」，淮南原道訓「誘慕於名位」，皆訓爲求，舊注誤。又荀子議兵「招延募選」，則「募選」爲當時習用之名詞。古本改「暮」，則妄矣。

〔五〕戴望云：内業篇作「唯執一之君子能爲此乎」，此文當有脱字。吴汝綸云：句上當有「唯」字。翔鳳案：依文意可作「是謂執一之君子」。然非古語，不能用「是謂」。若用

「唯」而無補足，亦不妥，故知無誤字。

心安，是國安也。聖心安，是國安。**心治，是國治也。**聖心治，是國治。**治也者，心也。安也者，心也。**理與安一在於心，然後國從也。**治心在中**〔一〕，理心在於適中也①。**治言出於口，**則無口過。**治事加於民。**則無枉事。**故功作而民從，則百姓治矣。**功成人服，非理而何？**所以操者，非刑也。所以危者，非怒也。**刑雖能操，怒雖能危，比之於道，猶爲末功。物不能離，道無不操，違道必危，是無不危也。**民人操，百姓治，道其本至也。**必每人皆操道，然後百姓理。如此，别道爲人本，豈不至哉！**至不至無**〔二〕，無，虚也。所謂至者，虚之道也。**非所人而亂**〔三〕。非至虚而爲天下主，必亂。**凡在有司執制者之利，非道也**〔四〕。有司執制，常棄本逐末②，滯於刑政，非道也。**聖人之道，若存若亡。**迎之不見其首，隨之不見其後，故曰若存若亡也。**援而用之，殁世不亡**〔五〕，道無形也，無形則無盡時，故殁世不亡也。**與時變而不化；應物而不移，日用之而不化**〔六〕。無形則無變移之時。

〔一〕翔鳳案：內業「治心在於中，治言出於口，治事加於人」，三句全同，惟「民」字避諱改作「人」，

① 「適中」原作「中適」，據補注乙。
② 「末」字原作「求」，據補注改。

「在」下當有「於」字。

〔二〕張文虎云：「至不至」疑當作「本不至」，承上句而言也。尹注以「至不至無」爲句，文不成義，「無」字當衍。吳汝綸云：此有脱亂。翔鳳案：郭沫若釋「不」爲「丕」，是也。「有無」之「無」本作「橆」，豐也。「林」者木之多也，「卌」與「庶」同意。周書曰「庶草繁廡」，二字又混。

〔三〕張文虎云：「非所人而亂」，謂不能人其人也。許維遹云：「所」猶其也，「而」猶則也。翔鳳案：許説是。書牧誓「爾所弗勖」，即「爾之弗勖」。「之」、「其」古籍同用。至丕至豐，非其人則亂。郭沫若釋「亂」爲「治」，非是。

〔四〕何如璋云：「利」當是「則」字，言有司所執制者之法度，不可云「道」。

〔五〕戴望云：「没世不亡」，「亡」當作「忘」，古字通。

〔六〕安井衡云：「不化」不當重出，下「化」疑當作「傷」，與「亡」、「强」、「方」、「明」爲韻。内業無「日用」一句。翔鳳案：没世不亡，故與時變而不化。應物不移，故日用之而不化。語意不同，非重出。

人能正静者，筋肕而骨强〔一〕。能静則和氣全，故筋骨肕强也。**能戴大圓者，體乎大方。**必體大方，然後能戴大圓。**鏡大清者，視乎大明**〔二〕。必視大明，然後能鏡大清。**正静不失，日新其德，**正静者，則理順而功立，故其德日新。**昭知天下，通於四極。**既知天下，則遠

通四極。金心在中不可匿〔三〕，金之爲物彌精，心之爲用彌明，故比心於金。中苟有如金之心，則徵見於外，不可隱匿之也。外見於形容，可知於顔色〔四〕。其見於外，或在形容，或在顔色。善氣迎人，親如弟兄；惡氣迎人，害於戈兵。不言之言，聞於雷鼓〔五〕。至道之君，常言之言，則人無不聞，故同於雷鼓。金心之形〔六〕，明於日月，察於父母。金心無不耀，無不知，故明於日月，察於父母。知子無若於父母，故以言焉。昔者明王之愛天下，故天下可附；暴王之惡天下，故天下可離〔七〕。故貨之不足以爲愛，刑之不足以爲惡。貨者，愛之末也；刑者，惡之末也〔八〕。愛惡以爲心本也，故貨刑爲末也。

〔一〕李哲明云："肕"與"韌"同。通俗文："柔堅曰肕。""肕"之言柔也。内業云："筋信而骨强。""信"同"伸"。"肕"從其體言，"伸"從其用言也。

〔二〕安井衡云：内業"體"作"履"，兩通。陶鴻慶云：此文當作"戴乎大圓，體乎大方，鏡乎大清，視乎大明"，今本衍"能"字，兩"者"字蓋涉上句"人能正靜者，筋韌而骨强"而誤也。"圓"、"方"、"清"、"明"義當平列，即上文所謂"日月之與同光，天地之與同理"也。内業篇云"乃能戴大圓而履大方，鑒於大清，視於大明"，義亦平列，可知此文之誤。尹注順誤解之，於義難通。

翔鳳案："能"字兩句公用，無誤字。

〔三〕俞樾云：尹注曰："金之爲物彌精，心之爲用彌明，故比心於金。"此説迂曲，誠不可從。劉

氏績謂當依内業篇作「全」。今按：内業篇「全心在中，不爲蔽匿」，此劉所據也。又曰「心全於中，形全於外」，則所謂「全心」者，或即「心全」之説。然「心全於中」文義俱全，「全心在中」則有未安矣。内業篇又曰：「正心在中，萬物得度。」疑「金心」、「全心」皆「正心」之誤，「正」誤爲「全」，「全」又誤爲「金」耳。「正心」者，誠心也。論語述而篇「正唯弟子不能學也」，鄭注曰：「魯讀『正』爲『誠』。」是「正」與「誠」古得通用。「誠心在中」，則自不可得匿矣，所謂「有諸内必形諸外」也。下文「金心之形，明於日月，察於父母」，義亦同此。翔鳳案：「全心」不可通，如俞説。然隸書「正」與「金」絶遠，許以篆形相近釋之。然管書漢初校時用隸，不用篆書。此知其一而不知其二也。釋名釋天：「金，禁也。氣剛毅能禁制物也。」荀子正論云「金舌弊口，猶將無益也」，注：「或讀爲噤。」金人銘「三緘其口」，即禁口之義。心噤而不言，然不可匿。以音近假爲「全」，漢書灌夫傳注：「『金』或作『全』。」此如老子之「全」或作「朘」，離騷之「荃」或爲「蓀」也。

〔四〕王念孫云：「可知於顔色」本作「知於顔色」，「知」亦見也，謂外見於顔色也。吕氏春秋報更篇「齊王知顔色」（「知」下當有「於」字），高注曰：「『知』猶發也。」自知篇「文侯不説，知於顔色」，注曰：「『知』猶見也。」淮南脩務篇曰「奉爵酒，不知於色，挈石之尊，則白汗交流」，趙策曰「趙王不説，形於顔色」，或言「形」，或言「知」，皆發、見之謂也。「見於形容」，「知於顔色」，互文耳。今本「知」上有「可」字者，後人不曉「知」字之義而加之也。又内業篇「全心在中，不

可蔽匿，和於形容，見於顏色」，劉曰：「『和』乃『知』字誤。」案劉説得之。「知」與「見」亦互文耳。今本作「和」者，亦後人不曉「知」字之義而改之也。（齊策「齊王知於顏色」，今本作「和其顏色」，亦後人所改。）翔鳳案：王説有理，然「可知」二字見論語，非必衍文。

〔五〕劉績云：「戈」，内業作「戎」。「不言之言」，内業作「不言之聲」。

〔六〕安井衡云：「金」亦當爲「全」。「金心」，内業作「心氣」。翔鳳案：「金」訓禁，見前。

〔七〕張文虎云：「王」疑當作「主」，下「暴王」同。俞樾云：兩「之」字，皆「心」字之誤。此承上文「正心之形，明於日月，察於父母」而言。「正心」者，誠心也。言明王誠心以愛天下，故天下可附；暴王誠心以惡天下，故天下可離也。下云「故貨之不足以爲愛，刑之不足以爲惡，貨者愛之末也，刑者惡之末也」，正見愛惡之在於心耳。若但云「明王之愛天下」，「暴王之惡天下」，安見其愛不以貨，惡不以刑乎？

〔八〕俞樾云：「貨」字乃「賞」字之誤，「賞」與「刑」相對爲文，今作「貨」則不倫矣。内業篇云：「賞不足以勸善，刑不足以懲過。」彼篇文義多與此同，可據以訂正。翔鳳案：賞即用貨，不必據彼改此。

凡民之生也，必以正乎〔一〕**！**正乎則能保全其生。**所以失之者，必以喜樂哀怒。**喜樂哀怒過常，則失其主。**節怒莫若樂**〔二〕**，節樂莫若禮，**樂主和，故能節怒。**守禮莫若敬。**禮者，敬而已矣，故敬能守禮也。**外敬而内靜者，必反其性。**外敬則合禮，内靜則循察，故能反

其性。豈無利事哉？我無利心。豈無安處哉？我無安心。亦既反性，則忘其利安，雖有利事安處，蔑不足資也。心之中又有心，動亂之心中，又有靜正之心也。意以先言。意感而得言。意然後刑，意感其事，然後呈形。刑然后思，有形則理可尋，故思之也。思然后知。思然後得理，故能知也。凡心之刑，過知先王〔三〕，是故内聚以爲原。泉之不竭，内聚思慮，則用之不窮，猶泉之有源，其可竭哉。表裏遂通；泉之不涸，四支堅固。内和則外道，表裏無擁，故若泉之不涸，而四支堅固也。能令用之，被服四固。但能用此道者，則四支堅固，被及其身也。是故聖人一言解之，上察於天，下察於地〔四〕。解則無不通物，故能窮於上下。

〔一〕翔鳳案：「乎」爲詠歎之詞，與上文六「乎」字同。趙本改爲「平」，誤矣。

〔二〕劉績云：内業作「止」。翔鳳案：此「樂」爲禮樂，下文「節樂」，則爲快樂也。

〔三〕翔鳳案：「刑」與「形」通，見前。改本非是。「王」讀旺，本書多有，孟子屢用，乃當時之通言也。趙本改「先王」爲「失主」，誤矣。

〔四〕劉績云：内業作「内藏以爲泉原」，此缺一「泉」字。王念孫云：「以爲原」，當依内業篇作「以爲泉原」，下文「泉之不竭」，即承此句言之。劉以爲缺「泉」字，是也。「表裏遂通」，「通」當爲「達」，「達」與「竭」爲韻。（内業篇亦誤作「通」。）「被服四固」當爲「被及四圄」，據尹注但言「被及」而不言「被服」，則正文本作「被及」明矣。「服」字右半與「及」相似，故「及」誤

爲「服」。（僖二十四年左傳「子藏之及，不稱也夫」，今本「及」誤作「服」。）「圄」與「固」亦相似，又涉上文「堅固」而誤耳。「圄」即「圉」字也。（説文「囹圉所以拘罪人」，今經傳皆作「囹圄」。左氏春秋定四年「衛孔圉」，公羊作「孔圄」。淮南人間篇「使馬圉往説之」，論衡逢遇篇「圉」作「圄」。）孫炎注爾雅曰：「圉，國之四垂也。」此言「被及四圄，察於天地」，內業篇言「窮天地，被四海」，其義一也。不言「四海」，而言「四圄」者，變文協韻耳。「一言解之」，當依內業篇作「一言之解」，「解」與「地」爲韻。尹注皆非。俞正燮云：此及內業篇皆韻語，漢人改「徹」爲「通」。翔鳳案：「通」本爲「徹」，是也。王改爲「達」，非是。二句爲韻，何必破一句爲二句而加字乎？「四支」即「四肢」。用令爲內聚。房注「堅固被及其身」，不誤，即老子之「筋强而握固」。改爲「圄」，大誤。

白心第三十八

短語十二

翔鳳案：「白心」之「白」，即老子「大白若辱」，心清靜也。

建當立凡所建必建其當立者也。**有，以靖爲宗，**靜則思慮審，爲建事之宗。**以時爲寶，**建事非時，雖盡善不成，時爲事寶也。**以政爲儀，**政者所以節制其事，故爲儀。**和則能久**（一）。

又必當和同，然後能久也。**非吾儀，雖利不爲。非吾當，雖利不行**〔二〕。**非吾道，雖利不取。**凡此雖曰有利，非吾儀也，當也，道也，故皆不爲之也。**上之隨天，其次隨人。**所謂應天順人也。**人不倡不和，**人倡而和，事無不成也。**天不始不隨，**後天而奉天時①，天時則舉無不達②也。**故其言也不廢，其事也不隨**〔三〕。**原始計實，本其所生，知其象則索其刑，**謂君之出言，人乃順而不廢，其行事則有不隨。若此者，當原其初始，計其理實，尋本其所生，則其象可知。象既可知，則其形可索也。**緣其理則知其情，**順理則情自見。**索其端則知其名。**索端則名自形。**故苞物衆者莫大於天地，**萬物共在天地之中。**化物多者莫多於日月，**日，陽也。月，陰也。物皆禀陰陽之氣然後化之也。**民之所急莫急於水火。**一日無水火，則生理或有不全。**然而天不爲一物枉其時，**冬不爲松栢不凋輟其霜雪，夏不爲薺麥枯死止其雨露也。**明君聖人亦不爲一人枉其法**〔四〕。周公不以管、蔡之親休其誅、放也。**天行其所行而萬物被其利，**冬行霜雪，夏行雨露，故萬物利也。**聖人亦行其所行而百姓被其利，**行賞於善人，行罰於凶人，故天下清而百姓蒙利也。**是故萬物均既誇衆矣**〔五〕。誇，大也。天與聖人無私，

① 「時」字原作「則」，據補注改。
② 「天時」二字原無，據補注增。「達」字原作「違」，據補注改。

故萬物均蒙其利，既大而且衆也。是以聖人之治也，靜身以待之，物至而名自治之〔六〕。循名責實，則下無隱情，故理。正名自治之，奇身名廢〔七〕，奇，謂邪不正。音飢。名正法備，則聖人無事〔八〕。正名法備，則事無闕滯，故聖人無事也。不可常居也，居必有時而遷。不可廢舍也，廢舍則百度弛紊也。隨變斷事也，居變則不擁塞也。知時以爲度〔九〕。事非其時，則不成也。大者寬，小者局，寬則有餘，局則不足。物有所餘，有所不足。以有餘補不足，則事平理均也。

〔一〕王念孫云：尹說甚謬，「當」當爲「常」，「有」當爲「首」，皆字之誤也。「建常立首」爲句，「以靖爲宗」爲句。「首」即「道」字也，「道」字古讀若首，故與「寶」、「久」爲韻。（凡九經中用韻之文，「道」字皆讀若首，楚辭及老、莊諸子竝同。說文：「道，從辵首聲。」今本無「聲」字者，二徐不曉古音而削之也。「道」字古讀若首，故與「首」通，秦會稽刻石文「追道高明」，史記秦始皇紀「道」作「首」，是其證也。「寶」字古讀若缶，故說文「寶」從缶聲。大雅崧高篇「以作爾寶」，與「舅」、「保」爲韻。「保」亦讀若缶。管子侈靡篇「百姓無寶」，與「首」爲韻。呂氏春秋侈樂篇「不知其所以知，之謂棄寶」，與「道」、「咎」爲韻。韓子主道篇「靜退以爲寶」，與「道」、「巧」、「咎」爲韻。「巧」讀若「糗」。）「建常立道」者，「建」亦「立」也。立之而可行，謂之道；立之而可久，謂之常，其實一也。靜以守之，時以成之，正以準之，則常可建而道可立矣。故曰「建常立道，以靖爲宗（「靖」與「靜」同），以時爲寶，以政爲儀」也。（「政」與「正」同。「儀」，法

也。言以正爲法也。尹以「政」爲政事之政，亦非。）下文「非吾當」，「當」字亦當爲「常」。「非吾儀」，「非吾常」，「非吾道」，即承此文「建常立道，以政爲儀」而言。下文又云：「置常立儀，能守貞乎？常事通道，能官人乎？」亦承此文而言。又正篇「當故不改曰法」，「當」亦當爲「常」。（尹注同。）法一成而不改，故曰「常故不改曰法」。何如璋云：舊注以「當立」爲句，非。朱氏權連下「有」字爲句。按「當」乃「常」字，「立」乃「无」字，以形近而誤。莊子天下「建之以常無有」，是其證。「建」，立也。「無有」，虚也。惟道集虚，故建之以爲本。張佩綸云：王氏讀「當」爲「常」是也，改「有」爲「首」非。「建當立有」當作「建常無有」。（「立」乃「无」之壞，且涉下「靖」之半而誤。）莊子天下篇：「以本爲精，以物爲粗，以有積爲不足，澹然獨與神明居，古之道術有在於是者，關尹、老聃聞其風而悦之，建之以常無有，主之以太一，以濡弱謙下爲表，以空虚不毁萬物爲實。關尹曰：『在己無居，形物自著，其動若水，其靜若鏡，其應若響。芴乎若亡，寂乎若清，同焉者和，得焉者失。未嘗先人而常隨人。』老聃曰：『知其雄，守其雌，爲天下谿。知其白，守其辱，爲天下谷。』人皆取先，己獨取後，曰『受天下之垢』。人皆取實，己獨取虚。無藏也故有餘，巋然而有餘。其行身也徐而不費，無爲也而笑巧。人皆求福，己獨曲全，曰『苟免於咎』。以深爲根，以約爲紀，曰『堅則毁矣，鋭則挫矣』。常寛容於物，不削於人，可謂至極。關尹、老聃乎，古之博大真人哉！」案：莊子所稱關、老之道術，於此篇大旨皆同。是關、聃實出於管之一證。今全録之以資參考。中庸引

「詩曰『上天之載，無聲無臭』，至矣」，即此之「常無有」也。「無有」，謂無心而成化，非道家獨任清虛之謂，不可不辨。「靖」與「靜」同（王説）。「政」即「正」，「儀」即「義」。「以正爲義，和則能久」，文言曰：「利者，義之和也。」又曰：「利物足以和義。」　陶鴻慶云：王説是也，然此乃隔句爲韻，而首句用韻爲他書所罕見，疑「建常立道」句當在「以政爲儀」句下。「和」乃「利」字之誤。其文云「以靖爲宗，以時爲寶，以政爲儀，建常立道，利則能久」，「儀」也，「常」也，「道」也，文異而義同。而「建常立道」爲主靖待時以後之事，故下文云：「置常立儀，能守貞乎？常事通道，能官人乎？」亦以「儀」與「常」、「道」比次成文，與此文合。「則」猶乃也，「利則能久」承上四句言之，言如是者其利乃能久也。下云「非吾儀，雖利不爲，非吾常（今誤作「當」，從王氏改），雖利不行，非吾道，雖利不取」，正與此云「利則能久」反覆相明，故知今本「和」當爲「利」，且亦以「儀」、「常」、「道」三字比次爲文，尤足明首句之誤倒矣。　翔鳳案：下文「非吾當，雖利不行」，改爲「常」則失其義，「當」不宜改，明矣。　老子「有之以爲利」，下文「利」字即承「有」言之。且以靖爲宗，「無有」何須靖？　知改字者之不合矣。

〔二〕王念孫云：「當」當爲「常」（説見上文）。　翔鳳案：王説誤，見前。

〔三〕王念孫云：「隨」當爲「墮」，字本作「隓」。方言曰：「隓，壞也。」呂氏春秋必己篇注曰：「墮，廢也。」「不廢」、「不墮」義正相承。今作「不隨」者，涉上文「不始不隨」而誤。尹注非。

〔四〕丁士涵云：「明君」二字衍。下文但言「聖人」，即蒙此文言之，不當有「明君」二字。　張

佩綸云：「法」當爲「治」，字之誤也。「時」、「治」、「利」爲韻。　翔鳳案：不枉法何必聖人，明君亦有之，二字不誤。

〔五〕吳汝綸云：「是故」句有奪誤。　張佩綸云：「既誇」當作「百姓平」，「皀」上有「百」字之迹，「姓」字女篆似母，展轉成誤，「兮」似「夸」字。　翔鳳案：郭沫若釋「既」爲「餼」，甚妙；然中庸鄭注，「既」讀爲餼，本非一字。説文：「既，小食也。」論語：「不使勝食既。」「食」爲正餐，「既」爲小吃，可單用。「誇」通「侉」通「夸」。書畢命：「驕淫矜侉。」漢書楊僕傳：「懷銀黃垂三組，夸鄉里。」説文：「夸，奢也。」「誇衆」即「奢衆」，多而且衆也。不改字而義通順。惟上下句不均稱，古人爲文，不尚排偶，何必對稱耶？

〔六〕王引之云：「名自」二字，因下文「正名自治」而衍。「物至而治之」，謂事來而後理之也。尹注以「循名責實」解之，則所見本已衍「名自」二字。　陶鴻慶云：「物至而名自治之」本作「物至而名之」，「自治」二字涉下句而誤衍也。下文「正名自治」云云，即承此言。下文又云「上聖之人，口無虛習也，手無虛指也，物至而命之耳」，「命」亦「名」也，文義正與此同。王氏云當作「物至而治之」，非是。　翔鳳案：「自治之」，不假他人之力，承上文「靜身以待」，無誤字。

〔七〕王念孫云：此皆以四字爲句，「治」下「之」字，涉上文「物至而治之」而衍，「奇身名廢」當作「奇名自廢」，「自」與「身」相似，又因上文兩「身」字而誤爲「身」，又誤倒於「名」字之上耳。尹

注曰：「奇，謂邪不正也。」「正名自治，奇名自廢」相對爲文，謂名正則物自治耳，不正則物自廢也。樞言篇曰「名正則治，名倚則亂」，是其證矣。　翔鳳案：方言：「倚、踦，奇也。自關而西，秦、晉之間，凡全物而體不具謂之倚，梁、楚之間謂之踦。」「體不具」即「奇身」，「身」字不誤。正其名而自治之，體不具而名廢，一字不誤。古今語言不同，以「奇身」二字不習見而改之，王氏常有此病。

〔八〕張佩綸云：「法」亦當作「治」，承上「自治」，「治」、「廢」、「備」、「事」爲韻。　翔鳳案：荀子正名：「其民莫敢託爲奇辭以亂正名，故壹於道法而謹於循令矣。」法與正奇之關係如此。「法」字不誤。

〔九〕張佩綸云：似當作「隨變以斷事」。　翔鳳案：三「也」字句平列，總之曰「知時以爲度」，改之則意義全非。

兵之出，出於人。人爲兵本。其人入，入於身〔一〕。兵而有功，入其賞賜，必反於身。兵之勝，從於適。適，和也。所謂師克在和也。德之來，從於身〔二〕。脩身則德立也。故曰：祥於鬼者義於人。義於人者，則鬼祐之，以福祥也。兵不義，不可〔三〕。兵不義而還自害，故不可。强而驕者損其强，弱而驕者亟死亡。違禮而驕，無施而可。弱而驕者，則又其戾焉。死之速，不亦宜乎！强而卑，義信其强。信，音申。弱而卑，義免於罪〔四〕。是故驕

之餘卑，於驕有餘則弱，弱則卑也。卑之餘驕。於卑有餘則强，强則又①驕。道者，一人用之，不聞有餘；理纔用於一人。天下行之，不聞不足。無不足於其人。此謂道矣。多少皆②足者道也。小取焉則小得福，大取焉則大得福，盡行之而天下服。殊無取焉，則民反其身，不免於賊〔五〕。殊無取焉，則動皆違道，故人反背之而賊害也。左者，出者也。左爲陽，陽主生，故爲出也。右者，入者也。右爲陰，陰主死，故爲入也。出者而不傷人，入者自傷也〔六〕。出者既主生，則不當傷人。違而傷人，是還自傷。不日不月而事以從〔七〕，但循道而往，不計日月，事已從而成也。不卜不筮而謹知吉凶。順道則吉，違道則凶，豈須卜筮後知乎？是謂寬乎刑，徒居而致名。守道者，静默而已，故其身寬閑，徒然而居，能致令名。去善之言，爲善之事〔八〕，事成而顧反無名〔九〕。若能去言善，直能爲善事，其事之成，顧反之者默然無名也。能者無□，從事無事〔一〇〕。深能其事者，必不求名，然其從事安然閑暇，若無事然也。審量出入，而觀物所載。謂凡出命令，當觀物載之所堪，然後當量而出之也。孰能法無法乎？始無始乎？終無終乎？弱無弱乎〔一一〕？凡此皆謂爲而忘之者也。故曰：美

① 「又」字原作「天」，據補注改。
② 「皆」字原作「昔」，據補注改。

哉弟弟。弟弟，興起貌。謂能爲而不爲，有契於道。如此，則功美日興，故曰「美哉弟弟」。**故曰：有中有中，**舉事雖得其中，而不爲中，乃是有中也。**孰能得夫中之衷乎**〔一二〕？得於中之損折中者，其唯忘中乎。**故曰：功成者隳，名成者虧**〔一三〕。**故曰：孰能棄名與功，而還與衆人同？**君棄功名，則與衆不異。同於物者，誰能害之者也！**孰能棄功與名，而還反無成？**棄功名，則無所成名。**無成有貴其成也**〔一四〕，能貴無成，乃是成也。**有成貴其無成也。**若其貴成，乃是無成。**日極則仄，月滿則虧。極之徒仄，滿之徒虧，**謂月。**巨之徒滅。**謂能立大功也。**孰能已無已乎？效夫天地之紀**〔一五〕。天地忘形者也。能效天地者，其唯忘己乎！

〔一〕王念孫云：「其人」之「人」，涉上句「人」字而衍，尋尹注亦無「人」字。翔鳳案：說文：「兵，械也。」非指士卒。人出手執兵，故曰「出於人」。其人以兵入人身而傷之，故曰「入於身」，非誤字。

〔二〕洪頤煊云：「適」，古「敵」字，言兵之勝則從於敵，德之來則從於身，「敵」與「身」對言之。上文「兵之出出於人，其入入於身」，亦以「人」與「身」對言，二句文義正相承。尹注非。張佩綸云：樞言「故德莫如先，應敵莫如後」，此即其義。「適」、「敵」通，元注誤。「從適」，孟子：「量敵而後進，慮勝而後會。」翔鳳案：幼官西方尚劍，南方尚戟，各方異，是爲

「適」。

〔三〕張文虎云：「不可」下當有脱字。　尹桐陽云：吕覽禁塞：「兵不義，攻伐不可，救守不可。」　翔鳳案：幼官「數勝則君驕，積衆勝無非義者」，可參看。

〔四〕丁士涵云：兩「義」字當作「者」，與上文兩「者」字一例。「信」，古「伸」字。　翔鳳案：强而謙恭，有義則伸其强。弱而謙恭，則免於罪。如楚莊王伐鄭，鄭伯肉袒牽羊以迎，莊王赦之也。

〔五〕安井衡云：「殊」，絶也。絶無取於道則民反之，終不免於賊殺也。　戴望云：「民」當讀爲泯，詩桑柔傳曰：「泯，滅也。」「反」，「及」字之誤。「泯及其身」者，言滅亡之禍必及其身也。左氏昭十八年傳：「里析曰：吾身泯也。」　顔昌嶢云：無道之人則民亦以無道反還其身，且不免加之以殺害。易繫辭曰：「無交而求則民不與也，莫之與則傷之者至矣。」易曰：『莫益之，或擊之，立心勿恒，凶。』」即此義也。

〔六〕安井衡云：古本「入者」下有「而」字。　俞樾云：此本作「出者而不傷人，傷人者自傷也」，今本奪「傷」字，「入」即「人」字之誤。尹注曰：「出者既主生，則不當傷人，違而傷人，是還自傷也。」注中有兩「傷人」字，知正文必有兩「傷人」字，注中無「入」字，知正文亦無「入」字矣。　張佩綸云：詩裳裳者華「左之左之，君子宜之；右之右之，君子有之」，傳：「左，陽道，朝祀之事；右，陰道，喪戎之事。」逸周書武順篇：「吉禮，左還順天以利本；武禮，右還

順地以利兵。」老子：「吉事尚左，凶事尚右。」郭嵩燾云：此不當據注以改正文，上文「兵之出，出於人，其入，入於身」，此正相承爲文。兵法前左下、後右高，下者在前，高者在後，在前曰出，在後曰入，蓋兵道尚右者也，主將之所司也。無殺敵致果之將則兵將危。「出者」主傷人者也，而不傷人，正作轉語。尹注以「出者主生」爲言，恐失之。翔鳳案：齊尚左，詳宙合，故左出右入。

〔七〕張佩綸云：説苑反質篇：「信鬼神者失謀，信日者失時。何以知其然？夫賢聖周知能不時日而事利；敬法令，貴功勞，不卜筮而身吉；謹仁義，順道理，不禱祠而福。」淮南本經訓：「是以不擇時日，不占卦兆，不謀所始，不義所終。」

〔八〕劉績云：「去」乃「云」字誤。言云善言、爲善事。張佩綸云：莊子知北游篇：「至言去言，至爲去爲。」呂氏春秋精諭篇：「至言去言，至爲去爲。」劉改「去」爲「云」，非是。翔鳳案：左閔二年傳「衛侯不去其旗」，注：「藏也。」通作「弆」，非誤字。「至言去言」與此文不類。

〔九〕劉績云：「反無名」，即下文「能者無名」也。王念孫云：郭璞注穆天子傳云：「顧，還也。」下文曰：「孰能弃功與名，而還反無成。」

〔一〇〕何如璋云：「者」字乃「名」之譌，與下句對。謂能名於無名之名而盡有其實，從事於無事之事而不懈其功。翔鳳案：□爲缺文，可見宋本不輕以意定字。各本作「名」，均妥。房

注「深能其事者必不求名」，有「求」義，非必「名」字也。

〔二二〕張佩綸云：「法」當作「爲」，「灋」與「爲」形近。「弱」當作「窮」。淮南子道應篇無窮、無始、無爲相問答，是其證。「爲」、「始」韻，「終」、「窮」韻。顏昌嶢云：「弱」疑「爲」之誤，古「爲」字作「𢑚」，與「弱」相似而誤。翔鳳案：「弱」讀溺，義仍作弱，與「載」、「事」、「始」、「弟」爲韻，不必紛紛改字。

〔二三〕劉績云：此即前「心之中又有心」意，注非。王念孫云：尹說殊不可解，劉說近之。今案：「有中有中」當作「中有有中」，上「有」字讀爲「又」。（經傳通以「有」爲「又」。）「中又有中」者，中之中又有中也。下句云「孰能得夫中之衷乎」，是其明證矣。内業篇云「心以藏心，心之中又有心焉」，義與此同。「中有」二字誤倒，故尹不得其解而强爲之詞。俞樾云：此本作「不中有中」，故尹注曰：「舉事雖得其中，而不爲中，乃是有中也。」今誤作「有中有中」，義不可通。陶鴻慶云：俞説較王氏爲碻，而下句之意不甚相屬。今案：下句「夫」乃「无」字之誤。元文本云「不中有中，孰能得無中之中乎」，尹注云「得於中之損折中者（此句有誤），其唯忘中」，即解正文之「无中」也。下文「孰能己無己乎」，注云：「能效天地者其唯忘己乎？」此以「忘中」解「无中」，猶彼以「忘己」解「無己」，是尹所見本尚不誤。翔鳳案：「孰能得夫中之衷乎」，即釋「有中有中」之義。蓋上「中」字同，下「中」字則以「衷」釋之也。左閔二年傳「衣，身之章也。佩，衷之旗也」，注：「旗，表也。衷，中也。」衷爲裏褻衣，故

爲中之中。王謂「中之中又有中」，是也。然非誤字。

〔一三〕何如璋云：莊子山木「大成之人曰：自伐者無功，功成者墮，名成者虧。孰能去功與名而還與衆人」，本此。翔鳳案：「故曰」爲成語，此文可證。上文「故曰」亦爲成語，特今不可考耳。郭沫若謂「故曰」二字當衍，已知其誤。

〔一四〕王念孫云：「有貴其成」當作「貴其有成」，與下文「貴其無成」相對。「無成貴其有成」者，功未成則貴其有成也。「有成貴其無成」者，功成而不有其功，即上文所云「弃功與名，而還反無成」也。尹注皆非。翔鳳案：成則有虧，文意一字不誤。郭沫若謂：「王校適得其反。」

〔一五〕安井衡云：諸本「亡己」作「無己」。舊注云「能效天地者其唯忘己乎」，據此，下「己」作自己之己，「無」作「亡」，讀爲忘也。王念孫云：「己無己」當作「亡己」，「亡」與「忘」同。（韓子難二「晉文公慕於齊而亡歸」，趙策「秦之欲伐韓梁，東闚於周室甚，唯寐亡之」，竝與「忘」同。荀子勸學篇「怠慢忘身，禍災乃作」，大戴禮「忘」作「亡」。呂氏春秋權勳篇「是忘荆國之社稷，而不恤吾衆也」，韓子十過篇「忘」作「亡」。史記主父傳「天下忘干戈之事」，漢書「忘」作「亡」。）言唯忘己之人，能效天地之紀也。尹注云「天地忘形者也。能效天地者，其唯忘己乎」，是其證。莊子天地篇云「有治在人，忘乎物，忘乎天，其名爲忘己，忘己之人，是之謂入於天」，意與此同也。今本作「己無己」者，俗書「亾」字作「亡」，與「己」相似，下文又有「己」

字，故「亾」譌爲「已」，兩「已」之間又衍「無」字，（「無」字涉上文「無成」而衍。）遂致文不成義。尹注曰「能效天地者，其忘己乎」，此乃説其義如此。王氏念孫謂「『已無已』當作『忘己』」，非是。何如璋云：「已無已」者，周而復始，往而復來，故可以法夫天地之紀也。詩周頌：「維天之命，於穆不已。」禮中庸：「純亦不已。」張佩綸云：「已無已」，即上之「始無始，終無終」，中庸所謂「至誠無息」是也。「詩云『維天之命，於穆不已』，蓋曰天之所以爲天也；『於乎不顯，文王之德之純』，蓋曰文王之所以爲文也純亦不已。」「已無已」即「不已」之義，讀爲人已之已非矣。翔鳳案：「已無已」，不已而已之也，不使其太過也。

人言善亦勿聽，人言惡亦勿聽。譽之不勸，非之不沮。持而待之，空然勿兩之〔二〕，淑然自清〔三〕，但無心而待，則淑然和美，善惡自清也。無以旁言爲事成〔三〕。察而徵之無聽辯，無以旁譽之言①以爲事成功，無聽其利口之辯言悦之也。萬物歸之，美惡乃自見。萬物之歸，當順而容②之，其美之與惡，終自顯見也。天或維之，地或載之。天莫之維則天以墜矣，地莫之載則地以沉矣。夫天不墜，地不沉，夫或維而載之也夫。天張於上，地設於

① 「言」下原衍「則」字，據補注删。
② 「容」字原作「客」，據補注改。

下，自古及今而不沉墜者，必有神靈維載之故。又況於人，人有治之，辟之若夫靁鼓之動也。必有以而動也。夫不能自搖者，夫或搖之〔四〕。無識之物，皆不能自搖。有時而動，則物搖之也。夫或者何？若然者也〔五〕。風有時搖動，誰使然也？視則不見，聽則不聞，謂風。洒乎天下滿〔六〕，風之洒散滿天下也。不見其塞。風無擁塞時也。集於顏色，寒者遇風則色慘，熱者遇之則清也。知於肌膚〔七〕，惟肌膚能覺風。責其往來，莫知其時。責問其往來，則不得正時。薄乎其方也，謂遇方則爲方。韕乎其圜也，韕，復貌。謂遇圓則爲圓也。韕韕乎莫得其門〔八〕。雖復圓轉，終不見其門也。故口爲聲也，耳爲聽也，目有視也，手有指也，足有履也，事物有所比也。今夫口手目足各有其在，非徒然也，必精神之比。夫事物之動搖，則風使之然，然求風則不得，語神亦不見之也。當生者生，當死者死，或死或生，亦神爲之主。言有西有東，各死其鄉〔九〕。雖其所居有東西之異，至於各死其鄉，則無不均也。

〔一〕張佩綸云：「勿兩之」，元本無「勿」字，是。中庸「舜好問而好察邇言，隱惡而揚善，執其兩端，用其中于民」，即此意。「人言善」、「人言惡」，乃毀譽也。翔鳳案：易説卦：「參天兩地而倚數。」周禮大宰：「以九兩繫邦國之民。」「兩」均訓耦。「勿兩之」，勿與爲耦。即言善不以爲善，言惡不以爲惡也。

〔二〕李哲明云：「淑」疑爲「踧」字，即「寂」字。讀者多見「淑」，少見「踧」，因改「淑」耳。「踧」與上

翔鳳案：説文：「淑，清湛也。」「湛」、「沈」古今字，猶言深沈也。雜質沉澱則清矣。「踧，嘆也。」「嘆」通「莫」。左昭二十八年傳「莫然清静」，爲寂寞無聲，與清澈不同，李説誤。「空然」、下「自清」義皆相成。作「淑」非其義。

〔三〕何如璋云：言不以旁觀之言爲事之有成。張佩綸云：廣雅：「旁，大也。」「旁言」猶大言。翔鳳案：旁言爲謗。説文「謗，毁也」，段注：「謗之言旁也。旁，溥也。大言之過其實。」即上文棄善言惡也。

〔四〕王念孫云：「揞」當爲「搯」，「搯」古「摇」字也（見七法篇「擔竿」下）。隸書「搯」字或作「揞」（漢書司馬相如傳「消搖乎襄羊」），因譌而爲「揞」。淮南兵略篇「推其揞揞，擠其揭揭」，「揞」亦「搯」字之譌。本書七法篇「搯竿而欲定其末」，「搯」字又譌作「擔」。蓋世人多見「摇」，少見「搯」，故傳寫多差也。朱本徑改「揞」爲「摇」，則非其本字矣。翔鳳案：檀弓「夫夫也，爲習於禮者」，注：「猶言此丈夫也。」下「夫」字作代詞用，與此文合。

〔五〕劉績云：「或者」，指上「或摇之」之「或」。言天地尚有所以維載者，况人豈無治之者？故問治之者狀。下遂詳無聲無臭之妙，而口耳目手足等本之。注皆非。

〔六〕丁士涵云：「滿」字衍。上下文皆四字爲句。

〔七〕王引之云：當作「集於肌膚，知於顔色」，「色」與上文「塞」字爲韻。（「知」訓見義，見心術篇。）翔鳳案：房注：「惟肌膚能覺風。」以觸覺訓知，其義自通，不必改易。

〔八〕丁士涵云：「䩵」本作「䩵」，乃「廓」字之假借，説文有「郭」無「廓」。度地篇云：「城外爲之郭。」釋名釋宫室：「郭，廓也，廓落在城外也。」廣雅：「郭，空也。」華嚴經音義引通俗文：「廓，寬也。」釋名釋弓弩「牙外曰郭，爲牙之規廓也」，即所謂「䩵乎其圜也」。太玄玄錯云「廓無方」，即所謂「䩵䩵乎莫得其門」。安井衡云：「䩵䩵」，諸本作「䩵䩵」。字書無「䩵」有「䩵」，引此文云：「音未詳。」樞言作「沌沌乎博而圜，豚豚乎莫得其門」，蓋沌聲、豚聲並與敦近。「䩵」字以享得聲，音當同敦。然則「沌」、「豚」、「䩵」三字同聲，聲同則義通，猶莊子所謂「渾沌」也。渾沌無七竅，此云「莫得其門」，其義正同，而「䩵乎」之爲圜貌，即在其中矣。張佩綸云：「䩵乎」、「䩵䩵乎」，各本上從韋，下從革，强爲分别。案上當作「䩵」，即「郭」之借字。下當從丬。淮南原道訓：「古未有天地之時，惟像惟形，窈窈冥冥，芒芠漠閔，澒濛鴻洞，莫知其門。」老子「其政悶悶，其民淳淳」，淮南道應訓引作「純純」。樞言：「沌沌乎博而圜，豚豚乎莫得其門。」「純」、「沌」形近。淮南兵略訓：「夫圓者天也，方者地也，天圜而無端，故不可得而觀，地方而無垠，故莫能窺其門。」翔鳳案：「淳」古讀敦，諸説均是，惟丁誤耳。「韋」爲柔皮，「䩵」從韋聲，不從革。

〔九〕尹桐陽云：「各死其鄉」，「死」，尸也，主也。

置常立儀，能守貞乎〔一〕**？**人人理，則置之常法，立之儀則，而勿失者，可謂正乎！**常事通道，能官人乎？**有能守其常事，隨時變通，不違於道，如此者，可以官於人。**故書其惡者，**

言其薄者〔二〕。**上聖之人**〔三〕，聖，通也。既設法以教之，立官以主之，猶有惡薄而不化者，則書而陳之居上者，然後化而通之也。**口無虚習也，手無虚指也，物至而命之**口之習也，手之指也，終不徒然。必以事物之至，或以手指之，或以口命之。**耳**〔四〕。**發於名聲，凝於體色，此其可諭者也。**名聲之至，耳聽①之，内流於心，外凝結於體色。如此者，性之敏惠，故可以德義告諭也。**不發於名聲，不凝於體色，此其不可諭者也。**不發不凝，所謂頑鄙者也，故不可告諭也。**及至於至者，教存可也，教亡可也**〔五〕。謂人可誘令至於所欲至。如此者，存亡教，故教存亦可，教亡亦可也。**故曰：濟於舟者，和於水矣。**水和静無有波浪，則能濟舟。**義於人者，祥其神矣**〔六〕。與人理相宜，則神與之福祥也。

〔一〕張文虎云：「貞」疑當作「真」，與下「人」字韻。翔鳳案：「貞」在段表十一部，「人」在十二部，古音通。楚辭卜居「貞」、「人」、「清」、「盈」叶，何必改「真」然後叶乎？

〔二〕何如璋云：即上「去善之言，爲善之事」之旨。張佩綸云：齊語韋昭注：「惡，麤也。」尹桐陽云：箸書以爲世法，近於爭名，故聖人不甚喜。輪扁以書爲聖人之糟粕，而王壽焚書而舞，則惡書之尤者。聖人行不言之教，故言爲聖人所薄。「惡」、「薄」爲韻。

① 「聽」字原作「能」，據補注改。

〔三〕王念孫云：「上聖之人」四字，意屬下，不屬上，尹注非。

〔四〕劉績云：「耳」，語辭，屬上爲句。

〔五〕丁士涵云：下「至」字當作「正」。上文云「名正法備，則聖人無事」，此承「物至而命之」句，故言「至於正」也。名至於正，教亦可存可亡，所謂「聖人無事」也。張佩綸云：莊子在宥「天下將安其性命之情，之八者存可也，亡可也」。翔鳳案：「至」者，即不薄不惡之謂，非誤字也。

〔六〕安井衡云：古本「其」作「於」。王引之云：「其」當爲「於」。正文及注「神」字皆當爲「鬼」，上文曰「祥於鬼者義於人」，是也。「鬼」與「水」爲韻，後人改「於」爲「其」，改「鬼」爲「神」，則既失其義，而又失其韻矣。鬼神對文則異，散文則通，故神亦謂之鬼。定元年左傳「宋仲幾曰：『縱子忘之，山川鬼神其忘諸乎？』士伯怒，謂韓簡子曰：『薛徵於人，宋徵於鬼。宋罪大矣。且己無辭，而抑我以神，誣我也。』」或曰鬼神，或曰鬼，或曰神，其義一也。論語先進篇：「季路問事鬼神，子曰：『未能事人，焉能事鬼。』」上言「鬼神」，下但言「鬼」，言「鬼」即可以該神也。「鬼」亦訓神，無須改爲「神」字。翔鳳案：詩大東「舟人之子」，鄭謂當作「周」。「水」，黄梅讀許。「舟」、「水」叶，「人」、「神」叶，「神」字不誤。

事，有適而無適，事雖有所適，可常者若無適然。**若有適。觿，解不可解，而后解**〔一〕。

雖時有適，潛默周密，人莫知其由然。結必待觿而後解。觿，所以解結也。故善舉事者，國人

莫知其解。周密若結，故不能知其解。**爲善乎，毋提提。爲不善乎，將陷於刑**〔二〕。提提，謂有所揚舉也。欲爲善乎，則人以我謙退無所舉。欲爲不善，又恐陷於刑罰也。**善不善，取信而止矣。**善與不善，足以爲物所信，則止矣。此言可以爲善不善之取也。**若左若右，正中而已矣。**言處陰陽之中，得其正而止。若**縣乎日月，無已也。**左陽，謂善也。右陰，謂不善也。**愕愕者，不以天下爲憂。**愕愕守正者忘天下，故不能常得中，則各與日月俱懸而無已時也。**刺刺者，不以萬物爲筴。**刺刺操求，自謂智謀之士。能忘智，當操求物理而經營，功爲憂也。**孰能棄刺刺而爲愕愕乎**〔三〕**！**智者勞，而失惠忘德者佚而歸之也。策也。

〔一〕王引之云：此當作「事有適（句）無適而后適（句）觿有解（句）不可解而后解（句）」。言事之有適也，必無適而后適；觿之有解也，必不可解而后解。下文云「善舉事者，國人莫知其解」，正所謂「不可解而后解」也。事之無適而后適，亦猶是也。今本「無適而」誤作「而無適」，「后」誤作「若」，「觿有解」之「有」又誤入上句內，遂致文不成義。尹注及句讀皆非。

丁士涵云：當作「觿可解，不解而后解」。此句原本尚不誤，惟「可」字移在「不」字下耳。說苑雜言篇：「百人操觿，不可爲固結。」蓋觿可結，故可解，若云「觿有解」，則不詞矣。

安井衡云：「適」音摘，與「謫」同，責也。俞樾云：王說誠是，然必改參差之文法，以爲整齊，轉非古書之舊矣。小爾雅廣言曰：「若，乃也。」管子書君臣上篇「若任之以事」，「若量

能而授官」，下篇「若稽之以衆風，若任以社稷之任」，諸「若」字並猶「乃」也。此文「若有適」，亦當訓爲「乃有適」。言事有適而無適，乃爲有適；觿必解其不可解，而後能解也。如此則從舊讀，義自可通，無庸增改。張佩綸云：論語：「君子之於天下也，無適也，無莫也，義之與比。」「無適若有適」，即「義之與比」也。詩「童子佩觿」，傳：「觿所解結。」說文：「觿，佩角鋭耑，可以解結。」說苑雜言：「百人操觿，不可爲固結。」修文篇：「能治煩決亂者，佩觿。」此以觿之能解，喻舉事者之獨解，正喻極明，王氏改之，非是。淮南子人間訓：「夫兒説之巧於閉結無不解，非能閉結而盡解之也，不解不可解也。至乎！以弗解解之者，可與言及論矣。」翔鳳案：俞説是。

〔二〕孫星衍云：毛詩葛屨「好人提提」，傳曰：「提提，安諦也。」淮南説林訓「提提者射」，高誘注：「提提，安也。」爾雅釋訓作「媞媞」。言爲善者毋提提而安緩。尹注非。王念孫云：「提提」，顯著之貌，謂有爲善之名也。「提」與「題」同，說文曰：「題（音提），顯也。」爲善而有名，則必爲人所嫉，爲不善則陷於刑。莊子養生主篇曰「爲善無近名，爲惡無近刑」，語意正與此同。又山木篇曰「子其意者飾知以驚愚，修身以明汙，昭昭乎如揭日月而行，故不免也」，淮南説林篇曰「旳旳者獲，提提者射（高注誤解「提提」二字，辯見淮南）」，故大白若辱，大德若不足」，皆是「爲善毋提提」之意。尹注非。俞樾云：「提」當讀爲湜，説文水部：「湜，水清底見也，從水是聲。詩曰：『湜湜其止。』」「爲善毋湜湜」者，即老子「知其白守其

黑」之意。水至清則無魚，人至察則無徒，故以「湜湜」爲戒。「湜」與「提」並從是聲，古音相同得相通用。尹注曰「提提，謂有所揚舉也」，是誤以本字讀之。淮南子説林篇「旳旳者獲，提提者射」，「提提」與「旳旳」並言，其義可見。高注曰「提提，安也」，亦失之矣。張佩綸云：王説是也，但「毋提提」下當脱「於名」二字。「提」與「刑」非韻也。（弁傳：「提提，羣飛貌。」淮南所謂「提提者射」，即羣飛意。）翔鳳案：爲善者不一定安諦，爲惡又易陷於刑，孫説不誤，餘均非是。

〔三〕安井衡云：「剌」當爲「刺」，字之誤也。刺音磧。刺刺，多言貌。俞樾云：「筴」字義不可通，當讀爲㥦。説文心部：「㥦，快也。」廣雅釋詁：「㥦，可也。」「不以萬物爲㥦」，正與「不以天下爲憂」相對，言萬物不足以快其心也。「筴」、「㥦」並從夾得聲，故假用之耳。翔鳳案：説文無「愕」字，本字爲「咢」。説文：「咢，譁訟也。」大戴禮曾子立事篇「君子出言以鄂鄂」，盧注：「辨厲也。」史記商君傳「千人之諾諾，不如一士之諤諤」，玉藻「言容諮諮」，皆假借字。「筴」即「策」。「剌剌」從朿不從束。

難言憲術，須同而出。凡爲法術必重難，須同衆心，然後出之矣。**無益言，無損言，近可以免**〔一〕。損益之事，當潛而爲之。又曰何謀，此慎密之至。**故曰：知何知乎？謀何謀乎？**雖知之，常曰何知。雖謀之，常曰何謀。此慎密之至。**審而出者彼自來。**審而出者，必同於彼，故自來。**自知曰稽，**自知則能考彼矣。**知人曰濟**〔二〕。知人則能，可以濟同，不以和濟

同也。**知苟適，可爲天下周**〔三〕。自知能稽，知人能濟，所謂適也。若此，可爲天下之周慎也。**内固之一，可爲長久**〔四〕，適可以知，内自固之，則長久。**論而用之，可以爲天下王**〔五〕。既固於心，度時論用，如此，可以爲天下王。**天之視而精，**既可王天下，則於天道，故視天能精之也。**四璧而知請**〔六〕。四璧，周禮所謂「四珪有邸」者也，祭天所奠也，同①邸於璧，故曰四璧。既能知天，則祭以四璧，而祈請其福祥也。**壤土而與生，**天既降福，故壤土爲之生百穀也。**能若夫風與波乎？唯其所欲適**〔七〕。風動波應，大小唯所欲適。天地之應聖人，亦猶②是也。**故子而代其父曰義也，臣而代其君曰篡也。**臣代於君，必是篡奪而取也。**篡何能歌？武王是也**〔八〕。而武王以臣代君，則非篡也。謂之篡之，豈能使紂之衆前歌後舞乎？則武王以臣代君，於理是也。**故曰：孰能去辯與巧？而還與衆人同道。**武王伐紂，所以不爲篡者，則以紂恃其辯巧，自異於物，逆天絶理，毒流四海故也。向能去其辯巧，與衆同道，何武王之敢窺哉！雖欲伐之，故得篡名。**故曰：思索精者明益衰，德行脩者王道狹，**思索太精則矜名，故王道狹也。**卧名利者寫生危**〔九〕。卧，猶息也。寫，猶除也。能息名利，則除身之危。**知周於六合之**

① 「同」字原作「固」，據補注改。
② 「猶」字原作「酒」，據補注改。

內者，吾知生之有爲阻也。周其智於六合則神傷竭，故於其生有阻難也。**持而滿之，乃其殆也。**持滿者善覆，故危也。**名滿於天下，不若其已也。**名滿於天下，則花揚而實喪。**名進而身退，天之道也**〔一〇〕。未有能名身俱進者。**滿盛之國，不可以仕任**〔一一〕。滿盛則敗亡，故不可任其仕也。**滿盛之家，不可以嫁子。**嫁子於滿盛之家，則與之俱亡。**驕倨傲暴之人，不可與交**〔一二〕。交於驕暴，則危亡及己也。

〔一〕翔鳳案：爾雅釋詁：「幾，近也。」史記老莊列傳「則幾矣」，索隱：「庶也。」合言之曰「庶幾」。「近」假爲「幾」。

〔二〕張文虎云：「濟」當爲「齊」。齊，速也，即徇通之義。「齊」與「稽」爲韻。翔鳳案：春秋説題辭：「『濟』之爲言齊也，齊者度也。」風俗通山澤：「『濟』者齊，齊其度量也。」張僅知其半，而又訓爲「速」，誤矣。

〔三〕俞樾云：「周」字無義，疑「君」字之誤。「可爲天下君」，猶下文言「可以爲天下王也」，「君」古文與「周」相似而誤。翔鳳案：樞言：「周者，不出於口，不見於色，一龍一蛇，一日五化之謂周。」説文：「周，密也。」左昭二十年：「晏子曰：聲亦如味，清濁、小大、短長、疾徐、哀樂、剛柔、遲速、高下、出入、周疏以相濟也。」齊人以「周」爲密，決非誤字。「周」與下文之「久」同在支韻。

〔四〕張文虎云：「長久」當作「久長」，「長」與下「王」字爲韻。翔鳳案：「長久」二字，老子亦

用之，不誤。

〔五〕李哲明云：「王」當作「主」，與上「久」字爲韻。　翔鳳案：李説是。

〔六〕丁士涵云：「精」者，明也。「璧」當作「辟」，辟，開也，通也。堯典「闢四門」，史記作「辟」。「請」者，「情」之借字。　張佩綸云：「視」當爲「神」，莊子天地篇：「神之又神而能精焉。」「四璧」當作「四辟」，「請」當爲「靖」。　莊子天道篇：「明於天，通於聖，六通四辟於帝王之德者，其自爲也，昧然無不靜者矣。」　翔鳳案：房釋「視天能精之」不誤，張改字誤。典瑞「圭璧」，注：「圭，其邸爲璧。」作「壁」者，以室有四壁，丁、張不知其義而改作「辟」，誤。

〔七〕張佩綸云：「波」當作「澤」，「澤」、「適」爲韻。「波唯所欲適」無義。易説卦傳：「兑爲雨澤。」「風與澤唯所欲適」，即形勢篇「風雨無鄉」也。白心篇本以八卦立説，改「波」爲「澤」而義全矣。　翔鳳案：「波」從皮聲，「適」從啻聲，可以叶韻。張改爲「澤」，誤。

〔八〕張佩綸云：莊子秋水篇：「差其時，逆其俗者，謂之篡夫；當其時，順其俗者，謂之義之徒。」尚書大傳大誓篇：「武王伐紂，至于商郊，停止宿夜，士卒皆歡樂歌舞以待旦。」又云：「惟丙午，王還師，前師乃鼓鼗躁，師乃慆，前歌後舞。」　翔鳳案：管子爲殷文化，故以武王爲篡，不能歌頌。大傳乃武王士卒自歌，非此文之意。

〔九〕馬瑞辰云：「寫」當訓憂，謂寢息於名利必多危險，故憂生危。尹注非。（此説引見郝氏爾雅義疏。）　李哲明云：「卧」疑爲「取」，「寫」疑爲「寓」，皆形近而譌。言務取名利者，即寄其

生於危險之域者也。注説牽合。又「生」當爲「身」，注云「除身之危」，可證。作「生」者，涉下「生有爲阻」而訛。翔鳳案：説文訓「臥」爲休，今人有休妻之説，謂舍去也。「寫」今作「瀉」，房注「除也」，不誤。詩之「寫憂」，猶今言「消愁」。「寫」不能訓憂，馬説誤。

〔一〇〕張佩綸云：老子：「功成名遂身退，天之道。」翔鳳案：「進」字自通，不必以老改管。

〔一一〕王念孫云：「任」即「仕」字之誤，今作「仕任」者，一本作「仕」，一本作「任」，而後人誤合之也。尹注云「不可任其仕」，則所見本已衍「任」字矣。安井衡云：「仕任」當爲「任仕」。此韻語，「仕」字與「殆」、「已」、「子」相韻。舊注云「不可任其仕」，亦似作「任仕」。翔鳳案：安井説是。

〔一二〕王念孫云：「交」當爲「友」，亦字之誤也。（隸書「交」字或作「友」，與「友」相似。）「仕」、「子」、「友」爲韻。（「友」古讀若「以」，説見唐韻正。）

道之大如天，無不覆也。其廣如地，無不載也。其重如石，萬人之力不能舉也。其輕如羽。一人載之不爲重。民之所以知者寡〔一〕。故曰：何道之近而莫之與能服也〔二〕！服，行也。棄近而就遠，何以費力也？道近在身，不能求之於己，而望之於人，終無得時，故曰費力也。故曰：欲愛吾身，先知吾情。知己情，則能自保其身。君親六合，以考內身〔三〕。遍六合之種，一一考之於身，身皆備之，則何須棄身而遠之也？以此知象，乃知行情。既知行情，乃知養生。知行情則不違理，不違理則生全，故曰「乃知於身知象，乃知可行之情。

養生」。左右前後，周而復所〔四〕。行身之道，或從左右，或從前後，行之既周，還復本所也。執儀服象，敬迎來者。執常儀，行常象，將來可行之理，敬而迎之。今夫來者，必道其道。上道從也，將來之理，必從道而來也。無遷無衍〔五〕，命乃長久。理既從道而來，但遵而行之，無遷移，無寬衍，勤而爲之，則命久長也。和以反中，形性相葆。事既安和，反歸①中理，如此則形全性順，故能相保也。一以無貳，是謂知道。將欲服之，必一②其端而固其所守〔六〕。固守則道自行。責其往來，莫知其時。若責③生之往來，則期④不定。索之於天，與之爲期。求性命之理於天，則期時可知也。不失其期，乃能得之。既不失期⑤，則性命之理得也。故曰：吾語若，大明之極，若，女也。大明之極，謂天⑥也。大明之明，非愛人不予也〔七〕。

①「歸」字原作「理」，據補注改。
②「一」字原無，據補注增。
③「責」字原作「貴」，據補注改。
④「期」字原作「其」，據補注改。
⑤「期」字原作「其」，據補注改。
⑥「天」字原作「大」，據校正改。

愛，惜也。非有所隱惜①於人而不予之也。**同則相從，反則相距也。**與天同則從，反則距也。**吾察反相距，吾以故知古從之同也**〔八〕。察今反則有距，故知古之從者，以其同也。

〔一〕翔鳳案：「以」訓用。

〔二〕安井衡云：古本無「與」字。翔鳳案：「與」讀平聲，虚詞。左傳：「其能靜者與有幾。」古本以不常見而改之，非是。

〔三〕俞樾云：此「君」字乃「周」字之誤，與上文可互證。尹注曰「遍六合之種，一一考之於身」，蓋以「遍」釋「周」，是其所據本未誤也。惟「親」字無義，尹亦無注，或「視」字之誤。「周視六合」，其義甚明，故尹注不及耳。翔鳳案：白虎通：「君，羣也，羣下所歸心也。」周書謚法：「從之成羣曰君。」王制：「君者善羣也。」「君」訓爲羣。戒篇「寡交多親」是其義，改字者妄。大匡「君臣有善者」，「君」亦訓羣。

〔四〕翔鳳案：「所」同「處」，見前。

〔五〕丁士涵云：「衍」與「延」同，文選西京賦「遷延邪睨」，薛綜注：「遷延，退旋也。」俞樾云：尹注曰「無遷移，無寬衍」，然「遷移」與「寬衍」兩意不倫，恐非也。「衍」當讀爲延。周官大祝「二曰衍祭」，鄭注曰：「『衍』字當爲『延』。」又男巫「掌望祀望衍授號」，注曰：「『衍』讀

① 「惜」字原作「情」，據補注改。

爲延。」詩椒聊篇「蕃衍盈升」，一切經音義十九引作「蕃延盈升」，是「衍」、「延」古通用也。「遷」、「延」乃疊韻字，古有此語。襄十四年左傳「晉人謂之遷延之役」，是也。「無邊無延」，猶曰無遷延耳，不當分爲二義。

〔六〕翔鳳案：楊本「必」下「其」字占兩字地位，蓋缺一字而不能定。各本以意定爲「一其」，可從，然非必原文也。

〔七〕郭沫若云：當以「非愛」爲句。「愛」假爲「薆」，隱也。「予」假爲「豫」，豫者好也。翔鳳案：楊本「予」作「矛」，誤，據補注本改。

〔八〕丁士涵云：當作「古之從同」，今本誤倒。尹注云「知古之從者，以其同也」，可證。

管子校注卷第十四

短語十三

水地第三十九

翔鳳案：楚、宋爲殷文化，與鄒、魯之周文化對立，拙著中國文化兩大系統考之甚詳。管子亦爲殷文化，與楚同派。幼官篇之玄宫，以北方爲主。莊子大宗師：「顓頊得之，以處玄宫。」淮南天文：「北方水也，其帝顓頊，其佐玄冥，執權而治冬。」「冬至爲德，曰冬至則水從之。」離騷：「帝高陽之苗裔兮。」楚爲顓頊之後，頌楚水、楚民，原因在此。郭沫若以爲西楚霸王時所作，失之遠矣。

地者，萬物之本原，諸生之根菀也〔一〕，菀，囿，城也。**美惡賢不肖愚俊之所生也。**謂生於地。**水者，地之血氣，如筋脉之通流者也**〔二〕。水言材美具備，其潤澤若氣，以支持於地若筋，分流地上若脉也。**故曰：水具材也**〔三〕。言水材美具備。**何以知其然也？曰：夫水，淖弱以清，而好洒人之惡，仁也**〔四〕。淖，和也。惡，垢穢也。**視之黑而白，精也**〔五〕。

視其色雖黑，及揮揚之則白，如此①者，精也。量之不可使概，至滿而止，正也。以意量之，則多少不可以概②。注於器，滿則止，不可加剩。如此者，正也。唯無不流，至平而止，義也〔六〕。方圓邪曲，無所不流。平則止，不可增高。如此者，義也。人皆赴高，己獨赴下〔七〕，卑也。卑也者，道之室，王者之器也，道以卑爲室，王以卑爲器也。而水以爲都居〔八〕。都，聚也。水聚居於下，卑也。準也者，五量之宗也〔九〕。水可爲平③準，五量取則焉，故爲五量之宗也。素也者，五色之質也。無色謂之素。水雖無色，五色不得不成，故爲五色質也。淡也者，五味之中也。無味謂之淡水，雖無味，五味不得不平也，故爲五味中也。是以水者，萬物之準也，萬物取平焉，故曰準也。諸生之淡也〔一〇〕，能濟諸生以適④中，故曰淡也。違非得失之質也〔一一〕，得亦自水生焉，失亦自水生焉，故爲得失之質。是以無不滿，無不居也。集於天地〔一二〕，雨從天降，而亦有河漢，故水集於天地。而藏於萬物〔一三〕，動植之物，皆含液也。産於金石，揀金於水，山石之穴，或有溜泉焉。集於諸生〔一四〕，諸合生類，皆得水而長之。故曰水

① 「此」字原無，據補注增。
② 「則」下原衍「不」字，「不可以概」四字原作「之況」二字，據補注删改。
③ 「平」字原作「下」，據補注改。
④ 「適」字原作「過」，據補注改。

神。莫不有水焉，不知其所，故謂之神也。集於草木，根得其度，得其生之度。華得其數，得其榮落之數。實得其量。得其生①熟之量。鳥獸得之，形體肥大，羽毛豐茂，文理明著。萬物莫不盡其幾〔一五〕，幾，謂從無以適有也。反其常者〔一六〕，常，謂長育之常數也。水之内度適也。内度，謂潛潤之度也。夫玉之所貴者，九德出焉。夫玉温潤以澤，仁也。鄰以理者，知也〔一七〕。鄰，近也。玉文相適近理，各自通，如此智也。堅而不蹙，義也。蹙，屈聚也。如此義也。廉而不劌，行也。鮮而不垢，絜也。折而不撓，勇也。瑕適皆見，精也〔一八〕。瑕適，玉病也。以其精純，故不掩瑕適。茂華光澤〔一九〕，竝通而不相陵，容也。叩之其音清摶徹遠，純而不殺，辭也〔二〇〕。象古君子之辭也。是以人主貴之，藏以爲寶，剖以爲符瑞，九德出焉。人主所以寶而藏之，爲符瑞九德之故。人，水也。男女精氣合而水流形〔二一〕。陰陽交感，流布成形也。三月如咀〔二二〕，咀者何？曰：五味。五味者何？咀，咀，口和嚼之，謂三月之胚渾初凝，類口所嚼食也。曰五藏。五味出於五藏後②也。酸主脾，鹹主肺，辛主腎，苦主肝，甘主心〔二三〕。五藏已具，而後生肉〔二四〕。脾生隔，隔在脾上也。

①「生」字原作「有」，據補注改。
②「後」字原作「酸」，據補注改。

脾生骨，腎生腦，肝生革，革，皮膚也。心生肉〔二五〕。五肉已具〔二六〕，而後發爲九竅。脾發爲鼻，肝發爲目，腎發爲耳，肺發爲竅〔二七〕。五月而成，十月而生〔二八〕。生而目視、耳聽、心慮。目之所以視，非特山陵之見也，察於荒忽。耳之所聽，非特雷鼓之聞也，察於淑湫〔二九〕。心之所慮，非特知於麤粗也〔三〇〕，察於微眇，故脩要之精〔三一〕。言精思是理，脩要妙之精也。是以水集於玉，而九德出焉。凝蹇而爲人，蹇，停也。言精液凝停則爲人也。而九竅五慮出焉〔三二〕。五慮，謂耳、目、鼻、口、心也。此乃其精也。言九竅五慮，是身之精也。麤濁蹇，能存而不能亡者也〔三三〕。謂人之稟氣麤濁而蹇，但能存而不能亡也。

〔一〕安井衡云：古本「菀」作「苑」。王引之云：「菀」與「根」義不相屬，「根菀」當爲「根荄」。下文曰「水者何也，萬物之本原，諸生之宗室也」，「本原」、「根荄」、「宗室」，皆謂根本也。隸書「亥」字或作「夾」，「宛」字或作「宛」，二形相似，故「荄」誤爲「菀」。吴汝綸云：據注，「根菀」當作「菀囿」。張佩綸云：王説非也。「根菀」當爲「垣苑」，字之誤也。白虎通（御覽百九十六引）：「苑囿，養萬物者也。」説文：「苑，所以畜禽獸也。」字林（一切經音義十九引）：「有垣曰苑，無垣曰囿。」三倉：（一切經音義十二引）「養牛馬林木曰苑。」「垣」或作「根」，見山海經西山經「垣玉」注。「苑」或作「宛」，見莊子天地篇釋文。舊注「苑囿，城也」，「城」乃「域」之誤。（楚語「王在靈囿」，注：「囿，域也。」）觀僞房以「苑囿」釋「根苑」，則所見

本尚作「垣苑」可知。金廷桂云：集韻「菀」與「藴」同。爾雅釋器郭注「根、柢皆物之邸」，「邸」即底。然則「根菀」猶言底藴耳。翔鳳案：詩都人士「我心菀結」，箋：「猶結也，積也。」素問大奇論「五藏菀熱，四氣調神」，與此篇義合。「根菀」者，結而積之於根也。非誤字。

〔二〕戴望云：御覽地部二十三引作「地之血氣筋脉之流者」，無「如」字。中立本「通流」二字誤倒。張佩綸云：御覽節「也」字，「如」、「通」二字乃淺人妄加。水經河水注諸本引作「水者地之血氣筋脉之通流者」。此言水爲地之血氣筋脉也。

〔三〕孫星衍云：水經河水注作「其具材也，而水最爲大」。張佩綸云：殿本水經注引「材」作「財」，古通。諸本水經注作「水其具財也」，「其」字似「具」而衍。孫星衍據諸本水經注謂下有「而水爲最大」五字，不知乃度地篇文，殿本補「五害之屬」，因明白矣。御覽地部二十三引作「故曰水之材也」，「之」字誤。翔鳳案：左昭二十七年傳：「天生五材，民並用之。」史記五帝紀：「節用水火材物。」水爲五材之一，而又爲最根本者，故曰「具」。説文：「具，共置也。」水供給萬物所需也。

〔四〕戴望云：文選運命論注引「弱」作「溺」，御覽地部同。宋本「灑」作「洒」。張佩綸云：「弱」，柔也。淮南原道訓「天下之物莫柔弱於水」，又曰「淖溺流遁」，「溺」亦當作「弱」。後漢書臧宫傳：「弱者，仁之助也。」説文：「洒，滌也。」晏子春秋問下：「晏子對曰：『美哉水乎，

清清。其濁無不雩途，其清無不灑除。』」又荀子宥坐篇：「淖約微達似察。」大戴禮勸學篇：「弱約危通似察。」説苑雜言篇：「綽弱而微達似察。」翔鳳案：通俗文：「和泥曰淖。」字林：「濡甚而淖。」説文「淖，泥也」，段注：「以土與水和之。」水力弱不能勝物，在泥中能清，故曰「淖弱以清」。

〔五〕翔鳳案：水深黑而淺白，以其精粹不雜。楚辭橘頌「精色内白」，「精」、「白」二字相連。

〔六〕許維遹云：御覽地部二十三引作「量之至滿而止，正也。流則至平，義也」。翔鳳案：水之特點，在量時不概而自平。荀子宥坐「盈不求概」，注：「概，平斗斛之木也。」

〔七〕戴望云：「己獨赴下」，文選海賦注引「己」作「水」，御覽引「赴」作「趍」。翔鳳案：管子以水爲智能之神物，故以「人」、「己」對言，「赴」有趨而向前之義，類書改文，失其義矣。

〔八〕安井衡云：「都」、「豬」通。禹貢「大野既豬」，又云「被孟豬」，夏本紀並作「都」。水渟曰豬。言水以卑下爲渟居之所也。翔鳳案：水經濟水注引「滎波既瀦」，安井説是也。

〔九〕尹桐陽云：水可以爲平準，五量取則焉，故爲五量之宗。家語五帝德「設五量」，注：「權衡、升斛、尺丈、里步、十百也。」揆度篇桓公問「何謂正名」，管子以「權」、「衡」、「規」、「矩」、「準」當之。淮南時則所云「六度」，除「準」外，曰「規」、「矩」、「權」、「衡」、「繩」，其言均與家語注異。翔鳳案：「五量之宗」，則準在五量之外，五量皆以平爲正也。天文訓言太皞執規，炎帝執衡，黄帝執繩，少昊執矩，顓頊執權。亦見於漢書魏相傳。顓頊以玄冥爲水官，爲水地之

主神，當以淮南爲是。家語爲王肅僞作，謬矣。

〔一〇〕俞樾云：「淡」字義不可通，尹注曰「能濟諸生以適中，故曰淡」，亦未知「淡」字作何解也。「淡」疑本作「澹」，淮南子原道篇「富澹天下而不既」，齊俗篇「智伯有三晉而欲不澹」，高注並曰：「澹，足也。」又主術篇「求寡而易澹」，注曰：「澹，給也。」蓋贍足之贍，説文無之，古人書「贍」字每作「澹」。漢書食貨志、司馬遷傳、東方朔傳、趙充國傳，字皆作「澹」，師古注並云「澹，古『贍』字」，是其證也。水兼利萬物，諸有生之物皆于水取給，故云「諸生之澹」，正合古人「澹」字從水之義。而後人又以「澹」、「淡」爲一字，文選潘安仁金谷集詩「緑池泛淡淡」，注引東京賦「渌水澹澹」，云「澹」與「淡」同。於是「諸生之澹」改爲「諸生之淡」，而其義始晦矣。郭嵩燾云：平議改爲「諸生之澹」，云「澹」與「贍」通，然本文直承上三項，「淡也者，五味之中也。」説文：「凖，平也。」廣韻：「質，地也。」凖以明水之用，質以著水之體，淡者水之本原也，故曰天一生水，五味之始，以淡爲本。水曰潤下作鹹，而其始出淡然。諸生資水氣以生，其始皆淡也。玩此段文誼，亦並未及贍物之功也。翔鳳案：希臘泰勒斯以水爲萬物之源，印度亦有水地論師，其哲學思想中外相同。老子：「道之出口，淡兮其無味。」近代哲學書言道不及管子，可怪也。

〔一一〕丁士涵云：「違」當爲「韙」，釋文引倉頡篇曰：「韙，是也。」「質」當爲「素」。此三句承上「凖也者」、「素也者」、「淡也者」言之。翔鳳案：周禮司裘注：「方十尺曰侯，四尺曰鵠，二

尺曰正，四寸曰質。」「質」爲最小居中之準則，是非、得失以之爲準，丁改爲「素」，誤矣。

〔一二〕張文虎云：「集」疑「準」字之誤。下「集於諸生」、「集於草木」同。翔鳳案：「集」本作「雧」，爲羣鳥在木上。孟子「是集義所生者」，注：「雜也。」兼有「襍」義，非誤字。

〔一三〕張佩綸云：御覽引作「故水藏萬物，産金石」。翔鳳案：有「而」字貫下三句，則「集於諸生」之義不複。許維遹認爲衍「而」字，非是。

〔一四〕李哲明云：「集」疑當爲「長」，涉上下文而訛。注云「諸含生類得水而長之」，即其證。翔鳳案：李不解「集」訓爲襍而疑之，誤矣。

〔一五〕俞樾云：詩楚茨篇「如幾如式」，毛傳曰：「幾，期也。」「萬物莫不盡其幾」，言無不盡其期也，猶云「終其天年」耳。尹注非。翔鳳案：説文：「幾，微也。」易繫辭：「幾者動之微，吉凶之先見者也。」

〔一六〕張佩綸云：廣雅釋詁三：「常，質也。」説苑：「常者質。」翔鳳案：「常」爲不變之道，萬物永恒之性質，張説誤。

〔一七〕王引之云：「鄰」，堅貌也。聘義曰「縝密以栗，知也」，鄭注：「栗，堅貌。」荀子法行篇「五穀鄰熟」，尹彼注曰：「鄰，緊貌。」爾雅釋竹類曰「鄰堅中」，郭注曰：「其中實。」義與此竝相近也。尹此注訓「鄰」爲「近」，非是。何如璋云：「鄰」當作「粼」，粼，清澈也，詩：「揚之水，白石粼粼。」「理」，條理也。言玉之質清澈而有條理，似其知也。劉師培云：荀子法

行篇作「栗以理」（從呂夏卿本）。此文「鄰」字，乃「凌」字假音。周書作雒解「乃因蔡叔於郭凌」，僞書蔡仲之命作「郭鄰」，是其例。爾雅釋言云：「凌，慄也。」　翔鳳案：説苑雜言：「玉有六美。望之温潤，近之栗理。望之温潤者，君子比德焉。近之栗理者，君子比智焉。」合觀之，「鄰」通「栗」無疑。漢書楊惲傳：「不寒而栗。」論語：「周人以栗，曰使民戰慄。」劉是而王非也。

〔一八〕王念孫云：「精」與「情」同。（逸周書官人篇「復徵其言，以觀其精」，「精」即「情」字。荀子脩身篇「術順墨而精雜污」，楊倞曰：「『精』當爲『情』。」）「情」之言誠也。不匿其瑕，故曰情。春秋繁露仁義法篇云「自稱其惡謂之情」，義與此「情」字同。荀子法行篇作「瑕適竝見情也」，聘義曰「瑕不揜瑜，瑜不揜瑕，忠也」，「忠」亦「情」也。尹注非。　郝懿行云：「瑕」者，玉之病也。「適」者，善也。凡物調適謂之適，得意便安亦謂之適，皆善之意。故廣韻云：「適，善也。」「精」亦「情」耳，古「精」、「情」二字多通耳。　何如璋云：「適」讀爲謫，「謫」亦「瑕」也。尹注云：「瑕適，玉病也。」呂氏春秋舉難篇：「寸之玉必有瑕讁。」繁露執贄「玉至清而不蔽其惡，内有瑕穢必見於外」，本此。　張佩綸云：「適」讀如詩殷武「勿予禍適」，毛傳：「適，過也。」莊子「擿玉毁珠」，即「瑕適」之「適」也。

〔一九〕王引之云：「茂」字，蓋因上文「羽毛豐茂」而誤。（太平御覽珍寶部三引此已誤。）「茂華」當作「英華」。説文曰：「璱，玉英華相帶如瑟弦。」「瑮，玉英華羅列秩秩。」　翔鳳案：下句

勉」、「竝通而不相陵」當合看。漢書律曆志注：「楙，古『茂』字。」食貨志「楙遷有無」，注：「勉也。」借爲「貿」。「楙」從林，有並盛之意。方言七：「侔，勉也。」「侔」訓齊等，「茂華」與「竝通」義相承。「茂」、「楙」、「貿」、「侔」聲同義近，王改爲「英」，非也。

〔三〇〕段玉裁云：「搏」當作「摶」，「摶」古「專」壹字，今本作「搏」，蓋非。（見說文解字注「玉」字下。）孫星衍云：太平御覽八百三、事類賦注引「搏」作「專」。說文：「其聲舒揚專以遠聞。」「專」，古「敷」字。豬飼彦博云：「摶」當作「揚」，荀子作「清揚而遠聞」。張佩綸云：「摶」，事類賦注作「專」，照曠閣御覽本珍寶部四引作「專」。段說是也。管書「專」皆作「摶」。「純」，論語：「純如也。」樂記：「其哀心感者，其聲噍以殺。」「辭」，歌辭，言玉之音，如樂之歌辭。詩小序「有其義而亡其辭」，非泛言辭令也。翔鳳案：此句之解，當注意「徹遠」。清而敷布，可以徹遠。若清專則集止於一處，安能徹遠乎？孫說不誤。純而不殺，殺者災音，即樂記之「噍以殺」。

〔三一〕何如璋云：易繫辭下傳：「男女構精，萬物化生。」此段以人由水生，發揮水神之妙用也。御覽地部引春秋元命苞云：「水之爲言演也，陰化淖濡，流施潛行也。故其立字兩人交一以中出者爲水。一者數之始，兩人譬男女，言陰陽交，物以一起也。」

〔三二〕俞樾云：「如」當作「而」，與下文「五月而成」、「十月而生」句法一例。「三月而咀」者，以其五藏已具也。御覽亦引作「而」。張佩綸云：「三月」，御覽作「二月」，非。說文口部：

「咀，含味也。」大戴禮易本命：「咀噍者九竅而胎生。」上林賦雖云「咀嚼淩藕」，廣韻「咀，嚼也」，但兒在腹中，如咀含，不能如咀嚼也。舊注非。陶鴻慶云：「如」讀爲而，「三月如咀」，與下文「五月而成」、「十月而生」句法一律。説文：「咀，含味也。」言三月精氣成形，則能含受五味之氣，而生五藏也。尹注以「咀咀」連讀，又讀「如」爲本字，殊謬。翔鳳案：舊説謂胎兒含母血管而生長。含而味之爲咀。「如」讀而，是也。左莊七年「星隕如雨」，注：「如，而也。」

〔三三〕孫星衍云：太平御覽三百六十引五「主」字皆作「生」。何如璋云：内經陰陽應象大論：「木生酸，酸生肝。火生苦，苦生肺。土生甘，甘生心。金生辛，辛生脾。水生鹹，鹹生腎。」又宣明五氣：「五味所入：酸入肝，辛入肺，苦入心，鹹入腎，甘入脾。」此與内經諸書不同。張佩綸云：諸書〔言五藏五行五味〕從今尚書説者，與内經合，惟月令、吕覽、淮南、太玄爲古尚書説。許、高皆兩存之。然高氏以今説解四時之際至中央先心亦以爲用所勝，殆不可通。鄭駁異義而注周禮，猶傳古尚書義。此書「酸主脾」、「甘主心」，與古尚書説合。中三藏疑當作「苦主肺，辛主肝，鹹主腎」，三字皆從月，傳寫易訛。而地員亦鹹、苦二味相反，惟幼官五味不誤，今當據以校正。章炳麟云：五藏之配五行，舊有兩説。異義曰：「今文尚書歐陽説：肝，木也；心，火也；脾，土也；肺，金也；腎，水也。古文尚書説：脾，木也；肺，火也；心，土也；肝，金也；腎，水也。」及讀此篇，則又自爲一説，以味準行，則

脾，木也；肺，水也；腎，金也；肝，火也；心，土也。按肝膽同居而膽汁味苦，則謂「苦主肝」者，優于今、古文二説矣。又尋王氏經義述聞，謂月令之文惟古文尚書説可以解之，此亦不必然。古人于聲色臭味之用，每有參差不合者，如管子幼官篇中方圖云「聽宫聲」，東方圖云「聽角聲」，南方圖云「聽羽聲」，西方圖云「聽商聲」，北方圖云「聽徵聲」，三方之聲皆合，而南方羽，北方徵獨不合，豈得云羽當屬火，徵當屬水邪？翔鳳案：管子爲殷文化，用今文説，詳拙著中國文化兩大系統。現代中醫多用今文説。

〔二四〕丁士涵云：「生肉」之「肉」當作「内」，「内」上當有「五」字。五内，謂隔、骨、腦、革、肉。肉亦五内之一，不得專舉「肉」以包五内。御覽人事部引作「五肉」，「肉」字雖誤而「五」字未經删去。下文「五肉已具」，「肉」亦「内」字之誤。翔鳳案：釋名：「肉，柔也。」説文：「腜，婦始孕腜兆也。」胚胎肌臚脾肝肺腎皆從肉，由心血而生，故有「五肉」之名。醫書無「五内」之名，此丁氏之臆説也。

〔二五〕安井衡云：古本「隔」作「膈」。按説文有「隔」無「膈」。古者「隔」、「膈」皆作「鬲」，然則「隔」即「膈」也。戴望云：五行大義三引作「脾生骨，腎生筋，肺生革，心生肉，肝生爪髪」，御覽人事部引作「脾生髓，肝生骨，腎生筋，肺生革，心生肉」，與今本管子異。何如璋云：御覽引與此異。又素問云：「肝生筋，心生血，脾生肉，肺生皮毛，腎生骨髓」，與此亦異。翔鳳案：某生某，醫書無定説，以音理求之，爲肝生骨。説文：「骨，肉之覈也。」太玄「劇

骨纍其肉」，注：「幹也。」「肝」從干，同「幹」，則「肝生骨」爲是，非肺也。「肺生革」與「肺生皮毛」，中醫用之。

〔二六〕王念孫云：此承上文「心生肉」而言，則「肉」上亦不當有「五」字，蓋涉上文「五藏已具」而衍。太平御覽人事部一引此無「五」字。　戴望云：「五肉」，當從丁説作「五内」，御覽脱此字耳。　翔鳳案：「五肉」即五藏之肉，觀下文「脾發爲鼻，肝發爲目」云云，即竅也。二説均誤。

〔二七〕劉績云：「心發爲舌」，舊本無此句，今據文子補之。　王念孫云：「肺發爲竅」，隋蕭吉五行大義三引作「肺發爲口，心發爲下竅」，是也。太平御覽亦作「肺爲口，心爲下竅」。今本「肺發爲」下脱「口心發爲下」五字，則義不可通。　安井衡云：「竅」，古本作「口」，下更有「心發爲舌」四字。文子亦有此四字。按上文云「發爲九竅」，舌非竅也，今出之而反遺下二竅，非也。「肺發爲竅」，蓋謂爲口及下二竅，此三竅者直達於腹中，故得專竅名。凡飲食，口納而肺受之，送致之腸胃，而自下二竅下，其爲此三竅，宜也。心爲五官之長，若有所爲，將有所偏，故不爲焉，其意精矣。　何如璋云：内經：「肝主目，心主舌，脾主口，肺主鼻，腎主耳。」金匱真言：「東方青色，入通於肝，開竅於目，藏精於肝。南方赤色，入通於心，開竅於耳，藏精於心。中央黄色，入通於脾，開竅於口，藏精於脾。西方白色，入通於肺，開竅於鼻，藏精於肺。北方黑色，入通於腎，開竅於陰，藏精於腎。」五行大義引孝經援神契云：「肝

仁故目視，肺義故鼻候，心禮故耳司，腎智故竅寫，脾信故口誨。」與此文不同。張佩綸云：諸書所言，與管書均不合，而内經分口、舌爲二，亦非，似「舌」乃下「竅」之誤。

〔二八〕張佩綸云：淮南精神訓：「故曰一月而膏，二月而胅，三月而胎，四月而肌，五月而筋，六月而骨，七月而成，八月而動，九月而躁，十月而生，形體以成，五藏乃形。」文子九守篇：「老子曰：人受天地變化而生，一月而膏，二月而脈，三月而胚，四月而胎，五月而筋，六月而骨，七月而成形，八月而動，九月而躁，十月而生，形骸已成，五藏乃形。」續義本無注，御覽人事部一引注曰：「初形骸如膏脂，漸生筋脈胚胞也。三月如水龍狀也，四月如水中蝦蟆之胎，五月氣積而成筋，血化肉，肉化脂，脂化骨，七月四支九竅成，八月動作，九月動數如前。」此「五月」當作「七月」。

〔二九〕俞樾云：「淑」當作「踧」，「湫」當作「啾」，並以聲言。説文口部：「踧，嘆也。」「啾，小兒聲也。」張佩綸云：「淑」讀爲寂，淮南原道訓「湫漻寂寞」，高誘注：「湫漻，清靜也；寂寞，恬淡也。」此言視於無形，聽於無聲。翔鳳案：「淑湫」與「雷鼓」對，爲小聲，非無聲也。俞説是。

〔三〇〕王念孫云：「麤粗」與「微眇」對文。凡書傳中「麤粗」二字連文者，皆上倉胡反，下才户反。「麤」字亦作「麄」，「粗」字亦作「觕」（俗作「牏」），又作「苴」。説文：「觕，角長皃，從角爿聲，讀若麤觕。」晏子春秋問篇曰「縵密不能麄苴學者詘」，淮南氾論篇曰「風氣者，陰陽麤牏者

也」，春秋繁露俞序篇曰「始於麤粗，終於精微」，漢書藝文志曰「庶得麤觕」，論衡量知篇曰「夫竹木麤苴之物也」，隱元年公羊傳注曰「用心尚麤觕」，竝上倉胡反，下才户反。二字義同而音異，學者不能分別，故傳寫多誤。翔鳳案：説文「麤，行超遠也」，以動態言。「粗，疏也」，以形態言，謂鬆疏。「微，隱行也」，以動態言。「眇，一目小也」，以形態言。分貼精切，王謂義同音異，疏矣。

〔三一〕吴汝綸云：「修要之精」下有脱文。張佩綸云：此五字衍文。尹以「精微要妙」解「微眇」，則「微」譌爲「故」「脩」二字，僞房又望文加注，斯爲歧中之歧。翔鳳案：釋名釋飲食：「脩，縮也，乾燥而縮也。」公羊莊十二年傳「要盟可禮」，注：「臣約束君曰要。」「脩要」義同「縮約」，此句總結上文。下文「是以」貫「九德」、「九竅」。以爲衍或脱，皆誤。

〔三二〕何如璋云：「蹇」者，强也。吕覽別類「漆淖水淖，合兩淖則爲蹇」，注：「蹇，强也。水漆相得則蹇而强也。」此喻生人之理，故云「凝蹇」。注非。翔鳳案：莊子秋水「與道大蹇」，崔本作「浣」，「垸」之借。説文：「垸，以桼和灰而髼也。」「完」訓全，引申得義。「凝蹇」即「凝垸」。「五慮」即在「九竅」之中，猶五官也。許維遹曰「五官就形言，五慮就能言」，是也。

〔三三〕劉績云：此言「水之精粗濁蹇能存而不能亡者，生人與玉」。注俱非。王引之云：下文曰「是以水之精麤濁蹇能存而不能亡者，生人與玉」，是也。尹誤讀「此乃其精」爲句，注云：「九竅五慮，是身之精。」又誤讀「麤濁蹇能存而不能亡者也」爲句，注云：「謂人之稟氣麤濁

而蹇，但能存而不能亡也。」遂使一句之中，文義上下隔絶。後人不知其誤，又增「也」字於「此乃其精」之下，增「精」字於「麤濁蹇」之上，而文義愈隔絶矣。朱本無上「也」字及下「精」字，仍是管子原文，可合而讀之，以正尹注之誤。張佩綸云：王説亦非。「此乃其精也」，言玉與人乃水之精也。「麤」字衍。「濁蹇」當作「凝蹇」，言人與玉爲水之精凝蹇，能存而不能亡。耆龜與龍，乃水之精伏闇者，能存而能亡。玉中有石，人中有下愚，然以此篇之意推之，則不得以玉與人爲麤濁。下文「是以水之精」句，亦總括三項而言。翔鳳案：「此乃其精也」，總結視聽五慮。若夫形體則麤濁之質所摶埦者。古人謂人死而靈魂存在，若形體則人亡而歸於無有。

伏闇能存而能亡者，蓍龜與龍是也〔一〕。言龜龍稟氣微妙，悠遠而暗冥，故能存亡而爲變化也。**龜生於水，發之於火**，謂卜者以火鑽灼之。**於是爲萬物先，爲禍福正**〔二〕。謂龜得水火之靈，故先知於萬物，識禍福之正也。**龍生於水，被五色而游，故神**。得水不測之靈故神。**欲小則化如蠶蠋**，蠋藿①中蟲。**欲大則藏於天下**〔三〕，言能隱覆天下。**欲上則凌於雲氣**，尚，上也。**欲下則入於深泉**〔四〕。**變化無日，**隨時而變，不期於日。**上下無時，謂之神**〔五〕。**龜與龍，伏闇能存而能亡者也。**

① 「藿」字原作「蘿」，據補注改。

或世見，謂下谷不徙，水不絶之也。或世不見者〔六〕，謂涸川，水有時而絶。生蝺與慶忌。世見生慶忌，世不見生蝺也。故涸澤數百歲〔七〕，谷之不徙，水之不絶者，生慶忌。謂涸澤之中，有谷有水，谷不徙而水不絶也。慶忌者，其狀若人，其長四寸。衣黄衣，冠黄冠，戴黄蓋，乘小馬〔八〕，好疾馳。以其名呼之，可使千里外，一日反報。此涸澤之精也。涸川之精者生於蝺〔九〕。蝺者，一頭而兩身，其形若虵〔一〇〕，其長八尺。以其名呼之，可以取魚鼈〔一一〕。此涸川水之精也。

是以水之精，麤濁蹇，能存而不能亡者，生人與玉。伏闇能存而亡者，蓍龜與龍。或世見，或不見者，蝺與慶忌〔一二〕。故人皆服之，謂服用水。而管子則之。言管子獨能知水法則也。人皆有之，莫不有水。而管子以之〔一三〕。以①，用也。言管子獨能用水也。

〔一〕王念孫云：「蓍龜」本作「神龜」，下文「神龜與龍」，即其證。此言龜與龍能存而能亡，無取於蓍也。今作「蓍龜」者，後人不曉文義而妄改之耳。據尹注亦無「蓍」字。安井衡云：下文唯覆龜龍，「蓍」字疑當爲衍文。下文「蓍龜」同。何如璋云：「蓍龜」當作「耆龜」，張衡西京賦「搏耆龜」，薛綜注：「耆，老也，龜之老者。」善曰：「楚辭曰『耆蔡兮踊躍』，王逸

① 「以」字原作「似」，據補注改。

曰：『蔡，龜也。』」下文「上下無時謂之神」，乃釋「故神」二字，王氏誤讀。張佩綸云：何説是也。御覽鱗介部三「龜」下引逸禮曰：「天子龜尺二寸，諸侯八寸，大夫六寸，士民四寸。龜者，陰蟲之老也。龜三千歲上游於卷耳之上，老者先知，故君子舉事必考之。」翔鳳案：説文：「蓍，蒿屬，生千歲，三百莖，从艸，耆聲。」「蓍」之從耆，以其老壽。白虎通：「『蓍』之言耆也。」「蓍龜」即「耆龜」，何以爲當作「耆」，尚隔一層。

〔二〕張佩綸云：藝文類聚九十九引作「故爲南方物，爲禍福也」。

〔三〕孫星衍云：太平御覽九百二十九、事類賦注二十八引作「欲大則函天地」。

〔四〕孫星衍云：太平御覽、事類賦注引作「欲沈則伏泉」。張佩綸云：太平御覽引「欲小則如蠶蠋，欲大則函天地，欲上則凌雲，欲沈則伏泉」。

〔五〕何如璋云：賈子容經「龍之神也，其惟飛龍乎！能與細細，能與巨巨，能與高高，能與下下。吾故曰龍變無常，能幽能章」，本此。

〔六〕劉師培云：金樓子吉怪篇上「見」字作「用」。以下文兩「可使」證之，「或世見」三字乃「爲世用」之訛。翔鳳案：「見」指水言，劉誤。

〔七〕張佩綸云：「故」即「涸」字，此必一本作「故澤」，一本作「涸澤」，而校者誤合之。晉書輿服志武冠：「或云齊人見千歲涸澤之神，名曰慶忌，冠大冠，乘小車，好疾馳，因象其冠而服焉。」御覽妖異部二引白澤圖曰：「故水之精名忌，狀如人，乘車蓋日馳千里，以其名呼之，可使入

水取魚。」案：晉志不經。白澤圖「名忌」當作「慶忌」，「乘車蓋」當作「乘車戴蓋」，「入水取魚」誤以蝸爲慶忌，姑録之以博異聞。任林圃云：此「涸」字及下「涸川」，均非乾涸之涸。漢書五行志「滯涸」，顏師古云：「涸，讀與沍同。」太平御覽八八六引白澤圖：「故水之精名忌，狀如人，乘車蓋，日馳千里，以其名呼之，可使入水取魚。」説雖有出入，其爲同一故事之演變無疑。而「故水」與「故宅」、「故道」、「故臺屋」等並列，則是白澤圖以「涸」爲「故」也。翔鳳案：「故」字承上，類書引有省文，非以「故」爲「涸」也。

〔八〕戴望云：御覽地部三十七引作「乘水鳥」。翔鳳案：以輿服志、白澤圖證之，非水鳥。

〔九〕王念孫云：「涸川之精」，法苑珠林六道篇、太平御覽妖異部二引此「川」下竝有「水」字，據下文云「此涸川水之精也」，則有「水」字者是。（上文尹注亦云：「涸川水有時而絶。」）俞樾云：「於」字衍文，王氏讀書雜志已訂正矣。惟此文尚有可疑。上文云「涸澤數百歲，谷之不徙，水之不絶者生慶忌」，是則當有「生」字者也。若此文言「涸川之精」者，則即是蝸矣，何得更言「生」乎？據太平御覽妖異部、法苑珠林六道篇引此文「川」下竝有「水」字，疑管子原文本作「涸川之水生蝸」，因涉上文「此涸澤之精也」而誤。若此文已云「涸川之精者生蝸」，而下文又云「此涸川水之精也」，則於文義複矣。知非管子原文也。戴望云：山海經北山經注引作「涸水之精名蝸」，法苑珠林六道篇、御覽妖異部二引此「川」下竝有「水」字，法苑珠林「蝸」作「蚔」。何如璋云：山海經北山經：「渾夕之山有蛇，一首兩身，名曰肥遺。」郭

注云：「管子之『蝺』，亦此類。」　翔鳳案：「肥遺」之合音爲「蝺」，何説是也。「於」爲古文「烏」，「於蝺」與烏龜義近，有驚歎之意，非誤字。不常用而怪之，非是。

〔一〇〕王念孫云：北山經注、法苑珠林、太平御覽引此「形」竝作「狀」。據上文云「慶忌者其狀如人」，則作「狀」者是。　翔鳳案：「形」、「狀」同義，慶忌言狀而蝺言形，有何不可？

〔一一〕王念孫云：北山經注、法苑珠林引此「可以」竝作「可使」。據上文云「可使千里外一日反報」，則作「可使」者是。（太平御覽作「可以」，則所見本已誤。）　翔鳳案：「以」訓用，與「使」同義，何必改字？

〔一二〕王念孫云：「能存而亡」，當依朱本及上文作「能存而能亡」。「或不見」，亦當依上文作「或世不見」。「蓍龜」當爲「神龜」，辨見上。　翔鳳案：「能」、「世」二字俱省，蒙上文，不必增。

〔一三〕何如璋云：「服」者，食也，用也。言「水」人皆服之有之，而管子獨取以爲法則而能用之也。賈子君道「大道亶亶，其去身不遠，人皆有之，舜獨以之」，語意仿此。　張佩綸云：「服」，習也（孔子閒居「君子之服之也」鄭注）。言人皆視爲習慣，而管子獨取爲法則也。「有」即孟子「使有菽粟如水火」之「有」，言人無不富有，而管子獨能用之也。　翔鳳案：「服之」非即視爲習慣，且其義亦不合，張説誤。

是故具者何也？水是也〔二〕。言水無理不具也。**萬物莫不以生**，得水以生。**唯知其託者能爲之正。具者，水是也。**託，依也。能知水理之所依者，能正於萬物，故理之具者水

也。故曰：水者何也？萬物之本原也，諸生之宗室也，美惡賢不肖愚俊之所産也〔二〕。何以知其然也？夫齊之水道躁而復，故其民貪麤而好勇〔三〕。以水道迴復，故令人貪。以其躁速，故令人麤勇也。楚之水淖弱而清，故其民輕果而賊〔四〕。以其淖弱故輕佚，清則明察，故人果賊也。越之水濁重而洎，故其民愚疾而垢〔五〕。洎，浸也。濁重故愚，浸則多所漸入，故疾垢也。秦之水泔冣而稽，淤滯而雜〔六〕，冣，絶也。稽，停留也。謂秦水絶甘而味停留，又泥淤沉滯，與水相雜也。故其民貪戾，罔而好事以其泔而稽，故貪戾。以其滯雜，故誣而好事。齊。晉之水枯旱而運，淤滯而雜〔七〕，齊晉，謂齊之西而晉之東。枯旱，謂其水慘澀而無光也。故其民諂諛葆詐，巧佞而好利〔八〕。以其運，故諂諛。以其枯旱，故葆詐。以其淤雜，故巧佞而好利。燕之水萃下而弱，沉滯而雜，故其民愚戇而好貞，輕疾而易死。沉故愚戇而好貞，萃雜故輕疾而易死也。宋之水輕勁而清，故其民閒易而好正〔九〕。輕故易清，勁故好正也。是以聖人之化世也，其解在水〔一〇〕。言解人之邪正，嘗水而知。故水一則人心正〔一一〕，一，謂不雜。水清則民心易。一則欲不污，人心既一，故欲不污穢。民心易則行無邪〔一二〕。易直則無邪也。是以聖人之治於世也，不人告也，不户説也，其樞在水。樞主運轉者也。言欲轉化於人，但則水之理，故曰「其樞在水」也。

〔一〕丁士涵云：「具」下當有「材」字。上文云：「水，具材也。」翔鳳案：「具」訓共置，見前，

不當有「材」字。

〔二〕吴汝綸云：「託」當爲「説」。　何如璋云：「託」者，言水爲萬物之精而爲萬物所託也。吕覽用民：「凡鹽之用，有所託也。不適則敗託而不可食。」「託」字之義本此。　張佩綸云：「託」乃「説」之誤。「正」，政也。「唯知其説者能爲之政」，即論語所謂「知其説者之於天下也」。下「具者水是也」五字復重。舊注非。此承上文作「故曰水者」，則起處「地者」實是「水」字之誤。〔前曰〕「根苑」，〔此曰〕「宗室」，未詳孰是？「何以」二字，涉上「者何也」而衍。　陶鴻慶云：「具者水是也，故曰水者何也」十一字文不成義，且與上文「具者何也，水是也」句複，蓋即涉上文而誤錯亂其辭耳。以義考之，元文當云：「唯知其託者能爲之正，正者何也，地是也。故曰：地者，萬物之本原也，諸生之宗室也，美惡賢不肖愚俊之所產也。」蓋水託於地，正地即所以正水，故言水必兼言地。下文歷舉齊、楚、越、秦、晉、燕、宋諸水，皆發明此義也。「故曰」以下，乃複舉篇首之文。篇首云「地者，萬物之本原也，諸生之根菀（今本作「苑」，從王氏改正）也，美惡賢不肖愚俊之所生也」，此文正與相應，可知此作「水」者之爲誤字矣。又案：「諸生之宗室」義不可通，「室」乃「宔」字之誤，「宔」即「主」之本字。「宗主」與篇首「根菀」義同。（孫卿子正論篇云「聖王之子也，有天下之後也，執籍之所在也，天下之宗室也」，「室」亦當作「宔」。）　翔鳳案：「具」，供也，見前。無衍文。

〔三〕王念孫云：「道」當爲「逌」，字之誤也。（隸書「酉」字或作「首」，形與「首」相似，故「逌」字譌

而爲「道」。荀子議兵篇「鰌之以形罰」，漢書刑法志「鰌」作「道」，即「遒」字之譌。）遒，急也，字本作「迺」。説文曰：「迺，迫也。」廣雅曰：「遒，急也。」楚辭招魂曰：「分曹並進，遒相迫些。」是「遒」爲急也。「遒躁」二字連讀，猶言急躁耳。下文之「淖弱而清」，「濁重而洎」，「㝡而稽」，「淤滯而雜」，「枯旱而運」，「萃下而弱」，「輕勁而清」，並與此相對爲文。尹不知「道」爲「遒」之譌，而以「水道」二字連讀，失之矣。張佩綸云：王説非也。爾雅釋詁：「道，直也。」禹貢：「九河既道。」「復」，呂覽季冬「水澤復」，高誘注：「『復』亦盛也。」任林圃云：意林引此文無「之」字、「道」字、「其」字、「贏」字、「好」字。尹釋「復」爲「迴」者，乃以「復」即「澓」字之省。三倉云：「澓，深也，亦洄水深也。」謂河海洄旋之處。謂流水下有深穴則令水有洄澓也。」特水之洄旋，無地無之，不應限於齊耳。翔鳳案：水經注：「臨淄縣故城南，東行天齊水口，水出南郊山下，謂之天齊淵。齊之爲名，取於此矣。」淵爲回水，任訓「復」爲「澓」，其言甚當。「道」即水路，躁急而旋，王以爲誤字，非是。「貪贏而好勇」，「貪」與「好」爲形容詞，不是貪財。

〔四〕丁士涵云：「果」訓果毅，與「淖弱」義相反。「果」疑「票」之誤。説文曰：「㶾，火飛也。」「僄，輕也。」「輕僄」本楚人語。方言曰：「僄，輕也。楚凡相輕薄謂之相仉，或謂之僄。」意林引「賊」上有「好」字，「弱」作「溺」。翔鳳案：房注「果賊」，郭沫若以爲「乃『果敢』之誤」。「賊」與「敢」形不相似，聲義亦不相通，無緣致誤。説文：「賊，敗也，从戈，則聲。」「敗」字説

解云「敗、賊皆从貝會意」，是謂以刀戈毁貝，兼形聲。左文十八年傳「毁則爲賊」，「毁則」即「毁敗」。魯語「使人賊之」，注：「殺也。」左昭十四年傳：「殺人不忌爲賊。」「賊」從「殺」得義。説文：「鰂，烏鰂魚。」字亦作「鱡」，本草作「烏賊」。是「賊」與「則」聲義同。左思吴都賦「烏賊擁劍」，謂其有却敵之劍，義與「殺」同。説文：「則，等畫物也。从刀从貝會意。」字彙「鍘，鍘草也，俗書札刀，即則也。」「賊」同「札」，有札實之義。「果賊」即果札，謂其有決斷，非謂其果敢有勇也。郭説非是。

〔五〕孫星衍云：意林引「垢」作「姤」。　豬飼彦博云：「垢」疑當作「垕」，「垕」古「厚」字。　丁士涵云：當作「愚疾而好妒」，「疾」，惡也。左傳曰：「山藪藏疾。」　安井衡云：「疾」讀爲嫉。　張佩綸云：説文：「洎，灌釜也。」周禮鄭注：「洎謂增其沃汁。」以其利於沃灌，故曰「洎」。「愚疾」疑是「惡疾」，即史記所謂「江南卑溼，丈夫早夭」。　翔鳳案：周禮士師「祀五帝則洎鑊水」，注：「洎，謂增其沃汁也。」與「重濁」義相因，謂其夾泥垢。改爲「姤」者，妄也。爾雅釋言：「疾，壯也。」重濁之人多壯，此常見者。

〔六〕孫星衍云：意林引「泔」作「汨」。　俞樾云：尹注曰：「冣，絶也。稽，停留也。謂秦之水絶甘而味停留。」蓋尹所據本作「甘冣而稽」，故其説如此。然義實未安，當以今本爲長。説文水部：「周謂潘曰泔。」「潘，淅米汁也。」冂部「冣，積也」，徐鍇曰：「古以聚物之聚爲冣。」此二句之義，蓋謂泔汁會聚而停留，淤泥沉滯而混雜也。尹據誤本爲説，非是。宋本「冣」作

「最」，則依尹注爲文耳，未足據也。　翔鳳案：「最」訓犯而取也，義不可通。古本改「冣」爲「最」，謬矣。

〔七〕俞樾云：「齊」與「晉」聲相近。周易釋文曰「晉，孟本作『齊』」，是也。管子原文本作「晉之水」，聲誤爲「齊」，校者旁注「晉」字，傳寫幷入正文，遂作「齊晉之水」矣。尹注謂是「齊之西而晉之東」，此曲説也。王氏雜志謂涉上文而誤。夫上文有「齊之水」、「楚之水」、「越之水」、「秦之水」，何獨誤作「齊」乎？是猶未明其致誤之由也。又按：「運」字無義，乃「渾」之假字，惟其「枯旱」，是以渾濁，故曰「枯旱而渾」也。　張佩綸云：「枯」，苦。「旱」，悍。春秋考異郵：「『旱』之言悍也。」「枯」讀爲苦，莊子庚桑楚「則蟻能苦之」，釋文：「崔本作『枯』。」水經注六引字林「河東鹽池謂之鹽水」，是其證。左成六年傳：「晉人謀去故絳，諸大夫皆曰：『必居郇、瑕氏之地，沃饒而近盬，國利民樂，不可失也。』韓獻子曰：『郇、瑕氏土薄水淺，其惡易覯，易覯則民愁，民愁則墊隘，於是乎有沈溺重膇之疾；不如新田，土厚水深，居之不疾，有汾澮以流其惡，且民從教，十世之利也。夫山澤林盬，國之寶也，國饒則民驕佚，近寶公室乃貧，不可爲樂。』」案晉地亦有土厚水深者，管書將其大支言之。　翔鳳案：晉多山，黄河一曲，雜泥沙俱下，流緩則淤滯。冬季水涸，則疾旋而下。「枯旱」指涸，「運」指回旋。旱則悍，鵩鳥賦「水激則旱兮」，是其證。「齊」上屬爲句。論語「學而不思則罔」，皇疏：「誣罔也。」「齊」爲齊同，好從事於大家相齊同。

〔八〕孫星衍云：困學紀聞十引「諛」下有「而」字。戴望云：朱本「諛」下有「而」字，此本脱。翔鳳案：説文：「葆，艸盛貌。」「葆」謂藏其詐。

〔九〕安井衡云：古本「間」作「簡」。戴望云：意林引「間」作「簡」，元刻同。翔鳳案：「間」爲不急，義勝。太平廣記三九九陸鴻漸：「太宗朝，李季卿抵揚子驛，遇陸鴻漸。曰：『陸君善茶，蓋天下聞，揚子江南零水又殊絶。』命軍士挈缾操舟，詣南零取水。俄水至，陸曰：『江則江矣，非南零者，似臨岸者。』使曰：『某棹舟深入，見者累百人，敢紿乎？』陸不言。既而傾諸盆，至半，陸遽止，又以杓揚之曰：『自此南零者矣。』使蹶然大駭，曰：『某自南零齎至岸，舟盪半，懼其尠，挹岸水以增之。處士之鑒，神鑒也。』李大驚賞。從者數十輩皆大駭愕。李因問陸：『既如此，所經歷之處，水之優劣可判矣。』陸曰：『楚水第一，晉水最下。』」（出水經）又零水：李德裕有親知奉使於京口，李曰：「還日金山下揚子江中零水，與取一壺來。」其人舉棹日，醉而忘之。泛舟止石城下乃憶，放一缾於江中，獻之。李飲後，驚訝非常，曰：「頗似建業石城下水。」其人謝過。（出中朝故事）二則相同，則楚水第一，信而有徵。晉水有鹽池，味鹹，故最下。「枯」讀如鹽。醒世通言王安石三難蘇學士：安石命蘇軾取瞿塘水煎藥，蘇軾忘之，取下峽水以獻。安石謂上峽水性急，下峽水性緩，中峽水在急緩之間。與任林圃所引三倉「河海洄旋」之説合。三峽爲洄旋水，與天齊淵合，則秦、晉、燕、宋皆指洄旋言之。「枯旱而運」，「運」爲旋。本篇所言有實義，人不知也。

〔一〇〕朱長春云：「其解」，即其説也。　翔鳳案：説文：「解，判也。」即分别之意。上文各國之水不同，由分别而得。

〔一一〕陶鴻慶云：「水一則人心正」當作「水正則人心一」，上文云「唯知其託者能爲之正」，故知「水一」當爲「水正」。　翔鳳案：房注「『一』謂不雜」，其言是也。

〔一二〕王念孫云：「一則欲不污」本作「民心正則欲不污」，與下句對文。「民心正」、「民心易」，皆承上文言之。今本「正」誤作「一」，（涉上文「水一」而誤。）又脱「民心」二字。尹注非。　陶鴻慶云：尹於「一則欲不污」注云「人心既一，故欲不污穢」，故知「人心正」當作「人心一」。又「民心易則行無邪」，「民心」二字涉上文而衍。「易則行無邪」與「一則欲不污」句法一律。　翔鳳案：「一則人心正」，「一則欲不污」，與人心正則欲不污同。古人不尚對偶，王説非是。

四時第四十

短語十四

管子曰：令有時，王者命令，必有其時。無時則必視順天之所以來〔一〕。視，謂觀而

察之。若不得時，則必觀察其所致，改革以順天①道之來也。**五漫漫，六惛惛〔二〕，孰知之哉！**既漫且漫漫，曠遠貌。惛惛，微暗貌。五，謂每時之政，其理曠遠②。六，謂陰陽四時，其理微暗。既惛，故知之者少也。**唯聖人知四時。不知四時，乃失國之基。不知五穀之故，國家乃路〔三〕。**路，謂失其常居。**故天曰信明，地曰信聖，**言能信順天地之道，則而行之者，曰明曰聖也。**四時曰正〔四〕。**順行四時之令曰正也。**其王信明聖，其臣乃正。**君明聖，則能用賢材，故正也。**何以知其王之信明信聖也〔五〕？曰：慎使能，而善聽信之。**謂能聽信賢材之人。**使能之謂明，**使任賢能，則爲明也。**聽信之謂聖。**既聽其言，又信其事，所以爲聖。**信明聖者，皆受天賞，**信明者，天福也。**使不能爲惛〔六〕。**既使不能，所以爲惛。**惛而忘也者〔七〕，皆受天禍〔八〕。**惛忘則動皆違理，故受③天殃也。**是故上見成事而貴功，則民事接，勞而不謀〔九〕。**謂君見下有成，則能貴賞其功，是上能以恩接人事，故雖下勞，不謀上報其事也。**上見功而賤，則爲人下者直〔一〇〕，**恃其功勞，故肆直也。**爲人上者驕。**不恤下功，則以驕悖

① 「天」字原作「尺」，據補注改。
② 「遠」字原無，據補注增。
③ 「受」字原作「授」，據補注改。

故也。**是故陰陽者，天地之大理也。**天地用陰陽爲生成。**四時者，陰陽之大徑也**〔二〕。陰陽更用於四時之間爲緯也。**刑德者，四時之合也。**德合於春夏，刑合於秋冬。**刑德合於時則生福，詭則生禍**〔三〕。**然則春夏秋冬將何行？**

〔二〕丁士涵云：「視」字衍。「視」、「順」形近而譌，一作「視」，一作「順」，校書者旁注「視」字，遂入正文耳。尹讀「視」字句，非。「時」與「來」爲韻。張佩綸云：「無」字衍，淮南有時則訓，高誘注：「則，法也，四時寒暑十二月之常法也，故曰時則。」釋名：「視，是也，察其是非也。」「時」、「視」、「來」、「哉」韻。翔鳳案：房注「王者命令，必有其時」，其言是也。四時之政不同，春行夏秋冬之政不可，觀於下文可知。洪範五事，三曰視，視爲要政之一，所視順天行自然之則。非韻語。

〔三〕李哲明云：「五」、「六」二字不甚可曉。愚謂布四時之令者王，王不知四時，謂之「五慢慢」，王合四時爲「五」，「慢慢」猶茫茫也。「六」即合四時刑德而言。下云「刑德詭於人則生禍」，即所謂「六惽惽」。「慢慢」與「惽惽」韻。注「五，謂每時之政」，時分四政，即分四，不得爲五矣。注又云「六，謂陰陽四時」，下明云「四時者陰陽之大經」，似不得於四時外分陰陽爲二。其誤甚明，姑爲訂正如此。翔鳳案：正篇：「如四時之不貣。」四時有信，賈誼新書道術篇：「期果言當謂之信，反信爲慢。」說文：「惽，不憭也。」不明則惽。「惽」、「漫」由「信」、「明」反言之，非泛指也。「五」、「六」乃數序，無惡意。五、六有三種形容，醫之五運六氣，詩

之五際六情，太乙下行九宫之五黄六白，實數也。嬾真子之五角六張，爲五日遇角宿，六日遇張宿，虚數也。有實而虚者，則數學九章之五雀六燕，以喻平衡。「五漫漫，六惛惛」，二句乃虚數。

〔三〕王念孫云：「路」與「露」同，敗也。見五輔篇。尹注非。安井衡云：「路」、「露」通，露，羸也。左傳「蓽路」，史記作「露」。孟子「是率天下而路也」，荀子「田疇穢，都邑路」，皆其證也。翔鳳案：王説是。

〔四〕王引之云：「天曰信明，地曰信聖」，當作「天曰明，地曰聖」，「信」字皆衍文也。（蓋因兩言「聽信」而衍。）尹注「故天曰明」二句云「言能信順天地之道，則而行之者，曰明、曰聖也」，則「曰」下無「信」字明甚。張佩綸云：吕氏春秋貴信篇：「天行不信，不能成歲，地行不信，草木不大。春之德風，風不信，其華不盛，華不盛，則果實不生；夏之德暑，暑不信，其土不肥，土不肥，則長遂不精；秋之德雨，雨不信，其穀不堅，穀不堅，則五種不成；冬之德寒，寒不信，其地不剛，地不剛，則凍閉不開。天地之大，四時之化，而猶不能以不信成物，又況乎人事。（下略）」王以爲「信」皆衍文，恐非。翔鳳案：吕覽之證甚佳。「明」、「聖」爲名詞，「信」爲形容詞。古今語法不同，「信聖」、「信明」自通。「聖」字不易理解，而諸家無説。天之明有三光，地生萬物。禮記鄉飲酒義：「『聖』之言生也。」神異經：「西南大荒中有人，知河海水斗斛，識山石多少，知天下鳥獸言語，知百穀可食，識草木鹹苦，名曰聖，一名哲，一

名賢。」說文：「聖，通也。」此「地曰信聖」之義。「四時」句無「信」字。正篇：「出令時當曰正。」

〔五〕王引之云：「王」皆當作「主」，「主」與「臣」相對爲文，各本作「王」，非。「信」字皆衍文也。尹注云「君明聖則能用賢材故正也」，則其「主」下無「信」字明甚。翔鳳案：王好改字，管書有七主七臣，「主臣」固習見，然「王臣」見孟子，亦當時之通言，信手運用，何必一律？

〔六〕王引之云：「信」字衍文也。尹注云「信明者天福也」，當作「明聖者天福也」，蓋正文既衍「信」字，後人又據之以改注文耳。丁士涵云：「惛而忘也者」上有闕文，以意補之，當云「聽不信爲忘」。元本「惛而」上有「爲忘」二字，「忘」與「芒」同。「芒」訓昧，與「惛」同義。安井衡云：古本「惛」下有「爲忘」二字，以上文推之，當爲「不聽信爲忘」，古本猶脱三字。俞樾云：「使不能爲惛」下有闕文。據上文「使能之謂明，聽信之爲聖」，則此文當有「聽不信爲忘」字。「忘」讀爲芒，莊子齊物論篇：「人之生也，固若是芒乎？」釋文曰：「芒，昧也。」蓋與「惛」同義。七臣七主篇有「芒主」。翔鳳案：能使爲明，便不能惛，「聽信」即在「使能」之中，加「聽不信爲忘」，謬。

〔七〕張佩綸云：「惛而忘也者」之「忘」當讀爲妄。翔鳳案：「惛」爲不憭，不憭則易忘。莊子知北游「惛然若忘而存」，「存」與「忘」對，決非「妄」字，張説謬。

〔八〕王引之云：當作「皆受天殃」，「殃」與「賞」爲韻也。（襄二十八年左傳「善人富謂之賞，淫人

天富謂之殃」，亦以「賞」、「殃」爲韻。）尹注云「惛忘則動皆違理，故受天殃也」，則正文本作「天殃」明甚，後人改「殃」爲「禍」，遂失其韻矣。　翔鳳案：非韻文，不必改字。

〔九〕丁士涵云：「民事」之「事」，因上文而衍。爾雅曰：「接，捷也。」詩烝民傳曰：「捷捷，言樂事也。」安井衡云：「接」字句。上貴功，則民各勤其業，故其事相接續，唯勞筋力而不敢謀他事。　章炳麟云：「接」當借爲「嚶」。淮南覽冥訓云「至虚無，純一而不嚶喋苛事也」，注云：「嚶喋，深算也，言不采取煩苛之事。」竊謂「嚶喋」本疊韻連語，與「苛事」連文，當即謂煩苛之意。連語者亦可單用，故此單言嚶也。「謀」者借爲「悔」，古文「謀」作「㫮」，與「悔」同從母聲，故得通借。悔者恨也（詩雲漢傳，又説文）。「事」即任傳之傳。（大宰「以九職任萬民」，注：「『任』猶傳也。」「成事」之「事」仍如字。）言上貴功則民任煩苛，勤勞而不恨也。下文「爲人下者直」，俞先生謂「直」當爲「悳」，謂自以爲悳，正與此對。　翔鳳案：丁訓「接」爲捷，是也。説文：「謀，慮難也。」做事快，雖勞而不用多考慮也。

〔一〇〕俞樾云：「直」當爲「悳」，乃壞字也。「悳」古「德」字，言爲下者自以爲德也。九變篇曰「凡民之所以守戰，至死而不德其上者，蓋有數焉」，注曰：「雖復至死，不敢恃之以德於上。」此文「悳」字，義與彼同。因字誤爲「直」，尹氏即以「肆直」釋之，誤矣。　翔鳳案：考工弓人「骨直以立」，注：「謂强毅。」「直」乃「植」之借，强植不聽調。

〔一一〕翔鳳案：正篇：「令之以終其欲，明之毋徑。」祭義「是故道而不徑」，注云：「徑步邪趨疾

也。」四時爲陰陽之運行，故曰「大徑」。趙本改爲「經」字，非其義矣。

〔一二〕安井衡云：「詭」，違也。翔鳳案：說文：「詭，責也。」孟子「爲之詭遇」，注：「横而射之。」横出則不合。

東方曰星〔一〕，東方陰陽之氣和雜之時，故爲星，星亦不定於陰陽也。**其時曰春**，春，蠢也。時物蠢而生也。**其氣曰風**。陽動而陰寒爲風也。**風生木與骨**〔二〕，木爲風而發暢，骨亦木之類也。**其德喜嬴而發出節**出，生也。言春德喜悦長嬴，爲發生之節也。**時**。**其事號令**〔三〕，**修除神位，謹禱獘梗**〔四〕。梗，塞也。時方開通，而有獘敗梗塞者，則禱神以通道之。**宗正陽**，春，陽事，故以正陽爲宗。**治隄防**，夏多水潦，故於春預修隄防。**耕芸樹藝，正津梁**，謂正橋梁也。**修溝瀆，甃屋行水**，甃者，使之行水也①。修屋壞，時方溉灌，依次行而用。**解怨赦罪，通四方**。凡此皆助發生之氣。**然則柔風甘雨乃至**，柔，和也。**百姓乃壽，百蟲乃蕃，此謂星德**。星以和爲德也。**星者掌發爲風**〔五〕。掌，主也。主以風發生。**是故春行冬政則雕**，肅殺之氣乘之，故雕落也。**行秋政則霜**，秋霜降時也。**行夏政則欲**〔六〕。**是故春三月，以甲乙之日發五政**。甲乙統春之三時也。**一政曰：論幼孤，舍有罪**〔七〕。**二政曰：賦爵列，授**

① 「使之行水也」五字原無，據補注增。

禄位。列，次也。**三政曰：凍解，修溝瀆，復亡人**〔八〕。人之逃亡者，還復之。**四政曰：端險阻，**路有險阻，理之使端平也。**修封疆**①**，正千伯。**千伯，即阡陌也。**五政曰：無殺麛夭**〔九〕**，毋蹇華絶芋**〔一〇〕。蹇，拔也。芋之屬，其根經冬不死，不絶之也。**五政苟時**〔一一〕**，春雨乃來。**

〔一〕劉師培云：御覽卷十七、卷二十四並作「曰歲星」。翔鳳案：歲星十二年一周天，非必在東方也。後人以春爲一歲之始而加「歲」字，非是。説文：「星，萬物之精，上爲列星。从晶，生聲。」「生」兼會意。内業：「凡物之精，此則爲生，下生五穀，上爲列星。」東方爲春，物生長之時，星德甚顯，於歲星無關也。

〔二〕翔鳳案：説文「骨，肉之覈也」，段注襾部曰：「覈，實也。肉中骨曰覈。蔡邕注典引曰：『肴覈，食也。肉曰肴，骨曰覈。』周禮『丘陵，其植物宜覈物』，注云：『核物，梅李之屬。』『覈』、『核』古今字。」「骨」乃果實之核。

〔三〕王念孫云：「時」字絶句，「發出節時」，謂以時節發出萬物也。「其事號令」别爲句，乃總領下文之詞，春夏秋冬皆有之。尹以「節」字絶句，「時」字下屬爲句，大謬。張佩綸云：「節時」當作「時節」，即幼官篇所謂「五和時節」、「八舉時節」、「七舉時節」、「九和時節」、「六行時

① 「疆」字原作「彊」，據補注改。

節」也。疑於春舉其例，夏秋冬則省之，或彼挩去。「嬴」，淮南時則訓「孟春始嬴」，注：「嬴，長也。」翔鳳案：宙合：「是唯時德之節。」有節之時，是爲「節時」。「德」者得也，各時所得，是爲「時德」。王不知也。「嬴」，「贏」之借，同「盈」。楚蔿賈字伯嬴，見左宣四年傳，吕覽作「盈」，是其證。

〔四〕劉績云：淮南子：「仲春，祭不用犧牲，用圭璧更皮幣。」疑此乃「幣更」誤。惠士奇云：「獘」當作「幣」，左襄九年傳「祈以幣更」，「更」與「梗」同（見禮說）。王引之云：「獘」與「幣」同。（「幣」古通作「獘」，説見史記貨殖傳。）「梗」，禱祭也。「幣梗」者，梗用幣也。周官女祝「掌以時招梗禬禳之事以除疾殃」，鄭注曰：「梗，禦未至也。」淮南時則篇曰「脩除祠位，幣禱鬼神」，文義正與此同。尹以「獘梗」爲「獘敗梗塞」，非是。

〔五〕戴望云：下文「日掌賞，賞爲暑；歲掌和，和爲雨；辰掌收，收爲陰；月掌罰，罰爲寒」，當與之一例，删「者」字，補「發」字。

〔六〕劉績云：「欲」疑「煥」字誤，月令行夏令「煖氣早來」意。陶鴻慶云：「欲」字無義，疑當爲「歊」，字之誤也。説文：「歊歊，氣上出皃。」文選吳都賦「歊務潨涬」，注云：「水霧之氣。」春行夏政，宜有此應。郭嵩燾云：「欲」字誼不可通，疑當作溽暑之「溽」。説文：「溽，濕暑也。」「溽」、「欲」字聲相近而誤。儒行「其飲食不溽」，鄭注：「『溽』之言欲也。」是二字誼通。劉師培云：「欲」乃「殺」訛。俗書「殺」字作「煞」，「欲」字作「欱」，故「殺」訛爲「欲」。

春秋繁露五行五事篇正作「行夏政則殺」。　翔鳳案：老子「谷神不死」，一作「浴」。章太炎文始：「谷對轉涿，流下滴也。」呂刑「爰始淫爲劓、刵、椓、黥」，鄭注：「椓陰。」詩召旻「昏椓靡共」，傳：「夭椓也。」男女有欲，去其欲而椓之，義正相因。素問上古天真論：「以欲竭其精。」「欲」、「谷」、「涿」、「椓」四字音近義同。許維遹謂「『欲』有闕義，故幼官篇作『行政夏闕』」，不誤。

〔七〕孫星衍云：藝文類聚三、太平御覽十引「舍」作「赦」。　劉師培云：事類賦注三引「舍」作「赦」。

〔八〕張佩綸云：後漢明帝紀注：「復土，主穿壙填墓事也。」樊儵傳注：「復土校尉，主葬事復土于壙也。」「亡人」即死人。月令孟春「掩骼埋胔」，鄭注：「爲死氣逆生也。」

〔九〕劉績云：後禁藏作「毋夭英」，必有一誤。　孫星衍云：御覽、事類賦注引「夭」作「卵」。

〔一〇〕劉績云：後禁藏作「毋拊竿」，必有一誤。　洪頤煊云：類聚二、御覽十、事類賦注三引俱作「無絶華萼」。「蹇」是衍字。「華絶」二字誤乙，「芋」即「萼」字之譌。尹注非。　王念孫云：「蹇華絶萼」，類書引作「絶華萼」，所見本異耳。説文「搴，拔取也」，引離騷「朝搴阰之木蘭」，今本作「搴」。爾雅「芼，搴也」，樊光曰：「搴，猶拔也。」釋文：「搴，九輂反。」漢書季布傳贊「身履軍搴旗者數矣」，李奇注與樊光同。莊子至樂篇「攓蓬而指之」，司馬彪曰：「拔也。」「攓」、「搴」、「蹇」皆「搴」之或字，尹訓「蹇」爲「拔」，是也。但未知「芋」爲「萼」之譌耳。

王紹蘭云：類聚卷二引作「毋絶華萼」。按「蹇」字衍，「華絶」字倒，「芋」即「萼」之壞字，當依類聚删正，與上句相配。説文無「萼」。小雅常棣篇「常棣之華，鄂不韡韡」，毛傳：「『鄂』猶鄂鄂然，言外發也。」鄭箋：「承華者曰鄂。」是鄂以承華，非即華也，故與「麛麌」對文。（「麌」今本作「夭」，省文也，類聚引作「麌」。）禁藏篇「毋夭英，毋拊竿」，「竿」亦「萼」之譌字。翔鳳案：「麛夭」、「華芋」皆爲食物，故以政治力量保護之。儀禮士喪禮「其實葵菹芋」，注：「齊人或名全菹爲芋。」周禮醢人「七醢七菹」，注：「韭、菁、茆、葵、芹、菭、筍。凡醯醬所和，細切爲韲，全物若腜爲菹。」説文：「華，榮也。」朱氏謂「開花謂之華，與花朵之蕚微别」。「蹇華」謂拔欣欣向榮之農作物，「絶芋」則謂割蔬菜作物。類書改「芋」爲「萼」，不知花萼與生活無關，校者又欲衍之乙之。禁藏篇「毋拊竿」，房注「竿，笋之初生也」，其義正合，知「芋」決非誤字。

〔二〕孫星衍曰：太平御覽、事類賦注引作「五政徇時」，下引秋三月亦作「徇時」，「徇」與「循」同義，「徇時」謂循其時序。白帖二引作「順時」，「順」、「循」亦音義相近。翔鳳案：「苟」、「乃」二字相呼應。上文「芋」改「萼」，知「徇」字亦爲類書所改，非原文也。

南方曰日，南方太陽，故爲日也。**其時曰夏，**夏，假也，謂時物皆假大也①。**其氣曰陽。**

① 「也」字原作「大」，據補注改。

夏之氣也。**陽生火**①**與氣**陽爲鬱熱敲蒸，故爲火氣也。**其德施舍修樂**〔一〕。施舍，謂施爵禄，舍逋②罪。修樂，謂作樂以修輔③也。**其事號令，賞賜賦爵，受禄順鄉**〔二〕，順鄉，謂不違土俗之宜也。**謹修神祀，量功賞賢，以動陽氣**〔三〕。陽氣主仁，故行恩賞以助之也。**九暑乃至，**九暑，謂九夏之暑也。**時雨乃降**〔四〕，**五穀百果乃登，此謂日德。**日以照育爲德也。**中央曰土，**土位在中央，而寄王於六月，承火之後，以土火之子故也，而統於夏，所以與火同章也。**土德實輔四時，入出**王在四時之季，與之入出。**以風雨**〔五〕。**節土益力，**土德雨遍，益其生植之力。**土生皮肌膚，**土所生木，實成皮與肌膚。**其德和平用均，**土無不載，無不生，故和而用均也。**中正無私，**位居中正，無偏私。**實輔四時。春嬴育，夏養長，秋聚收，冬閉藏。**言上之四時，皆土之所輔成也。**大寒乃極，國家乃昌，四方乃服**〔六〕，言土輔四時，使均成，然後寒極而成歲，國昌民服。**此謂歲德**〔七〕。言土能成歲之德也。**日掌賞，賞爲暑。**得賞則熱，熱故爲暑。**歲掌和，和爲雨。**和則陰陽交，故爲雨。**夏行春政則風，**風主春故。**行秋政則水，行**

① 「火」字原作「人」，據補注改。
② 「逋」字原作「通」，據補注改。
③ 「輔」字原作「轉」，據補注改。

冬政則落。霜氣肅殺，故凋落也。是故夏三月，以丙丁之日發五政。一政曰：求有功，發勞力者而舉之〔八〕。二政曰：開久墳〔九〕，久墳瘞之處，開通之也。發故屋，辟故窌以假貸。辟，開也。三政曰：令禁扇去笠〔一〇〕，禁扇去笠者，不欲令人禦盛陽之氣。毋扱免〔一一〕，禁扱衽免袒者，亦不欲人惡盛①陽之氣也。除急漏田廬〔一二〕。田中之廬欲漏之，不欲人惡盛陽之氣也。四政曰：求有德，賜布施於民者而賞之〔一三〕。五政曰：令禁罝設禽獸〔一四〕，謂設罝以取禽獸也。毋殺飛鳥。五政苟時，夏雨乃至也。

〔一〕丁士涵云：「施」與「弛」同。八觀篇云：「上必寬裕而有解舍。」「解舍」猶弛舍也。翔鳳案：孟子有孟施舍。「施舍」二字，當時習用，非誤字。

〔二〕安井衡云：「受」當爲「授」。張佩綸云：「順鄉」，月令孟夏：「命野虞出行田原，爲天子勞農勸民，毋或失時。命司徒循行縣鄙，命農勉作，毋休於都。」

〔三〕王念孫云：「動」當爲「助」，字之誤也。據尹注云「陽氣主仁，故行恩賞以助之也」，則本作「助」明矣。翔鳳案：説文：「動，作也。」「助，左也。」釋名釋言語：「助，乍也。乍往相助，非長久也。」「乍」，古「作」字。「動」、「助」同訓，故房注以「助」訓「動」，非其字作「助」也。

① 「盛」字原作「惡」，據補注改。

〔四〕王引之云：「九」當爲「大」，字之誤也。「大暑乃至」與下「大寒乃止」對文。「大暑乃至，時雨乃降」，猶月令言「土潤溽暑，大雨時行」耳。尹注非。翔鳳案：白虎通宗族：「九之爲言究也。」列子天瑞：「九變者究也。」「究」有終極之義。漢書律曆志：「九者所以究極中和，爲萬物元也。」「九暑」猶言極熱，與「大暑」同義。王誤認爲數目之「九」而改之，非也。

〔五〕丁士涵云：「以」字衍。翔鳳案：自夏至至立秋而夏盡，爲一年風雨最多之季節，故曰「入出以風雨」。一字不誤，丁失其讀耳。

〔六〕丁士涵云：「大寒乃極」十二字，「北方」一節文，誤衍在此。翔鳳案：土運行於一歲，自立春至大寒而極，故曰「歲德」。極者，過此則又爲一歲也。北方自有「大寒乃至」一句，丁不詳其義而以爲誤衍矣。

〔七〕張文虎云：此節不當錯出於此，當在下文「夏雨乃至也」下。翔鳳案：春秋冬三季皆先言德而後言掌。土輔四時而事無所掌，係於日德之後，其義至當。蓋土必言歲德，置在日掌之前。若係於夏末秋初，必在「夏雨乃至也」之後，於德置於掌前不一律也。不細思考，逞其臆説，謬矣。

〔八〕安井衡云：「發」、「伐」通。詩曰「駿發爾私」，考工記曰「一耦之伐」，是其證也。「伐」亦功也。戴望云：「發」、「伐」古同聲通用。此十字作一句讀。翔鳳案：安井説是也。然詩噫嘻傳云「發，伐也」，此訓必不可省。

〔九〕丁士涵云：「墳」乃「壙」字誤，即「礦」字之借。周官丱人掌金玉錫石之地，「久壙」，謂地久未發者，開之以假貸，與「發故屋」、「辟故窌」同義。尹注大謬。張佩綸云：詩汝墳傳：「墳，大防也。」方言一注：「墳，即大陵也。」劉師培云：「墳」疑「積」訛。韓非子八姦篇云「發墳倉」，「墳」亦「積」訛，與此同。翔鳳案：張說是也。丁、劉疑誤，以墳爲冢，不宜發掘。方言「冢，秦晉之間謂之墳」，則齊人不稱冢爲墳可知。周禮草人「墳壤用麋」，鄭司農注：「多蚠鼠也。」鼠穿地爲害，故發掘而去之。

〔一〇〕何如璋云：廣雅釋室：「扇，扉也。笠，户牡也。」墨子備城門：「爲縣門沈機，長二丈，廣八尺，爲之兩相，如門扇。」又：「二步積笠，大一圍，長丈，二十枚。」乃備爲門牡者。蔡邕月令章句：「鍵，關牡也，所以止扉，或謂之剡移。」樂府載百里奚妻辭曰：「百里奚，五羊皮，憶別時，烹伏雌，炊扊扅，今日富貴忘我爲？」「扊扅」則「剡移」，古音同通用，蓋即笠也。「禁扇去笠」，恐人以暑熱不慎管籥也。張佩綸云：御覽服用部七百二引「三政曰禁扇去笠」，無「令」字。說文：「扇，扉也。」廣雅釋室：「笠，户牡也。」「禁扇去笠」，即月令仲夏「門閭毋閉」意，非謂去禦暑之笠也。

〔一一〕張佩綸云：曲禮「髮毋髢，冠毋免，勞毋袒，暑毋褰裳」，鄭注皆謂其不敬。爾雅釋器：「扱衽謂之擷。」「扱」，扱衽。「免」，免冠。

〔一二〕俞樾云：「除急」二字，衍文也。尹注曰「田中之廬欲漏之，不欲人惡盛陽之氣也」，不及「除

急」之義，是尹所據本無此二字。張佩綸云：「急」當作「隱」，字之誤也。史記五帝紀「知民之急」，大戴禮高安本作「知民之隱」。周禮天官宫人「爲其井匽，除其不蠲」，注：「井，漏井，所以受水潦。鄭司農説：匽，路厠也。玄謂匽豬，謂霤下之池受畜水而流之者。」廣韻：「匽，隱也。」漢書禮樂志集注：「匽，古『偃』字。」周禮獻人注「梁，水偃也」，釋文：「本作『匽』。」詩魚麗傳：「士不隱塞」，釋文：「本作『偃』。」古今人表「徐隱王」，師古注：「即偃王。」據此則「隱漏」即周禮之「井匽」，「隱漏」與「田廬」並言，康成説爲長。翔鳳案：房注以「田廬」爲田中之廬，是也。小雅「中田有廬」，箋：「中田，田中也。」農氏作廬焉，以便田事。」説文：「廬，寄也。秋冬去，春夏居。」田埂爲蛇類穿穴而漏，其急者治之。「除」，治也。今農民尚然，非誤字。

〔一三〕丁士涵云：此十二字一句讀。「德賜」猶德惠也。翔鳳案：「德」訓得，得上之賜，而以布施於民。丁説非是。

〔一四〕翔鳳案：書盤庚「各設中於乃心」，蔡邕石經作「翕」。方言三：「翕，聚也。」詩常棣「兄弟既翕」，傳：「合也。」張網以合聚之爲「設」，「翕」之借。

西方曰辰，辰，星日①交會也，秋陰陽適中，故爲辰。**其時曰秋，**秋，揫也。時物成熟揫斂

① 「日」字原作「月」，據補注改。

之。**其氣曰陰。**秋之氣也。**陰生金與甲**〔一〕，陰氣疑結堅實，故生金爲爪甲也。**其德憂哀，靜正嚴順，**秋氣悽惻，故以憂恤哀憐爲德。靜正，陰之性也。嚴順，謂德雖嚴，然順時而爲之也。**居不敢淫佚**〔二〕。順秋氣而靜居，不敢爲淫逸過失也。**其事號令，毋使民淫暴，順旅聚收**〔三〕。謂順時理軍旅，聚而收之也。**量民資以畜聚，賞彼羣幹，聚彼羣材**〔四〕，材，謂可以充兵器之材，當收聚之。**百物乃收。使民毋怠，**時云收斂，出師故聚裝，人無懈怠。**所惡其察，所欲必得**〔五〕，察所惡之方而伐之，則得其所欲也。**我信則克**〔六〕，我既誠信，故能克敵。此謂辰德。辰以收斂殺姦邪爲德也。**辰掌收，收爲陰。**收，聚。冬閉藏，故爲陰。**秋行春政則榮，**春發榮也。**行夏政則水，**夏多行水潦也。**行冬政則耗。**冬肅殺損耗也。**是故秋三月，以庚辛之日發五政。一政曰：禁博塞**〔七〕，博塞長姦邪，故禁之。**圉小辯，鬬譯詬**〔八〕。小辯則利口覆國，及譯傳言語相疾忌爲鬬訟者，皆當禁圉之也。**二政曰：毋見五兵之刃**〔九〕。時或出師掩襲，故藏五兵之刃也。**三政曰：慎旅農，趣聚收**〔一〇〕。**四政曰：補缺塞坼。**師旅營農，當慎收之。秋方閉藏，故令補塞缺坼也。**五政曰：修牆垣，周門閭**〔一一〕。亦所以助閉藏之氣。**五政①苟時，五穀皆入。**

---

① 「政」字原作「攻」，據補注改。

〔一〕翔鳳案：房注「辰」爲「星月交會」，義不合。當爲房星。爾雅釋天：「大火謂之大辰。」房爲農祥，以候四時。火至初秋，則昏見於西，詩云「七月流火」是也。故西方曰辰。「甲」爲甲胄之甲，秋主刑，大刑用甲兵，故「陰生金與甲」。房訓「爪甲」，非是。

〔二〕張佩綸云：「居不敢淫佚」五字，乃「毋使民淫暴」之注，誤入正文。翔鳳案：此句以德言，與下文以事言者不同。張説誤。

〔三〕洪頤煊云：「順」讀爲慎，「旅」謂旅處在野之農。下文五政曰「慎旅農，趣聚收」，其證也。尹注非。張佩綸云：詩載芟「侯亞侯旅」，傳：「旅，子弟也。言率餘夫以聚收也。」翔鳳案：洪説是。

〔四〕丁士涵云：「賞」疑「畜」字誤。兩句一義，承上「量民資以畜聚」言之。尹注非。張佩綸云：書費誓「峙乃楨榦」，「羣榦」與「羣材」爲類。舊注誤。劉師培云：「賞」疑「賨」訛，「賨」與「隕」同，「隕」猶落也。此與「落實取材」略同。翔鳳案：貞固者事之幹，指人言，故用「賞」字，與楨幹同。

〔五〕俞樾云：當作「所惡必察」，兩句一律。下文「所求必得，所惡必伏」，亦兩句一律，是其證。陶鴻慶云：俞氏云「其察」當作「必察」，與下句對文，是也。「察」當爲「蔡」之假字，「蔡」讀爲𣪠，昭元年左傳「周公誅管叔而蔡蔡叔」，杜注云：「蔡，放也。」此云「所惡必蔡」，謂民之所惡則放流之。秋氣爲陰，其政主刑，故有是令。下文冬政亦云「所求必得，所惡必伏」，

「伏」與「蔡」文異而意同。翔鳳案：國策「王其察之」，「其察」有希望之意。孟子「衆惡之必察焉」，「惡」、「察」相連。陶説誤。

〔六〕吴志忠云：「我」，「義」之壞字。翔鳳案：「我」，古「義」字。侈靡：「有雜禮我而居之。」「禮我」即「禮義」，非壞字也。

〔七〕孫星衍云：初學記三、御覽二十四引「塞」作「賽」，古字通用。事類賦注五引作「簺」，白帖三十三引作「禁博基」。翔鳳案：莊子繕性：「博塞以游。」類書好改字，此其一徵。

〔八〕俞樾云：此三字之義，爲不可曉。據尹注曰「譯傳言語相疾忌爲鬬訟者」，是其所據本作「譯忌鬬」，因傳寫奪「鬬」字，誤補之「譯」字之上，而「忌」字又從足作「跽」，此是所傳之異，非尹本之舊也。然尹説亦不可通。上文曰「禁博塞，圉小辯」，上一字皆禁止之意，下二字皆實指其事，此文疑亦當同，「忌鬬」連文，雖未詳其義，然「譯」必「睪」之假字。説文夲部：「睪，司視也，從横目從夲，令吏將目捕罪人也。」然則「睪」有捕治之義，禁圉之不止，從而捕治之，亦事之相因者矣。戴望云：「忌」，「惎」之假字。説文：「惎，毒也；一曰，教也。」此「惎」當訓教，民私自教鬬，故捕治之也。翔鳳案：鬼谷子中經：「解仇鬥郄，謂解羸微之仇。鬥郄者，鬬强也。强郄既鬥，稱勝者高其功，盛其勢。弱者哀其負，傷其卑，行其名，恥其宗。」則「鬬譯跽」與「解仇讎」有别，不能混同。而「忌鬥」爲鬥强，其負者至於恥其宗，此可以玩味也。説文：「忌，憎惡也。」詩螽斯序「不妬忌」，箋：「忌，有所諱惡於人。」周禮小史：

「則詔王之忌諱。」老子：「天下多忌諱而民彌貧。」爲忌諱而至於妨碍生活，關係不小矣。韓非子內儲説上：「棄灰於街必掩人，掩人，人必怒，怒則鬭，鬭必三族相殘也。」當時民性多忌諱而强悍如此。負者恥其宗，則鬭者羣起，非一人也。方言十三：「譯，傳也，見也。」説文：「誋，戒也。」此禁忌本字。衆有忌諱，隨所見傳播不已，是謂「譯誋」。房注「譯傳言語相疾忌爲鬭訟」，即此。俞解爲「譯忌鬭」，非是。趙本作「跽」，乃誤字。周人以譯事神，因忌而鬭者不少。

〔九〕姚永概云：此因秋收之時，恐妨農功，不出師。翔鳳案：房解「毋見」爲「藏」，讀去聲，是也。漢代秋防重要，齊有山戎之患，亦有秋防。姚説誤。

〔一〇〕劉師培云：御覽二十四引作「趨聚收」，初學記三、事類賦注五並引「趣」作「趍」。

〔一一〕孫星衍云：「周」乃「固」字之譌。初學記、太平御覽、事類賦注俱引作「謹門閭」，「謹」與「固」義相近。翔鳳案：國語吳語「周軍飭壘」，注：「繞也。」修治繞門閭之牆垣，非誤字也。

北方曰月，北方太陰，故爲月也。**其時曰冬，**冬，中也。謂藏收萬物於中也。**其氣曰寒。**冬之氣也。**寒生水與血，**寒釋則水流。血亦水之類。**其德淳越，温怒周密〔一〕。**冬時花葉凋落，唯報幹存焉，故以淳質爲德。越，散也。冬既閉藏，時則入於悋嗇，故令散施爲德，雖復陰怒，當節之以温。周密者，衆陰之閉藏也。**其事號令，修禁徙，民令静止〔二〕，**時方休息，故禁人私徙，令爲静止也。**地乃不泄，**冬令行，故地不泄也。**斷刑致罰，無赦有罪，以符陰氣。**陰氣

主殺，故斷刑致罰以符之。大寒乃至，甲兵乃强，五穀乃熟，國家乃昌，四方乃備，此謂月德〔三〕。月以閉藏，罰罪爲德也。月掌罰，罰爲寒。罰則殺物，故爲寒也。冬行春政則泄，春，陽氣發泄也。行夏政則靁，夏，雷雹行。行秋政則旱。謂冬氣旱早也。是故春凋、秋榮、冬雷、夏有霜雪，此皆氣之賊也。氣反時則爲賊害也。刑德易節，失次則賊氣遬至，賊氣遬至，則國多菑殃。是故聖王務時而寄政焉，謂順時而立政。作教而寄武焉〔四〕，因教而習武也。作祀而寄德焉。謂設祭以顯德，則神歆也。此三者，聖王所以合於天地之行也。天地之行，唯此三者而已。日掌陽，月掌陰，星掌和。陽爲德，陰爲刑，和爲事〔五〕。是故日食則失德之國惡之，月食則失刑之國惡之，彗星見則失和之國惡之，失則當受罰，故其所失，各以其所類而興惡也。風與日爭明則失生之國惡之〔六〕。日惡風且熱，旱災成矣，方生之物皆枯悴矣。此失生德也，故失生之國惡也。是故聖王日食則修德，月食則修刑〔七〕，彗星見則修和，風與日爭明則修生。此四者，聖王所以免於天地之誅也。信能行之，五穀蕃息，六畜殖而甲兵强。治積則昌，暴虐積則亡。是故冬三月，以壬癸之日發五政〔八〕。一政曰：論孤獨，恤長老。二政曰：善順陰，修神祀，賦爵禄，授備位。三政曰：效會計，毋發山川之藏〔九〕。山藏，謂銅銀之屬藏在山者；川藏，謂珠玉之屬藏在川者也。四政曰：攝奸遁得盜賊者有賞〔一〇〕。五政曰：禁遷徙，止流

民，圉分異〔一二〕。分異，謂離居者。五政苟時，冬事不過，所求必得，所惡必伏。

〔一〕安井衡云：古本「怒」作「怨」。王引之云：「温」讀如愠，愠亦怒也，尹注非。何如璋云：「温」與「藴」通，謂藏也。翔鳳案：荀子榮辱：「其温厚矣。」「温」借爲「藴」，何説有據。王訓爲「愠」，則於古籍無徵。雖古人以不藏怒不宿怨爲德，而冬以藏爲事，則藏怒爲時令之德，非所論於一般，故以「周密」二字顯示之。古本改爲「怨」，非是。怨乃仁德，屬於春者。

〔二〕張佩綸云：當作「禁修徙，令民静止」。翔鳳案：「徙」字絶句，古今語法不同，不必更易。

〔三〕安井衡云：「備」當爲「犕」，字之誤也。「犕」，古「服」字，「服」、「德」相韻。翔鳳案：説文：「備，慎也。」左僖五年傳：「凡分至啓閉，必書雲物，爲備故也。」「備」字不誤。

〔四〕張佩綸云：「寄武」，謂春蒐、夏苗、秋獮、冬狩。

〔五〕張佩綸云：「星」，歲星。不言星辰寒暑，日月足以該星辰，陰陽足以該寒暑。翔鳳案：歲和爲土德，星掌和爲日德，日德包於歲德之中，四時以春爲首。

〔六〕戴望云：「明」訓爲彊，左氏哀十五年傳云：「與不仁人爭明，無不勝。」文選陸士衡樂府君子有所思行注引漢書韋昭注曰：「生，業也。」「失生」猶言失業。翔鳳案：周禮大宰「生以馭其福」，注：「猶養也。」失生爲失養。許維遹改「生」字爲「正」，讀爲「政」，誤。

〔七〕何如璋云：史記天官書「日變修德，月變省刑，星變結和」，義同。張佩綸云：續漢書五行志六注引「食」作「蝕」。

〔八〕翔鳳案：趙本、朱本等皆以「是故春三月」接「行秋政則旱」。此爲劉績改本。劉意以「春凋秋榮」云云爲綜論，移至「所惡必伏」後。然此節論氣非論政，故於叙述氣與政之後，即接以論氣之綜述，末接「五政」，次序井然。劉氏以後世之文法改書，非是。

〔九〕張佩綸云：王制：「冢宰制國用必於歲之杪。」廣雅釋言：「效，考也。」翔鳳案：「效」訓考，爲「校」之借。

〔一〇〕張佩綸云：「攝」，各本作「捕」，非。「攝」，執也（吴語韋注）。一説「奸遁」疑是「干盾」。翔鳳案：説文：「攝，引持也。」「捕，取也。」見姦遁者引持送官有賞，若爲官役逮捕，則無賞矣。

〔一一〕張佩綸云：爾雅釋言：「圉，禁也。」許維遹云：「異」與「廙」通，説文：「廙，行屋也。」引伸爲居。「圉分異」，猶言禁分居也。

道生天地，道者，自然能生天地也。德出賢人。德者，賢人所修爲，故能生賢也。道生德，法道則成德也。德生正，德脩則理自正。正生事〔一〕。正直則事幹。是以聖王治天下，窮則反，終則始。德始於春，長於夏。刑始於秋，流於冬〔二〕。謂刑於冬而休息也。刑德不失，四時如一。皆順時而成，故如一。刑德離鄉，時乃逆行。鄉，方也。作事不成，必

有大殃。月有三政，月三旬政異，故曰「三政」也。**王事必理。以爲必長**〔三〕，王者行事，必順三政之理，然後可以長久。**不中者死，失理者亡。**中，猶合也。不合三政者則死，違失其理必敗亡。**國有四時，固執王事。**固執四時之政，以輔行王事。**四守有所，**謂守四時，令得其所。**三政執輔**〔四〕。執月三①之政，輔行己德也。

〔一〕王念孫云：「正」與「政」同，尹注非。

〔二〕安井衡云：「流」，移也。張佩綸云：舊注謂「刑於冬而休息也」，「流」當作「休」。翔鳳案：考工弓人「寒奠體則張不流」，注：「猶移也。」安井説是。刑始於秋而移於冬也。

〔三〕張佩綸云：「月有三政」無義，「月有」二字衍，當作「五政主事，必理必長」。「以爲」衍，「王」作「主」，下同。郭嵩燾云：上文「春三月以甲乙之日發五政」，「夏三月以丙丁之日發五政」，「秋三月以庚辛之日發五政」，「冬三月以壬癸之日發五政」，此文之「月有三政」，當爲「五政」之誤。翔鳳案：以爲爲政也。論語：「爲政以德。」無誤字。

〔四〕張佩綸云：「四守」當作「四時」，「三」作「五」，字之誤也。郭沫若云：「四守」殆即「修德」、「修刑」、「修和」、「修生」之四者。

① 「月三」原作「三月」，據補注乙。

五行第四十一

一者本也，本，農桑也。二者器也，器，所以理農桑之具也。三者充也，充，謂人力能稱本與器也。治者四也〔一〕，人既務本，設治以理之也。教者五也，人既奉法，則以禮義教之。守者六也，人既奉法從教，則設官以守之。立者七也，既設官以守之，則能立事。前者八也〔二〕，既能立功立事，可與前王比隆。終者九也，既能與前王比隆，可謂王道之終也。十者然後具五官於六府也，立五行之官，分掌六府也。五聲於六律也〔三〕。謂播五聲於六律也。六月日至，陽生至六，爲夏至。陰生至六，爲冬至。是故人有六多，陽至六，爲純陽之多也。陰至六，爲純陰之多也。稟陰陽之純以生，故曰「人有六多」。六多所以街天地也〔四〕。街，猶陽陰多也。天道以九制，九，老陽之數。以老陽制天，所以君長之也。地理以八制，八，少陰之數。以少陰制地，欲其生息也。人道以六制。六者，兼三材之數，人稟天地①陰陽之氣以生，故以制人。以天爲父，以地爲母，以開乎萬物，父母開通，以生萬物。以總一統。總持其本，以統萬物也。通乎九制、六府、三充而爲明天子〔五〕。言能總一統九制已下，可謂明天子。修槩水，

① 「地」字原作「也」，據補注改。

上以待乎天堇。堇，誠也。言天子能以中正自修，以槩自平，上待天誠也。反五藏以視不親〔六〕。又親反察於五藏，以視知何者不親也。治祀之，下以觀地位〔七〕。理於祭祀之時，於其所祭之下，觀知地位之尊卑也。貨曋神廬，合於精氣〔八〕。神廬，謂廟祠也。日所次隅曰曋。言祭神廬之時，或薦珍貨，雖已奠於地，復以日次隅之，所以爲精祥也。如此者，所以招合鬼神精氣之道也。已合而有常，神既合聚而饗祐，則風雨得其常也。有常而有經。風雨有常，百貨成而常經不失也。審合其聲，修十二鍾，以律人情〔九〕。不失其經，則庶績咸通，故可審合理世之聲，以成安樂之音，然後十二鍾以播其音。音之高下，皆法人情。律，法也。人情已得，萬物有極，然后有德。得人情則物理極，極於物理，可謂有德也。故通乎陽氣，所以事天也，經緯日月，用之於民。天氣以積陽成德，故通陽氣然後能事天，又經緯日月之時候，使人用之也。通乎陰氣，所以事地也，經緯星曆，以視其離〔一〇〕。地以積陰成體，故通陰氣然後能事地，又經緯星曆之節氣，視知其離絶也。通若道然后有行〔一一〕，言能通上陰陽天地之道，然後所行不失也。然則神筮不靈，神龜不卜，既通天地之道，則所行無不當，故龜筮不能爲卜兆。黄帝澤參，治之至也〔一二〕。黄帝雖通天地之道，不使參問曰澤，以得萬靈之情，可謂理之至也。

〔一〕陳奂云：此與下共六句，皆數目在下，與「一者本也，二者器也，三者充也」不一例，恐經寫者致誤。張佩綸云：三生萬物，故一、二、三曰「一者本也，二者器也，三者統也」，其下則

曰「治者四也」云云。陳奂欲改爲一律，非是。

〔二〕張佩綸云：「前者八也」，疑「前」當爲「偝」或作「別」，凡分別之事，皆取於八。或云「前」讀爲「翦」。詩「實始翦商」，傳：「翦，齊也。」爾雅釋言：「劑、翦，齊也。」地官司市注：「質劑，謂兩書一札而別之也。」凡分別之事，皆取於八。

〔三〕張佩綸云：淮南天文訓：「何謂五官？東方爲田，南方爲司馬，西方爲理，北方爲司空，中央爲都。何謂六府？子午、丑未、寅申、卯酉、辰戌、巳亥是也。」孟子「不以六律不能正五音」，趙岐注：「六律：陽律太簇、姑洗、蕤賓、夷則、無射、黄鐘。五音：宮、商、角、徵、羽也。」

〔四〕趙用賢云：「街」猶通也。注非。陳奂云：「街」字義不可通，「街」當爲「衍」。惠氏周易述曰：「衍，演也。」俞樾云：「街」當作「衕」，字之誤也。説文行部：「衕，通街也。」「衕」之訓通，正得其義，而其誤爲「街」，亦有由矣。字亦作「迵」，玉篇：「迵，通達也。」淮南子要略篇「通迴造化之母」，上德篇「德迴乎天地」，王氏念孫讀書雜志謂「迴」字並「迵」字之誤，是也。即可以説「衕天地」之義矣。戴望云：「六多」疑「六府」之誤。下文云：「通乎九制六府三充而爲明天子。」張佩綸云：「六多」、「街天地」，如字訓之亦通。但就注觀之，似「多」爲「爻」、「街」爲「衍」，更合。翔鳳案：「六月日至」，謂六月而冬至，六月而夏至，房注是也。「六多」即承上文，房注：「陽至六，爲純陽之多也。陰至六，爲純陰之多也。」「街」

從行，圭聲，兼從圭得義。地官大司徒：「以土圭之灋測土深，正日景，以求地中。日南則景短多暑，日北則景長多寒，日東則景夕多風，日西則景朝多陰。」「六多」包寒暑陰陽言之，房説是也。「街」爲田通道，中有土圭測日，天地陰陽之氣於此測定，故曰「所以街天地」。「多」爲重夕，夕爲月半見，洪範五行注：「初昏爲夕，將晨爲夕。」晨昏測中星，而有六多。諸説俱誤。

〔五〕李哲明云：「充」疑當爲「事」，「事」篆作「叓」，與「充」作「克」形近而訛。此即用尚書之文。「九制」疑即爲「九功」，涉上「九制」而誤。又疑上文「三者克也」之「克」，亦「事」之誤文。「事」與「器」韻。翔鳳案：管書屢言「充」，宙合「謏充末衡」，小稱「去惡充以求美名」，内業「大充傷而形不藏」。「充」以氣言。孟子：「氣，體之充也。」樞言：「道之在天者日也，其在人者心也，故曰有氣則生，無氣則死。」人禀天地之氣以生，而爲三才，故充之數爲三。李説誤。

〔六〕王念孫云：「上」當爲「土」，「槩」，平也，謂修平水土也。尹注非。丁士涵云：「堇」當爲「謹」。「親」與上文「天」字爲韻。張佩綸云：「乎」當作「平」，「待」當作「時」，「視不親」當作「視木槷」，皆字之誤也。「謹反五藏」當作「謹五藏」，「反」涉「五」而衍。此文當作「修水槩，上以平天時。視木槷，下以觀地位。謹五藏，治五祀」。「時」、「位」、「祀」與下「氣」爲韻。舊注爲僞房竄亂。王説改「上」爲「土」，誤矣。李哲明云：此數句頗寓聖王效天法地之

旨。「堇」讀爲勤。勤者，易所謂「天行健」也。「修概水」疑爲「修概準」。觀注云「天子能以中正自修，以概自平，上待天誠」，而不及「水」字，即其證。人君治心，以合乎天，惟其平而已。中正者，平之道也，注説得之。「上」字下屬爲句，亦可於注取證。「上以得天堇」，即「君子自强不息」之義。「準」與「堇」、「親」韻。「反五藏以視不親」，承上文言。「五藏」統於心，渾言「五藏」而心實主之。人君反求諸心，視其果合天否。傳云「皇天無親，惟德是輔」，是修德即所以親天。「不親」，即自修者未至也。據注文，「反」下似當有「察」字。姚永概云：王謂「上」當爲「土」，是也。「堇」當爲「饉」。水土既修概，則天行苟有饑饉，足以待之。翔鳳案：「上」字屬下爲句，「修槩水」，修治灌溉之水。「溉」本水名，説文：「一曰灌溉。」七發「澡槩胸中」，假爲「概」。詩豳風「溉之釜鬵」，釋文：「本又作『摡』。」「溉」、「概」、「摡」三字互通。概爲平斗斛之器，灌溉亦謂斛水平流，直謂「槩」爲灌可也。卜辭之「堇」即「饉」字，姚説有據。「上以待天堇」，「下以觀地位」，二句相配。「五藏」爲五穀之藏。説文：「倉，穀藏也。」「胵，五藏總名也。」「親，至也。」諸義相因。「視不親」，視其不至也。

〔七〕丁士涵云：「治」讀爲祠，公羊「祠兵」，左氏作「治兵」。李哲明云：「下」字當屬下讀。「之」當爲「時」，古「時」字作「旹」，從之得聲，故得省借。「時」與「位」、「氣」韻。翔鳳案：水地篇：「故曰水神。」治水而祀其神，以觀其行於地，安其位也。諸説誤。

〔八〕丁士涵云：古「貨」、「化」同聲，「貨」讀爲化。「䨮」當作「覃」，「覃」猶被也。「神盧」承上「地

位」言之，在地爲化，化主陰氣，合於天之陽氣，乾精屬陽也。張佩綸云：「貨」讀化，餘説皆非。舊注「日所次隅曰瞕」，考方言「日運爲躔」，「瞕」當爲「暉」，「暉」與「運」通。「廬」，舍也（廣雅釋室）。此即孟子「所過者化，所存者神」。證之月令，如四時「日月會」、「日在營室」之類，即「化運」也。「其帝太皞，其神句芒」，即「神廬」也。李哲明云：「瞕」疑當作「瞫」。廣雅：「瞫，甘也。」是「貨」謂玉幣，「瞫」謂粢盛。翔鳳案：内業：「凡物之精，此則爲生，下生五穀，上爲列星。」四時篇有「田廬」，「神廬」即在田中。房注「日所次隅曰瞕」，同「躔」。陳列龜玉於神廬而禱之。「貨」即龜玉。内業：「非鬼神之力也，精氣之極也。」人鬼精氣相合，故曰「合於精氣」。

〔九〕翔鳳案：國語伶州鳩論鐘律曰：「紀之以三，平之以四，成於十二，天之道也。」内業人稟天地之氣以生，故以聲律人情，其理論則詳史記律書。

〔一〇〕張佩綸云：漢志「迺定東西，立晷儀，下漏刻，以追二十八宿相距於四方，舉終以定朔、晦、分、至、躔、離、弦、望」，應劭曰：「離，遠也。」臣瓚曰：「案『離』，歷也，日月之所歷也。」翔鳳案：日月五星之行，所歷不同，張説是。

〔一一〕許維遹云：「若」猶此也，「此道」斥上陰陽天地日月星曆之道而言。翔鳳案：許説是。本書屢言「此若言何謂也」，是其證。「若」同「那」，湖北沔陽稱若爲你那。

〔一二〕陳奂云：此文及注，錯誤不可讀。「筮」當爲「筴」，「靈」當爲「筮」，「神龜」與「神筴」對文，「不

筮」與「不卜」對文。「衍」字當在下句内，而下句「黄帝」二字又涉下文「昔者黄帝」而誤入於此也。「衍」字當在「澤」字上。「衍」，推演之也。「澤」讀爲釋，假字也。「釋」猶舍也。凡每卜筮，必會人參立而占之，不筮不卜，故推演舍參，言不用設立占人以推衍也。小雅杕杜傳曰「卜之筮之，會人占之」，洪範曰「凡七，卜五、占用二，衍貣，立時人作卜筮，三人占」，皆其義也。卜筮所以決疑明豫，不建立卜筮，而能通天地之道，故曰「治之至也」。心術下篇：「能專乎？能一乎？能毋卜筮而知凶吉乎？」白心篇：「不卜不筮，而謹知吉凶。」安井衡云：「澤」、「釋」通，「釋」，舍也。「參」，謀度也。張佩綸云：當作「神筴不筮，神龜不卜」，白心篇「不卜不筮而謹知吉凶」，是也。校者因「神龜」上有「靈」字，旁注爲「衍」，而坊本轉去「筴」字。易：「黄帝垂衣裳而天下治。」漢志：「自伏羲畫八卦由數起，至黄帝、堯、舜而大備，三代稽古，法度章焉。」「黄帝澤參」當作「澤參黄帝」。翔鳳案：趙本「卜」字特長，知其原有衍字，因懷疑而剜去之。左傳筮短龜長，「神筮」與「神龜」對，陳改「筮」爲「筴」，謬。洪範之衍忒用於卜，易繫辭：「衍，演也。」灼龜觀兆之後，就其吉凶而推演之，「衍」字不可少。禮記射義：「天子將祭，必先習射於澤。澤者，所以擇士也。」「澤參」，擇而參之。諸說多非。

昔者黄帝得蚩尤而明於天道〔一〕，得大常而察於地利，得奢龍而辯於東方〔二〕，得祝融而辯於南方，得大封而辯於西方，得后土而辯於北方。黄帝得六相而天地治，

神明至〔三〕。蚩尤明乎天道，故使爲當時〔四〕。謂知天時之所當也。大常察乎地利，故使爲廩者。廩，給也。謂開廩以給人也。奢龍辨乎東方，故使爲土師〔五〕，土師，即司空也。祝融辨乎南方，故使爲司徒。謂主徒衆使務農也。大封辨於西方，故使爲司馬〔六〕。主兵馬以出征。后土辨乎北方，故使爲李。李，獄官也。取使象水平之也。是故春者土師也，夏者司徒也，秋者司馬也，冬者李也。昔黄帝以其緩急作五聲，調政理之緩急，作五聲也。以政五鍾〔七〕。令其五鍾〔八〕：一曰青鍾，大音。大音，東方鍾名。二曰赤鍾，重心。三曰黄鍾，洒光〔九〕。四曰景鍾，昧其明。五曰黑鍾，隱其常〔一〇〕。自大音、重心已下，皆鍾名，其義則未聞。五聲既調，然后作立五行，以正天時，五官以正人位〔一一〕。人與天調，然后天地之美生。美，謂甘露醴泉之類也。

〔一〕劉師培云：雲笈七籤一百軒轅本紀云「黄帝得蚩尤始明乎天文」，注云：「據管子言之，蚩尤有術，後乃叛。」（趙道一真仙體道鑑軒轅黄帝傳略同。）據彼説，似「道」字古本或作「文」。

翔鳳案：道以理言，文以象言，道藏改「道」爲「文」，非是。

〔二〕劉績云：一本「奢」作「蒼」，下放此。王念孫云：「奢」當爲「蒼」，北堂書鈔帝王部十一、太平御覽皇王部四引此竝作「蒼龍」。劉師培云：初學記九引「奢」作「青」，通典職官三作「蒼」，玉海百二十、小學紺珠五並引作「奢」。翔鳳案：「奢龍」爲人名，蒼龍爲四獸之

一。「祝融」、「后土」均爲人名，而南方非朱鳥，西方非白虎，北方非玄武，則「蒼」字不合可知。

〔三〕王念孫云：「天地治」，初學記帝王部、北堂書鈔帝王部十一、太平御覽皇王部四竝引作「天下治」，是也。　翔鳳案：上文天父地母，天堇地位，事天事地，皆以天地分言，則本爲「地」字。王好引類書而多誤，此一例也。

〔四〕張佩綸云：困學紀聞：「黄帝六相，一曰蚩尤，通鑑外紀改爲風后。」案：劉道原改蚩尤爲風后，以「蚩」與「風」形近；馬貴與改大封爲風后，以「風」、「封」聲通。今皆不取。　劉師培云：「當」與「尚」同，即主天時之官也。（戰國之官有「尚衣」之屬，「尚」均訓主。）注說非。

翔鳳案：荀子君子：「先祖當賢，後世子孫必顯矣。」「當」假「尚」，劉説是也。「蚩」爲蟲，釋名釋姿容：「蚩，癡也。」「蚩尤」乃渾名，不止一人，與渾敦、窮奇相類。朱駿聲謂少昊時九黎之君，又一蚩尤，「蓋以癡之尤異者爲訓」，其言是也。風后乃名「風」而爲后者，正好給以蚩蟲之稱，「風」從虫也，非必形誤。

〔五〕安井衡云：古本「土師」作「工師」。　俞樾云：「土師」當作「工師」，此官在唐虞爲共工，在周官爲司空。司空即司工，「空」者「工」之假字也。故小宰職曰「冬官掌邦事」，不曰冬官掌邦土。漢世説經者，有司空主空土之説，僞古文遂曰「司空掌邦土」矣。説詳羣經平議。此文「工師」作「土師」，蓋以形近而誤。然與經義違矣，故不可不辯。　翔鳳案：司空爲

土木工程。古代構木爲巢，不能鋸木爲屋，陶復陶穴，施工於土穴中。「空」從土穴，即謂之「土師」可也。作「工師」爲木作，反非其義。

〔六〕張佩綸云：漢書藝文志兵技巧家「封胡五篇」，班固自注：「黄帝臣。」「封胡」即「大封」。封禪書：「公玉帶曰：黄帝時雖封泰山，然風后、封臣、岐伯令黄帝封東泰山，禪凡山，合符然後不死焉。」「封臣」疑當作「封巨」，「胡」、「巨」皆大也。翔鳳案：「巨乘馬」，隸書爲「臣乘馬」，「巨」爲「臣」乃隸變，張説是也。

〔七〕孫星衍云：書鈔一百八引「作」下有「立」字，「政」作「正」，以下文作「立五行以正天時」句證之，書鈔所引本是。王念孫云：今本無「立」字者，後人不曉文義而删之也。「作立」者，始立也。魯頌駉篇傳曰：「作，始也。」皋陶謨「烝民乃粒，萬邦作乂」，「作」與「乃」相對爲文，謂萬邦始乂也。禹貢「萊夷作牧」，謂萊夷水退始放牧也。「沱潛既道，雲土夢作乂」，「作」與「既」相對爲文，謂雲土夢始乂也。此言「作立五聲」，亦謂始立五聲也。後人不知「作」之訓爲始，而誤以爲造作之作，則「作立」二字義不可通，故删去「立」字耳。據尹注云「調政治之緩急作五聲也」，但言「作」而不言「立」，則所見本已删去「立」字。獨賴有北堂書鈔所引，及下文「作立五行」之語，可以考見原文。而太平御覽樂部十三所引並删去下文「立」字，總由不知「作」之訓爲始，故紛紛妄删耳。

〔八〕陶鴻慶云：「令」通作「命」，「命」通作「名」，下文「青鍾大音」以下，尹注云「皆鐘名」是也。

〔九〕劉師培云：「洒」，他本作「灑」，御覽五百七十四誤「立」。「光」，山堂考索前集四十九引作「地」，誤。　翔鳳案：說文：「洒，滌也。古文爲灑埽字。」月令「律中姑洗」，注引周語「所以修絜百物」。「洒」同「洗」。「灑」字不合。

〔一〇〕何如璋云：虞翻易注「震爲音」（中孚、小過兩見），「離日爲光」（象下傳），「坎爲常」（象上傳）。據此，赤鍾當曰灑光，黄鍾當曰重心。「灑」讀爲麗，「離」，麗也，屬南方。太玄注「在中爲心」，漢志「宫，中也，君也」，爾雅釋樂「宫爲之重」，是其證。「昧」，書「仲秋曰昧谷」，易鄭注「兑爲暗昧」。淮南覽冥高注「隱，藏也」，漢志「羽，宇也，物聚藏宇覆之也」。　張佩綸云：何氏之說精確。疑「心」與「音」韻，「光」與「明」、「常」韻，似不可易。案：異義歐陽說「心，火也」，故「赤鍾重心」。（「重」讀若「重華」之「重」，即爾雅「徵謂之迭」。）風俗通皇霸引書大傳：「黄者，光也，厚也，中和之色。」釋名：「黄，晃也，猶晃晃像日光色也。」說文：「黄，地之色也，从田从炗，炗亦聲。」炗，古文「光」。黄從光得聲得義，故「黄鍾洒光」。「洒」，新臺毛傳「高陵也」，即「陵」之借字。漢志所謂「黄鍾至尊，無與並也」。說文：「洒，滌也。」爾雅「大瑟謂之洒」，釋文引孫炎云：「音多變，布出如洒也。」黄鍾爲萬事根本，其音亦多變，布出如洒矣。　劉師培云：「景」乃「顥」字之總，「顥」即白也。（說文「顥，白貌」，漢書敘傳音義引字林同。）「顥」與「青」、「赤」、「黄」、「黑」並文，均主方色言。　淮南子時則訓「撞白鐘」，亦其證。　翔鳳案：周易遠在黄帝之後，以之說史，非是。　釋名釋采帛：「赤，赫也，太陽之

色也。」「重」從壬，東聲。東爲日在木中。爾雅釋天「太歲在辛曰重光」，取日落赤霞之義。「黄」如張説。「景」爲古「影」字，故曰「昧其明」。劉説非是。

〔一二〕翔鳳案：「作」，始也，見廣雅釋詁一。禹貢「雲土夢作乂」，謂始乂也。此「作立」，始立也。

日至，睹甲子木行御〔二〕。謂春日既至，睹甲子用木行御時也。天子出令，命左右士師内御〔三〕，謂内侍之官也。總别列爵，謂總别等列之爵也。論賢不肖士吏，論士吏之賢與不肖，當有所黜陟也。賦秘賜秘藏之物出而賦賜之也。賞於四境之内〔三〕。發故粟以田數，故粟，陳也。以田數多少，用陳粟給人，使得務農。出國衡，順山林〔四〕，禁民斬木，所以愛草木也。然則水解而凍釋，草木區萌〔五〕，萌牙區别而生也。贖蟄蟲，卵①菱贖，猶去也。卵，鳧。菱，芡也。皆早春而生也。春辟勿時〔六〕，春當耕闢，無得不及時也。苗足本，足，猶擁也。春生之苗，當以土擁其本。不癘雛鷇，癘，殺也。雛，隨母食者。不夭麛麑〔七〕，毋傅速〔八〕，麛，鹿子也。言夭傷之。亡傷繈葆，繈保之嬰孩，無得傷損也。時則不凋。若能行上事春，則繁茂而不凋枯也。七十二日而畢〔九〕。春當九十日，而今七十二日而畢者，則季月十八日屬土位故也。

①「卯」字原作「卵」，據補注改。下注文同。

〔一〕俞樾云：「睹」字義不可通，疑當作「都」。「都」，古字作「䰇」，因誤爲「覩」，後人遂書作「睹」耳。爾雅釋詁曰：「都，於也。」「都甲子木行御」，言於甲子之日，木行御也。下文「睹丙子火行御」，「睹戊子土行御」，「睹庚子金行御」，「睹壬子水行御」，諸「睹」字並當作「都」。戴望云：疑當爲「諸」，「諸」，於也。張佩綸云：說文：「睹，見也。」言冬至之後見甲子日，即爲「木行御」。翔鳳案：張說是也。冬至日不一定爲甲子，必睹甲子日才算木行御，東方爲甲乙也。

〔二〕王念孫云：「士師」當爲「士師」，見上文。

〔三〕王引之云：此當以「賦秘」爲句，「賜賞於四境之內」爲句。「賦」，布也，布散其所秘藏之物也。下文曰「發臧，任君賜賞」，「賦秘」猶言「發臧」也。「賜賞於四境之內」，猶言「任君賜賞」也。尹注非。翔鳳案：說文無「秘」字，本作「祕」。廣雅釋詁一：「祕，勞也。」王氏疏證：「大誥『無毖於恤』，傳云：『無勞於憂。』『毖』與『祕』通。」分勞賞賜。王說誤。

〔四〕安井衡云：古本「順」作「慎」。陶鴻慶云：「順」當讀爲巡。翔鳳案：易坤卦「蓋言順也」，禮記禮器「順之至也」，皆假爲「慎」。荀子成相「請布基，慎聖人」，「慎」假爲「順」。二字通，本作「順」，古本依訓詁改之。

〔五〕王念孫云：「水」當爲「冰」，「區萌」即「句芒」，樂記曰「草木茂，區萌達」，是也。尹注非。張佩綸云：「水」當作「冰」，莊子庚桑楚：「是乃所謂冰解凍釋者。」月令孟春：「東風解

涷，蟄蟲始振，魚上冰。」又云：「草木萌動。」翔鳳案：俗本「水」字作「冰」。説文：「仌，涷也。象水凝之形。」「冰，水堅也。凝，俗冰，从疑。」「冰」爲古「凝」字，凝解無主詞，不可通。本作「水」，俗本不知而改之耳。

〔六〕安井衡云：古本「卵」作「卯」，舊注云「卯皃」，蓋尹本作「卯」，讀爲茆，解爲鳧葵。丁士涵云：「賸」字衍，「菱」乃「養」字之誤。「卵」，生也，「養」亦生也，「養」與「萌」爲韻。説文：「養，古文作『羖』。」寫者移羊旁置於攴上，「羖」變爲「差」，與「菱」字相似而誤。張文虎云：「賸」字疑當作「瀆」，上有脱文，四時篇云：「春三月，……三政曰涷解修溝瀆。」張佩綸云：「賸」當爲「賣」。説文：「『賣』讀若育。」廣韻：「賣，動也。」注「『賸』猶去也」，正「『賣』猶育也」之誤。「菱」當作「爰」，字之誤也。爾雅釋詁：「爰，于也。」當作「草木區萌，蟄蟲賣卵，爰春辟物，時苗立本」。「卵」、「本」爲韻。「勿」、「物」通。李哲明云：「賸」當爲「膭」。禮樂記：「胎生者不膭。」説文：「膭，胎不成也。」本作「殰」。「膭蟄」云者，言物至冬蟄伏，猶胎不成也，與「蟲」、「卵」對文。翔鳳案：安井説是也。「菱」爲菜，則「卯」亦當爲菜，此無可疑者。詩魯頌「薄采其茆」，傳：「茆，鳧葵也。」周官醢人「朝事之豆，其實茆菹」，鄭注：「鳧葵也。」此爲周人常食之菜，因其爲菜而加艸。本字爲「卯」，作「卵」者謬。説文：「賸，貿也。」如今之收買蠅蛹。房注訓「去」，指其用也。白虎通四時：「時者期也，陰陽消息之期也。」「時」引申則爲期待。茆菱爲春菜，闢而種之，毋期待也。「茆菱」二字下屬爲

句。諸説均誤。

〔七〕江瀚云：玉篇曰：「麌，麋子也。」

〔八〕丁士涵云：顧千里云：「『速』即『麈』字。」爾雅：「鹿跡爲麈。」張佩綸云：案爾雅正作「速」，釋文引字書：「速，鹿子。」「鹿跡」非，三者不類，「鹿子」與上複。此三字疑「毋傷繦葆」之複出者。又云：四時篇：「毋殺麑夭，毋蹇華絶芋。」禁藏篇：「毋殺畜生，毋拊卵，毋夭英，毋拊竿。」疑此「毋傅速」是「拊竿」之類，疑當作「毋傅樸速」。毛傳：「樸速，小木也。」

翔鳳案：管書「遲速」之「速」作「遬」，「速」有别義。爾雅釋獸：「鹿，其迹速。」古代逐鹿，認其足迹而呼之爲速，此「速」即麑麌之足迹也。小爾雅、廣雅：「傅，迫也。」淮南兵略「傅堞而守」，亦爲迫近之意。謂從後迫近之也。丁説得之。

〔九〕劉績云：自甲子起，周一甲子六十日，又零十二日得丙子，故曰「七十二日而畢」。下皆倣此。蓋五七三百五十日，又五二爲十日，通三百六十日，一年之數也。注皆非。翔鳳案：甲子木，丙子火，戊子土，庚子金，壬子水，各七十二日。凡三百六十日爲一歲，四時以五行配，衹有此數。淮南天文訓：「日冬至子午，夏至卯酉，冬至加三日，則夏至之日也。歲遷六日，終而復始。壬午冬至，甲子受制，木用事，火煙青。七十二日丙子受制，火用事，火煙赤。七十二日戊子受制，土用事，火煙黄。七十二日庚子受制，金用事，火煙白。七十二日壬子受制，水用事，火煙黑。七十二日而歲終，庚子受制。歲遷六日，以數推之，七十歲而

復至甲子。」淮南即申管義者。以五行配四時，土行在五行之中，其前有一百四十四日，凡五月不足六日，故土行在五月末，六月、七月、八月初。管子、淮南以土德置於夏季之後，原因在此。

睹丙子，火行御。天子出令，命行人內御，行人，行使之官也。**令掘溝澮，津舊塗**〔一〕，舊塗，謂先時濟水處，當設其津梁也。發臧任君賜賞。任，委也。藏中委積物，當發用之，即以充君之賞賜也。**君子修游馳以發地氣，**游馳，謂游戲馳馬也。**出皮幣**〔二〕，**命行人修春秋之禮於天下諸侯，通天下，遇者兼和**〔三〕。春秋二時聘問之禮。**然則天無疾風，草木發奮，鬱氣息，**謂鬱蒸之氣止息也。**民不疾而榮華蕃。七十二日而畢。**

〔一〕張佩綸云：「津舊塗」當作「蘻津塗」。說文：「覼，諦視也。蘻，古文『覼』，從冏。」諦視津塗，即「季春周視原野」之類。　翔鳳案：夏季雨多水盛，故掘溝設梁。「澮」爲水名，假爲「巜」，小溝也。「涂」亦水名，假爲「塗」，道路也。掘道路則不通，且與下文「塗」字犯複。古本「澮」字作「涂」，其謬如此。

〔二〕丁士涵云：當讀「發臧任君賜賞，以發地氣」。四時篇曰「量功賞賢，以阻陽氣」，又曰「斷刑致罰，無赦有罪，以符陰氣」，句法一律，皆取順時宣化之義。「君子修游馳出皮幣」一句讀，「馳」乃「駟」之誤，駟，四馬一車也。「遊駟」，猶中匡篇之「遊車」。小匡篇曰：「又遊士八十人，奉之以車馬輕裘多其資糧財幣，使出周遊於四方。」山國軌篇曰「上且修游人出若干幣」，

「游人」即「遊士」也。彼指人言，此就車駕言，文義相合。張佩綸云：「任君」當是「任養」之誤。或作「發藏倉」亦通。「君」當作「周」，「任周」猶任恤。「君」當作「羣」，「子」當作「字」，「羣游字修馳」，即月令「游牝别羣執騰駒」，夏小正「四月執陟攻駒」也。廣雅「牿牸牝，雌也」，史記平準書「衆庶街巷有馬，阡陌之間成羣，而乘字牝者儐而不得聚會」，是牝馬亦名字也。「修」，治也。「馳」，騰也。「以發地氣」者，「坤元亨利牝馬之貞」也。「發」疑作「受」，涉上「發臧」而誤。翔鳳案：説文：「任，保也。」周禮大司徒「令五家爲比，使之相保」，注：「『保』猶任也。」上文南方爲司徒，義正相合。發鄰里任保之藏。「君」讀爲羣，白心「君親之合」，「君」亦訓羣。發以賞羣衆。説文：「游，旌旗之流也。」晏子春秋：「景公畋於署梁，望游而馳。」此「游馳」之義。

〔三〕張佩綸云：漢志「徵爲火爲禮」，丙爲火，故修禮。「遇」，合也。言諸侯皆通，天下皆合，即朝覲會同之意。「兼」當作「謙」，説文：「謙，敬也。」言以謙且和，故能服諸侯合天下也。廣雅釋詁「兼，通也」，亦通。翔鳳案：出其所藏之皮幣，行人持以修聘。説文：「遇，逢也。」廣雅釋詁四：「兼，同也。」儀禮聘禮：「兼執之以進。」周書謚法：「和，會也。」易乾文言「嘉會足以合禮」，「合」即「和」。春秋隱公四年「夏，公及宋公遇於清」。公羊傳：「遇者何？不期也。」行人以幣聘諸侯，周行天下，其不期而遇者兼會之。

睹戊子，土行御。天子出令，命左右司徒内御，命司徒御理夏政也。**不誅不貞**〔一〕，

貞，正也。太陽用事，時方長育，故無所誅戮，無責正，以助養氣也。**農事爲敬**〔二〕，夏時農事尤盛，順而敬之也。**大揚惠言**〔三〕，言大舉仁惠之事也。**寬刑死，緩罪人。**皆所以助養氣也。**出國，司徒令命順民之功力**〔四〕，**以養五穀。君子之静居，**陰氣方生，故静居以遵也。**而農夫修其功力極**〔五〕。**然則天爲粤宛**〔六〕，粤，厚也。宛，順也。天爲厚順，不逆時氣也。**草木養長，五穀蕃實秀大，六畜犧牲具，民足財，國富，上下親，諸侯和。七十二日而畢。**

〔一〕丁士涵云："貞"當爲"責"。白虎通："『誅』猶責也。"司救"誅讓"，注："誅，責也。"尹注本作"責，正也"，故其下言"無所責正"，今正文及注皆譌。俞樾云："貞"乃"賞"字之誤，上文於春曰"賦秘賜賞於四境之内"，於夏曰"發臧任君賜賞"，是皆有賞也。下文於秋曰"命左右司馬衍組甲厲兵，合什爲伍，以修於四境之内，諛然告民有事，所以待天地之殺斂也"，於冬曰"令民出獵禽獸，不釋巨少而殺之，所以貴天地之所閉藏也"，是皆有誅也。蓋賞以春夏，刑以秋冬，古制如此。至戊子土行御，則不誅不賞，但務農事而已。故"不誅不賞，農事爲敬"。"賞"闕壞，遂誤爲"貞"。尹注從而爲之辭，斯曲説矣。孫詒讓云："責"無正訓，尹注本自作"貞"，丁説非也。誅、責義重複，亦不當分舉。疑此"貞"當爲"負"。韓詩外傳云"子産之治鄭，一年而負罰之過省"，是負與罰義略同。"不誅不負"，猶言"不誅不罰"也。張佩綸云："貞"當作"正"，宋人諱貞，如"貞觀"皆作"正觀"。寫者誤以"正"本爲"貞"，故仍改爲"貞"，而不知其誤。"貞，正也"，乃僞房習見古訓而釋之，非"責，正也"。

翔鳳案：訓「貞」爲「正」爲易傳，春秋時無有。説文：「貞，卜問也。」周禮天府「以貞來歲之媺惡」，注：「問事之正曰貞。問歲之美惡，謂問於龜。」但急於農事，不責其不卜問於鬼神也。非誤字。

〔二〕王念孫云：「敬」當作「亟」，讀如「亟其乘屋」之「亟」。「亟」，急也。言夏時不行誅罰，唯農事爲急也。又下文曰「天子敬行急政，旱札」，「敬」亦當作「亟」，讀如「亟稱於水」之「亟」。「亟」，數也。言天子數行急政，則有「旱札」之災也。集韻「『亟』或作『䓆』」，因譌而爲「敬」。大戴禮文王官人篇「亟爯其説」（「爯」與「稱」同），今本「亟爯」譌爲「敬再」，是其證也。翔鳳案：王説是，然非「亟」，乃「茍」字，訓急茍也。洪範「敬用五事」，五行志、藝文志俱誤作「羞」。「茍」作「蔿」，因誤爲「羞」也。漢瓦當文「極」字從敬作「檄」，則「敬」之同「亟」乃漢隸，非誤字也。

〔三〕陶鴻慶云：尹注云「言大舉仁惠之事」，據此則正文「言」字不當有，蓋即涉注文而衍者。翔鳳案：「惠言」即下文之「寬刑死，緩罪人」也。非誤字。

〔四〕翔鳳案：説文：「命，使也。」朱駿聲云：「在事爲令，在言爲命，散文則通，對文則別。」「令」當訓使，「命」訓發號，則「令命」爲使發號。下文「金行御」亦「令命」二字連文。考工匠人注：「國，城内也。」

〔五〕張佩綸云：「而農夫修其功力極」，即上文「農事爲亟」之注，誤入正文。翔鳳案：猶詩

之「亟其乘屋」，「極」以形容「修」字。

〔六〕洪頤煊云：「粤」，古「越」字。左氏昭四年傳「風不越而散」，杜注云：「越，散也。」淮南俶真訓「精神已越於外」，主術訓「精神勞則越」，高注皆訓「越」爲「散」。「宛」，古通作「菀」、「苑」，皆謂鬱結。言天散其鬱結之氣，草木得以養長，五穀得以蓄實秀大也。尹注非。安井衡云：「粤」當爲「奥」。奥，深也。「宛」讀爲苑。深邃之苑，無物不有也。張佩綸云：洪説非也。「粤」當作「奥」，廣雅釋詁：「奥，藏也。」文選蕪城賦注引倉頡同。「苑」本作「苑」（莊子天地釋文），白虎通：「苑囿，養萬物者也。」老子：「道者，萬物之奥。」此言以天爲萬物之奥苑，故養長蓄實秀大。翔鳳案：洪説是也。史記南越、東越，漢書作「粤」。周書「越三日丁亥」，召誥「越六日乙未」，皆其證。

睹庚子，金行御。天子出令，命祝宗選禽獸之禁〔一〕，禁，謂牢。囿圃所養，擬供祭祀也。五穀之先熟者，先熟則黍稷也。而薦之祖廟與五祀。五祀，謂門、行、户、竈、中霤。鬼神饗其氣焉，君子食其味焉。然則涼風至，白露下。天子出令，命左右司馬衍組甲厲兵〔二〕，組甲，謂以組貫甲也。合什爲伍〔三〕，謂立什人之長爲伍。以修於四境之内，諛然告民有事〔四〕，所以待天地之殺斂也〔五〕。諛，悦順貌。有事，謂出師以伐不服，象天地殺斂也。然則晝炙陽，夕下露，地競環〔六〕，環，炙實貌。方秋之時，晝則暴炙，夕則下寒露而潤之，陰陽

更生，故地氣交競而灸實。五穀鄰熟〔七〕，鄰，緊也。陰陽氣足，故緊熟。草木茂〔八〕。實歲農豐，年大茂。七十二日而畢。

〔一〕張佩綸云：説文：「禁，吉凶之忌也。」如春「祭先脾」、「食麥與羊」之類，反是則爲禁忌矣。　翔鳳案：房注不誤。郭沫若説「供祭祀之牲牷期其肥腯，平時禁斬殺，故謂之『禁』耳。『禁』者之中亦有肥瘠，故仍須選擇」，是也。周禮囿人：「掌囿游之獸禁。」

〔二〕張佩綸云：「衍」字校者所加，或「衍」字即「内御」二字之壞。　翔鳳案：周禮大宰「以八柄詔王馭羣臣」，注：「凡言馭者，所以敺之納於善。」御内，御之於内也，非官名。「衍」同「演」，見前。左昭二年傳：「演，謂爲其辭以演説之。」「衍」連下爲句，非誤字。

〔三〕丁士涵云：「爲」字衍。幼官篇曰：「修鄉閭之什伍。」禁藏篇曰：「輔之以什，司之以伍。」　張佩綸云：當作「合爲什伍」。　翔鳳案：合其什而參伍之。説文：「伍，相參伍也。」

〔四〕安井衡云：「諛」讀爲俞。「俞然」，容貌和恭也。　戴望云：「諛然」無義，「諛」乃「讟」之字誤。説文「讟」下引司馬法曰：「師多則人讟。」讟，止也。字亦作「讀」。廣雅釋詁曰：「讀，怒也。」　李哲明云：「諛」當爲「謏」，形近而訛。説文：「謏，小也，誘也。」「謏」今多作「謏」。「告民有事」，正誘之使其知，故曰「謏然」。　翔鳳案：「諛」從臾聲。史記淮南衡山列傳「日夜從容勸之」，漢書作「縱臾」。漢書古今人表「鬼臾區」，藝文志作「鬼容邸」。翟方進傳「何持容容之計」，注：「隨衆上下也。」後漢左雄傳注：「容容，和同也。」徐鍇云：

「諛者，言如物之腴也。」於文言臾爲諛，則「諛」與和同之義近，非誤字也。

〔五〕安井衡云：「待」，備也。　劉師培云：書鈔五十一引「殺斂」作「不親」，與尹注所據本異。　翔鳳案：「待」用常義，訓「竢」。

〔六〕洪頤煊云：「環」讀爲營，謂可營盡其地利。尹注非。　張佩綸云：「環」，周也，言井田環繞也。　翔鳳案：洪説是也。韓非五蠹「自環爲私」，説文作「自營」。

〔七〕安井衡云：「鄰」，連也，實相接連以熟也。「孰」言豐穰。　戴望云：釋名釋州國曰：「鄰，連也。」「五穀鄰孰」，猶言連孰，即所謂「屢豐」也。　張佩綸云：淮南精神訓高注：「鄰，比也。」詩「其比如櫛」，即「鄰熟」之義。原注非是。　翔鳳案：釋名：「鄰，連也，相連接也。」戴引少一句，義不全。

〔八〕丁士涵云：「農」字，疑即「豐」之誤衍。　張佩綸云：當作「歲年大豐」，「茂」複，「農」即「豐」之誤。　翔鳳案：小爾雅廣詁：「實，滿也。」「實歲」，滿收之歲，無誤字。

睹壬子，水行御。天子出令，命左右使人内御。其氣足則發而止〔一〕，使人御理冬政，其閉藏之氣足，則發令休止也。**其氣不足則發撊瀆盜賊**〔二〕，撊，謂遮①禁也。羣聚之，謂其

① 「遮」字原作「庶」，據補注改。

閉藏之氣不足，則撊防盜賊以助其閉藏之氣也。**數剩竹箭**，言數剩削竹箭以爲矢①也。**伐檀柘**，伐檀柘，所以爲弓也。**令民出獵禽獸，不釋巨少而殺之**〔三〕，**所以貴天地之所閉藏也。**貴天地閉藏，故收獵取禽以助也。**然則羽卵者不段**〔四〕，段，謂離散不成。**毛胎者不牘**，牘，謂胎敗潰②也。**䏰婦不銷棄**〔五〕，䏰，古孕字。銷弃，謂散壞也。**草木根本美。**閉藏實堅，則根本美。凡此皆順冬閉藏之政所致也。**七十二日而畢。**

〔一〕張佩綸云：「使」當作「李」，篆文相近。翔鳳案：「使」字不誤。内御非官名而爲動詞，見前。

〔二〕俞樾云：「發」字涉上句而衍，據尹注無。張佩綸云：「發撊瀆盜賊」，或作「祭澗瀆，數盜賊」，廣雅：「數，責也。」翔鳳案：説文無「撊」字。左昭十八年傳：「今執事撊然授兵登陴。」説文：「僩，武皃。」文選潘安仁馬汧督誄「瞯然馬生，傲若有餘」，李善引左傳此文云：「『撊』與『瞯』同。」説文：「瞯，戴目也。」引申爲窺伺。孟子：「王使人瞯天子。」「撊瀆」，謂於瀆中窺伺人也。

〔三〕安井衡云：「釋」、「擇」通。俞樾云：「釋」乃「擇」字之誤。翔鳳案：左襄二十一年

① 「矢」字原作「失」，據補注改。
② 「潰」字原作「清」，據補注改。

傳「釋茲在茲」，注：「除也。」謂捨之借。周禮占夢注：「古書釋菜、釋奠多作『舍』字。」不訓擇。

〔四〕洪頤煊云：「段」讀作毈，説文：「毈，卵不孚也。」淮南原道訓「獸胎不䞲，鳥卵不毈」，高誘注：「胎不成獸曰䞲，卵不成鳥曰毈。」「段」即「毈」字之省。

〔五〕丁士涵云：玉篇：「䰍，或『孕』字。」太玄馴首曰「繩其膏」，人一月而膏，「繩」與「䰍」同。薙氏「掌殺草秋繩而芟之」，注曰：「含實曰繩。」釋文：「『繩』音孕。」「繩」亦當爲「䰍」字之誤。説見惠氏九經古義。張佩綸云：「銷」當作「消」，史記曆書「坤者陰死爲消」，素問脈要精微論「不足爲消」，釋名：「消，削也。」又：「消，弱也。」「消」爲不足月而生之類，「弃」則墮地不舉之類。

睹甲子，木行御。天子不賦，不賜賞，而大斬伐傷〔一〕，此已下，言逆時政所致災禍也。**君危。不殺，太子危，家人夫人死，**若君雖危而不見殺，則又太子危而家人、夫人有死禍也。**不然則長子死**〔二〕。如無家人、夫人死，則長子死。**七十二日而畢。**逆氣亦畢於七十二日也。**睹丙子，火行御。天子敬行急政，旱札苗死，民厲**〔三〕。札，夭死也。厲，疫死。時當寬緩而乃急，故有旱札疫之災也。**七十二日而畢。睹戊子，土行御。天子修宮室，築臺榭，君危。**土方用事，而修宮室以動亂之，故君有危亡之禍。**外築城郭，臣死。**築城郭，動土，危，故

其臣死。七十二日而畢。土王在六月，而得七十二日者，則每季得十八故也。睹庚子，金行御，天子攻山擊石，有兵，作戰而敗〔四〕，士死喪執政。時方收斂，而乃攻山擊石，故致兵器之禍也。七十二日而畢。睹壬子，水行御。天子決塞動大水，王后夫人薨。不然，則羽卵者段，毛胎者膹，䐈婦銷棄，草木根本不美。七十二日而畢也。

〔一〕張佩綸云：「不賦不賜賞」當作「不賦賜賞」，衍一「不」字。翔鳳案：說文：「傷，創也。」斬爲車裂，乃罪之大者。天子不但不布其不賜賞之由，並大用車裂之刑，受創傷者亦擊敗之，如此則民憤深而君危。無誤字。

〔二〕俞樾云：「殺」當爲「發」，聲之誤也。釋名釋用器曰：「鏺，殺也。」釋名一書，皆以聲取義，「鏺」從發聲，而訓爲「殺」，是殺與發聲近。詩噫嘻篇「駿發爾思」，毛傳曰：「發，伐也。」廣雅釋詁：「伐，殺也。」「發」訓「伐」而「伐」訓「殺」，然則殺之與伐，義亦得通矣。「君危」自爲句，「不發」又自爲句。上文曰：「睹甲子木行御，天子出令，命左右士師内御，總別列爵，論賢不肖士吏，賦祕，賜賞於四境之内，發故粟以田數，出國衡，順山林，禁民斬木，所以順草木也。」此文承上而言，故曰：「天子不賦，不賜賞，而大斬伐傷，君危。不發，太子危，家人夫人死。」所云「不賦不賜賞而大斬伐傷」，與上文「賦祕賜賞於四境之内」及「禁民斬木」相應。所云「不發」，與上文「發故粟」相應。蓋當發故粟而不發，故其災禍如此也。「不發」正與「不賦不賜賞」一律。因字誤作「殺」，尹注遂誤以「君危不殺」四字爲句，解曰：「若君雖危而不見殺，

則又太子危，而家人夫人有死禍也。」此曲説不可從。下文曰：「睹戊子土行御，天子修宮室，築臺榭，君危；外築城郭，臣死。」「君危」爲一事，「臣死」爲一事，然則此文亦當以「君危」爲一事，「太子危」爲一事，非君危不見殺，而後太子乃危也。孫詒讓云：此當讀「君危」句斷，「不殺」當作「不然」，言君若不危，則必太子當之，故云「太子危」也。與下文「不然則長子死」，文例正同。「殺」，漢隸或作「𣪠」（見隸釋孫叔敖碑，武梁祠畫像），俗又譌「煞」，與「然」形近，故傳寫易譌。俞校讀「不殺」爲「不發」，亦非。張佩綸云：「不殺太子，危家人」，「不」讀爲「否」。「夫人死，不然則長子死」，此尹氏以「不然」解「否」、「長子」解「太子」、「夫人」解「家人」也。注入正文，僞房又注中作注，遂致複沓。翔鳳案：「殺」訓衰減，此常義。諸人不察，又誤斷句也。兩句當以「危」字斷句。

〔三〕王念孫云：「敬」當作「亟」，讀如「亟稱如水」之「亟」。「亟」，數也。言天子數行急政，則有「早札」之災也。集韻「亟」或作『𠄞』，因譌而爲「敬」。大戴禮文王官人篇「亟再其説」，今本「亟再」譌爲「敬再」，是其證也。安井衡云：「敬」當爲「敢」，字之誤也。

〔四〕張佩綸云：「有兵」當作「用兵」。翔鳳案：「有兵」，取礦鍊兵器也。攻山擊石，顯爲開礦，「兵」爲兵器，前屢言之矣。

管子校注卷第十五

勢第四十二

短語十六

戰而懼水，此謂澮滅〔一〕。方戰之時，懼致水禍，此必爲水所澮而滅亡也。**小事不從，大事不吉。**苟懼水禍，則事無小大，未見其福也。**戰而懼險，此謂迷中**〔二〕。方戰之時，懼有險礙，進退莫知所從，故曰迷中。言在迷惑之中。**分其師衆**〔三〕，**人既迷芒，必其將亡之道**〔四〕。人既迷惑，不知所從，則無所用其力，是以滅其師衆矣。又況迷惑芒然乎？若是者，必亡其衆。凡此二事，皆滅亡之道也。**動靜者比於死**，比，近也。用師之道，我動而敵靜者，則靜者勝矣，故我近於死亡也。**動作者比於醜**，我先動，敵反作應者，我必無功，故近於醜。**動信者比於距**，我既動，彼能自申①以敵我，如此者，近於見距也。**動詘者比於避**〔五〕。我既動，而彼屈服者，近於見避。**夫靜與作，時以爲主人，時以爲客，貴得度**〔六〕。靜作得度，則爲主人。其失度者，

① 「申」字原作「中」，據補注改。

則爲客也。**知静之修，居而自利**〔七〕。既多智，而又安静，二者能修，則居然自獲其利也。**知作之從，每動有功。**知其所作，常能從理，如此者，動必有功也。**故曰：無爲者帝，其此之謂矣。**言無心於爲，任理之自然，如此者，帝王之道也。

〔一〕張佩綸云：「澮」當爲「膾」，字之誤也。説文：「膾，連肝之府。」白虎通情性篇：「膾者肝之府也，肝者木之精也，主仁。仁者不忍，故以膾斷也。是以肝膾二者必有勇也。」爾雅釋詁：「滅，絶也。」膾氣既絶，則無勇矣。「膾滅」與下「迷中」對文。翔鳳案：「懼水」爲膾怯，不能爲膾氣滅絶，此不近情。「滅」從水、烕，烕爲火死，以水滅火，是之謂滅。漢書趙充國傳「以澮一隅」，師古曰：「澮，古『贍』字。贍，給也。」懼水者終給水滅，不能爲水所懼也。張説非是。

〔二〕張佩綸云：爾雅釋言：「迷，惑也。」禮記文王世子「禮樂交錯於中」，鄭注：「中，心中也。」

〔三〕翔鳳案：列子黄帝「用志不分」，注：「猶散也。」郭沫若謂「分」假爲「紛」，是也。

〔四〕王引之云：「之道」二字因注而衍，「人既迷芒，必其將亡」，皆以四字爲句，且「芒」與「亡」爲韻也。若增「之道」二字，則亂其文義，而又失其韻矣。陶鴻慶云：「之道」上當奪「亡」字，下奪「也」字，原文本云：「人既迷芒，必其將亡，亡之道也。」尹注云「又況迷惑芒然乎，若是者必亡其衆」，此釋「人既迷芒，必其將亡」二句之義。又云「凡此皆滅亡之道也」，明正文有「亡之道也」四字，爲「懼水」、「懼險」二事之總結，故注云然。王氏欲删正文「之道」二字，

則注文爲贅矣。　翔鳳案：「迷芒」爲將亡之道，非必亡也。二字不可少。

〔五〕俞樾云：四「動」字皆作「重」，與任法篇「重愛曰失德，重惡曰失威」兩「重」字義同。蓋「靜」、「作」、「信」、「詘」各有所宜，偏重之則非矣。　尹注皆迂曲未合。　張佩綸云：「動」當爲「重」，「醜」當爲「鬼」，均字之誤也。　禮緇衣注：「『重』猶尚也。」「距」，左氏僖二十八年傳杜注：「距躍，超越也。」靜如死，作如鬼，信如距，詘如避，即「守如處女，出如狡兔」之意。「死」、「鬼」、「避」韻。　姚永概云：俞謂四「動」字皆當作「重」，是也。然謂『靜』、『作』、『信』、『詘』各有所宜，偏重則非」似失。此文之義，蓋當重靜之時則「比於死」，極言其靜也；當重作之時則「比於醜」，「醜」有媿恥之訓，凡媿恥甚則忿不顧身，極言其作；當重信之時則「比於距」，凡抗距亦必勇，極言其信也；當重詘之時則「比於避」，避者必怯，極言其詘也。下文承之曰「夫靜與作，時以爲主人，時以爲客，貴得度」，言重靜則靜爲主，重作則作爲主也。不承「信」、「詘」者，「信」猶作，「詘」猶靜也。　翔鳳案：左僖十五年傳「感憂以重我」，王引之曰：「感動也。」此「動」、「重」通假之證。然墨子經上「動或從也」，其義尤切。非重視之意，而是從事某種行動，則其比爲如何也。淮南説林訓「莫不醜於色」，注：「猶怒也。」由媿恥引申。「信」訓伸，與「詘」對。左僖二十八年傳「距躍三百」，注：「超越也。」「避」如姚説。一字不誤。

〔六〕張佩綸云：此節皆四字爲句，疑當作「人貴得度」。　劉師培云：此均韻語，「人」字疑涉

注文而衍。翔鳳案：「作」字絶句，長短不齊，「主人」與「客」對，加「人」字非是。

〔七〕張佩綸云：「修」當作「備」，「備」、「利」韻。李哲明云：張説是也，言能知靜之不敢忽，而常爲之備，則居處之間自無不利。翔鳳案：「利」與「帝」隔句爲韻，不必改字。詩三百篇隔句爲韻者不少。

逆節萌生〔一〕，**天地未刑**〔二〕，**先爲之政**〔三〕，**其事乃不成，繆受其刑**〔四〕。言將爲①篡殺凶逆之節，雖萌芽而生，然天地寂泊，不見徵應，無從己之形，此則先天而政，天乃違之，故其事不成，則被誅戮，受其刑罪也。**天因人，聖人因天。**所謂先天而天不違，後天而奉天時。**天時不作，勿爲客。**不因天時而動者，乃爲客矣。**人事不起，勿爲始**〔五〕。不因人事而起，可謂先事爲始。**慕和其衆**〔六〕，**以修天地之從**〔七〕。將建大事，必慕和其衆。天地既已從，但當修天之意。**人先生之，天地刑之**〔八〕，**聖人成之，則與天同極。**人先生是心，天地又見其修意有從順之形，聖人則發動而成，如此者，可謂與天同極也。**正靜不爭，動作不貳**〔九〕，**素質不留**〔一〇〕，**與地同極。**能行正靜已下，可謂與地同極也。**未得天極，則隱於德**〔一一〕。全其素質，無所留者。**已得天極，則致其力。**已得②天極，則當致力而成之。若湯之未得與天同極，則隱而修德也。

① 「爲」字原作「與」，據補注改。
② 「得」字原作「同」，據補注改。

升阿，武王牧野，是也。**既成其功，順守其從**〔一二〕**，人不能代**〔一三〕。從，順也。功成矣，則以順理守之，所謂逆取順守者也，則人何能代之乎！**成功之道，嬴縮爲寶。**嬴縮，猶行藏也。所謂時行則行，時止則止，其道乃著①，故以爲寶。**毋亡天極，究數而止。**但盡天之數，則止而勿爲。**事若未成，毋改其刑，毋失其始。**形，謂常形也。守常修始，事終有成也。**靜民觀時，待令而起。**言事未成之時，但安靜其人，謹候其時，待天命令，然後起而應也。**故曰：修陰陽之從**〔一四〕**，而道天地之常。**道，從也。**嬴嬴縮縮，因而爲當。**必行藏順時，然後事當。重言之，殷勤其事也。**死死生生，因天地之形。**死生，猶隱顯也。聖人隱顯，必因天地之形。**天地之形，聖人成之**〔一五〕。因天地之形，則無不成也。**小取者小利，大取者大利。**但能法則，大小無不利。**盡行之者有天下。**所謂「唯天爲大，唯堯則之」。

〔一一〕安井衡云：「節」猶事也。陶鴻慶云：「逆」，迎也。「萌」，昧也。時未至而萌昧興事以迎之，故曰「逆節萌生」。即下所云「天地未形，先爲之政」也。尹注解「逆」爲「篡殺」，「萌」爲「萌芽」，殊謬。翔鳳案：承上「戰」字假爲「屰」。禮記文王世子「其有不安節」，注「謂居處故事」，可爲安井説之證。

① 「著」字原作「者」，據補注改。

〔二〕翔鳳案：「刑」同「形」，下同，屢見前。

〔三〕安井衡云：越語「政」作「征」。古者「正」、「政」、「征」三字通用，此「政」當讀爲征。敵國逆事萌生，天地未形可征之兆，而先爲之征伐，其事乃不成，誤受其刑也。

〔四〕洪頤煊云：注云「則被誅戮受其刑罪也」，「繆」當爲「僇」字之譌。張佩綸云：「繆」，誤也（禮記仲尼燕居注）。洪頤煊據注以「繆」作「僇」，非是。翔鳳案：「繆」承「不成」來，莊子齊物論「一受其成形，不亡以待盡，與物相刃相靡」，義略同。

〔五〕金廷桂云：越絶書：「天道未作，不先爲客。」禮月令注「爲客不利」，疏：「起兵伐人者謂之客。」言敵國無可伐之機，不容輕犯之也。注不明。

〔六〕翔鳳案：「慕」即「慔」，勉也。與「愚」和「偶」（山權數）、「怠」和「怡」（侈靡）同例。

〔七〕王念孫云：「修」當爲「循」，「循」，順也。「從」，行也。言順天地之行。翔鳳案：禮記禮運「義之修而禮之藏也」，注：「猶飾也。」此義自通，改字非是。

〔八〕安井衡云：古本「刑」作「形」。孫星衍云：依下文，「刑」當作「形」。注云「天地見其意有從順之形」，字亦作「形」。

〔九〕王念孫云：「貳」當爲「貣」，「貣」音他得反。不貣，不差也。説文：「忒，失常也。」字或作「忒」，曹風鳲鳩篇「其儀不忒」是也。又作「貸」，月令「宿離不貸」是也。又作「貣」，豫象傳「四時不忒」，京房「忒」作「貣」；洪範「衍忒」，史記宋世家作「貣」；管子正篇「如四時之不

貣」，是也。「貣」與下文「極」、「極」、「德」、「極」、「力」、「代」爲韻，「貳」則非韻矣。「貳」與「貣」字相近，故「貣」誤作「貳」。大射儀注引周語「平民無忒」，今本「忒」作「貳」。緇衣引詩「其儀不忒」，釋文：「忒，他得反，本或作『貳』，音二。」「貳」即「貣」字之譌，釋文「音二」，非也。翔鳳案：「動」與「静」對，「貳」字不誤。王氏將管書「修」盡改作「循」，「貳」盡改作「貣」，非是。

〔一〇〕翔鳳案：莊子天地「留動而生物」，假爲「流」。

〔一一〕俞樾云：古「依」、「隱」同聲，故釋名釋衣服曰「衣，依也」，廣雅釋器曰「衣，隱也」，是「依」、「隱」義同也。此云「隱於德」，猶云依於德。禮記少儀篇曰「士依於德」，是其義矣。尹注謂「隱而修德」，失之。

〔一二〕王引之云：「順」字因注「逆取順守」而誤，「順」當爲「則」。「既成其功，則守其從」，與上文「已得天極，則致其力」文義正同。注内「則以順理守之」，正釋「則守其從」四字也。「從」即是「順」。若如今本作「順守其從」，則是順守其順，不復成文義矣。翔鳳案：「從」字屢見上文。易比象傳「下順從也」，義相似。王改字，不可從。

〔一三〕安井衡云：古本「代」作「伐」。張文虎云：疑作「伐」是也。尹注：「從，順也。功成矣則以順理守之，所謂逆取順守者也，則人何能代之乎？」紬其義，則注亦作「伐」，今本皆誤。翔鳳案：說文「代，更也」，義正相合。

〔一四〕王念孫云：「修」亦當作「循」。翔鳳案：王説非，見前。

〔一五〕王念孫云：「天地之形」當依上文作「天地形之」，尹注非。翔鳳案：「天地之形」，複述上句。此例古籍極多，王説誤。

故賢者誠信以仁之，慈惠以愛之。端政象，不敢以先人〔一〕。常執謙以下物。**中靜不留**〔二〕，中心安静，無所留著。**裕德無求**，道德饒裕，無求於人。**形於女色**〔三〕。女之容色静而不先求者。**其所處者，柔安靜樂，**雖復隱處，常能柔安静樂。**行德而不爭**〔四〕，**以待天下之濆作也**〔五〕。雖復爲政行德，常能謙讓，不與物爭。濆，動亂也。**故賢者安徐正靜，柔節先定。**先定謙柔之節，然後有所興爲也。**行於不敢，**則人不能與我爭勇。**而立於不能，**則人莫與我爭功。**守弱節而堅處之。**守柔弱之節，而堅明以自處也。**故不犯天時，不亂民功，**謙順，故無所犯亂也。**秉時養人**〔六〕。持四時之政，以順養其人。**先德後刑，**賞以春夏，刑以秋冬。**順於天，微度人**〔七〕。既順於天，又微度人之所宜以合之。**善周者，明不能見也。**善於周，周則極也，萬物無所至。如此者，雖有明察之人，不能盡矣。**善明者，周不能蔽也。**善於明，明則極也。如此者，則雖善周之人不能自隱蔽，必爲善明者所知也。**大明勝大周，則民無大周也。**明勝大周，則人無能爲大周也。**大周勝大明，則民無大明也。**周勝大明，則人無

能爲大明。凡此皆欲大周，大明獨①在君也。**大周之先，可以奮信**〔八〕。奮信，振起貌。言既有大周之德，在物之先，則可以振起而有事。**大明之祖，可以代天下**〔九〕。有大明之德，可以爲物祖，如此則可代天下無道，取其位而君之也。**索而不得，求之招搖之下**。招搖之星，隨斗杓順時而建者也。天下者，神器，直欲索之，則不得。若求之招搖之下，順時而取，則可也。**獸厭走而有伏網罟**，獸所以憎厭其走者，恐前有伏網罟。故聖人不敢以直道取天下者，恐有大禍故也。**一偃一側，不然不得**〔一〇〕。偃側，猶倚伏也。聖人之取天下知所倚伏，力其功而致其權②，文設武伏。如其不然，則天位不可得也。**大文三曾，而貴義與德。大武三曾，而偃武與力**〔一一〕。大文三曾，則文道行也，故能成其德義。大武三曾，則武道行也，故能偃其武力。

〔一〕張佩綸云：「端政象」者，周禮大司馬職：「正月之吉，始和，布政於邦國都鄙，乃縣治象之法于象魏，使萬民觀政象，挾日而斂之。」「不敢以先人」，老子「不敢爲天下先」是也。翔鳳案：周禮爲「治象」，非「政象」，然其義與「政象」同，張小誤。

〔二〕丁士涵云：「靜」疑「情」字之借，「中情不留」，與上文「素質不留」同意。翔鳳案：「留」同「流」，見前。

① 「獨」字原作「濁」，據補注改。

② 「知所倚伏，力其功而致其權」十一字原作「必權正」三字，據補注增改。

〔三〕俞樾云：此「女」字當讀爲爾女之女，「形於女色」，猶言形於其色耳。蓋既「裕德無求」，則其安徐正靜，必有見於顔色者，故云然。尹注讀爲本字，以爲「女之容色」，失之。張佩綸云：「形於女色」，韓非子外儲説左上：「傳有若曰：有術以御之，身坐於廟堂之上，有處女子之色，無害於治，無術以御之，雖瘁臞，猶未有益。」翔鳳案：張説勝。

〔四〕何如璋云：以「柔」爲句，與上「留」、「求」音叶。「樂行」爲句，與「爭」叶。注以「柔」字連下讀，讀「靜樂」爲句，非。張佩綸云：當讀作「其所處者柔」句，「安靜樂行」句，「德而不爭」句。舊以「柔安靜樂」爲句，失其文義，今以韻訂正。處柔屢見，「安靜樂行，德而不爭」，承上「中靜」、「裕德」言。翔鳳案：「色」、「樂」、「作」爲韻，舊讀不誤，不當紊亂句讀。「色」讀所力切。從樂得聲之字有櫟、礫，可以證矣。

〔五〕張佩綸云：「濆」讀爲僨，大學「一人僨事，一國作亂」，言以一人之靜，待天下之動也。翔鳳案：房注：「濆，動亂也。」朱駿聲謂假爲「奮」，是也。「僨」訓爲僵。大學「一人僨事」，注：「猶覆敗也。」張説非是。

〔六〕俞樾云：周書謚法篇曰：「秉，順也。」「秉時養人」者，順時養人也。尹注曰：「持四時之政，以順養其人。」訓「秉」爲「持」，未得其義。

〔七〕翔鳳案：上文「天因人」。房注「既順於天，又微度人之所宜以合之」，不誤。「度」爲時度之度，非尺度也。

〔八〕丁士涵云：尹注云：「奮信，振起貌。」案：尹見本疑作「奮訊」，廣雅「奮，訊也」，與「迅」同。「信」同「伸」，故可訓「振起」。丁疑作「訊」，誤。若作「訊」而假爲「迅」，則爲振動矣。

翔鳳案：説文：「周，密也。」密故明不能見。

〔九〕張佩綸云：「代天下」之「下」疑衍，「先」、「信」、「天」韻。姚永概云：「下」字涉下「招摇之下」而衍，注非。「代天」即爲天子矣。

翔鳳案：漢書食貨志「歲代處，故曰代田」，注：「易也。」以其明易天下也。李哲明云：「下」正與「祖」韻，義自可通，不當删「下」字。

〔一〇〕陶鴻慶云：尹注以「網罟」絶句，而曲爲之説，殊不成義。此當於「伏」字句絶，「網罟」二字屬下讀之，蓋以取獸爲喻也。獸之走伏無常，持網罟者必一偃一側，而後能得也。「伏」與「側」、「得」亦爲韻。姚永概云：晉語「民志無厭」，注：「厭，極也。」獸極走而不知前有網罟之伏，故行不可極，當一偃一側矣。金廷桂云：詩周頌「有厭其傑」，毛傳：「厭然特美也。」注：「厭，受氣足也。」蓋謂獸雖善走，有時伏於網罟，故聖人不敢有所恃耳。注非。

翔鳳案：説文：「走，趨也。」「厭」訓極，姚説是也。然當以陶説參之。偃側爲人，非獸也。不如是不能得獸，姚説不能照顧「得」字。漢書司馬相如傳「又猗抳以招摇」，注：「跳蹈也。」「獸厭走」即承「招摇」言之。

〔一一〕戴望云：朱本「貴」作「責」。安井衡云：「曾」、「層」通。「三層」謂積累至三，言重行不已也。章炳麟云：「曾」讀爲載。詩七月箋：「『載』之言則也。」周語「載戢干戈」，解：

「載，則也。」論語「曾是以爲孝乎」，鄭注：「曾，則也。」是「曾」、「則」、「載」一聲之轉。曾聲之「繒」，籀文作「綷」，亦作「綷」。甘泉賦「上天之綷」，即詩文王「上天之載」，亦可證也。此「三載」謂三年。大文行之，三年而天下「貴義與德」。大武行之，三年而天下「偃武與力」。「大文三年」，論語所謂「三年有成」也。「大武三年」，止戈爲武。司馬法曰：「古者武軍三年不興，則凱樂凱歌，偃伯靈臺荅人之勞告不興也。」「大武三年」，即「武軍三年不興」；「偃武與力」，即「偃伯靈臺」矣。郭沫若云：兩「曾」字均當是「會」字之誤。「大文三會」，「大武三會」，以齊桓霸業爲言。齊桓九合諸侯有二説。一謂「兵車之會六，乘車之會三」，本書大匡篇、小匡篇、霸形篇是也。一謂「兵車之會三而乘車之會六」，本書封禪篇、史記封禪書、齊世家是也。蓋各舉其大者而言之，乘車六會之中有三會爲大，兵車六會之中亦有三會爲大也。齊桓會合諸侯，就春秋所見實不止九會。此謂「大文三會」，指「乘車之會三」；「大武三會」，指「兵車之會三」言。翔鳳案：「曾」訓則訓增之外無他義，皆不可通。管書無以年爲載者，章説非是。郭説有理，苦無實證。魏中山王元熙墓誌「曾」作「會」，與「會」極似。古本作「責」，誤。

正第四十三

制斷五刑，各當其名。罪人不怨，服罪，故不怨也。善人不驚，曰刑。刑當，故不驚。如此者，所謂刑也。正之所以勝姦正也。服之，所以服不能也。勝之所以勝姦邪。飾之〔一〕，修飾身也。必嚴其令，而民則之，曰政。令嚴，則人倂法之。如此者，政也。如四時之不貣，如星辰之不變〔二〕，如宵如晝，如陰如陽，宵晝陰陽，皆有其常。如日月之明，曰法。法之用，守常不變。愛之生之，養之成之，利民不得〔三〕，利雖及人，不以爲德也。天下親之，曰德。德用之恩，萬物親之。無德無怨，無好無惡，萬物崇一〔四〕，陰陽同度，曰道。道之用不二者。刑以弊之〔五〕，政以命之，法以遏之，德以養之，物待德養而成。道以明之。明是非也。刑以弊之，毋失民命〔六〕。刑斷合理，故人命不失也。令之以終其欲，明之毋徑〔七〕。行令所以終人之欲，使之明識正道，不從邪徑也。遏之以絶其志意〔八〕，毋使民幸。用法正人之志意，不使人有非分之幸也。養之以化其惡，必自身始。身惡盡則人惡化。明之以察其生，必修其理。恐有不修理，故以明察之。致刑，其民庸心以蔽〔九〕。庸，用也。

不用心以斷，則濫及不辜。**致德，其民和平以靜。**君德及人，以致和靜。**致政，其民服信以聽**〔一〇〕。服，用也。謂用誠信聽理於人。**致道，其民付而不爭**〔一一〕。人被道，則相付任而不交爭也。**罪人當名曰刑，**罪當其名，刑之謂也。**出令時當曰正**〔一二〕，令當於時政①之謂也。**當故不改曰法**〔一三〕，不改當故，法之謂也。**愛民無私曰德，**君愛無私，德之謂也。**會民所聚曰道。**聚，謂衆所宜也。能令衆宜，道之謂也。

〔一〕安井衡云：「飾」讀爲飭。飭，整敕也。金廷桂云：四句當一例解，言正之以德，服之以威，勝之以武，飾之以文也。任法篇「一曰文，二曰武，三曰威，四曰德」，即其證。注非也。

〔二〕翔鳳案：古書言星變，未有言其差失者。「變」音同「辨」，轉入則爲「別」，與「貣」韻。

〔三〕翔鳳案：利民不自得，而天下成之曰德。

〔四〕俞樾云：「崇」讀爲宗，尚書牧誓篇「是崇是長」，漢書谷永傳「崇」作「宗」，是古字通也。廣雅釋詁：「宗，本也。」「萬物宗一」，言萬物本乎一也。老子曰：「一生二，二生三，三生萬物。」

〔五〕翔鳳案：周禮大司寇「以邦成弊之」，鄭司農注：「弊之，斷其獄訟也。」

〔六〕俞樾云：「刑以弊之」，當作「弊之以□其□」，方與下文「令之以終其欲」、「遏之以絶其志

①「時政」原作「正時」，據補注改。

意」、「養之以化其惡」、「明之以察其生」文法一律。因「弊之」下奪四字，遂據上文於「弊之」上加「刑以」二字，非其舊矣。翔鳳案：房注「刑斷」即釋「弊」字，古人不尚排偶句，改之非是。

〔七〕劉績云：「明之毋徑」當作「毋使民徑」，字之誤也。王念孫云：劉説是也，「毋使民徑」，與下「毋使民幸」文同一例。今本「毋」上衍「明之」二字，「毋」下又脱「使民」二字。尹注非。又案：「終」當爲「絶」，字之誤也。廣雅曰：「徑，邪也。」民有欲則入於邪，故曰「絶其欲，毋使民徑」。下文亦云：「遏之以絶其志意。」陶鴻慶云：「明之毋徑」，劉氏云「當作『毋使民徑』」，是也。王氏據下文「遏之以絶其志意」，謂「終」亦「絶」字之誤，則殊不然。此言政以行令，下言法以施禁，截然兩義。且民生而有欲，非政令所能絶；邪，又非絶欲所能禁也。「終」當作「給」，以草書相似而誤。輕重丁篇「使有以給其上令」，今本誤「給」爲「終」，是其例也。給，足也。民欲既足，自不入於邪僻，牧民篇所謂「倉廩實知禮節，衣食足知榮辱」也。翔鳳案：「徑」爲小路，故訓邪。牧民：「從其四欲，則遠者自親。行其四惡，則近者叛之。」仁政在順民之欲，故曰「終之」。王氏習於宋儒絶欲之説，以爲「終」當爲「絶」，非是。下云「遏」，謂法非謂政也。明其途，不使邪僻，劉説誤。

〔八〕何如璋云：「志」字衍，當是傳寫時誤書「意」作「志」，未删去者。張佩綸云：「志意」，「意」字疑衍。漢桓帝名志，諱「志」之字曰「意」，原本作「志」，漢末作「意」，此則削改未盡者。

劉師培云：此與「終其欲」、「化其惡」、「察其生」並文，「志意」二字當衍其一。翔鳳案：廣雅：「意，志也。」「志」與「意」有別，而在周時，則有「識」無「志」。朱駿聲以「志」爲「識」之古文，是也。論語「子絶四：毋意，毋必，毋固，毋我」，所絶者爲「意」。「志」、「意」二字可連用，如衍則爲「志」，非「意」也。

〔九〕俞樾云：「致刑」、「致政」、「致德」、「致道」，皆二字爲句。「其民」屬下讀，言上能致其刑政德道，故其民如此也。「蔽」字與「聽」、「静」、「爭」不協韻，「蔽」蓋「敬」字之誤。爾雅釋詁「庸，勞也」，釋訓「庸庸，勞也」，是「庸」之義爲勞。上能致其刑，則其民勞心而敬矣。尹據誤本作注，又誤讀「致刑其民」爲句，遂以「庸心以蔽」爲就上之人言，解曰：「不用心以斷，則濫及不辜。」乃其解下文「和平以静」、「付而不爭」，又就民言，何也？夫四句一律，下二句既以民言，則上二句亦以民言，故知「其民」二字必屬下讀，不屬上讀也。翔鳳案：俞因「蔽」與「聽」、「静」、「爭」不協韻而改爲「敬」，非另有別據。致刑使民畏，不能使民敬，此不合者。「蔽」與「比」、「匕」同音，「妣」又作「妣」，從匕聲，而從匕聲之字有「牝」，義與「妣」同。「蔽」讀牝則協矣。廣雅釋詁二：「蔽，障也。」自防不爲惡，義自通順，改字謬。

〔一〇〕劉績云：缺「致法」一句。何如璋云：此下當補回「致法其民慎守以正」八字，始完。

〔一一〕俞樾云：「付而不爭」當作「附而不爭」，古字通用。尚書梓材篇「皇天既付中國民」，釋文曰：「付，馬本作『附』。」周官小司寇職「附刑罰」，鄭注曰：「故書『附』作『付』。」並其證也。

「附而不爭」，謂民親附而不爭。尹注曰「人被道，則相付任而不交爭」，未達假借之旨。

〔一二〕俞樾云：尹注曰「令當於正，時之謂也」，疑正文及注均有誤，正文當曰「出令當時曰政」，注文當曰「令當於時，政之謂也」，並傳寫者倒之。「正」之與「政」，則古通用字耳。翔鳳案：宙合：「應變不失之謂當。」七法「名也，時也，似也，類也，比也，情也，狀也，謂之象」，注：「時者，名有所當也。」出令爲「時當」而非「當時」明矣，俞未考耳。

〔一三〕陶鴻慶云：尹注云「不改當故，法之謂也」，正文及注「當」皆爲「常」字之誤。翔鳳案：廣雅釋詁三：「故，事也。」易繫辭傳：「又明於憂患與故。」「當」字不誤。

立常行政，能服信乎？服信，則政行常立。**中和慎敬，能日新乎？**苟能和敬，則其德日新也。**正衡一靜，能守慎乎**〔一〕？衡，平也。言但能守慎，則政平而靜一。**廢私立公，能舉人乎？**但公而無私，則能舉人也。**臨政官民，能後其身乎？**後其身，則能臨政官人也。**能服信政，此謂正紀。**能行信正者，正之紀。**能服日新，此謂行理**〔二〕。能行日新，可謂行之理也。**守慎正名，僞詐自止。**能慎，則詐息也。**舉人無私，臣德咸道。**無私則不妄舉，故臣德皆合於道也。**能後其身，上佐天子。**後身則先公，故能上佐天子也。

〔一〕俞樾云：尹注曰：「衡，平也。言但能守慎，則政平而靜一。」是尹所據本作「正衡靜一」，今作「一靜」，誤。翔鳳案：「政」、「信」，「敬」、「新」，「靜」、「慎」，「公」、「人」（「公」讀庚），

「民」、「身」，皆二字爲韻，改爲「静一」則失韻，俞説非是。

〔二〕丁士涵云：「政」字與下「服」字皆衍文。「能服信」承上「能服信乎」句，「能日新」承上「能日新乎」句。「服信」猶信服，上文云「服信以聽」，是也。尹注云「能行信正」，非。「能日新」句指德言，此涉上文「服信」而衍「服」字，義不可通。尹注云「能行日新」，亦非。蓋由淺人見下文皆四字爲句，遂欲整齊句例，强加一字以足成之，殊不知於理難通也。翔鳳案：諸複述皆四字爲句。「服」與「行」同義。「行政」、「服信」，總爲「服信政」。「日新」即承「敬慎」言，與上句不同，故曰「能服日新」。試思組成四字句，非此無别法。良工心苦，丁氏非知言者也。

九變第四十四 謂人之情變有九。

短語十八

何如璋云：墨子備城門「人衆以選，吏民以和，大臣有功勞於上者多。主信以義，萬民樂之無窮。不然，父母墳墓在焉。不然，山林草澤之饒足利。不然，地形之難攻而易守也。不然，則有深怨於適而有大功於上。不然，則賞明可信而罰嚴足畏也」，本此。翔鳳案：「變」，辨也。易坤文言「由辯之不早辯也」，荀作「變」。楚辭九辨序：「辯者，變也。」莊子逍遥游「御六氣之辯」，釋文：「變也。」「九變」，謂辨别有九。郭沫若改爲「變」，訓「思慕」，於古無徵，而且

罰嚴深怨，有何可變者也？

凡民之所以守戰至死而不德其上者，有數以至焉。或守或戰，雖復至死，不敢恃之以德於上，則有數存焉於其閒，故能至此也。曰：大者親戚墳墓之所在也，一變也。田宅富厚足居也〔一〕。二變。不然，則州縣鄉黨與宗族足懷樂也〔二〕。三變。不然，則上之教訓習俗慈愛之於民也厚，無所往而得之〔三〕。君之恩厚，皆在於人，無所他往，故得人之致死。四變。不然，則山林澤谷之利足生也。五變。不然，則地形險阻易守而難攻也。六變。不然，則罰嚴而可畏也。不然，則賞明而足勸也〔四〕。七變。不然，則有深怨於敵人也。八變。不然，則有厚功於上也。功厚則禄多，故亦自爲戰，而不德於君。九變。此民之所以守戰至死而不德其上者也。今恃不信之人，而求以智〔五〕。用不守之民，而欲以固。將不戰之卒，而幸以勝。此兵之三闇也。

〔一〕何如璋云：此兩句爲一變，乃九變之大者，玩下文八「不然」字自明。舊注分爲二變，非。尹桐陽云：墨子備城門「不然父母墳墓在焉」，此「親戚」謂父母。

〔二〕孫星衍云：通典一百四十八、太平御覽二百七十一引俱作「州黨」。「縣鄉」二字是後人所加。

〔三〕劉績云：言無如此者。安井衡云：無所往而得此教訓習俗慈愛之厚，故不去也。

張文虎云：尹注：「無所他往，故得人之致死。」案「九變」皆就民情論，無所往而得之，謂不能望之他處。上句「也」字，當如御覽移「得之」下，句法方與上下一例。陶鴻慶云：此文當於「厚」字絶句，「無所往而得之」爲句。言國君待民之厚，非往適他國所能得也。尹注以「厚」字屬下讀，而釋之云「君之恩厚，皆在於人，無所他往，故得人之致死」，殊不成義。

〔四〕洪頤煊云：「賞明」上衍「不然則」三字，通典、御覽俱無此三字，必無此三字，方合「九變」之數。墨子備城門篇「不然則賞明可信而罰嚴足畏也」，文義與此同。何如璋云：玩本文乃六變、七變，舊注因一變錯分，乃將「賞」與「罰」合爲七變。洪欲删「賞明」上「不然則」三字，而引墨子備城門篇爲證，但本文甚明，三字必不可删。張佩綸云：洪説非也。原注以「墳墓」爲一變，「田宅」爲二變，而合「賞」、「罰」爲七變，洪乃誤沿之。墨子文有節省，未可據彼改此。姚永概云：「九變」，尹注分「大者親戚墳墓之所在也」爲一變，「田宅富厚足居也」爲二變。「不然則罰嚴而可畏也，不然則賞明而足勸也」合爲七變。洪頤煊欲删「賞明」上「不然則」三字。案明凌汝亨本旁評，以「大者親戚墳墓之所在也，田宅富厚足居也」爲第一變，而分「罰嚴」句爲第六變，「賞明」句爲第七變，則於本文每換一變加「不然則」三字，語氣恰合，不必删矣。至引墨子備城門篇「不然則賞明可信而罰嚴足畏也」爲證，不知「賞」、「罰」二者，書中或分或合，各從其便。本文「九變」天成，不多不缺，何必用彼以改此耶？

〔五〕豬飼彦博云：「智」當作「知」，小問作「求以外知」。翔鳳案：説文：「智，識詞也。」墨子

經說：「逃臣不智其處，吠狗不智其名。」二字音義皆同，豬飼說誤。

任法第四十五　　區言一

翔鳳案：荀子大略「言之信者，在乎區蓋之間」，注：「區，藏物處。蓋，所以覆物者。」凡言之可信者，如物在器皿之間，言有分限，不流溢也。器名「區」者，與「丘」同義。漢書儒林傳：「唐生、褚生應博士弟子選，試誦說，有法，疑者丘蓋不言。」「丘」與「區」同也。「區」即「甌」，讀歐。柳宗元童區寄傳即「歐寄」。左昭七年傳「作僕區之法」，服注：「匿也。」義同。然則「區言」乃酌事適理之言，期信於民而可行也。

聖君任法而不任智，任數而不任說，任公而不任私，任大道而不任小物，小物，小事。然後身佚而天下治。失君則不然，舍法而任智，故民舍事而好譽；舍數而任說，故民舍實而好言；舍公而好私，故民離法而妄行；舍大道而任小物，故上勞煩，百姓迷惑，而國家不治。聖君則不然，守道要，處佚樂，馳騁弋獵，鍾鼓竽瑟，宮中之樂，無禁圉也。宮中之樂，所以悦體安性，故不禁禦之也。不思不慮，不憂不圖，但任法數，故無所慮圖也。利身體，便形軀，養壽命，垂拱而天下治。但任法數，則事簡，故身不勞，壽

命長，而天下自理也。是故人主有能用其道者，道則謂上法數，公正大道。不事心，不勞意，不動力，而土地自辟，囷倉自實，蓄積自多，甲兵自彊；羣臣無詐僞，百官無姦邪，奇術技藝之人，莫敢高言孟行，以過其情，以遇其主矣〔一〕。孟，大也。遇，待也。不敢以謬妄姦言妄行以待其主也。

〔一〕張文虎云：「孟」疑「猛」之借字。「以過其情」，「以」、「其」二字疑衍。「遇」如「遇主于巷」之「遇」，謂詭遇也。尹注非。俞樾云：「遇」讀爲愚，詩巧言篇「遇犬獲之」，釋文曰：「遇，世讀作愚。」莊子則陽篇「匿爲物而愚不識」，釋文曰：「愚，本作『遇』。」是「遇」與「愚」通。「愚其主」者，自以爲知，而以其主爲愚也。尹注訓「遇」爲「待」，則失其義。劉師培云：「遇」與「偶」同。心術篇云「其應物也若偶之」，「偶」與「合」同。翔鳳案：劉説是也。秦策「王何不與寡人遇」，注：「合也。」

昔者堯之治天下也，猶埴已埏也〔一〕，埏，和也。音羶。唯陶之所以爲；猶金之在鑪，恣冶之所以鑄。其民引之而來，推之而往，使之而成，禁之而止。故堯之治也，善明法禁之令而已矣〔二〕。黄帝之治天下也，其民不引而來，不推而往，不使而成，不禁而止。比黄帝之於堯，則堯有爲而黄帝無爲。故黄帝之治也，置法而不變，使民安其法者也〔三〕。

〔一〕翔鳳案：趙本作「猶埴之在埏也。」「埏」與「梴」皆不見於説文，新附有「埏」字。鄭珍説文新附考：「『埏』乃『梴』、『挻』別字。」説文有「挻」、「梴」兩篆。「挻，長也。」「梴，長木也。」老子「挻埴」，釋文「挻，始然反。河上云：『和也。』聲類云：『柔也。』字林云：『長也。』」商頌「松桷有梴」，釋文：「長貌。柔梴物同耳，俗作『埏』。」陶人和土作器形狀不同。莊子馬蹄：「陶者曰：我善治埴。」「埏」字本作「挻」。齊策「挻子以爲人」，注：「治也。」形義正合。「已埏」，已治之爲器，作「在埏」則不通矣。

〔二〕孫星衍云：藝文類聚五十四引作「善明法察令而已」，「之」字衍。翔鳳案：「法禁之令」，「法禁」爲形容詞。「明法察令」，則「法」、「令」皆爲名詞。本書有法禁篇，則「之」字非衍文也。

〔三〕劉師培云：書鈔四十三引「安」作「安泰」，類聚五十四引作「安樂」，今本挩一字。翔鳳案：一「安」字已足，此類書誤增。

所謂仁義禮樂者，皆出於法，法行順，仁義生。**此先聖之所以一民者也。**法所以齊一於民也。**周書曰：國法**有國者有法也。**法不一，則有國者不祥**〔一〕。法不一則亂，故不祥。**民不道法則不祥。**道，從也①。**國更立法以典民則祥**〔二〕。更，改也。典，主也。言能

① 「也」字原無，據補注增。

觀宜改法以主於人，則國理，故祥也。**羣臣不用禮義教訓則不祥。百官伏事者離法而治則不祥**〔三〕。法敝則當變，故不恒。**故曰：法者，不可恒也**〔四〕。**存亡治亂之所從出，**法順則存治，法違則亂亡。**聖君所以爲天下大儀也。**君爲天下之儀表也。**君臣上下貴賤皆發焉**〔五〕。莫不取法於君臣。發，行也。**故曰：法古之法也。**立法者必師古。**世無請謁任舉之人，**任，保也。以法取人，則無請謁之保舉。**無閒識博學辯**①**說之士**〔六〕，閒，雜亂也，法行，則博學辯說之人不敢閒亂識事也。**無偉服，無奇行，**偉服、奇行，皆過越法制者。今止息者，畏法故也。**皆囊於法，以事其主。**囊者，所以斂藏也。謂人皆斂藏過行，以順於法②，上事其主。

〔一〕俞樾云：此本作「有國者國法不一則不祥」。「有國者」三字，總冒下五句。「國法不一則不祥」，與下「民不道法則不祥」一律，因寫者奪「有國者」三字，而誤補之「則」字之下，則與下文句法不一律矣。「國法不一」句又誤疊「法」字，尹注遂斷「國法」二字爲句，解曰「有國者有法也」，增益以成其義，足知其非。翔鳳案：下文有「法於法」者，即「法法」之謂。心術上：「法者所以同出，不得不然者也。故殺僇禁誅以一之也。」「法不一」即殺僇禁誅不一。

① 「辯」字原作「辨」，據補注改。下注文同。
② 「法」字原作「之」，據補注改。

〔二〕丁士涵云：上下文四言「不祥」，此亦當言「不祥」，「祥」上脱「不」字，當補。「國更立法」，即上文所謂「法不一」也，尹注非。翔鳳案：法不一，民不蹈法，則更立法，原文不誤。「道」，蹈也。列子黄帝「向吾見子道之」，注：「從也。」勢篇「道天地之常」，房注與此皆訓爲「從」，即「蹈」之借。

〔三〕張佩綸云：「伏事」，當從趙本作「服事」。翔鳳案：荀子性惡「伏術於學」，注「伏膺於術」，即謂假「伏」爲「服」。

〔四〕俞樾云：尹注曰「法敝則當變，故不恒」，此説雖若有理，然以上下文求之，殊不可通。上文曰「故黄帝之治也，置法而不變，使民安其法者也」，此乃云「法不可恒」，則非「置法不變」之謂矣。其不可通一也。既云「法不可恒」，而下文乃曰「故明王之所恒者二，一曰明法而固守之，二曰禁民私而收使之，此二者主之所恒也」，則又非「法不可恒」之謂矣。其不可通二也。反覆推求，三「恒」字皆「慎」字之誤。「法者不可恒也」本作「法者不可不慎也」，故其下即曰「存亡治亂之所從出，聖君所以爲天下大儀也，君臣上下貴賤皆發焉」，乃申明「不可不慎」之意。禁藏篇曰「法者天下之儀也，所以決疑而明是非也，百姓所懸命也，故明主慎之」，正與此文同義。自「慎」誤爲「恒」，而又奪「不」字，遂失其義矣。「明王之所恒者二」當作「明王之所慎者二」。「此二者主之所恒也」當作「此二者主之所慎也」。「慎」字右旁之「真」，隸書作「眞」，闕壞而爲「亘」，故「慎」誤爲「恒」矣。夫兩言「所慎」，文義甚明，若作「所恒」，便爲無

義，其誤顯然，所宜訂正。張佩綸云：「不可恒」當作「不可不恒」。正篇：「常故不改曰法。」翔鳳案：房注是也。立法與守法不同。守法有恒而立法因時而變，不可恒也。

〔五〕丁士涵云：「發」乃「法」字誤，俗音亂之。下文云「君臣上下貴賤皆從法」，是其證。張佩綸云：原注「發，行也」，本爾雅詩傳，不必改字。學記「發憲慮」，鄭注：「憲，法也。」言發計慮，當擬度於法式也。」下文「君臣上下貴賤皆從法」，廣雅釋詁：「從，行也」，正解此句。許維遹云：姚永概云：「發」乃「廢」之誤，「廢」即置也。言君臣上下貴賤皆置有法。「發」、「法」古通用，非誤字也，莊子列禦寇篇「曾不發藥乎」，釋文云：「發，司馬本作『廢』。」而古彝器銘「廢」字皆假「灋」爲之，盂鼎「勿灋朕命」，即「勿廢朕命」。「灋」，古「法」字。「廢」之爲「灋」，猶「發」之爲「法」耳。

〔六〕王念孫云：「閒識」當爲「聞識」，下文「聞識博學之人」，即其證，尹注非。孫詒讓云：注說迂曲難通，此「閒」當爲「嫺」之假字，說文女部云：「嫺，雅也。」字又作「閑」，荀子修身篇云：「多聞曰博，少聞曰淺，多見曰閑，少見曰陋。」彼以「博」、「閑」竝舉，與此「閒識博學」竝舉，亦可互證。又作「僩」，荀子榮辱篇云：「陋者俄且僩也。」賈子傅職篇云：「明僩雅以道之。」又道術篇云：「容志審道謂之僩，反僩爲野。」文選上林賦「妖冶嫺都」，李注曰「『嫺』一作『閒』」，漢書司馬相如傳亦作「閒」。「閒識」與「博學辯說」正相對。下文「聞」即「閒」字之誤，王校轉改「閒」爲「聞」，傎矣。

故明王之所恒者二：一曰明法而固守之，二曰禁民私而收使之〔一〕。謂以法收斂而使之。此二者，主之所恒也。廢此二者則政亂。夫法者，上之所以一民使下也。私者，下之所以侵法亂主也。故聖君置儀設法而固守之。然故諶杵習士聞識博學之人不可亂也〔二〕，杵，所以毁碎於物者也。謂姦詐之人，僞託於諶①，以毁君法。習士，謂習法之士。聞識，謂多聞廣識。君守法堅，故此等莫能亂也。衆彊富貴私勇者不能侵也，信近親愛者不能離也，離，猶違也。珍怪奇物不能惑也，萬物百事非在法之中者不能動也。珍怪奇物，比正法爲怪僻。故法者，天下之至道也，道無越於法者。聖君之實用也〔三〕。用法爲理國之實。今天下則不然，皆有善法而不能守也。然故諶杵習士聞識博學之士能以其智亂法惑上，衆彊富貴私勇者能以其威犯法侵陵，謂侵陵於君也。鄰國諸侯能以其權置子立相，鄰國恃權能，廢置君之子，援立國相。大臣能以其私附百姓，謂用私恩誘百姓使附也。翦公財以禄私士。謂翦公財以禄私士。此皆以君不守法故也。凡如是，而求法之行，國之治，不可得也。謂從失法之後，國不可得理也。聖君則不然，卿相不得翦其私，羣臣不得辟其所親愛〔四〕。聖君亦明其法而固守之，羣臣修通輻湊〔五〕，謂各得自通

① 「諶」字原作「誠」，據補注改。

於君，如輻之湊也。**以事其主，百姓輯睦聽令，道法以從其事**〔六〕。道，從也。**故曰：有生法，有守法，有法於法。**君始制法，故曰生法。**夫生法者，君也。守法者，臣也。**臣則守法而行。**法於法者，民也。**人則法君之法。**君臣上下貴賤皆從法，此謂爲大治**〔七〕。

〔一〕張佩綸云：「所恒者二」，「所操者六」，「所處者四」，皆引管子之言而釋之。二者「法」、「禁」，見法禁篇；六者「生」、「殺」、「富」、「貴」、「貧」、「賤」，見小匡篇；四者「文」、「武」、「威」、「德」，見幼官篇。今雖經言與解淆亂，然得其綱領條目，舊本之迹，尚可次第推尋。李哲明云：「收」當是「牧」之誤，注非。廣雅釋詁：「牧，使也。」權修篇「無以牧之則處而不可使也」，即「牧使」之義。又明法解「民有利於上，故主有以牧之；下有畏於上，故主有以使之」，「牧」、「使」對言，尤其碻證。翔鳳案：「恒」即守法，不誤。「收」當爲「牧」，李說是也。問篇「問宗子之牧昆弟者」，其字當爲「收」，而誤爲「牧」，與本文情形相反。二字形近，相混久矣。

〔二〕俞樾云：尹解「諶杵」曰：「杵，所以毁碎於物者也，謂姦詐之人僞託於諶，以毁君法。」此說殊爲迂曲，殆非也。「諶杵」疑當作「諶斟」，乃疊韻字。後漢書馮衍傳「意斟愖而不憺兮」，李賢注曰：「斟愖，猶遲疑也。」此作「諶杵」者，「諶」與「愖」同，「杵」乃「斟」字之誤。古書「斟」字或作「𣁋」，故「斟鄩」亦作「𣁋鄩」，見玉篇土部。又或作「抖」，見漢書地理志應劭注。管子原文疑本作「抖」，因誤爲「杵」也。「習士」者，俗士也。說文人部：「俗，習也。」「習」與「俗」

雙聲，故義亦得通。「諶斟習士」，謂流俗之士意識遲疑者也，此指愚不肖者而言。下云「聞識博學之人」，則指賢知者而言。此兩等人，皆能出其私議，以亂國法者也。孫詒讓云：「諶杵」當爲「堪材」，皆形之誤也。墨子號令篇「民室材木」，備城門篇「材」誤作「杵」，是其證。爾雅釋詁云：「堪，勝也。」國語周語韋注云：「堪，任也。」書西伯戡黎孔疏引爾雅孫炎注云：「戡，强之勝也。」「戡」、「堪」字通。吕氏春秋報更篇云：「堪士不可以驕恣屈也。」「堪材」，謂材力强勝能任事者，與吕覽「堪士」義同。「聞」亦當爲「閒」。「堪材、習士，閒識、博學」，四者文正相對。注望文生訓，傅會可笑，俞校疑「諶杵」爲「諶斟」，亦非。翔鳳案：「杵」本字爲「午」，與「五」通。「午」象杵形，用以杵臼。周禮壺涿氏「午貫象齒」，故書作「五」。左成十七年傳「夷羊五」，晉語作「夷羊午」。説文：「諶，誠諦也。」「諶杵」猶言淹貫，二説俱誤。「然故」二字用爲虚辭，他書少見。王引之云：「然故，是故也。」范望注太玄務測曰：『然，猶是也。』趙爽注周髀算經：『故者，申事之辭。』『故』，本然之辭，襄九年左傳曰：『然故不可誣也。』」

〔三〕安井衡云：舊注云「用法爲理國之實」，「實」字不可通。蓋原文作「寶用」，故尹注之云「爲理國之寶」。今本俱作「實」，轉寫之訛耳。翔鳳案：「實用」爲通語，不誤。

〔四〕俞樾云：上云「翦公財以禄私士」，此乃云「翦其私」，義不可通，此「翦」字當讀爲濟，聲之誤也。爾雅釋言「翦，齊也」，郭注曰：「南方人呼翦刀曰劑刀。」是「齊」與「翦」聲相近，又涉上

文「翦公財」而誤耳。張佩綸云：「翦其私」當作「翦其公財」。「辟其所親愛」，「所」字衍，「辟其親愛」，即禄私士也。安井衡云：「辟」讀爲嬖。嬖，愛幸也。翔鳳案：「翦」，踐也。禮記文王世子「不翦其類也」，周禮甸師司農注作「不踐其類也」。「辟」，本書多作「避」用，「嬖」字可通，然非書意。

〔五〕張佩綸云：「修通輻凑」，淮南主術訓「百官修同，羣臣輻凑」，高注：「羣臣歸君，若輻之凑轂，故曰輻凑。」

〔六〕丁士涵云：當讀「百姓輯睦」句，「聽令」連下「道法」句。「道」，順也，從也。

〔七〕戴望云：「爲」字衍。翔鳳案：「謂爲」猶「謂之」，非衍文。

故主有三術。謂上主、中主、危主也。夫愛人，不私賞也。惡人，不私罰也。置儀設法，以度量斷者，上主也。愛人而私賞之，惡人而私罰之，倍大臣，離左右，專以其心斷者，中主也。臣有所愛而爲私賞之，有所惡而爲私罰之，爲大臣愛惡之故，而私賞罰也。倍其公法，損其正心，謂損政教之正。專聽其大臣者，危主也。故爲人主者，不重愛人，不重惡人。重愛曰失德，重惡曰失威。威德皆失，則主危也。君隨臣愛惡，則威德皆在於臣，故曰失也。

故明王之所操者六：生之，殺之，富之，貧之，貴之，賤之。此六柄者，主之所操

也。主之所處者四：一曰文，二曰武，三曰威，四曰德。此四位者，主之所處也。藉人以其所操，命曰奪柄。藉人以其所處，命曰失位。奪柄失位，而求令之行，不可得也。既至於奪柄失位之後，欲求令行，不可得。法不平，令不全，是亦奪柄失位之道也。法不平，令不全，則柄位不可得而保，故曰「奪柄失位之道」。故有爲枉法，有爲毁令，此聖君之所以自禁也。言有枉法毁令，聖君則能禁止之。故貴不能威，富不能禄，賤不能事，近不能親，美不能淫也。此五事解見下文也。植固而不動，奇邪乃恐，所立堅，則不可動。若奇邪，則敗亡旋及，故恐。奇音羈。奇革而邪化，令往而民移。君之奇邪，能有革化，則令纔往，而人已移心而從善也。故聖君失度量，置儀法[一]，聖君見有失度量，則置儀法以改也。如天地之堅，堅，謂尊勝。如列星之固，自古至今，不見天星有虧敗也。如日月之明，無私耀臨。如四時之信，寒暑之氣，來必以時。然故令往而民從之[二]。君能苞上之四事，故令往人從也。而失君則不然，法立而還廢之[三]，令出而後反之[四]，枉法而從私，毁令而不全，是貴能威之，富能禄之，賤能事之，近能親之，美能淫之也[五]。此五者不禁於身，君身不能自禁止也。是以羣臣百姓人挾其私而幸其主。妄希非分之恩。彼幸而得之，則主日侵。臣得不當得之恩，則主日見侵也。彼幸而不得，則怨日産。若不得所幸，則怨毒日生也。夫日侵而産怨[六]，此失君之所慎也[七]。

〔一〕劉績云：「失」乃「以」字誤。謂「聖君以度量置儀法」。或曰當作「一」。洪頤煊云：藝文類聚五十二、太平御覽六百二十四引俱作「設度量」，「失」即「設」字之壞。安井衡云：「失」當爲「矢」，形近之訛。「矢」，陳也。翔鳳案：説文：「失，縱也。」段注：「縱者緩也，一曰舍也。」捨主觀之度量，置客觀之儀法。或曰易晉「失得勿恤」，孟、馬、鄭、虞、王肅本皆作「矢」。爾雅釋詁：「矢，陳也。」安井説亦可通。以下文「上無度量以禁之」觀之，作「失」爲是。

〔二〕戴望云：御覽（治道部五）引作「然後」。翔鳳案：御覽不知「然故」之義，改作「然後」，此意改之一證。

〔三〕翔鳳案：説文：「還，復也。」

〔四〕王念孫云：「後」，當依朱本作「復」，字之誤也，「復反」與「還廢」相對爲文。翔鳳案：令已出而後來反變，「後」字不誤。作「復」則與「還」犯複，王説非是。

〔五〕翔鳳案：下文「幸其主」，房注「妄希非分之恩」，是也。説文：「禄，福也。」王制鄭注：「禄，所受食也。」周禮大宰「四曰禄位，以馭其士」，注：「若今月俸也。」五者不禁於身，則富者能以飲食錢財引誘，賤者能諂事，接近之人能親密之。

〔六〕翔鳳案：「夫」爲代名詞。論語：「夫人不言，言必有中。」「日侵」上省「主」字，「産怨」上省「羣臣百姓」四字。

〔七〕安井衡云：「慎」、「順」古通用，此當爲「順」。「順」，循也。俞樾云：「失君」當作「人君」，涉上文「失君則不然」而誤。劉師培云：「慎」亦「順」之假，猶之循也。翔鳳案：「慎」通「順」，證已見前。安井、劉説是也。順之則能儌幸矣。

凡爲主而不得用其法，不能其意〔一〕，顧臣而行，凡有所行，不敢自專，顧望其臣而爲之也。離法而聽貴臣，貴臣雖有離法，亦聽從之。此所謂貴而威之也。言貴臣能威於君也。富人用金玉事主而來焉〔二〕，謂以金玉來事主也。主因①離法而聽之，此所謂富而禄之也。言富人能禄於君也。賤人以服約卑敬悲色告愬其主〔三〕，服約，謂屈服隱約也。主因離法而聽之，此②所謂賤而事之也。言賤人善諂，君聽之。近者以偪近親愛有求其主，主因離法而聽之，此所謂近而親之也。言近者恃親以要君，則君從。美者以巧言令色請其主，主因離法而聽之，此所謂美而淫之也。言美者能以言色淫動於君，故君亦聽之。治世則不然〔四〕。不知親疏遠近貴賤美惡，以度量斷之，其殺戮人者不怨也，殺當其罪，故不怨也。其賞賜人不德也〔五〕。以功受賞，故不德於君也。以法制行之，如天地之無

① 「因」字原無，據補注增。

② 「此」字原無，據補注增。

私也，是以官無私論，士無私議，民無私説，皆虚其匈以聽其上〔六〕。匈，恐懼貌。上以公正論，以法制斷，故任天下而不重也。法制行則事簡，故不重也。今亂君則不然。有私視也，故有不見也。有私聽也，故有不聞也。有私慮也，故有不知也。凡私則不周，故有不見聞知也。夫私者，壅蔽失位之道也。上舍公法而聽私説，故羣臣百姓皆設私立方以教於國。方，謂異道術也。羣黨比周以立其私，請謁任舉以亂公法，人用其心以幸於上，上無度量以禁之，是以私説日益，而公法日損，國之不治，從此産矣。

〔一〕翔鳳案：廣雅釋詁二：「能，任也。」史記田敬仲完世家「寡人弗能拔」，索隱：「『能』猶勝也。」「能」義自通。趙本不解「能」字之義而改爲「適」，以己意改之，非别有善本爲據。

〔二〕王念孫云：「來」當爲「求」，尹注非。説見小稱篇。翔鳳案：吕氏春秋不侵「不足以來士矣」，注：「『來』猶致也。」以玉招致，求則露於面，不合，王説誤。

〔三〕翔鳳案：楚辭招魂「土伯九約」，注：「屈也。」房注非。

〔四〕丁士涵云：「治世」疑當作「治君」，對下「亂君」言，猶上文以「失君」對「聖君」也。安井衡云：至治之世則不然，或欲改爲「治君」，與下「亂君」對，古人之文不必然也。

〔五〕張文虎云：兩「人」字、「者」字，疑當各衍其一，蓋是一本作「人」，一本作「者」，校者不察而竝存之。翔鳳案：殺戮人非怨其人，賞賜人不自以爲德，故上文有「者」字，下文無之。

〔六〕趙用賢云：「匈」，胸臆也。注非。姚永概云：内業篇「平正擅匈」，尹注亦曰「和氣獨擅於胸」也。翔鳳案：「胸」爲「匈」之或體，乃後出之字。

夫君臣者，天地之位也。民者，衆物之象也。各立其所職，以待君令。羣臣百姓安得各用其心而立私乎？故遵主令而行之，雖有傷敗，無罰。遵令而行，敗非己致，故無罰也。非主令而行之，雖有功利，罪死。失令有功，法所不赦，故罪死。然故下之事上也，如響之應聲也。臣之事主也，如影之從形也。故上令而下應，主行而臣從，此治之道也。夫非主令而行，有功利因賞之，是教妄舉也。賞不從令，是教妄爲舉措也。遵主令而行之，有傷敗而罰之〔一〕，是使民慮利害而離法也。羣臣百姓，人慮利害，而以其私心舉措，則法制毀而令不行矣。

〔一〕丁士涵云：「行」下「之」字衍，「行有傷敗」與「行有功利」對文，此涉上文「故遵主令而行之」而衍。「而」當爲「因」，「因罰之」與「因賞之」對文。翔鳳案：通行本「主令」上有「遵」字。上文「非主令」，則下文爲「主令」，不必增字。若增一「遵」字，則上文當爲「違主令」矣。「非」爲狀詞，「違」爲動詞，其義既不相合，則加「遵」字之妄可知。宋本之可貴，又其一也。丁衍謂「之」字，又改「而」爲「因」，俱誤。

明法第四十六

所謂治國者，主道明也。主道明，則公法明，故國治。**所謂亂國者，臣術勝也。**臣術勝，則私事立，故國亂。**夫尊君卑臣，非計親也〔一〕，以埶勝也〔二〕。**令尊君卑臣者，其計非欲使親君也，但令①君執其勝也。**百官識，非惠也，刑罰必也〔三〕。**必令百官識非公之惠，而不敢受，又知刑罰必行，無妄求免罪也。**故君臣共道則亂，**臣行君事，故曰共道。**專授則失。**若君有所授與，不合衆心而專之，亦爲失也。**夫國有四亡，令求不出謂之滅，**求不出令，則下無所稟，故滅。**出而道留謂之擁，**中道而留止，故曰擁。**下情求不上通謂之塞〔四〕，**求不上通，則與君隔絶，故曰塞也。**下情上而道止謂之侵。**下情雖欲上通，中道爲左右所止，此則臣侵上事也。**故夫滅侵塞擁之所生，從法之不立也〔五〕。是故先王之治國也，不淫意於法之外〔六〕，**淫，遊也。**不爲惠於法之內也。**不屈法以成私惠也。**動無非法者，所以禁過而外私也。**外，遺也。

〔一〕丁士涵云：「計」字衍。「非親也」，與「非惠也」句同義同。（爾雅：「惠，愛也。」）後解云「羣

① 「令」字原作「今」，據補注改。

臣之不敢欺主者，非以愛主也，以畏主之威勢也；百姓之爭用，非以愛主也，以畏主之法令也」，則本文無「計」字，明甚。翔鳳案：舜爲天子，堯率諸侯北面而朝之，瞽叟亦北面而朝之，故曰「非計親」。丁氏不知其義而謂衍「計」字，誤。父之尊可屈，而太上皇不能屈，后卑於父而爲敵體，母天下，皆當計者，可一概不論耶？

〔二〕劉績云：「埶」，解作「勢」，古字同。注非。安井衡云：古本「勢」作「埶」，舊注云「但令君執其勝」，是其本作「執」，今本訛爲「埶」耳。解亦云「故明主操必勝之術」，是以「操」解「執」，明原本作「執」矣。翔鳳案：古無「勢」字，以「埶」爲之。「埶」，古「藝」字，與捕治罪人之「執」絶異。禮記禮運「在埶者去」，鄭注：「埶，埶位也。」釋文本作「勢」。君之於臣，以勢位勝，「執」字不合，安井説非是。

〔三〕劉績云：當依解作「百官論職」，乃字缺誤。注非。翔鳳案：説文：「識，常也。」爾雅釋詁：「職，常也。」夏小正：「三月，采識。」説文：「黄蒢，職也。」皆「識」通「職」之證。解云：「故人臣之行理奉命者，非以愛主也。奉法無姦者，非以愛主也。」「奉命」、「奉法」，即守職也。釋名釋典藝：「論，倫也，有倫理也。」解謂「百官論識」即此義，非論識也。故「論」字可省，增之者誤也。

〔四〕王念孫云：「令求不出」，「求」當爲「本」。「下情求不上通」，衍「求」字。並見後解。尹注非。

俞樾云：「令求不出」，據後解作「令本不出」，然則「下情求不上通」亦當作「下情本不上

通」。後解奪「本」字，遂并此文而無從是正矣。尹注曰「求不出令，則下無所禀，故滅；求不上通，則與君隔絶，故曰塞也」，兩「求」字亦「本」字之誤。吴汝綸云：後解「本」字誤。爾雅：「求，終也。」劉師培云：「出而道留謂之擁」，後解作「令出而留謂之壅」，此文「出」上疑挩「令」字。下文云「下情上而道止謂之侵」，彼文不省「下情」，則此亦當有「令」字矣。翔鳳案：「求」爲「裘」之古文，象皮衣之形。孳乳爲「逑」，斂聚也。從辵，當爲「毬」之本字。詩桑扈「萬福來求」，下武「世德作求」，皆爲斂聚之意。「令求不出」，謂聚於中而不出也。「下情求不上通」，義亦爲聚。郭沫若釋「求」爲「觩」，訓爲「枉」，非。

〔五〕丁士涵云：依上文序次，當作「滅擁塞侵」，後解作「滅塞侵擁」，皆寫者倒亂。陶鴻慶云：「從」字當在「生」字上，本作「滅侵塞擁之所從生，法之不立也」。任法篇云「故曰法者不可恒也，存亡治亂之所從出」，句法正與此同。翔鳳案：爾雅釋詁：「由、從，自也。」「從」同「由」。今語作「由法之不立」，古語作「從法之不立」，其義一也。陶説誤。

〔六〕孫星衍云：韓非子有度篇「淫」作「遊」。尹注「淫，遊也」，義本此。

威不兩錯，臣行君威，爲兩置。**政不二門**〔一〕。臣出政，是爲二門也。**以法治國，則舉錯而已。**言能以法理國，但舉而置之，無不行。**是故有法度之制者，不可巧以詐僞**〔二〕。非

法度不聽，則詐①僞何施。有權衡之稱者，不可欺以輕重。以權衡稱之，輕重立見也。有尋丈之數者，不可差以長短〔三〕。今主釋法以譽進能〔四〕，則臣離上而下比周矣。比周於下，所以求譽。以黨舉官，則民務交而不求用矣。交合則自進官，何須求用。是故官之失其治也〔五〕，是主以譽爲賞，以毁爲罰也。以毁譽爲賞罰，則官自然失理。然則喜賞惡罰之人，離公道而行私術矣。行私術，自然得賞，安用就公道而求乎？比周以相爲匿，是比周者，凡有公是之事，皆匿而不行也。忘主死交，以進其譽。故交衆者譽多〔六〕，爲交友致死，其譽自進。外内朋黨，雖有大姦，其蔽主多矣。是以忠臣死於非罪，朋黨共毁之故，忠臣非罪而死。而邪臣起於非功。朋黨共譽之，故邪臣非功而起。所死者非罪，所起者非功也，然則爲人臣者，重私而輕公矣。私則得利，公而致禍，故重私而輕公矣。十至私人之門，私人之門，謂所與父私爲朋黨者也。不一至於庭，謂之君庭。百慮其家，不一圖國〔七〕，重私輕公故也。屬數雖衆，非以尊君也，所屬之數，雖曰衆多，無不黨私，故非尊君也。百官雖具，非以任國也。各務私，故不任國事。此之謂國無人。國無人者，非朝臣之衰也〔八〕。家與家務於相益，不務尊君也。大臣務相貴而不任國〔九〕，小臣持禄養交不以

① 「詐」字原作「許」，據補注改。

官爲事，故官失其能〔一〇〕。官各失能，則與無人同也。**是故先王之治國也，使法擇人，不自舉也；使法量功，不自度也。**設法者自著擇人量功之條，故不勞自舉度也。**故能匿而不可蔽**〔一一〕，苟有材能①，則法自舉之②，不可隱蔽也。**敗而不可飾也。**無功而敗，法自量之，故不可虚飾也。**譽者不能進，**無材，雖譽之而不能進也。**而誹者不能退也。**有功，雖誹之而不能退也。**然則君臣之閒明別，**謂賢不肖有功者，各明白而分別也。**明別則易治也**〔一二〕。明別則無僞濫，故易治也。**主雖不身下爲，**謂不身爲其事。**而守法爲之可也。**但守法則法自爲之，不勞身也。

〔一一〕張佩綸云：説苑君道篇：「管子曰：權不兩錯，政不二門。」任林圃云：當從説苑作「權不兩錯」，本書及韓非「威」字，蓋三國時吴人避孫權諱所改。又宋楊忱本禁藏篇「視其所愛以分其威」，古本、劉本、朱本「威」下有「權」字。蓋本作「權」，因避吴諱或易爲「威」。劉本等乃並存之也。

〔一二〕安井衡云：「巧」猶欺也，韓非作「欺」。翔鳳案：方言七：「吴越飾貌爲竘，或謂之巧。」

〔一三〕戴望云：意林「尋丈」作「尋尺」，「長短」作「短長也」三字。

① 「能」字原無，據補注增。

② 「則」字原無，「舉」字原作「擇」，「之」字原作「故」，據補注增改。

〔四〕丁士涵云：「今」疑「令」字誤，後解無。　翔鳳案：「今」以當時言之，國策多用之，非誤字。

〔五〕劉師培云：「治」當作「能」，上云「以譽進能」，下云「故官失其能」，均其證。韓非子有度篇述此文，正作「故官之失能者其國亂」，此尤「治」當作「能」之徵。蓋古「能」字通作「台」，因訛爲「治」。賈子新書「雖堯舜不能」，漢書誼傳作「不治」，是其例。　翔鳳案：「治」以國言，「能」以人言，不必改字。

〔六〕劉績云：解作「比周以相爲匿，是故忘主死交以進其譽」，此乃誤脱「故」字於下。「死」乃「私」聲誤。　王念孫云：尹讀「比周以相爲匿是」爲句，注云「比周者凡有公是之事皆匿而不行也」，其説甚謬。此當讀「比周以相爲匿」爲句，「匿」與「慝」同，「比周以相爲慝」，猶言朋比爲姦也。「是」下當有「故」字，後明法解作「比周以相爲慝，是故忘主死佼以進其譽」，是其明證也。又案「忘主死交」，韓子有度篇「死」作「外」，是也。故明法解云「羣臣皆忘主而趨私佼」，「外」、「夘」字相近，故「外」譌作「夘」，尹注云「爲交友致死」，非也。劉以「夘」爲「私」之誤，亦非也。　陶鴻慶云：依後解，「是」下當有「故」字。「故交衆者譽多」，「故」、「者」二字皆衍文。　劉師培云：「故交衆者譽多」，後解無「者」字，此衍。韓非子有度篇亦無「者」字。

〔七〕戴望云：朱本「國」上有「其」字，後解亦有。　俞樾云：當從後解作「不一圖其國」。

翔鳳案：「其」字可省。

〔八〕孫星衍云：韓非子有度篇「臣」作「廷」。　安井衡云：「衰」，減也。

〔九〕戴望云：後解「國」下有「也」字。

〔一〇〕戴望云：後解「能」作「職」。

〔一一〕王念孫云：「能」下本無「匿」字，後解作「能不可蔽而敗不可飾」，韓子有度篇作「能者不可蔽，敗者不可飾」，則無「匿」字明矣。據尹注亦無「匿」字。　翔鳳案：解與韓非「能」爲名詞，指智能言。有「匿」字則「故能」二字貫下二句，「能」爲動詞。兩者不同，有「匿」字亦通。

〔一二〕劉師培云：韓非子作「則君臣之間明辯而易治」，則「明別」二字不當重疊。後解不重此二字，是其證。　翔鳳案：不重「明別」二字，則以「而」字連爲一句。無「而」用「則」，二字當重之。解云：「故君臣之間明別，則主尊臣卑。故明法曰：『君臣之間，明別則易治。』」前之「明別」屬上爲句，故曰無「明別」二字乃省文可知，非不當重疊也。

正世第四十七

區言三

古之欲正世調天下者，必先觀國政，料事務，察民俗，本治亂之所生，知得失之所在，然後從事。從，爲。故法可立而治可行。夫萬民不和，國家不安，失非在上，則

過在下〔一〕。今使人君行逆不修道，誅殺不以理〔二〕。重賦斂，得民財〔三〕，急使令，罷民力。使令急，故人力疲也。財竭則不能毋侵奪，人財竭，則侵奪以共上税也。力罷則不能毋墮倪〔四〕。倪，傲也。謂疲墮①而傲從也。民已侵奪墮倪，因以法隨而誅之，則是誅罰重而亂愈起。夫民勞苦困不足，則簡禁而輕罪。如此，則失在上。失在上而上不變，則萬民無所託其命。今人主輕刑政，寬百姓，薄賦斂，緩使令，然民淫躁行私而不從制，飾智任詐，負力而爭，則是過在下。過在下，人君不廉而變，廉，察也。則暴人不勝，邪亂不止。暴人不勝，邪亂不止，則君人者勢傷而威日衰矣。故爲人君者，莫貴於勝。所謂勝者，法立令行之謂勝〔五〕。法立令行，故羣臣奉法守職，百官有常，法不繁匿〔六〕，萬民敦慤，反本而儉力。謂廉嗇而勤力也。故賞必足以使，謂使人從善也。威必足以勝，謂勝禁②姦邪也。然後下從〔七〕。故古之所謂明君者，非一君也。五帝三王，俱曰明君，故曰非一。其設賞有薄有厚，其立禁有輕有重，迹行不必同，非故相反也，皆隨時而變，因俗而動。夫民躁而行僻，則賞不可以不厚，禁不可以不重。既躁

① 「墮」字原作「隨」，據補注改。
② 「禁」字原作「合」，據補注改。

賞薄則民不利，禁輕則邪人不畏。設人之所不利，欲以使，則民不盡力。立人之所不畏，欲以禁，則邪人不止。是故陳法出令，而民不從，故賞不足勸，則士民不爲用；刑罰不足畏，則暴人輕犯禁。民者，服於威殺然後從，見利然後用，被治然後正，得所安然後靜者也。

〔一〕王念孫云：「失非在上」當作「非失在上」，「非」與「則」對文，「失在上」與「過在下」對文。翔鳳案：意謂其「失非在上，則過在下」。如王說則非失在上則必在下，不當再用「過」字，王說不可從。

〔二〕丁士涵云：「修」當爲「循」，「循」有順義，君臣上篇「順理而不失之爲道」。翔鳳案：中庸：「修道之謂教。」「修」非誤字，丁說誤。

〔三〕張佩綸云：「得民財」當爲「竭民財」，下句可證。翔鳳案：重賦斂以得民財，「得」字自通，且「竭」字指民，而貪得在君。「得」比「竭」好，張說不可從。

〔四〕俞樾云：尹注曰「倪，傲也」，則「墮」當讀爲惰，「惰」與「傲」義相近。輕重戊篇「歸市亦惰倪」，是其證。張佩綸云：「墮」、「惰」通。廣雅釋詁：「倪，衺也。」翔鳳案：説文「倪，俾也」，文義不合。爾雅釋魚「左倪不類，右倪不若」，假爲「睨」。説文「陴，城上女墻俾倪也」，與訓「陴」之義正合。房注訓「傲」，乃由「睨」引申，不正視人，如阮籍之白眼則傲矣。

〔五〕金廷桂云：當云「勝者法立令行之謂」。上衍「所謂」二字，下衍「勝」字。翔鳳案：不可以後世之文律古人。

〔六〕丁士涵云：「常」字句絶，「有常」，即上「奉法守職」也。「匿」同「慝」，姦慝也。俞樾云：「匿」亦當爲「慝」，説見上篇。下文曰「法禁不立則姦邪繁」，「繁匿」即「姦邪繁」也。

〔七〕翔鳳案：「下從」，即周易所謂「下順從也」。「下從」二字，下文兩見。

夫盜賊不勝，邪亂不止，彊劫弱，衆暴寡，此天下之所憂，萬民之所患也。憂患不除，則民不安其居。民不安其居，則民望絶於上矣。夫利莫大於治，害莫大於亂。夫五帝三王所以成功立名顯於後世者，以爲天下致利除害也。事行不必同，所務一也。莫不務於理也。夫民貪行躁而誅罰輕，罪過不發，有罪過者，不發舉也。則是長淫亂而便邪僻也。有愛人之心，而實合於傷民〔一〕，輕刑以愛人，姦多反傷人也。此二者不可不察也。二者，謂愛與傷人。夫盜賊不勝，則良民危。良人爲盜所害，故危。法禁不立，則姦邪繁。故事莫急於當務，每事當其務，則理也。治莫貴於得齊〔二〕。齊，謂無非人也。緩則縱，縱則淫，淫則行私，行私則離公，離公則難用。故治之所以不立者，齊不得也，謂上有非人也。齊不得則治難行。故治民之齊，不可不察也。

聖人者，明於治亂之道，習於人事之終始者也。其治人民也，期於利民而止，至於利人，則止而勿①理也。故其位齊也〔三〕。不慕古，不留今，留，謂守常不變。與時變，與俗化。夫君人之道，莫貴於勝。勝故君道立，勝則無不服，故君道立也。君道立然後下從，下從故教可立而化可成也。夫民不心服體從，則不可以禮義之文教也〔四〕。君人者不可以不察也。

〔一〕俞樾云：「合於傷民」者，足於傷民也，「合」與「給」通。給，足也，故「合」亦有足義，論語子路篇「始有曰苟合矣」，言苟足也。孟子梁惠王篇「此心之所以合於王者何也」，言足於王也。說詳羣經平議。

〔二〕豬飼彥博云：「齊」、「劑」同。謂緩急得宜。王引之云：爾雅：「齊，中也。」言莫貴於得中也。尹注大謬。俞樾云：水經濟水注引春秋說題辭曰：「齊，度也。」周官亨人「以給水火之齊」，鄭注曰：「齊，多少之量。」又酒正「辨五齊之名」，注曰：「齊者，每有祭祀以度量節作之。」是「齊」有度量之義。「治莫貴於得齊」，謂得其度量也。史記孝武紀「事化丹砂諸藥齊爲黄金矣」，索隱曰：「『齊』音分劑之劑。」此「齊」字讀當與彼同。尹注非是。翔鳳案：上文勝盜賊，立法禁，所以爲齊。即論語「導之以政，齊之以刑」之意。諸說非是。

① 「勿」字原作「物」，據補注改。

〔三〕安井衡云：「位」猶立也。「位齊」，謂立治國之劑。陶鴻慶云：「位」與「立」同，「立劑」猶言立法。翔鳳案：春秋「公即位」，古文作「公即立」，陶説是也。

〔四〕丁士涵云：當作「文教之也」。霸言篇「則是我以文令也」，與此「文」字同義。「民不心服體從」，則必加之以嚴刑峻罰，不可以禮義文教之也。翔鳳案：「教也」即教以禮義之文，加「之」字於「教」下，誤。

治國第四十八

區言四

凡治國之道，必先富民，民富則易治也，民貧則難治也。奚以知其然也？民富則安鄉重家，安鄉重家則敬上畏罪，敬上畏罪則易治也。民貧則危鄉輕家，危，謂不安其所居也。危鄉輕家則敢陵上犯禁，凌上犯禁則難治也。故治國常富，而亂國必貧。是以善爲國者，必先富民，然後治之。昔者七十九代之君〔一〕，法制不一，號令不同，然俱王天下者，何也？必國富而粟多也。夫富國多粟，生於農，故先王貴之。

〔一〕張佩綸云：藝文類聚五十四，太平御覽六百三十八引申子：「昔七十九代之君，法制不一，號令不同，然而俱王天下，何也？必當國富而粟多也。」姚永概云：「七十九代之君」，

翔鳳案：申子亦疑即封禪篇所云「古者封泰山，禪梁父者七十二家」，「九」當作「二」。作「九」，「九」不一定是誤字。

凡爲國之急者，必先禁末作文巧。末作文巧禁，則民無所游食〔一〕。民無所游食，則必農〔二〕。謂必務農。民事農則田墾，田墾則粟多，粟多則國富，國富者兵彊，兵彊者戰勝，戰勝者地廣。是以先王知衆民、彊兵、廣地、富國之必生於粟也〔三〕，故禁末作，止奇巧，而利農事。今爲末作奇巧者，一日作而五日食。言取一日之利，可共五日之食也。農夫終歲之作，不足以自食也。然則民舍本事而事末作。捨本事而事末作〔四〕，則田荒而國貧矣。

〔一〕洪頤煊云：兩「文巧」，當依下文作「奇巧」。張佩綸云：牧民篇：「省刑之要在禁文巧。」幼官篇：「務本飭末則富。」洪頤煊云「文巧，當依下作『奇巧』」，非也。

〔二〕戴望云：「農」上當脱「事」字，下文可證。

〔三〕張佩綸云：「衆民彊兵廣地富國」，依上文當作「衆民富國彊兵廣地」。

〔四〕安井衡云：古本「舍」上有「民」字。翔鳳案：「民」字貫下，古本多事。

凡農者，月不足而歲有餘者也。而上徵暴急無時〔一〕，謂徭税不以時。則民倍貸以給上之徵矣。倍貸，謂貸一還二也。耕耨者有時，而澤不必足，謂雨澤不足也。則民倍貸

以取庸矣。澤不足則歲凶，富者倍貸於貧不能還其倍價者，則計所倍而取庸矣。秋糴以五，春糶以束，是又倍貸也〔二〕。謂富者秋時以五糴之，至春出糶，便收其束矣。此亦倍貸之類也。束，十疋也。故以上之徵而倍取於民者四〔三〕。謂上無時之徵，一也。澤不足，二也①。秋糴春糶，三也。下足關市府庫之徵，四也。關市之租，府庫之徵，粟什一，厮輿之事，此四時亦當一倍貸矣〔四〕。府庫，謂府之庫新有徵稅，言人供關市府庫之徵，亦用粟之什一計。四時常有所用②，故亦當一倍貸之。夫以一民養四主，四主，即③上四倍貸也。故逃徙者刑，謂有刑罰。而上不能止者〔五〕，粟少而民無積也〔六〕。常山之東，河、汝之閒，蚤生而晚殺，五穀之所蕃孰也〔七〕。四種而五穫，四種，謂四時皆種。五穫，謂五穀皆宜而有所穫。中年畝二石，一夫爲粟二百石。今也倉廩虛而民無積，農夫以粥子者，上無術以均之也。故先王使農士商工四民交能易作，交能易作，謂雖士亦善於農工，雖農亦通於士業也。終歲之利，無道相過也，道，從也。四人均能，故其利無從相過之也。是以民作一而得均。四人

① 「也」字原無，據補注增。
② 「用」字原無，據補注增。
③ 「即」字原作「則」，據補注改。

交能易作，故曰一也。民作一則田墾，姦巧不生〔八〕。田墾則粟多，粟多則國富。姦巧不生則民治。富而治，此王之道也。不生粟之國亡，粟生而死者霸，霸者或不能廣積粟，故人有不生而致死者也。粟生而不死者王〔九〕。王者積粟既多，故人保其生，無復致死者也。粟也者，民之所歸也。粟也者，財之所歸也。有粟則人歸之。粟也者，地之所歸也。積粟既多，或有入地歸降者也。粟多，則天下之物盡至矣。故舜一徙成邑，貳徙成都，參徙成國。舜非嚴刑罰，重禁令，而民歸之矣；去者必害，謂背舜而去者。從者必利也。先王者，善爲民除害興利，故天下之民歸之。所謂興利者，利農事也。所謂除害者，禁害農事也。農事勝則入粟多，入粟多則國富，國富則安鄉重家。安鄉重家，則雖變俗易習，謂改易其常習。歐衆移民，至於殺之而民不惡也〔一〇〕。此務粟之功也。上不利農則粟少，粟少則人貧，人貧則輕家，輕家則易去，易去則上令不能必行〔一一〕，上令不能必行，則禁不能必止，禁不能必止，則戰不必勝，守不必固矣〔一二〕。夫令不必行，禁不必止，戰不必勝，守不必固，命之曰寄生之君。謂蹔寄爲生，不能長久。此由不利農少粟之害也。粟者，王之本事也，人主之大務〔一三〕，有人之塗，謂保有其人，其塗因粟也。治國之道也〔一四〕。

〔一〕許維遹云：廣雅釋詁：「暴，猝也。」

〔二〕俞樾云：「束」乃「六」之誤。言富者秋以五糶之，春以六糴之也。篆文「六」作「[illegible]」，與「束」微似而誤。小問篇「五而六之」，亦以「五」、「六」言也。張佩綸云：「束」者，儀禮聘禮「釋幣制元纁束」，注：「凡物十曰束。」禮記雜記下「納幣一束，束五兩」，注：「十箇爲束，貴成數。」翔鳳案：説文：「糶，出穀也。」楊本作「粜」，當是隸書省文。富人秋收以賤價糴入，來春倍其價而糶出。

〔三〕丁士涵云：上文言「倍貸」者三，下文「關市」以下「亦當一倍貸」，合之故爲四也。以文義言之，此句疑當在「夫以一民養四主」之上，脱誤在此耳。翔鳳案：雨澤不足，民倍貸以取傭。漢書司馬相如傳「與庸保雜作」，注：「謂賃作者。」「庸」同「傭」。以勞動償債，其值加倍，丁説誤。

〔四〕張佩綸云：「粟什一」當作「什一之粟」；「關市之租」，六畜兵器也；「府庫之徵」，九賦財賄也；「什一之粟」，藉公田也；「厮輿之事」，起徒役也；均與周禮合。史記張耳陳餘傳：「厮養卒。」淮南覽冥訓「厮徒馬圉」，高注：「厮，役也。」左昭七年傳「皁臣輿」，服注：「輿，衆也，佐皁舉衆事也。」翔鳳案：「關市之租，府庫之徵」，去農民所收之粟十之一，又加以「厮輿之事」，耗其時日，爲無償勞動，合二者計之，雖非倍貸，亦等於「一倍貸」矣。「當」字宜注意，張説非是。古本改「輿」爲「與」，謬極。

〔五〕陳奂云：言雖有刑而上不能止其逃徙，與下文「舜非嚴刑罰重禁令而民歸之」相應。張

佩綸云：上「者」字衍。　翔鳳案：劉邦約法三章，「殺人者死」，句法同。「者」字不可衍，張説誤。

〔六〕翔鳳案：上暴徵，民借貸以應徵，房注以「四倍貸」爲「主」，其言甚明。四時倍貸，是「四主」矣。「四時」者，四時皆有「厮輿之事」也。農奴以勞力傭於富人，兼爲地主御車肩輿之事。

〔七〕王念孫云：「河汝」當爲「河海」，字之誤也。（篆文「海」、「汝」相似。）常山在海西河北，故曰「常山之東，河海之間」，若汝水則去常山遠矣。初學記地部上、太平御覽地部四引此竝云「其山北臨代，南俯趙，東接河海之間，早生而晚殺，五穀之所蕃孰」，文多於今本，而皆作「河海之間」。　張佩綸云：王説非也。周禮職方氏：「河南曰豫州，其山鎮曰華山，其澤藪曰圃田，其川滎雒，其浸波溠，其利林漆絲枲，其民二男三女，其畜宜六擾，其穀宜五種。」「正北曰并州，其山鎮曰恒山，其澤藪曰昭餘祁，其川虖池嘔夷，其浸淶易，其利布帛，其民二男三女，其畜宜五擾，其穀宜五種。」九州惟此二州宜五種。「常山之東」，謂并州域也。「河汝之間」，謂豫州域也。與周禮合。王制「計四海之内田八十一萬億畝」，亦先曰「自恒山至于南河，千里而近。自南河至于江，千里而近」，是其證也。管子蓋舉五種俱宜之地，以明人力不至，即地利亦不足恃，故必有術以均之。若如初學記及御覽地部所引，則專指常山，管子治齊，何爲舍岱山之東而計及常山之東乎？　御覽百穀部一引此正同今本。　翔鳳案：常山即恒山，亦宜五穀。説文：「孰，食飪也。」漢書嚴安傳：「五穀蕃孰。」此本字，加火乃俗

字也。

〔八〕吴志忠云：當作「得均則姦巧不生」。「作一」、「得均」，皆復舉上文言之。翔鳳案：「姦巧」與「文巧」相類，一於農作則不務外，非因得均而不生姦巧也。吴説誤。

〔九〕劉績云：别本注：「霸者或不能廣畜積，故有時而竭也。王者之民積之廣而生之不已也。」何如璋云：「粟生而死」，謂力農而積蓄也，故可霸。「粟生而不死」，是粟多而以術流通之，四方之民歸若流水。商君書去彊「國好生金於竟内，則金粟兩死，倉府兩虚，國弱。國好生粟於竟内，則金粟兩生，倉府兩實，國彊」，義同。尹桐陽云：商君書去彊「粟十二石死於竟外」，又曰「金粟兩死」。此云「粟生而死」，謂粟生而即散。「粟生而不死」，謂粟生常存而不散也。霸者積蓄或不能廣，故粟有時而竭。王者之民積之廣，故粟得以常存，即王制所謂「餘三」、「餘九」説也。翔鳳案：何、尹引商君書釋「死」字甚精，今人謂財之積而不生利者曰死錢，義同。劉引别本注即尹注，非竄改也。

〔一〇〕王念孫云：當依羣書治要作「至於殺之而不怨也」。今本作「不惡」，則非其指矣。上文「安鄉重家」，即指民而言，無庸更加「民」字。翔鳳案：説文：「惡，過也。」不以爲過也。王説非是。

〔一一〕許維遹云：治要引作「粟少則民貧，民貧則輕家易去，輕家易去則上令不能必行」，與上文「入粟多則國富，國富則安鄉重家，安鄉重家則雖變俗易習毆衆移民，至於殺之而民不惡

也」，文同一例。蓋「民貧則輕家易去，輕家易去」，寫本作「民貧則輕＝家＝易＝去＝」，唐寫本毛詩凡遇疊文重句皆如此，待有雕板時，遂排成「民貧則輕家輕家易去易去」，復據上下文例，於末「輕家」下增一「則」字，變爲今本矣。翔鳳案：許説有理。然毛詩「適彼樂土，樂土樂土」，韓詩作「適彼樂土」疊一句，未必毛是而韓非也。

〔一二〕丁士涵云：「不」下亦當有「能」字，與上文一例。陶鴻慶云：「禁不能必止」當在「上令不能必行」重文之上，又衍一「則」字，其文云「易去則上令不能必行，禁不能必止；上令不能必行，禁不能必止，則戰不必勝，守不必固矣」。今本乃寫者亂之。翔鳳案：原文自通，丁、陶以意測之，此等校書，不如不校。

〔一三〕王念孫云：羣書治要「王」下有「者」字，當據補。戴望云：中立本「主」作「生」，「主」字誤。「王者之本事，人生之大務」，相對爲文。「也」字衍。張佩綸云：漢書食貨志鼂錯曰：「粟者，王者大用，政之本務。」中都本「主」作「生」，「人生」當作「民生」。翔鳳案：本篇以治國爲言，自作「人主」，下文「有人之塗」即承此。若作「人生」，不可通矣。古本不解文義而妄改，不足辯矣。

〔一四〕丁士涵云：「有」疑「富」字誤。「人」當作「民」。「富民」、「治國」結上文「治國之道必先富民」而言。翔鳳案：牧民「國多財則遠者來，地辟舉則民留處」，此「有人之塗」。作「富民」則必改「人」字，上文「民」字不少，皆不誤，獨此「民」字誤乎？丁説之誤可知。

管子校注卷第十六

内業第四十九

區言五

凡物之精，此則爲生〔一〕。精，謂神之至靈者也。得此則爲生。下生五穀，上爲列星。流於天地之閒，謂之鬼神。藏於胷中，謂之聖人。是故民氣〔二〕，謂上之精者，則人氣也。杲乎如登於天，杲，明皃也。杳乎如入於淵，淖女教切。乎如在於海〔三〕，淖，汋潤也。卒乎如在於己〔四〕。人有氣則存，故如在於己也。是故此氣也，不可止以力，以力止之，氣愈去。而可安以德。静心念德，氣自來也。不可呼以聲，而可迎以音〔五〕。調其宫商，使之克諧，氣自來也。敬守勿失，是謂成德。不失氣，德自成。德成而智出，德成，智自生也。萬物果得〔六〕。以智安物，物皆得宜。

凡心之刑，刑，法也。謂得安心之法也。自充自盈，充盈，謂完而無虧也。自生自成。生成，謂每生心必有所成。凡此皆得安心法故也。其所以失之，必以憂樂喜怒欲利。此六者過常以亂於心，則失矣。能去憂樂喜怒欲利，心乃反濟。若能去六者，則心反守其所，而

能濟成也。**彼心之情，利安以寧。**安寧者，心之所利也。**勿煩勿亂，和乃自成。**若無煩亂，心和自成。**折折乎如在於側**〔七〕**，忽忽乎如將不得，**折折，明皃。言心明察，若在其側。及其求之，則忽忽然而不得。**渺渺乎如窮無極。**渺渺，微遠皃。言心之微遠，如欲窮之，則無其極。**此稽不遠，日用其德**〔八〕。常以此考心不遠之，則日有所用也。**而人不能固。**人不能固守其虚，反以利欲塞也。**夫道者，所以充形也，**自形内而虚者皆道。**其往不復，其來不舍。**既有利欲之心，則道往而不復，雖其有來，無處可舍。**謀乎莫聞其音**〔九〕，今謀欲尋於道，則不聞其音。**卒乎乃在於心。**心之方寸，虚道之君乎？**冥冥乎不見其形，**尋至於極，則近於心。**淫淫乎與我俱生。**淫淫，增進皃。有生則有道，故曰「與我俱生」也。**不見其形，不聞其聲，而序其成，謂之道**〔一〇〕。雖無形聲，常依序而成，故謂之道也。

〔一〕張佩綸云：「此」當爲「化」，字之誤也。易繫辭下：「天地絪緼，萬物化醇，男女構精，萬物化生。」　姚永概云：「此」字上當從注有「得」字。　翔鳳案：四時篇以春爲星德，「此」指地上之物言。呂氏春秋貴生「彼且奚以此之也」，注：「此，此物也。」説文「星，萬物之精，上爲列星」，義同管子。流行變化於天地之間，則爲鬼神。改「此」爲「化」，誤。石一參謂「此」爲「比」，訓「合」，亦誤。

〔二〕丁士涵云：「民」乃「此」字誤，「氣」即精氣也，下文云「是故此氣也」，是其證。　何如璋

云：「民」當是「名」字，以音近而譌。　翔鳳案：「民」字承上「聖人」來。孟子：「聖人之於民亦類也。」民氣登天入淵在海，即孟子所謂「浩然之氣」，「上下與天地同流」也。樞言：「有氣則生，無氣則死。」凡民皆同，非必聖人也。「民」字不誤。

〔三〕丁士涵云：「淖」讀爲綽。莊子大宗師「綽乎其殺也」，釋文：「綽，崔本作『淖』。」荀子宥坐篇「淖約微達似察」，楊注：「『淖』讀爲綽。」綽，寬也。　翔鳳案：房注「淖，汋潤也」是也。水地「夫水，淖弱以清」，與「綽」不同。丁誤。

〔四〕豬飼彥博云：「卒」、「崒」同，高峻貌。「已」當作「山」，與「天」、「淵」協韻。　安井衡云：「卒乎」猶忽然也。「已」，身也。「海」、「已」相韻。　翔鳳案：數句指人身言。禮記王制「三十國以爲卒」，注：「聚也。」訓「聚」比訓「高峻」更切。

〔五〕安井衡云：諸本「意」作「音」，今從張(榜)本。「意」音億，與「德」、「得」相韻。　王念孫云：尹解「可迎以音」句云「調其宮商，使之克諧，氣自來也」，其説甚謬。「音」即「意」字也，言不可呼之以聲，而但可迎之以意也。「音」與「力」、「德」、「德」、「得」爲韻，明是「意」之借字，若讀爲聲音之音，則失其韻矣。又下文云「彼道之情，惡音與聲，脩心靜音，道乃可得」，尹注曰：「音聲者所以亂道，故惡之也。」案：「惡音與聲」本作「惡心與音」，「音」即「意」字也。道體自然，而人心多妄，不脩其心，靜其意，則不可以得道，故曰「彼道之情，惡心與意，脩心靜意，道乃可得」也。「意」之爲「音」借字耳。「脩心靜音」，「音」與「得」爲韻，明是志意

之意，非聲音之音也。後人誤以「音」爲聲音之音，遂改「惡心與音」爲「惡音與聲」，尹氏不察，而曲爲之説，其失甚矣。又下文云「音以先言，音然後形，形然後言」，兩「音」字亦讀爲意。謂意在言之先，意然後形，形然後言也。前心術篇云「意以先言，意然後形，形然後思，思然後知」，是其明證也。説文：「意，从心音聲。」「意」、「音」聲相近，故「意」字或通作「音」。史記淮陰侯傳「項王喑啞叱咤」，漢書作「意烏猝嗟」，「喑」之通作「意」，猶「意」之通作「音」也。　翔鳳案：王説是也。

〔六〕王念孫云：「果」當爲「畢」，字之誤也。尹注「物皆得宜」，「皆」字正釋「畢」字。心術篇亦云：「正形飾德，萬物畢得。」

〔七〕丁士涵云：「折折」即「晢晢」之借。説文：「昭，晢明也。」毛詩傳：「晢晢，猶煌煌也。」翔鳳案：房注「折折，明皃」，已知爲「晢」之借矣。

〔八〕張佩綸云：「稽」乃「道」之誤。中庸：「道不遠人。」易繫辭：「百姓日用而不知，故君子之道鮮矣。」　郭沫若云：張説不可從。上文言「心之刑（形）」、「心之情」，「此」即指「心之形」、「心之情」而言。人皆有此心，故謂「此稽不遠」。下文始出「道」字，「道」乃本體，與儒家所謂「道」判然不同。　翔鳳案：郭説是，然未得其證。白心：「自知曰稽。」老子：「知此兩者亦稽式。」

〔九〕王念孫云：「謀」字義不可通，尹曲爲之説，非也。「謀」當爲「誺」，説文「宋（今作寂），無人聲

也，或作『誹』」，故曰「誹乎莫聞其音」。俗書「謀」字作「謀」，與「誹」相似，後人多見「謀」，少見「誹」，故「誹」誤爲「謀」矣。陳奐云：「謀」當爲「謨」，「謨」與「漠」通，漢書賈誼傳注：「漠，靜也。」俞樾云：「謀乎」乃形況之辭，與下文「卒乎」、「冥冥乎」、「淫淫乎」一律。尹注曰「今謀欲尋於道，則不聞其音」，此大誤也。「謀」，即禮記玉藻篇「瞿瞿梅梅」之「梅」，正義曰：「『梅梅』猶微微，謂微昧也。」正與「莫聞其音」之義合。「梅」或體作「楳」，與「謀」竝從「某」聲，故得通用。莊子知北遊篇「媒媒晦晦」，釋文引李注曰：「媒媒，晦貌。」「謀」與「媒」亦同。

〔一〇〕孫星衍云：文選辨命論注引作「視之不見其形，聽之不聞其聲，而序其成者，道也」。

凡道無所，善心安愛〔一〕。言道無他善，唯愛心安也。**心靜氣理，道乃可止。**若靜心，則氣自調理，故道來止也。**彼道不遠，民得以產。**人得之以①生，則道在人，故不遠也。**彼道不離〔二〕，民因以知。**人既因道而知，則道常在而不離。**是故卒乎其如可與索〔三〕，**推尋其終，似可與索。**眇眇乎其如窮無所。**及欲窮之，則眇眇然無所。**被道之情〔四〕，惡音與聲。**音聲者，所以亂道，故惡之也。**脩心靜音〔五〕，道乃可得。道也者，口之所不能言也，目之所不能視也，耳之所不能聽也，所以脩心而正形也。**雖不可以言語視聽，用之脩心，則外形

① 「以」字原作「所」，據補注改。

自正也。**人之所失以死，所得以生也。事之所失以敗，所得以成也。**

〔一〕張佩綸云：「所」字句絶，「無所」，言道無方也。元注非。「安愛」，易繫辭：「安土敦乎仁故能愛。」陶鴻慶云：此當於「所」字斷句，「愛」疑「處」字之誤。「凡道無所，善心安處」，「所」亦處也。言道無定，唯安處於善心也。下文云「憂悲喜怒，道乃無處」，與此文反復相明。「處」與「所」爲韻，下文皆兩句一韻，此亦當同也。尹讀「善」字爲句，而解之曰「言道無他善，唯愛心安也」，殊不成義。章炳麟云：尹注言「道無他善，唯愛心安也」，大誤。「所」字當斷句，處也。「愛」借爲「隱」，詩烝民「愛莫助之」，傳：「愛，隱也。」釋言：「薆，隱也。」是「愛」、「薆」與「隱」竝以雙聲通假。此「隱」則訓據。禮運「今大道既隱」，注：「隱，據也。」説文：「㥯，所依據也，讀與『隱』同。」「安」借爲「焉」，於是也。言凡道無常處，惟善心於是依據也。下云「心靜氣理，道乃可止」，「心靜」即「善心」也，「止」即依據也。翔鳳案：説文：「愛，行貌。」訓安行義可通。然此文兩句一韻，誠如陶説。魏樂安王元緒墓誌「愛」與「處」極似，則「愛」爲「處」之誤可矣。

〔二〕翔鳳案：「離」古讀羅。老子「離」與「雌」叶，則「離」在支韻，與「知」叶，亦可。

〔三〕許維遹案：「卒」字當重，「卒卒乎其如可與索」，與下「眇眇乎其如窮無所」，詞例相同，今本蓋因重文脱一「卒」字。翔鳳案：「卒」訓聚，見前。郭沫若訓「崒」，則爲高大，與「如可

與索」不類。

〔四〕張佩綸云：「被」當作「彼」，字之誤也。「情」當作「精」，老子：「窈兮冥兮，其中有精。」「惡音與聲」，言何意與聲。「音」，「意」字。翔鳳案：上文兩言「彼道」，以「是故」申述之。若仍是「彼道」，必在「是故」之前，與上文爲三，不得在其後，使文氣割斷不貫，知古本、趙本作「彼」，乃强作解事而改之也。禮記禮運「食味別聲被色」，與此文相似。「被」猶受也，非誤字。

〔五〕豬飼彦博云：「靜音」亦當作「靜意」，與「得」協韻。翔鳳案：豬飼説是也。「音」與「意」通，已見上文王念孫説。能修靜則無聲音能擾亂之矣。

凡道無根無莖，無葉無榮。道非如卉木而有根莖花葉也。**萬物以生，萬物以成，命之曰道。**無根莖而能生，無花葉而能成，則陰陽不測者也，故命之曰道。**天主正，**平分四時，天之正也。**地主平，**均生萬物，地之平也。**人主安靜。**無爲而無不爲，人之安靜也。**春秋冬夏，天之時也。山陵川谷，地之枝也**〔一〕。爲地之枝條也。**喜怒取予，人之謀也。**四者，謀之用也。**是故聖人與時變而不化，**時自變耳，聖本不化。**從物而不移**〔二〕。物遷而從之，聖本不移。**能正能靜，然後能定。**必正靜然後定也。**定心在中，耳目聰明，四枝堅固**〔三〕，心苟定於中，則耳目自聰明，四枝自堅固者也。**可以爲精舍。**心者，精之所舍。**精也者，氣之**

精者也。氣之尤精者爲之精。氣，道乃生〔四〕，氣得道，能有生。生乃思，生則有心，故思也。思乃知，思則知生也。知乃止矣。成智則理足，故止也。凡心之形，過知失生。安心之法，智過其度，則失其生。一物能化謂之神，一事能變謂之智。一，謂無也。謂無心於物事，而物事自變化，以爲神智也。化不易氣，變不易智。惟執一之君子能爲此乎！苟執一，故能不易其氣智也。執一不失，能君萬物。無心爲有心者主也。君子使物，不爲物使，無心故能使物，而物不能使也。得一之理，治心在於中，苟得中，則心自治矣。治言出於口，治事加於人，則無狂事。然則天下治矣。一言得而天下服，一言定而天下聽，公之謂也〔五〕。理心之謂。形不正，德不來，中不静，心不治〔六〕。正形攝德，天仁地義，則淫然而自至。言欲正形攝德，但能則天之仁，法地之義，則德淫然自至。淫，進皃也。神明之極，照乎知照智者，神明之極理。萬物〔七〕，中義守不忒〔八〕。若常守中，則無差忒。不以物亂官，貪物則官亂。不以官亂心，貪官則心亂也。是謂中得。能忘官貨，則中心自得也。有神自在身〔九〕，中得則神自在身也。一往一來，莫之能思。神，不測者也，故往來不能思也。失之必亂，得之必治。謂神也。敬除其舍，精將自來。精想思之，除，謂有則想思之。寧念治之。寧静思念則心自治。嚴容畏敬，精將至定〔一〇〕。但能嚴敬，則精至而定也。得之而勿捨，耳目不淫，心無他圖。既得精，守之而勿捨，則取目不淫，心無他慮也。正心在中，萬物

得度〔一一〕。心在中而正，則無過舉，故萬物得度也。道滿天下，普在民所，民不能知也。言人皆有道，但不能自知耳。一言之解，上察於天，下極於地〔一二〕，蟠滿九州〔一三〕。若能解道之一言，則能察天極地，而中滿於九州。蟠，委地也。何謂解之？在於心安〔一四〕。解道者，在於心安。我心治，官乃治。我心安，官乃安。言官之治安，皆從心生也。治之者心也，安之者心也，治之與安，無不由心。心以藏心，言心亦藏於心也。心之中又有心焉①。以心藏心，故心中又有心。彼心之心，謂心中所藏之心。音以先言。言從音生，故音先言。音然後形，有音然後見也。形然後言，有形則是言也。言然後使，有言則出命，故有所使令。使然後治〔一五〕。不治必亂，使而違理，故亂。亂乃死。亂則凶禍至，故死也。精存自生，其外安榮〔一六〕。精存於中，則自然長生，至於外形靜而榮茂也。內藏以爲泉原，內藏於精，則無窮竭，若水之泉。浩然和平，以爲氣淵。言精既浩然和平，則能生氣，故爲氣淵。淵之不涸，四體乃固。生氣之淵，不有竭涸，故四體固也。泉之不竭，九竅遂通〔一七〕。藏精之泉不竭，故九竅通也。乃能窮天地，被四海。體固竅通，故能壽畢天地，德被四海。中無惑意，外無邪

① 「焉」字原作「馬」，據補注改。

菑。邪菑生於惑意，故内無惑意，則邪菑自銷也。**心全於中，形全於外。**中全則外完①。**不逢天菑，不遇人害，**天菑人害，能禍不全者也。**謂之聖人。人能正静，皮膚裕寬，耳目聰明，筋信而骨强**〔一八〕，但能正静，則皮膚自裕寬，耳目自聰明，筋骨自申②强。**乃能戴大圜**天也。**而履大方。**地也。**鑒於大清，**道也。**視於大明，**日月也。**敬慎無忒，日新其德，徧知天下，窮於四極。敬發其充，**充，謂道也。**是謂内得。**發行於道，故内得也。**然而不反，此生之忒**〔一九〕。忒，差也。若不反守於道，則生有差謬也。

〔一八〕王念孫云："「枝」當爲「材」，字之誤也。樞言篇曰："「天以時使，地以材使。」大戴禮五帝德篇曰："「養材以任地，履時以象天。」周語曰："「高山廣川大藪能生之良材。」故曰「山陵川谷，地之材也」。「材」與「時」、「謀」爲韻。若作「枝」，則既失其義，而又失其韻矣。（「時」、「材」、「謀」於古音屬之部，「枝」於古音屬支部，兩部絶不相通，説見段氏六書音韻表。）尹注非。"翔鳳案："「枝」與「時」韻，何必改爲「材」？段表爲古之官音，同時有方音存在。今音不能突然産生，凡於今音能叶者，不必泥古韻，此意王氏不知。山谷猶地之肢，可爲人生材，非地之材，王説誤。

① 「完」字原作「皃」，據補注改。
② 「申」字原作「中」，據補注改。

〔二〕翔鳳案：房注「物遷而從之」，訓「從」字之義。許維遹謂「物」下脱「遷」字，非是。

〔三〕翔鳳案：孟子盡心作「四肢」，荀子君道作「四胑」，周書武順作「四枝」，易文言傳作「四支」。釋名釋形體：「胑，枝也，似木之支格也。」孟子「爲長者折枝」，趙注訓「肢」，則「枝」爲本字，「胑」、「肢」其孳乳字也。

〔四〕戴望云：左氏襄三十一年傳注：「道，通也。」「氣道乃生」，猶言氣通乃生耳。尹注非。張佩綸云：當作「道乃氣，氣乃生」。樞言：「有氣則生，無氣則生。」越絶書：「道生氣，氣生陰，陰生陽，陽生天地。」　翔鳳案：戴説是。

〔五〕王念孫云：「公之謂」本作「此之謂」。「此」字指上文「治心在於中」以下四句而言，故尹注曰「治心之謂」。今本作「公之謂」者，後人不審文義而妄改之。　何如璋云：「公」當作「中」。字彙補「『⿱人中』同『中』」，傳寫因誤而爲「公」。注謂「治心之謂」，可知本是「中」字。王説非。　翔鳳案：「公」字不誤，承上「一言」而來，作「此」字反無意義。

〔六〕劉績云：前心術作「中不精」。　翔鳳案：「靜」字不誤，古本作「盡」，非是。

〔七〕劉績云：前心術作「昭知天下，通於四極」，則「萬物」爲句。　洪頤煊云：「照」當爲「昭」，「乎」衍，「昭知萬物」爲句，與上下文「極」、「忒」合韻。心術下篇作「神莫知其極，昭知天下，通於四極」也。尹注非。　翔鳳案：「物」與「極」今讀爲韻。管書多方音，非周代官音系統，此類正多，不能以段氏韻部，强改古書也。

〔八〕王念孫云：「義」字，涉上文「天仁地義」而衍，據尹注云「若常守中，則無差忒」，則無「義」字明矣。　翔鳳案：上文「中」指心，非不偏不倚之謂。此「中」字讀去聲。

〔九〕丁士涵云：「有」字衍，尹注亦無。　翔鳳案：「身」與「心」韻。「有」字爲「自」字加强語氣，丁説非。

〔一〇〕王念孫云：「至」當爲「自」，上文「精將自來」，即其證。尹注非。　翔鳳案：上文「自來」指「舍」言，此文「至定」指「畏敬」言，王説非是。

〔一一〕陶鴻慶云：「正」當爲「定」字之誤。「定心在中」，承上「嚴容畏敬，精將自定」而言。上文云「能正能靜，然後能定，定心在中，耳目聰明」，是其證。　翔鳳案：「定」從宀從正。爾雅釋天「營室謂之定」，注：「正也。」何必改字乎？

〔一二〕張佩綸云：心術下：「是故聖人一言解之，上察於天，下察於地。」

〔一三〕安井衡云：此篇全用韻語，不應此獨不押韻，「州」疑當作「埏」，「九埏」即「九州」也。　張佩綸云：疑「蟠滿九州」句本尹注譌入正文，而僞房復以「中滿九州」解之，非也。上天下地，自「蟠滿九州」矣。　翔鳳案：注云「蟠，委地也」，則非注文明矣。「州」讀朱，與上文「下」、「所」韻。説文：「喌，呼雞重言之。」風俗通曰：「呼雞朱朱。」「喌」從州聲而轉爲朱，是其證。張不解音理而誤疑之。

〔一四〕張佩綸云：「在於心安」之「安」衍文。　翔鳳案：郭沫若云「『安』當作『治』，與『之』爲韻。

除去『安』字，於義難通」，有理。

〔一五〕劉績云：前心術作「意以先言」，此乃字之誤。下「音」同。王念孫云：兩「音」字讀爲意（説見上）。張佩綸云：以「音然後形」推，當作「意以先音」。樂記：「凡音之起，由人心生也。」又曰：「凡音者生人心者也，情動中，故形于聲。」

〔一六〕王念孫云：「安」猶乃也，説見幼官篇。劉師培云：荀子解蔽篇云「處一危之，其榮滿側，養一之微，榮矣而未知」，本書地數篇云「苟山之見榮者」，諸「榮」字並與此同。「榮」指光色言。荀子賦篇云「血氣之精也，志意之榮也」，「榮」、「精」並文，與此正同。注以「榮茂」爲説，非也。

〔一七〕王念孫云：「通」當爲「達」，「達」與「竭」爲韻，説見心術下篇。宋翔鳳云：「竭」當作「窮」，上「涸」與「固」韻，此「窮」與「通」韻。翔鳳案：尚書「達四聰」，韓詩外傳作「通四聰」。「達於淮泗」，漢書作「通於淮泗」。左傳「宫之奇達心而懦」，新序善謀作「通心而懦」，「通」可讀達。俞正燮癸巳類稿：「『通』是『徹』字，古人傳寫，亦不依韻也。」案：俞謂避諱改「通」，極合理。

〔一八〕戴望云：「信」，古「伸」字，心術篇「信」作「肕」。翔鳳案：釋名：「信，申也，言以相申束，使不相違也。」「信」有申束之義。

〔一九〕翔鳳案：「不反」承「内得」來。房注「若不反守於道，則生有差謬也」，其言不誤。郭沫若改

「之」爲「亡」，非是。「内得」與「强立」不同。

凡道必周必密，周密則慎不泄。必寬必舒，寬舒則博而密。必堅必固。堅固則精不解。守善勿舍，勿舍則善自成。逐淫澤薄〔一〕，競逐淫邪，津澤浮薄。既知其極，反於道德。知極反德，則常道自隆。全心在中，不可蔽匿。有諸内，必形於外也。和於形容〔二〕，心和者容晬也。見於膚色。内暢者體澤。善氣迎人，親於弟兄。惡氣迎人，害於戎兵〔三〕。不言之聲，疾於雷鼓。謂全心以德感物者也。德者，不疾而速，不崇朝而遍天下，故疾於雷鼓也。心氣之形，明於日月，察於父母。全心之氣，發形於外，則無不耀，無不知。若明於日月，察於父母也。賞不足以勸善，慕賞乃善，非本爲善。刑不足以懲過〔四〕。畏刑懲過，非本無過。氣意得而天下服，若不慕賞，不畏刑，意氣内得善者，此誠善也，故天下服。心意定而天下聽〔五〕。心意定則理明，故天下聽也。摶氣如神，萬物備存。摶，謂結聚也。結聚純氣，則無所不變化，故如神而物備存矣。能摶乎？能一乎〔六〕？摶結則自一也。能無卜筮而知吉凶乎〔七〕？吉凶在於逆順，故不須卜筮而知也。能止乎？能已乎？謂正而求諸己也。能勿求諸人而之己乎〔八〕？求人者惑，自得者明。思之思之，又重思之。求己者，必須再三思之也。思之而不通，鬼神將通之。若再三思之而不通，則或致鬼神爲通之也。非鬼神之力也，精氣之極也。言今能致鬼神者，非鬼神自見其力，蓋由思之不已，精氣之極也。四體既

正，血氣既靜，一意摶心，耳目不淫，雖遠若近。言既體正氣靜，意一心摶，耳目之用，不有淫過，事雖遠大，可以近速而成也。

〔一〕陳奂云：「澤薄」與「逐淫」對文，「澤」讀爲釋，釋，舍也。舍薄，猶言去其浮薄耳。姚永概云：上下文皆言修心者之事。「淫」爲過甚，「薄」與「淫」反，猶淡泊也。「澤」當作「擇」，言逐去淫思，擇其薄者而居之。翔鳳案：「淫」、「薄」承上文「寬舒」、「堅固」來。説文「淫，浸淫隨理也」，段注：「浸淫者，以漸而入也。」不堅固之謂。「薄，林薄也」，段注：「林木相迫不可入曰薄。」不寬舒之謂。然則「逐」與「澤」之義可説矣。房訓「澤」爲「津」，津潤之使其不迫。訓「舍」訓「擇」皆誤。下文「内困外薄」同訓。

〔二〕劉績云：「和」乃「知」字誤也。前心術作「外見於形容，可知於顔色」，是也。翔鳳案：「和於形容」，即下文之「善氣迎人」，言各有當，改「知」字非是。

〔三〕李哲明云：心述下篇文同，但「戎兵」作「戈兵」。證之荀子榮辱篇云「傷人之言深於矛戟」，似作「戈兵」爲得。翔鳳案：月令「以習五戎」，注：「五戎謂五兵，弓矢殳矛戈戟也。」「戎兵」比「戈兵」含義更廣。

〔四〕翔鳳案：説文：「鼓，郭也。春分之音，萬物郭皮甲而出，故謂之鼓。」「鼓」有郭音，與「母」、「過」爲韻，「母」音近牧。郭沫若改「過」爲「惡」，非是。

〔五〕張佩綸云：兩「意」字當作「壹」，上云：「一言得而天下服，一言定而天下聽。」姚永概

云：據注當爲「意氣」。翔鳳案：張説誤。「得」、「服」韻，「定」、「聽」韻。王念孫

〔六〕劉績云：前心術作「專於意，一於心，耳目端，知遠之證」。下「摶」字亦作「專」。王念孫云：「摶」皆「摶」字之誤，説見立政篇。安井衡云：諸本「摶」作「摶」，舊注云「『摶』謂結聚」，則其本作「摶」，讀如摶黍之摶，字是而義非。「摶」，古「專」字也。

〔七〕王念孫云：「吉凶」，當依心術篇作「凶吉」，「吉」與「一」爲韻。

〔八〕丁士涵云：當依心術下篇補「自」字於「而」字下。尹注云「自得者明」，亦有「自」字。張佩綸云：「之已」上當補「得」字。

思索生知，近而遇思索，其知自生。**慢易生憂**，疏慢輕易，必致凶禍，故生憂。**暴傲生怨**〔一〕，殘暴傲虐，傷害必多，故生怨也。**憂鬱生疾**，憂恚鬱塞，懷不通暢，故生疾也。**疾困乃死**。既疾而困，可謂彌留而死。**思之而不捨，内困外薄**。思欲不捨，則五藏困於内，形骸薄於外也。**不蚤爲圖，生將巽舍**〔二〕。既已内困外薄，尚不圖之，如此，則生將巽遁其舍而至於死期也。**食莫若無飽**，飽食者善閉塞。**思莫若勿致**。致思者多困竭。**節適之齊，彼將自至**〔三〕。齊，中也。言能節食適思，常莫過中，則生將自至。**凡人之生也，天出其精**，言稟精於天也。**地出其形**，地出衣食，以養成其形。**合此以爲人**。言合天地精氣以成人。**和乃生**，二氣和乃成其生也。**不和不生**〔四〕。**察和之道，其精不見**〔五〕，**其徵不醜**〔六〕。醜，類也。言欲察

和，則精①不可見，至於徵驗，又不知其類也。**平正擅匈**〔七〕，**論治在心**〔八〕，**此以長壽**。和之精類，雖不②可知見，但能平而正，則和氣獨擅於匈中，論其適理，又不離心，如此，則可以益筭而長壽也。**忿怒之失度，乃爲之圖**〔九〕。若忿怒過度，則當圖而去之。**節其五欲，去其二凶**，喜怒過度，皆能爲害，故曰二凶。**不喜不怒，平正擅匈**。不喜不怒，可謂和也，故能既平且正，獨擅於匈中也。

〔一〕何如璋云：「怨」乃「怒」之譌，下文可證。暴則心躁，傲則氣浮，故生怒。翔鳳案：「憂」與「怨」就效果説，何必改爲「怒」？

〔二〕丁士涵云：「巽」與「孫」同。「巽」，讓也，讀如堯典「巽朕位」之「巽」。翔鳳案：「巽朕位」，馬注「讓也」，爲「遜」之借。然史記作「踐」。「巽」上二巳，甲骨文象人跪形，則訓伏，引申爲讓也。

〔三〕翔鳳案：房注：「齊，中也。言能節食適思，常莫過中。」承上文二句來，其言是也。

〔四〕翔鳳案：承上文合精與和而爲人，房注斷句不誤。房謂「二氣和乃成其生」，非人和之謂。郭沫若於「爲」字斷句，不可從。

① 「精」字原作「其」，據補注改。
② 「不」字原無，據補注增。

〔五〕安井衡云：「精」當作「情」，尹注下文「平正擅胸」云「和之情類，雖不可知見」，「情」即此「精」字，「類」指「醜」字，則其所據之本亦作「情」。今本形聲相涉而誤。「醜」，衆也。翔鳳案：「精」字承上文「天出其精」而來，「情」字無據。

〔六〕丁士涵云：依上文「地出其形」言之，「徵」即「形」也。權修篇「喜之有徵，惡之有形」，是「徵」、「形」同義之證。「醜」當爲「覯」，形與「醜」相似而誤。爾雅：「遘，見也。」説文：「覯，遇見也。」「不覯」與「不見」同義。「覯」與「道」、「壽」爲韻。張佩綸云：「醜」，類也，不必改。

〔七〕丁士涵云：四字重見下文，疑此衍文。翔鳳案：方言三「醜，同也」，比訓「類」更顯。

〔八〕張佩綸云：「論治」當作「論理」，據注亦是「理」字，僞房疑唐諱「治」爲「理」，故輒改「理」爲「治」。「論」、「倫」通。翔鳳案：「論治在心」承此句來，不可衍。詩靈臺「於論鼓鐘」，傳：「思也。」吕氏春秋應言「不可不熟論也」，注：「辨也。」「論」同「侖」。「治」本水名，假爲「理」。荀子修身：「少而理曰治。」張不知「治」之本義而疑之，誤矣。

〔九〕丁士涵云：「忿」當是「喜」字之誤，下文「不喜不怒」，即承此文言之。下文又云「必以喜怒憂患」，又云「悲憂喜怒」，皆「喜怒」連言。何如璋云：「忿」字，細審上下文，乃「憂」字之譌。「憂」本作「𢝊」，傳鈔者不知，誤作「忿」字。下文申言「止怒」、「去憂」，可證。下言「去其二凶」，即指憂怒言。憂傷生，怒傷氣，憂則失中，怒則失和，故學道者深以爲戒。翔鳳

案：下文「節其五欲，去其二凶，不喜不怒，平正擅匈」，「二凶」爲喜怒過度無疑。喜怒太過，皆能使氣失調。以常情論，怒之害易知，怒而至於忿，尤爲易知。忿怒失度，乃爲之圖，此常情也。實則節五欲，去二凶，喜亦不可失度，惟喜怒合度，乃能平正擅匈。「忿」字不誤。

凡人之生也，必以平正，所以失之，必以喜怒憂患。是故止怒莫若詩，詩有清風之慰，故能止怒。去憂莫若樂，節樂莫若禮，守禮莫若敬，守敬莫若靜。内靜外敬，能反其性，性將大定。凡食之道，大充傷而形不臧，大充，謂過於飽。大攝骨枯而血沍〔一〕。大攝，謂過於飢。血沍，謂①血銷減而凝沍。充攝之閒，此謂和成。閒，猶中也。充攝得中，則和暢而有所成也。精之所舍，而知之所生。言精智生舍於和成。飢飽之失度，乃爲之圖。圖之令合於度。飽則疾動，飽而疾動，則食氣銷。飢則廣思〔二〕，飢而廣思，則忘其飢。老則長慮〔三〕。老而長慮，則遺其老。飽不疾動，氣不通於四末。四末，四支。飢不廣思，飽而不廢〔四〕。廢，止也。老不長慮，困乃遬竭。令老則益困而速竭。大心而敢〔五〕，心既浩大，又能勇敢。寬氣而廣。當寬舒其氣，而廣有所容。其形安而不移，形安則志固，故不移。能守一而棄萬苛〔六〕，守一則惡煩，故能棄萬苛也。見利不誘，見害不懼，寬舒而仁，

① 「飢血沍謂」四字原作「飽酒胃」，據補注增改。

獨樂其身，是謂雲氣，意行似天〔七〕。能調其氣，故比於雲意之行氣，似天之布雲也。

〔一〕丁士涵云：當作「形傷而不臧」，與下「骨枯而血沍」對文。張佩綸云：呂氏春秋重己篇：「味衆珍則胃充，胃充則中太鞔，中太鞔而氣不達，以此長生，可得乎？」「攝」，迫也。（包咸論語注。）「充」、「攝」，一過於實，一過於持。「傷」、「臧」韻，「枯」、「沍」韻。姚永概云：當作「傷形而不臧」。「臧」讀藏也。大飽則胃不能容藏，以致生疾而傷形矣。「血沍」者，大飢則新血不生，而故血停滯，故凝沍，亦非銷減。李哲明云：「大充」句逗，「傷」字無所屬，「充」下疑奪「氣」字。求之下文，「飽不疾動，氣不通於四末」，此「飽」屬氣言，可證。「不通四末」，即「傷」之謂也。又云「寬氣而廣，其形安而不移」，與此文「氣傷而形不藏」適相反射。「傷」上當有「氣」字無疑。翔鳳案：宙合：「謏充末衡。」小稱：「去惡充以求美名。」「充」即氣之充滿，充包氣，不必再加「氣」字。中醫以氣血爲榮衛，陽氣傷則瘦弱，故云「不藏」。「充」爲氣血之定名，不貫通全書，而以儷辭僞對文，誤矣。

〔二〕戴望云：此「廣」字，讀如樂記「廣則容姦」之「廣」，鄭注曰：「廣，謂聲緩也。」飢則緩思者，亦恐傷其精氣。張佩綸云：「廣」讀爲曠，言飢則曠廢其思也。翔鳳案：「廣思」乃向各方思考，不專爲憂慮飢餓問題，二説俱誤。

〔三〕翔鳳案：人老則經驗多，可以長慮。左宣十二年傳「盈而以竭」，注：「敗也。」不能長慮，則困而速敗矣。

〔四〕俞樾云：「飽」字疑「飢」字之誤。上文曰「飢則廣思」，尹注曰：「飢而廣思，則忘其飢。」然則「飢不廣思」，其飢益甚矣。故曰「飢而不廢」，言飢不止也。尹注曰「廢，止也」，是其義也。今本「飽而不廢」義不可通，蓋後人未達其旨，而臆改耳。戴望云：「飽」疑「食」字誤。爾雅釋詁曰：「廢，止也。」言飢不緩思，雖食不能止飢。張佩綸云：「不廢」當作「不發」，莊子列禦寇篇「曾不發藥乎」，釋文：「司馬本作『廢』。」言其思不曠則傷神，雖飽而不發揚也。翔鳳案：公羊宣八年傳「去其有聲者，廢其無聲者」，注：「置也。置者，不去也，齊人語。」飽則更爲思慮不置，無誤字。

〔五〕丁士涵云：「敢」疑「放」字誤，與「廣」爲韻。何如璋云：「敢」當作「敞」字，「敞」與「廣」叶。「敢」字義不相屬。張佩綸云：當作「仁心而敢」，下文「寬舒而仁」，承「仁心」、「寬氣」。翔鳳案：「大」同「泰」，心安泰也。荀子富國：「儒術誠行，則天下大而富，使而功。」説文：「敢，進取也。」

〔六〕翔鳳案：「苛」與「一」對。漢書成帝紀「勿苛留」，注：「細刻也。」「苛疾」爲「鬼魂下人病」，詳小稱。郭沫若假「苛」爲「疴」，非是。

〔七〕安井衡云：「雲」古作「云」，「云」，運也，後人誤爲雲雨之雲，因亦加雨耳。俞樾云：下文云「靈氣在心，一來一逝」，疑此文「雲氣」亦「靈氣」之誤。隸書「靈」字或作「霊」，見王稚子闕，與「雲」相似，故誤爲「雲」耳。尹注曰「能調其氣，故比於雲」，此其所據本已誤，故曲爲之

說。　翔鳳案：安井說是也。

凡人之生也，必以其歡。歡則志氣和，故生也。憂則失紀，怒則失端。憂怒過常，則失其端紀。憂悲喜怒，道乃無處。憂怒則害道，故道無所處。愛慾靜之，遇亂正之〔一〕。謂若愛慾，則當靜之。若遇廢亂，則當正之。勿引勿推，福將自歸。去而勿引，來而勿推，但任平而往，福則自歸也。彼道自來，可藉與謀。藉，因也。因其自來而與之謀，則意動而理盡。靜則得之，躁則失之。靈氣在心，一來一逝〔二〕。靜則來，躁則逝。其細無内，其大無外。所以失之，以躁爲害。心能執靜，道將自定。得道之人，理烝而屯泄，匈中無敗〔三〕。謂腠理、烝達、屯聚、泄散，故匈中無敗。節欲之道，萬物不害。能節欲，則物無害也。

〔一〕王念孫云：「遇」當爲「過」，字之誤也。「過亂」與「愛慾」對文，言當靜其愛欲，正其過亂也。尹注非。　章炳麟云：雜志謂「遇」爲「過」之誤，此不然。「遇」即「暫遇姦宄」之「遇」也。王氏云：「淮南原道篇曰『偶𥈅智故，曲巧僞詐』，皆姦邪之稱也。本經篇云『衣無隅差之削』，高誘注曰：『隅，角也。差，邪也。』呂覽勿躬篇曰『幽詭愚險之言』，『愚』亦即『暫遇姦宄』之『遇』也。此以『遇』、『愚』相通。」誠哉是言，可以自易其「過」誤爲「遇」之說矣。尋登徒子好色賦曰「愚亂之邪臣」，「愚亂」即「遇亂」也。然則愚亂者必邪，故當正之。

〔二〕翔鳳案：莊子德充符「不可入於靈府」，注：「所謂心也。」今俗語謂小孩之聰穎爲靈，囟門爲

天靈蓋。

〔三〕王引之云：尹以「屯」爲「屯聚」，非也。「丞」讀爲烝，「烝」，升也。「泄」，發也。「屯」當爲「毛」，字之誤也。（「屯」隸省作「乇」，「毛」隸省作「乇」，二形相似，故傳寫多譌。史記魯世家「子屯立，是爲康公」，漢書律曆志「屯」作「毛」。漢書溝洫志「河北決於館陶，分爲屯氏河」，師古曰：「『屯』音大門反。而隋室分析州縣，誤以爲毛氏河，乃置毛州，失之甚矣。」又儒林傳「魯伯授太山毛莫如少路」，宋祁筆記引蕭該音義曰：「案風俗通姓氏篇『混屯氏，太昊之良佐，漢有屯莫如爲常山太守。』又有毛姓，云：『毛伯，文王子也，漢有毛樗之爲壽張令。』案此，莫如姓非毛，乃應作「屯」字，音徒本反。但「毛」、「屯」相類，容是傳寫誤耳。」）言得道之人，和氣四達，烝泄於毛理之間，故匈中無敗也。淮南泰族篇曰「今夫道者，靜莫恬淡，訟繆胷中，邪氣無所留滯，四枝節族，毛烝理泄，則機樞調利，百脈九竅，莫不順比」，是其證也。淮南言「毛烝理泄」，此言「理烝毛泄」，互文耳。「泄」亦「烝」也，幼官篇云「冬行春政，烝泄」，言冬行春政，則陽氣不收而烝泄也。月令曰「孟冬行春令，則地氣上泄」，亦謂陽氣上烝也。「泄」音私列、以制二反。曲禮「蔥渫處末」，鄭注云：「渫，烝蔥也。」釋文：「渫，以制反。」「烝」謂之「泄」，「烝蔥」謂之「渫」，其義一也。

封禪第五十元篇亡。今以司馬遷封禪書所載管子言以補之。

洪頤煊云：封禪篇唐初尚未亡，史記封禪書索隱云：「今管子封禪篇是也。」尚書序正義、禮記王制正義、文選羽獵賦注引此篇「古者封泰山、禪梁父」以下皆作管子，是孔沖遠、司馬貞、李善輩猶見之。　張文虎云：小司馬索隱云「案今管子書其封禪篇亡」，正與尹注合。此篇尹注多取裴駰集解，其移補無疑。而尚書序正義及禮記王制正義、文選羽獵賦注引「古者封泰山、禪梁父」之文，皆稱管子，豈所見皆即移補之本邪？　張佩綸云：王制正義所引管子「炎帝」作「少皞」，黄帝亦禪云云，是所見管子異於今本。禮記正義及初學記引封禪書作「炎帝」，而黄帝亦禪云云，是所見史記亦異於集解本。竊意孔、李、司馬所見寫本，皆在尹氏未注之先，故直據以爲管書；及尹氏作注，始定爲原篇已亡，乃由史記掇補者，固不必强爲畫一也。　劉師培云：洪、張二説不同。今考白帖三十六、御覽五百三十六引袁準正論曰：「管仲云禹禪會稽。」大戴禮保傅篇盧注云：「故管夷吾記凡封禪之君七十二家，至於三代惟夏禹、殷湯、周成王而已。其封山之禮要於岱，禪地之禮别於云、繹（史記無禪云、繹之文）。」是盧氏所見管子確有此篇。又文選東京賦李注云：「管子曰：管仲對桓公曰：神農封泰山，炎帝封泰山（書疏「炎帝」作「少皞」，疑誤）。」封禪文李注云：「管子曰：封泰山禪梁父者七十

有二家。」劇秦美新文注引同（「封」上有「昔」字）。是李氏所見管子確有此篇，故管仲之上仍冠「管子曰」三字（長楊賦舊注引「古者禪梁父」明標史記）。又尚書序疏云：「管子書稱管仲對齊桓公曰『古之封泰山者七十二家』，吾之所識者十二而已。」是孔氏所見之本亦有此篇。竊以唐代管子匪僅一本，尹注所據雖缺此篇，以孔、李之博，所見當非一本。或此篇他本尚存，尹偶未考。孔、李著書均當唐初，弗得以孔、李所見即尹注移補之本也。翔鳳案：雜篇無一定之旨趣，雜而會之，所以爲雜。莊子有雜篇，與此相類。

桓公既霸，會諸侯於葵丘，而欲封禪。管仲曰：「古者封泰山，禪梁父者，七十二家〔一〕，而夷吾所記者〔二〕，十有二焉。昔無懷氏古之王者，在伏嘉前。封泰山，禪云云。云云山在梁父東。虙羲封泰山，禪云云。神農封泰山，禪云云。炎帝封泰山〔三〕，禪云云。黄帝封泰山，禪亭亭。亭亭山在牟陰。顓頊封泰山，禪云云。帝俈封泰山〔四〕，禪云云。堯封泰山，禪云云。舜封泰山，禪云云。禹封泰山，禪會稽。湯封泰山，禪云云。周成王封泰山，禪社首。山名，在博縣。或云在鉅平南十三里。皆受命然後得封禪。」桓公曰：「寡人北伐山戎，過孤竹。西伐大夏，涉流沙，束馬懸車，上卑耳之山。將上山，纏束其馬，懸鉤其車也。卑耳，即齊語所謂辟耳。南伐至召陵，登熊耳山，以望江、漢。兵車之會三，而乘車之會六〔五〕。九合諸侯，一匡天下，諸侯莫違我。昔三代受

命，亦何以異乎〔六〕？」於是管仲睹桓公不可窮以辭，因設之以事，曰：「古之封禪，鄗上之黍，北里之禾〔七〕，鄗上，山也。鄗音腥。鄗上、北里皆地名。所以爲盛〔八〕。江、淮之間，一茅三脊，所謂靈茅。所以爲藉也。東海致比目之魚，各有一目，不比不行，其名曰鰈。西海致比翼之鳥，各有一翼，不比不飛，其名曰鶼鶼。然後物有不召而自至者，十有五焉。今鳳皇麒麟不來，嘉穀不生，而蓬蒿藜莠茂，鴟梟數至，而欲封禪，毋乃不可乎！」於是桓公乃止。

〔一〕翔鳳案：白虎通封禪：「言禪者，明以成功相傳也。」此乃引申義。説文：「封，爵諸侯之土也。」周書作雒解：「諸侯受命於周，乃建大社於國中。其壝，東青土，南赤土，西白土，北驪土，中央疊以黄土。將建諸侯，鑿取其方一面之土，燾以黄土，苴以白茅，以爲社之封。」由社封推之而封泰山。大戴保傅「封泰山而禪梁甫」，注：「除地於梁甫之陰，爲墠以祭地也。變墠爲禪，神之也。」其祭由人鬼以及於天神地祇。司馬相如封禪書「挈三神之歡」，韋昭曰：「三神，上帝、泰山、梁父也。」封禪兼三神之祭。封禪者所謂海外三神山，義同此。泰山主召人魂，鄗上即蒿里，詳侈靡。封禪典禮，類似近代朝東嶽廟，拜十殿閻羅王，此意久晦矣。

〔二〕劉師培云：王制疏「記」作「識」，與書疏同。謝守顥混元聖紀一引管子亦作「識」。

〔三〕孫星衍云：禮記王制正義引「炎帝」作「少皞」。金廷桂云：通鑑前編以炎帝、神農爲一

君，曰炎帝神農氏。他書皆然，惟此説異。

〔四〕翔鳳案：古本「偌」作「嚳」。侈靡作「嚳堯」，知本作「嚳」。

〔五〕陳奐云：大匡、小匡、霸形篇皆作「兵車之會六，乘車之會三」，此「三」、「六」誤倒。

〔六〕劉師培云：通典禮十四引「昔」作「者」，則「我者」聯讀。

〔七〕劉師培云：通典引句首有「必」字。王制疏引作「須北里禾、鄗上黍」。翔鳳案：「鄗」，侈靡作「譹」，即「蒿」。

〔八〕翔鳳案：説文：「粢，稻餅也。」禮記曲禮：「稷曰明粢。」孟子：「以供粢盛。」「粢盛」二字合言，故許維遹疑脱「粢」字。然説文「盛，黍稷在器中以祀者也」，一「盛」字其義已明。别有「齍」字。周禮天官九嬪「凡祭祀贊玉齍」，注：「玉齍，玉敦，受黍稷器。」齍同粢。二字可分用，非有脱字，可知也。

小問第五十一

雜篇二

桓公問管子曰：「治而不亂，明而不蔽，若何？」管子對曰：「明分任職，則治而不亂，明而不蔽矣。」公曰：「請問富國奈何？」管子對曰：「力地而動於時，則國必

富矣〔一〕。」謂勤力於地利，其所動作，必合於天時。公又問曰：「吾欲行廣仁大義以利天下，奚爲而可？」管子對曰：「誅暴禁非，此大義也。存亡繼絶而赦無罪，此廣仁也。則仁廣而義大矣。」公曰：「吾聞之也〔二〕。夫誅暴禁非而赦無罪者〔三〕，必有戰勝之器，攻取之數，而後能誅暴禁非而赦無罪。」公曰：「請問戰勝之器。」管子對曰：「選天下之豪傑，致天下之精材，來天下之良工，則有戰勝之器矣。」公曰：「攻取之數何如？」管子對曰：「毁其備，散其積，奪之食，則無固城矣。」毁備奪食則無以守，故其城不固，此謂攻也。公曰：「然則取之若何〔四〕？」謂取其土。管子對曰：「假而禮之〔五〕，假，謂假借之恩。厚而勿欺，厚，謂重之以德。則天下之士至矣。」公曰：「致天下之精材若何？」精材，謂美材可爲軍之器用也。管子對曰：「五而六之，九而十之，不可爲數〔六〕。」欲致精材者，必當貴其價，故他處直五，我酬之六，他處直九，我酬之十，常令貴其一分，不可爲定數。如此，則天下精材可致也。公曰：「來工若何？」管子對曰：「三倍不遠千里。」酬工匠之庸直常三倍他處，則工人不以千里爲遠，皆至矣。桓公曰：「吾已知戰勝之器，攻取之數矣。請問行軍襲邑，舉錯而知先後，不失地利，若何？」管子對曰：「用貨察圖。」用貨爲反間，則知其先後。察彼國圖，則不失地利也。公曰：「野戰必勝，若何？」管子對曰：「以奇。」奇，謂權譎以勝敵也。公曰：「吾欲偏知天下，若何？」管子對曰：「小以

吾不識，則天下不足識也〔七〕。」若能博聞多見，齊其所不識，則知天下徧矣。吾之所識天下，亦無人能識之也。公曰：「守戰遠見有患，爲國者必入守出戰，今吾於此二者，預見其患矣。夫民不必死，則不可與出乎守戰之難。守戰之難，必致死然後可出也。不必信，則不可恃而外知〔八〕。人必誠信，然後爲君視聽，故知外事也。夫恃不死之民，而求以守戰，恃不信之人，而求以外知，此兵之三闇也〔九〕。苟不死不信，則守闇、戰闇、外闇，故曰三闇。使民必死必信，若何？」管子對曰：「明三本。」公曰：「何謂三本？」管子對曰：「三本者，一曰固，二曰尊，三曰質。」公曰：「何謂也？」管子對曰：「故國父母，墳墓之所在，固也。人既戀本而哀墳墓，則其心固。田宅爵禄，尊也。妻子，質也。三者備，然後大其威，厲其意，則民必死而不我欺也。」不我欺，則信也。

〔一〕王念孫云：「動」當作「勤」。治國篇曰「田墾則粟多，粟多則國富」，故曰「力地而勤於時，則國必富」也。尹注非。張佩綸云：孟子「將終歲勤動」，爾雅釋詁、説文：「動，作也。」言以時動作，不必改「動」爲「勤」。八觀篇：「穀非地不生，地非民不動。」

〔二〕王念孫云：「公曰吾聞之也」當作「夷吾聞之也」。此皆管仲對桓公語。下文「請問戰勝之器」，方是桓公問語。翔鳳案：此桓公答管子語，謂必有戰勝之器而後可，故又問戰勝之器，一氣相承。王説似是而非。

〔三〕張佩綸云：「而赦無罪」上脱「存亡繼絶」四字，下同。　翔鳳案：「存亡繼絶」在「誅暴禁非」之後。桓公所答，用意輕重不同，非脱文也。

〔四〕王念孫云：「取之」當爲「取士」，下文「則天下之士至矣」，正對此句而言，今本涉上文「攻取之數」而誤。尹注非。　翔鳳案：上文「攻取之數」，管子先言攻。桓公問「取之若何」，承上言之，非取士也。房注「取其土」，不誤。武王伐紂，式商容之閭，釋箕子之囚，所以安敵人之心，非取士也。「假而禮之」，謂虚假以禮，與武王同，改「之」爲「士」，誤矣。

〔五〕李國祥云：「假」，優假也。　張佩綸云：詩假樂傳：「假，嘉也。」孟子引詩作「嘉」。説文：「嘉，美也。」宣十四年傳「嘉淑而有加貨」即此「假而禮之」也。　翔鳳案：虚假以禮，乃權術，真嘉而優禮之乎？亦暗於治體矣。

〔六〕俞樾云：「不可爲數」，猶言不可勝數，言天下之精材皆聚於我，不可爲之計數也。尹注非。

〔七〕豬飼彦博云：「小」疑當作「問」，言吾所不識，必問而聞之，則天下雖大，可得而知矣。張文虎云：「小」字誤，依注似是「齊」字。　張佩綸云：案「齊以吾不識」亦不可通。七法篇：「存乎偏知天下，而偏知天下無敵。」又曰：「審於地圖，謀十官，日量蓄積，齊勇士。」「偏知天下，審御機數。」制分篇：「小征千里偏知之，築堵之牆，十人之聚，日五間之；大征偏知天下，日一間之，散金財，用聰明也。」所以偏知天下者，在審地圖，御機數，散金財，用聰明。

疑「小以吾不識」當作「用貨察圖以奇」，承上言之。「小」乃「察」字之壞，「以吾」乃「以奇」之壞，「不識」涉下文而衍。「用貨」，即制分篇所謂「散金財，用聰明」也；「察圖」及「以奇」，即七法篇所謂「審地圖」、「御機數」也。蓋行軍不失地利，野戰必勝，就一事言，推之天下，亦無不然。李哲明云：「以」當爲「者」，「吾」當爲「無」，言小者無所不識，則天下之大皆可識之，無難，故云「不足識」也。翔鳳案：説文「識，常也」，今作「幟」。幟以爲記號，故又爲「誌」。周禮保章氏「掌天星以志星辰日月之變動」，鄭注：「志，古文『識』。識，記也。」禮運「大道之行也，與三代之英，丘未之逮也，而有志焉」，注：「『志』謂『識』古文。」「小以吾不識，則天下不足識也」，與論語「賢者識其大者，不賢者識其小者」用意略同，「識」讀去聲，文從字順。紛紛改字，徒自擾耳。

〔八〕俞樾云：「遠見」即「外知」也。下文曰「夫民不必死，則不可與出乎守戰之難，不必信，則不可恃而外知。夫恃不死之民而求以守戰，恃不信之人而求以外知，此兵之三闇也」，即承此文而言，故知「遠見」即「外知」也。儀禮特牲饋食禮「若不吉，則筮遠日」，鄭注曰：「遠日，旬之外日。」吕氏春秋有始覽「冬至日行遠道」，高注曰：「遠道，外道也。」是「遠」即外也。吕氏春秋自知篇「文侯不説，知於顔色」，高注曰：「『知』猶見也。」是「見」即知也。張佩綸云：「夫民不必死」以下，管子語。「有患」下疑有「乎」字。下「出乎守」，「出」涉注「入守出戰」而衍，「乎」當移此。「見」當爲「覸」，孟子「瞯夫子」、「瞯良人」，趙注訓爲「視」。「遠覸」即

上文「欲偏知天下」、下文「外知」是也。翔鳳案：「夫民」爲加重語氣，仍爲桓公語。「有患」謂不易。

〔九〕丁士涵云：「三」當爲「二」，指上文「不死」、「不信」言，注非。張佩綸云：「三闇」詳九變篇。顔昌嶢云：丁説非是。「三闇」謂以守、以戰、以外知，三者皆闇也。

桓公問治民於管子。管子對曰：「凡牧民者，必知其疾，疾，謂患苦也。而憂之以德〔一〕，勿懼以罪，勿止以力〔二〕，煩力役，則止而不來。慎此四者，足以治民也。」桓公曰：「寡人睹其善也，何以爲寡也〔三〕？」謂四言雖善，然以之理國，恐其太少。管仲對曰：「夫寡非有國者之患也。患在不能行，不在寡少也。昔者天子中立，地方千里，四言者該焉〔四〕，何爲其寡也？該，備也。謂四言足以備千里之化，不爲少。夫牧民不知其疾，則民疾。疾，謂憎嫌之也。不憂以德，則民多怨。懼之以罪，則民多詐。設詐以避罪也。止之以力，則往者不反，創其力役之苦。來者鷙距〔五〕。鷙，疑也。距，止也。聞其役煩，則疑而止也。故聖王之牧民也，不在其多也。」桓公曰：「善。勿已，如是又何以行之？」其事既善，雖然，不但如是而已，更有何事以行此四言也？管仲對曰：「質信極忠〔六〕，質，主也。謂主能得信，又極忠也。嚴以有禮，慎此四者，所以行之也。」桓公曰：「請聞其説。」管仲對曰：「信也者，民信之。忠也者，民懷之。嚴也者，民畏之。禮也者，民美之。

語曰：『澤命不渝，信也〔七〕。謂恩澤之命，不有渝變，如此者，信也。非其所欲，勿施於人，仁也。仁者，忠於人也。堅中外正，嚴也。質信以讓，禮也。』」主行於信，又能遜讓，如此者，禮也。桓公曰：「善哉！牧民何先？」管仲對曰：「有時先事，有時先政，有時先德，有時先恕〔八〕。飄風暴雨，不爲人害，涸旱不爲民患。百川道〔九〕，百川之流，皆從故道。年穀熟，糴貸賤，禽獸與人聚食民食，年穀熟，則禽獸食人之食。民不疾疫，當此時也，民富且驕。牧民者，厚收善歲，以充倉廩〔一〇〕，善歲，謂有年。禁藪澤，此謂先之以事。隨之以刑，敬之以禮樂〔一一〕，以振其淫，振，止也。禮樂者，所以止人淫放。此謂先之以政。飄風暴雨爲民害，涸旱爲民患，年穀不熟，歲飢糴貸貴，民疾疫，當此時也，民貧且罷。牧民者，發倉廩，山林藪澤以共其財，後之以事，先之以恕，以振其罷，此謂先之以德。其收之也，不奪民財。謂善歲也。其施之也，不失有德。謂凶年也。富上而足下，此聖王之至事也。」桓公曰：「善。」

〔一〕俞樾云：說文夊部曰：「憂，行之和也。」凡經傳「憂」字皆「㥑」之假字，此則其本字。「憂之以德」，謂和之以德也。張佩綸云：「憂」，「優」借字，說文「饒也」，詩瞻卬傳「渥也」，箋「寬也」。翔鳳案：俞說是。

〔二〕張佩綸云：淮南時則訓「止獄訟」，注：「『止』猶禁也。」孟子：「以力服人者，非心服也，力不

贍也。」言勿以力禁止之。尹注釋爲「力役」，非是。

〔三〕張佩綸云：「何以爲寡」言「如民寡何」，原注以多寡屬「四言」，則「寡非有國之患」句不可通。論語「不患寡而患不均」，「寡」爲民寡之省稱，乃通語也。趙本作「何爲其寡也」，則有驚懼之意，非是。

翔鳳案：此倒句也。其意爲「寡也，何以爲之」。

〔四〕翔鳳案：「四言者該焉」謂不寡，與「地方千里」有關。上下文均有「慎此四者」，未嘗以爲「四言」。若以「四言」爲「四者」，則下「慎此四者」又何以説之乎？房注訓「該」爲「備」，雖有根據，然説文「該，軍中約也」，約即戒約。古從亥之字與戒通，如陔夏即祴夏是也。「該」爲秉承天子之教令，如以爲「備」，則下文復有四者當行，其不備可知。説文：「譯，傳譯四夷之言者。」吕氏春秋慎勢「不用象譯狄鞮，方三千里」，與「天子中立，地方千里」相應，言其所及者遠也。「四言」爲四夷之言。

〔五〕王念孫云：「鷙」當爲「騺」，字之誤也。「騺」、「距」皆止也，言來者止而不前也。説文曰：「樊，騺不前也。」（今本「騺」譌作「鷙」。）「騺，馬重貌也。」史記秦本紀曰：「晉君還而馬騺。」晉世家曰：「惠公馬騺不行。」（今本亦譌作「鷙」，唯秦本紀不誤。）太玄玄錯曰：「進欲行，止欲騺。」（今本亦譌作「鷙」。）字或作「駤」。廣雅曰：「駤，止也。」「距」本作「岠」。説文曰：「岠，止也。」是「騺」、「距」皆止也。世人多見「鷙」，少見「騺」，故「騺」譌爲「鷙」。尹氏不能釐正，而訓「鷙」爲「疑」，既不合語意，又於古訓無徵，斯爲謬矣。翔鳳案：「鷙」爲猛禽，

「距」爲雞距，皆從鳥得義。荀子仲尼注：「『距』與『拒』同，敵也。」「鷙距」謂勇猛抗拒，不必改字。

〔六〕宋翔鳳云：説文「仁」字古文作「忎」。此與「忠也者民懷之」兩「忠」字當是「忎」字之誤。管子多古字，寫者不識，改爲「忠」。論語：「仲弓問仁，子曰：『己所不欲，勿施於人。』」下文「非其所欲，勿施於人，仁也」，正釋此「仁」字。

〔七〕劉績云：詩：「舍命不渝。」蓋「澤」乃「釋」字，「釋」同「舍」。何如璋云：「澤」讀爲釋。釋，舍也。史記封禪書「古者先振兵澤旅」，集解徐廣曰：「古『釋』字作『澤』。」「渝」，變也。詩鄭風：「舍命不渝。」

〔八〕王念孫云：案原文内本無「有時先怨」四字，後人以下文言「先之以怨」，故增此四字也。今案：下文但言「此謂先之以事」、「此謂先之以政」、「此謂先之以德」，而不言「此謂先之以怨」，則本無「有時先怨」句明矣。又下文云「發倉廩山林藪澤以共其財（舊本「倉」譌作「食」，依朱本改），後之以事，先之以怨，以振其罷，此謂先之以德」，則「先之以怨」即是「先之以德」。既言「有時先德」，則無庸更言「有時先怨」矣。後人據下文增入此句，而不知正與下文不合也。陶鴻慶云：王説是也，而有未盡。今案：「有時先事」四字，亦後人妄增也。原文衹有「有時先政」、「有時先德」二句。蓋下文衹有二義：一謂年熟穀賤之時，民富且驕，則當先事而用刑，故曰「有時先政」也；一謂年饑穀貴之時，民貧且罷，則當後事而先怨，故

曰「有時先德」也。且「政」與「事」義無區别，既言「有時先政」，無庸更言「有時先事」矣。下文「此謂先之以事」，「此謂」二字亦衍文。原文本云「先之以事，隨之以刑，敬之以禮樂，以振其淫，此謂先之以政」，與下文「後之以事，先之以恕，以振其罷，此謂先之以德」，相對成義。今本於「先之以事」上衍「此謂」二字，則文義贅複矣。由校者不能悉心訂正，隨意增益，致前後文互成其誤。　翔鳳案：「有時先怒」，趙本、朱本等皆作「恕」，是也。隸書口或作厶，與又相似而寫爲「怒」。上文「懼之以罪，則民多詐。止之以力，則往者不反，來者鷙距」，牧民不當用怒可知。農業之豐歉爲事，與政有别，陶説不合。豐年「先之以事，隨之以刑」。凶年「後之以事，先之以恕」。「隨之以刑」不言，而「先之以恕」則顯言之。蓋刑隨事之後，未嘗先用之，歲饑不皆賑，大饑乃賑。

〔九〕王念孫云：「道」猶順也，楚語曰「違而道，從而逆」，是其證。「百川道，年穀熟，糴貸賤」，三句相對爲文，尹注非。　張佩綸云：國語「爲川者決之使道」，注：「道，通也。」周禮大司樂注：「『道』讀爲導。」「百川道」，故水旱不爲災，不與下二句對文。

〔一〇〕戴望云：「歲」疑「藏」字誤。　顔昌嶢云：戴説非是。「充倉廩」即藏也。「善歲」謂豐年，豐年故可厚收以備飢矣。　翔鳳案：此管子輕重政策，散積聚，調高下也。

〔一一〕丁士涵云：「敬」疑「教」字誤。　張佩綸云：「敬」、「警」通，「警」亦作「儆」。説文：「警，戒也。」　翔鳳案：説文：「敬，肅也。」釋名釋言語：「敬，警也。恒自肅警也。」諸説俱誤。

桓公問管仲曰：「寡人欲霸，以二三子之功，既得霸矣。今吾有欲王，其可乎〔一〕？」管仲對曰：「公當召易牙而問焉〔二〕。」管仲知桓公不可王，難以實對①，故推令問易牙。鮑叔至，公又問焉。鮑叔對曰：「公當召賓胥無而問焉。」賓胥無趨而進，公又問焉。賓胥無對曰：「古之王者，其君豐，其臣教〔三〕。君豐臣教，則君能制臣，故可以王也。今君之臣豐。」言德豐於君也。公遵遁繆然遠，二三子遂徐行而進〔四〕。言公之所遵行者，皆流遁繆妄之事，無所比，可謂遠於二三子。但當徐②而漸以取進耳。欲王天下，恐未可③。公曰：「昔者大王賢，王季賢，文王賢，武王賢。武王伐殷，克之，七年而崩。周公旦輔成王而治天下，僅能制於四海之内矣。今寡人之子不若寡人，寡人不若二三子。以此觀之，則吾不王必矣。」

〔一〕宋翔鳳云：「有」讀爲又。

〔二〕張佩綸云：「嘗召易牙」當作「當召鮑叔牙」。翔鳳案：趙本既改「嘗」爲「當」，又改「易」

① 「對」字原作「封」，據補注改。

② 「但」字原作「見」，「徐」字原作「遂」，據校正改。

③ 「恐未可」原作「於米何」，據補注改。

爲「叔」，似有問題。蓋桓公曾以此問之易牙，管子不便顯斥其非，略一提及，桓公已悟。適鮑叔至，公又問焉。下文未言賓胥無至，但言「趨而進」。論語：「君命召，不俟駕。」鮑叔未言「趨而進」，則非誤文矣。

〔三〕王引之云：「教」當作「殺」，「殺」與「豊」正相對，尋尹注，亦是「殺」字也。「殺」字或書作「敎」，與「教」相似而誤。翔鳳案：「豊」，趙本改「豐」，不可通。説文：「豊，行禮之器也。讀與禮同。」周伯琦謂即古「禮」字，其言是也。從豊之字有「豑」，今作「秩」。虞書典禮之官曰秩宗，又曰「天秩有禮」，其爲「禮」字明矣。説文：「教，上所施，下所效也。」「其君豊」與論語「君使臣以禮」同意。誤認爲「豐」而改「教」爲「殺」，謬矣。

〔四〕豬飼彦博云：「遵遁」與「逡巡」同，却退貌。「繆」字疑衍。王念孫云：「公遵遁繆然遠」爲句，「二三子遂徐行而進」爲句。「遵遁」與「逡巡」同，戒篇云：「桓公蹵然逡遁。」尹注大謬。陶鴻慶云：此文以「公遵遁繆然遠」爲句，王氏已及之矣。「二三子」當作「二子」，謂管仲、鮑叔。此承上文賓胥無趨而言。蓋二子見賓胥無趨之，言既入，亦欲有所陳説，故徐行而進也。今本作「二三子」者，涉上下文而誤。然上下文所稱「二三子」，乃桓公指目羣臣之語，施之此文，則不辭矣。姚永概云：「二」字當衍。「三子」者，即管仲、鮑叔、賓胥無也。此乃叙事之辭，尹誤以爲鮑叔語。翔鳳案：王説甚確。方言二：「遵，俊也。」「遵」同「逡」。晏子春秋：「晏子逡遁對曰。」「巡」讀舌上，即「遁」矣。論語：「二三子，偃之

言是也。」孟子：「二三子，何患乎無君。」左傳：「敢煩大夫謂二三子。」此爲當時常語，亦云有誤，謬矣。

桓公曰：「我欲勝民，言欲勝服於民。爲之奈何？」管仲對曰：「此非人君之言也。人君之言，當仁以化之，不可直用刑勝也。勝民爲易，夫勝民之爲道，非天下之大道也。君欲勝民，則使有司疏獄而謁，有罪者償〔一〕，謂疏録獄囚，謁告有罪者則償之也。數省而嚴誅，數省有過，嚴其誅罪。若此則民勝矣。雖然，勝民之爲道，非天下之大道也。使民畏公而不見親，嚴刑故也。禍亟及於身，二世嚴刑，身戮望夷。雖能不久，雖能勝人，不可久安。則人持莫之弑也〔二〕，危哉！持，謂見劫執也。弑，謂殺親也。君之國岌乎〔三〕！」

〔一〕丁士涵云：「謁」當爲「楬」。周官秋官「明竁」，注：「楬頭，書辠法也。」尹桐陽云：「謁」，揭告也。「償」，賞也。韓子八經：「謁過賞，失其誅。」翔鳳案：説文：「謁，白也。」爾雅釋詁：「謁，告也。」史記趙世家：「屏左右，願有謁。」「謁」本訓告，非假爲「揭」。「償」謂抵其罪，今俗猶有償命之言。

〔二〕姚永概云：左傳「子與子家持之」，釋文：「持，本作『特』。」是二字本相混誤。「人特莫之弑」者，謂君縱不爲人所弑，而國必危岌矣。張佩綸云：「則人持莫之」當作「則人莫持之」，

文選東都賦薛注：「持，扶也。」言雖能勝民，不久則民莫扶持之，謂危而不持，此取殺之道也，故曰「危哉君之國岌乎」。李哲明云：「持」疑爲「特」，形近而訛。言徒求勝民者，雖能勝人，必不可久，則人特莫之弑也。「特」，但也。言弑之易耳。尹桐陽云：「弑」同「試」，用也。言民不爲己用。公羊殘碑「隱爾試也」，漢書五行志「受命之臣專征云試」，注：「『試』與『弑』同。」翔鳳案：說文：「久，以後灸之。象人兩脛後有距也。周禮曰：『久諸墻以觀其橈。』」「久」有相距之意。「持」與「久」義相因，不能改爲「特」。「弑」同「試」，以公羊證之，齊所用也。

〔三〕張佩綸云：孟子「岌岌乎殆哉」，趙注：「岌岌乎，不安貌也。」莊子天地篇：「殆哉圾乎天下。」尹桐陽云：莊子列禦寇「殆哉圾乎仲尼」，「圾乎」即「岌乎」也。

桓公觀於廄，問廄吏曰：「廄何事最難？」廄吏未對，管仲對曰：「夷吾嘗爲圉人矣，圉，養馬者。**傅馬棧最難。**謂編次之棧馬所立木也。**先傅曲木，曲木又求曲木，**編棧者先附曲木，其次還須曲木，求其類。**曲木已傅，直木毋所施矣。**既用曲木，又施直木，則失其類而棧敗矣。喻小人用則①君子退也。**先傅直木，直木又求直木，直木已傅，曲木亦無所施矣〔一〕。」**喻君子用則小人退。

① 「則」字原作「即」，據補注改。

〔一〕孫星衍云：「先傅曲木」、「先傅直木」，意林兩「傅」字俱作「搏」。翔鳳案：房訓「傅」爲編次之，同「舖」。廣雅釋言「傅，敷也」，是其義。

桓公謂管仲曰：「吾欲伐大國之不服者，奈何？」管仲對曰：「先愛四封之内，然後可以惡竟外之不善者。四封之内見愛，則人致死，可以惡竟外之不善者。先定卿大夫之家，然後可以危鄰之敵國。卿大夫之家既定，則國强，故可以危鄰國。是故先王必有置也，然後有廢也。己國有置，然後廢他國也。必有利也，然後有害也。」能利己國，然後可以害他國也。桓公踐位，令釁社塞禱〔一〕。殺生以血澆落於社，曰釁社。祝鳧、已疪獻胙〔二〕。祝，祝史。鳧、疪，其名也。胙，祭肉也。祝曰：「除君苛疾〔三〕，祝令除君煩苛之疾。與若之多虚而少實〔四〕。」若，似也。謂君之材能，多似有而非實，如此者，亦祝去之也。桓公不説，瞋目而視祝鳧、已疪。祝鳧、已疪授酒而祭之〔五〕。曰：「又與君之若賢〔六〕。」謂君似賢，亦當去之。桓公怒，將誅之而未也，以復管仲。復，猶告也。管仲於是知桓公之可以霸也。祝史誣君之惡，君怒而將誅之。是心務善也，故知可與霸也。

〔一〕丁士涵云：「塞」即「賽」字。古無「賽」字，假「塞」爲之。漢書郊祀志「冬塞禱祠」，史記封禪書作「賽」。索隱本出「冬塞」二字，注云：「『塞』音先代反，與『賽』同。賽，今報神福也。」

〔二〕戴望云：尹注云「祝，祝史。鳧、疪，其名也」，則正文當作「祝鳧、祝疪」，故以「祝，祝史」總釋

兩「祝」字也。今作「巳」者，「祝」之壞字耳。張佩綸云：注當作「祝，大祝；史，大史；皃、疪其名」，「巳」乃「史」之壞。左傳桓六年：「祝史正辭，信也。」又：「祝史矯舉以祭。」昭二十年：「今君疾病爲諸侯憂，是祝史之罪也。諸侯不知，其謂我不敬，君盍誅於祝固、史嚚，以辭賓。」翔鳳案：以「巳疪」爲名，猶霍去病之名去病，取吉利之義。改「巳」爲「祝」或「史」，無據。

〔三〕翔鳳案：「苛」同「笴」，「苛病」謂鬼笴，詳小稱篇。

〔四〕王引之云：「若」當爲「君」，下文云「又與君之若賢」，是其證也。尹注非。翔鳳案：「虛」、「實」指苛疾言。「若」，古「諾」字，諾於神也。書之「王曰若」、「王若曰」，皆與「諾」同。羅振玉謂卜辭「若」字象人舉手跽足唯諾巽順之狀，其言是也。謂得神之許可，多虛而少實，言無病也。改「若」爲「君」，大謬。

〔五〕安井衡云：古本「授」作「受」。

〔六〕翔鳳案：「若」亦同「諾」。請神許諾使君賢，則君之現在爲不賢矣，故桓公怒將誅之也。

桓公乘馬，虎望見之而伏。桓公問管仲曰：「今者寡人乘馬，虎望見寡人而不敢行，其故何也？」管仲對曰：「意者君乘駮馬而洀桓，迎日而馳乎〔一〕？」洀，古盤字。公曰：「然。」管仲對曰：「此駮象也。駮食虎豹，故虎疑焉〔二〕。」楚伐莒〔三〕，莒君使人求救於齊，桓公將救之。管仲曰：「君勿救也。」公曰：「其故何也？」管仲對曰：

「臣與其使者言，三辱其君，顔色不變。辱其君而色不變，則無羞耻也。臣使官無滿其禮，三三加其禮，皆不滿足。强。其使者爭之以死〔四〕。不識不滿之意，纔激强之，則爭之以死，是不智。莒君，小人也，君勿救。」其使不賢，故知其君小人也。桓公果不救而莒亡。

桓公放春三月觀於野〔五〕。春物放發，故曰放春。桓公曰：「何物可比於君子之德乎？」隰朋對曰：「夫粟，内甲以處，中有卷城，外有兵刃〔六〕，種粟者，甲在内而處，葉居外而卷若城，苗之纖芒在外，有兵刃。未敢自恃，自命曰粟，粟之物用雖如此，然不敢自恃，故自名曰粟。粟則謹促之名也。此其可比於君子之德乎！」管仲曰：「苗，始其少也，眴眴胡絹切，目摇也。乎，何其孺子也〔七〕！眴眴，柔順皃。穀苗始則柔順，故似孺子也。至其壯也，莊莊乎何其士也！壯，謂苗轉長大。莊莊，矜直皃也。至其成也，由由乎兹免，何其君子也〔八〕！由由，悦也。實皃。兹免，謂益有謹勵。天下得之則安，人以穀爲命。不得則危，故命之曰禾〔九〕。以其和調人之性命。此其可比於君子之德矣。」桓公曰：「善。」

〔一〕安井衡云：「駁」當爲「駮」，馬色不純也，俗多作「駮」。何如璋云：山海經：「中曲山有獸如馬而身黑，二尾一角，虎牙爪，音如鼓，名曰駮，食虎豹，可以禦兵。」駮馬毛色似此獸者。張佩綸云：「駁馬」之「駁」當作「駮」，説苑辨物篇：「晉平公出畋，見乳虎伏而不敢動，顧謂師曠曰：『吾聞之也，霸王之主出，則猛獸伏不敢起。今者寡人出，見乳虎伏而不動，此

其猛獸乎？』師曠曰：『鵲食猬，猬食鵔鸃，鵔鸃食豹，豹食駮，駮食虎。夫駮之狀有似駁馬，今者君之出必驂駮馬而出畋乎？』公曰：『然。』」所云「霸王之主」，殆即此桓公逸事。諸書均云「駮食虎豹」，師曠云「豹食駮，駮食虎」爲異。陶鴻慶云：「駮」當爲「駁」，與下文此「駁象也」之「駁」字義迥別。説文「駁」篆解云：「馬色不純也。」「駮」篆解云：「駮獸如馬，鋸牙，食虎豹。」此云「乘駁馬」者，謂馬雜色毛，又迎日而馳，其象類駮，故虎見之而疑也。「駮」與「駁」雖可通假，然兩文對舉，則當區別。今於「駁馬」亦作「駮」，則文義不明。翔鳳案：「駁」與「駮」均北角切。玉篇云：「駁，今作『駮』。」漢書司馬相如傳：「楚王乃駕純駮之駟。」則「駮」非誤字。周書王會、博物志、海外北經均云「食虎豹」，則師曠誤也。何所引爲西山經。

〔二〕王念孫云：「疑」猶恐也。説見讀吕氏春秋雜志禁塞篇。翔鳳案：虎疑爲駮而畏之，何必訓恐？此王之好異也。

〔三〕張佩綸云：管氏爲政之日，楚入蔡圍許，滅弦滅黄，無伐莒事見於經傳，伐徐則仲已卒矣，疑當作「黄」。翔鳳案：楚有事不赴告於周，魯史無得而書之，不能懸斷爲無伐莒事。若作「黄」，則遠於齊矣。

〔四〕豬飼彦博云：讀「臣使官無滿其禮」句，「三强其使者爭之以死」句。言其接待之禮不足，故使者不就位。有司三强之，使者大怒，以死爭之。此怯公而勇私也。丁士涵云：尹注

本「三」字絶句，屬上讀，誤。當讀「三强其使者」爲句，與「三辱其君」對文。爾雅：「彊，當也。」相值謂之當。　章炳麟云：尹讀「三」字絶句，「强」字屬下，云「不識不滿之意，纔激强之，則爭之以死，是不智」，此説非也。「强」當屬上句讀，「强」乃「繦」之省借。國蓄篇云「臧繦千萬」，蜀都賦云「臧鏹（同繦）巨萬」，皆謂錢貫也。「無滿其禮三繦」者，虧其禮贈之錢三繦也。聘禮云「禮玉束帛乘皮」，此主國之君禮聘君也；云「公使卿贈如覿幣」，此贈聘賓也，皆不以泉。然管子治齊，興泉刀之利，則以之禮諸侯，或其創議；猶其石璧之謀，亦非周初典禮也。　翔鳳案：「三强」二字句。説文：「强，迫也。」孟子「强而後可」，假「强」爲之。「三强」，三迫之也。

〔五〕洪頤煊云：「放」，古字通作「方」。堯典「方命圮族」，漢書傅喜傳、朱博傳俱作「放命」。荀子道篇「不放舟」，注讀爲「方」。　金廷桂云：説文放部：「敖，出游也，從出從放。」晉惠帝紀：「王戎爲三公，委事寮寀，輕出游放。」「放春」，當春而游放也。　尹桐陽云：「放」，方也，當也。大戴禮千乘：「方春二月，緩施生育，動作萬物。」　翔鳳案：孟子「放於琅邪」，即出游之意。　金説是也。

〔六〕俞樾云：「卷」當讀爲圈，太玄交次六「大圈閎閎，小圈交之」，范望注曰：「圈，國也。」是「圈」有國邑之義，故與「城」並言。　姚永概云：「内甲以處」，謂米處甲之内也。「卷城」，米之外甲之内有皮一層，是也。「兵刃」乃甲外芒矣。

〔七〕丁士涵云：「眴眴」疑當作「恂恂」，方與尹注「柔順貌」相合。翔鳳案：説文：「恂，信心也。」漢書李將軍傳：「恂恂如鄙人。」「眴」與「恂」皆逡巡之假借字，非「眴」假而「恂」正也。

〔八〕程瑶田云：「兹免」云者，「免」，俯也；「兹」，益也。謂其穗益俯而向根也。淮南繆稱篇注云：「禾穗垂而向根，故君子不忘本也。」今諸穀惟禾穗向根，可驗也。（見九穀考）王念孫云：程説是也，禾成而穗益俯，若君子之德高而心益下，故曰：「由由乎兹免，何其君子也。」趙策曰：「馮忌接手免首，欲言而不敢。」（姚本如是，鮑本改「免」爲「俛」。）韓策曰：「免於一人之下，而信於萬人之上。」漢書陳勝傳贊曰：「免起阡陌之中。」是「俯」字古通作「免」。尹注非。何如璋云：「由由」與「油油」通，史記宋世家：「麥秀漸漸兮禾黍油油。」孟子「故由由然與之偕」，列女傳作「油油然與之處」。翔鳳案：程、何二説甚當。宋世家索隱訓「油油」爲「光悦貌」，極確。吾邑尚有此語，謂光滑而帶緑色也。

〔九〕翔鳳案：「自命曰粟」，房注：「『粟』則謹促之名也。」「命之曰禾」，房注：「以其和調人之性命。」説文引孔子曰：「『粟』之爲言續也。」春秋説題詞：「粟助陽扶性，粟之爲言續也。」「粟」爲扶持人之性命而續之，房以「謹促」爲訓，非古義，與「卷城」、「兵刃」之義亦不合。説文：「得時之中，故謂之和。」書歸禾序疏：「禾者，和也。」調和與中和稍異，房説近之。

援弓將射，引而未敢發也。謂左右曰：「見是前人乎〔三〕？」左右對曰：「不見也。」公

桓公北伐孤竹，未至卑耳之谿十里〔一〕，闟然止，瞠然視〔二〕，闟，住立皃。瞠，驚視皃。

曰：「事其不濟乎！寡人大惑。今者寡人見人，長尺而人物具焉，冠〔四〕，右祛衣〔五〕，走馬前疾，事其不濟乎！寡人大惑。豈有人若此者乎？」管仲對曰：「臣聞登山之神，有俞兒者，長尺而人物具焉。霸王之君興而登山，神見，且走馬前疾，道也〔六〕。祛衣，示前有水也。右祛衣，示從右方涉也。」至卑耳之谿，有贊水者謂贊引渡水者。曰：「從左方涉，其深及冠。從右方涉，其深至膝〔七〕。若右涉，其大濟〔八〕。」桓公立拜管仲於馬前曰：「仲父之聖至若此，寡人之抵罪也久矣。」抵，當也。不知仲父之聖，是寡人當有罪久矣。管仲對曰：「夷吾聞之，聖人先知無形，今已有形而後知之，臣非聖也，善承教也。」善承古人之法。

〔一〕戴望云：水經濡水注引管子「桓公二十年征孤竹」，今本桓公下脱「二十年」三字。丁士涵云：御覽谿部六十七引「未至」上有「迴車」二字。案卑耳之谿不在孤竹之地。小匡篇曰：「西征攘白狄之地，遂至於西河，方舟設柎，乘桴濟河。至於石沈，縣車乘馬，踰大行與卑耳之谿，拘泰夏。」又封禪篇曰：「西伐大夏，涉流沙，束馬縣車，上卑耳之山。」此可證卑耳之谿離孤竹甚遠，當有「迴車」二字，謂自孤竹迴車以至卑耳之谿也。翔鳳案：卑耳之谿在太行之西，即迴車亦不得至，此當爲同名者。

〔二〕張佩綸云：「闟然」，史記匈奴列傳「闟然更始」，注：「『闟』音揄，安定貌。」原注「住立貌」，未

知所據。漢書作「翕然」。案：論語「翕如也」，鄭注：「變動之貌。」文選吳都賦劉逵注：「翕然，疾貌。」「闟然止」，言忽然而止也。「瞠」，原注「驚視貌」。漢書趙皇后傳注：「服虔曰：『直視貌也，字作憕。』」倉頡篇、字林均同，當從服。翔鳳案：「瞠」，今作「瞪」，服訓「直視貌」，是也。說文「闟，樓上户也」，非其義。莊子齊物論「荅焉似喪其偶」，注：「解體貌。」「闟」借爲「荅」，則訓「住立」是矣。張未考耳。

〔三〕王念孫云：「見是前人乎」本作「見前人乎」，其「是」字即「見」字之誤而衍者。藝文類聚武部、太平御覽地部三十二、兵部六十引此皆無「是」字。翔鳳案：猶言見此前面之人乎，非誤字。

〔四〕王念孫云：藝文類聚武部、太平御覽兵部、開元占經人及神鬼占竝作「冠冠，右袪衣」，是也。「冠冠」者，首戴冠也。今本脱一「冠」字，則文義不明。俞樾云：「冠」下本有「冕」字。說苑辨物篇作「有人長尺，冠冕」，是其證也。今本奪「冕」字，而藝文類聚、太平御覽、開元占經諸書所引並作「冠冠」，則又因奪「冕」字而誤補「冠」字。何如璋云：一「冠」字文義既明，不必據補。文選吳都賦劉逵注引作「冠而右袪衣」，亦只一「冠」字。翔鳳案：何說是也。

〔五〕俞樾云：說苑作「左袪衣」，是也。說詳後。翔鳳案：俞說非是，詳下。

〔六〕翔鳳案：「道」同「導」。

〔七〕俞樾云：水而及冠，是滅頂矣，又何涉乎？說苑作「從左方渡至踝，從右方渡至膝」，疑此文「冠」字亦當作「踝」，以聲近而誤也。左至踝，右至膝，是左淺而右深也。自「踝」誤作「冠」，則爲左深而右淺，遂改上文之「左袪衣」爲「右袪衣」，「左方涉」爲「右方涉」，皆非管子之原文矣。翔鳳案：及冠滅，言其不可涉也。若作「踝」，則水深不及尺，可以見底，尚須問乎？故知說苑之誤。俞說非是。

〔八〕王念孫云：劉逵吳都賦注、水經濡水注、藝文類聚武部竝引作「已涉大濟」，當據改。太平御覽神鬼部引作「已涉其大濟」，「其」字誤，與今本同，唯「已涉」二字不誤。說苑辨物篇作「已渡事果濟」。翔鳳案：此贊水者擬議之辭，安得云「已涉」乎？謬矣。

桓公使管仲求甯戚。甯戚應之曰：「浩浩乎〔一〕！」管仲不知，至中食而慮之。婢子曰：「公何慮？」管仲曰：「非婢子之所知也。」婢子曰：「公其毋少少，毋賤賤。昔者吳、干戰，干，江邊地①也。未齔不得入軍門。齔，毀齒也。國子擿其齒，遂入，爲干國多〔二〕。戰功曰多。言於干戰，國子功多也。百里徯，秦國之飯牛者也，穆公舉而相之〔三〕，遂霸諸侯。由是觀之，賤豈可賤，少豈可少哉！」管仲曰：「然。公使我求甯戚，甯戚應我曰：『浩浩乎！』吾不識。」婢子曰：「詩有之：『浩浩者水，育育者魚。

① 「地」字原作「池」，據補注改。

水浩浩然盛大，魚育育然相與而遊其中。喻時人皆得配偶以居其室家。甯戚有伉儷之思，故陳此詩以見意。**未有室家，而安召我居？』**言誰當召我，授之配疋，與之爲居乎也？**甯子其欲室乎**〔四〕**？」**

〔一〕戴望云：元刻此句下有「育育乎」三字。　丁士涵云：當據元刻補。下文云「浩浩者水，育育者魚」，是其證。又「甯戚應我曰浩浩乎」下，亦脱「育育乎」三字。　張佩綸云：列女傳作「浩浩乎白水」，是甯子未及下句，元刻非也。　翔鳳案：「浩浩乎」三字，歌其半以示意，故管子不知。加「育育乎」三字則索然寡味，古本之謬如此。

〔二〕俞樾云：「干」當作「邗」。説文：「邗，國也，從邑干聲。一曰邗本屬吴。」案：哀九年左傳「吴城邗」，即此也。邗本國名，後爲吴邑。此文云「吴、干戰」，「吴」、「邗」均國名也。「國子」乃干國之人，故曰「爲干國多」。言此役也，「國子」在於國中戰功獨多也。尹注不知「干」即「邗」字，誤解爲「江邊地」，則吴與戰者何國也？且「爲干國多」句遂不可解矣。　戴望云：寶應劉氏寶楠同俞説。又云：「江邊，即廣陵地也。」吴自魯成公時始見春秋，滅邗當在其前，故不見於左氏也。　何如璋云：「干」，國名。韓非難二：「且蹇叔處干而干亡，處秦而秦霸，非蹇叔愚於干而智於秦也，此有君與無君也。」淮南道應訓「荆有佽非得寶劍於干隊」，高注：「干國在今臨淮，出寶劍。」「干」通作「邗」，説文「邗，國也。今屬臨淮。一曰本屬吴」，殆爲吴所滅也。　翔鳳案：周禮司勳：「戰功曰多。」房注即用周禮。

〔三〕翔鳳案：此事亦見孟子。

〔四〕孫星衍云：藝文類聚三十五、太平御覽五百引作「浩浩之水，育育之魚，未有室家，我將安居？甯子其欲室乎？仲以其言告桓公」。當補「仲以其言告桓公」句，文義始完。王念孫云：藝文類聚人部十九、太平御覽人事部一百四十一引此句下竝有「仲以其言告桓公」七字，與上文「桓公使管仲求甯戚」句相應，當據補。戴望云：藝文類聚人部引作「浩浩之水，育育之魚，未有室家，而我安居」，御覽人事部引「育育」作「游游」。翔鳳案：「仲以其言告桓公」當爲意加。御覽引書，前後不一致者很多。如上文「事其不濟乎」二句，御覽三百九十二引無此二句，而八百八十二引則仍有此二句。若據三百九十二刪此二句，以爲管子無此文，豈不謬極？諸人信類書以增刪本文，可謂無識矣。「育育者魚」即以魚喻女子。詩國風多以魚比女子，如「豈其食魚，必河之魴。豈其娶妻，必齊之姜」。此類不少，聞一多有專文論之，諸人未見及此也。

桓公與管仲闔門而謀伐莒，未發也，而已聞於國，其故何也〔一〕？**管仲曰：「國必有聖人。」桓公曰：「然。夫之役者，有執席食以視上者，必彼是邪**〔二〕？」桓公與管仲謀時，役人於前，乃有執席而食，私目①上視，所以察君也。必是人者，知吾謀也。**於是乃令之**

① 「目」字原作「因」，據補注改。

復役，毋復相代〔三〕。時執席而食者，代人入役，因得察君。今不令相代，彼亦知若覺己，必當來也。少焉東郭郵至，桓公令儐者延而上，儐，謂贊引賓客者也。與之分級而上〔四〕，公以客禮待之，故與之分級而上。謂使之就賓階也。問焉。曰：「子言伐莒者乎？」東郭郵曰：「然，臣也。」桓公曰：「寡人不言伐莒，而子言伐莒，其故何也？」東郭郵對曰：「臣聞之，君子善謀，而小人善意，善以意度之也。臣意之也〔五〕。」桓公曰：「子奚以意之？」東郭郵曰：「夫欣然喜樂者，鍾鼓之色也。夫淵然清靜者〔六〕，縗絰之色也。漻然豐滿心在兵武，形氣盛，故其皃豐滿。而手足拇動者〔七〕，中勇，外形必應，故手足拇動也。兵甲之色也。日者臣視二君之在臺上也〔八〕，口開而不闔，是言莒也〔九〕。莒字兩口，故二君開口相對，即知其言莒。舉手而指，勢當莒也。且臣觀小國諸侯之不服者，唯莒於是〔一〇〕。唯莒不服，於是知之。臣故曰伐莒。」桓公曰：「善哉。以微射明，此之謂乎！言以形色之微，知伐國之明也。子其坐，寡人與子同之。」同伐莒之謀也。

〔一〕翔鳳案：趙本「其」上有「矣」。桓公怒，謂管仲曰：『寡人與仲父闔門而謀伐莒，未發也，而已聞於國』」二十七字。就全書考察，趙本非別有可據之善本，則爲趙本所意增也。「桓公怒」三字，爲趙本所妄加，觀桓公與東郭郵之問答，心平氣和，無半點怒意，且與吕氏春秋諸書不合，其妄決矣。此文或有脱失，然不如趙本所加也。

〔二〕王念孫云：「視上」當爲「上視」，故尹注云「私目上視」。北堂書鈔武功部二引此正作「上視」。吕氏春秋重言篇、説苑權謀篇亦作「上視」。孫詒讓云：食時必無「執席」之禮，注義殆不可通。吕氏春秋重言篇作「有執蹠痛而上視者」，此「席」當爲「庶」，即「蹠」之省。「食」當爲「飴」之壞字，即「枱」之重文。吕覽作「痛」，亦即「枱」之别體也。翔鳳案：説文：「筵，竹席也。」詩行葦「肆筵設席」，鄉飲酒「記蒲筵」，士冠禮「蒲筵二，在南」，注並云：「筵，席也。」古人席地而坐，請客用筵加几，周禮有司几筵。鋪陳曰筵，藉之曰席。食時執食就坐，孫作周禮正義，當能記憶及之，殆忘却古人席地耳。在堂下，故「視上」，作「上視」不合。

〔三〕安井衡云：「毋復」當作「毋得」。翔鳳案：以前或有相代者，故曰「無復」。

〔四〕王念孫云：「上」當爲「立」，此涉上句而誤也。吕氏春秋、説苑及論衡知實篇竝作「分級而立」。翔鳳案：桓公讀書堂上，輪扁斲輪堂下，則東郭郵在堂下，故分級而上。「立」字不如「上」字較妥。

〔五〕王念孫云：「意」讀爲億，即度也。尹注謂「善以意度之」，非。翔鳳案：論語「億則屢中」，漢書貨殖傳作「意」。釋名：「憶，意也。恒在意中也。」房注不誤，王説乃誤也。

〔六〕丁士涵云：「夫」字衍。翔鳳案：「夫」爲代詞，不當衍。

〔七〕翔鳳案：翹拇指爲得意狀，與「矜」同義。

〔八〕戴望云：「二」字衍，説苑、吕覽皆無「二」字。張佩綸云：「臣望君之在臺上也」下，吕覽、説苑均承「兵革之色」，文義始明，此宜補承，殆傳寫脱漏。

〔九〕豬飼彦博云：「莒」之爲音，開口而呼之，故知之也。洪頤煊云：顔氏家訓音辭篇云：「北人之音，多以『舉』、『莒』爲『矩』。」郭牙望見桓公口開而不閉，故知所言者『莒』也，然則『莒』、『矩』必不同呼。此伐莒以音而知，非論字形。尹注非。俞正燮云：韓詩外傳引此作「口張而不揜，舌舉而不下」，吕氏春秋重言作「呿而不唫」，説苑重謀作「吁而不吟」，論衡知實作「君口垂而不噞」，梁元帝金樓子志怪則曰「口開而合」，顔氏家訓音辭則謂「李季節引此口開而不閉」，證「莒」音不必同「矩」。是古有二本，一作「口開而不合」，一作「口開而合」，皆象聲知之。而注云「兩口相對，知是言莒」，亦怪謬矣。翔鳳案：説文「莒，居許切」，仍爲合口呼，與管子不合，段注、王注均言之未析。孟子「以遏徂莒」，毛詩作「徂旅」。「莒」從吕聲，吕象作膂，黄梅讀「旅」同里，此「開而不合」之音也。

〔一〇〕豬飼彦博云：吕氏春秋作「其惟莒乎」，説苑同。王念孫云：尹未曉「於是」二字之義，「於是」二字與「焉」字同訓。言臣觀小國諸侯之不服者，唯莒焉，臣故曰伐莒也。莊八年公羊傳「吾將以甲午之日，然後祠兵於是」，「於是」即「焉」也。僖十五年左傳「晉於是乎作爰田」、「晉於是乎作州兵」，晉語作「焉作轅田」、「焉作州兵」。西周策「君何患焉」，史記周本紀作「君何患於是」。此其明證矣。吕氏春秋季春篇注曰「『焉』猶於此也」，「於此」即「於是」。

聘禮記曰「及享發氣，焉盈容」，言於是盈容也。三年問曰「故先王焉爲之立中制節」，言先王於是爲之立中制節也。何如璋云：「唯莒」斷句，「於是」宜連下讀。吕覽重言作「臣竊以慮諸侯之不服者其唯莒乎」，足證舊注以「唯莒於是」斷句，非。王云「『於是』即『焉』字」，未免曲爲之説。翔鳳案：王説是也，何説非是。

客或欲見於齊桓公，請仕上官，授禄千鍾。公以告管仲，曰：「君予之。」客聞之，曰：「臣不仕矣。」公曰：「何故？」對曰：「臣聞取人以人者，以人之言然後取人。其去人也亦用人。吾不仕矣。」

管子校注卷第十七

雜篇三

七臣七主第五十二

張文虎云：據篇中「七主」在前，「七臣」在後，則篇題「臣」、「主」二字當互易。翔鳳案：張説似有理，然史記陳丞相世家以「主臣」爲惶恐之詞，則以主臣相連爲忌諱，當在漢以前，不得以主臣標題也。

或以平虛〔一〕，**請論七主之過**〔二〕，謂平意虛心也。七主，據下唯有六者，皆過主。能無此六者過，則爲一是主也。過主六，是主一，故曰七主也。**得六過一是，以還自鏡，以知得失。**得六過則爲一是，以自鑒，得失可知也。**以繩七臣，得六過一是。**繩，謂彈正也。言以六過繩七臣，令臣無六過，是故爲一。**呼嗚美哉，成事疾**〔三〕。君臣咸有一德，故能成美也。疾，美也。

申主任勢守數以爲常〔四〕，申，謂陳用法令。**周聽近遠以續明，**遠近之事，周而聽之，則其明不絶。**皆要審則法令固**〔五〕，**賞罰必則下服度，**事皆得要而詳審，則法令固，賞罰必，而下皆服

其法度也。不備待而得和，則民反素也〔六〕。謂以道德理世之君，至仁感物，德①和自此而至，故人皆反於樸素，今申主不能然，故以爲過也。惠主豐賞厚賜以竭藏，赦姦縱過以傷法。藏竭則主權衰，法傷則姦門闓〔七〕。故曰：泰則反敗矣。謂爲惠太過，故反成敗也。侵主好惡反法以自傷，越法行事謂之侵。所好所惡，皆反於法，故自傷。喜決難知以塞明，決難知則理不當，故明塞也。從狙而好小察，狙，伺也。謂既任臣有所爲，必從而伺之。事無常而法令申〔八〕。不許則國失勢〔九〕。許，古伍字，謂偶合也。言雖申布法令，於事不合，法既不行，所以失勢也。芒主目伸五色，耳常五聲〔一〇〕，芒，謂芒然不曉識之貌。伸，謂放恣也。四鄰不計，四鄰與己爲隟，計度而知之也。司聲不聽〔一一〕，司聲之官，隨君所好，不爲聽其理亂之音也。則臣下恣行，而國權大傾。不許則所惡及身。所爲既不合理，故惡還及身。勞主不明分職，上下相干，言失任臣之理，勞而無功，故曰勞主。臣主同則，刑振以豐，豐振以刻〔一二〕，臣主同勢，則俱奮威權，故刑罰大振，而且豐多。刑豐而又妄振，非刻而何也？去之而亂，臨之而殆，則後世何得〔一三〕。權臣振主，君欲去之，必爲亂。任而臨之，必危殆。既亂且危，敗亡必及，故後代無得也。振主喜怒無度，嚴誅無赦，動發威嚴，謂之振也。臣下振

①「德」字原作「得」，據補注改。

怒〔一四〕，不知所錯，則人反其故。故謂先君之理。不許則法數日衰，而國失固。舉措既不合理，故數衰而國失固。芒主通人情以質疑，故臣下無信〔一五〕，盡自治其事則事多，既不自曉，故下通人情，以問所疑，則臣下無所取信，皆自任胸臆，以理其事，人人生事，故事多也。多則昏，昏則緩急俱植〔一六〕。植，立也。既昏而不明，故緩急之事俱可立。不許則見所不善，所爲既不合理，故其所見之事皆不善。餘力自失而罰〔一七〕。尚有執權餘力，己不自責，乃遷怒而罰之。故主虞而安〔一八〕，虞，度也。主能度宜而行故安。但主能度而安，則致下數事。吏肅而嚴，民樸而親，官無邪吏，朝無姦臣，下無侵爭，世無刑民。凡此皆主虞而安故也。

〔一〕張佩綸云：九守篇「虛心平意」，言以平意虛心論之也。翔鳳案：論語「或謂孔子曰」，鄭注：「人不顯其名，而略稱爲或。」

〔二〕陳奂云：「過」當爲「道」，涉下文兩「過」字而誤。「六過」、「一是」爲七主，若云「七主之過」，則不可通矣。尹注非。張佩綸云：「之過」二字衍，原注「過主六，是主一，故曰七主」，亦無「之過」字。「虛」、「主」爲韻，「是」、「失」、「是」、「疾」爲韻。翔鳳案：說文：「過，度也。」公羊隱六年傳「首時過則書」，注：「歷也。」論七主之經歷，過失乃引申義。諸說非是。

〔三〕戴望云：元本「呼嗚」作「嗚呼」。丁士涵云：「成」疑當爲「盛」，「盛」、「成」古通用。「疾」疑「矣」字誤，人主「得六過一是」，有國者之盛事，故歎美之曰：「嗚呼美哉，盛事矣。」

翔鳳案：說文：「呼，外息也。」「烏，孝烏也。取其助气，故以爲烏呼。」二字連用者，墨子尚賢引五子之歌「嗚呼曷歸，予懷之悲」；詩「於戲前王不忘」。然可單用，書堯典「僉曰於！鯀哉」；詩「於穆清廟」；左文元年傳「江芊怒曰：呼，宜君王之欲殺爾而立職也」；詩「式呼式號」。然二字亦可倒用，史記李斯列傳「夫擊甕叩缻，彈箏搏髀，而歌呼嗚嗚」。漢書楊惲傳「仰天拊缶，而呼嗚嗚」；無逸「周公曰：嗚呼」，鄭注：「嗚呼者，將戒成王，欲以深感之。」若「呼嗚」則爲歡欣之聲，其義稍別。得「六過一是」以自鏡，以爲美而歡呼之。古本不知其義，改爲申戒之「嗚呼」，郭沫若改「美」爲「微」，誤。「疾」，速也。論語「成事不說」意同。已往之事，何其速也。

〔四〕趙用賢云：「申」當作「中」。　王引之云：「申」讀曰信，漢書高惠高后文功臣表注曰：「古『信』、『申』同義。」「信」之通作「申」，猶「申」之通作「信」也。出政而信於民，故曰信主。據下文云「皆要審則法令固，賞罰必則下服度」，則「申主」之即「信主」，明矣。尹、趙二說皆失之。　安井衡云：「申」，伸也，威權伸於世也。　張文虎云：「申」，古作「𦥔」，與「明」字形近而譌。明法篇云「所謂治國者，主道明也」，明法解云「明主者有術數而不可欺也，審法禁而不可犯也，察於分職而不可亂也」，即此篇「任勢守數」之意。下文亦屢言「明主」，而「續明」二字，尤爲確證。（見答楊見山書）　李哲明云：宋本「不備待而得和」，注云「中主不能」，今本「中」亦誤「申」。據此知本作「中」，趙說未爲失也。　翔鳳案：「審」，

楊本注仍作「申」，李説非。説文：「申，神也。體自申束，从臼，自持也。」漢書韋玄成傳「畏忌自申」，注：「自約束也。」淮南原道訓「約車申轅」，注：「束也。」「申主」謂能以禮法自約束之主，諸説均誤。

〔五〕俞樾云：「皆」疑「比」之誤。周官小司徒曰「及三年則大比，大比則受邦國之比要」，鄭司農云：「五家爲比，故以『比』爲名，今時八月案比是也。『要』謂其簿。」然則「比要」者，大比之簿籍也。　翔鳳案：説文：「皆，俱詞也，从比从白。」詩豐年「降福孔皆」，傳：「徧也。」儀禮聘禮「皆行，至於階，讓」，注：「猶並也。」「皆」有比並之義，非誤字。

〔六〕豬飼彦博云：以上皆言「申主」之事。張榜以「申主」當「一是」，得之。張佩綸云：「不備待」，「不」字衍，當作「備時」，説文：「備，慎也。」「得和」，「得」、「德」通。慎時而德和，故民反於質。牧民篇「審於時而察於用，而能備官者，可奉以爲君」，霸言篇「是以聖王務具其備，而慎守其時」，幼官篇「舉發以禮，時禮必得」，皆備時也。比要賞罰所謂政刑，備時德和所謂德禮。　翔鳳案：「待」用常義，「不」字不當衍。

〔七〕李哲明云：「闓」即開也，與「開」通。説文：「闓，開也。」廣雅釋詁同。方言「閻苦，開也；苦，楚謂之『闓』」，注「『闓』亦『開』字。」此通用之證。

〔八〕翔鳳案：作事無常，而申其法令，使人無所適從也。

〔九〕劉績云：「啎」從午吾聲，或作「悟」，同覺悟之悟也。下放此。孫星衍云：「啎」即「牾」

字，與「寤」通用，謂不覺寤也。下俱同。尹注非。俞樾云：「啎」乃「悟」之假字，言不覺悟則國勢必失也。上文曰「得六過一是，以還自鏡，以知得失」，然則過主能早自覺悟，或尚可爲，不悟則已矣。下文凡言「不啎」者，其義並同。尹注謂「啎，古『伍』字，謂偶合也」，非是。翔鳳案：說文：「啎，逆也。」移午於右則爲「啎」，乃一字也。呂氏春秋明理「夫亂世之民，長短頡，啎百疾」，注「『頡』猶大。啎，逆也」，是其證。與「寤」通，鄭莊公寤生，謂其逆産也。孫說是。

〔一〇〕丁士涵云：「常」疑「章」字誤。何如璋云：「芒」讀爲荒。戒篇：「好樂而不反謂之荒。」荀子富國「芒軔僈楛」，「芒」或爲「荒」，是其證。張佩綸云：「芒」當作「荒」，字之誤也。史記三代世表「帝芒」，索隱「『芒』一作『荒』」；爾雅釋天「大荒落」，史記曆書作「大芒落」，是其證。周書謚法：「分內從亂曰荒。」說文：「恒，常也。」易象下傳虞注：「常，恒也。」故書作「恒」，避漢諱改。「伸」亦「恒」字之誤，目恒五色，耳恒五聲，荒於聲色也。陶鴻慶云：「芒」當讀荒，爾雅釋天「太歲在巳曰大荒落」，史記天官書作「芒」。是「芒」、「荒」通用之證。「荒主」，與下文「芒主」訓爲芒昧義別。許維遹云：張、陶釋「芒」爲荒，是也。餘說皆非。「伸」，當從尹注釋爲「放恣」。「常」當讀爲尚，晉語韋注：「尚，好也。」翔鳳案：廣雅釋詁三：「申，展也。」許說勝。

〔一一〕俞樾云：此當作「四隟不計」。據尹注「四鄰與己爲隟，不計度而知之」，「四鄰與己爲隟」正

解「四隙」之義。今本作「四鄰不計」者，即涉注文而誤也。下文曰「故上惛則隙不計」，文與此同。彼脱「四」字耳。翔鳳案：郭沫若説「司聲」當是諫官之屬，有理。廣雅釋詁四：「計，謀也。」國策秦策：「計者事之本也。」「鄰」字不誤。

〔三〕丁士涵云：案此文皆四字爲句。「臣主同則」，謂不分上下之制度，君與臣混而同之，即是不明分職之意。「則」與「職」、「刻」、「殆」、「得」爲韻，尹讀「則」字下屬，非也。張佩綸云：「臣主同則」句，「職」、「則」、「刻」、「得」韻。易釋文引鄭注：「『豐』之言腆，充滿意也。」説文：「豐，豆之豐滿者也。」廣雅釋詁：「豐，滿也。」以刑震民則自滿，自滿則刑法愈刻。上下臣主之分不明，欲去之則亂，欲臨之則殆。「後世何得」，言必爲子孫憂也。章炳麟云：「則」字當斷句。「臣主同則」者，臣主同法也，與上句「上下相干」文義一貫。「刑振以豐，豐振以刻」二句，則別自爲義。「振」與下文「振主」及「臣下振怒」（當作「恐」）之「振」異，彼「振」借爲震，此「振」則訓重。按：曲禮「袗絺綌」，注：「袗，單也。」玉藻則作「振絺綌」，是「振」借爲「袗」。「袗」雖訓單，然表而出之則重矣，故「袗」亦訓重。詛楚文『紳（作「絆」者字形之譌。）以昏姻，袗以齊盟』，「紳」即「申」，「申」、「袗」皆重也，（釋詁：「申，重也。」）猶左傳言「申之以盟誓，重之以昏姻」也。釋言云：「眕，重也。」韓詩雲漢「胡寧瘨我以旱」，傳：「瘨，重也。」皆是重複之重，與「袗」聲義相同者也。「豐」借爲鋒，猶「陳豐」之作「陳鋒」也。鋒爲兵耑，引申爲鋭利意，今世猶有鋒利之語，言持政峭急也。此文之義，謂用刑未已也，重以鋒

利；鋒利未已也，重以刻深。鋒利刻深亦指其用刑言，而愈酷烈矣。

〔一三〕張佩綸云：依上下文例，則「後世何得」上亦當有「不許」二字。翔鳳案：公羊隱五年傳「登來之也」，注：「『登』讀言得，得來之者，齊人語也。」齊人名「求得」爲「得來」。

〔一四〕王引之云：「怒」當爲「恐」，此涉上文「喜怒」而誤也。「振恐」即震恐。翔鳳案：「怒」字自通，阿房宫賦「不敢言而敢怒」，非「恐」字。

〔一五〕陳奂云：「芒主」已見上文，爲六過主之一矣。此「芒主」疑當作「亡主」，「亡主」在六過主之末，猶「亂臣」在六過臣之末也。張文虎云：「芒主」與上複，疑「芒」乃「荒」之壞文。又「通人情以質疑」不得爲過，疑有誤。張佩綸云：「芒」當作「亡」。「通人情以質疑」，豈得謂之「芒主」？「通」上脱「不」字，原注「故下通人情以問所疑」，「下」即「不」之壞。足徵本有「不」字。既不通人情，又不信臣下，所以爲昏德也。翔鳳案：古無輕脣音，「亡」讀芒。方言十三「芒，滅也」，即假爲「亡」。吕氏春秋達鬱「血脉欲其通也」，注：「利也。」房訓「質」爲「問」，見廣雅釋詁二。説文：「情，人之陰氣有欲者。」樂記「人樂得其欲」，注：「『欲』謂邪僻也。」亡主因人之情欲以問所疑，故人不敢以實對而無信也。無脱文。

〔一六〕洪頤煊云：「植」，古「置」字。尚書金縢「植璧秉珪」，鄭注：「植，古『置』字。」論語「植其杖而芸」，熹平石經作「置杖」。謂緩急皆置而不行。尹注非。翔鳳案：「多」讀侈。

〔一七〕張佩綸云：「自失」之「失」當爲「泆」。書多士篇：「我聞曰上帝引逸，有夏不適逸，則惟帝降

格，嚮于時夏，弗克庸，帝大淫泆有辭，惟時天罔念聞，厥惟廢元命，降致罰。」又曰：「在今後嗣王誕罔顯于天。矧曰其有聽念於先王勤家，誕淫厥泆，罔顧于天顯民祇。惟是上帝不保，降若茲大喪，惟天不畀不明厥德。凡四方小大邦喪，罔非有辭于罰。」「餘力自失而罰」，與經義合。翔鳳案：「失」，古「佚」字。説文：「失，縱也。」荀子哀公篇「其馬將失」，謂將佚也。江淹齊高帝誄「罰」與「惡」韻。

〔一八〕王念孫云：「虞」與「娱」同，樂也，言國有道，則主樂而安也。尹訓「虞」爲「度」，非是。又案：「故主虞而安」以下七句，與上文不相承接，其上當有脱文。張文虎云：篇首「六過」在前，「一是」在後，則申主一節當在末。「故主虞而安」，正承上「則民反素也」句，文氣相貫。「吏肅而嚴」，承「任勢」四句。「民樸而親」，承「民反素」句。「官無邪吏」云云，則總承上事言之。蓋是錯簡，非有脱文。翔鳳案：此種做法，後世謂之斷續法。下文「故一人之治亂」至「名斷言澤」共千餘字，方接七臣，則此篇慣用斷續法，左傳多用此法，非文氣不接也。

故一人之治亂在其心，在其心之邪正。一國之存亡在其主〔一〕。在其主之智愚。天下得失，道一人出。道，從也。一人爲主也，明主得，闇主失。主好本，則民好墾草萊。本，謂農桑也。主好貨，則人賈市。主好宫室，則工匠巧。主好文采，則女工靡。夫楚王好小腰，而美人省食。吴王好劍，而國士輕死。死與不食者，天下之所共惡也，然而

爲之者何也？從主之所欲也，而況愉樂音聲之化乎！

夫男不田，女不緇〔二〕，緇，謂黑繒。工技力於無用，謂勤力於無用之器物也。而欲土地之毛，毛，謂嘉苗。倉庫滿實，不可得也。土地不毛，則人不足。人不足，則逆氣生。不足則怨怒，故逆上之氣生。逆氣生，則令不行。然彊敵發而起，雖善者不能存。謂善爲計謀。何以効其然也〔三〕？曰：昔者桀、紂是也〔四〕。誅賢忠〔五〕，近讒賊之士，而貴婦人，好殺而不勇〔六〕，好富而忘貧，馳獵無窮，鼓樂無厭，瑶臺玉餔不足處〔七〕，玉餔，猶玉食。馳車千駟不足乘材。女樂三千人〔八〕，謂有材能之女樂也。鍾石絲竹之音不絶〔九〕。百姓罷乏，君子無死〔一〇〕，言不爲君致死。卒莫有人，人有反心。遇周武王，遂爲周氏之禽。爲周所禽獲也。此營於物而失其情者也〔一一〕，物，謂臺榭車馬所以①爲侈靡者。愉於淫樂而忘後患者也。故設用無度，國家踣〔一二〕。踣，謂散亡。舉爭不時，必受其菑〔一三〕。

〔一〕張文虎云：自此以下至「名斷言澤」，與上下文不相覆，又是他篇錯簡。張佩綸云：此節「一國之存亡在其主」止，下接「上法臣亦法」，以起七臣，餘皆禁藏篇錯簡。因「主好本」、

---

① 「所以」原作「以所」，據補注乙。

「主好貨」、「主好宫室」、「主好文采」四句與此篇略可比附，淺人遂闌入之，致七主七臣前後文不相貫。其證有三：下文「上好本」、「上好利」，與此「主好本」、「主好貨」句例不承，一也。六過不止「愉樂音聲」一端，今專以此爲説，與上不貫，二也。若楚、吴二事在管子之後，前人已摘斥之，則諸篇本出戰國時所傳述，不足爲病。　翔鳳案：此文承「七主」而縱言之，何云「不相覆乎」？

〔二〕王引之云：「緇」字義不可通，尹訓爲「黑繒」，非也。「緇」當爲「績」，「男不田，女不績」，猶揆度篇之「農不耕，女不織」也。隸書「甾」字或作「畄」，形與「責」相似，故「績」譌爲「緇」。宋翔鳳云：「緇」與「織」聲之轉，當讀織。　張佩綸云：周禮「純帛」，鄭注：「『純』實『緇』字也。」古「緇」以才爲聲，論語「今也純」，鄭注：「『純』讀曰緇。」説文「純，絲也」，引論語「今也純，儉」。「緇」、「純」通。「女不緇」猶言「女不絲」，不必改「績」、「織」字。　楊深秀云：陋者以「緇」爲「織」字之聲譌，近校本則云是「績」字之形誤。竊謂此本「紡」字，或譌作「紂」，「紂」即「緇」，玉篇言之矣。其在經典，則詩召南之毛傳、周官媒氏之鄭注、禮記祭統之賈疏、檀弓之陸釋文，皆詳悉證明。蓋讀者見此「紂」字，不知改還「紡」字，反以「紂」字正體書之，遂成「緇」字耳。　姚永概云：王説非也，「緇」乃「繅」字，因脱田下小木而譌耳，「繅絲」、「田作」，正相對矣。　翔鳳案：此文可不改字。「緇」與「繅」相似，以爲「織」之譌則無據，且管子「織」皆作「職」，不從糸旁也。楊深秀引經據典，以爲「紡」之譌，而斥人爲陋，不知周

時有絲蔴無棉，其織布不用紡。左昭公十九年傳：「齊高發帥師伐莒，莒子奔紀鄣。使孫書伐之。初，莒有婦人，莒子殺其夫，已爲嫠婦。及老，託於紀鄣，紡焉以度而去之。及師至，則投諸外。或獻諸子占，子占使師夜縋而登。」正義：「謂紡蔴作纑也。」莒婦紡蔴爲索，故得攀援登城。紡之用途少，不能成爲普遍職業，楊斥人爲陋，失言矣。菑爲染布，齊人之專業。有色之布，以緇爲最多。詩緇衣：「緇衣之宜兮。」出其東門：「縞衣綦巾。」説文：「緇，帛黑色也。」「甾」訓田中有災害，無黑義。黑色之稱，乃因染業出於淄水耳。輕重丁云：「萊人善染，練茈之於萊，純緇。緺綬之於萊，亦純緇也。」茈爲紫草，爲朱色。深之則爲緇。考工鐘氏：「染羽，以朱湛丹秫。三入爲纁，五入爲緅，七入爲緇。」孫詒讓周禮正義：「染朱以四入爲止，不能更深，故五入之後，即染以黑也。」萊人有茈，初染紫色，臨淄收買加工而成緇。物以地而名之也。淄水本作「甾」，以甾水洗染之青布名之爲「緇」也。

〔三〕趙用賢云：是戰國後文字。　丁士涵云：「効」乃「知」字誤。　安井衡云：「効」，驗也。　許維遹云：丁説非也。「効」與「效」通，方言十二：「效，明也。」　翔鳳案：此體莊子多用之，是楚、宋派文體，以戰國與春秋劃分，非是。

〔四〕王念孫云：「桀」字後人所加，下文「遇周武王」云云，專指紂而言，則無「桀」字明矣。　翔鳳案：言桀、紂一類昏君。下文以紂事證，桀事則省略之，王説拘泥。

〔五〕丁士涵云：「忠」疑「臣」字誤，唐武后「臣」作「恧」。　翔鳳案：賢臣與忠臣不同，「忠」字

不誤。

〔六〕翔鳳案：「不」同「否」。荀子賦篇「君子所敬而小人所不者與」，注：「小人所鄙也。」論語「予所否者」，論衡引作「鄙」。

〔七〕宋翔鳳云：「餔」與「處」不相蒙，「餔」當作「館」，「玉館」猶言璇室也。俞樾云：尹注曰「玉餔猶玉食」，然云「不足處」則當是居處之事。「餔」疑「圃」之假字，「餔」與「圃」並從甫聲，故得通耳。「玉圃」猶瑶圃也。楚辭涉江篇曰：「吾與重華遊兮瑶之圃。」張佩綸云：「餔」當作「鋪」，説文：「鋪，箸門鋪首也。」長門賦、蜀都賦、三輔黄圖均云「玉户金鋪」，景福殿賦曰「銀鋪」，此曰「玉鋪」，更侈於金銀矣。翔鳳案：説文：「餔，日加申時食也。」檀弓「何以處我」，注：「猶安也。」餔食有晏安之義，諸人泥於居處，非是。

〔八〕陳奂云：「材」疑「列」字誤。張佩綸云：疑「材」字衍，否則有脱文。姚永概云：「材女樂」不成辭，「材」字當屬上句。「馳馬千駟」故乘材不足，言木不給用也。郭沫若云：「材」疑「林」字之誤，其上脱「肉」字。史記殷本紀紂「以酒爲池，懸肉爲林，使男女倮，相逐其間，爲長夜之飲」。張守節正義引太公六韜云：「紂爲酒池，迴船糟丘而牛飲者，三千餘人爲輩。」翔鳳案：姚説是。左哀元年傳「駕而成材」，是其證矣。

〔九〕姚永概云：「鍾石」當作「金石」。翔鳳案：禮記明堂位「垂之和鐘」，假爲「鍾」。鐘石猶磬石也。詩鐘磬同音，以雅以南。非八音，不必爲金石也。

〔一〇〕翔鳳案：房注「言不爲君致死」，與下文「卒莫有人」相合，其言不可易也。

〔一一〕許維遹云：淮南子原道篇高注：「營，惑也。」

〔一二〕王念孫云：「度」、「路」爲韻，「時」、「菑」爲韻，今本「路」作「踣」，乃後人不知古義而妄改之。下文「亡國路家」，今本「路」作「踣」，亦是後人所改。邵作舟云：「國家踣」當作「國亡家路」，下文承此。張佩綸云：吕氏春秋行論篇引詩曰「將欲毁之，必重累之；將欲踣之，必高舉之」，注：「踣，破也。」「踣」讀爲剖，與「舉」爲韻，似不必改爲「路」。翔鳳案：左襄十一年傳：「踣其國家。」「踣」從足，音聲，音與度叶，張言是也。

〔一三〕翔鳳案：説文：「爭，引也。」謂彼此競引物也。段注：「凡言爭者，皆謂引之使歸於己。」孝經「在醜不爭」，注：「競也。」「舉」爲兩手對舉，「爭」從受，爲兩手合力，義正相連。趙本改「爭」爲「事」，妄矣。

夫倉庫非虚空也，必侈費無度，故空。**商宦非虚壞也**，必棄本逐末，故壞也。**法令非虚亂也**，必上替下陵，故亂。**國家非虚亡也**。必倒道背理，故亡也。**彼時有春秋，歲有敗凶**〔一〕，**政有急緩**。**政有急緩，故物有輕重**。政急物輕，政緩物重。**歲有敗凶，故民有義不足**〔二〕。歲既敗凶，雖有義事，不足以行其禮。**時有春秋，故穀有貴賤**，春穀貴，秋穀賤。**而上不調淫**〔三〕，**故游商得以什伯其本也**。淫，過也。謂穀物過於貴賤，則上當收散以調之。此之不爲，故游商得什百之贏，以棄其本也。**百姓之不田，貧富之不訾**〔四〕，**皆用此作**。訾，限

也。皆從不調淫而作也。城郭不守，兵士不用，皆道此始。道，從。夫亡國踣家者，非無壤土也，其所事者，非其功也。夫凶歲雷旱〔五〕，非無雨露也，其燥濕，非其時也。亂世煩政，非無法令也，其所誅賞者，非其人也。暴主迷君，非無心腹也，其所取舍，非其術也。

〔一〕戴望云：「凶」疑「豐」字之壞，穀梁莊二十九年傳「豐年補敗」，注：「『敗』爲凶年。」「豐」、「敗」二字相對。陶鴻慶云：此及下文「敗」，皆「賑」字之誤，説文：「賑，富也。」「賑」與「凶」兩文相對，與「時有春秋」、「政有急緩」同例。富歲則民羨，凶歲則不足，故下文云「歲有賑凶，故民有羨不足」也。翔鳳案：「敗」、「凶」二字相連，非誤字。豐歲不必言，下文「凶歲雷旱」亦然。

〔二〕王念孫云：「義」當爲「羨」，字之誤也。後國蓄篇、輕重乙篇多言「羨不足」，尹注非。翔鳳案：上文言「敗凶」，下文言「凶歲雷旱」，皆未舉豐年，則「義」之非「羨」，明矣。「義」同「我」，詳侈靡。説文：「我，施身自謂也。或説：我，頃頓也。」「我」，古「俄」字。公羊桓二年傳「俄而可以爲其有矣」，注：「須臾之間，創得之頃也。」凶歲突臨，故民有俄不足也。

〔三〕張佩綸云：「淫」疑係「準」之誤，輕重篇屢見。章炳麟云：尹注「淫，過也。謂穀物過於貴賤，則上當收散以調之。此之不爲，故游商得什伯之赢以棄其本也」，此説似失之。「淫」當爲「徭」之誤。「徭」字古祇作「繇」，韓勑碑云「邑中繇發」，是「繇」與「發」義相同。漢書鼂

錯傳「上方與錯調兵食」，注：「調，謂計發之也。」王莽傳「皆得自調」，注：「調，謂發取也。」食貨志「迺調旁近郡」，注：「調，選發之也。」是「調」與「發」義亦相同，則「調傜」亦同義。繇役與徵調既同義，則繇與均調引申亦爲同義。蓋徵調本均調之引申，故繇役亦得有均調之義。傜役之爲均調，猶賦之爲平均也。（方言：「平均，賦也，燕之北鄙，東齊北郊，凡相賦斂，謂之平均。」）然則調傜猶言均調，言有輕重羨不足貴賤之殊，而上不爲平準均輸等法以均調之，則游商之利息得什伯其本矣。翔鳳案：書無逸「則其無淫于觀、于逸、于遊、于田」，鄭注：「淫者浸淫不止。」謂不調其浸淫不止者，非誤字。

〔四〕豬飼彦博云：「訾」疑當作「齊」。下篇倣此。許維遹云：後漢書馮勤傳李賢注：「『訾』與『資』同。」考工記鄭注：「故書『資』作『齊』。」然則「訾」之通「資」，猶「訾」之通「齊」。「貧富之不訾」，言貧富之不齊。

〔五〕丁士涵云：「雷」乃「霖」字誤，爾雅：「久雨謂之淫，淫謂之霖。」左傳：「凡雨自三日以往爲霖。」若作「雷」，失其誼矣。張文虎云：「雷旱」二字不相比坿，據下文云「非無雨露」，則此句專言旱，疑「雷」乃「畱」字之譌。翔鳳案：「雷」字不誤，「雷」亦災也。立政「修火憲，敬山澤林藪積草」，是其證。

故明主有六務四禁。六務者何也？一曰節用，二曰賢佐，三曰法度，四曰必誅，五曰天時，六曰地宜。四禁者何也？春無殺伐，無割大陵，割，謂掘徙之也。倮大

衍〔一〕，倮，謂焚燒令蕩然俱盡。伐大木，斬大山，行大火，誅大臣，收穀賦〔二〕。凡此春之禁也。夏無遏水，達名川，謂偃塞小水合大水。塞大谷，動土功，射鳥獸。凡此夏之禁。秋毋赦過釋罪緩刑。冬無賦爵賞禄，傷伐五藏〔三〕。五穀之藏。故春政不禁，則百長不生。夏政不禁，則五穀不成〔四〕。秋政不禁，則姦邪不勝。冬政不禁，則地氣不藏。四者俱犯，則陰陽不和，風雨不時，大水漂州流邑，漂，流。謂滿溢於堤防，故漂流城邑。大風漂屋折樹〔五〕，火暴焚，地燋草〔六〕，旱甚則草燋。天冬雷，地冬霆。霆，震。草木夏落而秋榮，蟄蟲不藏，宜死者生，宜蟄者鳴，苴多螣蟇，苴，謂草之翳薈。山多蟲蟁〔七〕。蟁，即蚉。六畜不蕃，民多夭死，國貧法亂，逆氣下生。故曰：臺榭相望者，亡國之廡也。馳車充國者，追寇之馬也。追，猶召也。言馳車所以召寇。羽劍珠飾者，斬生之斧也。文采纂組者，燔功之窰也〔八〕。明王知其然，故遠而不近也。能去此取彼，則人主道備矣〔九〕。此，謂珠飾等物。彼，謂節用愛民。

〔一〕洪頤煊云：「倮」當作「僇」，輕重己篇「作毋戮大衍」，古通作「勠」，謂盡其力也。尹注非。

王念孫云：洪謂「倮」當爲「僇」，是也。俗書「僇」字或作「傈」，與「倮」字相似而誤，「僇」即「瞜」字也。說文：「瞜，燒種也。」漢律曰：「瞜田茠艸。」玉篇：「力周切，田不耕，火種也。」淮南地形篇注曰：「下而汚者爲衍。」「瞜」、「僇」古字通，「僇大衍」者，謂火焚其草木也。輕

重己篇「僇」作「戮」，古者「戮」、「勠」二字竝與「瞜」同音。（湯誥釋文曰：「勠，説文『力周反』。」成十三年左傳「勠力同心」，釋文「勠，嵇康『力幽反』」，吕静韻集「與『飂』同」。漢書高祖紀「臣與將軍戮力攻秦」，師古曰：「『戮』音力竹反，又力周反。」古今人表「廖叔安」，師古曰：「左氏傳作『戮』，同音力周反，又力授反。」是「戮」、「勠」二字音與「瞜」同也。）故「瞜」通作「戮」，又通作「僇」也。吕氏春秋上農篇曰「山不敢伐材下木」，即此所謂「無伐大木」也。又曰「澤人不敢灰僇」，即此所謂「無僇大衍」也。　翔鳳案：月令：「其蟲倮。」幼官：「以倮獸之火爨。」「倮」爲「裸」之别體。　楚辭憂苦「巡陸夷之曲衍兮」，注：「澤也。」孟子「益烈山澤而焚之」，「倮」謂燒火，即下文「行大火」，非誤字。

〔二〕王念孫云：續漢書五行志注引作「收穀賦錢」，是也。説文：「賦，歛也。」「賦錢」與「收穀」對文。　翔鳳案：揆度「輕重五穀以調用」，以穀爲賦，春防糧荒，故禁之。若賦錢，何必禁於春乎？　王説誤。

〔三〕翔鳳案：冬禁傷伐五藏，與地氣不藏有關，山海經有五藏山經，則「五藏」指五方之山言，發土太多，大雨挾泥沙俱下，爲人害也。

〔四〕孫星衍云：續漢書五行志注引作「春政不禁則五穀不成，夏政不禁則草木不榮」。

〔五〕孫星衍云：「漂」，當依續漢志注作「飄」。

〔六〕王念孫云：「火暴」當爲「暴火」，與「大水」、「大風」對文。「焚地燋草」，亦與上二句對文。

「燋」與「焦」同。尹注非。　翔鳳案：俗語謂大風大雨並至爲「風暴」，與「暴風」不同。則「火暴」兼風而言，王説謬。

〔七〕宋翔鳳云：「苴」通「菹」，趙岐孟子注：「菹，澤生草者也，今青州謂澤有草者爲『菹』。」王念孫云：「蟲蠹」即「蟲螟」，月令曰「蟲螟爲害」，是也。　孫詒讓云：詩小雅大田云：「去其螟螣。」「螣」即「蟘」之借字。此「蟇」當爲「蠹」之變體，「螣蠹」猶詩言「螟螣」也。「蟲」下「蠹」字當作「蟁」。説文䖵部云：「蟁，蟁。或從昏。蚊，俗蟁從虫從文。」尹所見本「蟁」字尚不誤，故注云「『蟁』即『𧍪』」。（「𧍪」即「蚊」之變體，輕重丁篇作「蟁」。）傳寫譌「蟁」爲「蠹」，校者疑其與「蠹」複，因復改上「蠹」爲「蟇」。不知説文「蟆」爲蝦蟆字，既不當與「螣」竝舉，而「蠹」又不得與「𧍪」同字，正文與注皆不可通矣。　王校又謂「『蟲蠹』即『蟲螟』」，於義雖可通，而非尹注本之舊。　翔鳳案：詩大田傳：「食葉曰螣。」月令注：「蝗之屬，不生於翳薈中。」説文：「螣，神蛇也。」王筠謂：「淮南人呼此爲蟒螣。」本草：「蝦蟆一名蟾蜍，棲苴澤中，爲五毒之一。」「螟」從虫，「蟁」從䖵，則「蠹」爲「蟁」之別體，非「螟」字也。孫説誤。

〔八〕丁士涵云：「生」讀爲性。呂覽本生篇：「命之曰伐性之斧。」説苑敬慎篇：「徼幸者，伐性之斧也。」　張佩綸云：「窰」俗字，與「廡」、「馬」、「斧」非韻。説文：「窰，燒瓦竈也。」「匋，瓦器也，史篇讀與『缶』同。」史記鄒陽傳索隱引韋昭：「陶，燒瓦之竈。」是「窰」、「匋」易溷之證。此「窰」即是「匋」之誤字。當是管子故書作「匋」，讀爲釜，「缶」、「釜」雙聲。水經濟水注「陶

邱」，墨子以爲「釜邱」，是其證。「燔功之釜」者，韓詩外傳「繭之性爲絲，弗得女功燔以沸湯，抽其統理，不成爲絲」，是燔絲以釜，明矣。今以文采纂組害女功，故曰「燔功之釜」，「釜」與「廡」、「馬」、「斧」爲韻。翔鳳案：說文「窯，燒瓦窯竈也」。段注：「緜詩鄭箋云：『復穴皆如陶然。』是謂經之『陶』，即『窯』之假借也。緜正義引說文：『陶，瓦器竈也。』蓋其所據乃缶部匋下語。『匋』、『窰』蓋古今字。」「窰」亦作「窑」，亦從缶得音也。舌上讀舌頭，「窯」正讀陶。「陶」從缶得聲。「寶」讀俘，公羊莊六年「齊人來歸衛寶」，即通作「俘」。「窑」讀俘，可韻。

〔九〕王念孫云：五行志注引作「則王道備矣」，於義爲長。張佩綸云：此一節非七臣七主篇文，淺人誤置於此，故改「王道備」爲「人主道備」以牽合之，而不知節中「暴主迷君」、「明王」顯與上「七主」牴牾。得續志注一證，尤明。翔鳳案：篇首言「以還自鏡」，則善者可法，惡者可戒，兼在其内，故云「備」。王、張不達此義。

法律政令者，吏民規矩繩墨也〔一〕。夫矩不正，不可以求方。繩不信，音申。不可以求直。法令者，君臣之所共立也。權勢者，人主之所獨守也。故人主失守則危，臣吏失守則亂。罪決於吏則治，有罪者，吏必能決。決之，故理。權斷於主則威，民信其法則親。是故明王審法慎權，下上有分。下慎罰，上執權，各有其分也。

夫法者，所以興功懼暴也。律者，所以定分止爭也。令者，所以令人知事也〔二〕。

夫凡私之所起，必生於主。主不好本則私生。夫上好本，則端正之士在前。本，謂道德之政。上好利，則毀譽之士在側〔三〕。好利則傾巧，故毀譽之士在側。上多喜善賞不隨其功〔四〕，則士不爲用。雖曰好善，及其有功則不能賞，故曰「士不爲用」。數出重法而不克其罪，則姦不爲止〔五〕。克，謂勝伏。明王知其然，故見必然之政，立必勝之罰，故民知所必就，而知所必去。推則往，召則來，如墜重於高，如瀆水於地。以譬招來之易也。故法不煩而吏不勞，民無犯禁。故有百姓無怨於上〔六〕，上亦法臣法，言亦爲臣立法。斷名決，無誹譽〔七〕。依名而斷決，則理當而事愜，故無誹譽。故君法則主位安，臣法則貨賂止，而民無姦。嗚呼美哉！名斷言澤〔八〕。依名而斷，則其言順而澤。

〔一〕何如璋云：「令者」上脱「政者」一句，觀下申言「法律政令」，足證。郭沫若云：「令者」當作「政者」。政令不可分，正篇云「政以令之」，又「出令當時曰政」。翔鳳案：行政以令，「令」字不誤。

〔二〕安井衡云：古本「吏」作「使」。「使」，使令也。戴望云：説文：「吏，治人者也。」此「吏」當訓爲治，不必改「使」字。顔昌嶢云：文意蓋言法律政令者，乃官吏人民之規矩繩墨也。故下文云「法令者君臣之所共立也」，又云「臣吏失守則亂」，謂臣吏不守法律政令則亂也。又云「罪決於吏則治」，即謂臣吏依法律政令則治也。此「吏」字即「臣吏」之「吏」，不必

改爲「使」，亦不必訓爲「治」。

〔三〕豬飼彦博云：商子（修權篇）曰：「君好法則端直之士在前，君好言則毁譽之臣在側。」「利」當作「言」。　翔鳳案：「本」指農；「利」指商，即末，非誤字。

〔四〕豬飼彦博云：「善賞」猶「重賞」也。「不」上脱「而」字。　戴望云：元刻「賞」下有「而」字，是。　李哲明云：此段主論賞，不主好善，當於「賞」字斷句，注非。「善」字，蓋即涉「喜」字形似而衍。「不隨」上當有「而」字。　翔鳳案：荀子非相「凡人莫不好言其所善」，注：「謂己所好尚也。」「善賞」即「好賞」，非衍文，李説誤。

〔五〕王引之云：「克」讀爲核，「不克其罪」，謂不核其罪之虚實也。吕刑曰「其罪惟均，其審克之」，漢書刑法志引作「其審核之」，是其證矣。　尹注非。　李哲明云：「克」蓋「充」字之誤。「充」書作「克」，與「克」最似，往往致淆。「不充其罪」，猶言不當其罪。充，當也。漢書楊雄傳注、後漢班彪傳注並云「充，當也」，是其義。　翔鳳案：説文：「克，肩也。象屋下刻木之形。」釋名釋言語：「克，刻也。刻物有定處，人所克，念有常心也。」王説是也。

〔六〕王念孫云：「有」，即「百」字之誤而衍者。　翔鳳案：論語「有朋自遠方來」，釋文本作「友」。左昭二十年傳「是不有寡君也」，注：「相親有也。」「故有」即「親友」。

〔七〕王念孫云：「臣」下當有「亦」字，「上亦法，臣亦法」，謂君臣皆守法也。下文「君法」、「臣法」，即承此文言之。　丁士涵云：「臣」下脱「亦法」二字。「上亦法」句，「臣亦法」句，「法斷名

決」句，「無誹譽」句。知者以下文「君法則主位安，臣法則貨賂止，而民無姦」，兩句分承，故此當平列也。「名」讀如刑名之名。凡罪人姓名以及某罪在大辟，某罪在小辟，皆是法斷則名決，而民亦無誹譽也。俞樾云：尹注曰「依名而斷決」，則其所據本當作「名斷決」，故下曰「名斷言澤」。何如璋云：「上亦」二字乃「矣」之譌，連上爲句者。「法臣」爲目，與下六臣一例。陶鴻慶云：「亦」字當在「臣」字下，「上法臣亦法」，乃結上起下之辭。張佩綸云：當作「主法臣亦法，法臣法斷名決」。蓋主誤作「上」，「亦」上挩「法臣」二字，「法」上又挩一「法」字。「法臣法斷名決」者，以法與名斷決之也。下文「諂臣貴而法臣賤」，是臣之「一是」者爲「法臣」明甚。非此則七臣不全，有「六過」而無「一是」矣。翔鳳案：法爲君臣所共守，故云「上亦法臣法」。孟子：「下無法守也。」荀子正名：「刑名從商，爵名從周，文名從禮。」

〔八〕許維遹云：説文言部「言」從辛聲，辛部「辛」訓「辠」，則「言」與「辛」同義。「獄」從言得義，則「言」猶獄也。周禮大司徒「凡萬民之不服教而有獄訟者」，鄭注：「爭罪曰獄。」「澤」讀爲釋，「釋」，判別也。「名斷言澤」，意謂依名而斷其罪，有獄訟者而判別之也。尹注釋「言澤」爲「言順而澤」，非其旨矣。翔鳳案：論語：「片言可以折獄。」夏小正「農及雪澤」，借爲「釋」。説文：「釋，解也。」許説是也。「哉」古讀兹，與「釋」爲韻。郭沫若改「澤」爲「殫」，非是。

飾臣克親貴以爲名，虚名求實之飾。克，勝也。謂不求親貴以自克勝，持此爲名。**恬爵禄以爲高。**佯①棄爵禄，以自安恬，以此爲高。**好名則無實，**美名外揚，内實必喪。**爲高則不御。**恬爵禄者，君不能御也。**故記曰：無實則無勢，**勢必以實生。**失轡則馬焉制〔一〕。**制馬必以轡，制臣必以禄。**侵臣事小察以折法令，**枉法行事謂之侵。**好佼反而行私請〔二〕。**佼，謂很詐也。背理爲反。**故私道行則法度侵，**不侵法度，則無以成其私。**刑法繁則姦不禁，主嚴誅則先民心〔三〕。亂臣多則造鍾鼓，衆飾婦女，以惛上故〔四〕。上惛則隟不計而司聲直禄〔五〕，**上既惛暗，雖有危亡之隟，不能計度而知之。其司聲之官，直得禄而已，不憂其職務也。**是以諂臣貴而法臣賤，此之謂微孤〔六〕。**諂貴法賤，則危亡日至，故其君衰微而孤獨。**愚臣深罪厚罰以爲行，**深文入罪，厚致其罰，此愚臣之行。**重賦斂，多兑道，以爲上〔七〕，**兑，悦也。謂多賦斂以悦道於君。**使身見憎而主受其謗。**厚罰多斂，人必憎之。**故記稱之曰：愚忠讒賊，此之謂也〔八〕。**愚臣雖有忠②於主，乃比之讒賊。**姦臣痛言人情以驚主，**痛，甚極之辭。**開罪黨以爲讎。**開引罪黨，上聞於君，與之爲讎。**除讎則罪不辜，**彼但讎

① 「佯」字原作「任」，據補注改。
② 「忠」字原作「損」，據校正改。

耳，未必皆有罪。今而除之，則罪不辜之人也。罪不辜則與讎居。既殺不辜，則人皆讎己，故所與居者，莫非讎也。故善言可惡以自信，而主失親〔九〕。好言可惡之事以告於君，此求君之信己也。君果信之，則失其所親也。亂臣自爲辭功禄〔一〇〕，明爲下請厚賞，己有功，當得禄，則佯辭之，以爲名①。其下未必當賞，則明然爲之請，以求衆②心也。居爲非母，動爲善棟〔一一〕，其居也，與衆非③者爲母。其動也④，與佯爲善者爲⑤棟梁也。以非買名，以是傷上〔一二〕，其所以買名者用非道，雖曰爲之必傷於上。而衆人不知，之謂微攻〔一三〕。言爲僞善漸攻於君。

〔一〕張佩綸云：法法篇：「人君之所以爲君，勢也，故人君失勢，則臣制之矣。」用親貴，任舉虚名無實之士，則君之勢失，受制于臣，故曰「無實則無勢」。

〔二〕劉績云：疑作「交友」。豬飼彦博云：「佼」古本作「狡」，觀注可見。張榜本作「交友」，

① 「名」字原作「以」，據補注改。
② 「衆」字原作「志」，據補注改。
③ 「非」字原作「犯」，據補注改。
④ 「也」字原無，據補注增。
⑤ 「與」字原作「以」，「者」下「爲」字原作「之」，據補注改。

是。王念孫云：明法篇曰「民務交而不求用」，又曰「十至私人之門，不一至於庭」，明法解「交」作「佼」。張文虎云：「佼」字本作「交」，譌爲「友」，兩本竝存，遂爲衍字耳。此處不得有「友」字。張佩綸云：法禁篇「以朋黨爲友」，即「好佼友」也。翔鳳案：房注「『佼』謂佷詐也，背理爲『反』」，意謂「佼」假爲「狡」。形勢「烏鳥之狡，雖善不親」。此「佼」、「狡」互假之證，其言是也。「反」字不誤，諸人自不解耳。

〔三〕翔鳳案：「先」，趙本作「失」，此以意改也。此就「侵臣」言之，「先」假爲「洗」。易繫辭上傳「聖人以此洗心」，蜀才作「先」。漢書百官公卿表「太子先馬」，續百官志作「洗馬」。繫辭劉注：「洗，盡也。」書酒誥「自洗腆」，馬注：「盡也。」孟子「盡心焉耳矣」，是「先心」也。主嚴誅責，則爲民盡心，以收攬民心，是爲「侵臣」。若作「失民心」，何以爲「侵臣」乎？趙本之謬如此。

〔四〕陳奂云：「亂臣」爲六臣之一，在下文。此「亂臣」當作「諂臣」。下文云「是以諂臣貴而法臣賤」，是其明證。

〔五〕張佩綸云：「隟不計」當作「四鄰不計」，應上文。「直禄」當爲「置禄」，周語注：「置，猶廢也。」許維遹云：「則」下脱「四」字，俞樾已校及矣。「直」、「徒」雙聲同義，詩中谷有蓷篇鄭箋：「徒，空也。」言司樂之官空食其禄而已。翔鳳案：郭沫若謂「故」字當屬上讀，是也。然謂「『故』亦智也」則非是。楚語「天有其故」，注：「意也。」淮南氾論訓「問其故」，注：

「意也。」「惛上故」，惛上意也。「隟」字不見説文，唐王美暢夫人墓誌銘「隙」作「隟」，則「隟」乃隸變。與四鄰無關，張説誤。孟子「直不百步耳」，注：「但也。」漢書高帝紀注：「但，空也。」「直」不訓徒，雖可通，而多一轉折矣。

〔六〕張佩綸云：説文：「微，隱行也。」翔鳳案：左哀十六年傳「白公奔山而縊，其徒微之」，注：「匿也。」張引説文而删「春秋傳曰：白公其徒微之」十字，文意不顯。

〔七〕豬飼彦博云：「兑道」疑當作「税租」。「爲」如字。「上」、「尚」同。安井衡云：「兑」當爲「税」之壞字，「多兑道」，多税斂之道也。許維遹云：荀子議兵篇楊注：「『兑』猶聚也。」晉語韋注：「聚，財衆也。」「多兑道」言多聚財衆之道，則「兑」非「税」之壞字明矣。翔鳳案：説文：「兑，説也。」本古「悦」字。孟子「不得不可以爲悦」，朱駿聲以爲「敓」之借，説文訓「彊取」。詩緜「行道兑矣」，傳：「成蹊也。」謂多闢聚財之道，彊取於民以悦其君。「税」從兑，亦有悦義。詩「説於農郊」，注：「説，本或作『税』。」三説皆通，特未能圓其説耳。

〔八〕王念孫云：「愚忠」本作「愚臣」，即承上文「愚臣」而言，故尹注亦作「愚臣」。此作「愚忠」者，唐武后改「臣」爲「恴」，因脱其上畫而爲「忠」矣。翔鳳案：「忠」字不誤。愚忠本爲主，不明事理，而有損於其主，房注誤在「雖」字。

〔九〕豬飼彦博云：「故善言可惡以自信而主失親」，言君忌惡善言，驕亢自信，而失宗族之心也。此二句不與上文貫接，疑上脱「讒臣云云」之文，若然，則合七臣之數。篇題既曰七臣七主，

豈有兩物同名及列六不列一之粗謬乎哉？張佩綸云：吕覽「以爲姦人除路」，注：「除，猶開通也。」「信」當爲「伸」，姦臣自伸其説，則善言可以爲惡，則主無親臣矣。陳鴻慶云：據尹注，「善言可惡」當作「喜言可惡」。翔鳳案：吕氏春秋圜道：「人之竅九，一有所居則八虚。」「居」有蔽錮之義。漢書袁盎傳「後雖惡君」，注：「謂譖毁之，言其過惡。」善言其可惡者以自伸，張以「信」爲「伸」，是也。

〔一〇〕劉績云：前有「亂臣」，此「亂」字誤。許維遹云：「爲」與「僞」通。尹注云「己有功，當得禄，則佯辭之以爲名」，亦釋「爲」爲「僞」。

〔一一〕陳奂云：「母」當爲「毌」，「毌」，古「貫」字。爾雅曰：「貫，事也。」説文曰：「楝，極也。」居爲非事，而動爲善極，此所謂以非買名也。尹注非。張文虎云：「居爲非母」，謂陰爲衆惡之母。「動爲善楝」，謂襲衆善以自予也。「楝」者椽所聚。李哲明云：陳云「楝，極也」，誠然。至改「母」爲「毌」，於義雖通，失原書字法句法矣。且「非事」亦未成語，不可從。尹注順文解之，未遂爲非。

〔一二〕張文虎云：「非」、「是」二字疑當互易，謂己擅其功，歸過於上也。張佩綸云：「以非買名」，終軍云「矯作威福以從民望」，是也。李哲明云：言居爲衆非之母，指爲下請厚賞事，即注所云「其下未必當賞，而明爲之請以求衆心」，其買名如此。動則託爲善之極，指上文辭功禄，言詐欺其上，非傷上而何？張氏（文虎）謂「非」、「是」二字當互易，亦未可據。

〔一三〕陳奐云：「之」上脱「此」字。「此之謂微攻」，與上文「此之謂微孤」同一句例。張文虎云：七臣亦六過一是，此止存六過，蓋下有脱文。翔鳳案：「微」爲隱匿，已見上文。「衆人不知，之謂微攻」，以衆人不知形容「微」字，一字不誤。以爲脱「此」字，非也。

禁藏第五十三

翔鳳案：以篇首二字而名禁藏，如莊子之外物、馬蹄、秋水。論語、孟子均以篇首二字爲名，此當時通例。

禁藏於胷脅之内，而禍避於萬里之外，能以此制彼者，唯能以己知人者也。言度己以察彼，則無隱情，故姦謀藏於胷脅。姦藏禍息，故遠避於萬里之外。彼不能興姦生禍，則我能制之。凡此，皆以己知人故也。夫冬日之不濫，非愛冰也。濫，謂泛冰於水以求寒，所謂濫漿。夏日之不煬，非愛火也〔一〕。爲不適於身，便於體也〔二〕。冬之冰，夏之火，皆於身體不適便。夫明王不美宫室，非喜小也。不聽鍾鼓，非惡樂也。爲其傷於本事，而妨於教也。美宫室，聽鍾鼓，則傷事而妨教。故先慎於己而後彼，官亦慎内而後外，内則本務，外

則末業，君慎之則臣効。民亦務本而去末〔三〕。官慎之則民①效也。居民於其所樂，居其所樂，則敦土而不遷。事之於其所利，事其所利，則不勸而自勵。賞之於其所善，賞其所善，則皆悦而立功。罰之於其所惡〔四〕，罰其所惡，則忌慎而無犯。信之於其所餘財，君人者莫不有餘財，期賞而必，故曰信。功之於其所無誅〔五〕。必勝殘息誅，然後可以爲成功。於下無誅者，必誅者也。有誅者，不必誅者也。有罪不必誅，故誅不息也。有罪必誅，故能息。所謂以刑止刑，以殺止殺也。以有刑至無刑者，其法易而民全。刑玆無赦，人不敢犯，故曰「以有刑至無刑」。若此者，其法簡易，而民完全。以無刑至有刑者，其刑煩而姦多。緩誅宥死，人則輕而犯之，故曰「無刑至有刑」。若此者，其刑繁漫，而姦人多。夫先易者後難〔六〕，無刑至有刑，故曰「先易而後難」。先難而後易，有刑至無刑，故曰「先難而後易」。萬物盡然。皆同之於用法。明王知其然，故必誅而不赦，必賞而不遷者，非喜予而樂其殺也〔七〕，所以爲人致利除害也。賞不遷，非喜與。誅不赦，非樂殺。然必其誅賞，則爲人致利除害故也。於以養老長弱〔八〕，完活萬民，莫明焉〔九〕。言養老活人，無明於必誅賞。夫不法法則治〔一〇〕。言不法者，必以法正之，故治。法者，天下之儀也，儀，謂表也。所以決疑而明是非也，百姓

① 「民」字原作「主」，據補注改。

所縣命也，刑罰一差，人無所措手足，故曰縣命。故明王慎之。不爲親戚故貴易其法，故，謂恩舊。吏不敢以長官威嚴危其命〔一一〕，危，謂毀敗。民不以珠玉重寶犯其禁。所謂君無欲焉，雖賞之不竊。故主上視法嚴於親戚〔一二〕，不爲親戚易法，故法嚴。吏之舉令，敬於師長。不爲師長危令，故令敬也。民之承教，重於神寶〔一三〕。不爲重寶犯禁，故教重。夫寶有靈，故曰神寶。故法立而不用，刑設而不行也。無犯之人，則無所用其刑法。夫施功而不鈞，位雖高，爲用者少。施功，謂施恩於有功者。施恩不鈞，則有功者怨，故雖有高位，人不爲用。赦罪而不一，德雖厚，不譽者多。赦罪不一，則毒流不幸，雖有厚德，人誰譽之。舉事而不時，力雖盡，其功不成。方冬植禾，雖勤似后稷，不能成其①嘉苗。刑賞不當，斷斬雖多，其暴不禁〔一四〕。夫公之所加，罪雖重，下無怨氣。私之所加，賞雖多，士不爲歡〔一五〕。行法不道衆〔一六〕，民不能順。有道之人，必順於道。舉錯不當衆，民不能成。衆尚不成，況無衆乎。不攻不備，夫設備者，必防攻也。當今爲愚人〔一七〕。

〔一一〕戴望云：內則「有濫」，以周官六飲校之，「濫」即涼也。吕覽節喪篇「鐘鼎壺濫」，注云：「以冰置水漿於其中爲『濫』。」則「濫」近小招所謂「凍飲」者。張佩綸云：據韓詩外傳「冰」

① 「其」字原作「以」，據補注改。

當作「水」，「水」、「火」、「體」韻，「小」、「樂」、「教」韻。　翔鳳案：説文：「鑑，大盆也。」天官凌人「祭祀共冰鑑」，注：「鑑如甀，大口，以盛冰。」莊子「同濫而浴」，借「濫」爲「鑑」。注水於鑑中曰濫，説文訓「氾」。家語三恕篇：「夫江始於岷山，其源可濫觴。」謂注水於盤而洗盃也。地員「濫車之水」，亦謂注車。冬日不以冰注於鑑中，故云「非愛冰也」。作「水」者大謬。非韻文。

〔二〕戴望云：御覽引「便」上有「不」字，據尹注亦有「不」字，今本脱。　翔鳳案：「不」字貫下二句，再增「不」字謬。

〔三〕陳奂云：「彼」衍字，「後」與「彼」形相近而譌，併入之耳。「官亦慎内而後外，民亦務本而去末」，二句對文。言明王先慎於己，而後官民胥効也。　張文虎云：陳君謂「彼」字衍，非也。「彼」與「己」正相對，正承篇首「以此制彼，以己知人」來，疑當衍「於」字。「官」字當作「臣」。　許維遹云：張（文虎）説是也。惟「於」字不衍，「官」亦訓「臣」，見呂氏春秋愛士篇高注。　翔鳳案：「己」與「彼」、「内」與「外」、「本」與「末」均相對，非衍文，但不韻耳。

〔四〕陶鴻慶云：「善」當爲「喜」字之誤，「喜」與「惡」對文。尹注云「賞其所善，則皆悦而立功」，「善」亦當作「喜」，「悦而立功」正釋其義。　翔鳳案：善惡亦相對，何必改？古人於善惡之惡、好惡之惡無别。

〔五〕丁士涵云：「信」讀爲屈信之信，言上不奪取之也。　張佩綸云：「所餘財」當作「所予」。

「所無誅」，「無」字涉下而衍。曲禮下注：「『予』、『余』古今字。」周禮委人注：「『余』當爲『餘』，聲之誤也。」是「予」、「余」、「餘」易溷之證。「所予」、「所誅」與上四句一例，故下曰「非喜予而樂殺」。周禮太宰八柄「三曰予以馭其幸」，「八曰誅以馭其過」，「予」、「誅」即上文「賞」、「罰」。「功」讀爲公，詩六月傳：「公，功也。」樊安碑「以功德加位」作「以公德」，皆其證。公者，説文引韓子曰：「背厶爲公。」漢書張釋之傳：「法者，天子所與天下公共也。」

翔鳳案：論語「於予何誅」，責也。無可指責，則功之矣。不知其義而改之，謬。下四「誅」字同義。

〔六〕孫星衍云：依注，「者」當作「而」。翔鳳案：「者」指人，必不可少。

〔七〕王念孫云：「其」字，涉上文「知其然」而衍。尹注無。翔鳳案：「其」字指明王自己，非衍文。

〔八〕安井衡云：古本「弱」作「幼」。翔鳳案：孟子：「老弱轉乎溝壑。」老弱爲通用語，古本誤。

〔九〕張佩綸云：「莫明焉」當作「莫不明焉」，「不」字錯入「法法」上，宜乙正。金廷桂云：「莫明」當作不知解，猶孟子言「民日遷善而不知爲之者也」。下文「如鳥之覆卵，無形無聲而惟見其成」，可以爲證。翔鳳案：孟子：「晉國，天下莫强焉。」「莫明焉」，莫明於此也。諸説俱誤。

〔一〇〕豬飼彦博云：「夫不法」下疑脱「則亂」二字。王念孫云：「不」字涉上文而衍。「法法」者，守法也，言能守法則國必治也。故下文曰「不失其法然後治」。若反是，則謂之「不法法」，故法法篇曰：「不法法，則事毋常也。」尹注非。安井衡云：當作「不法法則亂，法法則治」，以「法」字複出而誤脱耳。

〔一一〕俞樾云：「危」者，「詭」之假字，曹大家注幽通賦曰：「詭，反也。」張佩綸云：吕覽驕恣篇注：「危，敗也。」禮記儒行注：「危，欲毁害之也。」原注「『危』謂毁敗」，本此。

〔一二〕張文虎云：「上」疑當作「之」，與下「吏」、「民」二句句法一例。翔鳳案：司馬遷報任少卿書「以求親媚於主上」。「主上」二字連文，非誤。

〔一三〕俞樾云：爾雅釋詁曰：「神，重也。」此言「神寶」即上言「重寶」，因句有重字，故變重言「神」耳。翔鳳案：山權數：「將御神用寶。」「東海之子類於龜，藏諸泰臺，一日而釁之以四牛，立寶曰無貲。」禮器：「諸侯以龜爲寶。」莊子外物：楚有神龜，「七十二鑽而無遺筴」。

〔一四〕王念孫云：「賞」字與下二句義不相屬，此涉下文「賞雖多」而衍。張佩綸云：當作「斷刑而不當，斬雖多，其暴不禁」，與上句一例。翔鳳案：刑與賞可並行，刑人而賞其與案有關者。王不察而疑「賞」爲誤字，非是。

〔一五〕張佩綸云：「歡」當作「勸」，本書屢見。許維遹云：「歡」、「勸」古字通用，不必改字。翔鳳案：孟子「而民歡樂之」，左昭九年傳注作「勸」。許説是也。

〔一六〕戴望云：宋本「行」作「刑」，「刑法」與下「舉錯」對文。翔鳳案：楊本作「行」。「道衆」，由衆也。莊子漁父：「道者，萬物之所由也。」集校誤以「道」字斷句。下文「皆道上始」，義同。

〔一七〕安井衡云：「令」當爲「命」，字之誤也。張佩綸云：「不攻不備，當今爲愚人」，無義。「攻」當作「政」，「令」當作「令」。疑本文作「政令不備，愚民不能常」，「政令」與「刑法」、「舉錯」對文。詩閟宫「魯邦是常」，箋：「常，守也。」「順」、「成」、「常」爲韻。翔鳳案：刑賞之用，以圖霸王。春秋列國並峙，有攻有備。不攻不備者，唯愚人耳。云「當今」，明周之盛時不然也。一字不誤，改爲「命」或「令」均誤。

故聖人之制事也，能節宫室、適車輿以實藏〔一〕，不費於宫室車輿，則庫藏自實也。則國必富，位必尊。能適衣服、去玩好以奉本，本，謂農桑。而用必贍，身必安矣。能移無益之事，無補之費，通幣行禮，而黨必多，交必親矣。移無益無補之費而行禮，故黨多交親也。夫衆人者，多營於物，而苦其力，勞其心，故困而不贍。營物過分，故勞而不贍①。大者以失其國，小者以危其身。凡人之情，得所欲則樂，逢所惡則憂，此貴賤之所同有也。近之不能勿欲，謂所好之物。遠之不能勿忘〔二〕，人情皆然，而好惡不同。

① 「贍」字原作「賤」，據補注改。

各行所欲，各以所欲行之。而安危異焉，適理而欲則安，背理而欲則危。然后賢不肖之形見也。夫物有多寡，而情不能等。賢者欲寡，不肖者欲多也。事有成敗，而意不能同。賢者意多成，不肖者意多敗也。行有進退，而力不能兩也。賢者能進，不肖者唯退也。故立身於中，謂多寡成敗進退之中也。養有節。宮室足以避燥濕，食飲足以和血氣，衣服足以適寒温，禮儀足以別貴賤，游虞足以發歡欣，棺槨足以朽骨，衣衾足以朽肉，墳墓足以道記〔三〕。道識其處，各有記也。不作無補之功，雖曰有功，於身無補。不爲無益之事，故意定而不營氣情。氣情不營，則耳目穀〔四〕，穀，善也。謂聰明不虧。衣食足。耳目穀，衣食足，則侵爭不生，怨怒無有，上下相親，兵刃不用矣。

故適身行義，儉約恭敬，其唯無福，禍亦不來矣〔五〕。禍福兩無①，乃善之至。驕傲侈泰，離度絶理，其唯無禍，福亦不至矣。禍福兩有，乃禍之至。是故君子上觀絶理者，以自恐也。觀絶理者致禍，故恐。下觀不及者，以自隱也〔六〕。隱，度也。度己有不及之事，當致②之也。故曰：譽不虚出，必出於行善。而患不獨生，必生於爲惡。福不擇家，雖賤

① 「無」字原作「來」，據校正改。
② 「致」字原作「故」，據補注改。

家行善，福亦來矣。禍不索人，雖貴人行惡，禍亦至矣。此之謂也。凡此，欲令脩己以致福，無恃貴以招禍。能以所聞瞻察，則事必明矣。謂耳所聞，目所瞻①，皆②能審察其是非。如此，則無事不明矣。

〔一〕俞樾云：「適」，節也。呂覽重己篇「故聖人必先適欲」，高注曰：「『適』猶節也。」 翔鳳案：「適」字自通，不必如俞所云。

〔二〕安井衡云：古本「忘」作「惡」。 翔鳳案：遠者易忘，「忘」字是，古本謬。

〔三〕張佩綸云：「足以道記」者，周禮冢人：「掌公墓之地，辨其兆域而爲之圖，以爵等爲邱封之度與樹數。」禮記檀弓篇：「孔子曰：吾聞之，古者墓而不墳；今丘也東西南北之人，不可以不識也。」 翔鳳案：廣雅釋詁四：「道，國也。」「國」即「域」字。

〔四〕豬飼彦博云：「營」同「熒」。「穀」當作「縠」，薄也，言耳目之欲薄少。 丁士涵云：當作「故意氣定而情不營，情不營則耳目穀」。心術下篇：「故曰毋以物亂官，毋以官亂心，此之謂內德。是故意氣定然後反正。」內業篇：「氣意得而天下服，心意定而天下德。」七臣七主篇：「此營於物而失其情者也。」 俞樾云：「穀」讀爲愨，禮記祭義篇「其親也愨」，正義

① 「瞻」字原作「贍」，據校正改。
② 「皆」字原作「則」，據校正改。

曰：「『慤』謂質慤。」氣情不營，則耳目質慤矣。尹讀如本字，非。翔鳳案：房注「穀，善也，聰明不虧」，不誤。

〔五〕豬飼彦博云：「唯」當作「雖」，言使其無福而禍必不來。下句倣此。戴望云：「唯」與「雖」同。張佩綸云：徐幹中論脩本篇引曾子曰：「人而好善，福雖未至，禍其遠矣；人而不好善，禍雖未至，福其遠矣。」大戴禮所録曾子各篇無之。陶鴻慶云：「唯」讀爲雖，言雖無福，亦必無禍也。下云「驕傲侈泰，離度絶理，其唯無禍，福亦不至矣」，語意與此同。尹注並非。翔鳳案：諸家訓「唯」爲「雖」，「其雖」未見有連用者，且下文「亦」字無義。「唯」仍訓惟。老子：「福兮禍所伏。」福非必可喜者，下文「福亦不至」，比之更顯。

〔六〕陳奐云：「隱」與「恐」義相近。「隱」當讀爲慇。爾雅釋訓曰：「慇，慇憂也。」字又作「殷」。毛詩「如有隱憂」，韓詩作「殷憂」。古「慇」、「殷」、「隱」三字皆同。尹注訓「隱」爲「度」，失之。張佩綸云：爾雅釋詁：「隱，度也。」原注同。「不及」，謂恐不能適身行義儉約恭敬也。既以絶理者爲戒，復以行義者爲度，而又恐其不及也。翔鳳案：陳説是。「憂」與「恐」相類。

故凡治亂之情，皆道上始。道，從也。事明財理，反是則亂也。**故善者圉之以害，牽之以利，**有害則圉，有利則牽。**能利害者，財多而過寡矣。**利害由己，則避害而取利。取利則財多，避害故過寡矣。**夫凡人之情**〔一〕**，見利莫能勿就，見害莫能勿避。其商人通**

賈〔二〕，倍道兼行，夜以續日，千里而不遠者，利在前也。疾至則得利，故速行而不倦也。漁人之入海，海深萬仞，就彼逆流〔三〕，謂海潮起，則水逆流。乘危百里，宿夜不出者，利在水也〔四〕。故利之所在，雖千仞之山，無所不上，深源之下〔五〕，無所不入焉。故善者，勢利之在，而民自美安〔六〕，勢利在身，則人美而安之。不推而往，不引而來，不煩不擾，而民自富。凡此，皆勢利之所致。如鳥之覆卵①，無形無聲，而唯見其成。夫勢利致人，若鳥之覆卵焉，雖無形聲，俄見其成也。

〔一〕吳汝綸云：「夫」字上屬。翔鳳案：「矣夫」作歎詞，管書未見，吳説非。利害指賞罰。

〔二〕郭嵩燾云：下文「漁人之入海」，則當云「商人之通賈」。而誤衍一「其」字，奪一「之」字。

翔鳳案：「其」字承「凡人」來，不可省。

〔三〕安井衡云：古本「彼」作「波」。翔鳳案：「波」字古本以意改。

〔四〕翔鳳案：「宿」從「佰」聲。「宿」，古文「夙」。周書寤儆「戒維宿」，注：「宿，古文『夙』。」「宿夜」即夙夜。

〔五〕王念孫云：「深源」當爲「深淵」。意林「淵」作「泉」，避唐高祖諱也，則本作「淵」，明矣。

〔六〕張佩綸云：「勢」當作「執」，禮記樂記注：『執』猶處也。」上文但言利之所在，未言勢之所在。

① 「卵」字原作「卯」，據纂詁改。下注文同。

「美」字，涉上「善」字而誤衍。處利之所在，而民自安，即上文「居之於其所樂，事之於其所利」。「民自安」與「民自富」句例同。翔鳳案：「勢」本作「埶」。漢書高帝紀：「地埶便利。」藝文志有形勢十一家。玉篇：「勢，形勢也。」古籀補：「者，古文以爲『諸』字。」故「善者勢」，即善諸形勢也。非誤字。説文：「美，甘也。」老子：「美其食，安其俗。」「美」字不當衍。

夫爲國之本，得天之時而爲經，經所以本之也。**得人之心而爲紀**〔一〕。紀所以總①之也。**法令爲維綱**〔二〕，維綱所以張也。**吏爲網罟，**網罟所以苞之。**什伍以爲行列，**行列所以開具②之也。**賞誅爲文武**〔三〕。賞則文，誅則武。**繕農具當器械，**農具既繕，則器械可脩也。**耕農當攻戰，**耕農之不怠，若攻戰之不退也。**推引銚耨以當劍戟**〔四〕，用銚耨者，必推引之，若劍戟擊刺。**被蓑以當鎧鑐**〔五〕，蓑，雨衣。被著之，所以禦雨露。若武備之有鎧鑐，著甲③周身若裼炙，故曰鑐。**菹笠以當盾櫓**〔六〕。取菹澤草以爲笠，若武備之有盾櫓也。**故耕器具則戰器備，**具耕器，則備戰用也。**農事習則功戰巧矣**〔七〕。習農，則當功戰。**當春三月，萩室熯造，**

---

① 「紀」字原作「則」，「總」字原作「紀」，據補注改。
② 「開具」二字原作「聞其」，據補注改。
③ 「甲」字原作「卑」，據補注改。

熯，謂以火乾也。三月之時，陽氣盛發，易生溫疫。楸木鬱臭，以辟毒氣，故燒之於新造之室，以禳祓也①。**鑽燧易火，杼井易水，所以去茲毒也**〔八〕。四時易火，至春則取榆柳之火，春時之井，又當復杼之，以易其水。凡此，皆去時滋長之毒。**舉春，祭塞久禱**〔九〕**，以魚爲牲，以糵爲酒，相召，**久禱而未報者，當享塞之。相召，謂因此時召親賓。**所以屬親戚也。毋殺畜生，毋拊卵**②**，**拊，謂③擊剥之也。**毋伐木，毋夭英，**英，爲草木之初生也。**毋拊竿**〔一〇〕**，**竿，笋之初生也。**所以息百長也。**所以生息百物之長。**賜鰥寡，振孤獨**〔一一〕**，貸無種，與無賦，所以勸弱民。**謂勸勉貧弱之人也。**發五正**〔一二〕**，**正，謂五官正也。**赦薄罪，出拘民**〔一三〕**，解仇讎，**仇讎者和解④令反去。**所以建時功，施生穀也。**謂及時立農功，施力爲生穀。凡此，皆春令。**夏賞五德，**五德，謂五常之德。**滿爵禄，遷官位，禮孝弟，復賢力，所以勸功也**〔一四〕。賢而有功，賞復除之。此皆夏令。**秋行五刑，誅大罪，所以禁淫邪，止盜賊。**凡此皆秋令。**冬**

① 「祓也」二字原作「祓」，據補注改。
② 「卵」字原作「卯」，據纂詁改。
③ 「謂」字原作「胃」，據補注改。
④ 「解」字原作「讎」，據校正改。

收五藏，五穀之藏。最萬物〔一五〕，最，聚。所以内作民也〔一六〕。凡此皆冬令①。四時事備，而民功百倍矣。於四時事皆備，故人有百倍之功。故春仁，夏忠，秋急，冬閉〔一七〕，生者，仁也。長者，忠也。收當急也，藏當閉②也。順天之時，約地之宜〔一八〕，忠人之和〔一九〕。忠，猶稱也。事稱人理則和。故風雨時，五穀實，草木美多，六畜蕃息，國富兵彊，民材而令行，人多材藝而順上命，故令行也。内無煩擾之政，外無彊敵之患也。夫動靜順然後和也，不失其時然後富，不失其法然後治。故國不虚富，必不失財，然後富也。民不虚治。必不失法，然後治。不治而昌，不亂而亡者〔二〇〕，自古至今，未嘗有也。昌必國理，亡必國亂。反是者，古今③所未有。

〔一〕張佩綸云：原注「經所以本之也，則所以紀之也」，無義。案：下文「順天之時，約地之宜，忠人之和」實承此文，則此文奪「得地」句。以上下句例求之，當作「得地之宜而爲約」，原注當作「經所以□之也，約所以則之也，紀所以□之也」，「經」、「紀」兩句注已爛脱，猶幸存此「則」字，足以補訂「得地」一句。「約」訓「則」者，素問八正神明篇「必有法則焉」，「則」，約也。

① 「令」字原作「作」，據校正改。
② 「閉」字原作「前」，據補注改。
③ 「今」字原作「令」，據補注改。

翔鳳案：説文：「紀，別絲也。」「別，分解也。」「則，等畫物也。」「別」與「則」義近。然「別」爲分解骨肉，用於紀綱，不如「則」之義尤合。故曰「則，所以紀之也」。宋本不誤，亦無奪文。

〔二〕安井衡云：古本作「綱維」。翔鳳案：牧民篇有四維。「維」在「綱」先，楊本是。

〔三〕張佩綸云：上句當在「耕農當攻戰」下，「爲」乃「當」字之誤。「賞誅爲文武」亦有誤。「經」也、「約」也、「紀」也、「綱維」也、「網罟」也，均借物爲喻，不應「賞誅」句獨質言之。翔鳳案：房注「賞則文，誅則武」，是也。「行列」亦非借物爲喻，張説非是。

〔四〕張佩綸云：「推引」二字，涉上「不推而往，不引而來」而衍。翔鳳案：韓非八説篇「古者寡爭而備簡，樸陋而不盡，故有珧銚而推車者」。注云：「珧，蜃屬。」「銚」即「銚耨」，剗削之器也。上古摩蜃而耨也。晏子春秋：「君將戴笠衣褐，執銚耨以蹲行畎畝之中。」秦策：「無把銚推耨之勢。」説文無「耨」字，字本作「蓐」，以蜃去草。「辰」爲古「蜄」字。史記律書：「辰者言萬物之蜄也。」晉語「受脤於社」，注：「宜社之肉，盛以蜃器。」「辰」之爲「蜃」，明矣。用時蹲地而把推之。張不知其制而衍「推引」二字，誤矣。

〔五〕王紹蘭云：「鏽」當爲「襦」，涉上「鎧」旁「金」而誤。説文：「鎧，甲也，襦，短衣也。」方言：「汗襦自關而東謂之甲繻。」則「鎧襦」即「甲繻」，以其衷於甲内，故謂之「甲繻」。深衣釋例云：「方言自關而東謂之『甲襦』，蓋甲内衷襦。襦制略同深衣、方言之『甲繻』，即深衣所云『可以武』者也。」以其近身著汗，故又謂之「汗襦」，「襦」之言「濡」也。秦風無衣篇「與子同

澤」，毛傳：「澤，潤也。」鄭箋：「釋，褻衣，近汚垢。」釋文引説文作「襗」，云：「絝也。」受汙濡謂之「襦」，猶受汗澤謂之「襗」矣。然則鎧在表，襦在裏，各爲一衣，故與「盾櫓」對文耳。

〔六〕陳奐云：「葅」與「苴」同，「苴笠」與「被蓑」對文，「苴」之爲言且也，「且」者薦也。漢書賈誼傳「冠雖敝不以苴履」，「苴笠」猶「苴履」也。尹注非。俞樾云：尹注曰「取菹澤草以爲笠」，然則當云「草笠」，不當云「菹笠」，且與上文「被蓑以當鎧鑐」文義不倫，殆非也。「菹」者，「組」之假字。説文糸部：「組，綬屬，其小者以爲冕纓。」然則「組笠」猶言纓冠，正與「被蓑」相對成文。　張佩綸云：漢書郊祀志上注：「『苴』字本『葅』，假借用。」是「葅」即「苴」之假借。禮記少儀「苞苴」，注：「苞苴，謂編束萑葦以裹魚肉。」此「苴笠」亦謂編束笠以當盾櫓。　姚永概云：正文「菹」字，即涉注文「菹澤」而誤。字當作「苴」，尹以「草」釋「苴」，不謂「菹」爲「菹澤」也。俞改爲「組」，亦非。　翔鳳案：「葅」本作「蒩」。説文：「蒩，茅藉也。禮曰：『封諸侯以土，蒩以白茅。』」以茅藉笠而戴之。古本作「菹」，謬。

〔七〕洪頤煊云：「功」，古通作「攻」字。　翔鳳案：釋名：「功，攻也，攻治之乃成也。」可爲洪説之證。

〔八〕王念孫云：尹説甚謬。輕重己篇曰：「教民樵室鑽燧，墐竈泄井，所以壽民也。」「鑽燧」、「泄井」，即此所謂「鑽燧易火，杼井易水」也。「樵」與「萩」古字通，「萩室」即「樵室」也。公羊春秋桓七年「焚咸丘」，傳曰：「焚之者何？樵之也。樵之者何？以火攻也。」「樵室」與「熯

竈」同意。「熯」，古之「然」字也。（霸形篇「楚人燒焫熯焚鄭地」，論衡感虚篇「熯一炬火，爨一鑊水」，「熯」竝與「然」同。淮南天文篇「陽燧見日，則然而爲火」，華嚴經十三音義引「然」作「熯」。説林篇「一膊炭熯」，文子上德篇「熯」作「然」。）説文曰：「然，燒也。」「墐」與「熯」字相似，故「熯」譌作「墐」。「造」即「竈」字也。周官膳夫曰：「王日一舉，以樂侑食，卒食以樂徹于造。」淮南主術篇曰：「伐鼛而食，奏雍而徹，已飯而祭竈。」淮南之「祭竈」，即周官之「徹于造」。蓋徹饌而設之於竈，若祭然也。周官大祝「二曰造」，故書「造」作「竈」。史記秦本紀「客卿竈」，秦策「竈」作「造」。吳越春秋夫差内傳「勒馬銜枚，出火於造」，即吳語所謂「係馬舌，出火竈」也。丁士涵云：「杅」當爲「抒」。説文：「抒，挹也。」大雅生民釋文引倉頡篇云：「抒，取出也。」一切經音義引通俗文：「汲出謂之『抒』。」廣雅：「抒，渫也。」輕重己篇作「渫井」。劉師培云：「萩室」即「樵室」，謂鐈屋。「造」即「竈」字，見周禮大祝注。「熯」乃「墐」形近之譌。「鑽燧」、「墐竈」，皆謂易火；「杼井」即淘井，謂易水也。（見讀書隨筆）翔鳳案：方言六：「杼柚，作也。東齊土作謂之杼，木作謂之柚。」「杼井」爲土作，此齊之方言也。謂假爲「抒」，誤也。説文：「兹，黑也。」玉篇：「兹，濁也。」謂黑色之濁水。房注訓「滋長」，非是。此玄部之「兹」，從二玄。草部之「兹」則從艸，絲省聲。房不知其別矣。

〔九〕張佩綸云：「塞」，古「賽」字。「久禱」者，久，「疚」省。爾雅釋詁：「疚，病也。」月令「季春命國難，九門磔攘，以畢春氣」，鄭注：「王居明堂禮季春，出疫于郊，以攘春氣。」禳禱以除疾

事也。翔鳳案：漢書魏相傳「趙堯舉春」，注：「主一時衣服禮物朝祭百事也。」「禱」爲求壽，於病無關。「久」用常訓。

殃，故曰「疚禱」。

〔一〇〕豬飼彦博云：「竿」當作「芋」，即四時篇所謂「毋蹇華絶芋」也。王引之云：「拊竿」乃「折萼」之誤，説見四時篇。翔鳳案：房訓「竿」爲「筍之初生」，不誤。詳四時篇。二説謬。

〔一一〕戴望云：宋本「振」作「賑」。翔鳳案：楊本作「振」，救也。

〔一二〕豬飼彦博云：「正」，當依四時作「政」。張佩綸云：「正」、「政」通。「五政」與「五德」、「五刑」、「五藏」相次，非「五官正」也。原注非。

〔一三〕翔鳳案：「抅」即「拘」，隸書寫口作厶。

〔一四〕張佩綸云：吕覽長見篇注：「能，力也。」「復賢力」，即周禮鄉大夫之「舍賢能」。

〔一五〕丁士涵云：「最」當作「冣」。説文冂部：「冣，積也。」「冣」與「聚」音義皆同，與曰部之「最」音義皆别。詳段先生説文注。

〔一六〕豬飼彦博云：「内」下脱「物」字。翔鳳案：房注「凡此皆冬作」，是也。「内」，古「納」字。

〔一七〕張佩綸云：鄉飲酒義「秋之爲言愁也」，鄭注：「『愁』讀爲揫。」詩長發「百禄是遒」，説文手部作「揫」。是「揫」、「遒」可通。説文：「遒，迫也。」廣雅釋詁一：「遒，急也。」翔鳳案：易象傳：「先王以至日閉關。」

〔一八〕王念孫云：「約」字於義無取。「約」當爲「得」，「得」、「約」草書相似，故「得」譌爲「約」也。張佩綸云：王説非是。周禮司約「治地之約次之」，注「地約，謂經界所至，田萊之比」，正此「約」字之義。翔鳳案：淮南主術訓「所守甚約」，注：「要也。」酌取其要也。

〔一九〕俞樾云：「忠」當讀爲中，「中人之和」，猶言得人之和。周官師氏「掌國中失之事」，鄭注曰：「故書『中』爲『得』。」吕覽行論篇「以中帝心」，高注曰：「中，得也。」吴汝綸云：「忠」當爲「衷」。李哲明云：「忠」疑讀爲衷。後漢梁統傳：「衷之爲言，不輕不重之謂也。」「不輕不重」，稱之義也，故注云「猶稱也」。詩關雎序箋「當爲衷」，疏：「『衷』與『忠』字异義同。」是「衷」、「忠」可通用。翔鳳案：大戴記曾子大孝：「中也者，中此者也。」俞説是。

〔二〇〕戴望云：元本、朱本無「者」字。翔鳳案：「者」指人，不可少。

故國多私勇者其兵弱，私勇則怯於公戰，故兵弱。吏多私智者其法亂，私智則營己而背公，故多亂。民多私利者其國貧。私利則積之於家，故國貧。故德莫若博厚，使民死之。博厚則感人深，故死之也。賞罰莫若必成〔二一〕，使民信之。夫善牧民者，非以城郭也。輔之以什，司之以伍。謂什長、伍長。伍無非其人，雖伍長亦選能者爲之也。人無非

其里，謂無客寄。**里無非其家。**言不離居他人家①。**故奔亡者無所匿，遷徙②者無所容。**亡徙無所容匿，故不求召而自來。**不求而約，不召而來**〔二〕**，故民無有什伍司之，**不容他寄也。**故主政可往於民**〔五〕**，民心可流亡之意**〔三〕**，吏無備追之憂**〔四〕。人不流亡，何所備而追之？**繫於主。**謂繫屬於主。

〔一〕王念孫云：「必成」本作「成必」，「成」即「誠」字也。（説見君臣下篇「戒心」下。）九守篇曰「用賞者貴誠，用刑者貴必」，故曰「賞罰莫若誠必，使民信之」。「誠必」與「博厚」相對爲文。作「成」者，假借字耳。後人不解「成必」二字之義，遂改爲「必成」，而不知其謬以千里也。荀子致士篇曰「人主之患，不在乎不言用賢，而在乎不誠必用賢」，吕氏春秋論威篇曰「又況乎萬乘之國，而有所誠必乎，則何敵之有」，賈子道術篇曰「伏義誠必，謂之節」，枚乘七發曰「誠必不悔，決絶以諾」，淮南兵略篇曰「將不誠必，則卒不勇敢」，皆以「誠必」連文。九守篇又曰「刑賞信必於耳目之所見」，「信必」亦「誠必」也。

〔二〕王念孫云：「約」乃草書「得」字之誤，「得」與「來」爲韻也。通典食貨志三引此正作「不求而得」。翔鳳案：非韻文。秦策「臣請爲王約從」，注：「結也。」下文「户籍田結」，義實相

① 「家」下原衍「其非之」三字，據校正删。
② 「徙」字原作「徒」，據補注改。

因。且草書不能用作校勘，王說謬。

〔三〕吴汝綸云：「意」當爲「患」。翔鳳案：「無流亡之意」，爲民自安其居，比「患」字義勝。

〔四〕王引之云：「備追」當爲「追捕」。民不流亡，則吏不追捕。漢書韓延壽傳亦云：「吏無追捕之苦，民無箠楚之憂。」今本「追捕」二字誤倒，而「捕」字又誤爲「備」，則義不可通。尹注内「備」字亦當爲「捕」。（案注云「人不流亡，何所捕而追之」，則所見本「追捕」已誤爲「捕追」，今則注文「捕」字又因正文而誤爲「備」矣。通典引作「備追」，則所見本已誤。）翔鳳案：「備」爲防備，與上文「意」字皆未見諸行動。改作「追捕」，則已有流亡者，王說非是。

〔五〕翔鳳案：晉語「吾言既往矣」，注：「行也。」

夫法之制民也〔一〕，猶陶之於埴，冶之於金也。人之從法，若埴、金之從陶、冶也。故審利害之所在，民之去就，如火之於燥濕，水之於高下。火、水之就燥、下，猶人之就利。夫民之所生，衣與食也。食之所生，水與土也。所以富民有要，食民有率。率三十畝而足於卒歲，歲兼美惡，畝取一石，則人有三十石。果蓏素食當十石〔二〕，果蓏不以火化而食，故曰素食。糠粃六畜當十石，則人有五十石。布帛麻絲，旁入奇利，未在其中

也。奇①，餘。言不在五十石之中也。故國有餘藏，民有餘食。每年人有五十石，故藏皆餘②也。夫叙鈞者，所以多寡也〔三〕。叙鈞，謂叙比其鈞平。權衡者，所以視重輕也。户籍田結者〔四〕，所以知貧富之不訾也〔五〕。謂每户置籍，每田結其多少，則貧富不依訾限者可知也。故善者必先知其田，乃知其人〔六〕。田多則人多，田少則人少。田備然後民可足也。

〔一〕孫星衍云：後漢書黨錮傳序注引「民」作「人」，無「也」字。

〔二〕洪頤煊云：「素」，古通作「索」字，「索」，盡也，謂菓蓏盡食當十石。輕重乙篇「素賞軍士」，亦謂盡賞軍士。尹注非。　王引之云：「素」讀爲疏，字或作「蔬」。月令「取蔬食」，鄭注曰：「草木之實爲蔬食。」淮南主術篇曰「夏取果蓏，秋畜蔬食」，即此所謂「果蓏素食」也。墨子辭過篇「古之民未知爲飲食時，素食而分處」，亦以「素」爲「疏」。尹注非。

〔三〕戴望云：元本、劉本「叙」作「綴」。　豬飼彦博云：「多」上疑脱「計」字。　丁士涵云：國蓄篇曰「引綴量用」，尹訓爲「籌」。案：「綴」之爲籌，雖無可考見，然必是較量多寡者所用之物。「鈞」疑「鉤」字誤。慎子曰：「夫投鉤以分財。」又曰：「分田者之用鉤。」荀子君道篇以「探籌」、「投鉤」竝舉，是「鉤」亦籌類。「多寡」上疑脱一字，下文「視輕重」，是其句例。

① 「奇」字原作「苛」，據補注改。
② 「餘」字原作「經」，據補注改。

張佩綸云：「錣」乃元本意改，當作「鈞者所以叙多寡也」。「鈞」非鈞衡之鈞，即乘馬篇「命之曰地鈞以實數」是也。翔鳳案：説文「鈞，三十斤也」，爲量名。與「權衡」對文，乃「均」之借。孟子「鈞是人也」，是其證。周禮大司徒：「以土均之法，均齊天下之政。」均人：「掌均地政，均地守，均地職，均人民牛馬車輦之力政。」上文「食民有率」云云，即土均之謂。一「均」字已足，非如權衡户籍，以二字爲名也。「鈞者所以叙多寡也」，説文「叙，次弟也」，文義全合，張説是也。刊者因「鈞」字單用而移「叙」於上也。

〔四〕丁士涵云：「結」者，約也。（公羊傳：「古者不盟，結言而退。」）説文：「契，大約也。」周禮有「約劑」，左襄十二年傳「使陰里結之」，「結」即士師之「約劑」也。又司約「治地之約次之」，注「地約謂經界所至，田萊之比也」，即此所謂「田結」也。今用文書要約亦謂之「結」。

〔五〕許維遹云：「訾」猶齊也，説見七臣七主篇。

〔六〕張佩綸云：通典食貨三注引管子曰「欲理其國者必先知其人，欲知其人者必先知其地」，疑所見本異，較今本文義更明。

凡有天下者，以情伐者帝，謂深知敵之内情而伐者，帝也。**以事伐者王，**見其於事有失而伐者，王。**以政伐者霸。**見其政有失而伐者①，霸。**而謀有功者五**〔一〕：謂計謀可以成功。

① 「者」字原作「其」，據補注改。

一曰視其所愛以分其威。令敵國之所愛者各權，則其威分也。一人兩心，其内必衰也。威分，則每人各懷二心，心二則力不齊，故内衰也。臣不用，其國可危〔二〕。臣既不爲君用力，故其國可危。二曰視其陰所憎。厚其貨賂，得情可深〔三〕。視敵所憎者多與賂，令以國情告己，故深得其情。身内情外，其國可知〔四〕。謂所憎者身在國内，情乃告外，其國可知也。三曰聽其淫樂，以廣其心〔五〕。使之聽淫樂，心廣於嗜欲。遺以竽瑟美人，以塞其内。躭於竽瑟美女，則心惑亂，故其内閉塞也。遺以諂臣文馬，以蔽其外。耳惑於諂臣，目惑於文馬，則耳目喪矣，故其外蔽也。外内蔽塞，可以成敗〔六〕。内外蔽塞，則理擁而見惑，故之敗之莫不閉。四曰必深親之，如典之同生〔七〕。典，常也。若常與之同生也。陰内辯士使圖其計，私俠辯士，令與敵國圖計。内勇士使高其氣，彼得勇士，則恃而氣高也。内人他國使倍其約，絶其使，拂其意〔八〕。更納人於他國，令背絶，使兩國之意相違也。是必士鬭〔九〕，兩國相敵，必承其弊。亦既相疑，其上必鬭。兩國敵則小傷，大國以承其弊，乃有一舉兩獲之功也。五曰深察其謀。欲知其謀得失也。謹其忠臣，欲知其臣之用不。揆其所使，欲知其所使賢不肖。令内不信，使有離意〔一〇〕，内既不信相疑，則使其君臣之意絶。離氣不能令〔一一〕，必内自賊。君臣意離别，不可使令。既不命，則自相殘殺。忠臣已死，故政可奪。人之云亡，邦國殄瘁，故其政可奪。此五者，謀功之道也。

〔一〕俞樾云：當作「謀而有功者五」。張佩綸云：當作「而謀功者有五」。「功」、「攻」通。孫子有謀攻篇，所謂「上兵伐謀」者是也。曹公注：「欲攻敵必先謀。」翔鳳案：此「謀而有功」，原文自通，改之非是。

〔二〕豬飼彦博云：讀「其内必衰」句，「也臣不用」句。「視」當作「親」，「也」當作「忠」。言親敵國之所愛者，使其人有二心。愛臣有二心，故其威分，其内衰也。六韜曰：「親其所愛，以分其威，一人兩心，其中必衰，廷無忠臣，社稷必危。」戴望云：六韜文伐篇文與此同，「視」作「親」。元本「威」下有「權」字。丁士涵云：「也」乃「忠」字誤。董子云「持一中者謂之忠」，謂事君無二心也。上文言「一人兩心」，則此必是「忠」字，反正相對爲義。下文云「謹其忠臣」，又云「忠臣已死，故政可奪」，是其證。陶鴻慶云：「也」字衍文。「臣不用」下奪「力」字。此節四字爲句，而「衰」與「威」、「危」爲韻，明「也」字不當有。尹注云「臣既不爲君用力，故其國可危」，是所見本有「力」字。任林圃云：當作「視其所愛以分其權」，蓋吴人避孫權諱易爲「威」，故劉本等兩存之也。又「也臣」當爲「世臣」。「世」字避唐諱作「廿」，與「也」字形極近，故致誤。「世臣」之名亦見孟子。翔鳳案：「也」字非衍非誤。房注「臣既不爲君用力」，釋「臣不用」，非必忠臣也。「不用」即不爲用，所謂一人兩心。

〔三〕豬飼彦博云：「陰」字當移「厚其」上，六韜曰：「陰賂左右，得情甚深，身内情外，國將生害。」王念孫云：「陰」字，涉下文「陰内辯士」而衍。「視其所憎」，與上文「視其所愛」相對。據尹

注云「視敵所憎者，多與之賂」，則「所憎」上無「陰」字，明矣。張佩綸云：王説是矣，而未盡也。「視其所憎」下當有「以□其陰」句，今不可考矣。「陰」、「深」爲韻。翔鳳案：憎人不露於外，故曰「陰」，非誤字。

〔四〕張佩綸云：「知」當爲「熸」之壞，蓋「熸」脱火旁及一「旡」字，僅存「晉」，其形如「知」矣。左傳襄二十六年「王夷師熸」，昭二十年「楚師熸」，小爾雅廣詁：「熸，滅也。」「陰」、「深」、「熸」爲韻。翔鳳案：吕氏春秋精諭篇「知」叶「虧」，則可與「外」爲韻，不必改字。

〔五〕豬飼彦博云：六韜曰：「輔其淫樂，以廣其志。」翔鳳案：説苑反質：「好樂聲色者，淫也。」久雨爲「淫」，引申爲太過，包括聲色在内。「聽」，聞之也。

〔六〕王引之云：此欲其敗，非欲其成也。「成」字義不可通。「成」當爲「或」，字形相似而誤。「或」與「惑」通。（四稱篇「迷或其君」，即迷惑字。論語顔淵篇「子張問崇德辯惑」，釋文：「惑，本亦作『或』。」大戴禮曾子制言篇「貧賤吾恐其或失也」，盧注曰：「『或』猶惑也。」孟子告子篇「無或乎王之不智也」，魏策曰「臣甚或之」，皆以「或」爲「惑」。）「可以惑敗」，謂可令其以熒惑至禍敗也。注内「理擁而見惑」，正解「或」字。俞樾云：此欲其敗，非欲其成，而曰「可以成敗」，乃因「敗」連言「成」，古語往往如此。説見日知録卷二十七。漢書何進傳「先帝嘗與太后不快，幾至成敗」，亦因「敗」而連言「成」，正與此同。王氏引之謂「成」當爲「或」，非是。翔鳳案：房注「内外蔽塞，則理擁而見惑，故之敗之莫不閉」，以「蔽」訓「成」，非

訓惑也。説文「成」從丁聲，「丁」今作「朾」，俗變爲「打」。「成敗」，謂打敗之也。諸説誤。

〔七〕朱長春云：「典」疑「與」字誤。（見通演）　豬飼彦博云：「深」疑當作「外」，「典」當依通（指朱長春通演）作「與」。六韜（文伐篇）云：「承意應事，如與同生。」　張佩綸云：當作「如與之同生死」，「死」、「計」、「氣」、「意」、「弊」爲韻。　陶鴻慶云：「之」字亦衍。尹注云：「典，常也，若常與之同生。」蓋尹所見本作「如典同生」，故注云然。若正文有「之」字，則爲「如常之同生」，不辭甚矣。是尹注本「與」雖誤爲「典」，而「之」字尚未衍也。　翔鳳案：説文：「典，五帝之書也。」「生」同「姓」。書汨作九共槀飫序「別生分類」，「生」即「姓」也。大戴記有帝繫，三代之王，皆自謂五帝之後，如典之同姓。諸人誤解矣。

〔八〕豬飼彦博云：「内」、「納」同。「辯士」，六韜作「智士」。戰國尚辯，故稱「智士」爲「辯士」。　翔鳳案：説文：「内，入也。」史記范蔡傳「惡内諸侯客」，今作「納」，義同「入」而聲不可通。

〔九〕丁士涵云：當作「是士必鬭」，「是」，則也。倍約絶使拂意，則士必鬭也。尹注所見本不誤。　翔鳳案：説文：「士，事也。」「士鬭」，從事於鬭也。

〔一〇〕豬飼彦博云：「揆」當作「睽」，言敵國之忠臣使於我國者，謹嚴以禮遇之，乖戾其所使之事也。六韜曰「嚴其忠臣，而薄其賂，稽留其使，勿聽其事」，亦是此意。　張文虎云：「謹」乃「諜」之譌，説文：「諜，軍中反間也。」　俞樾云：「謹」當讀爲結，言與其忠臣相結也。「結」與「謹」一聲之轉，故古或通用。桓三年穀梁傳「謹言而退」，公羊傳作「結言而退」，是其

證。姚永概云：「『謹』字不可通，尋尹注當是『詗』字。史記淮南衡山列傳索隱：『徐廣曰：詗候探察之名。』服虔曰：『偵候也。』」「揆」當是「睽」字，謂分睽其所使之人各立徒黨也。俞樾改「謹」爲「結」，無論「忠臣」必不受外人之結，如結其忠臣，又何能使之離意相賊乎？非也。　翔鳳案：俞説是也。爾雅釋言「揆，度也」，乃常義。所使乃己之使臣，當揆度之也。

〔一一〕王念孫云：「『離氣』本作『離意』，即承上『使有離意』而言，故尹注云：『君臣意離別，不可使令。』」　丁士涵云：「氣」字衍。「令」乃「合」字誤。「離不能合」，承上「使有離意」句。上下文皆四字爲句。「令」字涉上「令内」而誤，尹注非。　張文虎云：注中「别」字乃「則」之譌，「既不」下脱「能」字，「令」當作「合」。由是觀之，則注文之脱誤多矣。其不通處，非盡尹氏之過也。　翔鳳案：「氣」乃古「餼」字，通「既」。中庸「既廩稱食」，注：「既，讀爲餼。」聘禮注：「古文『既』爲『餼』。」孟子「既不能令，又不受命」，此處文義略同，何必改字耶？

新編諸子集成

管子校注

下

黎翔鳳撰
梁運華整理

中華書局

管子校注卷第十八

雜篇五

入國第五十四

謂始有國，入而行化。

入國四旬，五行九惠之教〔一〕。旬，即巡也。謂四面五方行而施九惠之教。一曰老老，二曰慈幼，三曰恤孤，四曰養疾，五曰合獨，六曰問疾，七曰通窮，八曰振困，九曰接絶〔二〕。以養老之禮養老者。所謂老老者，凡國都皆有掌老。謂置掌老之官。年七十已上，一子無征，不預國之征役。三月有饋肉。謂官饋之肉。八十已上，二子無征，月有饋肉。九十以上，盡家無征，日有酒肉。死，上共棺槨，勸子弟，精膳食，問所欲，求所嗜〔三〕。問老者何所欲求，訪其所以嗜①欲而供也。此之謂老老。所謂慈幼者，凡國都皆有掌幼。士民有子，子有幼弱不勝養爲累者〔四〕，勝，堪也。謂不堪自養，故爲累。有三幼者無婦征〔五〕，四幼者盡家無征，五幼又予之葆。葆，今之教母。受二人之食，官給二人之

① 「嗜」字原作「耆」，據校正改。

食。能事而後止。幼者漸長，能自管事，然後止其養。此之謂慈幼。所謂恤孤者，凡國都皆有掌孤。士人死〔六〕，子孤幼，無父母，所養既無父母，又無所養之親也。不能自生者，屬之其鄉黨知識故人〔七〕。養一孤者，一子無征。養二孤者，二子無征。養三孤者，盡家無征。掌孤數行問之，必知其食飲飢寒。身之膌胜〔八〕，而哀憐之。膌，瘦也。胜，肥也。此之謂恤孤。所謂養疾者，凡國都皆有掌養疾〔九〕。聾盲喑啞，跛躄偏枯握遞〔一〇〕，遞，著也。謂兩手相拱著而不申①者，謂之握遞。不耐自生者〔一一〕，上收而養之。疾，既養之，又與療疾。官而衣食之〔一二〕，謂官給之衣食。殊身而後止〔一三〕。殊，猶離也。疾離身而後止其養。此之謂養疾。所謂合獨者，凡國都皆有掌媒。丈夫無妻曰鰥，婦人無夫曰寡，取鰥寡而合和之，予田宅而家室之，三年然後事之。事，謂供國之職役也。此之謂合獨〔一四〕。所謂問疾者，凡國都皆有掌病。士人有病者，掌病以上令問之。九十以上，日一問。八十已上，二日一問。七十以上，三日一問。衆庶五日一問。疾甚者以告，上身問之。掌病行於國中，以問病爲事。此之謂問病。所謂通窮者，凡國都皆有通窮〔一五〕。若有窮夫婦無居處，窮賓客絶糧食，居其鄉黨，以聞者有賞，不以

① 「兩手」原作「而子」，「申」字原作「甲」，據補注改。

聞者有罰。此之謂通窮。所謂振困者，歲凶，庸人訾厲〔一六〕，訾，疾也。厲，病也。多死喪。弛刑罰，赦有罪，散倉粟以食之。此之謂振困〔一七〕。所謂接絶者，士民死上事，死戰事，使其知識故人受資於上資，謂財用。而祠之。此之謂接絶也〔一八〕。

〔一〕豬飼彥博云：「五」字疑衍。「行」，施行也。洪頤煊云：「四旬」，四十日也。「五行」，行五次也。史記管仲列傳正義引管子云「相齊以九惠之教」，是約其義也。尹注非。何如璋云：「五」字當作「立」，涉上下數目字而誤。「立」猶即也，又速意也。張佩綸云：僞房及洪説皆非也。當以「四旬五」爲句。「四旬五」者，淮南天文訓：「何謂八風？距日冬至四十五日條風至。……廣莫風至則閉關梁，決刑罰。」此「四旬五」，以日冬至推至來歲之立春。「行九惠之教」，月令「孟春之月，命相布德和令，行慶施惠，下及兆民」，是也。翔鳳案：説文：「旬，徧也。」詩江漢：「來旬來宣。」古文「旬」作「訇」，與「宣」同意。墨子號令「離守者三日而一徇，而所以備姦也」，畢注：「當爲『徇』。」衆經音義引三倉云：「徇，徧也。」左桓十二年傳「三巡數之」，杜注：「徧也。」「旬」與「巡」音義俱同，房訓「旬」爲「巡」，是也。「五」中象交午，同「伍」。説文：「伍，相參伍也。」易繫辭正義：「伍，五也。」「五行」，參伍行之。諸説俱誤。

〔二〕孫星衍云：史記正義引作「八曰賑」，北堂書鈔引作「賑困」。王引之云：「問疾」當爲「問病」。下文曰「凡國都皆有掌病，士人有病者，掌病以上令問之」，又曰「掌病行於國中，以問病爲事」，此之謂「問病」。與此前後相應，則作「問病」明矣。若作「問疾」，則與「四曰養疾」之「疾」無所區别，蓋傳寫之譌也。北堂書鈔政術部十三引此已誤。又案：下文所謂「問疾者」，「疾甚者以告」，二「疾」字皆當作「病」，所謂「問病者」，與「此之謂問病」正相應也。今本「士人有病者，掌病以上令問之；病甚者以告，上身問之」，「有病」與「病甚」亦相應也。今本作「疾」者，蓋「六曰問病」已誤作「疾」，後人又據已誤之上文，改不誤之下文耳。幸其改之不盡，尚可據以更正。何如璋云：「問疾」，「疾」字當作「病」，謂老病也，與上「養疾」指廢疾者有異。史記管仲傳正義引作「一曰老，二曰慈，三曰孤，四曰疾，五曰獨，六曰病，七曰通，八曰賑，九曰絶」。皆節去一字，而「六曰病」，正作「病」字。「振」乃作「賑」字。翔鳳案：王與何校近是。疾病爲通稱，析言之，疾爲夭傷，引申爲殘疾。病爲病加，引申爲老病。釋名：「疾病者，客氣中人。疾，急也。病，並也。與正氣並存膚體中也。」其分别甚明，然未必一定爲字之誤。古籍合言「疾病」者甚多，左襄十九年傳「疾病而立之」，論語「子疾病」，均是。且「養」與「問」不同。問篇「問獨夫寡婦孤寡疾病者，幾何人也」，則言「問疾」亦可。論語：「伯牛有疾，子問之。」

〔三〕陶鴻慶云：「死上共棺槨」，與下文意不相屬，此下當有脱句，如下文「掌孤數行問之」、「掌病行於國中」之例。「勸子弟以下」云云，正掌老巡行所有事也。金廷桂云：「死上供棺椁」五字，當在「求所嗜」之下，蓋是錯簡。觀下文「能事而後止」、「殊身而後止」，可見。

翔鳳案：共，供也。「供棺椁」就本人言之，「求所嗜」就子弟言之，次序井然，二説俱誤。

〔四〕陶鴻慶云：「子有」二字當衍，蓋誤複而未删者。「爲累者」下當奪「無征」二字。下文「有三幼者無婦征，四幼者盡家無征，五幼又予之葆，受二人之食」，皆準此而遞進也。此奪「無征」二字，則文不備。上文述老老之事，「七十以上，一子無征」云云，此文例同。翔鳳案：「有」訓又。人多有子，不能盡慈之，慈其幼弱不勝養爲累者。禮記内則：「慈以旨甘。」賈子道術：「惻隱憐人謂之慈。」憐其體弱而滋養之也。

〔五〕何如璋云：「生三人，公與之母」，殆本此乎？張佩綸云：「婦征」者，周禮九貢「三，嬪貢」，鄭注：「嬪貢絲枲。」

〔六〕陶鴻慶云：篇内凡言「士人」，皆當依前作「民」，由唐人避諱，而校者回改未盡耳。

〔七〕許維遹云：「知識」猶朋友也。

〔八〕王念孫云：「胜」讀如減省之省，「胜」亦瘦也。字或作「眚」，又作「瘠」。周官大司馬「馮弱犯寡則眚之」，鄭注曰：「眚，猶人眚瘦也。」釋名釋天篇曰：「眚，瘠也，如病者瘠瘦也。」又釋言語篇曰：「省，瘠也，臞瘠約少之言也。」吕氏春秋審時篇「失時之稼約」，高注曰：「約，眚病也。」晉灼注漢書外戚傳曰「三輔謂憂愁面省瘦曰嫶冥」，後漢書袁閎傳注引謝承書曰「面貌省瘦」，竝字異而義同。

〔九〕王引之云：「皆有掌養疾」，「養」字因上文而衍。上文説「老老」云「凡國都皆有掌老」，説「慈幼」云「凡國都皆有掌幼」，説「恤孤」云「凡國都皆有掌孤」，下文説「問病」云「凡國都皆有掌病」，則此亦當言「掌疾」，明甚。又案：下文云「所謂通窮者，凡國都皆有通窮」，亦當言「皆有掌窮」。今作「皆有通窮」者，因上文而誤。翔鳳案：老幼指人言，一字已足。而疾不同，重在養不重在疾。「養疾」當爲官名，有掌之者，「掌疾」非官名，故有三字。

〔一〇〕豬飼彦博云：「徧」當作「偏」，謂半身不仁。張佩綸云：説文：「握，搤持也。」「搤，捉也，一曰握。」莊子庚桑楚篇「兒子終日握而手不掜」，釋文引李注：「捲手曰握。」郭注：「掜，手筋急也。」「遞」，廣雅：「痳、𤸷、痿、瘚，病也。」玉篇：「𤸷，痠𤸷也。」廣韻：「痠𤸷，疼痛也。」釋名：「酸，遜也，遜遁在後也，言脚疼力少，行遁在後，似遜遁者也。」然則「握」者手病，「遞」者足病，即手足拘攣之證。原注挩其半，而淺人妄增「遞著也」句，望文生義，蓋失之矣。尹桐陽云：半身不遂曰「偏枯」。荀子非相曰「禹跳湯偏」，鄭注尚書大傳曰：「湯半體枯。」翔鳳案：「偏」、「徧」不能相假，聲義不同。然易益「偏辭也」，孟喜作「徧」。曲禮「二名不偏諱」，鄭注：「偏，謂二名不一一諱也。」則其字當爲「徧」，毛居正已疑之，段玉裁伸其説當爲「徧」。阮元禮記校勘記：「舊杭本柳文，載柳宗元新除監察御史，以祖名察躬，準禮，二名不遍諱。據此文作『遍』字，是舊禮作『徧』字，明矣。今本作『偏』，非也。」然通典一百四作「偏諱二名」。從人從彳多相混，其故由於隸書。曲禮混彳作人，管子則混人作彳矣。是不可以通假論，且不可以誤字論也。「遞」從虒聲，「虒」從厂聲，義同「弛」。從虒聲之字有

「褫」，讀若「池」，義亦同「弛」。「握遞」，握時手鬆弛而不能固。老子「骨弱筋强而握固」，與此相反。莊子「握而手不掜」，郭注「手筋急」，是也，張不知之矣。

〔一一〕張文虎云：「耐」讀爲能。

〔一二〕俞樾云：「疾官」二字連文。「官」，古「館」字，説詳余所著字義。戴疑「疾官」乃有疾者所居之館舍。當時蓋特設之以居有疾之人，故曰「上收而養之疾官而衣食之」。尹注誤於「疾」字斷句，則兩句皆不可通矣。戴望云：「疾」字自爲句。「官」，古「館」字。尹以「疾」字屬上讀，非。張佩綸云：原注：「既養之，又與療疾，謂官給之衣食。」使本文但一「疾」字，注安知其爲「療疾」？是本文必有「療」字。以上各疾，均非不治之證，國都既設掌疾，亦無但養而不治之理。周禮醫師：「凡邦之有疾病者疕瘍者造焉，則使醫分而治之。疾醫掌養萬民之疾病，凡民之有疾病者，分而治之。瘍醫以五毒攻之，以五氣養之，以五藥療之，以五味節之。獸醫然後藥之，養之，食之。」是掌疾之次第，養爲一事，療爲一事，食爲一事。説文「療，治也」，或从「尞」作「療」，疑此「疾」字下，原有「分而治之」句，故原注以「又與療疾」釋之，今脱去耳。荀子王制篇：「五疾，上收而養之，材而事之，官施而衣食之。」「材而事之」雖與此微異，亦皆三「之」字疊句，足以相證。

〔一三〕王念孫云：説文：「殊，死也。」猶言殁身而後止也。尹注非。

〔一四〕翔鳳案：會男女謂於聚會時自由婚嫁，「合」則非聚會，而官合之矣。

〔一五〕王引之云：「通」當作「掌」，説見前。　翔鳳案：易繫辭「往來不窮謂之通」，「推而行之謂之通」。窮人由國家博濟，乃不可能，彼此互通有無，是謂「通窮」。若作「掌窮」，則盡國家救濟矣。

〔一六〕王引之云：「庸」字義不可通，「庸」疑當作「康」，字形相似而誤。「凶康」即凶荒也。古聲「康」與「荒」通，故襄二十四年穀梁傳「四穀不升謂之康」，韓詩外傳「康」作「荒」。逸周書謚法篇「凶年無穀曰穅」，史記正義「穅」作「荒」。淮南天文篇「三歲而一饑，六歲而一衰，十二歲而一康」，太平御覽時序部二引作「十二歲而一荒」。　洪頤煊云：「訾」通「疵」。列子黄帝篇「物無疵厲」，莊子逍遥遊篇「使物不疵厲」，爾雅釋詁「呰，病也」，古字皆通用。　翔鳳案：郭沫若説「庸」字連下，「庸人」即「傭人」，是也。王誤。

〔一七〕何如璋云：凶歲不常有，故變文言之，無「凡國都」句。　張佩綸云：「振困」、「接絶」，依上七事，當加「凡國都皆有掌困」、「凡國都皆有掌絶」二句，傳寫捝之。　翔鳳案：何説是。

〔一八〕何如璋云：「絶」謂士民死上事、死戰事而無後者，故令其知識故人受資於上而祠之，如後世優卹之典。此亦不常有之事，故亦無「凡國都」句。

九守第五十五主位　主明　主聽　主賞　主問　主因　主周①　主參　督名

雜篇六

何如璋云：鬼谷子有符言篇，乃勦襲此文而易其標目者，所異不過數字。

安徐而靜，人君居位，當安徐而又靜默。**柔節先定，**以和柔爲節，先能定己，然後可定人。**虚心平意以待須**〔一〕。虚其心，平其意，以待臣之諫説。須，亦待也。

右主位人主居位當如此。

〔一〕豬飼彦博云：六韜：「文王曰：主位如何？太公曰：安徐而定，柔節先定，善與而不爭，虚心平志，待物以正。」丁士涵云：「須」當爲「傾」。「傾」，覆也，危也。言虚心平意以待天下之亂也。勢篇云「其所處者柔安靜樂，行德而不爭，以待天下之潰作也」，尹注云「潰，動亂也」，是其證。「傾」與「靜」、「定」爲韻。鬼谷子符言篇作「以待傾損」。俞樾云：「須」本作「傾」，與上文「靜」、「定」爲韻。「待」訓爲備，國語周語「其何以待之」，韋注

① 「周」字原作「則」，據補注改。

曰：「『待』猶備也。」「以待傾者」，以備傾也。言須虛心平意以備其傾覆也。今誤作「須」，則不特失其韻，且「須」即「待」也，於義複矣。鬼谷子符言篇作「虛心平意以待傾損」，是其塙證。戴望云：韋注周語曰：「『待』猶備也。」丁謂「待天下之亂」，説似誤。翔鳳案：易歸妹「以須」，虞注：「需也。」「需」有濡滯之意，故樊須字遲。「須」、「意」爲韻，不必依符言改作「傾」。

目貴明，耳貴聰，心貴智〔一〕。**以天下之目視，則無不見也。以天下之耳聽，則無不聞也。以天下之心慮，則無不知也。輻湊並進，則明不塞矣。**言聖人不自用其聰明思慮，而任之天下，故明者爲之視①，聰者爲之聽，智者爲之謀，輻湊並進，不亦宜乎？故曰「明不可塞」。

右主明主明，在於用天下耳目視聽之。

〔一〕豬飼彦博云：六韜：「文王曰：主明如何？太公曰：目貴明。」以下文與此同。張佩綸云：據鄧析子與呂氏春秋，「心貴智」當作「心貴公」，「明」、「聰」、「公」爲韻。翔鳳案：下文「無不知」，則爲「智」而非爲「公」矣。非必韻也。

① 「視」字下原衍「聽」字，據補注删。

聽之術，曰勿望而距，勿望而許〔一〕。聽言之術，必須審察，不可望風則有所距，有所許也。許之則失守，距之則閉塞。既未審察，輒有距而許之，故或失守，或閉塞。高山仰之，不可極也。深淵度之，不可測也。不審察者，常爲彼所知，故戒之當如高山深淵，不可極而測①之。神明之德，正靜其極也〔二〕。既如山淵，則其德配神明，而正且靜。如此者，其有窮極矣。

右主聽

〔一〕豬飼彦博云：六韜：「文王曰：『主聽如何？』太公曰：『勿妄而許，勿逆而拒。』」以下與此同。何如璋云：説苑政理：「宓子賤爲單父宰，辭於夫子。夫子曰：『毋迎而距也，毋望而許也。許之則失守，距之則閉塞。譬如高山深淵，仰之不可極，度之不可測。』子賤曰：『善，敢不承命乎？』」即引此章以爲訓也。

〔二〕豬飼彦博云：「正靜」爲德之至極也。六韜下無「也」字。

用賞者貴誠，用刑者貴必〔一〕。刑賞信必於耳目之所見，則其所不見，莫不闇化

① 「測」字原作「側」，據補注改。

矣〔二〕。誠暢乎天地，通於神明，見姦僞也〔三〕。既暢天地，通神明，故有姦僞必能見之。

右主賞

〔一〕戴望云：「誠」當作「信」，六韜賞罰篇亦作「信」。　張佩綸云：鬼谷子「誠」亦作「信」。「必」，鬼谷作「正」。

〔二〕戴望云：六韜兩「見」字下皆有「聞」字。　翔鳳案：淮南脩務訓「而明弗能見者何」，注：「猶知也。」「見」訓「知」，則不當有「聞」字矣。

〔三〕俞樾云：「見」乃「兄」字之誤，管子書每以「兄」爲「況」字。大匡篇「兄與我齊國之政也」，是其證也。此言精神可以暢天地，通神明，況姦僞乎！言必爲其所化也。古字「也」與「邪」通，故陸德明經典釋文曰：「『邪』、『也』弗殊。」然則「兄姦僞也」，猶云「況姦僞邪」。因假「兄」爲「況」，又誤「兄」爲「見」，而其義全失。鬼谷子符言篇作「誠暢於天地神明，而況姦者干君」，其文雖不同，然「況」字正不誤。可據以訂正。　翔鳳案：「見」訓「知」，不誤，「況」字語氣不貫。

一曰天之，二曰地之，三曰人之，言三才之道，幽邃深遠，必問於賢者，而後行之。四曰上下左右前後，凡此皆有逆順之宜，故須問之。熒惑，其處安在〔一〕？又須知法星所在也。

右主問

〔一〕王念孫云：尹以「熒惑」爲「法星」，非也。「熒惑」猶眩惑也。鬼谷子符言篇「四曰」作「四方」，「其處」作「之處」，於義爲長。「四方上下」承天地而言，「左右前後」承人而言。「熒惑」，謂不明於天地人之道也。問心所眩惑之處，在「四方上下」乎？抑在「左右前後」乎？故曰：「四方上下，左右前後，熒惑之處安在。」非謂法星安在也。

心不爲九竅，九竅治。心任九竅，九竅自治。**君不爲五官，五官治。**君任五官，故五官自治之。**爲善者君予之賞，爲非者君予之罰。君因其所以來，因而予之，則不勞矣**〔一〕。自來而又得賞，何勞之有！**聖人因之，故能掌之。**掌，主也。因來而賞，物皆屬己，故能主之。**因之修理，故能長久**〔二〕。

右主因

〔一〕劉績云：「所以來」，謂爲善非；「因而予之」，謂賞罰。王念孫云：「來」當作「求」，鬼谷子符言篇正作「求」。尹注非。說見小稱篇。張佩綸云：王說非也。白心篇：「聖人之治也，靜身以待之，物至而名自治之。」又曰：「口無虛習也，手無虛指也，物至而命之。」心術上解「因」者，亦曰：「物至則應，過則舍矣。」「因其所以來」，謂物來順應。改「求」字，則無義矣。鄧析子作「因其所以來而報之」，即本此。

〔三〕王念孫云：「修」當爲「循」，説見形勢篇。張佩綸云：「掌」當爲「當」，「長久」當作「久長」，「當」、「長」爲韻。心術上篇「物固有形，形固有名，名當謂之聖人」，結之曰「靜因之道」。「當」謂善予之賞，非予之罰也。「久長」者，四時篇「王事必理，以爲久長」，鬼谷子正作「久長」。翔鳳案：非韻文。小爾雅廣言：「掌，主也。」

人主不可不周，周，謂謹密也。**人主不周，則羣臣下亂**〔一〕。不周，則泄其機事，故臣下交爭而亂也。**寂乎其無端也，**愼密者當如是。**外内不通，安知所怨？**外内不通，則事不泄，故無怨。**關閈不開，善否無原**〔二〕。既不開其關閈，故善之與不善，不得知其原矣①。

右主周

〔一〕陶鴻慶云：「下亂」二字不辭。尹注云：「不周則泄其機事，故臣下交爭而亂也。」疑尹所見本作「羣臣爭亂」，今本涉注文「臣下」而誤。翔鳳案：「下亂」，亂於下也，何爲不詞？

〔二〕王引之云：「關閈」當爲「關閉」。説文曰：「關，以木横持門戶。」又曰：「閉，闔門也，從門

① 「矣」字原作「哉」，據補注改。

才，所以距門。」蓋關與閉皆距門之木，因謂闔門爲「關閉」也。八觀篇曰：「宮垣關閉，不可以不備。」是關閉皆距門之木，故曰「關閉不開」也。若閈爲里門，而與關竝舉之，則爲不類。八觀篇既云「關閉不可以不備」，又曰「閭閈不可以毋闔」，是閈、閭爲一類也。「閉」字本作「閈」，與「閈」相似而誤。鬼谷子正作「關閉不開」。

一曰長目，二曰飛耳，三曰樹明〔一〕。明知千里之外，隱微之中，曰動姦。姦動則變更矣〔二〕。姦在隱微，其理將動。姦既動矣，自然變更。

右主參

〔一〕豬飼彦博云：「長目」謂視遠，「飛耳」謂聽遠。何如璋云：自來飛書飛語，均屬讒間言之，「飛耳」即其例也。此「長目」、「飛耳」均屬姦人言，則「樹明」當爲「樹朋」，形近而譌。漢書高祖紀上「食其欲立六國後以樹黨」，陳餘傳「自爲樹黨」，即「樹朋」之證。「動」，作也。作姦則黑白倒置，視聽俱變更矣。上以天下之目視，以天下之耳聽，以天下之心慮，亦恐有左右近習，廣設耳目，樹立朋黨，以相淆亂者，惟參聽並觀，足以正之，故曰「主參」。若但承主明言之，則「九守」爲八矣。翔鳳案：「樹明」在耳目之外，屬於心知。「長目」、「飛耳」，亦就主言之，豬飼謂「視遠」、「聽遠」，是也。何改「明」爲「朋」，非是。

〔二〕豬飼彦博云：「曰」疑當作「以」。俞樾云：「動」當作「洞」，聲之誤也。鬼谷子作「是謂洞天下姦」。　翔鳳案：「洞」訓疾流，洞察爲其引申義。高唐賦「使人心動」，注：「驚也。」漢書谷永傳「洞洞屬屬」，注：「驚肅也。」此「洞」、「動」相通之證。洞其姦則姦者變更而不敢動，文義自通。

脩名而督實〔一〕，按實而定名。名實相生，反相爲情〔二〕。名實當則治，不當則亂。名生於實，實生於德，德生於理，理生於智，智生於當。

右督名〔三〕

〔一〕孫星衍云：文選晉紀總論注引作「循名而案實」。　俞樾云：「修」當爲「循」。鬼谷子作「循名而爲實」，其文雖不同，而「循」字不誤，可據訂。

〔二〕丁士涵云：「反」讀還反之反。説文：「還，復也。」「反相爲情」，猶禮記言「還相爲宫」耳。

〔三〕張佩綸云：文曰「督實」，此當依鬼谷作「主名」，九主即「九守」也。　翔鳳案：文意重在實，不重在名，題「主名」不合，自以「督名」爲是。所守者九，非所主者九也。

桓公問第五十六

齊桓公問管子曰〔一〕：「吾念有而勿失，得而勿忘〔二〕，爲之有道乎？」對曰：「勿創勿作，時至而隨。毋以私好惡害公正，察民所惡，以自爲戒。人有所惡己行之非。黄帝立明臺之議者，上觀於賢也。堯有衢室之問者，下聽於人也〔三〕。舜有告善之旌，而主不蔽也〔四〕。禹立建鼓於朝，而備訊唉〔五〕。訊，問也。唉，驚問也。湯有總街之庭，以觀人誹也〔六〕。武王有靈臺之復，而賢者進也〔七〕。復，謂白也。此古聖帝明王所以有而勿失，得而勿忘者也〔八〕。」桓公曰：「吾欲效而爲之，其名云何？」對曰：「名曰嘖室之議〔九〕。謂議論者言語讙嘖。曰法簡而易行，刑審而不犯，事約而易從，求寡而易足。人有非上之所過，謂之正士〔一〇〕。見上有過而非之，可謂正士。內於嘖室之議，納正士之言，著爲嘖室之議。有司執事者，咸以厥事奉職，而不忘爲此嘖室之事也〔一一〕。請以東郭牙爲之，此人能以正事爭於君前者也。」桓公曰：「善。」

〔一〕安井衡云：古本作「管仲」。

〔二〕戴望云：「忘」當作「亡」。　翔鳳案：小稱：「使公毋忘如莒時也。」作「忘」是。

〔三〕豬飼彦博云：三輔黄圖曰：「明堂，堯曰衢室。」　孫星衍云：初學記十三、藝文類聚三十八引「明臺」作「明堂」。三國志魏文帝紀注引「賢」作「兵」。

〔四〕尹桐陽云：初學記引尸子曰「堯有建善之旌」，大戴禮保傅作「有進善之旍」。史記孝文本紀曰「古之治天下者，朝有進善之旌，誹謗之木」，應劭曰：「旌，旛也，堯設之五達之道，令民進善也。」此以爲舜事，與呂覽自知、淮南主術云「舜立誹謗之木」説異，蓋各據所聞言耳。文選王元長策秀才文「揚旌求士」，注引此。

〔五〕豬飼彦博云：「訊」，告也。詩陳風：「夫也不良，歌以訊之。」「唉」、「欸」同，呰也。　尹桐陽云：呂覽自知曰「堯有欲諫之鼓」，淮南主術作「堯置敢諫之鼓」。此云「立諫鼓」，謂置敢諫鼓耳。淮南氾論：「禹之時以五音聽治，懸鐘鼓磬鐸，置鞀，以待四方之士，爲號曰：教寡人以道者擊鼓。」升庵外集六十四引尸子曰「禹有進善之鼓備訊誒也」，説與此同。　翔鳳案：説文：「唉，應也。」王紹蘭段注訂補：「管子問篇『禹立諫鼓於朝而備訊唉』，此『唉』，『應』之正字也。『訊』爲問，明『唉』爲應。」朱駿聲以爲「誒」之借。廣雅釋詁三：「誒，告也。」朱義爲長。楊本「建鼓」，淮南作「諫鼓」。儀禮大射儀「建鼓在阼階西」，注：「猶樹也。」莊子「若建鼓而求亡子」，則「建鼓」爲鼓名。「建」爲立朝律，則「建鼓」爲朝廷所樹之鼓，較「諫鼓」義勝。

〔六〕戴望云：類聚「人」作「民」，「誹」作「非」。　翔鳳案：水經注引略同管子，亦作「總街」。

說文：「街，四通道也。」

〔七〕張佩綸云：「復」，當從初學記作「候」。太平御覽禮儀十三引詩記歷樞曰：「靈臺，候天意也，經營靈臺，天下附也。」「天下附」與「賢者進」意合。翔鳳案：孟子「有復於王者曰」，注：「白也。」「候」爲觀天象，與進言不同，作「候」者誤。

〔八〕張德鈞云：御覽七十六引「忘」作「亡」，無「者」字。翔鳳案：「亡」字誤，見上。

〔九〕何如璋云：「嘖」，韻會：「爭言貌。」左定四年傳：「會同難，嘖有煩言，莫之治也。」「議」，注：「謂議論者言語讙嘖。」左昭三十一年傳「鄭人游於鄉校以論執政」，殆與此同。張佩綸云：說文：「嘖，大嘑也。」廣韻：「嘖嘖，叫也。」左定四年傳「嘖有煩言」，賈、杜注：「嘖，至也。」原注：「謂議論者言語讙嘖。」案：「嘖室」之名，恐非取嘑叫之義。易繫辭上：「探賾索隱，鉤深致遠，以定天下之吉凶，成天下之亹亹者，莫大乎蓍龜。」又曰：「是故夫象，聖人有以見天下之賾，而擬諸其形容，象其物宜，是故謂之象。」又曰：「極天下之賾者，存乎卦。」釋文：「賾，京作『嘖』，九家作『册』。」漢碑「探賾」均作「探嘖」，「賾意」亦作「嘖意」，是其證。京注：「嘖，情也。」蓋集議室中以見天下之情，故名曰「嘖室」。亦作「册」也，說文：「册，符命也，諸侯進受于王也。」釋名：「漢制約敕封侯曰册。册，賾也，敕使整賾不犯之也。」書金縢鄭注：「册，謂簡書也。」齊受册命於侯伯，因命受册而藏之室曰「嘖室」，亦猶天子之明堂矣。尹桐陽云：「嘖」同「諫」，數諫也。經傳多以「刺」爲之。孟子書：「人之易其言也無責耳矣。」「刺」、「嘖」、「責」、「諫」皆聲轉。翔鳳案：荀子正名「嘖然而不類」，注：「爭言也。」「嘖」字從責，有責讓之義，下文「爭於君前」，可證也。何説是。

〔一〇〕許維遹云：「正」即「証」省。説文：「証，諫也。」是「正士」猶諫士。下文云「東郭牙能以正事爭於君前」，小匡篇云「東郭牙爲大諫」，其義與此相合。尹釋「正」如字，於義未徧。

〔一一〕陳奐云：「厥」讀爲竭蹶之蹶。劉績改「厥」爲「決」，於義不安。戴望云：「爲」字，宋本、朱本皆作「焉」，屬上讀，於義爲長。吴汝綸云：「忘」當爲「妄」。張佩綸云：「爲此嘖室之事也」，乃尹注誤入正文。翔鳳案：古本「爲」作「焉」，謬。小爾雅廣詁：「爲，治也。」「爲」字不誤。

度地第五十七

雜篇八

昔者桓公問管仲曰：「寡人請問度地形而爲國者，其何如而可？」管仲對曰：「夷吾之所聞：能爲霸王者，蓋天子聖人也〔一〕。故聖人之處國者，必於不傾之地。言其處深厚岡原復壯者，謂之不傾。而擇地形之肥饒者〔二〕，鄉山，左右經水若澤〔三〕，其國都或在山左，或向山右，及緣水①澤然後建。内爲落渠之寫，因大川而注焉〔四〕。謂於都内更爲落②水之渠，以注於大川。乃以其天材，地之所生利，養其人以育六畜〔五〕。天材，謂五穀之屬因天時而植者也。天下之人，皆歸其德而惠其義，惠，順。乃別制斷之。乃分別其地，制之斷之。州者謂之術，地數充爲州者，爲之術。不滿術者謂之里〔六〕。不成術而餘者，謂之里。故百家爲里，里十爲術，術十爲州，州十爲都，都十爲霸國，不如霸國者國也，不成於霸國者，諸侯之國也。以奉天子〔七〕。霸國率諸侯以奉天子也。天子有萬諸侯也，其中有公侯伯子男焉，天子中而處。此謂因天之固〔八〕，所處之地，自然不傾，故曰因之。歸地之利，内爲之城，城外爲之郭，郭外爲之土閬，閬，謂隍。地高則溝之，下則堤之，命之曰金城。樹以荆棘，上相穡著者，所以爲固也〔九〕。穡，鈎也。謂荆棘刺③條相鈎連也。歲脩增而毋已，時脩增而無已，福及孫子。此謂人命萬世無窮之利，人君之葆守也。謹置國都，繕脩城郭，此人君所保全而守。臣服之以盡忠於君，君體有之，以臨天下〔一〇〕。

①「水」字原作「之」，據補注改。
②「落」字原作「洛」，據補注改。
③「刺」字原作「利」，據補注改。

故能爲天下之民先也，此宰之任，則臣之義也〔一〕。宰，謂執君之政者也。

〔一〕豬飼彦博云：或曰：「『子』當作『下』。」　吳志忠云：「子」乃「下」字誤。　翔鳳案：能爲聖人，因其爲天之子，有神權作用，非僅爲天下一人而已。作「下」字謬。

〔二〕戴望云：元本「形」作「利」。

〔三〕孫星衍云：「經水」見下文。「若」，順也。尹注非。　王引之云：「經」字義不可通，地在水旁，非經過之謂也。蓋因下文「命曰經水」而誤。「經」當作「緣」，緣者因也，因水及澤而建都也。注内「緣水澤」三字，即覆舉正文也。　張佩綸云：「經水」不誤。訓「若」爲及，當從王氏說。「鄉山左右，經水若澤」，即詩公劉篇所謂「相其陰陽，觀其流泉」也。　尹桐陽云：以「左右經水若澤」爲句。都之左右以經水若澤繞之。周東都左伊右瀍，即此意。　翔鳳案：都城依山，左右有經水或澤，不一定澤與經水俱備也。解「若」爲「及」，非是。漢書武帝紀：「爲復子若孫。」周禮稍人「若有會同」，疏：「不定之辭也。」

〔四〕安井衡云，「落」、「絡」通，「絡」，繞也。國都之内，作繞絡四方之渠，以洩寫穢惡，又因大川而注流之。　張佩綸云：「落」，「略」借字。說文：「略，經略土地也。」左昭七年傳：「天子經略諸侯正封。」「落渠」，言因經界爲溝渠也。　翔鳳案：「寫」同「瀉」。「落渠」使水落溝渠，張訓略，誤。

〔五〕丁士涵云：疑當作「乃以其天材地利之所生，養其人以育六畜」，今本「利」字脱置在下句。

下文云：「因天之固，歸地之利。」　翔鳳案：原文自通，改爲後代偶句，陋矣。

〔六〕王引之云：「州者」上亦當有「不滿」二字，下文「里十爲術，術十爲州」，故曰「不滿州者謂之術」。尹注非。　翔鳳案：「制斷之」指州言。分州而爲術，安得再有「不滿」二字？王説誤。

〔七〕丁士涵云：「也」乃「亡」字之誤。「不如霸國者」句，「國亡（同無）以奉天子」句。翔鳳案：「者」爲别事之詞。不如霸國者，仍爲一普通之國。丁説非。

〔八〕張佩綸云：「因天之固」，依上文當作「天材」。　翔鳳案：國無大小，皆依天然之形以爲固。過秦論「秦孝據殽函之固」，與此同意。張説非。

〔九〕張文虎云：「穡」無鉤義，疑當作「稽」，「稽」義爲留止。急就篇「沽酒釀醪稽極程」，「稽極」即積棷，「極」固譌字，「稽」與「積」疑古通。説文：「稽，棷而止也。」賈侍中説『稽』、『稽』、『稽』三字皆木名。」疑「積棷」或作「稽稽」，總之，皆從禾起義。積棷，樹枝句曲，荆棘之刺亦似之，故云「相稽著」。　尹訓爲「鉤」，蓋所見本猶作「稽」。今則正文與注皆誤矣。　俞樾云：方言：「嗇，合也。」廣雅釋詁：「繬，合也。」「穡」與「嗇」、「繬」並通。「穡著」猶合著也。文選七發「中若結嗇」，李善注引説文曰：「轖車籍交革也。」義亦相近。　何如璋云：「穡」與「嗇」通。廣雅釋詁：「嗇，積也。」方言十二：「嗇，合也。」謂樹荆棘於溝之外隄之上，使相合著以爲固也。注訓「穡」爲「鉤」，謂荆棘刺條相鉤連，意是而訓則非。司險「設國之五溝五涂而樹之林以阻固」，即其義也。掌固「樹渠」，注云「樹，謂枳棘之屬有刺者」，本此。張佩綸云：「穡」當爲「黏」，字之誤也。説文、爾雅釋言：「黏，相著也。」周禮考工記輪人注：「謂泥不黏著也。」　翔鳳案：俞説是也。

〔一〇〕丁士函云：「有」字當在「臨」字下。法法篇：「資有天下，制在一人。」　翔鳳案：君體而有之，即周禮天官「體國經野」之體。

〔一一〕尹桐陽云：「則臣」下作「側臣」。

故善爲國者，必先除其五害，人乃終身無患害而孝慈焉〔一〕。」桓公曰：「願聞五害之説。」管仲對曰：「水一害也，旱一害也，風霧雹霜一害也，厲一害也，蟲一害也，厲疾，病也。此謂五害。五害之屬，水最爲大。五害已除，人乃可治。」桓公曰：「願聞水害。」管仲對曰：「水有大小，又有遠近。水之出於山而流入於海者，命曰經水〔二〕。言爲衆水之經。水別於他水，謂從他水分流，若江別爲沱。入於大水及海者，命曰枝水〔三〕。言水之枝。山之溝〔四〕，一有水，一毋水者，命曰谷水。水之出於他水溝，流於大水及海者，命曰川水〔五〕。出地而不流者，命曰淵冰〔六〕。此五水者，因其利而往之可也，謂因地之勢，疏引以溉灌。因而扼之可也〔七〕。扼，塞也。恐其泛溢而塞之，亦可也。而不久常，有危殆矣。」謂卒有暴溢，或能漂没居人，故危殆也。桓公曰：「水可扼而使東西南北及高乎？」管仲對曰：「可。夫水之性，以高走下則疾，至於漂石〔八〕。謂能漂浮於石。而下向高，即留而不行，故高其上領瓴之，尺有十分之三，里滿四十九者，水可走也。上，謂水從來處。高之者欲注下，取勢也。瓴，謂瓴甋也。言欲令水上高，必大爲瓴甋，私空其中，使前後相受，以尺爲分，每領而有十尺，即長一丈也。分之於三里①閒之每里，滿此四十②九。如此，則水可走上矣。乃迂其道而遠之，以勢行之〔九〕。迂③，曲也。謂迂曲水道，遠張其勢，而以行水。水之性，行至曲必留退，滿則後推前。謂水至處，必流而却退。其處既滿，則後水推前水令去。地下則平，行地高即控，控，謂頓也。言水頓挫而却。杜曲則擣毁，杜，猶衝也。擣，觸也。言水行至曲，則衝而觸，有所毁傷。杜曲激則躍〔一〇〕，躍則倚，倚，排也。謂前後相排也。倚則環，環則中，前後相排，則圓流生，空若環之中，所謂齊。中則涵，圓流無所通，則相涵激也。涵則塞，塞則移，移則控〔一一〕，塞，亦控也。空則水妄行〔一二〕，水妄行則傷人，傷人則困〔一三〕，困則輕法，輕法則難治，難治則不孝，不孝則不臣矣〔一四〕。

〔一〕戴望云：「害」字，涉上文「五害」而衍。翔鳳案：言不患此害，「患」爲動詞，「害」非衍

①「里」字原無，據補注增。
②「四十」二字原無，據補注增。
③「迂」字原作「行」，據補注改。

文。

〔二〕張佩綸云：水經注河水引作「水有大小，有遠近，水出山而流入海者命曰經水」。

〔三〕孫星衍云：水經河水注「別」作「引」，言引他水入於大水及海，今本作「別」，非。張佩綸云：此則以水別，故名之曰枝水。孫氏據水經注改「別」爲「引」，非也。翔鳳案：説文：「別，分解也。」此用其本義，孫誤認爲別異而非之矣。

〔四〕許維遹云：「山」下脱「水」字，文選班叔皮北征賦注引有「水」字，今本「水」字錯置在下句。翔鳳案：山之溝，有時有水，有時無水，此谷水情形。山有溝，水能有溝乎？許加「水」字，謬。

〔五〕豬飼彦博曰：「他水」二字衍，「溝」即山之溝也。王念孫云：「出於他水」本作「出於地」，下文「出地而不流者，命曰淵水」，正對此出地而流者言之。今作「出於他水」者，「地」、「他」字相似，又涉上文「別於他水」而誤。水經河水注引此正作「出於地」。張佩綸云：水經注河水引「出於地溝流于大水及于海者，又命曰川水也」，文有異同。翔鳳案：説文：「川，貫穿流通水也。」釋名：「川，穿也。」李巡注爾雅：「水流而分，交錯相穿，故曰川也。」交錯則穿出他水，王改「他」爲「地」，誤矣。釋名釋水：「水注谷曰溝，田間之水亦曰溝。溝，構也，縱橫相交構也。」

〔六〕翔鳳案：莊子應帝王：「鯢桓之審爲淵，止水之審爲淵，流水之審爲淵。」釋名：「淵，宛也，言宛曲也。」溢出地面而不流。

〔七〕豬飼彦博云：「往之」，「往」當作「注」。「因而扼之」，「因」下蓋脱「其害」二字。王念孫云：「往」當爲「注」，字之誤也。（隸書「往」字或作「註」，與「注」相似。）「注之」與「扼之」意正相反。據尹注云「謂因地之勢疏引以溉灌」，則當作「注」明矣。張佩綸云：「扼之」豈得曰「因」？「因而」二字涉上句而衍。翔鳳案：説文訓「王」爲歸往，「往之」，向前流動而有所歸。扼之亦因其利，非利不扼。諸説俱誤。

〔八〕安井衡云：古本「瀃」作「漂」。翔鳳案：「瀃」爲隸書之别體，見隋澧水石橋碑。

〔九〕方苞云：嘗見吴、越山谿間行水者，以巨竹承泉，斜而下注。數節之後，自相推激，盤山踰嶺，逆而上行，即此法也。「高其上」句，「領瓶之」句。（原書正文，注文均改作「瓶」，而無説。）「高其上」者，就地勢，使水由上注也。「領瓶之」者，盤曲通水，或用竹木，而領項受水處則用瓦器，取其多容也。「尺有十分之三」者，斜置通水之器，每尺有十分之三減于斜勢也。「里滿四十九可走」者，過此亦難扼而行之也。「迂其道而遠之，以勢行之」者，近水未必有自高注下之地，故必迂而遠之，乃得就地勢之可行者。豬飼彦博云：「領瓨」，「領」當作「而」。「尺有十分之三」，一尺之間，有三寸之高下。「迂其道而遠之」，尺有十分之三則水走急疾，故迂遠其道以徐緩其流也。宋翔鳳云：「上領」，「領」字誤，校者改爲「瓨」字，而兩存其讀。言使下向高，而以瓨甀引水，則滿四十九里而水仍走下矣。言其力之不能達也。

故必迂其道以遠之。禹釃二渠，以引其河，北載之高地，即迂其道以遠之也。自此以下八十餘言，皆明道水向高之法。注説全非。翔鳳案：説文：「瓴，瓮似瓶也。」史記高祖本紀：「譬猶居高屋之上建瓴水也。」吾鄉謂注酒之漏斗爲酒瓴。説文：「領，項也。」高地爲嶺。建瓴於高處，故須「高其上領」，非誤字。穀梁傳曰：「古者三百步爲里。」司馬法：「六尺爲步。」是一百八十丈爲一里，里滿四十九者，約爲三之一里，方説甚當。

〔一〇〕豬飼彦博云：「杜曲則擣毁」，「杜」當作「地」，「擣」，衝也，言水行至曲則有所衝毁。「杜曲激則躍」，「杜」，塞也，「曲」下蓋脱「則激」二字。丁士涵云：當作「地曲則擣激，激則躍」。「地曲」對「地下」、「地高」言之。「杜」與「地」、「毁」與「激」，形近而譌，又衍「杜曲」二字，否則「激」字無來文矣。姚永概云：第二「杜曲」字，涉上文而衍。翔鳳案：「杜」借爲「敷」，謂堵之也。人可以土爲之。

〔一一〕張佩綸云：「中」當爲「沖」，説文水部：「沖，涌繇也，從水中聲，讀若動。」召南「忡忡」，猶「衝」也。老子「盅而用之」，今本作「沖」。此借「中」爲「沖」也。元注「『杜』猶衝也」，疑當移此作「『中』猶衝也」。「涵」當作「淊」，形近而誤。「淊」，泥水淊淊也。水衝於曲處，則留淤而水濁矣。姚永概云：「環」，謂水圓折之時。圓折則盤旋而有中矣。「涵」，容也。既旋成中，則沙泥必隨之而涵容。涵容多則塞。塞之既久，水不能旋，則移而他去。他移則控叩，控叩必妄行也。莊子（逍遥遊）「則控於地」，崔注：「控，叩也。」司馬注「投也」，意亦相近。

上文「地高即控」，亦謂叩也。翔鳳案：説文：「倚，依也。」房注「依，排也，謂前後相排也」，乃引申義。説文：「控，引也。」謂控制之，姚説誤。

〔二〕翔鳳案：「空則水妄行」，趙本作「控」。「空」謂不控，不控之則水妄行矣。趙因上文「躍」、「倚」、「環」、「中」、「涵」、「塞」、「移」諸文均蟬聯而下，而改「空」作「控」，不顧實義。既控之，水可妄行乎？姚訓「控」爲「叩」，不知此爲注意。此妄行傷人，故必須控制也。

〔三〕翔鳳案：此爲水傷人，郭沫若改作「人傷」，則於水無涉，非是。

〔四〕翔鳳案：「孝」字承上「孝慈」來，移孝可以作忠，觀於孝經及禮記可見矣。

故五害之屬，傷殺之類，禍福同矣。知備此五者，人君天地矣〔一〕。」所謂與天地合其德。

桓公曰：「請問備五害之道。」管子對曰：「請除五害之説，以水爲始〔二〕。請爲置水官，令習水者爲吏大夫、大夫佐各一人，率部校長官佐各財足〔三〕，財，謂其祿稟。乃取水左右各一人，使爲都匠水工〔四〕，爲水工之都匠。令之行水道〔五〕。城郭、堤川、溝池，官府寺舍及州中當繕治者，給卒財足。卒，謂所當治水者。財，其糧用也。令曰：常以秋歲末之時，閱其民，閱，謂省視。案家人比地，定什伍口數〔六〕，案人比地，有十口五口之數，當受地若干。別男女大小。其不爲用者輒免之。謂其幼小不在役者則免之。有錮病不可作者疾之〔七〕，著其名於疾者之數，有以賙恤之也。可省作者半事之〔八〕。謂疾者雖不任役，可以省視作者，取其半功。并行，以定甲士當被兵之數，上其都〔九〕。因力役之際，并行視之。强壯者，預定之以爲甲士，而被兵之數。既而上其名籍於國都也。都以臨下，視有餘不足之處，輒下水官。都既臨下，視其兵不足之處，即甲士下之於水官。水官亦以甲士當被兵之數〔一〇〕。水官既得甲士，還以備兵數也。與三老里有司伍長行里，因父母案行閱具備水之器〔一一〕。謂水官與三老五長等行視其里，因其家之父母與之閱其備水之器。以冬無事之時，籠臿板築各什六〔一二〕，謂什人共貯六具。下準此。土車什一，雨蓋什二〔一三〕，車蓋所以禦雨，故曰雨蓋。食器兩具〔一四〕，每人兩具。人有之。錮藏里中，以給喪器〔一五〕。謂人既有貯器，當錮藏於里中，兼得給凶喪之用。後常令水官吏與都匠，因三老里有司伍長案行之。常以朔日始出閱具之，取完堅，補弊久，去苦惡〔一六〕。其器既補弊，而久有苦惡者，除去之。常以冬少事之時，令甲士以更次益薪，積之水旁，州大夫將之，唯毋後時。謂將領之無得後時。其積薪也，以事之已；已，畢也。農事既畢，然後益薪。其作土也，以事未起。謂春事未起。天地和調，日有長久。以此觀之，其利百倍，故常以毋事具器，毋事用之〔一七〕。水常可制，而使毋敗。此謂素有備而豫具者也。」

〔一〕安井衡云：古本「矣」作「也」。

〔二〕張佩綸云：「請除」之「請」，涉上下文而衍。陶鴻慶云：「之説」二字不當有，涉上文「願聞五害之説」而衍。翔鳳案：儀禮士昏禮「擯者出，請事」，注：「問也。」謂問除五害之説也。「請」非衍文。

〔三〕俞樾云：「財足」猶言纔足也，蓋不限以人數，使其纔足以任事而已。下文「給卒財足」，亦言給之以卒，使纔足任事，不限人數也。尹注皆非。翔鳳案：俞説是也。

〔四〕張佩綸云：「水左右」當作「水官左右」。「左右」即佐佑，謂助之也。張説誤。翔鳳案：「都匠」即工頭，非官也。桓寬曾爲諸生都養，乃炊事員，非官明矣。

〔五〕許維遹云：「行」猶視察也。吕氏春秋季春篇「循行國邑」，高注釋「行」爲「視」；季夏篇「入山行木」，高注：「行，察也。」

〔六〕豬飼彦博云：「家」字衍，觀注可見。張佩綸云：周禮小司徒之職：「掌建邦之教法，以稽國中及四郊都鄙之夫家，九比之數以辨其貴賤老幼癈疾，凡征役之施舍，與其祭祀飲食喪紀之禁令，乃須比注於六鄉之大夫，三年則大比，大比則受邦國之比要。」鄭司農云：「五家爲比，故以比爲名。今時八月案比是也。」翔鳳案：「什伍」，謂參伍組織之，非受地也。觀下文「不爲用者免之」，可見。

〔七〕丁士涵云：「疾」乃「癈」字誤，「癈之」與「免之」同義，即周官鄉師所謂「疾者皆舍」也。郭嵩燾云：「疾之」，即入國篇所謂「收而養之疾官」，以備養疾之數也。翔鳳案：疾之謂登記爲病號，非養之也，免役而已。

〔八〕俞樾云：「省」，少也，「省」與「少」一聲之轉，故義得相通。喪服小記「多陳之而省納之」，荀子仲尼篇「省求多功」，竝以「省」與「多」對文。此言雖有疾病，不能多作，猶可少作，故半事之也。尹注謂「可以省視作者，取其半功」，未得其義。

〔九〕許維遹云：尹注釋「行」爲「視」，是也。釋「並」如字，則非。「並」讀爲普，普、徧同義。「並行」，猶言普徧視察也。　翔鳳案：廣雅釋言：「並，俱也。」呂氏春秋明理「有四月並出」，注：「猶俱也。」「並」有普義，然不能讀爲普。

〔一〇〕陶鴻慶云：尹注「上其都」謂「上其名籍於國都」，非也。「都」謂其邑之大夫。

〔一一〕戴望云：元刻「具」作「其」，是也。尹注亦是「其」字。　張佩綸云：周禮冬官雖亡，其軼事往往見於他説。今以管子「水官」之職與地官「遂人」諸職相證，若合符節。　翔鳳案：「閱」字上屬爲句，「行閱」謂視察也。改「具」爲「其」，誤。　安井衡云：古本「函」作「臿」。

　戴望云：「函」，「臿」字之譌，宋本正作「臿」。

〔一二〕翔鳳案：説文：「籠，舉土器也。」古本作「龍」，非是。史記始皇紀「身自持築臿」，正義：「鍬也。」

〔一三〕豬飼彥博云：「輂」，土器也，漢書曰：「陳畚輂。」「雨」字疑衍。　王念孫云：説文：「輂，大車駕馬也。」「輂」非所以禦雨，「輂」當爲「⿱奄車」，字之誤也。「⿱奄車」，謂車蓋弓也。方言「車枸簍，隴西謂之『⿰木畚』」，郭注曰：「即車弓也。」「⿰木畚」與「畚」同。釋名曰：「畚，藩也，藩蔽雨水也。」故注云：「車畚所以禦雨，故曰雨畚。」　翔鳳案：説文無「畚」字，「輂」，居玉切。段謂：「左氏傳『陳畚梮』，『梮』者土轝，漢五行志作『輂』。」从共，與「枳」同義，即車弓也，不誤。王説非是。漢書食貨志「税謂公田什一」，注：「謂十取其一也。」孟子：「其實皆什一也。」什一非十一。「雨」字不誤。古本改作「兩」，謬。下文有「兩」字，並不相混也。

〔一四〕安井衡云：「兩具」當爲「雨具」，「雨具」，蓑笠之屬。　翔鳳案：「兩」字不誤。其一具備毁失之用，安井説非。下文「喪器」指此。

〔一五〕許維遹云：左傳襄十年「器用多喪」，「喪」，喪失也。此「喪」字，兼喪失與破壞而言。意謂備水之器有藏於里中者，以補充器之喪失或破壞者，故下文云：「此謂素有備而預具者也。」尹注「喪」爲「凶喪」，謬甚。

〔一六〕陳奐云：「久」讀爲舊，「弊舊」，弊壞古舊也。「苦」讀爲盬，鴇羽傳曰：「盬，不攻致也。」又四牡傳曰：「盬，不堅固也。」「弊久」、「苦惡」，皆謂不完堅者也。完堅者取之，不完堅者補之、去之。此以三字爲句。尹注「補弊」爲句，「久去苦惡」爲句，失其句讀。

〔一七〕翔鳳案：「毋事用之」，謂未發生事故而先用之。趙本以意改爲「有事」，非是。下文「水常可制而毋敗」，若有事則已敗矣。

桓公曰：「當何時作之？」管子曰：「春三月〔一〕，天地乾燥，水糾列之時也〔二〕。」

山川涸落，天氣下，地氣上，萬物交通。故事已，新事未起，草木荑生可食。寒暑調，日夜分。分之後，夜日益短，晝日益長，利以作土功之事。土乃益剛，令甲士作堤大水之旁，大其下，小其上，隨水而行。地有不生草者，必爲之囊〔三〕。大者爲之堤，小者爲之防，夾水四道〔四〕，禾稼不傷。歲埤增之，樹以荆棘，以固其地，雜之以柏楊，以備決水。民得其饒，是謂流膏。令下貧守之，往往而爲界，可以毋敗。當夏三月，天地氣壯，大暑至，萬物榮華，利以疾薅殺草薉，使令不欲擾，命曰不長〔五〕。不利作土功之事，放農焉〔六〕。利皆耗十分之五，土功不成。當秋三月，山川百泉踊，降雨下〔七〕，山水出，海路距，雨露屬〔八〕，天地湊汐〔九〕，利以疾作收斂毋留。一日把，百日餔，民毋男女，皆行於野，不利作土功之事。濡濕日生，土弱難成，利耗什分之六，土工之事亦不立。當冬三月，天地閉藏，暑雨止，大寒起〔一〇〕，萬物實熟，利以填塞空郄，繕邊城，塗郭術，平度量，正權衡，虚牢獄，實廥倉〔一一〕。君修樂，與神明相望。凡一年之事畢矣。舉有功，賞賢，罰有罪，遷有司之吏而第之。不利作土功之事，利耗什分之七，土剛不立。晝日益短，而夜日益長，利以作室，不利以作堂。四時以得，四害皆服。」桓公曰：「寡人悖〔一二〕，不知四害之服〔一三〕，奈何？」管仲對曰：「冬作土功，發地藏，則夏多暴雨，秋霖不止。春不收枯骨朽脊〔一四〕，伐枯木而去之，則夏旱至矣。夏有大露，原煙噎，下百草〔一五〕，人采食之，傷人，人多疾病而不止。民乃恐殆。君令五官之吏，與三老里有司伍長，行里順之〔一六〕，令之家起火爲温〔一七〕，其田及宫中皆蓋井，毋令毒下及食器，將飲傷人。有下蟲傷禾稼。凡天菑害之下也，君子謹避之，故不八九死也。大寒大暑，大風大雨，其至不時者，此謂四刑。或遇以死，或遇以生〔一八〕，君子避之，是亦傷人。故吏者，所以教順也〔一九〕，三老里有司伍長者，所以爲率也。五者已具，民無願者，願其畢也〔二〇〕。故常以冬日，順三老里有司伍長，以冬賞罰〔二一〕，使各應其賞而服其罰，五者不可害，則君之法犯矣〔二二〕。此示民而易見，故民不比也〔二三〕。」

〔一〕丁士涵云："「春」上脱「當」字，下文「夏」、「秋」、「冬」皆有。禁藏篇云「當春三月」，是其證。"

翔鳳案：桓公問當何時作之，管子答以春三月，「當」字貫下，與下文不同。欲比而齊之，誤矣。

〔二〕安井衡云："「列」與「裂」同。"章炳麟云："「糺」當借爲「漻」。如釋木「下句曰朻」，釋文本又作「樛」；太玄「死生相摎」，宋注「摎，猶糾也」，是可證丩聲翏聲之通。韓詩「溱與洧，漻其清矣」，南都賦「漻淚減汩」，注：「韓詩外傳曰：『漻，清貌也。』淮南子曰：『水淚破舟。』」按水之清者，每多急疾，然則「糺列」即「漻淚」。竊意「淚」即洌字，説文「洌，水清也」，「糺列」亦澤列也。春三月霖雨未下，故水清洌。　翔鳳案：章説是也。

〔三〕張文虎云：「囊」疑「壤」字之誤。　張佩綸云：不生草者，其土疏惡，爲之囊，如韓信囊沙之類，取他土盛之，今所謂襄是已。又云：「囊」或當作「襄」。詩墻茨傳：「襄，除也。」言惡土則除去之。　翔鳳案：此文指作堤言之。以有草之土皮爲築，水不易衝散。若無草之土，不能凝結，盛以囊而築之。今人多用草袋或麻袋，即囊也。張説近之，而下未析也。

〔四〕豬飼彦博云：「夾」當作「浹」，謂通水道於四方。　翔鳳案：左襄三十一年傳「不如小決使道」，注：「通也。」

〔五〕張佩綸云：「命曰不長」四字不可解，當是「日長至」三字之誤。「命」涉上「令」字、「不」涉下「不利」字而複。　翔鳳案：「長」爲生長之長，殺草薉使之不長，一字不誤。

〔六〕俞樾云：「放」讀爲妨，月令曰「毋發令而待，以妨農之事」，即其義。　翔鳳案：古籍無以「放」訓妨者，雖音理可通，而稽考無據。四時惟春利作土功，變則疾薅殺草，放任農民自作，不擾害之。左昭六年傳「獄之放紛」，注：「縱也。」利耗十分之五、十分之六、十分之七，皆非妨農所致。俞説誤。

〔七〕豬飼彦博云：「山川」二字衍，「踊」當作「涌」。　張佩綸云：「山川百泉踊」，下又云「山水出」，文殊重複。今案：本文但有「山川百泉踊，雨降露下」九字，餘皆注文誤作大字。

姚永概云：吕覽古樂「降通澤水以導河」，注：「降，大也。」然疑「降雨」即孟子「降水者洪水也」之「降」，趙注云：「降，大也。」「降雨」亦大雨耳。　翔鳳案：「山川百泉湧」句，「降雨下」爲句，「降雨」即洪雨。黄梅呼洪水爲大水，一字不誤。

〔八〕豬飼彦博云：「屬」，集也。　翔鳳案：書益稷：「予決九川，距四海。」「距」者相抵之名。小問「來者鷙距」，注：「止也。」山水出而海路距。「屬」，連也。漢書田蚡傳：「相屬於道。」

〔九〕李哲明云：「汐」當爲「泊」。「湊」者聚也，「泊」有安静之義，言秋時天地會聚歸於寂静也。草書「泊」或作「[illegible]」，與「汐」字最近而訛。　翔鳳案：説文：「湊，水上人所會也。」通訓聚。「坻，小堵也，或从水从夊。」「汷」乃「坻」字。水湊聚於天地之中而流遲。李誤認爲潮汐字而改爲「泊」，誤矣。

〔一〇〕安井衡云：古本「雨」作「氣」。　翔鳳案：釋名釋天：「暑，煮也。熱如煮物也。」易小過「密雲不雨」，虞注：「陽上薄雲，陰能固之。」然而蒸而爲雨，此暑雨之義。

〔一一〕豬飼彦博云：芻藁之藏曰「廥」。　安井衡云：古本「廥」作「廩」。　翔鳳案：「廥」義如豬飼所云。史記平準書：「虚郡國倉廥，以振貧民。」古本不識「廥」字，改爲「廩」，謬矣。

〔一二〕豬飼彦博云：「悖」，惑也。

〔一三〕俞樾云：「服」乃「備」之聲誤。　翔鳳案：史記趙世家「今騎射之備，近可以便上黨之形，而遠可以報中山之怨」，趙策「備」作「服」。然則「服」乃「備」之借，非誤也。俞説非是。

〔一四〕王紹蘭云：「脊」爲「瘠」之省文。（孟子萬章篇「寺人瘠環」，説苑至公篇作「脊環」。）公羊莊二十年傳「大災者何？大瘠也。大瘠者何？痢也」，何休注：「瘠，病也，齊人語也。痢者，民疾疫也。」是何以「瘠」爲「病」。曲禮「四足曰漬」，鄭注：「漬，謂相瀸汙而𣦵也。春秋傳曰：『大災者何？大漬也。』」是鄭以「漬」爲「𣦵」。鄭與何所見公羊有顏、嚴之别，故「漬」、「瘠」不同，説亦各異。漢書食貨志言「捐瘠」（八觀篇同），孟康曰「肉腐爲瘠」，蘇林曰「『瘠』音漬」，明「瘠」、「漬」古通。此「朽脊」與「枯骨」對文，當即以「脊」爲肉矣。類聚卷一百引「脊」作「胔」者，説文：「骴，鳥獸殘骨骴骴可惡也。」（各本「骴」下有「曰」字，此據類篇所引，「骴骴」複文連讀。）明堂月令曰「掩骼薶骴」，今本月令作「胔」，鄭注：「肉腐曰『胔』。」秋官蜡氏「掌除骴」，注云：「曲禮『四足𣦵者曰漬』，故書『漬』作『脊』，鄭司農云：『脊讀爲瘠，謂死人骨也。月令曰「掩骼埋胔」，骨之尚有肉者也，及禽獸之骨皆是。』」先鄭説「骴」兼人及禽獸骨肉爲言，足該許、鄭之義。故書之「脊」，可爲尹本作「脊」之證。月令之「胔」，可爲歐本作「胔」之證。當兩存之。

〔一五〕豬飼彦博云：「大露原煙」疑當作「大露厚煙」。陳奂云：「噎」當是「曀」之譌字。釋名：「曀，翳也。」小爾雅：「曀，冥也。」張佩綸云：「露」當作「霿」，「原」當作「冥」。以「夏有大霿冥」爲句。爾雅釋天「『霧』謂之晦」當作「『霿』謂之晦」，「霿冥」即「『霿』謂之晦」也。「烟噎」即烟熅也。説文壺部「壹，壹壺也，从凶从壺，不得泄也。易曰：天地壹壺」，今本易繫辭作「天地絪緼」，廣雅作「烟熅」。翔鳳案：「噎」不能通「壹」。荀子禮論作

「唈」，注：「謂氣不舒，憤鬱之貌。」與「噎」同義。素問元元正紀大論「草樹浮煙」，注：「燥氣。」即「原煙」之義。煙下百草，食之傷人，一字不誤。

〔一六〕豬飼彦博云：「五官」之「五」疑當作「水」。「順之」，「順」、「巡」同。張佩綸云：「順」，徇。許維遹云：「順」讀爲訓，尚書洪範篇「于帝其訓」，史記宋世家「訓」作「順」。魯語上「帥長幼之序，訓上下之則」，「訓」亦順也。是其證。下文「順」字皆同此義。翔鳳案：「五」字不誤，非獨水官之事也。

〔一七〕翔鳳案：「温」爲水名，假爲「煴」。說文：「煴，鬱煙也。」室内燒煙驅疫。

〔一八〕尹桐陽云：「生」同「眚」，病也。翔鳳案：四刑遇之非必死，有幸生者，君子畏其傷人而避之耳。「生」字不誤。

〔一九〕陶鴻慶云：「順」讀爲訓。上文云「君令五官之吏與三老里有司伍長行里順之令之」，下文云「常以冬日順三老里有司伍長」，義並同。

〔二〇〕豬飼彦博云：「其」當作「已」。張佩綸云：「願其畢」當作「其願畢」。翔鳳案：詩伯兮「願言思之」，箋：「念也。」防疫完備，民無可思念者，思念其可畢也。一字不誤不倒。

〔二一〕陳奐云：「冬」讀爲終，古以「冬」爲「終」，謂終之以賞罰也。翔鳳案：上文「冬日」，以冬作總結，「冬」可訓「終」，然非謂終之以賞罰也。陳說誤。

〔二二〕張佩綸云：當作「五者不害，則君之法不犯矣」。姚永概云：「犯」字上應有「不」字，文義乃合。尹桐陽云：「犯」，範也。上云「五害已除，人乃可治」，法能範人，是可治者。易繫辭張璠本「犯違天地而不過」，注：「『犯違』猶裁成也。」翔鳳案：承上「五害」，故言「五者不可害」。爾雅釋詁：「犯，勝也。」諸人但知犯法之常義，以意增減古書，誤矣。

〔二三〕丁士涵云：「比」疑「北」字誤，北，古「背」字。翔鳳案：論語：「君子周而不比。」丁説誤。

桓公曰：「凡一年之中，十二月作土功，有時則爲之，非其時而敗，將何以待之〔一〕？」管仲對曰：「常令水官之吏，冬時行堤防，可治者，章而上之都〔二〕，都以春少事作之。已作之後，常案行。堤有毁，作大雨，各葆其所。可治者，趣治。以徒隸給大雨，堤防可衣者衣之〔三〕，衝水可据者据之〔四〕。終歲以毋敗爲故〔五〕，此謂備之常時，禍何從來。所以然者，獨水蒙壤自塞而行者，江、河之謂也〔六〕，歲高其堤，所以不没也。春冬取土於中，秋夏取土於外。濁水入之，不能爲敗。」桓公曰①：「善。仲父之語寡人畢矣，然則寡人何事乎哉？亟爲寡人教側臣〔七〕。」

〔一〕許維遹云：周語韋注：「『待』猶備也。」

①「曰」字原無，據補注增。

〔二〕丁士涵云：「章」訓條、訓表、訓程，謂奏上事也。張佩綸云：「章而上之」，言表上之也。丁説是。翔鳳案：劉邦入關，約法三章。「章」謂條陳，與「表」稍别。左傳有王章，詩有章句。

〔三〕劉績云：「衣」，謂以物覆其上，公羊傳所謂「簑城」之類。翔鳳案：堤防長，未聞有以物覆其上爲保護者。説文：「衣，依也。」「衣」者，可依恃也。觀下文益明。「依」與「据」相連也。

〔四〕豬飼彦博云：「据」，謂設藩籬以衛其衝也。安井衡云：「据」讀據。「據」，拒守也。張佩綸云：荀子宥坐篇：「其流也埤下裾拘，必循其理。」此言隄有衝水者，則爲循其理。釋名：「裾，倨也，倨倨然直。」隄有衝水之處，則倨之以取直。姚永概云：「据」即拒也，不可爲據。陶鴻慶云：「据」當爲「扼」字之誤，上文云「因而扼之可也」，是其證。翔鳳案：説文：「据，戟挶也。」謂曲而挶之也。魏都賦「因長川之裾勢」，假爲「據」。詩柏舟「不可以據」，傳：「依也。」「据」亦訓「依」，則「衣」之爲「依」，亦明矣。

〔五〕戴望云：趙本「故」作「固」。元本作「效」。翔鳳案：國語周語「咨於故事」，魯世家引作「固」；論語「固天縱之將聖」，論衡知實作「故」，「故」同「固」。趙本改之，非是。

〔六〕王念孫云：「獨水」當爲「濁水」，見下文。翔鳳案：江、河乃大川，一支獨流，蒙壞而濁，濁水不必塞也。王説非是。

〔七〕豬飼彦博云：「側臣」，左右也。陳奂云：「臣」下當有闕文。翔鳳案：漢書五行志董仲舒災異對云：「觀近臣在國中處旁仄，及貴而不正者，忍而誅之。」「仄」同「側」。考工記車人「行山者仄輮」，注云：「故書『仄』爲『側』。」「仄」者旁側之臣，「國」爲域中，猶後世言禁城也。董仲舒治公羊，當爲齊人之言。然則「側臣」有明文，非闕矣。堯典「明明揚側陋」，其義稍殊，然亦可云側陋之臣也。

管子校注卷第十九

地員第五十八 地員者①，土地高下，水泉深淺，各有其位。 雜篇九

宋翔鳳云：說文：「員，物數也。」此篇皆言地生物之數，故以「地員」名篇。王紹蘭云：說文：「員，物數也。」又：「賦，物數紛賦亂也。」此篇凡地之所載紛紛云云，無所不有，而尤重於五土之辨、九穀之宜，蓋將以養萬民之生，盡萬物之性也。故以「地員」名篇焉。張佩綸云：詩烈祖傳：「員，均。」乘馬篇：「命之曰土均以實數。」又曰：「均地分力，使民知時。」「地員」即乘馬之「土均」也。周禮大司徒職有土會之法、土宜之法、土均之法、土圭之法，地員實兼之。又云：秦雜燒詩、書百家語，所不去者醫藥卜筮種樹之書。顧劉歆七略，農僅九家，種樹之書傳者已少。後世農業益輕，氾勝之、尹都尉諸書，第見於齊民要術所稱引，並戰國依託神農之說亦盡亡之。嘗旁涉諸子，惟管子地員篇及吕覽上農、任地、辨土、審時諸篇，於農家爲近。（見王紹蘭管子地員篇注敍。）翔鳳案：地員之「員」，顯爲幅員。詩長發「幅隕

① 「地員者」三字原作「員地也」，據補注乙改。

既長」，傳：「均也。」商頌玄鳥「景員維何」，傳：「均。」「員」與「隕」同訓「均」，則張説之確無疑矣。篇中多備軍政之用，若僅以爲農家言，尚淺乎知管子矣。呂氏春秋有任地篇，而墨子號令「安國之道，道任地始。地得其任則功成；地不得其任則勞而無功」，亦可以爲證也。蓋篇中所言，多戰守之事，而非專爲農耕之言矣。蓋幅員就國之全境而言之，首都邑，次鄉村也。

夫管仲之匡天下也，其施七尺〔一〕，施者，大尺之名也，其長七①尺。**瀆田悉徙**〔二〕，瀆田，謂穿溝瀆而溉田。悉徙，謂其地每年皆須更易也。**五種無不宜。其立后而手實**〔三〕，謂立君以主之，手常握此地之實數也。**其木宜蚖菕與杜松**〔四〕，蚖、菕，二木名也。**其草宜楚棘。見是土也，命之曰五施，五七三十五尺而至於泉，**謂其地深五施，每施七尺，故五七三十五而至於泉也。**呼音中角，**謂此地號呼之聲，其音中角。**其水倉，其民彊。赤壚，歷彊肥**〔五〕，歷，疏也。彊，堅也。**五種無不宜。其麻白，其布黃，其草宜白茅與蘿**〔六〕，**其木宜赤棠。見是土也，命之曰四施，四七二十八尺而至於泉，呼音中商，其水白而甘，其民壽。黃唐**〔七〕，**無宜也。**唐，虚脆也。**唯宜黍秫也。宜縣澤**〔八〕，常宜縣注而澤。**行廧**音墻。**落**〔九〕，土既虚脆，不堪板築，故爲行廧及籬落也。**地潤數毁，難以立邑置廧**〔一〇〕。其地遇潤則

---

①「七」字原作「十」，據補注改。

數頹毀，故不可立邑置廧也。其草宜黍秫與茅〔一一〕，其木宜櫄擾桑〔一二〕。櫄，木名。擾，柔。又曰柔桑也。見是土也，命之曰三施，三七二十一尺而至於泉，呼音中宮，其泉黄而糗。流徙〔一三〕，謂水糗糒之氣。其泉居地中而流，故曰「流徙」也。斥埴，宜大菽與麥，其草宜萯雚，其木宜杞。杞，木名也。見是土也，命之曰再施，二七十四尺而至於泉，呼音中羽，其泉鹹。水流徙〔一四〕，黑埴〔一五〕，宜稻麥，其草宜苹蓨〔一六〕，苹蓨，草名也。其木宜白棠〔一七〕。見是土也，命之曰一施，七尺而至於泉，呼音中徵，其水黑而苦。

〔一〕何如璋云：七尺曰「施」，包咸論語注「七尺爲仞」，是「施」即乘馬之「仞」而異其名也。「施」古通「弛」，地官小司徒「凡征役之施舍」，注：「『施』當爲『弛』。」詩江漢「矢其文德」，毛傳：「矢，施也。」爾雅作「弛」，禮孔子閒居作「弛其文德」。論語「君子不施其親」，唐李翺筆解云：「『施』當爲『弛』。」此古書「施」、「弛」相通借之證。「弛」蓋即今量地之弓，但長短不同，故記者特舉其數。　張佩綸云：禮記月令鄭注：「穿地通水曰『池』。」樂記鄭注：「『池』之言施也。」初學記十五引五經通義：「池，施也。」是則「施」爲穿地通水之程。原注以爲「大尺」，非是。　章炳麟云：管子地員云：「夫管子之匡天下也，其施七尺。」此下所説，有「五施」、「四施」、「三施」、「再施」、「一施」、「六施」、「七施」、「八施」、「九施」、「十施」、「十一施」、「十二施」、「十三施」、「十四施」、「十五施」、「十六施」、「十七施」、「十八施」、「十九施」、二十施」，各爲名號，以示區別。其所謂「施」，必錐地入深之物，字當借爲「鉈」。説文：「鉈，短矛也。」方言：「『矛』謂之鍦。」其字作「鍦」。「酋矛常有四尺，夷矛三尋。」今但七尺，則爲短矛矣。以此錐地驗水，如今探井者之鑽地器也。（舊説「施」爲「大尺之名」，不知土之深者，固非尺所能量也。）其所説庚泥不可得泉，清商不可得泉，騈石不可得泉，是鑽之而無水者也。　翔鳳案：鄭注：「『池』之言施也。」知此義則篇首从施入手，兼及五音之頻率，可得而説也。幅員先城池，次鄉村。古代立邑於高邱之上，土城之外突地爲池，灌以水，便於防守。「施」當爲「池」，穿地爲引申義。穿池愈深愈好，深淺不同，而氣温與頻率隨之不同。五音有宮商角徵羽之稱，三分損一、益一，即指頻率，周禮大師：「執同律以聽軍聲而詔吉凶。」史記齊世家正義引六韜：「律之音聲，可以知三軍之消息。」「律管十二，其要有五，宮商角徵羽，此其正聲也。」禁藏篇論謀攻，引六韜之文不少，合而觀之，穿池談及五音，由六韜來。郭沫若不知此義，以爲有意牽合五行，爲戰國農家之言，謬矣。孟子言「掘井九仞而不及泉」，與管子似異而實同。易井卦「改邑不改井」，井在邑中，池在城外，戰守時同樣發生作用。參患篇「攻城圍邑，主人易子而食之，析骸而爨之，則攻之自拔者也」，左傳「楚軍圍宋，析骸以爨，易子而食」，恰爲此種情況。然未言缺水，則當時普遍鑿有深井也。

〔二〕吳志忠云：「悉」，盡也；「徙」當爲「壤」字之誤，下文「白徒」同。　王紹蘭云：謂有瀆之田，每歲皆徙易其人。即周禮「易田」、左氏傳「爰田」之法。　孫詒讓云：「徙」當从吳校作「壤」，下文「付山白徒」，吳及丁校竝謂與「陛山白壤」同，是也。（竝詳校正。）「徙」、「徒」形相近，皆「壤」字傳寫之謁。「悉」當爲「息」，亦形近而誤。張佩綸云：「徙田」，即周禮之「易田」。晉之爰田、秦之轅田、漢之代田本之。翔鳳案：篇中有立邑之文，指邑中而言。說文：「瀆，溝也。一曰邑中曰溝。」孟子「死徙無出鄉」，注：「謂爰土易居，平肥磽也。」「悉徙」之義甚明，而諸人不知也。

〔三〕豬飼彥博云：或曰「手」當作「丰」，豐也。陳奐云：「立」猶樹也。「后」與「厚」同。小雅傳曰：「手，取也。」言五種之穀其樹厚而取實也。尹注失之。俞樾云：兩句傳寫誤倒，「其立后而手實」本在「五種」句前，總冒本篇。「五種無不宜」自與「其木宜蚖蕃」云云相屬，乃專說五施之土。證以下文，其誤自見也。孫詒讓云：此當作「其生後而先實」，「生」、「立」，「先」、「手」，竝篆文相近而誤。「后」與「後」聲同，古多通用。注及陳說竝謬。章炳麟云：尹注：「謂立君以主之手，常握此地之實數也。」俞先生曰：「兩句傳寫誤倒。（下略）」先生此說，于文義可通矣。然立君豈專以辨別土宜乎？且「其」字之義，終有未順。竊謂此非誤倒。「立」借爲「粒」。詩思文「立我烝民」，箋云：「『立』當作『粒』。」此亦同矣。「后」借爲「厚」，如古文「厚」作「垕」之比。「厚」訓大，墨子經上：「厚，有所大也。」魯語：「不厚其棟。」解：「厚，大也。」「手」乃「扌」之誤字，「扌」古文「乑」。此承「五種無不宜」而言，言其粒厚大而其實垂。垂實者，嘉穀垂穗也。于五種中獨舉嘉穀者，猶下說「四施」之土云「五種無不宜，其麻白」，亦于五種中獨舉麻也。自唐人誤解當時已有手實法，以考民之年與地闊狹（見唐書食貨志），尹注遂襲其謬。而吕惠卿至以手實禍天下，説古可不慎哉！　翔鳳案：魯公子鞏字后，「后」借爲「厚」也。此以立邑言，謂立處土厚，以手取之堅實也。陳説近之。

〔四〕劉績云：「蚖」恐作「杬」，出豫章，煎汁，藏果及卵不壞。「菕」，律春切，恐作「榆」。「杜」，木名。詩：「有杕之杜。」　張佩綸云：「蚖菕」即「杬榆」，假借字。爾雅釋木：「杬，魚毒；榆，無疵。」説文草部：「芫，魚毒也。」木部：「榆，毋杶也。」文選吴都賦「緜杬杶櫨」，劉逵注引異物志曰：「杬，大樹也，其皮厚，味近苦澀。剥乾之，正赤，煎訖以藏衆果，使不爛敗，以增其味，豫章有之。」爾雅、説文釋魚毒，草木殊類。郭景純及顔監急就篇注遂生違異。「杜」，甘棠，毛傳、爾雅、説文同。　翔鳳案：「杬榆」爲有用之木，張已言之。「杜」，甘棠也，其實味甘。釋名釋兵：「松櫝長三尺，其矜宜輕，以松作之也。」「松」兼建築及兵器之用。

〔五〕王紹蘭云：説文：「垶，赤剛土也。」禹貢「下土墳壚」，鄭注：「壚，疏也。」「歷彊」，尹注云：「歷，疏也；彊，堅也。」「肥」者，馬融注禹貢：「墳有膏肥也。」此土色赤，其性疏彊而肥，故亦五種無不宜矣。　張佩綸云：説文土部：「壚，剛土也。垶，赤剛土也。」尚書正義及韻會引作「壚，黑剛土也」。黑部：「齊謂黑爲黸。」釋名：「土黑曰盧，盧然解散也。」楚辭思古王逸注：「壚，黄黑色也。」齊民要術引氾勝之書：「春地氣通，可耕堅硬地，黑壚土。」顔注地理志：「墟，謂土之剛黑者也。」偏考諸書，無以墟爲赤色者。以下文音商水白證之，土亦不當赤色。疑涉下「赤棠」而衍。

〔六〕王紹蘭云：「布黄」，文選蜀都賦「黄潤比筒」，劉逵注：「黄潤，謂筒中細布也。」司馬相如凡將篇：「黄潤鮮美宜制襌。」楊雄蜀都賦：「筒中黄潤，一端數金。」「藋」當爲「萑」，説文艸部：「萑，薍也，从艸萑聲。」「薍，𦵹也。」「𦵹，藋之初生。一曰薍，一曰騅。『菼』、『𦵹』或從炎。」「蒹，萑之未秀者。」翔鳳案：爾雅釋草：「藋，芄蘭。」「權，黄華。」郭注以爲牛芸草，蒿也，與茅同類。「藋」即「權」，王説非是。

〔七〕安井衡云：古本「唐」作「堂」，爾雅曰「自半以前虚之謂之堂」，「堂」、「唐」同音，故尹訓「虚脆」耳。俞正燮云：「唐」與「廣」音義相近。莊子田子方篇「求馬唐肆」，釋文引司馬彪本作「廣肆」。此言「黄唐」，亦言黄壤之廣闊者。尹注以「唐」爲「虚脆」，於義不合。輕重甲篇言「唐園」，吕覽尊師篇言「唐圃」，亦謂廣大園圃也。蔣超伯云：注「唐，虚脆也」，是「唐」字訓「虚」。莊子田子方篇「是求馬於唐肆也」，李頤云「唐，亭也」；司馬本作「廣肆」，云「廣庭也」，均非。「唐肆」，謂虚肆耳。張佩綸云：廣雅釋詁：「溏，溏淖也。」通俗文：「和溏曰淖。」説文無「溏」字，即「唐」之孳乳也。溏，多汁也。淖，泥也。「黄唐」即禹貢「塗泥」，俞氏説誤。翔鳳案：廣雅釋地：「塘，池也。」「唐」从口，即塘，爲凹下之處。有黄泥而凹下，不宜種植也。

〔八〕王紹蘭云：周語：「澤，水之鍾也。」説文：「澤，光潤也。」此二義皆不得言「縣」。蓋「澤」爲「瀑」之譌。説文：「瀑，疾雨也。一曰沫也。一曰瀑賈也。」馬融長笛賦「山水猥至，渹瀑噴沫」，猶後人所謂瀑布，亦云縣瀑矣。　張佩綸云：周禮鄭注：「水鍾曰澤。」爾雅：「縣出，下出也。」其地污下，故霖潦直下鍾聚之。

〔九〕丁士涵云：「落」，「簬」之借字。説文：「杝，簬也。」廣雅：「簬，杝也。」　安井衡云：「廧」、「墻」同。「行墻」之制未聞，豈木板爲障，可以遷移，故謂之「行墻」耶？　張佩綸云：「廧」，古「墻」字。釋名：「廧，障也。」漢書鼂錯傳「爲中周虎落」，注引鄭氏曰：「虎落者，外蕃也，若今時竹虎也。」「落」，説文作「簬，杝也」。「行廧落」者，黍爲園圃也。　翔鳳案：廣雅釋詁二：「行，陳也。」詩卷耳「置彼周行」，傳：「列也。」謂陳而列之也。

〔一〇〕張佩綸云：「置廧」當作「置廩」，周禮廩人注：「藏米曰廩。」廣雅釋詁：「潤，溼也。」其地潤溼，故不能立都邑、置倉廩也。　翔鳳案：上文以籬落爲墻，此謂土墻也。説文：「墻，垣蔽也。」原在垣外，後築爲壩而作墻矣。

〔一一〕安井衡云：「黍秫」，穀也，不當列之草。二字必譌，未詳爲何字。　俞樾云：管子原文疑當作「其草宜芧茅」，説文：「芧，草也，可以爲繩。」是「芧」與「茅」正同類也，「芧」字壞作「予」，校寫者因「予」字無義，見下文有「其草魚腸與莸」、「其草蔖與蔞」之文，疑「予」、「與」古文通用，遂改作「與」，而本文又無他草，不得言「與」，乃據上文「唯宜黍秫」，妄加「黍秫」字耳。　張佩綸云：「黍」字衍。「秫」，當作「朮」。爾雅：「朮，山薊。」郭注：「今朮似薊，而生山中。」中山經曰：「首山，其陰多朮芫。」又云：「女几之山，其草多菊朮。」廣雅：「山薑，朮也。」　翔鳳案：此非黍稷之「黍」，詩黍離傳：「黍，穀名，大似蘆，高丈餘，穗黑色，實圓重。」「秫」爲稷之黏者，而黍高丈餘，北人謂之高粱。是「黍秫」與茅相類，非誤字矣。

〔一二〕王引之云：尹注以「擾桑」爲「柔桑」，非也。（豳風七月篇「爰求柔桑」，自謂求桑之穉者以養初生之蠶耳，非謂「柔桑」爲桑名也。）「櫄」、「擾」、「桑」三者，皆木名也。「擾」讀爲唐風「隰有杻」之「杻」，爾雅「杻，檍」，郭璞曰：「似棣，細葉，葉新生可飼牛。材中車輞，關西呼『杻子』。一名『土橿』。」西山經曰「英山，其上多杻橿」，是也。「擾」字古讀若狃，故與「杻」通。左傳「公山不狃」，論語作「弗擾」，是其證也。　王紹蘭云：一曰「擾」蓋「榎」之譌。說文「夏」作「夓」，與「夓」形近。　爾雅釋木：「槐，小葉曰榎；大而皵、楸，小而皵、榎。」　翔鳳案：中山經「成侯之山，其上多櫄木」，注：「似樗樹，材中車轅。」「擾」即杻，王說是也。三木皆爲車材，王釋爲「榎」，則不類矣。

〔一三〕王念孫云：「黄而糗」，後漢書馮衍傳注引作「黄而有臭」，是也。上文云「其水白而甘」，下文云「其泉鹹」，又云「其水黑而苦」，則此文當作「其泉黄而有臭」，無取於糗也。尹注非。「流徙」上當有「水」字，下文云「斥埴，其泉鹹，水流徙」，是其證。　陳奐云：「有」字衍。「黄而臭」，與上下文「白而甘」、「黑而苦」同。「糗」乃「臭水」二字竝寫致誤耳。　王紹蘭云：

「糗」讀若臭味之臭，謂氣也。左氏僖四年傳「一薰一蕕，十年尚猶有臭」，「有臭」本兼薰蕕而言。……或曰「黄而有臭」，黄者土色，月令「中央土，其臭香」，「有臭」當屬香言，故月令又曰「水泉必香」也。　翔鳳案：説文：「糗，熬米麥也。」謂有焦黄之臭，非假字也。土黏滑易流徙也。

〔一四〕孫星衍云：後漢書馮衍傳注引作「其味鹹」。　翔鳳案：鹹水易裂，水流則徙也。

〔一五〕王紹蘭云：此禹貢沇州「厥土黑墳」之屬，「墳」言其肥，「埴」言其黏，義亦同也。

〔一六〕張佩綸云：爾雅釋草：「苹，蓱；其大者『蘋』。」又：「苹，藾蕭。」詩鹿鳴「食野之苹」，傳以爲「蓱」，箋以爲「藾蕭」，箋義爲長。此亦「藾蕭」，非水草也。王紹蘭説同。爾雅「蓧蓨」、「苗蓨」，郭注均未詳。説文「蓨，苗也」，「苗，蓨也」，小徐本無「蓨」字。詩我行其野「言采其蓫」，曾釗詩異同辨曰：「説文無『蓫』，釋文：『蓫，本又作蓄。』竊疑『蓄』當爲『苗』之譌。説文草部：『苗，蓨也，从草由聲。』竹部：『笛，从竹由聲。』周禮作『篴』，則从由从逐之字，古文可相通。許君采『苗』而不采『蓫』，猶竹部采『笛』而不采『篴』之例耳。齊民要術引詩義疏：『今之羊蹄似蘆菔，莖赤，煮爲茹，滑而不美，多噉令人下利。揚州謂之羊蹄，幽州謂之蓫，一名蓨。』」案：毛傳：「蓫蓄，惡菜也。」説文：「蓄，葍也。」「葍，蓄也。」與「蓨苗」聯文，明是解毛詩之「蓫蓄」，許君所見毛本當作「苗」，鄭箋始作「蓫」耳。段、桂、邵、郝諸説均同。惟王念孫以「蓫」有羊蹄之名，謂「堇，羊蹄也，即是苗蓨」，似失之臆。　翔鳳案：爾雅釋草「苹，藾蕭」，注：「今藾蒿也。非草類，初生可食，與浮苹不同。」釋草「蓧蓨」、「苗蓨」，郭注：「未聞。」桂馥謂「蓧」即「蓨」之異文，引地理志「脩縣」顏音「條」爲證，亦以「蓫」與「蓨」、「苗」聲近爲説。此皆可食之野菜。

〔一七〕翔鳳案：爾雅釋木：「杜，赤棠，白者棠。」詩「有杕之杜」，傳云：「杜，赤棠也。」陸璣疏云：「『赤棠』與『白棠』同耳。但子有赤白美惡，子白色爲白棠，甘棠也，少酢滑美。赤棠子澀而酢無味。」然則白棠兼食用矣。一施至五施爲平原。

凡聽徵，如負猪豕，覺而駭〔一〕。**凡聽羽，如鳴馬在野**〔二〕。**凡聽宫，如牛鳴窌中**〔三〕。**凡聽商，如離羣羊**〔四〕。**凡聽角，如雉登木以鳴，音疾以清**〔五〕。**凡將起五音，凡首**〔六〕，凡首，謂音之總先也。**先主一而三之，四開以合九九**〔七〕，一而三之，即四也。以是四開合於五音，九也。又九①九之爲八十一也。**以是生黄鍾小素之首以成宫**〔八〕。素本宫八十一數，生黄鍾之宫，而爲五音之本。**三分而益之以一，爲百有八，爲徵**〔九〕。黄鍾之數本八十一，益以三分之一二十七，通前爲百有八，是爲徵之數。**不無有，三分而去其乘**〔一〇〕，**適足以是生商**。不無有，即有也。乘亦三分之一也。三分百八而去一，餘七十二，是商之數也。**有三分而**

① 「九」字原作「凡」，據補注改。

復於其所，以是成羽〔二〕。三分七十二，而益其一分二十四，合爲九十六，是羽之數。**有三分去其乘，適足以是成角**〔三〕。三分九十六，去其一分，餘六十四，是角之數。

〔一〕劉績云：此言呼以聽土地之音，非謂他音皆然也。張登雲云：此言五土之民，語音合乎五音，所謂中乎五音之聲響，又似乎猪馬牛羊雉之鳴，各有不同也。今以五音想像合之，良然。可見古人譬物之精妙處。王紹蘭云：此謂聽一施之地，呼音中徵也。「徵」、「豕」、「駭」爲韻。張佩綸云：説文：「猪，豕而三毛叢居者。」言「豕」不必累言「猪」，「猪」字注文闌入。翔鳳案：説文：「豕，彘也。竭其尾，故謂之豕。」段注：「立部曰：竭者，負舉也。豕怒而竪其尾，則謂之豕。」「猪，豕而三毛叢居者」。「猪豕」即三毛叢居之豕，非重文。「負」爲舉其尾，爲人驚覺而駭。一字不誤，諸人未解耳。聽音知軍事吉凶，非泛説。

〔二〕秦蕙田云：詩「蕭蕭馬鳴」，輕摇上出，的是羽聲。（見五禮通考。）王紹蘭云：此謂聽再施之地，呼音中羽也。「羽」、「馬」、「野」爲韻。翔鳳案：羽音脣上取。

〔三〕王紹蘭云：此謂聽三施之地，呼音中宫也。「宫」、「中」爲韻。張佩綸云：説文：「窌，窖也。」翔鳳案：宫音，舌居中宫擬其音。

〔四〕王紹蘭云：此謂聽四施之地，其音中商也。「商」、「羊」爲韻。翔鳳案：商音口大張。

〔五〕朱熹云：「以鳴」下六字疑衍。李光地云：「牛鳴窌中」，言其洪大而深厚也。「離羣羊」，言其激揚而凄切也。「雉登木」，言其輕和而遠暢也。「猪豕覺而駭」，言其疾速而喧。「鳴鳥在樹」，言其嘈雜而細。樂記屬君、臣、民、事、物者以此。豬飼彦博云：「音疾以清」四字衍。王紹蘭云：此謂聽五施之地，呼音中角也。「角」、「木」爲韻，「鳴」、「清」爲韻。黄佐云：「窌」，深空之窖。鳴窌之牛，其聲厚重。離羣之羊，其聲敏捷。登木之雉，其聲堅貞。駭負之豕，其聲迭起。鳴樹之鳥，其聲輕摇。張佩綸云：黄、李均篤信朱子改「鳴馬在野」，而以「鳴鳥在樹」牽合爾雅、樂記爲解。不知審音之理，管書得之體驗，未可妄改。陶鴻慶云：「以鳴音疾以清」六字，疑皆衍文。上文云「凡聽徵如負猪豕覺而駭，凡聽羽如鳴馬在野，凡聽宫如牛鳴窌中，凡聽商如離羣羊」，皆譬況之辭，無直言其音之理致者。「豕」、「駭」與「徵」爲韻，「野」與「羽」爲韻，「中」與「宫」爲韻，「羊」與「商」爲韻。此文不當獨異。故知「木」當與「角」爲韻。「以鳴音疾以清」六字，蓋注文而傳寫羼入正文者。校者於「鳴」字絶句，與「清」協韻，則與上文不類矣。「徵」、「羽」、「宫」、「商」四音，疑尹皆有注，今已全脱，惟此僅存耳。翔鳳案：角音舌縮却。雉登木無音，「鳴」字不可少。予聞雉雊，雊即象其鳴聲，連叫一二聲，音短。「疾以清」不誤。

〔六〕章炳麟云：尹注「凡首謂音之總先也」，此説非是。「凡」字乃「風」之省借。「風」，即宙合所謂「君失音則風律必流」之「風」。「首」者，調也。凡樂之一調，詩之一篇，皆謂之「首」。古詩十九首，此詩篇曰「首」也。莊子養生主「乃中經首之會」，崔氏以爲樂章名。蓋「經」即釋樂

「角謂之經」之「經」，「經首」者，以角爲調也。此樂調曰首也。此「風首」，下文「黄鍾小素之首」，皆與「經首」義同。翔鳳案：下言五音計算，房注不誤。

〔七〕方苞云：「開」，推而衍之也，一分爲三，三分爲九，九分爲二十七，二十七分爲八十一，皆一而三之，如是者四，則適合黄鍾之數。王引之云：「主」當爲「立」，字之誤也。史記律書云：「置一而九三之以爲法。」「置一」即「立一」。錢塘云：「主一而三之」者，置一而三之也。「四開以合九九」者，置一而四三之也。三爲一開，九爲二開，廿七爲三開，八十一爲四開，故曰「以合九九」。則黄鍾之積也，其長爲百分尺之九十分，故漢志云「九十分」。（見淮南子天文訓補注。）翔鳳案：三分益一，三分損一，皆以分數計算，其整數必以一爲主，「主」字不誤。普通算工程，假定其數爲一。

〔八〕王紹蘭云：「小」之言少也。乾鑿度曰「太素者質之始」，鄭注：「太素者質始形也，諸所爲物皆成苞裹，元未分别。」按：「質始形」謂其素質渾淪，形象尚微，故稱「太素」。逮積微成著，一生二，二生三，三生九，九九八十一以生黄鐘，則太素之質漸分而少，即吕氏春秋古樂篇所謂「伶倫取竹，斷兩節間長三寸九分，吹之爲黄鐘之宫，曰舍少」者（「舍」字未詳。高誘注云「舍成舍矣」，亦未詳。御覽卷五百六十五引作「含」，説苑修文篇亦作「含」，然於高注不可通），故稱「小素」。黄鐘爲六氣元，爲萬物元，元者首也，故稱「小素之首」也。生黄鐘術曰：「數始於一，終於十，成於三。氣始於冬至，周而復生。神，生於無形，成於有形，然後數形而成聲。」

（史記律書）漢志曰：「黄鐘初九律之首。」皆其義矣。張佩綸云：廣雅釋詁三：「素，本也。」黄鐘之大數爲積分十七萬七千一百四十七，故八十一爲「小素」。翔鳳案：張釋「小素」是也。三之十一乘方，即張所述之數，由黄鐘生十一律，共十二律也。王説非是。

〔九〕翔鳳案：以三爲主，益一爲4/3，去一爲2/3。黄鐘八十一，三分益一，81×4/3＝108，得徵。

〔一〇〕丁士涵云：「不無」二字衍。「有」同「又」。下文「又三分」，其句例。張佩綸云：「不無有」，即有也，原注非是。「有三分」與下兩句一例，讀去聲。朱子鐘律篇去「不無」二字。玉海六同。然唐本實有「不無」二字，似不可去。翔鳳案：「不無有」，即上文所云五管盡不應，無有也。言所生之音，必有應，不無有也。諸人不知其義矣。以此三字，可證五音爲軍用。108×2/3＝72，得商。

〔一一〕翔鳳案：72×4/3＝96，得羽。

〔一二〕方苞云：「凡將起五音」至「以是成角」，疑本注語錯入本文，蓋承呼音中徵而言，五音之仿佛，下接墳延六施，意義始貫。更及律數之相生，則枝且贅矣。翔鳳案：96×2/3＝64，得角。五音計算，與史記、淮南核對，惟宫商角相同，其羽則爲四十八，徵爲五十四，上下相差一階，而比值却相同，管子爲殷文化，此舊算法也。齊世家正義所引六韜，當即此數，方氏文人，不能知此矣。又案：此節總論五音，以配軍事，非泛論音律也。周禮太師：「執同律以聽軍聲而詔吉凶。」史記齊世家正義引六韜：「律之音聲，可以知三軍之消息。」「天清靜無陰雲風雨，夜半遣輕騎往，至敵人之壘九百步，偏持律管横耳大呼驚之，有聲應管，其來甚微。角管聲應，當以白虎；徵管聲應，當以玄武；商管聲應，當以勾陳；五管盡不應，無有商聲，當以青龍。」1×3×3×3×3＝81爲四開合九九。三分益一，81×4/3＝108，爲徵。三分去其乘，108×2/3＝72，生商。「有三分復於其所」爲七生，72×4/3＝96，成羽。「有三分去其乘」，96×2/3＝64，成角。小素以81對108言之，比淮南、史記、漢書者81爲小。「不無有」，非五音盡不應也。

墳延者六施〔一〕，六七四十二尺而至於泉。墳延，地名。下皆此類。陝之芳七施〔二〕，七七四十九尺而至於泉。祀陝八施〔三〕，七八五十六尺而至於泉〔四〕。杜陵九施，七九六十三尺而至於泉〔五〕。延陵十施，七十尺而至於泉〔六〕。環陵十一施，七十七尺而至於泉〔七〕。蔓山十二施，八十四尺而至於泉〔八〕。付山十三施，九十一尺而至於泉〔九〕。付山白徒十四施〔一〇〕，九十八尺而至於泉。中陵十五施〔一一〕，百五尺而至於泉。青山十六施，百一十二尺而至於泉。青龍之所居，庚泥不可得泉〔一二〕。庚，續。其處既有青龍居，又沙泥相續，故不可得泉也。赤壤勢山十七施，百一十九尺而至於泉。其下青商〔一三〕，不可得泉。青商，神怪之名。陘山白壤十八施〔一四〕，百二十六尺而至於泉。其下骿石，不可得泉。言有石骿密，故不可得泉。徒山十九施〔一五〕，百三十三尺而至於泉。其下有灰壤，不可得泉。高陵土山二十施〔一六〕，百四十尺而至於泉。山之上命之曰縣泉〔一七〕，其地不乾，其草如茅與走，如茅、走，皆草名。其木乃樠〔一八〕，樠，木名。鑿之二尺乃至於泉。山之上命曰復呂〔一九〕，其草魚腸與蕕，其木乃柳〔二〇〕，鑿之三尺而至於泉。山之上命之曰泉英〔二一〕，其草蘄白昌，其木乃楊〔二二〕，鑿之五尺而至於泉。山之材〔二三〕，材，猶旁也。其草兢與薔，音嗇，草名。其木乃格，鑿之二七十四尺而至於泉〔二四〕。山之側，其草葍與蔞〔二五〕，其木乃品榆〔二六〕，鑿之三七二十一尺而至於泉〔二七〕。

〔一〕張文虎云：「墳延」，即周官大司徒之「墳衍」，鄭注：「水厓曰墳，下平曰衍。」下文亦云「在隤在衍」。「延」、「衍」古通。夏緯瑛云：周官大司徒「一曰山林，二曰川澤，三曰丘陵，四曰墳衍，五曰原隰」，「墳延」即「墳衍」，介於丘陵與原隰之間，比平原稍高之蔓坡地。此下凡十四種土地，地勢逐一加高，水泉逐一加深，通可歸爲丘陵之地。

〔二〕俞樾云：「芳」當爲「旁」字之誤，與下文言「山之上」、「山之側」義同。戴望云：管子古本當是「方」字。「方」通作「旁」，虞書「方鳩僝功」，説文引作「旁逑孱功」，其證也。王紹蘭云：説文：「陜，隘也。」「芳」即「方」，「方」之言旁也。「陜之芳」，謂陜隘之旁。翔鳳案：「芳」从方聲，鄂西讀「芳」爲「方」。

〔三〕王紹蘭云：「祀」當爲「陁」，形之誤也。説文：「陁，塞也。」張佩綸云：上林賦：「赴隘陜之口。」漢書郊祀志：「行溪谷中，阸陜且百里。」　翔鳳案：「祀」與「阸」形聲俱遠，無緣致誤。易損卦「巳事遄往」，虞本作「祀」，其本字當爲「巳」。以下文「敖山」，説文作「嶅」例之，當爲「峊」，字變作「峙」。峙出之陜，比陜旁爲高。

〔四〕翔鳳案：口算作「七八」，不作「八七」。古本作「八七」，强求一律，誤矣。

〔五〕王紹蘭云：漢書地理志右扶風「杜陵」下，師古引緜詩「自土沮漆」，齊詩作「自杜」。「杜」與「土」，方言有重輕。説文：「『杜』从木，土聲。」毛詩鴟鴞篇「桑土」，韓詩作「桑杜」，與「自土」作「自杜」正同。此九施之杜陵，亦是杜之言土，以其大阜純土，非土戴石、石戴土之比，因名「杜陵」矣。　張佩綸云：「七九」當作「九七」。　翔鳳案：張説誤，見上。

〔六〕王紹蘭云：史記吳世家「季札封于延陵」，「延陵」之名昉於此。　翔鳳案：此「延陵」爲公名，非私名也。

〔七〕王紹蘭云：此謂陵形圜轉如環也。「環」之言還也，「還」之言營也。齊風還篇「子之還兮」，漢書地理志引齊詩作「子之營兮」。韓非子五蠹篇「自環者謂之私」，説文厶部引作「自營者爲厶」。爾雅釋丘「途出其右而還之，畫丘」，又云「水出其前而左，營丘」。……然則「環陵」猶漢書地理志北海郡之「營陵」矣。　張佩綸云：吕氏春秋節喪注：「環，繞也。」

〔八〕王紹蘭云：謂山形曼延而長。北山經有「蔓聯之山」，此「蔓山」亦其比矣。　張佩綸云：「蔓山」詳乘馬篇。

〔九〕王紹蘭云：「付」，「附」省。說文：「附，附婁，小土山也。從阜付聲。春秋傳曰：附婁無松柏。」（今本左氏傳作「部婁」；「部」，「附」借字。）徐言曰附婁，急言曰附。「付山」，蓋土山之小者。　翔鳳案：「付山」比「蔓山」更高，非小土山，乃附于山上也。

〔一〇〕丁士涵云：「徒」當爲「壤」，下文「陞山白壤」，是其證。　王紹蘭云：「徒」之言土也。說文作「𨑒」，從辵土聲。　史記夏本紀述禹貢「雲夢土爲治」，漢書地理志引作「雲夢土作乂」。夏官職方疏引鄭尚書注：「其中有平土丘，水去，可爲作畎畝之治。」「其中」，即謂雲夢之中；「平土丘，水去，可爲治」，正用史記「土爲治」之說。……楚語「雲連徒洲」，韋昭注：「楚有雲夢，藪澤也。連，屬也。水中之可居曰洲，徒，其名也。」漢書地理志江夏郡有「雲杜縣」，「徒」、「土」、「杜」同聲。「白徒」即「白土」。　張佩綸云：王說是也。周禮大司徒：「辨十有二壤之物」，鄭注：「『壤』亦『土』也，變言耳。以萬物自生焉則言『土』，『土』猶吐也；以人所耕而樹萟焉則言『壤』，壤，和緩之貌。」此言「白土」，下言「白壤」，變文。

〔一一〕張佩綸云：詩菁莪「在彼中陵」，毛傳：「中陵，陵中也。」　翔鳳案：「中陵」，陵中之高者。

〔一二〕丁士涵云：「青山」因青龍得名，依下文「庚泥」上脱「其下」二字。　王紹蘭云：說文：「青，東方色也。」淮南子地形訓：「青金八百歲生青龍，青龍入藏生青泉。」法言問神篇：「龍蟠于泥。」「庚泥」者，說文：「庚，萬物庚庚有實也。」其泥庚庚而實，故不可得泉。　孫詒讓云：「庚」當爲「唐」。上文云「黄唐無宜也」，注云：「唐，虚脆也。」此「唐泥」亦謂泥枯燥虚脆，故不可得泉也。注説非。　顔昌嶢云：説文：「庚位西方，象秋時萬物庚庚有實也。」釋名釋天：「庚，堅强貌也。」然則「庚泥」謂堅實之泥，故不可得泉，不必改「庚」爲「唐」。「庚泥」下脱「其下」二字。　翔鳳案：周禮職方氏「正東曰青州」，青山爲東方之山。「庚泥」以王、顔之説爲是。青泥乾則堅實也。

〔一三〕戴望云：宋本、朱本「清」作「青」。　孫詒讓云：「勢」當爲「磝」，釋名釋山云：「山多小石曰『磝』。」　張佩綸云：「赤壤勢山」，依上句例，當作「敖山赤壤」。爾雅釋山：「多小石磝。」釋名：「山多小石曰『磝』，磝，堯也，每石堯堯，獨處而出見也。」説文作「嶅，山多小石也」。段玉裁曰：「魯有具敖二山，晉師在敖鄗之間，蓋皆以多小石得名。」「青」當作「嚳」，説文阜部：「嚳，嚳商，小塊也。」　翔鳳案：張説是，惟不必改爲「敖山赤壤」。

〔一四〕王紹蘭云：「陛」即「隊」之譌字，「隊」誤爲「陘」，「陘」又誤爲「陛」也。説文阜部：「隊，磊也。」石部：「磊，衆石也。」故下文云「其下駢石不可得泉」，因有隊山之稱矣。「駢」讀駢脅之駢。莊子駢拇篇「駢拇枝指」，釋文：「駢，廣雅云『竝』也，李頤云『併』也。」……隊山之下多石，其石兩兩幷連，故云「駢石」而「不可得泉」矣。　唐蘭云：「陛」字字書所無，疑「陘」之譌。「巠」或書作「平」，誤作「坐」，又失上畫耳。上文「赤壤勢山」，孫詒讓讀「勢」爲磝，釋名「山多小石曰磝」爲證，甚是。此曰「陘山」，説文「陘，山絶坎也」，其義正合。　翔鳳案：「陛」當本作「坐」，釋名：「坐，挫也，骨節挫詘也。」象挫詘之形，因其爲山，加阜成「陛」，不必改字。

〔一五〕王紹蘭云：「徙」，元本作「陡」，是也。說文無「陡」字，「陡」讀斗絶之斗，謂山勢斗然而起。漢書匈奴傳「匈奴有斗入漢地」，師古曰：「斗，絶也。」史記封禪書「成山斗入海」，索隱：「斗入海，謂斗絶曲入海也。」然則陡山形若成山矣。　張佩綸云：玉篇：「『陡』通作『阧』，峻也。」十九施及泉，山勢之陗陖可知。「成山斗入海」，論其地形，非論其山勢。王說似非。今以宋甲申本爲定，从「徙」爲是。下二十施之「土山」以類相从。「灰壤」之「灰」當作「炭」，說文「灰，死火餘夷」，衆經音義引釋名作「炭亦夷也」，是爲「灰」、「炭」傳寫易溷之證。趙岐孟子注「炭，墨也」，即水經注之「石炭」、「石墨」。山之下不應有灰，其爲石炭無疑。說文：「壤，柔土也。」禹貢疏引九章算法：「穿地穴爲壤。」穀梁傳范注：「齊、魯之間謂鑿地出土，鼠作穴出土皆曰壤。」穿土山至百三十三尺，蓋取石炭非取泉，故曰「其下炭壤不可得泉」。

翔鳳案：「徙」从辵从土，不从走，不能附會爲「陡」。廣雅釋詁四：「徙，袒也。」謂其上不生草木，袒露也。下有灰壤，爲白堊泥，介殼所化，非土也。

〔一六〕王紹蘭云：「高陵」純土無石，故曰「土山」。　張佩綸云：依上例，「泉下」挩「其下□□，不可得泉」二句。　翔鳳案：張說無據。

〔一七〕王紹蘭云：爾雅釋水：「沃泉縣出。縣出，下出也。」詩「洌彼下泉」，傳：「下泉，泉下流也。」疏引李巡曰：「水泉從上溜下出。」釋名：「縣出曰沃泉，水從上下，有所灌沃也。」此「縣泉」即謂「沃泉縣出」者。　何如璋云：爾雅釋水：「濫泉正出。正出，涌出也。沃泉懸出。

懸出，下出也。沆泉穴出。穴出，側出也。」又同出異歸曰肥泉，瀑布飛流曰立泉。五者乃天生之泉。此文自「縣泉」以下五者，則泉皆在山，伏於土中，以人力出之者，故必以草木爲驗而辨别其深淺。夏緯瑛云：「縣泉」與崑崙之縣圃同例，當指高山之頂有泉處。此下五種山地，因其所言草木，可知其山之高度，蓋植物在山嶺地區，各有其垂直分佈也。「縣泉」海拔高度當在二千至三千公尺之間。「複𡒄」與「泉英」在一千五百至二千公尺之間，「山之豺」在一千公尺左右，「山之側」在五百公尺以下。爲圖如下：

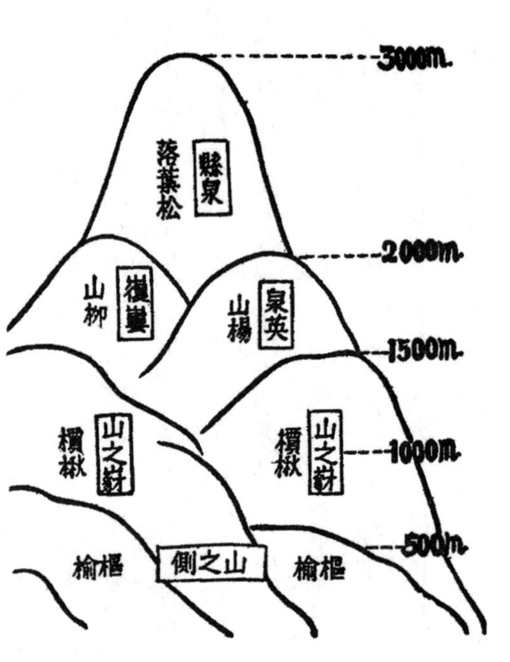

〔一八〕洪頤煊云：「走」非草名，疑「蓬」字之譌。丁士涵云：「走」非草名，疑「莞」字誤。俞樾云：「如茅」，疑即爾雅釋草所謂「茹藘、茅蒐」，非必二草也。王紹蘭云：「如」即「茹」之省文。易泰初九「拔茅茹」，虞翻注：「茹，茅根。」神農本草：「茅根，一名茹根。」類聚卷八十二引易注：「茅，一名茹子。」是「茅」以根名，故得「茹茅」之稱矣。「走」蓋「茥」之壞字，「茥」即「蓷」之省文。廣雅釋草：「烏蓷，射干也。」……單偁之爲「蓷」，省其文即爲「茥」耳。張佩綸云：俞、丁説是也。莞，爾雅作「雚」，「走」乃「隹」之壞耳。夏緯瑛云：「茹藘」、「茅蒐」乃一物之二名，即今茜草（Rubia Corbifolia L.），生於平地或山麓，與此「如茅」當有別。「如茅」當爲禾木科植物，但不知爲何草耳。「走」殆即「蔖」，集韻謂「可苴履」，類今之烏拉草，殆莎草科高山植物。在海拔兩千公尺左右，山上森林邊際，常見禾本科或莎草科植物成片。「樠」，據説文爲「松心木」，从㒼聲之字多含赤義，則「樠」當即落葉松（Larix Gmelini var • Principis—Rupprechtii Pilger）。樹皮呈紅色，東北俗稱爲「紅松」。在兩千至三千公尺之高山上，常成純林。翔鳳案：夏謂「走」即「蔖」，有理。爾雅釋草「蓾蔖」，郭注作「履苴草」。「蔖」本作「苴」，與祖同从且聲。履苴用以行走，而「蓾蔖」之合音爲「走」，音義均合，非偶然也。

〔一九〕王紹蘭云：上云「山之上命之曰縣泉」，下云「山之上命之曰泉英」，此「復呂」亦泉名也。張佩綸云：淮南時則訓高注：「呂，旅也。萬物萌動于黃泉未能發見，所以旅旅。」玉篇：

「溰，復流也。」一説「吕」疑「回」之誤。文選七發「回翔青蔑」，注：「回，水復流也。」爾雅釋水「過辨回川」，郭注：「旋流。」説文：「淀，回泉也。」「復吕」當作「回復」。「吕」與「蓾」、「柳」爲韻，「復」亦韻。夏緯瑛云：「復吕」當即「複嶁」。集韻：「複，山復也。」埤倉：「嶁，山顛也。」「複嶁」殆有重復層疊意。翔鳳案：説文：「吕，脊骨也。」篆文作「膂」。「吕」有山脊之義。復流於山脊之上，張説得其半，夏説非是。許維遹於「命」下加「之」字，拘泥，不可從。

〔二〇〕王紹蘭云：「魚腸」，竹類。初學記卷二十八引梁簡文脩竹賦「玉潤桃枝之麗，魚腸金母之名」。竹得稱草者，説文：「竹，冬生草也。」爾雅竹類皆列釋草。西山經「高山，其草多竹」，中山經「荆山，其草多竹；大堯之山，其草多竹；師每之山，其草多竹；夫夫之山，其草多竹」，皆其證也。説文：「蓾，水邊草也。」「柳，小楊也。」爾雅釋草「莤，蔓于」，郭注：「多生水中，一名軒于。」釋木：「檉，河柳。旄，澤柳。楊，蒲柳。」夏緯瑛云：我國北部海拔一千五百至二千公尺之間，常有叢生灌木，其中多柳屬植物。翔鳳案：柳性耐寒，東北多楊柳，可以爲證。

〔二一〕張佩綸云：廣雅釋詁四：「英，美也。」白虎通封禪篇：「醴泉者，美泉也。」吕氏春秋本味篇：「伊尹曰：水之美者，高泉之山，其上有涌泉焉。」山海經中山經「高前之山，其上有水焉，甚寒而潛。帝臺之漿也」，郭注：「今河東解縣南檀道山上有水泉出停而不流，俗名爲盎漿，即此類也。」水經涑水注「鹽道山，翠柏蔭峯，清泉灌頂，郭景純云：世所謂盎漿也，發於上而潛于下矣。」「英」與「泱」通。説文：「泱，滃也。」周禮「盎齊」，注：『盎』猶翁也，成而翁然葱白色，如今酇白矣。」釋名：「盎，滃也，滃滃然濁色也。」「英」、「泱」、「盎」均央聲。「盎漿」即醴泉，此之「泉英」是也。　夏緯瑛云：「泉英」，當是英山之有泉者。爾雅釋山「再成英」，郭璞注：「兩山相重。」邢昺疏：「山形兩重者名英。」　翔鳳案：張説是。如夏説，則爲「英泉」而非「泉英」矣。

〔二二〕王紹蘭云：爾雅「薜，山蘄」，郭注：「廣雅曰：山蘄，當歸。當歸今似蘄而麤大。」「山蘄」一名薜，一名白蘄。葉似山鞠窮。七八月之間華，其色紫。名醫別録：「白昌，一名水宿，一名莖蒲。」陳藏器云：「一名昌陽，生水畔，人亦呼爲菖蒲，與石上菖蒲別，根大而臭。一名水菖蒲。」但本草經及吳普本草並云「菖蒲一名昌陽」，恐俱是大名，不分水石也。此云「山之上其草蘄白昌」，下云「其山之旁有彼黄䖟及彼白昌」，似生石上者亦名白昌也。　夏緯瑛云：我國北部山中，楊樹之最常見者有二：一爲小葉楊（Populus Cathayana Rehd.），生山溝中，又一爲山楊（Populus tremula var. Davibiana Schneid.）。此楊當是山楊，常成純林，生長於海拔一千五百至二千公尺之高處。

〔二三〕陳奂云：「山之材」當爲「山之側」，與下文「山之側」同。此兩言「山之側」，猶上文三言「山之上」也。　安井衡云：「材」讀爲齊，聲之誤也。齊，中也，謂半腹。　俞樾云：「材」字無義，疑「手」字之誤，「手」者，「垂」之古文，見説文我部。説文又曰「垂，遠邊也」，是「垂」有邊側之義。尹注訓「材」爲「旁」，正得其解，惜未得其字耳。張文虎云：陳君云「材」當爲「側」，是也。蓋「側」字壞文作「則」，譌爲「財」，三譌成「材」矣。「側」與「嗇」韻。王紹蘭云：「材」蓋「𣏌」之譌。玉篇「『𣏌』同『椒』」，則此謂山之椒也。楚辭離騷「馳椒丘且焉止息」，王逸注：「土高四墮曰椒。」漢書外戚傳「釋輿馬於山椒兮」，孟康曰：「山椒，山陵也。」廣雅釋丘：「四隤曰陵。」是孟康解「椒」爲「陵」，與「四墮曰椒」之義正合。然則「山之椒」，謂山四下隤阤處。文選月賦「菊散芳於山椒」，李善以「山椒」爲「山頂」，失之。張佩綸云：舊注「『材』猶旁也」，「材」無旁訓，乃「枝」之誤。莊子人間世「其可以爲舟者旁數十」，崔注：「旁，枝也。」此言山之分支，與山側異。陳、王説均非是。夏緯瑛云：「山之材」當是「山之岕」。岕，集韻云：「山在平林也。」「山在平林」，當是山由高處降至山麓地帶。翔鳳案：説文：「材，木挺也。」「挺」音同頂。「材」俗作「纔」，同「巉」。廣雅釋詁：「巉，高也。」高唐賦：「登巉巖而下望兮。」説文作「欃」，四川之棧道即在側矣。諸説俱非。

〔二四〕丁士涵云：「兢」疑「藋」字誤。「格木」未聞，或「拓」字誤。張文虎云：「兢」疑「苑」之譌。俞樾云：木無名「格」者，格乃「椵」之借字。爾雅釋木「櫠椵」，郭注以爲柚屬。説文木部「椵，木可作牀几」，徐鍇繫傳以爲梓屬。二者未詳孰是。此文以「格」爲「椵」，猶儀禮古文以「格」爲「嘏」，蓋古音相近，故得通用。王紹蘭云：「兢」蓋「蔹」之譌。説文：

「蘞，白蘞也。」篆文作「[篆文]」，今壞僅存「[篆文]」形，因誤爲「兢」矣。唐風葛生篇「蘞蔓于野」，疏引陸機疏云：「蘞似栝樓，葉盛而細，其子正黑，此燕薁，不可食。幽州人謂之烏服，其莖葉煮以哺牛，除熱。」神農本草：「白歛，一名兔核，一名白草。」名醫别録：「一名白根，生衡山，二月八月采根暴乾。」然則白以根言，黑以子言。……爾雅「蘠，虞蓼」，郭注：「虞蓼，澤蓼。」良耜疏引某氏曰：「蘠，一名虞蓼。」孫炎曰：「虞蓼是澤之所生，故爲水草也。」「格」當爲「梏」字之壞也。説文：「梏，木也，从木咎聲，讀若皓。」「梏」即爾雅釋木之「狄臧槔」，釋文引舍人本「槔」作「皋」，古「皋」、「咎」通用。許讀「梏」若皓，皓從告聲，古「皋」、「告」亦通用，明「梏」即「槔」也。樊光本正作「梏」。六書故以「梏」爲「烏臼」，亦取「梏」、「臼」聲同耳。孫詒讓云：上文云：「斥埴宜大菽與麥，其草宜萯雚，其木宜杞，見是土也，命之曰再施，二七十四尺而至於泉。」此「山之材」亦再施而至於泉，深淺正與彼同。此草宜競蘠，丁校以「競」爲「雚」之誤，是也。「蘠」當爲「菩」，亦即「萯」也。月令孟夏「王瓜生」，鄭注云：「今月令王萯生。」吕氏春秋孟夏紀作「王菩生」。穆天子傳云「爰有雚葦莞茅萯」，郭注云：「萯，今『菩』字。」皆其證也。「格」疑亦「杞」之誤。　張佩綸云：「兢」、「矜」通。詩雲漢釋文：「『兢』本作『矜』。」左僖廿二年、宣十六年「戰戰兢兢」，釋文：「本作『矜』。」是其證。廣雅釋草：「矜，禽也。」王氏疏證未詳。佩綸疑「矜」即「芩」，詩鹿鳴傳：「芩，草也。」説文同，引詩「食野之芩」爲證。王、丁兩説似未諦。「格」當爲「落」，史記酷吏傳「置伯格長」，注：「徐廣曰：一作『落』。」古村落字亦作「格」，是其證。爾雅「樓落」，郭注：「可以爲杯器素。」詩「無浸樓薪」，鄭箋：「樓，落，木名也。」陸機疏：「今椰榆也，其葉如榆，其皮堅韌，剥之長數尺，可爲絙索，又可爲甑帶，其材可爲杯器。」夏緯瑛云：「兢」殆「薞」字之誤，「薞」，據集韻爲「豨薞」。「薔」，當即爾雅釋草「薔蘼、虋冬」之省稱，即今之麥冬。二者均爲低山植物。俞讀「格」爲「椵」，是也。但非柚屬之櫠椵，而是櫃楸之櫃，説文「椵木可爲牀几」者是也。此乃闊葉樹之梓屬植物，生長於海拔一千公尺左右。翔鳳案：「兢」如張説。「格」如俞説。

〔二五〕王紹蘭云：爾雅釋草「葍，藑」，郭注：「大葉白華，根如指，正白，可啖。」又「葍，藑茅」，郭注：「葍，華有赤者爲藑，藑、葍一種耳。亦猶『菱，苕華』，黄白異名。」小雅我行其野篇「言采其葍」，傳：「葍，惡菜也。」箋：「葍，藑也，亦仲春生，可采也。」齊民要術十引陸機疏：「河東、關西謂之葍，幽沇謂之燕葍，一名爵弁，一名藑。根正白，著熱灰中温噉之。饑荒可蒸以禦飢。漢祭甘泉或用之。其華有兩種，一種莖葉細而香，一種莖赤有臭氣。」説文：「葍，藑也。」「藑，葍也。」「藑茅，葍也，一名舜。」「舜，草也，楚謂之葍，秦謂之藑。」「蔞」，爾雅「購蔏蔞」，郭注：「蔏蔞，蔞蒿也，生下田，初出可啖。江東用羹魚。」詩漢廣傳：「蔞，草中之翹翹然。」説文：「蔞，草也，可以亨魚。」

〔二六〕王引之云：「品榆」當爲「區榆」。「區」與「榆」同類，故並言之。字本作「蓲」，或作「樞」，又作「櫙」，竝讀如謳歌之謳。爾雅釋木「櫙荎」，郭注：「今之刺榆。」唐風山有樞傳「樞，荎也」，釋文：「竝烏侯反，本或作『薀』。」爾雅疏引陸疏「其針刺如柘，其葉如榆，瀹爲茹，美滑於白榆」，是也。「區」字本有謳聲，故「薀」通作「區」，今則脱「匚」字而爲「品」矣。夏緯瑛云：刺榆（Hemiptelea Davidii Planch.）乃灌木類，生於山麓或近山平地，華北多有之。

〔二七〕丁士涵云：此兩句與上文「鑿之二尺」，「鑿之三尺」，其數縣絶。「二七」、「三七」以施計，而不言二施、三施，與上文「墳延」以下之例又不同。必有脱文，無從是正。翔鳳案：此節所述，爲小坡、山及山頂。「墳」爲地之墳起者，即坡也。「陝」爲坡與相連處。再高爲陵，即大坡也。「杜陵」圓，「延陵」長形，「環陵」中凹。再大則爲山，「蔓山」長形，「附山」爲山上有山，「青山」爲赤石之山。「赤壤」「㔟山」則純赤矣。「陘山」部分挫出，「徒山」則祖露無草木。「高陵土山」，則大而且高矣。因爲陵形，故其上有泉，鑿石乃出，無脱文。

凡草土之道，各有穀造。謂此地生某草，宜某穀。造，成也。**或高或下，各有草土**〔一〕。**葉下於攀**〔二〕，葉，亦草名。唯生葉無莖，在攀之下。攀，即鬱也，莊周所謂「鬱西」也。**攀下於莧**〔三〕，**莧下於蒲，蒲下於葦，葦下於雚，雚下於蔞，蔞下於荓**〔四〕，**荓下於蕭，蕭下於薜，薜下於萑**〔五〕，**萑下於茅。凡彼草物，有十二衰**〔六〕，衰，謂草上下相重次也。**各有所歸。**謂短者生於高者之下。

〔一〕王紹蘭云：「穀」讀「穀則異室」之「穀」。王風大車篇傳：「穀，生。」爾雅釋言：「穀，生也。」

「造」讀「蓵雜」之「蓵」。説文：「蓵，草皃。」「草皃」之下本有「一曰蓵雜也」五字。今人言集，漢人多言雜。然則此文「穀造」，謂草木各有穀生之地，蓵雜之次。張佩綸云：周禮「土方氏以辨土宜土化之法而授任地者」，鄭注：「土宜，謂九穀稙稺所適也；土化，地之輕重，糞種所宜用也。」草人「掌土化之法以物地，相其宜而爲之種」，鄭注：「土化之法，化之使美，若汜勝之術也，以物地占其形色爲之種，黄白宜以種禾之屬。」「草土之道」，即周禮土化之法。説文：「造，就也。」「草土」謂未耕之土，皆有道造就之，使宜穀也。「道」、「造」爲韻，「下」、「土」爲韻。姚永概云：「穀」當訓善。逸周書文傳篇「潤濕不穀，樹之竹葦莞蒲」，亦謂潤濕太甚，其木不善，但宜竹葦莞蒲也。「各有穀造」，言草之與土，各有善道造成之。章炳麟云：「穀造」者，謂衰次，即「或高或下」之謂也。「造」可借爲「次」，前于「鉤弦之造」下既明之矣。「穀」借爲「録」。古字「穀」、「禄」聲義相通。釋言「穀，禄也」，周禮天府司禄注「『禄』之言穀也」，淮南人閒訓「不穀親傷」，注「不穀，不禄也」，是其證。而「禄」、「録」聲義亦通。援神契云：「禄者，録也。」「穀」可通「禄」，則亦可借爲「録」。吴語「今大國越録」，解：「録，第也。」是「録次」謂第次，猶今言次第也。詩小戎傳：「楘，歷録也。」説文：「楘，車歷録束文也。」「次」亦取次第之義，而「彔」訓刻木彔彔，亦謂其文理相比次。皆可爲證。

翔鳳案：王説較勝，「草土」謂草與土宜。

〔二〕郝懿行云：中山經：「苦山有草焉，員葉而無莖，赤華而不實，名曰無條，服之不癭。」管子地員篇「葉下於蘲」，房注「葉，草名，唯生葉，無莖」，與此經合，即是物也。張佩綸云：爾雅「蒤，委葉」，郭注：「詩云以茠荼蓼。」王肅曰：「荼，陸穢。」說文無「蘲」字。原注：「『蘲』即『鬱』也，莊周所謂『鬱西』。」案：莊子至樂篇陸釋文引司馬注：「鬱栖，蟲名。」李譔注：「糞壤也。」無訓爲草者，僞房不根。集韻：「蘲，本作『鬱』，芳草也。」「芳草」，即周禮鬱人鄭注所謂「鬱金香草」，決非下土所生。說文：「鬱，叢木名。」詩「食鬱」，傳：「棣屬。」皆木類。惟說文草部：「菸，鬱也。」廣韻：「菸，臭草。」夏緯瑛云：「葉」生最低，當爲深水植物，殆即是荷。「蘲」當是「虆」之省文，古「芰」字，今之「菱」。翔鳳案：「葉」從世得聲。荀子非相「接人則用抴」，「抴」、「接」同聲。是「葉」聲同「接」。說文：「菨，菨餘也。」關雎毛傳：「荇，接余也。」「葉」同「菨」，即水荇也。

〔三〕王念孫云：「莧」當爲「莞」。爾雅釋草「莞，苻蘺」，某氏曰：「本草云：白蒲一名苻蘺，楚謂之莞蒲。」小雅斯干篇「下莞上蕈」，鄭箋曰：「莞，小蒲之席也。」釋文曰：「莞草叢生水中，莖圓，江南以爲席，形似小蒲而實非也。」莞似蒲而小，故曰「莞下於蒲」。若莧，則非其類矣。逸周書文傳篇曰：「潤濕不穀，樹之竹葦莞蒲。」穆天子傳曰：「爰有萑葦莞蒲。」此文云「莧下於蒲，蒲下於葦，葦下於雚」，則「莧」字明是「莞」字之譌。隸書「完」字或作「完」，形與「見」相似，故諸書中「莞」字多譌爲「莧」。（夬九五「莧陸夬夬」，虞注曰：「『莧』讀『夫子莧爾而笑』之『莧』。」「莧」即「莞」字之譌，故釋文云：「莧，一本作『莞』。」論語陽貨篇「夫子莞爾而笑」，釋文：「『莞』作『莧』。」楚辭漁父「漁父莞爾而笑」，「莞」一作「莧」。列子天瑞篇「老韭爲莞」，釋文：「『莞』一作『莧』。」文選辨亡論「莞然坐乘其敝」，李善本作「莧」。）翔鳳案：説文：「莞，艸也，可以作席。」朱駿聲謂「即今席子草也，叢生水中」，言正合。

〔四〕翔鳳案：説文：「萁，馬帚也。」桂氏義證：「李時珍同。此即蒿苹，謂其可爲馬刷，故名馬帚。」

〔五〕張文虎云：劉注：「『萑』音追，芫蔚草也，一作『蓷』。」案：「芫」乃「茺」之譌，詩「中谷有蓷」，釋文引韓詩云：「茺蔚也。」張佩綸云：以本篇證之，四施之土草宜白茅與雚，三施之土草宜茅，再施之土草宜萯雚，斯則下於茅者，乃雚而非萑。「葦下於虇」，誤以爲「雚」，淺人遂改此「雚」爲「萑」矣。今定「鬱」爲「蓷」，「萑」爲「雚」，「雚」爲「虇」，庶幾折衷一是。尹桐陽云：「萑」同「萑」，薍也。舊注以爲「茺蔚」，則讀「萑」如蓷矣，其説誤。夏緯瑛云：「茺蔚」，今之益母草（Leonurus SibiricusL.）。

〔六〕王紹蘭云：「衰」讀差等之差。左氏桓二年傳「皆有等衰」，杜注：「衰，殺也。」襄二十五年傳：「自是以衰。」淮南説山訓「上有三衰，下有九殺」，説林訓「大小之衰然」，高注：「衰，差也。」夏緯瑛云：十二種植物，依其生地而言，各有等次。深水植物爲荷，其次爲菱，再次爲莞。又再次爲蒲，已是淺水植物。次於蒲者爲葦，水陸兩棲。次於葦者爲雚（小蘆葦），已生陸上。依次而蔞，而蕭，而萁（掃帚菜），而薜，而蓷（益母草），而茅，生地逐次乾旱。凡此所言，可視爲植物生態學。圖示如下：

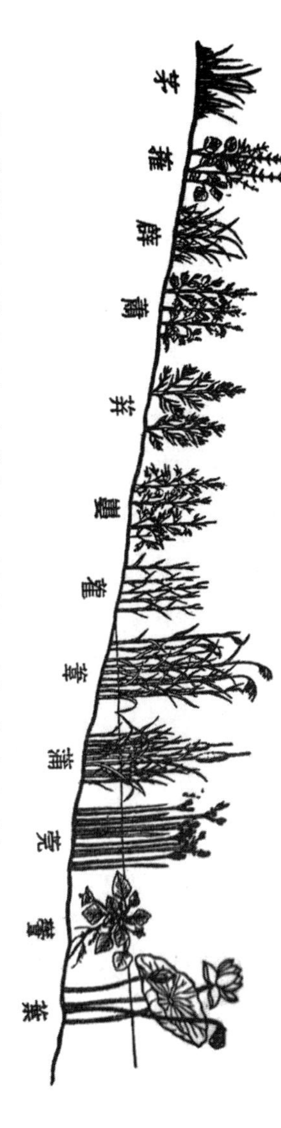

翔鳳案：夏氏所言，有科學精神，惟未知「葉」爲小荇耳。

九州之土，爲九十物。每州有常，而物有次。〔一〕

〔一〕王念孫云：「每州有常」，困學紀聞周禮類引作「每土有常」，是也。下文上土、中土、下土，各有三十物，故曰「每土有常，而物有次」，不當言「每州」也。此涉上文「九州」而誤。

羣土之長，是唯五粟。五粟之物，或赤，或青，或白，或黑，或黄。五粟五章〔一〕。五粟之狀，淖而不肕〔二〕，剛而不觳〔三〕，觳，薄。不濘車輪，濘，泥。不汙手足。其種大重、細重〔四〕、白莖、白秀，無不宜也。五粟之土，若在陵在山，在隫在衍〔五〕。其陰其陽〔六〕，盡宜桐柞，莫不秀長。其榆其柳，其檿其桑，其柘其櫟，其槐其楊，羣木蕃滋，數大條直以長。其澤則多魚。牧則宜牛羊。其地其樊〔七〕，俱宜竹箭，藻龜楢檀〔八〕，五臭生之。薜荔白芷，蘼蕪椒連〔九〕，五臭所校〔一〇〕。校，謂馨烈之氣。寡疾難老，士女皆好，其民工巧。其泉黄白，其人夷姤〔一一〕。夷，平也。姤，好也。言均善也。五粟之土，乾而不挌〔一二〕，挌，謂堅禦也。湛而不澤〔一三〕，無高下，葆澤以處〔一四〕，言常潤也。是謂粟土。

〔一〕豬飼彥博云：下云「五沃五物，各有異則」，此疑作「五粟五物，各有异章」。王紹蘭云：「土」名「粟」者，説文：「㮚，嘉穀實也。孔子曰：『粟』之爲言續也。」此篇言土必以五者，洪範「五曰土」，「土爰稼穡」，是其義。張佩綸云：土宜五種，故即以「五粟」名之。書皋陶謨「五服五章」，左昭廿五年傳「五章以奉五色」，粟分五色，土亦五色也。翔鳳案：「唯五粟」獨好。豬飼説誤。

〔二〕劉績云：「肕」，如振切，堅也。張佩綸云：説文：「淖，泥也。」一切經音義十二引倉頡：「淖，深泥也。」廣雅釋詁一：「淖，溼也。」字林：「濡甚曰淖。」「肕」當作「韌」。説文：「䵒，黏也，春秋傳『不義不䵒』，或从刃作『韌』。」釋言：「韌，膠也。」淖易黏著，淖而不黏著，故能「不濘」、「不汙」。

〔三〕豬飼彥博云：「觳」、「埆」同，墝脊也。王紹蘭云：莊子天下篇「其道大觳」，郭注：「『觳』義與『脊』同。」張佩綸云：「觳」當作「嗀」，説文：「嗀，确或从㱿。」任林圃云：此「剛」字與「淖」字對文，乃乾燥之意。齊民要術治墨法「寧剛不宜澤」，言搗墨時宜乾燥不宜濕潤也，以「剛」與「澤」對文，與此文義同。此言五粟之土，雖濕而有肕黏，雖燥而不轂瘠也。

〔四〕陳奐云：「重」，古「種」字。毛詩七月傳曰：「後孰曰重。」周禮内宰「穜稑之種」，釋文：「『種』本作『重』。」鄭司農曰：「先種後孰謂之『重』。」皆古文以「種」爲「重」之證。　王紹蘭云：「種」當作「穜」，説文：「穜，埶也。」「重」，「種」之省，禾名也。説文：「種，先穜後孰也。」「詩曰黍稷種稑。」今詩省作「重」。　張佩綸云：詩七月「黍稷重穋」，釋文：「説文禾邊作重是重穋之字，禾邊作童是穜藝之字，今人亂之已久。」「黍稷重穋」，七月、閟宫兩見。管子與毛詩故書合。呂氏春秋任地篇「種稑禾不爲稑，種重禾不爲重」，注云：「晚種早熟爲『稑』，早種晚熟爲『重』。詩云『黍稷重稑，稙穉菽麥』，此之謂也。」

〔五〕王紹蘭云：「隤」當爲「墳」，「墳」即「濆」之借字。説文水部：「濆，水厓也。」爾雅釋地：「墳莫大於河墳。」地官大司徒「墳衍」，鄭注：「水厓曰墳。」此皆借「墳」爲「濆」也。　張佩綸云：周禮大司徒「辨其山林川澤邱陵墳衍原隰之名物」，鄭注：「積石曰山，大阜曰陵，水厓曰墳，下平曰衍。」「隤」當作「濆」，經典假「墳」爲之。

〔六〕王紹蘭云：説文：「陰，闇也，水之南，山之北也。」「陽，高明也。」爾雅釋山：「山西曰夕陽，山東曰朝陽。」穀梁僖二十八年傳：「水北爲陽，山南爲陽。」秋官柞氏賈疏引爾雅曰：「山南曰陽，山北曰陰。」邵氏爾雅正義云「蓋釋爾雅之舊説」，是也。

〔七〕張佩綸云：莊子則陽篇「鳥則休乎山樊」，釋文引李注：「傍也。」司馬注：「陰也。」淮南精神訓高注：「樊，崖也。」廣雅釋言：「樊，邊也。」

〔八〕安井衡云：古本「龜」作「黽」。下文作「求黽」，注云：「竹類。」陳奂云：「俱宜竹箭，藻龜楢檀」，以四字爲句。下文云「皆宜竹箭，求黽楢檀」，句正相同。「藻龜」、「求黽」，皆誤字也。上一字皆「柔」字之誤。「藻」、「柔」形相近，「求」、「柔」聲相近，因而誤作「藻」，又誤作「求」。下一字乃「鼈」字之誤，「鼈」字減去上半之敝，遂誤作「黽」。「黽」隸變作「黾」，「龜」隸變作「亀」，故又誤作「龜」耳。爾雅、毛傳皆曰：「蕨，鼈也。」「蕨」與「鼈」一聲之轉。詩疏引舍人曰：「『蕨』一名『鼈』。」齊民要術引陸機疏曰：「蕨，山菜也。」又曰：「周、秦曰蕨，齊、魯曰鼈。」蓋鼈、蕨同物。管子齊人，故呼「蕨」爲「鼈」也。「楢」與「柔」文相對。山海經郭璞注曰：「楢，剛木，中車材。」詩鄭風傳曰：「檀，彊刃（古「忍」字）之木。」「彊忍之木」即剛木也。「柔鼈，楢檀」，鼈可食，故曰「柔鼈」。檀中材，故曰「楢檀」。一爲草，一爲木也。尹注不能釐正，遂解下文之「求黽」謂「亦竹類」，連上「竹箭」爲句，其誤特甚。張文虎云：「求黽」、「藻龜」皆有誤。爾雅釋木「『椋』即來」，説文同。郭注云「中車輞」，則亦堅木，與「楢檀」類。玉篇：「棶，椋也。」集韻：「棶，木名，古通作『來』。」疑「求」乃「來」字之譌，「藻」又「椋」字之譌也。「黽」、「龜」二字，不知孰誤。王紹蘭云：「藻龜」蓋即下文「求黽」之譌。「求」本作「菉」,「菉」誤爲「菓」,又誤爲「藻」。「黽」與「黿」,亦形近而訛也。(「求黽」説見後。) 張佩綸云:王説非也。「藻」乃「櫨」之誤。爾雅:「櫨,荎。」「櫨」之誤「藻」,與上「櫨」之誤「品」正同。「黿」乃「穐」之壞。「穐」,「萩」省。左襄十八年傳:「伐雍内之萩。」史記貨殖傳:「河、濟之間,千樹楸,其人與千户侯等。」説文:「楸,梓也。」「檟,楸也。」陳奐以「藻黿」爲「柔鼈」,引毛傳「蕨,鼈也」爲證,謬甚。 尹桐陽云:「黿」,「穐」之省文,萩也。「楢」,柔木也,工官以爲耎輪。 翔鳳案:「黿」爲「楸」省,是也。左襄十八年傳「伐雍門之萩」作「萩」,則春秋時有楸矣。秋从龜省聲,其字不誤。「竹箭」與「藻楸」各爲一名。中山經「其祠,嬰用一藻玉」,注:「玉有五彩者也。」齊民要術謂「楸」有黄白二色,則「藻」謂其文也。中山經「岷山,其木多楢」,注:「剛木也。」中車材。尹説誤。

〔九〕張佩綸云:「薜荔」,離騷「貫薜荔之落蕊」,王逸注:「香草也。」廣雅:「白芷,其葉謂之藥。」爾雅釋草:「蘄茝,蘪蕪。」説文:「蘪,蘪蕪也。」「蘺,江蘺;蘪,蕪蘺。」楚謂之『蘺』,晉謂之『虈』,齊謂之『茝』。」「茝,虈也。」「椒」,説文:「茮菉。」「連」,古「蘭」、「連」通。 陳風澤陂篇「有蒲與蕑」,毛傳:「蕑,蘭也。」釋文:「韓詩作『蓮』。」鄭箋從韓。説文草部無「蕑」,其字作「葌」,解云:「草出吳林山。」衆經音義三引作説文:「葌,香草也。」中山經:「吳林之山,其中多葌草;洞庭之山,其草多葌、蘪蕪、芍藥、芎藭。」「蓮」,「蘭」借字。 溱洧毛傳:「蕑,蘭也。」釋文:「韓詩:蕑,蓮也。」御覽引韓詩作「蕑,蘭也」。初學記引韓詩章句:「秉蘭,祓除不祥之故。」是借「蓮」爲「蘭」之證。爾雅「連異翹」，郭注引本草：「一名連草。」而今本草「一名蓮華」。王氏廣雅疏證、陳奂詩毛傳疏，説之甚詳。蓋「蓮」、「蘭」形聲並近也。

〔一〇〕豬飼彦博云：「校」疑當作「效」。王紹蘭云：「校」之言效也，曲禮鄭注：「效，猶呈也。」謂五臭之草，其香味所呈效，令人寡疾難老也。張佩綸云：「校」當爲「交」，淮南時則訓高注：「『交』讀如將校之校。」小爾雅廣言：「校，交也。」此言五臭交錯。翔鳳案：王説是。

〔一一〕豬飼彦博云：「垢」當作「垕」，古「厚」字。王紹蘭云：説文「夷，平也」，猶堯典「厥民夷」矣。女部無「姤」字，「姤」讀爲垕，「垕」即「厚」之古文。地理志謂「詩風曹國，其民猶有先王遺風，重厚多君子」，亦其比也。張佩綸云：易「姤」，虞作「遘」。「姤」、「逅」、「遘」、「媾」通。詩「不遂其媾」，傳：「媾，厚也。」衆經音義二十二引白虎通：「媾，厚也。」「媾」訓爲厚，不必改字。章炳麟云：尹注：「夷，平也；姤，好也。」此訓未的。「夷」者，釋言云：「悦也。」「姤」即「逅」。詩綢繆「見此邂逅」，傳：「邂逅，解説之貌。」此以「解」釋「邂」，以「説」釋「逅」。「説」即「悦」字也。然則「夷姤」皆謂悦，謂其人容顔悦暢也。翔鳳案：王、張説勝。

〔一二〕陳奂云：「挌」讀爲垎。禮記學記篇「發然後禁，則扞格而不勝」，注：「『格』讀如凍垎之垎。扞格，堅不可入之貌。」此「格」、「垎」通假之證。説文曰：「垎，水乾也。一曰堅也。」玉篇、廣韻皆曰：「垎，土乾也。」此「不垎」與「不澤」對文。下文曰「五沃之土，乾而不斥，湛而不澤」，「斥」與「坼」同，「不斥」猶「不垎」也。又下文曰「五梟之狀，堅而不骼」，亦「垎」也。張佩綸云：舊注「格謂堅禦也」，疑尹注作「格，堅也」，淺人妄加「禦」字。「挌」當爲「垎」。説文：「垎，水乾也，一曰堅也。」釋名：「石，格也。堅，捍格也。」皆借「格」爲「垎」。翔鳳案：陳説較勝。

〔一三〕王紹蘭云：「湛」有滋潤之義。「澤」讀周頌載芟篇「其耕澤澤」之「澤」，鄭箋云：「土氣正達而和，耕之則澤澤然解散。」釋文：「『澤澤』音釋釋，爾雅作『郝郝』。」今案釋訓云「郝郝，耕也」，郭注云：「言土解。」「郝」、「澤」、「釋」三字音義同。然則此云「湛而不澤」，謂其土澤而不解散也。孫詒讓云：此土「葆澤以處」，則不當云「不澤」，且與「湛」義亦相近。「澤」當爲「釋」之借字。説文采部云：「釋，解也。」「湛而不澤」，言湛溼而不解釋也。下文「五沃之土」同。（史記孝武本紀「先振兵澤旅」，集解引徐廣云：「古『釋』字作『澤』。」是其證也。）

〔一四〕張文虎云：上句當作「無高無下」，「下」與「處」爲韻。王紹蘭云：「葆」即「保」之借字。月令「四鄙入保」，鄭注：「鄙，界上邑；小城曰保。」説文：「壔，保也。一曰高土也。」風俗通：「水草交厝，名之爲澤，澤者，言其潤澤萬物以阜民用也。」此云「葆澤以處」，蓋謂或築小域，或就高土，保守此水草交厝之澤以居處也。張佩綸云：詩傳：「保，安也。」呂覽盡數注：「葆，安也。」説文：「澤，光潤也。」言處此土既安且潤。王説「小城」既泥，「壔」一訓

「高土」，不能與「保」溷爲一解，尤誤。　翔鳳案：王説是，即前文之立邑也。

粟土之次曰五沃。五沃之物，或赤，或青，或黄，或白，或黑。五沃五物，各有異則〔一〕。五沃之狀，剽忞橐土，蟲易全處。剽，堅也。忞，密也。橐土，謂其土多竅穴，若橐多竅，故蟲處之易全。忞剽不白，下乃以澤〔二〕。既堅密，故常潤濕而不乾白。此乃葆澤之地也。其種大苗、細苗，赨音形。莖、黑秀、箭長〔三〕。赨，即赤也。箭長，謂若箭竹之長也。五沃之土，若在丘在山，在陵在岡，若在陬。陵之陽〔四〕，其左其右，宜彼羣木，桐柞枎櫄〔五〕，及彼白梓，其梅其杏，其桃其李，其秀生莖起〔六〕。其棘其棠，其槐其楊，其榆其桑，其杞其枋，羣木數大，條直以長。其陰則生之楂藜〔七〕，其陽則安樹之五麻〔八〕。若高若下，不擇疇所。其麻大者如箭如葦，大長以美，其細者如雚如蒸，欲有與各〔九〕，大者不類〔一〇〕，欲有施與，則以麻之大而類也。小者則治，揣而藏之，若衆練絲〔一一〕。言細麻既治揣而藏，故若練絲。五臭疇生，疇，隴也。謂爲隴而種也。蓮與蘼蕪，藁本白芷〔一二〕。其澤則多魚，牧則宜牛羊。其泉白青，其人堅勁，寡有疥騷，終無痟酲〔一三〕。痟，首疾也。酲，酒病也。五沃之土，乾而不斥〔一四〕，斥，舄鹵。湛而不澤，無高下〔一五〕，葆澤以處，是謂沃土。

〔一〕王紹蘭云：説文：「則，等畫物也。」禹貢「咸則三壤成賦」，史記夏本紀集解引鄭注云：「三壤，上中下各三等也。」亦是以「等」釋「則」。此云「五沃五物各有異則」，明「五物」當差爲五等矣。

〔二〕王引之云：「蟲易全處」殊爲不詞。「易」當爲「豸」。「豸」與「易」篆文相似，故「豸」譌作「易」。爾雅曰：「有足謂之『蟲』，無足謂之『豸』。」漢書五行志：「蟲豸之類謂之『孽』。」孫詒讓云：「剽」即草人之「輕爂」。「怷」亦「息」之誤。（與上「悉徙」「悉」字同。「息」譌爲「悉」。「悉」從釆，與术形近，故又誤作「怷」。顏氏家訓書證篇云「史記作『悉』字，誤而爲『述』」，是其例也。）「橐土」，「橐」當讀爲蠹，以其蟲豸所生，故謂之「蠹土」。（「蠹」、「橐」古字通。蠹，説文蚰部：「蠹，從蚰橐聲。」周禮翦氏「掌除蠹物」，注云：「故書『蠹』爲『橐』，杜子春云『橐』當爲『蠹』」，是其證。）「澤」亦讀爲釋。注説並誤。張佩綸云：「易」或作「鳥」。釋名釋水：「洲，聚也，人及鳥物所聚息之處也。」釋邱：「澤中有邱曰都邱，言蟲鳥往所都聚也。」「全處」即都聚之謂。如王説，則「易」即「蜴」本字，不必改「豸」也。尹桐陽云：「易」，蜥易，在壁爲蝘蜓守宫也；在草爲蜥易榮蚖也。詩「胡爲蜥蜴」，説文引作「易」。翔鳳案：房注訓「剽」爲「堅」，「怷」爲「密」。然「蟲易全處」非堅土，「剽」當訓「輕」，與「票」爲火飛同義。説文無「怷」字，从术同「秫」，廣雅「秫，稬也」，義合。詳下文「五怷」。

〔三〕張文虎云：「赨」，尹注「音形」，「形」乃「彤」字之誤。鉉本説文「『赨』音徒冬切」，與「彤」同音。玉篇、廣韻、集韻並同。張佩綸云：説文：「赨，赤色也。」「箭長」，舊注「若箭竹之長」，謂稾稈也。稈，禾莖也，周禮稾人注：「箭幹謂之『稾』。」「箭」借禾稈長爲訓。此「稈」亦假箭爲稱，不必以竹箭喻也。　翔鳳案：「秀」字斷句。

〔四〕翔鳳案：「若在陬」與「若在丘」同，「若」猶或也。「丘」、「山」、「陵」、「岡」、「陬」爲「五沃」。「陵」在陽，單就陵中言之。「陬」，阪隅也。然「陽」不與「岡」爲韻。

〔五〕張佩綸云：説文：「枎，扶疏四布也。」詩山有扶蘇傳：「扶蘇，扶胥小木也。」段氏詩小學：「此从釋文，無『小』字爲長。正義作『小木』，乃淺人用鄭説增字也。」説文注：「『枎』之言扶也，古書多作『扶疏』，同音假借也。上林賦『垂條扶疏』，劉向傳『梓樹上枝葉扶疏』，揚雄傳『枝葉扶疏』，呂覽『樹肥無使扶疏』，是則『扶疏』謂大木枝柯四布。『疏』通作『胥』，亦作『蘇』。」胡先生毛詩後箋曰：「佩觿引山有扶蘇與『扶持』别。是經字本亦作『扶』。埤雅引毛傳『扶蘇，扶胥木也』，是所見本尚無『小』字。惟傳既以『扶胥』爲木，似非僅柯條四布之謂。呂覽求人篇『東至榑木之地』，注云：『榑木，大木也。』『榑』亦作『扶』，淮南墬形訓：『扶木在暘州。』此『扶木』即搏桑，猶言大桑。管子地員『桐柞扶櫄』，『枎』自木名，緩言之曰扶蘇，急言之曰枎，『枎蘇』即『扶木』耳。」　翔鳳案：説文：「叒，日初出東方湯谷所登榑桑，叒木也。」淮南天文訓作「扶桑」，是「扶」即「榑」。呂氏春秋求人篇「禹東至榑木之地」，五帝本紀作「蟠木」。漢書天文志：「晷長爲潦，短爲旱，奢爲扶。」鄭氏云：「『扶』當爲『蟠』，齊、魯之間聲如酺。」古無輕唇音，「扶」同「酺」，與「扶蘇」不相涉，張説誤。「櫄」即「杶」，材中車轅，見前。

〔六〕丁士涵云：「其」字，疑涉上下文而衍。王紹蘭云：此謂羣木華秀怒生，枝莖挺起也。

〔七〕安井衡云：古本「蔾」作「梨」。王紹蘭云：「樝」、「楂」古今字。説文：「樝，果似棃而酢。」「棃，果名。」是樝與棃爲二果也。内則言人君燕所加庶羞三十一物，楂二十八，棃二十九，鄭注：「謂楂爲棃之不藏者。」爾雅釋木「樝棃曰鑽之」，（内則亦有此文，「樝」借作「祖」。）郭注：「樝似棃而酢澀。」中山經「洞庭之山，其木多柤棃」，莊子天運篇「其猶柤棃」，御覽引韓子曰「夫樹楂棃橘柚者，食之則甘，臭之則香」，漢書司馬相如傳子虛賦有「樝棃」，張揖曰「樝似棃而甘」，與許、鄭説異。此皆「樝」、「棃」並稱也。翔鳳案：楂梨爲梨名，未接種，食之多渣。今尚有此名。

〔八〕王紹蘭云：「五麻」，一枲麻，二苴麻，三胡麻，四紵麻，五綮麻。陶鴻慶云：「則」字涉上而衍，「安」亦「則」也，見王氏引之經傳釋詞。下文「羣木安遂」，「羣藥安生」，「安」字並語辭。翔鳳案：山國軌「下安無怨咎」，内業「其外安崇」，管書以「安」爲「乃」。「則」爲衍文無證。

〔九〕王紹蘭云：「欲」當爲「各」，「各」當爲「名」，因下「名」字誤爲「各」，上「各」字又誤爲「欲」也。「與」猶以也，謂五麻及其種之細大各有以名也。尹注句解皆失之。戴望云：「各」、「名」疑皆「分」字之誤。謂細麻之中若萑若蒸，欲有人與之分別也。張佩綸云：「以」、「與」對文。祭義：「欲，婉順貌。」「有」，列子説符注：「『有』猶富也。」詩：「禾易長畝，終善且有。」「名」，釋名：「明也。」言細者既順且多，而又行列分明也。翔鳳案：「各」假爲「絡」，說文：「絡，麻未漚也。」段注：「陳風曰『東門之池，可以漚麻』，傳：『漚，柔也。』未漚者曰絡，猶生絲之未湅也。」與下「練絲」正合，可知古本改字之妄。廣雅釋詁三：「有，取也。」一字不誤。

〔一〇〕劉績云：「類」當作「纇」，疵節也。言大麻疏美無疵節，小麻條理易治，故如練絲也。王念孫云：「纇」、「類」古字通。（昭十六年左傳「刑之頗類」，服虔讀「類」爲「纇」。二十八年「忿纇無期」，服本作「類」。老子「夷道若纇」，河上公本作「類」。）王紹蘭云：說文：「纇，絲節也。」「治」讀治絲之治。謂麻之大者既無節纇，其小者亦治而不分，故下云「若衆練絲」也。張佩綸云：劉說非也。廣雅釋詁：「似，類也。」釋言：「子，似也。」「不類」猶言不子。玉篇「無子曰苴，有子曰枲」，廣韻作「有子曰苴，無子曰枲」。王筠說文句讀曰：「艸部：『芓，麻母。一曰即枲，葩枲實也。』許君謂枲有子，廣韻宗此說。喪服傳『苴，麻之有蕡者也，牡麻者，枲麻也』，玉篇宗此說。元應調停其說曰：『枲，牡麻有子者也。』以牡鞠牡棒例之，有子不得曰牡。且毛傳『苴，麻子』，似儀禮是。」今以此篇證之，大者即牡麻，爲枲之牡者，無子。其細者或爲黂，或爲芓，皆有子。足爲詩、禮、毛、許、篇、韻息爭矣。翔鳳案：王紹蘭說是也。

〔一一〕王紹蘭云：說文：「揣，一曰捶之。」「捶，以杖擊之也。」「練，湅繒也。」言漚麻者必捶之皆乾而後藏之，若湅繒之善也。齊民要術種麻篇引氾勝之書曰：「夏至後二十日，漚枲，枲和如絲。」何如璋云：「枲」爲漂母之漂，言漂漱之。（張佩綸管子學引。）張佩綸云：考工記㡛氏：「湅絲以涗水漚其絲，七日去地尺暴之，晝暴諸日，夜宿諸井，七日七夜，是謂水湅。」「枲」當作「終」（儀禮士喪禮「枲皆若是」，今文「枲」爲「終」。易雜卦傳「枲」，釋文：「荀作『終』。」）説文：「終，絿絲也。」「絿，急也。」「絿絲」當作「繆絲」，（从求之字往往作翏，如「璆琳」作「球琳」之類。）繆，枲之十絜也。此言藏枲如束湅絲耳。孟子「妻辟纑」，趙岐注：「練麻曰纑。」劉熙注：「練絲曰纑。」周禮考工記治絲枲並稱，是湅絲湅麻同法。

〔一二〕王紹蘭云：「五臭」僅言其四。據上文「五臭生之」，以「薜荔」、「白芷」、「蘪蕪」、「椒」、「連」爲五。此有「藁本」，無薜荔，無椒，是缺一草，蓋椒也。「連」即「蓮」之省文。「夫渠」之蓮，不得謂之香草。古「蔄」、「蓮」通用，陳風澤陂篇「有蒲與蔄」，毛傳：「蔄，蘭也。」（鄭風溱洧傳及御覽九百八十三引韓詩並同。）鄭箋：「『蔄』當作『蓮』。」溱洧釋文：「蔄，韓詩云：『蓮也。』」「蔄」可作「蓮」，明「蓮」可作「蔄」矣。説文艸部無「蔄」字，其字作「葌」，（鈕氏説文校録引左氏「大蒐於昌間」，公羊作「昌姦」，爲「葌」與「蔄」通之證。）解云：「艸出吳林山。」衆經音義三引説文並作「葌，香艸也」。（卷二、卷八、卷十二。）中山經：「吳林之山，其中多葌艸。洞庭之山，其艸多葌、蘪蕪、芍藥、芎藭。」其叙次「葌」與「蘪蕪」諸香艸，正與此文叙次「蓮」與「蘪蕪」諸香艸略同，然則「連」即「蔄」、「葌」之借字矣。張佩綸云：上言「五臭」，下止四草，

「與」字誤。　王紹蘭曰：「即椒也。」案「與」當爲「輿」。爾雅「藒車芞輿」，郭注：「藒車，香草，見離騷。」説文：「藒，芞輿也。」「芞，芞輿也。」「芞輿」但言「輿」，猶説文但言「芞」。上林賦「揭車衡蘭，槀本射干」，以「揭車」與「蘭」及「槀本」並稱，本此。　翔鳳案：張説是。

〔一三〕丁士涵云：「疥騷」即「疥瘙」也，古字假用。　王紹蘭云：説文：「癢，搔也。」「搔，刮也。」「刮，掊把也。」「騷」即「搔」之假借。　周官疾醫「春時有痟首疾」，鄭注：「痟，酸削也；首疾，頭痛也。」説文：「痟，酸痟，頭痛。」「酲」，病酒也。小雅節南山篇「憂心如酲」，毛傳云：「病酒曰酲。」鄭箋：「今憂之，如病酒之酲矣。」　翔鳳案：説文：「疥，搔也。」李注登徒子好色賦則引作「瘙」。「騷」假爲「搔」，「瘙」爲後出字。

〔一四〕張佩綸云：禹貢鄭注：「斥謂地鹹鹵。」乾土易斥，「不斥」，所以爲沃土也。　舊注：「斥，舄鹵。」陳奐曰：「『斥』與『坼』同，『不斥』猶不坼也。」似舊注義長。

〔一五〕張文虎云：「下」上當脱「無」字，上文云「若高若下，不擇疇所」，此云「無高無下，葆澤以處」，句法正同。　翔鳳案：「無高下」連下文爲句，與上同，無脱文。「無高無下」與「無高下」何以異乎？

沃土之次曰五位。五位之物，五色雜英〔一〕，各有異章。五位之狀，不塥不灰，塥，謂堅不相著。青忞以落音苔。及〔二〕。謂色青而細密，和落以相及也。其種大葦無，細葦無〔三〕，秫莖白秀。五位之土，若在岡在陵，在隫在衍，在丘在山，皆宜竹箭求黽求黽，亦竹類也。楢檀〔四〕。其山之淺，有蘢與斥〔五〕，蘢、斥，並古草名。羣木安逐〔六〕，條長數大〔七〕。安，和易。逐，競。長數，謂速長。其桑其松，其杞其茸〔八〕，茸，木名。種木胥容〔九〕，榆桃柳楝〔一〇〕。音煉。羣藥安生，薑與桔梗〔一一〕，小辛大蒙〔一二〕。大蒙，藥名。其山之梟〔一三〕，梟，猶顛也。多桔符榆〔一四〕。其山之末〔一五〕，有箭與苑〔一六〕。其山之旁，有彼黃寅，及彼白昌〔一七〕。山藜葦芒〔一八〕，羣藥安聚，以圍民殃。其林其漉〔一九〕，其槐其楝，其柞其穀〔二〇〕，羣木安逐。鳥獸安施〔二一〕，施，謂有以爲生。既有麋麃，又且多鹿。其泉青黑，其人輕直，省事少食。言其性廉①，省事少食。無高下，葆澤以處，是謂位土。

〔一〕王紹蘭云：爾雅釋草：「木謂之華，草謂之榮，不榮而實者謂之秀，榮而不實者謂之英。」「華」、「榮」、「秀」、「英」，對文則異，散文則通。說文：「雜，五色相合。」「雜英」，謂草木英華五采相雜也。張佩綸云：「位」無義，當作「湴」。廣韻鑑部：「埿，深泥也。湴，同上。」說文：「垽，澱也。」「澱，滓垽也。」「淤，澱滓濁泥。」「滓，濁也。」「黷謂之垽。」夢溪筆談：字書「湴」亦作「埿」。翔鳳案：「位」無義，誠如張說，然釋爲「湴」亦不妥。非惟「湴」爲周時所無，而深泥亦不可以種植。下文屢言不若三土十分之幾，「三土」即指「五粟」、「五沃」、「五

① 「廉」字原作「麋」，據補注改。

位」而言。「五位」乃上等土壤，決非深泥之湴也。「五粟」第一。説文引孔子：「『粟』之爲言續也。」「五粟」謂其可以繼續種植，比爰田爲佳。次爲「五沃」。説文：「沃，漑灌也。」魯語「沃土之民不材」，注：「肥美也。」第三則爲位土。春秋時無「位」字，春秋經「公即位」爲「公即立」。侈靡「長與短而位齊」及心術上之「位赶」，皆本爲「立」字，是知「位」本作「立」矣。詩思文「立我烝民」，箋云：「『立』當作『粒』。」書益稷「烝民乃粒」，本當作「立」，謂其乃能立身也。説文：「粒，糂也。」「糂，粒也。以米和羹也。」古文作「糝」，通語作糝雜。釋名釋飲食：「糝，黏也，相黏𪏆也。」説文：「黎，履黏也。」「黎」與「立」聲近。然則「五位」謂黏土，乃上土也。「五粟」之特點爲五章，五色分明。「五沃」之特點爲各有異則，五色特著。「五位」之特點爲五色雜英，各有異章。而「粒」之訓糂，即有糝雜之義。犂從黎聲，論語「犂牛之子騂且角」，皇疏：「雜文也。」是「位」、「立」、「粒」、「糂」、「黎」爲一聲之轉，謂其土之黏而物爲雜色也。是「位」非無義也。

〔二〕王引之云：尹説甚謬。「落」與「灰」爲韻，「及」字蓋衍文耳。下文云「五隱之狀，黑土黑落，青怵以肥，芬然若灰」，亦以「落」、「灰」爲韻。　孫詒讓云：「忞」亦當爲「息」。　翔鳳案：「忞」訓煩，見前。「落」，房謂同「苔」。廣雅釋詁：「及，連也。」「落及」，苔連之也。

〔三〕安井衡云：下文云「上土三十種十二物」，若無細葦，種只有十一，「無」字當衍。　王紹蘭云：「葦」疑爲「韋」，「韋」，赤色也。「無」、「虋」聲之轉，此文借「無」爲「虋」。古「無」與「微」

通，「微」與「眉」通，「眉」與「虋」通。説文：「虋，赤苗」，犍爲舍人曰：「是伯夷、叔齊所食首陽艸也。」是讀「虋」爲薇。説文：「薇，从艸微聲。」邶風式微篇「微君之故」，毛傳：「微，無也。」然則「大韋無，細韋無」，即大赤虋、細赤虋矣。

孫詒讓云：此篇凡言其種者皆穀名，不當有葦。疑「葦無」當作「茦亾」，「亾」即「芒」之省，謂亾穀也。周禮稻人云「澤草所生，種之芒種」，鄭司農注云：「芒種，稻麥也。」説文麥部云：「麥，芒穀。」又來部云：「周所受瑞麥來麰，一來二縫，象芒朿之形。」爾雅釋草云「茦，刺」，「茦，亾」，猶許云「芒朿」也。或云當作「萊無」，即來麰也。「萊」、「來」字通，與「葦」形近。「麰」、「無」一聲之轉，亦通。安井衡讀「無細葦」爲句，次「無」字又屬下「秫莖白秀」爲句，乖繆殊甚。戴校從之，疏矣。尹桐陽云：「葦」，薇也。「無」，蕪也。「葦無」，謂薇之茂生者。説文「薇，菜也」，則今野豌豆也。禮用以芼羹。爾雅「虋，赤苗」，犍爲舍人曰：「是伯夷、叔齊所食首陽草也。」蓋以「薇」即「虋」而爲赤苗僞矣。「虋」，一本作「亹」，聲讀如娓。詩生民「維穈維芑」，傳：「穈，赤苗。」釋文：「『穈』音門，爾雅作『亹』，同。郭亡偉反。」「葦無」即亡偉，「亹」之合音字。説文「穈，稻紫莖不黏者，讀若靡」，即此。本草「蘪蕪，一名薇蕪」，則香草冒苗名者。翔鳳案：説文：「無，豐也。商書曰：『庶草繁無。』」有無之無爲從亡無聲，楷書無法寫出，遂至不別，而加艸爲蕪。諸人不知「無」之本義，而多臆説也。

〔四〕張文虎云：上文「五粟」之土云「俱宜竹箭藻龜楢檀」，文句相同，疑此文之「求黽」即彼文之

「藻龜」，而皆有誤。（説已見上。）　王紹蘭云：「求」即「莍」之省文，爾雅釋木「椒榝醜莍」，郭注：「莍，萸子，聚生成房貌，今江東亦呼莍。」説文：「莍，茮椒實，裹如莍者。」亦作「梂」，唐風椒聊疏引李巡云：「椒、茱、萸皆有梂，梂，實也。」是「梂」即椒榝之屬也。「黽」即「要」之譌字。説文「漳，清漳出沾山大要谷」，今本漢書地理志上黨郡沾下譌作「大黽谷」，是其明證。然則「黽」當爲「要」，謂要棗也。釋木「邊，要棗」，郭注：「子細腰，今謂之鹿盧棗。」邵氏正義：「要棗，一名邊。」是「要」爲棗也。　張佩綸云：「莍」，萸子。「梂」，櫟實。不得以莍、梂爲木名。惟陸機疏：「棫，今人名謂白梂。」然與「要棗」亦不相類。疑「求黽」與「藻龜」皆「櫨萩」之壞。（説見上。）　翔鳳案：「楢檀」爲車材之用。「黽」即「笢」，篾也，爲捆車之用，證明於下：漢書五行志「黽勉」作「閔勉」。爾雅釋草：「簢，筡中。」雷浚説文外編：「説文竹部無『簢』字。笢，竹膚也。『筡中』即『竹膚』之義之引伸。段氏玉裁曰：『肉薄好大者謂之筡中，如析去青皮而薄也。』段氏『笢』字注云：『竹膚曰笢，亦曰筍，見禮器。俗作「筠」。已析可用者曰篾，禮記注作「[illegible]」。』韻補：『黽，叶名云切，音篾。』」後漢桓帝時童謡云：「寒素清白濁如泥，高第良將怯如黽。」譚苑醍醐云：「『泥』音涅。『黽』音篾，或音密。論語『涅而不緇』，屈原傳作『泥而不滓』，索隱曰：『泥，音涅。』則桓帝童謡『黽』讀爲篾矣。」説文：「楢，柔木也。工官以爲耎輪。」郭璞中山經注：「楢，剛木，中車材。」論衡狀留篇：「檀材彊勁，車以爲軸。」荀子勸學：「揉以爲輪，其曲中鉤。」古無鐵箍，以篾箍之，是知「黽」

即「筤」即「篋」，爲梱車之用。「求」爲「裘」之古文，詩桑扈「萬福來求」，「求」訓聚。「莍」、「梂」皆從聚得義。段玉裁謂「莍」與「捄」皆謂萸子聚生成房，俗語謂緐多叢聚曰一捄。「求䍡」即叢聚之筤，「竹箭」、「求䍡」、「楢」、「檀」同爲車用。字統：「箭者竹之別形，大身小葉曰竹，小身大葉曰箭。」明乎上述諸義，則管子可貫通矣。

〔五〕丁士涵云：「斥」，「斤」字之誤。「斤」，「芹」省。「蘢」與「芹」，一水菜，一水草。俞樾云：尹注曰「蘢、斥，並古草名」，此「古」字殊爲無義，疑正文本作「有蘢古與斥」，注文本作「『蘢古』與『斥』並草名」，傳寫奪誤耳。爾雅釋草「紅，蘢古」，即此草也。王紹蘭云：禹貢「敷淺原」，說文：「原，水泉本也，從灥在厂下。」「山之淺」，謂泉出山下水原淺處，故「蘢」、「斤」皆水草。說文：「蘢，天蘥也。」亦省作「龍」。鄭風山有扶蘇篇「隰有游龍」，毛傳：「龍，紅草也。」鄭箋：「紅草放縱枝葉於隰中。」疏引陸機疏云「一名馬蓼，葉大而赤白色，生水澤中，高丈餘」，是也。亦名「蘢古」。釋草云：「紅，蘢古，其大者蘬。」舍人注：「『紅』名龍古，其大者名蘬。」（鄭風疏。）郭注：「俗呼紅草爲龍鼓，語轉耳。」「斤」即「芹」之省文。花齋本正文及注皆作「斤」，是也。各本作「斥」。張佩綸云：說文：「淺，不深也。」「蘢斥」，舊注：「蘢古、斥，並草名。」詩「隰有游龍」，毛傳：「龍，紅草也。」爾雅「紅，蘢古，其大者蘬」，郭注：「俗呼紅草爲『龍鼓』，語轉耳。」邵氏正義以管子之「蘢」即爾雅「蘢，天蘥」。下文「紅，蘢古，其大者蘬」，廣、名、郝氏說同。淮南地形訓「海閭生蘢屈」，高誘注：「屈蘢，游龍，鴻也。」

「斥」即「舄」。莊子至樂篇「生於陵屯，則爲陵舄」，釋文引司馬注曰：「言物同水成而陸産，生於陵屯，化作車前，改名陵舄，一名澤舄，隨燥溼變也。」爾雅「蕍，舄」，郭注：「今澤瀉。」「芣苢、馬舄，馬舄、車前」，郭注：「今車前草。」毛傳同爾雅。說文：「芣苢一名馬舄，其實如李，令人宜子，周書所説。」詩釋文引韓詩「直曰車前，瞿曰芣苢」，文選注引韓詩章句：「芣苢，澤瀉也。」是以馬舄、澤瀉爲一，薛君之説而司馬氏衍之，非是。此舄生山淺處，乃馬舄，非澤瀉。俗本作「斤」，王氏、丁氏從之作「芹」，不知「斥」、「大」爲韻，「斤」則失其韻矣。翔鳳案：非韻文，王、張説是。

〔六〕王念孫云：「安」，於是也。爾雅曰：「逐，彊也。」言羣木於是彊盛也。下文「羣藥安生」、「羣藥安聚」、「羣木安逐」、「鳥獸安施」，義並同也。説見幼官篇。　翔鳳案：「逐」有競彊之義。

〔七〕孫星衍云：爾雅翼引「大」作「丈」。　翔鳳案：「數」讀入聲。「丈」字乃以意改，非是。

〔八〕王紹蘭云：「茸」即「樅」之借字。史記司馬相如列傳「攢羅列聚，叢以蘢茸兮」，淮南子俶真訓「繽紛蘢蓯」，又云「譬若周雲之蘢蓯」，「蘢蓯」即「蘢茸」，是其證也。爾雅釋木：「樅，松葉柏身。」説文同。劉逵注蜀都賦、蘇林注漢書，以樅爲「柏葉松身」，非是。師古曰：「檜木乃柏葉松身耳。」　張佩綸云：廣韻：「椹，木名，似檀。」

〔九〕丁士涵云：「種」，「橦」字之誤。「胥容」即「楈榕」之省。「橦」、「楈」、「榕」，凡三種木。　張佩觿云：丁説是也。左思蜀都賦「布有橦華」，張揖云：「橦華柔脆，可績爲布。」廣韻：「橦，木名，花可爲布。」説文：「楈，木也，似栟櫚，皮可爲索。」司馬上林賦「留落胥邪」，史記作「胥餘」，郭注同説文。張衡南都賦作「楈枒」。「榕」，玉篇：「木名。」嵇含草木狀：「榕，葉如木麻，其蔭十畝。」王紹蘭説「胥容」同，惟不解「種木」爲異。　翔鳳案：以「橦」、「楈」、「榕」爲三種木，不能夾一「木」字。説文：「種，先穜後孰也。」此用其本義，用秧苗耳。

〔一〇〕王紹蘭云：淮南時則訓「七月其樹楝」，高誘注：「楝實鳳皇所食，『楝』讀練染之練。」「楝」亦作「欄」，考工記「㡆氏湅帛以欄爲灰」，鄭注：「以欄木之灰，漸釋其帛也。」説文云：「欒木似欄，從木䜌聲。禮：天子樹松，諸侯柏，大夫欒，士楊。」木部無「欄」，蓋即以「欄」代「楝」，取其聲相近。欒木似楝，蓋亦楝屬。

〔一一〕王紹蘭云：「羣藥」猶言百藥。説文：「藥，治病草。」月令：「孟夏之月，聚畜百藥。」「薑」即「䕬」之今字，説文：「䕬，禦溼之菜也。」「桔，桔梗，藥名。」廣雅釋草：「犂如，桔梗也。」齊策：「今求柴胡桔梗於沮澤，則累世不得一焉。及之睪黍梁父之陰，則郄車而載耳。」莊子徐无鬼篇：「藥也其實堇也，桔梗也，雞廱也，豕零也，是時爲帝者也。」　陶鴻慶云：「生」蓋「丰」字之誤。「丰」，盛也。與「松」、「茸」、「容」、「蒙」爲韻。篆文「丰」作「丰」，與「生」相似而誤。　翔鳳案：陶説非是。

〔一二〕王紹蘭云：中山經「浮戲之山，其東有谷，因名曰虵谷，上多少辛」，郭注：「細辛也。」「虵山，其草多少辛。」御覽卷九百八十九引本草經：「細辛，一名小辛。」「大蒙」，爾雅釋草「蒙，王女」，郭注：「『蒙』即唐也，女蘿別名。」說文：「蒙，王女也。」「王」之言大也，故「蒙」又名「唐蒙」。詩「爰采唐矣」，毛傳：「唐蒙，菜名。」孔疏：「釋草『唐蒙、女蘿，女蘿、菟絲』，舍人曰：『唐蒙，一名女蘿；女蘿，又名菟絲。』孫炎曰『別三名』，郭璞曰『別四名』，則『唐』與『蒙』或并或別，故三、四異也。以經直言『唐』，而傳言『唐蒙』也。頍弁傳曰『女蘿、菟絲，松蘿也』，則又名『松蘿』矣。釋草又云『蒙，王女』，孫炎曰：『蒙，唐也，一名菟絲，一名王女。』則通『松蘿』、『王女』爲六名。」按毛傳以「唐蒙」連讀，非訓「唐」爲「蒙」也。單稱「唐」，亦可單稱「蒙」，連稱則曰「唐蒙」。是以舍人、孫炎均不分「唐蒙」爲二。疏引「蒙，王女」，孫炎注又云「蒙，唐也」，與前注互異，殆今本誤倒其文耳。說文：「唐，大言也。」是「唐」有大義，則「唐蒙」即「大蒙」。

〔一三〕豬飼彦博云：「梟」當作「阜」，與「榆」協韻。爾雅「大陸曰阜」，謂山麓也。陳奐云：「梟」當爲「県」字之誤。說文曰：「県，到首也，賈侍中說，此斷首到県字。」段注曰：「廣韻引漢書『県首葙其骨』，今刑法作『梟』。」此「県」作「梟」，其誤正同。到首謂之「県」，故山顛亦謂之「県」。後人少見「県」，多見「梟」，遂改「県」爲「梟」矣。王紹蘭云：說文：「梟，不孝鳥也。」日至，捕梟磔之。从鳥頭在木上，故尹解「梟」爲「顛」矣。何如璋云：「梟」當爲「窵」，說文：「窵，窅深處也。」「山之窵」，乃山深處，對「山之淺」而言。張佩綸云：原

注：「『梟』猶顛也。」徧考字書，無訓「梟」爲「顛」者。文選永明九年策秀才文注：「『澆』與『瀌』同。」頭陀寺碑文注：「『瀌』爲『澆』，音義同。」荀子非十二子篇楊注：「『梟』與『澆』同。」疑「梟」即「堯」之借。白虎通：「『堯』猶嶢嶢也，至高之貌。」説文：「堯，高也。」「嶢，焦嶢，山高貌。」陳説引伸段注，實不可通。　翔鳳案：張説是。

〔一四〕王紹蘭云：説文「桔，直木也」，非木名。御覽引吴普曰：「桔梗，一名梗草。」名醫（别録）亦云。既可單稱「梗」，明亦可單稱「桔」矣。「苻」者，唐本草：「水楊，一名蒲柳，一名雚苻。」蘇頌曰：「爾雅『楊，蒲柳也』，左傳所謂『董澤之蒲』，又謂之雚苻。」蒲柳，左氏單稱「蒲」，明「雚苻」亦可單稱「苻」，則「苻」即蒲柳。　張佩綸云：「苻」當作「苻」。釋草「苻，鬼目」，郭注：「今江東有鬼目草，莖似葛，葉員而毛，子如耳璫也，赤色叢生。」本草：「白英，一名穀菜。」别録：「一名白草。」唐本注：「鬼目，菜也。」「榆」，本草：「地榆，其葉似榆而長，初生布地，故名。」　翔鳳案：隸書艸、竹不分，張釋「苻」爲「苻」，是也。

〔一五〕張佩綸云：淮南墬形訓「其人面末僂脩頸」，注：「『末』猶脊也。」左昭元年傳「風淫末疾」，杜注：「末，四支。」賈逵以「末疾」爲「首疾，風眩也」。案：説文「本上曰末」，則「末」當爲山之首脊，非山支也。　翔鳳案：張説是。

〔一六〕王念孫云：「箭」當爲「葥」。爾雅釋草曰「葥，王蔧」，郭注：「王帚也，似藜，其樹可以爲埽蔧，江東呼之曰落帚。」説文作「蒲」，義同。爾雅又曰「葥，山莓」，郭注：「今之木莓也，實似藨莓而大，亦可食。」説文作「薵」，義同。草之名「葥」者有二，則未知此所謂「葥」者，爲王篲與？爲山莓與？惟與「苑」竝言之，則亦是草名，而非竹箭之箭，故知「箭」爲「葥」之譌也。「苑」與「菀」通，急就篇曰「牡蒙甘草菀藜蘆」，顔師古注：「菀，謂紫菀、女菀之屬。」張佩綸云：案郝氏爾雅義疏以「葥」爲山莓，蓋「王篲」説文作「⿰氵葥」，「山莓」則爾雅與説文均作「葥」耳。

〔一七〕王紹蘭云：「虻」，「蝱」省。詩載馳篇「言采其蝱」，傳：「蝱，貝母也。」正義引陸疏：「蝱，今藥草貝母也。其葉如栝樓而細小，其子在根下，如芋子，正白，四方連累相著有分解也。」爾雅釋草「莔，貝母」，郭注：「根如小貝，員而白華，葉似韭。」神農本草：「貝母味辛平，一名空草。」名醫别録：「一曰藥實，一名苦花，一名苦菜，一名商草（「商」即莔之譌），一名勤母，生晉地。十月采根曝乾。」圖經：「貝母子，黄白色，如聚貝子，二月生，黄莖細。」廣雅謂之「貝父」。

〔一八〕王紹蘭云：詩「北山有萊」，齊民要術引陸疏曰：「萊，藜也，莖葉皆似菉王芻，今兖州人蒸以爲茹，謂之萊蒸。」「藜」、「萊」聲近。爾雅：「釐，蔓華。」説文：「萊，蔓華也。」「萊」正字，「釐」借字，「蔾」則今字。經典亦有作「藜」者，「孔子藜羹不糝」，「曾子蒸藜不孰」。詩人以爲北山有之，故謂之「山藜」矣。張佩綸云：説文：「藜，草也。」釋名：「土青曰黎，似藜草色也。」藜似藋，爾雅「拜，蔏藋」，郭注：「蔏藋亦似藜。」「竹，萹蓄」，郭注：「似小藜，赤莖節。」

廣雅「葦，藜也」，王氏疏證：「藜，藋之赤者也。」史記太史公自序正義：「藜似藋而表赤。」陳藏器本草：「藜心赤莖，大堪爲杖，入藥不如白藋。」史記留侯世家正義引孔文祥：「黄石公杖丹藜，履赤舄。」別一種名萊。「葦芒」，爾雅釋草：「芒，杜榮。」説文同。釋文：「『莣』亦作『芒』。」郭注：「今芒草似茅，可以爲繩索履屩也。」華嚴經音義上：「芒草，一名杜榮，西域既自有之，江東亦多此類。其形似荻，皮重若筍，體質柔弱，不堪勁用。」陳藏器曰：「芒，六七月生，穗如荻。」以其似荻，同得「葦芒」之名矣。

〔一九〕豬飼彦博云：當作「其棘其樚」。 張文虎云：易屯六三「即鹿無虞」，釋文引王肅作「麓」，云：「山足。」「鹿」蓋「麓」之借字。疑此文本作「鹿」，誤增水旁。 王紹蘭云：「漉」當爲「麓」，形聲之誤。穀梁僖十有四年傳：「林屬於山爲鹿。」周禮地官序官鄭注：「竹木生平地曰林，山足曰麓。」

〔二〇〕王紹蘭云：小雅鶴鳴篇「爰有樹檀，其下惟穀」，毛傳：「穀，惡木也。」正義引陸機疏云：「幽州人謂之穀桑，荆、揚人謂之穀，中州人謂之楮，殷中宗時桑穀並生是也。今江南人績其皮以爲布，又擣以爲紙，謂之穀皮紙，絜白光輝，其裏甚好。其葉初生可以爲茹。」説文：「穀，楮也。」 何如璋云：「穀」，木名。説文：「楮也。」詩小雅「爰有樹檀，其下維穀」，陸機詩疏：「幽州人謂之穀桑，或曰楮桑，荆、揚、交、廣謂之穀，中州人謂之楮。江南人績其皮以爲布，又擣以爲紙。」爾雅翼「葉無瓣曰構」，埤雅「皮白者穀，皮斑者楮」，蓋一木三名。類篇：

「『穀』又音構。」

〔三二〕王紹蘭云：「施」當爲「族」，形之誤也。此文「漉」、「穀」、「族」、「鹿」爲韻，若作「施」則失其韻。吴都賦「宗生高岡，族茂幽阜」，劉逵注「族，言族類繁多也」，是其義。翔鳳案：「族」字義生。「施」訓施展。荀子臣道「爪牙之士施」，注：「謂展其材也。」禽獸有爪牙，義正合，不必附會韻文矣。

位土之次曰五蘟〔一〕。**五蘟之狀，黑土黑菭**，菭，地衣也。**青怵以肥，芬然若灰**〔二〕。芬①然，壤起貌。**其種櫑葛**〔三〕，**秫莖黄秀；恚目**〔四〕，恚目，謂殼實怒開也。**其葉若苑**〔五〕。苑，謂蘊結。**以蓄殖果木**〔六〕，**不若三土**三土，謂五粟、五沃、五位。**以十分之二**，言於三土十分，已不如其二分。餘放此。**是謂蘟土。**

〔一〕王紹蘭云：說文無「蘟」字，「蘟」當爲「隱」。淮南子墬形訓「東北薄州曰隱土」，高誘注：「氣所隱藏，故曰隱土也。」下文云「是謂蘟土」，蓋即墬形訓所本。然則淮南所見管子故書作「隱」矣。何如璋云：「蘟」當爲「隱」，涉下而誤。「隱」，盛也；又幽伏也。列子湯問篇：「投諸渤海之尾，隱土之北。」淮南墬形：「東北薄州曰隱土。」後漢書張衡傳注：「東北咸州曰隱土。」隱土亦饒肥，但青黑一色。翔鳳案：「蘟」爲隸書别體，恣土多心，蘟土多

---

①「芬」字原作「芥」，據補注改。

艸，一也。

〔二〕安井衡云：「怵」、「忞」同。　汪繼培云：案此即禹貢所謂「黑墳」，馬融注：「墳，有膏肥也。」周禮艸人「勃壤用狐」，鄭康成注：「勃壤粉解者。」此云「芬然若灰」，亦與「粉解」相似。　孫詒讓云：「怵」亦「息」之誤，此蓋變「悉」爲「悇」，又譌作「怵」也。「肥」，當從丁校爲「胐」。「芬」、「粉」之假字。周禮草人先鄭注云：「勃壤粉解者。」　張佩綸云：「芬」當爲「坋」，說文：「坋，塵也。」「灰，死火餘妻也。」「炱，灰炱煤也。」素問：「黑如炱者死。」「若灰」，狀土質兼狀土色。

〔三〕王紹蘭云：豆屬也。爾雅釋木「欇，虎櫐」，郭注：「今虎豆，纏蔓樹林而生，莢有毛刺。今江東呼爲欇欇。」中山經「卑山其上多櫐」，郭注：「今虎豆、貍豆之屬是也。」以其蔓延似葛，故名「櫑葛」，以其豆屬，故管子列爲九穀之種，而爾雅亦別於山櫐也。　張佩綸云：王說謬矣。虎櫐乃藤而非豆屬，古今注「虎豆似貍豆而大」，大觀本草「江東呼爲招豆藤」。爾雅穀附於草，豈有列於釋木者！「櫑葛」當作「䅏葛」。廣韻：「秲䅏，稻名。」說文：「穚，禾舉出苗也。」玉篇：「穚，長禾也。」曷部：「禾長也。」嶭部：「長禾。」穚本狀禾長之貌，因而長禾即名之曰「穚」。

〔四〕王紹蘭云：「黃秀」，謂其吐華黃色。「恚目」，尹注云：「謂穀實怒開也。」按此即莊子所云「怒生」，如人怒目而視，其氣盛也。　張佩綸云：「恚目」，舊注「穀實怒開」，如人怒目而視，禾長則粒亦大矣。呂氏春秋審時篇：「得時之禾長稠長穗，大本而莖殺，疏穖而穗大，其粟圓而薄糠，其米多沃而食之彊。」「恚目」正粟圓之狀也。許維遹云：「恚目」當作「以慈」，「恚」與「慈」形近而誤。「以」本作「㠯」，因「慈」誤爲「恚」，後人遂改「㠯」爲「目」而倒其文，以就其義耳。「秫莖黄秀以慈」，下文兩見，是其明證。「慈」者，猶言豐滿也。今齊東俗語，凡稱穀實豐滿者謂之「慈成」。任林圃云：許改非是。當以「恚目，其葉若宛」爲句。「恚目」，即爾雅釋草之「鬼目」，郭注所謂「今江東有鬼目草，莖似葛，葉員而毛，子如耳璫也，赤色叢生」。「宛」謂女宛紫宛之屬。「秫莖黄秀」，指櫑葛而言。「恚目其葉若宛」，言鬼目之葉如宛耳。「鬼目」亦菜，見三國志吳志。翔鳳案：任説是。上文亦「秀」字斷句。

〔五〕劉績云：「苑」同「欝」。王念孫云：「苑」，即上文「有箭與苑」之「苑」。尹注非。

〔六〕丁士涵云：「以」字衍，下文言「蓄殖果木」，凡十三句，皆無「以」字。翔鳳案：文意謂以隱土蕃殖果木，不若五粟、五位、五沃三土，「以」字安可衍耶？丁説誤，下文亦有「以」字。

隱土之次曰五壤。五壤之狀，芬然若澤若屯土〔一〕。言其土得澤，則墳起爲堆，故曰屯土也。**其種大水腸，細水腸**〔二〕**，秫莖黄秀，以慈忍，水旱無不宜也。**忍，耐。**蓄殖果木，不若三①土以十分之二，是謂壤土。**

① 「三」字原無，據補注增。

〔一〕汪繼培云：說文云：「壤，柔土也。」周禮「墳壤用麋」，康成注：「墳壤，潤解。」與此「紛然若澤」義相似。　王紹蘭云：「若屯土」者，說文中部：「屯，難也，象屮木之初生，屯然而難。从中貫一，一，地也，尾曲。易曰：『屯，剛柔始交而難生。』」然則「屯」之字從中貫一，一即地，地即土壤。本柔土而云「屯土」，明柔土中亦有剛土，正合易「剛柔始交」之義。　張佩綸云：「土」字衍文。「若屯」者，周禮鄉師「巡其前後之屯」，注：「故書『屯』或謂『臀』，鄭大夫讀『屯』爲課殿，杜子春讀爲在後曰殿。」據此知「屯」可假「臀」，則「澱」亦可借「屯」。「若屯」之「屯」當讀爲澱。五壤之土，若鐘水之澤，若淤泥之澱，是以肥濡和美。　孫詒讓云：「澤」亦當讀爲釋。此篇「五蘟」云「芬然若灰」，「五剽」云「華然如芬以脆」，竝解「釋」之義。　李哲明云：「芬」讀爲弅，聲假字。莊子有「隱弅之丘」，集韻：「隱弅，丘高出貌。」與注「壤起」意合。下「芬然若澤」、「華然如芬以脤」，並同。「脤」即「脣」字，亦有軒起之意。

〔二〕王紹蘭云：「水腸」，稻屬，拾遺記：「樂浪之東，有清腸稻。」「腸」謂稻實，實在稻中，稻中謂之腸，猶苗中謂之心矣。（爾雅釋蟲：「食苗心螟。」）是蓋水稻之屬，故受水腸之稱，或曰清腸。　張佩綸云：王說是也。稻非水不生，故以「水腸」名之。以腸狀稻穗，如呂覽審時篇之以「馬尾」狀稻穗也。

壤土之次曰五浮〔一〕。五浮之狀，捍然如米捍，堅貌。其土屑碎如米。以葆澤〔二〕，不離不坼〔三〕。其種忍蘟，忍蘟，草名。忍葉如藿，葉以長狐茸〔四〕，草之狀若狐也。黃莖黑莖黑秀，其粟大，無不宜也。蓄殖果木，不如三土以十分之二。

〔一〕王紹蘭云：「浮」讀「烝之浮浮」之「浮」，毛傳：「浮浮，氣也。」爾雅作「烰」，釋訓：「烰烰，烝也。」樊光引詩作「烰」。孫炎曰：「烰烰，炊之氣。」郭璞曰：「氣出盛。」此「五浮」，亦謂土氣上出，浮浮然盛矣。何如璋云：詩「釋之叟叟，烝之浮浮」，毛傳：「浮浮，氣也。」釋，淅米也。」周語：「陽氣俱烝，土膏其動。」此土陽氣烝達，如米之淅而氣烝達也。張佩綸云：王說非是，何說近之而未盡也。「浮」當作「涥」，「涥」即周禮「勃壤也」。說文邑部：「郣，一曰地之起曰郣。」漢志「郣海」，漢書武帝紀作「敦海」，楊雄傳作「勃」，「敦」、「勃」皆「郣」之假借。周禮作「勃」，此作「涥」，亦皆「郣」之借。任林圃云：張佩綸說近之而有未盡。「浮」字當讀若勃，「勃」爲碎細之意，故花粉曰勃。齊民要術種麻「穗勃，勃如灰」，「既放勃，拔去雄」，皆言花粉也。又齊民要術言和麪時所布之乾麪亦曰勃，今山東方言猶然，「勃」字讀如布。今山東方言呼土之極細碎者亦曰「布土」，蓋即浮土也。翔鳳案：釋名釋言語：「浮，孚也，孚甲在上稱也。」如孚甲之稱而在上，與「捍然如米」合，諸說俱非。

〔二〕丁士涵云：「葆」字衍。「澤」讀潤澤之澤。言如米之中堅而外潤，是以「不離不坼」也。下文「芬焉若糠以脆」，「華然如芬以脤」，是其句例。張佩綸云：丁說「『葆』字衍」，是也。「澤」、「釋」通。詩載芟「其耕澤澤」，箋：「土氣烝達而和，耕之則澤澤然解散。」詩正義作「釋釋」，引爾雅釋訓「釋釋，耕也」，舍人曰：「『釋釋』猶藿藿，解散之意。」今本爾雅作「郝郝」。

舊注：「捍，堅貌。其土屑碎如米。」「屑碎」正訓「釋」字，亦與「勃壤粉解」義合。「勃」，地之起者，自有烝達意。　任林圃云：丁士涵、張佩綸兩説均非。此「葆」字不當删。「葆澤」即「保澤」，乃古代農家者言之術語，「澤」即雨澤、水澤之意，「葆澤」者，謂土壤對於水分之保持也。氾勝之書：「春氣未通，則土歷適不保澤。……後雪復藺之，則立春保澤。」同書種芋「以水澆之，足踐之令保澤」，均其例。丁釋爲「潤澤」已誤，張讀爲「釋」則更非。　翔鳳案：房注「捍，堅貌，其土屑碎如米」，是也。「葆澤」見前，非誤字。

〔三〕王紹蘭云：五浮之土既如烝之浮浮，其質甚堅，又葆有水鍾之澤，譬若水火既濟，故其狀不華離，不齫坼也。　翔鳳案：土砂混合，凝結頗堅，此土常見，不離不坼也。

〔四〕郝懿行云：管子地員篇云「其種忍蘦」，陶注本草「桔梗」云「葉名隱忍，可煮食之，療蠱毒」，是「隱忍」即桔梗。然別録「一名薺苨」，陶注則云：「薺苨非桔梗而葉甚相似。」今按：桔梗葉較薺苨橢長而不圓，華紫碧色，與薺苨又別，故陶注以別録爲非。蓋薺苨雖名「甛桔梗」，其實非一物也。郭云「似蘇有毛」，管子云「忍葉如藿葉以長」，二者復與桔梗異。類篇又謂「隱忍」菜名，似蕨。（見爾雅義疏。）　丁士涵云：案上下文言其種某某，皆先言種，下言莖秀之色，然後釋物種之形狀，此亦當先言「黄莖黑秀」，下乃接「忍葉」以下九字。又案：此「忍蘦」與下文「櫑葛」皆不言大小，恐有闕文。如「忍蘦」、「櫑葛」各分大小，正合上土十二種之數。下土十二種：一大華、二細華、三青粱、四雁膳、五朱跗、六大菽、七細菽、八陵稻、九黑鵝、十馬夫、十一白稻，尚缺其一，或青粱亦當有大小故邪？張文虎云：「忍蘟」，爾雅作「隱荵」，齊民要術同。戴望云：上下文皆言其葉若某，此「忍葉」當爲「其葉」之誤。

王紹蘭云：説文無「蘟」字，當作「隱」。「忍」即「荵」之省文。「種」下蓋脱「隱」字。若讀「忍隱」爲句，則下「忍葉」不詞矣。諸穀中無「隱忍」，爾雅釋草「蒡，隱忍」，郭璞注：「似蘇，有毛，今江東呼爲隱忍，藏以爲菹，亦可瀹食。」此非穀種，陶隱居謂是「桔梗之葉，可煮食」。然本草無桔梗名隱忍之文。郭云「似蘇」，明非桔梗葉矣。隱忍可瀹食，江東或用充糧，故以「其種」目之歟？「藋」當爲「萑」，已見前。「狐茸」，謂隱忍之葉如狐毛蒙茸然也。郭注「有毛」，與此正合。孫詒讓云：「狐」疑「苽」之假字。「苽」或作「菰」，故譌爲「狐」。（玉篇草部云：「『菰』同『苽』。」）文選左思吳都賦云「穱秀菰穗」，「狐茸」即「菰穗」也。苽爲九穀之一（周禮大宰鄭注），此上文云「其種」，則不當爲草名。尹注失之。安井衡「讀『以長狐茸』句」，尤繆。張佩綸云：王説非是。邵氏、郝氏釋爾雅亦以管子「忍蘟」爲證，誤不始於王氏。邵氏云：「隱忍，管子云『忍蘟』，名可互稱。」郝亦云：「『隱忍』亦作『忍隱』。」王氏於其「種」下補「隱」字，義長。今案：爾雅之「蒡，隱荵」，以説文證之，不如郭説。許書無「蒡」字，「荵，忍冬草」，是許所見爾雅與今本別。竊意爾雅之「蒡」：即許書之「䅭䅣」，「隱忍」即「䅭䅣」也。説文：「䅭䅣，穀名。」「䅣，䅭䅣也。」廣雅：「䵒䵖，䅭䅣，穄也。」篇、韻均以「䅭䅣」爲穄名。説文：「穄，穈也。」衆經音義引倉頡篇：「穄，大黍也。」齊民要術引廣志：「穄有赤、白、黑、青、黄，凡五種。」吕氏春秋「飯之美者，陽山之穄」，高誘注：「穄，關西謂之縻，冀州謂之繄。」陳藏器本草拾遺：「縻、穄一物，性冷，塞北最多，如黍，黑色。」「䅭䅣」亦可稱「皇」，陸機七徵：「神皇奇穄。」陸機之但稱「皇」，猶爾雅之但稱「蒡」矣。「繄」从堅得聲得義，廣雅「忍，堅柔也」，知「忍」即是「繄」。上文五隱「黑土黑菭」，此之隱色黑，即穄之黑者。黄莖黑莖兩種，忍黄而隱黑矣。長葉狐茸，以穄證之均合。其粟大如黍，故倉頡篇曰「大黍也」。「䅭䅣」、「隱忍」均疊韻。「如」當作「若」。翔鳳案：本文「其粟大」，則爲穀類，以張説爲是。「藿」義見前，非誤。左僖五年傳「狐裘尨茸」，詩作「蒙」，如王説。

凡上土三十物〔一〕，種十二物。

〔一〕翔鳳案：左昭九年傳「事有其物」，注：「類也。」

中土曰五怷〔一〕。五怷之狀，廩焉如壏，壏，猶彊也。潤濕以處〔二〕。其種大稷細稷，赨莖黄秀，慈忍〔三〕，水旱細粟如麻。其繁美若麻也。蓄殖果木，不若三土以十分之三。

〔一〕汪繼培云：此蓋即禹貢所謂「塗泥」也。「怷」疑當作「埜」，「埜」即説文「涅」字，「涅」、「泥」聲相近。孫詒讓云：「怷」亦當爲「息」。何如璋云：「怷」，息也，謂土質明晰也。

張佩綸云：「怷」當爲「黎」。五黎，黑色小疏而黏。翔鳳案：前文定「怷」爲「朮」，其義爲「稬」，案之本文全合。此地種大稷小稷，程瑶田九穀考：「稷，齋之大名也。黏者爲秫，北方謂之高粱，通謂之秫。秫又謂之蜀黍，高大似蘆。」「潤濕」即稬。因其種朮而名朮土，或术即以土得名，然則「怷」之爲「术」無疑矣。

〔二〕王紹蘭云：「如壏」，地官草人「糞種之法，彊檃用蕡」，鄭注：「彊檃，彊堅者。」釋文：「本又作『𡑞』。」「壏」、「檃」、「𡑞」三字，皆説文所不載，當以鄭注訓「檃」爲「彊堅」之「堅」，是其正字。何如璋云：「廩」者，如米之積也。「壏」，堅也。地官草人「凡糞種彊檃用蕡」，注：「彊檃，彊堅者。」釋文：「『檃』本作『𡑞』。」言怷土之狀，廩然如米堅實也，以其能保澤，故恒潤濕以處。舊注以「壏」爲「强」，近之。朱氏榷以爲「濫」，非。張佩綸云：「廩」當爲「𡟰」。説文：「𡟰，寒也。」「壏」即説文之「濫」，「濫，一曰濡上及下也」，集韻引作「濡土也」。周禮借「檃」，即爾雅、説文之「濫泉」。詩采菽、瞻卬皆作「檻」。臨從衉省聲，血部：「衉，羊凝血也。」水部：「冰，水堅也。」考工記注：「凝，堅也。」性寒，則土濡而凝，故曰「如壏」。「潤溼以處」，斯即「小疏而黏」之證。王氏以「檃」爲「堅」，大誤。翔鳳案：「廩」本作「亩」，象屋形。「壏」，朱駿聲謂即「檻」，爲闌檻，言高地，俗作「坎」。「壏」爲名詞，故曰「如」。若釋爲「堅」，則不可通矣。「潤濕」即稬。諸説均誤。

〔三〕張佩綸云：「慈」上奪「以」字。

怷土之次曰五纑。音盧。**五纑之狀，彊力剛堅**〔一〕。**其種大邯鄲，細邯鄲**〔二〕，草名。**莖葉如扶檁，**扶檁，亦草名。**其粟大。**言其粒大。**蓄殖果木，不若三土以十分之三。**

〔一〕汪繼培云：「纑」即「壚」之借字。説文「壚，剛土也」，尚書釋文引作「黑剛土也」，字亦作

「盧」。釋名：「土黑曰盧，盧然解散也。」禹貢「下土墳壚」，鄭注：「壚，疏也。」周禮鄭注：「埴壚，黏疏者。」賈疏謂以「埴」爲「黏」，以「壚」爲「疏」，是「壚」有「疏」義。說文云：「纑，布縷也。」本篇下云：「五殖之狀，甚澤以疏。」「五殖之次曰五觳，五觳之狀婁婁然」，注：「婁婁，疏也。」「婁婁」即「縷縷」，是「纑」亦有疏義，故二字得通用也。　王紹蘭云：淮南墜形訓「壚土人大」，高誘注：「『壚』讀纑繩之纑。」「壚」正字，「纑」借字，纑土之性雖疏，其狀則彊力剛堅，故許書解「壚」爲「黑剛土」，而淮南子又云「堅土人剛」，是其證矣。　孫詒讓云：「纑」，「壚」之叚字。此即草人之「埴壚」也。說文土部云：「壚，黑剛土也。」玉燭寶典引四民月令云：「雨水中急，菑强土黑壚之田。」竝與此「彊力剛堅」義相應。（釋文字又作「盧」，詳前。）　張佩綸云：「彊力」之「力」當作「刃」。詩釋文將仲子傳：「彊刃之木。」土性「彊刃剛堅」，與說文合。鄭、劉疏土解散，未諦。　翔鳳案：說文云：「齊人謂黑爲『黸』。」其本字作「盧」。「彊刃」即彊韌，盧土彊而不韌。張說誤。

〔二〕王紹蘭云：此蓋稻粱之屬也。史記貨殖列傳曰：「邯鄲亦漳、河之間一都會也。」漢書溝洫志曰：「史起引漳水溉鄴，民歌之曰：決漳水兮灌鄴旁，終古舄鹵兮生稻粱。」決漳灌鄴，舄鹵尚生稻粱，則邯鄲在漳、河間，其地從古宜稻粱可知。莊子云「魯酒薄而邯鄲圍」，更知邯鄲酒厚，由於稻粱之善。其種有小大，古人因名爲大邯鄲、細邯鄲矣。　何如璋云：邯鄲，古縣名，漢書地理志屬趙國，注：「邯，山名。鄲，盡也。邯山至此而盡也。城郭字从邑，故加邑作邯鄲。」大、細邯鄲者，殆亦禾穇之類，以邯鄲所出爲佳，因以爲名歟？張佩綸云：漢書地理志「沛郡鄲縣」，孟康曰：「音多。」史記音「多寒反」。「鄲」、「多」雙聲。說文：「甘，美也。」「移，禾相倚移也，从禾多聲。一曰移，禾名。」「移」即「邯鄲」也。詩「嘽嘽駱馬」，說文引作「痑痑駱馬」，是其證。夏小正「二月往耰黍禪」，傳：「禪，單也。」諸家皆以「往耰黍」爲句，而訓「禪」爲「單衣」，或改傳爲「盡也」，既與「大暑而種黍」之說相背，又與本傳「五月心中，種黍菽糜時也」自相戾。不知「禪」即「單」之借字。表記「衣服以移之」，鄭注：「『移』讀禾氾移之移。」「袳」之借「移」，猶「禪」之借「單」矣。說文：「單，大也。」「黍單」言似黍而大，在爾雅則曰「众秫」。毛傳：「嘽嘽，众也。」爾雅釋詁：「众，多也。」知「甘單」即「众秫」。在周禮爲「丹秫」。「單」、「丹」音同。考工記「鍾氏染羽以朱湛丹秫」，鄭司農：「丹秫，赤粟。」博物志謂之「蜀黍」。釋獸「雞大曰蜀」，「蜀」有大意，在廣志謂之「胡秫」，「胡」亦大也，猶小正之曰「黍單」矣。廣雅謂之「藋粱木稷，如木如藋」，正與「甘單莖葉扶疏」合，故與稷相次。此即穀譜之高粱。字當作「甘單」，今作「邯鄲」者，水經注：「牛首水又東經邯鄲阜，張晏所謂『邯山在東城下』者也。單，盡也，邯山至此而盡，城郭從邑故加邑。」佩綸疑邯鄲本以産秫得名，因爲邑，故加邑旁，不因邯山而名。嘗怪釋爾雅者不解「众」，注說文者不及「移」，今姑就己意定之，以俟君子。

纑土之次曰五壏。五壏之狀，芬焉若糠以脃〔一〕。謂其地色黄而虚。**其種大荔、細**

荔〔二〕，青莖黄秀。蓄殖果木，不若三土以十分之三。

〔一〕丁士涵云：「肥」，必是「脆」字之誤。（草人注：「輕爂，輕脆者。」）尹注云「謂其地色黄而虚」，「虚」字正釋「脆」字。上文「五蔭青怵以肥」，亦當是「脆」字。汪繼培云：此即周禮所謂「强檃用蕡」者也。康成讀「檃」爲「堅」。釋文云「本又作『㙝』」，是古有兩訓。王紹蘭云：「芬」，説文作「𡴘」，解云：「艸初生，其香分布，从屮从分，分亦聲，『芬』或从艸。」是「芬」謂香之分布。「糠」，説文作「穅」，「穀皮也」。「康」或省，爾雅：「康，虚也。」康爲穀皮，故有虚義。此云「芬焉若糠以肥」，蓋五壏之土，中虚若康，而香且肥。是以周禮「彊檃用蕡」，故書「墳」作「盆」，鄭司農云：「墳壤多盆鼠也。」盆鼠之多，殆以土虚香肥故歟？張佩綸云：玉篇：「壏，彊壏堅土。」廣韻：「壏，堅土。」説文作「穅，穀皮也」，爾雅：「康，虚也。」舊注「色黄而虚」，本此。按穀皮以狀其色與性，無虚意，虚則不肥，不當名爲「壏」矣。大戴禮記易本命「堅土之人肥」，注：「肥者，象地堅實。」陶鴻慶云：「肥」當爲「脆」字之誤。尹注云「謂其地色黄而虚」，正以「虚」釋「脆」字之義。上文「黄唐無宜也」，注云「唐，虚脆也」，是其證。翔鳳案：楊本「脆」字不從巴，趙本誤爲「肥」耳，楊本故是「脆」字。

〔二〕翔鳳案：説文：「荔，艸也，似蒲而小，根可作刷。」上下均爲粟名，荔不當例外。列仙傳：「寇先生者，宋人也。好種荔枝，食其葩實焉。」則荔可食矣。

壏土之次曰五剽。五剽之狀，華然如芬以脤〔一〕。謂其地色青紫若脤然也。其種大秬、細秬〔二〕，秬，黑黍。黑莖青秀。蓄殖果木，不若三土以十分之四。

〔一〕王繼培云：此即周禮「輕爂用犬」者也。康成注：「輕爂，輕脆者。」「爂」、「剽」古字通用，亦作「漂」，釋名云：「土白曰漂。漂，輕飛散也。」（説文糸部亦云：「縹，帛青白色。」是「縹」有白義，房注爲青色，誤矣。）戴望云：「脤」疑「振」字誤。孫詒讓云：此亦草人之「輕爂」也，當云「華然如粉以脃」。草人鄭司農注云「輕爂，輕脃者」，可證。「剽」、「爂」字通。（釋名字又作「漂」，亦見前。）「粉」、「芬」聲同。「脆」、「脤」形近，傳寫譌互。尹望文釋之，殊繆。張佩綸云：「脤」、「蜄」借字。周禮掌蜃〔注〕引春秋「天王使石尚來歸蜄」作「歸蜃」，脤之器以蜃飾同名焉。蜃謂飾墻使白之蜃也。今東萊用蛤，謂之叉灰。鄭司農云：「蜃可以白器，令色白。」秋官赤犮氏「以蜃炭攻之」，鄭注：「蜃，大蛤也。擣其炭以坋之，則走；淳之以灑，則死。」漂本白土，故土裂色如坋以蜃炭也。

〔二〕翔鳳案：房注：「秬，黑黍也。」説文謂一稃二米以釀。春官鬯人注云：「釀秬爲酒，秬如黑黍，一稃二米。」言如者以黑黍一米者多，秬爲正稱。二米則秬中之異，故言如以明秬有二等也。

剽土之次曰五沙。五沙之狀，粟焉如屑塵厲〔一〕。言其地粟碎，故若屑塵之厲。厲，踊起也。其種大萯、細萯〔二〕，萯，草名。白莖青秀，以蔓〔三〕。蓄殖果木，不如三土以十分之四。

〔一〕豬飼彥博云：「塵」字疑衍，「屑厲」與「糏糲」同。 汪繼培云：「沙」、「粟」聲之轉，古亦通用。南山經「柜山多丹粟」，郭璞注：「細丹沙如粟也。」 王紹蘭云：淮南子墬形訓「沙土人細」，高注云：「細，小也。」即此所謂沙土矣。 張佩綸云：崔寔四民月令：「三月杏花盛，可耕白沙輕土之田。」「厲」，「糲」省。淮南精神訓「糲粢之飯」，高誘曰：「糲，粗也，讀賴恃之賴。」史記索隱引服虔：「麤米也。」 翔鳳案：沙土比粒（位）土更細。

〔二〕劉績云：「萯」，房久切，小豆，四月生。 王引之云：尹說「萯」爲「草名」，非也。此篇凡言其種某某者，皆指五穀而言。若草木，則於五穀之外別言之，不得稱種也。「萯」讀爲大雅「維秬維秠」之「秠」。爾雅曰「秬，黑黍秠，一稃二米」，郭注曰：「『萯』亦黑黍，但中米異耳。」上文云「其種大秬小秬」，此云「其種大萯小萯」，是「萯」即「秬」也。「萯」字从草負聲，「負」古讀若倍，（說見唐韻正。）聲與「秬」相近。「秬」之通作「萯」，猶「丕」之通作「負」也。（金縢「是有丕子之責于天」，史記魯世家「丕」作「負」。）月令「王瓜生」，鄭注曰：「今月令云『王萯生』。」呂氏春秋孟夏篇作「王菩生」。穆天子傳「爰有萑葦莞蒲茅萯」，郭注曰：「萯，今「菩」字，音倍。」中山經「萯山」，郭注曰：「『萯』音倍。」漢書宣帝紀「行幸萯陽宮」，李斐曰：「『萯』音倍。」東方朔傳「萯陽」作「倍陽」。是「萯」字古讀若倍，聲與「秬」相近，故字亦相通也。 何如璋云：「萯」，說文：「王萯也。」禮月令「王瓜生」，注：「萆絜也，今月令曰『王萯生』。」夏小正云：「王萯秀。」是「萯」即瓜也。以土質言，沙土固宜瓜種。王（引之）以「此篇凡言其種某某者，皆指五穀而言」，謂舊注訓「萯」爲「草」者非，持論固當。但各種之中，亦有字形音義與穀類絶然不通者，愚意須兼瓜蔬之可食者言，較爲詳備。

〔三〕王紹蘭云：「白莖」，謂其枝莖色白，得西方之氣。鄭風野有蔓草毛傳：「蔓，延也。」張佩綸云：廣志「渠禾蔓生」，秬秠異名同實，渠禾即秬秠矣。

沙土之次曰五塥〔一〕。**五塥之狀，累然如僕累**〔二〕，僕，附也。言其地附著而重累也。**不忍水旱。其種大樛杞、細樛杞**〔三〕，木①名。**黑莖黑秀。蓄殖果木，不若三土以十分之四。**

〔一〕張佩綸云：説文石部：「碻，石地惡也。」段氏注：「管子『五塥』，『塥』疑同『碻』。」土部「垎」下段氏曰：「五塥，蓋謂堅垎。」案段説是也。許書以爲惡地，而管子列之中土，以其宜於樛芑耳。翔鳳案：「塥」得義於「鬲」，漢書五行志「鬲門閉户」，義同「隔」，説文：「隔，塞也。」乃大堅塊如蝸牛之塞其處，故曰「石地惡」也。「堅垎」者，謂其堅而格也。孟子：「則地有肥磽。」説文：「磽，磐石也。」趙注謂「磽」爲「薄」，就其意言之耳。

〔二〕豬飼彦博云：山海經「青要之山多僕纍」，郭璞曰：「僕纍，蝸牛也。」洪頤煊云：山海經中山經「墠渚是多僕累」，郭璞注云：「僕累，蝸牛也。」此上下文「若穙以肥」、「如屑塵厲」、

①「木」字原作「水」，據補注改。

「如糞」、「如鼠肝」，皆舉物以喻其土。尹注非。　王念孫云：洪説是也。「僕累」即爾雅之「蚹蠃」，聲相近矣。

〔三〕王念孫云：「樛」當爲「穋」，「杞」當爲「𥝖」，「穋」即「黍稷重穋」之「穋」。「𥝖」即「維糜維芑」之「芑」。（上文云「大重細重」、「大秬細秬」、「大萯細萯」，「重」即「重穋」之「重」，「萯」即「維秬維秠」之「秠」。）大荒南經「維宜芑苣穋楊是食」，郭注曰：「管子説地所宜云『其種穋𥝖黑秀』，皆禾類也。」是其證。尹注「木」名，亦「禾」名之譌。集韻「秬，禾名」，引管子「其種穋𥝖」，義本尹注也。　張佩綸云：毛傳：「先熟曰穋。」周禮作「稑」，鄭司農云：「後種先熟謂之稑。」説文：「稑，疾孰也，或作『穋』。」「芑，白苗」，爾雅、詩傳同。「芑，白苗嘉穀也。」「穋」、「芑」是一種，蓋苗之疾熟者。　翔鳳案：堅塊不耐水旱之地，故種其疾熟者，如近代早穀也。

凡中土三十物，種十二物。

下土曰五猶。五猶之狀如糞〔一〕。其種大華、細華〔二〕，草名。白莖黑秀。蓄殖果木，不如三土以十分之五。

〔一〕張佩綸云：左定六年傳「姑蕕」，釋文：「亦作『猶』。」僖四年傳「一薰一蕕」，杜注：「蕕，臭草也。」周禮内饔「牛夜鳴則庮」，鄭司農注：「庮，朽木臭也。」鄭注：「惡臭也。」惡臭如糞，故曰「五猶」。

〔二〕王紹蘭云：此謂黍也。小雅笙詩有「華黍」，故「黍」得「華」名。序云：「時和歲豐宜黍稷也。」兼言「稷」者，立句以見歲豐。其實篇名「華黍」，有黍無稷也。又有白華序云「孝子之絜白也」，此白華與華黍篇次相連，蓋即内則之「白黍」。彼舉實言，此舉華言，互文見義。何如璋云：「華」乃「黍」之別名，笙詩亡篇二曰白華，三曰華黍。禮曲禮「粱曰薌萁」，文選南都賦「華薌重秬」，此以「華」爲「黍」之證。南都賦注以「華薌」爲鄉名，殆非其指矣。又禮郊特牲「天子樹瓜華」，是「瓜」亦稱「華」也。又釋草「葍華」，舍人注：「『葍』一名『華』。」然葍是草物，當以黍與瓜爲近。翔鳳案：説文：「華，榮也。」生葉，非謂其開花也。

猶土之次曰五⿰弓土。五⿰弓土之狀，如鼠肝〔一〕。其種青粱〔二〕，黑莖黑秀。蓄殖果木，不如三土以十分之五。

〔一〕安井衡云：諸本「弘」作「⿰弓土」，不成字，今從古本。宋翔鳳云：淮南墬形訓云「壯土之氣，御於赤天」，許慎注：「壯土，南方之土也。」彼言「壯土」，與此言「弘土」，是一事。「壯」、「弘」並「弦」字之訛。「弦」讀爲墳，古音同部，相假借也。廣韻二十文：「蕡，古文作『⿱艹⿰弓邑』。」「⿱艹⿰弓邑」从弓从邑無義，蓋「蕡」之古文當作「⿱艹弦」，故廣雅釋器云：「賁，弦也。」古讀「弦」如墳，則「弦」、「墳」、「賁」可通用。禹貢兖、青、徐之土並言「墳」，以地卑。故「弦（誤⿰弓土）土」爲下土之次。豫州言「厥土惟壤，下土墳壚」。蓋北近雍、冀則「厥土惟壤」，故地員「壤土」爲上土也。南近揚、荆則「下土墳壚」，故地員「壚土」爲中土（「纑」、「壚」通），「弦（誤⿰弓土）土」爲下土也。

淮南以南方爲「弦（誤壯）土」，即禹貢豫州「下土墳壚」之義。汪繼培云：釋名：「土赤曰鼠肝，似鼠肝色也。」説文：「垟，赤剛土也。」周禮「騂剛用牛」，杜子春云：「謂地色赤而土剛强也。」「騂」即「垟」之假借，蓋即此所云「五弜」也。此「弜」字字書罕見，疑爲「强」字之壞。張佩綸云：汪説是也。此即上「壚歷彊肥」之「彊」。宋氏以「弦」爲墳土，僅恃廣雅孤證。廣雅「帥蕡，弦也」，集韻、類篇並引作「彈弸，弦也」。王氏疏證以「帥蕡」與「弦」義不近，此條必多脱文，不敢臆説。宋乃强爲之辭，誤甚。翔鳳案：凡碑之別體，其偏旁從爿者，寫作牜、作丩、作彳，未有作弓者，決非「壯」字。漢張遷碑「絃」作「弦」，漢景君碑「絃」作「𢐀」，其糸旁作弓。然則此乃「紅」字，故謂「狀如鼠肝」，謂紅色也。作「五弘」，其音同，因其爲土而寫作「弜」矣。淮南自作「壯」，與「弱土」對言，分爲南方北方。管書無方位也，作「紅」爲是。

〔二〕翔鳳案：「青粱」，房氏無注。素問：「東方曰青，其穀麥。」此麥湖北有之，色青而肥，呼爲米麥，與説文訓「粱」爲「米名」正合，乃作飯食，不可磨細爲麪也。

弜土之次曰五殖〔一〕。**五殖之狀，甚澤以疏，離坼以臞塉**〔二〕。**其種鴈膳**草名。**黑實**〔三〕，**朱跗黄實**〔四〕。跗，花足也。**蓄殖果木，不如三土以十分之六。**

〔一〕汪繼培云：「殖」即「埴」之假借。釋名云：「土黄而細密曰埴。埴，膱也，黏昵如脂之膱也。」説文「埴，黏土也」，「殖，脂膏久殖也」，二字音同而義亦近。

〔二〕丁士涵云：「甚」即上文「湛而不澤」之「湛」，謂土溼解散又極麤疏也。「疏」與「臞」字爲均。「塉」字衍。此或注文訓「臞」爲「塉」，文有脱落，因而致誤。孫詒讓云：「澤」亦當讀爲釋。張佩綸云：考工記鄭注：「『樴』讀爲『脂膏膱敗』之『膱』。」釋文引吕忱字林云：「膱，膏敗也。」亦作「膱」，廣雅云：「膱，臭也。」玉篇、廣韻皆云：「膱，油敗也。」禹貢「厥土赤埴墳，厥田惟上中」，「埴」爲黏土，不當列於下土。且曰黏，曰細密，亦與「疏」、「臞」不類。此「殖」字當用「脂膏膱敗」本訓。「湛澤以疏」，言雨水多則疏。「離坼以臞」，言旱則坼裂而臞。翔鳳案：「甚」可讀湛，然「甚」字自通。説文：「臞，少肉也。」爾雅釋言：「臞，瘠也。」二字義通。

〔三〕楊慎云：「菰」，管子謂之「雁膳」，以雁食之也。（見楊升庵外集。）程瑶田云：「苽」，一作「菰」，其實曰雕菰。司馬相如賦及周禮注皆曰「雕胡」，枚乘七發曰「安胡」，管子書謂之「鴈膳」，而曰「鴈膳黑實」。杜甫詩有「波漂菰米沈雲黑」之句，又云「秋菰成黑米」，皆言其穀黑也。（見九穀考。）何如璋云：「雁膳」即苽蔣也，「苽」亦作「菰」。説文：「苽，雕胡，一名蔣。」天官膳夫「食用六穀」，注：「苽，雕胡也。」「苽」亦稱粱，楚辭大招：「設苽粱只。」淮南原道「浸潭苽蔣」，注：「苽者，蔣實也，其米曰雕胡。」「膳」，説文：「具食也。」徐曰：「具備此食也。」「雁膳」者，或以菰米爲雁所食，因有此名歟？張佩綸云：程氏以「雁膳」爲「雕胡」，説本楊升庵外集，未足爲據。周禮食醫會膳食之宜，明曰「雁宜麥」，「魚宜苽」，管書多合周禮，豈其以魚膳而强名之爲「雁膳」耶？説文：「稞，穀之善者，一曰無皮穀。」周禮膳夫「『膳』之言善」，「膳」、「善」通。四民月令：「青稞麥與大麥同時熟，麵美，磨盡無麩。」此即説文所謂無皮稞爲穀之善者，且與大麥同，與雁味相宜，故名之曰「雁膳」。大麥之實近黑，賈疏兼大小麥言，失之。翔鳳案：黄梅有湖，雁宿蘆中，食菰，楊、程之説不誤，張氏不知而妄譏之也。

〔四〕張佩綸云：「朱跗」者，束皙補亡詩「白華絳趺，在陵之陬」，説文「絳，大赤也」，「絳趺」即「朱跗」。此種華白、趺朱而實黄，當是黄黍。内則「飯黍、稷、稻、粱、白黍、黄粱」，鄭注：「黍，黄黍也。」古今注：「穄，亦名『黄黍』。」九穀考以爲「黄糜」。尹桐陽云：「跗」同「柎」，米皮也，今所謂紅米粘，吴語謂之赤米。程大昌演繁露：「赤米俗呼紅霞米，田高卬者種之，以其早熟，且耐旱也。」

五殖之次曰五觳〔一〕。五觳之狀，婁婁然〔二〕，婁婁，疏①也。不忍水旱。其種大菽、細菽，多白實。蓄殖果木，不如三土以十分之六。

〔一〕王念孫云：「五殖」當爲「殖土」。例見上下文。汪繼培云：「觳」即「确」之假借。墨子親士篇：「墝埆者，其地不育。」説文作「磽确」。廣韻：「墝埆，瘠土。」五穀次於五殖，五殖臞

① 「疏」字原作「然」，據補注改。

瘠，則觳爲瘠土可知。説文又作「墝」。王紹蘭云：説文石部「磽，礊石也」，「确，礊石也」，「礊，堅也」，是「磽」、「确」皆堅石，以之説土，足知其瘠而不忍水旱矣。張佩綸云：説文「确，礊也，字或从㱿作『㱿』」，段氏引此以「觳」爲「㱿」之誤，是也。莊子天下篇「其道大觳」，楊倞荀子注謂：「觳，義與『瘠』同。」召南傳「獄，埆也」，釋文引盧植云：「相質觳爭訟者也。」皆「㱿」可借「觳」之證。翔鳳案：「觳」比「墝」更低三等，不當與之相似。此字不見許書，當爲「从㱿角聲」，與「确」之「从石角聲」者不同而相似。「觳」爲「确」之或體。謂其在山旁曲角之上而多石也，不種稻麥而種豆（菽）也。

〔二〕汪繼培云：「婁婁」即「縷縷」。張佩綸云：説文：「婁，空也。」史記滑稽傳「甌窶滿篝，汙邪滿車」，注：「甌窶，高地狹小之區。」「婁婁然」，正甌窶之狀。翔鳳案：此地貴州、鄂西多有之。圓石壘壘而漏水，故曰「婁婁然」。「婁」，中空也。

觳土之次曰五鳬〔一〕。五鳬之狀，堅而不骼〔二〕。雖堅，不同骨之骼也。**其種陵稻，**陵稻，謂陸生稻。**黑鵝馬夫〔三〕。**皆草名也。**蓄殖果木不如三土以十分之七。**

〔一〕丁士涵云：「鳬」當爲「臯」字之誤。「鳬」，「澆」之假字。説文曰：「澆，薄也。」孫詒讓云：丁校非也。此「鳬」當爲「舄」，形近而誤。蓋即草人之「鹹潟」，鄭司農注云：「潟，鹵也。」字亦作「舄」。史記貨殖傳「潟鹵」，漢書溝洫志作「舄鹵」。下文云「鳬土之次曰五桀，五桀之狀甚鹵以苦」，此土與「五桀」相次，或當鹹而不甚苦與？張佩綸云：「鳬」當爲

「舃」。「五舃」與下「五椉」，即周禮之「鹹潟」也。又云：「鳧」字無義，乃「墝」字之壞。翔鳳案：此謂高地，與下澤之鹵不同。「鳧」當言其形象，説文：「鳧，舒鳧，鶩也。」此水鴨，狀其懸於山旁也。

〔二〕豬飼彥博云：「骼」疑作「垎」。陳奐云：「堅而不骼」，與「乾而不挌」同。張佩綸云：案上土與下土迥別。月令「掩骼」，鄭注：「骨枯曰骼。」蔡邕曰：「骨露曰骼。」高誘注淮南曰：「白骨曰骼。」地堅而不至如骨之枯，故尚可種植。翔鳳案：山地農民，多於青石之上布土以種，免土堅而無技骼，可種者少也。

〔三〕張文虎云：依注，則「陵」乃「陸」字之譌。内則「淳熬煎醢加于陸稻上」，正義云：「陸稻者，謂陸地之稻也。」王紹蘭云：内則「淳熬煎醢加于陸稻上」，「陸稻」即「陵稻」也。「黑鵝馬夫」蒙「陵稻」爲文，亦即「陵稻」之屬。齊民要術水稻篇「有烏陵稻」，蓋謂「陵稻」之烏者，又稱「稉有烏稉黑穬」，又稱「秫稻米有馬身秫」，是即「黑鵝馬夫」之類也。郭嵩燾云：三土各十二種，皆以五色論其莖秀。「五纑」言莖葉如扶櫐，其粟大，「五椉」言長狹不箸色，然亦皆詳其形質，則此「黑鵝馬夫」疑當爲「黑鄂黑趺」之譌。束晳補白華詩一曰「白華朱萼」，一曰「白華絳趺」。李善注：「『趺』與『跗』通。」集韻：「跗，足上也。」小雅棠棣篇「鄂不韡韡」，鄭箋：「承華者曰鄂，不當作『柎』。柎，鄂足也。」上文「黑實朱跗」以實言之，此文「黑鄂黑趺」以華言之。「鵝」與「鄂」一聲之轉。「馬」下楷書作四點，因以「黑」而譌「馬」也。尹注云「草名」，恐誤。　何如璋云：「陵稻」即陸稻。六書故：「稻性宜水，亦有同類而陸種者，謂之陸稻。記曰『煎醢加於陸稻上』，今謂之旱稜。」又稻有名「烏稜」者，殆即「黑鵝」之類。正字通：「穇子生下濕地，山東、河南五月種，苗如茭黍，八九月抽莖，有三稜，結穗如粟，分數歧，内細子如黍粒，赤色，稃最薄，擣米爲麵，味澀，一名龍爪粟，俗呼鴨爪稗。」亦與「黑鵝」之名相似，足徵「黑鵝」是禾別種也。「馬夫」，「夫」與「秩」通。韻會：「秩，黑稻。」玉篇云：「再生稻。」此言「馬夫」，殆狼莠也。魯語「馬餼不過狼莠」，乃於下土種此，以備芻秣，因名「馬夫」歟？　張佩綸云：王解「烏陵稻」謬，此水稻也，豈能溷入旱稻？案上文「斥埴宜大菽與麥」，「黑埴宜稻麥」，「五舄」正「斥埴」、「黑埴」之類，不應有稻而無麥菽。「馬夫」者，詩漢廣「言秣其馬」，傳：「秣，養也。」雲漢傳：「歲凶年穀不登，則趣馬不秣。」采菽「乘馬在廄，摧之秣之」，傳：「秣，粟也。」説文：「䬴，食馬穀也。」周禮太宰「芻秣之式」，注：「芻秣，養牛馬禾穀也。」韋昭吳語注：「秣，粟也。」禮記少儀皆云：「秣，穀馬也。」胡先生毛詩後箋：「秣，本以粟食馬之名目，而食馬之粟即謂之秣。」據此，「夫」或作「末」。秦策：「莝豆夾而馬食之。」「馬秣」者，亦豆屬。一説：「麩，麥屑皮。」「馬夫」正是麥屬。陶隱居本草注：「穬麥，此是令馬食者。」「黑鵝」者，承上大菽細菽而言，蓋大豆之黑者。説文：「鴈，鵝也。」「鵝，鴈也。」説苑：「齊景公菽粟食鳧雁，出而見殣。」齊人以菽爲鴈鵝之食，故即以「黑鵝」名之，殆方言也。　尹桐陽云：「鵝」同「蛾」，蚍蜉也，形似蚍蜉而色黑，則今蕎麥，爾雅所謂

「莜，蚍虾」是。「馬夫」，即爾雅所謂「柱夫」也，一稱「摇車」，郭注：「蔓生，細葉，紫花，可食，今呼翹摇車。」蜀人以薇蕪爲車，謂之小巢菜，豌豆謂之大巢，巢即翹或摇之聲轉。墨子備城門篇「粃秠馬夫，謹收藏之」，即此。翔鳳案：「陵稻」爲旱稻，非水稻也，張誤會矣。

鳧土之次曰五桀。五桀之狀，甚鹹以苦〔一〕，其物爲下。其種白稻長狹〔二〕。謂稻之形長而狹也。**蓄殖果木不如三土以十分之七。**

〔一〕汪繼培云：此即周禮所謂「鹹潟用貆」者也。禹貢「海濱廣斥」，康成注：「『斥』謂地鹹鹵。」說文：「鹵，西方鹽地，東方謂之『斥』，西方謂之『鹵』。」「斥」、「桀」音亦相近。張佩綸云：周禮掌戮注：「『辜』之言枯也，謂磔之。」說文：「桀，磔也。」「磔，辜也。」是「五桀」之義爲枯，枯則「鹹以苦」矣。郭沫若云：既言其「狀」，則不當單言其味。「甚鹹以苦」當爲「甚鹹似苦」，「苦」謂顆鹽也。周禮天官鹽人「苦鹽」，鄭注：「杜子春讀『苦』爲『盬』，謂出鹽直用，不湅治。」似鹽，兼味與狀而言之。翔鳳案：說文：「桀，磔也。從舛在木上也。」詩君子于役「雞棲於桀」，「桀」象雞栅之形。此爲海邊之地不爲鹽田者，多架木以瀉水，於諸土爲最下，收成極少。

〔二〕王紹蘭云：御覽卷八百三十九引郭義恭廣志：「有蓋下白稻。」又云：「白漢稻，七月孰，此稻大且長，三枚長一寸，益州稻之長者，米長半寸。」此云「白稻長狹」，蓋即白漢稻而米長半寸者也。張佩綸云：「狹」當作「莢」。廣雅：「豆角謂之『莢』。」吕氏春秋審時篇：「得時之菽，其莢二七以爲族。」齊民要術引氾勝之種植書曰：「穫豆之法莢黑而莖蒼，輒穫無疑。」又引本草經：「大豆有長稍牛踐之名。」「長稍」即「長莢」矣。尹桐陽云：稻米色白如霜而味苦，周禮籩人「朝事籩實有白黑」，司農注：「稻曰白，黍曰黑。」「長狹」謂稻之形。

翔鳳案：稻無莢，以作「狹」爲是。形狀性質，與大麥同。

凡下土三十物，其種十二物。

凡土物九十，其種三十六。

弟子職第五十九

翔鳳案：管仲爲政，四民不使雜處，小匡「今夫士，羣萃而州處。閒燕，則父與父言義，子與子言孝，其事君者言敬，長者言愛，幼者言弟。旦夕從事於此，以教其子弟，少而習焉，其心安焉，不見異物而遷焉。」漢志以此簡編入孝經類者以此。然小匡所云「其父兄之教，不肅而成。其子弟之學，不勞而能」，士農工商皆有之，則四民皆有學，不獨士也。且於農云「其秀才之能爲士者，則是賴也」，是農有升學者矣。子産時，鄭人遊於鄉校，以議執政，已有遊學之風。論衡稱：「少正卯在魯，孔子之門三盈三虚，惟顏淵不去。」則私人講學，孔子之前已有之，以爲私學始於孔子者，誤也。齊稷下之學，宣王時復盛，則其盛在宣王之前，而由初立規模以至於盛，又非旦夕所能奏功，則管子時有弟子職，無可疑焉。

先生施教，弟子是則〔一〕。温恭自虛，必虛其心，然後有所容也。所受是極。極，謂盡其本原。見善從之，聞義則服。温柔孝悌，毋驕恃力。驕而恃力，則羝羊觸藩。志毋虛邪〔二〕，虛，謂虛僞。行必正直。游居有常，必就有德。顔色整齊，中心必式，式，法。夙興夜寐，衣帶必飭〔三〕。朝益暮習，小心翼翼。一此不解〔四〕，是謂學則。

〔一〕戴望云：風俗通義引「是則」作「則之」。

〔二〕宋翔鳳云：考工記韗人「穹者三之一」，注：「鄭司農云：『穹』讀爲『志無空邪』之『空』。」按此引弟子職文，「虛」作「空」是也。幼官言「處虛守靜」，心術言「唯聖人能得虛道」，則知此文必不言「虛邪」。翔鳳案：房注「『虛』謂虛僞」，詩北門「其虛其邪」，以「虛」爲正。

〔三〕王筠云：離騷「何桀紂之昌披兮」，六臣注：「昌披，衣不帶貌。」

〔四〕王筠云：朱子本作「懈」，俗字。翔鳳案：易雜卦傳「解，緩也」，詩烝民「夙夜匪解」，皆作「解」，不作「懈」，故王以爲俗字。「解」有數義，心散則懈矣。「懈」後出字。

少者之事，夜寐蚤作。既拚盥漱〔一〕，掃席前曰拚。盥，潔手。漱，滌口。執事有恪。攝衣共盥，謂供先生之盥器也。先生乃作。沃盥徹盥，謂既盥而徹盥器也。汎拚正席，汎拚，謂汎水而拚之。**先生乃坐**〔二〕。**出入恭敬，如見賓客。危坐鄉師，顔色毋怍。**怍，謂變其容皃。**受業之紀，必由長始。**先從長者教也。**一周則然，其餘則否。**謂始教一周，則從長始。一周之外則不然。**始誦必作，其次則已。**始誦而作，以敬事端也。至於次誦則不然。

〔一〕王筠云：「拚」，弗運反，借字也，本作「坌」，亦作「糞」。「汎」當作「汛」，説文「汛，灑也」，息晉切。「汛拚」者，灑掃也。翔鳳案：説文：「拚，拊手也。」段注：「不但言拊，言拊手者，謂兩手相拍也。」少儀「埽席前曰拚」，房注用此。

〔二〕安井衡云：據韻推之，「先生乃坐」下當脱一句。王筠云：元翰（許瀚）不以「坐」字爲韻者，據段氏列「坐」聲於十七部，列「乍」、「各」、「席」三聲於五部也。然本句與「先生乃作」爲儷語，謂盥具供奉齊備，先生始自卧中起也；講席已正，先生乃就席上坐也。本句自當用韻。「坐」、「作」又雙聲，雖「坐」、「作」爲韻者不見經典，而「坐」是會意字，字中無聲，安知非古音本不同於今邪？翔鳳案：今韻「作」、「坐」、「怍」諧叶，古代自有方音，段表爲當時官音，與齊之方音有殊也。

凡言與行，思中以爲紀。思合中和以爲綱①紀。**古之將興者，必由此始**〔一〕。必先中和，然後可興。**後至就席，狹坐則起**〔二〕。狹坐之人，見後至者則當起。**若有賓客，弟子駿**

① 「綱」字原作「網」，據補注改。

作。迅起也。對客無讓，對客而讓，則有不足，故敬心。應且遂行。趨進受命，受先生命。所求雖不在，必以反命。求雖不得，必當反白。反坐復業，若有所疑，捧手問之。師出皆起。至於食時，先生將食，弟子饌饋。饋，謂選具其①食。攝衽盥漱，跪坐而饋。置醬錯食〔三〕，陳膳毋悖。凡置彼食，鳥獸魚鼈。必先菜羹，先菜後肉，食之次也。羹胾中別。胾，謂肉而細切。胾在醬前，遠胾近醬，食之便也。其設要方。其陳設食器要令成方也。飯是爲卒，既飯而食則卒也。左酒右醬〔四〕。左酒右醬，陰陽也。告具而退，捧手而立。三飯二斗〔五〕，三飯食必二毀斗也。左執虛豆〔六〕，右執挾匕〔七〕。匕者，所以載鼎實，故曰挾匕也。周還而貳，貳，謂再益。唯嗛之視。食盡曰嗛。同嗛以齒〔八〕，齒，類也。謂食者則以其所盡之類而進。周則有始。柄尺不跪，是謂貳紀〔九〕。豆有柄長尺，則立而進之，此②是再益之綱紀也。先生已食，弟子乃徹。趨走進漱，拚前斂祭〔一〇〕。既食畢，掃席前，幷搜斂所祭也。先生有命，弟子乃食。以齒相要，坐必盡席〔一一〕。所謂食坐盡前。飯必捧擥〔一二〕，羹不以手。當以挾也。亦有據膝，毋有隱肘〔一三〕。隱肘則大伏也。既食乃飽，循咡覆手。咡，

① 「其」字原作「在」，據補注改。
② 「此」下原衍「已」字，據補注刪。

口也①。覆手而循之，所以拭其不絜也。**振衽掃席**〔一四〕，謂振其底衽，以拂席之汙。**已食者作。摳衣而降，旋而鄉席。各徹其餽，如於賓客**〔一五〕。賓客食畢，亦自徹也。**既徹幷器，乃還而立**〔一六〕。幷，謂藏去也。

〔一〕莊述祖云：「凡言與行」以下十八字，當在「師出皆起」之下，今本誤。陶鴻慶云：此當以「思」字絶句，「言」、「行」、「思」三字平列。尹注云「思合中和，以爲綱紀」，以「思中」二字連讀，非是。翔鳳案：言行皆思得其中，中庸「君子有九思」，「思」與「言」、「行」平列非是，陶讀誤。

〔二〕王筠云：「挾」，朱子本作「狹」，似誤。云「挾坐」者，蓋與「左右夾輔」之「夾」相似，與儀禮「婦人俠拜」之「俠」亦似。一席容四人，必以齒序坐，有後至者，前之坐者必起，於事爲便，且恐其狎習相慢也。言「挾坐則起」，而異席不起可知，所以別於敬師也。翔鳳案：古人席地而坐，膝着席而下其臀，日本尚有此俗。有後至就席者，若處狹則起而讓之，非必有人夾於兩旁也。作「狹」爲是。

〔三〕張文虎云：「錯」猶置也，下文云「凡置彼食」是也。朱本譌爲「醋」，惠氏天牧遂改爲「醯」，誤矣。翔鳳案：説文：「醋，客酌主人也。」醬醋字作「酢」，今互誤。古本改「錯」爲「醋」，

①「也」字原無，據補注增。

謬。

〔四〕劉績云：禮，三飯乃食胾而辨殽，皆畢，又用酒以酳，用漿以漱，故言飯胾。而食終乃言酒漿，明在胾外也。「醬」蓋「漿」之誤。朱熹云：鄭注二禮兩引此文，皆作「漿」字。又此上文已云「胾在醬前」，則此「醬」不應復在胾外矣。今本誤也。洪頤煊云：「醬」當爲「漿」。曲禮「酒漿處右」，鄭注云「兩有之，則左酒右漿」，義本此。北堂書鈔一百四十四、太平御覽八百六十一引「醬」作「漿」。書鈔引注云「漿右尚漱也」，不知何人所撰。陶鴻慶云：尹注云：「既飯而食則卒也。」然此方言陳膳，不當言食卒，注非也。此承上「其設要方」而言，「卒」謂卒設也。陳膳之次，飯最在後，故曰「飯是爲卒」。又案：上文既云「胾在醬前」，此不當復及於「醬」，「醬」當作「漿」。説文：「漿，酢漿也。」經傳多以「酒漿」連文。禮記曲禮「酒漿處右」，鄭注云：「處羹之右，此言若酒若漿耳。兩有之，則左酒右漿。」是其證也。上言設食，此言設飲。翔鳳案：「卒」謂最後上飯也。

〔五〕洪亮吉云：穆天子傳注：「斗，斟水杓也。」御覽引通俗文：「木瓢爲斗。」或云：「斗」，古「豆」字。考工記「一獻而三酬」，則一豆矣。後魏書閹駟傳：「性能多食，一飯至三鬥，乃飽。」莊述祖云：「二」當爲「貳」，「斗」當爲「豆」。周禮酒正「大祭三貳」，注：「鄭司農云：三貳，三益副之也。」曲禮「雖貳不辭」，注：「貳，謂重殽膳也。」「貳豆」，謂益所設之殽膳也。宋翔鳳云：「斗」當作「升」。王筠云：本句及注皆不知所謂。且此乃常食，非禮食，不知何以拘定「三飯」。　翔鳳案：說文：「斗，十升也。」「抖，杓也。」「斗」即「抖」，爲今之飯勺，南方呼爲瓢。周時以盂爲食，飯器也。勺用以盛飯，且可添菜。下文「執虛豆」，知爲添菜之用。三飯而二次添菜，必二次倒空，是名「毁斗」也。

〔六〕豬飼彦博云：朱子(熹)曰：「執豆挾匕，視其不足者而增益之。但豆中物，而謂之『虛』，此不可曉耳。」愚案：「虛」疑當作「甗」，瓦器也。　翔鳳案：說文：「豆，古食肉器也。」「執虛豆」，以備添肉食也。

〔七〕洪亮吉云：說文：「挾，俾持也。」釋名：「挾，夾也。」詩毛傳：「匕，所以載鼎實。」陸績易注：「匕者，棘匕，撓鼎之器。」　莊述祖云：曲禮「羹之有菜者用梜，其無菜者不用梜」，注：「『梜』猶箸也。或謂箸爲梜提。」正義曰：「有菜者，謂鉶羹是也，以其有菜交横，非梜不可；無菜者，謂太羹湆也，直歠之而已。其有肉調者，犬羹兔羹之屬，或當用匕也。」朝夕常食無太羹，則菜羹用梜，肉羹用匕矣。　王筠云：曲禮「羹之有菜者用梜」，其字從木。「匕」者，盛飯之柶也。少牢饋食禮曰「廩人概匕」，注曰：「匕，所以匕黍者也。」案：鄭云爾者，所以别於上文雍人所概之匕，乃載鼎實者也。本文言常食，上文錯食，既備設矣，安得又有鼎實可載乎？本文二句，爲下文六句張本，「左執虛豆」者，以備貳飯之時，用豆承匕，防匕外黏粒墮落也。「右執匕」者，所以挹取飯也。「挾」未詳，或「挾匕」即匕之異名乎，抑以箸撥匕中之飯於盂乎？　俞樾云：尹注曰「匕者所以載鼎實，故曰『挾匕』」，此說非也。古時匕有二。儀禮士昏禮「匕俎從設」，鄭注曰：「匕所以別出牲體也。」此一匕也。少牢饋食禮「廩人概甑甗，匕與敦于廩爨」，注曰：「匕所以匕黍稷者也。」此又一匕也。説文匕部：「匕，相與比叙也，從反人，匕亦所以用比取飯。一名柶。」木部：「柶，匕也，所以取飯。」是「匕」之本義，爲取飯之匕，因別出牲體之具，爲用略同，故亦以匕名之。取飯之匕小，而別出牲體之匕大。易震彖辭「不喪匕鬯」注、詩大東篇「有捄棘匕」傳並云「匕所以載鼎實」，蓋皆別出牲體之匕也。尹氏因亦襲用其説。然管子此文言弟子爲先生設食之禮，豈必列鼎而食？則所謂「匕」者，自是取飯之匕。「挾」、「匕」蓋二物也。「挾」讀爲梜，禮記曲禮篇「羹之有菜者用挾」，鄭注曰：「『挾』，猶箸也。」然則梜也、匕也，正食時所必用者，雖疏食菜羹，不可無此二物。弟子執之，正其宜矣。翔鳳案：郭沫若謂「徵之古物，匕確有兩種。取鼎實之匕小，其首鋭。取飯之匕大，其首圓。飯匕謂之柶，亦謂之匙」，是也。

〔八〕劉績云：「齒」，次序也。如菜肉同盡，則先益菜，後益肉也。孫星衍云：周禮酒正司農注、賈公彦疏皆引此二句，「還」作「旋」，云「周旋而貳」者，欲副益酒尊之時。「嗛」謂不滿，唯酒尊不滿者，視之更益。莊述祖云：賈説非也。上云「豆」，又云「挾匕」，明所副益者是殽膳，非酒。杜子春特引以證「貳」爲「益」，非必謂副益酒尊也。俞樾云：尹注曰「『貳』謂再益」，「食盡曰嗛」，「齒，類也，謂食者則以其所盡之類而進」。尹氏此説，於「同嗛以齒」未得其義。「齒」者，年也，長幼之次也。「同嗛以齒」，以先生之齒言，猶下文「弟子乃食，以齒相邀」，以弟子之齒言也。蓋食盡則更益之，有同盡者，則以齒爲序。先生亦或非一人，自有長幼也。

王紹蘭云：周官酒正注杜子春引弟子職曰「周旋而貳」。「旋」、「還」古雖通用，據説文「旋，周旋旌旗之指麾也，從㫃從疋。疋，足也」，「還，復也」，則「周旋」字，「旋」爲正，「還」爲借。

王筠云：天官酒正有「三貳」、「再貳」、「一貳」，杜子春以「益」釋「貳」，又引本文曰「周旋而貳，唯嗛之視」。案：杜意以本文之貳飯證酒正之貳酒，乃賈疏誤解本文爲貳酒。又但主言師飲酒，則何須「周旋而貳」乎？惟所説「唯嗛之視」可從耳。曰：「『嗛』謂不滿，唯酒尊不滿者，視之更益。」案説文「嗛，口有所銜也」，無不滿意。此蓋借「嗛」爲「歉」也。襄二十四年穀梁傳「一穀不升曰嗛」，廣雅述此文「嗛」作「歉」。説文「歉，歉食不滿」，是也。「周旋而貳」者，師與客食，蓋即坐南面講授之席，席以西方爲上，師爲主人，坐當東首，數人共食，則不能堅立而益之，故必周還也。然食有遲速，視乎其先嗛者先貳之，此視亦非質言視。「唯嗛之視」，不令久待也。「同嗛以齒」，謂若有兩客同嗛者，則視其長幼而次第貳之，恐弟子由便，先貳其立處所近之客也。

〔九〕洪亮吉云：「貳紀」，謂增益菜羹之法。

莊述祖云：少儀「取俎進俎不坐」，注：「以其有足，亦柄尺之類。」正義曰：「案管子書弟子職云『進柄尺』，謂爵豆之屬，是也。」今本脱「進」字。……考工記旊人「豆中縣」，鄭注：「縣，縣繩正豆之柄。」賈公彦曰：「豆柄，中央把之者，長一尺，宜上下直與縣繩相應。」……干寶易注：「柄，所以持物。」柄但據人所執持而言，進豆者執其中央，直者長尺，故曰「柄尺」也。　王紹蘭曰：少儀疏云「案管子書弟子職云『進柄尺』」，是唐時本「柄尺」上尚有「進」字，後人因篇中多四字成句，輒删去之。據本篇「思中以爲紀」，「古之將興者」，「所求雖不在」，「攘臂袂及肘」，「堂上則播灑」，「捧碗以爲緒」，以此例之，則「進柄尺不跪」，義至明顯。尹注云「豆有柄長尺則立而進之」，似尹本亦有「進」字。　王筠云：「柄」者，匕之柄也。「不跪」者，承上文「跪坐而饋」言之。言設饌則跪，貳飯則不跪者，匕柄長尺，立固可及也。喪大記疏曰「匕柄六寸」，與此言「尺」不合，或器械異制，不必齊同也。「是謂貳紀」，通指上文八句而言，謂是乃貳飯之法紀也。　陶鴻慶云：「柄」謂斗柄，承上「三飯二斗」而言。尹注云「豆有柄，長尺則立而進之」，「豆」乃「斗」字之誤。　翔鳳案：坐時伸直其腰爲跪，其禮如今人之起立，非屈膝下跪也。

〔一〇〕戴望云：宋本「斂」作「板」，「板」爲「扱」字之誤。說見下。　洪亮吉云：古者每食必祭，「斂祭」者，斂攝所祭，不使人得踐履，所以廣敬。說文：「斂，收也。」廣雅釋詁：「斂，取也。」　莊述祖云：祭俎則於俎内，祭豆則於兩豆之間，斂祭在席前地，明所祭者豆也。所祭當斂之，其餘抍之而已。　翔鳳案：戴說是也。曲禮：「以箕自斂而扱之。」說文「皀」下云：「象嘉穀在裹中之形，匕所以扱之。」儀禮士冠禮注：「扱柶於醴中。」「扱」與「斂」同訓收。

〔一一〕朱熹云：所謂「食坐盡前」，恐汚席也。　何如璋云：「盡席」，盡所坐之席。曲禮：「食坐盡前，虛坐盡後。」

〔一二〕洪亮吉云：「擥」當作「掔」，說文：「掔，手掔也。揚雄曰：『掔，握也。』」……曲禮「共飯不澤手」，鄭玄注：「禮飯以手。」明飯則以手，羹不以手也。莊述祖云：所謂「禮飯以手」，蓋指三飯言也。古者三飯必奉掔，飧則用器。說文：「盌，小盂也。」盌所以代掔，故謂之盌。方言曰：「椀，或謂之涓抉。」（太平御覽所引如此，廣雅作「梋抉」，皆俗字。）涓，絜也，以器代手，不使污箸其抉，故曰涓抉。王筠云：「擥」俗作「攬」，許本作「掔」，誤。「捧擥」者，食必以手，左捧之，右擥之也。說文：「擥，撮持也。」撮者，兩指撮也。曲禮「共飯不澤手」，注：「禮飯以手。」鄭君曰「禮飯」者，蓋謂常食不以手，爲下文「飯黍毋以箸」地也。然下文又曰「毋搏飯」，即是常食，且曰「羹不以手」，則飯必以手，明矣。翔鳳案：王說是。

〔一三〕豬飼彥博云：「亦」當作「毋」。「隱」亦據也。莊述祖云：禮運注：「隱，據也。」據膝則小俛，據肘則斜倚，近不敬。王筠云：「隱」讀如孟子「隱几而卧」之「隱」。翔鳳案：「亦」字不誤，據膝爲危坐。莊子繕性「危然處其所」，注：「獨正之貌。」

〔一四〕陶鴻慶云：尹注云「謂振其底衽，以拂席之污」，此臆說也。禮記曲禮「食坐盡前」，鄭注云：「爲污席。」然則食時污席，是爲非禮，底衽又非可以拂污，可知尹說之非矣。今案：上云「既食乃飽，循咡覆手」，下云「已食者作，摳衣而降」，此當既食之後，將作之前，必先提挈其衣，使衽邊離席，防作時足躡之，或同坐相壓而傾跌失容也。振衽以掃席爲度，故曰「振衽掃席」。

〔一五〕豬飼彦博云：「餽」、「饋」同，言徹己之食，其儀如徹賓客之饋也。莊述祖云：玉藻「一室之人非賓客，一人徹」，注：「同事合居者也，賓客則各徹其饌也。」正義曰：「合居既無的賓主，故必少者一人徹饌也。」鄭彼注亦約此文言。「各徹其餽，如於賓客」者，謂此一室之人，雖非賓客，然弟子餕師之餘，始所饋者，終必各自徹之，不得如同事合居之人，使少者一人徹也。王筠云：「饋」，朱子本作「餽」。「如於賓客」，謂上文饌饋章，師與客食，皆弟子徹之，此弟子自食，亦自徹之，不用童僕耳。原注云「賓客食畢，亦自徹其饌」，苟如是，則何以言「如」？俞樾云：「於」猶爲也，見王氏經傳釋詞。「如於賓客」者，如爲賓客也。尹注曰「賓客食畢亦自徹也」，正見各徹其饋，與賓客同。

〔一六〕安井衡云：古本無此二句。洪亮吉云：郭象莊子注：「拚者，除棄之謂也。」釋文：「拚，棄除也。」莊述祖云：舊注云：「『拚』謂藏去也」，「去」、「弆」同。「拚」當作「屛」字，亦作「庰」，古文尚書「屛璧與珪」，傳：「屛，藏也。」廣雅：「庰，藏也。」

凡拚之道，實水于盤，次用泛灑。**攘臂袂及肘〔一〕。**恐濕其袂，且不便於事也。**堂上則播灑，室中握手。**堂上寬，故播散而灑。室中隘，故握手爲掬以灑①。**執箕膺揲〔二〕，厥中有帚。**揲，舌也。既灑水將掃之，故執箕以舌，自當置帚於箕中也。**入户而立，其儀不貸。執**

① 「灑」字原作「滿」，據補注改。

帚下箕，倚于户側。謂倚箕於户側也。凡拚之紀，必由奥始。西南隅也。俯仰磬折，拚毋有徹。徹，動也。不得觸動他物也。拚前而退，謂從前掃而却退也。聚於户内。謂聚其所掃之穢壤於户内也。坐板排之〔三〕，板穢時，以手排之也。以葉適己。適己，猶向己也。實帚于箕。先生若作，乃興而辭〔四〕。以拚未畢，故辭之令止也。坐執而立，坐執，謂獨坐執箕也。遂出弃之。既拚反立，是協是稽，協，合也。稽，考也。謂合考書義也。暮食復禮〔五〕。謂復朝之禮也。昏將舉火，執燭隅坐。錯總之法〔六〕，横于坐所。總，設燭之束①也。櫛之遠近〔七〕，乃承厥火。櫛，謂燭盡。察其將盡之遠近，乃更以燭承取火也。居句如矩〔八〕，句，謂著燭處。言居燭於句，如前燭之法。矩，法也。蒸閒容蒸。然者處下〔九〕，蒸細薪者②，蒸之閒必令容蒸，然燭者必處下以焚也。捧椀以爲緒〔一〇〕。緒，然燭燼也。椀，所以貯緒也。右手執燭，左手正櫛〔一一〕。有墮代燭〔一二〕，燒燭者有墮，即令其次代之也。交坐毋倍尊者。乃取厥櫛，遂出是去。

〔一〕洪亮吉云：高誘淮南王書注：「攘，却也。」鄭玄禮記注：「『攘』猶却也。」説文：「臂，手上

① 「束」字原作「東」，據補注改。
② 「者」字原作「著」，據補注改。

也。」廣雅釋親：「『肱』謂之臂。」　莊述祖云：却袂及肘爲「攘臂」，攘袂以羸臂也。張文虎云：「臂」字衍，不可通。注云「恐濕其袂」，是本無「臂」字。　翔鳳案：説文：「攘，推也。」「袂，袖也。」上推其臂之袖及於肘，房注謂「恐濕其袂，且不便於事」，是也。疑「臂」字爲衍者誤。

〔二〕洪亮吉云：説文：「箕，簸也，从竹、其，象形。」鄭玄禮記注：「箕，去棄物。」詩毛傳：「膺，當也。」禮記少儀「執箕膺擖」，鄭玄注：「膺，親也；擖，舌也。」「擖」、「揲」音義並同。釋文：「擖，箕舌。」高誘淮南王書注：「『揲』讀揲脈之揲。」　莊述祖云：曲禮「凡爲長者糞之禮，必加帚於箕上」，注：「如是得兩手奉箕，恭也，謂初執而往時也。弟子職曰：『執箕膺擖，厥中有帚。』」少儀「執箕膺擖」，注：「膺，親也。擖，舌也。持箕將去，糞者以舌自鄉。」「揲」字本作「葉」，「揲」、「擖」皆假借字。　士冠禮「加柶覆之，面葉」，注：「古文『葉』爲『擖』。」　王紹蘭云：曲禮「必加帚於箕上」，鄭注引弟子職曰：「執箕膺擖。」説文：「揲，閱持也。」「擖，刮也，一曰撻也。」以「箕」古本無正字，故皆假借用之。下云「以葉適己」，「葉」字近之。王筠云：（朱熹）原注：「『揲』，記注作『擖』，又作『葉』。」筠案：作「葉」是也，下文「以葉適己」可證。「揲」、「擖」皆借字。……士冠禮「加柶覆之，面葉」，注：「古文『葉』作『擖』。」柶之頭謂之葉，猶箕之舌謂之葉。詩：「維南有箕，載翕其舌。」　翔鳳案：王説是。「簸」爲後出之俗字，不能認爲假借，此不明六書之言也。

〔三〕豬飼彦博云：「板」當作「扱」。注同。少儀云：「以箕自鄉而扱之。」「扱」，收也。張文虎云：説文：「板，判也。」「判穢」無義，「板」蓋「扱」字之譌。曲禮「以箕自向而扱之」，鄭注：「『扱』讀爲吸，謂收糞時也。」「扱」與「板」形正相近，因悟上文「拚前斂祭」，宋本「斂」作「板」，「板」亦「扱」之譌，故注云：「既食畢，掃席前，並搜斂所祭也。」傳寫誤「扱」爲「板」，校者見「板」字不可通，因取注中「斂」字易之。不知仍「板」字之舊，尚可使讀者尋繹爲「扱」之譌，改爲「斂」字，則從此失真矣。又疑彼注「搜」字亦「扱」之誤。王筠云：許本「版」字，朱子本作「板」，俗字。原注「版穢時以手排之」，「版穢」者，蓋以板擁穢入箕也；「手排之」，慮浮埃之飛揚也。翔鳳案：「板」爲隸書别體，乃「扱」字，見前。

〔四〕莊述祖云：是時先生坐，故拚者亦反坐，而置箕於己所坐席前之地，俟先生作，然後起而致辭，白出棄之。俞樾云：「先生若作」者，先生謙，故爲之起也。弟子不敢當，故必辭。尹注謂「以拚未畢，故辭之令止」，此未達其旨。爲弟子者，豈宜以己拚未畢，而止先生之作乎？王筠云：蚤作章「先生乃作」，謂於卧内起著衣也。此「作」，蓋起立欲出户也。
翔鳳案：説文：「作，起也。」非動作之作。

〔五〕洪亮吉云：「暮」當作「莫」。廣雅釋詁：「莫，夜也。」鄭玄禮記注：「莫，夕也。」「莫食」，夕食也。鄭玄周禮注：「飧，夕食也。」説文：「飧，餔也。」「餔，日加申時食也。」莊述祖云：毛詩「不夙則莫」，傳曰：「莫，晚也。」大夫士再飯，餔食亦可謂之「莫食」。洪云：「莫食，夕食也。周禮注：『飧，夕食也。』説文：『飧，餔也。』」「飧」字从夕食會意，而告飽後勸食，亦謂之飧，以其皆用器，不用手也。言「復禮」者，蓋謂饌饋之禮，其奉擥以飯，或與朝食異歟？

翔鳳案：魏風傳曰：「孰食曰飧。」戴侗云：「飧，夕食也。古者夕則餕朝食之餘，故『孰食曰飧』。鮮薄不備禮者，因亦曰飧。」儀禮聘禮「寧夫朝服設飧」，注：「食不備禮曰飧。爲敬先生，暮食如朝禮也。」

〔六〕劉績云：別注：「總，束也。古者束薪以爲燭，故謂之總。其未然者，則横于坐之所也。」

莊述祖云：「總」，説文作「熜」，「然麻蒸也」。又云：「蒸，折麻中幹也。」言置總高下之法也。 丁士涵云：「總」，「熜」之假字。説文：「熜，然麻烝也。」「熜」者總也，説文：「總，聚束也。」廣雅：「爈，炬也。」 王筠云：「燭」、「總」、「蒸」者，一物也。以其既然而取明言之，謂之燭；以其成束而未然言之，謂之總。少儀謂之「燋」，燋，莊子作「爝」。説文：「熜，然麻蒸也。」「熜」蓋即此「總」。廣雅「爈，炬也」，又「熜」之異體。以其質言之，謂之「蒸」。説文：「蒸，析麻中幹也。」謂既析其皮爲麻，其内所餘之幹曰蒸也。一名菆，菆又作黀，中空而質脆薄，易然之物也。「錯總之法，横於坐所」者，「錯」，置也，弟子坐席之隅，總則錯置於坐前，席之長三尺三寸，若縱而錯之，必礙於師，故横之爲便。 翔鳳案：尹説是也。丁説含混，不可從。蓋「熜」爲「總」之孳乳字，非假借字也。

〔七〕洪亮吉云：説文：「櫛，梳比之總名也。」本作「楖」，禮記檀弓作「堲」，又作「即」。廣雅作

「⿰火節」，云：「炧也。」鄭司農考工記注：「『楖』讀如巾櫛之櫛。」按下云「承火」，又云「左手正櫛」，則「櫛」蓋今之燭剪，所藉以取燼者。尹知章注以「櫛」爲「燭㶳」，雖本廣雅，恐義尚未盡。王紹蘭云：孫伯淵云：「『櫛』當作『楖』，蓋剪搣燭㶳也。」孫與人注云：「當作『堲』，聲之誤也。檀弓『夏后氏堲周』，鄭注引作『堲』，正義以爲『折燭之炎㶳』，是也。」今按：說文：「櫛，梳比之總名也。」「垐，以土增大道上也。」「堲，古文『垐』，從土即。」虞書曰：「朕堲讒說殄行。」「堲」，疾惡也。「櫛」與「堲」皆非燭㶳本義。古本作「堲」，今本作「櫛」，竝以聲同假借。以其本無正字，不得謂「櫛」爲聲誤也。檀弓鄭注「火孰曰堲」，此義爲近之。孔疏云：「折燭炎㶳，名之曰堲。」以下文「正櫛」，鄭引作「折堲」證之，明「堲」爲「燭㶳」，非「折燭㶳」。如孔所言「堲」即是折，則「折堲」爲不詞矣。說文：「揤，捽也。」其義近「折」，非「堲」之謂。若用「揤」代「櫛」，解作剪滅燭㶳，其誤與孔疏同。莊述祖云：「櫛」，檀弓作「堲」，注曰：「火爇（今本作「熟」，誤。）曰堲。」弟子職曰：「右手折堲。」正義曰：「以弟子職云『折燭之炎㶳』，名之曰堲，故知是火爇者。廣雅作『⿰火即，炧也』。」皆據下「折堲」言，故謂之「炧㶳」。若據「櫛之遠近，乃承厥火，居句如矩」三句細繹之，知不然也。……禮疏特就注所引「折堲」言之，故云「折燭之炎㶳」。鄭固解「堲」爲「火爇」，未嘗解爲「㶳」也。蓋燭本爲跋，燭末爲櫛。「櫛」，爇火處也，亦謂之「樵」。說文曰：「樵，所以然持火也。」周禮曰：「以明火爇樵也。」……則「櫛」非「㶳」，明矣。曲禮「燭不見跋」，注：「跋，本也，燭本盡，則去之，嫌若㶳多，有厭倦意也。」是燭盡則櫛與跋皆爲𤇁矣。訓「櫛」爲炧，沿誤可知。上言置熄高下之宜，此言然楖遠近之適，謂燭末然處，去尊者坐所，須令適受火光所照，及斜直如鈎股之形，故曰「乃承厥火，居句如矩」。　王筠云：「櫛」、「緒」者，一物也。自其灼而未灰言之，謂之櫛，「櫛」者，燼也，「櫛」、「燼」疊韻字；自其當棄而言之，謂之緒，「緒」者，「餘也」，「緒」、「餘」亦疊韻字。「櫛之遠近，乃承厥火」者，遠近即長短，緣乃承厥火，故云然也。所餘之蒸既無幾，少遲必灼其手，然或以其端之火而然未然之總，則其餘可惜，且非椀中所能容，放必酌其遠近，使未然之總之首，爲火所燎及，故曰「承」。　翔鳳案：說文：「主，鐙中火主也。」其轉音爲「即」爲「櫛」，而爲爇火之處矣。

〔八〕劉績云：別注：「句，曲也。舊燭盡，以新燭繼之，一横一直，其兩端相接之處，詘曲如矩。」　洪亮吉云：考工記冶氏：「倨句中矩。」「倨」、「居」同。詩正義：「句者，局也。」「句」謂著燭處。　莊述祖云：荀子「裾拘必循其理」，楊倞注：「『裾』與『倨』同，方也；『拘』讀爲鉤，曲也。」「居」、「裾」皆假借字。　王筠云：燭本向上以爲用，斯時未然之總必横執之，則如股矣；而櫛之本，參錯於總之間，以相持而爲固，則如句矣；一句一股，故曰「如矩」也。云「居句」者，即考工記磬氏之「倨句」，「倨」即股也。爾雅釋畜「駮倨牙」，淮南本經訓作「居牙」，是「居」、「倨」同字之證。玉楖雕矢磬同爲刮磨之工，鄭注曰：「『楖』讀如巾櫛之櫛。」知「楖」即本篇「櫛」之古字。　陶鴻慶云：劉說較尹注爲勝，惟不及「居」字之義。「居」讀爲倨。漢書郅都傳「丞相條侯，至貴居也」，亦借「居」爲「倨」。「居句」，即考工記磬氏之「倨句」。新燭横者爲句，舊燭直者爲倨，故曰「居句如矩」。

〔九〕劉績云：別注：「蒸，細薪也。言稍寬其束，使其蒸間可以各容一蒸，以通火氣。又使已燃者居上，未然者居下，則火易然也。」洪亮吉云：鄭玄周禮注：「給炊及燎，麤者曰薪，細者曰蒸。」高誘淮南王書注：「薪小者曰蒸。」説文：「然，燒也。」……蒸間必容蒸者，防見跋即可以代然也。「處下」者，然火必自下始，如今之火炬也。王筠云：「蒸間容蒸」者，謂總本堅束，而又强使之容蒸，則彌堅，始可以「然者處下」而不墮，非如原注所云「少寬其束」也。又謂「蒸間各容一蒸」，亦未是，必以兩直束相接，乃可如彼所説；此固未然之總横，而將盡之櫛縱也，但分爲兩三分，使之互相挾持而已。陶鴻慶云：劉言製燭之法。此不言製燭之法，其説非也。「蒸間容蒸」者，謂新舊兩蒸接觸之處，如過相切近，則火氣不易傳達，故少寬讓，以間容一蒸爲度也。「然者在下」，「然」者指舊燭而言。尹注謂「然燭者必處下以焚」，亦非。

〔一〇〕莊述祖云：「奉椀」亦當爲「奉掔」。「掔」，俗字作「捥」，故訛作「椀」。説文：「緒，絲耑也。」韓詩外傳曰：「束蘊請火。」説文：「緼，紼也。」……紼爲亂絲，是緒與緼皆殘餘滯積之亂絲。一人兩手奉麻蒸，一人用殘絲束之以爲熜。王筠云：然者既處下，則倏忽之間，未然者必然，櫛更無不然，其灰燼必墮矣，故以椀承之，所以斂其緒餘也。必捧之者，若以櫛就椀，則室中不明矣，惟「以爲」二字似有誤，所未詳也。然此爲無客而言，若有客，則曲禮所謂「燭不見跋」者是也。「跋」即「櫛」之本。孫詒讓云：莊氏謂「椀」當爲「捥」，即上文云「飯必捧擥」，是也。而訓「緒」爲以絲束熜，則近於皮傅，非管子之恉。此「緒」當訓爲事。（爾雅釋詁云：「緒，事也。」）言執燭之儀頌，以奉擥爲事法也。「奉擥以爲緒」，與上云「凡言與行思中以爲紀」，文例略同。翔鳳案：王說是。

〔一一〕王紹蘭云：「右手執燭，左手正櫛」，檀弓鄭注引弟子職曰「右手折堲」，是漢時舊本「正櫛」作「折堲」。既云「右手折堲」，可知左手執燭矣。孔疏引作「左手秉燭，右手折堲」。釋文引作「左手執燭，右手折堲」。是唐本與漢本同，惟「執」或作「秉」爲異，而漢本之爲「執」爲「秉」，不可知矣。今本左右互移，尹氏無注，蓋傳寫之譌耳。莊述祖云：執燭但用一手，故左執之，而右正櫛。禮記正義：「管子書有弟子職篇云『左手秉燭，右手正堲』，鄭云：『折堲』者，即是正除之義。」音義：「管子云『左手執燭，右手折即』，即，燭頭㶳也。」（今本「左」、「右」互易，誤。）是陸德明亦以「即」爲㶳，但據「折即」言之耳。秉燭用左手者，以折櫛當用右手也。「折」、「正」聲相近，「正櫛」即「折櫛」也。丁士涵云：廣雅：「𤇺、㶳，炧也。」說文：「炧，燭㶳也。」尹注：「『櫛』謂燭盡。」「盡」與「㶳」通。說文：「㶳，火餘木也。」「堲」爲「𤇺」借字，作「櫛」者誤。上文「櫛之遠近，乃承厥火」同。王筠云：「右手執燭」者，新然之總也。「左手正櫛」，一本作「左手折堲」，「正」讀如整，整理之也，謂櫛之餘皆剔去之，斯時之燭，復向上之舊矣。

〔二二〕洪亮吉云：廣雅釋詁：「墮，脱也。」漢書集注：「墮，落也。」有墮，謂燭穗落也，即上所云「緒」也。　王紹蘭云：尹注謂：「燒燭者有墮，即令其次代之。」尹以上文「承火」爲「代燭」，此遂讀「墮」爲惰，謂人代人執燭也。據説文「炧，燭㶳也」，「炧」之言墮也，亦謂之「緒」。上云「奉盌以爲緒」，莊子讓王篇「其緒餘」，司馬彪注：「緒，殘也。」説文：「緒，絲耑也。」燭用麻蒸，其燒殘餘㶳猶見麻灰緒耑，故有「緒」稱。然則本其質謂之「緒」，舉其名謂之「炧」，指其實謂之「墮」，其未㶳墮而折之者謂之「堲」，皆指燭言。　莊述祖云：當讀「右手正櫛有墮」句，「代燭交坐」句，「墮」與「坐」叶，「緒」與「者」、「去」叶，各自爲韻。……「墮」是燭㶳，鄭斷章取「右手折堲」證「堲周」之義，其後遂循以絶讀。「櫛」謂之㶳，「墮」又謂之㶳，「緒」亦謂之㶳，辭義失之複矣。　曲禮「授立不跪，授坐不立」，注：「爲煩尊者俯仰受之。」謂於尊之前授受，彼此俯仰，恐煩尊者。執燭者既隅坐，則代之者亦必坐，故曰「交坐」。既詳坐立之恒，尤謹向背之戒，取櫛去之者，即「燭不見跋」意，言櫛不言跋，燭盡則殘跋，蒙上言之，故曰「櫛」。而「櫛」非「㶳」，益明矣。　俞樾云：尹注：「燒燭者有墮，即令其次代之也。」然則正文及注文「墮」字，並當作「惰」。大戴禮盛德篇：「無度量則小者偷墮。」是「墮」與「惰」古字通。　王筠云：「有墮代燭」者，「墮」，墜落也。餘燼既剔，即別有弟子代之執，既均勞逸，亦以便其棄櫛也。既有代者，則必交坐而受其燭，此當並受，不當訝受而倍師也。

郭嵩燾云：「有墮代燭」以「交坐無倍尊者」爲誼。上文「執燭隅火」，則在先生坐隅也。「代燭」者亦以坐隅，宜防其有倍尊者。集韻：「墮，毀也。」燭盡則毀滅，故須有代者而前，執燭者則取櫛以出也。俞氏釋「墮」爲「惰」，似專以「代燭」爲誼，恐失之。

先生將息，弟子皆起。敬奉枕席，問所何趾〔一〕。**俶衽則請，有常則否**〔二〕。俶，始也①。變②其衽席；則當問其所趾。若有常處，則不請也。**先生既息，各就其友。相切相磋，各長其儀**〔三〕。**周則復始，是謂弟子之紀。**

〔一〕洪亮吉云：虞翻易注：「趾，足也。」說文作「止」，云「問足何止」。鄭玄禮記注：「坐問鄉，卧問趾，因於陰陽。」莊述祖云：「所」當爲「雅」，說文作「疋」，引弟子職「問疋何趾」，又言：「古文以爲詩大疋字。」史記集解引韋昭曰：「雅，素也。」又引服虔曰：「雅，故也。」……鄭曲禮注「坐問鄉，卧問趾，因於陰陽」，謂奉枕席，先問雅素何趾也。王紹蘭云：說文：「疋，足也，弟子職曰：問疋何止。」「疋」、「所」古同聲，自可借所爲疋。說文無「趾」字，「止」即是。古本爲長。（「問疋何止」之「止」，讀「知其所止」之「止」。）問足所止何方，非趾之謂。王筠云：「所」，說文引作「疋」。「疋」，所葅切，足也。今本「疋」作「所」者，以雙聲譌也。

① 「俶始也」三字原無，據補注增。
② 「變」字原作「廢」，據補注改。

朱子本「何」字作黑釘者，蓋據內則曰「請何趾」，遂誤解「所」字，因删「何」字也。內則釋文作「止」。漢書刑法志「當斬左止」、「當斬右止」，顔注：「止，足也。」孟堅乃後漢人，猶不作「趾」，故説文不收。翔鳳案：説文：「疋，足也。上象腓腸，下從止。弟子職曰：『問疋何止。』古文以爲詩大疋字。」章太炎謂「雅」得義於足迹，即疋記之疋。「疋」爲所菹切，故轉爲「所」。詩之大雅、小雅，乃王者之迹。雅非足，「問雅何止」則不通，莊説謬極矣。

〔二〕莊述祖云：鄭二禮注皆云：「衽，臥席也。」然據士昏禮「媵衽良席在東」，則「衽」當爲布席之稱。言弟子始爲先生布席，則當請也。曲禮「席南鄉北鄉，以西方爲上，東鄉西鄉，以南方爲上」，注：「布席無常，此其順之也。」亦約弟子職文。有常者或以南鄉北鄉爲常，或以東鄉西鄉爲常，變其衽席則無常，與俶衽皆當請也。王筠云：「衽」是動字，乃鋪設枕席之名。士昏禮：「御衽於奥。」又案：內則「斂衾與簟，縣衾篋枕，斂簟而襡之」，是知晨則斂之，夜則衽之。上文蚤作章未嘗言斂，本文言「衽」，亦足以互見矣。翔鳳案：爾雅釋詁「俶，始也」，音同頭，謂頭一次也。

〔三〕洪亮吉云：韋昭國語注：「長，益也。」張晏漢書注：「長，益也。」「儀」與「義」同，謂各增益其義藴也。曲禮云：「疑義相與晰。」莊述祖云：釋詁曰：「儀，善也。」毛詩傳曰：「朋友以義切切節節然。」論語曰：「朋友切切偲偲。」「切磋」，長善之謂也。

言昭第六十亡

雜篇十一

修身第六十一亡

雜篇十二

問霸第六十二亡

雜篇十三

牧民解第六十三亡

管子解一

翔鳳案：「解」有三種：牧民解、形勢解、立政九敗解、版法解，此以傳解經。墨子謂之「說」，如經說二篇是。此門弟子受學而記之。宙合非經言，自提自解，所解多古語，非解不明，爲一特例。明法在區言中，别有專篇以解之。法令多專名，亦非解不明，此則非經而近於經者也。

韓非有解老，與此相類。其儲說自提自解，與宙合相類。韓非解老云：「朝甚除也者，獄訟繁也。訟獄繁則田荒，田荒則府倉虛，府倉虛則國貧，國貧而民俗淫侈，民俗淫侈則衣食之業絶，衣食之業絶則民不得無飾巧詐，飾巧詐則知采文，知采文之謂服文采。獄訟繁，倉廩虚，而有以淫侈爲俗，則國之傷也，若以利劍刺之，故曰：『帶利劍。』」諸句平列，而「帶利劍」三字獨爲比喻，此爲後世文法所必無，而周則有之。其正喻夾寫在一處，如宙合篇「左操五音，左執五味」，爲最著之例。其散在各篇被人誤解者多矣。

管子校注卷第二十

形勢解第六十四

山者，物之高者也。惠者，主之高行也。慈者，父母之高行也。忠者，臣之高行也〔一〕。孝者，子婦之高行也。故山高而不崩，則祈羊至。主惠而不解，則民奉養。父母慈而不解，則子婦順。臣下忠而不解，則爵禄至。子婦孝而不解，則美名附。故節高而不解，則所欲得矣，解則不得。故曰：山高而不崩，則祈羊至矣。

〔一〕王念孫云：「臣之高行」，當依朱本作「臣下之高行」。下文「臣下」字凡七見。初學記人部上、御覽人事部五十九竝引作「臣下之高行」。翔鳳案：類書因父母子婦爲偶名而加「下」字，非是。管書非駢偶，句法不一致也。

淵者，衆物之所生也，能深而不涸，則沈玉至。主者，人之所仰而生也，能寬裕純厚而不苛忮〔二〕，則民人附。父母者，子婦之所受教也，能慈仁教訓而不失理，則子婦孝。臣下者，主之所用也，能盡力事上，則當於主。子婦者，親之所以安也，能孝弟順親，則當於親。故淵涸而無水，則沈玉不至。主苛而無厚，則萬民不附。父母暴而無恩，則子婦不親。臣下墮而不忠〔二〕，則卑辱困窮。子婦不安親，則禍憂至〔三〕。故淵不涸則所欲者至，涸則不至。故曰：淵深而不涸，則沈玉極。

〔一〕翔鳳案：説文：「忮，很也。」莊子達生：「雖有忮心，不怨飄瓦。」山木：「方舟而濟於河，雖有褊心而人不怒。」「忮」與褊急同義。説文：「急，褊也。」「苟，自急敕也。从羊省，从包省，从口」，與「苟」之從艸、句聲者不同。「苟忮」二字正可相連。若下文「苛而不厚」，「苛」與「厚」相反，自當作「苛」。郭沫若謂「苟」當作「苛」，誤矣。宋本之可貴，此其一也。

〔二〕王念孫云：「隨」，當依宋本作「墮」，「墮」與「惰」同，言怠惰而不盡其力也。上文云「臣下能盡力事上，則當於主」，正與此文相對。

〔三〕陶鴻慶云：以上文例之，「親」上當有「其」字，「禍憂至」下當有脱文，疑是「身」字。上文「厚」與「附」爲韻，「恩」與「親」爲韻，「忠」與「窮」爲韻，此當以「身」與「親」爲韻也。

天覆萬物，制寒暑，行日月，次星辰，天之常也。治之以理，終而復始。主牧萬民，治天下，莅百官，主之常也。治之以法，終而復始。和子孫，屬親戚，父母之常也。治之以義，終而復始。敦敬忠信，臣下之常也。以事其主，終而復始。愛親善養，思敬奉教，子婦之常也。以事其親，終而復始。故天不失其常，則寒暑得其時，日月星辰得其序。主不失其常，則羣臣得其義，百官守其事。父母不失其常，則子孫和順，親戚相驩。臣下不失其常，則事無過失，而官職政治。子婦不失其常，則長幼理而親疏和。故用常者治，失常者亂，天未嘗變其所以治也。故曰：天不變其常。

地生養萬物，地之則也。治安百姓〔一〕，主之則也。教護家事，父母之則也。正諫死節，臣下之則也。盡力共養，子婦之則也。地不易其則，故萬物生焉。主不易其利，故百姓安焉。父母不易其則，故家事辦焉。臣下不易其則，故主無過失。子婦不易其則，故親養備具。故用則者安，不用則者危，地未嘗易其所以安也。故曰：地不易其則。

〔一〕俞樾云：「治安」上當有「主」字。「主治安百姓」與「地生養萬物」相對，猶上文「主牧萬民」與「天覆萬物」相對也。翔鳳案：上釋「天不變其常」，發端有「天」字，此釋「地不易其則」，發端當有「地」字，故郭沫若説「上『地』字衍文」，非也。然文以地利爲主，故「天」以下可省，俞必加「主」字，亦非。「主不易其利」，此「利」指「治安百姓」，言之，趙本改爲「則」，以昭畫一，然「利」字較勝。

春者陽氣始上，故萬物生。夏者陽氣畢上，故萬物長。秋者陰氣始下，故萬物收。冬者陰氣畢下，故萬物藏。故春夏生長，秋冬收藏，四時之節也。賞賜刑罰，主之節也。四時未嘗不生殺也，主未嘗不賞罰也。故曰：春秋冬夏，不更其節也。天覆萬物而制之，地載萬物而養之，四時生長萬物而收藏之，古以至今，不更其道。故曰：古今一也。

蛟龍，水蟲之神者也。乘於水則神立，失於水則神廢。人主，天下之有威者也，得民則威立，失民則威廢。蛟龍待得水而後立其神，人主待得民而後成其威。故曰：蛟龍得水而神可立也。

虎豹，獸之猛者也，居深林廣澤之中，則人畏其威而載之。人主，天下之有勢者也，深居則人畏其勢。故虎豹去其幽而近於人，則人得之而易其威〔一〕。人主去其門而迫於民，則民輕之而傲其勢。故曰：虎豹託幽而威可載也。

〔一〕陳奂云：「易」讀爲傷，説文曰：「傷，輕也。」

風，漂物者也。風之所漂，不避貴賤美惡。雨，濡物者也。雨之所墮，不避小大强弱。風雨至公而無私，所行無常鄉，人雖遇漂濡而莫之怨也。故曰：風雨無鄉而怨怒不及也。

人主之所以令則行、禁則止者，必令於民之所好，而禁於民之所惡也。民之情，莫不欲生而惡死，莫不欲利而惡害。故上令於生利人則令行，禁於殺害人則禁止。

令之所以行者，必民樂其政也，而令乃行。故曰：貴有以行令也。

人主之所以使下盡力而親上者，必爲天下致利除害也。故德澤加於天下，惠施厚於萬物，父子得以安，羣生得以育。故萬民驩盡其力而樂爲上用，入則務本疾作以實倉廩，出則盡節死敵以安社稷，雖勞苦卑辱而不敢告也。此賤人之所以亡其卑也[一]。故曰：賤有以亡卑[二]。

〔一〕安井衡云：「亡」讀爲忘。

〔二〕安井衡云：古本「亡」作「忘」；「卑」下有「也」字。

起居時，飲食節，寒暑適，則身利而壽命益。起居不時，飲食不節，寒暑不適，則形體累而壽命損。人惰而侈則貧，力而儉則富。夫物莫虛至，必有以也。故曰：壽夭貧富，無徒歸也。

法立而民樂之，令出而民銜之。法令之合於民心，如符節之相得也，則主尊顯。故曰：銜令者，君之尊也[一]。

〔一〕孫星衍云：形勢篇「令」作「命」，此涉上文而譌。

人主出言，順於理，合於民情，則民受其辭。民受其辭，則名聲章。故曰：受辭者，名之運也。

明主之治天下也，靜其民而不擾，佚其民而不勞。不擾則民自循，不勞則民自試。故曰：上無事而民自試。

人主立其度量，陳其分職，明其法式，以莅其民，而不以言先之，則民循正〔一〕。所謂抱蜀者，祠器也。故曰：抱蜀不言，而廟堂既脩〔二〕。

〔一〕安井衡云：古本「循」作「脩」。翔鳳案：「循」字是。

〔二〕宋翔鳳云：徐侍郎頲曰：「『祠』即『治』字。公羊春秋莊八年『甲午祠兵』，穀梁及左氏並作『治兵』。公羊雖以『治』爲『祠』，然傳及注但言『習戰』，義仍同『治』。惟陸氏音義云『祠，祭也』，是望文附會。」按徐説極是。公羊作「祠」，是齊人語。解管子者亦齊人，故云「祠器」。説文：「辭，訟也，從𤔔，『𤔔』猶理辜也。𤔔，理也。重文『𤕰』，籀文『辭』从司。」按此知「治」與「𤕰」義相近，「治」可通作「𤕰」。公羊春秋及管子「祠」字當爲「𤕰」，形聲相近誤爲「祠」。故鄭駁異義謂公羊「祠兵」爲誤字也。周禮大祝「一曰祠」，注：「鄭司農云『祠』當爲『辭』。」知「祠」亦通「辭」。廣雅：「蜀，弌也。」方言：「蜀，一也，南楚謂之『獨』。」管子之「抱蜀」，即老子之「抱一」。「抱蜀」以爲治國之器，老子「抱一爲天下式」，「式」亦「器」義。今傳尹知章注，襲形勢解之文而删「抱」字，但云「蜀者，祠器也」，讀者紛然，遂莫得其解。近見影宋本管子第一卷，後載音釋「『蜀』音猶」，「猶」字顯係「獨」字之誤，知音釋出尹注前矣。戴望云：此文當據尹注形勢篇作「所謂蜀者，祠器也」，衍「抱」字。蓋尹所見本無「抱」字也。宋謂尹所删削，似非。蔣超伯云：祭祀之禮，王祼以圭瓚，諸侯亞祼以璋瓚。詩大雅：「濟濟辟王，髦士奉璋。」爾雅：「璋，大八寸謂之琡。」説文「琡」作「璹」，云：「玉器也，讀若淑。」形勢解所謂「抱蜀者，祠器也，故曰『抱蜀不言而廟堂既脩』」，「抱蜀」謂奉璋也，本是「璹」字，借「蜀」字耳。翔鳳案：「抱蜀」即「抱燭」，詳形勢篇。

將將鴻鵠，貌之美者也。貌美，故民歌之。德義者，行之美者也。德義美，故民樂之。民之所歌樂者，美行德義也，而明主鴻鵠有之〔一〕。故曰：鴻鵠將將，維民歌之。

〔一〕王念孫云：「美行」當爲「美貌」。「美貌」謂鴻鵠，「德義」謂明主，竝見上文。今作「美行」者，涉上文「行之美者」而誤。翔鳳案：於鴻鵠爲美貌，於人主爲美行。鴻鵠爲比，以美行爲主，王説誤矣。

濟濟者，誠莊事斷也〔一〕。多士者，多長者也。周文王誠莊事斷，故國治。其羣臣明理以佐主，故主明。主明而國治，竟内被其利澤。殷民舉首而望文王，願爲文王臣。故曰：濟濟多士，殷民化之。紂之爲主也，勞民力，奪民財，危民死，冤暴之令加於百姓，憯毒之使施於天下，故大臣不親，小民疾怨。天下畔之，而願爲文王臣者，紂自取之也。故曰：紂之失也。無儀法程式，蜚搖而無所定，謂之蜚蓬之問〔二〕。蜚蓬之問，明主不聽也。無度之言，明主不許也。故曰：蜚蓬之問，不在所賓。

〔一〕俞樾云：詩泮水篇「實始翦商」，毛傳云：「翦，齊也。」鄭箋云：「斷也。」正義謂：「『齊』即斬斷之義。」此文以「誠莊事斷」釋「濟濟」，即此義。可見古詩説，故特表出之。

〔二〕孫星衍云：「蜚」，古「飛」字。後漢書明帝紀注引作「飛」字，下俱同。形勢篇作「飛」字。

道行則君臣親，父子安，諸生育。故明主之務，務在行道，不顧小物。燕爵，物之小者也。故曰：燕爵之集，道行不顧。

明主之動靜得理義，號令順民心，誅殺當其罪，賞賜當其功，故雖不用犧牲珪璧禱於鬼神，鬼神助之，天地與之，舉事而有福。亂主之動作失義理，號令逆民心，誅殺不當其罪，賞賜不當其功，故雖用犧牲珪璧禱於鬼神，鬼神不助，天地不與，舉事而有禍。故曰：犧牲珪璧，不足以享鬼〔一〕。

〔一〕安井衡云：古本「鬼」下有「神」字。孫星衍云：形勢篇「牲」作「牷」。

主之所以爲功者，富强也。故國富兵强，則諸侯服其政，鄰敵畏其威。雖不用寶幣事諸侯，諸侯不敢犯也。主之所以爲罪者，貧弱也。故國貧兵弱，戰則不勝，守則不固。雖出名器重寶以事鄰敵，不免於死亡之患。故曰：主功有素，寶幣奚爲！

羿，古之善射者也，調和其弓矢而堅守之，其操弓也，審其高下，有必中之道，故能多發而多中。明主猶羿也，平和其法，審其廢置而堅守之，有必治之道，故能多舉而多當。道者，羿之所以必中也，主之所以必治也。射者，弓弦發矢也〔一〕。故曰：羿之道，非射也。

〔一〕王引之云：「弓」當爲「引」，此涉上文兩弓字而誤。翔鳳案：射以弓弦發矢，省「以」字，改「引」非。

造父，善馭馬者也〔二〕，善視其馬，節其飲食，度量馬力〔三〕，審其足走，故能取遠道而馬不罷。明主猶造父也，善治其民，度量其力，審其技能，故立功而民不困傷。故術者，造父之所以取遠道也，主之所以立功名也。馭者，操轡也。故曰：造父之術，非馭也。

〔二〕王念孫云：羿，善射者也；造父，善馭者也，文同一例。「馭」下「馬」字，涉下文而衍。太平御覽工藝部三引此無「馬」字。翔鳳案：魯東野稷以善馭聞。馬力盡矣，而猶求馬不已，顏淵知其將敗。重在善馭馬，「馬」字不可少。王知其一不知其二也。御覽不足據。

〔三〕孫星衍云：太平御覽引作「量其馬力」。俞樾云：此本作「度量其力」，承上文「善視其馬」而言，不必言「馬」也。下文說明主善治其民，亦云「度量其力」，不言「民力」，可證此文「馬力」之誤。翔鳳案：「馬力」二字重要，東野稷是其例，俞說非是。

奚仲之爲車器也〔一〕，方圜曲直，皆中規矩鉤繩。故機旋相得，用之牢利，成器堅固。明主猶奚仲也，言辭動作皆中術數，故衆理相當，上下相親。巧者，奚仲之所以爲器也，主之所以爲治也。斲削者，斤刀也。故曰：奚仲之巧，非斲削也。

〔一〕王念孫云：「器」字，涉下文兩「器」字而衍。藝文類聚舟車部、太平御覽車部二引此皆無「器」字。俞樾云：「車器」二字不詞。據下文云「巧者奚仲之所以爲器也」，則此文亦當作「奚仲之爲器也」，「車」字蓋後人妄加耳。藝文類聚及御覽引此文並作「奚仲之爲車」，蓋反以「器」字爲衍而删之。考工記曰：「一器而工聚焉者，車爲多。」「車」亦「器」也。此文以作「器」爲長。翔鳳案：老子「天下神器」，王注：「器，合成也。」今謂之零件。其方圓曲直，各件不同，故下云「爲器」。王説誤矣。

民，利之則來，害之則去。民之從利也，如水之走下，於四方無擇也。故欲來民者，先起其利，雖不召而民自至。設其所惡，雖召之而民不來也。故曰：召遠者，使無爲焉。

莅民如父母，則民親愛之。道之純厚，遇之有實〔一〕，雖不言曰吾親民，而民親矣。莅民如仇讎，則民疏之。道之不厚，遇之無實，詐僞並起，雖言曰吾親民，民不親也。故曰：親近者，言無事焉。

〔一〕安井衡云：古本「有」作「真」。翔鳳案：「有實」與下文「無實」相承，謂有實惠也。若作

「真實」，則下文當云「虛妄」，古本誤。

明主之使遠者來而近者親也，爲之在心，所謂夜行者，心行也。能心行德，則天下莫能與之爭矣。故曰：唯夜行者獨有之乎〔一〕。

〔一〕翔鳳案：「乎」，四川口語作「嗎」，乃決定詞。古本誤認爲詰問而改爲「也」，謬。

爲主而賊，爲父母而暴，爲臣下而不忠，爲子婦而不孝，四者，人之大失也。大失在身，雖有小善，不得爲賢。所謂平原者，下澤也，雖有小封，不得爲高。故曰：平原之隰，奚有於高！

爲主而惠，爲父母而慈，爲臣下而忠，爲子婦而孝，四者，人之高行也。高行在身，雖有小過，不爲不肖。所謂大山者，山之高者也，雖有小隈，不以爲深。故曰：大山之隈，奚有於深！

毁訾賢者之謂訾，推譽不肖之謂讆。爲劇切。訾、讆之人得用，則人主之明蔽，而毁譽之言起。任之大事，則事不成而禍患至。故曰：訾讆之人，勿與任大。

明主之慮事也，爲天下計者，謂之譕臣〔一〕，譕臣則海内被其澤。澤布於天下，後世享其功，久遠而利愈多。故曰：譕臣者，可與遠舉。

〔一〕戴望云：「臣」，「巨」字之誤，下同。說詳本篇。　翔鳳案：「譕」即「蹠」字，詳本篇。

聖人擇可言而後言，擇可行而後行。偷得利而後有害，偷得樂而後有憂者，聖人不爲也。故聖人擇言必顧其累，擇行必顧其憂。故曰：顧憂者，可與致道。

小人者，枉道而取容，適主意而偷説，備利而偷得〔一〕。如此者，其得之雖速，禍患之至亦急，故聖人去而不用也。故曰：其計也速，而憂在近者，往而勿召也。

〔一〕王念孫云：「備」當爲「循」，隸書「循」字作「循」，「備」字作「偹」，二形相似而誤。（荀子勸學篇「聖心備焉」，「備」誤作「循」。）俞樾云：「備」字無義，疑「苟」字之誤。「苟」誤作「葡」，因誤爲「備」矣。禮記表記篇「安肆日偷」，鄭注曰：「偷，苟且也。」是「偷」與「苟」同義。「苟利」即「偷得」也。翔鳳案：廣雅釋詁四：「備，究也。」窮究於利而偷得之，文義正合，王、俞改字非是。

舉一而爲天下長利者，謂之舉長。舉長則被其利者衆，而德義之所見遠。故曰：舉長者，可遠見也〔一〕。

〔一〕戴望云：元本「見」下有「者」字。

天之裁大，故能兼覆萬物。地之裁大，故能兼載萬物。人主之裁大，故容物多而衆人得比焉。故曰：裁大者，衆之所比也。

貴富尊顯，民歸樂之，人主莫不欲也。故欲民之懷樂己者，必服道德而勿猒也，而民懷樂之。故曰：美人之懷，定服而勿猒也。

聖人之求事也，先論其理義，計其可否。故義則求之，不義則止。可則求之，不可則止。故其所得事者，常爲身寶。小人之求事也，不論其理義，不計其可否。不義亦求之，不可亦求之。故其所得事者，未嘗爲賴也。故曰：必得之事，不足賴也。

聖人之諾已也，先論其理義，計其可否。義則諾，不義則已。可則諾，不可則已。故其諾未嘗不信也。小人不義亦諾，不可亦諾。言而必諾，故其諾未必信也。故曰：必諾之言，不足信也。

謹於一家則立於一家，謹於一鄉則立於一鄉，謹於一國則立於一國，謹於天下則立於天下。是故其所謹者小，則其所立亦小。其所謹者大，則其所立亦大。故曰：小謹者，不大立。

海不辭水，故能成其大。山不辭土石，故能成其高。明主不猒人，故能成其衆。士不猒學，故能成其聖。飺疾移切。嗛食皃。者，多所惡〔一〕也。諫者，所以安主也。食者，所以肥體也。主惡諫則不安，人飺食則不肥。故曰：飺食者，不肥體也。

〔一〕陳奂云：此與下三「飺」字皆當作「呰」，涉下「食」字而誤從食耳。形勢篇正作「呰」。姚永概云：「飺」當是古字，故尹注云：「疾移切，嗛食貌。」陳奂乃據形勢篇改爲「呰」，過矣。

言而語道德忠信孝弟者，此言無棄者。天公平而無私，故美惡莫不覆。地公平而無私，故小大莫不載。無棄之言，公平而無私，故賢不肖莫不用。故無棄之言者，參伍於天地之無私也。故曰：有無棄之言者，必參之於天地矣。

明主之官物也，任其所長，不任其所短，故事無不成，而功無不立。亂主不知物之各有所長所短也，而責必備。夫慮事定物，辯明禮義，人之所長，而蝚蝯上如由切。下于元切。之所短也。緣高出險，蝚蝯之所長，而人之所短也。以蝚蝯之所長責人，故其令廢而責不塞。故曰：墜岸三仞，人之所大難也，而蝚蝯飲焉〔一〕。

〔一〕安井衡云：古本作「蝯蝚」。孫星衍云：形勢篇作「猿猱」。爾雅釋獸：「蝯蝚善援。」説文：「蝯善援。」字皆作「蝯」。「蝯」字當從犬旁作「猨」。翔鳳案：爾雅釋獸「猱蝯善援」，上字從犬，下字從虫，不誤。説文：「蝚，蛭蝚，至掌也。」此水蛭，不能作「蝚」，明矣。

明主之舉事也，任聖人之慮〔一〕，用衆人之力，而不自與焉，故事成而福生。亂主自智也〔二〕，而不因聖人之慮，矜奮自功，而不因衆人之力，專用己而不聽正諫，故事敗而禍生。故曰：伐矜好專，舉事之禍也。

〔一〕豬飼彦博云：「聖」當作「衆」，下同。翔鳳案：説文：「聖，通也。」猶今言聰明。任聰明人之思慮，用衆人之力以行之，衆人不必皆聰明也。「聖」非誤字。

〔三〕戴望云：「也」字衍。翔鳳案：亂主自作聰明，與「任聖人」相反。郭沫若謂「自智」上奪「伐能」二字，非是。

馬者，所乘以行野也，故雖不行於野，其養食馬也，未嘗解惰也。民者，所以守戰也，故雖不守戰，其治養民也，未嘗解惰也。故曰：不行其野，不違其馬。

天生四時，地生萬財，以養萬物而無取焉。明主配天地者也，教民以時，勸之以耕織，以厚民養，而不伐其功，不私其利。故曰：能予而無取者，天地之配也。

解惰簡慢，以之事主則不忠，以之事父母則不孝，以之起事則不成。故曰：怠倦者，不及也。

以規矩爲方圜則成，以尺寸量短長則得〔一〕，以法數治民則安。故事不廣於理者，其成若神。故曰：無廣者疑神。

〔一〕翔鳳案：卜居：「尺有所短，寸有所長。」

事主而不盡力則有刑，事父母而不盡力則不親，受業問學而不加務則不成。故朝不勉力務進，夕無見功。故曰：朝忘其事，夕失其功。

中情信誠則名譽美矣，脩行謹敬則尊顯附矣。中無情實則名聲惡矣，脩行慢易則汙辱生矣。故曰：邪氣襲内，正色乃衰也。

爲人君而不明君臣之義以正其臣，則臣不知於爲臣之理以事其主矣〔一〕。故曰：君不君，則臣不臣。

〔一〕戴望云：元本無「於」字。俞樾云：「不知」下不當有「於」字，乃衍文也。下文云「爲人父而不明父子之義，以教其子而整齊之，則子不知爲人子之道以事其父矣」，「不知」下亦無「於」字，可證。翔鳳案：理甚多，臣非不知，所不知者，爲臣之理耳。「於」字不誤。當然，「於」字亦可省，而以下文畫一校之，則不可也。

爲人父而不明父子之義以教其子而整齊之，則子不知爲人子之道以事其父矣〔一〕。故曰：父不父，子不子。

〔一〕安井衡云：古本「不父」下有「則」字。翔鳳案：論語「君不君，臣不臣，父不父，子不子」，則春秋時不用「則」字，古本非是。

君臣親，上下和，萬民輯，故主有令則民行之，上有禁則民不犯〔一〕。君臣不親，上下不和，萬民不輯，故令則不行，禁則不止。故曰：上下不和，令乃不行。

〔一〕丁士涵云：「上有禁」亦當作「主有禁」，與「主有令」對文。「主」、「民」二字正釋「上」、「下」也。翔鳳案：「上」字承「上下和」，不必改。

言辭信，動作莊〔一〕，衣冠正，則臣下肅。言辭慢，動作虧，衣冠惰，則臣下輕之。

故曰：衣冠不正，則賓者不肅。

〔一〕翔鳳案：古語云「動容」或「容止」，未見有「動止」之文，郭沫若據古本改「作」爲「止」，非是。「動作虧」，古本與宋本同，則古本「動止莊」乃誤字耳。

儀者，萬物之程式也。法度者，萬民之儀表也。禮義者，尊卑之儀表也。故動有儀則令行，無儀則令不行。故曰：進退無儀，則政令不行。

人主者，温良寬厚則民愛之，整齊嚴莊則民畏之。故民愛之則親，畏之則用。夫民親而爲用，主之所急也。故曰：且懷且威，則君道備矣。

人主能安其民，則事其主如事其父母〔一〕，故主有憂則憂之，有難則死之。主視民如土則民不爲用，主有憂則不憂，有難則不死。故曰：莫樂之則莫哀之，莫生之則莫死之。

〔一〕王念孫云：「事其主」上脱「民」字，當依羣書治要補。下文云「則民不爲用」，正與此文相對。

翔鳳案：此句承「人主」來，「民」字可省。

民之所以守戰至死而不衰者，上之所以加施於民者厚也。故上施厚則民之報上亦厚，上施薄則民之報上亦薄。故薄施而厚責，君不能得之於臣，父不能得之於子。故曰：往者不至，來者不極。

道者，扶持衆物，使得生育而各終其性命者也。故或以治鄉，或以治國，或以治天下。故曰：道之所言者一也，而用之者異。聞道而以治一鄉，親其父子，順其兄弟，正其習俗，使民樂其上，安其土，爲一鄉主幹者，鄉之人也。故曰：有聞道而好爲鄉者，一鄉之人也。

民之從有道也，如飢之先食也，如寒之先衣也，如暑之先陰也。故有道則民歸之，無道則民去之。故曰：道往者其人莫來，道來者其人莫往。

道者，所以變化身而之正理者也。故道在身，則言自順，行自正，事君自忠，事父自孝，遇人自理。故曰：道之所設，身之化也。

天之道，滿而不溢，盛而不衰。明主法象天道，故貴而不驕，富而不奢，行理而不惰，故能長守貴富，久有天下而不失也。故曰：持滿者與天。

明主，救天下之禍、安天下之危者也。夫救禍安危者，必待萬民之爲用也，而後能爲之。故曰：安危者與人。

地大國富，民衆兵强，此盛滿之國也。雖已盛滿，無德厚以安之，無度數以治之，則國非其國，而民無其民也〔一〕。故曰：失天之度，雖滿必涸。

〔一〕戴望云：元本「無」作「非」。翔鳳案：「無其民」爲民無有，管書屢以民流亡爲說，則

「無」非誤字。

臣不親其主，百姓不信其吏，上下離而不和，故雖自安必且危之。故曰：上下不和，雖安必危。

主有天道以禦其民，則民一心而奉其上，故能貴富而久王天下。失天之道，則民離畔而不聽從，故主危而不得久王天下。故曰：欲王天下而失天之道，天下不可得而王也。

人主務學術數，務行正理，則化變日進，至於大功，而愚人不知也。亂主淫佚邪枉，日爲無道，至於滅亡而不自知也。故曰：莫知其爲之，其功既成。莫知其舍之也，藏之而無形〔一〕。

〔一〕安井衡云：經言作「其道既得，莫知其爲之，其功既成，莫知其釋之，藏之無形，天之道也」，此脱首尾各一句，而「釋之」下衍「也」字，「藏之」下衍「而」字，又解「莫知其釋之」爲淫泆無道之事，謬甚。古本「舍」作「釋」。翔鳳案：凡「故曰」皆爲古語，多有韻。本篇「其道既得」與「天之道也」二句，承上「聞道」來，非古語，當然削去，非奪文也。古語作「釋」，以今語解之作「舍」，言各有當。古本作「釋之」，妄矣。

古者三王五伯，皆人主之利天下者也，故身貴顯而子孫被其澤。桀、紂、幽、厲，皆人主之害天下者也，故身困傷而子孫蒙其禍。故曰：疑今者察之古，不知來者視之往。

神農教耕生穀，以致民利。禹身決瀆，斬高橋下〔一〕，以致民利。湯、武征伐無道，誅殺暴亂，以致民利。故明王之動作雖異，其利民同也。故曰：萬事之任也，異起而同歸〔二〕，古今一也。

〔一〕豬飼彦博云：「斬」當作「塹」。「橋」當作「墧」，同「墝」，土高也。丁士涵云：「橋」當爲「撟」，廣雅：「撟，取也。」方言：「撟捎，選也，自關而西，秦、晉之間，凡取物之上謂之『撟捎』。」郭注：「此妙擇積聚者也。」説文同。淮南要略篇「覽取撟掇」，高注：「撟，取也。」「斬高」者，隨山刊木也。「撟下」者，從下取之也。俞樾云：「斬」讀爲鏨。説文曰：「鏨，小鑿也。」「橋」者，「喬」之假字。詩「山有橋松」，釋文引王肅云：「橋，高也。」「斬高橋下」，並以治河言。「斬高」謂鑿龍門也，「橋下」即太史公所謂「北載之高地，過降水至于大陸」者也。

翔鳳案：俞説是也。

〔二〕安井衡云：經言「任」作「生」，古本「起」作「趣」。王念孫云：形勢篇作「萬事之生也，異趣而同歸」，是也。「生」、「任」，「趣」、「起」，皆字形相近而誤。翔鳳案：舜典「而難任人」，「任」，古文作「壬」。是「生」誤作「壬」，再寫爲「任」。「起」與「趣」則聲形並近而誤，王説是。

楝生橈不勝任，則屋覆而人不怨者，其理然也。弱子，慈母之所愛也，不以其理衍下瓦，則必母笞之〔一〕。故以其理動者，雖覆屋不爲怨。不以其理動者，下瓦必笞。故曰：生棟覆屋，怨怒不及。弱子下瓦，慈母操箠。

〔一〕王念孫云：宋本無「動者」二字，是也。太平御覽刑法部十五引此亦無。此涉下文兩「動者」而衍。安井衡云：「不以其理動者」六字，與下相涉而衍。許維遹云：王說是。今本「理」下「衍」字，蓋校者注「衍」字於「動者」旁，後人刪去「動者」，而「衍」字又混入正文。「必」，當從趙本作「慈」。翔鳳案：易繫辭「大衍之數五十」，鄭注：「演也。」蒼頡篇：「演，引也。」長笛賦「有所搖演」，注：「引也。」「衍」假爲「引」，謂手引而下瓦，「衍」非誤字。許以「衍」爲混入，誤。「則必母笞之」與「則母必笞之」同。古人有此倒文，趙本改「必」爲「慈」，非是。

行天道，出公理，則遠者自親。廢天道，行私爲，則子母相怨。故曰：天道之極，遠者自親。人事之起，近親造怨。

古者武王地方不過百里，戰卒之衆不過萬人，然能戰勝攻取〔一〕，立爲天子，而世謂之聖王者，知爲之之術也。桀、紂貴爲天子，富有海內，地方甚大，戰卒甚衆，而身死國亡〔二〕，爲天下僇者，不知爲之之術也。故能爲之，則小可爲大，賤可爲貴。不能爲之，則雖爲天子，人猶奪之也。故曰：巧者有餘，而拙者不足也。

〔一〕俞樾云：「能」與「而」古字通，「然能戰勝攻取」，即「然而戰勝攻取」也。下文「桀、紂貴爲天子，富有海内，地方甚大，戰卒甚衆，而身死國亡，爲天下僇者」，羣書治要作「然而身死國亡」，此文正與彼對，一作「然能」，一作「然而」，文異而義同。韓詩外傳「貴而下賤，則衆弗惡也；富能分窮，則窮士弗惡也」，崔駰大理箴「或有忠能被害，或有孝而見殘」，「能」、「而」互用，古書往往有此。

〔二〕王念孫云：羣書治要「而身死」上有「然」字，當據補。「然而」者，如此而也。古書中若是者多矣。　翔鳳案：「而」字已足，「然而」爲戰國之文，不必加。

明主上不逆天，下不壙地，故天予之時，地生之財。亂主上逆天道，下絶地理，故天不予時，地不生財。故曰：其功順天者，天助之。其功逆天者，天違之。

古者武王，天之所助也，故雖地小而民少，猶之爲天子也。桀、紂，天之所違也，故雖地大民衆，猶之困辱而死亡也。故曰：天之所助，雖小必大。天之所違，雖大必削〔一〕。

〔一〕戴望云：元本作「雖成必敗」。　翔鳳案：「雖大必削」，與「雖小必大」相對成文，非韻文，可正言之也。

與人交，多詐僞，無情實，偷取一切，謂之烏集之交。烏集之交，初雖相驩，後必相咄〔一〕。故曰：烏集之交，雖善不親。

〔一〕孫星衍云：意林引「咄」作「吐」。翔鳳案：文選曹植贈白馬王彪詩注：「説文：『咄，叱也。』」謂叱怒之義，與「驩」相反，非誤字。

聖人之與人約結也，上觀其事君也，内觀其事親也，必有可知之理，然後約結。約結而不襲於理，後必相倍。故曰：不重之結，雖固必解。道之用也，貴其重也。

明主與聖人謀，故其謀得；與之舉事，故其事成。亂主與不肖者謀，故其計失；與之舉事，故其事敗。夫計失而事敗，此與不可之罪。故曰：毋與不可。

明主度量人力之所能爲而後使焉，故令於人之所能爲則令行，使於人之所能爲則事成。亂主不量人力，令於人之所不能爲，故其令廢；使於人之所不能爲，故其事敗。夫令出而廢，舉事而敗，此强不能之罪也。故曰：毋强不能。

狂惑之人，告之以君臣之義、父子之理、貴賤之分不信〔一〕，聖人之言也而反害傷之，故聖人不告也。故曰：毋告不知。

〔一〕安井衡云：「信」字句。「害傷」猶毁短也。

與不肖者舉事則事敗，使於人之所不能爲則令廢，告狂惑之人則身害。故曰：

與不可，强不能，告不知，謂之勞而無功。

常以言翹明其與人也，其愛人也，其有德於人也。以此爲友則不親，以此爲交則不結，以此有德於人則不報。故曰：見與之友，幾於不親。見愛之交，幾於不結。見施之德，幾於不報。四方之所歸，心行者也。

明主不用其智，而任聖人之智〔一〕；不用其力，而任衆人之力。故以聖人之智思慮者，無不知也。以衆人之力起事者，無不成也。能自去而因天下之智力起，則身逸而福多〔二〕。亂主獨用其智，而不任聖人之智〔三〕；獨用其力，而不任衆人之力，故其身勞而禍多。故曰：獨任之國，勞而多禍。

〔一〕豬飼彦博云：「聖」當作「衆」。翔鳳案：「聖」字不誤，見前。

〔二〕陶鴻慶云：「起」字不當有，蓋涉上文「以衆人之力起事者」而衍。「則」下當有「其」字，與下文「故其身勞而禍多」相對。

〔三〕安井衡云：諸本「聖」作「衆」，古本作「聖」。王念孫云：當作「聖人」，此涉下文「不任衆人之力」而誤。

明主內行其法度，外行其理義。故鄰國親之，與國信之。有患則鄰國憂之，有難則鄰國救之。亂主內失其百姓，外不信於鄰國，故有患則莫之憂也，有難則莫之救也。外内皆失，孤特而無黨，故國弱而主辱。故曰：獨國之君，卑而不威。

明主之治天下也，必用聖人而後天下治。婦人之求夫家也，必用媒而後家事成。故治天下而不用聖人，則天下乖亂而民不親也。求夫家而不用媒，則醜恥而人不信也〔一〕。故曰：自媒之女，醜而不信。

〔一〕戴望云：元本「則」下有「身」字。翔鳳案：「身」字爲元本臆加。

明主者，人未之見而有親心焉者，有使民親之之道也，故其位安而民往之。故曰：未之見而親焉，可以往矣。

堯、舜，古之明主也，天下推之而不倦，譽之而不猒，久遠而不忘者，有使民不忘之道也，故其位安而民來之。故曰：久而不忘焉，可以來矣。

日月，昭察萬物者也。天多雲氣，蔽蓋者衆，則日月不明。人主猶日月也，羣臣多姦立私，以擁蔽主，則主不得昭察其臣下，臣下之情不得上通，故姦邪日多而人主愈蔽。故曰：日月不明，天不易也。

山，物之高者也，地險穢不平易，則山不得見。人主猶山也，左右多黨比周，以壅其主〔一〕，則主不得見。故曰：山高而不見，地不易也。

〔一〕王引之云：「多」當爲「朋」，字之誤也。（古文「多」字作「朋」，形與「朋」相似，故「朋」誤爲

「多」，説見秦策公仲侈下。）立政九敗解曰：「人主聽羣徒比周，則羣臣朋黨，蔽美揚惡。」荀子臣道篇曰：「朋黨比周，以環主圖私爲務。」韓子孤憤篇曰：「朋黨比周以弊主。」飾邪篇曰：「羣臣朋黨比周，以隱正道、行私曲。」齊策曰：「夫從人朋黨比周，莫不以從爲可。」皆其證也。　翔鳳案：「多」不誤，見立政九敗解。

人主出言，不逆於民心，不悖於理義。其所言足以安天下者也，人唯恐其不復言也。出言而離父子之親，疏君臣之道，害天下之衆，此言之不可復者也，故明主不言也。故曰：言而不可復者，君不言也。

人主身行方正，使人有理，遇人有禮〔一〕，行發於身而爲天下法式者，人唯恐其不復行也。身行不正，使人暴虐，遇人不信，行發於身而爲天下笑者，此不可復之行，故明主不行也。故曰：行而不可再者，君不行也。

〔一〕王念孫云：「使人有理」，謂使之必以道也；「遇人有禮」，謂待之必以禮也。賈子曰「遇之有禮，故羣臣自喜」，是也。今本「理」、「禮」二字互易，則非其恉矣。

言之不可復者，其言不信也。行之不可再者，其行賊暴也。故言而不信則民不附，行而賊暴則天下怨。民不附，天下怨，此滅亡之所從生也，故明主禁之。故曰：凡言之不可復，行之不可再者，有國者之大禁也。

管子校注卷第二十一

立政九敗解第六十五

翔鳳案：立政篇有三本四固等九目，此解其九敗一目，知子目爲當時所固有，爲講授之用，乃學制也。

人君唯毋聽寢兵〔一〕，則羣臣賓客莫敢言兵。然則内之不知國之治亂，外之不知諸侯强弱，如是則城郭毁壞，莫之築補，甲弊兵彫〔二〕，莫之脩繕。如是則守圉之備毁矣。遼遠之地謀，邊竟之士脩〔三〕，百姓無圉敵之心。故曰：寢兵之説勝，則險阻不守。

〔一〕宋翔鳳云：「毋」當作「毌」，讀爲習貫之貫（俗作「慣」）。下文並同。有作「無」字、「勿」字者，並以「毌」誤「毋」，「毋」又訛「無」、「勿」也。戴望云：「毋」爲發聲語助之詞，周、秦諸子中不可枚舉，説詳見王氏伯申經傳釋詞。「毋聽」，聽也。宋説蓋誤。翔鳳案：爾雅釋詁「哉」與「無」同詁「閒」。説文：「哉，言之閒也。」「無」與「哉」同爲語詞，「無」古讀「模」，口語作「麽」作「嗎」。詩大雅「無念爾祖，聿修厥德」，爲「念爾祖嗎」。川人以「嗎」爲決定語，如

「要得嗎」，是。舊説「無念，念也」，等於不釋矣。貨殖列傳「寧爵無刁」，集解謂「爲刁氏作奴乎」。「無刁」即「刁乎」，口語「刁嗎」，乃希望而決定之詞。周語「無亦擇其柔嘉」爲「亦擇其嘉嗎」，左隱十一年傳「無寧兹許公復奉其社稷」爲「寧兹許公復奉其社稷嗎」，皆決定詞。推之大雅「有周不顯」爲「有周顯否」，「否」與「嗎」同。此種詞句，古皆爲倒句，非王引之所謂發聲語助也。

〔二〕戴望云：中立本作「甲兵弊彫」，與上文「城郭毁壞」對。翔鳳案：「弊」借爲「敝」，敗也。甲爲衣，故可言敗。「彫」借爲「凋」。荀子子道「勞苦彫萃」，注：「傷也。」兵爲器，故可言傷殘。古本誤認「兵」爲士兵而改爲「甲兵弊彫」，非是。

〔三〕翔鳳案：韓非内儲説七術：「謀者，疑也。」釋名釋飲食：「脯又曰脩。脩，縮也，乾燥而縮也。」遼遠之地，疑其遠而不設備，邊境之士畏縮。

人君唯毋聽兼愛之説，則視天下之民如其民，視國如吾國，如是則無并兼攘奪之心，無覆軍敗將之事〔一〕。然則射御勇力之士不厚禄，覆軍殺將之臣不貴爵，如是則射御勇力之士出在外矣。我能毋攻人，可也，不能令人毋攻我。彼求地而予之，非吾所欲也。不予而與戰，必不勝也〔二〕。彼以教士，我以敺衆；彼以良將，我以無能，其敗必覆軍殺將。故曰：兼愛之説勝，則士卒不戰。

〔一〕戴望云：下文兩言「覆軍殺將」，則此「敗」字當爲「殺」之字誤。翔鳳案：着眼在「吾」

字。吾無兼幷攘奪，亦無覆軍敗將之事。「殺將」，殺敵人之將，或爲敵所殺。「其敗必覆軍殺將」，「敗」與「殺」合言之，分析如此，戴説誤。

〔三〕安井衡云：古本「不」下有「能」字。　翔鳳案：古本因上文「非吾所欲也」爲五字而加「能」字配之，非是。

人君唯無好全生，則羣臣皆全其生，而生又養生。養何也〔一〕？曰：滋味也，聲色也，然後爲養生。然則從欲妄行，男女無別，反於禽獸〔二〕。然則禮義廉恥不立，人君無以自守也。故曰：全生之説勝，則廉恥不立。

〔一〕豬飼彦博云：疑當作「主養生，養生何也」。　姚永概云：「而生又養生養何也」不成辭，此文當作「而又養生，養生何也」乃順。下文曰「滋味也，聲色也，然後爲養生」，可證。翔鳳案：言羣臣皆全其生，又養之也。白虎通云：「性，生也。」下「生」字假爲「性」。孟子：「食色，性也。」滋味聲色以養其性，何謂不成辭耶？

〔二〕戴望云：元本、朱本「反」作「及」。　翔鳳案：「反於禽獸」爲獸性復發。古本作「及」，謬矣。

人君唯無聽私議自貴，則民退靜隱伏，窟穴就山，非世間上〔一〕，輕爵禄而賤有司。然則令不行，禁不止。故曰：私議自貴之説勝，則上令不行。

〔一〕翔鳳案：廣雅釋詁三：「閒，覗也。」覗上之隙而非議之。

人君唯無好金玉貨財，必欲得其所好，然則必有以易之〔一〕。所以易之者何也？

大官尊位，不然則尊爵重禄也。如是則不肖者在上位矣。然則賢者不爲下〔三〕，智者不爲謀，信者不爲約，勇者不爲死。如是則敺國而捐之也。故曰：金玉貨財之説勝，則爵服下流。

〔一〕劉績云：「易」，謂易金玉貨財以官爵也。安井衡云：據上下文，「然」字當衍。翔鳳案：「然則」，謂既然如此，則……。安井但知爲轉折詞而衍之，誤矣。

〔三〕安井衡云：古本「下」作「力」。翔鳳案：賢者鄙不肖，不甘居其下，「不爲下」三字不誤。古本改爲「力」，則指君言，與「不肖」無涉，謬。

人君唯毋聽羣徒比周，則羣臣朋黨，蔽美揚惡，然則國之情僞不見於上。如是則朋黨者處前，寡黨者處後〔一〕。夫朋黨者處前，賢不肖不分，則爭奪之亂起，而君在危殆之中矣〔二〕。故曰：羣徒比周之説勝，則賢不肖不分。

〔一〕王念孫云：「朋」當爲「多」，下「朋黨」同。「多」與「寡」正相對。「多」、「朋」字形相似，又涉上文「朋黨」而誤。

〔二〕俞樾云：此數語尚有闕文，當云：「夫多黨者處前，寡黨者處後，則賢不肖不分，賢不肖不分，則爭奪之亂起，而君在危殆之中矣。」今本脱二句，則文義不備。翔鳳案：原文自明，俞説反覺言有枝葉。爭奪之亂者爲不肖，非賢者與之爭奪也。

人君唯毋聽觀樂玩好則敗。凡觀樂者，宫室臺池，珠玉聲樂也〔一〕。此皆費財盡力，傷國之道也。而以此事君者，皆姦人也。而人君聽之，焉得毋敗！然則府倉虚，蓄積竭，且姦人在上，則壅遏賢者而不進也。然則國適有患，則優倡侏儒起而議國事矣，是敺國而捐之也。故曰：觀樂玩好之説勝，則姦人在上位。

〔一〕丁士涵云：「觀樂」下，當依上文補「玩好」二字。「宫室臺池」，觀樂也；「珠玉聲樂」，玩好也。俞樾云：此釋上文「觀樂玩好」，不當專舉「觀樂」而釋之；疑本作「凡觀樂者，宫室臺池，玩好者，珠玉聲樂也」，傳寫奪三字。翔鳳案：以觀樂爲玩好。丁、俞平列，非是。無奪文。

人君唯毋聽請謁任譽〔一〕，則羣臣皆相爲請，然則請謁得於上，黨與成於鄉。如是則貨財行於國，法制毁於官，羣臣務佼而求用〔二〕，然則無爵而貴，無禄而富。故曰：請謁任譽之説勝，則繩墨不正。

〔一〕安井衡云：古本「譽」作「舉」，經言亦作「舉」。王念孫云：「唯毋聽請謁任舉」者，「唯聽請謁任舉」也。「毋」，語詞。説見墨子尚賢篇。翔鳳案：説文：「譽，偁也。」譽美而保舉之也。

〔二〕豬飼彦博云：「佼」當作「交」，後皆倣此。王念孫云：「求用」上當有「不」字。明法篇曰：「以黨舉官，則民務佼而不求用。」解曰：「羣臣相推以美名，相假以功伐，務多其佼，而不爲主用。」是其證。翔鳳案：「佼」爲管書專用字。求君用故無爵而貴，無禄而富。明法解就臣言，此就君言，言各有當，王説非。

人君唯無聽諂諛飾過之言則敗。奚以知其然也？夫諂臣者，常使其主不悔其過，不更其失者也，故主惑而不自知也。如是則謀臣死，而諂臣尊矣〔一〕。故曰：諂讒飾過之説勝，則巧佞者用。

〔一〕王念孫云：「謀」當爲「諫」。八觀篇云「諫臣死而諛臣尊」，是其證。「諫臣」與「諂臣」正相對，無取於「謀臣」也。此因字形相似而誤。（白虎通義引禮保傅曰「大夫進諫」，今賈子保傅篇及漢書賈誼傳「諫」竝作「謀」。淮南主術篇「耳能聽而執正進諫」，高注：「『諫』或爲『謀』。」）　翔鳳案：「謀臣」爲主謀國之臣，不諫亦可死。謀臣位尊，諫臣有時爲位卑之臣，不必以彼校此。或作「諫臣」，或作「法臣」，非必一致也。

版法解第六十六

管子解四

版法者，法天地之位，象四時之行〔一〕，以治天下。四時之行，有寒有暑，聖人法之〔二〕，故有文有武。天地之位，有前有後，有左有右，聖人法之，以建經紀。春生於左，秋殺於右，夏長於前，冬藏於後。生長之事，文也。收藏之事，武也。是故文事在左，武事在右。聖人法之，以行法令，以治事理。凡法事者，操持不可以不正〔三〕。操持不正，則聽治不公。聽治不公，則治不盡理，事不盡應。治不盡理，則疏遠微賤者無所告訴。事不盡應，則功利不盡舉。功利不盡舉，則國貧。疏遠微賤者無所告訴，則下饒〔四〕。故曰：凡將立事，正彼天植。天植者，心也。天植正，則不私近親，不孽疏遠。不私近親，不孽疏遠，則無遺利，無隱治。無遺利，無隱治，則事無不舉，物無遺者。欲見天心，明以風雨。故曰：風雨無違，遠近高下各得其嗣。

〔一〕王念孫云：「版」字，涉上「版法解」而衍。「法天地之位」云云，乃釋「法」字，非釋「版法」二字。諸解皆不釋篇名，故知「版」爲衍文也。鈔本北堂書鈔刑法部上，陳禹謨本删去。藝文類聚刑法部、御覽刑法部四引此皆無「版」字。翔鳳案：説文：「法，刑也。」七法：「尺寸也，繩墨也，規矩也，衡石也，斗斛也，角量也，謂之法。」此爲廣義之法，非刑法也。正篇：「制斷五刑，各當其名。如四時之不貣，如星辰之不變，如宵如晝，如陰如陽，如日月之明，曰法。」此爲狹義之法。解云：「象四時之行，以治天下。有寒有暑，聖人法之。」顯爲狹義之法，乃法之書於版者。論語「式負版者」，孔注：「邦國之圖籍。」此爲民法。漢時有三尺法，則二尺八寸之版爲刑法。「版法」兼此二者。本篇所解爲「版法」，非一般之法，王説非是。

〔二〕陶鴻慶云：「有寒有暑」上，當有「有生有殺」四字。下文云「春生於左，秋殺於右，夏長於前，冬藏於後。生長之事，文也；收藏之事，武也」，即承此而申説之。脱此句則文義不完。

翔鳳案：文武法寒暑，生殺乃法天地之位，陶説誤。

〔三〕豬飼彦博云：「法」當作「立」。李哲明云：此當作「凡法者」，「事」字疑涉上下文而衍。

翔鳳案：承上「以行法令，以治事理」，非誤字。

〔四〕洪頤煊云：「饒」當作「撓」，屈也。俞樾云：「饒」當爲「譊」。説文：「譊，恚呼。」金廷桂云：周禮「豫州其畜宜六擾」，釋文：「徐邈、劉昌宗讀『饒』。」則「饒」、「擾」古通。此句從上文「治不盡理」言，當以作「擾」爲是，不必作「撓」。翔鳳案：「蟯」字不見字書，碑文亦未見，當爲「饒」之别體。禮記曲禮「不饒富」，謂不僥倖求福。其本字爲「憢」，幸也。中庸：「小人行險以徼幸。」無所告愬則下行險，諸説均誤。幼官南鄉，故左爲東爲春，右爲西爲秋，前後仿此。

萬物尊天而貴風雨。所以尊天者，爲其莫不受命焉也。所以貴風雨者，爲其莫不待風而動，待雨而濡也。若使萬物釋天而更有所受命，釋風而更有所仰動，釋雨而更有所仰濡，則無爲尊天而貴風雨矣。今人君之所尊安者，爲其威立而令行也。其所以能立威行令者，爲其威利之操，莫不在君也。若使威利之操不專在君，而有所分散，則君日益輕，而威利日衰，侵暴之道也。故曰：三經既飭，君乃有國。

乘夏方長，審治刑賞，必明經紀。陳義設法，斷事以理，虛氣平心，乃去怒喜。若倍法棄令而行怒喜，禍亂乃生，上位乃殆。故曰：喜無以賞，怒無以殺。喜以賞，怒以殺，怨乃起，令乃廢。驟令而不行，民心乃外。外之有徒，禍乃始牙。衆之所忿，寡不能圖。冬既閉藏，百事盡止，往事畢登，來事未起〔一〕。方冬無事，慎觀終始，審察事理。事有先易而後難者，有始不足見而終不可及者，此常利之所以不舉，事之所以困者也。事之先易者，人輕行之。人輕行之，則必困難成之事。始不足見者，人輕棄之。人輕棄之，則必失不可及之功。夫數困難成之事，而時失不可及之功，衰耗之道也。是故明君審察事理，慎觀終始，爲必知其所成，成必知其所用，用必知其所利害。爲而不知所成，成而不知所用，用而不知所利害，謂之妄舉。妄舉者，其事不成，其功不立。故曰：舉所美必觀其所終，廢所惡必計其所窮。凡人君者，欲民之有禮義也。夫民無禮義，則上下亂而貴賤爭。故曰：慶勉敦敬以顯之，富祿有功以勸之，爵貴有名以休之。

〔一〕王念孫云：宋本「畢」作「必」，古字假借也。今本作「畢」者，後人不知古字而改之。翔鳳案：楊本作「畢」，畢與未對，「必」乃誤字，王説非是。

凡人君者，欲衆之親上鄉意也，欲其從事之勝任也〔一〕。而衆者不愛則不親，不親則不明，不教順則不鄉意〔二〕。是故明君兼愛以親之，明教順以道之，便其勢，利其備，愛其力，而勿奪其時以利之。如此，則衆親上鄉意，從事勝任矣。故曰：兼愛無遺，是謂君心。必先順教，萬民鄉風。旦暮利之，衆乃勝任。

〔一〕王念孫云：「從事之勝任」，「之」字涉上句而衍。「從事勝任」與「親上鄉意」對文。下文云「如此則衆親上鄉意，從事勝任矣」，是其證。翔鳳案：「親上鄉意」爲對文，「從事」而能「勝任」，非對舉，「之」字不可少。王不顧事理而爲偶句，誤甚。

〔二〕俞樾云：「不親則不明」句當爲衍文，上下文均無此意。且下文曰「明教順以道之」，是「明」屬君不屬民，故知此句衍文也。「不教順則不鄉意」下尚有闕文。據下文當曰「不利則不勝任」。翔鳳案：「鄉」同「嚮」，「順」同「訓」，見前。詩黄鳥「不可與明」，箋：「信也。」不親則不信，非誤字。

治之本二：一曰人，二曰事。人欲必用，事欲必工。人有逆順，事有稱量。人心逆則人不用，失稱量則事不工。事不工則傷，人不用則怨。故曰：取人以己，成事以質〔一〕。成事以質者，用稱量也；取人以己者，度恕而行也。度恕者，度之於己也。己之所不安，勿施於人。故曰：審用財，慎施報，察稱量〔二〕。故用財不可以嗇，用力不可以苦。用財嗇則費，用力苦則勞矣。奚以知其然也？用力苦則事不工，事不工而數復之，故曰勞矣〔三〕。用財嗇則不當人心，不當人心則怨起，用財而生怨，故曰費。怨起而不復反，衆勞而不得息，則必有崩阤堵壞之心〔四〕。故曰：民不足，令乃辱，民苦殃，令不行。施報不得，禍乃始昌。禍昌而不悟，民乃自圖。

〔一〕戴望云：中立本「質」作「貿」，誤。翔鳳案：莊子庚桑楚「因以己爲質」，注：「主也。」周禮詛祝「以質邦國之劑信」，注：「正也，成也。」爲「準」之借，所謂稱量也，用知古本作「貿」之謬。

〔二〕丁士涵云：「財」下脱「力」字。「慎施報」，指用力言。「察稱量」，指用財言。下文「用財」、「用力」對舉，此不當專言「用財」。翔鳳案：「察稱量」即指力言，丁説非是。

〔三〕陶鴻慶云：「矣」字衍。涉上文「用力苦則勞矣」而誤。下文「故曰費」下無「矣」字，可證。翔鳳案：「矣」字可有可無，縱筆寫時有增減，陶説非是。

〔四〕尹桐陽云：「阤」同「陊」，小崩也。「堵」同「屠」，廣雅云：「壞也。」周語：「聚不阤崩。」文選西京賦：「吳嶽爲之阤堵。」翔鳳案：説文：「阤，小崩也。」「阤」義同「弛」，其崩者以力拖開，故曰「小崩」。其壞者堵塞之，故曰「堵壞」。若訓「堵」爲「屠」，則已壞而又屠之，不近人情矣。

凡國無法則衆不知所爲，無度則事無機〔一〕。有法不正，有度不直，則治辟。治辟，則國亂。故曰：正法直度，罪殺不赦。殺僇必信，民畏而懼。武威既明，令不再行。

〔一〕孫星衍云：藝文類聚五十四、太平御覽六百三十八引「機」俱作「儀」。洪頤煊云：任法篇：「故聖君置儀設法而固守之。」又云：「置儀設法以度量斷者，上主也。」禁藏篇：「法者，天下之儀也。」形勢解：「法度者，天下之儀也。」此作「機」字，誤。翔鳳案：孟子「上無道揆也，下無法守也」，與此義近。「揆」訓「度」。後漢李固傳注：「機，衡也。」「衡」義同「度」，則「機」非誤字。

凡民者，莫不惡罰而畏罪。是以人君嚴教以示之，明刑罰以致之〔一〕。故曰：頓卒台倦以辱之〔二〕，罰罪有過以懲之，殺僇犯禁以振之。

〔一〕翔鳳案：説文：「致，送詣也。」易象傳：「君子以致命遂至。」論語：「事君能致其身。」戴侗云：「致，推之底至也。」非誤字。

〔二〕戴望云：宋本「怠」作「台」，古字也。翔鳳案：「台」古讀怡。説文：「台，説也。」即「怡」。漢書王莽傳「舜讓於堯不台」，史記五帝本紀作「不懌」，徐廣曰：「今文尚書作『不怡』。」侈靡「此百姓之怠生」，以「怠」爲「怡」。此則真爲「怠」矣。

治國有三器，亂國有六攻。明君能勝六攻而立三器則國治〔一〕，不肖之君不能勝六攻而立三器故國不治。三器者，何也？曰：號令也，斧鉞也，禄賞也。六攻者，何也〔二〕？親也，貴也，貨也，色也，巧佞也，玩好也。三器之用，何也？曰：非號令無以使下，非斧鉞無以畏衆〔三〕，非祿賞無以勸民。六攻之敗，何也？曰：雖不聽而可以得存，雖犯禁而可以得免，雖無功而可以得富。夫國有不聽而可以得存者，則號令不足以使下。有犯禁而可以得免者，則斧鉞不足以畏衆。有無功而可以得富者，則祿賞不足以勸民。號令不足以使下，斧鉞不足以畏衆，祿賞不足以勸民，則人君無以自守也。然則明君柰何？明君不爲六者變更號令，不爲六者疑錯斧鉞，不爲六者益損祿賞。故曰：植固而不動，奇邪乃恐。奇革邪化，令往民移。

〔一〕王念孫云：當依治要作「故國治」，與下「故國不治」對文。翔鳳案：「則」字以形勢言，「故」字以事理言，此處用「則」字義勝。

〔二〕王念孫云：「何也」下脱「曰」字，當依治要補。上下文「何也」下皆有「曰」字。

〔三〕孫星衍云：羣書治要引「畏」作「威」，下同。李哲明云：「畏」讀爲威，「威」與「勸」對文。禮中庸「不賞而民勸，不怒而民威於鈇鉞」，是其的證。古「畏」與「威」字通。書皋陶謨「天明畏自我民明威」，「威」、「畏」通用。下文明法解亦「威」、「勸」對舉。可見後兩「畏衆」之「畏」同。

凡人君者，覆載萬民而兼有之，燭臨萬族而事使之，是故以天地日月四時爲主爲質以治天下。天覆而無外也，其德無所不在；地載而無棄也，安固而不動，故莫不生殖。聖人法之，以覆載萬民，故莫不得其職姓〔一〕。得其職姓，則莫不爲用。故曰：法天合德，象地無親。日月之明無私，故莫不得光。聖人法之，以燭萬民，故能審察，則無遺善，無隱姦。無遺善，無隱姦，則刑賞信必。刑賞信必，則善勸而姦止。故曰：參於日月四時之行，信必而著明。聖人法之，以事萬民〔二〕，故不失時功，故曰伍於四時。

〔一〕俞樾云：「得職」猶得所也。漢書趙廣漢傳「小民得職」，注曰：「得職，各得其常所也。」此文以「職姓」連文，甚爲不詞。疑管子原文止作「莫不得其職」，而佗本或有作「得其姓」者，「姓」乃「性」之假字，言得其性也，亦與「得職」同義，而後人誤合之，遂作「得其職姓」耳。明法解篇「孤寡老弱，不失其所職」，「所職」二字亦爲不詞，蓋亦一本作「所」，一本作「職」，而誤合之。翔鳳案：説文：「職，記微也。」爲表誌之誌。左隱八年傳「天子建國，因生以賜姓」，得姓則有幟誌矣。生活尚爲後一義，觀下文「生殖」可知。

〔二〕豬飼彦博云：「事」猶使也。翔鳳案：吴大澂説文古籀補：「古文『事』、『使』爲一字，象手執簡立於㫃下，史臣奉使之義。此『事』之最古者。小子師敦『乙未饗事』，亦釋饗使。」

凡衆者，愛之則親，利之則至。是故明君設利以致之，明愛以親之。徒利而不愛，則衆至而不親。徒愛而不利，則衆親而不至。愛施俱行〔一〕，則説君臣，説朋友，説兄弟，説父子。愛施所設四〔二〕，固不能守。故曰：四説在愛施〔三〕。

〔一〕丁士涵云：「愛施」當作「愛利」，下文同。翔鳳案：論語：「博施濟衆。」施所以利之，非誤字。

〔二〕戴望云：元本作「愛施所施設」。翔鳳案：説文：「設，施陳也。」「愛施所設四」者，指君臣、朋友、兄弟、父子也。非誤文。下文「四説」甚顯明。

〔三〕劉績云：當作「悦衆在愛施」。翔鳳案：「説」字承上所設者四，「四」字不可少。

凡君所以有衆者，愛施之德也。愛有所移〔一〕，利有所幷，則不能盡有。故曰：有衆在廢私。

〔一〕豬飼彦博云：「移」當作「私」。翔鳳案：移易而不能保常，不能有衆，「移」非誤字。

愛施之德，雖行而無私。內行不脩，則不能朝遠方之君。是故正君臣上下之義，飾父子兄弟夫妻之義，飾男女之别，别疏數之差，使君德臣忠〔一〕，父慈子孝，兄愛弟敬，禮義章明，如此則近者親之，遠者歸之。故曰：召遠在脩近。

〔一〕丁士涵云：「德」乃「惠」字誤，形勢解「惠」、「忠」、「愛」、「孝」四字兩見。翔鳳案：「君德臣忠」，爲君以德臨民，不必改爲「惠」，且「惠」與「德」亦無大差别也。

閉禍在除怨。非有怨乃除之，所事之地常無怨也。凡禍亂之所生，生於怨咎。怨咎所生〔一〕，生於非理。是以明君之事衆也必經，使之必道，施報必當，出言必得，刑罰必理。如此，則衆無鬱怨之心，無憾恨之意。如此，則禍亂不生，上位不殆。故曰：閉禍在除怨也。

〔一〕戴望云：藝文類聚三十八引「咎」下有「之」字。

凡人君所以尊安者，賢佐也。佐賢則君尊、國安、民治，無佐則君卑、國危、民亂。故曰：備長存乎在賢〔一〕。

〔一〕安井衡云：古本「備」作「脩」，經言亦作「脩」。戴望云：元本「存」作「在」。許維遹云：趙本「在」作「任」，本篇同，今據正。翔鳳案：爾雅釋詁：「在，察也。」文王世子「必在視寒暖之節」，注：「察也。」「長」謂長上。大射儀「若賓若長」，注：「孤卿之尊者。」淮南脩務訓「遂爲天下備」，注：「猶用也。」用卿大夫在察賢，趙本不知其義而改之，許據以訂正，非是。

凡人者，莫不欲利而惡害。是故與天下同利者，天下持之；擅天下之利者，天下謀之。天下所謀，雖立必隳。天下所持，雖高不危。故曰：安高在乎同利。

凡所謂能以所不利利人者，舜是也〔一〕。舜耕歷山，陶河濱，漁雷澤，不取其利，以教百姓，百姓舉利之。此所謂能以所不利利人者也。所謂能以所不有予人者，武王是也。武王伐紂，士卒往者，人有書社。入殷之日，決鉅橋之粟，散鹿臺之錢，殷民大說。此所謂能以所不有予人者也。

〔一〕丁士涵云：此節及下節忽入問對語，與此篇文不類，疑亡篇中之錯簡也。翔鳳案：承上文「高安在乎同利」而申言之，總結前述明君、不肖之君，以紂與武王爲例。下文所述桓公對語，又爲全篇之總結，非釋某一二句而已。問篇之「制地君曰」一段與此相類，此講述者申其餘意。論語記孔門問答之詞，而篇末「堯曰咨爾舜」一章，則在問答之外，蓋平常所誦習者。不明此意，以爲錯簡，謬矣。

桓公謂管子曰：「今子教寡人法天合德，合德長久。合德而兼覆之，則萬物受命。象地無親，無親安固。無親而兼載之，則諸生皆殖。參於日月，無私葆光。無私而兼照之，則美惡不隱。然則君子之爲身，無好無惡，然已乎？」管子對曰：「不然。夫學者所以自化，所以自撫〔一〕。故君子惡稱人之惡，惡不忠而怨妒，惡不公議而名當稱〔二〕，惡不位下而位上，惡不親外而內放。此五者，君子之所恐行，而小人之所以亡，況人君乎！」

〔一〕俞樾云：「撫」當作「橅」，「橅」即「模」字。說文：「模，法也。」「所以自撫」，言以學自爲模範。

翔鳳案：說文：「撫，安也。一曰循也。」晉語「撫而注之」，注：「拊也。」義爲拊循。「橅」有不合。

〔二〕趙用賢云：「當」，一作「常」。翔鳳案：莊子天下「公而不當」，即此「當」字，「攩」之借。説文：「攩，朋羣也。」此非韻文，古本不知其義而改爲「常」，誤。

明法解第六十七

管子解五

明主者，有術數而不可欺也〔一〕，審於法禁而不可犯也，察於分職而不可亂也。故羣臣不敢行其私，貴臣不得蔽賤，近者不得塞遠，孤寡老弱不失其所職〔二〕，竟内明辨而不相踰越。此之謂治國。故明法曰：所謂治國者，主道明也。

〔一〕俞樾云：「有」字乃「明」字之誤。「明」字之下又奪「於」字。當云「明主者明於術數而不可欺也」，與下文「審於法禁而不可犯也，察於分職而不可亂也」，文誼一律。翔鳳案：此以八股文校古書，謬。下文同。

〔二〕王念孫云：治要無「所」字，是也。「不失其職」者，爾雅曰「職，常也」，言孤寡老幼皆有所養，而不失其常也。漢書武帝紀：「賜年九十以上及鰥寡孤獨帛人二匹，絮三斤；八十以上米人三石，有寃失職，使者以聞。」師古曰：「職，常也。失職者，失其常業及常理也。」宣帝紀「其加賜鰥寡孤獨高年帛，毋令失職」，竝與此「失職」同義。加一「所」字，則義不可通。翔鳳案：「所」字不誤。郭沫若謂「所重者非其職，乃在其所職」，是也。

明主者，上之所以一民使下也。私術者，下之所以侵上亂主也〔一〕。故法廢而私行，則人主孤特而獨立，人臣羣黨而成朋。如此則主弱而臣强，此之謂亂國。故明法曰：所謂亂國者，臣術勝也。

〔一〕王念孫云：「明主」當爲「明法」，「明法」與「私術」相對成文。下文「法廢而私行」，即承此「法」字而言。今本涉上下文「明主」而誤。

明主在上位，有必治之勢，則羣臣不敢爲非。是故羣臣之不敢欺主者，非愛主也，以畏主之威勢也。百姓之爭用，非以愛主也，以畏主之法令也。故明主操必勝之數，以治必用之民。處必尊之勢，以制必服之臣。故令行禁止，主尊而臣卑。故明法曰：尊君卑臣，非計親也，以勢勝也。

明主之治也，縣爵禄以勸其民，民有利於上，故主有以使之。立刑罰以威其下，下有畏於上，故主有以牧之。故無爵禄則主無以勸民，無刑罰則主無以威衆，故人臣之行理奉命者，非以愛主也，且以就利而避害也。百官之奉法無姦者，非以愛主也，欲以愛爵禄而避罰也〔二〕。故明法曰：百官論職，非惠也，刑罰必也。

〔二〕王念孫云：「愛」字，當依朱本作「受」，二字形相似，又涉上「愛主」而誤。「罰」上，當據上下文補「刑」字。翔鳳案：禮記表記「愛莫助之」，注：「猶惜也。」百官已有爵禄，但愛惜之而不肯放棄，非新受之也。

人主者，擅生殺，處威勢，操令行禁止之柄，以御其羣臣，此主道也。人臣者，處卑賤，奉主令，守本任，治分職，此臣道也。故主行臣道則亂，臣行主道則危。故上下無分，君臣共道，亂之本也。故明法曰：君臣共道則亂。

人臣之所以畏恐而謹事主者，以欲生而惡死也。使人不欲生，不惡死，則不可得而制也。夫生殺之柄，專在大臣而主不危者，未嘗有也。故治亂不以法斷，而決於重臣。生殺之柄，不制於主，而在羣下，此寄生之主也。故人主專以其威勢予人，則必有劫殺之患。專以其法制予人，則必有亂亡之禍。如此者，亡主之道也。故明法曰：專授則失。

凡爲主而不得行其令，廢法而恣羣臣，威嚴已廢，權勢已奪，令不得出，羣臣弗爲用，百姓弗爲使，竟内之衆不制，則國非其國，而民非其民。如此者，滅主之道也。故明法曰：令本不出謂之滅〔一〕。

〔一〕戴望云：元本、朱本無「本」字，是。翔鳳案：「本」在「不」上，不可移動。口語有「本重」之説，俗作「笨」。説文：「笨，竹裹也。」變本末爲裹外，其引申義。令笨不出也，非誤字。

明主之道，卑賤不待尊貴而見，大臣不因左右而進，百官條通〔一〕，羣臣顯見。有罰者，主見其罪。有賞者，主知其功。見知不悖，賞罰不差，有不蔽之術，故無壅遏之患。亂主則不然，法令不得至於民，疏遠鬲閉而不得聞。如此者，壅遏之道也〔二〕。故明法曰：令出而留謂之壅。

〔一〕洪頤煊云：「條」讀曰脩。漢書周勃傳「乃封爲條侯」，地理志「條」作「脩」。任法篇「羣臣脩通輻輳以事其主」，即其證。翔鳳案：漢書地理志「屮繇木條」，注：「條，條暢也。」條暢涵達，與「壅遏」義反。若作「脩」，則不類矣。

〔二〕丁士涵云：「壅遏」當爲「壅主」，下文言「塞主之道」，是其例。翔鳳案：承上「壅遏之患」而言，非誤字。

人臣之所以乘而爲姦者，擅主也。臣有擅主者，則主令不得行，而下情不上通。人臣之力，能鬲君臣之閒，而使美惡之情不揚聞，禍福之事不通徹，人主迷惑而無從悟。如此者，塞主之道也。故明法曰：下情不上通謂之塞。

明主者，兼聽獨斷，多其門户。羣臣之道，下得明上，賤得言貴，故姦人不敢欺。

亂主則不然，聽無術數，斷事不以參伍，故無能之士上通，邪枉之臣專國，主明蔽而聰塞，忠臣之欲謀諫者不得進。如此者，侵主之道也。故明法曰：下情上而道止，謂之侵。

人主之治國也，莫不有法令，賞罰具。故其法令明，而賞罰之所立者當〔一〕，則主尊顯而姦不生。其法令逆，而賞罰之所立者不當，則羣臣立私而壅塞之，朋黨而劫殺之。故明法曰：滅塞侵壅之所生，從法之不立也。

〔一〕豬飼彦博云：「具故」當作「是故」。戴望云：「具」上當脱「之」字。陶鴻慶云：「賞罰具故其法令明」八字爲句。其下當重「其法令明」四字，屬下讀之，與「其法令逆」云云，文正相對。翔鳳案：儀禮士相見「以食具告」，注：「猶辨也。」

法度者，主之所以制天下而禁姦邪也，所以牧領海内而奉宗廟也。私意者，所以生亂長姦而害公正也，所以壅蔽失正而危亡也。故法度行則國治，私意行則國亂。明主雖心之所愛，而無功者不賞也。雖心之所憎，而無罪者弗罰也。案法式而驗得失，非法度不留意焉。故明法曰：先王之治國也，不淫意於法之外。

明主之治國也，案其當宜，行其正理〔一〕。故其當賞者，羣臣不得辭也。其當罰者，羣臣不敢避也。夫賞功誅罪，所以爲天下致利除害也。草茅弗去則害禾穀，盜賊弗誅則傷良民。夫舍公法而行私惠，則是利姦邪而長暴亂也。行私惠而賞無功，則是使民偷幸而望於上也。行私惠而赦有罪，則是使民輕上而易爲非也。夫舍公法，用私意，明主不爲也〔二〕。故明法曰：不爲惠於法之内。

〔一〕王念孫云：當從治要作「案賞罰行其正理」，下文「當賞當罰」，即承此句而言。今本涉下文「其當賞者」而誤，又脱一「罰」字，衍一「宜」字。俞樾云：羣書治要作「案賞罰行其正理」，此非原文也。「案其當宜，行其正理」，兩句相對成文。「當」猶正也，廣韻：「正，正當也。」「正」可謂之「當」，「當」亦可謂之「正」。漢書李尋傳「當賀良等執左道，亂朝政」，注曰：「當，謂處正其罪名。」素問六節藏象論「當其時則甚也」，注曰：「當，謂正直之年也。」是「當」與「正」同也。「宜」通作「誼」，周官肆師職注引鄭司農曰「古者書『儀』但爲『義』，今書所謂『義』爲『誼』」，是「誼」者古「義」字，「宜」乃「誼」之省耳，故曰「仁者人也，義者宜也」。「仁」、「人」古通用，則「義」、「宜」亦通用。「案其當宜」，猶案其正義，與下句「行其正理」一律。王氏念孫反謂當從治要本，誤也。翔鳳案：説文：「當，田相值也。」廣雅釋詁：「當，直也。」漢書刑法志「以其罪名當報上」，注：「處斷也。」路温舒傳「奏當之成」，注：「謂處其罪也。」「當」不訓「正」，明矣。王固失之，俞亦未爲得也。

〔二〕王念孫云：「私意」，當依朱本作「私惠」，義見上下文。羣書治要亦作「私惠」。此作「私意」者，涉上文兩「私意」而誤。翔鳳案：上文「夫舍公法而行私惠」，此又引言之，當以意字爲是，否則複矣。

凡人主莫不欲其民之用也。使民用者，必法立而令行也。故治國使衆莫如法，禁淫止暴莫如刑。故貧者非不欲奪富者財也，然而不敢者，法不使也。强者非不能暴弱也，然而不敢者，畏法誅也。故百官之事，案之以法，則姦不生。暴慢之人，誅之以刑，則禍不起。羣臣並進，筴之以數，則私無所立。故明法曰：動無非法者，所以禁過而外私也。

人主之所以制臣下者，威勢也。故威勢在下則主制於臣，威勢在上則臣制於主。夫蔽主者，非塞其門，守其户也，然而令不行，禁不止，所欲不得者，失其威勢也。故威勢獨在於主則羣臣畏敬，法政獨出於主則天下服德〔一〕。故威勢分於臣則令不行，法政出於臣則民不聽。故明主之治天下也，威勢獨在於主，而不與臣共；法政獨制於主，而不從臣出。故明法曰：威不兩錯，政不二門。

〔一〕王念孫云：「服德」，當依朱本作「服聽」，字之誤也。「服聽」猶言服從。燕策及史記淮陰侯傳竝云「天下服聽」，是也。下文「法政出於臣，則民不聽」，正與此文相反。且「聽」與「敬」爲韻。翔鳳案：德與威並行，政出於臣，則德不在主，而不聽從，非誤字。

明主者，一度量，立表儀，而堅守之，故令下而民從。法者，天下之程式也，萬事之儀表也。吏者，民之所懸命也。故明主之治也，當於法者賞之，違於法者①誅之。故以法誅罪，則民就死而不怨；以法量功，則民受賞而無德也。此以法舉錯之功也[一]。故明法曰：以法治國，則舉錯而已。

[一]戴望云：「功」乃「方」字誤。翔鳳案：就死不怨，受賞無德，是爲舉錯之功，「方」字不合。

明主者，有法度之制，故羣臣皆出於方正之治，而不敢爲姦。百姓知主之從事於法也，故吏之所使者，有法則民從之，無法則止。民以法與吏相距，下以法與上從事，故詐僞之人不得欺其主，嫉妬之人不得用其賊心，讒諛之人不得施其巧，千里之外不敢擅爲非。故明法曰：有法度之制者，不可巧以詐僞。

權衡者，所以起輕重之數也。然而人不事者，非心惡利也，權不能爲之多少其數，而衡不能爲之輕重其量也。人知事權衡之無益，故不事也。故明主在上位，則官不得枉法，吏不得爲私。民知事吏之無益，故財貨不行於吏。權衡平正而待物，

① 「賞之違於法者」六字原無，據補注增。

故姦詐之人不得行其私。故明法曰：有權衡之稱者①，不可欺以輕重。

尺寸尋丈者，所以得短長之情也。故以尺寸量短長，則萬舉而萬不失矣。是故尺寸之度，雖富貴衆强不爲益長，雖貧賤卑辱不爲損短，公平而無所偏，故姦詐之人不能誤也〔一〕。故明法曰：有尋丈之數者，不可差以長短。

〔一〕丁士涵云：「誤」，「試」字之譌。翔鳳案：説文：「誤，謬也。」「謬，狂者之妄言也。」「誤」從吳得聲義，「吳」訓大言。詩絲衣「不吳不敖」，何承天音「胡化切」。今作「哈」。「誤」謂説大話誑人，非譌字也。

國之所以亂者，廢事情而任非譽也。故明主之聽也，言者責之以其實，譽人者試之以其官。言而無實者誅，吏而亂官者誅。是故虚言不敢進，不肖者不敢受官。亂主則不然，聽言而不督其實，故羣臣以虚譽進其黨；任官而不責其功，故愚汙之吏在庭。如此，則羣臣相推以美名，相假以功伐，務多其佼〔一〕，而不爲主用。故明法曰：主釋法以譽進能，則臣離上而下比周矣。以黨舉官，則民務佼而不求用矣。

〔一〕安井衡云：諸本「交」作「佼」，古本作「交」。

① 「者」字原作「若」，據補注改。

亂主不察臣之功勞，譽衆者則賞之；不審其罪過，毁衆者則罰之。如此者，則邪臣無功而得賞，忠正無罪而有罰。故功多而無賞，則臣不務盡力；行正而有罰，則賢聖無從竭能。行貨財而得爵禄，則汙辱之人在官。寄託之人不肖而位尊，則民倍公法而趨有勢。如此，則慤愿之人失其職，而廉潔之吏失其治。故明法曰：官之失其治也，是主以譽爲賞，而以毁爲罰也。

平吏之治官也，行法而無私，則姦臣不得其利焉，此姦臣之所務傷也。人主不參驗其罪過，以無實之言誅之，則姦臣不能無事貴重而求推譽〔一〕，以避刑罰而受禄賞焉。故明法曰：喜賞惡罰之人，離公道而行私術矣。

〔一〕俞樾云：「姦臣」當作「人臣」，蓋人主以無實之言誅人，則人臣皆事貴重以求免，非必姦臣也。涉上文兩云「姦臣」而誤。翔鳳案：自好者旁言以避禍，何必事權貴乎？俞説非也。

姦臣之敗其主也，積漸積微，使主迷惑而不自知也。上則相爲候望於主，下則買譽於民。譽其黨而使主尊之，毁不譽者而使主廢之，其所利害者，主聽而行之。如此，則羣臣皆忘主而趨私佼矣。故明法曰：比周以相爲慝，是故忘主死佼以進其譽。

主無術數則羣臣易欺之，國無明法則百姓輕爲非。是故姦邪之人用國事，則羣臣仰利害也。如此，則姦人爲之視聽者多矣，雖有大義，主無從知之〔一〕。故明法曰：佼衆譽多〔二〕，外内朋黨，雖有大姦，其蔽主多矣。

〔一〕豬飼彦博云：「大」當作「不」。王念孫云：廣雅曰：「俄，衺也。」古者「俄」、「義」同聲，故「俄」或作「義」。安井衡云：「大義」解大姦，王説可從。戴望云：「義」，「俄」之借字。説詳王氏尚書述聞。翔鳳案：「義」同「我」，詳侈靡篇。由「我」假爲「俄」，王説是也。

〔二〕孫星衍云：明法篇「佼」作「交」。

凡所謂忠臣者，務明法術，日夜佐主，明於度數之理以治天下者也。姦邪之臣，知法術明之必治也，治則姦臣困而法術之士顯，是故邪之所務事者〔一〕，使法無明，主無悟，而己得所欲也。故方正之臣得用，則姦邪之臣困傷矣。是方正之與姦邪不兩進之勢也。姦邪在主之側者，不能勿惡也〔二〕。惟惡之，則必候主閒而日夜危之。人主不察而用其言，則忠臣無罪而困死，姦臣無功而富貴。故明法曰：忠臣死於非罪，而邪臣起於非功。

〔一〕王念孫云：朱本及治要「邪」上皆有「姦」字，當據補。上下文皆言「姦邪」。翔鳳案：

「姦邪」非平列，乃姦而邪者。「治則姦臣困」，無「邪」字，則下文不能有「姦」字矣。王說非是。

〔二〕王念孫云：「惡也」，當依治要作「惡之」，下文曰「惟惡之，則必候主閒而日夜危之」，三「之」字文義相承。翔鳳案：「也」字是，與上句「也」字呼應。

富貴尊顯，久有天下，人主莫不欲也。令行禁止，海内無敵，人主莫不欲也。蔽欺侵凌，人主莫不惡也。失天下，滅宗廟，人主莫不惡也。忠臣之欲明法術，以致主之所欲，而除主之所惡者，姦臣之擅主者有以私危之，則忠臣無從進其公正之數矣。故明法曰：「所死者非罪，所起者非功，然則爲人臣者重私而輕公矣。」

亂主之行爵禄也，不以法令案功勞；其行刑罰也，不以法令案罪過，而聽重臣之所言。故臣有所欲賞〔一〕，主爲賞之；臣欲有所罰，主爲罰之，廢其公法，專聽重臣。如此，故羣臣皆務其黨重臣而忘其主，趨重臣之門而不庭。故明法曰：「十至於私人之門，不一至於庭。」

〔一〕丁士涵云：當作「臣欲有所賞」，與「臣欲有所罰」對文。翔鳳案：郭沫若謂「下文『臣欲有所罰』當作『臣有所欲罰』」，丁校適反」，是也。

明主之治也，明於分職而督其成事，勝其任者處官，不勝其任者廢免，故羣臣皆竭能盡力以治其事。亂主則不然，故羣臣處官位，受厚禄，莫務治國者，期於管國之重而擅其利，牧漁其民以富其家〔一〕。故明法曰：百慮其家，不一圖國。

〔一〕王念孫云：「牧」當爲「收」，説見侈靡篇。安井衡云：牟利於民，如蒭夫之於牧，漁人之於魚，窮其力而取之。

明主在上位，則竟内之衆盡力以奉其主，百官分職致治以安國家。亂主則不然，雖有勇力之士，大臣私之，而非以奉其主也；雖有聖智之士，大臣私之，非以治其國也。故屬數雖衆，不得進也；百官雖具，不得制也。如此者，有人主之名而無其實。故明法曰：屬數雖衆，非以尊君也。百官雖具，非以任國也。此之謂國無人。

明主者，使下盡力而守法分，故羣臣務尊主，而不敢顧其家。臣主之分明，上下之位審，故大臣各處其位，而不敢相貴。亂主則不然，法制廢而不行，故羣臣得務益其家。君臣無分，上下無别，故羣臣得務相貴。如此者，非朝臣少也，衆不爲用也。故明法曰：國無人者，非朝臣衰也。家與家務相益〔一〕，不務尊君也；大臣務相貴，而不任國也。

〔一〕丁士涵云：元本無「與家」二字，依文義似衍。「家務相益」，與「大臣務相貴」對文。

人主之張官置吏也，非徒尊其身，厚奉之而已也，使之奉主之法，行主之令①，以治百姓而誅盜賊也。是故其所任官者大，則爵尊而禄厚；其所任官者小，則爵卑而禄薄。爵禄者，人主之所以使吏治官也。亂主之治也，處尊位，受奉禄，養所與佼〔一〕，而不以官爲務。如此者，則官失其能矣。故明法曰：小臣持禄養佼，不以官爲事，故官失職〔二〕。

〔一〕陶鴻慶云：依前後各節，「亂主之治也」當作「亂主則不然」。今本涉上下文「明主之治也」屢見而誤耳。「處尊位」上當有「羣臣」二字。前節云「亂主則不然，故羣臣處官位，受厚禄，莫務治國者」，與此節文正相似。翔鳳案：「奉」即「俸」，各本作「厚」。漢書高帝紀：「列侯幸得餐邑奉錢。」左昭六年傳「奉之以仁」，注：「養也。」「奉」字較近於原文，作「厚」者，依尊位改之耳。

〔二〕劉績云：經作「故官失其能」。

明主之擇賢人也〔一〕，言勇者試之以軍，言智者試之以官。試於軍而有功者則舉之，試於官而事治者則用之。故以戰功之事定勇怯〔二〕，以官職之治定愚智。故勇怯

① 「令」字原作「今」，據補注改。

愚智之見也，如白黑之分。亂主則不然，聽言而不試，故妄言者得用；任人而不言〔三〕，故不肖者不困。故明主以法案其言而求其實，以官任其身而課其功，專任法，不自舉焉。故明法曰：先王之治國也，使法擇人，不自舉也。

〔一〕豬飼彦博云：「賢」字衍。翔鳳案：擇其勇智而勝於人者，非專擇其德，「賢」字不可少。「賢」爲多材也。

〔二〕孫星衍云：羣書治要引「功」作「攻」。

〔三〕翔鳳案：「任人」者，必先言其任務期望效驗等，以責其成，亂主不如此。下文「以前言督後事」，可證。古本作「不官」，誤。

凡所謂功者，安主上，利萬民者也。夫破軍殺將，戰勝攻取，使主無危亡之憂，而百姓無死虜之患，此軍士之所以爲功者也。奉主法，治竟内，使强不凌弱，衆不暴寡，萬民驩盡其力，而奉養其主，此吏之所以爲功也。匡主之過，救主之失，明理義以道其主，主無邪辟之行，蔽欺之患，此臣之所以爲功也。故明主之治也，明分職而課功勞，有功者賞，亂治者誅。誅賞之所加，各得其宜，而主不自與焉。故明法曰：使法量功，不自度也。

明主之治也，審是非，察事情，以度量案之。合於法則行，不合於法則止。功充其言則賞，不充其言則誅。故言智能者，必有見功而後舉之。言惡敗者，必有見過而後廢之。如此，則士上通而莫之能妬〔一〕，不肖者困廢而莫之能舉。故明法曰：能不可蔽，而敗不可飾也。

〔一〕豬飼彥博云：「士」上脱「賢」字。翔鳳案：賢者少而中材多，中材亦須上通，非脱賢字。

明主之道，立民所欲，以求其功，故爲爵禄以勸之；立民所惡，以禁其邪〔一〕，故爲刑罰以畏之。故案其功而行賞，案其罪而行罰。如此，則羣臣之舉〔二〕，無功者不敢進也；毁，無罪者不能退也。故明法曰：譽者不能進，而誹者不能退也。

〔一〕豬飼彥博云：「立」當作「廢」。翔鳳案：後漢郎顗傳「主名未立，多所收捕」，注：「猶定也。」「定民所欲」，「定民所惡」，非誤字。

〔二〕豬飼彥博云：「舉」當爲「譽」，言有虛譽而無實功之臣。翔鳳案：黨其無功者，舉而進之，言其可試用。無功者不能譽爲有功，「舉」非誤字。

制羣臣，擅生殺，主之分也。縣令仰制，臣之分也。威勢尊顯，主之分也。卑賤畏敬，臣之分也。令行禁止，主之分也。奉法聽從，臣之分也。故君臣相與，高下之處也，如天之與地也。其分畫之不同也〔一〕，如白之與黑也。故君臣之閒明别，則主尊臣卑。如此，則下之從上也，如響之應聲；臣之法主也，如景之隨形。故上令而下應，主行而臣從。以令則行，以禁則止，以求則得，此之謂易治。故明法曰：君臣之間，明別則易治〔二〕。

〔一〕丁士涵云：「分」當爲「介」，説文：「介，畫也。」翔鳳案：説文：「分，别也。从八从刀，以刀分别物也。」有分劃之義。不必改爲「介」。

〔二〕劉績云：經作「君臣之間明别，明别則易治也」。

明主操術任臣下，使羣臣効其智能，進其長技。故智者効其計，能者進其功，以前言督後事所効，當則賞之，不當則誅之。張官任吏治民，案法試課成功，守法而法之〔一〕，身無煩勞而分職〔二〕。故明法曰：主雖不身下爲，而守法爲之可也。

〔一〕陶鴻慶云：下「法」字當爲「治」字之誤，此解明法篇「不身下爲而守法爲之」之義，「爲」亦「治」也。翔鳳案：「守法而法之」，第二「法」字爲動詞，與「春風風人，夏雨雨人」、「入其門而無人門焉者，入其閨而無人閨焉者」相類，非誤字，陶説謬。

〔二〕丁士涵云：「分職」下有脱文。陶鴻慶云：「分職」下當有「明」字。「分」音扶問反，前節云「明主之治也，明於分職，而督其成事」，又云「明主之治也，明分職而課功勞」，皆其證。翔鳳案：有分職則不煩勞，不必加「明」字。若分職明則功效著，非徒不煩勞而已。

巨乘馬第六十八

翔鳳案：輕重十九篇，内有自輕重甲至輕重庚七篇，而巨乘馬至國准十二篇亦以「輕重」名，其分别何在，從無有説明者。實則甲至庚爲輕重九府，合爲一篇，劉向所校爲八十篇，予於序論已論之矣。「九府」民間無有，易代而後，合而編之，綴於全書之末，題以共名。丁士涵云：「匡」疑當作「國」，俗書作「国」。形近而譌。何如璋云：「臣」字，宋本作「巨」。「巨」字無義，後人乃改爲「臣」。按「臣」亦費解，當是「筴」之誤，本文有「筴乘馬之數求盡」句，可證。張佩綸云：山至數篇「行幣乘馬之數奈何」，注：「即臣乘馬所謂『篋乘馬』者，『臣』猶實也。『篋』者，以幣爲篋，而洩重射輕。」通典食貨十二引注「臣」均作「筐」。以意定之。「筴」誤作「篋」，「篋」又誤作「筐」，展轉爲「匡」、爲「臣」、爲「巨」。「巨乘馬」當作「筴乘馬」，始與篇中「筴乘馬」相應。龐樹典云：「巨」，元本、朱本作「匡」，他本或作「臣」。宋紹興刊本山至數篇中亦作「臣」。山至數注曰：「『臣』猶實。」「臣」無訓「實」之義，而「巨」亦不可訓「實」，是「匡」字爲近。故通典引舊注「臣」均作「筐」。「筐」，篋也。「匡乘馬」即「篋乘馬」也。丁氏疑「匡」爲「國」之壞字，非。翔鳳案：「乘馬」之義詳第五篇，即計數之碼也。説文：「巨，規巨也，从工，象手持之。榘，或从木、矢。矢者，其中正也。」「巨」即規矩之矩。「巨乘馬」即「矩乘馬」，有法度之乘馬也。「臣」爲「巨」之隸書别體。魏司馬景和妻墓誌「矩」作

「矩」，隋呂胡墓誌作「矩」，「臣」及「叵」皆「巨」字，「匡」則「臣」之變矣。諸説均誤。趙本作「臣乘馬」不誤，然趙本人不能解。山至數有「矩券」，乃鐵證也。

桓公問管子曰：「請問乘馬。」管子對曰：「國無儲在令〔一〕。」桓公曰：「何謂國無儲在令？」管子對曰：「一農之量壤百畝也，春事二十五日之内〔二〕。」桓公曰：「何謂春事二十五日之内？」管子對曰：「日至六十日而陽凍釋，七十日而陰凍釋〔三〕。陰凍釋而杋稷〔四〕，百日不杋稷，故春事二十五日之内耳也〔五〕。今君立扶臺〔六〕，五衢之衆皆作。君過春而不止〔七〕，民失其二十五日，則五衢之内阻棄之地也〔八〕。起一人之繇，百畝不舉。起十人之繇，千畝不舉。起百人之繇，萬畝不舉。起千人之繇，十萬畝不舉。春已失二十五日，而尚有起夏作〔九〕，是春失其地，夏失其苗，秋起繇而無止〔一〇〕，此之謂穀地數亡。穀失於時〔一一〕，君之衡藉而無止〔一二〕。民食十伍之穀，則君已藉九矣〔一三〕。有衡求幣焉〔一四〕，此盜暴之所以起，刑罰之所以衆也。隨之以暴，謂之内戰。」桓公曰：「善哉！」

〔一〕安井衡云：國無儲蓄，在政令失宜。張佩綸云：爾雅釋詁：「在，察也。」月令注：「令，謂時禁也。」王制：「國無九年之蓄曰不足，無六年之蓄曰急，無三年之蓄曰國非其國也。」無儲察令，重農制用之要。翔鳳案：國蓄：「民有餘則輕之，故人君斂之以輕。民不足則重之，故人君散行之以重。故君必有什倍之利，而財之横可得而平也。」又云：「凡輕重之大利，以重射輕，以賤泄平。萬物之滿虚，隨財準平而不變，衡絶則重見。」「輕重」爲國家專賣政策，保持經濟之平衡，是必有經濟計劃，即爲「乘馬」。輕重之數，以穀爲基準，奪農時則歉收，故桓公「問乘馬」，管子答以「國無儲在令」。穀之儲蓄不足，由於穀地數亡。安井之説是也。

〔二〕張佩綸云：「量」當作「糧」。説文：「糧，穀食也。」言農夫終歲之穀食係于百畝，而百畝之收穫係乎春事二十五日之内。聞一多云：「量」字不誤。山權數篇曰「地有量」，又曰「地量百畝，一夫之力也」，義與此同。翔鳳案：合耕種言之，爲二十五日，今之農事尚然。

〔三〕俞樾云：七十日陰凍釋而秇稷，至百日而止，則尚有三十日，乃云「春事二十五日之内」，義不可通。疑管子原文本作「七十五日而陰凍釋」，後人但取「六十日」、「七十日」兩文相對，而不顧其數之不合，遂妄删「五」字耳。易乾鑿度曰「天氣三微而成一箸」，鄭注曰：「五日爲一微，十五日爲一箸，故五日成一候，十五日成一氣。」然則日至六十日得三微一箸者二，七十五日又得三微一箸者一。以周書時訓篇言之，日至六十日而陽凍釋，是爲驚蟄，七十五日而陰凍釋，是爲雨水。若作「七十日」，則不相當矣。故知其誤也。張佩綸云：「陽凍釋」、「陰凍釋」者，説文：「陽，高明也。陰，闇也，水之南，山之北也。」説凍解惟此篇及夏小正最有體驗。正月先言「寒日滌凍塗」，傳曰：「滌也者，變也，變而煖也。凍塗也者，凍下而澤上多也。」又曰「農及雪澤」，「言雪澤之無高下也」。彼言上下漸釋，此言陽陰漸釋，義同。翔鳳案：幼官以十二日爲節氣，六十日爲冬至後第三節氣，小卯已過。春八節，七十日爲第六節，正當小卯。俞以「驚蟄」、「雨水」釋之，以爲誤而加「五」字，誤矣。張釋陰陽爲山之南北，是也。

〔四〕劉績云：「秇」同「蓺」。別本作「種」。言七十日陰凍釋，蓺稷，若百日則過時不蓺矣。是秇種惟在二十五日之内。龐樹典云：「杌」當作「秇」，「秇」古「蓺」字。古人穀種稷最先，故遂以名官，祭祀尚之。唐蘭云：「秇」，宋本作「杌」。今按本當作「杋」，見卜辭，「藝」之本字也。翔鳳案：「杌」從木，兀聲，當爲「樹」之別體，其聲同也。廣雅釋地：「樹，種也。」周禮大司徒：「以教稼穡樹蓺。」楊本不從禾，則非「秇」，後人以意改之也。唐所説之「杋」，與説文木部「槸」相同，乃「槷」字，非「藝」也。

〔五〕丁士涵云：「耳」乃「畢」字誤。張佩綸云：「耳也」之「也」疑衍。翔鳳案：樹稷不能到百日，故春事即在此二十五日之内。孟子盡心「焉耳矣」，「耳」爲「而已」之合音，非誤字。

〔六〕張佩綸云：「扶臺」未聞，漢志琅邪郡郱縣，豈以地名「臺」歟？章炳麟云：「扶」蓋「蒲」之假借。如「匍匐」字或作「蒲伏」（左昭十三年傳），或作「扶伏」（左昭廿一年傳），是「蒲」、「扶」相通之證。釋名釋宮室曰：「草圓屋曰蒲，蒲，敷也。總其上而敷下也。」此豈僭爲清廟茅屋，上圓法天，復立靈臺，以觀天文之制，猶其欲行封禪之侈心歟？　尹桐陽云：「扶臺」，謂扶邑之臺。前漢書地理志琅邪有邞，水經注作「扶」。説文：「邞，琅琊縣。」翔鳳案：「扶臺」於農事有關而又防礙農事，可由此得其線索。輕重甲「管子有扶身之士五萬人」，又曰「今每戰輿死扶傷」，又曰「重籍於民」，與「衡藉」於民相合。「扶臺」爲訓練扶身之士而築，寓兵於農。於農忙立扶臺，則春失其地，夏失其苗。諸説均誤。

〔七〕安井衡云：古本「君」作「若」。

〔八〕張佩綸云：「五衢之内」疑當作「五鄉」，涉上「五衢」而誤。「阻」當作「租」。説文：「租，田賦也。」「五衢之衆皆作」，言工作之民充塞衢路也。「衢」非耕耘之地，「五衢之内阻棄之地」不辭。立政篇「分國以爲五鄉」，五鄉之内，民皆不能耕，則田賦棄之地矣。　聞一多云：「阻棄」當爲「菹萊」，字之誤也。國准篇「彼菹萊之壤，非五穀之所生也」，輕重乙篇「菹萊、鹹鹵、斥澤，山間堁壘不爲用之壤」，「菹萊」謂菹澤草萊（輕重甲篇「山林菹澤草萊」）不耕之地也。此云「菹萊之地」，猶二篇云「菹萊之壤」。二篇「萊」字今並作「菜」，王念孫定爲「萊」之誤。本篇「萊」誤爲「棄」，猶二篇之誤爲「菜」矣。　翔鳳案：「扶臺」爲險阻，在「五衢之内」，義至平易，何用他求？此地不妨農産，重在用千萬人之繇役而奪農時。釋「阻棄」爲「苴萊」，與「五衢之内」不合。改「衢」爲「鄉」，亦誤。

〔九〕安井衡云：「作」謂繇役。　張佩綸云：「有起夏作」、「有衡求幣」之「有」，均讀爲又。

〔一〇〕張佩綸云："「秋」下疑脱「失其麥」三字。公羊莊七年何注："「苗者，禾也。生曰苗，秀曰禾。」月令："「仲秋之月，乃勸種麥，毋或失時。」漢書食貨志董仲舒説上曰："「春秋它穀不書，至於麥禾不成則書之，以此見聖人於五穀最重麥與禾也。」今關中俗不好種麥，是歲失春秋之所重而損生民之具也。」以經説參詳，應補「失其麥」三字，於義始足。」翔鳳案：秋收穀，麥爲次要。下文明言「穀失於時」，而張謂「失其麥」，誤矣。

〔一一〕戴望云："元本「於」作「其」。」張佩綸云："「穀」上當脱「五」字。」翔鳳案：穀有五穀、六穀、九穀、百穀之異名，張何以定爲脱「五」字耶？陋矣。

〔一二〕丁士涵云："「衡」讀爲「横」。下同。」安井衡云："「衡」，官名。周有川衡、林衡，齊以名税斂之官，蓋取其平也。「藉」、「籍」通，斂也。」翔鳳案："「衡」爲輕重之平。「衡籍」者，爲保持平衡而籍之。

〔一三〕安井衡云："民食不足，出什五之息以貸於富者，故云「食什五之穀」也。云君已税九，則齊時税什四矣。蓋此篇戰國閒學管氏者所作，因其所見立説，非桓公之時實税什四也。」張佩綸云："「民食十伍之穀」當作「民食穀之十則君已藉九」，言十籍其九，民無餘食也。」聞一多云："「伍」疑當作「一」。君藉什之九，則民食什之一也。」翔鳳案：十籍其九，「伍」字横梗於中，此不可通者。「什」爲什保，「伍」爲參伍，指組織而言。民衆互相依賴爲生活之穀，君藉其九，即十之九也。周禮小宰「八成」，「一曰聽政役以比居」，先鄭云："「比居，謂伍藉也。比地爲伍，因内政。寄軍令，以伍藉發軍起役者，平而無遺脱也。」度地：「常以秋歲末之時閲其民，案家人比地，定什伍口數。」是其證矣。諸説均誤。

〔一四〕豬飼彦博云：「有」、「又」同。「衡」、「横」同。安井衡云：「有」，又也。諸本「幣」作「弊」，今從朱本作「幣」。翔鳳案：楊本作「幣」，是也。「衡」義同上。

筴乘馬之數求盡也〔一〕。彼王者不奪民時，故五穀興豐。五穀興豐，則士輕禄，民簡賞〔二〕。彼善爲國者，使農夫寒耕暑耘，力歸於上，女勤於纖微，而織歸於府者〔三〕，非怨民心，傷民意，高下之筴，不得不然之理也。」桓公曰：「爲之柰何？」管子曰：「虞國得筴乘馬之數矣。」桓公曰：「何謂筴乘馬之數？」管子曰：「百畝之夫子之筴，率二十七日爲子之春事〔四〕，資子之幣。春秋子穀大登〔五〕，國穀之重去分〔六〕。謂農夫曰：幣之在子者，以爲穀而廩之州里。國穀之分在上，國穀之重再十倍〔七〕。謂遠近之縣，里邑百官，皆當奉器械備〔八〕。曰：國無幣，以穀准幣。國穀之櫎，一切什九〔九〕。還穀而應穀〔一〇〕，國器皆資，無藉於民。此有虞之筴乘馬也〔一一〕。」

〔一〕王念孫云：「筴」上當有「管子曰」三字。安井衡云：「求」當爲「未」字之誤。張佩綸云：此上管子未言「筴乘馬」，而桓忽求盡筴乘馬之數，而後乃言何謂筴乘馬之數，錯脱顯然。龐樹典云：今匡乘馬自篇首「桓公問」至「桓公曰善哉」，蓋問乘馬之文，而亦不全，後人妄移置於此。翔鳳案：此省「曰」字。山權數「管子對曰：有。曰：執守其數」，增一「曰」字。或增或省，無定法也。承上言乘馬之數當求盡，非謂未盡。諸人不明「乘馬」之義，以爲錯簡，謬矣。

〔二〕安井衡云：「簡」，傲也，謂輕之。

〔三〕王念孫云：當依事語篇作「女勤於緝績徽織，功歸於府」。説文曰：「緝，績也。」「績，緝也。」連言之，則曰「緝績」。陳風東門之池箋曰「於池中柔麻，使可緝績作衣服」，是也。「徽織」即徽識，（「徽」，説文作「微」。「識」，今作「幟」。）周官司常注曰：「徽識，旌旗之細也。」「識」或作「織」，小雅六月篇「織文鳥章」，箋曰「織，徽織」，是也。「功歸於府」與「力歸於上」對文。今本脱「緝績功」三字，「徽」誤作「微」，又衍「纖」、「而」二字。（「纖」即「織」字之誤而衍者。）何如璋云：「織歸於府」謂布縷之征。緝績乃女工至纖至微之事，故謂「勤於纖微」。王云：「當依事語篇作『女勤於緝績徽織，功歸於府』。」按春秋説題辭：「麻之爲言微也，陰精寖密，女作纖微也。」女工纖微，義更圓足，何必據彼改此？翔鳳案：何説是。

〔四〕王引之云：「七」當爲「五」。上文曰「一農之量，壤百畝也，春事二十五日之内」，是也。古「五」字作「×」，與「七」相似，故「五」譌爲「七」。陶鴻慶云：「爲子之春事」二句上當有「曰」字，因與「日」字相亂而誤奪也。此告農夫辭。下文「謂農夫曰：幣之在子者以爲穀而廩之州里」，與此文相應。蓋春則資之以幣，秋則準幣以還穀，故爲此令以預戒之。翔鳳案：「二十七日」，以三九計之。說苑謂桓公之時，有以「九九」見者，此齊人之習慣也。上句「子」字，趙本作「予」。書泰誓「勗哉夫子」，指士兵而言，即農夫也。「夫子」二字爲名詞，下句「子」字乃省稱，知趙本作「予」爲誤字。

〔五〕王念孫云：「春秋」當爲「泰秋」，此涉上文「春事」而誤。「泰秋」即秋也，見山國軌、山至數二篇。其輕重乙、輕重丁二篇竝作「大秋」。（「大」與「泰」同。） 聞一多云：通典食貨十二引山國軌篇注曰：「泰，當也。」 任林圃云：「泰秋」即「大秋」，謂秋穀登場之時也，山東方言謂五月麥熟之際爲「麥秋」，八月諸穀熟爲「大秋」。 翔鳳案：「穀」包稷麥稻粱等言之，春秋均收，何但云「泰秋」耶？誤矣。

〔六〕安井衡云：「分」，半也。「去分」，減半也。 何如璋云：「分」，半也。言穀之重價減其半也。 馬元材云：「國穀」，指國境以內所有之穀而言。 輕重甲篇作「國粟」。其他「國器」（筴乘馬、山至數）、「國銅」（山權數）、「國幣」（山至數）、「國財」（山至數、地數），皆仿此。 翔鳳案：「重」謂輕重之數，非物價也。春秋繁露：「春秋分者，陰陽相平也。」「分」，古讀「半」。

〔七〕安井衡云：農夫既納穀償財，平分一國之穀，其半在上，於是穀價之貴，再十倍於秋成之日；秋成前穀貴，至此復貴，故曰「再」。 何如璋云：「分」亦半也。「重再十倍」，「十」當作「一」，言穀之半藏於上，故其價重一倍也。「十」則大相懸矣。 張佩綸云：國穀之分在上，新穀皆斂於上，則其權自上採之矣。「再十倍」當作「稱十倍」，即山國軌「穀坐長而十倍」也。翔鳳案：説文「再，一舉而二也。」「爯，并舉也。」釋言：「偁，舉也。」三字義近。張以山國軌爲證，是也。下文釋其「十倍」之原因。

〔八〕翔鳳案：「奉器械備」，猶言備奉器械，此倒句也。孟子「百工之所爲備」。提高穀價，以穀準備而賞之。

〔九〕安井衡云：國蓄「橫」字凡三出，詳玩文意，皆謂時價，即漢儒所謂月平也。蓋「橫」、「横」同，「横」與「衡」通，衡，平也。展轉相訓，「橫」有平義。時價一定無高低，故謂時價爲「橫」耳。何如璋云：「橫」者物價之限，韻會「橫」與「横」同。「横」即「衡」也。張佩綸云：「國穀之橫一切什九」，即山國軌所謂「國幣之九在上，一在下」也。許維遹云：説文木部：「橫，所以几器。」「几器」猶皮藏之器，引申爲量名，而本書由量名變爲穀價之名，山至數篇、山國軌篇以「市橫」連文，「市橫」即市價也。又以「鄉橫」、「市准」相對，「橫」與「准」類相從也。至云「鄉穀之橫若干，請以穀視市橫而庚子牛馬」，則「橫」爲穀價明矣。此云「國穀之橫一切什九」，意謂國穀之價值，一律上取什分之九，即山國軌篇所云「環穀而應假幣，國幣之九在上，一在下」也。聞一多云：許説「橫」爲穀價名，至確。然竊疑「橫」之爲穀價，與凡穀之價不同。説文：「榷，水榷，横木所以渡也。」淮南子繆稱篇高注：「獨梁，一木之水榷也。」引申爲榷筦之榷。漢書武帝紀「初榷酒酤」，韋昭注曰：「以木渡水曰榷，謂禁民酤釀，獨官開置，如道路設木爲榷，獨取利也。」車千秋傳「自以爲國家興榷筦之利」，師古注曰：「榷，謂專其利使入官也。」是「榷」即今所謂政府專賣。「榷」、「櫎」聲義俱近。「櫎」本訓横木，而「櫎」與「横」通，故「榷」一曰「櫎」。管書言「櫎」，蓋謂政府專賣穀類之價格也。翔鳳案：「櫎」爲「胡廣反」，房於國蓄、山至數注均音「古莫反」。聞謂其爲「榷」之借，「即今所謂政府專賣」，是也。漢書平帝紀「吏在位二百石以上，一切滿秩如真」，注：「一切者，權時之事，非經常也。」後漢張敏傳：「夫輕侮之法，先帝一切之恩，不有成科班之律令也。」「一切」爲權時，兩漢常語。「一切什九」，權時定爲什九。古之一切，變爲權且，一切之合音爲「且」也。今之「一切」則爲一律，有均平之義，周時則作「壹是」。大學：「自天子至於庶人，壹是皆以修身爲本。」

〔一〇〕丁士涵云：當作「還穀而應幣」。山國軌篇曰：「然後調立環乘之幣。」又曰：「上無幣有穀，以穀准幣，環穀而應筴。」（「以穀准幣」即是國筴，故「應幣」謂之「應筴」。）又曰：「貲家假幣，皆以穀准幣，直幣而庚之。穀爲下，幣爲上。百都百縣軌據，穀坐長十倍，環穀而應假幣。」是其證。「還」與「環」同。郭沫若云：丁校非是。「還穀而應穀」不誤。「還穀」者，指假幣於民而使之以穀價還。「應穀」者，指以穀代幣，購置器械以備公用。承上兩事而言，故下文結之以「穀器皆資，無藉於民」。言穀物與器用皆足，而不增加税藉。「穀器皆資」，「穀」字原作「國」，因音近而訛。丁所引山國軌篇「貲家假幣」云云，乃富家向官家假幣，官家以賤價之穀代幣而與之，預約以幣償還其穀。及穀貴，富家乃不得不准貴穀之價而償幣，故曰「環穀而應假幣」。丁未得其解。

〔一〕姚永概云：臣乘馬篇末曰「此有虞氏之筴乘馬也」，乘馬數篇首曰「桓公問管子曰『有虞筴乘馬已行矣』」，其文銜接，當是一篇，甚明。史記「太史公曰『吾讀管氏牧民、山高、乘馬、輕重、九府』」，注引劉向別録云「九府書民間無有，山高一名形勢」，亦不言乘馬有二篇二名。然則臣乘馬、乘馬數，乃後之編管子者妄分，而妄爲立名，非太史公及劉向所讀者矣。翔鳳案：輕重九府共七篇，乘馬二篇，以簡册而分之，姚不知此也。史記言篇名，非言篇數。虞國爲晉獻公所滅，齊桓時尚存。管子言「虞國」，又言「有虞」，當爲虞舜之後。史記五帝本紀黄帝「迎日推筴」，堯典觀察中星以定日策，知有虞之策爲舊制，故管子稱之。

乘馬數第六十九

管子輕重二

桓公問管子曰：「有虞筴乘馬，已行矣。吾欲立筴乘馬，爲之奈何？」管子對曰：「戰國脩其城池之功，故其國常失其地用。王國則以時行也。」桓公曰：「何謂以時行？」管子對曰：「出准之令，守地用人筴〔一〕，故開闔皆在上，無求於民。朝國守〔二〕，分上分下，游於分之閒而用足〔三〕。王國守始〔四〕，國用一不足則加一焉〔五〕，國用二不足則加二焉，國用三不足則加三焉，國用四不足則加四焉，國用五不足則加五焉，國用六不足則加六焉，國用七不足則加七焉，國用八不足則加八焉，國用九不足則加九焉，國用十不足則加十焉。人君之守高下，歲藏三分，十年則必有五年之餘〔六〕。若歲凶旱水泆〔七〕，民失本則〔八〕，脩宮室臺榭，以前無狗、後無彘者爲庸〔九〕。故脩宮室臺榭，非麗其樂也〔一〇〕，以平國筴也〔一一〕。今至於其亡筴乘馬之君，春秋冬夏不知時終始，作功起衆，立宮室臺榭，民失其本事，君不知其失諸春筴，又失諸夏秋之筴數也〔一二〕。民無饘賣子，數也〔一三〕。猛毅之人淫暴〔一四〕，貧病之民乞請。君行律度焉，則民被刑僇而不從於主上，此筴乘馬之數亡也。乘馬之准，與天下齊准。彼物輕則見泄，重則見射〔一五〕。此鬬國相泄，輕重之家相奪也。至於王國，則持流而止矣〔一六〕。」桓公曰：「何謂持流？」管子對曰：「有一人耕而五人食者，有一人耕而四人食者，有一人耕而三人食者，有一人耕而二人食者。此齊力而功地，田筴相員。此國筴之時守也〔一七〕。君不守以筴，則民且守於上〔一八〕，此國筴流已〔一九〕。」

〔一〕何如璋云：「地用」，地力之所生。「人筴」，人食之所資。翔鳳案：何說是也。計口授糧，餘則歸公。

〔二〕翔鳳案：考工匠人「國中九經九緯」，注：「城内也。」周禮士師「三曰國禁」，注：「城中也。」

楚辭遠逝「朝四靈於九濱」，注：「召也。」春秋繁露諸侯：「朝者，召而問之也。」「朝國守」者，召城内而守之也。「王」借爲「暀」，俗作「旺」。莊子養生主「神雖王，不善也。」古本誤認爲王霸之王，改「朝」爲「霸」，謬矣。

〔三〕丁士涵云：當作「上下游於分之間而用足」。「分」字涉上下文而衍；「上下游於分之間」，即下文所謂「乘馬之准與天下齊准也」。何如璋云：「上分」句，謂上守國穀之半也。仍半，乃散之百姓，故下游於分之間而地力之用既足矣。翔鳳案：「分」，半也。半上半下，遊於兩半之間，其義極明，諸説均誤。

〔四〕俞樾云：下文「國用，一不足則加一，二不足則加二」云云，是乃無策之甚者，何以謂之「王國」？疑「王國」乃「亡國」之誤。上文云：「出准之令，守地用人筴，故開闔皆在上，無求於民。霸國守，分上分下，游於分之間而用足。」夫「無求於民」者，上也；「游於分之間而用足」者，次也。然則此爲最下矣，「亡國」之誤無疑也。何如璋云：「王國守始」，「始」者事之始，如以三十年之通制國用，即「守始」之指，下文言「歲藏三分」，乃引申此義。俞曰「王」爲「亡」，非。「二不足則加一焉」十句，「不足」指歲歉，「加」者，加給以所守之穀以濟國用之不足。豐則守，歉則加，所謂「王國以時行」也。若上文改「王」字爲「亡」，則「加」字當作加徵解，殊失本指。管子之貴輕重者，以積爲散，以利窮甿，非横暴之謂。陶鴻慶云：俞氏以「王國」爲「亡國」，是也。「守始」二字義不可曉，疑「始」爲「加」字之誤。下文「國用一不足則加一焉，國用二不足則加二焉，國用三不足則加三焉」，乃至「加四」、「加五」、「加六」、「加七」、「加八」、「加九」、「加十」，是舍加賦外無他策也，故曰「亡國守加」。「亡國守加」與上文「出準之令守地」、「霸國守分」，文同一例。　翔鳳案：「王」同「旺」，見前。早有蓄積，故隨時加一分、二分乃至十分，可以取給。「十年有五年之餘」，非加賦於民。　何說是，改字者非。

〔五〕豬飼彥博云：「加」疑當作「假」，貸也。　安井衡云：「一不足」至「十不足」，謂歲饑而用不足，王者策國，守之未饑之始，下文所云「歲藏三分」是也。國儲既實，故歲饑而用不足，加之如其數，雖至十不足，未嘗困乏也。　堯水九年，湯旱七年，亦以此術支之耳。　翔鳳案：國語鄭語「將使侯淫德而加之焉」，注：「遺也。」即謂借「加」爲「假」，豬飼說是也。

〔六〕王引之云：「五」當爲「三」。歲藏十分之三，至十年則餘三十分，每十分而當一年，故三十分而爲三年之餘也。　張佩綸云：王制「三年耕，必有一年之食；九年耕，必有三年之食。以三十年之通制國用，雖有凶旱水溢，民無菜色」，與此意合。

〔七〕李哲明云：「泆」讀爲溢，同聲通用字。　一切經音義：「溢，古文『泆』同。」又禹貢「溢爲滎」，史記夏本紀引「溢」作「泆」，皆其例。

〔八〕陶鴻慶云：「民失本」下當有「事」字。下文云「立宮室臺榭，民失其本事」，是其證。　翔鳳案：本事爲農業，此謂守其分，非本事也。「則」字屬上爲句，「則」訓等畫物，謂分畫也，不當加「事」字。

〔九〕何如璋云：「前無狗後無彘」，乃小民之最困者，故特興土木之功，俾窮甿以力自食。「庸」猶傭也。地官司徒「荒政弛力」，而此傭役，蓋弛者弛有業之息，庸者庸無業之窮。後世以工代賑，即仿此法。故宫室之修非以爲樂，乃以平上下之筴也。張佩綸云：「前無狗，後無彘」，謂門無狗，牢無彘。「傭」，史漢均作「庸」。周勃傳注「取庸苦之不與錢」，注：「庸，賃也。」聞一多云：國蓄篇：「歲適美，則市糴無予，而狗彘食人食。」蓋有餘食以分狗彘，是猶未甚貧，若狗彘都無，則貧已甚矣。如此者，賃之以修宫室臺榭而給之食。此以工代賑之法也。

〔一〇〕尹桐陽云：「麗」同「覼」，觀也。淮南精神「今高臺層榭，人之所麗也」，注以「麗」爲「美」，誤。立政篇曰：「觀樂玩好之説勝。」墨子七患：「苦其徒役以治宫室觀樂。」

〔一一〕聞一多云：「筴」疑當爲「災」。翔鳳案：「國筴」即「國策」，非誤字。

〔一二〕翔鳳案：老子：「善數不用籌策。」説文：「數，計也。」謂有定數可計。

〔一三〕張佩綸云：各本作「數矣」者是。如漢書蕭何傳「跳身遯者數矣」，「會上乏絶者數矣」。聞一多云：「子」下挩「者」字。山權數篇「民之無糧賣子者」，亦有「者」字。言民無食，屢賣其子也。翔鳳案：「數」謂歷數氣數。説文無「糧」字，作「饘」，同一字也。周謂之饘，宋謂之餬，比稀飯尤次一等。

〔一四〕聞一多云：「人」疑當作「民」。「猛毅之民」與下「貧病之民」對舉。此謂民之强者流爲盜賊，弱者流爲乞丐也。　翔鳳案：管子之「民」多同「氓」，或作「萌」，與「人」不同，非誤字。

〔一五〕翔鳳案：「射」如射覆之射，豫測物價之行爲。「泄」，散也。山權數「而天下不吾洩矣」，「洩」同「泄」。

〔一六〕翔鳳案：持其流轉之數而止也。

〔一七〕張佩綸云：「此齊力而功地田筴相員」當作「齊功力而地田相員」。呂覽脩務注：「齊，等也。」詩傳：「員，均也。」即地均，言等其功力之勤惰，均其田地之肥磽。　李哲明云：「地」字絶句，「功」讀爲攻，治也。説在禁藏篇「功戰」下。「圓」，當從宋本作「員」。「員」，數也，謂以筴通田之數也。作「圓」非。　翔鳳案：説文：「田，陳也，樹穀曰田。」書禹貢「厥田爲中中」，鄭注：「據人功作力，競得而田之，則謂之田。」可知「齊力而功」之義。「地」訓萬物所陳列，非必能樹穀者。田地有别，田養人多，地較少，故一人耕而所食不同，田地以筴均調之。「時守」承「時行」言。　張改竄原文，非也。

〔一八〕張佩綸云：「上」當作「下」。

〔一九〕翔鳳案：「已」，止也。「流」即持流之流，「流已」，止而不流也。「已」非虚字。

桓公曰：「乘馬之數盡於此乎？」管子對曰：「布織財物，皆立其貲。財物之貲與幣高下，穀獨貴獨賤〔一〕。」桓公曰：「何謂獨貴獨賤？」管子對曰：「穀重而萬物

輕，穀輕而萬物重〔二〕。」公曰：「賤筴乘馬之數奈何〔三〕？」管子對曰：「郡縣上臾之壤守之若干，閒壤守之若干，下壤守之若干〔四〕。故相壤定籍而民不移〔五〕，振貧補不足，下樂上。故以上壤之滿，補下壤之衆〔六〕。章四時，守諸開闔〔七〕，民之不移也，如廢方於地〔八〕。此之謂筴乘馬之數也。」

〔一〕翔鳳案：國家掌握穀物，平衡物價，此「乘馬」之要義。

〔二〕翔鳳案：言一般物價之趨勢。

〔三〕王念孫云：「賤」字，涉上文「獨貴獨賤」而衍。下文云「此之謂筴乘馬之數也」，無「賤」字。尹桐陽云：「賤」同「踐」，行也。説文：「躔，踐也。」方言云：「行也。」翔鳳案：釋名釋言語：「賤，踐也。卑下見踐履也。」房説是也，未得其證耳。

〔四〕劉績云：「閒」，上下之間，中算也。陳奂云：「臾」，古「腴」字。「上腴之壤」，猶膏腴之地耳。「閒」猶中也。張佩綸云：「臾」，朱本作「腴」。班固西都賦：「華實之毛，則九州之上腴焉。」周禮「辨十有二壤之物」，禹貢「上上」至「下下」九等，而終言「咸則三壤」。任林圃云：杜佑通典：「春秋時列國相滅，多以其地爲縣，則縣大而郡小，故傳云『上大夫受縣，下大夫受郡』（周書作雒篇「千里百縣，縣有四郡」），縣邑之長曰宰、曰尹、曰公、曰大夫，其職一也。至於戰國則郡大而縣小矣，故甘茂謂秦武王曰：『宜陽大縣，名曰縣，其實郡也。』」管子書多成於戰國、秦、漢間人，僅據「郡縣」並稱，尚不能斷定本書必成於秦、漢以後。

〔五〕聞一多云：「籍」通「耤」。齊語「相地而衰征則民不移」，「衰」，差也，謂定其等差。「定耤」猶衰征矣。（荀子王制篇：「相地而衰政（征）。」）孫毓棠云：「相壤定籍」，言視其土地之肥磽而定其租籍之差等也。齊語「相地而衰征」，韋昭注：「視地之美惡及所生出以差征賦之輕重也。」　翔鳳案：說文：「籍，簿也。」即田册，與「耤」無關。聞說非是。

〔六〕豬飼彦博云：「衆」當作「缺」。　俞樾云：「衆」字義不可通。疑本作「補下壤之虚」，「虚」與「滿」相對。國蓄篇曰「萬物之滿虚」，又曰「守歲之滿虚」，竝其證也。隸書「虚」字或作「丠」，故誤爲「衆」耳。　尹桐陽云：「衆」同「盅」，虚也。　翔鳳案：上壤少，下壤衆。以上壤之豐滿者，補衆多之下壤。「衆」字不誤。

〔七〕馬元材云：「章」，當讀如鹽鐵論錯幣篇「吳王擅障海澤」及園池篇「公家有障假之名」之「障」，謂障而守之也。輕重甲篇「章」字，義與此同。　翔鳳案：「章」假爲「彰」，謂明示也。堯典：「平章百姓。」古籍無以章爲障者，馬說非是。

〔八〕豬飼彦博云：「廢」猶置也，「方」謂方物。孫子曰：「方則止，圓則行。」　丁士涵云：「廢」古通置。公羊宣八年傳注：「廢，置也；置者，不去也。齊人語。」　張佩綸云：說文：「方，併船也。」置舫於水則能移，置於陸則不能移。　翔鳳案：儀禮聘禮「不及百名書於方」，注：「板也。」中庸「布在方策」，注：「版也。」謂置乘馬之版於地，即事取喻也。古者席地而坐，就地布算。方圓之方，乃不轉，非不移也。

問乘馬第七十亡

管子校注卷第二十二

管子輕重四

事語第七十一

張佩綸云：戰國策劉向別録：「中書本號，或曰國策，或曰短長，或曰事語。」此篇亦名事語，疑子政校中秘書時，以事語之述六國時事，近於國策者入國策，而其述齊桓時事，類於管子者入管子，故仍以事語名篇。其爲戰國游士依託管子無疑。翔鳳案：詩公劉「于時語語」，傳：「論難曰語。」就事論難曰事語，或曰論語。若一國之事，則爲國語。論語、國語皆爲春秋時作，而事語獨出於戰國耶？張説不顧事理如此。此篇與山至數合看，爲比舊説更好之數。

桓公問管子曰：「事之至數可聞乎？」管子對曰：「何謂至數？」桓公曰：「秦奢教我曰〔一〕：『帷蓋不脩，衣服不衆，則女事不泰〔二〕。俎豆之禮不致牲〔三〕，諸侯太牢，大夫少牢。不若此，則六畜不育。非高其臺榭，美其宫室，則羣材不散〔四〕。』此言何如？」管子曰：「非數也。」桓公曰：「何謂非數？」管子對曰：「此定壤之數也。彼天子之制，壤方千里，齊諸侯方百里，負海子七十里，男五十里〔五〕，若胷臂之相使也，故淮、徐疾贏不足，雖在下也，不爲君憂。彼壤狹而欲舉與大國爭者〔六〕，農夫寒耕暑芸〔七〕，力歸於上，女勤於緝績徽織，功歸於府者，非怨民心，傷民意也。非有積蓄，不可以用人；非有積財，無以勸下。泰奢之數，不可用於危隘之國〔八〕。」桓公曰：「善。」

〔一〕姚永概云：字作「秦」，後「泰奢之數不可用於危隘之國」，字又作「泰」。此篇之「泰奢」、「佚田」皆是寓名，非實有其人也。作「秦」乃誤字。　翔鳳案：「秦奢」自是人名，莊子有「秦佚」，與下文「泰奢」謂過奢不同也。此爲秦奢之教，下爲「泰奢之數」，「數」與「教」相同。楚有伍奢，亦以「奢」爲名。以秦奢爲寓名，非是。

〔二〕尹桐陽云：「女事」，女工也，一曰女紅。「泰」，通也。　翔鳳案：荀子議兵：「用財欲泰。」西京賦：「心奓體泰。」「泰」謂擴大，謂女事不能繁榮也。

〔三〕豬飼彦博云：「不」當爲「必」。　戴望云：「不」字衍。

〔四〕劉績云：此云上用之，則下爲之。　翔鳳案：「材」謂木材。上列二種，皆有召致之者。論語「致遠恐泥」，「君子學以致其道」，皇疏皆云：「至也。」中庸「致中和」，注：「行之至也。」管子之黨，國家之財，隨壤地大小而不同，故言此至而非數。

〔五〕宋翔鳳云：釋言：「齊，中也。」釋地「距齊州以南」，「齊」亦訓中。此「齊諸侯」爲中國諸侯，對下文「負海子」爲蠻夷之子也。　俞樾云：内業篇「節適之齊」，尹注曰：「齊，中也。」

「齊諸侯」者，中諸侯也，謂中國之諸侯也。與下文「負海子」相對，「負海」則非中國矣。輕重乙篇作「仳諸侯」，「齊」、「仳」一聲之轉，猶「鰿魚」之爲「鯊魚」也。張佩綸云：趙注以「負海」屬下，非是。宋氏從而爲之辭，謬甚。輕重乙篇「東方之萌，帶山負海，北方之萌，衍處負海」，史記春申君列傳「齊南以泗水爲境，東負海，北倚河，而無後患」，漢書地理志「太公以齊地負海舄鹵，少五穀而人民寡」，「負海」自指齊言。此言齊方百里而負海，比子男則有餘，比天子則不足，乃危隘之國，不可以太奢也。尹桐陽云：「齊」，衆也。爾雅作「黎」。

翔鳳案：「齊」訓中，然非中國之簡稱，與「仳諸侯」相類。詩小雅「仳仳彼有屋」，傳：「仳仳，小也。」謂衆小諸侯。爾雅釋詁：「黎，衆也。」詩桑柔「民靡有黎」，傳：「齊也。」書西伯戡黎，大傳作「耆」。「耆」、「齊」同音，可知「黎」之爲「齊」，乃同聲之假借也。尹説不誤，特其言太簡，不能令人深信耳。

〔六〕俞樾云：「舉」衍文，蓋即「與」字之誤而衍者。翔鳳案：説文：「舉，對舉也。」晉語「舉而從之」，注：「起也。」謂起而對抗，「舉」字不誤。

〔七〕翔鳳案：小國壤狹，欲與大國競財用，竭農夫女工之力，徒然無濟。「非怨民心，傷民意也」，「也」同「耶」，乃歎傷之詞。

〔八〕翔鳳案：此謂用度量力，不可泰奢。「泰」同「太」。老子「去甚去泰」，即其義。「非有積蓄，不可以用人；非有積財，無以勸下」，行輕重之法，量入爲出，不可泰奢。「隘」謂壤小。説文：「危，在高而懼也。」謂無力而徒鋪張場面。

桓公又問管子曰：「佚田謂寡人曰：『善者用非其有，使非其人〔一〕。何不因諸侯權以制天下〔二〕？』」管子對曰：「佚田之言非也。彼善爲國者，壤辟舉則民留處，倉廩實則知禮節。且無委致圍，城肥致衝〔三〕。夫不定內，不可以持天下。佚田之言非也。」管子曰：「歲藏一，十年而十也。歲藏二，五年而十也。穀十而守五，綈素滿之，五在上。故視歲而藏〔四〕，縣時積歲〔五〕，國有十年之蓄。富勝貧〔六〕，勇勝怯，智勝愚，微勝不微〔七〕，有義勝無義，練士勝歐衆〔八〕，凡十勝者盡有之〔九〕。故發如風雨，動如雷霆，獨出獨入，莫之能禁止，不待權與〔一〇〕。故佚田之言非也。」桓公曰：「善。」

〔一〕張佩綸云：「用非其有，使非其人」，淮南主術訓以爲武王事，蓋古有此語，而佚田稱之。（下文）「壤辟舉則民留處，倉廩實則知禮節」，牧民篇語。輕重各篇每舉經言一二語，推暢其義，說苑所引管子亦多此例，此足爲子政校管中外雜收不能別擇之一證。　尹桐陽云：商君書錯法：「明主者用非其有，使非其民。」此「人」即「民」耳。淮南主術作「人」，同。　聞一多云：「善者」，猶言善爲國者。國蓄篇：「故善者執其通施以御其司命。」又：「故善者委施於民之所不足。」輕重甲篇：「故善者重粟之賈。」

〔二〕王紹蘭云：「權以」二字連讀。「以」猶與也，古多通用。「權以」猶權與也。輕重甲篇「數欺諸侯者無權與」，即其證。因諸侯之權，即謂「用非其有」；因諸侯之與，即謂「使非其人」。管子答以「善爲國者不待因諸侯之權與」，正對「權以」之文。若讀「因諸侯權」爲句，「以制天下」爲句，則管子但云不待「權」可矣，何必贅言「與」乎？翔鳳案：王説是也。詩江有汜「不我以」，箋：「猶與也。」儀禮鄉射禮「主人以賓揖」，注：「與也。」下文即作「權與」。「與」爲多人相助，「權」爲叢生之物，故可合用。爾雅釋草：「權，黄華。」釋木：「權，黄英。」「權」從雚聲，與灌木同義，「黄英」、「黄華」，謂小時黄葉叢生也。聞訓爲助，非是。

〔三〕劉績云：「委」，委積也，無食則人欲圍而取之。「脆」，不堅也。「衝」，衝車也，城不堅則人思毀之。張佩綸云：「肥」當作「肶」。説文：「肶，崩也。」（列子黄帝篇釋文：「肥，皮美切。」説文、字林皆作「肶」。又作「圮」，皆毀也。）馬元材云：「肥」，即山至數篇「古者輕賦稅而肥籍斂」之「肥」。丁士涵云：「古『俷』字，薄也。」（説詳上）其説是也。史記三王世家燕王策云「毋俷德」，徐廣曰：「俷，一作『菲』。」孔文祥曰：「菲，薄也。」趙氏逕改爲「脆」，失其義矣。翔鳳案：地員「芬焉若糠以肥」，乃「脆」之別體，仍爲「脆」字也。説文：「脆，小耎易斷也。」字本作「脃」，省其上則爲「肥」矣。「俷」乃俗體也。張、馬説誤。

〔四〕馬元材云：「視歲而藏」，即視其歲之上中下，而決定其所應斂藏之數。如李悝平糴法「上熟糴三舍一，中熟糴二舍一，下熟中分之」，是其例矣。

〔五〕何如璋云：「縣時」猶曠日也。縣而積之，則國有十年之蓄矣。張佩綸云：「縣」，遠也。

「縣時」疑即累時。聞一多云：荀子性惡篇：「加日縣久。」

〔六〕何如璋云：「富勝貧」以下十二句見兵法篇，大同小異，與本文不屬。疑「十年之蓄」下原脱數句，後人乃雜湊兵法之文以足其數也。翔鳳案：有十年之蓄，則富可以勝貧，以下相因而下。何誤矣。

〔七〕豬飼彦博云：「微」疑當作「能」，七法曰：「以能擊不能。」安井衡云：「微」讀爲孅。孅，善也。尹桐陽云：「微」，精妙也。翔鳳案：「微」假爲覹，伺也。史記游俠列傳：「解使人微知賊處。」指軍事而言。

〔八〕翔鳳案：「歐」同「毆」。漢書食貨志：「令歐民而歸之。」

〔九〕豬飼彦博云：「十」當作「六」，不然上文缺四勝。安井衡云：「十」猶全也。言十勝無一敗者，藏穀中盡有之。張佩綸云：「十勝」止言六勝。案：樞言篇「七勝」與此大同小異，疑「十」當作「七」，挩去一句耳。此駁佚田「因諸侯」之説。馬元材云：共止六勝而曰「十勝」者，舉其全而言，亦猶七法篇之「十戰十勝」、「百戰百勝」也。翔鳳案：説文：「十，數之具也。」安井與馬説是也。不必附會成十數。

〔一〇〕丁士涵云：「待」當爲「恃」，「輿」，宋本作「與」，是也。「不恃與國」，正與上文「桓公曰何不因諸侯權以制天下」意相對。「因」，依也；「恃」，亦依也，二字同義。翔鳳案：「權與」義見上。古本不知其義，改「與」爲「輿」，依爾雅釋詁而改之，不知其不可通也。管子用「權與」

頗多，詳七法章炳麟説。七法不改，幼官不改，輕重甲不改，獨此篇改之，可謂盲動矣。

管子輕重五

海王第七十二

馬元材云：「海王」當作「山海王」。「山海」二字，乃漢人言財政經濟者通用術語。鹽鐵論中即有十七見之多。本篇中屢以「山海」並稱。又前半言鹽，後半言鐵。鹽者海所出，鐵者山所出。正與史記平準書所謂「齊桓公用管仲之謀，通輕重之權，徼山海之業，以朝諸侯。用區區之齊，顯成霸名」及鹽鐵論輕重篇文學所謂「管仲設九府徼山海」之傳説相符合。「王」即輕重甲篇「故爲人君而不能謹守其山林菹澤草萊，不可以立爲天下王」之「王」，謂以壟斷山海之利權而王天下也。尹注釋「海王」爲「以負海之利而王其業」者，非。翔鳳案：「王」讀旺，與前篇「王國」相同，所謂海王之國也。煮鹽之術，衆所共知。采鑛之術，別有專篇。前半言鹽，後半但言鐵官之數，而其術則具於地數，分言之，不在一處，故此篇非並言山海，馬不知其義也。

桓公問於管子曰：「吾欲藉於臺雉〔一〕，何如？」管子對曰：「此毀成也。」「吾欲藉於樹木。」管子對曰：「此伐生也。」「吾欲藉於六畜。」管子對曰：「此殺生也。」「吾

欲藉於人，何如？」管子對曰：「此隱情也。」桓公曰：「然則吾何以爲國？」管子對曰：「唯官山海爲可耳〔二〕。」桓公曰：「何謂官山海？」管子對曰：「海王之國，謹正鹽筴〔三〕。」海王，言以負海之利而王其業。桓公曰：「何謂正鹽筴？」正，税也。管子對曰：「十口之家十人食鹽，百口之家百人食鹽。終月，大男食鹽五升少半，少半，猶劣薄也。大女食鹽三升少半，吾子食鹽二升少半〔四〕。吾子，謂小男小女也。此其大曆也〔五〕。曆，數。鹽百升而釜〔六〕。鹽十二兩七銖一黍十分之一爲升，當米六合四勺也。百升之鹽，七十六斤十二兩十九銖二纍。爲釜，當米六斗四升。今鹽之重升加分彊〔七〕，釜五十也。分彊，半彊也。今使鹽官税其鹽之重，每一升加半合爲彊而取之，則一釜之鹽得五十合而爲之彊。升加一彊，釜百也。升加二彊，釜二百也。鍾二千，十釜之鹽，七百六十八斤。爲鍾，當米六斛四斗是也①。十鍾二萬，百鍾二十萬，千鍾二百萬。萬乘之國，人數開口千萬也。舉其大數而言之也。開口，謂大男大女之所食鹽也。禺筴之，商日二百萬〔八〕，禺，讀爲偶。偶，對也。商，計也。對其大男大女食鹽者之口數而立筴，以計所税之鹽。一日計二百萬合，爲二百鍾。十日二千萬，一月六千萬。萬乘之國正九百萬也〔九〕。萬乘之國，大男大女食鹽者千

① 「也」字原無，據補注增。

萬人，而税之鹽一日二百鍾，十日二千鍾，一月六千鍾也。今又施其税數以千萬人如九百萬人之數，則所税之鹽一日百八十鍾，十日千八百鍾，一月五千四百鍾。**月人三十錢之籍**〔一〇〕**，爲錢三千萬。**又變其五千四百鍾之鹽而籍其錢，計一月每人籍錢三十，凡千萬人，爲錢三萬萬矣。以籍之數而比其常籍，則當一國而有三千萬人矣。**今吾非籍之諸君吾子**〔一一〕**，而有二國之籍者六千萬。**諸君，謂老男老女也。六十已上爲老男，五十已上爲老女也。既不籍於老男老女，又不籍於小男小女，乃能以千萬人而當三千萬人者，蓋鹽官之利耳。鹽官之利既然，則鐵官之利可知也。鹽官之利當一國而三萬人，鐵官之利當一國而三萬人焉，故能有二國之籍者六千萬人耳。其常籍人之數猶在此外。**使君施令曰『吾將籍於諸君吾子』，則必囂號。今夫給之鹽筴**〔一二〕**，則百倍歸於上**〔一三〕**，人無以避此者，數也。**

〔一〕王引之云：「臺」爲宮室之名，「雉」乃築牆之度。（定十二年公羊傳曰：「五板而堵，五堵而雉。」坊記鄭注曰：「雉，度名也，高一丈長三丈爲雉。」）「臺雉」二字意義不倫，徧考諸書，無以「臺雉」竝稱者。國蓄篇曰：「夫以室廡藉謂之毀成。」輕重甲篇曰：「寡人欲藉於室屋。」以此例之，「臺」下之字亦當爲宮室之名，「雉」蓋「䠶」之譌也。「䠶」與「射」同（見説文），即「榭」字之假借。（楚語「榭不過講軍實」，劉逵吳都賦注引作「射」。郙敦銘「王格于宣射」，即宣十六年春秋之成周宣榭也。）古字偏旁或左右互易，（如「猶」或作「猷」、「獨」或作「獸」、

「鶉」或作「[illegible]」、「[illegible]」或作「虮」、「鄰」或作「隣」之類是也。）則「[illegible]」字亦可作「鴙」，形與「雉」相似，因譌爲「雉」矣。乘馬數、事語、地數、輕重甲諸篇言「臺榭」者屢矣，則此亦當然。爾雅曰：「闍謂之臺，有木者謂之榭。」張文虎云：「臺雉」疑誤。輕重甲篇作「室屋」，國蓄篇作「室廡」，其文與此大同。「臺」與「室」形近，又「屋」字古文作「臺」，與「臺」字尤易相混。姚永概云：「藉」字，當從下文一例作「籍」，下同。翔鳳案：「藉」，下文作「籍」，謂登册而歛之也。隸書「艸」、「竹」不分，如，荅、荎、莁、蕳、薵、苻等皆從「竹」而寫爲「艸」。「藉」非誤字，姚不知也。王改「雉」爲「榭」，振振有辭，世有毁已成之臺榭而避税者乎？且臺榭惟富人有之，所籍有限也。公羊定十年傳：「五堵而雉。」板築以堵計，詩所謂「築室百堵」，其圍垣則以雉計。大村聚户而居，築土垣防盗，上有堞，即雉，今北方尚多有之，税之則民毁。説文「庌，廡也。周禮曰：『夏庌馬。』」鄭謂「所以庇馬者也」，亦非正室。王説非是。管仲相桓公霸諸侯，齊國富强，不容疑者。其富强即爲鹽鐵之利，鹽鐵論輕重云：「修太公、桓、管之術，總一鹽鐵。」

〔二〕何如璋云：「官山海」者，設官於山以筦鐵，設官於海以課鹽也。左傳（昭二十年）「山林之木，衡鹿守之；海之鹽蜃，祈望守之」，殆山海之舊官歟？馬元材云：「官」即「管」字之假借。史記平準書「浮食奇民欲擅管山海之貨」，鹽鐵論復古篇「往者豪强大家得管山海之利」，又貧富篇「食湖池，管山海」，皆作「管」，可以爲證。一作「筦」，平準書：「桑弘羊爲大農丞筦諸會計事。」或作「斡」，上引平準書「管山海之貨」，漢書食貨志即作「斡」。此謂山海天地之藏，如鹽鐵及其他大企業非「編户齊民所能家作」者，均應歸國家所有，由國家經營管理之。

〔三〕李哲明云：注云「正，税也」，是「正」字與「征」同。「正」、「征」古字通用。馬元材云：「正」即「征」，此處當訓爲征收或征集，與征税意有别。地數篇「君伐菹薪，煮泲水爲鹽，正而積之三萬鍾」，輕重甲篇：「正而積之，十月始正，至於四月，成鹽三萬六千鍾」，「正」之義可見。蓋本書所言鹽政，主由國家專賣，鹽場不止一地，鹽工不止一人，故不得不「正而積之」。此即「正鹽」之義矣。聞一多云：「正」讀爲征。「正鹽筴」，謂征收鹽税之筴。

〔四〕陳奂云：地數篇曰「凡食鹽之數，嬰兒二升少半」，則「吾子」謂嬰兒也。「吾」讀爲蛾。學記曰「蛾子時術之」，鄭君注曰：「蛾，蛾蜉也，蚍蜉之子，微虫耳。」「吾子」即蛾子，皆幼稚之稱。下文及國蓄篇「吾子」凡三見，尹注皆同。安井衡云：正字通云：「古本管子『吾子』作『童子』。」蓋謂唐以前之本。如尹本則仍作「吾子」，故注云「謂小男小女」，若作「童子」，不須注也。蓋「吾」即伊吾，童子語多伊吾，故謂童子爲「吾子」。正字通多妄説，未足信也。俞樾云：尹注曰：「吾子，謂小男小女也。」然則「吾」當讀爲牙。後漢書崔駰傳注曰：「童牙，謂幼小也。」「吾子」即牙子，其作「吾」者，「牙」、「吾」古同聲，猶騶吾之或爲騶牙矣。太玄勤次三曰「羈角之吾，其泣呱呱」，義與此同。集韻有「犽」字，音牙，云「吴人謂赤子曰孲犽」，蓋即「牙」字而加子旁耳。張佩綸云：太玄勤次三「羈角之吾，其泣呱呱，小得繈扶」，宋衷注：「羈角，謂童幼也。」王涯注：「吾者，吾吾然無所歸之貌。」疑太玄之「吾」即本此。「吾子」謂羈角之童幼。疑「吾」與「牙」通。後漢崔駰傳達旨曰「甘羅童牙以報趙」，注：「童牙，謂幼小也。」翔鳳案：「吾」俗讀娃，烏鴉切，唇音。「牙」俗讀犽，牙音。義同音異，非一字也。

〔五〕翔鳳案：房注：「曆，數。」「曆」爲説文所無，本作「歷」，訓過。古之造歷者，數其時日，故曰數。

〔六〕張文虎云：依下注，一釜之鹽「七十六斤十二兩十九銖二累」，百分之，則此當云「十二兩六銖九累一黍十分之二爲升」。蓋傳寫脱誤。張佩綸云：説文：「升，十龠也。」「斗，十升也。」「斛，十斗也。」不言釜，即爲斛。廣雅：「四升曰豆，四豆曰區，四區曰釜，釜十曰鐘。」則釜但六斗四升，不得曰「百升而釜」。左氏昭三年傳「齊舊四量：豆、區、釜、鐘。四升爲豆，各自其四以登於釜，釜十則鐘。陳氏三量，皆登一焉，鐘乃大矣」，杜注：「以舊量之釜六斗四升，陳氏以五升爲豆，四豆爲區，四區爲釜，則區二升，釜八斗，鐘八斛。」陸德明釋文：「本或作『五豆爲區，五區爲釜』者，謂加舊豆區爲五，亦與杜注相會，非於五升之豆又五五而加也。」三升皆非百升而釜，以下文「升加分强釜五十，升加一强釜一百」之數折算，如百升爲釜，則直云加半加一，不得爲强，必半分有强、一錢有强，始合五十、一百之數，則此「釜」仍是六斗四升之釜。就一釜析之爲百，截畸就整，以便下文起算，蓋析釜之數爲百升以合加錢之數，非合升之數百而爲釜也。

馬元材云：本書量名計有「鏂」、「釜」、「鍾」、「升」、「斗」、「石」等字。「鏂」即「區」。左氏昭三年傳晏子云：「齊舊四量：豆、區、釜、鍾。四升爲豆，各自其四以登於釜，釜十則鍾。陳氏三量，皆登一焉，鍾乃大矣。」杜注：「登，加也。加一，謂加舊量之一也。以五升爲豆，四豆爲區，四區爲釜，則區二斗，釜八斗，鍾八斛。」陸德明釋文：「本或作『五豆爲區，五區爲釜』者，謂加舊豆區爲五，亦與杜注相會，非於五升之豆又五五而加。」據此，則齊制實爲以四進及以十進並行之法。陳氏之制稍有變更。然皆與「百升而釜」之數不符。考輕重甲篇：「齊西之粟釜百泉，則鏂二十也。齊東之粟釜十泉，則鏂二錢也。請以令籍人三十泉，得以五穀菽粟決其籍。若此，則齊西出三斗而決其籍，齊東出三釜而決其籍。」知本書每釜爲五鏂，乃陳氏之制，而非齊之舊制。惟其算法與杜注異。以意推之，本書當是以四升爲豆，五豆爲鏂，五鏂爲釜。如此則一鏂二十升，一釜一百升，恰合「百升而釜」之數。且與一釜百泉，三斗三十泉之數亦無衝突。翔鳳案：齊以釜爲單位，詳輕重篇。考工陶人「爲甗，實二釜」，注云：「量六斗四升。」廩人注同。與房注「當米六斗四升」相合，亦與豆、釜、區皆以四進相合。以四升爲豆起算。鹽之百升，以其重量，以秤計之，十二兩七錢一黍十分之一爲升，如房注所云，乃以衡折爲量，諸人未悟及也。

〔七〕安井衡云：「分」，半也。「彊」讀爲繦，「繦」與「繈」通，錢貫也，因遂稱錢爲「繦」。「繈」或作

「鏂」，俗字也。鹽價之貴，升增半錢，一釜百升，適得五十錢之贏也。　張文虎云：尹注「每一斗」，「斗」當作「升」。　黄鞏云：「强」同「繦」。一强一錢，分强半錢也。　聞一多云：附加之價曰「彊」。小爾雅廣詁：「强，益也。」九章算術：「凡有餘贏命曰『强』。」　翔鳳案：國蓄「歲適凶，則市糴釜十繦而道有餓民」，則「釜十繦」爲最高之價。一釜六斗四升，計加半强，則釜加三十二繦矣，不合理。聞説是也。

〔八〕豬飼彦博云：「禺」、「偶」同，謂加二也。「商」，謂所加之税也。言大數千萬，一日食鹽千鍾，故升加二錢而取之，則得二百萬錢也。　安井衡云：「禺」、「偶」同，「偶」，合也。大男食鹽，月五升少半，大女三升少半，吾子二升少半；　一家十口，假令大男女四人，吾子六人，一家月所食，爲三斗一升三合三勺三撮，十分之，人日得一合有奇。以合算萬乘之國日所食之鹽，適盡千鍾，是商利比舊日增二百萬之贏也。

〔九〕豬飼彦博云：當作「千乘之國正人百萬也。」揆度曰：「千乘之國爲户十萬户，爲開口百萬人。」「正人」，謂正數之人也，國蓄曰「以正人藉」，是也。　王引之云：「正」與「征」同。「萬乘之國正」絶句，「萬乘之國正」，常征也，欲言征鹽策之善，故以常征相比校也。「九百萬也」者，「九」當爲「人」，篆書「人」字作「𠆢」，與「九」相似而誤。　揆度篇曰：「萬乘之國，爲户百萬户，爲開口千萬人，爲當分者百萬人。」是萬乘之國雖有開口千萬人，其「當分」之人但有百萬，萬乘之國征，但征其「當分」之人百萬，故曰「萬乘之國征，人百萬」也。「月人三十錢之籍，爲錢三千萬」者，「當分」之人每月籍其錢人各三十。輕重丁篇曰「請以令籍人三十泉」，是也。一人三十錢，百萬人則當爲錢三千萬，故曰「月人三十錢之籍，爲錢三千萬」也。「今吾非籍之諸君吾子，而有二國之籍者六千萬」者，言一國之常征，每月但有三千萬錢而已。今吾之征鹽策也，不待明發號令籍之諸君吾子，而每月自有六千萬錢（上文曰「一月六千萬」），倍於一國三千萬之籍，是有二國之籍也，故曰「今吾非籍之諸君吾子，而有二國之籍者六千萬」也。尹不知「九百萬也」爲「人百萬也」之譌，又不知「爲錢三千萬」乃百萬人一月之籍，故其説皆不確。　俞樾云：隸續載張休崕涘銘「行𠃨過茲」，「人」作「𠃨」，與「九」相似。王氏訂「九」爲「人」字之誤，是也。以「正」屬上句，則似未得，「正人」二字連文。國蓄篇曰：「以正人籍，謂之離情，以正户籍，謂之養贏。」是「正人」、「正户」，當時有此名目。尹彼注云：「正數之人若丁壯也。」此「正人」之義，亦當與彼同。揆度篇曰「萬乘之國爲户百萬户，爲開口千萬人，爲當分者百萬人」，是萬乘之國「正人」止百萬而已，故曰「正人百萬也」。

翔鳳案：「正」字上當據趙本補「國」字。「九」當作「人」，王、俞二説是也。

〔一〇〕宋翔鳳云：當作「月人三錢之籍」，「十」字衍。　馬元材云：「三十錢之籍」，只是著者假設之詞。考秦、漢皆有口賦之制，董仲舒云「秦口賦之利，二十倍於古」，其實數已不可詳。漢代口賦則自三歲至五十四歲，每年納二十錢。武帝時加爲二十三錢。後有司請再加爲三十錢，但未施行。故征和四年輪臺詔云：「前有司奏欲益民錢三十助邊用，是重困老弱孤獨也。」本篇及輕重丁篇兩言籍三十錢，與有司奏請之數適相符合。本篇對「正人籍」極力反對，謂正鹽贏利非任何收入所能比擬。不僅按年計算之口賦不足相較，即令每月人籍三十錢，所得亦不過三千萬，恰爲正鹽收入之一半而已。張德鈞云：馬言漢代口賦之制有誤。據漢書昭帝紀如淳注引漢儀注云：「民年七歲至十四，出口賦錢人二十三，二十錢以食天子，其三錢者，武帝加口錢以補車騎馬。」如淳注高帝紀引漢儀注又云：「民年十五以上至五十六，出賦錢，人百二十爲一算，爲治庫兵車馬。」是征口賦，年歲實自七歲至十四歲，名義則爲「以食天子」。過十四歲，由十五歲至五十六歲，則爲算賦，錢爲百二十，名義乃是「治庫兵車馬」。由於武帝勤於征伐，經用不足，始於口賦增收三錢。其征自人三歲起者，似亦始於武帝，至元帝世亦革，固非漢代之常制。如貢禹傳云：「禹以爲古民亡賦算，口錢起武帝，征伐四夷，重賦於民，民産子，三歲則出口錢；故民重困，至於生子輒殺，甚可悲痛。宜令兒七歲，去齒，乃出口錢，年二十迺算。……天子下其議，令民産子七歲乃出口錢，至此始。」至輪臺詔所云「欲益民錢三十助邊用」者，王先謙漢書補注引徐松曰：「惠紀應劭注：『漢律：人出一算，算百二十錢，唯賈人與奴婢倍算。』今口增三十，是百五十爲一算。其時有司有此奏而未行，故蕭望之傳：『張敞曰：先帝征〔四夷，兵〕行三十餘年，百姓猶不加賦。』」是增三十錢乃就算賦言，非謂口賦。算賦本爲治庫兵車馬，故邊用不足，有司得奏請增益之。

翔鳳案：此「人」非國蓄之「正人」，諸君吾子在外，丁壯爲百萬人。而萬乘之國有千萬，籍十分之一。國蓄謂「以正人籍，謂之離情」，不言征之也。「離情」與此篇「隱情」相當，一謂脱離民情，一謂隱蔽人情而不知也。

〔一一〕張佩綸云：「諸君」，「諸」、「都」通。禹貢「被孟諸」，史記作「孟都」，是其證。昭二十七年左氏傳「左司馬沈尹戌帥都君子，與王馬之屬以濟師」，杜注：「都君子，在都邑之士有復除者。」疏引賈逵同。此「諸君」即「都君子有復除者」，其人不在正籍。以鹽筴加價則有復除者亦無不食鹽。注以爲「老男老女」，非是。翔鳳案：釋名：「妾謂夫之嫡妻曰女君，夫爲男君。」房注「諸君謂老男老女」，不誤。「諸君吾子」猶言大人小孩。國蓄「男女諸君吾子」，可爲確證。張釋爲「都君」，誤甚。

〔一二〕洪頤煊云：「今」當作「令」。王念孫云：通典正作「令」。又案：下文「今鍼之重加一也」，「今」亦「令」之譌。上文云「令鹽之重升加分彊」，文義正與此同。翔鳳案：「今鹽之重升加分彊」，楊本作「今」不作「令」。王説非，通典乃誤字。

〔一三〕俞樾云：「百」字衍文。上云「月人三十錢之籍，爲錢三千萬，今吾非籍之諸君吾子也，而有二國之籍者六千萬」，是國之常征止三千萬，鹽策之利得六千萬，適加一倍，故曰「倍歸於上」。若作「百倍」，則太多矣。蓋後人不察文義而妄加之。陶鴻慶云：「百」當爲「自」之誤，言不必籍於諸君吾子而自然得其倍數也。淮南天文訓：「故人臂修四尺，（今本作「人修八尺」，從王氏雜志改。）尋自倍，（案謂兩臂相求，自得倍數。）故八尺而爲尋。」史記高祖功臣年表敘：「小國自倍，富厚如之。」漢書食貨志：「上孰其收自四，餘四百石；中孰自三，餘三百石；下孰自倍，餘百石。」文例並與此同。俞氏以「百」字爲後人妄加，非是。聞一多云：陶謂「百」爲「自」之誤，是也，其解「自」義爲「自然」則誤。「自」當訓自己，謂某數自己，實不定之辭，與今算學之X同。「倍」猶二也。食貨志「自四」、「自三」、「自倍」，猶言四乘X、三乘X、二乘X也。「自」既等於X。故「自倍」亦可省言「倍」。翔鳳案：說文：「白，此亦『自』字也。」「百，古文『百』，从自。」「百」所從之「白」即「自」，金文象鼻形。從古文則「百」與「自」爲一字，陶、聞以爲誤字，尚隔一層。

「今鐵官之數曰〔一〕：一女必有一鍼一刀，若其事立。若，猶然後。耕者必有一耒一耜一銚，若其事立。大鋤謂之銚，羊昭反。行服連輂名，所以載任①器，人挽者。軺羊昭反。輂居玉反。者〔二〕，大車駕馬。必有一斤一鋸一錐一鑿，若其事立。不爾而成事者，天下無有。今鍼之重加一也，三十鍼一人之籍〔三〕。鍼之重，每十分加一分爲彊而取之，則一女之籍得三十鍼也矣。刀之重加六，五六三十，五刀一人之籍也。刀之重，每十分加六分以爲彊而取之。五六爲三十也，則一女之籍得五刀。耜鐵之重加七〔四〕，三耜鐵一人之籍

① 「任」字原作「作」，據補注改。

也。耜鐵之重，每十分加七分以爲彊而取之，則一農之籍得三耜鐵也。其餘輕重，皆準此而行。其器彌重，其加彌多。然則舉臂勝音升。事，無不服籍者。」桓公曰：「然則國無山海不王乎？」管子曰：「因人之山海，假之名有海之國雖無海而假名有海，則亦雖無山而假名有山。讎鹽於吾國〔五〕，彼國有鹽，而糴於吾國，爲集耳。釜十五〔六〕，吾受而官出之以百。受，取也。假令彼鹽平價釜當十錢者，吾又加五錢而取之，所以來之也。既得彼鹽，則令吾國鹽官又出而糶之，釜以百錢也。我未與其本事也，與，用也。本事，本鹽也。受人之事，以重相推〔七〕。以重推，謂加五錢之類也。推，猶度也。此人用之數也〔八〕。」彼人所有，而皆爲我用之。

〔一〕尹桐陽云：漢鹽官凡二十八郡，鐵官凡四十郡，蓋用管子法也。馬元材云：「鐵官」之名始於秦時。漢書食貨志董仲舒云：「至秦，鹽鐵之利二十倍於古。」史記自敘：「司馬靳孫昌，昌爲秦主鐵官，當始皇之時。」至漢武帝元狩六年用東郭咸陽、孔僅之策，舉行天下鹽鐵，郡置鐵官。不出鐵者則置小鐵官，實行鐵器國營，禁止私鑄。犯者鈦左趾，沒入其器物。及桑弘羊主政，又大加推廣，全國鐵官達四十八處之多。翔鳳案：通觀輕重各篇及史記，管子時有鐵無疑。鐵採於山，必有管理者，即官矣。

〔二〕許維遹云：「連」讀爲輦。周禮「巾車連車組輓」，釋文：「『連』亦作『輦』。」鄉師注：「故書『輦』作『連』。」管書多古文，故「輦」作「連」。尹注「輦名」，亦讀「連」爲輦。「輂」，別本作「輦」，非。王念孫已訂正矣。聞一多云：漢書淮南衡山濟北王傳「以輂車四十乘反谷口」，今譌作「輦」，史記正作「輂」。莊子讓王篇「民相連而從之」，「連」讀爲輦。翔鳳案：「連」即「輦」，而又改「輂」爲「輦」，其謬可知。房注不誤。周禮鄉師「正治其徒役，與其輂輦」，故書「輦」作「連」，可以證矣。

〔三〕豬飼彦博云：言每一鍼加價一錢而征之，則三十鍼而得三十錢，是當一人一月之籍也。下皆倣此。聞一多云：「也」字當移在「籍」下，今本倒置。翔鳳案：「也」字不必下移。

〔四〕王引之云：「七」當爲「十」。上文曰「月人三十錢之籍」，謂每一人月有三十錢之籍也。令每一耜鐵籍之加十錢，三耜鐵則三十錢，而當每月一人之籍矣。故曰「耜鐵之重加十，三耜鐵一人之籍也」。上文「令鍼之重加一也，三十鍼一人之籍；刀之重加六，五六三十，五刀一人之籍也」，皆以三十錢當一人之籍，是其例也。尹説非。翔鳳案：金文「七」作「十」，二字相亂也。詳金文編。

〔五〕丁士涵云：案當讀「之」字絶句。「名」與「命」同。説文：「名，自命也。」七法篇：「名者，所以命事也。」周語：「言以信名」，注：「名，號令也。」「有」乃「負」字誤，事語篇曰：「負海子七十里。」負海之國多鹽，令之讎於吾國，即所謂「因人之山海假之」也。安井衡云：國無鹽鐵，買諸他邦而鬻之，是假有鹽鐵之名也。一説：「名」當爲「各」，下屬爲句。張佩綸云：「假之」，義若春秋〔桓公元年〕「鄭伯以璧假許田」之「假」。公羊傳曰：「假之何？易之也。易之則其言假之何？爲恭也。」穀梁傳曰：「假不言以，言以非假也。非假而曰假，諱易地也。」太公賜履雖至東海，而桓公之世萊夷未滅，其能盡徼山海之利以鹽鐵立富强之基者，萊已私屬於齊，故得假之以爲利也。翔鳳案：釋詁：「讎，匹也。」假爲「讎」。「集」字從「雥」，有三隹，「霍」從「讎」聲，音與「雜」近，而「雜」從集，則「讎」、「集」聲近相假。古本作「售」，非是。

〔六〕王引之云：「十五」當爲「五十」。「釜五十」者，升加分也，「出之以百」者，升加一也。上文曰「鹽百升而釜，令鹽之重升加分彊，釜五十也，升加一彊，釜百也」，「分」者半也。「有海之國讎鹽於吾國」，每升加錢之半，十升而加五錢，百升而加五十錢，故「釜五十」也。吾國受而使鹽官出之，則倍其數而升加一錢，十升而加十錢，百升而加百錢，故「以百」也。若作「釜十五」，則與「出之以百」多寡不相因矣。尹説非。張佩綸云：「釜十五」當作「釜五十」，彼國加分彊，則吾國加一彊，此非獨收榷鹽之利，亦兼防利之流於鄰國，故必受而官出之。

翔鳳案：「釜十五」，謂十而價其半，以倍出之，則五十得百也。

〔七〕翔鳳案：淮南説林訓「類不可必推」，注：「猶知也。」「知」與「度」義近。

〔八〕聞一多云：「用」當爲「因」，與「人」字互易。上文「因人之山海假之」，即此所謂「因人之數」。

馬元材云：「人用」當作「用人」。通考十五引即作「用人」。

國蓄第七十三

張佩綸云：漢書（食貨志）所引與此篇文義前後違舛。「歲有凶穰，故穀有貴賤，令有緩急，故物有輕重」四語，爲一篇之綱，次於「萬乘之國必有萬金之賈，千乘之國必有千金之賈」前，於義爲長。惟「利有所幷也，穀有所藏也」，鹽鐵論與本篇合。而班書前引太公九府，後言景王大錢，而中引國蓄，轉於立幣通施之説節而不書，斯可異也。此篇既恐有錯互，班書亦苦非全文，既不敢妄爲改定，竊發其端，以俟君子。馬元材云：漢書食貨志記管子輕重之法，而所引用則僅爲本篇之文。通典食貨八記錢幣，食貨十二記輕重，其關於管子部分之材料，本篇十九皆被採録。

國有十年之蓄〔一〕，而民不足於食，皆以其技能望君之禄也〔二〕。君有山海之金，而民不罪於用〔三〕，是皆以其事業交接於君上也。故人君挾其食，守其用〔四〕，據有餘而制不足，故民無不累於上也〔五〕。五穀食米，民之司命也〔六〕。黄金刀幣，民之通施也〔七〕。故善者執其通施，以御其司命，故民力可得而盡也〔八〕。夫民者信親而死利，海内皆然。民予則喜，奪則怒，民情皆然〔九〕。先王知其然，故見予之形，不見奪之理〔一〇〕。與可使由之，不可使知之。故民愛可洽於上也〔一一〕。洽，通也。租籍者，在工商曰租籍。所以彊其兩反。求也。租税者，所慮而請也〔一〕。在農曰租税。慮，猶計也。請，求也。王霸之君，去其所以彊求，廢其所慮而請〔二〕，故天下樂從也。

〔一〕何如璋云：通典食貨十二引此有「管子曰：夫富能奪，貧能予，乃可以爲天下」三句，在「國有十年之蓄」上，當是原文，宋刻脱去者。張佩綸云：「夫富能奪，貧能予，乃可以爲天下」三句，見揆度篇，無注。如杜氏〔通典〕（引有注）置之國蓄篇首，則與下文貧富予奪相應。任林圃云：何如璋説是。但「乃可以爲天下」句下，通典尚引有尹注「富者能奪，抑其利，貧者能贍，恤其乏，乃可爲君」，今本脱。「國有十年之蓄」句下，有尹注「用之蓄積，常餘十年」，今本亦脱。

〔二〕戴望云：朱本「皆」上有「是」字，與下文一例。張佩綸云：宋本、趙本「皆」上無「是」字，通典食貨十二引同。今據元本、朱本增。

〔三〕張佩綸云：宋本作「不罪於用」，誤。鹽鐵論本議篇「大夫曰：管子云：國有沃野之饒而民不足於食者，器械不備也；有山海之貨而民不足於財者，商工不備也。文學曰：國有沃野之饒而民不足於食者，工商盛而本業荒也；有山海之貨而民不足於財者，不務民用而淫巧衆也」，疑即引此文。「金」字不如「貨」字義括。許維遹云：趙本、纂詁本「罪」作「足」。輕重乙篇作「君有山海之財，而民用不足者」。鹽鐵論本議篇引作「有山海之貨，而民不足於財者」，是其所據本亦作「足」。當據改正。翔鳳案：釋名釋天：「金，禁也。」釋兵：

「金，禁也，爲進退之禁也。」荀子正論「金舌弊口」，注：「或讀爲噤」。則「山海之金」爲「山海之禁」矣，義比「貨」爲强，張不知也。「金」既爲「禁」，則民擅自開採有罪。然而民用之者，乃以事業交接於君上。「罪」字亦不誤，鹽鐵論改爲「足」，取其便於言説，非管書本然也。

〔四〕尹桐陽云：「挾」，篋也。收山海以爲官有。鹽鐵論錯幣：「人主積其食，守其用。」翔鳳案：齊挾穀以爲輕重，於山海無關，尹誤。

〔五〕王念孫云：通典食貨十二引此「累」作「繫」。又引尹注云：「食者民之司命，言人君唯能以食制其事，所以民無不繫於號令。」今本「繫」譌作「累」，又全脱尹注。張佩綸云：「累」、「繫」義同。于省吾云：類書每臆改古籍，不可爲據。「累」本有繫義，不必改爲「繫」。禮記儒行「不累長上」，注：「累，猶繫也。」下云「列陣繫累獲虜」，「繫累」連語，「累」亦「繫」也。

〔六〕聞一多云：「食」爲「飧」之壞字。「飧」，古文「粒」字。孟子滕文公上篇：「樂歲粒米狼戾。」翔鳳案：五穀加工則爲食米，黄金加工則爲刀幣，皆就原料成品合言之。聞説誤。

〔七〕何如璋云：「通施」猶通移也，謂金幣爲百姓交易流通之用也。荀子儒效「若夫充虚之相施易也」，楊注「『施』讀曰移」，可證。「以御司命」，所謂以幣守穀也，下山權數、山至數等篇詳言其義。

〔八〕張佩綸云：「民力可得而盡」，猶盡力溝洫之意，非竭民之財力也。

〔九〕張佩綸云：「民情皆然」當作「人情皆然」。宋本以唐諱「民」爲「人」，凡遇「人」皆改爲「民」，致有此誤。　翔鳳案：上下文皆爲「民」，作「民」者是。

〔一〇〕張佩綸云：通典注：「『予』音與。見，賢徧反。」「不見奪之理」，舊注「與可使由之，不可使知之」，通典注無「與」字。此「與」字即「音與」之與，僞房注誤刊於此。　翔鳳案：房注以「與」訓「予」，非音。

〔一一〕孫星衍云：通典十二引作「民憂」，此「愛」字誤。　翔鳳案：後漢班固傳「重熙而累洽」，注：「洽也。」作「愛」字是。

〔一二〕豬飼彦博云：輕重乙曰「租籍者君之所宜得也，正籍者君之所强求也」，「租籍」當從彼作「正籍」。「正」、「征」同。「征籍」，謂籍於室樹人畜也。「强求」，君求之也。「慮請」，下請之也。　丁士涵云：「租藉」疑當作「征藉」。輕重乙篇曰「故租籍君之所宜得也，正籍者君之所强求也」，「正」與「征」同，「正籍」即征籍，「租籍」即租稅也。今本作「租籍」者，涉下文「租稅」而誤。　翔鳳案：「籍」是增一層，「租藉」是于原租之外又增一層，即額外再征的，所以説是强求。

〔一三〕豬飼彦博云：「廢」當作「歛」，輕重乙曰「亡君廢其所宜得，而歛其所强求」，正與此反。　丁士涵云：「廢」讀曰置。置者，不去也。　翔鳳案：農商租稅，不可缺少。言去言廢，皆不合理。細思上文，彊求爲額外增加，則「慮而請」爲計慮而請，可免者免之，諸説未考也。

「廢」同「發」，開發也。

利出於一孔者，凡言利者，不必貨利，慶賞威刑皆是。**其國無敵。出二孔者，其兵不詘**〔一〕。詘與屈同。屈，窮也。**出三孔者，不可以舉兵。出四孔者，其國必亡。先王知其然，故塞民之養，**養，利也，羊向反。**隘其利途**〔二〕。**故予之在君，奪之在君，貧之在君，富之在君。故民之戴上如日月，親君若父母。**

〔一〕安井衡云：「孔」，穴也，猶言門。「出於一孔」，專出於君也。「二孔」，君與相也。「三孔」、「四孔」，則分出於臣民矣。何如璋云：「於」字衍，與下三句一律。「孔」猶空也。商君農戰：「民見上利之從一空出也，則作壹。作壹則民不偷營，民不偷營則力多，力多則國强。」又靳令「利出一空者其國無敵，利出二空者國半利，利出十空者其國不守」，本此。張佩綸云：爾雅釋詁：「孔，間也。」案：「一孔」，幣也；「二孔」，穀也；「三孔」，并於大賈蓄家；「四孔」，流於諸侯。韓子飭令篇：「利出一孔者，其國無敵；利出二孔者，其兵半用；利出十孔者，民不守。重刑明民，大制使人則上利。」商君書靳令篇「利出一空者其國無敵，利出二空者國半利，利出十空者其國不守」，本此。「十空」無義，通典選舉五劉秩論引商鞅説秦孝公作「利出一孔者王，利出二孔者强，利出三孔者弱」。馬元材云：商、韓字句與此大同小異，而其意義則有別。商、韓所謂「利出一孔」者，蓋欲一民於農戰，乃從政治軍事上立言者也。此則謂一切天財地利及其他由賤買貴賣之各種奇入旁利均應由國家獨佔之，不使人民自由經營，乃從經濟上立言。蓋即所謂國家壟斷經濟政策者也。

〔二〕何如璋云：「塞」猶充也。塞其養，民乃足。隘其途，利乃一。　張佩綸云：「養」讀如字，取也。詩「遵養時晦」，毛傳：「養，取。」通典選舉六：禮部員外郎沈既濟議曰：「管子曰：『夫利出一孔者，其國無敵；出二孔者，其兵不詘；出三孔者，不可以舉兵；出四孔者，其國必亡。先王知其然，故塞人之養，隘其利途，使人無游事而一其業也。』而近代以來，祿利所出，數千百孔，故人多歧心，疏瀉漏失，而不可轄也。夫入仕者多，則農工益少，農工少則物不足，物不足則國貧，是以言入仕之門太多。」案此篇利孔本與祿利無涉，沈既濟之言，則發揮旁通，實有至理。通典注殆本於此，非尹氏之舊也。　聞一多云：「養」字無義，疑「羨」之譌。鹽鐵論錯幣篇「禁溢羨，厄利塗」，語意本此。尹注「養，利也」，亦當作「羨，利也」。周禮小司徒「以其餘爲羨」，司農注：「羨，饒也。」秦策「西有巴蜀漢中之利」，高注：「利，饒也。」是「羨」、「利」義同，故尹訓「羨」爲「利」。　翔鳳案：説文：「養，供養也。」原自供養，則當取締，故注讀「羊向反」。改爲「羨」字，誤。

凡將爲國，不通於輕重，不可爲籠以守民〔一〕。不能調通民利，不可以語制爲大治。是故萬乘之國，有萬金之賈。千乘之國，有千金之賈。然者何也？國多失利，則臣不盡其忠，士不盡其死矣。歲有凶穰，故穀有貴賤。令有緩急，故物有輕重〔二〕。然而人君不能治，故使蓄賈游市〔三〕，乘民之不給，百倍其本〔四〕。分地若一，彊者能守。分財若一，智者能收。智者有什倍人之功，以一取什。愚者有不賡本之事〔五〕。賡，猶償也。音庚。然而人君不能調，故民有相百倍之生也〔六〕。夫民富則不可以祿使也，貧則不可以罰威也。法令之不行，萬民之不治，貧富之不齊也。

〔一〕何如璋云：「籠」者包舉之義，又鳥檻曰籠。莊子庚桑楚篇：「以天下爲之籠則雀無所逃，是故湯以庖人籠伊尹，秦穆公以五羊之皮籠百里奚，是故非以其所好籠之而可得者無有也。」此乃以鳥喻民。馬元材云：吴汝綸點勘本即依通典校删「爲籠」二字。此乃輕重之家常用術語，必不可删。「爲籠以守民」與「語制爲大治」互爲對文。前者指國家專利而言，後者指均平社會之財富而言。

〔二〕劉績云：別注：「上令急於求米則民重米，緩於求米則民輕米，所緩則賤，所急則重也。」

〔三〕張佩綸云：師古曰：「『畜』讀曰蓄。蓄賈，謂賈人之多蓄積者。」聞一多云：漢書食貨志下引作「畜賈游於市」，師古注曰：「『畜』讀曰蓄。蓄賈，謂賈人之多蓄積者。」食貨志上載鼂錯説「而商賈……日游都市，乘上之急，所賣必倍」，與此文「蓄賈游市，乘民不給，百倍其本」語意大同。

〔四〕劉績云：別注：「給，足也，以十取百。」

〔五〕張文虎云：「賡」與「庚」、「更」通。後山國軌篇亦作「庚」。史記平準書「悉巴蜀租賦不足以更之」，集解：「韋昭曰：更，續也。或曰：更，償也。」「償」、「續」義亦相因。顏昌嶢云：尹説是也。山國軌篇「視市櫎而庚子牛馬」，尹注：「庚，償也。」此「賡」字與「庚」同。檀弓下篇「請庚之」，鄭注：「庚，償也。」

〔六〕丁士涵云：此當作「故民利有百倍之失也」。上文曰「然而人君不能治，故使畜賈游市，乘民之不給，百倍其本」，此言智者之多取利，以致愚者之不償本，故民利有百倍之失矣。下文曰「夫民利之時失，而物利之不平也」，是其證。今文「利」誤「相」，又倒置「有」字下，「失」又誤「生」，遂不可讀矣。安井衡云：「生」，産也。人君不能調和貧富而均一之，故民産至有相百倍者也。顏昌嶢云：丁説非是。此言智者有十倍之利，愚者至不能償本，人主若不能調濟之，則民之生事有相百倍之遠矣。言貧富懸殊也。翔鳳案：説文：「生，進也。」此用其本義，謂懸殊進至百倍也。

且君引錣錣，籌也，丁劣反。量用〔一〕，耕田發草，上得其數矣〔二〕。民人所食，人有若干步畝之數矣。計本量委委，積也。則足矣〔三〕，然而民有飢餓不食者，何也？穀有所藏也。言一國之内，耕墾之數，君悉知之①。凡人計口授田，家族多少，足以自給，而人乏於食者，謂豪富之家收藏其穀故也②。人君鑄錢立幣〔四〕，民庶之通施也，錢幣無補於飢寒之用，

① 「之」字原無，據補注增。

② 「也」字原無，據補注增。

人君所立以均制財物，通交有無，使人之所求，各得其欲。**人有若干百千之數矣**〔五〕。**然而人事不及、用不足者，何也？利有所幷藏也**〔六〕。民事，謂常費也。言人之所有，多少各隨其分而自足，君上不能均調其事，則豪富幷藏財貨，專擅其利，是故人常費不給，以致匱乏。**然則人君非能散積聚，鈞羨餘也。不足，分幷財利**〔七〕，**而調民事也，則君雖彊本趣耕**，本，謂務農。趣，讀爲促。**而自爲鑄幣而無已**〔八〕，**乃今使民下相役耳**〔九〕，**惡能以爲治乎**〔一〇〕！言人君若不能權其利門，制其輕重，雖鑄幣無限極而與人，徒使豪富侵奪貧弱，終不能致理也。惡，音烏。

〔一〕翔鳳案：説文：「餟，合箸也。」其合用系，則箸爲叕。説文：「叕，綴聯也。」「箸，飯攲也。」箸必傾側用之，故曰「飯攲」。淮南人間訓「愚人之思叕」，注：「短也。」「叕」象短箸聯綴之形，用以進食，故「啜」訓嘗。廣雅釋器：「『筴』謂之箸。」筴乘馬義通於「箸」，而「箸」亦所以爲籌。箸用爲籌以計算，史記留侯世家：「張良曰：『臣請藉前箸爲大王籌之。』」以下歷陳一不可，二不可，以至八不可。張良、劉邦進食，共用四箸，而一至八爲〡〢〣〤〥〦〧〨，四箸足用數馬即爲籌馬，此「餟」爲「籌」之説也。

〔二〕豬飼彥博云：「土」一作「上」，輕重甲作「躬犁墾田，耕發草土，得其穀矣」，未詳孰是。翔鳳案：得數與得穀不同，則「上」不必改爲「土」。

〔三〕安井衡云：「本」，謂田所生；「委」，末也，謂人所食。言一人食若干步畝所生之粟，自有定數。計田所生之本，量人所食之末，則其用自足矣。翔鳳案：荀子天論「彊本節用」，注：「『本』謂農桑。」下文「彊本趣耕」，注：「『本』謂務農。」計農所入，量其委積，安井說非。

〔四〕王念孫云：「人君」當爲「今君」。此與上文「君引錣量用」云云，皆指桓公而言，非泛言人君也。今作「人君」者，涉上下文「人君」而誤。尹注非。通典食貨八所引亦誤。輕重甲篇正作「今君鑄錢立幣」。翔鳳案：下文有「人君」，王說非是。

〔五〕孫星衍云：通典八引作「人有若干百十之數矣」。王念孫云：「若干」二字，涉上文「人有若干步畝之數」而衍。上文步畝之數無定，故言「若干」，此既云「人有百十之數」（舊本「十」譌作「千」，據輕重甲篇及通典引改），則不得更言「若干」矣。通典所引已誤，輕重甲篇無「若干」二字。顏昌嶢云：王說誤。此「若干百千」之數，與上文「若干步畝之數」同爲無定之詞。「若干」二字非衍文。「百千」，蓋成數名，猶言若干百若干千也。言人君鑄錢立幣，以爲民庶交通轉移之用，而人亦各有若干千百之錢矣；然而日用不足者，幣爲豪富所并也。

〔六〕安井衡云：古本無「藏」字。洪頤煊云：漢書食貨志作「利有所并也」，通典八引作「利有所藏也」，無「并」字。王念孫云：「藏」字，涉上文「穀有所藏」而衍。「并」與「并」同，（弟子職篇曰「既徹并器」，輕重丁篇曰「大夫多并其財而不出」，史記吳王濞傳曰「願并左右」，「幷」皆與「屛」同。）「屛」即「藏」也。上言「穀有所藏」，此言「利有所幷」，互文耳。漢書食貨志引此正作「利有所幷也」。輕重甲篇曰「有餓餒於衢閭者何也，穀有所藏也」，又云「民有賣子者何也，財有所幷也」，（鹽鐵論錯幣篇亦云：「交幣通施，民事不及，物有所幷也；計本量委，民有飢者，穀有所藏也。」）則「幷」下本無「藏」字，明矣。據尹注云「豪富幷藏財貨」，則所見本已衍「藏」字。通典引尹注「幷藏財貨」，則所見即是尹本，而又於正文內删去「幷」字，尤非。翔鳳案：兼幷而藏之，「藏」字不可少。

〔七〕張佩綸云：輕重甲作「分幷財」，又「桓公問於管子曰，今欲調高下，分幷財，散積聚」，「利」字衍。翔鳳案：分幷其財利，非分幷其財，「利」字不可少。

〔八〕吳志忠云：「自」疑「日」字誤。尹桐陽云：「雖强本趣耕而自爲」，「爲」同「鑼」，相屬。字一作「鈹」，廣雅釋地：「鈹，耕也。」淮南精神訓注：「臿，三輔謂之鍋。」説文：「銧，臿屬。」則字或以「銧」爲之。翔鳳案：鑄幣之權，操之政府，故曰「自」，非誤字。尹釋穿鑿。

〔九〕安井衡云：「今」當爲「令」，字之誤也。翔鳳案：「乃今」二字連用，國策、史記有之，安井説非。

〔一〇〕張佩綸云：通典食貨十二引管子此篇作「惡（音烏）能以爲理」，注云：「人君不能散豪富之積，均有餘以贍不足，雖務農事，督促播殖，適所以益令豪富驅役細人，終不能治理，所謂須有制度於其間，兼輕重之術。」

歲適美，則市糶無予〔一〕，而狗彘食人食。歲適凶，則市糴釜十繦〔二〕，而道有餓民。然則豈壤力固不足，而食固不贍也哉〔三〕？夫往歲之糶賤，狗彘食人食，故來歲之民不足也。物適賤，則半力而無予〔四〕，民事不償其本。物適貴，則什倍而不可得，民失其用。然則豈財物固寡，而本委不足也哉？夫民利之時失而物利之不平也。故善者委施於民之所不足，操事於民之所有餘。夫民有餘則輕之，故人君斂之以輕。民不足則重之，故人君散之以重。斂積之以輕，散行之以重，故君必有什倍之利，而財之櫎古莫反。可得而平也〔五〕。

凡輕重之大利，以重射輕，以賤泄平〔六〕。萬物之滿虛〔七〕，隨財准平而不變〔八〕。衡絶則重見。人君知其然，故守之以准平。使萬室之都必有萬鍾之藏，藏繦千萬〔九〕。使千室之都必有千鍾之藏，藏繦百萬。春以奉耕，夏以奉芸〔一〇〕，耒耜械器鍾饟糧食畢取贍於君〔一一〕。故大賈蓄家不得豪奪吾民矣。然則何？君養其本謹也〔一二〕。春賦以斂繒帛，夏貸以收秋實，蓋方春蠶，家闕乏而賦與之，約收其繒帛也。方夏，農人闕乏，亦賦與之，約取其穀實也。是故民無廢事，而國無失利也。人之所乏，君悉與之，則豪商富人不得擅其利。

〔一〕豬飼彥博云：「予」，買也。俞樾云：方言：「予，讎也。」此「予」字當訓爲讎，「讎」即售字。説文新附：「售，賣去手也。」詩抑篇箋云「物善則其售賈貴」，釋文云：「『售』本作『讎』。」蓋古「售」字即以「讎」爲之。此言「無予」，即無售也，猶詩云「賈用不售」矣。下文云「穀賤則以幣予食，布帛賤則以幣予衣」，言穀賤則以幣售食，布帛賤則以幣售衣也。兩「予」字亦當訓讎。

〔二〕安井衡云：古本「糴」作「糶」。翔鳳案：「糴」爲買入，「糶」爲賣出，作「糶」非是。

〔三〕聞一多云：「力」字，涉下文「半力」而衍。翔鳳案：「壤力」即「地力」，聞説非。

〔四〕俞樾云：「無予」之義，已見上矣。「半力」二字義不可通，疑「半分」之誤。下文云「物適貴，則什倍而不可得」，「半分」與「什倍」正相對。輕重乙篇「十倍而不足，或五分而有餘」，以「五分」與「十倍」相對，義與此近。吳汝綸云：「半力」當作「半價」。張佩綸云：詩烝民「威儀是力」，箋：「力，猶勤也。」「半力而無予」，言得賈僅及其力之半，斯不償其本矣。「半」、「倍」對文。翔鳳案：張説是。「半力」即人力之半價，故謂不償其本。

〔五〕豬飼彦博云：「横」同「衡」，謂財物之價。安井衡案：「横」，月平也，君從輕重而斂散之，故月平無太貴賤也。漢世常平倉之法，蓋本於此矣。翔鳳案：「横」即「衡」。説詳巨乘馬篇。

〔六〕陶鴻慶云：輕重相劑，正取其平，「以賤泄平」，義難通矣。疑「平」當作「貴」。「以重射輕，以賤泄貴」，二句相互爲義。下節云「夫物多則賤，寡則貴，散則輕，聚則重」，亦以輕重貴賤對言，可證也。……作「平」者，涉下文「准平」而誤。　翔鳳案：太賤泄之便平，謂推銷也。陶説誤。

〔七〕翔鳳案：「滿」本作「盈」，避漢諱而改。

〔八〕豬飼彦博云：「財」當作「時」。　張佩綸云：「隨財」之「財」當作「時」，漢志可證。（漢書食貨志下引此篇文，有「凡輕重斂散之以時則準平」一語。）　翔鳳案：輕重以準平其財，財字不誤，時爲次要也。

〔九〕洪頤煊云：通典十、太平御覽八百二十三引「繦」俱作「鏹」。説文無「鏹」字，漢書食貨志作「繦」。　尹桐陽云：「都」，前漢書食貨志作「邑」，下同。文選蜀都賦「藏繦巨萬」，李善注：「『藏繦』，管子之文。」　任林圃云：通典食貨十二及册府元龜五百二引亦作「邑」，下同。　又「藏繦千萬」下，通典有注：「六斛四斗爲鍾。繦，錢貫。」

〔一〇〕黄鞏云：「芸」，食貨志作「耘」。　任林圃云：通典食貨十二引此文「奉」字注云：「『奉』謂供奉。」據漢書食貨志乃顔師古注。

〔一一〕洪頤煊云：「鍾鑲」當作「種饟」。　漢書食貨志引此作「種饟」。師古曰：「種，五穀之種也。」山國軌篇尹注亦作「種饟糧食」。　宋翔鳳云：宋本作「鍾」，是也。「糧」，宋本作「粮」，當是「粮」字。　聞一多云：顔師古云：「種，五穀之種也。『饟』字與『餉』同，謂餉田之具也。」（見漢書食貨志注。）如顔説，則饟與糧食何異？　今案：字當作「穰」。　爾雅釋草釋文引三蒼「瓤，瓜中子也」，正字通「『穰』與『瓤』通，凡果實中之子曰犀穰」，是草木之子在瓜曰瓤，在禾曰穰。「種穰」即種子耳。翔鳳案：説文：「鑲，周人謂餉曰『鑲』。」段注：「周頌曰『其鑲伊黍』，正周人語也。釋詁曰：『饁、鑲，饋也。』」「鑲」謂餉田。釋名釋形體：「鍾，聚也。」周語：「澤，水之鍾也。」「鍾鑲」謂聚人送食，非誤字，作「種」乃誤耳。

〔一二〕戴望云：「何」字，即「則」字之誤而衍者。李哲明云：「君」疑當爲「目」，古「以」字，形似而訛。「本謹」當作「本委」。「本委」者，勤於本務所委積之物也，互見上下文。下文云「彼人君守其本委，謹而男女」，「謹」字涉此而衍。傳寫者併「本委謹」於此文，又不刊「謹」而刊「委」，因致誤耳。翔鳳案：説文：「謹，慎也。」常義。「何，儋也。」商頌「百禄是何」，「何天之休」，「何天之龍」，傳皆訓「任」，引申爲感荷。而「荷」本爲荷花，相習日久，忘「何」與「荷」之本訓，紛紛改字，怪事也。

凡五穀者，萬物之主也。穀貴則萬物必賤，穀賤則萬物必貴。兩者爲敵，則不俱平。故人君御穀物之秩相勝〔一〕，而操事於其不平之閒。秩，積也。食爲人天，故五穀之要可與萬物爲敵，其價常不俱平，所以人君視兩事之委積，可彼此相勝。輕重於其閒，則國利不散也。故萬民無籍，而國利歸於君也。夫以室廡籍，謂之毁成。小曰室。大曰廡，音武。是使人毁壞廬室。以六畜籍，謂之止生。畜，許救反。是使人不競牧養也。以田畝籍，謂之禁耕。是止其耕稼也。以正人籍，謂之離情。正數之人，若丁壯也。離情，謂離心也。以正户籍，謂之養贏〔二〕。贏，謂大賈畜家也。正數之户，既避其籍，則至浮浪，爲大賈蓄家之所役屬，增其利耳。五者不可畢用，故王者偏行而不盡也〔三〕。故天子籍於幣，諸侯籍於食。中歲之穀，糶石十錢〔四〕。大男食四石，月有四十之籍。大女食三石，月有三十之籍。吾子食二石，月有二十之籍。歲凶穀貴，糶石二十錢，則大男有八十之籍，大女有六十之籍，吾子有四十之籍〔五〕。六十爲大男，五十爲大女。吾子，謂小男小女也。按古之石，准今之三斗三升三合。平歲每石税十錢，凶歲税二十者，非必税其人，謂於操事輕重之間，約收其利也。是人君非發號令收穡而户籍也〔六〕。彼人君守其本委謹，而男女諸君吾子無不服籍者也。嗇，斂也。委，所委積之物也。謹，嚴也。言人君不用下令税斂於人，但嚴守利途，輕重在我，則無所逃其税也。

〔一〕張榜云：「秩」宜作「迭」。王念孫云：「秩」讀爲迭，迭，更也。穀貴則物賤，穀賤則物貴，是穀與物更相勝也。集韻「迭」、「秩」竝徒結切，聲相同，故字相通。尹注非。宋翔鳳云：「秩」，次也，謂穀物以次第相勝。翔鳳案：房注、宋訓「秩」爲次第，是也。穀與物互爲貴賤，有時連年穀貴物賤，有時連年物貴穀賤。年數多少不一定，非必互爲更迭也。然而有秩序，穀賤之後必貴，穀貴之後必賤，物亦如此。「秩」、「迭」同音，未聞同義。

〔二〕姚永概云：「以正人籍」，計口而籍之也。計口則人無免者，故曰「離情」。「以正户籍」，計户而籍之也。計户則大户口多者利矣，故曰「養贏」。郭沫若云：海王篇「藉於人，此隱情也」，輕重甲篇「藉於萬民，是隱情也」，彼二篇言「隱情」，此言「離情」，「離」與「隱」可爲互訓。蓋隱則離，離則隱矣。意謂使人絶離情欲也。又「贏」當爲「嬴」，五藉均言其害。姚以「大户口多者利」解之，然於貧户，則不問口之多少而更益其貧，故曰「養贏」也。翔鳳案：姚、郭二説義相反而皆有之。廣雅釋詁三「贏，過也」。此訓兼二義而有之。

〔三〕張佩綸云：孟子曰「有布縷之征，粟米之征，力役之征，君子用其一，緩其二，用其二而民有殍，用其三而父子離」，即「五者不可畢用」之意。「偏行」，通典（食貨十二）作「徧行」，非是。

翔鳳案：「偏」別體作「徧」，常見。

〔四〕宋翔鳳云：案管子所言，皆以錢幣御輕重之法。古者錢重，故「中歲之穀糶石十錢」，言有錢十可糴穀一石。輕重丁篇曰：「齊西水潦而民飢，齊東豐庸而糶賤」；又言「齊西之粟釜百泉（即錢字），則鏂二十也，齊東之粟釜十泉，則鏂二錢也。請令籍人三十泉，得以五穀菽粟決其籍，若此，則齊西出三斗而決其籍，齊東出三釜而決其籍。」案「籍」通「藉」，借也。蓋齊西釜百泉，以三十泉借人，而取其三斗，則泉散下而可糴；齊東釜十泉，以三十泉借人，而取其三釜，則粟收於上而糴平。然後劑其多少，則貴者可賤，賤者可貴，所謂輕重之權也。注謂每石取其利十泉，所説大謬。漢書食貨志李悝亦言「粟石三十錢」，時蓋用大泉，而未鑄輕泉，故貴重若此。後秦鑄筴錢，則米至石萬錢矣。趙充國傳「民守保不得田作，今張掖以東粟石百餘」，師古注：「謂其直錢之數，言其貴。」充國傳又云「今城湟中穀斛八錢」，此言其賤。可知漢時穀直與春秋大略相等，無過石百錢者也。山至數篇言「彼諸侯之穀十，使吾國穀二十，則諸侯穀歸吾國矣；諸侯穀二十，吾國穀十，則吾國穀歸於諸侯矣」，亦謂穀石則十錢或二十錢也。安井衡云：上文云「歲適凶，則市糴釜十繦」，然則中歲十石之價，不止十錢，蓋亦謂所加之邪贏，故名「藉」耳。

〔五〕任林圃云：通典食貨十二引此文有注「六十爲大男，五十爲大女，吾子爲小男小女也」十八字。

〔六〕丁士涵云：「收」疑「畝」字誤。翔鳳案：説文：「穡，穀可收曰穡。」於穀可收時即收之。丁不明古訓而疑爲「畝」，謬矣。

一人廩食，十人得餘〔一〕。十人廩食，百人得餘。百人廩食，千人得餘。夫物多則賤，寡則貴。散則輕，聚則重。人君知其然，故視國之羨不足而御其財物。穀賤則以幣予食，布帛賤則以幣予衣。視物之輕重，而御之以准，故貴賤可調，而君得其利〔二〕。前有萬乘之國，而後有千乘之國，謂之抵國。前有千乘之國，而後有萬乘之國，謂之距國。壤正方，四面受敵，謂之衢國〔三〕。以百乘衢處，謂之託食之君〔四〕。千乘衢處，壤削少半。萬乘衢處，壤削太半〔五〕。何謂百乘衢處託食之君也？夫以百乘衢處，危慴圍阻千乘萬乘之閒〔六〕。夫國之君不相中〔七〕，舉兵而相攻，必以爲扞格蔽圉之用。有功利不得鄉〔八〕。大臣死於外，分壤而功。列陳係纍獲虜〔九〕，分賞而禄。是壤地盡於功賞，而税臧殫①於繼孤也〔一〇〕。是特名羅於爲君耳〔一一〕，無壤之有。號有百乘之守，而實無尺壤之用，故謂託食之君。然則大國内款，小國用盡，何以及此〔一二〕！曰：「百乘之國，官賦軌符〔一三〕。乘四時之朝夕〔一四〕，御之以輕重之准，然後百乘可及也。千乘之國，封天財之所殖〔一五〕，械器之所出，財物之所生，視歲之滿虚而輕重其禄〔一六〕，然後千乘可足也。萬乘之國，守歲之滿虚，乘民之緩急，正其號令，而御其大准，然後萬乘可資也〔一七〕。

〔一〕何如璋云：「廩」，積也。一人積之，十人得仰其餘。百人千人視此。言儲蓄之要也。

張佩綸云：「廩」，「稟」之誤。説文：「稟，賜也。」此就上農夫食九人計之。一人之賜穀，十人得餘；十人之賜穀，百人得餘；百人之賜穀，千人得餘。一説：「廩」，藏也。此釋上穀有所藏。言一人所藏之食，散之則十人得餘；十人所藏之穀，食百人得餘；百人所藏之穀，食千人得餘。翔鳳案：「賜」與「藏」二義，張説不能自定。急就篇「稟食縣官帶金銀」，顔

① 「殫」字原作「彈」，據補注改。

注：「稟食縣官，官給其食也。」王氏補注：「稟，賜穀也。」則「廩」假爲「稟」無疑。漢初習管子，多用其義。張引説文脱「穀」字，亦誤。

〔二〕劉績云：通典注：「穀賤則以幣與食，布帛賤則以布帛與衣者，與當爲易，隨其所賤而以幣易取之，則輕重貴賤由君上也。」張佩綸云：通典食貨十二引管子此篇云：管子曰「夫物多則賤」至「則君得其利」下有「則古之理財賦未有不通其術焉」。注「穀賤以幣與食，布帛賤以幣與衣者，『與』當爲『易』，隨其所賤而以幣易取之，則輕重貴賤由君上也。周易損卦六五云『或益之十朋之龜，弗克違，元吉』，沙門一行注曰：『十朋者，國之守龜象社稷之臣，能執承順之道，以奉其君，龜之爲物則主人之重寶，爲國之本。損而奉上則國以之存，損而益下則人以之存。明於法則調盈虛，御輕重中和之要，若伊尹、太公、管仲之所執。夫龜者上達神祇之情，下乃不言而信於人也，斯故往者用之爲幣。』則一行深知其道矣」百餘字。劉績本引通典注「穀賤」至「由君上也」三十七字補，王懷祖雜志未引。

〔三〕張佩綸云：輕重甲篇：「桓公欲賞死事之後曰：吾國者，衢處之國。」地數篇：「夫齊，衢處之本，通達所出也。」翔鳳案：「抵國」、「距國」、「衢國」，各以一字爲形容詞，「距」爲離距，可畏者在後。廣雅釋詁：「抵，推也。」以手推之，可畏者在前。「衢」則瞿然四顧，四面有敵矣。

〔四〕張佩綸云：輕重丁篇：「然則吾非託食之主耶？」

〔五〕安井衡云：萬乘之削多於千乘，壤廣，力不能周也。陶鴻慶云：「少半」、「太半」當互易。上文云「以百乘衢處謂之託食之君」，明國愈小則削愈易也。翔鳳案：安井説是。下文「功賞」、「繼孤」，國愈大愈困也。

〔六〕張佩綸云：論語「子路率爾而對曰：千乘之國攝乎大國之間」，包氏曰：「攝，攝迫乎大國之間也。」聞一多云：「危」當作「厄」，字之誤也。事語篇「秦奢之數不可用於厄隘之國」，「厄」亦誤作「危」。「厄」、「阸」通，「阸」、「隘」同。荀子禮論篇「不至于隘懾傷生」，「厄懾」即「隘懾」也。「厄懾」猶夾持也。「厄懾圍阻千乘萬乘之間」，猶言夾持包圍於大國之間耳。翔鳳案：説文：「危，在高而懼也。」與「憐」義近。「攝」訓引持，「懾」訓失氣，義不相同，二説俱誤。

〔七〕豬飼彥博云：「國」上疑脱「四」字。「中」猶和也，言四方之國不相和。王念孫云：「夫國」當爲「大國」，此涉上「夫」字而誤。「大國」即千乘萬乘之國。「不相中」，不相得也。（史記封禪書「康后與王不相中」，索隱引三倉云：「中，得。」）翔鳳案：不相得而相攻，大國小國同，改「夫」爲「大」，非是。

〔八〕劉績云：「鄉」，一作「享」。豬飼彥博云：「卿」當作「慶」，幸也。宋翔鳳云：「鄉」當讀爲饗，亦通「享」。言有功利而已不得享受其功利也。翔鳳案：卜辭、金文「卿」與「鄉」爲一字。尚書大傳「百工相和而歌卿雲」，即慶雲也。

〔九〕張佩綸云：輕重甲篇「臣不爲忠，……士不死其列陳」，「大臣執於朝，列陳之士執於賞」，皆「列陳」與「大臣」對舉，「列陳」即「列陳之士」。聞一多云：「陳」讀爲陣。

〔一〇〕安井衡云：古本「臧」作「藏」。許維遹云：「臧」，古「藏」字。「殫」，亦盡也。

〔一一〕張佩綸云：廣雅釋詁一：「羅，列也」。

〔一二〕豬飼彦博云：「及」猶足也，下曰「百乘可及」。尹桐陽云：「内款」，内空也。翔鳳案：説文：「及，逮也。」猶追及也。「及」有補救之義。

〔一三〕馬元材云：「軌符」，謂合於客觀需要之適量借券，亦即合於山國軌篇所謂「軌程」之借券，内容實包括借錢與借物二種。其非國家所發行者，則不謂之「軌符」而但言「符」。輕重乙篇所云「百符而一馬」，是也。

〔一四〕安井衡云：「朝夕」猶貴賤也。物從四時而貴賤，故云「四時之朝夕」也。何如璋云：「朝夕」猶上下也。尹桐陽云：「朝夕」猶漲落也，今字作「潮汐」。文選枚叔上書諫吴王「游曲臺，臨上路，不如朝夕之池」，蘇林曰：「以海水朝夕爲池。」

〔一五〕安井衡云：「封」者，專利自私，不與民共之也。「天財」，財之不假人功而生者，金銀珠玉竹石草木之屬皆是也。何如璋云：「天財」之「財」爲「材」，方與下文不複。荀子彊國「其國險塞，形勢便，山林川谷美，天材之利多，是形勝也」，可證。「天財所殖」三句，謂山澤有利者封禁而守之，以所出之財物與歲之滿虚相乘。尹桐陽云：「封」，界也。爲界而使民不敢侵。地數篇曰：「苟山之見榮者，君謹封而祭之。」翔鳳案：孟子：「封疆之界。」尹說是也。

〔一六〕安井衡云：「滿虛」猶豐凶也。「輕重其祿」者，蓋准幣賦之。張佩綸云：周禮天府「若祭天之司氏司祿」，注：「『祿』之言穀也。」論語孔、鄭注，詩毛傳、鄭箋：「穀，祿也。」「輕重其祿」，所謂諸侯籍於穀也。

〔一七〕王引之云：「資」乃「澹」之誤字，說詳下山權數篇「相困揲而晷」條下。翔鳳案：國策秦策「資臣萬金」，注：「給也。」說文：「給，相足也。」何必改爲「澹」乎？

玉起於禺音虞。氏〔一〕，金起於汝漢，珠起於赤野，東西南北距周七千八百里〔二〕，水絕壤斷，舟車不能通。先王爲其途之遠，其至之難，故託用於其重，以珠玉爲上幣，以黃金爲中幣，以刀布爲下幣。三幣握之則非有補於煖也，食之則非有補於飽也，先王以守財物，以御民事，而平天下也〔三〕。今人君籍求於民，令曰十日而具，則財物之賈什去一。令曰八日而具，則財物之賈什去二。令曰五日而具，則財物之賈什去半。朝令而夕具，則財物之賈什去九。先王知其然，故不求於萬民，而籍於號令也。

〔一〕何如璋云：「禺」古通「虞」，當即小匡之西虞，殆今于闐地。山海經「夸父不量力，欲追日景，逮之於禺谷」，注：「禺淵，日所入也。今作『虞』。」許維遹云：禺氏即月氏，以産玉稱，見山海經海内東經。御覽珍寶部九引「氏」下有「山」字，蓋據揆度篇增。翔鳳案：王國維云：「周末月氏故居，蓋在中國之北，逸周〔書〕王會解：『伊尹獻令，列禺氏於正北。』穆天子傳：『已亥，至于焉，居禺知之平。』『禺知』亦即『禺氏』。其地在雁門之西北，黄河之東，與『獻令』合。此二書疑皆戰國時作，則戰國時之月氏，當在中國正北。史記大宛列傳始云：『月氏居敦煌、祁連間。』則已是秦、漢間事。又云：『月氏爲匈奴所敗，乃遠去，過宛，西擊大夏而臣之。遂都嬀水北，爲王庭。其餘小衆不能去者，保南山羌，號小月氏。』考月氏爲匈奴所敗，當漢文帝四年，而其西居大夏，則在武帝之初。然則月氏既敗於匈奴以後，徙居大夏以前，果居於何處乎？近日東西學者均以爲在伊犂方面，其所據者，大宛列傳中單于言『月氏在吾北』一語也。然單于之言未必審方位。即以伊犂當之，亦在匈奴之西，不得云『北』也。案：管子國蓄篇云：『玉起於禺氏。』地數篇云：『玉起於牛氏邊山。』揆度篇云：『北用禺氏之玉。』又云：『玉起於禺氏之邊山，此度去周七千八百里。』又輕重甲篇云：『禺氏不朝，請以白璧爲幣乎？崑崙之虚不朝，請以璆琳琅玕爲幣乎？』又云：『懷而不見於抱，挾而不見於掖，而辟七金者，白璧也。然後八千里之禺氏可得而朝也。簪珥而辟千金者，璆琳琅玕也。然後八千里之崑崙之虚可得而朝也。』輕重乙篇云：『金出於汝、漢之右衢，珠出於赤野之末光，玉出於禺氏之旁山。此皆距周七千八百餘里。』皆以禺氏爲産玉之地。余疑管子輕重諸篇漢文、景間所作，其時月氏已去敦煌、祁連間而西居且末、于闐間，故云『玉起於禺氏』也。蓋月氏西徙，實由漢書西域傳之南道，其餘小衆留保南山，一證也。其踰葱嶺也，不臣大宛、康居而臣大夏，二證也。（西域傳：「南道西踰葱嶺，則東爲月氏、安息。」）其遷徙之迹與大夏同，（大唐西域記：「于闐尼壤城東行四百餘里，有覩火邏故國。」）三證也。則月氏東去敦煌、祁連間之後，西居大夏之前，其居必在且末、于闐間，從可知也。以前從無留意於管子之紀事者，故略綴數語以記之。」

〔二〕安井衡云：揆度篇「北用禺氏之玉」，則禺氏在北，赤野蓋在崑崙虚之西，此二者未詳遠近。汝、漢近在荆、徐之間，與周相距固無七千八百里之遠，舟車相通，未嘗水絶壤斷。大抵輕重諸篇，尤多妄論，皆不足辨也。張佩綸云：通典食貨八作「七八千里」。聞一多云：「周」，圓周也。「距周」，謂自圓心至圓周之距離，算學家所謂半徑者是也。翔鳳案：周髀算經「其周七十一萬四千里」，注：「匝也。」大荒西經：「有山而不合，名曰不周。」聞説是也。

〔三〕劉績云：通典引此「天下也」下有「是以命之曰衡，衡者使物一高一下，不得有調也」，注：「若五穀與萬物平，則人無其利，故設上中下之幣而行輕重之術，使一高一下，乃可權制利門，悉歸於上。」

山國軌第七十四

管子輕重七

何如璋云：「山」字無義，當是「官」字。文中桓公問「官國軌」，可證。官者，設官治事以立軌數也。　張佩綸云：説文：「軌，車徹也。」華嚴經音義上引國語賈注：「軌，法也。」左氏隱五年傳：「講事以度軌量謂之軌。」此言國用皆有法，如車之有徹。通篇但言「國軌」，未嘗專指山國，與「山權數」、「山至數」之「山」字均不可解。　翔鳳案：管子多用聲訓。如心術上「金心在中不可匿」，國蓄「君有山海之金」，「金」訓爲禁。戒篇「門傅施城」，「門」訓爲捫。幼官「五舉而務輕金九」，「九」訓爲「宄」。凡諸家之視爲錯字，予以聲訓解，文從字順，其例不少，此亦聲訓也。説文：「山，宣也。宣氣散，生萬物。」侈靡：「能與化起而王用，則不可以道山也。」舊説以爲誤字，不知乃訓爲「宣」也。「山國軌」即「宣國軌」，「山權數」、「山至數」含義同。輕重甲：「藉於鬼神。」「聖人乘幼，與物皆宜。」漢書賈誼傳文帝受釐，坐宣室。至夜半前席，問賈生鬼神之事。是「山」之爲「宣」，於幼官有關。神權時代，天子居山，大海環之。桓公伐楚，楚子謂君處北海，寡人處南海。當時無海，乃用古代遺言。山與海對，山即陸。篇中所言之田地，亦可稱爲山也。其意義爲多方面，故以「山」題篇名。

桓公問管子曰：「請問官國軌〔一〕。」管子對曰：「田有軌，人有軌，用有軌，鄉有軌，人事有軌，幣有軌，縣有軌，國有軌。不通於軌數，而欲爲國，不可。」桓公曰：

「行軌數奈何？」對曰：「某鄉田若干？人事之准若干？穀重若干？曰：某縣之人若干？田若干？幣若干而中用？穀重若干而中幣〔二〕？終歲度人食，其餘若干？曰：某鄉女勝事者終歲績，其功業若干？以功業直時而櫎古莫反。之〔三〕，終歲，人已衣被之後〔四〕，餘衣若干？別羣軌，相壤宜。」桓公曰：「何謂別群軌，相壤宜？」管子對曰：「有莞蒲之壤，有竹前檀柘之壤〔五〕，有氾下漸澤之壤〔六〕，有水潦魚鼈之壤。今四壤之數，君皆善官而守之，則籍於財物，不籍於人。畝十鼓之壤〔七〕，君不以軌守，則民且守之。民有過移長力〔八〕，不以本爲得，此君失也。」

〔一〕翔鳳案：「軌」爲車轍。賈子道術：「緣法循理謂之軌。」此引申義。齊策「車不得方軌」，注：「車兩軌間爲軌。」「軌」者兩跡並行。輕重之數，國家制定，是爲「國軌」；宣布軌宜，是爲「山國軌」。

〔二〕翔鳳案：「中」讀去聲，當也，應也。

〔三〕安井衡云：「直」，當也。翔鳳案：太玄「罔直蒙酋冥」，注：「『直』之言殖也。」廣雅釋詁二：「殖，積也。」「直」訓「積」，即上文「若干」之意。安井説非是。

〔四〕翔鳳案：承上女績言之。

〔五〕金廷桂云：周禮春官巾車「木路前樊鵠纓」，注：「『前』讀爲翦。」集韻「箭」或作「翦」。釋名釋兵：「翦，刀翦進也。所翦稍進前也。」又：「箭，進也。」莊子人間世「且幾有翦乎」，釋文：「崔本作『前』。」然則「前」與「翦」、「箭」本通用。

〔六〕尹桐陽云：「氾」，汙也。漢孔彪碑：「皭然氾而不俗。」「漸」，濕也。「澤」，潤也。穆天子傳：「天子北還，釣于漸澤，食魚于桑野。」六韜戰車：「氾下漸澤，黑土黏埴者，車之勞地也。」聞一多案：方言三：「氾、浼、潤、洼，洿也。自關而東或曰洼，或曰氾。」廣雅釋詁三：「氾，污也。」「氾」爲污穢之污，亦爲污下之污。此與山至數篇「有氾下多水之國」，「氾下」皆謂污下也。

〔七〕張佩綸云：鄭禮記注「量鼓，量器名」，釋文：「樂浪人呼容十二石爲鼓。」案：陸氏所引乃樂浪一隅之稱，不足以槩周、秦之世；畝收十鼓，極言其地之腴、穫之厚。

〔八〕王念孫云：「過」當爲「通」。地數篇、輕重甲篇作「通移」，國蓄篇作「通施」，「施」與「移」同。翔鳳案：呂氏春秋貴當「田獵之獲，常過人矣」，注：「過，猶多也。」「移」與「力」皆指經濟言，「移」爲財富轉移，「力」則財力也。超過其本，故「不以本爲得」。無誤字。

桓公曰：「軌意安出？」管子對曰：「不陰據其軌皆下制其上。」桓公曰：「此若言何謂也〔一〕？」管子對曰：「某鄉田若干？食者若干？某鄉之女事若干？餘衣若干？謹行州里曰：『田若干？人若干？人衆，田不度食若干〔二〕？』曰：『田若干？餘食若干？』必得軌程。此調之泰軌也〔三〕。然後調立環乘之幣〔四〕。田軌之有餘於其人食者，謹置公幣焉。大家衆，小家寡〔五〕。山田間田曰〔六〕：終歲其食不足於其人若干？則置公幣焉，以滿其准。重歲豐年〔七〕，五穀登。謂高田之萌〔八〕，曰：『吾所寄幣於子者若干，鄉穀之櫎若干，請爲子什減三〔九〕。』穀爲上，幣爲下。高田撫間田。山不被穀，十倍山田，以君寄幣，振其不贍，未淫失也〔一〇〕。高田以時撫於主上，坐長加十也。女貢織帛〔一一〕，苟合于國奉者，皆置而券之〔一二〕。以鄉櫎市准〔一三〕，曰：『上無幣，有穀，以穀准幣。』環穀而應筴，國奉決。穀反准，賦軌幣。穀廩，重有加十〔一四〕。謂大家委貲家曰：『上且脩游〔一五〕，人出若干幣。』謂鄰縣曰：『有實者，皆勿左右〔一六〕。不贍，則且爲人馬假其食〔一七〕。』民鄰縣四面皆櫎〔一八〕，穀坐長而十倍。上下令曰：『貲家假幣，皆以穀准幣，直幣而庚之。』穀爲下，幣爲上〔一九〕。百都百縣軌據，穀坐長十倍〔二〇〕。環穀而應假幣。國幣之九在上，一在下。幣重而萬物輕，斂萬物，應之以幣。幣在下，萬物皆在上，萬物重十倍。府官以市櫎出萬物，隆而止〔二一〕。國軌：布於未形，據其已成。乘令而進退，無求於民，謂之國軌。」

〔一〕聞一多云：「此若」複語，「若」亦「此」也。地數篇「此若言可得聞乎」，輕重丁篇「此若言曷謂也」，墨子尚賢篇「此若言之謂也」，節葬篇「以此若三聖王者觀之」，又「以此若三國者觀之」，荀子儒效篇「此若（今譌作「君」，从王念孫校改）義信乎人矣」，禮記曾子問「以此若義也」，史記蘇秦傳「王何不使辯士以此若(今譌作「苦」,从王改)言説秦」,皆「此若」二字並用。翔鳳案:小爾雅廣詁:「若,汝也。」莊子齊物論用之極多。「此若言」爲倒句,即「若此言」。「若」指人,「此」指事。聞説誤。

〔二〕安井衡云:「人衆,田不度食若干」,人衆而田少,穀不布所食若干也。俞樾云:「不度食」當作「不足食」,涉上文「終歲度人食若干」而誤也。下文云「終歲其食不足於其人若干」,可證。張佩綸云:「人衆」句,「田不度食若干」,言農女皆衆,則田不度其食若干,但計其所餘之食若干。此「人衆」與下「大家衆,小家寡」對勘自明。大學所謂「爲之者衆,食之者寡」也。翔鳳案:人多而田少,則調查其田、人若干,人衆而揣度其食不足若干。若田多人少之處,則不必揣度矣。事先計劃,非事後核實,故曰「度」。王制:「度地居民。」

〔三〕豬飼彦博云:「調」疑當作「謂」。翔鳳案:「泰軌」即大軌。各地物價不同,「國軌」則合全國而調和之。「調」字不誤。

〔四〕安井衡云:「環」,繞也。「乘」,因也。「環乘之幣」,即臣乘馬幣穀相准之法也。馬元材云:「環乘」猶言統籌。「環乘之幣」,謂統籌所得之貨幣數據,即山至數篇所謂「布幣於國,幣爲一國陸地之數」之意。翔鳳案:合全國而計算其流通量。

〔五〕張佩綸云:「田軌」,上文所謂「田有軌」也。陶鴻慶云:「謹置公幣焉」,「置」當爲「寄」,涉下文「則置公幣焉」而誤也。「謹寄公幣」者,謂以公幣暫寄於民,而以大家小家別其多寡,故下文云「重歲豐年五穀登，謂高田之萌曰：吾所寄幣於子者若干」云云，即承此而言。蓋高田有餘食，則寄幣於民爲歛穀之備；閒田、山田食不足，則置幣於公以爲振贍之需也。此誤作「置」，則非其旨矣。郭沫若云：「置」字不誤，預置之，亦猶寄也。不應改字。

〔六〕丁士涵云：「山田」上脱「謂」字，下文「謂高田之萌曰」。翔鳳案：安井衡云：「閒田」，中田也。聞一多云：丁説非是。「曰」即「田」之誤而衍。此「曰」字承上「州里」而向「山田」、「閒田」者聲明，下文「曰」字向「高田之萌」聲明，聞未解也。

〔七〕安井衡云：「重歲」，比年也。翔鳳案：史記春申君列傳「王無重世之德」，注：「猶累世也。」高田收成少，必累歲豐收乃告之。安井説得之，而無其證。

〔八〕劉績云：「萌」，田民也。翔鳳案：「萌」或作「甿」，同「氓」。外來之流民，故僅得種高田。

〔九〕安井衡云：「櫎」，時價也。豐年穀賤，爲減寄幣什分之三，欲多致穀也。張佩綸云：「什減三」，謂以所寄公幣，歸幣十之七，歸穀十之三，豐年穀賤，准價必輕，以備凶歲出之。馬元材云：即政府將貸款本利按十分之七折穀收回，其餘三分則仍責令其以貨幣償還之。

〔一〇〕丁士涵云：當讀「高田撫閒田」句，「不被穀十倍」句，衍「山」字，「山田以君寄幣」句。「撫」，抵也。以高田抵閒田，閒田之不被穀者相去十倍也。山田不被穀，更不止十倍，故寄幣以振之。下文云「周岐山至於崢丘之西塞丘者，山邑之田也，布幣稱貧富而調之」，是其證。下文又云「周壽陵而至少沙者，中田也，振之以幣」，是中田亦寄公幣。上文云「山田間田曰：終歲其食不足於其人若干，則置公幣以滿其准」，是其證。「失」，古「佚」字。張佩綸云：說文：「撫，安也，一曰循也。」以高田之所得，撫安閒田。「被」，覆也。山不能覆穀之處，其苦更十倍山田，則以公幣振之，視山田之惠未爲過當。呂覽古樂高注：「淫，過也。」顔昌嶢云：「山不被穀」，「山」字衍文，是也。「間田」即「中田」也。「撫」訓安撫、撫卹之撫，下文「三壤已撫而國穀再十倍」，與此「撫」字同義。「高田」，即乘馬數篇所云「上臾之壤」也。「高田撫間田」，即筴乘馬篇所謂「以上壤之滿補下壤之虛」也。翔鳳案：郭沫若訓「撫」爲「補」，是也，見乘馬數。顔誤「筴乘馬」。高田中，補助其間田。若其山不能種穀者，則十倍山田以抵之。

〔一一〕張佩綸云：「貢」、「工」通，易繫辭傳「六爻之義易以貢」，釋文：「貢，京、陸、虞作『工』，荀作『功』。」翔鳳案：「貢」用本義，獻於上也。

〔一二〕安井衡云：合於國所供用者，皆留而券之，不即予直。尹桐陽云：「置」，值也。「券」若今期票。墨子號令：「叔粟米布錢金出納畜產，皆爲平直其賈，與主人券書之。」

〔一三〕馬元材云：「鄉櫎」指穀價言。「市准」指女貢織帛之價言。

〔一四〕丁士涵云：「筴」字屬上讀，即下文云「環穀而應假幣也」。「國奉決穀」，言國用發之以穀也。上文云「女貢織帛苟合於國奉者」，即國用也。「反」，還也。「還准賦軌幣」，即所謂以穀准幣也。上文「山田間田置公幣」，高田置幣而償，穀坐長加十。此又以穀准幣，國奉決穀以應幣，故穀廩之重又加十也。「有」與「又」同。張佩綸云：女功合於國奉者，先於立券，以穀就當日市價決之；及其入於國奉也，則按貢賦之常法准之，出穀入幣，使廩人之數又加十倍之利。郭沫若云：「環穀而應筴」者，「筴」即「券」也。言照預約之券以穀支付。「國奉決穀」者，國用之帛，一以穀決算之。其結果以賤價之穀易得多量之帛。其所多得之帛，如反照現價核算時，則應多付出穀物十倍。既少付出穀物十倍，則是穀廩又增加十倍。

〔一五〕趙用賢云：一本作「上且鄰循」。戴望云：元本「脩」作「循」。丁士涵云：「脩」當爲「備」。「游人」，游士也。具游士出若干幣，計直以假穀也。張佩綸云：禮記中庸鄭注：「脩，治也。」「游人」當爲「游民」。周禮載師：「凡宅不毛者有里布，凡田不耕者出屋粟，凡民無職事者出夫家之征。」尹桐陽云：「上且脩游」，「游」謂游觀之處，若離宮然。周禮天官序官：「閽人，王宮每門四人，囿游亦如之。」前漢書地理志：「堯作游成陽。」聞一多云：此當讀「上且循游」句，「人出若干幣」句。「循」與「巡」通，「循游」即巡游也。白虎通巡狩篇：「巡者，循也。」華嚴經音義上引珠叢：「循，巡也。」翔鳳案：説文：「游，旌旗之流也。」周禮王建太常，十有二游。上公建旂，九游。侯伯七游。晏子春秋：「景公田於署梁，望游而馳。」「脩游」爲田獵之用，是以治軍，故爲大家委貲家告之。諸説均誤。

〔一六〕安井衡云：「實」，穀實也。「勿左右」，不許出糴也。張佩綸云：國語晉語「而又受其實」，注：「實，穀也。」禮記表記注：「實，謂財貨也。」「勿左右」，謂勿假貲於左鄰右鄰也，官且自假之。　聞一多云：楚語「令尹問蓄聚積實」，左傳文十八年「聚斂積實，不知紀極」，韋、杜注並云：「實，財也。」周禮士師「以左右刑罰」，注：「左右，助也。」　翔鳳案：「左右」即「佐佑」。聞説是也。若不足則如下文所云。

〔一七〕張佩綸云：凶年馬不秣粟，此「食」兼米、芻言之。舊以「假其食民」爲句，非是。　聞一多云：山至數篇「士受資以幣，大夫受邑以幣，人馬受食以幣」，似「人馬」謂人君。蓋人君尊，不敢指斥，故稱「人馬」，猶後世稱天子爲「乘輿」、「車駕」也。獨斷律曰「敢盜乘輿服御物」，謂天子所服食者也。天子至尊，不敢渫瀆言之，故託之於「乘輿」。韓策：「臣請獻白璧一雙、黄金十溢，以爲馬食。」此曰「且爲人馬假其食於民」，即爲人君假其食於民也。「於」字舊挩，今依文義補。　翔鳳案：此謂鄰縣，與「大家委貲家」無關，亦與「脩游」無關。「馬」即乘馬，「人馬」，以人計數也。

〔一八〕翔鳳案：此處「横」字斷句，下文「軌據穀」三字相連，不可混而爲一。郭沫若依下文改「横」爲「據」，誤。

〔一九〕安井衡云：令曰：貲家所假貸之幣，以穀價准幣數，與所假貸之幣，相直而償之。於是穀爲之下流，幣爲之上入。　張佩綸云：禮記檀弓「請庚之」，鄭注：「庚，償也。」　李哲明云：「皆以穀准幣直幣而庚之」當爲一句。「直幣」之「幣」疑衍。緣上文「以穀准幣」句，因讀從之，遂於「直」下衍「幣」字矣。「庚」與「更」同，有交易之意。言假幣者皆以穀准幣之價值約幾何，因而更易之。義至易曉。下「請以穀視市橫而庚子牛馬」，「庚」亦當讀爲更，與此同。　翔鳳案：漢書地理志「報仇過直」，注：「當也。」當其幣而償之，無衍文。

〔二〇〕聞一多云：「據」當爲「橫」，字之誤也。上文「鄰縣四面皆橫穀坐長而十倍」，可證。　翔鳳案：軌據所償之穀而坐長十倍。不應改字。

〔二一〕俞樾云：「隆」當作「降」，古字通用。書大傳「隆谷」，鄭注曰：「『隆』讀如厖降之降。」是其證也。此言物重則出之，及降殺而後止，故曰「降而止」。廣雅釋詁曰：「屛，減也。」「降」與「屛」同。　張佩綸云：周禮泉府「斂市之不售、貨之滯於民用者，以其賈買之，物楬而書之，以待不時而買者，買時各從其抵」，鄭司農云：「抵，故賈也。」禮記祭義注：「隆，猶多也。」物少則價長，今以市橫平之，物多則止。與周禮從其故價合。俞說「隆」當作「降」，謂價降殺而止，亦通。　翔鳳案：說文：「出，進也。」「隆，豐大也。」皆常義。此謂國家以市橫吸收物資，至足數而止。若解「隆」爲「降」，則「出」字不可解。

桓公問於管子曰：「不籍而贍國，爲之有道乎？」管子對曰：「軌守其時，有官天財〔一〕，何求於民！」桓公曰：「何謂官天財？」管子對曰：「泰春，民之功繇。與招反。泰夏，民之令之所止〔二〕，令之所發。謂山澤之所禁發。泰秋，民令之所止，令之所發。泰冬，民令之所止，令之所發。此皆民所以時守也，此物之高下之時也，此民之所以相并兼之時也。君守諸四務。」桓公曰：「何謂四務？」管子對曰：「泰春，民之且所用者，君已廩之矣。泰夏，民之且所用者〔三〕，君已廩之矣。泰秋，民之且所用者，君已廩之矣。泰冬，民之且所用者，君廩，藏也。言四時人之所要，皆先備之，所謂耒耜器械種饟糧食，必取要焉，則豪人大賈不得擅其利。已廩之矣。泰春功布日〔四〕，春縑衣，夏單衣〔五〕，捍寵纍箕勝籯屑糉，若干日之功〔六〕，用人若干。無貲之家，皆假之械器勝籯屑糉公衣。功已而歸公，衣折券〔七〕。故力出於民，而用出於上。春十日不害耕事，夏十日不害芸事，秋十日不害斂實，冬二十日不害除田〔八〕。此之謂時作。」桓公曰：「善。」

〔一〕尹桐陽云：「有」，又也。　聞一多云：「官」讀爲管。

〔二〕趙用賢云：「之」字衍。　翔鳳案：「民之令」爲上令，去「之」字則爲民令矣。趙說謬。

〔三〕何如璋云：「且所用者」，「且」，將也。秦策「城且拔矣」，呂覽音律「歲且更起」，「且」字注同。

聞一多云：史記周本紀「爾所不勗」，集解引鄭注：「所，且也。」此「且所」複詞，「民之且所用者」即「民之且用者」，猶言「民之將用者」也。（「且所」並用，「所」亦「且」也，猶「此若」並用，「若」亦「此」也。）　翔鳳案：老子「舍慈且勇」，注：「猶取也。」莊子庚桑楚「與物且者」，注：「且，謂券外而跂者。」說文：「抯，挹也。」方言十：「抯，取也。」南楚之間，凡取物溝泥中謂之『担』。」方言六：「自關而西，『索』或曰『担』。」「且」訓取，爲「担」之借。

〔四〕張佩綸云：「功布日」當作「布日功」。　翔鳳案：檀弓「布材與明器」，注：「班也。」「功」字用常義。張説誤。

〔五〕安井衡云：「縑」，兼也。「兼衣」，謂表裏具者。　張佩綸云：「縑」當爲「兼」，字之誤也。荀子正名篇「單不足以喻則兼」，是「兼」對「單」而言。「兼衣」即袷衣。　聞一多云：張謂「縑」當爲「兼」，是也。莊子則陽篇「夫凍者假兼（從馬叙倫補）衣於春」，淮南子俶真篇同。春用兼衣，故云「假兼衣於春」也。張又云「『兼衣』即袷衣」，亦是。廣雅釋詁四：「袷，重也。」急就篇顔注：「衣裳施裏曰袷。」「單衣」即禪衣。説文：「禪，衣不重。」釋名釋衣服：「禪衣，言無裏也。」史記五宗世家「至彭祖衣皁（本作「帛」，從漢書景十三王傳改）布單衣」，後漢書馬援傳「更爲援制都布單衣」，樂府孤兒行「冬無複襦，夏無單衣」，字並作「單」。

〔六〕洪頤煊云：此皆械器名。「竈」，疑作「籠」。「糉」，即「稯」字之譌。　王念孫云：「勝」當爲「幐」，字之誤也。説文：「幐，囊也。」商子賞刑篇曰：「贊茅、岐周之粟以賞天下之人，不得人一幐。」（今本亦譌作「勝」。）趙策曰「嬴幐負書擔橐」，秦策「幐」作「縢」，義同。「屑」，碎米也，廣雅作「糏」。　劉曰：「糉，『糗』字之誤。」「糗」，乾飯也。　王引之云：「捍」蓋「梩」字之誤。説文：「相，臿也，或作『梩』。」方言曰：「臿，東齊謂之『梩』。」周官鄉師注引司馬法曰：「輂一斧一斤一鑿一梩一鉏。」孟子滕文公篇「虆梩而掩之」，趙注曰：「虆梩，籠臿之屬。」謂「蘽」爲籠屬，「梩」爲臿屬也。故管子亦以「梩籠」竝言之。張佩綸云：說文：「枚，榦也。」「挺，一枚也。」「材，木挺也。」竹部：「竿，竹梃也。」段玉裁云：「引伸之，木直者亦曰干，凡『干旄』、『干旟』、『干旌』，皆『竿』之假借。」毛傳：「干，扞也。」「扞」亦作「桿」，要之皆木挺之類。吕氏春秋「鉏耰白梃」，漢書吾邱壽王傳「民以耰鉏箠梃相撻擊」，是木梃固田間械器，不必如伯申之說，改「捍」爲「梩」也。說文：「箕，簸也。」「屑」當爲「筲」，論語鄭注：「筲，竹器也。」說文作「箱，飯筥也，受五升。」「筥，箱也。」詩良耜「載筐及筥」，箋云：「筐、筥，所以盛黍。」儀禮聘禮記：「四秉曰筥，十筥曰稯，十稯曰秅。」魯語「其歲，收田一井，出稯禾、秉芻、缶米」，韋昭注：「十筥曰稯。」說文、廣雅均引儀禮，段氏、王氏訂許、韋之誤極詳，故王氏不取洪氏「稯」字之說。案：鄭氏周禮注：「稯，猶束也。」筲以盛飯，稯以束禾，固田家之器矣。若懷祖改爲「屑糗」，先事既以乾飯廪藏，功已復以乾飯歸公，管子豈能迂瑣若此？「捍籠蘽箕」，括以械器，「捍」爲械，「籠蘽箕」爲器。尹桐陽云：「捍」，竿也。「籠」，籠也。「纍」同「梩」，土轝，一曰臿也。商君書兵守「壯女之軍使盛食負壘」，集韻作「壜」，云：「盛土草器也。」淮南要略：「禹身執蘽垂以爲民先。」孟子書：「蓋歸反蘽梩而掩之。」「壘」、「蘽」、「纍」皆聲轉。「籯」同「簇，盛餅筥也。文選蜀都賦「籯金所過」，注：「籯，縢也。」蓋以此「縢籯」連文耳。翔鳳案：「捍」用張、尹說。「寵」同龍。師九二「承天寵也」，王肅本作「龍」。漢書衛青傳「青至籠城」，注：「讀與龍同。」匈奴傳：「大會籠城。」則「龍」即「籠」

矣。「勝」即「賸」，用王説。「贏」用尹説。「屑糉」用王説。

〔七〕豬飼彥博云：「衣」字衍。言民功既畢，而器械之屬皆歸之於公，折毁其券也。張佩綸云：「衣折券」，「衣」字似衍。漢書高祖紀「兩家常折券棄負」，師古曰：「以簡牘爲契券，既不徵索，故折毁之，棄其所負。」案彼以「棄負折券」，此則以「歸公折券」。翔鳳案：上文剩餘之屑糉歸公，若其分給之衣，則已穿者不能復歸公，故折券以算之。「衣」非衍文。

〔八〕張佩綸云：十日、二十日承功繇發令言之。春用十日不害其二十五日之耕事也，夏秋皆然。冬爲農隙，故可用二十日。許維遹云：曲禮「馳道不除」，鄭注：「除，治也。」

「吾欲立軌官，爲之柰何？」管子對曰：「鹽鐵之筴，足以立軌官。」桓公曰：「柰何？」管子對曰：「龍夏之地〔一〕，布黄金九千。以幣貲金〔二〕，巨家以金，小家以幣。周岐山至於峥丘之西塞丘者，山邑之田也，布幣稱貧富而調之。周壽陵而東至少沙者，中田也〔三〕，據之以幣，巨家以金，小家以幣。三壤已撫，而國穀再什倍。梁、渭、陽瑣之牛馬滿齊衍〔四〕，請毆之顛齒，量其高壯〔五〕，曰：『國爲師旅，戰車毆就斂子之牛馬。上無幣，請以穀視市櫎而庚子牛馬，爲上粟二家〔六〕。』二家散其粟，反准，牛馬歸於上〔七〕。」

〔一〕張佩綸云：「龍夏」即雷夏。水經「瓠子河出東郡濮陽縣北，河過廪丘縣爲濮水」，酈注：「瓠河又左逕雷澤北，其澤藪在大成陽縣故城西北十餘里，瓠河之北廩丘縣也。」王隱晉書地道記曰：「廩丘者，春秋之所謂齊邑矣，實表東海者也。」竹書紀年「公孫會以廩丘畔于趙，田布圍廩丘，翟角、趙孔率韓師救廩丘，及田布戰于龍澤，田布敗逋」，是也。「龍澤」即「雷澤」，知「龍夏」即「雷夏」。山海經：「雷澤有雷神，龍首人頰，鼓其腹則雷。」疑「雷夏」亦名「龍夏」以此。

翔鳳案：「龍夏」表東海，產鹽。「崢丘」以下則鐵區也。

〔二〕翔鳳案：說文：「貲，小罰以財自贖也。」段注：「引伸爲財貨之稱。」說文引漢律：「民不繇，貲錢二十二。」「貲」猶抵也。

〔三〕張佩綸云：「周」，帀也。（檀弓上鄭注。）「岐山」在美陽。「壽陵」，史記正義引徐廣曰：「在常山，本趙邑也。」莊子天運篇：「有壽陵餘子學步邯鄲。」固當屬趙，皆非齊地。元和郡縣志：「豐齊縣有岐陽山，在漢之茌平。」固齊境，然以爲此之「岐山」亦非。案「岐」當作「⿰犭盍」，字之誤也。說文「岐，或作『榼』」，篆形「榼」、「⿰犭盍」相似而誤。說文「崢，或作『崝』」，「崢丘」即青丘。元和郡縣志「千乘縣，千乘者，以齊景公有馬千乘畋于青丘，今縣北有青丘縣，因以爲名。」據此，則崢丘、青丘即春秋之乘丘矣。「西塞丘」者，即平陰。左傳「齊侯禦諸平陰」，齊策「蘇代謂燕王，齊有長城巨防，足以爲塞」，是也。「壽陵」，蓋兼漢北海郡平壽、壽光兩縣地。續漢書郡國志：「樂安國壽光有灌亭，北海郡平壽有斟城。」蓋古斟、灌地相接也。「少沙」即東萊郡之萬里沙，孟康曰：「沙徑三百里。」或「少沙」即「少海」之誤也。（韓非子外儲説左上篇：「齊景公游少海。」）聞一多云：「少沙」當即「夙沙」，在今山東舊膠東道境。

〔四〕丁士涵云：「齊」字衍。「滿衍」是繇盛之義。山至數云「伏尸滿衍」，則「滿衍」二字連文。張佩綸云：山權數篇「梁山之陽」，輕重丁篇「龍門於馬謂之陽」。今以意定之，「梁」者，梁騶也，魯詩傳：「古有梁鄒者，天子之田也。」「渭」、「瑣」並「淄」之誤。「瑣」一作「璅」，與「淄」相近。淄陽，淄水之陽，漢書地理志：「齊郡臨淄，師尚父所封，如水西北至梁鄒入泲。」周禮大司徒「墳衍」，注：「下平曰衍。」言牛馬滿於齊之衍也。聞一多云：「梁」，梁山。「渭」，渭水。自昔爲産馬之地，趙之先祖非子爲周孝王主馬於汧、渭之間，是也。馬以梁、渭所産者爲佳，故馬稱梁、渭。「陽瑣」當作「瑣陽」。左傳定七年：「齊、鄭盟于瑣。」晉地道記：「元城縣有瑣陽城。」（今河北大名縣。）「梁、渭斥馬言，然則「瑣陽」殆斥牛言與？「梁、渭、瑣陽之牛馬滿齊衍」者，牧養牛馬之地雖在齊，其種固不妨來自梁、渭、瑣陽。諸家或欲删「齊」字，或欲改「梁、渭、陽瑣」爲「梁騶、淄陽」，失之泥矣。翔鳳案：爾雅釋地「距齊州以南」，注：「中也。」非衍文。

〔五〕豬飼彦博云：「毆」疑當作「區」，言區别馬之顛齒，以相其長壯也。張佩綸云：「毆之顛齒」當作「區其顛齒」。詩：「有馬白顛。」爾雅釋畜「馬的顙白顛」，舍人曰：「的，白也。顙，額也。額有白毛。」論語馬融注：「區，别也。」後漢書馬援傳：「臣謹依儀氏輢中，帛氏口齒，謝氏脣鬐，丁氏身中，備此數家骨相以爲法。」區其齒，周禮鄭司農注：「馬三歲曰駣，二歲曰駒。」說文：「二歲曰駒。」「三歲曰駣。」「馲，馬八歲也。」「量其高壯」，周禮庾人：「馬八尺以上爲龍，七尺以上爲騋，六尺以上爲馬。」聞一多云：「顛齒」即齻牙。儀禮既夕記「實貝，柱左齻右齻」，疏：「左齻右齻，牙兩畔最長者。」周禮典瑞鄭注「含玉，柱左右齻及在口中者」，釋文本「齻」作「顛」。正字通：「男子二十四歲，女子二十一歲，齻牙生。」字一作「真」。素問上古天真論「故真牙生而長極」，王注：「真牙，謂牙之最後生者。」「高」當爲「喬」，通作「驕」。詩碩人「四牡有驕」，傳：「驕，壯貌。」「區之顛齒」所以覈其年齡，「量其喬壯」所以驗其體質也。大戴記千乘篇「壯狡用力」，禮記月令「養壯佼」，呂氏春秋仲夏篇作「狡」，注：「壯狡，多力之士。」狡、佼與驕通。人曰壯狡，馬曰驕壯，其義一也。翔鳳案：「毆」假爲「敺」，相馬者敺使行走而觀之，此常見者也。「顛齒」，執其顛，張脣而觀其齒。量其高，量其壯，此亦常見者也。

〔六〕張佩綸云：「二家」當作「爲下」。牛馬爲上，粟爲下，猶山國軌所云「穀爲上，幣爲下」也。聞一多云：張改「二家」爲「爲下」，是也。「牛馬」下當重「牛馬」二字。此讀「請以穀視市櫎而庚子牛馬」句，「牛馬爲上」句，「粟爲下」句。

〔七〕戴望云：元本、朱本下「二家」字皆作「立貲」。丁士涵云：元本是也。「爲上粟二家立貲散其粟」作一句讀，三壤之家以穀准幣歸之君，君復以穀視市櫎而庚子牛馬，下文「立貲於民」，戰馬已具，亦同義也。「庚」，國蓄篇作「賡」，「庚」，償也。張佩綸云：元本、朱本下

「二家」作「立貲」，涉下「立貲」而誤，不足據。「二家」謂「巨家」、「小家」。

管子曰：「請立貲於民，有田倍之內，毋有其外，外皆爲貲壤〔一〕。被鞍之馬千乘，齊之戰車之具具於此，無求於民，此去丘邑之籍也。國穀之朝夕在上〔二〕，山林廩械器之高下在上〔三〕，春秋冬夏之輕重在上。行田疇，田中有木者，謂之穀賊。宮中四榮，樹其餘，曰害女功〔四〕。宮室械器，非山無所仰，然後君立三等之租於山，曰：握以下者爲柴楂，把以上者爲室奉〔五〕，三圍以上爲棺槨之奉。柴楂之租若干，室奉之租若干，棺槨之租若干。」管子曰：「鹽鐵撫軌。穀一廩十〔六〕，君常操九，民衣食而繇，下安無怨咎〔七〕。去其田賦，以租其山。巨家重葬其親者，服重租。小家菲葬其親者，服小租。巨家美脩其宮室者，服重租。小家爲室廬者，服小租。上立軌於國，民之貧富如加之以繩，謂之國軌。」

〔一〕張佩綸云：說文：「貲，小罰以財自贖也。」「倍」，反也，如論語「必使反之」之「反」，蓋覆之也。漢書哀帝紀「諸王、列侯、公主、吏二千石及豪富民多畜田宅無限，與民爭利，其議限列。」今曰「內毋有其外」，限內者不罰，限外皆爲受罰之地。如此，可得千乘之馬也。郭沫若云：當讀爲「有田倍（培）之內，毋有（囿）其外」。蓋有田者之疆界當於田內爲之培，不得侵越壤土，設囿於田之外。如此則畜牧有所也。翔鳳案：郭訓「倍」爲「培」，是也。

左僖三十年傳「焉用亡鄭以倍鄰」，注：「益也。」然「有」訓「囿」，於古無徵。廣雅釋詁一：「有，取也。」義較切。

〔二〕安井衡云：「朝夕」猶貴賤也。張佩綸云：「朝夕」，如日景之朝夕，水之潮汐，猶言高下。

〔三〕豬飼彦博云：「廩」字衍。丁士涵云：「廩」字衍。「山林械器之高下在上」，與「國穀之朝夕在上」、「春秋冬夏之輕重在上」相對爲文。器械資於山林，故曰「山林械器」也，義見下文。翔鳳案：「廩」即「亩」之或體。説文謂：「蒼黄亩而取之，故謂之亩。」其爲今之「領」字無疑矣。領山林之木爲器械，非衍文也。

〔四〕楊慎云：「榮」，屋翼也，惟廟有之。宮中惟廟之四榮樹，其餘不可樹，恐蔽女紅之室。馬元材云：「榮」即儀禮「直於東榮」之「榮」，注：「榮，屋翼也。」謂宮中四檐之側宜以樹桑爲主，故孟子盡心篇云：「五畝之宅，樹牆下以桑。」漢書食貨志亦云：「還廬樹桑。」若不樹桑而樹其他雜木，則桑葉缺乏，故曰「害女工」。翔鳳案：馬説是。説文：「餘，饒也。」食之饒曰「餘」，謂樹其可食之物，如果木蔬菜之類。

〔五〕孫星衍云：「楂」即「槎」字。孫詒讓云：「楂」當爲「柤」之俗。説文木部：「柤，木閑也。」徐鍇繫傳：「閑，闌也。」「柴」者，棧也。公羊哀四年傳云：「亡國之社蓋揜之，揜其上而柴其下。」周禮媒氏「喪祝」，注「柴」竝作「棧」。淮南子道應訓云：「柴箕子之門。」「柴」、「柤」

皆以細木爲闌閑，故竝舉之，孫説未塙。張佩綸云：説文：「柴，小木散材。」孫星衍曰：「『楂』即『槎』字。」魯語韋注：「槎，斫也。」文選東京賦薛綜注：「斜斫曰槎。」禮記王制「角握」，注：「握謂長不出膚。」楚語「烝嘗不過把握」，注：「握，長不出把者。」周禮醢人疏：「一握則四寸也。」孟子「拱把之桐梓」，趙注：「把，以一手把之也。」莊子人間世「宋有荆氏者宜楸柏桑，其拱把而上者，求狙猴之杙者斬之；三圍四圍，求高名之麗者斬之；七圍八圍，貴人富商之家求樿傍者斬之」，崔注：「環八尺爲一圍。」翔鳳案：「柴楂」有租，則爲小用物，非燃燒之用。孫説是也。「楂」當作「查」，與「採」即「采」同例，變其形則爲「柤」，如「詈」、「詞」同字也。

〔六〕翔鳳案：「穀一廩十」，謂鹽鐵價貴，比於穀爲領一而有十也。

〔七〕戴望云：「安」訓爲乃，説見幼官篇。

山權數第七十五

管子輕重八

王紹蘭云：本篇「天以時爲權，地以財爲權，人以力爲權，君以令爲權」，先言四權，下云「失天之權，則人地之權亡」，止言三權，故桓公曰：「吾欲行三權之數。」管子曰：「此三權之失也。」桓公曰：「守三權之數柰何？」管子曰：「筴豐則三權皆在君。」「三權」凡兩見，三權數凡三見，則篇名「山」字疑當作「三」。因與上篇山國軌、下篇山至數相厠致譌耳。張佩綸云：孟子：「權然後知輕重。」墨子大取：「於所體之中而權輕重之謂權。」淮南時則訓：「冬曰權。權者，所以權萬物也。」公羊桓十一年傳注：「權者，稱也，所以別輕重。」「權」者，管子輕重之法。本篇「天以時爲權，地以財爲權，人以力爲權，君以令爲權」，下云「吾願行三權之數」，似篇名當作「三權數」。翔鳳案：「山」字義見前，非誤字。

桓公問管子曰：「請問權數。」管子對曰：「天以時爲權，地以財爲權，人以力爲權，君以令爲權。失天之權，則人地之權亡〔一〕。」桓公曰：「何爲失天之權則人地之權亡？」管子對曰：「湯七年旱，禹五年水，民之無䊨賣子者〔二〕。湯以莊山之金鑄幣，而贖民之無䊨賣子者。禹以歷山之金鑄幣，而贖民之無䊨賣子者〔三〕。故天權失，人地之權皆失也。故王者歲守十分之參，三年與少半成歲。三十一年而藏十一年，與少半藏參之，一不足以傷民〔四〕，而農夫敬事力作〔五〕，故天毀埊古地字。凶旱水泆〔六〕，民無入於溝壑乞請者也。此守時以待天權之道也。」桓公曰：「善。」

〔一〕聞一多云：「爲」當爲「謂」。翔鳳案：論語：「丘何爲是栖栖者與？」「爲」字自通，非誤字。

〔二〕劉績云：「䊨」，章延反，糜也。王念孫云：當依通典食貨八所引作「民之無䊨，有賣子者」。言無饘之民有賣其子者也。今本脱「有」字者，涉下文「民之無饘賣子者」而誤。安井衡云：「民之」疑當爲「民有」，與下相涉而誤耳。　翔鳳案：乘馬數「民之無饘賣子數也」與此同義，謂連稀糊莫有，無不賣子，其幸而未賣則數也。加「有」字則有不賣者矣，文義全異。王據誤文而改之，謬矣。

〔三〕張佩綸云：莊子秋水篇：「禹之時，十年九潦而水弗爲加益；湯之時，八年七旱而崖不爲加損。」鹽鐵論力耕章：「昔禹水湯旱，百姓匱乏，或相假以接衣食。禹以歷山之金，湯以嚴山之銅，鑄幣以贈其民，而天下稱仁。」論衡感虚篇：「傳書言：湯遭七年旱。或言五年。」吕氏春秋順民篇：「昔者，湯克夏而正天下，天大旱，五年不收。」「五年」、「七年」言其久，不必泥。漢書佞幸鄧通傳：「於是賜通蜀嚴道銅山，得自鑄錢。」「莊山」，鹽鐵論作「嚴山」，疑即蜀嚴道也。括地志「秦昭王相嚴君疾封於此，故縣有是稱。」志又言：「蒙山在嚴道縣南十里。」「蔡蒙」見於禹貢，湯因即莊山鼓鑄。桓寬西漢人，授以作論，諱「莊」爲「嚴」。由於明帝之世追改秦相氏縣之説，恐不能與桓寬爭。審「歷山」有五，史記「舜耕歷山」，集解引康成曰「在河東」，括地志又云「越州餘姚縣歷山舜井」，「濮州雷澤縣有歷山」及「嬀州歷山舜井」，淮南子「湯放桀歷山」，高誘注「歷陽之山也」，不知禹鑄幣之歷山爲何山矣。　又云：通典食貨八引作「湯七年旱，禹五年水，人之無饘有賣子者，湯以莊山之金鑄幣而贖人之無饘賣子者，禹以歷山之金鑄幣以濟人之困」，下接「夫玉起於禺氏」至「以御人事而平天下也」，今在國蓄篇。又注：「饘，糜也。饘，章延反。」案通典惟「民」改「人」乃唐諱，餘異文均可訂今本之誤挩。翔鳳案：通典引文，合國蓄與本篇爲一。張謂異文可訂誤挩，此謬論也。

〔四〕豬飼彦博云：「三十一年而藏十一年與少半」，當作「三十三年與少半而藏十年」。王引之云：「三年」二字因下文而衍。當作「歲守十分之參與少半」，言一歲之穀分爲十分，守其三分與一分之少半，是所守者爲十分中三分之一也。「成歲」者，順成之歲也。「藏十一年」衍「一」字，當作「藏十年」，言順成之歲三十一年而藏其十年與一年之少半，是所藏者爲三十一年中三分之一也，故曰「藏參之一」。安井衡云：「少半」，三分歲之一也。「歲守十分之參」，三年得九分，又加三分歲之一，所守得一分，成一歲十分之收也。「歲守十分之三」，三十一年得三百十分之九十三。十分爲一年，只有九年與少半。「三十一年」與「十一年」必有一誤。張佩綸云：漢書高帝紀上注引韋昭「凡數三分有二爲大半，有一分爲少半」，「與少半」即十分之三。「三年與少半成歲」爲句，即王制「三年耕必有一年之食」也。「三十一年而藏十」，至三十一年歲杪制國用，則三十年而藏十年之食，即王制所謂「以三十年之通」也。「一年」當作「三年」，「三年與少半藏三之一」覆舉上文，言其不足傷民，而足以備凶荒，王説非是。王制正義：「通三十年之率者，每年之率，入均分爲四分，一分擬爲儲積，三分當年所用，二年又留一分，三年又留一分，是三年總得三分爲一年之蓄；三十年之率當有十年之蓄。此云當有九年之蓄者，崔氏云：三十年之間大略有閏月十二足爲一年，故爲有九年之蓄。」王肅以爲「二十七年有九年之蓄，而言三十者，舉全數」。兩義皆通，未知孰是。此三十年言「三十一年」者，正合三十年之閏月十二而乘除之。堯典「以閏月定四時成歲」，其計閏已括于「成歲」二字中。翔鳳案：一年積十分之三，則三年積十分之九，比之一年爲少。「少半」指十分之三言，約爲十分之一。十分之九加十分之一爲一年，是爲「三年與小半成歲」。以此例之，三十年與小半成歲，爲三十一年之藏合此小半之藏而參之也。大戴記衛將軍文子「則一諸侯之相也」，注：「一，皆也。」荀子勸學「一可以爲法則」，注：「皆也。」「一不足傷民」，皆不足傷民也。無誤字。

〔五〕李哲明云：「敬」當作「亟」，形近而訛。「亟」猶急也，「亟事」，言以田事爲急也。王氏謂五行篇「農事爲敬」，「敬」當作「亟」。此「敬」字宜與彼説同。翔鳳案：「敬」從「茍」，有亟義。論語：「事君敬其事而後其食。」説文：「茍，自急敕也。」李不識「茍」字而以爲當作「亟」，誤矣。

〔六〕戴望云：「埊」下疑有脱文。聞一多云：戴説非是。天災行則地利失，是地爲天所毁，故曰「天毁地」也。翔鳳案：「埊」乃「坴」之誤，詳霸言篇。霸言假爲「睦」，本文用作「陸」。「毁」，火也。説文：「火，燬也。」釋名釋天：「火，化也。亦言毁也。」説文：「焜，火也。詩曰：王室如焜。」毛詩作「燬」，釋文：「『燬』音毁，齊人謂火曰燬。」「天毁」即天火。「陸凶旱水泆」，若爲「地凶旱」，則水亦在地上，文不順矣。左宣十六年傳：「天火曰災。」桓十四年：「御廩災。」定二年：「雉門及兩觀災。」此爲木料揚塵，積久燃燒之災。然此尚非普遍之災害，七主七臣「凶歲雷旱」，郭沫若謂古代森林暢茂，雷火延燒山林，可成巨災，此乃主要之天火也。説文：「凶，惡也。象地穿交陷其中也。」詩十月之交：「爗爗震電，不寧不令。百川沸騰，山冢崒崩。高岸爲谷，深谷爲陵。」此天火地凶之火山地震也。立政「修火憲，敬山澤林藪積草。決水潦，通溝瀆，修障防，安水藏，使時水雖過度，無害於五穀，歲雖凶旱，有所秎穫，司空之事也」，包括天火、陸凶旱、水泆，甚顯矣。諸説均誤。

「吾欲行三權之數，爲之奈何？」管子對曰：「梁山之陽綪千見反。絤〔一〕，夜石之幣〔二〕，天下無有〔三〕。管子曰：以守國穀。歲守一分，以行五年，國穀之重，什倍異日。管子曰：請立幣。國銅，以二年之粟顧之，立黔落，力重與天下調〔四〕。彼重則見射，輕則見泄，故與天下調。泄者，失權也〔五〕。見射者，失筴也。不備天權下相求，備准下陰相隸〔六〕，此刑罰之所起，而亂之之本也〔七〕。故平則不平，民富則不如貧，委積則虚矣。此三權之失也已。」桓公曰：「守三權之數奈何？」管子對曰：「大豐則藏分，阨亦藏分。」桓公曰：「阨者，所以益也〔八〕，何以藏分？」管子對曰：「隘則易益也。一可以爲十，十可以爲百。以阨守豐，阨之准數一上十，豐之筴數十去九〔九〕，則吾九爲餘。於數筴豐，則三權皆在君。此之謂國權。」

〔一〕豬飼彦博云：「綪絤」當作「蒨茜」，染赤草也。　丁士涵云：案「絤」字句。説文：「綪，赤繒也。」輕重戊篇：「魯梁之民善爲綈。」此「絤」字疑「綈」之誤。（説文：「綈，厚繒也。」急就篇注：「綈，厚繒之滑澤者也，重三斤五兩。今謂之平紬。」）　李哲明云：字書無「絤」，疑當爲「茜」。史記貨殖傳「若千畝巵茜」，集解：「茜一名紅藍，其花染繒，赤黄也。」説文：「茜，茅蒐也。」又：「綪，赤繒也，以茜染，故謂之綪。」定四年左傳「綪茷」，注：「綪茷，大赤也。取染草名也。」是「綪」、「茜」本爲一類，作「絤」者，涉「綪」旁系而訛。　翔鳳案：用蒨茜所染之繒爲「綪絤」，丁謂「絤」當爲「綈」，古無舌上音，「絤」讀綈。

〔二〕張佩綸云：「夜」即東萊掖縣。楚漢春秋「夜侯蟲達」，即「掖」之省。「石」即東萊陽石。輕重戊篇「萊莒之山生柴，……鑄莊山之金以爲幣」，即此「夜石之幣」。説文：「幣，帛也。」禹貢「青州岱畎絲枲」，梁甫爲泰山旁小山，正岱畎也。　任林圃云：「夜邑」即今山東掖縣，戰國策燕策「益封安平君以夜邑萬户」，高注：「夜，一作『劇』。」鮑注：「屬淄川。」國策地名考：「今掖縣。」今掖縣與萊陽縣接壤，萊陽産萊陽石，一名萊玉，其色有作淺碧或青赤色者。亦可染色。張云「石即東萊陽石」，疑是「山東萊陽石」之脱字，山東無「東萊陽石」之名。唯萊陽石既有色澤，石質較輭，可琢爲器物，或古人即以之爲幣也。　翔鳳案：以夜之石爲幣，即「夜石之幣」，非錯亂也。

〔三〕丁士涵云：下文「管子曰」兩見，疑此文均有脱誤。　翔鳳案：共有三「管子曰」，一言幣帛，二言穀，三言銅幣。蓋管子三次所言，分别説明，記者合而記之，非有脱誤也。

〔四〕張佩綸云：「立黔落」，「黔」當爲「壥」，字之誤也。方言：「壥，居也，東齊海岱之間或曰壥，或曰踐。」廣雅釋詁二：「壥、落，居也。」翔鳳案：「落」即村落之落，故訓居。説文：「國，邦也。」與「域」同。「國銅」，産銅之域。説文：「重，厚也。」力雄厚而有餘，則與天下調之。

〔五〕王念孫云：「泄者」上亦當有「見」字。「見泄」、「見射」，皆承上文而言。翔鳳案：「泄」者，國家見泄於商人，國家失權。加「見」字誤。

〔六〕張佩綸云：「備」當作「脩」，「備准」當作「脩權」，權脩篇名，是其證。不脩權則下相求，脩權則下陰相隸，有權則下役於上，失權則貧者乞請於富。穀梁定元年傳「求，請也」。聞一多云：「備准」上敚「不」字。此言不備天權則民相乞求，（上文「民無入於溝壑乞請者也」，乞求猶乞請也。）不備准則民私相隸役。乞求謂流爲乞丐，隸役謂捨身爲奴也。翔鳳案：不備天權爲失時，則下爭求之，備平准而下又陰附着，（説文：「隸，附着也。」）皆爲法律所不許，故有刑罰。

〔七〕王念孫云：「亂之之本也」衍一「之」字。何如璋云：「亂之」，「之」字乃「亡」字，以形近致訛。「亂亡」與「刑罰」對。王云「衍一『之』字」，非。翔鳳案：「亂」謂亂幣法，與亂亡不同，非衍文，何説亦誤。

〔八〕俞樾云：此本作「陒者所以隘也」，故管子對曰：「隘則易益也。」正承桓公此語而言。今作「所以益也」，即涉下句「益也」二字而誤耳。禮記禮器篇「君子以爲隘矣」，釋文曰：「隘，本作『阨』。」是「阨」、「隘」義得相通，故曰「阨者所以隘也」。「隘」誤作「益」，於義難通。且管子「隘則易益」之言爲贅設矣。翔鳳案：「扼」者扼其隘，「益」字不誤。

〔九〕聞一多云：「上」猶加也，「去」猶減也。翔鳳案：一得其准，十則豐矣。郭沫若訓「去」爲藏，是也。

桓公問於管子曰：「請問國制。」管子對曰：「國無制，地有量。」桓公曰：「何謂國無制，地有量？」管子對曰：「高田十石〔一〕，間田五石〔二〕，庸田三石〔三〕，其餘皆屬諸荒田。地量百畝，一夫之力也。粟賈一，粟賈十，粟賈三十，粟賈百〔四〕。其在流筴者，百畝從中千畝之筴也。然則百乘從千乘也，千乘從萬乘也。故地無量，國無筴〔五〕。」桓公曰：「善。」「今欲爲大國〔六〕，大國欲爲天下，不通權筴，其無能者矣！」桓公曰：「今行權奈何？」管子對曰：「君通於廣狹之數，不以狹畏廣；通於輕重之數，不以少畏多。此國筴之大者也。」桓公曰：「善。蓋天下，視海内，長譽而無止〔七〕，爲之有道乎？」管子對曰：「有。曰軌守其數，准平其流，動於未形，而守事已成〔八〕。物一也而十，是九爲用〔九〕。徐疾之數，輕重之筴也。一可以爲十，十可以爲百，引十之半而藏四，以五操事，在君之決塞。」桓公曰：「何謂決塞？」管子曰：「君不高仁，則問不相被〔一〇〕。君不高慈孝，則民簡其親而輕過。此亂之至也。則君請以國筴十分之一者，樹表置高，鄉之孝子聘之幣〔一一〕，孝子兄弟衆寡不與師旅之事〔一二〕。樹表置高，而高仁慈孝，財散而輕。乘輕而守之以筴，則十之五有在上〔一三〕。運五如行事，如日月之終復〔一四〕。此長有天下之道，謂之准道。」

〔一〕安井衡云：「高田」，上腴之地。「十石」、「五石」、「三石」，蓋十畝所收。治國篇：「常山之東，河、汝之間，早生而晚殺，五穀之所蕃熟也。四種而五穫，中年畝二石。」張佩綸云：漢書食貨志：「李悝作盡地力之教，治田百晦，歲收晦一石半，爲粟百五十石。」上孰，其收自四，餘四百石。中孰，自三，餘三百石。下孰，自倍，餘百石。小饑則收百石，中饑七十石，大饑三十石。」然則一畝之地，大孰之年歲收亦止四石，今曰「高田十石」，恐無此理。翔鳳案：下文「地量百畝，一天之力也」，以畝二石計，收二百石，則「十石」指税言。

〔二〕王念孫云：「閒田」，中田也。乘馬數篇曰：「郡縣上臾之壤守之若干，閒壤守之若干，下壤守之若干。」是「閒」爲中也。

〔三〕王引之云：「庸」字義不可通，「庸」當爲「庳」，字形相似而誤。「庳田」，下田也。安井衡云：「庸」，凡庸。「庸田」，下田也。

〔四〕王引之云：「粟賈三十」衍「三」字。「粟賈一」者，令增其賈而爲十；「粟賈十者」，令增其賈而爲百。故百畝可以當千畝，百乘之國可以當千乘，千乘可以當萬乘也。　翔鳳案：此論「流筴」，凶年物價高三十倍乃至百倍。「三」非衍文，王説誤。又「千乘」、「萬乘」之「乘」爲計，王亦未明言。

〔五〕安井衡云：「地無量」，古本「無」作「有」。　豬飼彦博云：疑當作「地有量，國無制」。　張佩綸云：此反言以足上意。言地若無量，國則無筴矣。元本、朱本改「無量」爲「有量」，失之。　翔鳳案：「流筴」則地不可以量計，「故地無量，國無筴」，諸人未解也。

〔六〕張佩綸云：「欲爲大國」上奪「小國」二字。「今小國欲爲大國」以下，管子之言。　翔鳳案：齊本大國，桓公問大國之所爲，安得奪「小國」二字耶？張説非是。

〔七〕張佩綸云：周禮大宗伯：「殷覜曰視。」「視海内」，猶言朝海内也。　聞一多云：張説是也。「蓋」、「盇」通。爾雅釋詁：「盇，合也。」「蓋天下，視海内」，即所謂「一匡天下，九合諸侯」。　詩振鷺「以永終譽」，「長譽」猶「終譽」。　翔鳳案：「蓋」訓覆，用常義。「視」假爲「示」，詩鹿鳴：「視民不恌，君子是則是傚。」

〔八〕豬飼彦博云：「事」當作「於」。　張佩綸云：「守事」當作「守其」。山國軌篇：「國軌布於未形，據其已成。」　翔鳳案：「守事」即守權數之事。古代語法不同，何必改字。

〔九〕安井衡云：物一也，而爲十，是運動爲吾用者九。

〔一〇〕聞一多云：「問」謂贈遺。「被」，加也。下文「鄉之孝子聘之幣」，「聘」亦問也，可證。今本

「問」作「國」，非是。　翔鳳案：七法「予奪也，險易也，利害也，難易也，開閉也，殺生也，謂之決塞」，義正相合。

〔一一〕丁士涵云：當讀「樹表置高」句，「鄉之」二字下屬，謂一鄉之孝子聘之以幣也。下文云「樹表置高，而高仁慈孝」，是其證。　安井衡云：「樹表置高」者，使人易見也。「聘之幣」，使人問之，且贈幣也。　尹桐陽云：「樹表置高」，「樹表」，立表也；「置」，植也；「高」，謂樹植高處以示异也，若今桅扁牌坊之類。　方言七：「樹植，立也。燕之外郊、朝鮮洌水之間，凡言置立謂之樹植。」後漢書百官志：「扁表其門，以興善行。」　聞一多云：呂氏春秋慎小篇「置表於南門之外」，注：「表，柱也。」凡表柱必高聳，故「表」亦謂之高。「置高」猶「樹表」也，複舉以足句。　輕重丁篇「旌稱貸之家，皆堊白其門而高其閭」，尹注：「旌，表也。」史記留侯世家：「表商容之閭，式箕子之門。」（今本作「釋箕子之拘」，從王念孫改。）漢書張良傳注：「式，亦表也。」呂氏春秋慎大篇「靖箕子之宮，表商容之閭」，「靖」讀爲旌。

〔一二〕聞一多云：謂無論兄弟衆與寡，皆賜免兵役。

〔一三〕聞一多云：「有」讀爲又。

〔一四〕安井衡云：「五如」之「如」，而也。運用十分之五而行事，如日月之終而又復其始也。

桓公問於管子曰：「請問教數。」管子對曰：「民之能明於農事者，置之黃金一斤，直食八石。民之能蕃育六畜者，置之黃金一斤，直食八石。民之能樹藝者，置之黄金一斤，直食八石。民之能樹瓜瓠葷菜百果使蕃衰者〔一〕，置之黄金一斤，直食八石。民之知時，曰歲且阨〔三〕，曰某穀不登，曰某穀豐者，置之黄金一斤，直食八石。民之通於蠶桑，使蠶不疾病者，皆置之黄金一斤〔四〕，直食八石。謹聽其言而藏之官，使師旅之事無所與，此國筴之者也〔五〕。國用相靡而足，相因揲而砮〔六〕，然後置四限高下〔七〕，令之徐疾，敺屏萬物，守之以筴，有五官技。」桓公曰：「何謂五官技？」管子曰：「詩者，所以記物也。時者，所以記歲也。春秋者，所以記成敗也。行者，道民之利害也〔八〕。易者，所以守凶吉成敗也。卜者，卜凶吉利害也〔九〕。民之能此者，皆一馬之田，一金之衣〔一〇〕。此使君不迷妄之數也。六家者，即見其時，使豫先蚤閑之日受之〔一一〕。故君無失時，無失筴，萬物興豐無失利。遠占得失以爲末教〔一二〕，詩記人無失辭，行殫道無失義〔一三〕，易守禍福凶吉不相亂，此謂君棅〔一四〕。」筆永反。説文與柄同。

〔一〕安井衡云：古本「衰」作「育」，「瓠」作「匏」。趙用賢云：「衰」、「育」同。王念孫云：趙説非也。「衰」當作「袞」，字之誤也。玉篇、廣韻「袞」字竝與「裕」同，「蕃裕」猶蕃衍耳。世人多見「裕」，少見「袞」，故「袞」譌爲「衰」。趙以上文言「蕃育六畜」，故以「蕃衰」爲「蕃育」，而不知其謬也。朱本徑改爲「育」字，則謬益甚矣。翔鳳案：王念孫説是。

〔二〕翔鳳案：「已」訓止，用常義。

〔三〕翔鳳案：「且」者，將也。

〔四〕丁士涵云：「皆」字衍。 翔鳳案：「皆」謂不止一人，非衍文。

〔五〕王念孫云：「國筴之」下當有「大」字。上文云「不以狹畏廣，不以少畏多，此國筴之大者也」，是其證。 尹桐陽云：「者」同「箸」。

〔六〕安井衡云：古本「訾」作「咨」。 王引之云：「訾」當爲「澹」，字之誤也。（隸書「澹」字作「澹」，因譌而爲「訾」。）澹，古「贍」字也。（荀子王制篇「物不能澹」，楊倞曰：「『澹』讀爲贍。」漢書食貨志「猶未足以澹其欲也」，師古曰：「澹，古『贍』字也。」凡漢書「贍」字多作「澹」，不可枚舉。 又漢巴郡太守張納功德敘「卹澹凍餒」，隸釋曰：「以『澹』爲『贍』。」）上句言「足」，下句言「贍」，「贍」亦「足」也。 侈靡篇曰「山不童而用贍，澤不弊而養足」，國蓄篇曰「豈壞力固不足而食固不贍也哉」，禮記大傳曰「民無不足、無不贍者」，皆以「贍」、「足」對文，義與此同也。「相困揲而訾」當爲「相揲而澹」，廣雅曰「揲，積也」，言國用相積而贍也。「相揲而贍」與「相靡而足」對文，「困」蓋衍字耳。 趙以「訾」爲「咨」字，則義不可通。 朱本徑改爲「咨」，則謬益甚矣。 又輕重甲篇「飢者得食，寒者得衣，死者得葬，不資者得振」，宋本「資」作「訾」，亦是「澹」字之譌。 民不贍，故振之，山國軌篇曰「振其不贍」，是也。 後人不知「訾」爲「澹」之譌，因改爲「資」耳。 下文「不資者振之」及山至數篇「散振不資者」，「不資」皆當爲「不澹」。

又國蓄篇「千乘可足，萬乘可資」，「資」與「足」對文，亦當是「澹」字。翔鳳案：「[illegible]」確爲「咨」字。魏章武王妃盧墓誌「咨」作「喀」，其「口」改爲「士」，如説文「對」之重文爲「對」，左下之口或作士。王無據而改爲「澹」，不能自圓其説，誤矣。

〔七〕安井衡云：「四限」，四境也。置四境中貴賤之准。尹桐陽云：「置」同「直」，視也。「限」，竟也。翔鳳案：晉語「置茅蕝」，注：「立也。」尹説非是。

〔八〕馬元材云：「行」，指掌祭行神之人而言。行神即道路之神。

〔九〕張佩綸云：「易者，所以守凶吉成敗也。卜者，卜凶吉利害也」當作「卜易者所以守凶吉也」，「成敗利害」均涉上而衍，淺人因析爲二句，並改五家爲六家矣。内業篇「能無卜筮而知吉凶乎」，是其證。翔鳳案：祭義：「昔者聖人建天地陰陽之情，立以爲易，易抱龜南面。」章太炎謂即「覡」。「易」爲巫，故言守其成敗，「卜」用龜，故爲占其利害。

〔一〇〕何如璋云：「一馬之田」，據周禮「四邑爲丘」，出馬一匹，是有田十六井也。「一金之衣」，謂其值一金。李哲明云：「馬」當爲筴馬，俗謂之碼。「一馬之田」言其少也，與投壺「一馬從二馬」義同。「金」疑「䘳」之誤，蝕其半耳。「一䘳之衣」猶言衣衹一領，狀其少也。廣韻：「『䘳』同『襟』。」或作「衿」。顔氏家訓書記「古者斜領下連於衿，故謂領爲衿」。詩青青子衿傳：「青衿，青領也。」翔鳳案：「馬」即碼，李説是也。民之能此者，指卜筮之小技，皆有「一馬之田、一金之衣」之代價。非上之賜，不得有萬畝田、一斤金矣。

〔一一〕安井衡云：「即」，若也。「蚤」，早也。「閒之日」，與時有閒之日也。「受」當爲「授」。「授之」，告吉凶動静之時於君也。張佩綸云：「六家」當作「五家」。「使豫先蚤閒之日受之」當作「先日受之」，「豫先蚤閒之日」疑本注而闌入正文也。尹桐陽云：「六家」者，一詩，二時，三春秋，四行，五易，六卜也。「即見」，急見也。聞一多云：「即」，若也（詳經傳釋詞）。「使豫先蚤閒之日受之」疑當作「使豫蚤閒之先日受之」。墨子備城門篇「豫蚤接之」，此「豫蚤」連文之例。翔鳳案：「六家」如尹説。六家而五官，殆以「易」、「卜」合而爲一也。「閑」爲預防，各本作「閒」，誤。

〔一二〕安井衡云：「遠占得失」，豫占他日之得失也。「末」，後也。「爲末教」，爲後日避害就利之教也。「末」，俗本或誤「未」。張佩綸云：「末」當作「本」，字之誤也。「遠占得失以爲本教」指「春秋」言，不言「卜者」，省文。翔鳳案：「五官技」而有「六家」，「五家」見幼官篇。「六家」與五行篇「六相」相類。「易」爲卜筮之官，合「易」與「卜」爲一。「無失時」、「無失筴」、「無失利」，爲六家所共有。「易」、「詩」、「春秋」，非孔子之五經。「易」者，帝之巫皆易之流，乃以巫術治病，非必卜筮之官。墨子見百國春秋，言齊之春秋記王里國中里微以一羊盟神社，羊起而觸之。大匡：「襄公田於貝丘，見豕彘。從者曰：『公子彭生也。』公射之，豕人立而啼。」左傳記其事，亦必録於齊之春秋者。「詩記人無失辭」，含義不甚明析。漢書翼奉傳所述齊詩之「五際六情」，當爲其支流餘裔，仍不離於術數。協紀辨方記出行吉利，有時有方向，與幼官、四時、五行諸篇所載相類。五行配四時五方，當時有大行人與行人，其出行亦擇吉。齊爲殷文化，漢書五行志言災異出於洪範。大戴禮保傅：「鼓夜誦禱。」「鼓」即瞽，詩以瞽爲之，瞽宗爲樂祖，詩樂合一。

〔一三〕張佩綸云：「殫」字無義，當作「闡」。說文：「闡，開也。」易韓注：「闡，明也。」尹桐陽云：「義」同「儀」，法也。翔鳳案：說文：「殫，極盡也。」「義」通儀。

〔一四〕何如璋云：「棅」與「柄」同，說文：「柯也。」唐韻：「又本也。」聞一多云：「此」下當有「之」字。翔鳳案：以近代句法律古人而加「之」字，非是。

桓公問於管子曰：「權棅之數，吾已得聞之矣。守國之固奈何？」曰：「能皆已官，時皆已官〔一〕，得失之數，萬物之終始，君皆已官之矣。其餘皆以數行。」桓公曰：「何謂以數行？」管子對曰：「穀者，民之司命也。智者，民之輔也〔二〕。民智而君愚〔三〕，下富而君貧，下貧而君富，此之謂事名二〔四〕。國機，徐疾而已矣。君道，度法而已矣。人心，禁繆而已矣〔五〕。」桓公曰：「何謂度法？何謂禁繆？」管子對曰：「度法者，量人力而舉功。禁繆者，非往而戒來〔六〕。故禍不萌通〔七〕，而民無患咎。」桓公曰：「請聞心禁。」管子對曰：「晉有臣不忠於其君，慮殺其主，謂之公過〔八〕。諸公過之家，毋使得事君。此晉之過失也。齊之公過，坐立長差〔九〕。惡惡乎來刑，善善乎來榮〔一〇〕，戒也。此之謂國戒。」

〔一〕張佩綸云：「時」當作「技」。「能皆已官」，謂能明農事之類；「技皆已官」，謂五家之類。郭沫若云：「時皆已官」不誤。本書五行篇：「春者士師也，夏者司徒也，秋者司馬也，冬者李也。」四時政令皆有官守，故曰「時皆已官」。下文「得失之數，萬物之終始，君皆已官之矣」，「得失之數」即承「能皆已官」言，「萬物之終始」承「時皆已官」言。馬元材云：二「官」字，皆當借爲「管」。

〔二〕張佩綸云：「智者民之輔也」當作「君之輔也」。周語：「知，文之輿也。」大戴記四代篇：「知，仁之實也。」賈子大政：「敬士愛民者是謂『知』。」漢書公孫弘傳：「知者，術之原也。」此言君當以智爲輔，即輕重之術也。

〔三〕丁士涵云：此下疑脱「民愚而君智」句，與「下富而君貧，下貧而君富」對文。安井衡云：「下貧而君富」五字當衍。翔鳳案：「愚」從心，禺聲，人所共知。別有變形之字爲「㥔」，人不知也。説文：「㥔，懽也。」同「娱」。禺，猴屬，會意爲「愚」。禺氏有玉（揆度），爲人所喜，會意爲「㥔」。隸書以「禺」爲「㥔」，形不別也。如侈靡之以「怠」爲「怡」，説文以「詈」爲「詞」。諸人不識「㥔」字而疑脱誤，謬矣。

〔四〕豬飼彥博云：揆度曰「天筴陽也，壤筴陰也。此謂事名二」，與此不合。此六字疑衍。翔鳳案：貧富有名實之差，非衍文。

〔五〕馬元材云：「禁」，禁止。「繆」同「謬」。

〔六〕張佩綸云：呂覽慎行篇注：「非，咎也。」安死篇注：「非，猶罪也。」

〔七〕張佩綸云：説文：「通，達也。」聞一多云：「通」疑「達」之誤。史記樂書「區萌達」，正義：「達，出也。」月令：「萌者盡達。」方言十三：「達，芒也。」「芒」、「萌」通。翔鳳案：「通」即「達」，何必以爲「達」之誤乎？

〔八〕翔鳳案：漢書吳王濞傳：「公即山鑄錢。」胡建傳：「公穿軍垣。」注：「公，謂顯然爲之。」

〔九〕安井衡云：「差」，等也。「坐立長差」，罪定首從也。翔鳳案：晏子春秋「曰齊人也，坐盜」，與此「坐」字同。説文：「差，貳也。籀文『差』从二。」二次於長，其義甚明。

〔一〇〕尹桐陽云：公羊傳：「善善及子孫，惡惡止其身也。」「來」同「賚」，予也。翔鳳案：「來」用常義，尹説非。

桓公問管子曰：「輕重准施之矣，筴盡於此乎？」管子曰：「未也。將御神用寶〔一〕。」桓公曰：「何謂御神用寶？」管子對曰：「北郭有掘闕而得龜者〔二〕，掘，穿也。求物反。穿地至泉曰闕。求月反。此檢數百里之地也〔三〕。」檢，猶比也。以此龜爲用者，其數可比百里之地。桓公曰：「何謂得龜百里之地〔四〕？」管子對曰：「北郭之得龜者，令過之平盤之中〔五〕。令，力呈反。過之，猶置之也。平盤者，大盤也。君請起十乘之使，百金之提〔六〕，起，發也。提，裝也。使，色吏反。命北郭得龜之家曰：『賜若服中大夫。』若，汝也。

中大夫，齊爵也。曰：『東海之子類於龜〔七〕，東海之子，其狀類龜。假言此龜東海之子耳。東海之子者，海神之子也。託舍於若。託舍，猶寄居也。賜若大夫之服以終而身，而，若也。勞若以百金。』勞，賜也。之龜爲無貲，之，是也。是龜至寶而無貲也。無貲，無價也。而藏諸泰臺〔八〕，泰臺，高臺也。一日而釁①之以四牛〔九〕，立寶曰無貲。立龜爲寶，號曰無貲。還四年，伐孤竹〔一〇〕。還四年，後四年。丁氏之家粟丁氏，齊之富人，所謂丁惠也。可食三軍之師行五月〔一一〕，食音嗣。下以意取。行五月，經五月。召丁氏而命之曰：『吾有無貲之寶於此。吾今將有大事，請以寶爲質於子〔一二〕，音致。下皆同。以假子之邑粟。』即家粟也。丁氏北鄉再拜，入粟，不敢受寶質。桓公命丁氏曰：『寡人老矣，爲子者不知此數。終受吾質！』丁氏歸，革築室，賦籍藏龜〔一三〕。革，更也。賦，敷也。藉，席也。才夜反。還四年，伐孤竹，謂丁氏之粟中食三軍五月之食〔一四〕。桓公立貢數〔一五〕：文行中七年龜中四千金，黑白之子當千金〔一六〕。凡貢制，中二齊之壤筴也。用貢，國危出寶，國安行流〔一七〕。」桓公曰：「何謂流？」管子對曰：「物有豫，則君失筴而民失生矣〔一八〕。故善爲天下者，操於二豫之外。」桓公曰：「何謂二豫之外？」管子對曰：「萬

①「釁」原作「亹」，據校正改。

乘之國，不可以無萬金之蓄飾。千乘之國，不可以無千金之蓄飾〔一九〕。百乘之國，不可以無百金之蓄飾。以此與令進退，此之謂乘時。」

〔一〕丁士涵云：説文曰：「禦，祀也。」「御」、「禦」古通。下文云「東海之子類於龜」，尹注：「東海之子，海神之子也。」以龜爲神而祀之，故藏之泰臺，日釁四牛。安井衡云：「御」，驅使之也。「神」猶怪也。

〔二〕張佩綸云：「闕而得龜」文不成義。「掘闕」當作「掘閲」，古「閲」、「穴」通。宋玉風賦「空穴來風」，李善注引莊子「空閲來風」，是其證。埤雅釋「蜉蝣掘閲」引管子「掘閲得玉」。王氏詩總聞云：「『掘閲得玉』，恐當時常談如此。『掘閲』，挑撥貌，詩故云。讀管子『掘閲得玉』，始知『閲』與『穴』通。」陳啓源毛詩稽古編：「今管子並無『掘閲得玉』語，惟山權數『北郭有掘闕而得龜者』，豈『掘閲得玉』別見他篇，而近本逸之乎？」今案陸、王所引即此文，「掘闕」當作「掘閲」無疑。鄭箋：「掘閲，掘地解閲。」翔鳳案：下文謂「東海之子類於龜」，則爲水族，似龜而非龜也。左隱元年傳「闕地及泉」，以「闕」爲「掘」。「闕」、「掘」不可連用。「闕」爲門闕，衆所共知。然諸人不以爲説，殆以爲闕非可掘，並非得龜之地耳。「闕」多以石爲之。楊昇庵外集：「龍生九子，各有所好。一曰贔屭，好負重，今碑下趺是也。張衡西京賦『巨靈贔屭，高掌遠蹠』，其制在漢以前。列子『渤海之東，有山無連著，上帝任巨龜十五，舉首戴之』，此『巨龜』即『贔屭』也。」管子之巨龜即此。贔屭負重，在碑闕之下，與「掘闕得龜」有連帶之關係，「闕」爲門闕無疑矣。古今注：「程雅問曰：堯設誹謗之木何也？答曰：今之華表，以横木交杭頭，狀如華，形似桔槔，大路交衢悉施焉。或謂表木，以表示王者納諫，亦以表識衢路。」本書述堯有誹謗之木，又屢稱齊爲衢處之國，則當華表附近有負碑之贔屭可知。本草：「蠵龜，一名贔屭。」輕重己之「大忩」即「巂」，爲祀簡狄，亦與此相關矣。

〔三〕何如璋云：「檢」，爾雅釋詁：「同也。」舊注「比也」，謂龜之用比數百里之地也。張佩綸云：「檢」通「斂」。説文：「斂，收也。」（孟子「不知檢」，食貨志作「不知斂」。）「數」字即「斂」字之複衍者，原注非。陶鴻慶云：據尹注云「『檢』猶比也，以此龜爲用者，其數可比百里之地」，是其所見元文本作「此數檢百里之地」也。下文云「桓公命丁氏曰：寡人老矣，爲子者不知此數」，尤其明證。翔鳳案：説文：「檢，書署也。」「檢數」，謂書於檢上之數，可抵百里之地也。

〔四〕豬飼彦博云：「何謂得龜」下脱「檢數」二字。張佩綸云：「得龜」下奪「檢」字。翔鳳案：二人不知「檢數」之義而欲加字，非是。

〔五〕張佩綸云：「令」，宋本注作「令」。案「令」實當作「令」，而注誤作令音。「過」當爲「冎」，説文：「冎，剔人肉置其骨也。」莊子秋水篇：「吾聞楚有神龜，巾笥而藏之廟堂之上，此龜者寧其爲留骨而貴乎？寧其生而曳尾於塗中乎？」又外物篇：「余且得白龜圓五尺，獻之，乃殺以卜。仲尼曰：知能七十鑚而無遺策，不能避刳腸之患。」原注當作「冎，之置其骨也」，今本與通典皆誤。李哲明云：「平」當爲「丕」。「丕」，大也，故注云「大盤也」。古「丕」字書作「丕」，與「平」相混，因誤「平」耳。晉丕鄭父又作平鄭，即其證。翔鳳案：説文：「過，度也。」由度越之度，用爲度量之度，房訓「置」，是也。張訓「冎」，則是殺死矣。得寶龜將以上獻，未有自殺之而以死龜獻者也。

〔六〕張佩綸云：説文：「提，挈也。」言挈百金。尹桐陽云：「提」同「寔」，實也，財貨之稱。

翔鳳案：張説有據。

〔七〕翔鳳案：東海之子，於神話爲龍王，類於龜則形似龜，故知爲贔屭也。

〔八〕翔鳳案：「之」猶此。「而，汝也」，見小爾雅廣詁。中庸「抑而强與」，注：「『而』之言女也。」

〔九〕尹桐陽云：「釁」，血祭也。周禮龜人：「上春釁龜。」禮，凡宗器釁以豭豚，龜亦宗器類耳。此用四牛，重之。

〔一〇〕聞一多云：説文：「還，復也。」「復」猶又也。「還四年」，猶言又四年。

〔一一〕聞一多云：「行」猶將也。翔鳳案：周禮司爟「掌行火之政令」，注：「用也。」聞説非是。

〔一二〕翔鳳案：説文：「質，以物相贅。」此用其本義。

〔一三〕翔鳳案：「籍」即藉，隸書竹、艸不分，與通假有別。

〔一四〕丁士涵云：此十九字疑衍，見上文。翔鳳案：非衍文。上文爲虛擬，此言其實。「中，充也。」漢書司馬遷傳「其實中其聲者謂之端，實不中其聲者謂之款」。注：「中，當也，充也。」含義與上不同。

〔一五〕翔鳳案：立所貢之數，即下文之貢制也。

〔一六〕張佩綸云：「文行」當作「文龜」。爾雅釋魚「一曰神龜，二曰靈龜，三曰攝龜，四曰寶龜，五曰文龜，六曰筮龜，七曰山龜，八曰澤龜，九曰水龜，十曰火龜」，郭注：「文龜，甲有文采者。」上四種以爲神寶，則龜貝之品自文龜始矣。「中七」下脱「千金」二字，與下文句例合。又云：「年」當作「冉」。説文：「䶅，龜甲邊也，天子巨龜尺有二寸，諸侯尺，大夫八寸，士六寸。」漢書食貨志：「元龜岠冉長尺二寸，直二千一百六十，爲大貝十朋；公龜九寸，直五百，爲壯貝十朋；侯龜七寸以上，直三百，爲幺貝十朋；子龜五寸以上，直百，爲小貝十朋，是爲龜寶四品。」「當千金」，「當」宜作「中」。此「冉龜」即元龜，「黑白之子」即子龜也。翔鳳案：説文：「珩，佩上玉也。所以節行止也。」是其字本作「行」，玉旁後加。段注謂佩上玉爲「玉佩最上之玉也」。道家讀「道行」之「行」爲珩，爲「行」即「珩」之證。

〔一七〕何如璋云：「行」當作「持」。乘馬數：「王國持流而止矣。」出實易穀，所以持穀幣之流也。張佩綸云：言以龜寶流通，可當齊地之二，與上「檢百里之地」同。「用寶國危，出寶國安」，言國不足則用寶，國足則出寶也。「行流」上當有「請」字。李哲明云：此管子之言，觀下桓公問可見。「國危出寶」者，即上質龜丁氏事。「國安行流」者，即指下云云，後文所謂「以流歸於上」也。豫則干君之筴，使不得流歸於上；君無蓄餘，不得操縱國穀，即國民亦失其生，是「二豫」矣。惟於二豫之外，國有蓄餘，見「行流」之爲國重。後文「藏輕出輕以重，使諸侯穀歸吾國」，即「行流」之筴。又「謹守重流，不使吾穀外洩，而彼重之相歸如水就下」，詮「流」字精。於是國穀重，諸侯之穀亦至，即「行流」之效也。馬元材云：當以「用貢」爲句，「國危出寶」爲句，「國安行流」爲句。謂當發生戰爭之時則出其寶物，平安之時則促進萬物之流通。二者皆所謂貢制，皆足以當二倍齊地之數者也。翔鳳案：「壤筴」猶今言土地政策。「用貢」一逗，非句也。

〔一八〕吴志忠云：「則君」上脱「無豫」二字。張佩綸云：「豫」，干也。（漢書薛宣傳兩見。）言物有干豫吾輕重之令者，則君失其筴而民失其主。「二豫」，謂上干君之筴，而下預民之生也。國蓄篇：「萬乘之國有萬金之賈，千乘之國必有千金之賈。」今蓄積與之相準，則蓄賈不能乘民之不給百倍其本，而財不流於外矣。許維遹云：文選陸士衡樂府君子有所思行注引漢書韋昭注曰：「生，業也。」「失生」猶言失業。翔鳳案：學記：「禁於未發謂之豫。」荀子儒效「魯之粥牛馬者不豫賈」，注：「豫賈，定爲高價也。」豫先、干豫均由此得義。

〔一九〕王引之云：「飾」字義不可通，「飾」當作「餘」。「餘」、「飾」二字篆文右畔相似，故「餘」誤爲「飾」。「蓄餘」者，蓄所餘也。「萬金」、「千金」、「百金」，所餘之數也。輕重甲篇曰：「蓄餘藏羨而不息。」何如璋云：「蓄飾」，即指無貲之寶言。王云「飾」乃「餘」之謁，失其義矣。

郭沫若云：「蓄」與「飾」即上文所謂「二豫」。「蓄」謂穀粟之羨餘，「飾」指龜貝珠玉等重器。史記平準書：「珠玉龜貝銀錫之屬爲器飾寶藏。」然「蓄」與「飾」二者，均當「乘時」而「與令進退」，故曰「操於二豫之外」。王未得其解。翔鳳案：賈子無蓄：「蓄積者，天下之大命也。」國蓄：「國有十年之蓄，而民不足於食。」説文：「飾，刷也，讀若式。」段謂：「『飾』、『拭』古今字。管子輕重曰：『桓公使八使者式璧而聘之。』『式』者『飾』之假借。」郭説有據，其言是也。

山至數第七十六

管子輕重九

張佩綸云：此篇文已錯亂。事語篇：「桓公問管子曰：『事之至數可聞乎？』管子曰：『何謂至數？』」乃此篇開宗語。「何謂至數」，當是桓公問詞，今已無由理董。就此篇析之，「國會」一節之前，當有「准衡」、「輕重」兩節。當依通典取地數篇「准衡之數」一節歸入此篇。揆度篇「謂之國機」一節，與此篇「謂之國會」、「謂之國簿」相類。拾殘綱佚，略還舊觀，未知其有當否也。翔鳳案：「至數」爲較舊説更好之數，與賈山「至言」同意。

桓公問管子曰：「梁聚謂寡人曰〔一〕**：『古者輕賦税而肥籍斂**〔二〕**，取下無順於此**

者矣〔三〕。』梁聚之言何如？」管子對曰：「梁聚之言非也。彼輕賦税則倉廩虛。肥籍斂則械器不奉，而諸侯之皮幣不衣〔四〕。倉廩虛，則傳賤無禄〔五〕。外皮幣不衣於天下，内國傳賤〔六〕，梁聚之言非也。君有山，山有金，以立幣。以幣准穀而授禄，故國穀斯在上〔七〕，穀賈什倍。農夫夜寢蚤起，不待見使，五穀什倍。士半禄而死君〔八〕，農夫夜寢蚤起，力作而無止。彼善爲國者，不曰使之，使不衍得不使〔九〕；不曰貧之〔一〇〕，使不得不用〔一一〕。故使民無有不得不使者〔一二〕。夫梁聚之言非也。」桓公曰：「善。」

〔一〕張文虎云：「梁聚」如前事語篇「佚田」。此篇「梁聚」、「請士」、「特」及輕重甲篇「癸乙」、乙篇「癸度」、「衡」，蓋皆寓言，實無其人。翔鳳案：張視管子如莊子，無據騰其口説，誤。

〔二〕丁士涵云：「肥」，古「俷」字。集韻曰：「俷，薄也。」列子黄帝篇曰「所偏肥，晉國黜之」，張湛注曰：「肥，薄也。」俞樾云：「肥」當爲「𦽅」，乃「薄」之假字也。魏孝武弔比干墓文「被芰荷之輕衣，曳扶容之帕裳」，顧氏炎武金石文字記謂「帕」即「葩」字。然「葩裳」之文殊不成義，蓋假「葩」爲「薄」，故與「輕衣」相對。管子此文假「吧」爲「薄」，以「輕賦税」、「薄籍斂」相對，正與彼同。字誤作「肥」，遂不可解矣。下文「禄肥則士不死，幣輕則士簡賞」，「肥」亦當作「吧」，而讀爲薄。「禄薄」、「幣輕」，亦相對也。張佩綸云：秦策「省攻伐之心而肥仁義之誠」，高注：「省，減；肥，猶厚也。」彼以「省」對「肥」，此以「輕」對「肥」。翔鳳案：諸人訓「肥」爲「薄」，即有若百姓足君孰與不足之意。而梁聚之言，則爲下取便利，語意不合。蓋梁聚謂少收農業税，多收商業税，取之聚中而便利，「肥」仍訓厚。管子謂多收商業税則賣械器者少，而供奉不足，與海王「藉臺雉則爲毀成，藉樹木則爲伐生」同意。

〔三〕安井衡云：古本「取」作「收」。翔鳳案：謂取於民，乃成語，古本非是。

〔四〕張佩綸云：「衣」，當從御覽作「至」。尹桐陽云：前漢書地理志：「齊織作冰紈綺繡純麗之物，號爲冠帶衣履天下。」是諸侯固多衣齊皮幣者，管子故舉「不衣」以爲戒耳。翔鳳案：説文：「衣，依也。」「奉」、「衣」皆動詞。

〔五〕孫詒讓云：「傳」與「吏」通，「傳」與「事」同，「事」、「吏」篆文相似，音亦同部。下云「内國傳賤」，同。張佩綸云：「倉廩虚則傳賤無禄」上四字，即上「則倉廩虚」之複文誤倒者。「傳賤無禄」當在「肥籍斂」上。周禮太宰「以任百官」，注：「任，猶傳也。」釋名：「事，傳也；傳，立也。」漢書蒯通傳注：「事，本作『傳』。」廣韻：「事，又作『傳』。」説文：「事，職也。」「事賤無禄」，孟子：「庶人在官者，其禄以是爲差。」今國税不入，則府史胥徒不能給禄矣。外則諸侯不朝而無皮幣以報聘，内則倉廩虚竭而無餼廩以稱事，國不國矣。馬元材云：兩「傳」字皆與「士」字通，謂戰士也。下文「士半禄而死君」，蓋即緊承此「傳賤無禄」而言。孫詒讓以「『傳』與『吏』通，『傳』與『事』同」者，非。翔鳳案：「事」訓職，加人旁則爲人之從事者。

〔六〕翔鳳案：論語：「子張學干禄。」孝經「然後能保其禄位」，注：「倉廪爲禄」。「禄」即領於倉廪者，倉廪虚則無禄可領。皮幣不衣於天下，則國内工商衰而傳賤。

〔七〕張佩綸云：詩墓門傳、説文、書酒誥鄭注：「斯，析也。」廣雅釋詁一：「斯，分也。」「斯在上」言國穀之分析在上，非語辭也。李哲明云：「斯」，盡也，言穀盡在上也。詩「王赫斯怒」，箋：「斯，盡民。」吕覽報更篇「斯食之」，注：「斯，猶盡也。」此「斯」字義同。翔鳳案：「斯」訓盡較妥，即「澌」也。

〔八〕安井衡云：「穀價什倍」，農夫喜其利己，夜深始寢，早日乃起，以勉其業，不待上使之。五穀之多，什倍於他日。穀價既貴，半禄所得，五倍於他日，故亦感恩死君也。張佩綸云：「農夫蚤作夜起，不待見使」複下文而衍。「五穀什倍」當作「五穀之賈什倍」，乃覆舉上文。當在下句「農夫蚤作夜起」上。「半」讀曰判，説文「判，分也」，「半禄」猶言分禄。一説：漢書項籍傳「卒食半菽」，注引孟康曰：「半，五斗器名也。」言士沾升斗之禄而即爲君效死也。穀賈什倍則農夫日出而作，日入而息，自盡力於畎畝矣。陶鴻慶云：「穀賈什倍」以下，句多複衍。元文當云：「穀賈什倍，士半禄而死君，農夫夜寢蚤起，不待見使，力作而無止。」馬元材云：「五穀什倍」與「穀價什倍」不同。後者指五穀之價格而言，前者則謂五穀之生産量。安井説是也。翔鳳案：穀價高，農夫力作。穀豐收，士與農均盡力。

〔九〕張佩綸云：「使不衍得不使」，此「衍」字本校者注于衍文之旁，而今又刊入正文，此類甚多。翔鳳案：楊本「不衍得不」四字占三字地位，較小。蓋先以「衍」爲誤字而删去，後又補入，則「衍」非誤字，明矣。荀子賦篇「暴人衍矣」，注：「饒也。」「羡」之借。與「貧」對，使不多得至於不可使。不饒不貧，是爲至數。諸本不明其義而删「衍」字，張説之誤不待言。

〔一〇〕王念孫云：「貧」字義不可通。揆度篇「貧」作「用」，是也。兩「使」字、兩「用」字，皆上下相應。翔鳳案：「貧」與「衍」對，與揆度不同，王説誤。

〔一一〕聞一多云：「使」當爲「用」。「使不得不使」、「用不得不用」，衹一意而複説之，句法似當一律。

〔一二〕丁士涵云：「不得不使」疑當作「不用不使」。承上「不得不使」、「不得不用」言之，言使民無有不爲我用，不爲我使也。

桓公又問於管子曰：「有人教我，謂之請士〔一〕。曰：『何不官百能？』」管子對曰：「何謂百能〔二〕？」桓公曰：「『使智者盡其智，謀士盡其謀，百工盡其巧。』若此則可以爲國乎？」管子對曰：「請士之言非也。禄肥則士不死〔三〕，幣輕則士簡賞，萬物輕則士偷幸。三怠在國，何數之有？彼穀十藏於上，三游於下〔四〕，謀士盡其慮，智士盡其知，勇士輕其死，請士所謂妄言也。不通於輕重，謂之妄言〔五〕。」

〔一〕聞一多云：疑當作「有人謂之請士教我曰」。翔鳳案：「請士」非人名。有人教我，其教我之言，即謂之「請士」。「官百能」即指「請士」而言。廣雅釋詁三：「請，求也。」

〔二〕聞一多云：「對」字涉下文衍。「百」上脱「官」字。　翔鳳案：有問必有對，「對」字何能衍？此謬説也。

〔三〕戴望云：此「肥」字亦當訓薄。與上「肥籍斂」義同。　張佩綸云：「肥」，古「俷」字。集韻：「俷，薄也。」列子黄帝篇「口所偏肥」，張湛注：「肥，薄也。」中庸「忠信重禄，所以勸士」，即筦子之意。　翔鳳案：養之太厚，則不肯輕死，所謂養士如養鷹也。「肥」不能訓薄。所言「請士」爲非，非謂「請士」所言爲非也。

〔四〕豬飼彦博云：「十」當作「七」。　戴望云：「十」疑「七」字之誤。　翔鳳案：卜辭金文七皆作「十」，九、十之十横畫短。

〔五〕陶鴻慶云：「不通於輕重」二句，乃舊注之亂入正文者。　翔鳳案：斥或人之言爲妄，「請士所謂」乃倒句，陶説誤。

桓公問於管子曰：「昔者周人有天下，諸侯賓服，名教通於天下，而奪於其下〔一〕，何數也？」管子對曰：「君分壤而貢入，市朝同流〔二〕。黄金，一筴也。江陽之珠，一筴也。秦之明山之曾青，一筴也〔三〕。此謂以寡爲多，以狹爲廣，軌出之屬也〔四〕。」桓公曰：「天下之數盡於軌出之屬也〔五〕？」「合國穀重什倍而萬物輕〔六〕，大夫謂賈，之子爲吾運穀而斂財〔七〕。穀之重一也，今九爲餘〔八〕。穀重而萬物輕，若此則國財九在大夫矣。國歲反一〔九〕，財物之九者，皆倍重而出矣。財物在下，幣之九在大夫。然則幣穀羨在大夫也〔一〇〕。天子以客行，令以時出，熟穀之人亡〔一一〕，諸侯受而官之，連朋而聚與，高下萬物，以合民用。內則大夫自還而不盡忠〔一二〕，外則諸侯連朋合與，孰穀之人則去亡，故天子失其權也。」桓公曰：「善。」

〔一〕張佩綸云：禮記表記鄭注：「『名』者，謂聲譽也。」禹貢：「聲教敷于四海。」翔鳳案：王擁虛名，不能納於軌物，奪於其下。

〔二〕馬元材云：「市朝」又見揆度篇，即市場。史記孟嘗君傳「過市朝者」，索隱云：「市之行位有如朝列，因言市朝也。」

〔三〕孫星衍云：揆度篇：「汝、漢水之右衢黃金一筴也，江陽之珠一筴也，秦明山之曾青一筴也。」上「之」字衍。「黃金」上，當依補「汝、漢水之右衢」六字。何如璋云：「曾青」，空青之類。秋官職金「掌凡金玉錫石丹青之戒令」，注：「青，空青也。」本草綱目：「空青，腹中空，破之有漿，治眼疾。又白青亦治目疾。色深者爲石青，淡者爲碧青。」淮南萬畢術云：「白青得鐵即化爲銅。」又有「曾青」、「扁青」等名，並詳綱目。尹桐陽云：此「江陽」即江漾。漾，漢水名也。一稱養水。西山經：「嶓冢之山，漢水出焉，而東南流注于沔。囂水出焉，北流注于湯水」，注：「『湯』或作『陽』。」「陽」、「湯」、「養」、「漾」皆聲轉。呂覽重己「人不愛昆山之玉，江、漢之珠，而愛己之一蒼璧，有之利故也」，注：「江、漢有夜光之明珠，珠之美者也。」淮南説山：「不愛江、漢之珠而愛己之鉤。」本書揆度篇曰：「南貴江、漢之珠。」逸周書王會「正西以江歷爲獻」，孔注以爲珠名。文選蜀都賦：「江珠瑕英。」西山經：「濫水注于漢水，多鰲魮之魚，狀如覆銚，是生珠玉。」皆以珠出江、漢水中耳。又西山經「號山北二百二十里曰盂山，其陽多銅」，郭注：「音于，『盂』或作『明』。」今謂「盂」當爲「孟」，「孟」與「明」聲轉，故孟諸一作明諸。水經注「奢延水出奢延縣西南赤沙阜」，畢沅以爲即孟山，在今陝西靖邊縣。「曾青」，銅之精，可繢畫及化黄金者。荀子王制：「南海則有曾青丹干焉。」正論：「重之以曾青。」聞一多云：「衢」即濯水。説文：「濯水出汝南吴房，入瀙。」案在今河南遂平縣北五里，今名石羊河。源出嶒峯嵘山之黑龍池，東南流合瀙水，又入汝。翔鳳案：此言周君分壤而貢入，黄金爲中國所同貢。楚之珠，秦之曾青，皆國外，與揆度不同。

〔四〕張佩綸云：説文：「宄，姦也。外爲盜，内爲宄。從宀九聲，讀若軌。」「宄」、「軌」通。左氏成十七年傳：「臣聞亂在外爲姦，在内爲軌。」「出」，生也。（吕覽音初高注、易傳「帝出乎震」虞注。）此屬皆易生姦，而周人之利權乃爲諸侯所奪。馬元材云：「軌出」不詞，疑爲「輕重」二字之誤。揆度篇云：「此謂以寡爲多，以狹爲廣，天下之數，盡於輕重矣。」即作「輕重」，可以爲證。翔鳳案：「軌」本借字。左隱五年傳：「講事以度軌量謂之軌」。「軌出」謂同出一軌，無例外之意，非誤字。

〔五〕安井衡云：「也」，問辭，猶言「乎」。張佩綸云：「也」、「耶」通。

〔六〕戴望云：「今國穀」上脱「管子曰」三字。翔鳳案：楊本作「合」，言金珠曾青合國穀重什倍。言遠爲昂貴。作「什」不作「十」，可知其意。非有奪文也。

〔七〕馬元材云：「大夫謂賈之」當讀爲一句。「之」是「人」字之訛。揆度篇云「然則國財之一分在賈人」，又曰「國幣之少分廩於賈人」，又曰：「國之財物盡在賈人」，皆以「賈人」連稱，與此正同。下文「巧幣萬物輕重皆在賈之」，「之」字亦爲「人」字之訛。翔鳳案：「之子」，此子也，指賈人。管子對桓公指第三者，馬説非是。

〔八〕安井衡云：「一」，同也，穀價什倍同於前。一當什，故九爲餘。翔鳳案：穀重十倍，大夫藏穀，加九倍之羨餘。無誤字。

〔九〕安井衡云：以餘穀斂財，故財九在大夫，而王每歲反得其一。郭沫若云：「國歲反一」者，謂國穀之價回復原狀。即因大夫投出藏穀以收購財物，市場多穀故價跌。但在此時財物之九分已聚積於大夫手中，彼輩又重價而投出財物矣。

〔一〇〕丁士涵云：當作「穀之九在大夫，然則穀羨在大夫也」。今本「穀」誤爲「幣」，又衍一「幣」字，遂不可通。上文云「爲吾運穀而斂財」，「財」即「幣」也。云「國財九在大夫」者，即運穀以斂之也，云「國歲反一，財物之九皆倍重而出」者，即以幣准穀，幣仍返之民間也，故此云「財物在下」也。財物在下，則穀在上，故云「穀之九在大夫也」。穀在大夫，重一而九爲餘，故云「穀羨在大夫也」。管子立環乘之幣，不過重輕輕重，一上一下，斷無幣穀盡斂於國，自壞其法也。張佩綸云：始則運穀以斂財，幣之九既在大夫，又用以斂穀，故幣穀之羨均在大夫。郭沫若云：原文不誤，丁氏未得其解。大夫高價投出財物，故「財物在下，幣之九在大夫」。結果則大夫既有多餘之羨穀，又有多餘之貨幣，故曰「然則幣穀羨在大夫也」。

〔一一〕張佩綸云：「天子以客行」，謂游賈奪其利權，客行天子之事。「令以時出」，謂政令無常，朝更暮改。李哲明云：以時行令，即出穀之人不至亡矣。且上頻言無失時、乘時，下亦云以時歸君矣，疑此文當作「不以時」。「令」下脱「不」字。「令不以時」，故出穀者逃亡，爲諸侯所受。其義自明。尹桐陽云：「天子以客行」，言主權爲臣所奪。荀子君子篇「天子四海之内無客禮」，注引禮記曰：「天子無客禮，莫敢爲主焉。」「令以時出」，「令」謂大夫，吕覽去私：「南陽無令。」「熟」，精熟也。「穀」，善也。言天子精善計會之人皆逃亡。翔鳳案：説文：「𩫖，孰也。一曰鬻也。」「孰」即「熟」，「孰」、「鬻」音近義通。「熟穀之人」謂鬻穀之人，賣也，非誤字。

〔一二〕王念孫云：「還」與「環」同，謂自營也。見君臣篇。俞樾云：「還」當讀爲環，韓子五蠹篇曰：「自環者謂之私。」

桓公又問管子曰：「終身有天下而勿失，爲之有道乎？」管子對曰：「請勿施於天下，獨施之於吾國。」桓公曰：「此若言何謂也？」管子對曰：「國之廣狹、壤之肥墝有數，終歲食餘有數，彼守國者，守穀而已矣。」曰：「某縣之壤廣若干，某縣之壤狹若干，國之廣狹肥墝，人之所食多少，其數君素皆知之。則必積委幣，委，蓄也。各於縣州里①蓄積錢幣，所謂萬室之邑，必有萬鍾之藏，藏繦千萬。千室之邑，必有千鍾之藏，藏繦百萬。於是縣州里受公錢。公錢，即積委之幣。泰秋，國穀去參之一，去，減也。丘呂反。君下令，謂郡縣屬大夫里邑皆籍粟入若干。穀重一也，以藏於上者，一其穀價以收藏之。國穀參分，則二分在上矣。言先貯幣於縣邑，當秋時下令收糴也。則魏李悝行平糴之法，上熟糴三捨一，中熟糴二捨一，下熟中分之，蓋出於此。今②言去三之一者，約③中熟爲准耳。泰春，國穀倍重，數也。泰夏，賦穀以市櫎，古莫反。民皆受上穀以治田土。泰秋，田穀之存予者若干〔一〕，今上斂穀以幣〔二〕，民曰無幣以穀，則民之三有歸於上矣。言當春穀貴之時，計其價，以穀賦與人。秋則斂其幣。雖設此令，本意收其穀入，既無幣，請輸穀，故歸於上。重之相因，時之化舉，無不爲國筴。重之相因，若春時穀貴與穀也。時之化舉，若秋時穀賤收穀也。因時之輕重，無不以術權之。君用大夫之委，以流歸於上。君用民，以時歸於君。藏輕，出輕以重，數也。則彼安有自還之大夫獨委之〔三〕。彼諸侯之穀十，使

① 「里」字原作「軍」，據補注改。

② 「今」字原作「令」，據補注改。

③ 「約」字原作「納」，據補注改。

吾國穀二十，則諸侯穀歸吾國矣。諸侯穀二十，吾國穀十，則吾國穀歸於諸侯矣。故善爲天下者，謹守重流，重流，謂嚴守穀價，不使流散。而天下不吾洩矣。洩，散也。吾穀不散出。彼重之相歸，如水之就下。吾國歲非凶也，以幣藏之，故國穀倍重，故諸侯之穀至也。是藏一分以致諸侯之一分，利不奪於天下，大夫不得以富侈。以重藏輕，國常有十，國之筴也。故諸侯服而無止〔四〕，臣橫從而以忠〔五〕。此以輕重御天下之道也，謂之數應。」

〔一〕陶鴻慶云：「田」當爲「曰」，涉上句「民皆受上穀以治田土」而誤也。「曰：穀之存子者若干，今上斂穀以幣」二句，乃上令民之辭，與「民曰：無幣，以穀」上下相應。山國軌篇「謂高田之萌曰：吾取寄幣於子者若干」，例與此同。翔鳳案：説文「穀，續也。百穀之總名。」段注：「周禮太宰言『九穀』，鄭云：『黍稷稻粱大小豆小麥苽也』。膳夫『食用六穀』，先鄭云：『稌黍稷粱麥苽。』疾醫言『五穀』，鄭曰：『麻黍稷麥豆也。』」秋收田地均有，統曰穀。陶改「田」爲「曰」，謬。

〔二〕安井衡云：「今」當爲「令」，字之誤也。翔鳳案：管子面告桓公曰「今」，指當時言之。改爲「令」，謬。誰令公乎？

〔三〕翔鳳案：「還」同「營」。大夫自營爲私，不能獨爲委積。

〔四〕馬元材云：「正」當作「止」。本書「無止」凡十三見。「無止」，不絕也。　聞一多云：「止」，當從各本作「正」。「正」讀爲征，言諸侯賓服，不用征討之事也。　翔鳳案：馬説是。

〔五〕丁士涵云：「櫎」字疑衍。　安井衡云：「櫎」，平也。「平從」，平心以從君也。　張佩綸云：詩南山「衡從其畝」，傳：「衡獵之，從獵之。」衆經音義卷三引韓詩傳作「南北曰從，東西曰横」。「臣櫎從而以忠」，言臣無不盡忠也。　尹桐陽云：君臣上篇曰「下有五横以揆其官」，「横」、「櫎」聲轉通用。　翔鳳案：下言「以輕重御天下之道」，則「櫎」與輕重有關，「櫎」仍爲市賈。諸侯之臣，順從輕重政策而以忠，諸説均誤。

桓公問管子曰：「請問國會。」管子對曰：「君失大夫爲無伍，失民爲失下。故守大夫以縣之筴〔一〕，守一縣以一鄉之筴，守一鄉以一家之筴，守家以一人之筴〔二〕。」桓公曰：「其會數奈何？」管子對曰：「幣准之數，一縣必有一縣中田之筴，一鄉必有一鄉中田之筴，一家必有一家直人之用〔三〕。故不以時守，郡爲無與；不以時守，鄉爲無伍。」桓公曰：「行此奈何？」管子對曰：「王者藏於民，霸者藏於大夫，殘國亡家藏於篋〔四〕。」桓公曰：「何謂藏於民？」「請散棧臺之錢散諸城陽，鹿臺之布散諸濟陰〔五〕。君下令於百姓曰：『民富，君無與貧；民貧，君無與富。故賦無錢布，府無藏財，貲藏於民。』歲豐，五穀登，五穀大輕，穀賈去上歲之分。以幣據之〔六〕，穀爲君〔七〕，幣爲下。國幣盡在下，幣輕穀重，上分上歲之二分在下，下歲之二分在上，則二歲者四分在上。則國穀之一分在下，穀三倍重。邦布之籍，終歲十錢。人家受食，十畝加十，是一家十户也〔八〕。出於國穀筴而藏於幣者也。以國幣之分，復布百姓。四減國穀，三在上，一在下〔九〕。復筴也。大夫旅壤而封〔一〇〕，積實而驕上，請奪之以會。」桓公曰：「何謂奪之以會？」管子對曰：「粟之三分在上，謂民萌皆受上粟，度君藏焉。五穀相靡而重，去什三爲餘，以國幣穀准反行，大夫無什於重〔一一〕。君以幣賦禄，什在上〔一二〕。君出穀，什而去七。君斂三，上賦七〔一三〕。散振不資者〔一四〕，仁義也。五穀相靡而輕，數也。以鄉完重而籍國，數也〔一五〕。出實財，散仁義，萬物輕，數也。乘時進退。故曰：王者乘時，聖人乘易〔一六〕。」桓公曰：「善。」

〔一〕安井衡云：縣以封大夫，故以一縣所應用之數守大夫也。張佩綸云：「大夫」當作「一國」，涉上「失大夫」而誤。翔鳳案：縣爲行政單位。

〔二〕張佩綸云：「守家」當作「守一家」。翔鳳案：人以家爲單位，有「一」字不合。

〔三〕安井衡云：「直」，當也，言有一家幾口，當用穀幾許之數。張佩綸云：「中」、「直」，皆當也。（「中，當也。」「直，當也。」漢書注屢見。）言准之以幣，若干足當一縣一鄉之田，若干足當一家之用。　翔鳳案：田有上中下，取其中以爲准，不能訓當。「中」之訓當者，讀去聲，「當」亦去聲，張不知而誤解矣。

〔四〕何如璋云：「藏於民」謂補助，「藏於大夫」謂以幣賦禄，「藏於篋」謂横征殖貨，所謂「蘊利生孽，多藏厚亡」者矣。荀子王制「故王者富民，霸者富士，僅存之國富大夫，亡國富筐篋、實府庫」，本此。　翔鳳案：王霸之霸本作伯。白虎通云：「霸者，伯也，行方伯之職。」又云：「『霸』猶迫也，把也。迫脅諸侯，把持其政。」是「霸」有二義，漢書作「伯」，各書相混已久。下文有大夫而無士，則非有殘文。諸侯以霸，大夫從而效之，齊之田氏是也，非有奪文。

〔五〕章炳麟云：「棧臺」者，鐘臺也。釋樂曰「大鐘謂之鏞，小者謂之棧」，是其證。凡鑄錢與鐘皆用銅，故古者或以一官掌之。漢書百官公卿表云「水衡都尉屬官有鍾官令丞」，如淳曰：「鍾官，主鑄錢官也。」史記平準書云：「錢多輕而公卿請令京師鑄鐘官赤側。」（食貨志脱「鐘」字，當據補。）此蓋因古者鑄錢與鑄鐘爲聯事而得名。然則臧錢與鐘棧同處，義亦如是。又云：逸周書克殷解、史記殷本紀、齊世家、留侯世家、淮南子主術訓、道應訓皆云「鹿臺之錢」，説苑指武篇則言「鹿臺之金錢」，皆指紂之錢府也。齊之錢府必非襲亡國之名，然則「鹿臺」本爲錢府之通名，非紂所創立可知。「鹿」當借爲「録」。尚書大傳「致天下於大麓之野」，注：「麓者，録也。」魏受禪表及公卿上尊號奏皆作「大鹿」。是「録」、「鹿」通之證。説文：「録，金色也。」古謂銅曰金。荀子性惡「文王之録」，注：「劍以色名。」古劍亦以銅爲之也。

是銅有録色者。「録臺」則取銅錢之色以爲名。翔鳳案：省「曰」字，前文屢見。

〔六〕安井衡云：「上歲」，去年也。「分」，半也。「據」猶守也。翔鳳案：説文：「據，杖持也。」此用其本義。

〔七〕安井衡云：「君」，當依山國軌作「上」，「君」、「上」義近，轉寫之訛耳。翔鳳案：「爲」讀去聲，不須改字。

〔八〕安井衡云：凡食量，一人，每家受食十畝所生，今上糴之，每一人所食，加增穀價十錢，則十人百錢，是一户得十家之籍也。

〔九〕張佩綸云：説文：「減，省也。」一歲之穀省爲四分，三在上而一在下。

〔一〇〕張佩綸云：爾雅、詩傳：「旅，陳也。」周書作雒注：「旅，列也。」謂「列壤而封」，猶言分土封之。翔鳳案：説文無「纕」字，當爲「壤」之隸書别體。

〔一一〕郭沫若云：上言「粟之三分在上」，上既以粟平價資民，使穀價減去十分之三，使大夫或富民不得操縱穀價，其粟之餘分在下者，則在穀價既平之後，反以國幣准平價收購之，此之謂「餘以國幣穀准反行」。於是則大夫無法抬高穀價，即「大夫無計於重」。「計」誤爲「什」，因草書形近。翔鳳案：説文：「什，相什保也。」此用其義，與「什三」不同，非「計」之誤。「餘」字屬上爲句。

〔一二〕郭沫若云：言大夫之俸禄，君以幣予之，而不以粟。既收購大夫所有之粟，復「以幣賦禄」，則粟之十分在上也。翔鳳案：「什」爲什保。

〔一三〕張佩綸云：斂三以充上賦，散七以振不蓄。翔鳳案：「賦」，猶莊子「狙公賦芧」之「賦」，分給也。張誤。

〔一四〕戴望云：「不資」乃「不澹」之誤，説見前。張佩綸云：「資」者，蓄也。（史記信陵君傳索隱。）「不資」猶言不蓄。一説：「資」，財也。（詩、傳、禮注屢見。）「不資」猶言無資。書、孟子「厥疾不瘳」，周禮注作「無瘳」；莊子天地篇「終身不靈」，釋文本又作「無靈」，皆其證。翔鳳案：張説是。

〔一五〕戴望云：元本「完」作「見」。張佩綸云：「完」當作「筦」。翔鳳案：史記「桑弘羊筦諸會計事」，與國會相應，張説是也。孟子「父母使舜完廩」，注：「治也。」「管」之借。左昭十五年傳「不如完舊」，注：「猶保守。」亦假爲「筦」字。

〔一六〕安井衡云：「易」，變易也。翔鳳案：「易」即覡，解在山權數，與「幽」義近。

桓公問管子曰：「特命我曰〔一〕：『天子三百領，泰嗇而散〔二〕。大夫准此而行。』此如何〔三〕？」管子曰：「非法家也〔四〕。大夫高其壟，美其室〔五〕，此奪農事及市庸〔六〕，此非便國之道也〔七〕。民不得以織爲縿綃，而貍之於地〔八〕。彼善爲國者，乘時徐疾而已矣，謂之國會〔九〕。」

〔一〕俞樾云：「特」者，人名也。「命」猶告也。禮記緇衣注「傳説作書以命高宗」，是古者上下不嫌同詞，以君告臣謂之命，以臣告君亦謂之命也。事語篇「秦奢教我曰」、「佚田謂寡人曰」，及此篇「梁聚謂寡人曰」、「有人教我謂之請士曰」，輕重乙篇「衡謂寡人曰」，並舉人言以問管子，則「特命我曰」義亦同也。翔鳳案：「特」與「衡」，僅一字之稱，當爲親近之人。

〔二〕張佩綸云：喪服大記：「大歛，布絞縮者三，横者五，布紟二，衾，君大夫士一也。君陳衣于庭，百稱，北領西上。大夫陳衣于序東，五十稱，西領南上。上士陳衣于序東，三十稱，西領南上。」此云「天子三百領」，當作「衣百領」。「泰」乃「桼」之誤。「嗇」乃「廧」之誤。「散」乃「菆」之誤。檀弓上：「君即位而爲椑，歲壹漆之藏焉。」又曰：「周人牆置翣。」又曰：「天子之殯也，菆塗龍輴以椁，加斧于椁上，畢塗屋，天子之禮也。」鄭注：「牆，柳衣也，菆木以周龍楯加椁而塗之。」喪服大記：「君殯用輴，欑至于上，畢塗屋。大夫殯以幬，欑置于西序，塗不暨于棺。士殯見衽，塗上帷之。」鄭注：「欑，猶菆也。」此皆天子之禮，而特欲大夫准此而行，創爲厚葬而僭禮之説，故管子據禮以折之。章炳麟云：「天子三百領」爲一句，此謂死時襲以衣三百領，猶揆度篇云「上必葬之衣衾三領」也。……蓋「天子襲十二稱，公九稱，諸侯七稱，士三稱」（見雜記上注），則大夫五稱，禮也。特意欲藉厚葬以寬民生，故增天子之襲至三百領。以平時用財泰嗇，乘厚葬以散錢於民也。其大夫之襲亦準天子三百以爲差率而行之，皆爲饒裕民生而設。與侈靡篇云「巨棺椁所以起木工也，多衣衾所以起女工也」，意正相同。姚永概云：墨子節葬云「古聖王制爲葬埋之法，棺三寸足以朽體，衣衾三領足以覆惡」，則「三百領」當衍「百」字，但此文譌脱已甚。　翔鳳案：墨子「三領」，極言其賤。「百」非衍文。因太嗇而散之，故用三百領也。

〔三〕聞一多云：下「此」字衍。　翔鳳案：下「此」字猶之，非衍文。

〔四〕聞一多云：「家」爲「冢」之譌。　翔鳳案：大夫稱家，「冢」字無義，非是。

〔五〕張佩綸云：詩葛生「歸于其室」，鄭箋：「室，猶冢壙。」　翔鳳案：侈靡：「美壟墓，所以文明也。」

〔六〕翔鳳案：「庸」即傭，勞力也。

〔七〕張佩綸云：「此非」之「此」字衍。　翔鳳案：「此」指「高其壟」二句，不能少。

〔八〕安井衡云：「縿」，縑也。「綃」，綺屬。「貍」，謨皆切，同「埋」。埋縿綃於地，言不復用也。

張佩綸云：檀弓上：「布幕，衛也。縿幕，魯也。」鄭注：「幕，所以覆棺上也。縿，縑也，『縿』讀如綃。衛諸侯禮，魯天子禮，兩言之者，僭已久矣。」此文當作「民不得以織爲縿」，校者旁注「綃」字，而誤入正文。「以織爲縿」，即「縿幕」也。天子之禮用縿幕，「加斧于椁上」，鄭注「斧謂之黼，白黑文也，以刺繡於縿幕，加椁以覆棺，已乃屋其上，盡塗之」，是也。禮疏引崔靈恩云：「天子別加斧于椁上，畢塗屋，此所陳衹謂櫬棺幕在於畢塗之内者也。若其塗上之帟，則大夫以上有之，故掌次云：『凡喪，王則張帟三重，諸侯再重，孤卿大夫不重。』下云『君於士有賜帟』，然士無覆棺之幕。下云『子張之喪，褚幕丹質』者，彼謂將葬啓殯以覆棺。故鄭彼注云：『葬覆棺别也。』」 佩綸案：周禮掌次鄭注：「帟柩上承塵，與幕異制。」子張之「褚幕丹質蟻結四隅」，乃用殷之士禮，明士以上均有幕覆棺，但不得僭天子繆幕之禮耳。崔説未明。民則庶人，其禮更殺于士，故管子特申厲禁。此文當入事語篇。「貍之於地」以下，尚有挩誤。 章炳麟云：此句當在「乘時徐急而已矣」之下，「以」當爲衍文。……管子以厚葬無益而有損。意謂襲衣既多，則棺槨必大；棺槨既大，則壙塋必廣。大夫既高其壟墓，美其冢壙，則役作之功足以奪農事及市庸，是非便國之道也。善爲國者固不必以厚葬散錢，但乘時徐疾，則民自富矣。因言薄葬之制，「民不得織爲繆綃而用之於葬貍」，使有用歸于無用。 翔鳳案：説文：「繆，旌旗之游也。」「綃，生絲也。」少牢饋食禮「衣移袂」，注：「大夫妻尊，亦衣綃衣而侈其袂耳。」齊人脩游（山國軌），即用以爲棺幕。「綃」爲大夫妻之衣，分承上文，非複也。一爲縑，一爲綺，而音不同，鄭讀「繆」如「綃」，指魯言之，齊國殷禮，其制不同。

〔九〕張佩綸云：當在「王者乘時，聖人乘易」下，爛脱在此。與上節「桓公曰善」互易。 翔鳳案：齊多織帛，冠帶衣履天下，國家經濟於此有關，故管子以爲當乘時疾徐。此亦國會之道也。張説非是。

桓公問管子曰：「請問爭奪之事何如？」管子曰：「以戚始。」桓公曰：「何謂用戚始〔一〕？」管子對曰：「君人之主，弟兄十人〔二〕，分國爲十；兄弟五人，分國爲五。

三世則昭穆同祖，十世則爲祏〔三〕。故伏尸滿衍，兵決而無止。輕重之家，復游於其閒。故曰：『毋予人以壤，毋授人以財。』財終則有始，與四時廢起。聖人理之以徐疾，守之以決塞，奪之以輕重，行之以仁義，故與天壤同數。此王者之大轡也。」

〔一〕許維遹云：「用」，以也。　翔鳳案：「戚」爲戚族，與今之親戚不同。

〔二〕聞一多云：「弟兄」當互易，以與下文一律。　翔鳳案：「主」假爲宔。説文：「宔，宗廟宔祏也。」指宗廟言之，觀下文「祏」字可知，「弟」字不必互易，聞説拘泥。

〔三〕宋翔鳳云：「三世」當爲「四世」，「十世」當爲「五世」。古文「四」作「亖」，「五」作「㐅」，形近而誤。禮，天子諸侯皆親廟四，故云「四世則昭穆同祖」。五世爲祧，祧主藏太祖及二祧廟，若文、武二世室有主而無廟，故云「五世則爲祏」。「祏」，藏主石函也。（本左傳杜注。）異義古春秋左氏説「古者先王日祭於祖考，月薦於曾高，時享及二祧，歲祫及壇墠，終禘及郊宗石室」（本通典、御覽），摯虞決疑要注曰「毁廟主藏廟外，户之外西牖之中有石函，名曰宗祏，函中有笥，以盛主，親盡則廟毁，毁廟之主藏於始祖之廟」（本續漢祭祀志注），竝以毁廟爲祏也。莊十四年傳鄭原繁稱「命我先人典司宗祏」，蓋主宗廟之官云「宗祏」，言遠者謙也。昭十八年傳「鄭火，子産使子寬、子巡羣屏攝至於大宫」，杜注：「大宫，鄭祖廟，巡行宗廟，不使火及之。」又云「使祝史徙主祏于周廟」，杜注：「周廟，厲王廟也。」此所徙正以遷廟主在户外西牖中，恐火及，故徙之。哀十六年傳：「衛孔悝使貳車反祏于西圃。」大夫三廟，高曾之主即爲祏也。張佩綸云：說文：「祏，宗廟主也。」周禮有「郊宗石室」。五經異義古春秋左氏說：「古者日祭於祖考，月薦於高曾，時享及二祧，歲祫及壇墠，終禘及郊宗石室。」禮記祭法：「王立七廟，一壇一墠，曰考廟，曰王考廟，曰皇考廟，曰顯考廟，曰祖考廟，皆月祭之。遠廟爲祧，有二祧，享嘗乃止。去祧爲壇，去壇爲墠，壇墠有禱焉，祭之，無禱乃止，去墠曰鬼。」以此證之，八世爲「壇」，九世爲「墠」，十世在祭法爲「鬼」，在左氏說爲「石室」，管子之說與左氏說合。宋翔鳳改「三世」爲「四世」，改「十世」爲「五世」，謬甚。翔鳳案：論語：「子張問：『十世可知也？』子曰：『殷因於夏禮，所損益可知也。』」殷禮承十世言之，「十世」不誤。

桓公問管子曰：「請問幣乘馬。」管子對曰：「始取夫三大夫之家，方六里而一乘，二十七人而奉一乘。幣乘馬者，方六里，田之惡美若干，穀之多寡若干，穀之貴賤若干，凡方六里用幣若干〔一〕，穀之重用幣若干。故幣乘馬者，布幣於國，幣爲一國陸地之數，謂之幣乘馬。」桓公曰：「行幣乘馬之數奈何？」即臣乘馬，所謂筴乘馬者。臣，猶實也。筴者，以幣爲筴，而洩重射輕。管子對曰：「士受資以幣，大夫受邑以幣，人馬受食以幣，則一國之穀貲在上，幣貲在下〔二〕，國穀什倍，數也。萬物財物去什二，筴也。皮革筋角羽毛竹箭器械財物，苟合于國器君用者，皆有矩券於上〔三〕。矩券，常券。**君實鄉州藏焉**〔四〕，周制，萬二千五百爲①鄉。二千五百家爲②州。齊雖霸國，尚用周制。**曰：『某月某日，苟從責者，**責，讀爲債。**鄉決州決。』故曰：就庸一日而決**〔五〕。**國筴出於穀，軌國之筴，貨幣乘馬者也**〔六〕。貲，價也。言應合受公家之所給，皆與之幣，則穀之價君上權之，其幣在下，故穀倍重。其有皮革之類堪於所用者，所在鄉州有其數，若今官曹簿帳，人有負公家之債，若耒耜種糧之類者，官司如要器用，若皮革之類者，則與其准納。如要功庸者，令就役一日，除其簿書耳。此蓋君上一切權之也。詳輕重之本旨，摧抑富商兼幷之家，隘塞利門，則與奪貧富，悉由號令然，可易爲理也。**今刀布藏於官府，巧幣萬物輕重皆在賈之**〔七〕。**彼幣重而萬物輕，幣輕而萬物重。彼穀重而穀輕**〔八〕。**人君操穀幣金衡而天下可定也**〔九〕。**此守天下之數也。』**

〔一〕王引之云：「大」字衍。「三夫之家」，謂三夫爲一家也。乘馬篇曰「邑成而制事，四聚爲一離，五離爲一制，五制爲一田，二田爲一夫，三夫爲一家」，是也。乘馬篇又曰「白徒三十人奉車兩」（「兩」上脱「一」字，辯見乘馬篇）。此「二十七人」亦當作「三十人」，蓋「三」誤爲「二」，又衍「七」字也。丁士涵云：「六」字皆「八」字之誤，與乘馬篇同。安井衡云：「方

---

①「爲」字原無，據補注增。

②「爲」字上原衍「爲家」二字，據補注刪。

六里」，「三十六井也。司馬法：「甸出戎車一乘，戰士七十五人。」「甸」，六十四井也。何如璋云：乘馬「白徒三十人奉車兩」，乃載輜重之車。所謂「一乘」，則兵車也。「二十七人奉一乘」者，殆合甲七蔽五與步卒計之。王以白徒三十人當之，非。孫子作戰：「孫子曰：凡用兵之法，馳車千駟，革車千乘，帶甲十萬。」曹注：「馳車，輕車也，駕駟馬，凡千乘。革車，重車也，言萬騎之重也。」杜注引司馬法曰「一車甲士三人，步卒七十二人，炊家子十人，固守衣裝五人，廐養五人，樵汲五人，輕車七十五人，重車二十五人」，與此文、乘馬篇之數不同，疑「二十七」乃「七十二」，轉寫者誤倒其字耳。孫詒讓云：周禮夏官叙目「二十五人爲兩」，此「二十七人」，「七」當爲「五」之誤。乘馬篇説「徒三十人奉車兩」，據司馬法有廐養等五人，故曰「三十人」。此「二十五人」不兼廐養也。翔鳳案：此「乘馬」爲計其碼之數，諸人皆誤會以爲車馬，不顧其「田」與「穀」之不可通矣。

〔二〕翔鳳案：説文：「貲，小罰以財自贖也。」

〔三〕安井衡云：「矩」，刻識也。刻識物與數於券上，故名「矩券」。張佩綸云：「矩券」，考工記「輪人必矩其陰陽」，鄭注：「矩，謂刻識之也。」翔鳳案：「矩券」與「巨乘馬」同義，「巨」即「矩」也。

〔四〕張佩綸云：「實」，禮記表記注：「謂財貨也。」淮南精神「名實不入」，高注：「實，幣帛貨財之實。」原道「則名實同居」，注：「實，幣之屬也。」此「君實」亦謂幣。

〔五〕安井衡云：「就」、「僦」通，賃也。「庸」，賃作者也。張佩綸云：曲禮上注：「決，猶斷也。」由鄉州決其券。詩傳、説文：「庸，用也。」言其合用者一日中可盡決其券。翔鳳案：「債」之義本爲求償。輕重己：「使無契券之責。」奴隸負債，以勞力償還，由官斷決。「庸」即傭。漢書王莽傳「僦載煩費」，師古曰：「僦，送也。」上門傭工，不必訓賃。「就」、「僦」爲古今字。

〔六〕張佩綸云：乘馬篇曰「黄金百鎰爲一篋，其二貨一，籠穀爲十篋」，佩綸定爲「黄金百鎰爲一筴，貨爲一筴，籠穀爲一筴」。此云「國筴出於穀，軌國之筴貨幣乘馬者也」，亦當曰「國筴出於穀軌貨幣乘馬之筴者也」。衍一「國」字，正與乘馬篇合。任林圃云：本句下尹注有脱文，今據通典十二引文校補如下：「貲，價也（「貲」字，朱本、梅本作「貨」，趙本、朱長春本作「貲」，花齋本作「資」），言應合（朱東光本作「自」）受公家之所給（朱東光本作「鄉」），皆與之幣，則穀之價君上權之，其幣在下，故穀倍重。其有皮革之類堪於所用者，所在鄉州有其數，若今官曹簿帳。人有負公家之債，若耒耜種糧之類者，官司如要其用（「其」字，朱東光本、趙本、朱長春本、花齋本、梅本均作「器」）若皮革之類者，則與其準納；如要功庸者，令就役一日，除其簿書耳。此蓋君上一切權之也。詳輕重之本旨，摧抑富商兼幷之家，隘塞利門，則與奪貧富，悉由號令，然可易爲理也。（各本注均至此，下文全脱。）此篇經秦焚書，潛蓄人間，自漢興，晁、賈、桑、耿諸子猶有言其術者，其後絶少尋覽，無人注解，或編斷簡蠹，或傳訛寫謬，年代綿遠，詳正莫由。今且梗槩粗知，固難搜解其文字。凡閲古人之書，蓋欲發明新意，隨時制事，其道無窮，而况機權之術，千變萬化，若一一模楷，則同刻舟膠柱耳。他皆類此。」（共計脱文一百一十二字。）顔昌嶢録此文而以爲通典注，然通典所採管子注均爲尹注之舊，其時有出入者，則傳鈔譌脱。杜氏曾作管氏指略，據唐書藝文志僅二卷，其書久亡，疑只論叙篇章之旨而已，非注體。宋史藝文志有丁度管子要略五篇，亦久亡。當時管子均十九卷（意林云十八卷），尹注則三十卷，若果爲注體，卷帙無如此之少也。杜氏所爲指略雖云已佚，然就其食貨、兵制等部份所引管子之言，亦可概見其體例，與此不同。此云「絶少尋覽，無人注解」，尤可證爲尹氏語。杜佑在尹以後，不能作如此言。以文義觀之，上下實相連貫，恐乃後之校書者以其無關大旨，故節删之。尹注經後人删節者必尚多，通典所記、劉績所引「别本」均是。劉績恐是遼人，故猶多見「别本」之注。自宋以後則删節本單行，而尹注之完整者不可復見。世所傳宋本與今本尹注無大異同者，即以此。翔鳳案：任説有辨析，詳叙論。

〔七〕張佩綸云：「巧」當爲「穀」，字之誤也。「賈之」下脱「子」字，本篇「大夫謂賈之子」，是其證。金廷桂云：「巧」當爲「朽」，「之」當爲「子」。馬元材云：「賈之」乃「賈人」之誤。説見上。翔鳳案：釋名釋言語：「巧，攷也。攷合異數，共成一體也。」攷合不同之幣，而萬物輕重，察而市之。爾雅釋詁：「在，察也。」釋言：「賈，市也。」

〔八〕張佩綸云：「彼穀重而穀輕」當作「彼幣輕而穀重，幣重而穀輕」，國會節「幣輕國重」，是其證。 陶鴻慶云：此文疑本二句，其文云「彼萬物輕而穀重，萬物重而穀輕」，與上文「彼幣重而萬物輕，幣輕而萬物重」句法一律，而義亦相承。輕重乙篇云「粟重而萬物輕，粟輕而萬物重」，文義並與此同。今本誤奪，則文不成義。 翔鳳案：孟子「九一而助」，注：「如也。」穀重如穀輕，乘時運用，諸人不解「而」字之義，任意更改，誤矣。

〔九〕張佩綸云：「金衡」當作「准衡」，下節「准衡輕重國會」，可證。 翔鳳案：「金」即錢刀，以穀准幣，而以金爲之衡，非誤字。

桓公問於管子曰：「准衡、輕重、國會，吾得聞之矣。請問縣數。」管子對曰：「狼牡以至於馮會之日〔一〕，龍夏以北至于海莊〔二〕，禽獸羊牛之地也，何不以此通國筴哉！」桓公曰：「何謂通國筴？」管子對曰：「馮市門一吏書贅直事〔三〕，若其事唐圉牧食之人，養視不失扞殂者，去其都秩，與其縣秩〔四〕。大夫不鄉贅合游者，謂之無禮義，大夫幽其春秋，列民幽其門山之祠〔五〕，馮會、龍夏牛羊犧牲月賈十倍異日。此出諸禮義，籍於無用之地，因捫牢筴也，謂之通〔六〕。」

〔一〕安井衡云：古本「牡」作「壯」。「日」當爲「口」，字之誤也。 張佩綸云：「狼牡」當作「琅邪」。漢書地理志琅邪郡琅邪縣，今青州諸城縣。 翔鳳案：「牡」即「壯」。隋張貴男墓誌銘「壯」作「牡」。説文：「牙，壯齒也」。各本作「牡」，段依石刻訂正。慧琳一字頂輪王經音義引説文作「壯齒」，是其證，此楊本存隸書之又一證也。「日」假爲「駟」，與輕重甲「四」假爲「駟」同，非誤字。

〔二〕張佩綸云：「龍夏」即「雷夏」，見前。「海莊」當作「海涯」，蓋「涯」誤爲「庄」，因作「莊」耳。「海涯」即海隅、海瀕。任林圃云：張佩綸説「龍夏即雷夏」又即雷澤，雷夏在春秋時乃曹地，非齊地。其地在曹州境，若云「雷澤以北至於海莊（作『海涯』）」，則併曹、齊、魯之地全在内矣。其説可商。尋此文義，其地並不如此之大。翔鳳案：「海莊」當爲地名，猶言海村也。北人以村爲莊，今尚如此。

〔三〕何如璋云：「贅」，説文：「以物質錢。從貝敖。」「敖」者，猶放貝當復取之也。漢書武帝紀「毋贅聚」，注：「贅，會也。」「直」猶值也。「若」，順也。順，循也。言於馮會之市置一門吏經理蓄牧之政。其以牲畜相質及以時聚會者書之，而又順循其事以攷其牧籍，稽其數焉。所以蕃育犧牲也。張佩綸云：公羊襄十六年傳何休注：「贅，繫屬之辭。」禽獸牛羊分别繫屬而書其數也。翔鳳案：當如何説。漢書酈食其傳「食其馮軾下齊七十餘城」，注：「馮，據也。」

〔四〕王念孫云：「唐圉」當爲「唐園」，字之誤也。「食」與「飤」同。謂唐園中牧飤之人也。輕重甲篇曰「以唐園爲本利」，晏子春秋問篇曰「治唐園，考菲履」，皆其證。何如璋云：「唐」讀爲「廣」，「唐圉」者，廣野牧地也。或云「唐」乃「庾」字，庾人、圉人皆司牧者。王說「唐圉」當作「唐園」。按牧養當在邊圉，唐園乃近郭地，恐非。張佩綸云：「唐」當爲「庾」。周禮「庾人掌十二閑之政教，以阜馬、佚特、教駣、攻駒，及祭馬祖、祭閑之先牧，及執駒、散馬耳、圉馬」，鄭注：「『庾』之言數。」其官次牧師之後，圉師、圉人之前。「庾圉牧飤」，皆養禽獸之人也。「扜」當爲「折」，字之誤也。禮記祭法篇：「萬物死皆曰折。」馬元材云：「殂」當作「阻」。「扜」者禦其患，「阻」者防其逸。都秩卑，縣秩尊。「去其都秩與其縣秩」者，謂撤銷其原有之都秩而另與之以新升之縣秩，蓋所以獎勵之也。翔鳳案：莊子田子方：「是求馬於唐肆也。」「唐」爲買馬之地。以作「圉」爲是，周禮叙官圉師注云：「養馬曰圉。」左文六年傳「親帥扜之」，注：「衛也。」

〔五〕朱長春云：大夫家合游無時，列民則春秋二社，兩幽所以異也。又云：大夫時會，列民二社會，不會者幽。「幽」或當時之罰也。張佩綸云：「鄉贅合游」者，月令：「季春之月，乃命累牛騰馬游牝于牧，犧牲駒犢舉書其數」，「仲秋之月，乃命宰祝循行犧牲，視全具，案芻豢，瞻肥瘠，察物色，必比類，量大小，視長短，皆中度，五者備當，上帝其饗。」疑當作「其春秋，鄉大夫不列贅合游者，謂之無禮義，大夫幽其門，民囚之」。囚脱而爲凶也。「幽」，閉也。爾雅：「囚，拘也。」說文「囚，繫也。」荀子王霸篇：「公侯失禮則幽。」姚永概云：廣雅釋詁：「贅，聚也。」漢書王莽傳注同。許維遹云：此文錯亂，義不可通。疑當作「其春秋大夫不鄉贅合游者，謂之無禮義。大夫幽，列民幽其門」。「鄉贅」屬於通淫時，在春秋、詩、禮有明文。「合游」，即吕氏春秋季春紀「合纍牛騰馬游牝于牧」。「大夫幽」，猶荀子王霸篇所謂「公侯失禮則幽」，楊注：「幽，囚也。」「列民」讀爲黎民。「幽其門」，囚其全家也，以示其罰重於大夫。翔鳳案：「春秋」即月令之季春仲秋，失時則幽之。「門山之祠」謂禱祀。廣雅釋詁：「門，守也。」

〔六〕丁士涵云：「扪」疑「欄」字誤。晏子「君之牛馬老於欄牢」，鹽鐵論「是猶開其欄牢」，輕重戊篇「殷人之王立皁牢服牛馬」，「欄牢」即「皁牢」也。下文「行扪牢之筴」同。張佩綸云：詩抑「莫扪朕舌」，傳：「扪，持也。」説文：「扪，撫持也。」史記平準書「官與牢盆」，索隱引蘇林：「牢，價直也。」就無用之地以牧飤牛羊犧牲，因以持其賈直，故曰「因扪牢，筴也」。翔鳳案：張説是也。聞一多云：「牢」下當有「之」字，「通」下當有「國筴」二字。聞無據改字，非是。

桓公問管子曰：「請問國勢。」管子對曰：「有山處之國，有氾下多水之國〔一〕，有山地分之國〔二〕，有水洪之國，有漏壤之國〔三〕。此國之五勢，人君之所憂也。山處之國，常藏穀三分之一〔四〕。氾下多水之國，常操國穀三分之一。山地分之國，常操國穀十分之三。水泉之所傷，水洪之國，常操十分之二〔五〕。漏壤之國〔六〕，謹下諸侯之五穀，與工雕文梓器，以下天下之五穀〔七〕。此准時五勢之數也。」

〔一〕豬飼彥博云：「氾」當作「污」。　張佩綸云：說文：「氾，濫也。」「濫，氾也，一曰濡上及下也。詩曰：『觱沸濫泉。』」　許維遹云：此即周禮掌節「山國」、「澤國」也。　翔鳳案：廣雅釋詁三：「氾，污也。」改「氾」爲「污」，謬矣。

〔二〕豬飼彥博云：「分」，中分也。　安井衡云：「山地分」，山與平地相半也。

〔三〕安井衡云：「漏壤」，水泉滲漏，不居地上。

〔四〕安井衡云：古本「藏」下有「國」字。　翔鳳案：自藏其三分之一，古本謬。

〔五〕丁士涵云：「常操」下當脱「國穀」二字，與上文句例同。　張佩綸云：「水泉之所傷」五字乃「氾下多水」之注，誤入正文。　翔鳳案：「操」字承上，省「國穀」二字。　爾雅釋水：「濫泉正出。沃泉縣出。氿泉穴出。」濫泉可以傷泆，非誤入者。

〔六〕聞一多云：此下似有脱文。　翔鳳案：水漏之地不生穀，故下諸侯之穀，或以工藝救濟之，非有脱文也。

〔七〕豬飼彥博云：「之五穀與」四字疑衍。　戴望云：「與」疑「輿」字誤。　張佩綸云：「與工雕文梓器以下天下之五穀」，乃總結「五勢」語。「雕文」謂女工，「梓器」謂百工。此太公、管子所以富齊之法，蓋以工商補農事之不足。　翔鳳案：書梓材馬注：「治木器曰梓。」「雕文梓器」即「工」也，以此換五穀。

桓公問管子曰：「今有海內，縣諸侯，則國勢不用已乎？」管子對曰：「今以諸侯爲竽，公州之飾焉〔一〕。以乘四時，行捫牢之筴〔二〕，以東西南北相彼〔三〕，用平而准。故曰：爲諸侯，則高下萬物，以應諸侯。偏有天下，則賦幣以守萬物之朝夕，調而已利。有足則行，不滿則有止〔四〕。王者鄉州以時察之，故利不相傾，縣死其所〔五〕，君守大奉一，謂之國簿。」

〔一〕張佩綸云：玉篇：「竽，直與切，織竽也。」類篇：「機之持緯者。」案：説文「杼，機之持緯者」，則「竽」即「杼」之或字。「以諸侯爲杼」，而下文義不相貫，疑「竽」即「筴」之壞。「公」當作「分」，「飾」當作「餘」，分一州之餘以乘四時，即上文操「十分之三」、「十分之二」也。左傳：「其波及晉國，皆君之餘也。」　李哲明云：「竽」是「筦」字之訛。「完」字宋諱闕末筆作宊，因誤耳。「飾」亦當爲「餘」（上篇三「蓄飾」字，王氏謂並當爲「蓄餘」），形近而誤。言國君自操其國筴，又以諸侯筦理其公州之餘積，斯無遺數矣。　翔鳳案：隸書口作厶，公即㕣，詳大匡篇。説文「㕣，讀若沇州之沇，九州之渥地也，故以沇名焉。」通作「兗」。禹貢：「導沇水東流爲濟。」公州即兗州，爲齊地。「公」字不誤，則「竽」字亦不誤矣。

〔二〕丁士涵云：「捫」疑「欄」字誤，説見上。　翔鳳案：説文：「捫，撫持也。」荀子王霸：「臯牢天下而制之。」

〔三〕戴望云：「彼」疑「被」字誤。　翔鳳案：説文：「彼，往有所加也。」此用其本義，與「被」異。靈臺碑「德彼四表」，則直用作「被」矣。

〔四〕何如璋云：「有止」，「有」字當在「不滿」上。張佩綸云：當作「利足則有行」。翔鳳案：「利」字屬上爲句，第二「有」字同「又」。

〔五〕安井衡云：「縣」，繫也。王以時省察鄉州，故百姓見利不相傾奪，各繫死其所，不敢去鄉。張佩綸云：「縣」，考工記旊人「立中縣」，注：「縣繩正豆之柄。」此「縣」謂用平而准也。「死」當作「尻」，説文「㞟，古文『死』」，與「尻」字形近。此言所縣之准，居其所不動，而東西南北無不平矣。

管子校注卷第二十三

地數第七十七

管子輕重十

桓公曰：「地數可得聞乎？」管子對曰：「地之東西二萬八千里，南北二萬六千里〔一〕。其出水者八千里，受水者八千里〔二〕。出銅之山四百六十七山，出鐵之山三千六百九山〔三〕。此之所以分壤樹穀也〔三〕。戈矛之所發，刀幣之所起也〔四〕。能者有餘，拙者不足。封於泰山，禪於梁父，封禪之王七十二家，得失之數皆在此內。是謂國用。」桓公曰：「何謂得失之數皆在此？」管子對曰：「昔者，桀霸有天下而用不足〔五〕，湯有七十里之薄而用有餘〔六〕。天非獨爲湯雨菽粟，而地非獨爲湯出財物也。伊尹善通移輕重、開闔、決塞，通於高下徐疾之筴，坐起之費，時也〔七〕。

〔一〕何如璋云：此舉海内四圍之數。若地輿廣輪，不止此數。御覽三十六引河圖括地象「八極之廣，東西二億三萬三千里，南北二億二萬一千五百里。夏禹所治四海内地，東西二萬八千里，南北二萬六千里」，是也。尹桐陽云：廣雅曰：「神農度海内東西九十萬里，南北八十一萬里。帝堯所治九州地二千四百二十萬八千二百四頃。其墾者九百一十八萬八千二十四頃。」論衡云：「周時九州東西五千里，南北亦五千里。」均與此殊。翔鳳案：廣雅：「夏禹所治，東西二萬八千里。」尹節删不引，失其義矣。

〔二〕王念孫云：史記貨殖傳正義、太平御覽地部一引此「出銅之山」上竝有「凡天下名山五千三百七十」一句，中山經亦有之，當據補。又引「出銅之山」二句作「出銅之山四百六十七，出鐵之山三千六百有九」，今本二句末皆衍「山」字，次句中又脱「有」字，亦當依二書訂正。張佩綸云：玉海十五引亦有「凡天下」句，黄丕烈謂伯厚所見本即此本，非也。又云：中山經「出鐵之山三千六百九」作「六百九十」，劉昭注郡國志引帝王世紀曰「山海經……出鐵之山三千六百九」，足證今本山海經作「六百九十」爲誤。翔鳳案：類書「凡天下名山」句據中山經增補，非管書有奪文。古書記數，小數用「又」或「有」，大數不用「有」，史記律書「四千九十六」，小盂鼎「萬三千八十一人」，類書有「有」字，以意增之。王以爲脱「有」字，非是。

〔三〕安井衡云：「地之東西」至此，皆山海經之文。山海經「此」字下有「天地」二字，轉寫脱之耳。

張佩綸云：地數篇首節以「分壤樹穀」及「戈矛」、「刀幣」爲三大端，不應但言「戈矛」、「刀幣」而置「樹穀」不論，宜以揆度篇「一歲耕七」句、「上農挾五」一節及輕重丁篇「正月之朝穀始也」一節，割隷此篇，章旨始明，語意始足。此三節在揆度、丁篇前後均不附麗，一經改定，彼去駢枝，此完血脈，無截鶴續鳧之嫌，非好爲意斷也。　翔鳳案：「此」指地數，加「天」字不妥。穀梁隱三年傳注：「齊、魯之間，謂鑿地出土、鼠作穴出土皆曰壤。」下文「分壤」、下文「封而祭」，有叢社即有鼠壤，指礦山言之，張説誤。

〔四〕孫星衍云：案中山經「幣」作「錣」。　聞一多云：貨幣之屬多濫觴於農事發土芟草之器，「幣」字本當作「鐅」。方言五「鍫……江、淮、南楚之間謂之臿」，注曰：「江東又呼鍫刃爲鐅。」説文：「鐅，河内曰臿頭金。」此似爲錢幣之名，然則「鐅」爲錢幣本字，有確證矣。此文「刀幣」與「戈矛」並舉，是字當作「鐅」。中山經作「錣」者，「鐅」、「錣」疊韻連語，與「弊錣」（見淮南子原道篇）同例。凡連語例可單言偏舉，於義不殊，是「錣」亦「鐅」也。又説文：「錣，鈹有鐔也。」「鈹」、「鐅」對轉字，猶「疲」一曰「弊」。一説：「鐅」，集韻一作「⿰金敝」，「錣」即「⿰金敝」之形譌，亦通。　翔鳳案：貨幣有鏟幣、空首幣、刀幣，齊用刀幣。近代地下發掘，刀幣見於東方，餘二種未見。管書側重經濟，故言刀幣而不及其他。聞知其一不知其二矣。

〔五〕張佩綸云：「桀霸」，「霸」字衍。　翔鳳案：「霸」本作「伯」。祭法：「共工氏之霸九州也。」桀爲九州之長，義與此同。不當衍。

〔六〕安井衡云：「薄」，「亳」假借字。

〔七〕張佩綸云：「費時」，「費」字衍。　聞一多云：疑當作「坐起費□之時也」。　翔鳳案：釋名：「坐，挫也。」謂物價挫跌。黄梅謂物價漲落爲長坐。「起」謂價高於市，見素問注。侈靡已言之。「坐起之費」句。諸人不解文義，而多誤説也。

黄帝問於伯高曰〔一〕：『吾欲陶天下而以爲一家，爲之有道乎？』伯高對曰：『請刈其莞而樹之，吾謹逃其蚤牙〔二〕，則天下可陶而爲一家。』黄帝曰：『此若言可得聞乎？』伯高對曰：『上有丹沙者，下有黄金〔三〕。上有慈石者，下有銅金〔四〕。上有陵石者〔五〕，下有鈆錫赤銅〔六〕。上有赭者，下有鐵〔七〕。此山之見榮者也。苟山之見其榮者〔八〕，君謹封而祭之，距封十里而爲一壇〔九〕。是則使乘者下行，行者趨〔一〇〕。若犯令者，罪死不赦。然則與折取之遠矣〔一一〕。』脩教十年，而葛盧之山發而出水，金從之〔一二〕，蚩尤受而制之，以爲劒鎧矛戟〔一三〕。是歲相兼者諸侯九。雍狐之山發而出水，金從之，蚩尤受而制之，以爲雍狐之戟芮戈〔一四〕，是歲相兼者諸侯十二。故天下之君頓戟壹怒，伏尸滿野，此見戈之本也〔一五〕。」

〔一〕張佩綸云：管書不應雜入黄帝之問，且與上文語不相承，當在「請問天財所出，地利所在。管子對曰」之下。前節末句曰「上有赭者下有鐵」，後節起句云「上有赭者下有鐵」，前無銀，後無金銅錫，兩合之則五金俱全。乃悟此之末句，即彼之起句，轉寫複脱之迹顯然。史記貨殖傳正義引管子「山上有赭，其下有鐵。山上有鉛，其下有銀。山上有銀，其下有丹。山上有磁石，其下有金也」，「銀」、「丹」句似互倒，然兩節之本屬一節，此其的證。今據以訂正。

「管子對曰」下接「黄帝問於伯高曰」至「與折取之遠矣」，而中補「上有鉛者其下有銀」爲句，爲一節，下接「一曰」至「與犯之遠矣」爲一節，「此天財地利之所在也」總束之。「脩教十年」以下應戈矛之所發，上當有「桓公曰：以天財地利立戈矛於天下者誰也？管子對曰：黄帝脩教十年」云云，今皆挩去。「管子對曰」，據史記集解索隱、漢書音義引此節均作「管子」或「管仲曰」補，餘皆據下節例。「見戈之本」當作「見戈矛之本也」。此節承戈矛，下節承刀幣，文極整齊。僞房不得尹注本，草率湊補，幾不可讀，姑以己意釐定之，理董以俟達者。翔鳳案：此管子引舊文，與論語堯曰章相似。

〔二〕戴望云：路史黄帝紀注引「刈」作「乂」，「芫」作「莧」，「樹」作「時」，「蚤」作「爪」。孫詒讓云：「吾」當作「五」，下又挩「穀」字。「請刈其芫而樹之五穀」，言芟草而藝穀也，傳本挩「穀」字，校者於「五」下著一□，校者不寀，遂幷爲「吾」字矣。聞一多云：疑當作「請刈其芫蒲而樹之五穀」。（山國軌篇：「有芫蒲之壤。」）天問「咸播秬黍，藿莆是營」，「藿莆」即「芫蒲」，「營」讀爲劉，除草也。彼言營藿莆而播秬黍，正猶此言刈芫蒲而樹五穀也。翔鳳案：合揆度觀之，爲逃猛獸之爪牙，蓋以封山則草木茂，猛獸多也。周禮野廬氏「宿息井樹」，注：「爲蕃蔽。」諸人誤認爲種殖，非是。下文所謂「封而祭之」也。

〔三〕戴望云：路史「沙」作「矸」，「金」作「銀」。尹桐陽云：凡黄金苗線多與痴人金相雜。痴人金黄色，在空氣中與養氣相合則變丹色。經雨水冲刷成爲碎粒，故曰「上有丹砂者下有黄金」。丹砂形如粟，故一名丹粟。郭璞江賦又謂之「丹礫」。荀子謂之「丹干」。逸周書王會「卜人以丹砂」，西山經「皇人之山其上多金玉，其中多丹粟。槐江之山其上多藏黄金，其陽多丹粟」，均「丹沙」之稱也。魄山多采石黄金，多丹粟。各書皆作「丹砂」，惟荀子作「丹干」。説文：「丹，巴、越之赤石也。象采丹井，象丹形。」本草圖經：「丹沙，其塊大者如雞子，小者如石榴子。」作「干」不合。翔鳳案：侈靡亦作「丹沙」。

〔四〕戴望云：「慈」即「磁」之假字。路史作「下有赤銅青金」。張佩綸云：「下有銅金」當作「下必有銅」。北山經「灌題之山，其中多磁石」，郭璞注：「可以取鐵。管子曰：上有磁石者下必有銅。」據此，知「金」字爲衍。呂覽精通篇「慈石召鐵」，高注：「石，鐵之母也，以有慈石，故能引其子，石之不慈者，亦不能引也。」淮南説山訓：「慈石能引鐵，及其於銅，則不行也。」名醫别録曰：「慈石，一名處石，生太山及慈山山陰，有鐵處則生其陽。」慈石引鐵，古書屢見。淮南明言於銅不行，似「上有慈石者下」當作「必有鐵」。而爾雅注作「銅」，史記正義又作「金」，路史作「下有赤銅青金」，無由折衷一是矣。尹桐陽云：「慈」之言孳也。「慈石」即長石。長石受水及空氣之變化，漸成爲土。復受植物酸化，消化其中雜質，即成爲淨磁土，多含銅鉛錫銀等礦。故曰「上有慈石者下有銅金」。非指性能吸鐵之慈石言也。性能吸鐵之慈石專産於鐵山。寰宇記「淄川縣，商山在縣北七十里，有鐵礦，古今鑄焉，亦出磁石」，淮南説山「慈石能引鐵，及其於銅則不行」，均是。翔鳳案：呂氏春秋精通「慈石召鐵」，與説山訓同作「慈」。郭璞慈石贊：「慈石吸鐵，母子相戀也。」説文無「磁」字。俗省心加石爲「磁」。戴以爲「磁」之假，謬甚。銅無磁性，「銅金」指黄鐵礦，色黄似銅，又非黑鐵，故有「銅金」之稱，與下文「赤銅」有别。有弱磁性，尹以爲「磁土」，亦非。磁土爲軟土，不能有吸引力。北山經郭注引作「山上有磁石者，下必有銅」，去「金」字，則是真銅也，謬矣。

〔五〕孫星衍云：御覽三十八引作「緑石」，八百十引作「陵石」，與今本同。張佩綸云：本草：「陵石生華山，其形薄澤。」翔鳳案：「陵石」爲孔雀石，分布在銅礦最上部，故名「陵石」。我國各地銅礦，此石極多。有鮮緑色，故名「緑石」。古代鍊礦，分析不精，銅雜有錫，名爲青銅。孔雀石殷已發現。殷墟發掘，於一九二九年出土有較大孔雀石，重十八點八公斤，可以證實。緑石爲陵石别名，本作「陵」。

〔六〕戴望云：御覽地部三、珠寶部九引竝無「赤銅」二字。翔鳳案：無銅則無陵石，御覽不知，誤删「赤銅」二字。凡類書多删改，此其一證，知王念孫信類書之誤。

〔七〕張佩綸云：北山經「少陽之山，其中多美赭」，注引管子曰：「山上有赭者，其下有鐵。」尹桐陽云：「赭」，赤土也，今稱土珠。鐵礦未與空氣相會，爲深藍色。其表面鐵礦與空中之養氣相配者，則爲赭色。故曰「上有赭者下有鐵」。中山經：「求山、求水中有美赭，陽多金，陰多鐵。」北山經「少陽之山下多赤銀，水中多美赭」，注引此作「山上有赭者其下有鐵」。翔鳳案：説文「赭」訓「赤土」。産鐵之山，土石並帶紫墨色，故混言上有「赭者」，不分别土石。桂氏義證引范子計然「石赭出齊郡，赤色者良」，則主要指石。尹説誤。

〔八〕任林圃云：淮南子説林訓：「銅英青，金英黄，玉英白」，「英」猶榮，皆以草木之華榮喻礦藏之鑛苗也。翔鳳案：爾雅釋草：「榮而不實者謂之英。」任説有據，然於礦之發現不切。「榮」，爲桐木，釋名釋言語：「榮，猶熒也，熒熒照明貌也。」因桐華之照明而稱爲「榮」，因丹赭陵石之光彩悦目而稱爲「見榮」也。「見」同「現」。

〔九〕孫星衍云：北堂書鈔一百四十四引「謹」作「遥」。翔鳳案：封十里而爲一壇，封而禁之，壇近而非遠，書鈔作「遥」，誤。

〔一〇〕張佩綸云：「乘者下行，行者趨」，上「行」字涉下而衍。論語「孔子下」，包注：「下，下車也。」郭沫若云：「行」不當衍，下車仍當行也。「乘者」乃貴族，「行」即可耳，無須乎「趨」。有「行」字，正見階級區别。翔鳳案：郭説是。舊日過孔廟如此。張爲貴官，不覺耶？

〔一一〕安井衡云：「折」讀爲哲。哲，音徹，挑摘也。説文：「哲，上摘山巖空青珊瑚墮之。」張佩綸云：「折取之遠矣」，「犯之遠矣」，言不敢折取之，不敢犯之也。周禮丱人：「掌金玉錫石之地，而爲之厲禁以守之。若以時取之，則物其地，圖而授之，巡其禁令。」此與周禮義合。按上古丱人物地之法久廢，鄭氏周禮注：「物地，占其形色，知鹹淡也。」疏云：「鄭以當時有人采者，嘗知鹹淡，即知有金玉，故以時事言之。」是東漢時尚有能占形色者。

〔一二〕孫星衍云：史記五帝本紀索隱引作「蚩尤受盧山之金而作五兵」，「盧」上無「葛」字。高祖本紀集解引作「交而出水」。藝文類聚六十引作「廢而出水」。「廢」、「發」古字通用。張佩綸云：「葛盧」，續漢書郡國志「東萊郡葛盧有尤涉亭」，疑即葛盧山也。

〔一三〕張佩綸云：「蚩尤」，黄帝臣，詳五行篇。御覽八百三十三引尸子「造冶者蚩尤也」，廣韻三十五馬作「蚩尤造九冶」。尹桐陽云：「蚩尤」，黄帝臣。尸子曰：「造冶者蚩尤也。」世本：「蚩尤以金作兵，一弓、二殳、三矛、四戈、五戟。」前漢書高帝紀注臣瓚引作「以作劍戟」，無「鎧矛」二字。

〔一四〕洪頤煊云：荀子榮辱篇「狐父之戈」，楊倞注：「狐父，地名。管子曰：『蚩尤爲雍狐之戟。』『狐父之戈』，豈近此邪？」路史後紀四引作「雝狐之戟，狐父之戈」，此作「芮戈」，誤。安井衡云：「芮」，短也。戈短於戟，故曰「芮戈」。張佩綸云：洪説非也。楊倞注以「雍狐」證「狐父」，非管書作「狐父之戈」也。路史不足據以改古書。「雍狐」者，典論：「周、魯寶雍狐之戟，狐父之戈。」

〔一五〕丁士涵云：「見戈」疑「得失」之壞字。上文云「得失之數，皆在此内」，是其證。姚永概云：上文「是歲相兼者諸侯九」，又「是歲相兼者諸侯十二」，則「見戈」當作「見兼」。作「戈」者，涉上文「芮戈」而誤。翔鳳案：戟爲戈之有枝者，戈戟爲主要重武器，故曰「見戈之本」，非誤字。言「戈」，「戟」在其中。

桓公問於管子曰：「請問天財所出，地利所在。」管子對曰：「山上有赭者其下有鐵，上有鉛者其下有銀。一曰：『上有鉛者其下有鉒銀〔一〕，上有丹沙者其下有鉒金〔二〕，上有慈石者其下有銅金〔三〕。』此山之見榮者也。苟山之見榮者，謹封而爲禁。有動封山者，罪死而不赦。有犯令者，左足入，左足斷，右足入，右足斷。然則其與犯之遠矣〔四〕。此天財地利之所在也。」桓公問於管子曰：「以天財地利立功成名於天下者誰子也？」管子對曰：「文、武是也。」桓公曰：「此若言何謂也？」管子對曰：「夫玉起於牛氏、邊山〔五〕，金起於汝、漢之右洿〔六〕，珠起於赤野之末光。此皆距周七千八百里，其涂遠而至難，故先王各用於其重〔七〕，珠玉爲上幣，黄金爲中幣，刀布爲下幣。令疾則黄金重，令徐則黄金輕。先王權度其號令之徐疾，高下其中幣，而制下上之用，則文、武是也。」

〔一〕宋翔鳳云：「一曰」以下十一字皆校者語，而誤作正文。則校語入正文者多矣，故管子難讀也。

尹桐陽云：鉛礦均含有銀質，故鉛礦可名爲銀礦。今常寧縣北鄉水口山鉛礦，其一例也。

翔鳳案：五金礦不皆出於齊，故管書存異文，宋説誤。「鉒」字不見説文，惟「金」字注解云：「坐，左右注象金在土中形。」「注」訓灌，謂鍊成液體而流注也。「鉒」本作「注」，爲五金所共有，故有「注金」、「注銀」之稱。下文張佩綸所引，是其證。

〔二〕俞樾云：玉篇金部：「鉒，送死人具也。」然則「鉒銀」、「鉒金」殊不可通。疑「鉎」字之誤。五音集韻曰：「鈺，堅金也。」　翔鳳案：「鉒」即「注」，見上。俞説誤。

〔三〕張佩綸云：「銅金」當作「鉒銅」，「鉒」與「注」通。莊子達生篇「瓦注」、「金注」，淮南説林訓均作「鉒」，是其證。説文：「注，灌也。」言金銀銅灌注其下。　尹桐陽云：北山經「灌題之山中多磁石」，注：「可以取鐵。」管子曰：「山上有磁石者，下必有銅。」史記貨殖傳正義引「山上有赭，其下有鐵。山上有鉛，其下有銀。山上有銀，其下有丹。山上有磁石，其下有金」，所引略與此殊。　翔鳳案：「銅金」爲黄銅，見上。張誤。

〔四〕翔鳳案：「犯」，即犯封山之禁。

〔五〕王念孫云：「牛氏」當作「禺氏」，見國蓄、揆度、輕重甲、輕重乙四篇。　翔鳳案：史記律書：「牛者，冒也。」「冒」讀如茂。「禺」讀務。左哀十一年「公叔務人」，檀弓作「禺人」。説文「愚」下云：「禺，猴屬獸之愚者。」黄梅謂人之愚蠢者爲牛。牛古音讀禺。王氏深通音理，以爲誤，何也？

〔六〕孫星衍云：揆度、輕重乙篇「洿」皆作「衢」。　張佩綸云：金起於汝、漢之右洿。鹽鐵論曰：「汝、漢之金鐵，誘外國，鉤羌、胡之寶也。」韓子：「荆南麗水之中生金。」　聞一多云：「洿」當爲「衢」，即濯水，詳山至數篇。　翔鳳案：此指沙金，在洿水中，現代尚有淘金者。聞説誤。

〔七〕俞樾云：「各」當爲「託」，聲之誤也。國蓄篇作「先王爲其途之遠，其至之難，故託用於其重」，可證。揆度篇作「故先王度用其重」，「度」亦當爲「託」。張文虎云：「各」疑本作「度」字，「度」古作「庑」，與「各」形聲俱近而誤。下文云「先王權度其號令之徐疾，高下其中幣而制下上之用」，是也。國蓄篇作「故託用於其重」，「託」亦「庑」字之譌。錢文霈云：揆度篇作「先王度用於其重」，則此篇之「各」及國蓄篇之「託」，皆「度」字之聲誤。言先王揆度而用其重也。翔鳳案：「各」、「託」、「度」三字均通，何必强爲一律，迂矣。

桓公問於管子曰：「吾欲守國財而毋税於天下，而外因天下，可乎〔一〕？」管子對曰：「可。夫水激而流渠〔二〕，令疾而物重。先王理其號令之徐疾，内守國財而外因天下矣。」桓公問於管子曰：「其行事奈何？」管子對曰：「夫昔者武王有巨橋之粟，貴糴之數。」武王既勝殷，得巨橋粟，欲使糴貴。巨橋倉在今廣平郡曲周縣也。桓公曰：「爲之奈何？」管子對曰：「武王立重泉之戍，戍，名也。假設此戍名，欲人憚役而競收粟也。重，丈恭反。令曰：『民自有百鼓之粟者不行。』鼓，十二斛①也。民舉所最粟〔三〕，舉，盡也。最，聚也，子外反。以避重泉之戍，而國穀二什倍，巨橋之粟亦二什倍。武王以巨橋之粟二什倍而市繒帛，軍五歲毋籍衣於民。以巨橋之粟二什倍而衡黄金百萬，

①「斛」字原作「解」，據補注改。

衡，平也。終身無籍於民〔四〕，准衡之數也。」

〔一〕安井衡云：「税」，遺也。檀弓曰：「未仕者不敢税人。」王壽同云：「税」當爲「挩」。「挩」者，「奪」之假字也。輕重甲篇「知萬物之可因而不因者，奪於天下，奪於天下者，國之大賊也」，此與「欲守國財而毋挩於天下，而外因天下」義正相同，故知「挩」即「奪」之假字也。下文云「夫本富而財衆不能守，則税於天下，五穀興豐巨賤而天下貴，則税於天下」，「税」亦當爲「挩」。許維遹云：「欲」下脱「内」字。下文云「内守國財」，是其證。翔鳳案：爾雅釋詁：「税，舍也。」説文：「挩，解挩也。」即謂「税」假爲「挩」。「挩」今通作「脱」，與「奪失」同字。説文：「奪，手持隹失之也。」而「攘奪」之本字爲「敓」。「税」假爲「挩失」，不假爲「攘奪」。釋「税」爲「舍」，即「捨」，不可通。「敓」訓彊取，「税」訓爲租。國蓄「租籍之，所以彊求也」，其義正合，則謂「税」借爲「敓」可矣。王説是，而以爲「奪」之假，則失之一間也。

〔二〕安井衡云：「渠」、「巨」通，大也。張佩綸云：「流渠」當作「渠流」，説文：「渠，水所居。」言水激則止水皆流。王壽同云：「渠」當讀爲遽，遽，急也。翔鳳案：荀子修身「有法而無志其義，則渠渠然」，注：「渠讀爲遽。」匡謬正俗一：「遽同渠。」王説是也。

〔三〕陳奂云：「最」當爲「取」，尹注音「子外反」，則譌「最」矣。陶鴻慶云：「民舉所最粟」，尹注云：「舉，盡也。最，聚也。」然武王之令，使民自聚百鼓之粟，非責其輸粟於公。今云「盡所聚粟」，則文不通矣。「所」下當有脱字。蓋謂民各盡其所有以聚粟，故國穀之賈二十倍

(「國穀」謂穀之散在民間者)，巨橋之粟價亦二十倍，所謂萬物輕而穀重也。翔鳳案：說文冖部：「冣，積也。」與「聚」音義皆同，才句切。冃部：「最，犯而取也。」祖外切。房訓「聚」不誤，而音「子外切」則誤。陳以「子外切」爲譌，而訓爲「取」，則又誤也。史記仲尼弟子列傳「好廢舉」，集解：「謂停貯也。」越世家：「陶朱公廢居，候時轉物，逐什一之利。」平準書：「廢居居邑。」「舉」借爲「居」。

〔四〕張佩綸云：兩「巨橋之粟二什倍」後當作「以國穀二什倍」，其意以發粟便軍興，以國穀實金府也。翔鳳案：「國」本作「邦」，詳牧民篇。書序「邦康叔」，論語「在邦域之中」，「邦」同「封」。「國穀」，封藏之穀，藏於巨橋，一爲巨橋之積貯，一爲貴糴之數，兩「巨橋」均不誤。

桓公問於管子曰〔一〕：「今亦可以行此乎？」管子對曰：「可。夫楚有汝、漢之金，齊有渠展之鹽〔二〕，燕有遼東之煮〔三〕。此三者，亦可以當武王之數。十口之家，十人咶鹽〔四〕。百口之家，百人咶鹽。凡食鹽之數，一月丈夫五升少半，婦人三升少半，嬰兒二升少半。鹽之重，升加分耗而釜五十〔五〕，升加一耗而釜百，升加什耗而釜千。君伐菹薪，煮泲水爲鹽〔六〕，正而積之三萬鍾。至陽春，請籍於時。」桓公曰：「何謂籍於時？」管子曰：「陽春農事方作，令民毋得築垣牆，毋得繕冢墓。丈夫毋得治宮室〔七〕，毋得立臺榭。北海之衆毋得聚庸而煮鹽。然，鹽之賈必四什倍〔八〕。君以四什之賈，脩河、濟之流，南輸梁、趙、宋、衛、濮陽〔九〕。惡食無鹽則腫。守圉之本〔一〇〕，其用鹽獨重。君伐菹薪，煮沸水以籍於天下，然則天下不減矣。」

〔一〕聞一多云：此非更端別起之語，「問於管子」四字當刪。　翔鳳案：上節論粟，此節論鹽，不更端之更端。乃承更前一節「文、武」而言，「問於管子」四字不當刪。

〔二〕張佩綸云：「渠展」者，廣雅釋詁一「勃，展也」，齊語注「渠弭，裨海也」，則「渠展」即「勃海」之別名。　錢文霈云：「展」當爲「養」字之譌。漢志：「瑯邪郡長廣縣，奚養澤在西。秦地圖曰劇清地幽州藪，有鹽官。」蓋「渠養」即「奚養」也。元和志：「萊州昌陽縣，奚養澤在縣西北四十里。」按昌陽故城在今山東登州府萊陽東七十里。奚陽澤在今縣東五十里。登萊以北，古時通稱北海。「渠展之鹽」蓋即指此。　翔鳳案：鹽官非必一處，「渠展」、「奚養」，形義不類。

〔三〕安井衡云：「煮」亦謂鹽。　張佩綸云：春秋時北燕爲山戎所逼，豈能兼有遼東？與梁、陳皆戰國人語。　聞一多云：「煮」謂煮鹽。　翔鳳案：燕不煮於渤海而煮於遼東，正慮爲山戎所援。

〔四〕張佩綸云：「咶」，「舐」俗字，當作「甛」。説文「甛，美也」，周禮鹽人「飴鹽」，注「飴鹽，鹽之恬者」，是其證。言無人不以鹽爲美。　錢文霈云：「咶」、「餂」通。以舌探物也。御覽飲食部三十二引「咶」俱作「舐」。　聞一多云：「咶」讀爲啖，食也。　翔鳳案：説文：「昏，塞口也。」段謂凡𠯑聲字皆變爲舌，如括、刮之類。説文無「舑」字，「舓」訓「以舌取物」，義近而形遠。「銛」字見孟子「是以言銛之也」，趙注訓「取」。音義之本亦作「餂」。雷浚謂：「方言『銛，取也』，郭璞曰：『謂挑取物。』義與趙注合。説文：『銛，鍤屬。』『鍤，郭衣鍼也。』『鍼』有挑取之義，亦合。『餂』必『銛』之譌。朱子望文生義，故曰餂探取之也。今人以舌取物曰餂。」然則錢説亦未合，聞説形聲俱遠，惟張謂當作「甛」合理。蓋「𠯑」之古文作昏，其下从甘，變甘爲口，則「咶」與「甛」同爲一字也。

〔五〕安井衡云：「秏」讀爲好，同聲假借字。好，孔也。「分好」，半錢也。海王作「彊」，亦謂錢。

聞一多云：「秏」讀爲氂，「氂」與「釐」同。漢書律曆志「不失豪氂」，注：「十豪爲氂。」禮記經解「差若豪氂」，釋文本「氂」作「釐」。此言「分秏」即半釐也。翔鳳案：聞説讀「秏」爲「氂」，與「彊」字不相應。説文：「𤸫，減也，一曰秏也。」「秏」謂衰減，言其差率也。下文「不減」正合。

〔六〕洪頤煊云：「沸」當作「沸」。沸水清不能爲鹽，且下文「修河、濟之流」，字已作「濟」。輕重甲篇、乙篇、丁篇并此篇，此語凡五見，唯輕重甲篇作「沸」，字不誤。安井衡云：「沸」，漉也。凡煮鹽，撒潮於沙上，既乾，盛沙於器，又灌潮而漉之，然後煮之，故云「煮沸水」也。

何如璋云：「沸」當作「海」，沸不可煮鹽也。聞一多云：洪謂「沸」爲誤字，良是，然「沸」字義亦難通。今謂「沸」當爲「沛」，字之誤也。（「沛」隸書作「沛」，與「沛」形近，故每相混。漢書地理志「卞泗水西南至方與入泲渠」，又「菑，南梁水西南至湖陵入泲渠」，今本「泲」俱作「沛」。）輕重乙篇「夫海出泲無止，山生金木無息」，輕重丁篇「煮泲爲鹽」，「泲」俱作名詞用，則字當讀爲浡。（「沛」從市聲，「浡」從孛聲，孛又從朩聲。）浡者，水浮漚也。陸羽茶經：「凡酌置諸盌，令沫餑均；沫餑，湯之華也。」「餑」當爲「浡」，「沫浡」即浮漚，一曰水花，故陸云「湯之華」。（今吾鄉呼水花曰浡子，讀如方音厚薄之薄，與「餑」音正相近。）古蓋以海水跳波擊岸，噴勃成漚者，其色正白，狀極似鹽，故呼水未成鹽者曰浡。字一作「沸」者，「浡」、「沸」聲義俱近，涫沸之水亦有浮漚，故海邊起浮漚之水亦稱沸水也。禮記緇衣「口費而煩」，注：「『費』或爲『哱』，或爲『悖』。」墨子魯問篇：「豈不悖哉。」又曰：「豈不費哉。」又孛星一作茀星。「綍」一作「紼」，勃然變色，一作艴然，並其比。翔鳳案：聞説是也。「泲」篆作[illegible]，「沛」篆作[illegible]，僅差中一小横，魏鉅平縣侯元欽神銘「旆」作「旆」，「市」「宋」相亂也。

〔七〕洪頤煊云：「丈夫」當爲「大夫」。輕重甲篇「孟春既至，農事且起，大夫毋得繕冢墓、治宮室」，其證也。太平御覽八百六十五引亦作「大夫」。

〔八〕聞一多云：「然」猶然則也。古書多以「然」爲然則者。晏子春秋雜篇「公曰：然夫子之於寡人何爲者也」，論衡感虛篇「夫草木水火，與土無異，然杞梁之妻不能崩城明矣」（以上引見古書虛字集釋），後漢書宦者傳「月令仲冬命閹尹審門閭，謹房室，詩之小雅亦有巷伯刺讒之篇，然宦人之在王朝者舊矣」（引見詞詮），皆其例。翔鳳案：「然」字截，一字爲句，猶言如此，與「然則」不同。

〔九〕王念孫云：「脩」當爲「循」，言循河、濟而南也。丁士涵云：「四什」下脱「倍」字。俞樾云：「修」乃「循」字之誤，言循流而下也。「循」誤作「脩」，因誤作「修」。本書類此者不可勝舉。翔鳳案：「倍」字承上文省，不當加。「循」、「脩」相亂，王已舉證。

〔一〇〕許維遹云：「本」猶國也。輕重甲篇作「守圉之國」，足證「本」與「國」同義。説詳輕重戊篇。翔鳳案：下文「本」即「國」，理由詳下。假音，義不可假也。

桓公問於管子曰：「吾欲富本而豐五穀，可乎？」管子對曰：「不可。夫本富而財物衆，不能守則税於天下；五穀興豐，巨錢而天下貴，則税於天下，然則吾民常爲天下虜矣〔一〕。夫善用本者，若以身濟於大海〔二〕，觀風之所起，天下高則高，天下下則下。天高我下〔三〕，則財利税於天下矣〔四〕。」

〔一〕俞樾云：此本作「吾賤而天下貴」，言五穀興豐，則吾國之穀價賤而天下貴矣，故曰「五穀興豐，吾賤而天下貴，則税於天下，然則吾民常爲天下虜矣」。今作「巨錢」者，「吾」字缺壞，止存上半之「五」，遂誤爲「巨」，至「賤」之與「錢」，字形相似，音又相同，致誤尤易矣。戴望云：「興」當爲「與」，説見臣乘馬篇。聞一多云：「税」爲「挩」之譌，王壽同説，詳上。翔鳳案：文王世子「不税冠」，釋文：「本亦作『脱』。」後漢隗囂傳注：「脱，失也。」同「挩」，非譌字。「興豐」爲常義。「巨錢」，大錢也，景王曾鑄之。錢巨則值賤而物價貴，無誤字。

〔二〕戴望云：「身」疑「舟」字之誤。篆文「身」作「□」，「舟」作「□」，形相近也。翔鳳案：「濟」爲渡，渡以舟，何必改「身」爲「舟」。

〔三〕王念孫云：「天高」當作「天下高」，義見上文。輕重丁篇作「天下高我獨下」。翔鳳案：「天下高」二句，以浪中駕船爲比。人如天高，我在天之下，則財利爲人挩，非必有脱文也。

〔四〕戴望云：元本無「利」字。聞一多云：「税」爲「挩」之譌，詳上。

桓公問於管子曰：「事盡於此乎？」管子對曰：「未也。夫齊衢處之本，通達所出也〔一〕，游子勝商之所道〔二〕。人求本者，食吾本粟，因吾本幣〔三〕，騏驥黄金然後出。令有徐疾，物有輕重，然後天下之寶壹爲我用〔四〕。善者用非有，使非人〔五〕。」

〔一〕丁士涵云：「本」當作「國」。國蓄篇云「壤正方，四百受敵，謂之衢國」，輕重甲篇云「吾國者衢處之國也」。（輕重乙篇同），可證也。安井衡云：「本」猶首也。輕重乙作「國」，義各有當，不必依彼改此也。翔鳳案：「邦」同「封」，避漢諱改爲「本」，「封」讀本，如風讀分矣。

〔二〕豬飼彦博云：輕重乙作「游客蓄商」。丁士涵云：「勝」當作「賸」。方言、廣雅並曰：「賸，寄也。」「寄商」猶客商也。尹桐陽云：「勝商」，任商也，謂行商而自任物也。許維遹云：「勝」讀爲任，月令「戴勝」，淮南時則篇作「戴任」，是其證。揆度篇：「善正商任者省有肆。」

〔三〕俞樾云：「求」乃「來」字之誤。「本」謂國也。輕重乙篇曰：「故入吾國之粟，因吾國之幣。」文小異大同。翔鳳案：「求」訓「聚」。詩之「萬福來求」，即聚也。

〔四〕聞一多云：「壹」猶皆也。禮記三年問篇「壹使足以成文理」，義同。

〔五〕張佩綸云：「善者用非有，使非人」，輕重甲篇「故聖人善用非其有，使非其人」，此蓋古語，故甲篇以美湯，淮南主術以美武王，惟事語佚田引之，已爲管氏所駁斥，而此與甲篇反兩引之，何歟？翔鳳案：事語之非田佚，重在「因諸侯權以制天下」，取義不同，非有矛盾也。

揆度第七十八

輕重十一

張佩綸云：説文：「癸，冬時水土平，可揆度也。」白虎通：「癸者，揆度也。」釋名：「癸，揆也，揆度而生乃出也。」史記律書：「『癸』之爲言揆也，言萬物可揆度也，故曰癸。」此篇皆泛言輕重之筴，與輕重諸篇雜糅緟複，未測篇名「揆度」之義。宙合篇「大揆度儀，若覺卧，若晦明，若敖之在堯也」，原解謂「通於可不利害之問」，疑爲管子學者傳聞偶異，以敖之在堯爲堯、舜之數，推演而爲此言。至輕重乙篇「武王問於癸度」，丁篇「癸度居人之國」，則又因篇名而誤爲人名。管書自子政以後，苦無善校，其爲何人割裂竄易，無從考核，非好學深思，不能以知其意矣。……或曰：「輕重以甲、乙分篇，不應至庚篇而止，此必癸篇也。「癸」訓揆度，故篇名揆度，而大名曰輕重癸。淺人以辛、壬並亡，而漢志八十六篇之數已足，故削足就屨，致十干之數不全，而管子之次第益亂。」此説頗有見，姑附之以備參核。郭沫若云：輕重乙篇有「武王問於癸度曰」一段，當屬於此篇，即此篇命名之所由。「揆度」即「癸度」。彼所謂「武王」者，「武」殆「威」之誤，乃即齊威王因齊也。翔鳳案：篇中「先王度用其重而因之」言其義。輕重一至十二雜述輕重政策。自甲至庚，乃爲輕重九府。劉向謂九府民間無有，則自一至十二民間有之。管子爲殷文化，所述癸度、徐伯（四稱）皆殷系。殷以十干爲名，不得以「癸」之訓揆，穿鑿比傅。不明輕重九府之義，而逞臆説。「桓」之爲「威」，乃宋人避諱，何得誤爲「武」耶？二説俱誤。癸度異於揆度，猶「區言」異於樞言，不能强合。

齊桓公問於管子曰：「自燧人以來，其大會可得而聞乎？」管子對曰〔一〕：**「燧人以來，未有不以輕重爲天下也。共工之王，**帝共工氏繼女媧有天下。**水處什之七，陸處什之三，乘天勢以隘制天下**〔二〕。**至於黄帝之王，謹逃其爪牙，不利其器，**藏祕鋒芒，不以示人。行機權之道，使人日用而不知。**燒山林，破增藪，焚沛澤**〔三〕，沛，大澤也。一説水草兼處曰沛。**逐禽獸，實以益人，然後天下可得而牧也。至於堯、舜之王，所以化海内者，北用禺氏之玉，**禺氏，西北戎名，玉之所出。**南貴江、漢之珠。其勝禽獸之仇，以大**

夫隨之〔四〕。」勝，猶益也。禽獸之仇者，使其逐禽獸如從仇讎也。以大夫隨之者，使其大夫散邑粟財物，隨山澤之人求其禽獸之皮。桓公曰：「何謂也？」管子對曰：「令諸侯之子將委質者，諸國君之子，若衛公子開方、魯公子季友之類。皆以雙武之皮〔五〕，雙虎之皮以爲裘。卿大夫豹飾，卿大夫，上大夫也。袖謂之飾。列大夫豹幨〔六〕。列大夫，中大夫也。襟謂之幨。音昌詹反。大夫散其邑粟與其財物，以市武豹之皮。故山林之人刺其猛獸，刺，音七亦反。若從親戚之仇〔七〕。此君冕服於朝，而猛獸勝於外，大夫已散其財物，萬人得受其流。此堯、舜之數也。」言堯、舜嘗用此數。

〔一〕戴望云：路史前紀五引此文云：「齊桓公問於管仲曰：『輕重安施？』對曰：『自理國，伏羲以來，未有不以輕重而成其至者。』曰：『燧人以來，其大會可得而聞乎？』對曰：『燧人以來，未有不以輕重而爲天下者也。』」較今本多二十五字，宜據以補入正文。馬元材云：「會」，會計，解已見山至數篇。「大會」猶言大計。翔鳳案：路史所引，任意改字，多不可信，已見前文，不當補。

〔二〕聞一多云：「隘」讀爲搤。翔鳳案：國策「太子辭齊王歸，齊王隘之」，注：「『隘』誤作『阨』。」王煦說文五翼：「『隘』古與『阨』同，左傳多以『隘』爲『阨』。」漢司徒掾梁休碑云「隘窮不閟」，亦其證也。聞說稍誤。

〔三〕何如璋云：「增」與「層」通，「增藪」者，草木荒穢之地也。「沛澤」，謂澤中草棘叢生者，風俗通：「澤沛者，草木之蔽茂，禽獸之所匿也。」李哲明云：「增」讀爲橧，古通用。禮記禮運「夏則居橧巢」，釋文「橧，本又作『增』」，是其明證。家語問禮注「聚柴爲橧」，廣雅釋獸「橧，圈也」，即其義。國准以上同。

〔四〕王引之云：「禽獸之仇」義不可通，禽獸安得有仇乎？下文曰「猛獸勝於外」，則所勝者禽獸，非「禽獸之仇」也。「之仇」二字，蓋因下文「若從親戚之仇」而衍，尹不能釐正，而曲爲之說，非。張佩綸云：爾雅釋詁：「仇，匹也。」說文：「隨，從也。」許維遹云：王說是也。「勝」猶克服也。尹注「『勝』猶益」，非是。翔鳳案：「若從親戚之仇」，「仇」字不誤。「禽獸之仇」句，不誤。下文「猛獸勝於外」意同，句法與後代稍異。

〔五〕洪頤煊云：「武」當作「虎」，此唐人避諱字。通典十二、路史後紀十一引俱作「虎」。

〔六〕張佩綸云：詩「羔裘豹飾，孔武有力」，傳：「豹飾，緣以豹皮也。」禮記玉藻「羔裘豹飾，緇衣以裼之」，鄭注：「飾，猶褎也。」唐風羔裘箋：「此位卿大夫之服也。」此鄭取管義以箋詩者。

〔七〕許維遹云：詩還篇「並驅從兩肩兮」，毛傳：「從，逐也。」「親戚」猶父母也，言若追逐父母之仇讎也。

桓公曰：「事名二、正名五而天下治。何謂事名二〔一〕？」對曰：「天筴，陽也；壤筴，陰也。此謂事名二。」「何謂正名五？」對曰：「權也，衡也，規也，矩也，准也。

此謂正名五。其在色者，青、黄、白、黑、赤也。其在聲者，宫、商、羽、徵、角也。其在味者，酸、辛、鹹、苦、甘也。二五者，童山竭澤，人君以數制之〔二〕。人味者，所以守民口也；聲者，所以守民耳也；色者，所以守民目也〔三〕。人君失二五者亡其國，大夫失二五者亡其勢，民失二五者亡其家。此國之至機也，謂之國機。」

〔一〕王念孫云：「桓公曰」當作「管子曰」，下文「何謂事名二，何謂正名五」，方是桓公問語。張文虎云：「桓公曰」三字疑當在「天下治」下。馬元材云：「事名二，正名五而天下治」，是古時成語，故特分别提出以相討論。王、張二氏説皆非。

〔二〕陳奂云：「二五者」下不應有「童山竭澤」四字，此四字疑在上文「堯舜之王」節中，國準篇「有虞之王，枯澤童山」可證。下「人」字衍。俞樾云：「童山竭澤」四字，當在下文「至於黄帝之王」句下，輕重戊篇云「黄帝之王，童山竭澤」，是其明證，傳寫誤入此，不可通矣。「人君以數制之人」句亦不可通，疑下「人」字衍文也。張佩綸云：此節當與山權數國戒節參訂。彼篇「國機，君道、人心」爲三端，其後僅有「君道度法，人心禁繆」，而「國機」乃見於此。此篇「事名二，正名五」兩端，「正名」有「聲」、「味」、「色」三語疏解，而「事名」無之；彼篇乃有「穀智」二句承之，而「此之謂事名二」又見於彼，其爲一節無疑。姚永概云：俞説均確，乃謂「味」上「人」字爲衍文，則可不必，當是「夫」字脱去二筆耳。聞一多云：上文述黄帝之王「燒山林，破增藪，焚沛澤」，即「童山竭澤」之謂，則不當更有「童山竭澤」四字明甚。

俞説非是。四字疑本在「其勝禽獸」上。翔鳳案：禮運：「人者，天地之心也，五行之端也，食味、别聲、被色而生者也。」「味者」三句釋人，非誤字。

〔三〕俞樾云：「味者所以守民口也」三句，當在「二五者人君以數制之」之上。試連上文「其在味者酸辛鹹苦甘也」讀之，則文義俱順矣。「二五者人君以數制之」又遠蒙「事名二、正名五」而言，下接「人君失二五者亡其國」。今於中間又錯入「味者所以守民口也」三句，則文不貫矣。翔鳳案：總結「二五」之後，再就五中申言之，而二未有。移上則混，俞説非是。幸其衍一「人」字，知「以數制之」下本與「人君」相連，其跡未泯，尚可訂正。

輕重之法曰〔一〕：「自言能爲司馬不能爲司馬者，殺其身以釁其鼓〔二〕。自言能治田土不能治田土者，殺其身以釁其社〔三〕。自言能爲官不能爲官者，劓以爲門父〔四〕。」故無敢姦能誣禄至於君者矣。故相任寅爲官都，重門擊柝不能去〔五〕，亦隨之以法〔六〕。

〔一〕馬元材云：「輕重之法」，謂輕重家所訂立之法典也。史記齊太公世家索隱云：「管子有理人輕重之法七篇。」此處明標「輕重之法曰」云云，當與「理人輕重之法」有關，惟不知所謂「七篇」者，究在輕重十九篇之内，抑在其外耳。翔鳳案：輕重之法，爲甲至庚七篇，詳權脩。

〔二〕尹桐陽云：「釁」，血祭也。左僖三十三年傳：「不以纍臣釁鼓。」韓子説林下：「縛之，殺以釁鼓。」　翔鳳案：左僖三十三年傳杜注：「殺人以血塗鼓，謂之釁鼓。」

〔三〕孫毓棠云：管書問篇：「問五官有度制。」淮南天文訓「何謂五官？東方爲田，南方爲司馬，西方爲理，北方爲司空，中央爲都」，高注：「田主農，司馬主兵，理主獄，司空主土，都爲四方最也。」然則「五官」乃齊之中央官制，而「田」爲五官之一，主農事，職猶周之司徒。若以上下文爲例，則當言「爲田」，以此上之「爲司馬」，下之「爲官都」（按「官」下當有「都」字）。此不作「爲田」而言「治田土」者，就其職掌言也。

〔四〕張佩綸云：「能爲官不能爲官者」，「官」下均當有「都」字。「都」與「者」形近，淺人删之耳。「馬」、「鼓」，「土」、「社」，「都」、「父」，爲韻。「官」讀爲管庫之管，「官都」，周禮「都」則都士之屬，皆中士下士，或以淮南「中央爲都」釋「官都」，非也。「㓷」當爲「刖」，字之誤也。周禮秋官司刑：「刖者使守門。」　聞一多云：「㓷」，各本作「劓」，説文「劓」爲「刖」之重文。易困九五：「劓刖，困于赤紱。」「劓刖」疊韻連語，二字例當同義。然則「㓷」猶刖也，不煩改字。周禮司刑「刖罪五百」，注：「刖，斷足也。」古以斷足者爲閽人，司刑「刖者使守門」是也。

翔鳳案：説文「㓷，刑鼻也。易曰：天且㓷」，則「㓷」即「劓」字無疑。康誥「劓刖人」，亦「劓刖」二字連用，則其刑相因而幷及也。官都爲五官之長，此處不能加「都」字。

〔五〕俞樾云：「寅」字無義，疑「更」字之誤。隸書「寅」作「[illegible]」，其下與「更」相似，故「更」誤爲「寅」矣。「相任更爲官都」者，言使之相保任而更迭爲官都也。「官都」見問篇。按：問篇曰「問五官有度制，官都其有常斷，今事之稽也何待」，然則「官都」者，五官之總司也。淮南子天文篇曰「何謂五官？東方爲田，南方爲司馬，西方爲理，北方爲司空，中央爲都」，「都」即此所謂「官都」也。上文云：「自言能爲司馬，不能爲司馬者，殺其身以釁其鼓。自言能治田土，不能治田土者，殺其身以釁其社。」「司馬」也，「田」也，「五官」中之二也，然則「相任更爲官都」，殆謂使四官相保任，而更迭爲官都乎？張佩綸云：「任寅」當作「任舉」，本書屢見。陶鴻慶云：「寅」疑「與」字之誤。「與」讀爲舉。「官」謂官府，「都」謂都邑，爲官以事言，爲都以地言也。「相任舉爲官都」，對上文「自言能爲」者而言。「重門擊柝」，對上文「司馬」以下諸大官而言。此而不能者，皆隨之以法。一不以過舉而免之，一不以微職而寬之也。翔鳳案：「任」訓保，俞説是也。「寅」即引，禮記月令疏：「寅，引也。」史記律書「寅，言萬物始生螾然也。」「螾」即蚓，諸説誤。

〔六〕俞樾云：「去」乃「者」字之誤，上文云「自言能爲司馬，不能爲司馬者，殺其身以釁其鼓。自言能治田土，不能治田土者，殺其身以釁其社。自言能爲官，不能爲官者，劓以爲門父」，故此言「重門擊柝不能者，亦隨之以法」，不以其職微而寬之也。「重門擊柝」猶言抱關擊柝。戴望云：路史後紀十一引此文正作「者」。翔鳳案：不能則去而不用，亦隨之以法。兩義相承，「亦」字可玩味，改「去」爲「者」，誤矣。禮記禮運「在埶者去」，注：「去罪退之也。」

桓公問於管子曰：「請問大准。」管子對曰：「大准者，天下皆制我而無我焉，此謂大准〔一〕。」桓公曰：「何謂也？」管子對曰：「今天下起兵加我，臣之能謀厲國定名者〔二〕，割壤而封；臣之能以車兵進退成功立名者，割壤而封。然則是天下盡封君之臣也，非君封之也。天下已封君之臣十里矣，天下每動，重封君之民二十里〔三〕。君之民非富也，鄰國富之。鄰國每動，重富君之民。貧者重貧，富者重富，大准之數也。」桓公曰：「何謂也？」管子對曰：「今天下起兵加我，民棄其耒耜，出持戈於外，然則國不得耕。此非天凶也，此人凶也。君朝令而夕求具，民肆其財物與其五穀爲讎，厭而去〔四〕，賈人受而廩之，然則國財之一分在賈人。師罷，民反其事，萬物反其重，賈人出其財物，國幣之少分廩於賈人。若此則幣重三分，財物之輕重三分〔五〕。賈人市於三分之閒，國之財物盡在賈人，而君無筴焉。民更相制〔六〕，君無有事焉。此輕重之大准也。」

〔一〕安井衡云：「無」猶輕也。張佩綸云：「大准」均當作「失准」。翔鳳案：法法「不與大慮始」，注：「大，猶衆也。」莊子天地：「不同同之之謂大。」國內之平衡爲「准」，國際之平衡爲「大准」，衆國共之也。人皆制我而無小我之焉，二説誤。

〔二〕俞樾云：「厲」讀爲利，「厲國」即利國也。史記陳杞世家「是爲厲公」，索隱曰：「『厲』、『利』

聲相近。」國策秦策曰「綴甲厲兵」，高注曰：「厲，利也。」張佩綸云：「厲」當作「勱」。說文：「勱，勉力也。」書立政：「用勱相我國家。」聞一多云：「厲」與「勱」通。「名」當爲「民」，涉下文而誤。翔鳳案：臯陶謨：「庶明厲翼。」漢書儒林傳「以厲賢材與」，注：「勸勉之也。」張説是。「名」指國衡，聞説非是。

〔三〕豬飼彦博云：「民」當作「臣」。「二」字衍。陶鴻慶云：「重」，益也。「重封君之民二十里」本作「重封君之臣二十里」，與上文語意相承。今本涉下句「君之民」而誤也。郭沫若云：此「民」字不當改爲「臣」，「民」指下文「賈人」而言。言有職之臣，既因戰事而得裂土分封，而無職之富商蓄賈，亦因戰事而屯積居奇，所獲利潤更多一倍。民有貧富，故下文云：「鄰國每動，重富君之民，貧者重貧，富者重富。」翔鳳案：郭説是也。

〔四〕翔鳳案：漢書高帝紀「每酤留飲酒，讎數倍」，如淳曰：「『讐』亦售也。」説文：「厭，笮也。」通作「壓」。

〔五〕張佩綸云：「幣重三分」當作「穀之輕重一分」，「財物之輕重三分」承上來。翔鳳案：賈人賤買一分，貴賣一分，物之原價一分，共三分幣。「重」讀崇，與下文輕重不同。張説誤。

〔六〕翔鳳案：各國之民更相制，指賈人而言。「君」亦指各國。

管子曰：人君操本，民不得操末。人君操始，民不得操卒。其在涂者，籍之於衢塞。其在穀者，守之春秋〔一〕。其在萬物者，立貲而行。故物動則應之。故豫奪其涂則民無遵，君守其流則民失其高〔二〕。故守四方之高下，國無游賈，貴賤相當，此謂國衡。以利相守，則數歸於君矣〔三〕。」

〔一〕安井衡云：「衢塞」，謂關市。

〔二〕陶鴻慶云：「民失其高」不成文義，疑本作「民失其高下」，言民不得自爲輕重也。下文「故守四方之高下」云云，即承此言。李哲明云：「高」或當作「用」，本篇數見。「君守其流」，即異於操本與始，斯民失其用矣。下「守四方高下，……貴賤相當」，斯民得其用矣。故知當爲用也。翔鳳案：「流」爲由高赴下，「君守其流」，則民不能操縱而失其高，不得厚利矣。諸説誤。

〔三〕翔鳳案：國衡隨時變易，無定制，郭沫若改「利」爲「制」，非是。

管子曰：「善正商任者省有肆，省有肆則市朝閒〔一〕，市朝閒則田野充，田野充則民財足，民財足則君賦斂焉不窮。今則不然，民重而君重，重而不能輕；民輕而君輕，輕而不能重。天下善者不然，民重則君輕，民輕則君重。此乃財餘以滿不足之數也〔二〕。故凡不能調民利者，不可以爲大治。不察於終始，不可以爲至矣。動左右以重相因，二十，國之筴也〔三〕。鹽鐵二十，國之筴也。錫金二十，國之筴也。五官之數，不籍於民。」

〔一〕張佩綸云：「商任」，周禮閭師：「任商以市事，貢貨賄。」一説：淮南道應訓「於是爲商旅將任車」，高注：「任，載也。」「有」當作「賄」。周禮「肆長各掌其肆之政令，陳其貨賄」，是其證。黄鞏云：「肆」，聚陳也。「省」者，察其不中度量，殺伐及姦聲亂色而禁之。「省有肆」則禮不得踰，材不得枉，盜竊亂賊不得作，而又無淫巧惑世，欺詐病民。以有易無，交易而退，無爭質聽斷，上煩有司，朝市所以閒也。馬元材云：「省」指宫禁或官府而言。漢書昭紀「共養省中」，伏儼曰：「蔡邕云：『本爲禁中，門閤有禁，非侍御之臣不得妄入。行道豹尾中，亦爲禁中。孝元皇后父名禁，避之，故曰省中。』」周壽昌云：「文選魏都賦『禁台省中』，李善注引魏武集荀欣等曰：『漢制，王所居曰禁中，諸公所居曰省中。』是漢制原有禁與省之别，不是避王禁諱始。且昭帝下距元后時甚遠，何以遽避禁諱？若爲班氏進書，則班氏時已在中興後，更何所忌於王氏而爲之避也。」然則此所謂「省有肆」之「省」，無論其爲宫禁或官府，均係政府之代名詞，則可斷言。蓋謂善算商車者，應由政府設爲專官，自營商業，賤則買之，貴則賣之，則人民咸不肯復至自由市場交易，而自由市場必爲之空閑。自由市場空閑則無利可圖，故一般逐什二以爲務者必返於農，而田野隨之而日趨繁榮。

〔二〕張文虎云：「財」乃「裁」之借字，易泰大象傳「后以財成天地之道」，「財」荀氏作「裁」。

〔三〕劉績云：别本「二十」作「世」字，下放此。張佩綸云：「動左右以重相因」亦有譌誤。疑「動」字衍。「左右」，相須也，詳禮注。翔鳳案：本文自通，無誤字。

桓公問於管子曰：「輕重之數惡終？」管子對曰：「若四時之更舉，無所終。國有患憂，輕重五穀以調用，積餘臧羨以備賞。天下賓服，有海內，以富誠信仁義之士。故民高辭讓，無爲奇怪者。彼輕重者，諸侯不服以出戰，諸侯賓服以行仁義。」

管子曰：「一歲耕，五歲食，粟賈五倍。一歲耕，六歲食，粟賈六倍。二年耕，而十一年食〔一〕。夫富能奪，貧能予，乃可以爲天下。且天下者，處茲行茲，若此而天下可壹也。夫天下者，使之不使，用之不用。故善爲天下者，毋曰使之，使不得不使；毋曰用之，使不得不用也。」

〔一〕丁士涵云：「十一年」疑當作「十二年」。下文亦當有「粟賈十二倍」五字。即上文「一歲耕，六歲食，粟賈六倍」之倍數也。張文虎云：據上文有「五歲」、「六歲」，正得十一年。丁君云「當作『十二年』」，非。尹桐陽云：「十一年食」，合上五歲、六歲計也。

管子曰：「善爲國者，如金石之相舉，重鈞則金傾〔一〕，故治權則勢重，治道則勢贏〔二〕。今穀重於吾國，輕於天下，則諸侯之自泄，如原水之就下。故物重則至，輕則去。有以重至而輕處者。我動而錯之，天下即已於我矣〔三〕。物臧則重，發則輕，散則多〔四〕。幣重則民死利，幣輕則決而不用，故輕重調於數而止。」

〔一〕何如璋云：「金」，謂五金之物。「石」者，四鈞也。翔鳳案：小爾雅廣衡：「稱二謂之鈞。」言秤之均衡也。呂氏春秋仲春紀「鈞衡石」，注：「石，稱也。」金以斤計，鈞三十斤，石百二十斤，故其輕重可比。郭沫若謂「石」指五穀，非是。

〔二〕張佩綸云：「贏」當作「羸」，「傾」、「羸」爲韻。郭沫若云：張說非也。「治權則勢重治道則勢羸」，「道」與「權」爲對，「羸」與「重」爲對。揆度篇作者採取慎到重勢之說，寧採用權勢而捨正道。權與道猶金與石之相比。如金與石等重則金受損失矣，如權與道並重，則權受損失矣。權與勢，二而一者也。故曰「如金石之相舉，重鈞則金傾，故治權則勢重，治道則勢羸」。張氏未得其解。翔鳳案：君臣上：「爲人君者，修官上之道，而不言其中。」又曰：「道也者，上之所以導民也。」與權力有殊。

〔三〕丁士涵云：「處」亦去也。左僖廿六年傳「能左右之曰以」，穀梁桓十四年傳「以者，不以者也」，注：「不以者，謂本非所得制，今得以之也。」「有以重至而輕去」，言物非無端而重至，無端而輕去，必有以之者，則權數是也。「我動而錯之天下」句，趙本「天下」屬下讀者，非。

翔鳳案：說文：「已，用也。」此「以於我」，即用於我也，「已」即「以」，丁說是也。

〔四〕張佩綸云：「散則多」當作「散則寡，斂則多」。國蓄篇「夫物多則賤，寡則貴，散則輕，聚則重」，是其證。聞一多云：當作「聚則多，散則少」。孫毓棠云：疑當作「聚則寡，散則多」。翔鳳案：物藏則重，出之則輕。月令「雷乃發聲」，注：「猶出也。」出而散之則多，二句相承。諸人未得其解，以爲偶句，非是。

「五穀者，民之司命也。刀幣者，溝瀆也。號令者，徐疾也。令重於寶，社稷重於親戚。胡謂也？」對曰：「夫城郭拔，社稷不血食，無生臣。親没之後，無死子。此社稷之所重於親戚者也。故有城無人，謂之守平虚。有人而無甲兵而無食〔一〕，謂之與禍居。」

〔一〕安井衡云：「甲兵」下疑脱「有甲兵」三字。翔鳳案：「平虚」即平墟。説文：「虚，大丘也。」兩「而」字蟬聯而下，加三字非是。

桓公問管子曰：「吾聞海内玉幣有七筴，可得而聞乎？」管子對曰：「陰山之礝碈，一筴也〔一〕。燕之紫山白金，一筴也〔二〕。發、朝鮮之文皮，一筴也〔三〕。汝、漢水之右衢黄金，一筴也。江陽之珠，一筴也。秦明山之曾青，一筴也。禺氏邊山之玉，一筴也。此謂以寡爲多，以狹爲廣，天下之數盡於輕重矣。」

〔一〕張佩綸云：「陰山」，漢書匈奴傳：「侯應曰：臣聞北邊塞至遼東外有陰山，東西千餘里，草木茂盛，多禽獸。」尹桐陽云：中山經：「合谷之山北三十里曰陰山，多礪石、文石，少水出焉。」案其道里及所出水，疑即緜山，山在山西祁縣、沁源二縣界。「礝」，説文作「碝」，石次玉者。「碈」即珉，美石也，與「文」爲聲轉字，故「瑉」一稱文石。禮射義「敢問君子貴玉而賤瑉者何也」，注：「瑉，石似玉，或作『玟』也。」玉藻：「士佩瓀玟。」

〔二〕張佩綸云：水經鮑邱水注：「地理志灅水出俊靡縣，南至無終，東入庚，庚水世亦爲之柘水也，南逕燕山下。」鮑邱水注又云：「黄水又西南逕無終山，即帛仲理所合神丹處也。又於是山作金五千斤以救百姓。」帛仲理事本荒誕，然必無終山本産金，故有是言。疑「燕之紫山」即無終之燕山矣。

〔三〕孫星衍云：「發」，北狄國名。　安井衡云：「發」，東夷名，見於汲冢周書。　張佩綸云：「發」，逸周書王會篇「發人麃，麃者若鹿迅走」，盧注：「發，北發也。」史記五帝紀「北山戎發息慎」，王恢傳「北發月支可得而臣」，索隱：「北發是北方國名。」

桓公問於管子曰：「陰山之馬具駕者千乘。馬之平賈萬也，金之平賈萬也。吾有伏金千斤〔一〕，爲此奈何？」管子對曰：「君請使與正籍者，皆以幣還於金〔二〕，吾至四萬〔三〕。此一爲四矣。吾非埏埴摇鑪橐而立黄金也〔四〕，今黄金之重一爲四者，數也。珠起於赤野之末光，黄金起於汝、漢水之右衢，玉起於禺氏之邊山。此度去周七千八百里，其涂遠，其至阸①，故先王度用其重而因之，珠玉爲上幣，黄金爲中幣，刀布爲下幣。先王高下中幣，利下上之用。百乘之國，中而立，東西南北度五十

①「阸」字原作「阨」，據補注改。

里〔五〕。一日定慮，二日定載，三日出竟，五日而反。百乘之制，輕重毋過五日〔六〕。百乘爲耕田萬頃，爲户萬户，爲開口十萬人，爲分者萬人〔七〕，爲輕車百乘，爲馬四百匹①。千乘之國，中而立市，東西南北度百五十餘里〔八〕。二日定慮，三日定載，五日出竟，十日而反。千乘之制，輕重毋過一旬。千乘爲耕田十萬頃，爲户十萬户，爲開口百萬人，爲當分者十萬人，爲輕車千乘，爲馬四千匹。萬乘之國，中而立市，東西南北度五百里。三日定慮，五日定載，十日出竟，二十日而反。萬乘之制，輕重毋過二旬。萬乘爲耕田百萬頃，爲户百萬户，爲開口千萬人，爲當分者百萬人，爲輕車萬乘，爲馬四萬匹。」

〔一〕翔鳳案：廣雅釋詁四：「伏，藏也。」

〔二〕翔鳳案：此言運用伏金之策，以一爲四。儀禮士相見禮「凡執幣者」，疏：「玉、馬、皮、圭、璧、帛皆稱幣。」以黄銅换算爲幣價，是爲「幣還於金」。

〔三〕翔鳳案：「吾」通「鋙」或「矛」。列子「西戎獻錕鋙之劒」，子虚賦作「昆吾」。考工記「大琮十有二寸。射四寸」，注：「射，其外鉏牙。」「鉏牙」即「鉏鋙」，説文訓「錡」爲「鉏鋙」，轉語爲「槎

① 「匹」字原作「四」，據補注改。

牙」。「吾至四萬」，謂其槎至四萬也。

〔四〕王念孫云：「鑪橐」當爲「鑪橐」，字之誤也。（周官翦氏注「故書『蠹』爲『橐』」，譌作「橐」。韓子八説篇「千城距衝，不若湮穴伏橐」，今本亦譌作「橐」。）老子「天地之間其猶橐籥乎」，王注曰：「橐，排橐也。」淮南本經篇「鼓橐吹埵，以銷銅鐵」，高注曰：「橐，冶鑪排橐也。」齊俗篇曰「鑪橐埵坊，設非巧冶，不能以冶金」，論衡量知篇曰「工師鑿掘鑪橐鑄鑠乃成器」，故曰「揺鑪橐而立黄金」。安井衡云：「橐」當爲「橐」，冶氏熾炭之器，揺其柄則風生。「立」，成也。

〔五〕豬飼彦博云：百乘之國，地方百里，故四境去中各五十里，此乃司馬法一成一乘之制也。俞樾云：「度」當爲「各」，聲之誤也，謂東西南北各五十里也。上文「故先王度用其重而因之」，地數篇作「故先王各用於其重」。「度」、「各」聲近而誤，在本篇即可證矣。又案：此文當作「東西南北各百五十里」，故其下云「三日出竟」，明每日行五十里也。荀子大略篇所謂「吉行五十」，是也。下文「千乘之國，中而立市，東西南北度百五十餘里」，當作「度二百五十里」，故其下云「五日出竟」，亦是每日行五十里也。何以明之？據下文曰「萬乘之國，中而立市，東西南北度五百里」，其下即云「十日出竟」。夫五百里而十日出竟，則日行五十里可知。前後必當一例，故知此文有奪誤也，詳管子之意，萬乘之國方千里，是古王畿之制，千乘之國方五百里，是周禮諸公之國之制，百乘之國方三百里，是周禮諸伯之國之制，蓋管子多與周禮合也。古者公侯爲一等，伯子男爲一等，故左傳曰：「在禮，卿不會公侯，會伯子男可也。」此文言公以該侯，言伯以該子男耳。若如今本，則百乘之國方百里，千乘之國方三百餘里，萬乘之國方千里，參差不齊矣。又「五十」、「五百」，均無餘數，獨于「百五十」言餘，亦不可通也。翔鳳案：「中而立」，「立」古「位」字，以中爲位也。東西南北，量之各五十里，豬飼説是也。「三日出竟」，謂第三日出境，非行三日也，俞説非是。

〔六〕俞樾云：「五日而反」本作「六日而反」。據下文「五日出竟，十日而反」，「十日出竟，二十日而反」，是反之日必倍其出竟之日。此云「三日出竟」，則必「六日而反」可知，傳寫誤也。

翔鳳案：第四日出境，第五日反國，俞説非是。

〔七〕丁士涵云：下文云「爲當分者十萬人」、「爲當分者百萬人」，皆有「當」字，宜據補。張佩綸云：「分」當爲「介」。翔鳳案：此「萬人」指壯男。禮運「男有分」，注：「職也。」指耕田言之，不必加字，二説俱非。

〔八〕豬飼彦博云：千乘之國，地方三百十六里六十八步有奇，四竟去中各百五十八里三十四步。

俞樾云：敚「二」字，詳上。翔鳳案：俞加「二」字誤，詳上。

管子曰：「匹夫爲鰥，匹婦爲寡〔一〕，老而無子者爲獨。君問其若有子弟師役而死者，父母爲獨，上必葬之，衣衾三領，木必三寸，鄉吏視事，葬於公壤〔二〕。若産而無弟兄〔三〕，上必賜之匹馬之壤〔四〕。故親之殺其子以爲上用，不苦也。君終歲行邑里。

其人力同而宮室美者，良萌也〔五〕，力作者也，脯二束、酒一石以賜之。力足蕩游不作，老者譙之，當壯者遣之邊戍〔六〕。民之無本者，貸之圃彊〔七〕。故百事皆舉，無留力失時之民。此皆國筴之數也。」

〔一〕翔鳳案：孟子「力不能勝一匹雛」，趙注：「力不能勝一小雛。」「匹」訓四丈，从匸八，此布匹之匹。有寫作「布疋」者，習用之假字也。

〔二〕尹桐陽云：前漢書高帝紀：「令士卒從軍死者，爲槥歸其縣。縣給衣衾棺葬具，祠以少牢。長吏視事。」法蓋出此。

〔三〕張佩綸云：「若産而無弟兄」，言止生一子也。此二語當在前，言未死則賜以田，既死則予以葬地。翔鳳案：此指爲師役而死者，與平時授田不同，張誤。

〔四〕郭嵩燾云：上文「百乘爲耕田萬頃」，「爲馬四百匹」，則「匹馬之壤」當耕田二十五頃。許維遹云：山權數篇有「一馬之田」語，是齊人以馬名田壤之數。翔鳳案：北人以馬耕，言一馬一日所耕之面積。

〔五〕張文虎云：「萌」即民也，説文：「民，衆萌也。」聞一多云：「萌」讀爲民。楚辭天問「厥萌在初，誰所億焉」，文選蜀都賦注引蜀王本紀「是時人萌椎髻左衽，不曉文字，未有禮樂」，成陽靈臺碑「以育苗萌」，「萌」並讀爲民。翔鳳案：「萌」同「氓」，爲流氓或奴隸，與自由民不同。

〔六〕聞一多云：「當壯」即丁壯。

〔七〕何如璋云：「彊」當爲「疆」，蓋敺民歸農，則力皆出於南畝而五穀豐。翔鳳案：吳大澂說文古籀補：「古文以爲『疆』字。」何說是也。莊子天地「方將爲圃畦」，「圃畦」即「圃彊」也。

上農挾五，中農挾四，下農挾三〔一〕。上女衣五，中女衣四，下女衣三。農有常業，女有常事。一農不耕，民有爲之飢者。一女不織，民有爲之寒者〔二〕。飢寒凍餓，必起於糞土〔三〕，故先王謹於其始。事再其本，民無饘者賣其子〔四〕。三其本，若爲食〔五〕。四其本，則鄉里給。五其本，則遠近通，然後死得葬矣。事不能再其本，而上之求焉無止，然則姦涂不可獨遵〔六〕，貨財不安於拘〔七〕。隨之以法，則中內摲民也〔八〕。輕重不調，無饘之民不可責理，鬻子不可得使，君失其民，父失其子，亡國之數也。

管子曰：「神農之數曰：一穀不登，減一穀，穀之法什倍。二穀不登，減二穀，穀之法再什倍〔九〕。夷疏滿之〔一〇〕，無食者予之陳，無種者貸之新，故無什倍之賈，無倍稱之民〔一一〕。」

〔一〕安井衡云：「挾」、「浹」通，周匝也。俞樾云：「挾」猶給也。「挾」讀爲浹，古無「浹」字，故以「挾」爲之。「浹」之言周也，偏也，故有給足之義。荀子解蔽篇「雖億萬已不足浹萬物之變」，注曰：「浹，周也。」文選東京賦「饔餼浹乎家陪」，注曰：「浹，偏也。」竝與給足義相近。

此言上農足以給五人，中農足以給四人，下農足以給三人，與下文「上女衣五，中女衣四，下女衣三」同義。　何如璋云：「挾」與「浹」通。天官太宰「懸治象之法於魏象，挾日而斂之」，「挾」又作「浹」。　張佩綸云：「挾」，爾雅釋言：「藏也。」言藏五人所食之穀，四三遞減。　翔鳳案：廣雅釋詁四：「挾，輔也。」齊物論「挾宇宙」，崔本作「扶」。「挾」本作「夾」，有懷夾扶持之義。此用本義，諸說均非。

〔二〕張佩綸云：呂氏春秋愛類篇：「神農之教曰：士有當年而不耕者，則天下或受其饑矣；女有當年而不績者，則天下或受其寒矣。故身親耕，妻親績，所以見致民利也。」淮南齊俗訓：「故神農之法曰：丈夫丁壯而不耕，天下有受其饑者；婦人當年而不織，天下有受其寒者。」漢書食貨志上賈誼說上曰：「筦子曰『倉廩實而知禮節』，民不足而可治者，自古及今未之嘗聞。古之人曰：『一夫不耕，或受之饑；一女不織，或受之寒。』生之有時，而用之亡度，則物力必屈。」呂、淮南引作神農之書，賈誼前引筦子，後以「古人」別之，知此兩語非管子語矣。今移後管子引神農之教於前，則兩語亦管子引神農之言，與呂、淮南、漢書均合，文義亦條貫可讀矣。

〔三〕丁士涵云：「起」疑「赴」之誤。輕重甲篇曰「勿使赴於溝澮之中」，是其明證。　于省吾云：丁說殊誤。溝壑可言「赴」，糞土不可言「赴」。且下云「故先王謹於其始」，「始」字正與「起」字相應。上文以耕織爲言，蓋農桑以糞土爲本，今不以耕織爲務，故云「飢寒凍餓必起於糞土」。翔鳳案：穀與麻皆起於糞土。于説是也。

〔四〕王念孫云：「賣」上當有「不」字。「糟」即饘鬻之饘。言「事再其本」，則民雖無饘而亦不賣其子也。輕重甲篇曰「事再其本，則無賣其子者」，是其證。翔鳳案：再倍其本，種一而得二，收入不足養家，故無糟而賣子，王蓋不知農村情形矣。

〔五〕丁士涵云：輕重甲篇曰：「事三其本，則衣食足。」疑此文有誤。翔鳳案：「若」猶乃，言其難。「三其本」，僅得食矣。

〔六〕翔鳳案：方言十二：「遵，行也。」説文：「可，肯也。」不肯獨行，言行姦涂者衆也。

〔七〕李哲明云：「拘」字疑誤，或當爲「徇」，與「遵」、「民」韻。字形似「拘」。言人君徇於貨財，貨財即不得安。徇之云者，所謂「上之求焉無止」也。翔鳳案：説文：「拘，止也。」貨財外流，不可禁止也。李説誤。

〔八〕趙用賢云：「撕」，一作「漸」，音衫，芟也。李哲明云：「内」讀爲納，言納民財於中幣，則是芟割其民也。「撕」，芟也，用趙説。許維遹云：説文：「撕，斬取也。」禮記禮器篇云「有撕而播也」，鄭注：「『撕』之言芟也，芟，刈草也。」「中内撕民」，猶言暗中害民耳。翔鳳案：淮南原道訓「好事者未嘗不中」，注：「傷也。」漢書何武傳「欲以吏事中商」，注：「傷之也。」「中内」，傷其内也，諸説誤。

〔九〕何如璋云：「減」者，減其所積而散之。翔鳳案：「十倍」言其數，非教也。吕氏春秋言神農之教（見上），指飢寒而言；淮南言神農之法（見上），言各有當。

〔一〇〕何如璋云：「夷」，傷者。「疏」，稀者。補而滿之。張佩綸云：事語篇「綈素滿之」，案：當從事語篇。古文「夷」、「第」通，「疏食」亦作「素食」。「綈素滿之」，言取盈於女功，以補農事之不足也。丁士涵以「夷疏」爲芟夷果蔬，亦通；但「滿之」二字不可解矣。郭沫若云：「夷疏」乃平糶之意，「夷」謂平其價，「疏」謂通其有無。説見輕重甲篇。翔鳳案：説文：「疏，通也。」「夷，平也。」郭説是也。

〔一一〕尹桐陽云：前漢書食貨志「亡者取倍稱之息」，如淳曰：「取一償二爲倍。」師古曰：「稱，舉也。今俗所謂舉錢是也。」

國准第七十九

輕重十二

張佩綸云：水地篇：「準者，五量之宗也。」漢書律曆志上：「準者，所以揆平取正也。」説文：「準，平也。」此篇凡三節，首陳五家之數，次言今之時兼用五家之數，末言來世不外五家之數。在各篇條理最爲融貫。惟輕重丁篇明有「此謂國準」兩節，不知何以不入此篇？而揆度「請問大准」一節，所言准數與此亦別。輕重戊篇亦有兼用五家而勿盡之説，所陳五家與此大同小異，命意稍歧。若管子以天下之才，止此一筴，反復重沓，豈足動桓公之聽而成匡合之功？

按：史記平準書：「太史公曰：農工商交易之路通，而龜貝金錢刀布之幣興焉。所從來久遠，自高辛氏以前，尚矣，靡得而記云。故書道唐、虞之際，詩述殷、周之世，安甯則長庠序，先本絀末，以禮義防于利。事變多故而亦反是。是以物盛則衰，時極則轉，一質一文，終始之變也。禹貢九州，各因其土地所宜，人民所多少而納職焉。湯、武承弊易變，使民不倦，各兢兢所以爲治，而稍陵遲衰微。齊桓公用管仲之謀，通輕重之權，徼山海之業，以朝諸侯，用區區之齊顯成霸名。魏用李克，盡地力，爲彊君。自是以後，天下爭於戰國，以至於秦，卒并海內。」史公親見管書，故以管子、李克上承帝王，而以「自是以後」畫清戰國，知管氏立平準，即用上古之平準，非戰國所知，即更非桑、孔平準所知也。然則用五家之數，視時立儀，即國準要旨，而其要不外因土地人民，承弊易變，不如此篇之瑣屑煩猥，明矣。疑輕重戊篇首節所陳與史記尚合，乃國準本文，而此篇則民間所傳，已淆其實。翔鳳案：史記言管仲要旨：「通輕重之權，徼山海之業。」以此二語衡之，國准一篇之旨，仍不外是。張氏之言，置之不論可也。

齊桓公問於管子曰〔一〕：「國准可得而聞乎？」管子對曰：「國准者，視時而立儀。」桓公曰：「何謂視時而立儀？」對曰：「黃帝之王，謹逃其爪牙〔二〕。有虞之王，枯澤童山。夏后之王，燒增藪，焚沛澤，不益民之利〔三〕。殷人之王，諸侯無牛馬之牢，不利其器。周人之王，官能以備物。五家之數殊，而用一也。」桓公曰：「然則五家之數，籍何者爲善也？」管子對曰：「燒山林，破增藪，焚沛澤，禽獸衆也〔四〕。童山竭澤者，君智不足也。燒增藪，焚沛澤，不益民利，逃械器〔五〕，閉知能者，輔己者也。諸侯無牛馬之牢，不利其器者，曰淫器而一民心者也〔六〕。以人御人，逃戈刃〔七〕，高仁義，乘天國以安己也〔八〕。五家之數殊，而用一也。」

〔一〕聞一多云：各本無「齊」字，是，當據删。翔鳳案：揆度亦有「齊」字。桓爲謚名，魯亦有桓公，稱「齊」以别之，「齊」非誤字。例如清代謚文正者，有曾國藩、朱軾、曹鏞等，若不稱其姓，何以别之乎？尋常省「齊」字，有時不省，反以不省爲怪乎？

〔二〕丁士涵云：下脱「燒山林，破增藪，焚沛澤」九字，下文可證。張佩綸云：揆度篇「謹逃其爪牙，燒增藪，焚沛澤，不利其器」，屬之黄帝；輕重戊篇「童山竭澤」，亦屬之黄帝，此乃分屬虞、夏、殷三朝，疑揆度、戊篇爲實，而此爲子政所删者。翔鳳案：「五家之數」：一、黄帝驅禽獸，逃其爪牙。二、有虞「童山竭澤」，孟子「舜使益掌火，益烈山澤而焚之，禽獸逃匿」，是也。三、夏后焚燒同前而逃械器。黄帝不利其器，夏后則匿其器而閉知能。荀子榮辱「陶誕突盜」，注：「隱匿其情也。」假「陶」爲「逃」。四、殷人禁諸侯不準利其器。五、周人匿戈刃而高仁義。時愈降而術愈巧。所記有詳略，不必增補。張以爲子政所删，則謬矣。

〔三〕何如璋云：「不」字乃「以」字之譌。張佩綸云：「益」當作「隘」。言大闢其利途也，即

「益烈山澤而焚之」。李哲明云：「不」字當衍。揆度篇「燒山林，破增藪，焚沛澤，逐禽獸，實以益人」，此所以益民之政，何云「不益民之利」也？下云「童山竭澤，益利搏流」，亦其證。「不」字，蓋涉下「不利其器」而衍。下「不益民利」同。翔鳳案：夏后採金於山，但知利己，不益民利。無誤字。

〔四〕丁士涵云：「燒山林，破增藪，焚沛澤」上脱「僅逃其爪牙」五字。陶鴻慶云：「燒增藪，焚沛澤」云云，見下文論「夏后之王」，此文不當複出。據上文云「黄帝之王，謹逃其爪牙；有虞之王，枯澤童山；夏后之王，燒增藪，焚沛澤，不益民之利；殷人之王，諸侯無牛馬之牢，不利其器；周人之王，官能以備物」，此文自「童山竭澤」以下，皆與上文相值，則首論「黄帝之王」，當云：「謹逃其爪牙者，猛獸衆也。」今本涉下文而誤複耳。郭沫若云：丁説近是。然「謹逃其爪牙」當在「燒山林，破增藪，焚沛澤」下。此九字不當删。翔鳳案：易井「舊井無禽」，注：「猶獲也。」今作「擒」。所擒之獸衆，則無須逃其爪牙矣。趙本不知而改「禽」作「猛」，謬。諸説亦不知而意加「逃其爪牙」矣。

〔五〕何如璋云：「逃械器」三句與上文不接，疑有脱誤。張佩綸云：「逃械器」、「逃戈刃」，兩「逃」字明是「謹逃其爪牙」之壞文。「閉智能」，「能」字即「官能備物」之壞文。明是簡策剥蝕，寫者以意傅合。翔鳳案：「逃」爲隱匿，見前。何、張均誤。

〔六〕豬飼彦博云：「曰」當作「禁」。張佩綸云：「無牛馬之牢」下當移「禽獸衆也」句。「曰淫器」當作「毋淫器」，月令「毋作淫巧以蕩上心」，是也。姚永概云：「曰」乃「遏」之壞字，脱去下半，只存一「曰」字耳。翔鳳案：注意「諸侯」二字，殷人自育牛馬，鑄兵器，不准諸侯有之。稱爲「淫器」，謂淫巧之器也。無誤字。

〔七〕張佩綸云：「以人御人」上奪「官能備物者」一句。「以人御人，逃戈刃，高仁義」釋「官能」，「乘天固以安己」釋「備物」。翔鳳案：周重禮法，以人御人，張謂釋「官能」，是也。

〔八〕張佩綸云：「國」，明十行無注本作「固」。「固」，常也（呂覽首時「時固不易得」注），言乘天之常以安己。翔鳳案：周王稱天王，以天命抑制民衆。尚書「有天邑商」，則「天國」指國都言之。古本作「固」，謬。張誤信之矣。

桓公曰：「今當時之王者，立何而可？」管子對曰：「請兼用五家而勿盡。」桓公曰：「何謂？」管子對曰：「立祈祥以固山澤〔一〕，立械器以使萬物，天下皆利而謹操重筴，童山竭澤，益利搏流〔二〕。出金山立幣〔三〕，成菹丘〔四〕，立騂牢〔五〕，以爲民饒。彼菹菜之壤，非五穀之所生也〔六〕，麋鹿牛馬之地，春秋賦生殺老，立施以守五穀〔七〕。此以無用之壤臧民之羸〔八〕，五家之數皆用而勿盡。」

〔一〕聞一多云：「祥」當作「羊」。形勢篇「山高而不崩則祈羊至矣」，正作「羊」。此涉「祈」字而誤加示旁。「祈」讀爲刉，詳形勢篇。翔鳳案：「祈祥」即「祈羊」，非誤字，詳形勢。

〔二〕何如璋云：「搏流」當作「持流」。乘馬數「至於王國，持流而止矣」，足證。「持流」者，即謹操重筴之謂。李哲明云：宋本作「摶」，是也。「摶」讀爲專。聞一多云：「益」讀爲隘。國蓄篇：「隘其利途。」「摶」猶擅也，各本作「搏」，疑誤。本書謂利羨爲「流」，輕重甲篇：「故伊尹得其粟而奪之流。」翔鳳案：「流」爲流通，「摶流」爲國家政策，李説是也。

〔三〕張佩綸云：「出金山」，當依明十行無注本、趙本、梅本作「出山金」。翔鳳案：出金於山以立幣，省「於」字，古本謬。

〔四〕張佩綸云：「成」，當依趙本作「存」。言取金之外菹丘之利存之，不盡用也。翔鳳案：説文：「成，就也。」就有草之山以立牛馬牢。趙本不得其解而改爲「存」，謬。

〔五〕丁士涵云：「騈」字，乃「牛馬」二字相幷而誤。上文云：「諸侯無牛馬之牢。」輕重戊篇曰：「立皁牢，服牛馬，而天下化之。」張佩綸云：「騈」，説文：「駕二馬也。」「牢，閑養牛馬圈也。」易所謂：「服牛乘馬，引重致遠，以利天下，蓋取諸隨。」聞一多云：丁説非是。晉語「子爲我具特羊之饗」，韋注：「凡牲一爲特，二爲牢。」近胡厚宣氏考卜辭凡稱「牢」者皆謂二牛，與韋説合。（詳所箸釋牢，載歷史語言研究所集刊八本二分。）余謂本書言「騈牢」，「騈」有二義，（説文：「騈，駕二馬也。」）一牢本有二牛，故「牢」一稱「騈牢」也。此亦胡説之一證。路史引作「立騈守」，「守」即「牢」之誤。翔鳳案：東都賦「騈部曲」，注：「併也。」甘泉賦「騈交錯而曼衍兮」，注：「列也。」就菹丘騈列養牛馬之牢，諸説未析。

〔六〕王念孫云：「菹萊」當爲「葅萊」，字之誤也。（俗書「萊」字作「莱」，「菜」字作「莱」，二形相似。)「菹」或作「沮」。孟子滕文公篇注曰:「菹,澤生草者也。」王制注曰:「沮,謂萊沛。」周官縣師注曰:「萊,休不耕者。」是「菹萊」皆生草之地也。輕重乙篇「菹萊鹹鹵斥澤,山間堁壘不爲用之壤」,「萊」字亦誤作「菜」。輕重甲篇「山林菹澤草萊」,「萊」字不誤。翔鳳案:周禮醢人:「七菹。」韭菁茆葵芹箈筍,此七者皆菜也。說文:「壤,柔土也。」釋名:「壤,瀼也,肥濡意也。」菹壤非瘠土,王誤認「菹」爲「苴」也。

〔七〕豬飼彦博云:「賦生殺老」謂麋鹿牛馬。「施」謂金幣。何如璋云:春則賦生以稽駒犢,秋則殺老以歛筋骨。「施」,量地之度,地員「其施七尺」是也。言立爲法度,以畜牧之息爲守穀之資。張佩綸云:淮南子原道訓注:「施,用也。」「立施以守五穀」,謂以金幣守五穀。國蓄篇「五穀食米,民之司命也,黄金刀幣,民之通施也,故善者執其通施,以御其司命」,即此「立施以守五穀」。翔鳳案:張説「施守」二字有實義,不可移,即下文以「無用之壤,臧民之贏」也。

〔八〕安井衡云:「臧」、「藏」同。「贏」當爲「羸」。何如璋云:化無用爲有用,而可藏民餘穀也。「贏」宜作「羸」,謂豐歲民食有餘也。郭沫若云:「臧」、「贏」二字均不應破字。「臧」者,善之也;善之也者,繕也。故「臧民之贏」即補民之不足。「臧」字,明抄本作「滅」,誤。翔鳳案:楚語「恤民之羸」,注:「病也。」文意相似,訓「病」爲不可易。左宣十二年傳:「執事順成爲臧。」郭謂「不應破字」,是也。

桓公曰：「五代之王以盡天下數矣〔一〕，來世之王者可得而聞乎？」管子對曰：「好譏而不亂〔二〕，亟變而不變〔三〕。時至則爲，過則去〔四〕。王數不可豫致。此五家之國准也。」

〔一〕聞一多云：「以」讀爲已，「數」上挩「之」字。翔鳳案：補「之」字非是。「數矣」或「數也」爲句，前文屢見。

〔二〕翔鳳案：孟子「關譏而不征」，注：「察也。」

〔三〕翔鳳案：「亟變而不變」，與萬變而不離其宗相似。

〔四〕張佩綸云：乘馬篇「時之處事精矣，不可藏而舍也，故曰：今日不爲，明日亡貨。昔之日已往而不來矣」，即「時至則爲，過則去」之意。

輕重甲第八十

輕重十三

張佩綸云：漢書宣帝紀「令甲：死者不可復生，刑者不可復息」，注：「令甲者，前帝第一令也。」如淳曰：「令有先後，故有令甲、令乙、令丙。」師古曰：「甲、乙者，若今之第一、第二篇耳。」葛洪西京雜記：「家世有劉子駿漢書百卷，首尾無題名，但以甲乙丙丁記其卷數，後好事者以意次第之，始甲之癸爲十帙，〔一帙〕十卷，合百卷。」文選目録賦自甲至癸，詩自甲至庚，均以十干紀數。疑漢令、子駿、昭明均本於此。史記齊世家索隱：「管子有理人輕重之法七篇，輕重，錢也。又有捕魚煮鹽法。」自甲至庚，適得七篇，與小司馬所見合。蓋原書篇名在上，大名在下，以輕重甲、乙題之，既曰輕重甲、乙、丙、丁、戊、己、庚，即不得云十三、十四、十五、十六、十七、十八、十九也。此七篇疑皆割裂爲之，既無篇名，則以篇名與大名分而爲二，以足八十六篇之數，今亦無從釐定矣。馬元材云：以十干紀數，乃漢人所常用者。本書以甲、乙爲篇名，用意蓋與此同。翔鳳案：自甲至癸，即輕重九府，説詳權脩，餘見前。

桓公曰：「輕重有數乎？」管子對曰：「輕重無數。物發而應之，聞聲而乘之。故爲國不能來天下之財，致天下之民，則國不可成。」桓公曰：「何謂來天下之財？」管子對曰：「昔者桀之時，女樂三萬人，端譟晨樂，聞於三衢〔一〕，是無不服文繡衣裳者。伊尹以薄之游女工文繡篡組〔二〕，一純得粟百鍾於桀之國。夫桀之國者，天子之國也。桀無天下憂，飾婦女鍾鼓之樂，故伊尹得其粟而奪之流。此之謂來天下之財。」桓公曰：「何謂致天下之民？」管子對曰：「請使州有一掌，里有積五窌〔三〕。民無以與正籍者予之長假〔四〕，死而不葬者予之長度〔五〕。飢者得食，寒者得衣，死者得葬，不訾者得振〔六〕，則天下之歸我者若流水。此之謂致天下之民。故聖人善用非其有，使非其人〔七〕。動言摇辭〔八〕，萬民可得而親」。桓公曰：「善。」

〔一〕王念孫云：御覽人事部一百三十四引作「晨譟於端門，樂聞於三衢」，是也。今本既脱且倒，則文不成義。章炳麟云：「端」借爲讙。耑、雚聲通。方言云：「貛，關西謂之貒。」釋獸「貍狐貒貈醜」，説文引「貒」作「貛」。方言「讙，讓也」，即説文之「諯，一曰相讓也」，是耑、雚聲通。説文「讙，譁也」，故曰「讙譟」。「晨」借爲「振」。法言先知云：「吾見玄駒之步，雉之晨雊也。」「晨雊」即「震雊」。夏小正「雉震呴」，「震」也者，鼓其翼也。此以「震」同「振」義，足明「晨」、「振」是一。左傳莊二十八年云「爲館于其宫側而振萬焉」，「振樂」猶「振萬」也。言或「讙譟」者，謂人歌也；或「振樂」者，謂八音也。太平御覽引墨子「桀女樂三萬人，晨譟聞於衢」，引此作「晨譟於端門，樂聞於三衢」，蓋據他家注義，非本文也。雜志引之，未是。聞一多云：王説是也。文選魏都賦「南端逌遵」，注：「凡南方正門皆謂之端。」景福殿賦「開南端之豁達」，注：「凡正門皆謂之端門。」東京賦「啓南端之特闈」，薛注：「端門，南方正門。」後漢書李固傳注：「端門，太微宫南門也。」是王都南面之門謂之「端門」。古者祭祀作樂皆在南郊，即此所謂「晨譟于端門」矣。御覽引墨子「晨譟聞於衢」，亦「晨譟」連文，可資參證。章讀「端」爲讙，殊近穿鑿。其讀「晨」爲振，則不可易。惟「振」當訓奮訊。爾雅釋言：「振，訊也。」説文：「振，一曰奮也。」詩雄雉箋：「奮訊其形貌。」周書小明武篇：「羣振若雷，造于城下，鼓行參（枭）呼，以正什伍。」「羣振若雷」，謂士卒奮訊踊躍歡抃，其聲若雷也。左傳「振萬」,「萬」謂萬舞。「振」之訓奮訊,即手舞足蹈之謂。(人讙譟時,奮訊其手足謂之振;鳥鳴時,奮訊其羽翼亦謂之振。夏小正「雉震呴」,法言「雉之晨雊」,或作「震」,或作「晨」,亦皆斥動作,不斥聲音。)「晨譟於端門」,正謂舞蹈讙譟於端門之外。章讀「晨樂」連文,云「振樂謂八音」,殊繆。(尚書大傳:「惟丙午王逮師,前師乃鼓𡔷譟,後師乃慆(蹈),前歌後舞。」大傳以「𡔷譟」與「慆」(蹈)對舉,亦猶管子以「晨(振)譟」連文。「三」疑當爲「五」。巨乘馬篇:「則五衢之內菹菜之地也。」輕重丁篇:「五衢之民衰然多衣弊而屨穿。」翔鳳案:說文:「端,直也。」「端」從立,古「位」字,謂桀爲天子,端坐而譟。「晨樂」謂達旦不休,御覽以意改,王誤信之也。

〔二〕安井衡云:「薄」、「亳」同。張文虎云:「薄」即亳也,下文云「大湯以十里之薄」,是其證。舊本於「之」字斷句,謬。翔鳳案:「薄」同「亳」,是也。未解「游」字之義。孟子:「伊尹五就湯,五就桀。」本爲有莘氏之媵臣,而游於薄。「篡」爲「纂」之隸變。

〔三〕王引之云:「掌」字義不可通,當是「稟」字之譌。(隸書「掌」或作「[illegible]」,與「稟」字略相似。)「稟」,古「廩」字也。「廩」與「窌」,皆所以藏穀。晏子春秋問篇「命吏計公稟之粟」,荀子議兵篇「則必發夫稟窌之粟以食之」,今本「稟」字竝譌「掌」。(楊注荀子曰「掌窌,主倉廩之官」,失之。辯見荀子。)張佩綸云:王說非也。周禮序官鄭注:「掌,主也。」「州有一掌」,即周禮「州長各掌其州之教治,政令之法」是也。「里有積五窌」,即周禮「遺人掌鄉里之委積,以恤民之黯阨」是也。　翔鳳案：王改「掌」字作「稟」，非是。

〔四〕安井衡云：「與」，預也。「正籍」，謂正户正人之籍。「無預正籍」者，謂無本業者。「假」，貸也。　張佩綸云：「予之長假」、「予之長度」，當作「長予之假」、「長予之度」。立政篇：「分鄉以爲五州，州爲之長。」「長」即「州有一掌」。長爲度量葬事，如漢書黄霸傳「鰥寡孤獨有死無以葬者，鄉部書言，霸具爲區處，某所大木可以爲棺，某亭猪子可以祭」，即其證矣。　馬元材云：「假」即障假，鹽鐵論園池篇所謂「池籞之假」與「公家有障假之名」，是也。謂民之無産業、無納税能力者，由政府以國有苑囿公田池澤長期假之。

〔五〕安井衡云：「度」、「渡」同，謂濟之。皆云「長」者，予而不收也。　何如璋云：「長度」，殆謂假以葬埋之費也。　于省吾云：「度」、「宅」古字通，此例古籍習見。尚書「度」字，古文作「宅」，今文作「度」。儀禮士喪禮「筮宅」，注：「宅，葬居也。」喪服小記「祔葬者不筮宅」，注：「宅，葬地也。」廣雅釋丘：「宅，葬地也。」此言死而不葬者予之長久之葬地。

〔六〕翔鳳案：「咠」見前。爾雅釋詁：「咨，謀也。」不咨請亦得振救也。

〔七〕張文虎云：「故聖人善」貫下二句。「用非其有」，即所謂來天下之財也。「使非其人」，即所謂致天下之民也。事語篇云「佚田謂寡人曰，善者用非其有，使非其人」，與此正同。舊本乃於「善用」斷句，繆甚。

〔八〕馬元材云：「動言摇辭」，輕重丁篇作「動言操辭」，皆易繫辭下傳所謂「理財正辭」之意，謂發號施令也。

桓公問管子曰：「夫湯以七十里之薄，兼桀之天下，其故何也？」管子對曰：「桀者，冬不爲杠〔一〕，夏不束柎〔二〕，以觀凍溺。弛牝虎充市，以觀其驚駭。至湯而不然，夷競而積粟〔三〕，飢者食之，寒者衣之，不資者振之，天下歸湯若流水。此桀之所以失其天下也。」桓公曰：「桀使湯得爲是，其故何也？」管子曰：「女華者，桀之所愛也〔四〕，湯事之以千金。曲逆者，桀之所善也〔五〕，湯事之以千金。内則有女華之陰，外則有曲逆之陽，陰陽之議合，而得成其天子。此湯之陰謀也。」

〔一〕翔鳳案：孟子離婁下篇「歲十一月徒杠成」，音義：「張音杠，方橋也。」

〔二〕何如璋云：「束柎」者，以木爲桴，相比束之，浮水以渡也。夏水大，故須束柎。

〔三〕丁士涵云：「夷競」二字不可解。揆度篇曰：「夷疏滿之，無食者予之陳，無種者予之新。」又事語篇曰：「穀十而守五，綈素滿之，五在上。」（上下文皆言穀，必非繒綈。）「夷疏」與「綈素」同聲，則揆度篇之「夷疏滿之」，即事語篇之「綈素滿之」矣。凡從夷從弟之字，古皆通用。其「素」、「疏」二字通用者，惟有果蔬之疏古通用「素」。（禁藏篇：「果蓏素食當十石。」）墨子辭過篇：「古之民未知爲飲食，時素食而分處。」）爾雅曰：「穀不孰曰饑，蔬不孰曰饉。」穀之外蔬最爲重，故管子言穀必兼及蔬也。據此以推，則「夷競」之「競」疑本是「疏」字。（俗書

「競」、「疏」形近而誤。）故對「粟」言之。粟言「積」、疏言「夷」者，「夷」讀如周官薙氏「夏日至而夷之」之「夷」，鄭注曰：「夷之，以鉤鐮迫地芟之也，若今取茭矣。」先鄭注曰：「夷氏掌殺草，故春秋傳曰如農夫之務去草，芟夷蘊崇之。又今俗間謂麥下爲夷，下言芟夷其麥，以其下種禾豆也。」又稻人「夏以水殄艸而芟夷之」，注：「先鄭說『芟夷』，以春秋傳曰芟夷蘊崇之，今時謂禾下麥爲夷下麥，言芟刈其禾於下種麥也。」案先鄭言夷禾夷麥，管子言「夷疏」，皆是翦取之意。後鄭又以「取茭」爲況，蓋草菜必迫地芟之，疏是艸菜之可食者，惟夷之乃得當耳。事語篇「綈」字本是「稊」字。「夷」之通「稊」，猶「荑」之通「蕛」。淺人因下「素」字，遂取同聲之「綈」字改之，而失其解矣。孫詒讓云：「夷競」，「競」當爲「竟」，即古「境」字。言平治疆界之道塗也。上文說「桀冬不爲杠，夏不爲束柎」，正與湯相反。丁校以「夷競」爲揆度篇「夷疏」之誤，失之。翔鳳案：曲禮「在醜夷不爭」，史記留侯世家「皆陛下故等夷」，「夷」謂儕輩也。「夷競」猶「衆競」，非誤字。

〔四〕張佩綸云：竹書紀年：「癸命扁伐岷山，岷山進女於桀二人，曰琬，曰琰。后愛二人，女無子焉，斲其名于苕華之玉，苕是琬，華是琰，而棄其元妃于洛曰末喜氏，以與伊尹交，遂以亡夏。」

〔五〕張佩綸云：「曲逆」未詳。墨子所染篇「夏桀染於干辛、推哆」，明鬼篇作「推哆、大戲」。吕氏春秋當染篇「夏桀染於羊辛、歧踵戎」，高注：「羊芊、歧踵戎，桀之邪臣。」慎大篇作「干辛」，

注：「干辛，桀之諛臣。」「曲逆」殆即其類歟？　翔鳳案：臣事君以忠，大臣未有敢以逆爲名者，即以「逆」訓迎，「曲迎」亦非美詞。戰國時有曲逆縣，漢高帝封陳平爲曲逆侯，章帝醜其名，改爲蒲陰。元和志亦謂曲逆河之名不美，改爲方順河。愈信「曲逆」不能爲大臣之名。「曲逆」者，委曲迎合上意，此渾名也。左文十八年：「帝鴻氏有不才子，謂之渾敦。少皞氏有不才子，謂之窮奇。顓頊氏有不才子，謂之檮杌。縉雲氏有不才子，謂之饕餮。」舜父瞽叟，紂臣惡來，皆爲渾名。惡之則稱渾名，尊之則別有稱號。姜太公、管仲父、范亞父，皆非名也。古代有此風氣，則「曲逆」爲渾名，非真名也。以女華例之，本名琰，以其爲女寵而稱爲「華」，猶現代校花、交際花，亦非名也。「曲逆」之真名，當如墨子、吕氏春秋所記也。

桓公曰：「輕重之數，國准之分，吾已得而聞之矣。請問用兵奈何？」管子對曰：「五戰而至於兵。」桓公曰：「此若言何謂也？」管子對曰：「請戰衡，戰准，戰流，戰權，戰勢〔一〕。此所謂五戰而至於兵者也」。桓公曰：「善。」

〔一〕張佩綸云：依問辭當屬國準篇，管子既歷言五家之國準，故桓公推及用兵，而管子後以五戰至兵之説進。五者均所以爲輕重。權數、國準皆篇名。言衡數見輕重乙篇，言流見山權數篇，言國勢見山至數篇。　吳闓生云：「請」蓋「謂」字。　許維遹云：「請」字涉上文衍。　翔鳳案：此言「五戰而至於兵」，與國准「五家之數」何與？張説謬。「請」爲管書所常用，吳、許之説亦非。

桓公欲賞死事之後，曰：「吾國者，衢處之國，饋食之都，虎狼之所棲也。今每戰，輿死扶傷如孤，荼①首之孫，仰倳戟之寶，吾無由予之，爲之奈何〔一〕？」管子對曰：「吾國之豪家，遷封食邑而居者，君章之以物則物重，不章以物則物輕，守之以物則物重，不守以物則物輕。故遷封食邑，富商蓄賈，積餘藏羨跱蓄之家〔二〕，此吾國之豪也。故君請縞素而就士室，朝功臣世家，遷封食邑，積餘藏羨跱蓄之家，曰：『城肥致衝〔三〕，無委致圍。天下有慮〔四〕，齊獨不與其謀。子大夫有五穀菽粟者，勿敢左右，請以平賈取之子。』與之定其券契之齒〔五〕。釜鏂之數，不得爲侈弇焉。困窮之民，聞而糴之，釜鏂無止，遠通不推〔六〕，國粟之賈坐長而四十倍。君出四十倍之粟，以振孤寡，牧貧病〔七〕，視獨老窮而無子者，靡得相鬻而養之，勿使赴於溝澮之中〔八〕。若此，則士爭前戰爲顔行〔九〕，不偷而爲用，輿死扶傷，死者過半。此何故也？士非好戰而輕死，輕重之分使然也。」

〔一〕劉績云：「如」字乃「之」字也，言「輿死扶傷之孤」也。「荼首」，白首也。「寶」乃「室」字之誤，言持戟死事者之室也。「室」，妻也。言此三等人在所當恤，而欲予之財弊而給養之也。

① 「荼」字原作「茶」，據補注改。

張佩綸云：「輿死」即輿尸。劉説「寶」爲「室」，是。餘皆非也。「荼首」當爲「貧子」二字之壞。孤貧之子孫即死事之後，下文「振孤寡，牧貧病」，是其證。「寶」當作「室」，下文「就士室」，是其證。合「荼」之下及「首」之下乃「貧」字，而「子」字略壞即似「首」之上截。「傳戟」，史記張耳陳餘傳「莫敢傳刃公之腹中者」，「仰傳戟之室」言仰持戟而食也，即孟子所謂「持戟之士」。翔鳳案：「死」之爲「屍」，「葬」字爲最好之説明，屍在莽中也。「如」，而也。劉訓「之」，於音理不可通。太玄守「與荼有守」，注：「白也。」張以「荼」爲白，有據。然「白首之孫」，不一定於戰爭有關。左哀六年「陳乞弑其君荼」，公羊作「舍」，是齊之方言讀「荼」爲舍。「荼首」，舍其首以衛國也。左莊六年「齊人來歸衛俘」，公羊作「衛寶」，是齊以「俘」爲「寶」。穀梁隱五年傳「苞人民、毆牛馬曰侵」，「苞」同「寶」。晏子春秋内諫上有「懷寶」，即懷來之俘，與「傳戟之俘」同義。廣雅釋詁三：「仰，恃也。」恃傳戟爲生之俘也。

〔二〕安井衡云：「跱」、「峙」同，積也。張文虎云：「跱」當爲「峙」，費誓「峙乃糗糧」，説文作「偫」。聞一多云：「跱」、「峙」同，無煩改字。翔鳳案：説文無「跱」字，「跱」乃「峙」之變形，張不知也。

〔三〕翔鳳案：「肥」同「脆」，見前。

〔四〕戴望云：高誘注吕氏春秋曰：「慮，亂也。」翔鳳案：戴所舉見長慮篇，原文爲「無慮吾農事」，此「慮」爲動詞，不合。與下文「不與其謀」亦不合。國蓄「租税者所慮而請」，房訓

「計」，與此合。

〔五〕尹桐陽云：說文：「券，契也。契別之書以刀判契其旁，故曰契券。」「判契」即判栔，栔，刻也，謂刻其旁爲齒也。易林：「符左契右，相與合齒。」列子說符：「宋人有遊於道，得人遺契者，歸而藏之，密數其齒。」

〔六〕張佩綸云：「通」當作「近」。「不推」，即不推而往，不召而來，即遠近羅之者大至也。李哲明云：「通」疑「道」之誤。「遠道不推」，言窮民遠道來羅者不推棄之，如禮檀弓「推而遠之」之意。翔鳳案：說文：「推，排也。」「排，擠也。」李說是。

〔七〕戴望云：「牧」當從朱本作「收」，說見侈靡篇。翔鳳案：「牧」本「收」字，爲隸書別體，屢見前。

〔八〕翔鳳案：說文：「赴，趨也。」趨走於溝瀆之中。

〔九〕張佩綸云：「顔行」，漢書嚴助傳「如使越人蒙死儌幸以逆執事之顔行」，注：「顔行，猶鴈行，在前行，故曰顔也。」

桓公曰：「皮幹筋角之徵甚重〔一〕。重籍於民而貴市之皮幹筋角，非爲國之數也〔二〕。」管子對曰：「請以令高杠柴池〔三〕，使東西不相睹，南北不相見。」桓公曰：「諾。」行事期年，而皮幹筋角之徵去分，民之籍去分。桓公召管子而問曰：「此何故也？」管子對曰：「杠池平之時，夫妻服簞，輕至百里〔四〕。今高杠柴池，東西南北不相睹。天酸然雨〔五〕，十人之力不能上。廣澤遇雨，十人之力不可得而恃。夫舍牛馬之力所無因〔六〕，牛馬絶罷而相繼死其所者相望，皮幹筋角徒予人而莫之取，牛馬之賈必坐長而百倍。天下聞之，必離其牛馬而歸齊若流。故高杠柴池，所以致天下之牛馬，而損民之籍也。道若祕云〔七〕：「物之所生，不若其所聚。」

〔一〕翔鳳案：「筋角」爲九府之藏，出幽都，（見前權脩）故求之甚貴。史記貨殖列傳「故物賤之徵貴」，索隱：「求也。」説文無「幹」字，六書故云「幹涇之幹也」，「皮幹」即乾皮。

〔二〕翔鳳案：「而貴市之皮幹筋角」，「之」猶此也。

〔三〕猪飼彦博云：「柴」，藩落也。戴望云：「柴」乃「罙」字之誤，説見中匡篇。許維遹云：戴説非也。莊子天地篇「且夫趣舍聲色以柴其内」，劉師培莊子校補云「『柴』與『柵』通」，是也。説文木部：「柵，編豎木也。」通俗文云：「木垣曰柵。」淮南道應篇「柴箕子之門」，高注：「箕子亡之朝鮮，舊居空，故柴護之也。」亦以柴編爲木垣而護之也。此云「柴池」，謂以木垣圍護其池，故下云「使東西不相睹，南北不相見」，若深其池，則不得云東西南北不相睹也。翔鳳案：此爲管子之兵工政策。臨淄爲國際市場，設法使牛馬自斃，故「高杠柴池」。杠爲橋，見前「桀不爲杠」。「柴」如許説。桓十二年「盟於曲池」，公羊作「毆蛇」。「蛇」本作「它」。顧炎武唐韻正「『蛇』與『池』皆讀沱。」詩「江有沱」，爲江邊小丘。鄂西、川東一帶，稱江邊高邱爲沱，如鄢家沱是。戴、于之説均誤，深池非牛馬所經，參差豎木，何用耶？

〔四〕王引之云：「簞」字義不可通，蓋「輂」字之譌，「輂」字隸或作「輂」（見韓勑碑），字從車，從共。（說文「『輂』讀若伴侶之伴」。）「共」字上畔之卄，與隸書竹頭作卄者相似，因譌爲竹，下畔之丌，與叩字相似，因譌爲叩，又脫去車字上一畫，因譌爲簞笥之「簞」，後又譌爲莞簟之「簟」耳。「夫妻服輂」者，言杠池平之時，民間夫妻服輂而行，不用牛馬，亦不假多人輓之也。海王篇「行服連軺輂者」，「服連」即「服輂」也。（周官鄉師注「故書『輂』作『連』」，鄭司農云「『連』讀爲輂。」巾車「連車組輓」，釋文：「連，本亦作『輂』。」）字亦作「摙」。淮南人間篇「負輂載粟而至」（今本脫「載」字，說見淮南），太平御覽治道部八引作「服摙」，是也。（高注訓「服」爲駕牛，「摙」爲擔，皆失之。）「服」之言負也，任重之名也。（考工記車人「牝服」，鄭司農云：「『服』讀爲負。」小雅大東篇「睆彼牽牛，不以服箱」，謂負箱也。）史記貨殖傳：「卓氏見虜略，獨夫妻推輂行。」蓋服輂者或推或輓，前後各一人，故夫妻可以服輂也。下文云「今高杠柴池，東西南北不相睹。天酸然雨，十人之力不能上」，正謂推輂不能上高梁也。韓子外儲說右篇「茲鄭子引輂上高梁而不能支」，是也。蓋杠池平之時，夫妻二人即可以服輂而過，及其高杠柴池也，天雨苟下，則雖十人之力不能服輂而登，地高而輂重也。若作「服簞」，則盛食之器甚輕，何至十人舁之，而猶不能上乎？輂，今人謂之「二把手」，前後各兩轅，一人兩手持轅輓於前，一人如之推於後，亦有夫婦推輓者，婦以繩輓於前，夫持兩轅推於後，則此所謂「夫妻服輦」也。張佩綸云：案王説辨矣，實則「單」字。「服單」對「兩服」而言。禮記間傳「麻葛重」，注：「單，獨也。」晏子春秋亦説此事云：「民單服然後上。」彼言「單服然後上」，謂兩服重車疾行不得上。此言杠池平時服單輕至百里，即杠池高宊，服單始上，不能疾行輕至百里，其意同也。史記信陵君傳「今單車來代之」，漢書龔遂傳「單車獨行到府」，「單車」即「服單」。翔鳳案：「簞」當依晏子作「單」，此亦隸之別體。晏子云：「景公登東門防，民單服然後上。公曰：『此大傷牛馬蹄矣。夫何不下六尺哉？』晏子對曰：『昔者，吾先君桓公，明君也。而管仲，賢相也。夫以賢相佐明君而東門防全也。古者不爲，殆有爲也。蚤歲淄水至，入廣門，即下六尺耳。鄉者防下六尺，則無齊矣。』」由晏子所言，知管子之言已實行，堤高至少九尺，駕橋其上，上下均不易。牛馬服之，上下九尺之高杠，故「絶罷而相繼死其所」。內篇諫下：「服牛死，夫婦笑，非骨肉之親也，爲其利之大也。」皮幹筋角，價高而利大，自斃乃得之，故笑。「單服」對「兩服」而言，詩太叔于田「兩服上襄」，「服」，駕也。一轅馬爲單服，此兩服重，牛馬困頓。「簞」字周時無有，漢隸以「簞」爲「單」耳。趙本作「簞」，誤。「去分」之「分」爲半。月令「生死分」，注：「半也。」

〔五〕洪頤煊云：「酸」通作「䨲」。説文云：「䨲，小雨也。」義本此。

〔六〕王念孫云：「所無因」當作「無所因」。人力不足恃，則必借牛馬之力，故曰：「夫舍牛馬之力無所因。」翔鳳案：説文：「因，就也。」高杠不易上下，柴池則走廣澤，舍牛馬之力，所不能就。王説誤。

〔七〕李哲明云：「道秘」當謂古秘書，「若」字涉下「不若」句「若」字而衍。尹桐陽云：「道若秘」者，蓋古道書名。魏武帝陌上桑：「受要秘道愛精神。」翔鳳案：説文：「易，象形。秘書説，日月爲易。」參同契：「日月爲易，剛柔相當。」西京賦：「匪惟翫好，乃有秘書。小説九百，本自虞初。」五臣注：「秘書，道術書。」

桓公曰：「弓弩多匡軫苦禮切。礙也。者〔一〕，而重籍於民，奉繕工而使弓弩多匡軫者，其故何也〔二〕？」管子對曰：「鵝鶩之舍近，鶤雞鵠鴇音保。之通遠〔三〕。鵠鶤之所在，君請式璧而聘之〔四〕。」桓公曰：「諾。」行事期年，而上無闕者，前無趨人〔五〕。三月解匃，弓弩無匡軫者〔六〕。召管子而問曰：「此何故也？」管子對曰：「鵠鶤之所在，君式璧而聘之。菹澤之民聞之，越乎而射遠，非十鈞之弩不能中鶤雞鵠鴇。彼十鈞之弩，不得棐檠不能自正〔七〕。故三月解匃，而弓弩無匡軫者。此何故也？以其家習其所也〔八〕。」

〔一〕張登雲云：「匡軫」，弓弩之戾礙不能應弦以射者之名，俗謂之打調也。安井衡云：「匡」，匡刺也，謂偏戾。考工記輪人「萬之以視其匡也」，注：「輪中萬蔞則不匡刺。」「軫」，礙也。戴望云：「匡」義如國語「月盈而匡」之「匡」，言弓不正圓，如月之虧缺也。張佩綸云：考工記「輪雖敝不匡」，注：「匡，枉也。」説文：「軭，戾也。」「軫，礙也。」翔鳳案：「匡」訓戾，黄梅讀如狂。「軫」訓礙不合。徐灝説文解字注箋：「管子輕重甲篇『弓弩多匡軫者』，則『軫』亦枉戾之義。」其言是也。「軫」从多聲，與「侈」音近，同「弛」。孟子「放辟邪侈」，即「軫」字之義。

〔二〕馬元材云：「繕」，即左成十六年傳「繕甲兵」之「繕」，注：「繕，治也。」漢書息夫躬傳「繕修干戈」，注：「繕，補也。」周禮夏官之屬有「繕人」，「掌王之弓弩矢箙矰弋決拾，掌詔王射。」此「繕工」即「繕人」也。翔鳳案：廣雅釋詁四：「奉，禄也。」周禮太宰注「禄若月奉也」，釋文：「或作『俸』。」

〔三〕王念孫云：「通」當爲「道」，字之誤也。（韓子外儲説右篇「甘茂之吏道穴聞之」，吕氏春秋知化篇「接土鄰境，壤交道屬」，今本「道」字竝誤作「通」。）鵝鶩去人近，鵾雞鵠鴇去人遠，故曰「鵝鶩之舍近，鵾雞鵠鴇之道遠」。安井衡云：「舍」，畤也。「通」猶道也。張佩綸云：説文：「通，達也。」鵝鶩舍近易致，鵾鵠通遠難致，似不必改「道」字。翔鳳案：「鵾雞鵠鴇」翔於空中，安得有道。張説是。

〔四〕段玉裁云：「式」讀當爲飾，字之假借。安井衡云：「式」，用也。翔鳳案：荀子禮論：「淄巾三式而止。」「式」假爲「飾」，今作「拭」，段説是也。

〔五〕翔鳳案：「上無闕」者，謂上供足用。論語「趨而避之」，皇疏：「疾走也。」繕工工作正常，無人惶急也。

〔六〕王引之云：說文、玉篇、廣韻、集韻，皆無「⿹勹击」字。「⿹勹击」當爲「匋」，篆書「缶」字作「[illegible]」，「去」字作「[illegible]」，二形相似。隸書「缶」字作「击」，「去」字作「[illegible]」，亦相似，故隸書「匋」字多譌作「⿹勹击」。漢冀州從事張表碑「復攸陶父」，司隸校尉魯峻碑陰「濟陰定陶」，皆是也。「匋」讀與「韜」同，弓衣也。廣雅云：「韜，弓藏也。」小雅彤弓篇「受言櫜之」，毛傳曰：「櫜，韜也。」釋文：「韜，本又作『弢』。」說文曰：「弢，弓衣也。」古者舀、匋同聲。小爾雅曰：「縚，索也。」「縚」即「宵爾索綯」之「綯」。小雅菀柳篇「上帝甚蹈」，一切經音義五引韓詩「蹈」作「陶」。楚辭九章「滔滔孟夏兮」，史記屈原傳「滔滔」作「陶陶」。說文：「搯，捾也。」一切經音義七引通俗文曰：「捾出曰掏。」是其證也。「韜」從舀聲，故通作「匋」。安井衡云：「⿹勹击」當爲「⿹勹玄」，「⿹勹玄」音懸。音同則義通。懸，繫也。弓弩既成，三月解其所繫束之繩，不復匡軫也。俞樾云：字書無「⿹勹击」字，疑「医」字之誤。說文匸部：「医，盛弓弩矢器也，從匸從矢。」國語曰：「兵不解医。」翔鳳案：此句重在「弓弩無匡軫者」，緊夾而正之，不翹不斜，必爲堅硬之物。「韜」從韋，非硬物。右轉之勹，無緣誤爲左轉之匸，俞說不合。魏義橋石象碑「陶」作「⿰阝⿹勹吉」，唐張運才墓誌作「⿰阝⿹勹吉」，其中從吉。隸書口、厶不分，則「⿹勹吉」爲「⿹勹击」矣。說文：「匋，瓦器也，史篇讀與缶同。」燒土爲缶，所名爲「匋」。「陶」乃假借字。一切經音義二：「『陶』又作『匋』。」用本義也。匋比櫜韜較硬，可用以矯弓而防其匡軫也。

〔七〕洪頤煊云：荀子性惡篇：「繁弱鉅黍，古之良弓也，然而不得排檄，則不能自正。」「棐」、「排」古今字。　王念孫云：說文、玉篇、廣韻、集韻皆無「棐」字，當是「棐」字之譌。　說文曰：「檄，「棐，輔也。」徐鍇曰：「『輔』即弓檄也，故從木。」說文又曰：「榜，所以輔弓弩。」又曰：「檄，榜也。」「棐」、「榜」、「檄」三字皆從木，其義一也。　此文曰「彼十鈞之弩，不得棐檄，不能自正」，荀子性惡篇曰「繁弱鉅黍，古之良弓也，然而不得排檄，則不能自正」，說苑建本篇曰「烏號之弓雖良，不得排檄，不能自正」，「排檄」與「棐檄」同。　韓子外儲說右篇曰「榜檄者，所以矯不直也」，鹽鐵論申韓篇曰「若隱栝輔檄之正弧剌也」，「棐」、「輔」、「榜」一聲之轉。　或言「榜檄」，或言「輔檄」，或言「棐檄」，其義一也。　冢田虎云：「棐檄」當作「棐檄」，正弓體之木也。

〔八〕安井衡云：「所」猶事也。　許維遹云：此文當作「以其家所習也」。今本「習」下衍「其」字，「習」、「所」誤倒。　翔鳳案：「所」同「處」，見前文。各家自習於繕弓之處，二說均誤。

管子曰：「桓公曰：「寡人欲籍於室屋。」管子對曰：「不可。是毀成也。」「欲籍於萬民。」「欲籍於樹木。」管子對曰：「不可。是隱情也〔一〕。」「欲籍於六畜。」管子對曰：「不可。是殺生也。」「欲籍於樹木。」管子對曰：「不可。是伐生也。」「然則寡人安籍而可？」管子對曰：「君請籍於鬼神。」桓公忽然作色曰〔二〕：「萬民、室屋、六畜、樹木且不可得籍，鬼神乃可得而籍夫〔三〕！」管子對曰：「厭宜乘勢，事之利得也。計議因權，事之囿大也〔四〕。王者乘勢，聖人乘幼〔五〕，與物皆耳〔六〕。」桓公曰：「行事奈何？」管子對曰：「昔堯之五更五官無所食〔七〕，君請立五厲之祭〔八〕，祭堯之五吏。春獻蘭，秋斂落〔九〕，原魚以爲脯，鯢以爲殽〔一〇〕。若此，則澤魚之正伯倍異日〔一一〕，則無屋粟邦布之籍〔一二〕。此之謂設之以祈祥〔一三〕，推之以禮義也。然則自足，何求於民也？」

〔一〕翔鳳案：海王亦作「隱情」，國蓄作「離情」。房註「謂離情爲離心」，則「隱情」爲不知民隱也。

〔二〕王念孫云：「忽然」非作色之貌。「忽然」當作「忿然」。隸書「忿」字或作「忩」，形與「忽」相近而誤。晏子春秋諫篇曰「公忿然作色」，莊子天地篇曰「爲圃者忿然作色」，齊策曰「王忿然作色」，皆其證。翔鳳案：莊子外物「鮒魚倉然作色」，何獨人乎？高唐賦「悠悠忽忽」，注：「迷貌。」老子：「怳兮忽兮。」「忽然」謂迷怳不知所謂，王作「忿然」則爲發怒，失之遠矣。

〔三〕許維遹云：「夫」猶乎也。

〔四〕張佩綸云：「厭」，厭勝。禮王制「宜乎社」，注：「類、宜、造，皆祭名。」「囿大」當作「有大」。

于省吾云：「厭宜」與「計議」對。「議」與「計」義相近，「宜」與「厭」義相近。國語周語「克厭帝心」，注：「厭，合也。」「厭宜」即「合宜」。「囿」應讀作侑，禮記禮器「詔侑武方」，注：「詔侑，或爲『詔囿』。」是其證。「侑」之通詁訓助。此言合宜而乘勢，則事之利得也。計議而因權，則事之助大也。翔鳳案：此答藉於鬼神，張、于之説是也。

〔五〕丁士涵云：「幼」讀爲幽。大戴禮誥志篇、史記厤書並云：「幽者，幼也。」古「窈」字作「幼」。

爾雅、毛傳云：「冥，幼也。」詩釋文：「『幼』本作『窈』。」幼冥即窈冥，窈冥即幽冥矣。淮南子道應訓「可以明，可以窈」，注：「『窈』讀如幽。」禮記玉藻注：「『幽』讀爲黝。」周官牧人「守祧」，鄭司農注云：「『幽』讀爲黝，黑也；『幽』、『黝』古今字。」毛傳云：「幽，黑色也。」「黝」從幼聲，「黝」謂之黑，「幼」亦謂之黑矣。管子有幼官篇，篇内言「玄官」者三，「幼官」即「玄官」耳。「玄」猶幽也，水官曰玄冥，正取幽冥爲義。（淮南注：「玄冥將始用事，順陰而聚，故曰幽都。」）惠半農説下文「五吏」爲五官之神，然則幼官篇之「玄官」，亦即玄冥。「聖人乘幼」，故管子以之名篇也。安井衡云：「幼」，微也，聖人智明，故能乘微。翔鳳案：丁説是也。

〔六〕翔鳳案：説文：「皆，俱詞也。」「偕，發也，一曰具也。」「皆」同「偕」。趙本不明其義而改爲「宜」，誤矣。

〔七〕何如璋云：「堯之五吏」，謂羲和、共、鯀之屬。「五官」，即五行之官。「食」，饗祀也。左昭二十九年傳：「魏獻子曰：『社稷五祀，誰氏之五官？』蔡墨對曰：『少皞氏有四叔，曰重、曰該、曰脩、曰熙，實能金木及水。使重爲句芒，該爲蓐收，脩及熙爲玄冥，世不失職，遂濟窮桑。此其三祀也。（注云：「窮桑，帝少皞之號也。」）顓頊氏有子曰犁，爲祝融。共工氏有子曰句龍，爲后土。此其二祀也。』」是「五官」之祀皆非堯吏也。聞一多云：「更」，當從各本作「吏」，下文仍作「吏」，不誤。卜辭曰：「㞢又于帝五臣，又（有）大雨。」王又歲于帝五臣正，佳亾雨。辛亥卜……五臣……。」（萃一三）「五吏」蓋即「五臣」。「五官」二字疑衍。下文「君請立五厲之祭，祭堯之五吏」，不言「五官」，可證。二字蓋舊注之闌入正文者。左傳昭二十九年：「故有五行之官，是謂五官。……木正曰句芒，火正曰祝融，金正曰蓐收，水正曰玄冥，土正曰后土。」舊注以此「五官」當堯之「五吏」，未知然否。　翔鳳案：漢有三老五更。墨子號令「蓋召五官」、「三老守閭」，知其來源甚古。此「五官」當即「五更」之官。死於戰事，故謂立「五厲之祭」。「五更」指「五官」爲更者，改之非是。

〔八〕何如璋云：「厲」，謂前代有功之人而無主後者，立祀以報其功，使無歸之鬼不爲厲也。禮祭法有「泰厲」、「公厲」、「族厲」。五官皆有所食，無所食而有功者謂之厲。「泰厲」有功於天下，天子立之。「公厲」者有功於一國，諸侯立之。「族厲」者有功於一家，大夫立之。「堯之五吏」即泰厲、公厲也，故仲請桓公立之。左昭七年傳：「『今夢黃熊入於寢門，其何厲鬼也？』子産曰：『昔堯殛鯀於羽山，其神化爲黃熊，入於羽淵，實爲夏郊，三代祀之。晉爲盟主，其或者未之祀也乎？』」鯀乃堯五吏之一，故此云「立五厲之祭」也。

〔九〕戴望云：「歛」疑「獻」字誤。　何如璋云：「蘭」，花之最貴，故春以爲獻。「落」，果實也，「秋」，熟而歛之。　張佩綸云：說文：「蘭，香草也。」爾雅釋詁：「落，死也。」漢書司馬相如傳上集注引郭璞：「落，穫也。」　聞一多云：「落」即「菊」無疑。大戴記夏小正篇「鞠則見，初昏，參中，斗柄縣在下」，傳曰：「『鞠』者何也？星名也。」王引之謂即「北落」。草名菊謂之「落」，猶星名鞠謂之「北落」矣。　翔鳳案：三月上巳，采蘭祓除不祥，故「春獻蘭」。聞以「落」爲「菊」，然收斂菊花，於祭鬼何用？　且「北落」、「落芙」不能簡稱曰「落」。　侈靡：「辟之秋雲之始見，若樊神山祭之。」地數：「苟山之見榮者，謹封而爲禁。」是秋祭神山矣。西京賦「揩枳落」，注：「籬也。」喪大祭「凡封」，注：「棺之入坎爲斂。」「秋斂落」，乃祭神社而封其籬落也。

〔一〇〕張文虎云：「魚」字當脱右旁。　張佩綸云：「原魚」當作「淵魚」，避唐諱改。　説文「鯢，刺魚也」，宋玉對楚王問「尺澤之鯢」，莊子庚桑楚「尋常之溝，巨魚無所還其體，而鯢鰌爲之制」，又云「趣灌瀆守鯢鮒」。　翔鳳案：此節重在澤魚之征百倍，則「原魚」爲普通之魚，因其生於高原，較爲難得，價高而重其征。「鯢」即娃娃魚，即産於高原者，於封神山有關。許維遹疑「原魚」當作「鮪」，則産於江湖，何從重征乎？　諸説俱誤。

〔一一〕李哲明云：「澤魚」當爲「澤虞」，掌藪澤之官也。涉上「魚」字，又「魚」、「虞」同音而誤。「正」讀爲征，「伯」即「百」字，皆易曉。　翔鳳案：李改「魚」爲「虞」，誤。

〔一二〕安井衡云：三夫爲屋，「屋粟」，三家所出之粟。「邦布」，邦中所納之錢，其數未聞。　聞一多云：「屋粟」者，周禮載師「凡宅不毛者有里布，凡田不耕者出屋粟」，注曰：「宅不毛者罰以一里二十五家之泉，空田者罰以三家之税粟，以共吉凶二服及喪器也。」載師「掌聚野之耡粟、屋粟、間粟」，注曰：「屋粟，民有田不耕，所罰三夫之税粟。」「邦布」者，周禮外府「掌邦布之入出，以共百物而待邦之用」，注曰：「布，泉也。」

〔一三〕聞一多云：「祥」爲「羊」之誤，説已詳上。翔鳳案：「祥」同「羊」，聞説誤。

桓公曰：「天下之國，莫彊於越〔一〕。今寡人欲北舉事孤竹、離枝〔二〕，恐越人之至，爲此有道乎？」管子對曰：「君請遏原流〔三〕，大夫立沼池，令以矩游爲樂〔四〕，則越人安敢至？」桓公曰：「行事奈何？」管子對曰：「請以令隱三川，立員都〔五〕，立大舟之都。大身之都有深淵，壘十仞〔六〕，令曰：『能游者賜千金〔七〕。』」未能用金千，齊民之游水不避吴、越〔八〕。桓公終北舉事於孤竹、離枝，越人果至，隱曲菑以水齊〔九〕。管子有扶身之士五萬人〔一〇〕，以待戰於曲菑，大敗越人。此之謂水豫。

〔一〕安井衡云：越之强在滅吴之後，距桓公卒百七十餘年。何如璋云：桓公時越實小弱，且其地距齊尚遠，詎有踰吴、楚國境伐齊之事？作僞者殆誤以田齊之桓爲五霸之桓耳。張佩綸云：桓公之世，吴尚未通上國，何論於越？然齊語言「東南淫亂之國」，已兼萊、莒、徐夷、吴、越論之矣。或疑左氏定十年傳「徐承帥舟師將自海入齊，齊人敗之，吴師乃還」，殆戰國傳會以爲管子之事。佩綸詳考之，而知其非盡傳會也。馬元材云：此文内容，似是以漢武帝時代之事蹟爲背景者。越於春秋諸國最爲後起，在齊桓公時尚未通於中國。以後句踐北上中原，與諸夏爭霸，然距桓公之卒已百七十餘年。且爲時未久，即又寂焉無聞。至漢興，兩粵之勢燄始大張。武帝即位，猖獗尤甚。是時，漢正與匈奴相對抗，而兩粵常内侵，爲北征軍後顧之憂。武帝之欲滅此朝食也，蓋非一朝一夕之故矣。翔鳳案：春秋時國史盡亡，今所見惟魯史。齊有爭赴告於周，不如魯。周史記爲秦所毁，不能斷其必無。越、吳爭强，見於國語。吳之力可以覆楚，其强非一日矣。地數篇言礦藏，以科學説之，一字不誤。輕重九府，爲管子重道篇籍，在地數之上，以爲寓言或假託皆妄。

〔二〕何如璋云：「離枝」即令支，有孤竹城。許維遹云：小匡篇云：「制泠支，斬孤竹。」「離枝」即泠支。

〔三〕何如璋云：「原流」謂原山之流，即甾水之源也。漢書地理志：「萊蕪原山，甾水所出，東至博昌入泲。」遏而隄之，可爲沼池也。

〔四〕俞樾云：「矩」當爲「渠」。説文水部「渠，水所居，从水，榘省聲」，故得假「矩」爲之。「以渠游爲樂」，謂以游於渠爲樂。張佩綸云：「矩」當作「竝」，字之誤也。説文：「方，併船也。」淮南汜論訓高注：「方，竝也。」詩：「就其深矣，方之舟之；就其淺矣，泳之游之。」深則方舟，淺則游泳，故曰「竝游」。于省吾云：上言「大夫立沼池」，此言「矩游」，即就沼池而言，不應再言渠。「矩」應讀作距，周禮考工記輪人「必矩其陰陽」，注：「故書『矩』爲『距』。」釋名釋形體：「鬢曲頭曰距。距，矩也，言其曲似矩也。」是「矩」、「距」二字通之證。左僖二十八年傳「距躍三百」，注：「距躍，趨越也。」然則「距游」即在水距躍游泳之意也。

案：于説是。習游者從跳板超距而下，此常見者。溝渠非游水之地，方舟謂併船爲橋，以爲游樂，亦誤。

〔五〕安井衡云：「員」、「圓」，「都」、「瀦」，皆通。「瀦」，水所聚也。孫詒讓云：「隱」讀爲匽（毛詩小雅魚麗傳「士不隱塞」，釋文云：「『隱』本作『偃』。」「匽」、「偃」字同。）荀子非相篇楊注云：「梁匽所以制水。」周禮䱷人鄭衆注云：「梁，水偃也。」張佩綸云：「立員都」句衍，即「大舟之都」而誤複者。翔鳳案：孟子：「規矩方員之至也。」假「員」爲「圓」。説文：「隱，蔽也。」左襄廿三年傳「踰隱而待之」，注：「短牆也。」謂於周立牆而蔽也。廣雅釋地：「都，池也。」謂堵之以爲池也。「都」通「瀦」，見水地。張説誤，詳下。

〔六〕王念孫云：「大身之都」亦當爲「大舟之都」，此復舉上文以起下文也。「舟」與「身」字形相近而誤。「都」即禹貢「大野既豬」之「豬」，馬注云：「水所停止，深者曰豬。」史記夏本紀「豬」作「都」。丁士涵云：「大舟」之「舟」當作「周」，古字通用。「大周」，謂四周廣大也。輕重乙篇曰「以令至鼓，期於泰周之野期軍士」，即此所謂「大周」也。安井衡云：「大舟」、「大身」皆地名，輕重乙有「泰舟之野」。「壘」、「累」通。七尺曰「仞」。翔鳳案：「圓都」爲個人習游泳，「大舟之都」爲舟群作戰。「大身之都」爲都身，非誤字，亦不必改字。

〔七〕吳闓生云：據「未能用金千」句，則上句「賜千金」，「千」乃「十」字之誤。翔鳳案：備千金爲賞賜，非一人賞千金也。吳説拘泥。

〔八〕翔鳳案：「避」謂退讓，言不在越人之下也。

〔九〕戴望云：「薔」爲「菑」字之誤，説見四稱篇。孫詒讓云：「隱」亦讀爲匽，言雖淄水以灌齊也。王讀「薔」爲菑，謂「曲菑，菑水之曲處」，是也。而釋「隱」爲「塞」，義通而未的。翔鳳案：上言三都，則非止一處。「薔」同「牆」，「曲牆」即穩立之都，子虛賦「東薔彫胡」，廣雅引作「薔」。「薔」音所力切，薔音賤羊切，音不同而形相混。石經論語殘碑「辟諸宫薔」，華嶽碑「薔屋傾亞」，以「薔」爲「牆」，爲隸書别體。詩江有汜「不我以」，箋：「猶與也。」孫説非是。

〔一〇〕安井衡云：「扶」讀爲浮。孫詒讓云：「扶身之士」難通，疑「身」爲「舟」之誤。上文「大舟之都」譌作「大身」，可證。張佩綸云：「扶」乃「航」之誤，説文：「航，方舟也。」禮：「天子造舟，諸侯維舟，大夫方舟，士特舟。」詩「一葦杭之」，即「航」字。「扶」、「杭」均形近「航」耳。「薔」爲「菑」之誤，詳四稱篇，王説菑曲即臨淄之曲也。聞一多云：「扶」疑爲「杕」，字之誤也。「杕」、「枻」音近可通。（「大」、「世」古音近，故「大子」一曰「世子」。）淮南子道應篇「佽非謂枻船者曰」，注：「枻，櫂也。」「杕舟之士」，即枻船之士也。翔鳳案：漢書天文志注：「扶，附也。」説文：「泭，編木以渡也。」字變作「桴」，論語：「乘桴浮於海。」水經淮水注：「浮光山亦曰扶光山。」是「扶」通「浮」。「扶身之士」，即浮身之士。安井説是，惜未舉證耳。此「身」指人，與舟身不同，改字者均誤。

齊之北澤燒，火獵而行火曰燒。式照反。光照堂下〔一〕。管子入賀桓公曰：「吾田野辟，農夫必有百倍之利矣。」是歲租税九月而具，粟又美。桓①公召管子而問曰：「此何故也？」管子對曰：「萬乘之國，千乘之國，不能無薪而炊。今北澤燒，莫之續，則是農夫得居裝而賣其薪蕘，大曰薪，小曰蕘。一束十倍。則春有以傳耜，夏有以決芸〔二〕。此租税所以九月而具也。」

〔一〕王引之云：「燒」字絶句，「火」字下屬爲句。尹注「獵而行火曰燒，式照反」九字，本在「燒」字下，今本移入「火」字下，則誤以「齊之北澤燒火」爲句矣。

〔二〕翔鳳案：釋名釋言語：「事，傳也，事之立也。」仲尼燕居「雖在畎畝之中，事之，聖人已」，注：「事之，謂立置於位也。」則本作「事」而義爲「傳」也。

桓公憂北郭民之貧，召管子而問曰：「北郭者，盡屨縷之甿也〔一〕，以唐園爲本利〔二〕，爲此有道乎？」管子對曰：「請以令禁百鍾之家，不得事鞽〔三〕；千鍾之家，不得爲唐園；去市三百步者，不得樹葵菜。若此，則空閒有以相給資〔四〕，則北郭之甿，有所讎其手搔之功〔五〕，唐園之利。故有十倍之利。」

---

① 「桓」字原作「相」，據補注改。

〔一〕俞樾云：「屨縷」二字無義，乃「窶數」之假字。釋名釋姿容曰：「窶數，猶局縮，皆小意也。」然則「窶數之甿」，謂小民也。「窶」、「數」二字竝從婁聲，「屨」、「縷」二字亦從婁聲，故得通用矣。　姚永概云：此文下云「禁百鍾之家不得事轎」，「轎」當即「蹻」之別字。莊子釋文：「『屩』與『蹻』同。」漢書卜式傳集注：「『蹻』字本作『屩』。」釋名：「屩，草屨也。」「不得事蹻」，所以資「屨縷之甿」也。又云「去市三百步者，不得樹葵菜」，所以資唐園之甿也。若如俞說，則「不得事蹻」之文何所承乎？「屨縷」之「縷」當爲「織」字，涉上「屨中」之「婁」而誤爲「縷」矣。字又誤在「屨」字下。「屨」字不誤，下文故又承之曰「有所讎其手搔之功，唐園之利」。「手搔」者，織屨也。　顏昌嶢云：俞說非是。下文管子答言「百鍾之家不得事轎」。集韻：「『屩』或作『轎』，『轎』謂履也。」然則「屨縷之甿」，蓋謂捆屨緝縷爲生者耳。下文又云「則北郭之甿，有所讎其手搔之功」，「手搔之功」，亦謂手繰之絲縷也。「搔」即「繰」之借字，通作「繅」。　尹桐陽云：呂覽節士：「齊有北郭騷者，結罘罔，捆蒲葦，織萉屨，以養其母。」是北郭民之習屨縷也。「甿」，民也。

〔二〕翔鳳案：莊子田子方「是求馬於唐肆也」，司馬本作「廣」，「唐園」猶廣園也。

〔三〕丁士涵云：上文云「北郭者盡屨縷之甿也」，則「轎」即「屩」，謂履也。集韻：「『屩』或作『轎』。」　安井衡云：「轎」同「屩」，草屨也。「事」謂作之。　張佩綸云：集韻：「『屩』或作『轎』。」說文：「屨，履也。」「屩，履也。」廣雅：「屩，草屨也。」玉篇：「屨，履屬，麻作謂之屨。」是「屩」、「屨」略有别。李哲明云：「蹻」即「屩」字。釋名：「屩，草屨也。」莊子天下篇作「蹻」。集韻「屩」亦作「蹻」。蓋捆屨爲食，細民之事，故令百鍾之家不得爲此。

〔四〕王念孫云：「空聞」，當依宋本作「空閒」，謂以空閒之地給貧民。翔鳳案：「空閒」指「唐園」。

〔五〕張佩綸云：士虞禮注：「『搔』當爲『爪』。」又士喪禮「蚤滿如他日」，注：「『蚤』讀爲爪。」說文「叉，手足甲也」，段氏云：「『叉』、『爪』古今字，士喪禮、士虞禮、曲禮『蚤』皆『叉』字也，鄭注皆云：『讀爲爪。』『讀爲』者，易其字也。不易爲『叉』，而易爲『爪』，漢人固以『爪』爲手足甲之字矣。」案：管子古文多與三禮合，「爪」作「搔」，其一也。聞一多云：古詩（上山採蘼蕪）曰：「顏色類相似，手爪不相如。」又曰：「新人工織縑，故人工織素，織縑日一匹，織素五丈餘，將縑來比素，新人不如故。」是古稱織作之技能爲「手爪」。「搔」與「爪」同。「手搔之功」，猶言織作之功耳。

管子曰：「陰王之國有三〔一〕，而齊與在焉。」桓公曰：「此若言可得聞乎？」管子對曰：「楚有汝、漢之黃金，而齊有渠展之鹽，燕有遼東之煮，此陰王之國也。且楚之有黃金，中齊有菑石也〔二〕。苟有操之不工，用之不善，天下倪而是耳〔三〕。使夷吾得居楚之黃金，吾能令農毋耕而食〔四〕，女毋織而衣。今齊有渠展之鹽，渠展，齊地，泲水所流入海之處，可煮鹽之所也，故曰「渠展之鹽」。請君伐菹薪，草枯曰菹。采居反。煮沸火爲鹽，正音征。而積之〔五〕。」桓公曰：「諾。」十月始正，至於正月，成鹽三萬六千鍾。召管子而問曰：「安用此鹽而可？」管子對曰：「孟春既至，農事且起。大夫無得繕冢墓，理宫室，立臺榭，築牆垣。北海之衆無得聚庸庸，功也。而煮鹽〔六〕。北海之衆，謂北海煮鹽之人。本意禁人煮鹽，託以農事，慮有妨奪，先自大夫起，欲人不知其機，斯爲權術。若此，則鹽必坐長而十倍。」桓公曰：「善。行事奈何？」管子對曰：「請以令糶之梁、趙、宋、衛、濮陽。彼盡饋食之也，國無鹽則腫〔七〕。守圉之國，本國自無鹽①，遠饋而食。圉與禦②同。用鹽獨甚。」桓公曰：「諾。」乃以令使糶之，得成金萬壹千餘斤。桓公召管子而問曰：「安用金而可？」管子對曰：「請以令使賀獻、出正籍者必以金，金坐長而百倍。運金之重，以衡萬物，盡歸於君。故此所謂用若挹於河海，若輸之給馬〔八〕。此陰王之業。」

〔一〕馬元材云：揆度篇云：「天筴，陽也；壤筴，陰也。」齊、楚、燕三國各據有自然特産，爲其他各國所無，足以造成獨占之局面，以操縱天下，所謂得地獨厚者，故謂之「陰王」。

① 「鹽」字原無，據校正增。

② 「禦」上原重一「與」字，據補注删。

〔二〕王念孫云：「蔷」亦當爲「菑」。「中」，當也。言楚之有黄金，當齊之有菑石也。輕重乙篇「使玉人刻石而爲璧」，尹注：「刻石，刻其蔷石。」「蔷石」、「菑石」，皆「菑石」之譌也。聞一多云：王説是也。「菑石」蓋即磁石。「甾」、「茲」聲同通用，説文「鼒，鼎之圜掩上者」，重文作「鎡」。金文有言「饙鼎」（無㠯鼎、邵王之諻鼎）、「淄鼎」（𡙕鼎、曾諸子鼎）者，即鎡鼎，是其比。地數篇「上有慈石，下有銅金」，「慈石」即磁石。此言齊有磁石，猶言有銅金，故可與楚之黄金相比擬。任林圃云：通典食貨十二引輕重乙篇尹注「菑石」作「美石」。王念孫説爲「菑石」，可從，今山東臨淄産淄石，石質細潤，多爲黑色，可以爲硯，或古人即以之爲璧與？翔鳳案：説文：「蔷，虞蓼。」朱駿聲謂：「今水葒花之類，花紅白色，葉比水葒爲狹，較馬蓼爲小。」則「蔷石」狀其色之美。朱又謂「馬蓼葉中間有墨點」，則與任所云「黑色」相合。

〔三〕洪頤煊云：「俔」通作「睍」，「是」當作「走」。言操之不工，用之不善，天下之人皆斜視而走耳。今本作「是」字，誤。輕重乙篇同。張佩綸云：「是」當爲「眂」，聲之誤也。禮記曲禮下注：「『是』或爲『氏』。」漢書地理志下集注：「古字『是』、『氏』同。」釋名：「視，是也。」「俔而是」即睍而視之。洪説非。聞一多云：「是」讀爲睼。説文：「睼，迎視也。」文選東都賦「弦不睼禽」，思玄賦「親所睼而弗識兮」，舊注：「睼，視也。」字一作「題」，廣雅釋詁一：「題，視也。」翔鳳案：張説是也。荀子解蔽「是其庭可以搏鼠」，即假是爲「視」也。

〔四〕王念孫云：「吾」字涉上句「夷吾」而衍。聞一多云：王説非是。此當删「夷」字。古未有於君前自稱其字者。翔鳳案：夷吾乃名，敬仲其字也。二説均非。「居」，積也。

〔五〕戴望云：「火」字誤。當依朱本作「水」。何如璋云：「沸火」乃「海水」之譌。通典引此作「煑水」，無「沸」字，殆以其誤而删之。然注有「煑海水」三字，可證。洪頤煊云：「沸火」當作「沸水」，見地數篇、輕重乙篇。王念孫云：下文云「山林菹澤草萊者，薪蒸之所出也」，尹注非。安井衡云：古本作「煑水爲鹽」，地數作「煑沸水」，古本脱「沸」字。「正」音征，下「始正」同。翔鳳案：「沸」本作「鬻」。説文：「鬻，水聲沸也。」「沸火」爲有聲之火，承上「菹薪」言之，諸人不顧上文，任意改字，謬。

〔六〕俞樾云：「庸」當爲「傭」。史記陳涉世家「嘗與人傭耕」，索隱引廣雅曰：「傭，役也。」漢書每以「庸」爲之。周勃傳「取庸苦之，不與錢」，司馬相如傳「與庸保雜作」，並假「庸」爲「傭」，是其證也。「無得聚庸而煑鹽」，此所謂「庸」正是賃作者。尹訓爲「功」，失其義矣。地數篇「毋得聚庸而煑鹽」，義同。

〔七〕王念孫云：朱本「國」字在「也」字上，是也。尹注曰「本國自無鹽，遠饋而食」，是其證。「無鹽則腫」自爲句。地數篇作「惡食無鹽則腫」。安井衡云：古本「國」字在「也」字上。翔鳳案：儀禮特牲饋食禮注云：「祭祀自熟始曰饋食。」言熟食時加鹽，「之」指鹽，古本謬。「國無鹽」，謂全國無鹽也。

〔八〕張佩綸云：「輸」當作「輪」。說苑指武篇「如龙之守户，如輪之逐馬」，是其證。翔鳳案：說文：「輸，委輸也。」若委輸之給馬，使盡歸於君，非馬則不能輸。張説誤。

管子曰：「萬乘之國，必有萬金之賈。千乘之國，必有千金之賈。百乘之國，必有百金之賈。非君之所賴也，君之所與〔一〕。故爲人君而不審其號令，則中一國而二君二王也。」桓公曰：「何謂一國而二君二王？」管子對曰：「今君之籍取以正，萬物之賈輕去其分，皆入於商賈，此中一國而二君二王也。故賈人乘其弊，以守民之時。貧者失其財，是重貧也。農夫失其五穀，是重竭也。故爲人君而不能謹守其山林菹澤草萊，不可以立爲天下王。」桓公曰：「此若言何謂也？」管子對曰：「山林菹澤草萊者，薪蒸之所出，犧牲之所起也。故使民求之，使民籍之〔二〕，因以給之。私愛之於民，若弟之與兄，子之與父也，然後可以通財交殷也〔三〕。故請取君之游財，而邑里布積之。陽春，蠶桑且至，請以給其口食筃曲之彊〔四〕。若此，則絓絲之籍去分而斂矣〔五〕。且四方之不至，六時制之。春日傳耜〔六〕，次日獲麥〔七〕，次日薄芋〔八〕，次日樹麻，次日絶菹〔九〕，次日大雨且至，趣芸壅培。六時制之〔一〇〕，臣給至於國都。善者鄉因其輕重，守其委廬〔一一〕，故事至而不妄，然後可以立爲天下王。」

〔一〕陶鴻慶云：「君之所與」下當有「也」字。言君以號令操其輕重，則人民之富出於君上之賜與，君不賴人民而富也。揆度篇之「君民非富也，鄰國富之」，與此義正相反。翔鳳案：方言十二：「與，操也。」謂君之所操。陶加「也」字，謬。

〔二〕許維遹云：「藉」當作「矠」，形近而誤。魯語上「矠魚鼈以爲夏犒」，韋注：「矠，擉也，矠刺魚鼈以爲夏儲也。」此承上文「菹澤」而言，即使民矠刺菹澤之魚鼈。上文云「犧牲之所起」，魚亦牲也。禁藏篇云：「以魚爲牲。」聞一多云：許説是也，惟「藉」、「矠」可通，不必改字。字一作「簎」，説文：「簎，刺也。」淮南子繆稱篇「虎豹之文來射，猨狖之捷來措」，「措」即「簎」之省。據淮南，則凡山林菹澤草萊之所生可爲犧牲者，皆可言「藉」，亦不必專屬魚鼈言也。翔鳳案：詩韓奕「實畝實藉」，箋：「税也。」下文「因以給之私」，義實相因。不顧文義，任意改字，此大誤也。

〔三〕王念孫云：「殷」字義不可通，「殷」當爲「叚」（即今「假」字）。「交叚」，謂交借財也。隸書「殷」字作「𣪘」，「叚」字作「叚」，二形相似，故「叚」譌爲「殷」。（史記高祖功臣表「故市侯閻澤赤遷爲假相」，漢表作「殷相」，「殷」乃「叚」之譌。又漢書地理志「琅邪郡雩叚」，王子侯表作「虖葭」，史記建元以來王子侯表譌作「雩殷」。）説文：「假，非真也。」「叚，借也。」是假借之字本作「叚」，今經傳相承作「假」，而「叚」字不復用。此「叚」若不誤爲「殷」，則後人亦必改爲「假」矣。翔鳳案：中庸「壹戎衣」，注：「齊人言『殷』聲如衣。」説文：「衣，依也。」「交殷」即交依，恰爲齊人之言，何必改字乎？

〔四〕洪頤煊云：字書無「笈」字。月令「具曲植籧筐」，呂氏春秋「籧」作「簴」。「笈」即「簴」字之壞。　王紹蘭云：「笈」字罕見，說文：「笐，竽也。」「竽，筳也。」「筳，繀絲筦也。」「曲，蠶薄也。」「笐」篆文「[illegible]」，因誤爲「笈」。「彊」乃「繈」之譌。「繈」壞爲「强」，又誤爲「彊」，即國蓄篇「藏繈」之「繈」，謂錢貫也。（說文：「繈，觕纇也。」是其本義。）曲薄，蠶事之始；繀絲，蠶事之成。此文上言「蠶桑」，下言「絓絲」，故給其口食笐曲之繈以爲資耳。　張佩綸云：「笈」與「簴」不相似，「笈」乃「篗」之壞。說文：「篗，收絲者也。」其下「又」字可證。「彊」當作「强」，蓋即「繈」字。　唐蘭云：按「笈」、「簴」不相似，無由致誤，洪說非是。「笈」當爲「莆」之誤，「莆」即「薄」字也。古艸、竹往往不分，「甫」本作「[illegible]」，亦作「[illegible]」，蓋隸變作「岗」，脱誤爲「冈」耳。「薄曲」皆蠶具，說文：「曲，或說蠶薄也。」「苗，蠶薄也。」史記周勃世家：「勃以織曲薄爲生。」「笈曲」猶「曲薄」矣。穆天子傳數言「桂薑百岗」，「岗」亦昔人所未識，今謂乃「専」字古文「[illegible]」之隸變。「専」讀爲縛，言挂薑百縛也，與此可互證。　聞一多云：「笈」當爲「筃」之譌。廣韻集韻並有「筃」字，集韻音「図」，說文「図」讀若籋。此本作「筃」，借爲「籋」。說文：「檷，絡絲柎。」「籋」、「檷」當係同字，以竹爲者曰籋，以木爲者曰檷也。曲同「筁」，說文：「筁，蠶薄也。」「筃曲」均蠶具名。　翔鳳案：「笈」即筒字。說文訓「筒」爲通「簫」。唐韻讀去聲，平聲訓竹筒。以竹筒交互爲收絲之器。說文：「笠，可以收繩也。」或省作「互」。字變作「篗」、作「籆」。楚辭：「求矩矱之所同。」說文：「篗，度也。」用以度綫，與

「互」聲義全同。互以細筒曲而交之，如X形。擇其稍彊者，故曰「筒曲之彊」，一字不誤。隸書口作厶，稍變作×，今人尚有書「筒」爲「筃」者。王、張二説近之，餘皆誤。

〔五〕安井衡云：粗者曰「絓」，繭滓所抽也。言民皆納絲償債，故絓絲去半而斂，亦足用也。許維遹云：説文糸部：「絓，繭滓絓頭也，一曰以囊絮練也。」釋名釋布帛：「紬，抽也，抽出絲端，出細緒也。又謂之絓。絓，挂也。」此云「絓絲之籍」，猶孟子盡心篇「有布縷之征」耳。

翔鳳案：禮記月令「死生分」，注：「猶半也。」古無輕唇音，「分」即讀半。「頒」假爲「班」，其顯證矣。

〔六〕張佩綸云：六「日」字均當作「曰」，即所謂「六時」也。「春日傳耜」，月令「孟春，天子親載耒耜，躬耕帝藉」，是也。聞一多云：「傳」，插也。後漢書張衡傳「丁厥子而傳刃」，注：「江東人以物插地中爲事。」漢書蒯通傳「不敢事刃于公之腹者」，注：「李奇曰：東方人以物臿地中爲事。師古曰：周官考工記字作『菑』。」「事」與「傳」同。詩大田載芟「俶載南畝」，兩「載」字箋亦皆讀爲菑。「傳」與「載」並通「菑」，是管子「傳耜」即月令「載耒耜」，並謂插耒耜於地中以發土反草，而管子字作「傳」，尤與東齊方言符合。翔鳳案：張説非。

〔七〕安井衡云：「獲」讀爲穫。張佩綸云：説文：「穫，刈穀也。」「穫麥」，月令：「孟夏，農乃登麥。」翔鳳案：説文：「獲，獵所獲也。」荀子富國：「一歲而再獲之。」周髀算經：「物有朝生暮獲。」本義借義皆可。

〔八〕張佩綸云：「薄芓」者，説文：「芓，麻母也。」詩「或芸或耔」，漢書食貨志引作「芓」，非麻母之「芓」也。翔鳳案：書益稷「外薄四海」，借爲「敷」，爲「布」。廣雅釋詁三：「播，布也。」説文：「播，穜也。一曰布也。」虞書：「播時百穀。」「薄芓」爲播芓。

〔九〕許維遹云：「菹」與「苴」通。吕氏春秋貴生篇注：「苴，草蒯也。」「絶菹」，言除草芥也。

〔一〇〕張登雲云：「六時」，「春日傳粗」以下六日之時。張佩綸云：月令：「季夏，土潤溽暑，大雨時行，燒薙行水利，以殺草，如以熱湯，可以糞田疇，可以美土彊。」然則「六時」自孟春至季夏。

〔一一〕張佩綸云：「臣」乃「藏」字之壞。「藏給」者，國語注：「給，備也。」文當作「藏給至於都鄉，善爲國者因其輕重，守其委廬」。或説「善」即「里」之誤，「者」涉「都」而衍。「至於國都里鄉」，即遺人所謂「邦之委積，鄉里之委積，縣都之委積」也。聞一多云：「臣」疑當爲「以」，字之誤也。（「以」本作「㠯」，以形近誤爲「臣」。）上文「因以給之」、「請以給其口食筥曲之彊」，兩言「以給」，可證。「以給」下似有奪句，「鄉」字即其殘餘之錯置於下文者。「至於國都」四字爲句，與上文「且四方之不至」語意相應。「善者因其輕重，守其委廬」，則與事語篇「善者用非其有，使非其人」，國蓄篇「故善者執其通施以御其司命」，又「故善者委施於民之所不足」，句法同例。翔鳳案：「臣」即巨，詳巨乘馬。「巨給」，大給也。「善者鄉因其輕重」云云，一字不誤，諸説非是。

管子曰：「一農不耕，民或爲之飢。一女不織，民或爲之寒。故事再其本，則無賣其子者。事三其本，則衣食足。事四其本，則正籍給。事五其本，則遠近通，死得藏〔一〕。今事不能再其本，而上之求焉無止，是使姦涂不可獨行，遺財不可包止〔二〕。隨之以法，則是下艾民〔三〕。食三升，則鄉有正食而盜。食二升，則里有正食而盜。食一升，則家有正食而盜〔四〕。今操不反之事〔五〕，而食四十倍之粟，而求民之毋失，不可得矣。且君朝令而求夕具，有者出其財，無有者賣其衣屨，農夫糶其五穀，三分賈而去。是君朝令一怒，布帛流越而之天下〔六〕。君求焉而無止，民無以待之〔七〕，走亡而棲山阜。持戈之士，顧不見親，家族失而不分〔八〕。民走於中而士遁於外，此不待戰而内敗。」

〔一〕張佩綸云：「死得藏」下，當依揆度篇增「矣」字。翔鳳案：説文：「葬，藏也。」張增「矣」字，謬。

〔二〕洪頤煊云：「包」當作「拘」。「拘」，留也。揆度篇作「貨財不安於拘」，「包」、「拘」因字形相近而譌。張佩綸云：漢書趙廣漢傳：「善爲鉤距以得事情。鉤距者，設欲知馬價，則先問狗，已問羊，又問牛，然後及馬，參伍其賈以類相準，則知馬之貴賤不失實矣。」此「拘止」即「鉤距」。蘇林曰：「鉤得其情，使不得去。」晉灼曰：「鉤，致也。距，閉也。」即此「拘止」之訓。「姦涂不可獨行」，言羣起爲盜；「遺財不可鉤止」，言金幣分流。郭沫若云：「遺財」，當依揆度篇作「貨財」。「包」字不誤，揆度篇「拘」字則「抱」之誤也。「包」與「抱」通。「貨財不可包止」，言貨財無法把持也。翔鳳案：隱八年「盟於浮來」，公羊作「包」。同「俘」，通「捕」，謂不可捕而止也。「一農不耕」四句爲神農之教，見揆度。

〔三〕張文虎云：「艾」、「刈」古通。「下艾」謂去其本。張佩綸云：「則是下艾民」爲句，趙氏以「艾」字絶句，非是，揆度篇可證。孟子「及陷於罪然後從而刑之，是罔民也」，管義與之合。

〔四〕王念孫云：此「正」字爲「匃」之誤。廣雅曰：「匃，求也。」俗書「匃」字作「丐」，與「正」相似而誤。襄公三十一年左傳釋文「丐，本或作『正』」，昭公六年釋文「士匄，或作『王正』」，是其證。王引之云：「正」字義不可通。「正」當爲「乏」，乏者，匱也，絶也。史記高祖紀曰「漢軍乏食」，是也。乏食則不忍飢餓而爲盜矣。「乏」字本作「𤴓」，形與「正」相似，因譌而爲「正」。宣十五年左傳曰：「文，反正爲乏。」張佩綸云：王氏父子兩説並通，當從小王爲是，丐食則非盜矣。「升」非升斗之升。穀梁襄二十四年傳：「一穀不升謂之嗛，二穀不升謂之饑，三穀不升謂之饉，四穀不升謂之康，五穀不升謂之大侵。」「食三升」，二穀不升也。「二升」，三穀不升也。「一升」，四穀不升也。與穀梁、韓詩外傳均合。翔鳳案：穀梁襄廿四年傳「五穀不升爲大饑」，注：「成也。」當爲「登」之借。列子黄帝「俱升高臺」，釋文：「登也。」曲禮「年穀不登」，是其證。「三升」、「二升」、「一升」，謂價升高也。甲文、金文反正仍爲一字者多。然管子已經漢人隸定，不應有此，以大王之説爲是。

〔五〕張文虎云：「不反」，疑即上文「下艾」二字之譌。　何如璋云：「不反」，謂農收不反其本也。　翔鳳案：荀子儒效「積反貨而爲商賈」，謂販運也，其義正合。張、何説非。

〔六〕俞樾云：「怒」讀爲弩，方言：「凡人語而過，東齊謂之劒，或謂之弩。」是齊人謂「語而過」者爲「弩」。「朝令一怒」，正謂其語之過也。「怒」者「弩」之假字，管子齊人，故齊言耳。　翔鳳案：公羊莊四年傳「此非怒與」，注：「怒，遷怒，齊人語也。」此亦齊人語，不須改字。

〔七〕許維遹云：晉語「厚戒箴國以待之」，韋注：「待，備也。」周語「内外齊給」，韋注：「給，備也。」此言民不能供給。

〔八〕翔鳳案：論語「五穀不分」，鄭注：「猶理也。」

管子曰：「今爲國有地牧民者，務在四時，守在倉廩。國多財則遠者來，地辟舉則民留處，倉廩實則知禮節，衣食足則知榮辱。今君躬犂墾田，耕發草土，得其穀矣，民人之食，有人若干步畝之數〔一〕，然而有餓餒於衢閭者何也？穀有所藏也。今君鑄錢立幣，民通移，人有百十之數，然而民有賣子者何也？財有所并也。故爲人君不能散積聚，調高下，分并財，君雖彊本趣耕，發草立幣而無止〔二〕，民猶若不足也〔三〕。」

〔一〕郭嵩燾云：下文「人有百十之數」，此亦當作「人有若干步畝之數」。

〔二〕丁士涵云：「發草」與「立幣」連言不詞，疑涉上而衍。張佩綸云：發草鑄幣，輕重戊篇「萊、莒之山生柴，鑄莊山之金」，是也。丁氏以「發草與鑄幣連言，疑涉上而衍」，實則彼言耕發草土，「草土」詳地員篇，與「發草」非一事。郭沫若云：丁説非是。「發草立幣而無止」，正總結上述「墾田」與「鑄錢」二事，並非衍文。

〔三〕安井衡云：「若」當爲「苦」，字之誤也。安井衡云：「若」當爲「苦」。馬元材云：吕氏春秋用衆篇云：「雖不足，猶若有跖。」誣徒篇云：「雖不肖者猶若勸之。」荀子不苟篇亦有「雖作於心，見於色，出於言，民猶若未從也」之言，句例與此並同。若改「若」爲「苦」，便不詞矣。二氏説皆非。

桓公問於管子曰：「今欲調高下，分并財，散積聚。不然，則世且并兼而無止，蓄餘藏羨而不息，貧賤鰥寡獨老不與得焉。散之有道，分之有數乎？」管子對曰：「唯輕重之家爲能散之耳。請以令輕重之家。」桓公曰：「諾。」東車五乘〔一〕，迎癸乙於周下原。桓公問四〔二〕，因與癸乙、管子、甯戚相與四坐。桓公曰：「請問輕重之數。」癸乙曰：「重籍其民者失其下，數欺諸侯者無權與〔三〕。」管子差肩而問曰〔四〕：「吾不籍吾民，何以奉車革？不籍吾民，何以待鄰國〔五〕？」癸乙曰：「唯好心爲可耳〔六〕。夫好心則萬物通，萬物通則萬物運，萬物運則萬物賤，萬物賤則萬物可因。知萬物之可因而不因者，奪於天下。奪於天下者，國之大賊也。」桓公曰：「請問好心萬物之可因。」癸乙曰：「有餘富無餘乘者，責之卿諸侯。足其所，不賂其游者，責之令大夫〔七〕。若此則萬物通，萬物通則萬物運，萬物運則萬物賤，萬物賤則萬物可因矣。故知三准同筴者能爲天下〔八〕，不知三准之同筴者不能爲天下。故申之以號令，抗之以徐疾也〔九〕，民乎其歸我若流水。此輕重之數也。」

〔一〕丁士涵云：「東」乃「柬」字誤。「柬車」，約車也。國策曰：「請爲子約車。」又曰：「王爲約車載百金。」翔鳳案：丁改「東」爲「柬」，漢書食貨志：「東，聚也。」義可通。然「約車」之「約」訓爲委約，非纏束也。釋名：「古者曰『車』聲如居，言行所以居人也。今曰『車』聲近舍，車舍也，行者所處若居舍也。」「居」、「舍」皆有止義。説文：「東，動也。」「動車」義更適當，知改字非是。

〔二〕張佩綸云：廣韻：「癸，姓苑云：出齊癸公後。」「下原」，疑即蘇忿生之地温原，其時由鄭歸周，尚未與晉，故曰「周下原」也。荀子宥坐篇「管仲誅付里乙」，元和姓纂作「恃乙」，宋姓解作「魯有忖乙爲齊所誅」，未知即其人否？尹桐陽云：「周」同「州」，淳于國之所都。春秋「州公如曹」，左傳云「淳于公如曹」。故城在今山東高密縣東北。

〔三〕猪飼彦博云：「問四」二字疑衍。張佩綸云：「問四因」，「四」字涉下「四」字而衍。許維遹云：「問四因」三字涉下文而衍。聞一多云：衍「問四」二字。翔鳳案：四人皆以爲衍，似爲錯誤無疑，然實謬也。左定十年傳「公子地有白馬四」，漢書五行志下作「駟」。說文：「駟，馬一乘也。」詩大明「駟騵彭彭」，公羊隱元年疏引作「四」。詩「駟驖孔阜」，說文馬部作「四」。「問四」即「問駟」。儀禮聘禮「路先設西上，路下四亞之」，謂大路設於西上，其下駟亞之。不考索，輕以爲誤，陋矣。

〔四〕安井衡云：「差肩」，肩差在後也，癸乙爲賓，故「差肩而問」焉。許維遹云：「差肩」猶比肩也。翔鳳案：左文十一年傳「富父終甥駟乘」，注：「四人共車。」差肩在車上，諸人不悟也。

〔五〕許維遹云：「待」猶禦也。翔鳳案：上文許引韋註訓「待」爲「備」，義勝。自忘之，何也？

〔六〕安井衡云：「好」，孔也。紂曰：「吾聞聖人心有七竅。」蓋古謂有智慮者，心有孔竅也。翔鳳案：「有餘富」答「萬物之可因」，非釋好心也。釋名：「好，巧也。」如巧者之造物，無不皆善，人皆好之也。「好心」，猶言用心巧爲設法。

〔七〕郭沫若云：文正宜以「卿諸侯」斷句。輕重乙篇亦見「卿諸侯」、「令大夫」之名。俞樾謂「卿諸侯」爲大國之孤（詳見乙篇「使卿諸侯藏千鍾」條下）。余疑卿與諸侯爲二。「諸侯」者，附庸諸國之君長也。陳侯因資敦「朝問諸侯」，知齊國實領有羣小諸侯。卿乃内臣，諸侯乃外臣，責令先内而後外。「足其所，不賂其游」者，謂有財不以分人，即自得其所而不顧交游。輕重之筴，旨在破除積蓄，以防私室之坐大，故有此等責令。此即所以「散積聚，調高下，分并財」之一術也。　翔鳳案：周禮師氏「凡國之貴游子弟學焉」，注：「游，無官司者。」「游」同「遊」。郭謂「交游」，義狹。

〔八〕安井衡云：穀幣財爲「三准」，從輕重而環之爲「同策」。　尹桐陽云：一調高下，二分并財，三散積粟也。　翔鳳案：「三准」爲輕重之策，以尹説爲是。

〔九〕許維遹云：禮記文王世子篇「抗世子法於伯禽」，鄭注：「抗，猶舉也。」與輕重乙篇「引之以疾徐」義亦相類。

桓公問於管子曰：「今傳戟十萬，薪菜之靡，日虚十里之衍〔一〕。頓戟一譟，而靡幣之用，日去千金之積〔二〕。久之，且何以待之？」管子對曰：「粟賈平四十，則金賈四千〔三〕。粟賈釜四十，則鍾四百也，十鍾四千也，二十鍾者爲八千也。金賈四千，則二金中八千也。然則一農之事，終歲耕百畝，百畝之收，不過二十鍾，一農之事乃中二金之財耳。故粟重黄金輕，黄金重而粟輕，兩者不衡立。故善者重粟之賈，釜四百，則是鍾四千也，十鍾四萬，二十鍾者八萬。金賈四千，則是十金四萬也，二十金者爲八萬。故發號出令曰：一農之事，有二十金之筴〔四〕。然則地非有廣狹，國非有貧富也，通於發號出令，審於輕重之數然。」

〔一〕張佩綸云：「薪菜」當作「薪采」。公羊哀十四年傳：「然則孰狩之？薪采者也，薪采者則微者也。」許維遹云：「萬」下脱「而」字。下文云「頓戟一譟，而靡幣之用，日去千金之積」，文同一例，是其證。翔鳳案：本書屢言「薪菜」，「菜」爲食所必需。張改爲「采」，謬。

〔二〕丁士涵云：「幣」者，「敝」之借字。説文：「敝，帗也。一曰敗衣也。」輕重乙篇曰：「器以時靡幣。」張佩綸云：「靡幣」當作「靡敝」。禮記少儀：「國家靡敝。」此言養兵則有薪樵之費，用兵則有轉饟之費。翔鳳案：「靡幣」猶言費錢，「幣」即金也。少儀疏「財物靡散凋敝」，亦以「靡」爲「敝」。二説誤。

〔三〕王引之云：當作「粟賈平，釜四十，金賈四千」，言今之粟賈平，每粟一釜，其賈四十錢，金賈每一金（孟子公孫丑趙注曰：「古者以一鎰爲一金。鎰，二十兩也。」）四千錢，二者皆當時之賈也。下文「粟賈釜四十，則鍾四百也，十鍾四千也，二十鍾者爲八千也」，即承「粟賈平釜四十」言之。金賈四千，則二金中八千也，即承「金賈四千」言之。今本「四十」上脱「釜」字，「金賈」上衍「則」字（因下文「粟賈釜四十則鍾四百」而衍），而文義遂不可通。安井衡云：輕重乙篇：「狄諸侯，畝鍾之國也。」「畝鍾」則百畝百鍾，而此云百畝二十鍾。揆度曰「金之平賈萬也」，而此云「金賈四千」。蓋管子經數百年之久，而成於數十人之手，是以僭差繆戾至于如此。餘不盡辨焉。翔鳳案：王補「釜」字，衍「則」字，自以爲甚當，而不知其非也。齊以釜爲基量。小者爲區，四區爲釜。大者爲鍾，釜十爲鍾。乙篇「滕魯之粟釜百，則使吾國之粟釜千」，丁篇「齊西之粟釜百泉，齊東之粟釜十泉」，皆以釜爲基量之證。凡基量日用所共知，可省。如今之基量爲斤或升，口語常省之也。釜百泉亦爲常價，乙篇「請重粟之價金三百」，謂一釜三百泉，三倍之也。故下云「三倍其賈」。「平四十」則金價四千，恰爲常價釜百泉之數也。不知此義，而任意增删，大誤。安井之説亦誤。穀價隨收成之豐歉而漲落，數年之中，有差至千萬倍者，此常見，不須舉證也。

〔四〕陶鴻慶云：「曰」字不當有。「一農之事」二句，與上文「一農之事乃中二金之財耳」語義相應。言號令之效如此也，非上令下之辭。馬元材云：當作一句讀，「曰」爲「而」字之誤。翔鳳案：「二十金之筴」非二十金之數，「曰」字不可少。

管子曰：「湩然擊鼓〔一〕，士忿怒。鎗然擊金，士帥然。筴桐鼓從之〔二〕，輿死扶傷，爭進而無止。口滿用，手滿錢〔三〕，非大父母之仇也〔四〕，重禄重賞之所使也。故軒冕立於朝，爵禄不隨，臣不爲忠。中軍行戰〔五〕，委予之賞不隨，士不死其列陳。然則是大臣執於朝，而列陳之士執於賞也〔六〕。故使父不得子其子，兄不得弟其弟，妻不得有其夫，唯重禄重賞爲然耳。故不遠道里而能威絶域之民，不險山川而能服有恃之固〔七〕，發若雷霆，動若風雨，獨出獨入，莫之能圉。」

〔一〕陳奂云：「湩」與「鏜」一聲之轉。詩「擊鼓其鏜」，毛傳曰：「鏜然，擊鼓聲也。」說文「𪔛，鼓聲也」，引詩作「鼞」。「鏜，鐘鼓之聲也」，引詩作「鏜」。依毛訓，則詩之「鏜」爲「鼞」。司馬法曰「鼓聲不過閶」，「閶」爲「鼞」之假字。又說文「𪔛，鼓聲」，集韻通作「鼕」。「隆」、「冬」與「湩」聲亦相近。張佩綸云：「湩」乃「𪔛」之轉，樂府秦女休行「朣朧擊鼓赦書下」，御覽作「隴橦」，沈佺期詩「籠僮上西鼓」，柳宗元詩「籠銅鼓報衙」，「朣朧」、「隴橦」、「籠僮」、「籠銅」，即「潼然」也。李哲明云：「湩」本無義，狀鼓音耳。今俗鼓聲如董，廣韻作「𪔵」，云：「𪔵，鼓鳴也。」作「湩」者，初無正字，因聲假之。作「𪔵」則後人臆造。知鼓音云董，由來久矣。翔鳳案：張、李二說均是，而李尤確。「鏜」爲金聲，詩人兼鼓與鐘言之耳。「湩」今通作「鼕」。舌上讀舌頭，「湩」正讀鼕。

〔二〕安井衡云：「鎗」，鍾聲也。「士」下當脱二字，今不可考。「帥」、「率」通；「帥然」，急遽貌。張佩綸云：「筴桐鼓從之」，「桐」當爲「枹」，字之誤也。說文：「枹，擊鼓杖也。」淮南墬形高注、文選西征賦引淮南許注均云：「筴，杖也。」翔鳳案：「鎗」今作「鏜」，古無舌上音也。「帥」通「率」，衆所共知，其實爲「衛」，若左桓二年傳「藻率鞞鞛」，服注：「刷巾也。」則爲「帥」之本義矣。漢書東方朔傳「令先生率然高舉」，注：「猶颯然。」與聳然相近，郭沫若訓爲「肅」，義近而不全同。「筴」同「策」，擊也。改「桐」爲「枹」，與「策」同，不可通。說文：「桐，榮也。」漢書禮樂志「桐生茂豫」，師古讀「桐」爲「通」。史晨饗九廟後碑「桐車馬於瀆上」，亦以「桐」爲「通」，通禮義纂：「建鼓，大鼓也，少昊氏作焉。夏加四足，謂之節鼓。商貫之，謂之盈鼓。周人懸而擊之，謂之懸鼓。」「桐」假爲「通」，謂貫之也。貫以竹木，可肩負而行。「桐」聲近榮，即通「盈」，齊用商之盈鼓也。

〔三〕張登雲云：「用」，食用也。言人勇於攻戰，死而不顧者，爲有重禄而「口滿食用」，有重賞而「手滿錢」，爲利所動也。翔鳳案：説文：「用，可施行也。」甲文、周易多言之，託言決於鬼神爲可用，故曰「口滿用」。

〔四〕豬飼彦博云：「大」當作「有」。張佩綸云：「大父母之仇」，曲禮、周禮調人均言「父之讎」，檀弓言「居父母之仇」，皆不及「大父母之仇」。周禮調人疏引異義古周禮說：「復讎可盡五世之内，五世之外，施之於己則無義，施之於彼則無罪，所復者，唯於殺者之身及在被殺者子孫，可盡五世得復之。」鄭從之也。曲禮疏文有詳略，許、鄭皆主周禮，不主公羊，是「大父母之仇」亦當不反兵而鬭，與父母同。故管子引之以喻戰，與經義合。許維遹云：「大」字當作「从」，「从」字偏旁與「大」形近，故譌爲「大」。「从」即「從」字。揆度篇云：「若從親戚之仇。」「親戚」亦父母也，「從」猶追逐也，説詳揆度篇。翔鳳案：「大」有尊祝之義。公羊：「君子大居正。」荀子：「大天而思之，孰與物畜而制之。」張以爲祖父母，誤。春秋大九世之仇，非祖父母一世，舍父母言祖輩，不近情。

〔五〕許維遹云：「中」當作「申」，「申軍」與「行戰」平列。古之言兵者往往「申」、「守」對舉。左哀二十六年「申開守陴」，本書幼官篇「申守不慎」，此文「申軍」猶遣軍、發軍。後人習見中軍，故改「申」爲「中」耳。　翔鳳案：穆天子傳「味中糜胃而滑」，注：「猶合也。」「中軍」猶合軍。

〔六〕孫詒讓云：上下文皆云「重禄重賞」，又云「故軒冕立於朝，爵禄不隨，臣不爲忠。中軍行戰，委予之賞不隨，士不死其列陳」，則「執於朝」，「朝」當作「禄」。　許維遹云：「執」猶愛也。吕氏春秋遇合篇「故嫫母執乎黄帝」，高注：「黄帝説之。」以「説」釋「執」，「説」亦愛也。　劉子新論襲文作「軒皇愛嫫母之醜貌」，此「執」、「愛」義同之證也。　翔鳳案：淮南主術訓「人主之所以執下」，注：「制也。」執持所以制之，制士以賞，制大臣於朝見之時。大臣非百官之比，制百官以爵禄，百官不朝見也。

〔七〕翔鳳案：「絶域」承「遠道」，「恃固」承「險山川」。國曰固，野曰險。國指城市，各本不知其義而改爲「國」，誤矣。

桓公曰：「四夷不服，恐其逆政游於天下而傷寡人〔一〕。寡人之行，爲此有道乎〔二〕？」管子對曰：「吴、越不朝，珠象而以爲幣乎〔三〕？發、朝鮮不朝〔四〕，請文皮毤他卧切，落毛也。服而以爲幣乎？禺氏不朝，請以白璧爲幣乎？崐崘之虚不朝〔五〕，請以璆琳琅玕爲幣乎？故夫握而不見於手，含而不見於口，而辟千金者珠也，然後八千里之吴、越可得而朝也。一豹之皮，容金而金也〔六〕，然後八千里之發、朝鮮可得而朝也。懷而不見於抱，挾而不見於掖，而辟千金者，白璧也，然後八千里之禺氏可得而朝也。簪珥而辟千金者，璆琳琅玕也，然後八千里之崐崘之虛可得而朝也。故物無主，事無接，遠近無以相因，則四夷不得而朝矣〔七〕。」

〔一〕豬飼彦博云：「游」猶流也。張佩綸云：「游於天下」，即國蓄篇之「蓄賈游市」、地數篇之「游子勝商」也。

〔二〕豬飼彦博云：「寡人」二字衍。聞一多云：「行」字衍。此本以「……而傷寡人」句，「寡人之爲此有道乎」句。廣雅釋詁一：「爲，瘉也。」小爾雅廣詁：「爲，治也。」是「爲」有救治之義。「爲此有道乎」，猶言此事有救治之方法乎。淺人不達此「爲」字之義，乃訓「爲」爲「行」，注「行」字於旁，寫者復據以加入正文，遂成今本耳。翔鳳案：以逆政傷寡人，非寡其行也。「行」爲行政，此指逆政，一字不誤。

〔三〕王念孫云：「珠象」上脱「請」字。下文皆有，當據補。翔鳳案：説文：「請，謁也。」爾雅釋詁：「請，告也。」謁者若後人書刺，自言爵里姓名，並列所白事。朝爲面見請則以文告之，有遠近之異。三言朝請皆國外，與吴、越在國内者不同，非必奪「請」字也。

〔四〕翔鳳案：「發、朝鮮」説詳揆度篇。

〔五〕孫星衍云：御覽八百九引無「之」字。爾雅：「有崑崙虛之璆琳琅玕焉。」又云：「河出崑崙虛。」此不宜有「之」字。翔鳳案：崐崘虛非國名，其地爲小部落，非止一國，有「之」字是，孫説非也。

〔六〕張佩綸云：「一豹之皮容金而金也」當作「一豹之容而辟千金者，文皮也」。廣雅釋詁二：「容，飾也。」周禮巾車「皆有容蓋」，司農注：「『容』謂幨車。」攷工記函人「凡爲甲必先爲容」，注：「『容』謂象式。」「豹之容」，即揆度篇之「豹飾」、「豹幨」。或説「容」即「辟」之启旁而誤加宀者，當作「一豹而辟千金者」，亦通。郭沫若云：上「金」字乃「裣」之省文，當作「一豹之皮容裣而辟千金者，文皮㲪服也」。揆度篇「卿大夫豹飾，列大夫豹幨」，尹注：「袖謂之飾，襟謂之幨。」禮記玉藻「羔裘豹飾，緇衣以裼之」，鄭注：「飾，猶袖也。」詩唐風「羔裘豹袖」，箋：「在位卿大夫之服也。」此爲尹所本。説「幨」爲襟，不知何所據，恐依聲得之。然則此「容」即「飾」，「裣」即「幨」。山權數篇「一金之衣」，李哲明説「金」爲「裣」（見上）。裣者，説文云：「交衽也。」又：「衽，交裣也。」廣韻：「『裣』同『襟』。」古人衣如今之僧服，故言「交衽」或「交裣」。準此，可見管子書每以「金」爲「裣」矣。翔鳳案：郭説是也。

〔七〕張佩綸云：「不得而朝」當作「可得而朝」。朝曰「可得而朝」，不朝曰「不朝」。淺人未明其旨，妄改之。「主」，周禮司市「百族爲主」、「商賈爲主」之謂。説文：「接，交也。」物無主之者，事無交之者，則遠近不相因，彼絶市易之利，不得不稱臣奉貢，故曰「可得而朝」。郭沫若云：揆度篇「堯、舜之王所以化海内者，北用禺氏之玉，南貴江、漢之珠，其勝禽獸之仇，以大夫隨之」，措辭用意與此大同小異。可知本篇乃以「吳、越」表南，「發、朝鮮」表東，「禺氏」表北，「崑崙之虛」表西。蓋以四方之珍物爲幣，則物有所主，事有所接，遠近有以相因；四方之人因有利可得，故欣然來朝。苟不如是，則「物無主，事無接，遠近無以相因」，四方之人裹足不至矣。張未明原旨而妄改原文，正自示其「淺」耳。

管子校注卷第二十四

輕重乙第八十一

輕重十①四

桓公曰：「天下之朝夕可定乎〔一〕？」管子對曰：「終身不定。」桓公曰：「其不定之説，可得聞乎？」管子對曰：「地之東西二萬八千里，南北二萬六千里。天子中而立，國之四面，面萬有餘里，民之入正籍者亦萬有餘里〔二〕。故有百倍之力而不至者，有十倍之力而不至者，有俛而是者〔三〕。則遠者疏，疾怨上〔四〕，邊竟諸侯受君之怨民，與之爲善，缺然不朝。是天子塞其涂，熟穀者去，天下之可得而霸〔五〕。」桓公曰：「行事奈何？」管子對曰：「請與之立壤列天下之旁〔六〕，天子中立，地方千里，兼霸之壤三百有餘里，佌諸侯度百里〔七〕，負海子男者度七十里。若此，則如胸之使臂，臂之使指也。然則小不能分於民，推徐疾羨不足〔八〕，雖在下不爲君憂。夫海出沸無止〔九〕，

① 「十」字原作「第」，據校正改。

山生金木無息。草木以時生，器以時靡幣〔一〇〕，沸水之鹽以日消，終則有始，與天壤爭，是謂立壤列也。」

〔一〕張佩綸云：「之」字衍。桓公欲以一朝一夕定天下，言速也，故管子答以「終身不定」。李哲明云：「朝夕」上當捝「數」字。「天下之數」見山權數、山至數等篇，捝「數」字，句意爲不完足。　翔鳳案：管書「朝夕」指物價漲落，然本節乃政治而非經濟，張、李説謬矣。左成十二年傳「朝而不夕」，疏：「朝見君謂之朝，夕見君謂之夕。」此謂定霸使國内外以時朝見也。

〔二〕何如璋云：「正籍」，謂定民征賦之籍也。以天下爲郡縣，故入正籍者「萬有餘里」。有周封建：王畿千里，畿外爲侯、甸、男、采、衛各服，服五百里。建邦設牧，制爲職貢，無萬里皆入正籍者。此乃秦制，作僞者附之管子，謬矣。　翔鳳案：管書屢言以人籍，即「正籍」也。其區域兼國内外言之。何説誤。

〔三〕翔鳳案：「是」假爲「眂」，詳甲篇。

〔四〕許維遹云：「疾」上奪「下」字。下文云「發民則下疾怨上」，是其證。　翔鳳案：「遠者疏」指諸侯言之，許加「下」字，非是。

〔五〕丁士涵云：「之」乃「不」字誤。山至數篇曰：「天子以客行令以時出，孰穀之人亡。」又曰：「内則自還而不盡忠，外則諸侯連朋合與，孰穀之人則去亡，故天子失其權也。」此言「孰穀者去，天下不可得而霸」，與山至數篇文義略同。　翔鳳案：「之」與「不」形聲俱遠，「不」不能誤爲「之」。此乃問語，省「乎」字耳。或讀「列」字下屬，非。

〔六〕丁士涵云：「壤列」二字連文。下文云「終則有始，與天壤爭」，是謂「立壤列」也。　何如璋云：此乃秦廢封建，儒生心慕古制，託爲是言，否則春秋固立壤列也，管子胡爲議此乎？　繁露爵國「然則其地列柰何？曰：天子邦圻千里，公侯百里，伯七十里，子男五十里，附庸字者方三十里，名者方二十里，人氏者方五十里」，即「立壤列」之義。　張佩綸云：「旁」，文選東京賦薛注：「四方也。」　翔鳳案：說文：「壤，柔土也。」周禮大司徒「辨十有二壤之物」，注：「『壤』亦土也，變言耳。以萬物自生焉則言土，以人所耕而樹蓺焉則言壤。」後漢書郎顗傳「主名未立，多所收捕」，注：「猶定也。」「立壤」猶定壤，爲種殖之用，與列土分封不同，何疑之，誤矣。

〔七〕陳奐云：「仳」，小也，其字當作「佌」。說文：「佌，小皃。詩曰：『佌佌彼有屋。』」今正月詩作「佌佌」，傳曰：「佌佌，小也。」　張佩綸云：「仳」當爲「齊」，聲之誤也。鮆魚或作鱭魚，鼂茈或名葧薺，皆「仳」、「齊」一聲相轉之證。事語篇「天子之制壤方千里，齊諸侯方百里負海，子七十里，男五十里」，是其證。此「仳諸侯度百里負海」，即彼「齊諸侯方百里負海」也。齊之始封侯爵，地方百里，而有負海之利，亦與兼伯之壤相准，故小匡亦云「地方三百六十里」也。不言公與伯者，左傳「在禮，卿不會公侯，會伯子男可也」，言侯則公可知，言子男則伯可知，故略之。此所説封壤與周禮、孟子均不同。翔鳳案：事語「齊」訓中，非齊國，張誤。

〔八〕王念孫云：「推」當爲「準」，「準」省作「准」，因譌而爲「推」。事語篇作「准徐疾贏不足」，是其證。翔鳳案：「推」字自通，不必據彼改此。

〔九〕翔鳳案：「沸」即「勃」，見前。

〔一〇〕李哲明云：「幣」當爲「敝」。東方朔答客難「吕刑靡敝」，是也。「靡敝」猶言靡散。上篇「而靡幣之用」同。翔鳳案：李説是也。孔宙碑以「彫幣」爲「凋敝」，是其證。

武王問於癸度曰〔一〕：「賀獻不重，身不親於君。左右不足，支不善於群臣〔二〕。故不欲收穡户籍而給左右之用〔三〕，爲之有道乎？」癸度對曰：「吾國者，衢處之國也，遠秙之所通〔四〕，游客蓄商之所道，財物之所遵。故苟入吾國之粟，因吾國之幣〔五〕，然後載黄金而出。故君請重重而衡輕輕〔六〕，運物而相因，則國筴可成。故謹毋失其度，未與民可治〔七〕。」武王曰：「行事奈何？」癸度曰：「金出於汝、漢之右衢，珠出於赤野之末光，玉出於禺氏之旁山〔八〕，此皆距周七千八百餘里。其涂遠，其至阸，故先王度用於其重，因以珠玉爲上幣，黄金爲中幣，刀布爲下幣。故先王善高下中幣，制下上之用，而天下足矣。」

〔一〕張文虎云：「癸度」即「揆度」也。張佩綸云：「揆度」，篇名，今作人名，非是。或疑「武王」即威公，「癸度」即癸乙，當與「迎癸乙於周下原」合爲一節。存考。翔鳳案：輕重丁：「管子曰：『昔者癸度。』」則癸度在管仲前。

〔二〕張佩綸云：「支」，各本作「友」，誤。「支」當作「枝」。此言來仕者，君既以賀獻而始親，羣臣又復賀獻而始善，故欲重禄以給左右之用，而不欲出於正賦，所答殊非所問，蓋原本壞佚，而妄人隨意掇拾成之。馬元材云：仍當作「支」，「支」即「肢」，謂四肢也，與「身」對文。翔鳳案：「支」猶今言支持。越語「皆知其資財之不足以支長久也」，注：「猶堪也。」後漢書郭太傳注：「支，猶持也。」

〔三〕戴望云：「不欲」當作「欲不」，二字倒。翔鳳案：說文：「穡，穀可收曰穡。」詩桑柔「好是稼穡」，釋文：「王申毛，謂收穡也。」「收穡」爲名詞。國蓄「是人君非發號令收嗇而户籍也」，文義全同。

〔四〕豬飼彦博云：「秸」疑當作「近」。張佩綸云：「遠秸」者，「百里賦納總，二百里納銍，三百里納秸，四百里粟，五百里米」，馬融注：「秸，去其穎。」鄭注：「秸，又生穎也。四百里入粟，五百里入米，遠彌輕也。」「遠秸」以粟米言，言遠方賦納之通涂也。翔鳳案：說文無「秸」字。禹貢「納秸」，釋文：「秸，本或作『稭』。」說文：「稭，禾稾去其皮，祭天以爲席。」「秸」有祭天之用，兼爲臥席，改字者誤。

〔五〕丁士涵云：地數篇云：「人求本者，食吾本粟，因吾本幣。」疑此文「入」當爲「食」。陶鴻慶云：「故苟入吾國，食吾國之粟，因吾國之幣」，皆指游客蓄商言之。今本誤奪三字，遂以「之粟」二字屬上讀之，則於義難通。地數篇云「夫齊衢處之本，（「本」謂國也。凡下言「本」者皆與「國」同義，説詳俞氏平議。）通達所出也，游子勝商之所道，人來（今本誤作「求」，從俞氏改正。）本者食吾本粟，因吾本幣，騏驥黄金然後出」，與此文小異，而其義並同，可證此文之誤。　翔鳳案：「入吾國之粟」，輸入吾國之粟也，非誤字。

〔六〕豬飼彦博云：「衡」字衍。言重應重而輕應輕。　翔鳳案：黄金外流，爲國之害，與粟相較，當衡其輕重，「衡」字不能衍。

〔七〕丁士涵云：案當讀「故謹毋失其度與本，則民可治」，今本「本」字譌「未」，又「與本」二字倒，「則」字據上文「則國筴可成」句補。上文曰「故苟食吾國之粟，因吾國之幣」，「粟」、「幣」皆本也。故地數篇曰：「人求本者，食吾本粟，因吾本幣。」「故謹無失其度與本，則民可治」，與上文「故君請重重而輕輕，運物而相因，則國筴可成」文法一例。　翔鳳案：論語「惟我與爾有是夫」，皇疏：「許也。」齊語「教不善則改治」，注：「治，理也。」未許民可自理也。

〔八〕孫星衍云：「旁山」，地數篇、揆度篇皆作「邊山」，「臱」、「旁」因字形相近而譌。　翔鳳案：「邊」、「旁」同義，有何正誤可言，孫説近泥。

桓公曰：「衡謂寡人曰：一農之事，必有一耜、一銚、一鎌、一鎒、一椎、一銍〔一〕，

然後成爲農。一車必有一斤、一鋸、一釭〔二〕、一鑽、一鑿、一銶〔三〕、奇休切。鑿屬。一軻〔四〕，然後成爲車。一女必有一刀、一錐、一箴〔五〕、一鉥〔六〕，時橘切。長針也。然後爲女〔七〕。請以令斷山木，鼓山鐵〔八〕，是可以毋籍而用足。」管子對曰：「不可。今發徒隸而作之，則逃亡而不守。發民，則下疾怨上。邊竟有兵，則懷宿怨而不戰。未見山鐵之利而内敗矣。故善者不如與民量其重，計其贏，民得其十〔九〕，君得其三。有雜之以輕重〔一〇〕，守之以高下，若此，則民疾作而爲上虜矣〔一一〕。」

〔一〕張佩綸云：「椎」即「櫌」。説文：「櫌，摩田器。」吕覽、廣雅均曰：「櫌，椎也。」翔鳳案：説文：「銍，穫禾短鎌也。」

〔二〕孫詒讓云：説文金部云：「釭，車轂中鐵也。」釭以沓轂之賢軹（「賢」謂大孔，「軹」謂小孔），一車兩輪，是有四釭，此云「一釭」，則不可通。且此方説重車所載之任器，非紀車上金木諸材也，亦不當及釭。「釭」當爲「鉏」之誤，周禮鄉師注引司馬法云「輂一斧一斤一鑿一梩一鉏」，是其塙證也。翔鳳案：此言爲車者必備之具。故曰「一斤、一鋸」云云。所謂襄輻之鐵鍱曰釭，爲車所必備。若如孫言，車件不可有鋸有鑽，知其謬矣。

〔三〕張佩綸云：説文無「銶」字，毛傳：「木屬曰銶。」釋文引韓詩：「銶，鑿屬。」

〔四〕丁士涵云：「軻」當爲「柯」。考工記：「車人之事，一欘有半謂之柯。」又「車人爲車柯，長三尺，博三寸，厚一寸有半，五分其長，以其一爲之首」，注：「首六寸，謂今剛關頭斧。柯，其柄也。」鄭司農云：「柯長三尺，謂斧柯。」說文：「柯，斧柄也。」「柄，柯也，或作『棅』。」詩：「伐柯伐柯，其則不遠。」說文：「則，等畫物也。」古之人或取法於斧柯，故謂「其則不遠」。爾雅：「柯，法也。」尺寸取則於柯，故曰法也。然則柯亦爲車者所不可少之物矣，管子言田器類及木柄，與此同義。翔鳳案：丁說是也。「柯」、「軻」未聞通假，因爲車而寫「柯」作「軻」矣。

〔五〕孫星衍云：「箴」，當依海王篇作「鍼」，太平御覽八百三十引作「針」。翔鳳案：「鍼」之本字爲「咸」，「箴」、「鍼」、「碱」皆孳乳字，孫說拘泥也。

〔六〕翔鳳案：說文：「鉥，綦鍼也。」通作「秫」，趙策「鯷冠秫縫」，鮑注：「秫，綦鍼也。」字从朮聲。

〔七〕翔鳳案：趙本「後」下有「成」字，依「成爲車」而加。然車爲零件合成，人非零件，補「成」字非是。

〔八〕安井衡云：「斷山木」，以爲炭也。「鼓山鐵」，鼓橐鑄鐵也。戴望云：「鼓」乃「敳」字之誤。說文：「敳，有所治也，讀若塈。」此因聲以得義，鐵在山中，利塈治之也。顔昌嶢云：戴說非是。左傳昭公二十九年「遂賦晉國一鼓鐵」，疏云：「冶石爲鐵，用橐扇火，動橐謂之鼓。今時語猶然。」又淮南本經訓「鼓橐吹埵，以銷銅鐵」，即此「鼓山鐵」之義也。

〔九〕戴望云：「十」乃「七」字誤。

〔一〇〕張文虎云：「有」當爲「又」。戴望云：「有」乃「肴」之誤字，説見侈靡篇。許維遹云：戴説非也。「有」讀爲又。「雜」，會也，合也。

〔一一〕丁士涵云：「虜」乃「庸」字誤。安井衡云：貧富死生，唯上所爲，如虜獲於敵者然。

桓公曰：「請問壤數。」管子對曰：「河埏，諸侯畝鍾之國也。磧，側革切。山諸侯之國也〔一〕。河埏諸侯常不勝山諸侯之國者，豫戒者也。」桓公曰：「此若言何謂也？」管子對曰：「夫河埏諸侯，畝鍾之國也，故穀衆多而不理，固不得有。至於山諸侯之國，則斂蔬藏菜〔二〕，此之謂豫戒。」桓公曰：「壤數盡於此乎？」管子對曰：「未也。昔狄諸侯，畝鍾之國也，故粟十鍾而錙金。程諸侯〔三〕，山諸侯之國也，故粟五釜而錙金。故狄諸侯十鍾而不得傳戟，程諸侯五釜而得傳戟。十倍而不足，或五分而有餘者〔四〕，通於輕重高下之數。國有十歲之蓄，而民食不足者，皆以其事業望君之祿也。君有山海之財，而民用不足者，皆以其事業交接於上者也。故租籍，君之所宜得也。正籍者，君之所强求也。亡君廢其所宜得，而斂其所强求，故下怨上而令不行。民，奪之則怒，予之則喜。民情固然〔五〕。先王知其然，故見予之所〔六〕，不見奪之理。故五穀粟米者，民之司命也，黄金刀布者，民之通貨也。先王善制其通貨，以御其司命，故民力可盡也。」

〔一〕豬飼彦博云："埮"、"淤"同。水中可居者曰淤。言近河之國爲沃土，每畝收粟一鍾也。史記河渠書曰："鄭國渠就，皆畝一鍾，於是關中爲沃野。""噴"謂墥土。下曰"程諸侯、山諸侯之國也"，"噴"下蓋脱"諸侯"二字。何如璋云："埮"與"淤"通，地近濁水，水退受淤，畝收數倍。"噴"當作"磧"，謂山地，土兼沙石也。郭沫若云："噴"疑作"瀆"，當在"山諸侯"下。下文"山諸侯之國則歛蔬藏菜"，正釋明"山諸侯，瀆之國也"之義。翔鳳案：郭説是也。今尚謂淹菜爲瀆。以"河淤"與"噴"爲一逗，則文無滯義。"淤"寫作"埮"，"瀆"寫作"噴"，同爲隸變。

〔二〕張佩綸云："蔬"當爲"疏"。（曲禮"稻曰嘉疏"，述而"疏食"，或作"蔬"。經典"蔬"、"疏"通，屢見。）詩召旻"彼疏斯粺"，箋："疏，麤也，謂糲米也。"孟子"雖蔬食菜羹"，趙注："疏食，糲食也。"古"蔬菜"連文，"蔬"皆指糲食，故孔注論語，以"疏食"爲菜食。充其類，則鄭氏月令注、高氏吕覽注以草木之實爲疏食。説文無"蔬"字。字林直以"蔬"爲"菜"，非也。

〔三〕張佩綸云："程"，逸周書大匡篇"維周王宅程，三年遭天之大荒，作大匡，以詔牧其方。三州之侯咸率"，孔注云："程，地名，在岐州左右，後以爲國。"詩皇矣"度其鮮原，居岐之陽，在渭之將"，正義引釋山"小山别，大山鮮"。大王初遷已在岐山，故言示在岐山之陽，是去舊都不遠也。周書稱文王在程作程寤、程典，皇甫謐曰"文王徙宅於程"，蓋謂此也。史記自序正義引括地志："安陵故城在雍州咸陽東二十一里，周之程邑。"文王謀度而徙程，依岐之陽，故曰「山諸侯之國」。周自太王迫狄遷岐，然狄雖據河淤，毋耕田之業，故常不能勝周，此田積穀爲制夷狄要策，管氏蓋深得之。

〔四〕王念孫云：「十倍」上亦當有「或」字，與下句對文。翔鳳案：下文「或」對「十倍」而言，不必用兩「或」字。

〔五〕姚永概云：上「民」字涉下而衍。聞一多云：下「民」字疑當作「人」。翔鳳案：「民」字一逗，兩句共用，非衍文。

〔六〕孫星衍云：據國蓄篇，「所」是「形」字之譌。郭沫若云：「見」同「現」。言示民以予之形，而不露奪之實。翔鳳案：「所」同「處」，見前。文義自通，不必改字。

管子曰：「泉雨五尺，其君必辱〔一〕。食稱之國必亡〔二〕。待五穀者衆也〔三〕。故樹木之勝霜露者，不受令於天〔四〕。家足其所者，不從聖人。故奪然後予，高然後下，喜然後怒，天下可舉。」

〔一〕許維遹云：「泉雨」疑爲「暴雨」之譌，「泉」、「暴」形相近也。小問篇「飄風暴雨爲民害」，小匡篇「飄風暴雨數臻，五穀不蕃，六畜不育，而蓬蒿藜藿竝興」，皆與此義合。老子云「暴雨不終日」，此云「暴雨五尺」，蓋暴雨數臻，而水入地五尺深，言災之甚也。翔鳳案：說文：「泉，水原也。」水原之雨五尺，則其流域廣而受災深，不必改字。

〔二〕張佩綸云：「食稱」無義。一說：孟子「又稱貸而益之」，疑當作「稱貸」，捝去「貸」字耳。一說：「稱」當爲「𥟖」，説文「𥟖，虛無食也」，經典均借「荒」爲「𥟖」，淺人多見「稱」，罕見「𥟖」，因改而爲「稱」，篆文「稱」、「𥟖」形近。李哲明云：「稱」謂稱貸，言國恃稱貸而食，其國必亡也。翔鳳案：「稱」假爲「偁」，晉語「其知不足稱也」，可證。説文：「偁，揚也。」「揚，飛擧也。」「食稱」猶言大量食之，必不足矣。

〔三〕豬飼彦博云：「待」、「峙」同，儲也。言雨澤優足，穀食多收，則君必辱，國必亡。所以然者，下儲蓄五穀者衆多，而不從上之令也。翔鳳案：言消耗多，期待之量大，非儲之也。

〔四〕王念孫云：「露」當爲「雪」，木勝霜雪，則經冬而不凋，故曰「不受令於天」。今本「雪」作「露」，則非其旨矣。侈靡篇曰「樹木之勝霜雪者不聽於天」，是其證。翔鳳案：詩：「白露爲霜。」幼苗敗於霜露者衆，其害比雪尤大，不必改字。

桓公曰：「强本節用，可以爲存乎？」管子對曰：「可以爲益愈〔一〕，而未足以爲存也。昔者紀氏之國，强本節用者，其五穀豐滿而不能理也，四流而歸於天下。若是，則紀氏其强本節用，適足以使其民穀盡而不能理，爲天下虜，是以其國亡而身無所處〔二〕。故可以益愈，而不足以爲存。故善爲國者，天下下我高，天下輕我重，天下多我寡，然後可以朝天下。」

〔一〕張佩綸云：説文無「愈」字，「愈」即「瘉」。説文：「瘉，病瘳也。」爾雅釋詁及詩角弓傳：「瘉，病也。」段氏曰：「渾言之，謂瘳而尚病也。許則析言之，謂雖病而瘳也。」此當從爾雅、毛傳。

樞言篇：「病加於小愈。」「益愈」謂益之疾，故其弊至於國亡而身無所處。翔鳳案：漢書藝文志「彼九家者，不猶瘉於野乎」，師古曰：「『瘉』與『愈』同。愈，勝也。」論語「汝與回也孰愈」，「愈」即「愉」之變形，爾雅釋詁：「愉，服也。」引申則爲勝矣。張説誤。

〔二〕張佩綸云：春秋莊公四年：「紀侯大去其國。」左氏傳：「違齊難也。」穀梁傳曰：「大去者，不遺一人之辭也，言民之從之者，四年而後畢也。紀侯賢而齊侯滅之，不言「滅」而曰「大去」者，不使小人加乎君子。」此言國亡身無所處，與左氏、穀梁均合；惟不以紀侯爲賢，兼公羊義。春秋繁露玉英篇以「上下同心俱死」爲「大去」，傳聞異辭。要之，紀力不能距齊，不盡由「五穀豐滿而不能理」之故。此特輕重家之説，謂務本必兼飭末耳。處强大之間，固非彊本節用即能制敵，亦空言仁義者所宜知也。聞一多云：「若是則紀氏其强本節用」，「其」猶之也。郭沫若云：「而不能理」四字，當依上文在「强本節用」下。紀國之亡，非緣「强本節用」，乃緣「不能理」。翔鳳案：「則紀氏」三字一逗，加「其」字增强語氣，聞説誤。

桓公曰：寡人欲毋殺①一士，毋頓一戟，而辟方都二，爲之有道乎？」管子對曰：「涇水十二空，汶淵洙浩滿三之於〔一〕，乃請以令，使九月種麥，日至日穫，則時雨未下而利農事矣。」桓公曰：「諾。」令以九月種麥，日至而穫〔二〕。量其艾，一收之積

①「殺」字原作「穀」，據補注改。

中方都二〔三〕。故此所謂善因天時，辯於地利，而辟方都之道也。

〔一〕宋翔鳳云：宋本「浩」作「沿」。何如璋云：涇水有三：一在雍州，書禹貢涇屬渭汭；一在丹陽，漢書地理志注「涇水出蕪湖」；一在交趾，水經注「涇水出龍編縣高山」。三者均非齊地。此「涇」字宜依集韻音徑，「涇涏，直流也」。莊子秋水篇「涇流之大」，注「涇，通也」，謂通流也。爾雅釋水「直波爲徑」，字當作「涇」。釋名：「水直波曰涇。涇，徑也，言如道徑也。」張佩綸云：「涇」當爲「淄」，字之誤也。「汶」，汶水，「淵」，天齊淵，見水經淄水注。「洙」，洙水。「沿」即「㕣」，説文：「沇，沇水，古文作「㕣」。」「於」，「淤」省，見漢書，言水溢以溉田也。翔鳳案：莊子秋水「涇流」即度地之經水，「涇」同「經」。西京賦「量徑輪」，注：「南北爲徑。」是假「徑」爲「經」也。度地云：「水之出於山而流入於海者曰經水。」涇水十二，非止一水也。於冬季水涸時，障而爲都。「汶淵」爲一處。度地：「水出地而不流者，命曰淵水。」説文「汶水出琅邪」，爲齊地。洙水出泰山，亦爲齊地。説文：「浩，沇也。」「沇，大澤皃。」「浩」之義同「淵」，重慶有龍門浩，與天齊淵相類。「洙浩」又爲一處，可爲方都二。楊本「浩」作「沿」，乃「浩」字斷缺，非「沿」字也。爾雅釋詁：「於，居也。」荀子儒效「隱於窮閻漏屋」，韓詩外傳「於」作「居」。方言十二：「水中可居爲州，三輔謂之淤。」是「於」即「淤」矣。淤則可以爲都矣。「都」義見前「圓都」，一字不誤。

〔二〕戴望云：元本下「日」字作「而」。豬飼彥博云：「日至」，夏至也，下「日」字當作「而」。

翔鳳案：以夏至日穫，改「而」字誤。

〔三〕丁士涵云：「艾」與「刈」同。「收」當爲「畝」。「中方都二」之數雖不止一畝之積，要其所量，可於一畝約知其數也。馬元材云：「一收」，謂一歲之收穫也。漢書食貨志：「一歲之收常過縵田畝一斛以上。」翔鳳案：一年二收或三收，一收之積，已有方都二也。

管子入復桓公曰：「終歲之租金四萬二千金，請以一朝素賞軍士〔一〕。」桓公曰：「諾。」以令至鼓期，於泰舟之野期軍士〔二〕。桓公乃即壇而立，甯戚、鮑叔、隰朋、易牙、賓胥無皆差肩而立〔三〕。管子執枹而揖軍士曰：「誰能陷陳破衆者，賜之百金〔四〕。」三問不對。有一人秉劍而前，問曰：「幾何人之衆也？」管子曰：「千人之衆。」「千人之衆，臣能陷之〔五〕。」賜之百金。管子又曰：「兵接弩張，誰能得卒長者，賜之百金。」問曰：「幾何人卒之長也〔六〕？」管子曰：「千人之長。」「千人之長，臣能得之。」賜之百金。管子又曰：「誰能聽旌旗之所指，而得執將首者〔七〕，賜之千金。」言能得者壘千人〔八〕，賜之人千金。其餘言能外斬首者〔九〕，賜之人十金。一朝素賞，四萬二千金廓然虛。桓公惕然太息曰：「吾曷以識此〔一〇〕？」管子對曰：「君勿患。且使外爲名於其内，鄉爲功於其親〔一一〕，家爲德於其妻子。若此，則士必爭名報德，無北之意矣。吾舉兵而攻，破其軍，并其地，則非特四萬二千金之利也。」五子曰：

「善〔一二〕。」桓公曰：「諾。」乃誡大將曰：「百人之長，必爲之朝禮。千人之長，必拜而送之，降兩級。其有親戚者，必遺之酒四石，肉四鼎。其無親戚者，必遺其妻子酒三石，肉三鼎。」行教半歲，父教其子，兄教其弟，妻諫其夫，曰：「見其若此其厚〔一三〕，而不死列陳，可以反於鄉乎！」桓公衍終舉兵攻萊〔一四〕，戰於莒必市里〔一五〕。鼓旗未相望，衆少未相知，而萊人大遁。故遂破其軍，兼其地，而虜其將。故未列地而封，未出金而賞，破萊軍，并其地，禽其君。此素賞之計也。」

〔一一〕洪頤煊云：「素」古通作「索」，「索」，盡也。安井衡云：「素」，空也，無功而賞，故曰「素」。戴望云：「素」讀爲索。鄭注禮記檀弓云：「索，猶散也。」張佩綸云：「素，猶豫也」，吳語「天謀必素見成事焉」注。翔鳳案：張説是也。書大傳「著其素」，注：「始也。」後漢書列女傳注：「先也。」其義相似。

〔一二〕王念孫云：下「期」字，當依羣書治要作「朝」，言與軍士期於泰舟之野而朝之也。今作「期」者，即涉上文「期於」而誤。張佩綸云：治要作「朝」，涉上文「一朝」而誤。「以令至鼓期」句，「至」當爲「致」，「期」當爲「旗」。論語「巫馬期」，史記弟子傳作「巫馬施字子旗」；禮記射義「耄期」，釋文本作「旗」，是其證。周禮大司徒「以旗致萬民」，大司馬「以旗致民」，注：「以旗者，立旗期民於其下也。」下文「期軍士」及「鼓旗未相望」，正承「鼓旗」言。翔鳳案：説文：「期，會也。」漢有期門，謂其期於殿門，即此「期軍士」之義。改「期」爲「朝」，非是。廣雅釋言：「期，時也。」於令至時鳴鼓，聲其期會之時。

〔三〕王念孫云：「易牙」二字，後人所加也。小匡篇云「其相曰夷吾，大夫曰甯戚、隰朋、賓胥無、鮑叔牙」，易牙小臣，豈得與四大夫差肩而立乎？藝文類聚居處部四引此無「易牙」二字，明是後人所加。下文「五子曰善」，「五子」本作「四子」，因增入「易牙」，故又改「四」爲「五」耳。張文虎云：「易」字衍，「牙」字當在「鮑叔」下，誤倒在「朋」字下，後人遂妄增「易」字耳。翔鳳案：易牙爲桓公近臣，以漢、唐、明之宦官例之，安見其不可參加乎？類書疑而删之，不可據也。

〔四〕孫星衍云：史記李牧列傳集解引作「能破敵禽將者賞百金」。

〔五〕聞一多云：此一人秉劍者之答辭，句上省「曰」字。此例古書多有。治要引有「曰」字，乃以意增。下文「千人之長，臣能得之」句上亦無「曰」字。

〔六〕陶鴻慶云：「卒」字衍。文本云「幾何人之長也」，與上文「問曰：『幾何人之衆也』」句例同。馬元材云：「卒」字不衍，當作「幾何人之卒長」。上文所問爲「誰能得卒長者」，可見「卒長」乃一官名。周禮大司馬「卒長執鐃」，尉繚子兵教「什長教成，合之卒長」，是其證。聞一多云：莊子天地篇「人卒雖衆，其主君也」，至樂篇「人卒聞之」，盗跖篇「人卒未嘗不興名就利」，皆「人卒」連文。此上言「雖能得卒長者」，下言「幾何人卒之長」，「人卒」猶卒耳。

陶説非是。　翔鳳案：聞説是也。

〔七〕俞樾云：「執將」即主將也。淮南説山訓「執獄牢者無病」，高注：「執，主也。」張佩綸云：「得執將首」當作「執將得首」。「執」，囚也。（吕覽愼行篇「使執連尹」注。）或生執其將，或得其將之首。　翔鳳案：將有等級，能執其爲將之首者。説文：「將，帥也。」周禮夏官：「二千有五百人爲師，師帥皆中大夫。五百人爲旅，旅帥皆下大夫。」此文在「千人之長」之上，其義可知矣。

〔八〕孫星衍云：羣書治要引「壘」作「累」。　丁士涵云：當作「言能得壘千人者」，乃與上下文句一例。　何如璋云：「壘」當爲「累」。「千人」當作「十人」，若「千人」則四萬二千金不敷賞矣。　翔鳳案：説文：「壘，軍壁也。」此管子申言「執將首」之條件，敵人之壘有千人守之者，得將首一人，賜之千金。此賞最重，故申言以足其意，諸人皆誤會爲叙述之詞。

〔九〕張佩綸云：「能外斬首者」，「外」字涉下「外爲名」而衍。　翔鳳案：承上言，敵壘之外，斬爲首者一人，賜之十金，此事較易。知「外」之不誤，則「壘」爲敵之守壁更顯。

〔一〇〕安井衡云：「識」，志也。吾何以記志此受賞者，以責其成功哉？

〔一一〕陶鴻慶云：「内鄉」二字誤倒。本云「且使外爲名於其鄉，内爲功於其親」，下文云：「行教半歲，父教其子，兄教其弟，妻諫其夫，曰：『見禮若此其厚，而不死列陳，可以反其鄉乎？』」正申言此義。　郭沫若云：「内鄉」二字並未誤倒。此「外」與「内」爲對，「鄉」與「親」爲對，

「家」與「妻子」爲對。「内」可包含鄉、親、家與妻子，蓋「内」之中又有「内」也。「外爲名於其内，鄉爲功於其親，家爲德於其妻子」者，言一人在外建立功名，則鄉黨增光，父母榮顯，妻子有德色也。

〔一二〕王念孫云：「五子」本作「四子」，因增入「易牙」，故又改「四」爲「五」耳。翔鳳案：此爲王氏臆説，見前。

〔一三〕王念孫云：「見其」，當依羣書治要作「見禮」，「見禮」二字總承上文而言。今本「禮」作「其」者，涉上下文諸「其」字而誤。于省吾云：上「其」字應讀作期，謂期待也。「其」、「期」古字通，武梁祠畫像「樊於其頭」，「其」同「期」，是其證。許維遹云：此下「其」字猶之也。翔鳳案：于説有據。

〔一四〕翔鳳案：易繫辭「大衍之數五十」，鄭注：「衍，演也。」「衍」謂演習既畢，「衍」字不誤。司馬遷報任少卿書「文王拘而演周易」，是其證矣。

〔一五〕張佩綸云：「必市里」，郡國志「淯于有密鄉」，左傳隱二年紀、莒盟密，故密鄉在縣東北，後省。僖二年左氏傳「莒人歸之及密」，杜注：「密，魯地，琅邪費縣北有密如亭。」疑「必市」乃「密」之壞，密近莒，故曰「莒、密里」。翔鳳案：古音「密」同「必」。少儀「不窺密」，注：「隱曲處。」假爲「閟」。

桓公曰：「曲防之戰，民多假貸而給上事者。寡人欲爲之出賂〔一〕，爲之奈何？」

管子對曰：「請以令令富商蓄賈百符而一馬，無有者取於公家〔二〕。若此，則馬必坐長，而百倍其本矣。是公家之馬不離其牧皁〔三〕，而曲防之戰賂足矣。」

〔一〕翔鳳案：説文「賂，遺也」，段注：「以此遺彼曰賂，如道路之可往來也。」賄賂二字，初無惡義。

〔二〕安井衡云：「符」，券也。貸財於人，符券及百者使之獻馬一匹。無有馬者買之公家。蓋五十符者二家一馬，二十五符者四家一馬，其獻不止百符也。張佩綸云：説文：「符，信也。漢制以竹，長六寸，分而相合。」周禮小宰「所稱責以傅別」，注：「傅別，謂券書也，故書作『傅辨』，鄭大夫讀爲符別。」韓詩外傳六「古者有命，民之有能敬長憐孤取舍好讓居事力者告於其君，然後君命得乘飾車駢馬；未得命者不得乘飾車駢馬，皆有罰。」尚書大傳同。史記平準書：「天下已平，高祖乃令賈人不得衣絲乘車，重租税以困辱之。」漢制蓋準古命。管子此策：商賈有二百券者許之乘車，蓋傳古者「取舍好讓」之科，以一馬準百符，命民償之，其無馬者取諸公家。如此則賈人以得乘車爲榮，而公私均無償債之耗。雖若弛商賈之律，而實增官民之財。蓋古法取商賈甚嚴，故能行一時權宜之計。馬元材云：張氏以「百符一馬」爲政府特許商人乘車，其識甚卓。惟細按原文之意，乃謂商人持有借券百件者，即可自備一馬以爲駕車之用，無馬者得向公家備價請購，並非令民以馬償債也。

〔三〕翔鳳案：雷浚説文外編：「小雅『既方既皁』，毛傳：『實未堅者曰皁。』説文無『皁』字。艸部：『草，草斗，櫟實也。一曰象斗子。』俗變作『皂』。」今之肥皂角即草斗也。假爲槽，獸之食器。方言：「櫪，梁、宋、齊、楚、北燕之間謂之編皂。」則作「皂」乃通書也。

桓公問於管子曰：「崇弟蔣弟，丁、惠之功世，吾歲罔，寡人不得籍斗升焉。去菹菜鹹鹵斥澤山閒堤壜不爲用之壤，寡人不得籍斗升焉。去一列稼，緣封十五里之原，强耕而自以爲落其民，寡人不得籍斗升焉。則是寡人之國，五分而不能操其二〔一〕，是有萬乘之號，而無千乘之用也。以是與天子提衡爭秩於諸侯〔二〕，提，持也。合衆弱以事一强者謂之衡。秩，次也。爲之有道乎？」管子對曰：「唯籍於號令爲可耳。」桓公曰：「行事奈何？」管子對曰：「請以令發師置屯藉農，屯，戍也。發師置戍，人有粟者則不行。十鍾之家不行，六斛四斗爲鍾。百鍾之家不行，千鍾之家不行。行者不能百之一、千之十，而囷窌之數囷，丘倫反。窌，力救反。皆見於上矣〔三〕。君案囷窌之數，令之曰：『國貧而用不足，請以平價取之子，皆案囷窌而不能挹損焉〔四〕。』挹，猶謂減其數。君直幣之輕重以決其數，直，猶當也。謂決其積粟之數。使無券契之責，分之曰券，合之曰契。責讀曰債。使百姓皆稱貸於君，則無契券之債。則積藏囷窌之粟皆歸於君矣。故九州無敵，竟上無患。」令曰：「罷師歸農，無所用之。」管子曰：「天下有兵〔五〕，則積藏之粟足以備其糧。天下無兵，則以賜貧甿。若此，則菹菜鹹鹵斥澤山閒堤壜之壤無不發草。此之謂籍於號令。」

〔一〕俞樾云：此文凡三云「寡人不得籍斗升焉」，句下當並有「去一」兩字，言如此則是去其一分也。今第一句下有「去」字，而奪「一」字。第二句下「去一」兩字俱存，而誤屬下讀。第三句下「去一」兩字俱奪矣。而句上有「其民」兩字，甚爲不詞。蓋「其民」即「去一」之誤，古文「二」作「弍」，因誤爲「民」，「弍」誤爲「民」，因改「去」爲「其」，屬之句上，而義全失矣。「不能操其二」當作「不能操其三」，蓋上文三言「去一」，則是去其三分，故桓公言「五分不能操其三」也，如今本則皆不得其指矣。又云「吾歲罔」者，即吾歲無也。「罔」、「無」一聲之轉。尚書湯誓「罔有攸赦」，西伯戡黎「罔敢知吉」，微子「乃罔恒獲」，金縢「王其罔害」，史記並易以「無」字，是其證也。「歲無」即「歲凶」。或疑「罔」字爲「凶」字之誤，非是。何如璋云：「崇」、「蔣」二家無可考。「丁」當是丁公之後，「惠」當是惠公之後。惠公乃桓公子，足證此文後人所託也。張佩綸云：「五分」當作「四分」，古「三」字積畫與「五」形近而譌，四分而去其三，故曰「不能操二」。「崇弟蔣弟」，「崇」當作「宗」，「蔣」當作「孼」，字之誤也。宗弟者，曾子問：「其辭於賓曰：宗兄宗弟宗子在他國，使某辭。」說文：「孼，庶子也。」……書大傳「孽多殺宗」，詩白華序「以孽代宗」，均以「宗」、「孽」對文。故知「蔣」爲「孼」誤。「丁、惠」，東郭偃曰「君出自丁，臣出自桓」，謂崔氏也；「二惠競爽」，謂子尾、子雅。惠乃桓公之子，不應桓公已「丁、惠」並稱。疑作「丁、酉」。史記齊世家：丁公之子乙公得，乙公之子癸公慈母。

「癸公」，索引作「祭公」，檀弓疏引世本作「庴公」，此本殆亦作「庴」，「酋」、「惠」形近。又云：「崇弟蔣弟」四字全誤，以輕重丁篇證之，乃「宗臣守臣」四字之譌，指高、國也。「丁」，崔氏。「惠」乃桓公之子。其爲僞書顯然，不足深考。翔鳳案：「崇」、「蔣」、「丁」、「惠」，歷史已無可考。「丁、惠」在二「弟」之下，較疏，或晚一輩，正與桓公二子相當，何言僞乎？説文：「功，以勞定國也。」周禮司功「治功之約次之」，注云：「功約，謂王功國功之屬。」「功世」與「功約」相當。禮運「大人世及以爲禮」，「功世」謂以功世及也。去無用之地一分，去緣封之原又一分，功世非瘠土，不得言去，俞説非是。左僖十五年傳「入而未定列」，注：「位也。」黄梅稱澤地大片者爲「列」，字作「埒」。「不能操其二」，實際爲三，言在此而意在彼，口語多有之。俞以爲「三」之誤，則非是。

〔二〕張文虎云：「子」疑當作「下」。翔鳳案：書君奭「時則有若保衡」，注：「平也。」「提衡」，謂持而平之也。説文：「秩，積也。」「爭秩」，爭積財也。有諸侯則「子」字不誤。

〔三〕陶鴻慶云：「十鍾」當與「千鍾」互易。蓋初令止及「千鍾之家」，次及「百鍾」，又次及於「十鍾」，至「十鍾之家」亦不行，則當行者少，故曰「行者不能百之一、千之十，而困窌之數皆見於上」也。今本誤倒，則不通矣。翔鳳案：「行者不能」，謂當行而不能行者，則輸粟「百之一，千之十」，與「十鍾」、「百鍾」、「千鍾」不同，陶以爲誤倒，非是。

〔四〕馬元材云：考輕重甲篇云「用若挹於河海」，則「挹」字實不能訓爲「退」或「減」。「挹」有取義，此處當訓爲益，「挹損」猶言益損，即輕重甲篇所謂「侈弇」之意。翔鳳案：山權數「以假子之邑粟」，山至數「田穀之存子者若干」，知朱本「子」作「予」，爲妄改矣。

〔五〕張佩綸云：「無所用之，管子曰」，顯有脱爛字句。馬元材云：「令曰」當作「公曰」，不然則「管子曰」三字爲重出矣。聞一多云：自「請以令發師置屯籍農」至章末，皆管子語，「天下有兵」上不當又出「管子曰」三字。此讀者未明文義而妄增。翔鳳案：此籍於號令之又一法，前者爲一般情形，後又分「有兵」、「無兵」言之，非答桓公之問，「管子曰」三字不可少，非衍文也。

管子曰：「滕、魯之粟釜百，則使吾國之粟釜千。滕、魯之粟四流而歸我，若下深谷者，非歲凶而民飢也。辟之以號令，引之以徐疾，施乎其歸我若流水〔一〕。」

〔一〕安井衡云：「辟」，召也。俞樾云：「施」乃「也」字之誤，「乎」上當有「粟」字。輕重甲篇曰「故申之以號令，抗之以徐疾也，民乎其歸我若流水」，文法與此同，知此文是「粟乎」非「民乎」者，以本文是言粟事耳。翔鳳案：「辟」謂曉諭之也。墨子小取：「辟也者，舉也物而以明之也。」假爲「譬」。説文：「譬，諭也。」孟子「施從良人之所之」，注：「邪行也。」俞增「粟」字，誤。

桓公曰：「吾欲殺正商賈之利，而益農夫之事〔一〕，爲此有道乎？」管子對曰：「粟重而萬物輕，粟輕而萬物重，兩者不衡立。故殺正商賈之利，而益農夫之事，則

請重粟之價金三百〔二〕。若是則田野大辟，而農夫勸其事矣。」桓公曰：「重之有道乎？」管子對曰：「請以令與大夫城藏〔三〕，使卿諸侯藏千鍾〔四〕，令大夫藏五百鍾〔五〕，列大夫列大夫，中大夫。藏百鍾，富商蓄賈藏五十鍾〔六〕。内可以爲國委，外可以益農夫之事。」桓公曰：「善。」下令卿諸侯令大夫城藏。農夫辟其五穀，三倍其賈。則正商失其事，而農夫有百倍之利矣。

〔一〕張佩綸云：通典無「正」字。蓋一本作「殺」，一本作「正」，校者據通典加「殺」字耳。「正商失其事」，「正」字衍。聞一多云：下文「則正商失其事」，許云「『正』當爲『任』」，是也。余謂此「正」亦「任」之譌，「商」下又衍「賈」字。蓋「任」既誤爲「正」，讀者乃於「商」下增「賈」字。下文「則正商失其事」，「商」下無「賈」字，即其驗。「殺」，減也。「殺任商之利」、「益農夫之事」，文相偶。翔鳳案：「殺」訓減，「正」同「征」，前文屢見。減征商賈之利，此「利」指國家言，則「征」爲巨室無疑。

〔二〕丁士涵云：元本作「釜三百」，是也。謂每釜加賈三百，下文所謂「三倍其賈也」。俞樾云：此言粟價而云「金三百」，義不可通，「金」乃「釜」字之誤，「釜」字壞其上半，故成「金」字矣。據輕重甲篇云「故善者重粟之賈釜四百，則是鍾四千也，十鍾四萬，二十鍾者八萬」，然則此文亦與彼同，「三百」當作「四百」。古書「四」字或作「亖」，因誤爲「三」耳。翔鳳案：平時一釜金一百，見前。省「釜」字。改「金」爲「釜」，則「釜三百」爲何數乎？不可通矣。「金三百」爲三倍其價。

〔三〕王引之云：此當作「請以令與卿諸侯令大夫城藏」。「城藏」者，藏粟於城中也。下文曰「下令卿諸侯令大夫城藏」，正承此句言之，其曰「使卿諸侯藏千鍾，令大夫藏五百鍾，列大夫藏百鍾」，則分承此句言之也。今本「大夫」上脱「卿諸侯令」四字，則與下文不合。陶鴻慶云：王氏以下文「令大夫」之「令」爲使令之令，謂使卿諸侯令其大夫。果爾，是「城藏」者祇及於大夫，不及卿諸侯，與下文「使卿諸侯藏千鍾，令大夫藏五百鍾，列大夫藏百鍾」文不相值。俞氏云「此『卿諸侯』即儀禮所謂『諸公』，蓋大國之孤卿」，此説得之。然亦未得「令大夫」之義。今案「令」爲「命」之假字。（五行篇「令其五鍾」，亦借「令」爲「命」。）史記儒林列傳「弟子通者至於命大夫」，是其證矣。禮記王制篇云：「大國三卿皆命於天子。」僖公十二年左傳杜注云：「國子、高子，天子所命爲齊守臣，皆上卿也。」「命大夫」即國之上卿，位介於孤卿與大夫之間。周禮典命職云：「公之孤四命，以皮帛眡小國之君，其卿三命，其大夫再命。」然則下文所謂「卿諸侯藏千鍾」者，謂孤卿也；「令大夫藏五百鍾」者，謂上卿也；「列大夫藏百鍾」者，謂大夫也。此文但云「與大夫城藏」者，諸侯之臣，自卿以下，通謂之大夫，故晏子曰「唯卿爲大夫」。此云「請以令與大夫城藏」者，乃總目，下文包「卿諸侯」、「令大夫」、「列大夫」三者言之，非必有脱文也。下文云「下令卿諸侯令大夫城藏」，不言「列大夫」者，舉重以包輕，不必泥也。馬元材云：「城藏」非藏粟於城中，亦非於城中築倉廩。此「城」

字，即周禮考工記匠人「囷窌倉城」之「城」，注云：「地上爲之，圓曰囷，方曰倉，穿地曰窌。」謂之「城」者，猶楊倞荀子富國篇注所謂「垣，築牆四周以藏穀」之「垣」矣。翔鳳案：說文：「城，以盛民也。」釋名：「城，盛也。」「城藏」爲盛而藏之，馬說是，惟義不全耳。

〔四〕俞樾云：此「卿諸侯」，即儀禮所謂「諸公」。鄭注燕禮曰：「諸公，謂大國之孤也。」孤一人言「諸」者，容牧有三監。管子此文有「卿諸侯」之名，且列於大夫之上，其爲「孤」無疑矣。

〔五〕張佩綸云：「令大夫」，「令」作「命」。

〔六〕翔鳳案：商賈在大夫之後，不能藏。齊之輕重政策，粟以高價賣於商賈，不能任其多藏也。

桓公問於管子曰：「衡有數乎？」管子對曰：「衡無數也。衡者，使物壹高壹下，不得常固〔一〕。」桓公曰：「然則衡數不可調耶？」管子對曰：「不可調。調則澄，澄則常〔二〕，常則高下不貳，高下不貳則萬物不可得而使固〔三〕。」桓公曰：「然則何以守時？」管子對曰：「夫歲有四秋，而分有四時〔四〕。故曰：農事且作〔五〕，請以什伍農夫賦耜鐵〔六〕，此之謂春之秋。大夏且至〔七〕，絲纊之所作〔八〕，此之謂夏之秋。而大秋成，五穀之所會〔九〕，此之謂秋之秋。大冬營室中，女事紡績緝縷之所作也，此之謂冬之秋。故歲有四秋，而分有四時。已得四者之序，發號出令，物之輕重相什而相伯〔一〇〕。故物不得有常固，故曰衡無數。」桓公曰：「皮幹筋角竹箭羽毛齒革不足，爲此有道乎？」管子曰：「惟曲衡之數爲可耳〔二〕。」桓公曰：「行事奈何？」管子對曰：「請以令，爲諸侯之商賈立客舍，一乘者有食，三乘者有芻菽，五乘者有伍養，天下之商賈歸齊若流水。」

〔一〕王念孫云：「固」當爲「調」，（下文兩「固」字並同。）「調」誤爲「周」，又誤爲「固」耳。下文「衡數不可調」，即承此句而言。國蓄篇曰「衡者使物一高一下，不得有調也」（今本脱此文，説見國蓄篇），是其證。何如璋云：輕重者物，使之高下者衡。「固」者滯也，固則滯而不通，權與準無所施矣。「固」與「下」、「數」音叶。王云「固」乃「調」之譌，非。郭沫若云：王校非也。「不得有調」即「不得常固」。如改「不得常固」爲「不得常調」，則是可以不常調而成爲「有調」矣。細審，「衡」乃物價之意，本書中常以「横」字爲之。何以「天秤」爲解，亦非。桓公問「衡有數乎」，管子答以「衡無數」，乃謂物價無定準。故申之以「衡者使物一高一下，不得常固」，而下文更云：「物之輕重（貴賤）相什而相伯，故物不得有常固，故衡無數。」在舊社會中，物價不能經常固定，此乃常識。「調」是劃一物價之意。物價劃一則死，死則貨物不能購買。故云「不可調」或「不得有調」；故云：「調則澄，澄則常，常則高下不貳，高下不貳則萬物不得而使用。」「澄」者，靜止也。「使用」，「用」字誤作「固」，當校改。

〔二〕王引之云：「澄」訓爲清，與「調」字、「常」字義不相承，當是「憕」字之誤。説文：「憕（音懲），平也。」物之高者有時而下，下者有時而高，其數不能均平，調之則前後相等而高下平矣，故曰「調則燈」。平則高者常高，下者常下矣，故曰「燈則常」。古書篆作立心，與水相近（鄭氏周易注，見小雅采薇正義），故心旁誤爲水旁。翔鳳案：郭沫若謂「澄」爲「靜止」，是也。淮南說山訓「人莫鑑於沫雨，而鑑於澄水」，注：「止水也。」賈誼傳「澄五湖而定東海」，「澄」與「定」義近。

〔三〕何如璋云：「萬物」下衍「不」字，上下文可證。王云「澄」當爲「燈」，燈，平也。「貳」當爲「貣」，貣，忒也。本文義長，不必改。聞一多云：「貳」自可訓忒，不煩改字。「固」當爲「調」。郭沫若云：「貳」如字，不當改字，亦不訓忒。「萬物」下「不」字非衍。「固」乃「用」字之誤。說見上。

〔四〕王念孫云：案此言以「四秋」分屬「四時」也，「分」下不當有「有」字，蓋涉上「有」字而衍（下文同）。太平御覽時序部二引此作「歲有四秋而分四時」，無下「有」字。何如璋云：「分」乃分數之分（去聲），謂萬物之本數也。王欲去「分」下「有」字，解爲「分屬四時」，殊失本旨。

〔五〕聞一多云：「曰」字衍，「農事」上當補「大春」二字。郭沫若云：「故」字亦當衍，「故曰」當即「大春」二字之蠹壞字。

〔六〕郭沫若云：「什伍」作動詞用，猶言編制也。翔鳳案：說文：「什，相什保也。」「伍，相參伍也。」郭說是也。

〔七〕聞一多云：依前後文例，「大夏」下當有缺文。翔鳳案：蠶桑在春末夏初，故曰「大夏且至」，無誤無缺。

〔八〕戴望云：御覽「絲」作「蠶」。翔鳳案：説文：「纊，絮也。」蠶吐絲爲繭。懶蠶不作繭，則用其絲爲絮。「絲纊」二字平列，改爲「蠶」，誤矣。

〔九〕王念孫云：「大秋」上衍「而」字，上下文皆無此例，御覽引此亦無。聞一多云：「大秋」下當有「農事既」三字。御覽引上文「農事且作」作「農事既成」，疑即此文之倒置於上者。郭沫若云：「而大秋成」，不當有所增省，重視秋收，故行文特出之。翔鳳案：郭説是也。一「而」字甚有力，王欲衍之，何也？

〔一〇〕安井衡云：古本「伯」作「百」。翔鳳案：説文：「百，十十也。」人事則爲伯，與什伍同意。説文：「佰，相什伯也。」孟子「或相什伯」，二字通用。古本作「百」，謬。

〔一一〕翔鳳案：易繫辭「曲成萬物而不遺」，注：「不係一方者也。」荀子王制「其餘雖曲當」，注：「謂委曲皆當。」「曲衡」與「曲成」、「曲當」同意。下文「歸齊若流水」，則來者非一方矣。

輕重丙第八十二亡

管子輕重十五

輕重丁第八十三

管子輕重十六右石璧謀。右菁茅謀。

桓公曰：「寡人欲西朝天子〔一〕，而賀獻不足，爲此有數乎？」管子對曰：「請以令城陰里〔二〕，城者，築城也。陰里，齊地也。使其牆三重而門九襲。襲，亦重也。欲其事密而人不知，又先託築城。因使玉人刻石而爲璧，刻石，刻其菑石。尺者萬泉，八寸者八千，七寸者七千，珪中丁仲反。四千，瑗中五百。」好倍肉曰瑗。璧之數已具，管子西見天子曰：「弊邑之君，欲率諸侯而朝先王之廟，觀於周室〔三〕。請以令使天下諸侯朝先王之廟，觀於周室者，不得不以彤弓石璧。不以彤弓石璧者〔四〕，彤弓，朱弓也。非齊之所出，蓋不可獨言石璧，兼以彤弓者，猶藏其機。不得入朝。」天子許之曰：「諾。」號令於天下。天下諸侯載黃金珠玉五穀文采布泉輸齊以收石璧〔五〕。石璧流而之天下，天下財物流而之齊，故國八歲而無籍。陰里之謀也。

右石璧謀

〔一〕何如璋云：桓公之一匡九合，並未朝周，此云「西朝天子」，殊失事實。考本書輕重各篇，均無子目，此文目曰石璧，下章目曰菁茅，尤僞託之顯然者。翔鳳案：小匡：「葵丘之會，天子使大夫宰孔致胙。」此事見於左傳。此必桓公有朝請之奏，而天子使宰孔來。朝而曰欲，非已去，何得云僞託？何説謬。

〔二〕張佩綸云：水經淄水注「又東北逕蕩陰里西，水東有冢，一基三墳，東西八十步，是烈士公孫接、田開疆、古冶子之墳也。晏子惡其勇而無禮，投桃以斃之，死葬陽里」，即此也。趙一清云：「『陽里』亦作『陰陽里』。諸葛亮梁父吟『步出齊東門，遥望蕩陰里』，樂府解題作『追望陰陽里』。」佩綸案：「陰里」即蕩陰里。三士葬其陽，故曰「陽里」。此城築其陰，故曰「陰里」。合言之則曰「陰陽里」，不得謂三士墳在陰陽里也。

〔三〕安井衡云：「觀」疑當爲「覲」。翔鳳案：此謂觀於周太室，先王之廟在焉，非覲王也。「觀國之光」，「七世之廟，可以觀德」，均可言「觀」。安井説誤。

〔四〕張佩綸云：「彤弓」當作「彫弓」。荀子大略篇：「天子彫弓，諸侯彤弓，大夫黑弓，禮也。」公羊定四年何注：「禮，天子雕弓，諸侯彤弓，大夫嬰弓，士盧弓。」據此則「彤弓」當作「彫弓」，形近而譌。翔鳳案：「彤弓」爲諸侯所用，獻於周廟，非天子用此弓，非誤字。説文：「璧，瑞玉圜也。」顧命「宏璧」，鄭注：「大璧，度尺二寸。」周禮大宗伯「以蒼璧禮天」，崔靈恩三禮義宗：「蒼璧，其長尺有二寸。」説文「圭」字説解云：「子執穀璧，男執蒲璧，皆五寸。」爾雅：「肉倍好謂之璧，好倍肉謂之瑗。」此則混言之也。

〔五〕王念孫云：「泉」當爲「帛」。下文亦云「有五穀叔粟布帛文采者」。通典食貨十二引此正作「布帛」。又下文「大夏帷蓋衣幕之奉不給，謹守泉布之謝」，案：「泉布」亦當爲「帛布」（布帛或曰帛布，下文「帛布絲纊之賈」，即其證）。此承上文「帷蓋衣幕之奉」而言，則當云「帛布」，不當云「泉布」。「帛」、「泉」字相似，又涉上文「泉金」而誤也。又下文「功臣之家、人民百姓皆獻其穀菽粟泉金」，案「泉金」亦當爲「帛布」，上文作「五穀叔粟布帛文采」，是其證。今作「泉金」者，亦涉上文「泉金」而誤。　翔鳳案：「布泉」謂布與泉，何必改作「帛」。泉比帛爲重要，改之非是。

桓公曰：「天子之養不足，號令賦於天下，則不信諸侯，爲此有道乎？」管子對曰：「江、淮之閒，有一茅而三脊，毌至其本，名之曰菁茅〔一〕。請使天子之吏環封而守之。夫天子則封於太山，禪於梁父，號令天下諸侯曰：『諸從天子封於太山，禪於梁父者，必抱菁茅一束以爲禪籍〔二〕。不如令者不得從。』」天子下諸侯，載其黃金，爭秩而走〔三〕。江、淮之菁茅，坐長而十倍，其賈一束而百金。故天子三日即位，天下之金四流而歸周若流水。故周天子七年不求賀獻者，菁茅之謀也。

右菁茅謀

〔一〕翔鳳案：禹貢「包匭青茅」，鄭注：「茅有毛刺者曰青茅。」漢書郊祀志「江、淮之間，一茅三脊」，注：「謂靈茅也。」「毌」，古「貫」字。自尖至本，皆爲三脊。此茅吾鄉常見之矣。

〔二〕王念孫云：「以爲禪籍」，「禪」字涉上文「禪於梁父」而衍。「籍」當爲「藉」，藉，薦也。史記封禪書曰「江、淮之間，一茅三脊，所以爲藉也」，是其證。翔鳳案：禮器疏引書説：「墠者，除地爲墠。」詩時邁正義云：「聚土曰封，除地曰禪。變「墠」言「禪」，神之也。」除地之後藉以茅，是爲「禪籍」。「籍」即「藉」，隸書竹艸不分，非假字。王氏謂「『籍』當爲『藉』」，又衍「禪」字，俱非。

〔三〕王引之云：「不如令者不得從」爲句，「天下諸侯」連讀，其「子」字則因上文「從天子」而衍。張佩綸云：「不得從天子」句，「下諸侯」上捝「天」字。翔鳳案：「不如令者不得從」句。「天子下諸侯」句，天子下其令於諸侯也。下文省「諸侯」二字。「秩」訓積，見前。爭積此茅，以免臨事張皇。

桓公曰：「寡人多務，令衡籍吾國之富商蓄賈稱貸家，以利吾貧萌，農夫不失其本事。反此有道乎〔一〕？」管子對曰：「惟反之以號令爲可耳。」桓公曰：「行事奈何？」管子對曰：「請使賓胥無馳而南，隰朋馳而北，甯戚馳而東，鮑叔馳而西。四子之行定，夷吾請號令，謂四子曰：『子皆爲我君視四方稱貸之閒〔二〕，其受息之氓幾何千家，以報吾〔三〕。』」鮑叔馳而西，反報曰：「西方之氓者，帶濟負河，菹澤之萌也。漁獵取薪蒸而爲食。其稱貸之家，多者千鍾，少者六七百鍾。其出之，鍾也一鍾〔四〕。

其受息之萌九百餘家。」賓胥無馳而南，反報曰：「南方之萌者，山居谷處，登降之萌也。上斷輪軸，下采杼栗〔五〕，田獵而爲食。其稱貸之家，多者千萬，少者六七百萬。其出之，中伯伍也〔六〕。其受息之萌八百餘家。」甯戚馳而東，反報曰：「東方之萌，帶山負海，苦處，上斷福〔七〕，漁獵之萌也。治葛縷而爲食。其稱貸之家，下惠高、國〔八〕，多者五千鍾，少者三千鍾。其出之，中鍾五釜也。其受息之萌八九百家。」隰朋馳而北，反報曰：「北方萌者，衍處負海，煮泲爲鹽，梁濟取魚之萌也〔九〕。薪食。其稱貸之家，多者千萬，少者六七百萬。其出之，中伯二十也。受息之萌九百餘家。」凡稱貸之家，出泉參千萬，出粟參數千萬鍾〔一〇〕，受子息民參萬家〔一一〕。四子已報。管子曰：「不棄我君之有萌，中一國而五君之正也〔一二〕。然欲國之無貧，兵之無弱，安可得哉！」桓公曰：「爲此有道乎？」管子曰：「惟反之以號令爲可。請以令賀獻者，皆以鏤枝蘭鼓〔一三〕，則必坐長什倍其本矣。君之棧臺之職〔一四〕，亦坐長什倍。請以令召稱貸之家，君因酌之酒，太宰行觴〔一五〕。桓公舉衣而問曰〔一六〕：『寡人多務，令衡籍吾國，聞子之假貸吾貧萌，使有以終其上〔一七〕，令寡人有鏤枝蘭鼓〔一八〕，其賈中純萬泉也〔一九〕，願以爲吾貧萌決其子息之數，使無券契之責。』稱貸之家皆齊首而稽顙曰：『君之憂萌至於此，請再拜以獻堂下。』桓公曰：『不可。子使吾萌春有以傳耜，夏有以決芸。寡人之德子無所寵〔二〇〕，若此而不受，寡人不得於心。』故稱貸之家曰〔二一〕：『皆再拜受。』所出棧臺之職未能參千純也，而決四方子息之數，使無券契之責。四方之萌聞之，父教其子，兄教其弟，曰：『夫墾田發務，上之所急，可以無庶乎〔二二〕！君之憂我至於此！』此之謂反準。」

〔一〕王念孫云：「反此有道乎」，當依前後文作「爲此有道乎」。今本「爲」作「反」者，涉下「反之」而誤。何如璋云：桓公意因多務而衡籍，欲反其衡籍之道以順民情，故仲言「反之以號令」。兩「反」字相應，不宜改作「爲此」。張佩綸云：此節名曰「反準」。「反之號令」正承上「反此」而言，「反」字不誤。翔鳳案：説文：「反，覆也。」荀子賦篇「願聞反辭」，注：「反覆敘説之辭。」「反此」，謂反覆爲之也。何、張説是。

〔二〕丁士涵云：「閒」乃「閭」字誤。下文曰：「表稱貸之家，皆堊白其門而高其閭。」張佩綸云：下文言「稱貸之家」七，此處不得言「閒」。當作「稱貸之家，其閒受息之氓幾何家，以報夷吾」。翔鳳案：孟子「又稱貸而益之」，「稱」訓舉。「稱」爲舉債之家。「貸」訓施，爲給予者。雙方相對，故用「閒」，非誤字。

〔三〕王念孫云：「幾何千家」當作「幾何家」，其「千」字則涉下文「千鍾」而衍。馬元材云：「幾何千家」即多少個千家也。此蓋以「千家」爲單位，故曰「幾何千家」耳。下文云「受子息民參萬家」，其數字之大可以想見。郭沫若云：「以報吾」當作「以報夷吾」，脱「夷」字。

「受」與「授」通，「授息之氓」即負債之家。

〔四〕洪頤煊云：上「鍾」字當作「中」。下文「其出之中伯伍也」、「其出之中鍾五釜也」、「其出之中伯二十也」，字皆作「中」，此涉下「鍾」字而誤。　安井衡云：「鍾」亦一鍾，歲收息與本同。　何如璋云：「出之」下脱中字，「中」即息也，言所出中息貸一鍾者還須加息一鍾，與下文一例。　張佩綸云：洪説非也。「鍾也一鍾」，貸以一鍾，息亦一鍾；「中伯伍」者，貸百而息五十；「中鍾五釜」者，貸一鍾而息五釜；「中伯二十」者，貸百而息二十。或倍息，或半息，或二分息。如洪所改，則「中一鍾」也，則幾何鍾而當一鍾歟？不可通矣。　孫毓棠云：此當作「其出之中鍾一鍾也」，張解是。「鍾一鍾」者，倍息也；「鍾五釜」者，半息也。

〔五〕聞一多云：各本「斷」作「斲」，「粟」作「栗」，今據改。　翔鳳案：淮南本經訓「菱杼紾抱」，注：「杼，采實。讀楚言杼。」「杼」與「粟」相類，作「粟」者誤。

〔六〕安井衡云：「伯伍」，貸百錢收息五錢也，與上下相比，爲數太少。且此以息重爲次，「伍」下疑脱「什」字。　翔鳳案：説文：「伍，相參伍也。」五人爲伍，二伍爲什，伍爲十之半，「伯伍」爲百之半，與「百五」不同，此當知者。「中」訓得，屢見前。

〔七〕戴望云：宋本「若」作「苦」。　豬飼彦博云：「若」當作「谷」。「福」當作「輻」。或云「若處上斷福」此五字衍。　王念孫云：「苦處」當爲「谷處」，上文「山居谷處」，即其證。隸書「谷」字作「㕣」，「苦」字作「𦬃」，二形相似而誤。「上斷福」三字義不可通。案：上文云「上斲輪軸，下采杼栗」，則此「上斷福」當是「上斵輻」之譌。上言「斵輪軸」，此言「斵輻」，若詩之言「伐輪伐輻」矣。翔鳳案：「帶山負海」決非谷處。「斷輻」亦與漁獵無涉。郊特牲：「富也者，福也。」釋名：「福，富也。」曲禮注：「『富』之言備也。」「福」、「富」、「備」音義並同，是「福」同「富」。「苦處上斷福」，謂苦處而不能富，一字不誤，諸説均非。

〔八〕張佩綸云：「丁、惠」詳乙篇。左氏傳：「天子之二守高、國在。」翔鳳案：射義「下而飲」，注：「降也」。「下惠」，惠降於高、國也。小匡：「公帥十一鄉，高子帥五鄉，國子帥五鄉。」高、國地位僅次於公，故言降以尊之。趙本改「下」爲「丁」，非是，丁、惠不能在高、國之上也。

〔九〕馬元材云：「梁」，即詩小雅「敝笱在梁」之「梁」。傳：「魚梁也。」即堰水爲闕孔以捕魚之處。「梁濟取魚」者，言爲梁於濟水之中以捕取其魚也。

〔一〇〕戴望云：朱本無「數」字，是。翔鳳案：出粟比出泉更多，「數」字非衍。

〔一一〕安井衡云：據上所舉四方受息之萌三千五百餘家。「萬」當作「千」。許維遹云：錢分母錢子錢，見周語下。「子息」，即周禮小宰注所謂「貸子」。史記孟嘗君傳「使人出錢於薛，歲餘不入貸錢者，多不能與其息」，索隱云：「息，猶利也。」翔鳳案：「子息」與「息」不同，「萬」非誤字。

〔一二〕吴志忠云：「棄」乃「意」字誤。丁士涵云：「之正」二字當是「五王」之誤。「五王」猶五君也。輕重甲篇曰「故爲人君而不審其號令，則中一國而二君二王也」，是其證。姚永概云：「弃」乃「幸」字之譌，二字形近致誤。馬元材云：輕重甲篇之「二王」乃「之正」之誤。此蓋言東西南北四方之民皆爲各區域稱貸家之高利貸所剥削，每年除對國家負擔租稅外，尚須負擔從百分之二十至百分之百之高利貸的利息，是一國之民不啻同時有「五君之正」矣。丁氏説非。翔鳳案：左昭十五年傳「兵庸可棄乎」，注：「猶忘也。」謂四子反報，爲不忘我也。一國之中而有「五君之征」，桓公加東西南北稱貸者，則爲五矣。一字不誤，未解「正」之爲「征」耳，諸説俱誤，惟馬説得之。

〔一三〕何如璋云：「鐻枝蘭鼓」殆戟枝兵架之屬，上設此爲旌別而富民可以貲得者。山權數之「樹表置高」，猶此義也。「棧臺之職」殆當時所設，漢之武功爵及賣爵令，疑即本此。章炳麟云：説文「虡」或作「鐻」，鍾鼓之柎也。「枝蘭」即「支蘭」。史記扁鵲倉公列傳「夫以陽入陰支蘭藏者生，以陰入陽支蘭藏者死」，正義：「素問云：『支』者順節，『蘭』者横節。」蓋「支」本有支持、支載之義。「蘭」字則小匡「蘭盾」，注云「即所謂蘭錡，兵架也」，與「支」義亦最近。在人之骨節則曰「支蘭」，在鐘鼓之柎則曰「枝蘭」。鐘鼓柎——直者曰鐻，横者曰栒，正與「支蘭」相似。「鐻」但當言「枝」，兼言「蘭」者，栒虡亦通稱虡。周禮小胥注云：「鍾磬者編縣之，二八十六枚而在一虡，謂之堵。」是虡可包栒，故兼枝蘭横直言之也。「枝蘭」本實指物體，亦可轉言物用，「鐻枝蘭鼓」，言以鐻枝蘭此鼓也，猶言鐻架鼓耳，下云：「寡人有鐻枝蘭鼓，其賈中純萬泉也。」按：梓慶削木爲鐻，見者驚猶鬼神，然則鐻之精善者，萬泉不足道矣。

馬元材云：下文云：「寡人有鐻枝蘭鼓，其賈中純萬泉也。」又云：「所出棧臺之職未能參千純也，而決四方子息之數，使無券契之責。」是其物皆以「純」爲計算單位。「純」乃絲綿布帛等匹端之名，故「鐻枝蘭鼓」當是一種美錦之特有名稱。其取義之由或因其上織有象形「鐻枝蘭鼓」之花紋耳。　翔鳳案：儀禮鄉射禮「二筭爲純」，注：「猶全也。偶陰陽。」本書以乘馬計算，則「純」爲二算之名，非獨匹端而已。下文「棧臺之職」亦布帛之名，馬説是也。

〔一四〕豬飼彦博云：「職」當作「藏」，下同。謂棧臺所藏鐻枝蘭鼓也。　張佩綸云：山至數「棧臺之錢」，此亦當作「錢」。下文「棧臺之職未能參千純也」，「純」當爲「緍」，聲之誤也。史記酷吏傳「出告緍令」，索隱：「緍，錢貫也。」漢書武紀「初算緍錢」，注引李斐：「緍，絲也，以貫錢也。」文選永明策秀才文引孟康注：「緍，錢貫也。」　許維遹云：「職」乃「織」字之譌，下文同。織，布帛之總名。下文云「所出棧臺之織，未能參千純也」，「純」即匹端名，是其證。山至數篇云「請散棧臺之錢」，錢帛以類相從也。　翔鳳案：説文：「職，記微也。」「職」從耳從戠，戠字義缺。易豫「朋盍簪」，釋文：「虞作『戠』，戠，叢合也。」「織」與「職」皆「戠」之孳乳字。「織」爲織布，「職」爲織花紋，織出之布帛則名爲「織」，諸義久已不明。　左文十八年傳「閻職」，説苑作「織」，此其確證矣。　管書「織」作「職」，侈靡「自吾不爲汙殺之事，人布職不可得而衣」，亦以「職」爲「織」，其含義更顯著矣。　重令「而工以雕文刻鏤相稺也謂之逆」，「刻鏤」即「刻鏤」，宋代以織成山水花鳥之紋爲「刻絲」，其名至宋猶存矣。小問：「傅馬棧最難，先傅曲木，曲木又求曲木。」莊子馬蹄：「編之，以皁棧。」「棧臺」與「鏤枝蘭鼓」相類，亦花紋也。

〔一五〕張佩綸云：「太宰」當作「宰夫」，或衍「太」字。「使宰跪而請安」，是其證。儀禮均言膳宰，無以太宰行觴者。　翔鳳案：「太宰」爲膳夫之長，非誤字，凡宰皆有太也。

〔一六〕戴望云：元本、朱本「衣」作「哀」。　馬元材云：作「衣」者是。「舉」者，提也，猶攝也。「舉衣而問」，即攝衣起立而問，所以示尊敬賓客之意。管子小稱篇「管子攝衣冠起對曰」云云，即其證。　翔鳳案：說文：「衣，依也。上曰衣，下曰裳。」桓公高舉其手，則上衣舉，非誤字。

〔一七〕陶鴻慶云：「終」當爲「給」字之誤。下節云：「崢丘之戰，民多稱貸，負子息以給上之急，度上之求。」又云：「吾聞子假貸吾貧萌，使有以給寡人之急，度寡人之求，使吾萌春有以傳耜，夏有以決芸，而給上事，子之力也。」輕重乙篇：「曲防之戰，民多假貸而給上事者。」皆其證。

〔一八〕聞一多云：「令」當爲「今」，屬下讀。舊屬上讀「使有以終其上令」爲句，非是。　翔鳳案：「令」訓「使」亦通，不必改易。

〔一九〕翔鳳案：「中」訓得，同前。

〔二〇〕丁士涵云：「寵」疑「窮」字誤。　馬元材云：漢書成帝紀陽朔五年詔曰「寵其强力」，顏師古曰：「謂優寵力田之人。」與此「寵」字用法正同。聞一多云：「曰皆」二字當互易。翔鳳案：承上文言，皆不當衍。

〔二二〕豬飼彦博云：「故」字、「曰」字衍。王念孫云：衍「曰」字。

〔二三〕王引之云：「發」下蓋脱「草」字。國蓄篇曰「耕田發草，上得其數矣」，輕重甲篇曰「今君躬犂墾田，耕發草土」，又曰「彊本趣耕，發草立幣而無止」，是也。「務」字屬下讀，「務上之所急」者，務農也，農者「上之所急」也。張佩綸云：「無庶」即「蕪曠」，「庶」从炗，「黄」亦从炗，形近而誤。翔鳳案：「發」讀爲廢。論語「廢中權」，鄭注：「發動貌。」金文多以「發」爲「廢」。墾田而廢務，上之所急。釋名釋親屬：「庶，摭也，拾摭之也。」「摭」爲「拓」之或體，「拾摭」猶今之拓地。説文：「拓，拾也。」無一誤字，諸説皆非。

管子曰：「昔者，癸度居人之國，必四面望於天下，下高亦高〔一〕。天下高，我獨下，必失其國於天下。」桓公曰：「此若言曷謂也？」管子對曰：「昔萊人善染，練茈之於萊純緇，緺緩之於萊亦純緇也。其周中十金〔二〕。萊人知之，閒纂茈空。周且斂馬作見於萊人操之〔三〕，萊有推馬〔四〕。是自萊失纂茈而反準於馬也。故可因者因之，乘者乘之，此因天下以制天下。此之謂國準。」

〔一〕張佩綸云：「下高亦高」當作「下亦下，高亦高」。地數篇「天下高則高，天下下則下。天下高，我下，則財利挩於天下矣」，是其證。聞一多云：當作「天下高亦高，天下下亦下」，地數篇可證。

〔二〕豬飼彥博云：「綀茈」當作「茈綀」。「茈」，染紫草也。言萊國多茈草，故其人善染紫。染綀絹一束，僅得一錙金也。「緺綬」，後漢書輿服志注云：「紫綬名緺，其色青紫。」　張佩綸云：當以「萊人善染」爲句。說文：「綀，厚繒也。」「茈，茈草也。」西山經「勞山多茈草」，郭注：「一名茈莀，中染紫也。」御覽引說文作「紫草」，段氏玉裁云：「『茈』、『紫』同音。司馬彪注上林賦曰：『茈薑，紫色之薑。』郭注南山經曰：『茈羸，紫色羸。』知古『茈』、『紫』通用。」按「茈」上奪「綦」字，下文兩「綦茈」可證。說文：「緷，帛蒼艾色也。詩『縞衣緷巾』，未嫁女所服。」或作「綦」。「綀」即「緷」之誤。又：「緺綬，紫青也。」「綬，韍維也。」「純錙」者，淮南墬形訓「純丈五尺」，注：「純，量名也。」儀禮聘禮注引朝貢禮云「純四只，制丈八尺」，鄭注：「『四』當爲『三』，咫則二尺四寸。」史記蘇秦傳「錦繡千純」，集解：「純，匹端名。」張儀傳索隱：「凡絲緜布帛等一段爲一純。」參考衆說，是一段廣二尺四寸，長丈五尺。說文：「錙，六銖也。」在萊直一錙，在周則十金。　章炳麟云：言「綀茈」與「緺綬」在萊則賈準一錙，在周則賈中十金也。　翔鳳案：「綀」字屬上，則「茈」不能以純計，不可通。以章讀爲是。「周」假爲「朱」（詳七主七臣），茈色之最美者。「中」訓得，屢見前。

〔三〕洪頤煊云：「綦」，雜色。茈草染成之，故稱「綦茈」。下文「萊失綦茈」字不誤。　張佩綸云：「間」，少間也。周以重價致綦茈，及萊之綦茈既空，則以馬作直，易之萊人。　翔鳳案：廣雅釋詁三：「間，覗也。」伺綦茈缺朱色時，斂籌馬作現金收買之。「馬」即「碼」，見乘馬篇。漢書王莽傳「倉無見穀」，注：「謂見在也。」俗字作「現」。

〔四〕安井衡云：俗本「推」誤「准」。張佩綸云：「有」讀爲又，又多以馬至萊反準其金，雖失之於綦茈而得之於馬。郭沫若云：「推」疑是賤價出售之意，如今言推銷也。「萊有(又)推馬」者，以四周之馬集中於萊，萊因馬多而賤，四周因馬少而貴，故萊人又將賤價之馬大量推銷。是則四周雖因購買萊人之綦茈有所損失，却反而求得平衡於馬之交易也。此兩番周轉，均以證明「天下高我獨下」之爲害。萊人本爲齊所滅者，雖未必即因此而失國，頗足供作者借喻之便。翔鳳案：墨子小取：「推也者，以其所不取之，同於其所取者，予之也。」「馬」即「碼」，諸說均誤。

桓公曰：「齊西水潦而民飢，齊東豐庸而糴賤〔一〕。庸，用也。謂豐稔而足用。欲以東之賤被西之貴，爲之有道乎？」管子對曰：「今齊西之粟釜五鍾爲釜。百泉，則鏂二十也。斗二勝八合曰鏂。烏侯反。泉，錢也。齊東之粟釜十泉，則鏂二錢也。請以令籍人三十泉，得以五穀菽粟決其籍。若此，則齊西出三斗而決其籍，齊東出三釜而決其籍〔二〕，然則釜十之粟皆實於倉廩〔三〕。西之民飢者得食，寒者得衣，無本者子之陳，無種者子之新〔四〕，若此，則東西之相被，遠近之準平矣〔五〕。」君下令稅人三十錢，準以五穀。令齊西之人納三斗，東之人納三釜，以賑西之人，則東西俱平矣。管子曰：智用無窮。以區區之齊，一匡天下，本仁祖義，成其霸業。所行權術，因機而發，非爲常道，故別篇云「偏行而不盡」也。桓公曰：「衡數吾已得聞之矣。請問國準。」管子對曰：「孟春且至，溝瀆阬而不遂，谿谷報上之水不安於藏〔六〕，内毁室屋，壞牆垣，外傷田野，殘禾稼，故君謹守泉金之謝物，且爲之舉〔七〕。大夏，帷蓋衣幕之奉不給〔八〕，謹守泉布之謝物〔九〕，且爲之舉。大秋，甲兵求繕，弓弩求弦，謹絲麻之謝物〔一〇〕，且爲之舉。大冬，任甲兵，糧食不給，黄金之賞不足，謹守五穀黄金之謝物，且爲之舉。已守其謝，富商蓄賈不得如故。此之謂國準。」

〔一〕豬飼彦博云：「庸」疑當作「年」。俞樾云：「庸」乃「康」字之誤。淮南子天文篇「十二歲一康」，高注曰：「康，盛也。」然則「豐康」者，豐盛也。郭沫若云：「庸」者，傭也。「豐庸」謂工價高。翔鳳案：「豐庸」謂勞力多。郭説小誤。

〔二〕黄震云：西飢東豐，則税錢准穀而東西以平。税錢三十，西准穀三斗，東准穀三釜。王念孫云：齊西之粟三斗三十錢，則二斗二十錢也。而鏂亦二十錢，則是二斗爲一鏂也。尹注云「斗二升八合曰鏂」，失之矣。宋翔鳳云：「釜百泉則鏂二十也」，此則以五鏂爲釜矣。下文言「齊西出三斗而決其籍，齊東出三釜而決其籍」，上文「齊西釜百泉，齊東釜十泉」

凡十倍，則此三釜亦十倍於斗，一釜得一斛亦爲一石，故海王篇「鹽百升而釜」與粟之量正同，知一鏂得二斗。則管子之量不與春秋傳言豆區釜鍾之數同，乃傳者之異，不可以彼難此也。　鄒漢勛云：齊舊量：豆，四升；區，十六升；鬴，六十四升也。陳氏：豆，五升；區，二十五升；鬴，百二十五升也。管子所言：豆，四升；鏂，二十升；鬴，百升也，與陳氏微異。管子書多六國人所增益，疑管子之所言，即陳氏之制。（讀書偶識。）　翔鳳案：下文「粟皆實於倉廩」，則齊西非出泉。小爾雅廣量：「區四謂之釜。」胡承珙義證引本文，謂：「區數不同，此蓋如今之斗斛，同一名而各方大小或異耳。」此言是也。一鄉一縣之斗斛不同，不能以此定管書之先後也。

〔三〕王念孫云：「十」當爲「斗」。「釜斗之粟」即承上「三斗」、「三釜」而言。　俞樾云：上云「齊西之粟釜百泉，齊東之粟釜十泉」，然則所謂「釜十之粟」者，乃一釜十泉之粟，指齊東而言也。蓋齊西粟貴，齊東粟賤，故雖均是籍人三十泉，而齊西止以粟三斗當泉三十，齊東必以粟三釜當泉三十。於是齊西之粟所入無多，而齊東之粟皆實於倉廩矣。其下曰「西之民飢者得食，寒者得衣」，以此故也。管子因桓公欲以東之賤被西之貴，故爲此法，則其所注意者本在齊東一釜十泉之粟，故曰「然則釜十之粟皆實於倉廩」。王氏欲改「十」爲「斗」，則全失其義矣。

〔四〕郭沫若云：抄本册府元龜引無此二句。又揆度篇作「無食者予之陳，無種者貸之新」，疑是該篇脱簡竄此。上文云「齊西出三斗而決其籍」，民猶出三斗，則無所謂予陳貸新之可言。翔鳳案：書臯陶謨「予弗子」，鄭讀「將吏反」。「子」假爲「慈」，愛也。「本」爲農業，指糧食。趙本改「子」作「予」，誤。

〔五〕聞一多云：「之」下疑脱「民」字，上文「西之民飢者得食」，可證。尹注云：「東之人納三釜以賑西之人。」以人易民，避唐諱也。任林圃云：此本尹注有誤，當據通典食貨十二引文改。通典引文「管子」下無「曰」字，管子中並無「智用無窮」之文，今本增一「曰」字，文意大異。梅士享本乃以之標入正文，則尤誤矣。翔鳳案：東西包含有「民」字，何必加。

〔六〕豬飼彦博云：「阮」疑當作「阨」，塞也。「報上」二字疑衍。王引之云：「阮」當爲「陒」，「報」當爲「鄣」，皆字之誤也。立政篇曰：「溝瀆不遂於隘，鄣水不安其藏。」又曰：「通溝瀆，脩障防，安水藏。」「隘」與「陒」同，「鄣」與「障」同。章炳麟云：雜志曰：「『報』當爲『障』，字之誤也。立政曰：『鄣水不安其藏。』」尋「報」、「鄣」形聲皆不相似，無緣致誤。此文不必與立政篇語同，「報」當借爲「赴」。少儀「毋報往」，注：「『報』讀爲赴疾之赴。」是其證。「上」則「下」之誤，古文「上」、「下」作「二」、「二」，形相似而譌。「赴下」猶趨下也。水性趨下，故曰「谿谷赴下之水」。翔鳳案：説文：「寏，周垣也。」或體作「院」，从宀阮聲（與阜部訓堅之「院」从完聲者不同）。「阮」爲周垣，其義正合。王不知而改作「陒」，謬矣。「報」讀爲赴，章説有證。谿谷凹受，故可赴上，「上」非誤字，章改上爲「下」，亦謬。

〔七〕張佩綸云：「『謝』當作『射』。國蓄『以重射輕，以賤泄平』，是其證。爾雅釋魚釋文：『謝』本作『射』。」後漢書皇甫規傳云「臣私報諸羌謝其錢貨」，章懷注：「謝，猶餅也。」不知此「謝」字亦當作「射」。郭沫若云：張讀「謝」爲「射」，是也。當以「謝物」爲句。「守」者，防也。當防止用金錢以射物者，如有則爲人民舉發之。故「且爲之舉」，即周官地官司門「凡財物犯禁者舉之」之「舉」。下文夏秋冬三「守」，均同此解。如此，則投機者不能興風作浪，故曰：「已守其謝，富商蓄賈不得如故。」翔鳳案：郭説是也。

〔八〕翔鳳案：夏之物爲「帷蓋衣幕」，秋爲「絲麻」。「不給」即不足。

〔九〕戴望云：「泉」乃「帛」字誤。翔鳳案：「泉」亦可以射物，非誤字。

〔一〇〕丁士涵云：「謹」下當有「守」字，上文句例可證。

龍鬭於馬謂之陽，牛山之陰〔一〕。管子入復於桓公曰：「天使使者臨君之郊，請使大夫初飭，左右玄服，天之使者乎〔二〕！天下聞之曰：『神哉齊桓公，天使使者臨其郊。』不待舉兵，而朝者八諸侯。此乘天威而動天下之道也。故智者役使鬼神，而愚者信之。」桓公終神〔三〕。管子入復桓公曰：「地重投之哉〔四〕，兆國有慟〔五〕。風重投之哉〔六〕，兆國有槍星，其君必辱〔七〕。國有彗星，必有流血〔八〕。浮丘之戰，彗之所出，必服天下之仇。今彗星見於齊之分，請以令朝功臣世家，號令於國中曰：『彗星出，寡人恐服天下之仇。請有五穀收粟布帛文采者，皆勿敢左右〔九〕。國且有大事，請以平賈取之。』功臣之家、人民百姓皆獻其穀菽粟泉金〔一〇〕，歸其財物，以佐君之大事。此謂乘天嗇而求民鄰財之道也〔一一〕。」

〔一一〕安井衡云：古本「謂」作「請」。張佩綸云：「請」與「謂」皆「瀆」字之譌。「馬瀆」即馬車瀆也。漢書地理志：「齊郡鉅定縣馬車瀆水首受鉅定，東北至琅槐入海。」水經淄水注：「自山東北流逕牛山西，又東逕淀縣故城南，又東北逕廣饒縣故城南，又東北馬車瀆水注之，首受巨淀，淀即濁水所注也。呂忱曰：濁水一名溷水，出廣縣爲山，東北流逕廣固城西，水際山側有五龍口。」「龍鬭」蓋在淄水、巨淀之間，在牛山之西北，馬車瀆之東北。山北曰陰，水北曰陽，故曰「馬瀆之陽，牛山之陰」。一統志以萊蕪谷即春秋成二年之「馬陘」，在牛山上游，未知何據，今不從之。吳闓生云：「於馬」五字疑衍文。任林圃云：「謂」字當有誤，作「請」亦不可通。左傳成公二年「擊馬陘」，杜注：「齊邑。」春秋地名考略：「史記『馬陘』作『馬陵』，今在益都縣西南。」「牛山」見孟子告子章「牛山之木」，趙注：「牛山，齊之東南山也。」四書釋地續：「今目驗牛山在臨淄南十里。」據此則牛山在東南而馬陘在西南，中間適爲齊都臨淄之近郊，故管仲云「天使使者臨君之郊」。故此「謂」字或「請」字，當是「陘」字之誤。翔鳳案：山南曰陽，北曰陰，水與之相反。「馬謂」爲水名，「馬陘」爲山名。「馬陘」取義於馬頸。「馬謂」取義於馬胃，相去不遠矣。「謂」非誤字。

〔二〕張佩綸云：「初」當爲「祈」。「使大夫祈」爲句，「飭左右玄服」爲句。陶鴻慶云：「飭」讀爲飾。「初」乃「袀」字之誤字，本作「袗」，說文：「袗，玄服也。」漢書五行志：「袀服振振。」僖五年左傳「以均爲之」。服注：「黑服也。」「大夫袀飾」與「左右玄服」，文異而義同。龍爲水族之長，故必黑服以將事也。「天之使者乎」上當有脱字。翔鳳案：齊語「以飭其子弟」，注：「教也。」無先例，故曰「初飭」。王筠釋例：「言部『評』，召也。積古齋師遽敦「王乎」，師卯敦『乎令卯曰』，筠清館周望敦蓋『王乎史奉』，皆作『評』字用。」「天之使者乎」爲「天之使者評召」，一字不誤，諸說均謬。

〔三〕翔鳳案：說文：「終，絿絲也。」釋詁：「求，終也。」地官牛人「求牛」，注：「求，終也。終事之牛，謂所以繹者也。」「終神」即求神，然與普通祈禱不同。公羊莊公廿五年：「日有食之，鼓用牲于社，以朱絲縈社。或曰脅之，或曰爲闇，恐人犯之，故縈之。」「終神」有厭勝之意。

〔四〕安井衡云：「哉」、「烖」通。尚書康誥「乃惟眚災適爾」，潛夫論作「哉」。何如璋云：「地重」，「重」字疑作「動」。翔鳳案：「投」爲投擲，乃常義。「兆」字屬下爲句。古無舌上音，「重」讀動。左僖十五年傳「慼憂以重我」，王引之曰：「感動也。」「重」假爲「動」，非壞字。「哉」同「烖」。

〔五〕翔鳳案：周禮「九拜」，四曰「振動」，杜子春讀爲「哀慟」。說文無「慟」，「動」即「慟」，故地動國有慟。

〔六〕安井衡云：此當有「國有」云云數字，因「國有」二字複出而誤脱。何如璋云：「風重」，「重」字疑作「動」。翔鳳案：「風」古讀如「蓬」。莊子秋水：「蓬蓬然起於北海。」春秋文十四年有「星孛入於北斗」，公羊云：「孛者何？彗星也。」風蓬孛而動，兆國有槍星也。

〔七〕豬飼彦博云：「國」，謂其國之分野。何如璋云：「槍星」、「慧星」數句，言星變之異。吕覽明理：「星有出而無光，其星有熒惑，有慧星，有天棓，有天欃，有天竹，有天英，有天干，有賊星，有鬭星，有賓星。」皆星之變異，上天垂象以示警者。「天棓」、「天欃」即「槍星」之類。許維遹云：「槍」即天槍，隋書天文志「天槍主捕」，故云「其君必辱」。

〔八〕許維遹云：晉書天文志「簪星，所謂埽星，或竟天見則兵起」，故云「必有流血」。

〔九〕王念孫云：「收」當爲「叔」，「叔」即「菽」字，見下文。輕重甲篇亦云：「子大夫有五穀菽粟者勿敢左右。」翔鳳案：「收」即「莜」。草木偏旁多後加。爾雅釋草「莜，蚍衃」，郭注：「今荆葵也。」詩陸疏：「芘芣，一名荆葵，似蕪菁，華紫緑色，可食，微苦。」通稱蕎麥，秋後種，爲救荒之用。王説誤。下文作「菽」，亦如王意而誤改者。小雅采菽釋文：「本亦作『叔』。」左昭十七年傳：「季平子賦采叔。」漢昭帝紀：「以叔粟當賦。」漢三公碑：「叔粟如火。」説文無「菽」，乃漢後孳乳之文，管書決無「菽」字也。

〔一〇〕王念孫云：「泉」當爲「帛」，見上文。陶鴻慶云：「穀」上當有「五」字，上文「請有五穀菽粟」云云，是其證。翔鳳案：「泉」字不誤。「菽」當依上文作「收」。

〔一一〕王念孫云：「菑」當爲「甾」，「甾」即「災」字。彗星，天災也。因彗星出而歛財物，故曰「此謂乘天災而求民鄰財之道也」。何如璋云：「天菑」，「菑」當爲「蕃」，古「災」字。漢書揚雄傳「灑沉菑於溪瀆兮」，可證。「天災」即指上「慧星」。「鄰」，臣鄰也。張佩綸云：上文直求民財，非求鄰財也，「鄰」字衍。許維遹云：「求」即「逑」字之省，説文：「逑，歛聚也。」五行篇「五穀鄰熟」，注：「鄰，緊也，引伸爲集聚。」字又與「遴」通，揚子法言問明篇「鷦明遴集」，注：「遴，聚也。」翔鳳案：隋甯贙碑「淄」作「濇」，則「菑」爲「甾」之别體，非誤字。史記高祖功臣侯者年表「柏至以駢憐從」，姚氏曰：「駢憐，猶比鄰也。」假「鄰」爲「憐」，惜財也。許説非是。

桓公曰：「大夫多并其財而不出〔一〕，腐朽五穀而不散。」管子對曰：「請以令召城陽大夫而請之〔二〕。」桓公曰：「何哉？」管子對曰：「城陽大夫嬖寵被絺綌，鵝鶩含餘粖〔三〕，齊鍾鼓之聲，吹笙篪〔四〕，同姓不入〔五〕，伯叔父母遠近兄弟皆寒而不得衣，飢而不得食〔六〕。子欲盡忠於寡人，能乎？故子毋復見寡人。滅其位，杜其門而不出。功臣之家皆爭發其積藏，出其資財，以予其遠近兄弟。以爲未足，又收國中之貧病孤獨老不能自食之萌，皆與得焉。故桓公推仁立義，功臣之家兄弟相戚，骨肉相親，國無飢民。此之謂繆數〔七〕。」

〔一〕戴望云：「幷」與「屏」同。翔鳳案：說文：「屏，蔽也。」曲禮「則左右屏而待」，注：「隱也。」弟子職「既徹幷器」，注：「藏去也。」戴說是也。

〔二〕王念孫云：「請之」當爲「謫之」。下文「滅其位，杜其門」，是謫之之事也。今作「請之」者，涉上「請以令」而誤。張佩綸云：漢書賈誼傳「盤水加劍，造請室而請罪耳」，應劭曰：「請室，請罪之室。」蘇林曰：「音絜清。胡公漢官車駕出有請室令在前先驅，此官有別獄也。」史記爰盎傳「絳侯徵繫清室」，漢書作「請室」。「而請之」之「請」，申請罪之謂，不必改字。

〔三〕戴望云：「對」字涉下文而衍，當删。翔鳳案：答桓公之言，當有「對」字。

〔三〕戴望云：朱本「粖」作「秫」。張佩綸云：說苑尊賢篇田饒曰：「三升之稷不足於士，而君鴈鶩有餘粟，紈素綺繡靡麗，堂楯從風雨弊，而士曾不得以緣衣。」至公篇齊景公嘗賞賜及後宮，「文繡被臺榭，菽粟食鳧鴈」。翔鳳案：「粖」即「鬻」之或體，粥也。玉篇作「糜」。朱本不識而改爲「秫」，謬甚。

〔四〕吴志忠云：「笙篪」下奪「之風」二字，輕重己篇有。張佩綸云：己篇云「吹塤篪之風，鑿動金石之音」，與此文不同，所奪未必定是「之風」字，吴殊武斷。聞一多云：此下疑有脱文。「同姓不入」以下，桓公語。翔鳳案：古人不重偶句，非必脱「之風」二字。聞以「同姓不入」以下爲桓公語，非是。此管子設言之也。

〔五〕翔鳳案：「同姓」，同生也。釋名：「入，納也。納使還也。」周禮媒氏「凡嫁子娶妻入幣，純帛無過五兩」，注訓爲「納幣」。「同姓不入」，不納同生之人也。

〔六〕姚永概云：此下當有脱文，蓋此乃管子之語，不應接以「子欲盡忠於寡人能乎」句，必有桓公召城陽大夫數以前罪，而云「同姓尚不恤」，乃接以「子欲盡忠於寡人能乎」句也。翔鳳案：此管子設辭，觀「滅其位，杜其門」二「其」字爲第三人稱，可知。

〔七〕張佩綸云：此句衍，下節「惟繆數爲可耳」，故曰「此之謂繆數」，此句乃複衍之未删者。翔鳳案：禮大傳「五者一物紕繆」，釋文：「本或作『謬』。」素問三部九侯論「則繆刺之」，注：「刺絡脈，左取右，右取左也。」「繆數」者，施行於此而收效在彼也。蓋爲當時成語，故加「此之謂」三字。下文「桓公曰諾」，不復問。張説非是。

桓公曰：「崢丘之戰〔一〕，崢丘，地名，未聞。説即葵丘。民多稱貸，負子息以給上之急，度上之求。寡人欲復業産，業産者，本業也。此何以洽〔二〕？」洽，通也。言百姓爲戎事失其本業，今欲取①之，何以通於此也？管子對曰：「惟繆數爲可耳〔三〕。」繆，讀曰謬。假此術以陳其事也。桓公曰：「諾。」令左右州曰：「表稱貸之家〔四〕，旌表也。皆堊白其門而高其閭。」亦所以貴重之。州通之師執折篆曰〔五〕：「君且使使者。」桓公使八使者式璧而聘之，以給鹽菜之用〔六〕。令使者賫石璧而與，仍存問之，謙言鹽菜之用。稱貸之家皆齊

① 「取」字原作「敢」，據補注改。

首稽顙而問曰：「何以得此也？」使者曰：「君令曰：寡人聞之，詩曰『愷悌君子，民之父母』也。寡人有嶧丘之戰。吾聞子假貸吾貧萌，使有以給寡人之急，度寡人之求。使吾萌春有以傳耜，夏有以決芸，而給上事，子之力也。是以式璧而聘子，以給鹽菜之用。故子中民之父母也。」稱貸之家皆折其券而削其書，舊執之券，皆折毀之。所書之債，皆削除之。發其積藏，出其財物，以振貧病，分其故貲〔七〕，故國中大給。嶧丘之謀也。此之謂繆數。

〔一〕俞樾云：尹注曰：「嶧丘，地名，未聞。說即葵丘。」此說殊不可解，經傳多言「葵丘之會」，無言「葵丘之戰」者，安得謂「嶧丘」即「葵丘」乎？「葵」疑「乘」字之誤。春秋莊十年：「夏六月齊師、宋師次于郎，公敗宋師于乘丘。」或說殆以乘丘之戰爲指此役，故云「即乘丘」耳。「乘」古字作「椉」，與「葵」字相似，因而致誤。　張佩綸云：「嶧邱」原注：「未聞，一說以爲葵丘。」　佩綸案：葵丘無戰事。閔二年公羊傳：「桓公使南陽之甲立僖公而城魯，或曰：自鹿門至於爭門者，是也；或曰：自爭門至於吏門者，是也。」說文「淨，魯北城門池也」，廣韻作「埩，魯城北門池也」。字本作「爭」，池則從水作「淨」，門及丘則从土、从山。然則嶧邱之戰，即桓公命高子城魯立僖之役。一說：續漢書郡國志：「琅邪國莒縣，本國故屬城陽有鐵，有嶧嶸谷。」三傳無桓公伐莒事，而本書有伐莒之謀，疑即指伐莒而言。

〔二〕王念孫云：「洽」當爲「給」，下文云「國中大給」，即其證也。「給」、「洽」艸書相似，故「給」譌爲「洽」。尹注非。張佩綸云：爾雅「太歲在未曰協洽」，逢盛碑作「給」，「洽」、「給」通借，非譌字。「大給」當作「大洽」。說文：「洽，霑也。」「此何以洽」，言何以使民徧霑吾惠。

〔三〕張佩綸云：「繆」，通典作「膠」，按當作「膠」。詩隰桑「德音孔膠」，傳：「膠，固也。」說文：「膠，昵也。」言此以恩澤膠固之，故曰「膠數」。或作「繆」，即綢繆意。原注以「繆」爲詐謬，下文「豈弟君子，民之父母」云云，即膠固綢繆之意，無所爲詐謬也。任林圃云：通典引此「繆」作「膠」，注：「『膠』讀曰繆。」今本正文已改作「繆」，故注亦改作「『繆』讀曰謬」矣。小爾雅：「膠，譎詐也，涼州西南之間曰膠，自關而東西或曰譎，或曰膠。詐，通語也。」上節及此節末尾「此之謂繆數」，殆亦本作「膠數」。翔鳳案：「繆」同「謬」，見前。猶今言走曲線耳。

〔四〕任林圃云：通典食貨十二引此文亦作「表」，引尹注云：「表，旌也。」是以作「表」爲是。宋本有作「旌」者，乃後人涉注而誤，復改注文以就本文耳。翔鳳案：留侯世家「表商容之閭」，「表」，標也。此武王用殷俗。公羊宣十二年傳「左執茅旌」，注：「祀宗廟所用，迎道神，指護祭者，斷曰藉，不斷曰旌。」本書「祭」、「藉」屢用，齊不用旌明矣。

〔五〕張佩綸云：「箓」即簿録。說文「録，金色也」，假借爲簿録字。此假竹高篋之「箓」爲之，後乃孳乳爲「籙」字。說文：「折，斷也。」禮記少儀注：「折斷，分之也。」此與反準之筴同，傳者小異耳。翔鳳案：張説是也。廣雅釋器：「箓、籙，篰也。」「折箓」與「折簡」同意。

〔六〕姚永概云：「以」乃「曰」字之譌，尹注云「謙言」，正釋「曰」字也。今作「以」者，涉下文「以給鹽菜之用」而誤。任林圃云：通典食貨十二引無「桓公」二字，「八」字作「入」，是也。「使入」爲句。翔鳳案：任説誤，聘者桓公，若作「使入」，則是聘爲使者。

〔七〕翔鳳案：「故貲」猶言老錢。「中」讀去聲。

桓公曰：「四郊之民貧，商賈之民富。寡人欲殺商賈之民，以益四郊之民，爲之奈何？」管子對曰：「請以令決瓁、洛之水，通之杭、莊之間〔一〕。」桓公曰：「諾。」行令未能一歲，而郊之民殷然益富〔二〕，商賈之民廓然益貧。桓公召管子而問曰：「此其故何也？」管子對曰：「決瓁、洛之水通之杭、莊之間，則屠酤之汁肥流水，則蝱虻巨雄、翡燕小鳥皆歸之〔三〕，宜昬飲。此水上之樂也。賈人蓄物，而賣爲讎，買爲取〔四〕，市未央畢，而委舍其守列，投蝱虵巨雄〔五〕。新冠五尺，請挾彈懷丸游水上〔六〕，彈翡燕小鳥，被於暮〔七〕。故賤賣而貴買。四郊之民賣賤，何爲不富哉〔八〕！商賈之人何爲不貧乎！」桓公曰：「善。」

〔一〕王念孫云：「杭」當爲「抗」，「抗」古讀若康，「抗莊」即康莊。張佩綸云：説文：「瓁，雨流霤下貌。」山海經西山經「有淫水其清洛洛」，郭注：「洛洛，水流下之貌也。」莊子逍遥游：

「剖之以爲瓢，則瓠落無所容。」司馬「瓠」音「護」，注云：「瓠，布濩也。落，零落也。言其形平而淺，受水則零落而不容也。」「瓠落」、「濩落」均雙聲，言霖潦無所容之水。詩河廣傳、廣雅釋詁並云：「杭，渡也。」「杭、莊之間」猶孟子言「莊、嶽之間」，「莊、嶽」二里名，此「杭、莊」亦當爲二里名。莊則近市，而杭本有舊渡，或如乾時之類，今以霖潦之水歸之，始得通舟，故百鳥翔集於此。若如王説，則水溢通衢，既不能舟，又不能車，其策不亦迂繆乎？　翔鳳案：「瓁」、「洛」、「杭」、「莊」皆地名，今不可考，王以義説之，誤。

〔二〕李哲明云：「郊」上應脱「四」字，上下文「四郊之民」凡三見，此亦當有之。　翔鳳案：爾雅釋地：「邑外謂之郊。」「郊」即包括邑之四面，何必再加「四」字乎？

〔三〕張佩綸云：「蟁虻」，下作「蟁蚍」，孫星衍云：「蚍，當依上文作『虻』。」案：「蟁虻」當作「蟁母」，「母」譌爲「毋」，轉爲「亡」，又譌爲「也」，淺人意加虫旁。爾雅釋鳥「鷏，蟁母」，郭注：「似鳥鸔而大，黄白雜文，鳴如鴿聲。今江東呼爲蚊母。俗説此鳥常吐蚊，因以名云。」「巨雄」與「小鳥」對文。一説「巨雄」當作「雝渠」。爾雅「䳭鴒雝渠」，郭注：「雀屬，飛則鳴，行則搖。」常棣傳同。説文：「鷍，雝渠也。」又云：「雃，石鳥，一名雝鷍，一曰精列。」亦通。　翔鳳案：「蟁母」非「巨雄」，不用彈而投之，則非翔空之物。一作「虻」，一作「蚍」，必有一誤。戊篇「鑿二十虻」不可解，當爲「蚍」，即「蛇」之變。然則此爲「蚍」無疑，「蚍」缺爲「虻」。「蟁」音同「虻」，即「蟒」之借，如蚱蜢作蟅蟒。管書「民」或作「甿」、作「萌」，「明」音同「孟」，如「孟津」即「盟津」，是其證。「翡燕」即「翡翠」，好在水邊食魚，燕則不在水邊也。投槍殺大蛇，挾彈打飛鳥，情理適合。

〔四〕豬飼彥博云：謂賣者速售，買者速取也。翔鳳案：「爲」無速義，豬飼說誤。論語「夫子爲衛君乎」，鄭注：「助也。」有巨雄小鳥而遊人多，買賣如助之也。

〔五〕張佩綸云：說文：「投，擿也。」漢書蕭望之傳注：「射之言投射也。」以矢石擿之，皆可曰投。禮「投壺」，左氏傳「抉石以投人」，是。

〔六〕吳志忠云：「請」乃「諸」字誤。張佩綸云：「新冠」，冠者。「五尺」，五尺之童。翔鳳案：彈丸爲武器，須得許可，故曰「請」，非誤字。

〔七〕安井衡云：「被」，及也。

〔八〕豬飼彥博云：「賣賤」二字衍。王念孫云：「賣賤」當作「買賤」，言四郊之民多買賤物，所以致富也。今作「賣賤」者，涉上文「賤賣」而誤。陶鴻慶云：王氏謂「賣賤」當爲「買賤」，是也。今案：元文本作「賣貴而買賤」，傳寫奪「貴而買」三字耳。此與上言「商賈之人賤買而貴賣」，事正相因。奪三字則文義不完。翔鳳案：「貴買」指遊人。「賣賤」，賣其賤價得來者，即上文之「賤賣」。兩「賣」字身份不同，一字不誤，二說均非。

桓公曰：「五衢之民衰然多衣弊而屨穿〔一〕，寡人欲使帛布絲纊之賈賤，爲之有道乎？」管子曰：「請以令沐途旁之樹枝，使無尺寸之陰〔二〕。」桓公曰：「諾。」行令未能一歲，五衢之民皆多衣帛完屨。桓公召管子而問曰：「此其何故也？」管子對曰：「途旁之樹未沐之時，五衢之民，男女相好往來之市者，罷市，相睹樹下，談語終日不歸。男女當壯，扶輦推輿，相睹樹下，戲笑超距〔三〕，終日不歸。父兄相睹樹下，論議玄語〔四〕，終日不歸。是以田不發〔五〕，五穀不播，麻桑不種，璽縷不治。内嚴一家而三不歸〔六〕，則帛布絲纊之賈安得不貴？」桓公曰：「善」。

〔一〕張佩綸云：太玄衆「兵衰衰」，注：「衰衰，瘦瘠之貌。」聞一多云：「衰」、「蓑」同，蓑蓑然，衣屨弊裂貌也。翔鳳案：説文：「衰，艸雨衣。」聞説是也。

〔二〕黄震云：「沐」，去樹枝也。沐途旁之樹以絶遊息，農人皆務本業而農以富。何如璋云：「沐」，治也，謂治其枝而去之，如洗濯也。孟子「牛山之木濯濯然」，是也。張佩綸云：儀禮既夕注：「湯沐，所以洗去汚垢。」釋名釋姿容：「沐，秃。」沐者髮下垂，秃者無髮，皆無上貌之稱，此去樹之上枝，故曰「沐」。

〔三〕豬飼彦博云：「超距」猶跳躍也。張佩綸云：史記王翦傳「方投石超距」，索隱：「超距，猶跳躍也。」漢書甘延壽傳「投石拔距」，張晏曰：「拔距，超距也。」馬元材云：此處當係指男女舞蹈互相遊戲而言，今西南各兄弟民族中尚存此俗。

〔四〕張文虎云：「玄」當爲「互」字之譌，舊書往往相亂。姚永概云：管子時安得有「玄語」字，「玄語」當作「立語」。聞一多云：張説近是。「互」蓋讀爲晤。陳風東門之池「可與晤語」，箋：「晤，對也。」翔鳳案：楊本作「玄」，幼官「玄帝之命」作「玄」，形狀不同，非「玄」字明矣。確爲「互」字，多一點，隸書常有之。

〔五〕陶鴻慶云：「田」下當有「草」字。「田草不發」，與下「五穀不播，麻桑不種，蠒縷不治」句法一律。國蓄篇云：「耕田發草，上得其數矣。」輕重甲篇云：「彊本趣耕，發草立幣而無止。」皆其證。翔鳳案：古人不必偶句，不加「草」字。

〔六〕丁士涵云：「嚴」乃「瞰」之借字。廣雅曰：「瞰，視也。」孟子離婁篇注曰：「瞰，視也。」音義：「『矙』或作『瞰』，同。」説文作「闞」，云：「望也。」集韻有「矙」字，云：「與『瞰』同，視也。」翔鳳案：「嚴」爲教命急，其義正合，改字非是。

桓公曰：「糶賤，寡人恐五穀之歸於諸侯。寡人欲爲百姓萬民藏之，爲此有道乎？」管子曰：「今者夷吾過市，有新成囷京者二家〔一〕。大囷曰京。君請式璧而聘之〔二〕。」式，用也。璧，石璧也。聘，問也。賜之以璧，仍存問之。桓公曰：「諾。」行令半歲，萬民聞之，舍其作業，而爲囷京以藏菽粟五穀者過半。桓公問管子曰：「此其何故也？」管子曰：「成囷京者二家，君式璧而聘之，名顯於國中，國中莫不聞。是民上則無功顯名於百姓也，功立而名成，下則實其囷京，上以給上爲君，壹舉而名實俱在也〔三〕。民何爲也〔四〕？」

〔一〕任林圃云：「囷京」連文，乃漢時常語。急就篇「門户井竈廡囷京」，顏師古注：「囷，圓倉也；京，方倉也。一曰：『京』之言矜也，寶貴之物可矜惜者藏於其中也。」

〔二〕安井衡云：古本「請」作「親」。

〔三〕丁士涵云：「無」疑「巫」字誤。張佩綸云：「功立而名成」，「上爲君」，皆注文闌入者。「上以給」，「上」亦羨字。上則無功而顯名，下則實其囷京以給，故曰「名實俱在」。聞一多云：「無功」下當有「而」字。「上以給上爲君」當作「以給上」。「給上」之文本書屢見。餘均當依張説。「下則實其京囷上以給上爲君」，張氏初稿云「當作『下則實其囷京以給上』」，繼又云「『上爲君』三字亦注文」。案初稿是也。翔鳳案：「民」字貫下文，「功立而名成」補足上句。上下俱得，加「上以給上爲君」，言其得君之好感。一字不誤。

〔四〕豬飼彦博云：「民何爲」脱「不效」二字。戴望云：當作「民何不爲也」，脱「不」字。翔鳳案：「也」同「耶」，不須加字。本書此例不少，可覆按也。

桓公問管子曰：「請問王數之守終始〔一〕，可得聞乎？」管子曰：「正月之朝，穀始也。日至百日，黍秫之始也。九月斂實，平麥之始也〔二〕。」

〔一〕豬飼彦博云：「王數」當作「五穀」。翔鳳案：「王」讀旺，前文屢見。豬飼説誤。

〔二〕何如璋云：「平麥」當作「牟麥」，以形近而譌。翔鳳案：大麥收於四月，非九月而斂實也。爾雅釋詁：「平，成也。」漢書食貨志：「再登曰平。」有冬麥，有春麥，此於春種而秋收，故曰「斂實」。

管子問於桓公：「敢問齊方于幾何里〔一〕？」桓公曰：「方五百里。」管子曰：「陰雍長城之地，其於齊國三分之一，非穀之所生也。洍龍夏〔二〕，其於齊國四分之一也。朝夕外之，所墆齊地者五分之一，非穀之所生也〔三〕。然則吾非託食之主耶〔四〕？」桓公遽然起曰：「然則爲之奈何？」管子對曰：「動之以言，潰之以辭〔五〕，可以爲國基。且君幣籍而務〔六〕，則賈人獨操國趣。君穀籍而務，則農人獨操國固。君動言操辭〔七〕，左右之流，君獨因之。」「物之始，吾已見之矣。物之終，吾已見之矣。物之賈，吾已見之矣。」管子曰：「長城之陽，魯也。長城之陰，齊也。三敗殺君二重臣定社稷者，吾此皆以狐突之地封者也〔八〕。故山地者山也，水地者澤也，薪芻之所生者斥也。」公曰：「託食之主及吾地亦有道乎〔九〕？」管子對曰：「守其三原。」公曰：「何謂三原？」管子對曰：「君守布則籍於麻，十倍其賈，布五十倍其賈，此數也。君以織籍籍於系，未爲系，籍系撫織〔一〇〕，再十倍其賈。如此，則云五穀之籍〔一一〕。是故籍於布則撫之系，籍於穀則撫之山〔一二〕，籍於六畜則撫之術〔一三〕。籍於物之終始，而善御以言。」公曰：「善。」

〔一〕丁士涵云：「于」，即「方」字之誤而衍者。于省吾云：「于」讀作「宇」。「方于」即「方宇」。左昭四年傳「失其守宇」，注：「於國四垂曰宇。」　翔鳳案：説文：「于，於也。」檀弓「易則易，于則于」，疏：「謂廣大。」方言一：「于，大也。」「于幾何里」，大幾何里也。「方」爲併船，即古文「旁」字，儀禮士喪禮「牢中旁守」，注：「今文『旁』爲『方』。」虞書「方鳩僝功」，許引作「旁逑」。「方于幾何里」，四旁大幾何里，一字不誤。

〔二〕洪頤煊云：山至數篇：「龍夏以北至海莊，禽獸牛羊之地也。」此「洴」字本「海莊」二字譌幷作一字。　張佩綸云：「海莊」當爲「海涯」，此「洴」字乃「涯」字之壞，而上捝一「海」字。　翔鳳案：此即「㡿」字加水旁耳。説文：「㡿，郤屋也。」尚書禹貢「海濱廣斥」，漢書作「斥」，曹全郭仲碑作「庁」，即「㡿」字也。説文：「鹵，西方鹹地也。東方謂之㡿，西方謂之鹵。」爾雅釋地十藪，齊有海隅，郭注：「海濱廣斥。」下文「薪芻之所生者斥也」，即「㡿」，「㡿」在水旁加水，然則「𣸣」之爲「㡿」無疑矣。釋名釋船：「五百斛以上還有小屋曰斥候，以視敵進退也。」此「洴」所謂却屋也。諸説俱誤。

〔三〕郭嵩燾云：「朝夕」即「潮汐」字，言近海之地爲潮灌輸出入，則不生五穀。廣韻：「墆，止也。」謂潮之所至，其外皆鹵地也。　何如璋云：「朝夕所墆」，「朝夕」即「潮汐」也，「墆」，滯也。即下文之「斥」，書禹貢「海濱廣斥」，是亦不生穀者。　翔鳳案：「潮汐之外」，「外」字不誤。此「三分之一」、「四分之一」、「五分之一」，相加得六十分之四十七，決非指齊全國之面積而言，乃言其地其幾分之幾不生穀耳。

〔四〕俞樾云：「『吾』字乃『君』字之誤。管仲謂桓公爲『託食之主』，故桓公遽然起曰：『然則爲之奈何？』」翔鳳案：廣雅釋詁一：「主，君也。」形勢解：「主者人之所仰而生也。」故公卿大夫皆曰「主」。「主」非指桓公一人，則「吾」非誤字，猶言我們也。

〔五〕何如璋云：「潰」當作「讀」。說文：「讀，中止也。」玉篇：「譯也。」動言讀辭，施號令也。張佩綸云：詩小旻「是用不潰於成」，召旻「草木潰茂」，傳：「潰，遂也。」李哲明云：「潰」當爲「漬」，形近之誤。「漬」猶染也。通俗文：「水浸曰漬。」此言漸染之以辭，浸入其心也。翔鳳案：詩召旻「草不潰茂」，傳云：「遂也。」箋云：「當作『彙』。」易泰、否「以其彙」，釋文：「美也。」「遂」、「彙」、「美」三義皆可通。張說近之，餘皆誤。

〔六〕馬元材云：「而務」即「爲務」，荀子王霸篇云「若夫論一相以兼率之，使臣下百吏莫不宿道向方而務」，楊倞注云：「臣下皆以宿道向方爲務，不取姦詐也。」

〔七〕王引之云：「操」當作「摇」，「摇辭」即動言，古人自有複語耳。輕重甲篇云「動言摇辭，萬民可得而親」，是其證。今本「摇」作「操」者，涉上文兩「操」字而誤。張佩綸云：召旻箋：「『潰茂』之『潰』當作『彙』。」此本「動言潰辭」，一本作「彙」，譌而爲「操」。甲篇又譌而爲「摇」，不能據彼改此。翔鳳案：張說近之，見上。

〔八〕吳汝綸云：「吾」當爲「五」（屬上讀）。張佩綸云：「三敗」，謂曹沫三敗。「殺君」，謂子般、閔公。「二重臣」，謂叔牙、慶父。「定社稷者吾」，謂使高子將南陽之甲，立僖公而城魯。

馬元材云：此句顯有訛奪，不可强解。　翔鳳案：續漢百官志：「執金吾，『吾』猶禦也。」「吾此」，禦於此也。

〔九〕丁士涵云：「及」乃「反」字誤。　翔鳳案：「託食之主」，指上文不生穀之地。「吾地」，指上文守禦之地。丁説誤。

〔一〇〕何如璋云：「系」當作「糸」。説文：「糸，細絲也。」徐鍇曰：「一蠶所吐爲忽，十忽爲絲。糸，五忽也。」　張佩綸云：「系」當爲「糸」。説文：「糸，細絲也，像束絲之形，讀若覛。」「未爲糸」當作「束爲糸」。司馬彪輿服志：「凡先合單紡爲一糸，四糸爲一扶，五扶爲一首，五首爲一文。」又云：「束爲糸」與「籍糸撫織」，皆注文而誤作大字。　翔鳳案：「織」爲布帛之總名，説文：「系，縣也。」下文「籍於布則撫之系，籍於穀則撫之山」，山非穀，則「系」非細絲明矣。段謂：「『系』者，垂統於上而承於下也。」説文「撫，安也。一曰循也。」荀子富國「拊循之」，注：「撫循慰悦之也。」織非一種，而「系」則織之有關連者。

〔一一〕趙用賢云：「云」疑當作「去」。　張佩綸云：説文：「則，等畫物也。」「云」乃「六」字之誤，下挩「畜」字。「如此則六畜五穀之籍」，言以此等畫五穀六畜也。下文言「五穀」、「六畜」，是矣。　郭沫若云：「云」當爲「亡」。言籍於布、穀、六畜，則可以無五穀之籍也。　翔鳳案：「云」，運也。詳戒篇。諸人不解而爲誤，其謬如此。

〔一二〕張佩綸云：「山」當爲「屮」，説文：「屮，草木初生也，象丨出形，有枝莖也，讀若徹。」屮部：

「中，財見也。」翔鳳案：山非産穀之地，不誤。

〔一三〕何如璋云：「術」乃「衍」之譌。小爾雅：「澤之廣者謂之衍。」山國軌：「梁渭、陽瑣之牛馬滿齊衍。」「衍」者水草之區，畜牧之地，故籍六畜者心撫之於衍也。糸也，山也，衍也，是謂「三原」。張佩綸云：「術」、「遂」通。廣雅釋言：「遂，育也。」齊語「犧牲不略則牛羊遂」，注：「遂，長也。」漢書禮樂志：「遂者，言皆生也。」糸者布之始，中者穀之始，遂者六畜之始，此所謂「三原」也。翔鳳案：鄉飲酒義「古之學術道者」，注：「猶藝也。」後漢書伏湛傳注：「術，謂醫方卜筮。」養六畜有藝術。「三原」，三本也。孔子閒居「必達於禮樂之原」，注：「猶本也。」二説誤。

管子曰：「以國一籍臣右守布萬兩，而右麻籍四十倍其賈，衍布五十倍其賈〔一〕。公以重布決諸侯賈，如此而有二十齊之故〔二〕。是故輕軼於賈穀制畜者，則物軼於四時之輔〔三〕。善爲國者，守其國之財。湯之以高下〔四〕，注之以徐疾，一可以爲百〔五〕。未嘗籍求於民，而使用若河海，終則有始。此謂守物而御天下也。」公曰：「然則無可以爲有乎？貧可以爲富乎？」管子對曰：「物之生未有刑〔六〕，而王霸立其功焉。是故以人求人〔七〕，則人重矣。以數求物，則物重矣。」公曰：「此若言何謂也？」管子對曰：「舉國而一則無貲，舉國而十則有百〔八〕。然則吾將以徐疾御之，若左之授右，若右之授左，是以外內不蹝〔九〕，終身無咎。王霸之不求於人，而求之終始，四時之高下，令之徐疾而已矣〔一〇〕。源泉有竭，鬼神有歇。守物之終始，身不竭〔一一〕，此謂源究。」

〔一〕張佩綸云：「右守」之「右」當作「左」，即上文所云「莫敢左右」，孟子所謂「以左右顧而罔市利」也。「四十倍其賈」，「四」字衍。上文「君守布則籍於麻，十倍其賈，布五十倍其賈」，是其證。校者注「衍」字於「四」字之旁，而此本不刊落「四」字，轉於「布五十倍其賈」上加一「衍」字，「四」、「衍」兩羨文均刪。翔鳳案：上言「君守」，此言「臣守」。說文：「守，守官也。」「右」，古「佑」字。詩假樂「保右命之」，箋：「成王之官人也，羣臣保右而舉之，乃後命用之。」助官「守布萬兩」，而助「麻籍四十倍」。荀子賦篇「暴人衍矣」，注：「饒也。」「衍布五十倍」，饒布五十倍也。小爾雅廣度：「倍丈謂之端，倍端謂之兩，倍兩謂之匹。」周禮媒氏「純帛無過五兩」，注：「十端也。」必欲言「兩」者，欲得其配合之名。此「布萬兩」之義。

〔二〕吳汝綸云：言視齊之舊曰加二十倍也。馬元材云：吳説是也。「故」、「古」字通，謂所得贏利二十倍於齊之舊有收入也。漢書食貨志董仲舒云：「力役二十倍於古，田租口賦鹽鐵之利二十倍於古。」文法與此蓋同。翔鳳案：楚辭招魂「樂先故些」，注：「舊也。」五行：「發故粟以田數」。「二十齊」之數，二十倍於齊之舊也。吳、馬説是。

〔三〕張佩綸云：「輕軼」當作「輕重」，涉下「軼」字而誤。翔鳳案：説文：「軼，車相出也。」謂超過也。秦策「王因而制之」，注：「御也。」以穀之輕重，制御畜價。廣雅釋詁三：「輔，助也。」

〔四〕王念孫云：「湯」讀爲蕩。陳風宛邱曰：「子之湯兮。」

〔五〕王念孫云：「一可以爲百」當作「一可以爲十，十可以爲百」。山權數篇云「徐疾之數，輕重之策，一可以爲十，十可以爲百」（此二句篇中凡兩見），是其證。翔鳳案：計其總數，一可以爲百，非必遞計之也。王説過泥。

〔六〕聞一多云：「刑」讀爲形，朱本正作「形」。郭沫若云：「刑」當讀爲型，言治生之道貴通權變，本無定型。顧雖無定型，能通權變者則能掌握之，故曰「而王霸立其功焉」。「伊尹、吕尚之謀，孫、吴用兵，商鞅行法」，用於治生則爲富商蓄賈；用於治國則爲「王霸」。小大不同，其術則一。翔鳳案：郭説是也。堯典「觀厥刑於二女」，即假「刑」爲「型」。

〔七〕郭沫若云：上「人」字當爲「仁」，與下句「數」字對文。人爲財物生産之要素，故須求之以仁，而貴重之。翔鳳案：管書不重仁，主要在「四維」，郭説非是。

〔八〕翔鳳案：此即上文之「以國一籍」也。

〔九〕豬飼彦博云：「踡」，屈也。何如璋云：「踡」當作「倦」。「外内不倦」，是能通其變也。

〔一〇〕翔鳳案：管子重法，守輕重之法，徒人無用，故曰「不求於人」。

〔一一〕王念孫云：「身」上當有「終」字，上文「終身無咎」，即其證。陳奂云：「終始」二字互倒。

「守物之始，終身不竭」，四字爲句。翔鳳案：句法與老子相似，不當加「終」字。

輕重戊第八十四

輕重十七

桓公問於管子曰：「輕重安施？」管子對曰：「自理國虙戲以來，未有不以輕重而能成其王者也。」公曰：「何謂？」管子對曰：「虙戲作，造六峜以迎陰陽〔一〕，作九九之數以合天道，而天下化之。神農作，樹五穀淇山之陽〔二〕，九州之民乃知穀食，而天下化之。黄帝作，鑽鐩生火〔三〕，以熟葷臊〔四〕，民食之，無兹胃之病〔五〕，而天下化之。黄帝之王，童山竭澤。有虞之王，燒曾藪〔六〕，斬羣害，以爲民利，封土爲社，置木爲閭，始民知禮也〔七〕。當是其時，民無慍惡不服，而天下化之〔八〕。夏人之王，外鑿二十寊，韘十七湛〔九〕，疏三江，鑿五湖，道四涇之水，以商九州之高〔一〇〕，以治九藪，民乃知城郭門閭室屋之築，而天下化之。殷人之王，立帛牢，服牛馬以爲民利〔一一〕，而天下化之。周人之王，循六峜，合陰陽，而天下化之〔一二〕。」公曰：「然則當世之王者，何行而可？」管子對曰：「并用而毋俱盡也〔一三〕。」公曰：「何謂？」管子對曰：「帝王之道備矣，不可加也。公其行義而已矣。」公曰：「其行義奈何〔一四〕？」管子對曰：「天子幼弱，諸侯亢强，聘享不上。公其弱强繼絶，率諸侯以起周室之祀。」公曰：「善。」

〔一〕莊述祖云：「峜」當作「㑒」，古「法」字。俞正燮云：下有「九九之數」，則「峜」，「計」字也。戴望云：路史後紀一引作「六畫」。何如璋云：「峜」音計，王若谷以爲即計數之計（説見下）。按：八卦始於虙戲，「六峜」者六氣，即陰陽風雨晦明也，故云「以迎陰陽」。「造」者，製爲推測之器以驗之。莊子逍遥遊「乘天地之正而御六氣之變」，即此義也。虙戲法日月而作易，觀天象以造歷，演九九以作數，天道明焉，人文啓焉。聞一多云：路史注引本不作「畫」，今本乃後人妄改。知之者，原注云：「畫，舊云古『畫』字，蓋『法』字爾。古文爲『畫』，亦爲『法』。」既曰「舊云古『畫』字」，是字本不作「畫」明甚。疑羅氏所引仍作「峜」，後人以爲古「畫」字，遂擅改之如此。諸家咸謂羅引管子作「畫」，豈未讀全注耶？據注，羅仍讀此字爲「法」，又莊述祖以爲當作「㑒」，古文「法」字，其説並是。案：説文「灋」，古文作「㑒」，今文作「法」，以齊刀幣「法貨」字作「去」推之，是「灋」、「法」並從去聲，「去」本一讀方乏切也。（大盂鼎「灋保先王」，秦公毁「保𡙇𠂹秦」，「保𡙇」即「灋保」。「𡙇」亦以去爲聲，故與「灋」通用，舊釋「業」，非是。）「峜」、「㑒」及下文「𡴀」字（「周人之王循六𡴀」），疑皆「𡗝」之誤。「𡗝」從去從止，當與「䟫」同字，古讀一與「法」同音，故得借爲「法」也。又説文「𠫓，𠚓蓋也，讀若范」，疑亦𡗝之譌變，從大爲𡗜之省，從夂與止同。訓「𠚓蓋」者，𡗜象器蓋形，本亦古「蓋」字，此從𡗜省，故以爲𠚓蓋之名。「讀若范」者，正與「法」音近。然則謂「峜」即許書「𠫓」

字，假借爲「法」，亦無不可。「六法」者，易通卦驗上篇説虙戲作易而文王演之，孔子贊之，下文列叙「法曰乾」、「法曰離」、「法曰艮」、「法曰兑」、「法曰坎」、「法曰坤」（今本叙次譌互，從孫詒讓校正）。後文鄭注云：「著六法，則以乾爲始，坤爲終。」又云：「故此六法以乾坤爲終始。」是八卦古有「六法」之稱。（「六爻」之義蓋本如此。）此曰「虙戲作造六法」，下文曰「周人之王循六法」，謂虙戲始作卦而文王演之耳。翔鳳案：聞説奇確。惟以「六法」爲八卦之稱，不能自圓其説。此聞引通卦驗太畧故也。而通卦驗之意，聞氏亦未能盡明。其文畧云：「虙戲生，撢出表，……離炁亂，禍蜚石，黄神盛，類黑而聖，法曰艮。四季之勢，紐斗機孤，……法曰兑。其握規矩，……法曰坎。其表執記，……法曰乾。其表握合元，斗執機遲，……法曰離。其表握衡含提，……法曰坤。文演曰：牝馬之貞……封於泰山，禪於梁陰。……冬至之日，立八神。立八人之表，日中規其矩。其晷之如度春，則歲美，人民和順。」卷下列二十四氣晷影之

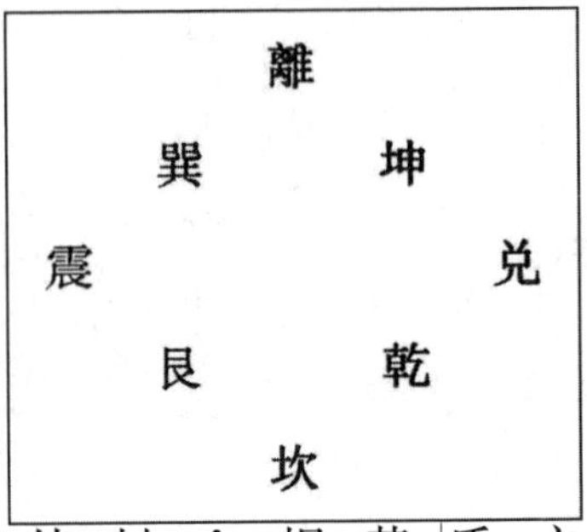

離
巽　　坤
震　　　　兑
艮　　乾
坎

長，與周髀算經一致。「八神」見史記封禪書。「六法」之義，與周髀合觀乃明。周髀云：「冬至從坎，陽在子，日出巽而入坤。夏至從離，陰在午，日出艮入乾。」古代用土圭測日，立八尺之表，每日午測其影之長短，以定二十四氣。其在天象，則觀其斗柄之旋轉。春分秋分，太陽出震入兑，秋分以後偏北，出艮入乾。春分以後偏南，出巽入坤。八卦之位，震兑不移，餘

六位有變動，觀測其變動之位，是爲六法。今之通卦驗「巽」誤爲「兑」，若移於坎後，則一絲不亂。聞從孫校，誤矣。以乾坤爲終始，乃明其陰陽之氣，非次序始乾而終坤也。「峕」爲從「去」之變，漢景北海碑陰「赤」作「夵」，是其例，非「山」字也。六法每法有「表」字，聞未注意，解字形亦迂曲。此與山權數「崟」相混，故古本誤爲「陸」。「崟」爲「志」，古「識」字，同「幟」，與「法」義近，非「法」字也。

〔二〕戴望云：路史炎帝紀注引「樹」作「種」，「淇」上有「于」字。張佩綸云：「淇山」，漢志：「河内郡，共故國北山，淇水所出，東至黎陽入河。」説文：「淇水出河内共北山，東入河。或曰出隆慮西山。」水經：「淇水出河内隆慮縣西大號山。」

〔三〕張佩綸云：「黄帝作」當作「燧人作」，涉下「黄帝之王」而誤。句容陳立白虎通疏證亦以管書誤「遂人」爲「黄帝」。又云：禮説燧人在神農前，書説燧人在伏羲前，禮疏引六藝論及易緯鄭注均以燧人在伏羲之前，惟白虎通第一説與此篇合。然以本書考之，封禪篇言伏羲、神農、炎帝、黄帝不及燧人，揆度言自燧人以來下及共工、黄帝而不言伏羲、神農，是本書之例若難整齊畫一。應劭風俗通又云：易稱伏羲、神農，「獨叙二皇不及遂人，遂人功重於祝融、女媧，文明大見，大傳之義，斯近之矣」。竊謂三皇自當主伏羲、神農、燧人之説，封禪之炎帝疑即燧人，大傳所謂以火紀者也。揆度蓋有挩誤，當以此篇爲正。白虎通第一説必西漢經師舊義，與此適合，是其證矣。聞一多云：路史後紀三注引此文，曰：「此正言炎、燧改火事，字誤爲『黄帝』，下乃言『黄帝之王，童山竭澤』云云，可見。」是此文「黄帝」爲「燧人」之誤，羅苹實首發之。又路史注引作「鑽燧生火」，今本作「鐩」，疑涉「鑽」字誤書從金。翔鳳案：「黄帝作鑽燧生火」，與「虙戲作九九之數」同意，下文云黄帝之王」，而此不言「王」，應在未王以前。熟食爲普遍用火，在發明火食之後，「黄帝」二字不誤。燧人時不能熟葷臊也。

〔四〕聞一多云：「葷」猶腥也。説文：「葷，臭菜也。」「胜，犬膏臭也。」周語「其政腥臊」，注：「腥，臭惡也。」「胜」、「腥」應同。「葷」、「腥」並有臭義，故得通稱。莊子人間世篇：「顔回曰：回之家貧，唯不飲酒，不茹葷者數月矣。」案：回雖貧，何至並葱薤之屬亦無之？此「葷」謂腥耳。今相承猶謂肉類爲「葷」。本書「葷臊」即「腥臊」無疑。路史後紀三注引作「腥臊」，蓋以意改。翔鳳案：荀子富國「葷菜百疏」，「葷」在蔬菜之中，今謂之作料，非普通之菜也。此時烹飪進化，非後燧人之時。

〔五〕孫星衍云：北堂書鈔一百四十二、太平御覽七十九引「茲⿰月胃」作「腸⿰月胃」。集韻：「胃，古文作『⿰月胃』。」戴望云：路史注引作「無腥⿰月胃之疾」。張佩綸云：「茲⿰月胃」當作「茲胃」。説文：「茲，草木多益。」引申之，凡物之多益皆曰滋。説文曰：「滋，益也。」「茲」，「滋」省。經典「滋」多作「茲」。吕氏春秋重己篇：「味衆珍則胃充，胃充則中太鞔，中太鞔而氣不達，以此長生不得也。」「胃充」即此茲胃之疾也。聞一多云：「茲」當爲「胘」，字之誤也。廣雅釋親「胃謂之胘」，類篇引通俗文：「有角曰胘，無角曰肚。一曰：胃之厚肉爲胘。」字鏡：「胘，肚也。」萬象名義：「胘，胃厚。」「胘膶之病」，即胃疾耳。翔鳳案：説文「玆，黑也。从二玄。春秋傳曰：『何以使吾水玆。』」此與艸部之「茲」不同。素問六節藏象論：「如草茲者死。」謂食物中毒，而帶黑色也。廣雅：「胃謂之胘。」「胘膶」皆多肉旁，去之則爲「玄胃」，其義更明。諸人不知醫理，又不知有玄部之「玆」，宜其不能明也。

〔六〕安井衡云：「曾」、「層」同。「層」，重也。「重藪」爲大藪。

〔七〕何如璋云：當作「民始知禮」，文義爲順。翔鳳案：何必改從現代語法。

〔八〕吳汝綸云：「慍」當爲「藴」。翔鳳案：「惡」讀去聲，與「慍」相類。吳説非是。

〔九〕豬飼彦博云：「鞢」當作「渫」，通也。何如璋云：「鞢」當作「渫」。荀子成相：「北決九河，通十二渚，疏三江。」呂覽長攻：「若燕、秦、齊、晉山處陸居，豈能踰五湖九江越十七阸而有吳哉？」「湛」或是「阸」之譌，又疑「渚」之譌。張佩綸云：「⿱宀虫」當爲「巟」。説文：「巟，水廣也，易曰：包巟用馮河。」「鞢」當爲「渫」，形聲相似而誤。説文：「渫，除去也。」「湛」讀曰沈，説文：「沈，陵上滈水也。」章炳麟云：「外」字總舉以下諸事。「⿱宀虫」字斷句，「⿱宀虫」疑「巟」之誤，或「巟」之借。虞氏易泰九二「包巟」，注：「巟，大川也。」「鞢」借爲「渫」，易井九三「井渫」，向注：「浚治去泥濁也。」「湛」者，文選注引倉頡篇云：「湛，水不流也。」然則此謂鑿二十大川，浚十七停汚不流之水也。文與下文「疏三江，鑿五湖」一例。惟彼實指水名，此則泛言水之形執耳。　翔鳳案：「虻」，丁篇作「蝱虹」，即「虵」之斷缺，乃「沱」字。說文：「沱，江別流也。」禹貢：「岷山導江，東別爲沱。」是也。說文：「湛，没也。一曰湛水，豫章浸。」左襄十六年傳「戰於湛阪」，在今河南葉縣。說文：「韘，射決也。」義同「決」。與「夏人之王」合，諸說俱誤。

〔一〇〕戴望云：朱本「商」作「敵」，「涇」當爲「瀆」，「商」當作「奠」，皆字之誤。　俞樾云：「商」當爲「障」。古音「商」與「章」近。尚書柴誓篇「我商賚女」，釋文曰「商，徐邈音章」，是也。「障」從章聲，故得以「商」爲之。呂氏春秋勿躬篇「臣不如弦章」，韓子外儲說作「弦商」。然則以「商」爲「障」，猶以「商」爲「章」矣。　張佩綸云：「四涇」當作「四瀆」。「道四涇之水以商九州之高以治九藪」，疑「之高」上挩五字。「以商九州」、「以治九藪」對文。或「之高」爲「羨」字，或「九藪」下奪二字，今無從攷正。　聞一多云：度地篇：「水之出於山而流入於海者命曰經水。引於他水，入於大水及海者命曰枝水。」素問離合真邪論「地有經水」，注：「謂海瀆渭湖沔、汝、江、淮、漯、河、漳、濟也。」莊子秋水篇「涇流之大，兩涘渚涯之間不辨牛馬」，釋文：「涇，崔本作『經』。」「四涇之水」即四經水，亦即四瀆也。　秋水篇司馬注：「涇，通也。」風俗通山澤篇：「瀆者，通也。」「涇」、「瀆」義同，（今吳地猶呼溝瀆爲涇，如采蓮涇之類，說見朱氏說文通訓定聲。）故「四瀆」一曰「四涇」。　戴、張二氏改「涇」爲「瀆」，傎矣。「商九州之高」上不當有「以」字，此涉下文而衍。　翔鳳案：聞說是也。「經水」見度地。風俗通：

「『商』者章也，物成熟可商度也。」曲禮「稾魚曰商祭」，注：「猶量也。」「商九州之高」，度量九州之高也。訓「障」誤。

〔一一〕王念孫云：「帛」當爲「皁」，字之誤也。（史記五宗世家「彭祖衣皁布衣」，漢書景十三王傳「皁」誤作「帛」。）皁以養馬，牢以養牛，故曰「立皁牢，服牛馬」。　何如璋云：國准篇「殷人之王，諸侯無牛馬之牢，不利其器」，與此文異。足徵戰國時學術不明，言古事者各習所聞，家異而户不同也。　張佩綸云：王説非也。公羊桓八年傳注：「牛羊豕凡三牲曰太牢，羊豕凡二牲曰少牢。」此言「帛牢」，猶它書言牲幣耳。周禮肆師職：「立大祀用玉帛牲牷，立次祀用牲牷，立小祀用牲。」「立帛牢」，立祭祀之禮，殷人尚鬼也；「服牛馬」，乘殷之輅也。「立帛牢」以爲民利，左氏傳季梁所謂「上思利民，先成民而後致力於神」，是也。「服牛馬以爲民利」，易所謂「服牛乘馬引重致遠以利天下」，是也。殷制最善，故管氏獨舉之，猶孔子之稱殷輅。若如王説，殷人但立養馬之皁、養牛之牢，以爲王天下之基，不亦戾於理乎。

翔鳳案：張説是。

〔一二〕戴望云：「⿱山念」，「企」字之誤。　何如璋云：正字通引此作「虙戲作造六峜以迎陰陽，作九九之數以合天道，而天下化之。周人之王循六峜，行陰陽」。　王若谷曰：「『六峜』其猶周髀算法乎？　委婉編以『六計』解之，當讀如計。」據此，則「⿱山念」當作「峜」，與上同。　周作周易，故云「循六峜，合陰陽」也。　張佩綸云：「循六爻合陰陽」，謂文王作易。　武王訪範，公旦制禮，胥本於此。翔鳳案：「悳」即「志」字，見前。本作「識」。士冠禮「卦者在左」，注：「畫地識爻。」周用卦，故「循六識，行陰陽」。諸説皆誤。

〔一三〕何如璋云：「俱」字衍。國准作「兼用五家而勿盡」，此文所引有七，故不云五家，然足證「俱」字爲衍也。翔鳳案：「毋俱盡」猶言不俱用盡，「俱」字不能衍。

〔一四〕王念孫云：「其」字涉上文「公其行義」而衍。翔鳳案：「其」指帝王，與「其行義」之「其」不同，王説非是。

桓公曰：「魯梁之於齊也〔一〕，千穀也，蠭螫也，齒之有脣也〔二〕。蠭，古蜂字。螫音尸亦反。言魯、梁二國常爲齊患也。今吾欲下魯梁，何行而可？」管子對曰：「魯梁之民，俗爲綈。徒奚反。繒之厚者謂之綈。公服綈，令左右服之，民從而服之。公因令齊勿敢爲，必仰於魯梁，則是魯梁釋其農事而作綈矣。」桓公曰：「諾。」即爲服於泰山之陽，魯、梁二國在泰山之南，故爲服於此，近其境也，欲魯、梁人速知之。十日而服之。管子告魯梁之賈人曰：「子爲我致綈千匹，賜子金三百斤。什至而金三十斤。」則是魯梁不賦於民，財用足也。魯梁之君聞之，則教其民爲綈。十三月，而管子令人之魯、梁。魯、梁郭中之民，道路揚塵，十步不相見，絏繑而踵相隨〔三〕，絏繑，謂連續也。絏，息列反。繑，丘喬反。車轂齺騎連伍而行〔四〕。齺，齧也。士角反。言其車轂往來相齧，而騎東西連而行，皆趨綈利耳。管子曰：「魯、梁可下矣。」公曰：「奈何？」管子對曰：「公宜服帛，率民去綈。閉關，毋與魯梁通使。」公曰：「諾。」後十月，管子令人之魯梁。魯梁之民餓餒相及，相及，猶相繼也。應聲之正無以給上〔五〕。應聲之正，謂急速之賦。正音征。魯梁之君即令其民去綈脩農。穀不可以三月而得。魯梁之人糴十百，穀斗千錢。齊糶十錢〔六〕。穀斗十錢。二十四月，魯梁之民歸齊者十分之六。三年，魯梁之君請服。

〔一〕安井衡云：春秋有梁，地近秦，秦伯滅之。輕重諸篇固不足信，然至地理必不以絶遠之梁爲近在泰山之陽，此「梁」蓋魯邑之接齊境者，下文因稱其長爲「魯梁之君」，非魯、梁二國也。張佩綸云：魯、梁二國地不相接，春秋時梁國近秦，漢志：「左馮翊夏陽地。」左氏傳襄公十八年「楚銳師侵鄭、費滑、胥靡、獻於、雍梁」，三十三年「鄭伯有奔雍梁」，江永謂：「『雍』即雍氏；梁者，漢河南郡之梁縣。」哀四年「楚爲一昔之期，襲梁及霍」，杜注：「梁，河南梁縣西南故城。」漢志：「河南郡梁縣罳狐聚，秦滅西周，遷其君於此。」亦與齊、魯甚遠。惟漢志「東平國，故梁國，治無鹽，莽曰有鹽，屬兗州，在今泰安府東平州東三十里」，所謂「故梁國」者，乃漢之梁孝王故國，非春秋梁國。此節即漢人僞託管子，不應並漢郡國不知而疏舛若此。　翔鳳案：安井説是也。國策齊策「南梁之難」，注：「魯國蕃縣有南梁水。」括地志云：『故梁在汝州西南，稱南梁者，別於大梁、少梁。』」「魯梁」即魯之南梁也。爾雅釋地「梁莫大於湨梁」，郭注：「梁，隄也。」凡有隄者稱，故莊子有「呂梁」。不加考察，復以梁孝王當之，且指爲漢人作，謬極矣。

〔二〕俞樾云：「千」，一本作「子」，當從之。「子穀」，蓋穀之不成者，猶言「童蓈」矣。説文艸部「蓈」篆下云：「禾粟之采，生而不成者，謂之董蓈。」「子穀」、「童蓈」，其義一也。王紹蘭云：「千穀」蓋「干敿」之譌。説文「敿，繫連也」，引周書「敿乃干」。此言干不可無敿，蜂不可無螫，齒不可無脣，以況齊不可無魯梁。因欲服而下之，以爲齊有矣。何如璋云：通典引此只「蠭螫」二字，「千穀」字無義，脣齒之喻不一類。尋注僅釋「蠭螫」，是「千穀」、「齒脣」二句或唐以後所加，當據通典删去。金廷桂云：「千穀」疑作「車轂」，如車之有轂也。三句言其利害關係之切。翔鳳案：詩甫田：「倬彼甫田，歲取十千。」祭義云：「天子爲藉千畝。」四時：「正千伯。」「千穀」以千爲單位，千鍾也。左哀十三年傳：「梁則無矣，麤則有之。」梁爲細糧，對齊之秫不利，故同「蠭螫」。

〔三〕王念孫云：「繑」與「屩」同。（集韻：「『屩』或作『繑』。」）「緈」當作「曳」，曳，引也，言引屩而踵相隨也。今作「緈」者，因「繑」字而誤加糸耳。尹注非。

〔四〕安井衡云：騎始於趙武靈王胡服，然宣十二年邲之戰，趙穿以其良馬二濟其兄與叔父，則古未必無騎法。但如「騎連伍」，春秋之時恐未有焉。桂馥云：説文：「齺，齰也。」「齰，齧也。」注與「齰」義合。但「齧騎」未安。説文又云：「齺，一曰馬口中糜也。」「齺騎」，言馬連伍受糜。司馬相如諫獵書云「猶時有銜糜之變」，張揖曰：「糜，騑馬口長銜也。」翔鳳案：

「騎連伍」謂不止一車，非無車之騎也。

〔五〕宋翔鳳云：「正」同「征」。　翔鳳案：太史公自序「其實中其聲者謂之端」，注：「名也。」淮南脩務訓：「聲施千里。」「應聲」，謂應定之名額。

〔六〕尹知章云：「糴十百」，穀斗千錢。「糴十錢」，穀斗十錢也。　馬元材云：尹注二「斗」字當作「石」字，下文「趙糴十五，隰朋取之，石五十」，即以「石」言，是其證。　翔鳳案：常價爲釜十錢，見前二篇。不言「釜」者，基本數，省文也。前文有省者矣。　魯梁之人，則十倍之。

桓公問管子曰：「民飢而無食，寒而無衣，應聲之正無以給上，室屋漏而不居〔一〕，牆垣壞而不築，爲之奈何？」管子對曰：「沐涂樹之枝也〔二〕。」桓公曰：「諾。」令謂左右伯沐涂樹之枝〔三〕。　左右伯受沐涂樹之枝闊〔四〕。　其年，民被白布〔五〕，清中而濁〔六〕，應聲之正有以給上，室屋漏者得居，牆垣壞者得築。　公召管子問曰：「此何故也？」管子對曰：「齊者，夷萊之國也。　一樹而百乘息其下者，以其不捎也〔七〕。　衆鳥居其上，丁壯者胡丸操彈居其下〔八〕，終日不歸。　父老柎枝而論〔九〕，終日不歸。　歸市亦惰倪，終日不歸〔一〇〕。　今吾沐涂樹之枝，日中無尺寸之陰，出入者長時〔一一〕，行者疾走，父老歸而治生，丁壯者歸而薄業〔一二〕。　彼，臣歸其三不歸，此以鄉不資也〔一三〕。」

〔一〕王念孫云：「居」當爲「治」，字之誤也。　齊民要術一、太平御覽木部一引此竝作「治」。下文

「室屋漏者得居」，二書「居」亦作「治」。　翔鳳案：「居」字是也。此言民之懶墮。若不治則仍居之，爲勤苦之民也。

〔二〕宋翔鳳云：檀弓「沐椁」，鄭注：「沐，治也。」此云「沐」者，亦謂脩治去其枝也。孟子「若彼濯濯然」，與「沐」同義。　任林圃云：齊民要術種桑「栽後二年，慎勿採沐」，種榆「初生三年，不用採葉，尤忌捋心，不用剥沐」，注云：「剥者長而細，又多瘢痕，不剥則短麁而無病。諺曰：『不剥不沐，十年成轂。』言易麁也。」觀此「採沐」、「剥沐」並言，蓋古農家者言治樹之術語，即今之剪枝也。　翔鳳案：説文：「沐，濯髮也。」鄧通傳「以濯船爲黄頭郎」，通「擢」。方言三：「擢，拔也。」釋名：「沐，秃也。」「沐」有拔秃之義。

〔三〕張佩綸云：周禮「宫伯」，注：「伯，長也。」國語「司空視塗」，韋注：「司空，掌道路者。」則此「左右伯」，司空之屬。案古者列樹表道，「左右伯沐涂樹之枝」，殆亦治道之一端。　馬元材云：此等「左右伯」均爲王卒，可以被使用於「沐涂樹之枝」。

〔四〕安井衡云：「闊」，疏也。枝既沐，故疏。　俞樾云：「闊」字無義，乃「閲」字之誤。「其」讀爲朞，古字通用也。此當以「閲朞年」三字爲句。　尹氏以「闊」字屬上讀，注云「闊，涂也」，非是。　翔鳳案：安井説是。

〔五〕戴望云：「白」，「帛」假字。　任林圃云：齊民要術卷一引此文作「民被布帛」。　翔鳳案：被布於頭以防日，白布賤，非誤字。

〔六〕王紹蘭云：「濁」當爲「潤」，以形而譌。張佩綸云：素問經脈別論「食氣入胃，濁氣歸心」，王砅注：「濁氣，穀氣也。」聞一多云：「濁」下敓「外」字。翔鳳案：「中」訓得，屢見前。急就篇：「屏側清溷糞土壤。」漢書石奮傳注：「腧，行清也。」水經淄水注：「濁水，一曰溷水。」清中而濁，言其勤力糞田也。糞田則粟多，有以給上征矣。

〔七〕宋翔鳳云：宋本「埍」作「捎」。「埍」字字書所無，作「捎」是也。說文「捎，自關以西凡取物之上者爲撟捎」，則「捎」謂芟其上枝，不能密陰。「不捎」則不芟也。俞樾云：「埍」，當從宋本作「捎」，考工記輪人「以其圍之防捎其藪」，鄭注曰：「捎，除也。」此言一樹而百乘息其下者，以其不捎除之，故下文曰「今吾沐涂樹之枝，日中無尺寸之陰」，正是捎除之也。翔鳳案：俞說是也。

〔八〕戴望云：「胡」乃「懷」字誤，輕重丁篇正作「懷」。張佩綸云：「胡」、「懷」形聲俱不近。疑「胡丸」當作「攝丸」。「攝」俗作「挕」，與「胡」形近而誤。楚策：「左挾彈，右攝丸。」易林：「公子王孫，把彈攝丸。」許維遹云：戴、張說均非。「胡」與「衚」通，「衚」有懷義。廣雅釋器：「袺謂之衚，襭謂之褱。」王氏疏證引此文云：「『胡』與『衚』通。」是其證。

〔九〕李哲明云：「柎」者，「拊」之借字，「拊」猶撫也。任林圃云：齊民要術卷一引此文「柎」作「拊」，與古本同。翔鳳案：考工弓人「方其峻而高其柎」，疏：「把中。」是假爲「拊」也。李說是也。

〔一〇〕王念孫云：「歸市」下當有「者」字，「歸市者」對上文「丁壯者」及「父老」而言。　何如璋云：「倪」當作「睨」，謂惰歸坐樹下，睨而相視也。　馬元材云：「惰倪」二字又見管子正世篇，其言曰：「力罷則不能無墮倪。」「墮」即「惰」字之誤，「倪」即「睨」字之誤。謂人民之歸市者過此大樹之下，亦有力罷思睡之意，故欲在此休息，不肯離去也。呂氏春秋壹行篇云：「今行者見大樹，必解衣懸冠倚劍而寢其下。」即此義矣。　翔鳳案：上文言在路，此言在市，「歸市」二字不誤，加「者」字非是。餘如馬說。

〔一一〕張佩綸云：廣雅釋詁：「長，常也。」言出入有常時。　郭沫若云：「長」，謂尚也，重也。侈靡篇「好獵之君長虎豹之皮」，同例。　翔鳳案：因時長畏日疾走，張、郭二說均誤。

〔一二〕安井衡云：「薄」，勉也。　李哲明云：疑當作「摶業」，「摶」讀專，本書屢見。形近誤「薄」耳。　馬元材云：「薄」，方言：「勉也，秦、晉曰釗，或曰薄，故其鄙説曰薄努，猶勉努也。」「薄業」，謂勉力於作業也。　翔鳳案：馬說是也。

〔一三〕張佩綸云：「彼臣」當作「彼民」。　聞一多云：「臣」爲「吕」之譌。「彼以」與「此以」對舉。　翔鳳案：「彼」指衆民，一字爲逗。「臣」則管子自稱。「此以」同「以此」，古今語法不同也。因此而鄉之富不貲也。

桓公問於管子曰：「萊、莒與柴田相并〔一〕，爲之奈何？」管子對曰：「萊、莒之山生柴。君其率白徒之卒，鑄莊山之金以爲幣，重萊之柴賈。」萊君聞之，告左右曰：

「金幣者，人之所重也。柴者，吾國之奇出也〔二〕。以吾國之奇出，盡齊之重寶，則齊可并也。」萊即釋其耕農而治柴。管子即令隰朋反農。二年，桓公止柴，萊、莒之糴三百七十，齊糶十錢〔三〕，萊、莒之民降齊者十分之七。二十八月，萊、莒之君請服。

〔一〕安井衡云：「莒」，大邑，故與「萊」並稱。「與柴田相并」者，并有柴與田也，言其力强。一說：「并」，合也。萊多薪，莒多田，以柴田之利相合以防齊，故桓公憂而問之。王紹蘭云：「與」通「以」。「柴」者，「茈」之假字。輕重丁篇「昔萊人善染，練茈於萊純緇」，其證也。翔鳳案：「與」訓以，乃常義。下文言「奇出」，則非小木散材，王說是也。

〔二〕豬飼彥博云：「奇」，餘也。馬元材云：「奇」，特也。「出」，出産也。「奇出」猶今言特産。翔鳳案：馬說是。

〔三〕郭沫若云：「三百七十」當是「石百七十」之誤。翔鳳案：省「釜」字。萊價三十七倍，郭誤。

桓公問於管子曰：「楚者，山東之强國也〔一〕，其人民習戰鬭之道。舉兵伐之，恐力不能過，兵弊於楚，功不成於周。爲之奈何？」管子對曰：「即以戰鬭之道與之矣〔二〕。」公曰①：「何謂也？」管子對曰：「公貴買其鹿。」桓公即爲百里之城，使人之

① 「曰」字原作「田」，據補注改。

楚買生鹿〔三〕。楚生鹿當一而八萬〔四〕。管子即令桓公與民通輕重，藏穀什之六。令左司馬伯公將白徒而鑄錢於莊山〔五〕。令中大夫王邑載錢二千萬，求生鹿於楚。楚王聞之，告其相曰：「彼金錢，人之所重也，國之所以存，明主之所以賞有功。禽獸者，群害也，明王之所棄逐也。今齊以其重寶貴買吾群害，則是楚之福也。天且以齊私楚也。子告吾民，急求生鹿，以盡齊之寶。」楚民即釋其耕農而田鹿。管子告楚之賈人曰：「子爲我至生鹿，二十賜子金百斤。什至而金千斤也。則是楚不賦於民而財用足也。」楚之男子居外，女子居涂〔六〕。隰朋教民藏粟五倍。楚以生鹿藏錢五倍。管子曰：「楚可下矣。」公曰：「奈何？」管子對曰：「楚錢五倍，其君且自得而脩穀〔七〕。錢五倍，是楚强也。」桓公曰：「諾。」因令人閉關，不與楚通使。楚王果自得而脩穀。穀不可三月而得也，楚糴四百。齊因令人載粟處芊之南〔八〕，楚人降齊者十分之四。三年而楚服。

〔一〕何如璋云：楚地以太行計在汝、漢之南，不得言「山東」。由齊而計亦不當言「山東」，殆秦人語耳，僞託無疑。張佩綸云：「山東」，日知録：「古所謂山東者，華山之東。管子言：『楚者，山東之强國也。』史記引賈生言：『秦幷兼諸侯，山東三十餘郡。』後漢陳元傳言『陛下不當都山東』，原注：『謂光武都洛陽。』蓋自函谷關以東，總謂之山東。唐人則以太行山之東爲山東，杜牧謂山東之地，禹劃九州曰冀州是也，而非若今之但以齊、魯爲山東也。」錢氏大昕云：「漢書儒林傳：伏生教齊、魯之間，齊學者由此頗能言尚書，山東大師亡不涉尚書以教。酷吏傳御史大夫宏曰：臣居山東爲小吏時，甯成都尉。是漢時亦以齊、魯爲山東。」佩綸案：以秦爲山西，五國爲山東，自是秦、漢之際語。史記晉世家：「冬十二月，晉兵先下山東而以原封趙衰。」是春秋以太行界，秦、晉皆山西，而楚亦可稱山東也。翔鳳案：張說是。

〔二〕陶鴻慶云：「與」，當也，亦敵也。襄二十五年左傳「一與一」，莊子天下篇「惠施曰：以其知與人之辯」，義並同。

〔三〕安井衡云：「城」非所以置鹿，「城」當是「囿」字誤。許維遹云：「城」、「囿」形不近，無緣致誤，疑「城」當作「域」，二形相近，古書往往互譌。楚語「王在靈囿」，韋注：「囿，域也。」則「域」亦「囿」也，詩靈臺傳：「囿者，所以域養鳥獸也。」翔鳳案：「城」、「藏」義同，詳乙篇，諸説誤。

〔四〕俞樾云：此本作「楚生鹿一而當八萬」，言一鹿直八萬泉也。傳寫者誤移「當」字於「一而」之上，義不可通。又下文「子爲我致生鹿二十，賜子金百斤」，是一鹿直金五斤也，而當八萬泉，則金一斤直泉一萬六千，蓋金一兩而泉一千也。漢書食貨志曰：「黄金重一斤，直錢萬。」是春秋時金價貴於漢也。馬元材云：「楚生鹿當一而八萬」，乃楚國原有之市價。「二十鹿賜金百斤」，則爲特高其價而致之，即所謂「貴買其鹿」者，不得謂金五斤即當八萬泉也。翔鳳案：甲篇二十金八萬，則楚鹿原價二十萬。下文「子爲我至（致）生鹿，二十賜子金百斤」，謂原價二十者予百金，非謂「生鹿二十」也。馬説近之。

〔五〕張佩綸云：「伯公」，論語：「問管仲，曰：人也，奪伯氏騈邑三百。」「伯公」當即其人。皇疏「伯氏名偃」，不知所本。郭沫若云：此當爲上文「萊、莒與柴田相幷」節之脱簡，應在「重萊之柴賈」下，「萊君聞之」之上。又「桓公」當爲「隰朋」，下文「管子即令隰朋反農」，可證。「管子即令桓公」殊爲不辭。翔鳳案：鑄錢爲買鹿，與萊之染料何與？郭説非是。

〔六〕戴望云：「涂」上一本有「内」字。疑管子本或作「内」，或作「涂」，而校者合之耳。馬元材云：此言楚人無論男女皆爲求生鹿而奔走，當以「居涂」爲合。「女子居涂」，猶輕重己篇之言「室無處女」矣。翔鳳案：馬説是也。

〔七〕吳汝綸云：「修」當讀爲蓄。郭沫若云：吳説非也。上文「魯」「梁」節云「魯梁之君即令其民去綈修農，穀不可三月而得」云云，與本節後文「楚王果自得而修穀，穀不可三月而得也」文例全同。是則此言「修穀」，即彼言「修農」耳。

〔八〕戴望云：元本、朱本「芊」作「楚」。張佩綸云：「芊，」楚姓，然齊不能處楚之南。集韻：「瀰，或作『洋沔』。」則「芊南」乃沔水之南。翔鳳案：「芊」當爲楚地而近於齊者。

桓公問於管子曰：「代國之出，何有？」管子對曰：「代之出，狐白之皮〔一〕。公其貴買之。」管子曰：「狐白應陰陽之變〔二〕，六月而壹見。公貴買之，代人忘其難得，喜其貴買〔三〕，必相率而求之。則是齊金錢不必出，代民必去其本而居山林之中〔四〕。離枝聞之，必侵其北。離枝侵其北，代必歸於齊。公曰今齊載金錢而往〔五〕。」桓公曰：「諾。」即令中大夫王師北將人徒載金錢之代谷之上，求狐白之皮。代王聞之，即告其相曰：「代之所以弱於離枝者，以無金錢也。今齊乃以金錢求狐白之皮，是代之福也。子急令民求狐白之皮，以致齊之幣，寡人將以來離枝之民。」代人果去其本，處山林之中，求狐白之皮。二十四月而不得一〔六〕。離枝聞之，則侵其北。代王聞之，大恐，則將其士卒葆於代谷之上。離枝遂侵其北〔七〕，王即將其士卒，願以下齊。齊未亡一錢幣，脩使三年而代服。

〔一〕吳汝綸云：「代」，戰國時始見，史記趙襄子殺代王。張佩綸云：漢書地理志「代郡，代，莽曰厭狄亭」，應劭曰：「故代國代谷。」梅福傳福上事曰：「代谷者，恆山在其南，北塞在其北，谷中之地，上谷在東，代郡在西。」是其地也。趙始滅代，春秋之齊不與代境相接，明是戰國僞託。翔鳳案：秦伐鄭，晉伐虢，皆不接壤。用兵何必接壤。此迂儒之見。

〔二〕陶鴻慶云：「管子曰」上當有桓公問辭，而今本脱之。劉績云：疑衍「管子曰」三字。張文虎云：「管子曰」三字當衍。許維遹云：上文已有「管子對曰」，此不當重出「管子曰」。又「狐白」之「白」指皮色言，此云「應陰陽之變」，亦不當有「白」字，皆涉上文而衍。類聚、御覽引竝無「管子曰」及「白」字，是其證。郭沫若云：「狐白應陰陽之變」，「白」字不應删。西伯利亞境内有狐大僅如狸，毛色淺褐，冬季轉白，以應雪色而自行保護。學名爲Alopex lagopus（一般稱爲「北極狐」）。管書所説即指此，故曰「應陰陽之變，六月而壹見」。類聚、御覽等妄删「白」字，不可從。翔鳳案：桓公問「代國之出」，未問「應陰陽之變」。此言管子所自加，故加「管子曰」三字。於此，可知今古文法之變，非衍文也。

〔三〕王念孫云：「貴買」當爲「貴賈」，藝文類聚武部獸部下、太平御覽獸部二十一引此竝作「貴價」，是其證。下文亦云「不敢辯其貴賈」。今作「貴買」者，涉上文「公貴買之」而誤。又下文「衡山之君告其相曰，天下爭吾械器，令其買再什以上」，案：「買」當依朱本作「賈」，上文云「衡山之械器必倍其賈」，即其證，此亦涉上文諸「賈」字而誤。翔鳳案：喜其物爲人所貴買，今人常有此口語，類書以爲不合而改之。王校誤。

〔四〕戴望云：藝文類聚五十九、御覽獸部二十引「本」作「農」，下文同。俞樾云：作「農」者，乃後人不曉古語而臆改之。「本」者，根本也，凡有根本之義者，皆可以「本」言之，故古人言「本」者初無定名。禮記大學篇「此謂知本」，正義曰：「本，謂身也。」禮器篇「反本脩古」，正義曰：「本，謂心也。」周易大過彖傳「本末弱也」，侯果曰：「本，君也。」是知「本」無定名，對天下國家而言則身爲本，對四體而言則心爲本，對臣民而言則君爲本矣。管子地數篇曰：

「守圉之本，其用鹽獨重。」又云：「夫齊衢處之本，通達所出也，游子勝商之所道，人求本者，食吾本粟，因吾本幣。」輕重甲篇曰：「守圉之國，用鹽獨重。」輕重乙篇曰：「吾國者，衢處之國也，遠秸之所通，游客蓄商之所道，財物之所遵，故苟入吾國之粟，因吾國之幣。」前後文小異大同，或言「本」、或言「國」者，「國」亦可謂之「本」也。淮南子氾論篇「立之於本朝之上」，高注曰：「本朝，國朝也。」此古人謂「國」爲「本」之證。此文「代民必去其本，而居山林之中」，言去其國而居山林之中也。若易「本」爲「農」，則失其義矣。

〔五〕宋翔鳳云：宋本「因令」作「曰令」。王念孫云：「公因」當爲「公其」。上文曰「君其鑄莊山之金以爲幣」，下文曰「公其令人貴買衡山之械器而賣之」，皆其證。郭沫若云：王校是也。抄本册府元龜七百三十六引正作「公其令」。翔鳳案：此管子願公如是作，文自通。抄本册府元龜以意改，不足據。

〔六〕許維遹云：類聚、御覽引無「而」字，「一」下有「狐」字。馬元材云：「一」者，謂一狐白之皮也。因狐白之皮須集衆狐之白始能成之，故歷時兩年而不能得其一。翔鳳案：孟子「終日不獲一禽」，謂擒獲也。與此相類，言未曾大量擒獲，非指一狐也。

〔七〕張文虎云：上文已云「離枝聞之遂侵其北」，疑此文「侵」字當作「取」。翔鳳案：代王聞之，葆於代谷之上，則離枝將出兵而未至，至此真出侵之也。無誤字。一「遂」字甚明，張不解而疑之矣。

桓公問於管子曰：「吾谷制衡山之術，爲之奈何〔一〕？」管子對曰：「公其令人貴買衡山之械器而賣之，燕、代必從公而買之。秦、趙聞之，必與公爭之，衡山之械器必倍其賈〔二〕。天下爭之，衡山械器必什倍以上。」公曰：「諾。」因令人之衡山求買械器，不敢辯其貴賈〔三〕。齊修械器於衡山十月，燕、代聞之，果令人之衡山求買械器。燕、代修三月，秦國聞之，果令人之衡山求買械器。衡山之君告其相曰：「天下爭吾械器，令其賈再什以上〔四〕。」衡山之民釋其本，脩械器之巧。齊即令隰朋漕粟於趙。趙糴十五，隰朋取之石五十。天下聞之，載粟而之齊。齊脩械器十七月，脩糴五月〔五〕，即閉關不與衡山通使。燕、代、秦、趙即引其使而歸。衡山械器盡，魯削衡山之南，齊削衡山之北。內自量無械器以應二敵，即奉國而歸齊矣。

〔一〕翔鳳案：「谷」，趙本、朱本作「欲」，各本同。老子「谷神不死」，釋文：「谷，河上本作『浴』。」王玉樹說文拈字：「音學五書：山谷之『谷』，雖有穀、欲二音，其實『欲』乃正音。易井『谷』，陸德明又音『浴』。書『暘谷』，又音『欲』。左傳『南谷中』，又音『欲』。史記樊噲傳『横谷』，正義音『欲』。貨殖傳『谷量牛馬』，索隱音『欲』。『谷神』即欲神。」楊本存古。諸本作「欲」，以後代字改之也。

〔二〕戴望云：案句例，「賈」下當有「矣」字。安井衡云：「衡山」蓋戰國間附庸之國，據下文其地在齊、魯之間，漢所置衡山國則在荆州，相距甚遠，若漢人僞撰此篇，必不移荆州之衡山，而北就兖州之齊、魯，未可以他書不言衡山，輒疑其國也。馬元材云：各書皆不言春秋、戰國間有衡山國。秦統一後，始有衡山郡。史記秦始皇本紀：「二十八年，乃西南渡淮水，之衡山、南郡，浮江至湘山祠。……上自南郡由武關歸。」正義言：「欲向衡山，即西北過南郡，入武關至咸陽。」若如此説，則始皇當日並未至衡山矣。然原文明明記載「之衡山」三字於「渡淮水」之後，「至南郡，浮江至湘山祠」之前，可知其確已到達，而其地則必在淮水與南郡之間。且南嶽之衡山，在秦、漢時尚未爲人所重視，故不在天下名山之内。史記封禪書言秦前關東名山凡五：即石室（嵩山）、恒山、湘山、會稽、泰山是也。然則始皇所之之衡山，必非南嶽之衡山，而爲安井衡所謂荆州之衡山明矣。考楚項羽封吳芮爲衡山王，都邾，正義引括地志云：「故邾城在黄州黄岡縣東南二十里，本春秋時邾國。」當是因秦時舊邦爲國。而始皇所之，亦當在此，故曰「西南渡淮水，之衡山」也。此爲衡山國之初見。此文以衡山與魯、梁、楚、代、燕、趙、齊等漢初國名並稱，則其寫成年代不能在漢以前，明矣。翔鳳案：巨乘馬「衡」、「横」同義，「横」從廣聲，「衡」音同「廣」同「光」。水經濟水注：「平陰城南有長城，東至海，西至濟，河道所由，名防門，去平陰三里，齊侯塹防門，即此也。防門北有光里，齊人言『廣』音與『光』同，即春秋所謂『守之光里』者也。」齊人於此設防，當爲防衡山，與齊南魯北地望正合。

〔三〕郭沫若云：抄本册府元龜七百三十六引作「不敢辨其賈」，「貴」乃衍文。翔鳳案：上有「貴買」字，非衍文。

〔四〕安井衡云：古本「買」作「賈」。翔鳳案：「買」指買者，改作「賈」，非是。

〔五〕陶鴻慶云：「趙糴十五」，「糴」當爲「糶」，「修糶五月」，「糶」當爲「糴」。言齊先收衡山之器械，而後斂天下之穀也。今本互誤，則文義俱乖矣。翔鳳案：「趙糴」，謂趙人自糴十五金一石，齊高其價三倍多。説文：「漕，水轉穀也。」車運穀曰轉，舟運穀曰漕。齊修器械，修穀，俱指衡山。二字不誤，以爲「糴」、「糶」二字當互易者誤也。

輕重己第八十五

輕重十八

清神生心〔一〕，心生規，規生矩，矩生方，方生正，正生曆，曆生四時，四時生萬物。聖人因而理之，道徧矣〔二〕。

以冬日至始，數四十六日，冬盡而春始〔三〕。天子東出其國四十六里而壇〔四〕，服青而絻青，搢玉揔〔五〕，帶玉監〔六〕，朝諸侯卿大夫列士，循於百姓，號曰祭日，犧牲以魚〔七〕。發號①出令曰：「生而勿殺，賞而勿罰。罪獄勿斷，以待期年〔八〕。」教民樵室鑽鐩，墐竈泄井〔九〕，所以壽民也。耟耒耨，懷鉊鉛〔一〇〕，又擅權渠緉緤〔一一〕，所以御春夏之事也必具〔一二〕。教民爲酒食，所以爲孝敬也。民生而無父母，謂之孤子。無妻無子，謂之老鰥。無夫無子，謂之老寡。此三人者皆就官〔一三〕，而衆可事者不可事者食如言而勿遺〔一四〕。多者爲功，寡者爲罪，是以路無行乞者也。路有行乞者，則相之罪也。天子之春令也。

〔一〕丁士涵云：「清」，「精」假字。　翔鳳案：心術上：「不潔則神不處。」「清」爲本字，非假爲「精」。

〔二〕許維遹云：「偏」當作「備」，字形近之誤也。形勢篇：「則君道備矣。」七臣七主篇：「則人主道備矣。」輕重戊篇：「帝王之道備矣，不可加也。」是其證。　翔鳳案：「偏」爲無所不在，與治道不同，許説誤。

〔三〕石一參云：自冬至日夜半子時起，順數，歷四十五日而冬盡，又一日而立春，故合數爲四十六日。　翔鳳案：冬至至春至爲九十二日，得其半也。

① 「號」字原無，據補注增。

〔四〕張佩綸云：月令鄭注引王居明堂禮曰「出十五里迎歲」，蓋殷禮也。周近郊五十里，此「四十六里」即周近郊五十里。下「九十二里」、「百三十八里」，皆淺人意改。聞一多云：「天子」下疑當依後文例補「祀於□□」四字。翔鳳案：後文亦不全加，不必補。

〔五〕戴望云：朱本「總」作「揔」。王念孫云：「總」與「揔」皆「忽」之譌，「忽」即「笏」字也。皋陶謨「在治忽」，鄭作「曶」，注云：「曶者，笏也，臣見君所秉，書思對命者也。君亦有焉。」（見史記夏本紀集解。）周官典瑞云「王晉大圭以朝日」，此云「天子搢玉忽祭日」，正與周官合。左傳正義引管子云「天子執玉笏以朝日」，即此篇之文。翔鳳案：「忽」以手持，「揔」爲隸書别體，非譌字，「總」則謬矣。

〔六〕豬飼彦博云：「監」、「鑑」同。何如璋云：「監」者，謂冕旒之飾也。周禮眡祲「四曰監」，注：「謂冠珥也。凡氣在日上爲冠爲戴，在旁直對爲珥。雜占書曰：『日冠者如半暈也。法當在日上，有冠又有兩珥，尤吉。』荆州占曰：『月珥且戴，不出百日，主有大喜。』」此云「監」，殆首上與兩耳玉瑱之類。張佩綸云：「帶玉監」，「監」，「鑑」省。内則「左佩金燧」，疏引皇氏云：「晴則以金燧取火於日。」釋文：「金燧，火鏡。」是燧亦名鏡也。周禮秋官司烜氏「掌以夫燧取明火於日，以鑒取明水於月」，鄭注：「夫燧，陽燧也。鑒，鏡屬，初不言其爲金爲玉，疑天子以玉爲之。」翔鳳案：何説是。司烜氏之「鑑」爲大盆，非可帶於身者。説文：「鑑，大盆也。一曰監諸，可以取明水於月。」張説誤甚。

〔七〕張佩綸云：魚非牲牢，施之下祀，豈朝日之禮所宜？「魚」乃誤字，疑當作「太牢」。周禮大宗伯「以實柴祀日月」，注：「實柴，實牛柴上也。」漢書郊祀志：「祭日以牛，祭月以羊彘。」皆其證。　翔鳳案：論衡指瑞：「魚，木精。」服青而祭，正用魚，非誤字。

〔八〕朱長春云：「期年」，冬也。漢行刑亦盡冬月止。

〔九〕何如璋云：「樵」，謂以火温之。公羊桓七年「焚咸丘」，傳：「焚之者何？樵之也。樵之者何？以火攻也。」　王念孫云：「墐」當作「熯」，説詳禁藏篇。　張佩綸云：詩「塞向墐户」，傳：「墐，塗也。」「熯」、「墐」義互相足。　翔鳳案：「樵」从焦得聲，黄梅謂煙熏爲樵，非温暖也。

〔一〇〕張佩綸云：「懷」當作「欘」，説文：「欘，斫也，齊謂之鎡。」　丁士涵云：「鉛」，「鉤」字之誤。　張佩綸云：「鋁」，説文：「大鐵也。鎌謂之鋁，張徹説。」「鉛」，「枱」或从金作「鉛」，經典相承爲「耜」。　翔鳳案：説文：「相，臿也。一曰，徙土輂，齊人語也。」則「鉛」爲「枱」無疑。

〔一一〕王念孫云：「又」當爲「乂」，「乂」與「刈」通。齊語云「槍刈耨鎛」，是也。説文：「櫑，鉏柄名。」鹽鐵論論勇篇云：「鉏耰棘橿，以破衝隆。」　王念孫云：「權渠」，下文作「穫渠」，未詳。「緄」即「繩」字之誤。「緤」亦「繩」也。　丁士涵云：「權」，當依下文作「穫」，説文作「鑊」，大鉏也。「渠」與「欋」同，釋名：「齊、魯謂四齒杷爲欋。」　何如璋云：「權」乃「欋」

之譌，釋名：「齊、魯謂四齒杷曰欋也。」渠，方言五：「杷，宋、魏之間謂之渠挐，或謂之渠疏。」是「渠」者，「杷」之别名也。説文：「杷，收麥器，一曰平田器。」固與各械一類。翔鳳案：釋名：「鋤，齊人謂柄曰橿。」則「擅」即「橿」矣。廣雅釋器：「鍾謂之欋。」「渠」同「牙」，考工車人「渠三柯者三」，注：「謂車輮。」所謂「牙」，字亦作「鐻」。廣雅釋器：「據，輞也。」書大傳：「取大貝如車渠。」考工輪人：「牙也者，以爲抱固也。」鄭司農云：「牙，世問或謂之罔。」即「輞」。「緄」爲繩，「緤」即「紲」。衆經音義：「紲，馬繮也。」北人耕田，用馬用車，此五者以備用。「又」，助也。五者爲輔助之用，諸人認爲農器，并「又」字不可解矣。

〔一二〕李哲明云：「也」字衍。「必具」當連「之事」讀爲一句。翔鳳案：「必具」已包括農器與輔助之器，李讀是。惟不必衍「也」字。

〔一三〕王引之云：「人」字衍。民之窮者有此三類，非謂僅有三人也。孟子梁惠王篇「老而無妻曰鰥，老而無夫曰寡，老而無子曰獨，幼而無父曰孤，此四者，天下之窮民而無告者」，文義與此同。張文虎云：「此三人者」，猶言此三等人也，雜志謂衍「人」字，非。翔鳳案：「人」爲民，張説是也。「官」即「館」字，詳幼官。

〔一四〕張佩綸云：「可事者」下當有「事」字。「可事者事」詳入國篇，鰥寡則合獨，幼孤則能事者止也。不可事者則官衣食之。「如言而勿遺」，幼官篇：「養老弱而勿遺，信利周而無私。」郭沫若云：張説非是，「事」字不當加。當讀爲「可事者，不可事者食如言而勿遺」。「如言」

者，謂如所言也。　翔鳳案：郭説是。「而衆」二字一逗，「可事者不可事者」均在其中。

以冬日至始，數九十二日，謂之春至〔一〕。天子東出其國九十二里而壇，朝諸侯卿大夫列士，循於百姓，號曰祭星。十日之内，室無處女，路無行人。苟不樹藝者，謂之賊人。下作之地，上作之天，謂之不服之民〔二〕。處里爲下陳，處師爲下通，謂之役夫〔三〕。三不樹而主使之〔四〕。天子之春令也。

以春日至始，數四十六日，春盡而夏始。天子服黄而靜處〔五〕，朝諸侯卿大夫列士，循於百姓，發號出令曰：「毋聚大衆，毋行大火，毋斷大木，誅大臣，毋斬大山，毋戮大衍〔六〕。滅三大而國有害也。」天子之夏禁也。

〔一〕張佩綸云：司分司至，自少皞已然，曆家無以春分爲春至，秋分爲秋至者。「春至」、「秋至」，皆「分」字之誤。　翔鳳案：四至皆當有，後以「春至」、「秋至」晝夜長短相等改爲「分」。齊用殷曆，較老，故沿「春至」之名，張説非是。

〔二〕俞樾云：兩「作」字皆讀爲「詛」，古字通用。詩蕩篇「侯作侯祝」，釋文曰：「作，本作『詛』。」是其證也。此言有不樹蓺者，必下詛之於地，上詛之於天，明其爲不服之民。蓋以神道設教之意。若依本字讀之，則不可通矣。　張佩綸云：「作」當爲「任」，字之誤也。左氏文六年傳杜注、文選西征賦注引倉頡，均云「委任也」。下則委之地利，上則委之天時。盤庚「惰農自安，不昬作勞，不服田畝，越其罔有黍稷」，故謂之「不服之民」。翔鳳案：王制「賢良服」，注：「謂爲之任使。」不肯爲人任使之人，怨天恨地，俞説是也。

〔三〕何如璋云：「陳」，列也。「通」，行也。言處里中則爲下列，在師中則爲下行。張佩綸云：「下陳」，晏子春秋：「願得充數乎下陳。」班倢伃賦「充下陳於後庭」，注：「下陳，後列也。」「通」當作「甬」，方言：「臧甬侮獲，賤稱也，自關而東陳、魏、宋、楚之間保庸謂之甬。」此即周禮九職所謂「臣妾」。左文元年傳杜注：「役夫，賤者稱。」翔鳳案：「下陳」如張説。説文：「通，達也。」論語：「君子上達，小人下達。」此其義也。

〔四〕朱長春云：「主使」，如後没爲官奴與城旦舂之比。何如璋云：「三不樹」，即指上「不樹藝」、「不服」及「役夫」。言三者皆惰民，不肯盡力樹藝，則主田之官必以法驅使之，令之歸農也。翔鳳案：檀弓「使之雖病也」，注：「謂時徭役。」荀子解蔽「況於使之者乎」，注：「役也。」「使」謂勞役，朱説近是，何誤。

〔五〕王引之云：下文曰「秋盡而冬始，天子服黑絻黑而靜處」，則此當云「天子服赤絻赤而靜處」，寫者脱誤耳。何如璋云：「服黄」下宜加「絻黄」二字。土王於夏，與火同用，又爲火之生數，故服絻用黄。坤至靜而德有常，故宜靜處。張佩綸云：黑黄宜於靜處，赤非靜處之服也。此篇脱去「服赤絻赤」。「服黄而靜處」當移「夏至」下，錯置於此。石一參云：夏服宜赤，火德王。此言「服黄」，火性烈，不宜助長，故服其所生之色。亦不出國門而壇，無迎夏之禮。尚靜不尚動，所以節時氣之過也。翔鳳案：「黄」爲中央，以御四時，故宜「靜處」。石説得之。幼官以黑爲主，赤色相剋，當避之。

〔六〕安井衡云：古本「誅」上有「毋」字。俞樾云：「誅大臣」，三字衍文，此蓋以「斷大木」、「斬大山」、「戮大衍」爲「滅三大」。其上文「聚大衆」、「行大火」，非滅之也，故不數也。若加「誅大臣」，則爲滅四大矣。又「斬大山」之「斬」當讀爲鏨，與形勢解「斬高」同。張佩綸云：七臣七主篇：「春無殺伐，無割大陵，倮大衍，伐大木，斬大山，行大火，誅大臣，收穀賦。」禮月令：「孟夏，毋起土功，毋發大衆，毋伐大樹。」此與月令合。「三大」當作「亖大」，古「四」字積畫。聞一多云：呂氏春秋上農篇「澤人不敢灰僇」，注曰：「燒灰不以時曰多僇。」王念孫引此文，又云「戮」、「僇」古通，是也。「衍」亦澤也。「斷大木」、「塹大山」、「戮大衍」，三者事爲同類，即下所謂「滅三大」者。今本有「誅大臣」三字，無論與彼三者事非一類，且與「三大」之數亦不合，其爲後人妄加無疑。翔鳳案：「聚大衆」、「行大火」，亦在禁令之列。爾雅釋詁：「滅，絶也。」絶之者有五，五而謂之「三」者，三爲多數，不一定爲五而多於三，汪中釋九三可參考也。張説是，惟以爲當作「四」則非是。七主七臣有八矣，何以説之？「誅大臣」，責大臣也。論語：「於予與何誅？」

以春日至始，數九十二日，謂之夏至，而麥熟〔一〕。天子祀於太宗，其盛以麥。麥者，穀之始也。宗者，族之始也。同族者人，殊族者處〔二〕。皆齊大材，出祭王母〔三〕。

天子之所以主始而忌諱也。

〔一〕何如璋云：「夏至」下宜加「夏至」二字以申言之，文義始完，與下文一例。張佩綸云：日至麥熟，孟子：「今夫麰麥，至於日至之時皆熟矣。」

〔二〕王念孫云：「人」當爲「入」。「處」，止也，言同族者則入祭，異族者則止也。翔鳳案：異族止於郊外，何必同來。楚語「在中軍王族而已」，注：「部屬也。」各宗部屬不同，若以現代言之，則均爲同族也。古今含義不同。説文：「凥，處也。」謂坐於地上。釋名：「人，仁也。」中庸：「仁者人也。」二字互訓。左傳：「出門如賓，承事如祭，仁之則也。」鄭注中庸謂：「人也，讀如相人偶之人，以人意相存問之言。」凡人於賓祭相存問，必鞠躬致敬，故「人」字象之。同族者致敬，殊族者散坐。祭祀精義，被王氏好改字而抹煞盡矣。

〔三〕何如璋云：易説卦：「坤，地也，故稱乎母。」又晉卦：「受茲介福，於其王母。」蔡邕獨斷：「王者父事天，母事地。」此文有「出」字，疑指夏至祀地方澤之祭。「齊大材」，謂以灋共祭祀之五齊三酒也。天官酒正：「掌酒之政令，以式灋授酒材。」呂覽仲冬紀：「乃命大酋，秫稻必齊，麴糵必時，湛饎必潔，水泉必香，陶器必良，火齊必得，兼用六物，大酋監之，無有差忒。」據此，則「大」乃「六」之譌，「六材」即秫稻六者之材也。「齊」，謂以灋式調劑也。呂覽在仲冬，此文在仲夏，或古今異宜歟？張佩綸云：「皆齊」爲句。「大材」當作「大牲」。易革：「用大牲吉。」爾雅釋親：「父之妣曰王母。」曲禮：「王母曰皇祖妣。」翔鳳案：周禮太宰「飭化八材」，注：「珠象玉石木金革羽也。」前四者爲祭品，後四者爲樂器。「大材」類此。

以夏日至始，數四十六日，夏盡而秋始〔一〕，而黍熟。天子祀於太祖〔二〕，其盛以黍。黍者，穀之美者也。祖者，國之重者也。大功者太祖，小功者小祖，無功者無祖〔三〕。無功者皆稱其位而立沃，有功者觀於外〔四〕。祖者所以功祭也，非所以戚祭也。天子之所以異貴賤而賞有功也〔五〕。

〔一〕何如璋云：「秋始」，謂立秋也。「秋始」下宜加「秋始」二字，與下文一例。翔鳳案：「夏至」亦不重，則夏秋二祀謂當重者，非也。

〔二〕張佩綸云：檀弓「君復於小寢大寢，小祖大祖」，正義：「……小祖，高祖以下廟也，王侯同。大祖，天子始祖，諸侯太祖廟也。」

〔三〕翔鳳案：「功」爲喪服之功布，喪服：「大功八升若九升，小功十升若十一升。」由立功引申之也。

〔四〕豬飼彦博云：「無功」當作「有功」，「有功」當作「無功」。安井衡云：「沃」讀爲飫，飫，燕食也。何如璋云：「沃」者，灌也。無功之祖，祭乃設位，故「稱其位而立沃」。「觀」亦灌也。有功之祖，則以鬱鬯灌於中庭，在本位之外以示萬國觀瞻也。春官鬱人：「掌祼器，詔祼將之儀與其節獻之屬，莫重於祼。」「祼」之言觀也。易觀卦：「觀盥而不薦。」祼者小宗奉而授，小宰贊而行，獻者獻於尸，奠於神。小祝沃尸盥，小臣沃王盥。此祼之儀節極隆，所以示觀於外也。張佩綸云：「有」、「無」二字當互易。「沃」、「飫」通，周語：「……王公立飫，則有房烝。」翔鳳案：祖宗雖無功，亦稱其位而祭。說文無「沃」字，假爲「飫」。說文：「䬳，燕食也。」此「有功」爲生人，非祖宗也。豬飼與張不解，以爲當互易矣。

〔五〕陶鴻慶云：祀祖不可言「賞」，當爲「貢」字之誤。翔鳳案：「賞有功」者，即飫有功者，陶不解而以爲誤耳。

以夏日至始，數九十二日，謂之秋至，秋至而禾熟。天子祀於太惢〔一〕，西出其國百三十八里而壇〔二〕，服白而絻白，搢玉揔，帶錫監，吹塤箎之風鑿〔三〕，動金石之音，朝諸侯卿大夫列士，循於百姓，號曰祭月，犧牲以彘〔四〕。發號出令〔五〕，罰而勿賞，奪而勿予。罪獄誅而勿生。終歲之罪，毋有所赦。作衍牛馬之實，在野者王〔六〕。天子之秋計也。

〔一〕安井衡云：「大惢」蓋星名，疑即心星。心三星，故其字作「惢」。詩曰：「七月流火。」秋分祀心，餞其納也。說文：「惢，心疑也，讀若瑣。」非此義。王紹蘭云：下文云「號曰祭月」，是則「大惢」即月。此文「惢」蓋即「皛」之譌。艸書「白」作「**厶**」。傳寫者誤三白爲三心，遂譌作「惢」。說文：「皛，顯也，從三白，讀若皎。」然則月偁「太皛」，猶言太皎矣。許讀「皛」若皎，「皎」下云「月色之白也」，引詩「月出皎兮」，則以「太皛」稱月，義更著明矣。張佩綸云：依上文「麥熟祀於大宗」，「黍熟祀於太祖」，則「太惢」亦太廟之名，其義未聞。上文有「其盛以麥」，「盛以黍」句，依例當補「其盛以禾」四字。但此節恐爛捝甚多，無從訂正。郭沫若云：王紹蘭以爲「皛」字之誤，甚有見地。「皛」，據説文「讀若皎」，則「太皛」即「太郊」矣。太郊，猶後世社稷壇之類也。翔鳳案：三星有「心宿」、「參宿」及「牛郎」。此爲心宿，十有一顆大紅星，古稱大火，即商星，商人所祀也。七月在西方，詩豳風「七月流火」，唐風「三星在户」，即此星也。爲東方昊天七宿之一，故作「⿵門惢」。魏都賦「神惢形茹」，注：「垂也。」假爲「蘂」。曲禮「立視五巂」，注：「『巂』或爲『橤』。」「巂」，即商頌玄鳥簡狄吞其卵祀爲高媒，因女姓號爲祭月，下垂有多子之意。用皃，亦取其多子也。帝王祀高媒以求子焉。「惢」爲星，號爲祭月。餘詳侈靡。

〔二〕俞樾云：以上下文推之，所出之里數皆與所數之日數相符，則此文亦宜云「出國九十二里」矣。乃「出國百三十八里」者，蓋自夏日至始數上溯春盡夏始之四十六日而並計之也。然所云「四十六日」，乃舉成數而言，實止四十五日有奇。故歲實三百六十五日有奇，而四時出國則爲三百六十八里也。

〔三〕何如璋云：「動」與「吹」對，「鑿」字衍。翔鳳案：「監」爲冠珥，見前。説文：「鑿，穿木也。」因而所穿之孔亦曰鑿。考工記「量其鑿深」，謂孔深也。「風鑿」亦風孔，爲塤篪所特有。以「鑿」爲衍，謬矣。

〔四〕張佩綸云：依郊祀志當補「羊」字。　翔鳳案：「彘」取多子，見上。「羊」取祥，於此無義，不當加。

〔五〕陶鴻慶云：「發號出令」之下當有「曰」。首節云「發號出令曰，生而勿殺，賞而勿罰」，與此正相反。　翔鳳案：何必加「曰」字，無義。

〔六〕金廷桂云：詩魯頌「思馬斯作」，注：「作，始也。」漢書司馬相如傳「離靡廣衍」，注：「衍，布也。」謂始將牛馬之實於野者而散布之，月令所謂「游牝於牧」也。「王」字衍。　吴闓生云：凡書「衍」字者，皆衍誤之處，以前放此。　郭沫若云：當讀「作衍牛馬之實」句，「在野者王」句。「王」讀去聲，今人以「旺」字爲之。　翔鳳案：郭説是。詩椒聊「蕃衍盈升」，「衍」謂繁殖也。

以秋日至始，數四十六日，秋盡而冬始〔一〕。天子服黑絻黑而靜處，朝諸侯卿大夫列士，循於百姓，發號出令曰：「毋行大火，毋斬大山，毋塞大水，毋犯天之隆〔二〕。」天子之冬禁也。

〔一〕何如璋云：「冬始」謂立冬也。

〔二〕何如璋云：「隆」宜作「降」，孫子行軍「戰降無登」，亦一作「隆」，可證。陰陽之氣不通，當守靜以助天地之閉，不可有所犯也。禮月令：「孟冬天氣上騰，地氣下降，天地不通，閉塞而成冬。」又：「仲冬君子齋戒，處必揜，身欲寧。」即其義也。繁露暖燠孰多「天於是出凓下霜而天降，物固已皆成矣」，本此。張佩綸云：周禮山虞「仲冬斬陽木，仲夏斬陰木，凡服耜，斬季材以時入之」，故孟冬有「毋行大火，毋斬大山」之禁，與孟夏同。「毋塞大水」，冬盛德在水，易虞注「隆，上也」，月令「是月也，天氣上騰，地氣下降，天地不通，閉塞而成冬」，故「毋犯天之隆」。馬元材云：「隆」，尊也。荀子臣道篇云「君者，國之隆也」，楊倞注云：「隆，猶尊也。」古人稱冬爲嚴冬，又曰隆冬。「嚴」、「隆」皆尊嚴不可侵犯之意。翔鳳案：漢書揚雄傳「隆隆者絶」，注：「雷聲也。」故以豐隆爲雷神。淮南天文訓：「豐隆乃出。」

以秋日至始，數九十二日〔一〕，天子北出九十二里而壇，服黑而絻黑，朝諸侯卿大夫列士，號曰發繇〔二〕。趣山人斷伐，具械器。趣菹人薪雚葦，足蓄積。三月之後〔三〕，皆以其所有，易其所無，謂之大通三月之蓄〔四〕。

凡在趣耕而不耕〔五〕，民以不令。不耕之害也。宜芸而不芸，百草皆存〔六〕，民以僅存。不芸之害也。宜穫而不穫，風雨將作，五穀以削，士民零落。不穫之害也。宜藏而不藏，霧氣陽陽，宜死者生，宜蟄者鳴。不臧之害也。張耜當弩〔七〕，銚耨當劍戟，穫渠當脅軻〔八〕，蓑笠當捄櫓〔九〕。故耕械具則戰械備矣。

〔一〕王念孫云：「以秋日至始，數九十二日」，此下當有「謂之冬至」四字。上文云「以冬日至始，數九十二日，謂之春至」，「以春日至始，數九十二日，謂之夏至」，「以夏日至始，數九十二日，謂之秋至」，是其證。

〔二〕張佩綸云：「發繇」當爲「祭繇」之誤。「繇」當作「縣」，「縣」、「玄」通。周禮鄭注：「兆雨師於北郊。」風俗通義、春秋左氏傳説：共工之子爲玄冥雨師，鄭大夫子産禳於玄冥雨師也。足爲北出祭玄之證。　李哲明云：「列士」下亦當有「循於百姓」四字。　翔鳳案：禮記雜記：「給繇役。」韓勑碑：「邑中繇發。」淮南精神訓：「繇者揭钁臿。」「發繇」者，發動繇役。天氣閉藏，寓兵於農，發繇而脩戰備，不再祭也。

〔三〕陶鴻慶云：當作「三日之後」，謂發號後之三日也。蓋冬日至後，農有餘粟，女有餘布，故得通功易事。若三月之後，則爲春至，農事且作，非其時矣。「大通三月之蓄」者，自冬至上溯秋至三月之所積，至此而大通，非謂俟諸三月之後也。今本即涉下文「三月之蓄」而誤。　翔鳳案：「斷伐」，「具械器」，「薪蘿葦」，「足蓄積」，是豈三日所能乎？此謂繇役之後，非發號之後，陶説誤。

〔四〕張佩綸云：「大通」，謂通功易事。

〔五〕豬飼彦博云：「凡在趣」下疑脱「事」字。「耕而不耕」上脱「宜」字。　翔鳳案：上文「趣山人」，「趣菑人」，皆於「趣」下着名詞，豬飼説非是。

〔六〕許維遹云：「存」當爲「荐」字之壞也，又涉下文而誤。「荐」與「薦」同。漢書景帝紀如淳注：「草稠曰薦。」説苑政理篇：「田畝荒穢而不休，雜增崇高。」義亦與此合。　馬元材云：

「存」字不誤。「百草皆存」，謂田園荒蕪。「民以僅存」，謂人民僅免於死亡。翔鳳案：「存」字不誤，不宜穿鑿也。

〔七〕戴望云：「張耜」以下數句，乃他篇之佚文，誤綴于此。張佩綸云：以下見禁藏篇，文小異。翔鳳案：四「當」相連，決非誤綴。

〔八〕戴望云：宋本「穫」作「擭」，元本「鞆」作「軻」。丁士涵云：「脅鞆」之爲物形狀未聞，惠學士以「脅」爲「甲」，「鞆」疑當爲「鞫」，玉篇曰：「鞫，兵器也。」張佩綸云：農器豈可當甲？中匡篇「刑罰以脅盾一戟」，齊語作「轒盾一戟」，韋注：「轒盾綴革有文如繢。」此「脅」即脅盾。字書無「鞆」字，當作「鞫」。玉篇：「鞫，兵器也，其俱切。」「鞫」即「鉤」之俗體。方言九：「戟，其曲者謂之鉤釨鏝胡。」有齒之渠與鉤相似，故足以當「鉤」。李哲明云：「穫渠」，即上文「權渠」。「穫」當爲「欔」，「钁」之聲假字。説文：「钁，大鉏也。」古字從矍與從蒦，往往互通。集韻「『戄』或作『㦜』」，通俗文「『攫』本作『擭』」（一切經音義引），説文「篗」廣韻作「籰」，「矆」廣韻作「䀏」，皆其證。「渠」即「鉏」字，説見上。「鞆」，字書未見，疑當爲「鞈」，形近而誤。説文「鞈，防汗也」，徐鍇曰：「今胡人扞腰也。篇韻皆云：鞈，防捍也。」本書「輕罪入蘭盾鞈革三戟」，注：「鞈革，重革，當心著之可以禦矢。」此云「脅鞈」，自中言之曰當心，自旁言之云脅也。版法篇「兵尚脅盾」，注：「盾或著之於脅，故曰脅盾。」「脅鞈」猶是矣。翔鳳案：「張」、「銚」皆爲動詞，「擭」亦爲動詞。説文：「擭，搫擭也。一曰布擭也，一曰握也。」西京賦「攫獑猢」，薛注：「攫，謂掘取之也。」「渠」爲「車輞」，見前。「軥」字不見字書，然可從形聲偏旁推之。説文「抲，抲撝也。周書曰：盡執抲。」酒誥作「拘」。「柯，斧柄也」。考工：「車人爲車，柯長三尺。」「軥，接軸車也。」「軥，軛下曲者。」是「軥」爲可荷可持之長柄而以革束之者。説文訓「脅」爲兩膀。通俗文「腋下謂之脅」，與今之口語合。「脅軥」與「脅軩」音義皆合，乃戟之類。李説是也。

〔九〕豬飼彥博云：「抙」疑當作「杆」。丁士涵云：「抙」當爲「楯」字之誤，「楯」者，「盾」之借字。禁藏篇曰「菹笠以當盾櫓」，是其證。王紹蘭云：字書罕見「抙」。玉篇廣韻竝有「栐」字，云「木可用爲笏」，與干櫓之屬不相涉。疑「栐」即「楯」之壞字。家兄穀塍曰：「『抙櫓』當是『扞櫓』。爾雅釋言：『扞，干也。』即其證矣。」張佩綸云：「抙」當爲「扞」。詩毛傳：「干，扞也。」「扞櫓」即「干櫓」。翔鳳案：説文：「櫓，大盾也。」楯爲闌檻，未聞借爲「盾」。且「抙」字從手不從木。北人讀永爲勇，諧聲則爲擁。「蓑笠當擁櫓」，形義並合，然如禁藏篇之「菹笠以當盾櫓」，作爲隸書「盾」之變體，亦可。

輕重庚第八十六亡

短語一

讀管子

張𡸫巨山

余讀管子，然後知莊生、鼂錯、董生之語時出於管子也。不獨此耳，凡漢書語之雅馴者，率多本管子。管子，天下之奇文也，所以著見於天下後世者，豈徒其功烈哉！及讀心術上下①、白心、内業諸篇，則未嘗不廢書而歎，益知其功業之所本，然後知世之知管子者殊淺也。管子書多古字，如「專」作「摶」、「忒」作「貣」、「宥」作「侑」、「況」作「兄」、「釋」作「澤」，此類甚衆。大匡載召忽語曰「百歲之後，吾君卜②世，犯吾命而廢吾所立，奪吾糾也，雖得天下，吾不生也，兄與我齊國之政也」，而注乃謂「召忽呼管仲爲兄」。曰「澤命不渝」，而注乃以爲「澤恩之命」。甚陋不可偏舉。書既雅奥難句，而爲之注者復繆於訓故，益使後人疑惑，不能究知。世傳房玄齡所注，恐非是。予求管子書久矣，紹興己未，乃從人借得之後，而讀者累月，始頗窺其義訓，然舛脱甚衆，其所未解尚十二三。用上下文義，及參以經史刑政，頗爲改正其訛謬，疑者表而發之。其所未解者置之，不敢以意穿鑿也。既又取其閒奥於理，切於務者，抄而藏於家，將得善本而卒業焉。

---

① 「上下」二字原在「白心」下，據正文乙。

② 「卜」字原作「下」，據大匡改。